1944:
腾冲之围

余戈 著

生活・讀書・新知 三联书店

Copyright © 2014 by SDX Joint Publishing Company.
All Rights Reserved.
本作品版权由生活·读书·新知三联书店所有。
未经许可，不得翻印。

图书在版编目（CIP）数据

1944：腾冲之围／余戈著．—北京：生活·读书·新知三联书店，2014.5 （2014.7重印）（2014.9重印）（2024.8重印）
ISBN 978-7-108-04740-3

Ⅰ.①1… Ⅱ.①余… Ⅲ.①抗日战争－史料－腾冲县 Ⅳ.①K266.06

中国版本图书馆CIP数据核字（2013）第236722号

责任编辑	叶　彤
装帧设计	蔡立国
责任印制	董　欢

出版发行　生活·讀書·新知 三联书店
　　　　　（北京市东城区美术馆东街22号 100010）
网　　址　www.sdxjpc.com
经　　销　新华书店
印　　刷　河北松源印刷有限公司
版　　次　2014年5月北京第1版
　　　　　2024年8月北京第10次印刷
开　　本　635毫米×965毫米　1/16　印张 63.25
字　　数　800千字
印　　数　91,001-94,000册
定　　价　96.00元

（印装查询：01064002715；邮购查询：01084010542）

目 录

序：战争史写作中的"突围"之笔　　殷实　　1

上部　游击腾冲
（1942年5月—1944年4月）

序章　　　腾冲陷寇　　3
第1章　　预2师挺进腾冲（1942年5月10日至25日）　　14
第2章　　围攻橄榄寨（5月25日至6月14日）　　25
第3章　　随军抗日县政府（6月5日至7月初）　　32
第4章　　腾南战事：土司区的抗战（7月7日至9月12日）　　39
第5章　　九一八反"扫荡"（9月13日至10月26日）　　46
第6章　　反第一至第二期"讨伐"（1943年2月至3月15日）　　74
第7章　　36师接替预2师游击（暨反第三期"讨伐"）
　　　　　（5月8日至8月）　　93
第8章　　田岛诱降张问德（暨日军酝酿"甲号讨伐"）
　　　　　（9月11日至10月13日）　　101
第9章　　反"甲号讨伐"（10月13日至11月末）　　124
第10章　　全域沦陷后的腾冲敌情　　132
第11章　　大战来临直前的腾冲　　151

中部　海拔最高的战场
（1944 年 4 月 19 日—6 月 22 日）

反攻战前绸缪

第 12 章　攻击命令下达（1944 年 4 月 19 日至 26 日）　*161*

第 13 章　同日，敌我两军召开战前会议（5 月 5 日至 10 日）　*178*

第一阶段作战

第 14 章　渡河攻击（5 月 10 日至 11 日）　*191*

第 15 章　198 师攻击小横沟、灰坡（5 月 12 日至 20 日）　*204*

第 16 章　36 师出击大尖山、唐习山受挫（5 月 12 日至 14 日）　*233*

第 17 章　593 团袭占桥头、马面关（5 月 13 日至 19 日）　*248*

第 18 章　左翼军奉令出击，54 军调整态势（5 月 16 日至 23 日）　*260*

第 19 章　53 军续攻大塘子（5 月 14 日至 22 日）　*276*

第 20 章　松井部队反击红木树（5 月 11 日至 30 日）　*296*

第 21 章　战场侧翼：片马（4 月初至 5 月中旬）　*307*

第 22 章　第 11 集团军酝酿左翼攻势（5 月 16 日至 21 日）　*312*

第二阶段作战

第 23 章　54 军自南北隘路两翼推进（5 月 23 日至 27 日）　*318*

第 24 章　藏重部队救援桥头、马面关（5 月 19 日至 29 日）　*331*

第 25 章　198 师主力惨战北斋公房（5 月 28 日至 31 日）　*342*

第 26 章　迟到的援军：预 2 师＆桥头、36 师＆瓦甸
　　　　　（5 月 23 日至 6 月 2 日）　*358*

第 27 章　53 军攻占大塘子，两路西进（5 月 23 日至 6 月初）　*365*

第28章　藏重、松井部队合击江苴（6月3日至9日）　*384*

第29章　战场侧翼：片马、红木树（5月末至6月上旬）　*400*

第30章　沉闷的后续战事：桥头、北斋公房、瓦甸

　　　　（5月29日至6月7日）　*408*

第31章　54军调整部署，各部攻击再兴（6月5日至11日）　*415*

第三阶段作战

第32章　迫于第11集团军攻势，日军决定自腾北收缩　*423*

第33章　藏重再次北返接应日隈大队突围（6月9日至11日）　*427*

第34章　36师驰援桥头无果（6月11日至13日）　*432*

第35章　198师乘势攻占北斋公房（6月10日至15日）　*437*

第36章　日军收缩后，我军追击收复失地（6月15日至22日）　*444*

下部　浴火之城
　　　（1944年6月23日—9月14日）

腾冲城外围战役

第37章　战前部署（6月23日至7月1日）　*477*

第38章　收缩腾冲后的日军（6月22日至27日）　*485*

第39章　130师沿龙川江南下，切断腾龙公路

　　　　（6月24日至7月25日）　*490*

第40章　116师占领飞凤山，进迫城东南

　　　　（6月26日至7月25日）　*497*

第41章　198师、36师会攻蜚凤山，进迫城北

　　　　（6月30日至7月5日）　*501*

第42章　预2师自右翼迂回攻击，逼近来凤山

　　　　　（6月25日至7月5日）　512

第43章　54军自北、西、南三面合围腾冲城

　　　　　（7月6日至12日）　517

第44章　预2师攻克来凤山（上）（7月8日至25日）　524

第45章　随《扫荡报》记者潘世征巡察战场　536

第46章　预2师攻克来凤山（下）（7月26日至28日）　546

围攻腾冲城垣战役

第47章　日军城防及远征军攻城作战部署　580

第48章　47天攻城作战日志（上）（7月29日至8月13日）　584

第49章　47天攻城作战日志（下）（8月14日至9月14日）　628

第50章　勋赏与罚罪　753

第51章　亡命与追剿　760

第52章　回家——中日士兵的最后归宿　782

腾冲战役大事记　797

腾冲战役远征军主要将领战后略历　813

附表　826

主要参考文献　833

后记　842

本书"超链接"目录

超链接1:"茶里游击队"暨谢晋生事略　　88

超链接2:日军在腾冲的军政统治
　　——暨日军行政班本部长田岛寿嗣事略　　106

超链接3:腾冲游击时期的情报战　　138

超链接4:54军与53军　　167

超链接5:怒江与高黎贡山　　187

超链接6:桥头、马面关之战评析　　339

超链接7:"委座"电头电报小析　　396

超链接8:日军倏忽进退为哪般?
　　——兼评日军"内线作战"　　441

超链接9:高黎贡山之战盘点　　466

超链接10:来自地面和空中的有力支援　　562

超链接11:来凤山之战小结　　574

超链接12:军地因军粮供应问题引发矛盾　　610

超链接13:辻政信制定"断作战"计划　　674

本书附表目录

随文部分

表1 腾冲游击战时期敌我力量对比　135
表2 远征军第20集团军指挥系统　174
表3 日军对远征军反攻腾冲兵力的推定及实际情况　186
表4 远征军反攻初期滇西日军兵力及配置情况　196
表5 高黎贡山作战远征军与日军火炮及步兵重武器对比　238
表6 198师攻占高黎贡山日军阵地流程表　275
表7 新39师对于敌我优劣点的比较　425
表8 日军公刊战史中第56师团伤亡统计（5月11日至7月2日）　467
表9 日军腾越守备队序列及阵地兵力配置情况　488
表10 来凤山阵地中日各方名称对比　550
表11 来凤山战斗战果统计表（7月26日至28日）　575
表12 空军支援作战情况统计表　719

书末部分

表13 第20集团军腾冲战役伤亡统计表　826
表14 第20集团军滇西战役参战人员和伤亡统计表　826
表15 第20集团军腾冲战役俘获统计表　827
表16 第20集团军滇西战役战果统计表　827
表17 第54军滇西攻势作战参战人马暨伤亡官兵统计表　828
表18 日军第56师团兵力统计表　830
表19 日军第148联队编制番号及指挥系统一览表　831

序：战争史写作中的"突围"之笔

殷 实

2009年，余戈的《1944：松山战役笔记》由生活·读书·新知三联书店出版，他也藉此翻开中国抗日战争时期滇西军民对日抗战历史研究的首页。这本不事张扬，也未见有多少营销推广的战史类著作，在读者中获得意外反响，数年中印量悄然增加至4万余册，还获得了主要是由读者推荐产生的国家图书馆"文津奖"。在该书中，作者自创了一个概念：微观战史。何谓微观战史？战史的微观化研究之谓也。与一本书可以穷尽五千年战史的写法不同，用一本书甚至好几本书来写一场战事的前因后果，写具体的战役和战术安排，从对双方兵力、兵员成分、武器装备和战斗力的仔细研判，到对战场所在地域社会、人文、地理状况的必要交代，以及对战事进程中空间坐标、时间节点的网格化标注，作者把主要焦点都集中在了松山之战细节最大化程度的战史方面，也就是这场战事的"纯技术"层面，无疑为我们开启了进入战争历史的另一道门。

时隔4年，《1944：腾冲之围》今又出版。同样是将5个月时间中、一县境内同一场战事发生的前后，用细密步骤的推进和多种材料的拼贴，审慎地逼近，最大程度地还原。滇西边陲小城腾冲，在"二战"后期被从缅北进入的日本陆军第56师团万余人侵占、奴役，再到被中国军队重兵包围、被艰难攻克的每一个日日夜夜都得以清晰复现。翻阅此书，我总有一个挥之不去的印象：作者仿佛躬身于一个已经被岁月烟尘深埋并且被遗忘的战场，经年累月轻手轻脚地铲挖剥离，有时候是用毛刷拭扫、用口哈气吹拂。慢慢地，弹壳、头盔、工事、堡垒、市井、兵士、将校、难民、慰安妇、地方政权、游击抵抗力量、最高统帅部及作为友军的美英要素……渐次呈现于读者视野,当然,最后是一场历尽千辛万苦,古城几乎被夷为平地后才取得的胜利。这种极为特殊的"战场考古学"的一个直接后果是:1944年腾冲反攻作战中的兵力、装备、气象、地形地貌,还有时间的缓慢推进——具体到了每一天。每一场大小战斗发生地的方位坐标,敌我的进退迂回,各股战斗力量的人员构成、双方得到的空中打击与支援情况,阵亡官兵的数字及修订,甚至包括日军残兵的逃亡路线,都得到了详细的追踪呈现。同时,也涉及敌我双方的战斗作风、战斗意志,每一次局部战斗的进退得失,双方指挥员的良苦用心、欲达成的军事目的等等,所有这一切,都通过作战日志、战斗详报、战地新闻报道、老兵回忆录等,进行了认真比对和多种文本的相互参照,资料来源于中国海峡两岸和日、美三方。

我孤陋寡闻,至今尚不了解目前史学界有没有类似的战争史研究者和治学方法,也未见有同类著作出版。印象中,此类写作通常有意无意被分化了:一为供大众阅读的通俗类战史,史实到大体轮廓为止,史观非此即彼,史识难免自以为是,考证方面未必多么深入,往往掺杂太多爱国主义、民族和民粹主义等理想节操一类的东西,以及各种各样情势下"政治正确"的意识形态,近乎"演义",多用于宣传说教;二为只在专业工作者圈子里互相参照的战争史,长于勾勒战争的规模和类型,交代战役战术的整体框架、脉络,描绘统帅们的谋略与用兵思想,呈现战役、战斗进展的总体进程,说明双方武器装备的性能和杀伤力,还有兵力状况及大概的伤亡统计等等。而像余戈这样只聚焦于一场战事的方方面面,以"微观"、"切片"方式,尽最大可能从不同维度还原和重铸一小段战史的精细工作,似不多见。我所能够联想到的,是类似绘制基因组图谱、破译人类遗传信息那样的浩繁工程。可以想见,如果工作量足够庞大也足够细致,那么全部由这种精确片段连缀起来的中国战史,至少是近现代以来的战史,将会呈现出怎样的风貌?

因为要"微观"地呈现,作者的主要精力自然是用在了可以恰如其分地填充战事进度的文献资料的搜集上。地方史志,新闻通讯,参战者的回忆录,军事部门的战斗详报、上下级之间的指挥电文,相关地图资料,战场工事构筑,关隘要道、桥梁城池情况——

具体到使用了何种建筑材料，无所不包。在充分掌握了腾冲之围的一切相关要素之后，作者的工作便集中在了繁杂的比照核实方面。著名军事战略研究者乔良，曾将余戈在《1944：松山战役笔记》中所做的事，喻为"真实战史的血腥拼图"；在这本《1944：腾冲之围》中，这个比喻依然适用。只是相比前书中作者对"文"的重视——例如对某些军政首脑、战场指挥官性情性格、行事作风的刻画，对敌我双方战斗精神、民族性格的感喟，对战场惨烈景象的文学化描绘等等，在《1944：腾冲之围》中，作者似乎更专注于"史"的方面，除了偶尔出来说明自己甄选材料过程中的犹疑，已很少见什么个人化的渲染或主观性评断了。在看上去数倍于实际可用文献证据的庞大资料废墟中，不断地翻翻拣拣，留下什么，剔除什么，能不能用，如何用，都是不由自己的。有的千辛万苦清理出来未必有用，有的本以为可弃之不用了，还得重新拾起来。作者的甄别功夫，在于事理逻辑判断，在于对因果和非因果关系的考虑，更在于细节之间的衔接咬合，"拼贴"的难度可想而知，枯燥乏味的程度也近乎无法想象。

任何历史研究，包括战争史的研究，其实质目的当然在于为后世提供参照和借鉴，不带任何偏好或偏见的战史著作大约是不存在的。但如果我们翻开不同民族、国家关于同一战事的史著，往往会发现一种几乎是天然的自我美化倾向——倒不是说会罔顾基本事实，而是基于战争的巨大代价、战争的崇高目的，以及战争的结果追求这些国家性或民族性抱负（骄傲）的理由，势必会在对"史实"、"事实"的处理中，做一番特别的认知——同情的理解，也可以说是一种浪漫化。英雄主义、爱国主义、民族主义是其最为重要的色调，某些神话的制造也都在情理之中。这种浪漫化，暗含的其实是集体的自尊心理、集体的荣誉感受等等，战争的所谓正义与非正义问题自然也会被深深嵌入。即便在同一民族之间，像内战之类，同样的事情也会发生，中国古之已有的胜王败寇之类的文化心理，即可说明问题。自我美化的同时，还有对敌对一方的贬低，具体表现如对己方战果的夸大和对战损的谎报与瞒报，对敌方英勇善战的刻意忽略或诬蔑，都最为常见。

这方面，过去的例子并不鲜见。以英军入侵西藏的战事为例，英国人的描述多带有对旧西藏"愚昧落后"的嘲笑，对藏军如何不堪一击甚至在快枪射击下都不知道躲避和逃跑等，极尽刻画之能事，总之是"文明"与"野蛮"之间的战争。但在汉藏人士的撰述中，则可见西藏军民反抗侵略的同仇敌忾，对英军残暴不义的谴责，即如江孜宗山城堡守卫期间的艰苦卓绝和悲壮牺牲等等，读来又是另一种滋味。包括今天日本的一些教科书，在关涉中日战争的部分，总要在"侵略"还是"进入"、"南京大屠杀"还是"南京事件"之间做字句上的斟酌，似乎某些历史的发生，会因为修辞的改变而性质有所不同。现代启蒙背景下的史学思想，强调历史正义、人类良知和理性精神，力求超越民族视野而求证普世的文明价值，像对法国大革命的持续研究，对美国革命、废奴运动的研究等，成果层出不穷，对我们的历史认识时有意外修正。加之历史学方法上的一些改观，不仅最大限度地逼近了某些"真相"，更扬弃了历史上简陋的唯心史观、决定论史观和民族史观。历史研究的相对客观，对史实采取相对中立的态度，似乎已经渐成主流，由此而启示于今日世界的价值当然是无比巨大的。

《1944：松山战役笔记》和《1944：腾冲之围》的写作，为什么会让作者有如入无人之境，心无旁骛地大展身手？这其实是极为有趣的一个问题。我们必须承认，到目前为止，20世纪中国的国史研究，一直都无法摆脱政治意识形态问题的羁绊。在引导、启迪于中华民族的解放及现代化进路问题上，一直横亘着纠葛复杂的"党史"内容：所谓合法政府与叛乱地区的问题，所谓国家领导权与人民的代表性问题，所谓政治上的先进与反动问题等等，导致在不同的研究者那里，基于不同立场，自然会出现严重扭曲的史观、史识，有时候甚至是被严重扭曲的"史实"。这种自我的遮蔽，相互的遮蔽，必定为最切近的历史书写留下诸多暂时的遗憾，某些是非曲直的真正还原，还要待后世子孙来重新梳理过。然而，20世纪40年代的滇西抗战历史研究，却仿佛一块远离了前述禁忌问题的"飞地"，完全解除了作者的上述困扰：当时的滇西地区，属于既无"匪患"亦无"内乱"的国统区，叙述这一段历史无须作任何意识形态方面的考察辩诘，或者说，作者可以只说明在当下属于"正统"的意识形态，就是"政治正确"了。而作者与国民党、国民党军队的非亲非故，又能让他对自己的研究对象保持冷静超然的眼光。也就是说，此处只牵扯国史而无关"党史"，不大会有什么政治功利性问题、党派功利性问题所导致的偏颇。

《1944：腾冲之围》全书共分上、中、下三部，分别为"游击腾冲"、"海拔最高的战场"和"浴火之城"，在时间上为递进关系，但在每一部中，除了仍然顾及时间顺序外，作者插入了大量赋予战事背景的"超链接"内容。例如上部中的"茶里游击队"事略，日军在腾冲的军政统治；中部中的高黎贡山之战盘点；下部中军地因军粮供应问题发生的矛盾，还有日军的"断作战"计划等内容，都是需要单独展开的，属于史中史、案中案。这种区划清晰的呈现方式，毫无疑问来自网络阅读经验，类似于一个下拉窗口、一种细部的放大处理，但凡有兴趣或有疑虑者，都可以停下来仔细揣摩、自我推论验证一番。那么反过来，这样的呈现方式，也更容易获得习惯了网络阅读的现代读者认同，不失为一种便利的叙述手段，与以往那种在详略问题上伤脑筋的史著笔法就有所不同。这样的方法，作者在《1944：松山战役笔记》的写作中已经进行了成功的尝试。相形之下，《1944：腾冲之围》的"拼图"之完美，较之《1944：松山战役笔记》更加精准和清晰，尤其第48、49两章，写7月29日至9月14日47天的围城作战，是以日志方式逐日推进——有时是按小时推进的。形成包围、挺进、进攻受阻、收紧包围圈、攻城作战，期间双方的作战计划、兵力部署、指挥方针、伤亡报告、工事防御、天气地形、食物弹药……几乎无所不包，真正是寸土必争的血腥拼图、酷烈拼图！除此之外，书后所附"腾冲战役大事记"，纲目明确，各种图表和珍贵照片，也增添了这场战役的更多可视内容。

大约"一切历史都是当代史"这个观念根深蒂固，一般的历史研究基本上都是指向当代问题的，或者说，多半情况下，人们都是因为当代问题才着眼于历史研究的。这就注定会给所谓的客观、中立留下一些不确定性。例如当前关涉革命与改革问题、宪政问题、民主问题，乃至经济问题的很多历史话题，其实都是为了急迫地切入现实而展开的，目的性、功利性一望而知。开药方式的历史回望，使历史的真实价值、客观价值让位于工具性价值，历史研究的科学精神被实用主义和庸俗唯物主义取代，这些可能是存在的。然而，《1944：腾冲之围》看来是一个例外。时隔将近70年之后，这种微观的、片段式的战史研究，因为不存在任何"当下"指向，其实现客观和中立的空间就很大，去意识形态化，避免民族意识干扰，甚至超越国家利害，都是有可能做到的。在这个意义上，余戈的"微观战史"研究，似乎跳出藩篱，获得了某种突破，也可以说是突围。

书中充裕翔实的资料，常有令人目不暇接之感。其中一位嫁给了日军驻腾冲行政班本部长田岛的当地女子蔡兰惠若隐若现的轶事，直让人不免想象另一部相关家国与私情、也相关战争与人性的凄美之书的存在。同样是这个"腾越行政班本部长"田岛寿嗣，在日军占领腾冲之初，虽也招降纳叛、网罗汉奸，筹建了傀儡政权，竟致一信给腾冲的抗日县长张问德："岛此奉檄来腾，职司行政，深羡此地之民殷物阜，气象雍和，虽经事变，而士循民良、风俗醇厚之美德，依然俱在，诚西南之第一乐园，大足有为之乡也。惟以军事未靖，流亡未辑，交通梗阻，生活高昂，彼此若不谋进展方法，坐视不为之，所固恐将来此间之不利，其在贵境亦未见为幸福。徒困双方人民，饥寒冻馁坐以待毙而已，有何益哉？职是之故，岛甚愿与台端择地相晤，作一度长日聚谈，共同解决双方民生之困难问题，台端其有意乎"有意思的是，张问德也撰一封《答田岛书》作复，这就留下了枪炮对决之前的一次语言较量：" 阁下既欲解除腾冲人民之痛苦，余虽不知阁下解除之计划究将何如，然余为中国之一公民，且为腾冲地方政府之一官吏，由于余之责任与良心，对于阁下所提出之任何计划，均无考虑之必要与可能。然余愿使阁下解除腾冲人民痛苦之善意能以伸张，则余所能贡献于阁下者，仅有请阁下及其同僚全部返东京，使腾冲人民远离枪刺胁迫之痛苦，而自漂泊之地返回故乡，于断井残垣之上重建其乐园 "两相比较，都可谓奇文。

耐人寻味之处在于，以征服者自居的田岛，信中所透露出的是一种假意而悖谬的"劝和"逻辑，且在行文方式上对被侵略之地的

"文化"进行了刻意仿效——后来知道田岛函为腾冲伪政府秘书伍某捉刀。这番语言文字层面的交锋,与实际对抗中的血腥步骤,几乎是并行的。敌我将帅在阵前的文书往来,属于典型的口诛笔伐,有似一种远古战争中经常采用的心理战术,近乎天真但往往能揭示檄文写作者的心智与文化底蕴。在时空位移后的今天,人们或可对这些文本作种种颠覆性阅读与阐释,但可知70年前中国军民在西南一隅的浴血抗争中,奉献于战火的显然绝不仅仅是躯体,更有高贵的头颅,有对人民生命尊严的呵护意识,这些已经完全被遮蔽了的心血和脉动,也在余戈的"微观战史"中部分地复活了。

2013年8月6日于北京

至未号始将东南三面城墙上之敌大部肃清，于马晨开始向城内之敌攻击。我预二师、一九八师、三十六师、一一六师各部主力奋勇直前，由南面城墙下突入市区，激烈巷战于焉展开。惟城内人烟稠密，房屋连椽，大部坚实难破；且顽敌家家设防，街巷堡垒星罗棋布。尺寸必争，处处激战，我敌肉搏，山川震眩，声动江河，势如雷电，尸填街巷，血满城沿

　　　　第20集团军总司令霍揆彰：《第二十集团军腾冲会战概要》

　　每天我从空中可以真真切切、清清楚楚地看到腐物在腾冲城这个巨大的尸体上蠕动蔓延。一间房屋一间房屋，一个坑道一个坑道，中国兵在搜寻、毁灭、杀戮。凄绝人寰的战斗结束了，而消亡则刚刚苏醒。每一幢建筑、每一个生物都遭到了空前彻底的毁灭。死亡的波涛冲刷洗礼着这座古城，拍打着城北、城西的墙垣。

　　腾冲死了。

　　一个月以后，我步行来到这里，看一看仿佛是翠绿河谷脸面上那深深的疤痕，希望在如此近的距离感受它哪怕是一丝的呼吸。但是仅仅只有大自然开始了复生。唯一显得生机勃勃的东西是一只四处嗅食、无家可归的小狗。曝尸的气味难于形容。沿着废墟瓦砾，来到了昔日引为自豪的叫做"福克斯大剧院"大厅前的拱形门廊。破碎的屋顶孤独地倒挂在一角，穿过锯齿状的孔洞，葡萄藤和其他攀缘植物开始生长。我捡起一顶日本钢盔，它所保护的头颅早被击得粉碎。在右边几码的地方躺卧着一具死亡了一个多月的日本军官的尸体。除了他的腰带，其他部分早已无法辨认。三株粉红色的牵牛花，已经在这个腐烂发臭的胸口上发芽开花。

　　　　　　　　美国陆军航空队中校 Burwell Lewis：
　　　　　　　　《死亡的日本人和牵牛花——腾冲挽歌》

上部　游击腾冲

(1942年5月—1944年4月)

序章　腾冲陷寇

2009年，拙作《1944：松山战役笔记》出版后，笔者即萌生了一个念头，要为滇西抗战写三部曲：在松山之后，将是腾冲和龙陵。

这三个地方，是1944年滇西反攻战场上日军防御体系的三个支撑点，也是远征军欲围歼日军的三大战场。它们之间的关系，一位在龙陵战场活下来的日军主计军官（后勤会计专业人员），曾在其战记中将其形象地绘图描述为"双头龙"：松山、腾冲是两个"龙头"，龙陵是"龙身"。"龙身"龙陵以西，沿滇缅公路还延伸到芒市、遮放、畹町，直至缅甸境内。[1]

借这位日军主计军官的比喻，远征军滇西反攻最后的战果，就是斩断了两个"龙头"，砸烂了一段"龙身"；最后，日军拖着血肉模糊的"龙尾"退缩到缅甸去了。战时，一直令日军讳莫如深的是，"龙陵"的含义为龙的坟墓，代号"龙兵团"的日军第56师团葬身于此，仿佛是命中注定。

在本书中，要叙述的是远征军斩断第二个"龙头"的战事。

但在叙述1944年5月开始的反攻战事之前，应该花点笔墨回溯一下始自1942年5月的滇西两年沦陷期，以便获得一个完整的印象。

话说，1942年5月，中国远征军第一路入缅作战失利，在败退途中于5日炸断惠通桥，赶来增援的第71军第36师与美国"飞虎

---

[1]［日］石川飚一：《五期主计云南始末记》。http://mr36.digiz.jp/ww2j/strv/index2.html。另据查《兵旅の赋》之《第五十六师团将校职员表》（第273页），作者战时氏名为石川莹司，为第56师团司令部编外军官、主计中尉。

队"空地协同，在怒江畔成功阻击了日军第56师团前锋坂口支队，使其无法继续东进。

这时，重庆军委会军令部对于敌情作了一个错误判断，认为沿滇缅公路追击的日军不过是临时编成的快速部队，最多不过二三千人，孤军深入必不能持久。因此，于5月13日下令第11集团军反攻腾冲、龙陵，想把滇西失地夺回来。第11集团军于22日渡江后打了5天，遭到日军猛烈反击，毫无进展。

5月27日，第71军第36师第107团第1营在攻击松山5200高地战斗中，击毙日军官一名，从其图囊中缴获作战计划及地图一张，[2] 方才知悉第56师团全部进入滇西，分设腾冲、拉孟（即松山）、龙陵、芒市、平夏、畹町6个守备区，师团司令部驻芒市，判断总兵力约为1.5万至2万人。

文件迅速上报，蒋介石遂于31日下令停止攻击，将主力部队撤回，固守东岸，留少量兵力在西岸打游击。这样，滇缅路上的战争，演变为隔怒江对峙的局面。[3]

后来，这段战事被称为中国军队反攻的"试探战"，试探的结果是——虽然日军第56师团在滇西立足未稳，但仍是个难啃的硬果子，还是暂时隐忍待变。

日本公刊战史对于这一段的记述，则显得有点轻描淡写：

> 进入缅甸的重庆远征军第一路军主力，在第15军进行的进攻缅甸作战中，蒙受很大损失后，向怒江以东云南省败退。
>
> 但是，蒋介石深恐日军乘势继续向怒江以东云南省进击，于缅甸作战末期（1942年5月末）命令以第71军主力（第88、第36及预2师）向我第56师团方面反击，猛攻平夏、龙陵地区。

---

[2]《第11集团军民国三十一年五月五日至六月一日惠通桥腾冲龙陵地区间战役战斗详报》。据《保山地区史志文辑》抗日战争专辑之一，第20页。详报中载击毙日军第113联队第2大队长入部兼康中佐，应属不确。据查入部兼康于1945年6月16日在独立臼炮第1联队长任上阵亡于冲绳。

[3] 宋希濂：《远征军在滇西的整训和反攻》。据《远征印缅抗战——原国民党将领抗日战争亲历记》，第55页。

当时，第56师团主力正在伊洛瓦底江[4]上游进行扫荡战，遂立即命其主力向龙陵方面转折，6月上旬将敌击退于怒江东岸。[5]

对于日军来说，这似乎不算一次硬仗。尽管有记载，在此战中日军至少损失了一位校官：5月24日，配属坂口支队作战的野战重炮第18联队长田村中佐，被击毙于松山东北部滇缅公路转弯处的西分哨阵地。他是被远征军的机枪在身上打了一串窟窿，当即毙命。[6]作为日军任命的首任拉孟守备队队长，刚刚就任数日即遭此厄运，"拉孟"这个地名对日军从开始就带着几分不祥色彩。

一个流传甚广的说法是：1942年5月10日，292名日军兵不血刃即大摇大摆地占领了腾冲。这支日军从哪里来的？是从松山转过来的。

当时，日军坂口支队是以汽车输送的摩托化部队，自然首先要依托滇缅公路追击到怒江。据日军战史，坂口支队以步兵第146联队（联队长山本恭平大佐[7]）第2大队（大队长金氏坚少佐）、第3大队（大队长松本治中佐）为主力，配属炮兵一部。在自畹町进入滇西境内追击途中，坂口静夫少将令第3大队做前锋。当我军独立工兵第24营（营长张祖武少校）炸毁惠通桥，阻击部队第36师到达怒江东岸后，以橡皮艇渡越怒江与我军争夺江东孩婆山、大坪子等山头的，正是第146联队这两个大队。

随后，日军第113联队（联队长松井秀治大佐）也赶到松山，但这时日军已经对渡江继续东犯感到无望。于是，坂口让第113联队接替松山守备，令第146联队转向腾冲实施占领。于是，日军折返龙陵，沿腾（冲）龙（陵）公路北进腾冲。

据一位亲历者记述：1942年5月10日午后2时，腾冲城东南倪家铺金家牌坊外传来两三声枪响，接着东南、西南城墙角上护路营预设的哨兵也鸣枪报警。原来是经勐连入侵的日军先头部队穿过倪家铺，迫近城郊。据目击者"永利"富春店的老者李任卿说，"鬼

---

[4] 滇西境内的龙川江进入缅甸境内后，称伊洛瓦底江。
[5] 中华民国史资料丛稿译稿《缅甸作战（上）》，第163页。
[6] [日]太田毅：《拉孟——玉碎战场的证言》，第21页。
[7] 山本恭平大佐为第146联队首任联队长，据查1942年4月25日即由金冈宗四郎大佐接任。

子到万华馆时还是有警戒的，一起一伏，慢慢前进"；[8]听到报警的枪声，以为有伏兵，即散开向公路两侧射击。看到我方没有回击，即向开枪的路边的一孔破砖窑内搜索。而我方哨兵在报警后，即从罗邑坪方向撤走了。敌人没有发现伏兵，即起身大摇大摆向县城挺进。敌军入城后，攀上原为警察局驻地的南城楼，将太阳旗插在楼顶上，部队分别驻在西门外英国领事馆和城内各机关内。[9]

此次侵腾日军兵力有多少，是一个有争议的细节。据张问德的记述，"当时来攻之敌仅292人，携有武器除步枪及轻机枪外，亦仅有重机枪两挺"。[10]然据日军战史记载，这次派来占领腾冲的是146联队第2大队，而日军一个步兵大队兵力为千余人。[11]因此，这种广为流传的说法中大概有一种"悲情叙事"的色彩。

腾冲人有理由以怨愤的态度来控诉让家园轻易沦陷的责任者，因为时任腾龙边区[12]行政监督、龙云之子龙绳武和腾冲县长邱天培未组织任何抵抗，丢下他们径自翻越高黎贡山渡过怒江跑掉了。当时，驻防腾冲的地方武装有滇黔绥靖公署步兵第6旅（即所谓"息烽"部队）第2团第3营[13]、滇黔绥靖公署特务大队第2营（营长张子英）、腾龙边区行政监督公署指挥的护路营（营长李崇善），加上县府之自卫队，[14]总兵力也在千人以上。要是下决心抵抗，派一部到

---

[8] 尹文和：《少年遭国难——腾冲沦陷时期片断回忆》。据《腾冲文史资料选集》第一辑抗日战争专辑，第233页。
[9] 甘家禾：《腾冲沦陷前后》。据《腾冲文史资料选集》第一辑抗日战争专辑，第85页。
[10] 张问德：《腾冲县政府民国三十二年度工作报告书》。据《保山地区史志文辑》抗日战争专辑之三，第286页。
[11] 据日军第146联队战史记录，5月6日夜第2大队奉命转进攻占腾冲。292人可能指先期到达腾冲的第2大队前锋。另，宋希濂14日曾电告军令部长徐永昌："腾冲于真（11）日被步骑炮联合之敌约七百人占领"，应指次日开进的第2大队主力。《徐永昌日记》第六册，第399页。
[12] 1939年，云南省政府裁撤原第一殖边督办公署，在腾冲设置腾龙边区行政监督公署，辖区大致为今腾冲县、龙陵县和德宏州范围。1942年因日军侵占腾龙，裁原设于腾龙边区的行政监督公署，另设第六行政专员公署，将保山划入第六行政专员公署，公署设于保山。但行政专员尚未莅任，行政监督龙绳武即于5月7日离腾。
[13] "息烽"为滇黔绥靖公署保安部队的代号。驻防滇缅公路畹町、漾濞段的为保安第6旅，旅长龙奎垣，警备司令部设在保山太保山上。驻防梁河、遮岛的是其所属保安团（团长李繁光）的第3营，当地人称之为"梁河营"（营长李匡时）。1942年初，腾冲奉命裁撤行政监督，改设行政专员，并调"息烽"部队来腾冲驻防。
[14] 即保卫第25营（营长宁培仁）所属腾冲中队，当时俗称县自卫队或常备队。

腾冲、龙陵交界的龙川江布防，炸毁腾龙桥切断腾龙公路，并动员民众协防，只要能阻敌一周，国军预备第2师也就赶到增援了。

"云南王"龙云的滇黔绥靖公署保安部队竟以"息烽"命名，这实在是令人想不通的倒霉名称。军队守土有责，即便不能打，何以连预警的"烽烟"都要"息"掉？不独如此，龙绳武率部逃离腾冲前，预先将多年搜刮的几十匹马驮负的翡翠、珠宝、象牙、烟土等财物，让特务大队护送过怒江转往昆明。为了转运这些财物，龙绳武在几天前就派人在腾冲城区及各路口拉夫封马，只要是马驮、人挑的东西，都一律送到城内武皇殿交卸，留下骡马，青壮年即发给军装，拨归特务大队强迫当兵。一时间百姓不敢拉骡马上街，青壮年不敢进城，腾冲商家各商号的花纱、布匹、土产、百货物资堆积如山，无法转移，最终弃如敝屣。而龙绳武运走的个人财物，仅鸦片一项就装了70多驮。担负押运任务的特务大队一去，即黄鹤不返。

6日，龙绳武托辞"因公"将赴昆明，邀地方人士谈话，才微露局势紧张，并私下里向腾冲士绅、商会会长徐友藩表示："如敌军入境，只好投降当顺民。"[15] 7日，龙绳武启程，由护路营一个连护送，自腾冲至保山官道翻越高黎贡山，由惠仁桥（即惠人桥）渡过怒江。因害怕日军追上来，龙绳武又下令拆毁桥梁——此举为后来种下了很大的祸根，至少让渡江进击腾冲的预2师晚到了三天。该炸的腾龙桥没炸，不该拆的惠仁桥拆了，错误的选择总是导致"祸不单行"。

龙绳武从腾冲出逃之际，他的表弟龙奎垣也正在江东的保山城打劫、焚烧。此时日军还没有追到怒江，仅以飞机于5月4日、5日轰炸了保山城，炸死3400多人[16]，炸毁房屋约2000间，造成了惨绝人寰的灾难。

---

〔15〕日军入城后，徐友藩为保住个人财产，果然邀约二十余名士绅书写一块"腾冲县亡国奴徐友藩等人觐见"的牌子，抬着前往日军指挥部。日军见之捧腹大笑，遂利用徐组织汉奸队伍，为日军从事摊派粮款、抓夫修路等事宜。据吴荫培《我所知道的腾冲县城沦陷情况》，《易门县文史资料选辑》第六辑，第211页。

〔16〕孟立人编撰《保山战时县政》记，此次被炸死亡人数有主掩埋者为2800余人，无全尸首而为地方掩埋者600余人。孟立人于1944年8月接替李国清担任保山县长。据《滇西抗日战争史料续辑》，第126页。

龙奎垣的官称是滇黔绥靖公署步兵第6旅旅长,职责是守备保山,兼任滇缅公路畹町至漾濞段警备指挥。民国军阀中,有"锡山无子,作霖有儿"的说法。其实,阎锡山的儿子固然没什么出息,东北军的"少帅"也是个败家玩意,但要比起龙云的这几个子侄,好像还要差点儿火候,至少他们还没堕落到打家劫舍,而且糟践的是自家的土地和子民。

在日军飞机轰炸之后,龙奎垣在保山城放起了大火,动机是为了掩盖其打劫银行、店铺的行径。他认为保山肯定守不住,一旦保山沦陷,一切责任都可以推到日本人身上,对外则宣称是贯彻中央"焦土抗战"的战略。但大火烧了三天三夜,日军地面部队却没能打过来,被宋希濂的部队挡在了怒江惠通桥。这情形无疑就是1938年"长沙大火"[17]的翻版。当时社会公众纷纷诘难:长沙大火至少还杀了三个替罪羊,保山大火怎么无人"问责"?

确实很难问责。[18]因为当时滇西是军阀龙云的地盘,若不是日军从缅甸抄后路,龙云同意中央军入滇,中央势力还很难找个恰当的借口插进来。这时候,龙云已被中央委任为军委会昆明行营主任兼云南省主席,虽然兵权还是掌握自己的滇系部队,但开进的中央军却是在云南地盘上讨生活,至少几十万大军的粮秣,主要是靠当地来解决的。

当然,出身云南讲武堂的龙云本人,也并非昏聩之人,出于保护家园的立场,抗战态度还是坚决的。据资料,龙奎垣闯下大祸后,在舆论压力下一时内心恐慌,在跟舅父[19]打电话汇报保山防务时大吹牛皮,云:职部已在太保山上构筑了坚强阵地,日军胆敢来犯,管叫他

---

[17] 1938年11月13日,日军占领岳阳后,距离岳阳尚有130多公里的长沙当地驻军,在仓皇之中以奉蒋介石"焦土抗战"的密令为名,于凌晨2时在长沙城内数百处同时放火,使全城成为一片火海。长沙大火焚烧了三天三夜,全城被焚十分之九,烧毁房屋5万余栋,烧死百姓两万余人。事后,长沙警备司令酆悌、警备第二团团长徐昆及长沙省会公安局长文重孚三人以"辱职殃民"而承担责任,于20日执行枪决。

[18] 据载,舆论迫于压力,龙云事后仅下令枪决了有责任的团长、连长,而将龙奎垣撤职,令其返乡。

[19] 龙奎垣的继母龙志桢,时称"龙姑太",是龙云的胞妹。

有来无回！龙云当时在电话中骂了粗口："妈屁，饭桶！"[20]

被腾冲人责骂的另一位是县长邱天培。

7日，他以迎送上司的官场旧习将龙绳武送至三十里外的芹菜塘后，下午返城于晚7时在商会召集临时会议，宣布邻县龙陵已失陷，时局紧张，县府拟与各机关一起撤退。到会地方士绅谓，县长有守土之责，应与县城共存亡；并建议召集护路营、县自卫队和各乡镇壮丁，由营长李崇善统一指挥，派兵到龙川江一线布防，拆毁腾龙、龙安两桥，据险阻击日军，再设递步哨以通情报。

虽然会议上勉强如此表决了，并派人分担执行各项任务，但邱天培本人却于8日凌晨3时携带眷属悄悄出城，由警察局长周维怀率政警队和自卫队护送，逃往腾北的曲石乡。护路营营长李崇善见此，只好在城内留下一个排维持秩序，在城外倪家铺、老草坡及城墙东南、西南两角上设了四处预警哨，自己也带着主力出城，撤到了城西后山一带观察形势。[21]

8日，从缅甸溃败入境的新28师师长刘伯龙进入腾冲境内蒲川乡桥头街，部队打散了，身边仅剩下二十来个官兵。刘伯龙派人先行抵城与腾冲商会接洽，送给龙绳武一份公函，要求其支援军需粮秣，并组织人力交他率领以保卫腾冲。虽然此时龙绳武已离开腾冲整整一天了，但欣喜莫名的腾冲商会士绅，将来函抄写若干份张贴于通衢要道口以安抚民心，并央求县政府职员李嘉祐持函去追邱县长。

9日晨，刘伯龙率随员进城，以远征军新28师名义贴出布告，要求腾冲民众把部队交给自己带领，到龙川江布防抵抗。但因梁河"息烽"部队第3营已绕道腾冲西北撤往保山，护路营也已避入腾北山区，再无正规武装力量，一干人商议毫无办法。刘伯龙见人心涣散，防守无望，就带着随从离城，经腾北过怒江去了永平。

邱天培接到刘伯龙的公函后以为形势好转，当晚10时，从腾

---

[20] 熊鹤亭：《滇西战役中我的经历和感想》。据《滇西抗日战争历史资料续辑》，第55页。
[21] 护路营为4个连，装备俄式轻机枪4挺，步枪400余支。7日，该营副营长角天元、连长陈锡年率第2连护送龙绳武赴保山，而以1排长车士林任机场守卫，第1连占领宝峰山，第3连占领西练，营长李崇善随第4连在茏苁山指挥。据李裕森、王建侯《滇西护路第三营腾冲抗日纪实》，载《滇缅抗战亲历记》，第115页。王建侯时为护路营督导员。

北曲石折回城内,向地方人士解释说:"因消息错误,故仓促离城。"此时,忽然传来日军已经到达距城五十里的勐连镇的消息,邱天培丢下一句:"我回县府与护路营、自卫队商量办法。"又连夜北逃,把部分自卫队员安置在界头,嘱咐乡长吉济美供给粮食,而后带着资财眷属及随从人员,自北斋公房翻越高黎贡山,经栗柴坝渡过了怒江。见此,枯坐城内的官绅们相对欷歔,一筹莫展,各自散去。[22]

笔者在查阅当地史料中看到一则记述:"日军进城之日(5月10日),适有由缅甸撤退之第五军,分二路计一千五百余人,军械整齐,言到腾冲城驻扎。不期由石头山上者,被和顺人至土锅铺指走小西乡;由石头坝上者,被萧庄(今肖庄)一庸愚人领走缅箐(今中和乡)达腾城,由西门进,适值日军由南门进腾城,第五军遂退走马场,出界头而去。不然此二路国军,当先进城准备作战,以一千五百之多,攻彼三百敌军之少,未有不成功者。不幸为人指走别路,亦天数也,可叹!"[23]

对此记述者因良好愿望未能实现的遗憾心情,笔者只能苦笑。当时远征军兵败如山倒,在滇缅公路上的败军刘伯龙新28师、马维骥新29师残部,甚至已经开始四处劫掠。即便第5军声誉不错,恐怕也难以指望它的一支残部会留下来帮腾冲人保卫家园;军队是依军令行止的,他们当时没有这个任务,当务之急是逃过怒江去。总之,这时的腾冲确实是被抛弃了,谁也指望不上。

老百姓看到官老爷们如此情形,只好扶老携幼、肩挑背驮地惊慌离家逃难。自8日夜起,腾冲出城的各条大道上人流慌乱拥挤,妇幼悲号,风声鹤唳,惨不忍睹。

留在城内的士绅们还在做最后的努力。10日上午11时许,徐友藩、谢式南、张南溟等50多人在商会开会,商讨如何安定人心,维持地方秩序,以及安置自缅甸陆续退到腾冲周边的远征军部队伤兵和华侨难民事宜。大家议定,粮食以县商会所存的几千驮大米为

---

[22] 综合《滇西军民抗战概况》、《腾冲沦陷前后》、《腾冲县务会议通告腾城沦陷经过》等,《腾冲文史资料选集》第一辑抗日战争专辑,第48、85、255页。
[23] 尹家令:《腾冲沦陷纪略》。据《民族光辉——腾冲抗战史料钩沉》,第49页。

底子，再由饮食富户自愿乐捐，决不让一个伤兵挨饿受冻。腾冲城西南的和顺乡在各处都设有茶水站、饭菜站和医药站。有些伤兵和难民被安置在城内外寺观庙宇内住下，饭食早已预备好。有些吃了饭后继续赶路；有些拖儿带女的老人妇女希望就地留住，士绅们只能告之敌军将至，含泪劝慰大家起身慢走。午后2时左右，倪家铺方向预警的枪声响起，这些好心的腾冲人也赶紧赶回家带着老小向农村疏散了。[24]

县长邱天培一家带着随员，是经北斋公房翻越高黎贡山逃往保山的，也难为这一家妇孺老小了。到保山后他给省民政厅发了一个电报，委婉地点明腾龙边区行政监督龙绳武7日离腾，及中央军数十万之众入缅却不能阻挡日军的事实，为自己弃城逃跑开脱，并颇有自知之明地表示："职以一介儒生，实不能胜任战区之县长，祈钧座速委长于军事者接充，以免一误再误。"[25]

在随邱天培逃难的家眷里，有一个当时才7岁的小女儿邱钟惠，解放后成了举世闻名的中国乒乓球冠军，算是给邱家挽回了一些名誉。但是，在当时就为腾冲官府形象挽回名誉的，却是另一位并不"长于军事"、且已年逾六旬的老儒生张问德。在民国元老、时任云贵监察使李根源的举荐下，他于6月底被龙云委任为腾冲敌后抗日政府的县长。张问德慨然临危受命，与奉命渡江开进腾冲的远征军游击部队协力，组织当地民众进行敌后抗战。

为了更好地介绍这段背景，有必要引出一个人来，他叫潘世征，当时是军事委员会机关报《扫荡报》[26]的记者。1943年至1944年滇缅反攻期间，中国的新闻机构派出了不少记者，沿中印公路一线随军采访。潘世征跟随滇西远征军第20集团军行动，所采写的战地通讯最多，记录了从进攻高黎贡山到攻克腾冲作战的全程。虽然这位

---

[24] 甘家禾：《腾冲沦陷前后》。据《腾冲文史资料选集》第一辑抗日战争专辑，第85页。
[25] 邱天培1942年5月21日致云南省民政厅长李培天电。据《保山地区史志文辑》抗日战争专辑之一，第343页。
[26] 前身为1931年3月由军委会南昌行营政训处处长贺衷寒在南昌创办的《扫荡三日刊》，1932年6月23日扩版改名为《扫荡报》。抗战爆发后，该报改隶军委会政治部，迁迁汉口、桂林继续出刊。1943年冬，杜聿明、邱清泉又创办昆明《扫荡报》，经费及人事均由杜、邱负责，社长李诚毅。西南联大学生潘世征系此期间进入报社，任战地记者。

在中国军事新闻史上留下重要一笔的人,现在连其身世都很难查到一点踪影,但他为这段历史留下了丰富翔实的专业记录。

潘世征是反攻后随军采访的,因此关于腾冲沦陷期两年的情况,是用追述的笔法:

民国三十一年(1942年)5月10日,敌兵自龙陵侵入腾冲,当时驻军向东撤退时,县长邱天培亦弃城而逃,一时腾冲成为无政府状态。这时,云南省政府为了收拾腾冲残局,特委腾冲耆绅张问德出任县长。

据资料,张问德为腾冲县城南门街人,字崇仁,号讱庵,是清朝末期的贡生。民国初年,曾任腾冲县参议会议长,滇军第五旅秘书、云南省府秘书、龙云私人秘书,昌宁、凤庆县长等职。[27]民国二十九年(1940年)因年逾六十,特告老还乡,闭门读书。到县境沦陷时,才逃到保山避难。"此番奉到省令之后,即不辞辛劳,回到腾冲县境内接任,办理游击区县政,先后翻越高黎贡山四次之多。记者年轻力壮,先后翻两次高黎贡山南、北两斋公房,已经对翻越视为畏途,一心希望早日攻克腾龙,俾于公路行走。张氏现已六十又五,白发苍苍的老县长,能忍苦若此,真令人佩服。"[28]

潘世征是从西南联大应征从军抗战的大学生,随校南迁来滇数年,此前却未到过腾冲。经张问德的介绍,他笔下的昔日腾冲至今仍令人遐想神驰:

腾冲是滇省最西的一个县份,地处中缅南北两段未定界的中部,是云南西南部对外的国际贸易中心。数百年来,为我国西南边疆重要的商业地区。该县东界高黎贡山山脊,西至高良工山土司区域,南起龙陵,北迄片马。东西长200多里,南北300多里,全县面积6万余平方里。其中有城坝、龙川坝、明光坝、滇滩坝、古永坝、顺江坝等平坝,以城坝为最大,但仅只有保山城坝的一半。全境气候

---

[27] 据云南网云南省"60位为解放云南作出突出贡献人物"之47:抗日县长张问德。http://special.yunnan.cn/feature2/html/2009-09/04/content_896192.htm。

[28] 潘世征:《沦陷期间的腾冲》。据其战地通讯集《战怒江》,第31页。

温暖，农产品一年有二度收成，足供本县需要。全县行政区域，共6镇31乡，战前有4万余户，25万余人口。[29] 教育有中学3所，小学颇能普及。矿产丰富，故有"十六只象的一条腿"的俗话。所谓"十六只象"，大概是指缅甸、中缅未定界（即孟养司[30]）和腾龙边区等地。自从缅甸等地不属我国版图以后，十六只大象之中，我国只有一条腿的区域了。据说在高黎贡山中猛柳附近有钾矿产品，在盏西境内有银铅矿，其他煤矿铁矿都有蕴藏。作为装饰品的水晶和玉石，产地多在缅北，却是腾冲商人的一项重要的商品，因售卖玉石而起家的人很多。滇西的民性，温和而好客，一个流浪的人在腾冲民间，决不会有饿饭的可能。滇省三迤，南东两区历来多匪患，独西部绝少有劫匪发生，这崇山峻岭之间的区域，历年来是绝少兵祸的。[31]

如今，这"绝少兵祸"之地，却遭罹了史上最惨重的兵祸。

---

[29] 张问德《腾冲县政府民国三十二年度工作报告书》记为腾冲原有6万户、26万人。1943年7月县政府与第11集团军联合普查，作为游击根据地的腾北四、五两区尚存21340户、115723人。据《保山地区史志文辑》抗日战争专辑之三，第290页。

[30] 孟养司，全称为孟养军民宣慰司，位于缅甸东北地区，大致为今缅甸的克钦邦，明朝的时候仍属中国的领土，府治为孟养城，即今缅甸的孟养（又名莫宁）。

[31] 潘世征：《沦陷期间的腾冲》。据其战地通讯集《战怒江》，第30页。

第1章 预2师挺进腾冲

(参阅附图1、附图34)

据日本公刊战史,在反攻"试探战"失利后,"中国军暂时打消了以大部队反攻怒江以西的念头,锐意增强阻止日军向怒江以东进攻的态势。与此同时,命小兵力逐步潜入第56师团管内,反复进行小规模局部的游击战"。[1]

实际上,在日军占领腾冲当日,预备第2师即已向腾冲挺进,先期意在反攻收复失地,后来成为游击战的主体力量。

据第11集团军战斗详报:

5月10日,预2师到达保山东北板桥街附近,奉命以主力继续向惠仁桥前进,准备渡江。11日正午,该师进抵冷水铺、蒲缥以南地区。第11集团军总司令宋希濂以电话命令该师(欠第4团):应即由惠仁桥附近渡过怒江,向龙陵西北地区前进,破坏交通后牵制敌军,阻其增援。

该师奉命后,即派第6团第3营为先遣支队,令其向腾冲东侧之吴邑挺进;将主力区分为三个梯队,依次在惠仁桥附近老渡口实施渡江。

12日下午3时,预2师先遣支队到达惠仁桥附近,以一部沿江配置警戒,其余则开始渡江。但因惠仁桥已遭破坏,而怒江水深流急,缺乏渡河器材,要临时发动民众砍伐大竹编制竹筏,才可漕渡。而竹料要到30里以外的高山去砍,搬运费时,到黄昏仅扎成竹筏四只。而且青竹浮力很小,每只仅可载四五人,且必须以熟悉水性的

---

[1] 中华民国史资料丛稿译稿《缅甸作战(上)》,第163页。

老乡协助摆渡。至当日夜半，才渡过去一个排，进至马料铺、独树以西担任警戒。

据先遣支队第6团第3营第9连排长王希孔回忆："为防止敌人过江，老惠仁桥已经破坏了。6团即用竹筏渡江，接连被水冲没了，三个班都无法渡过去。后选出几个游泳能手，将铁丝系在腰间，带往怒江西岸，把铁丝分别捆在东西两岸的大树上，后再增加多股铁丝，以空汽油桶连在铁丝上作为浮桥，终于一个个地渡过江。"[2]

13日，预2师先遣支队继续渡江，进出独树以西地区，其一部进至红木树（即禾木树）附近掩护；第6团主力进至老渡口附近准备渡江。第5团及师部与直属部队到达小街子附近地区。

当日，该师派赴腾冲侦察的便探返回报称：

敌步骑兵约700人，于5月11日占领腾冲县城垣，芹菜塘、倪家铺时有敌骑探出没；又敌骑百余，昨日已到达马料铺西南约12公里的大寨。

顾虑预2师渡江前进后后路空虚，总司令宋希濂令留驻保山的第4团派兵一营到惠仁桥，并以一部进出马料铺，替换在该处担任渡河警戒的部队。

14日晨，日军骑兵数十名窜抵红木树，与第6团已渡江的一个连接触。但这支日军骑兵小队似乎只是担负搜索警戒任务，未加抵抗即迅速后退。据第6团第3营第9连排长王希孔回忆："我们到红木树后，据当地老百姓说，日本鬼子有40多人，此地住过一天连夜逃跑了。我见沿途中有跌死跌伤的骡马6匹及一些弹药箱。"[3]

连日来，怒江上游大雨，江水上涨，水流湍急，预2师后续部队渡江异常困难。每每穷一夜之力，才能渡过一个连，并已漂没淹亡排长1员、士兵7名。[4]

15日，预2师先遣支队继续向龙江桥搜索前进，驱逐象脖子附近之敌后，进至小平河附近警戒。随后，第6团主力全部渡过怒江，

---

[2] 王希孔：《我所亲历的橄榄寨战斗》。据《云南文史资料选辑》第39辑滇西抗战，第156—158页。

[3] 同上。

[4] 《徐永昌日记》第六册，第399页。

进至象脖子附近；第5团及师部进抵山脚东侧地区。

当日17时，第11集团军于保山郎义村电令预2师：

"该师（欠第4团）应于17日正午以前全部由惠仁桥附近渡过怒江，向腾冲方面搜索前进，截断腾冲、龙陵间交通，相机占领腾冲；但对左侧应特别警戒。"[5]

归化寺的第一枪

日军于5月10日占据腾冲后，即向城郊四周推进，搜索追击我逃亡部队和民众。

7日，护路营派营附角天元、连长陈锡年率兵一连，护送龙绳武到保山。[6]而后，营长李崇善率该营主力先是退到苁茨山，又经曲石、瓦甸（今永安村）转至界头。

这时，由分队长纳其中带领的县自卫队，也退到了瓦甸。14日，该队欲西进至西沙河之灰窑桥设防，尖兵到龙口后，探知一队日军正由腾冲经向阳桥北上。该队遂撤到瓦甸街北面的刘家坡头，当夜飞报界头。

15日[7]黎明，李崇善派驻界头的第3连唐连长率部南下瓦甸支援。该连到达距离瓦甸五六公里的石墙村时，即与该路日军约80余人遭遇。[8]这股日军是在牧野中尉带领下，向腾北搜索扫荡的。

发现敌人后，自卫队即占领刘家坡头高地，护路营唐连占据归化寺及左侧高地为依托阵地。瓦甸区长孙成孝也率三练[9]民壮百余人，配合部队作战。敌军进入伏击圈后，我军一声枪响，即将牧野中尉打下马来。日军即四散各找掩体，向我军反击。

战斗中，日军设在一处土坎下的一挺歪把子机枪对我军威胁甚

---

[5]《第11集团军民国三十一年五月五日至六月一日惠通桥腾冲龙陵地区间战役战斗详报》。据《保山地区史志文辑》抗日战争专辑之一，第8—11页。

[6] 李裕森、王建侯：《滇西护路第三营腾冲抗日纪实》。据《滇缅抗战亲历记》，第115页。

[7] 原文为5月21日，应有误。熊建玺《腾冲县归化寺战役》(《保山地区史志文辑》抗日战争专辑之二，第283页)记述为旧历四月初一，即公历5月15日。

[8] 熊文定：《腾冲军民抗战片断》。据《腾冲文史资料选集》第一辑抗日战争专辑，第87页。

[9] 龙川江河谷曲石、瓦甸、界头三个练地的合称；此外腾北明光河谷也有大、小西练，当时并称"西三练"。

大。护路营排长李炳仁带两名士兵，利用地形迂回到土坎上，扑下去压在日军射手和副射手身上，用匕首捅死敌人。李炳仁又端起机枪调转枪口，向日军扫射，不幸被敌一颗子弹击中胸膛，倒在刚缴获的机枪上。两名士兵见状，抬起机枪边打边撤，发现刘家坡头的自卫队已经撤走。见此情景，其他各部怕打下去日军增援部队来后吃亏，就抬着伤员向界头方向转移。

此战，共歼敌牧野中尉以下44人；我亦阵亡护路营上尉连附张增良、中尉排长李炳仁，自卫队中尉分队长纳其中等官兵，及瓦甸前区长孙成孝等45人。[10]据目击者、当地村民孙武学口述：若自卫队在李炳仁夺取日军机枪后，由敌后包抄支援上来，消灭这股日军是有把握的。遗憾的是该队撤出，使其余日军得以脱逃。[11]笔者以为，可能因分队长纳其中牺牲无人指挥，导致自卫队溃散。

但更令人遗憾的是，李崇善的护路营仅派出唐连参战，营主力却撤往高黎贡山。后来县长张问德不无谴责地指出："是役倘李崇善不走，护路营与自卫队协同，则此股敌人可悉数就歼。"[12]

归化寺之战，为腾冲地方武装打响了抗日第一枪。在某种意义上，此战有洗雪5月10日地方官员不战而逃之耻的色彩，因此从腾冲民间抗战这个立场上，曾在当地史志中被大书特书。1945年7月7日，云贵监察使李根源曾亲临战地凭吊，为烈士树碑并亲书碑文"战士冢"三个大字，并赋诗评赞："长吏闻声走，八方惊分窜。民魂复还来，归化寺一战。"[13]

16日，预2师师长顾葆裕向第11集团军报称：

---

〔10〕原文中所列阵亡名单有误，笔者综合《第20集团军腾冲阵亡官佐名录》(《腾冲文史资料选辑》第一辑抗日战争专辑，第319页)及熊建玺《腾冲县归化寺战役》(《保山地区史志文辑》抗日战争专辑之二，第283页)附录"战士冢"阵亡人员姓名碑文修订。张增良上尉为云南洱源人，纳其中上尉为云南云县人，李炳仁中尉为云南丽江人。

〔11〕孙学武（口述）、马兆明、罗佩瑶（整理）：《归化寺阻击战》。据《腾冲文史资料选集》第一辑抗日战争专辑，第87页。

〔12〕张问德：《腾冲县县政府民国三十二年度工作报告书》。据《保山地区史志文辑》抗日战争专辑之三，第286页。

〔13〕孙学武（口述）、马兆明、罗佩瑶（整理）：《归化寺阻击战》。据《腾冲文史资料选集》第一辑抗日战争专辑，第87页。

腾冲有步炮联合之敌千余人，橄榄寨有敌三百余，正加强工事中；其一部在龙江桥西岸警戒。

当日12时，该师先遣支队到达龙江桥东岸占领阵地，并以一部驱逐西岸敌警戒部队，进至大地坡附近占领阵地，搜索敌情。午后6时，第6团主力到达后头田、大栗树之线占领阵地；第5团第1营午后进抵红木树，第3营在新城附近，其余仍在怒江边待渡。

17日阴雨，先遣支队通过龙江桥，向橄榄寨前进。第5团第3营（营长杨成章）则向邦买街（即邦迈村）以南推进以牵袭敌人，第1、2营到达后头田、大栗树附近；第6团主力到达龙川江东岸，师部及直属各部队到达老寨附近。先遣支队第6团第3营排长王希孔记得，部队到龙川江东岸后住了一夜，第二天一早就过龙江桥，当时师长顾葆裕和参谋长彭劢站在铁链桥边。过桥后，王希孔听说副师长洪行带着第5团一部分兵力（第3营）挺进到腾冲南面的勐连去了。[14]

橄榄寨位于腾冲城东30多公里，为腾冲通往保山古驿路的东大门，从寨子向东下行2公里即至龙川江边。日军占据腾冲后，以一部推进至此筑防，以阻击我军西进。

据第11集团军战斗详报：

18日，阴雨。自拂晓起，预2师先遣支队即对橄榄寨之敌开始攻击。因敌据守村寨及西侧高地，凭险顽抗，我攻击部队勇猛向敌接近，距敌仅百余米，遭敌火力侧击，伤亡甚重。敌之一部约七八十名向我攻击部队左侧逆袭，被我迫击炮火力阻止。至黄昏未能奏功，遂成对峙状态。据参加此战的王希孔回忆：

（先遣支队第3营）过了龙川江，即向橄榄寨攻击。由下向上进攻，地形对我们虽不利，我们的枪炮声却很激烈，敌人的枪炮声稀少。我们一直冲到离橄榄寨五六十米处，敌人的轻重机枪、小钢炮、

---

[14] 王希孔：《我所亲历的橄榄寨战斗》。据《云南文史资料选辑》第39辑滇西抗战，第156—158页。

手榴弹像雨点一样向我们扫射。敌人的工事坚固而隐蔽,都修在围墙内和房屋内的墙脚下,在外面很难发现敌人的机枪和炮阵地多次发起冲锋也冲不进去,我们伤亡甚重。[15]

经一日激战,预2师基本探明日军实力,师长顾葆裕向第11集团军报告敌情:橄榄寨之敌连日来已增至400余人,有机枪约12挺,迫击炮2门,小炮1门,并有英缅人一部。

当日,第11集团军总司令宋希濂对预2师其他各部队行动,电令如下:

左侧支队第5团第3营应由云头经大水井、大竹坝、戥子铺、孔考向上勐连方面前进,截断腾冲、龙陵间交通;该师主力应速向腾冲搜索前进,避免正面攻击,勿为少数之敌羁留。

至18日晚,预2师各部到达位置如下:第6团在龙江桥一带。第5团第1营(附工兵一连)到达后头田、大栗树之线;第2营于午后3时渡江完毕,向老寨前进中;第3营由新城向云头前进中;团部到达小羊河附近。师部及直属各部队到达后头田、岩子脚一带。

19日,仍阴雨绵绵。先遣支队向橄榄寨之敌再兴攻击,敌扼险顽抗,至午后4时许尚未攻下。黄昏前,第6团主力到达,该团决定以第3营乘夜袭击橄榄寨西南高地。

排长王希孔记得,经过两天一夜战斗,部队伤亡很大。第6团遂改变方法,下面仍留下一部分兵力,团指挥所和第3营全部,利用黑夜,从橄榄寨左侧迂回到小马场、陈家寨,准备由上向下攻击。[16]至次日凌晨2时许,终于攻占橄榄寨西约5里之黄草坝附近高地,毙敌20余名。[17]

---

[15] 王希孔:《我所亲历的橄榄寨战斗》。据《云南文史资料选辑》第39辑滇西抗战,第156–158页。

[16] 同上。

[17]《第11集团军民国三十一年五月五日至六月一日惠通桥腾冲龙陵地区间战役战斗详报》。据《保山地区史志文辑》抗日战争专辑之一,第11–15页。

栗柴坝大屠杀

就在腾东橄榄寨激战之际，在腾北高黎贡山东麓的怒江栗柴坝渡口，发生了一件令人扼腕的惨案。

15日，日军在归化寺之战遭挫后，残部返回县城。当天，李崇善带护路营沿高黎贡山脚撤至太平铺。其时，在撤退的护路营后面，还跟着部分逃难的腾冲海关官员和家属，[18] 及从缅甸逃难入境的华侨。

19日，该营经马面关、北斋公房翻越高黎贡山。这时，腾冲日军已集结兵力，于当日北进追击至界头。日军在界头搜索该营未果，又经马面关翻越高黎贡山继续追赶。[19] 由于龙绳武7日出逃时下令拆毁了怒江下游惠仁桥和双虹桥，连日来从沦陷区东逃的民众只能溯江北上，一时间难民盈满栗柴坝渡口。

此前几日，由于渡口人多船少，许多难民要留住江岸待渡。附近邦瓦寨保长李春鸿，得知难民中有的在缅甸经商，带了许多金银细软，遂起歹心，勾结本村大户倪朝相，到江岸诈骗华侨难民钱财。明里许诺为难民扎筏过渡，骗取了大笔造筏资金，暗中则故意拖延时日，拿出陈米腊肉向难民高价出售，发国难财。难民几经催促，他们也无动于衷。

当时远征军溃部有个杨营长，在栗柴坝附近的白家寨收容散兵，急难民之难，命令甲长贵三祖派该村桑春富、白开玉等4名船工，砍伐竹料扎制竹筏一只，帮助难民摆渡了三天，渡过了一百多人。不想到了第三天，当从腾冲撤退的一股远征军部队渡过怒江后，就接到了封锁渡口的命令。据船工桑春富回忆，当晚有个军官向渡口的船工宣布：日军将于明天到达栗柴坝西岸，从现在起就停船封渡，严防敌人过江！当天夜里，船工桑春富、桑发源、左自春就奉命把大船底部凿穿，沉入江底，还拆毁了部分竹筏。这时，由于汉奸延

---

[18] 当时腾冲海关人员分三批逃离，此为第三批，共有海关关员6名（一说8名），均在栗柴坝大屠杀中罹难。据保山新闻网《腾冲海关史话》，http://www.baoshan.cn/4034/2005/03/30/210@204914.htm。

[19] 熊文定：《腾冲军民抗战片断》。据《腾冲文史资料选集》第一辑抗日战争专辑，第87页。

误,滞留在西岸的难民还有300人左右。[20]

19日,护路营到渡口正在与船工交涉时,日军尖兵远远地追来。护路营即抛下民众,溯江而上逃往泸水。[21]日军对护路营未予穷追,而将300多名难民包围。

据载,日军先将难民中的男人全部捆绑,集中在一起下跪,然后用机枪扫射残杀。数十名妇女为免遭日军凌辱,纷纷投江自杀,有的还抱着孩子。当日遇害者达290余人,只有极少数难民冒死沿江岸上下逃跑脱险。栗柴坝西岸渡口沙滩上,一时尸积成堆,血流成河,江面浮尸累累,血水染红了半条江,其情状惨不忍睹。[22]

在此次大屠杀中,有一位特殊的幸存者,当时仅为一周岁的女婴,后来被当地人称为"小华侨"。"小华侨"的父母是带着全家人从缅甸逃入腾冲的,几天前,历尽艰险自北斋公房古道翻越高黎贡山,来到距栗柴坝渡口五六公里的蛮云街(今蛮英村)。在逃难的侨胞中,"小华侨"一家兄弟姊妹最多。家里的大姐在长途跋涉中一直挑着一副箩筐,一头坐着两岁的弟弟,一头躺着6个月的妹妹(即"小华侨")。

在蛮云街候渡时,当地有一户无儿无女的农民陈丙文夫妇,前往过路住宿的侨胞中打听,想要个婴儿来抚养,以便将来养老送终。在这前途生死莫测的患难时刻,陈丙文夫妇仅用一升大米,就从"小华侨"父母手中换得这个女婴。不久,陈丙文夫妇双双去世,由其弟陈老幺负责抚养。后来陈老幺也家贫如洗,实在无法养活"小华侨"。恰在这时,蛮云街的地主欧家祺家因生了三个子女,先后夭折,就把"小华侨"领去抚养,名曰"压长",并取名欧青兰。[23]

而那个为发国难财出卖同胞的汉奸李春鸿,后来被我军抓获,押

---

[20] 李道生、马秉坤:《泸水军民联合抗日战事纪实》。据《云南文史资料选辑》第39辑抗日战争专辑,第184页。

[21] 腾冲县党部书记长刘本坤呈报边情三项电称,护路营后由泸水渡江至云龙漕涧。据《保山地区史志文辑》第1辑,第346页。

[22] 马秉坤:《泸水抗日战事资料访录》。据《怒江文史资料选辑》第2辑,第31页。

[23] 崔向弼:《"小华侨"的由来》。据《怒江文史资料选辑》第23辑,第191页。1958年欧青兰与丙贡村傈僳族农民车文标结婚,生有6个子女,仍健在。

解途中他赖着不走,押解的士兵把他投到河里处死了。[24]此为后话。

20日,阴雨。第11集团军综合连日侦察情况,获悉敌情为:

腾冲之敌为今冈部队(第56师团第146联队,联队长今冈宗四郎大佐),城内及来凤山一带约六七百人,山炮1门,小炮1门;另敌一部300余,于18日窜至腾冲东北之海口、曲石街、龙口附近,19日晨继续向瓦甸街北窜。

预2师仍以一小部继续监视围困橄榄寨之敌,主力分两个纵队向腾冲、上勐连间地区搜索前进,破坏腾龙间公路,相机攻占腾冲。第6团主力于当日13时许由橄榄寨北侧经坝湾(即八湾)、芹菜塘向飞凤山搜索前进,16时许占领飞凤山及高山寺各要点;第5团一部占领上勐连与罗汉冲之间的官坡(即关坡)隘路。

21日上午10时,第5团主力进占大董,19时击退倪家铺之敌,占领大董、上勐连间隘路。预2师为排除进路障碍以利后续作战,令第6团一部扼守后屯、飞凤山西南及吴邑以东隘路;第6团主力进至橄榄寨西南附近地区,准备次日拂晓继续围攻橄榄寨之敌。

当晚10时许,总司令宋希濂电令预2师:

腾冲之敌如顽强抵抗,可暂在飞凤山、陡坡寺一带构筑工事,严密监视,允将橄榄寨残敌肃清;第5团主力应仍向上、下勐连前进,截断腾龙间交通,与第6团互为犄角。

23日,连日阴雨终于停息,但依然阴霾密布。

橄榄寨西侧一带高地,山峰起伏,树木丛密,运动展望均极困难。日军利用隐蔽地形地貌构筑了坚固工事,密布侧防火网。自拂晓起,第6团主力继续向敌攻击,敌顽强抵抗。该团官兵勇往直前,力求接近,终为其侧防火网所阻,伤亡极重,攻击未果。

当日,第5团主力进至猪新街(即朱星街),对来凤山之敌施行袭击。

24日,自凌晨起,各攻击部队即以协同行动,各向指定目标前进。拂晓前,天空放晴。第6团续攻橄榄寨之敌,占领附近灰坡垭、

---

[24] 马秉坤:《泸水抗日战事资料访录》。据《怒江文史资料选辑》第2辑,第31页。

石头山、二台坡等要点。敌猛烈反攻，均被击退。

中午时分，总司令宋希濂致电顾葆裕：

橄榄寨之敌如难攻下，可以第6团一部严密监视，并构筑工事，以火力封锁或设法诱其出寨，再捕捉而歼灭之；第6团主力仍应占领飞凤山一带高地，监视腾冲之敌；应激励第5团设法袭占来凤山，以期早日收复腾冲。

25日，第11集团军获悉敌情：由腾冲北窜龙川江桥头街之敌约三四百人，于24日晚分三股经瓦甸、曲石、向阳桥先后向南回窜。此股敌军，应为追击护路营至怒江边、制造了栗柴坝大屠杀的北路日军。

当日拂晓后，敌200余人、附炮2门，出腾冲城北门向蜚凤山、后屯前进。其时，预2师第5团以第2连协同地方团队，在敌通路附近据要点设伏。9时许，日军以行军纵队进至后屯附近，我伏兵以猛烈火力奇袭，毙敌百余名，打了一个成功的伏击战。[25]

据腾冲当地史料记述：

旧历四月初十（5月24日）晚，第5团第2连在连长杨正昌率领下经洞山到达下河村，即迅速攀上蜚凤山，构筑工事准备迎敌。尹家湾民壮一部，亦帮助杨连挖战壕。此时，"息烽"部队第3营（营长李匡时）亦开到附近纱帽山驻扎。

次日早晨，日军百余人从腾冲北门开出，沿腾北大路行进。同时敌机两架飞临球眸山（当地对飞凤山的旧称）、蜚凤山一带做低空侦察。杨连在蜚凤山前沿阵地隐蔽好，放过日军尖兵，待其大部队进入伏击圈时突然打响。第一排枪声中，就将日军指挥官击落马下。日军从懵懂中清醒过来后，立即散开队形对我军进行反扑，战斗从上午9时持续至下午5时，杨连在民壮配合下，打退日军多次反扑。然"息烽"部队不但未协同作战，反于战斗打响后撤走。

据时在洞觉村后山观战的陆汗白撰文回忆：当时日军兵力不足百人，遭伏击后匍匐于稻田，若兵力最多的"息烽"营能全力协助

---

[25]《第11集团军民国三十一年五月五日至六月一日惠通桥腾冲龙陵地区间战役战斗详报》。据《保山地区史志文辑》抗日战争专辑之一，第15—19页。

作战，当可全歼日军。但该部"死不争气"，很快退至罗坞塘，全部人马遁入山中，后过江逃往保山。[26]

下午5时，日军大部队增援，其尖兵迂回向我侧背攻击。此时我军因弹药将尽，为避免胶着，遂向后山转移。当时，一名山东籍张姓重伤员不能行走，要求留作掩护，在日军接近时，连续投出7枚手榴弹，炸死日军7人后壮烈牺牲。是役，击毙日军40余人；我方阵亡士兵18名，及民壮王继文、王家训、侯天禄、李长湘等13人。

次日，日军前来报复，捆绑尹家湾无辜百姓六七人，用刺刀捅死。[27]

---

[26] 陆汗白：《腾冲抗日救亡志愿团》。据《腾冲文史资料选集》第一辑抗日战争专辑，第209页。

[27] 王齐贤、刘春明：《飞凤山阻击战》。据《腾冲文史资料选集》第一辑抗日战争专辑，第93页。

第 2 章　围攻橄榄寨

（参阅附图 1、附图 34）

自 25 日拂晓起，橄榄寨日军向我石头山、二台坡阵地反复攻击 4 次，均被击退。

26 日上午 10 时许，第 5 团一部占领黄泥坎，向龙陵方向之敌警戒。总司令宋希濂电令预 2 师，仍以第 6 团主力围攻橄榄寨之敌，望能在飞机、迫击炮协力下早日占领。

27 日，预 2 师以第 6 团全部围攻橄榄寨之敌，由该师副师长洪行担任战场指挥。总司令宋希濂致电该师指示战法：如橄榄寨之敌企图突围逃窜，可放开一面，候其出寨时予以狙击。

上午 10 时许，蒋介石亦致电第 11 集团军总司令宋希濂，就战术问题作出指示：攻击部队应避免硬战，要分成若干小组，钻隙进出公路，以伏击、截击诸方法打击敌人，并加紧破坏。

当日中午，第 5 团第 3 营在上勐连官坡附近设伏，将由龙头街附近北进之敌六十余人，马七八匹，大部聚歼。

据当地史料记载，其时勐连镇长杨绍贵率民壮 30 余名，主动向该营营长请求配合部队作战。日军进入勐连街南面东山与低桥坡之间的伏击圈后，杨绍贵等先以老式毛瑟枪、土枪甚至弓弩先行开火诱敌，日军见状包抄而来，占据有利地形的第 5 团第 3 营官兵随后开火，日军猝不及防，死伤大半。[1] 在日军反击中，杨绍贵因老式毛瑟枪卡壳，被日军投掷的手榴弹炸死；此外民壮董金荣、姚自祥、

---

[1] 许秋芳主编：《极边第一城的血色记忆——腾冲抗战见闻录（上）》，第 110 页。

朱开祥等20余人亦相继阵亡。[2]

又，自腾冲城东进增援之敌约200余人，附小炮2门，已绕经蛮凤山、后屯、河头寨进至坝湾附近。第5团以一部由飞凤山东进夹击该敌，但最终未能阻止。至28日拂晓，该股日军已由坝湾窜抵橄榄寨附近三角地一带高地，以小炮及机关枪火力向黄草坝我军猛烈射击，企图与橄榄寨之敌会合；其一部向我二台坡阵地北翼移动。橄榄寨之敌见此也逐渐活跃，向我二台坡反复攻击，被我击退。[3]

据第6团第3营第9连排长王希孔回忆，当第3营主力从正面攻击橄榄寨时，营长胡生恒曾命其带本排三个班迂回至橄榄寨后山向县城方向警戒，据守自县城而来的狭窄路口，成功伏击增援之敌一部，并在日军反扑后遭遇险情。但这一战斗，与军方战报中"第5团一部由飞凤山东进夹击该敌"的记述不尽相同，谨转述备查：

> 我带着部队到后山选择好阵地，将机枪和小炮的位置选好后，即做简单的发射工事。并告诉全排人员，若发现敌人过路，没有我喊开枪的命令，谁随便开枪，就枪毙谁。当时我排有42人，轻机枪2挺，60炮1门，掷弹筒3个，冲锋枪3支，其余是步枪、手榴弹。
>
> 下午5点半钟，敌人由城来了40多人，另有穿便衣的10多人，骡马有60多匹。当敌人走到我埋伏阵地前50多公尺，我大叫一声"开枪！"全排集中火力把日本鬼子的人马全部打倒在地。因为担心敌人未死者还枪，未能及时派人去清查毙伤的人马数字，只是观察到少数几个敌人跑掉，多数是倒地不动了；骡马一半以上也是倒地不动，部分还跛着脚走动，有少数几匹像野马一样乱跑。
>
> 20分钟后，我派一个副班长带着3个士兵去现场清查。将要出动，就听见从橄榄寨打来的炮弹响，随后敌人的轻重机枪和小钢炮

---

[2] 尹明德：《滇西军民抗战概况》。据《腾冲文史资料选集》第一辑抗日战争专辑，第51页。杨清湛：《抗日乡长杨绍贵纪略》。据《溅血岁月》，第281页。战后蒋介石曾特电旌恤："准在死难地方建立专祠纪念。"据黄槐荣《腾冲的全民抗战》，《腾冲文史资料选集》第一辑抗日战争专辑，第93页。

[3] 《第11集团军民国三十一年五月五日至六月一日惠通桥腾冲龙陵地区间战役战斗详报》。据《保山地区史志文辑》抗日战争专辑之一，第19—21页。

像暴风雨一样地向我排打来。当时情况十分紧急，怕难以逃出敌人的火力网，我叫全排分散各跑一方，跑不脱的就藏起来，明晨到上营以北江边集合。当时我也怕跑不脱了，就钻进一堆干柴边的夹沟里，用干柴盖满全身，把手榴弹盖子旋掉摆在手边，当时想着若敌人一脚踩在我身上，手榴弹爆炸，我就和敌人同归于尽。结果是敌人从我身边跑过去了。待敌人过后，我才起来向江边跑去。敌人追到天黑，不见我排踪影，只好退回橄榄寨。次日天亮前，我到江边等候集合，全排只有刘小毛等3个兵失踪，其余的都到齐了。[4]

28日，下午5时10分，美国"飞虎队"战机3架飞抵橄榄寨上空，对寨内投弹6枚，均命中起火。我围攻部队乘飞机轰炸之际，奋勇突入寨内，与敌发生激烈巷战，至黄昏占有该寨东部，残敌仍负隅顽抗。

关于此次我战机轰炸导致村寨焚烧，据时任第11集团军参谋的吴堪回忆，第6团最初确曾试图火攻烧寨，但顾虑寨内都是我少数民族同胞，为免伤无辜，而被迫与日寇逐屋争夺展开巷战。[5]但尹明德的记述印证了部队战史记录："经6团一营之奋战，迫击炮轰击，空军燃烧弹之轰炸，全村屋宇半数烧毁。"[6]可见以飞机投弹致村寨焚毁确有其事，实属无奈之举。

28日黄昏，第6团派出的便探侦察报称：腾冲之敌又一部约二三百人，于昨夜由土民向导，潜由大董取僻径绕经玉璧坡以南，向坝湾、橄榄寨急进，至中午12时许已到达坝湾附近。

29日，又是阴雨霏霏。自拂晓起，橄榄寨之敌及坝湾以东地区之敌共约千余人，彼此呼应，同时向第6团阵地猛攻。此时，第6团经过连续战斗之伤亡，能战斗兵力已不及300人，仍沉着应战，固守阵地。其突入橄榄寨之一部于拂晓续向敌攻击，因敌扼守工事，死力顽抗，终未能将其驱逐出寨。

---

[4] 王希孔：《我所亲历的橄榄寨战斗》。据《云南文史资料选辑》第39辑滇西抗战，第156–158页。
[5] 吴堪：《抗日战争滇西战场亲历记》。据《云南文史资料选辑》第39辑滇西抗战，第75页。
[6] 尹明德：《滇西军民抗战概况》。据《腾冲文史资料选集》第一辑抗日战争专辑，第51页。

9时许,坝湾之敌一部窜抵马场附近,向第6团阵地侧背攻击。此时,该团已处于被敌三面夹击之境地,战况惨烈。此时,第6团第3营第9连排长王希孔已带本排归队,据其回忆:

> (29日)天未亮,敌人就向我第3营反扑,在小马场反复冲杀多次,敌我双方混战,短兵相接,发生刺刀战。上士班长王鼎臣被刺死后,我丢了一个手榴弹把敌人炸死,拿起王班长的冲锋枪举手要打,又一个敌人一刺刀过来,刺伤我的左臂上部。我手中的冲锋枪一放矮,"哗"地一梭子子弹出去,敌人倒地而死。当时在我右边的第9连上尉连长阵亡,第1排排长受重伤也下了火线。
>
> 我利用地形脱离了刺杀区,来到团指挥所。团长辛伦问我的伤重不重,我说不重,只是刺破一片皮。团长即问我能否再坚持战斗,我说可以。团长即写一张字条:"第9连少尉排长王希孔因轻伤不下战场,晋升中尉,负责第9连一切事务。辛伦1942年5月×日"。
>
> 我持这张字条返回最前线,找到营长胡生恒。营长见我第一句就骂:"我要枪毙你!你们那边战斗十分激烈,我派人去找你们几个(指连长和我们3个排长),一个都找不到,你们跑到哪里去了?"我回答:"连长已经阵亡,二排长也阵亡了,一排长重伤已下火线。"我即拿出团长写的字条给营长看,营长说:"好,你赶快回连指挥战斗,我马上派人给你。"我连滚带跑地又回到第9连,正遇二三班与敌人拼刺刀,我大喊声"杀!"参加战斗。
>
> 不到十分钟,我的左臂又被敌人打中一弹,不能再坚持战斗了,回到团指挥所。团长和少校卫生队长看了我的伤,包好药,卫生队长即写一张住院证明单:第6团第9连中尉排长王希孔左臂负伤,需住院治疗。我就持着住院证明下了战场[7]。

据第11集团军战斗详报:当日正午,第6团阵地之一部被敌突破,陷于混战。该团团长辛伦亲率十余人奋勇冲杀,终未能恢复阵

---

[7] 王希孔:《我所亲历的橄榄寨战斗》。据《云南文史资料选辑》第39辑滇西抗战,第156—158页。

地；该团副团长万启民中弹殉职，连长伤亡5员，排长伤亡16员，士兵损失过半。[8] 王希孔的记忆是，毙伤日军80多人；仅第3营即伤亡连排长9人，士兵120人。[9]

此时，二台坡阵地亦陷入苦战。预2师以第5团两个连分由马头山、吴邑、官坡向坝湾夹击，至黄昏时分，仍与该敌酣战中。

29日中午，宋希濂奉到蒋介石电谕：

敌增援源源而来，我军应避免硬战，减少牺牲，以伏击腰截等方法钻隙扰袭，并尽量破坏公路，限制敌之行动。

下午4时许，第11集团军致电预2师师长顾葆裕：

敌人自畹町方面大举增援……该师兵力有限，为减少牺牲计，不能与敌作激烈战斗，希本此要旨，妥为处理。注意主力宜向东北移动，但新城、三甲街（龙川江龙旺桥边）一带必须留置一部为要。

30日，阴雨未歇。预2师于拂晓前与敌脱离，退守龙川江东岸，以一部留置于腾冲东南地区，牵制敌人。至31日，各攻击部队依电令指示逐次脱离敌人东撤。清晨，通过龙江桥后，即将龙江桥破坏。

6月1日上午，第11集团军奉到军委会驻滇参谋团[10]团长林蔚抄转蒋介石电，令进至怒江西岸的预2师及刘伯龙新28师结束反攻态势，转入持久游击战。

第11集团军奉令后，即作出部署：

以预2师第5团留置怒江西岸，在滇缅公路线以北及龙陵、腾冲道以东地区担任游击。师直属部队及第6团残部即由惠通桥附近渡江，移往施甸附近。第4团（欠第1营）候将双虹桥、惠仁桥守

---

[8]《第11集团军民国三十一年五月五日至六月一日惠通桥腾冲龙陵地区间战役战斗详报》。据《保山地区史志文辑》抗日战争专辑之一，第21—22页。张问德：《腾冲县政府民国三十二年度工作报告书》。据《保山地区史志文辑》抗日战争专辑之三，第286页。副团长万启民在《第20集团军腾冲抗日阵亡官佐名录》中无记录。军史专家胡博先生提供其资料为：万启民，生于1906年4月11日，湖北汉阳人。抗战爆发前为第49师第294团第3营少校营长，1938年转入预备第2师任中校团附，1939年部队改编制，中校团附改称中校副团长。

[9] 王希孔：《我所亲历的橄榄寨战斗》。据《云南文史资料选辑》第39辑滇西抗战，第156—158页。

[10] 国民政府军委会为远征军第一次入缅作战设立的参谋机构，团长由军令部次长林蔚兼任，直接为蒋介石负责，筹划中英军事合作共同保卫滇缅路军事事宜。

备任务交71军88师接替后，即移驻施甸附近整训。

此后，各部队依照新部署调整态势，以一部留置怒江西岸游击并施行破坏，主力沿怒江东岸构筑工事，坚强固守，形成对峙。

6月14日，71军87师开抵保山。第11集团军即令该师261团推进至施甸附近，担任攀枝花至打黑渡间渡口守备，而以预2师全部留置腾冲东北地区开展游击。

战后，第11集团军就此次预2师反攻腾冲战事进行总结，从教训方面提出"可作参考之意见"如下：

工兵渡河器材不备，利用竹筏漕渡则准备不充分，致渡江耽误时间，为此次攻击不能奏功之大主因；

橄榄寨之攻击不能奏功，固由攻击部队战斗力不韧强，然其主因厥在无山炮兵之配属，攻坚火力不足也；

此次战役中有掷弹筒而无掷榴弹，致迫近敌前而无杀敌之具。又此次各部在昆明领用昆造捷克式轻机枪，其膛径与新领子弹多有不合，每临发射忽生故障。又新领木柄手榴弹十之八九皆不爆发，新领82迫击炮弹底火钢质脆弱，每于炮弹击发出膛后，其底火留着于撞尖上，必须将炮倾倒取出底火重新瞄准始能发射。此种械弹故障发生，常使逸失杀敌良机，而更遭受敌之损害；

我军平时官兵教育时间短促，且疾病患者众多，不能按部就班实施教育，参战力脆弱，不能作韧强之战斗。〔11〕

此后，预2师即担负战略性游击战以牵制日军。上级赋予该师的主要任务为：收集日军大队以上部队的活动情报，并相机阻扰；依命令袭击，达到牵制日军的目的；收容由缅甸败退官兵及华侨，掩护其返国；觅取与驻印军总指挥部保持联系；掩护第11集团军北侧翼安全；安抚夷族及地方自卫部队；确保六库与栗柴坝两渡口安全，以利补给运输；安抚战地民众难民，铲除奸宄分子。

---

〔11〕《第11集团军民国三十一年五月五日至六月一日惠通桥腾冲龙陵地区间战役战斗详报》。据《保山地区史志文辑》抗日战争专辑之一，第22—26页。

师长顾葆裕据此作出部署并编组：收集情报组，编成三个便衣队，乔装成商贾，混入滇缅边区马帮或民间活动；各团亦有一便衣队协助。当时尚未配给无线电话，仅有7.5瓦或15瓦无线电报机，译电通信所需机器额外申请，或在收容返国的部队中征收，译电密码本由师部统一编印分发使用，确保通信畅通。凡有打击性任务，则由各团营长策划执行，打罢即离开，切忌胶着。掩护翼侧及收容友军，则派遣营或加强连级部队以威力搜索方式执行。把守渡口维护交通由工兵部队担任。与驻印军联络派参谋人员率必要向导译员前往。有关安抚工作，派政工人员会同地方行政官员洽办，有时携带必需物品或任命状前往。

顾葆裕指示部队，从事敌后游击工作的要诀为：需要先不扰民，然后才能亲民保民而用民，否则，必定失败。[12]

---

〔12〕据预2师司令部情报参谋叶遜如回忆文章。转引自丁芝萍所撰顾葆裕传记《长风将军》，第143页。

第3章 随军抗日县政府

橄榄寨之战后，预2师即转移到腾东北，在界头、瓦甸、曲石、固东、顺江一带，沿龙川江、灰窑江设防。该师第5团杨文榜部在灰窑桥、向阳桥布防，团部驻江苴大鱼塘；第4团吴心庄部驻固东沿苊苁山、响水沟设防；师长顾葆裕、副师长洪行、参谋长彭励及师直属部队驻界头街。

6月5日，副师长洪行到江苴街，邀集地方士绅成立了腾冲临时县务委员会，推举刘楚湘、张问德、徐宗穋、谢树楷、李嘉祜、寸时久、李鸿美、封维德、刘福铭、刘绍和、李自洪、杨登荣、江如溱为委员；刘楚湘为主任委员，封维德兼任秘书长，段志富为壮丁大队长，执行县务。〔1〕

为了促成此次会议，预2师将领煞费苦心。本来会议拟于3日召开，副师长洪行闻知赵宝贤、封维德等人家眷尚未疏散，允以延期开会，3日当晚于大平地致函封维德，恳切陈词相邀：

少藩参议：〔2〕

国军不武，坐视腾越沦没，其遭害民众，莫非我黄帝子孙。午夜思此，通宵不眠。亟思有以善其后也！台端当仁不让，见义勇为，登高呼应，从者如流。窃思此次大会结果，收效必宏——地方自治机构，民众游击武力，国军反攻基础，胥肇基于此矣——不图召集

---

〔1〕封维德：《参加抗战书牍》。据《民族光辉——腾冲抗战史料钩沉》，第100页。另据《腾冲县会议通告腾城沦陷经过》(《德宏史志资料》第二集，第108页)，临时县务委员名单中还列有赵宝贤、董友芹、卢增文、张图鹏、明增灏、周从锡、熊廷和、明德恒、李典章、贺廷经。

〔2〕封维德，字少藩，预2师于5月20日委任其为本部参议。

通知既出，大会将开之时，阁下以家事牵，遂不果行。行之满腔热望，原应阁下商洽，故不避艰苦，放弃自身抗战重任，候教于诸公之前，于今热忱，将至消沉！

阁下固实以家事牵矣，弟恐间有意志薄弱者，将以此为"强敌压境，国军或不胜，免累家小，藉词规避，以图自全"以测阁下，转相效尤。大会无法召集，贻笑柄也。行固知阁下深明大义矣，然阁下何以自解！故行暂停杨家寨以待阁下，始开此会。否则于无可如何之时，行将东渡矣。取舍行藏，亟盼明教。顺祝

时安！并候阃府

洪行

六（月）三（日）于大平地军次[3]

会后不久，临时县务委员会的士绅们见证了第一次入缅远征军第200师师长戴安澜遗体返国入境这一悲壮事件。

据资料，戴安澜是5月18日从缅甸撤退途中，在抹谷公路西南侧森林中与日军发生遭遇战，中弹负重伤，于5月26日光荣殉国。[4]6月上旬，200师官兵护送其遗体越过中缅界河红蚌河进入国境，经由莲山设治局[5]所辖芒允、太平街、新城等地进入腾冲境。由于此时腾冲城区已被日军占领，官兵们又护送戴安澜灵柩转向腾北，绕经丝光坪（旧称丝瓜坪）、新岐寨、扒炭、古永、胆扎、麻栗坝、明光、营盘街（今东营）、桥头等地，[6]自怒江上游六库东渡怒江。

---

[3] 封维德：《参加抗战书牍》。据《民族光辉——腾冲抗战史料钩沉》，第89页。

[4] 张天祝：《滇西腾冲抗战大事辑》。《腾冲文史资料选集》第一辑抗日战争专辑，第14页。

[5] 据维基百科：设治局为当时中华民国二级行政区，隶属于省政府。依据民国二十年（1931年）制定，民国三十三年（1944年）修正的《设治局组织条例》第一条，凡是某一个地方预备成立新的县政府之前，省政府可预先成立设治局，以筹备之。同法二次版本第三第四条都规定，设治局置局长一人，受省政府之指挥、监督，并于不抵触中央及省之法令范围内，得发布局令及单行规章。中华民国曾有34个设治局。可将其视为设在边疆少数民族地区的临时行政机构，权限与县府相当，其下辖各土司。其时，腾龙以西共有瑞丽、潞西、陇川、盈江、梁河、莲山等6个设治局，最初的局长分别是陈际唐、龚统、杨光烈、曹庆安、封维德、武尚贤。其中，潞西设治局局长龚统在沦陷之初即率所属三个土司投降，由常绍群接任；陈际唐、曹庆安因瘴疠病故。

[6] 张问德：《腾冲县政府民国三十二年度工作报告书》。据《保山地区史志文辑》抗日战争专辑之三，第294页。

腾冲籍预2师老兵陆朝茂一直记得当时的情景。

那时陆朝茂16岁,刚读完高小,本来想继续读书,传来日军占领腾冲的消息,学校停办了。陆朝茂在江苴街见到了一队穿草鞋的国军,为首的瘦高个子营长远远地就招呼他:"喂,小伙子,想不想打日本人去呀?"陆朝茂只觉得扛枪好玩,不假思索地答应了。于是他很快便发得一双草鞋,一套很旧的黄军装。由于营养不良个头矮,军装松松垮垮穿着不合身。就这样,连家里的父母兄弟都不知道,陆朝茂就跟着这支队伍开赴桥头街训练了一个星期。

陆朝茂记得,戴安澜的遗体是6月17日途经腾北桥头街的,预2师师长顾葆裕和腾冲县临时县务委员刘楚湘、张问德等曾前往迎接。

事后,新兵陆朝茂听说,师长顾葆裕整整两天没有吃饭,以此来悼念戴将军。这是他当兵后第一次感动,当时什么也不懂的他突然明白了一种叫民族大义的东西。顾葆裕师长化悲痛为力量给陆朝茂这批新兵上的第一课,便是讲解孙中山的遗训。顾葆裕当时说:"大家为民族大义要努力,不要怕死,只能前进不能后退。我的枪虽然小,打日本人还嫌力量不够,但是枪毙逃兵还是够用的……"[7]

迎送过戴安澜灵柩不久,云南省政府主席龙云正式任命张问德为腾冲县长;并于7月2日在瓦甸三元宫、10日转往界头熊启昆家设署办公。县政府成立后,临时委员会随之结束。新县府随即建立乡镇基层政权,动员群众出夫、出粮,补充兵员,支援部队,团结各界共济时艰。[8]

由于滇西国军部队在前期战斗中损失较重,征兵遂成为新政府工作的当务之急。陆朝茂这批新兵,是预2师在腾冲招募的第一批本地青年。据陆朝茂回忆,当时预2师游击部队在腾冲,后方根据地设在江东漕涧。入伍后,在漕涧新兵教导队训练了两个月,又开到永平整训,再到凤仪驻扎了两个月。这时有消息说,上面要将预2

---

〔7〕李根志:《机枪手陆朝茂》。据《见证历史——滇西抗战见闻实录(上)》,第178页。
〔8〕熊文定:《腾冲军民抗战片断》。据《腾冲文史资料选集》第一辑抗日战争专辑,第76页。

师开赴老河口与日本人作战,云贵监察使李根源听说后据理力争:"预2师的腾冲兵熟悉地方,反攻时自然最有用处,这是打胜仗的保证。"于是陆朝茂和许多腾冲兵仍留在预2师,准备反攻解放家园。陆朝茂的部队番号是第4团第3营第9连(连长汪树诚),经过训练的他成了一名重机枪副射手。[9]

陆朝茂入伍之际,正值第一次入缅远征军自然解散,而反攻远征军尚未组建阶段。此前,因宋希濂第11集团军怒江成功阻敌,即留驻滇西担负怒江防务。对这一局面的形成,民国元老、云贵监察使李根源曾发挥了重要作用。日军刚从缅甸攻入滇西时,最高统帅部曾担心在怒江不能阻敌,动议向东移至澜沧江设防,是李根源极力向蒋介石建言在怒江设防,并亲临大理、保山襄助宋希濂所部作战。李根源是腾冲人,对滇西有着一份特殊的感情。他想尽早收复腾冲,感到预2师兵力单薄难以抵敌,便主张该师在腾冲征兵3000名。但此事并未征得云南省主席龙云的同意,龙云很不满意。当时,募兵和征粮都属地方实力派政权的头等大事,对于出粮龙云比较慷慨,但要出兵则对本省武力必有所削弱,何况此前龙云已派出本省的第60军、58军赴内地参加了台儿庄战役、武汉会战等前期战事。但此时,因第11集团军怒江阻敌有功,且据守滇西已成事实,当地一切大事已由宋希濂控制,龙云也无力过分干涉和反对。

于是,张问德就任后即积极配合预2师征募兵员,素质较差的经初步训练后直接补入营连,文化程度高的则送入宋希濂在大理开办的"滇西战时工作干部训练团",以带兵排长或谍报军官为目标进行培养。据资料,从预2师进入腾冲,到1943年4月调往永平整训(第36师入腾接防),大约征募了计划员额的半数左右,以当时腾北的四、五两区壮丁最多。[10]

成立初期的腾冲抗日县政府,以张问德为县长。江竹人为秘书,李嘉祜为民政科长,刘协之为教育科长兼管财政,董平山为军事科

---

[9] 李根志:《机枪手陆朝茂》。据《见证历史——滇西抗战见闻实录(上)》,第178页。
[10] 陈绍凯:《腾冲抗日县政府的情况》。据《保山地区史志文辑》抗日战争专辑之一,第348页。

长，蒋云峰为建设科长，陈竹铭为粮政科长，李自洪为司法科长。又成立自卫队，以曾纯之为队长；成立警察局，以王天贵为局长；成立政警队，以蒋发纲为队长。在龙江（今五合乡）、瓦甸、芒东（旧称蛮东）成立三个联乡办事处，分别以周彩光、董正荣、江如溓分任主任。不久，费云章接任秘书，吴宝泉接任民政科长，吉运春接任粮政科长，吴履恒、明仕仲接任财政科长，陈绍凯接任建设科长；司法科、警察局等机构撤销。[11]

在此期间的主要工作为：

开办战时工作干部训练班。此时，因腾冲原有乡镇工作人员不能适应战时工作，县府即与预2师共同在界头开办腾冲"战时工作干部训练班"，召集乡保甲长及地方有为青年为学员。训练班由预2师师长顾葆裕、副师长洪行、腾冲县长张问德分任正副班主任，预2师参谋长彭劢任教务处长，腾冲士绅谢式南任总务处长。学员共计125人，分为三队，由预2师第5团团长杨文榜、师部参谋主任方诚（后升任第6团团长）及原腾冲中小学教师分别授课，教习谍报、破坏作业、游击战术等军事课程，及乡土史地、保甲制度、群众心理、战时经济等知识。训练班于7月21日开课，受训期为1个月，毕业后即分任保长、战地服务队员等，号召和组织民众抗战。并选送部分优秀者赴大理"战干团"受训。

对于上述情形，据亲历者、曾任腾越中学教务主任的钟世典回忆：

日军占领腾冲后，城区各中小学解散，教师和学生均逃离城区，隐避在农村。因龙绳武、邱天培等官员逃跑，而我军游击部队尚未开进，当时绝大多数师生痛感国破家亡，热血沸腾，却苦于报国无门。这时，传说曾在本校兼任历史老师的李家昌附敌做了汉奸，担任伪维持会长，闻者更感愤慨。逃避在乡下的师生们，既怕被敌杀

---

[11] 1943年5月13日，撤销三个联乡办事处，成立五个区公所，以熊廷和、周彩光、江如溓、蒋恩洲、张德纯分任第一至第五区区长。8月，又撤销区公所，改设区督导员，以周彩光、王大纲、张德纯分任第二、第四、第五区督导员。9月1日，中国国民党腾冲县党部于界头成立，以李嘉祜为书记长。张问德：《腾冲县政府民国三十二年度工作报告书》附录一大事记，据《保山地区史志文辑》抗日战争专辑之三，第324页。

害,又怕被汉奸利用,人心惶惶。

6月下旬,我听说腾冲士绅在江苴开会成立了临时县务委员会,公推刘楚湘为临时县务委员会主任,马上前往高黎贡山脚寺山寨打听到刘住处,向其建议将流落各地的师生组织起来,以免被汉奸迫害利用。刘楚湘同意此意见。时预2师已进驻明光河天生桥、灰窑一线,两人同去师部,会见预2师副师长洪行、参谋长彭劢。刘、钟陈述意见后,洪、彭二人均表示支持。经商定,收容腾冲沦陷区青年男女学生集中界头街,由部队抽调人员负责训练,并借给服装;地方筹粮,供给伙食。先办一期战时工作干部训练班,俟干训班结束后,由地方筹办联合中学。因为不能贴布告,我遂跑遍各地村寨,通知教师和学生互传"迅速到界头集中!"于7月7日抗战四周年纪念日,在瓦甸街背后的森林里举行纪念大会,部分先到的教师和青年学生参加了大会。会上预2师参谋长彭劢讲话,并宣布逮捕了一个刺探军情的汉奸尹××,经军法审判判处死刑,立即执行。会后,师生们陆续向界头街集中。7月下旬,"战时干部训练班"正式成立,开始训练上课。[12]

设置递步哨和情报网。因器材缺乏,战时通讯唯有依靠人员传递,县府乃组织各乡镇设置递步哨,遇有紧急情报,由邻近之乡镇接替迅速传递——因情报网对于游击作战关系重大,当时系由军政联合组织,后面将结合战事专题叙述。

设立便衣队和担架队、运输队。先是,各乡镇抽取乡保壮丁成立便衣队,由驻军派人培训搜索情报、破坏桥梁道路及袭击敌军的知识技能。其后为节省人力物力,在我军部队所驻扎之地撤销便衣队,改为担架队、运输队,所需人畜均由各乡镇自行决定征集。如凤瑞、曲石两乡地处马面关之要隘,输运途程较远,就由邻近之乡镇来补充;在腾北之伤病员,战时无法转移,则就地收容,或化装疏散、依靠群众藏匿。

---

[12] 钟世典:《界头战时干部训练班的概况》。据《腾冲文史资料选集》第一辑抗日战争专辑,第164页。

组织军民合作站。为整合对游击部队支援力量,又设立军民合作站于界头、瓦甸、江苴、固东、白石岩、古永等处,举凡军队所要供用器物、代购物品、运输力、向导之派遣,概由合作站承担负责。部队派政工人员参加维持秩序,主要工作人员均由乡保公所职员兼任。[13]

---

[13] 张问德:《腾冲县政府民国三十二年度工作报告书》。据《保山地区史志文辑》抗日战争专辑之三,第300页。

第4章 腾南战事：土司区的抗战

（参阅附图1、附图35）

如钟世典所述，1942年7月7日，腾冲军民曾于瓦甸举行纪念抗战四周年大会。

此前，预2师曾拟于当日对敌发动一次扰乱性攻势，以壮大声势鼓舞民众。然因各部队未能到达指定位置，遂改于8日举行。但日军掌握了我动态，而于7日率先发动攻势。因发动时间上之先后，我军失去了主动。7日晨，敌一股沿腾北公路向向阳桥及灰窑桥我军攻击，另一股由绿葱山（即苤菜山）东面绕袭我前哨阵地，与正面之敌会合，向碗窑进犯。我守军于碗窑扼守阵地阻击，并以一部绕三岔河、奎甸（即魁甸）、樊家营向腾冲前进，另一部在上营附近渡过龙川江向酒店进击。敌因腹背受敌，于9日拂晓退去。[1]

此时，腾冲日军因兵力不足，仅能控制县城周边地域，虽然常派出小股兵力深入腾北进击，但遇到我军以优势兵力完善设防，仍感力有不逮。预2师部队因曾与敌经历橄榄寨的硬仗，对日军畏惧心理较轻，故而决心以腾北为根据地，逐步向腾南纵深渗透游击。

腾冲因历史悠久，经济、文化发达，早于1913年即设立县治（一等县）。当时，腾冲县城及腾北以汉族居多，腾西南则为少数民族集中地区。与腾冲西南比邻的南甸（今梁河）、干崖（今盈江）、莲山（今盈达）、陇川等地，当时尚未设立县治，是以少数民族为主体的土司区，仅设立了县政府筹备机构性质的"设治局"管理行政事务。

---

[1] 张问德：《腾冲县政府民国三十二年度工作报告书》。据《保山地区史志文辑》抗日战争专辑之三，第306页。

腾西南地区自古为八关九隘[2]之地，素以民风强悍著称。腾冲沦陷后，人民同仇敌忾，于5月14日即在河西乡纳朋村集会，联合绮罗、清水、明朗、缅箐、河西、九保、洞山、东华、蒲川、新华、勐连、鹤麟12个乡镇[3]组织抗敌大队。主持者为前孙中山大元帅府高参、保山团管区司令赵宝贤，暨乡绅江如溱、熊廷和、陈绍凯、杨增序、张星明、张竹臣、祝美周、尹先麟、曹敦仁、谢树铭、陈绍虞、熊廷玺、杨绍庚、刘石圃、谷运生、陈泰苍、杨雨林、许位廷、尹培卿、余和周、周先明、尹先明、张化钧、姜逸民、汪兆熊等。赵宝贤号召大家，国难当头，要消灭拿枪的敌人，也只有拿起枪来。[4]

这些民壮武装的组建，虽然显示了民气可用，但也存在先天不足。张问德的评价是，"以武器缺乏，壮丁虽能集合千余，亦以训练毫无，无可作为"。[5]于是，在腾北站稳了脚跟的预2师开始着手组织民众，开辟腾南游击区。1942年8月6日，预2师副师长洪行率领第4团主力开进南三区各乡驻防，以芒东（今梁河县曩宋乡芒东村，非芒东镇）为中心，欲图控制腾南各土司地，并截断敌人腾冲与八莫之间交通线。[6]

对于滇西边境地带的这些土司区，中央政府也予以高度关注。

当时怒江以西边境地区，居住着24家土司，统治着13个民族，

---

[2] 明万历二十二年（1594年），为巩固边防，云南巡抚陈用宾在今盈江、陇川、瑞丽边境要塞设八关九隘驻兵防守。八关分上四关和下四关。上四关是神户关、万仞关、巨石关、铜壁关；下四关是铁壁关、虎踞关、汉龙关、天马关。清乾隆四十五年（1780年），乾隆下谕在铜壁关、铁壁关等关内，择沿途要地设立比关口小一个等级的隘所，分别在今腾冲、梁河、盈江、陇川境内设置九隘，由北至南分别是古永隘、滇滩隘、明光隘、大塘隘、支那隘、猛豹隘、坝竹隘、杉木笼隘、石婆坡隘。后来又增设了茨竹隘。

[3] 一说为河西、清水、明朗、中和、鹤麟、印泉、新华、蒲川8乡镇游击队，设联合办事处于芒东。据张问德《腾冲县政府民国三十二年度工作报告书》附录一大事记（《保山地区史志文辑》抗日战争专辑之三，第322页）。

[4] 黄槐荣（整理）：《腾冲的全民抗战》。《腾冲文史资料选集》第一辑抗日战争专辑，第192页。

[5] 张问德：《腾冲县政府民国三十二年度工作报告书》。据《保山地区史志文辑》抗日战争专辑之三，第287页。

[6] 尹明德：《滇西军民抗战概况》，《腾冲文史资料选集》第一辑抗日战争专辑，第52页。原文记洪行率第4团，参《第11集团军总司令部参谋处作战日记（1942年8月1日至10月31日）》记述"洪副师长率杨（5）团（欠一营）灰（10）日往南甸"，应为第5团。

50万以上的人口。自元明清以来，他们"世袭其职，世守其土，世长其民"。民国成立后，在这些地区设立了几个设治局，派了一些"流官"；但土司土官[7]才是辖区的实际控制者，他们对各族民众有着传统的统治关系和号召力。从抗日大局来看，土司是一股不可小觑的力量。

在滇西沦陷初期，土司们一度惶然不知所措。但很快，即在大是大非面前表现出一致的爱国倾向。六库（今泸水）土司段浩率怒江五土司首先发出通电："保乡卫国，责无旁贷！"南甸土司龚绥、怒江（今潞江镇）土司线光天等十多家土司通电，表示"誓死抗战，与疆土共存亡！"干崖土司刀保图（又名刀京版）两次通电，立誓"以田横五百壮士死守孤城，勉励部属及全体民众驱逐顽凶"。

为土司区民情和大义所感，蒋介石决定派出腾冲籍外交部专员尹明德前往该地"宣慰""抚绥"；并致电嘉勉各土司"共体斯意，益加奋发，统率边民，偕行杀敌，保世守之封疆，驱压境之强寇，共集大勋，符传闻厚望"。

1942年7月，尹明德抵达大理。8月11日，从大理出发，带着第11集团军总司令宋希濂调配给他的上校课长黄文徽[8]、中校秘书王旸、廖槐及参谋张乃文、副官杨佩玺等一行人，携带电台，历经险阻从南斋公房翻越高黎贡山，与预2师接洽后进入腾南。[9]

此时，在土司们的号召、组织下，腾西南各少数民族地区也已建立了游击武装。据张问德报告：

（民国）三十一年八月六日，预2师副师长洪行率领一个营（其后增加为第4团主力）前往腾南，最大目的在求控制土司。南甸土司龚绥、干崖土司刀保图、盏达旧土司思鸿升[10]、陇川土司多永安、

---

[7] 土司为泛称，正式名称有安抚司、宣抚司、宣慰司、长官司、土都司、土千总、土知州等；在山区还设有大山官，隶属当地土司。其时滇西共有土司（含退位、代办）14人、山官433人、属官444人、各类头人1481人，共2374人。据耿德铭《滇西抗战史证》，第18页。

[8] 黄文徽后任新28师82团团长，指挥该团参加了松山战役。

[9] 陆安：《尹德明：中缅界务研究的先驱》，载2012年4月12日《团结报》。

[10] 民国二年（1913年），第21代盏达副宣抚司思鸿升因案被革职，但仍有实力。

户撒土司盖炳铨、腊撒土司赖奉先、勐卯土司代办方克胜[11]，均表示拥护抗战国策。

刀保图此前以修筑南坎飞机场、垒允飞机制造厂、中印公路，均甚努力。（我远征军第一路入缅时）曾组织中缅义勇军准备出国作战。缅境撤守后，刀收容第5军流散官兵甚多，乃将中缅义勇军改组为滇西边区自卫军第一路（相当于旅建制），下辖四个大队，包有户撒、腊撒及盏达旧土司之武力在内；龚绶与多永安合组第二路，由龚绶任司令，下辖三个大队；赵宝贤所组之游击队，改组为第三路；莲山境内太平街士绅刘金生、芒允士绅许本和、昔马士绅寸时金亦各组织一大队，合组成莲山独立支队，以腾冲人明增慧（即明绍奎）任司令。又盏西抚夷[12]李祖科、神护关抚夷杨成秀、支那隘（即止那隘）抚夷孟守义、猛豹隘抚夷安定邦，亦各组织游击队一中队，合组盏西独立大队，由预2师派参谋吴祖伯任大队长。[13]

关于这些游击武装的成分和装备情况，可从许本和所组建的芒允大队管窥一斑。许本和于民国初年曾在上海读书，回乡后任芒允小学校长，组织"芒允青年励志社"。据其撰述：

莲山独立支队之芒允大队，系将坝区的汉族壮丁编为一个中队，共150人左右；在山区铜壁关组织了一个中队，分崃允、戛独、棠棣三个分队，人员均是山区汉族；另外还组织了洋伞河坝木挠保长的一个景颇族分队。

芒允大队的枪支弹药来源，最初仅有1924年当地匪患时买的老式毛瑟步枪10支。我远征军第一路入缅作战时，许本和曾组织其

---

[11] 当时勐卯土司小应袭衔景泰年幼，省政府于1941年委任方克胜为代办。勐卯沦陷后，方克胜逃避于其连襟陇川土司多永安处，敌奸细诱惑小土司衔景泰降敌。据《德宏史志资料》第八集，李国清保密字1016号代电（28页），方克胜1944年8月8日致龙云报告电（95页）。

[12] 抚夷为土司下属官称。

[13] 张问德：《腾冲县政府民国三十二年度工作报告书》。据《保山地区史志文辑》抗日战争专辑之三，第306页。另据陇川土司署秘书杨绍臣撰述：陇川游击支队系刀保图于5月15日与陇川土司多永安相约建立，由杨绍臣（其他史料记为多永安胞弟多永清）任支队长，辖早英（一说为吴治国）、多永寿、多永明、周荣廷四个大队。后经第11集团军总司令宋希濂允许，改称滇西边区自卫军第一路陇川第二支队。据杨绍臣《陇川各族人民抗战概述》，载《德宏史志资料》第二集，第148页。

青年励志社成员赴缅救助伤员和难民。日军侵占八莫后，许本和在返回芒允途中，在中缅界河红蚌河附近曾遇到八莫县长、井弄副县长和BOC公司[14]经理等5个英国人，他们各带一支英式大五子步枪（即李·恩菲尔德7.7毫米步枪）。许本和告之外国人进入中国境内不能携带武器，所带武器应由我方代为保管。后来，在木姐街遇到前来八莫接伤兵的国军某后勤单位的人，由他们帮助与英国人交涉，最终得到了那5支步枪。不久，一支英军溃部由缅甸撤退到我境内芒允一带，也携带了不少武器。芒允自卫队向一位苏姓缅甸难侨借了巨款上万元，共买得步枪、手枪、冲锋枪等100多支，高射机枪1挺、重机枪2挺、轻机枪8挺、迫击炮弹数十发（但无炮），各种子弹数万发，TNT炸药包百十个。仅许本和个人就先后买了长短枪共20余支。[15]因此，芒允大队的武器装备已大致相当于正规部队的一个营，在所有游击武装中是最好的，只是战斗力尚有待实战检验。

此时，腾冲日军侦知预2师正向腾南发展，各土司内向，对其威胁极大，乃决计对洪行所部中心地区芒东实施"扫荡"。

8月20日，敌300余人由腾冲城南猪新街向我朗蒲寨进犯，于朗蒲寨以东之杨家坡附近遭我预2师第4团伏击，毙伤百余。[16]

遭此挫折后，日军又集结兵力600余人，于23日由腾冲出发，先北向缅箐进袭，24日拂晓全部沿缅箐河南下，向我压迫。预2师第5团彭营40余名官兵，在荷花池各寨壮丁百余名配合下，阻敌于缅箐河西岸之帽奎山、笔架山。彭营以机枪向敌扫射，击毙骑马过桥日军军官一员、士兵六七名，日军遂兵分两路进击。至黄昏我防线被突破，敌即向明朗、荷花池进犯。

---

[14] 英国殖民者开办的缅甸煤油公司（Burma Oil Co.）。
[15] 许本和：《芒允的抗日自卫队》。据《腾冲文史资料选集》第一辑抗日战争专辑，第215页。另据载，此次溃退入境的是英国皇族盖尔克少将率领的三十余名官兵，经许本和接应后护送至腾冲，在古永街由当地士绅梁正中协助渡怒江至保山。1946年4月，英皇乔治六世曾通过英国驻云南总领事郭格耳为梁正中颁发皇家勋章一枚。
[16] 张问德：《腾冲县政府民国三十二年度工作报告书》。据《保山地区史志文辑》抗日战争专辑之三，第300页。《第11集团军总司令部参谋处作战日记（1942年8月1日至10月31日）》记述为毙敌50余，实际上这些记录都不可靠，因缺日方战史资料互参，已不可考。

25日，明朗、荷花池失陷，我游击队扼守曩宋河正面，敌即倾全力向我尖山阵地猛攻。26日，我尖山阵地动摇，次日阵地已失一半。此时，由情报获知，腾冲之敌一股约400人，正向朗蒲寨移动中；勐连之敌一部300余人，沿曩宋河向西运动，有直捣芒东之势。

对自勐连进犯之敌，预2师以第4团朱营在河东街侧面的大坟地（今青松寺附近）设防阻击。27日，日军夜行至象脑山，与朱营高排遭遇。日军以小钢炮、机枪攻击高排阵地，高排撤退。次日拂晓，日军分两股进攻大坟地，一股正面佯攻，一股绕道由杨椿洼爬上险崖。朱营腹背受敌，边打边撤，越过马仑小河退入大勐藏背后的森林中。日军即攻占了大坟地，复向芒东推进。[17]

此时，我军主力方面乃决定由尖山转移攻势，将盈江西岸之敌驱逐于东岸，然后将敌压迫于大盈江与曩宋河之间的曲尺形阵地内予以歼灭。然而因兵力不敷使用，于是撤守朗蒲寨，将兵力增加于尖山，向明朗、荷花池进击。同时，新岐寨我军也越过缅箐河，向镇夷关（即镇邑关）、芭蕉关进击。

28日，副师长洪行率边庆生连及清水民壮百名与敌在沙坡（杨家坡东）激战，毙敌48名。[18]敌因我包围圈内死伤过重，乃于29日拂晓前撤退。我军即行追击，并占领镇夷关、芭蕉关，以掩护我左侧背安全；大部则重新占领朗蒲寨，向南压迫。原来在梁河防守之一部，即向勐连以西断绝敌后路。9月2日，在芒东对岸、盈江及曩宋河之三角地带完成包围态势。3日，驻朗蒲寨沙坡之预2师一部，侦知日军在荆竹寨外平坝集会，潜至对面山顶以机枪急袭，毙敌40余人。经三日激烈战斗，敌因死伤过重，又由腾冲增援一部协助突围，至4日战斗终止。

据载，此役防守曩宋河南岸部队，为梁河设治局第二股股长杨育榜（即杨毓榜）所组织的河东乡民壮，及邦角大山官（石婆坡臨抚夷）尚自贵的景颇族民壮；[19]攻克曩宋关者为九保镇保商队长赵

---

〔17〕徐春厚等：《曩宋、河东抗日片断》。据《德宏州文史资料选辑》第八辑，第203页。

〔18〕李根源：《腾冲战役纪事诗》注〔3〕。据《德宏史志资料》第二集，第146页。

〔19〕一说尚自贵部开至九保时日军已退去，未参加曩宋河三角地带战斗。据陈正德《梁河抗日游击队概况》，《德宏州文史资料选辑》第八辑，第209页。

宝忠（即赵宝中）收编的民壮，其兄赵宝贤亦亲临前线指挥；沿大盈江西岸防守者，为河西乡侯受安组织的民壮。[20]此次战役之所以能粉碎敌"扫荡"企图，除预2师正规部队外，也得力于傣、景颇、汉各民族约600名民壮奋力作战。[21]

9月10日，腾冲之敌趁我芒东部队他调，防务空虚之际，由腾冲集结兵力，自缅箐南下，夺占明朗、荷花池，11日拂晓攻陷芒东。我即集结兵力于芒东西方山地，转移攻势。12日拂晓，敌退入腾冲城，我即克复芒东，黄昏前克复明朗、荷花池，战斗即告终止。[22]

---

[20] 一说尖山左侧及盈江河由盏西独立大队之一部及河西、清水、印泉三乡镇之民兵防守。据张问德《腾冲县政府民国三十二年度工作报告书》(《保山地区史志文辑》抗日战争专辑之三，第308页)。

[21] 尹明德：《滇西军民抗战概况》。据《腾冲文史资料选集》第一辑抗日战争专辑，第52页。

[22] 张问德：《腾冲县政府民国三十二年度工作报告书》。据《保山地区史志文辑》抗日战争专辑之三，第308页。

第5章 九一八反"扫荡"

(参阅附图1、附图34、附图35)

预2师进驻腾北，沿响水沟、茏苁山、界尾、灰窑江、林家铺、马面关等战略要地构筑堡垒，巩固防地。县政府成立后，由于军政团结、军民协力，抗日情绪日益高涨，秩序安定，防务加强，短短数月，即将以界头为中心的腾北建成抗日前沿根据地。[1]

自"七七"战斗以后，日军注意力多集中于腾西南。8月底，向我挺进芒东的第4团进攻，未能达其目的。第56师团以为鉴于我腾北根据地安定，对于据守腾冲极为不利，又调集滇西兵力，企图对预2师全部进行"扫荡"。

据日本公刊战史：

7月中旬以后，预备第2师与第36师及第88师之各一部，同时进入腾越周围地区，其游击行动逐渐活跃起来。于是，第56师团以其主力，自9月13日起展开了约一个月的扫荡战，将敌主力击溃。经过此次讨伐，敌游击活动暂时隐蔽下来，特别是预备第2师蒙受损失最大，远远地躲向北方进行整顿、补充，以图恢复战力。[2]

日军战史将此次作战命名为"イ号讨伐"，对战事记述极略。大概原因为：其一是出动兵力规模不算大，仅第56师团驻滇西兵力；其二是效绩不彰，仅击溃预2师及策应部队88师、36师各一部，未

---

〔1〕熊文定：《腾冲军民抗战片断》。据《腾冲文史资料选集》第一辑抗日战争专辑，第76页。
〔2〕中华民国史资料丛稿译稿《缅甸作战（上）》，第163页。

达成歼灭我有生力量之目的。

我方史料以概略性时间界定,将此战称为"九一八"战役。战事在腾北、腾南两线展开,以腾北为主。核心史料为两部分:其一,是县长张问德、"宣慰"专员尹明德的报告和撰述,对于战事初期叙述较翔实,但因当事人一周后即撤过江东,对后期战事记述不够准确;其二,为第11集团军参谋处的作战日记,但直至日军行动5天后才有记录,笔者推测系军方对日军此次进袭事先无准备,属仓促应对。该作战日记以部队战况电报构成,虽然情况罗列细致,但因情报能力所限,线索较凌乱,很多并不确切,且多有夸大敌情、文过饰非之笔。

腾北战事(9月14日至10月4日)

9月14日,敌由龙陵调来兵力数千,与腾冲之敌会合,即分路向西北突破哨坡、古永、阱口(即箐口)阵地,直扑马站街、碗窑、固东、滇滩、阿幸(即腊幸)等地,向明光河流域推进;一路出海口经向阳桥前进;另一路从新城沿怒江西岸北上,抄袭我军后路。[3]

据张问德报告:

14日拂晓,日军协力突破我打鹰山、绿葱山、打苴山之阵地,突破点系在三岔河、哨坡及海口三处,对我留置打苴山、绿葱山及打鹰山各地部队并不予以扫荡,即全力猛扑碗窑。黄昏,碗窑街失陷。敌另一部于当日突破古永河畔之阱口阵地,15日由古永转而向东,直扑我铁鳌山(即铁窑山)阵地背后;碗窑之敌则猛扑我铁鳌山阵地。之前,敌已由滇滩河上攻陷阿幸街,取我固东之背,固东失陷。铁鳌山阵地原为保障固东而构筑;固东既失,铁鳌山已无固守价值,我守军遂于16日拂晓前向北转进。敌攻陷固东以后,即向明光河流域扩张战果。我与敌在天生桥血战三日,使敌未能越雷池一步。然敌又由天生桥以北越过明光河,南路敌并由向阳桥强渡。

17日,整个腾北形势极度紧张,县政府由界头南移瓦甸。18日,

---

〔3〕尹明德:《滇西军民抗战概况》。据《腾冲文史资料选集》第一辑抗日战争专辑,第55页。

继续移至江苴，而此时瓦甸已失，天生桥我军已向南转移。即日夜，县长张问德率领联合中学学生及政警队向高黎贡山隘路进发，准备自大沙坝渡口撤往江东。[4]

此时，预2师驻腾冲部队分散各处，彼此通信联络不畅。在多路日军凌厉攻势下，各部均为被动应敌。时任第4团第2营营长的程杰，17日奉命在马站街以南地区阻敌，此为沿腾冲至固东公路北进日军必经之地。据其回忆：

> 上午天空晴朗，敌机在我团阵地上空来回俯冲扫射，丢燃烧炸弹，阵地上四处着火。敌人炮火集中向我营制高点阵地猛击，对我营阵地展开几次攻击。
>
> 战斗到下午4时，我营原控制的制高点终于被敌占领，整个阵地受到敌人居高临下的射击，全营被迫撤退转移至公路西边山地。老百姓也离开村庄逃避深山。人民对国军同情和爱护，高呼"中央军打胜仗，中央军一定胜利！"我听了愧疚万分。官兵均愤慨流泪，誓死要打退敌人。
>
> 天将黑时，敌人全部进入村庄，我带着全营也退回三天前驻扎的乡政府附近。我和赵乡长商量研究第二步的行动。敌人就在隔我不到两华里远的村庄，敌人杀猪叫的声音听得清清楚楚。赵乡长对我关心地说："营长离敌太近了，危险！你应马上转移。"我在二十五万分之一的军用地图上，发现有个朝阳寺，坐落在山腰上，就请乡长找人带路，我部连夜开往朝阳寺。到达时，恰好天刚亮。[5]

令人欣慰的是，当日该营就以一次完美的胜仗洗刷耻辱赢得荣誉。

此战，几乎是此次反"扫荡"作战的最大亮点，在当地史料中被称为"双山战斗"，但程杰记述为"朝阳寺伏击战"。实际上，朝阳寺位于公路西南侧的半山腰上；而紧傍公路东侧的一个海拔1800

---

[4] 张问德：《腾冲县政府民国三十二年度工作报告书》。据《保山地区史志文辑》抗日战争专辑之三，第309页。

[5] 程杰：《腾冲歼击日寇记》。《湖南文史资料》选编本，1985年第3期。

多米的双峰小山,即当地人所谓的"双山"。

据程杰记述,在其率第2营进至朝阳寺时,本团第3营重机枪连和一个步兵连,因与营部失去联络,于前日黄昏已先到该地。[6] 据当地史料记述,是后者先获知敌情:

"9月17日,我方便衣队员孙志汉侦知敌一路正沿腾北公路推进,目睹在海塘沟歇息的日军约七八百人,迅即将此情况飞报驻碗窑第4团第3营某连黄文连长、张副连长。黄、张根据敌情,立即集合全连官兵,和排长们稍事研究,做如下战斗部署:一个排扼据双山,机枪扫向公路边三棵松树一带,截断敌军退路;一个排潜据小窑,机枪射向公路边八箩田,堵死敌军前路;一个排据守公路左侧下茶子园附近的豹子山,配合全连唯一的一挺重机枪,正面横扫。张副连长还交代,放过敌人尖兵,待大股敌人进入伏击圈后,听双山信号枪,各排方准打响。全连官兵按部署迅速奔入事先挖好的战斗掩体。"[7]

此处的"第3营某连",应为程杰所述第3营重机枪连或步兵连。很奇怪当地史料未提到程杰的第2营参战。据程杰记述:

我营到达后,第3营两连长主动提出受我指挥。我便放出警戒,无论军民只准进,不准出,严密封锁,以免走漏消息,以保安全。

寺的前面树林很隐蔽,我集合连长仔细侦察了朝阳寺前后左右的地势,断定敌人在今天会乘胜向我团追击扫荡,从而进攻我师部所在地。前面山下公路是敌人必经之路,我们隐蔽在这里,可以打场很好的伏击战。我们有两挺重机枪,有三十几挺轻机枪,这样有强大的自动火力,再利用敌人对我轻视,不甚戒备,定能获胜。于是我决定利用有利地形构成火网,等他进入火网时,一齐猛烈射击,连他还手也来不及,我们便撤走上山了。

根据这一计划,取得大家同意后,我们选择一个隐蔽很好、非常险要的隘口,迅速将轻重机枪进入阵地,除留一个步兵连担任警

---

[6] 程杰:《腾冲歼击日寇记》。《湖南文史资料》选编本,1985年第3期。
[7] 黄槐荣:《双山伏击战》。据《腾冲文史资料选集》第一辑抗日战争专辑,第95页。

戒,其余一律登上后山掩蔽,到时观战。这时正是剑拔弩张,坐待来追之敌。[8]

当地史料载:

"18日拂晓,我军放过敌人尖兵八九人。7点钟,敌军大部沿公路进入双山阵地前沿。倏忽三声信号弹升空,我据守豹子山伏兵的轻重机枪打响了,双山、小窑的轻机枪、步兵也打响了,弹雨从三个方向向不过四百米外的日军攒射。日军猝不及防,人马在呼喊、嘶叫中纷纷倒下。一个骑白马的日军军官,中弹坠马而亡。经半小时激战,日军遭受重创,我军因弹药告罄,即迅速沿蒋家大山向大河方向撤走。

"是役,我方以弱对强、以少胜多,仅黄文连长一人中弹牺牲[9],受伤七八人,撤退时被日军俘虏2人。我歼敌官兵百余人,其中击毙敌大队长三井一人,战马70余匹。"[10]

如此精彩的战斗,仍需要从程杰的记述再次回放一遍:

10点左右,不出我所料,敌人以四路纵队沿公路向我方开来了。事前我对掌握轻重机枪的射手有严格规定,没有我喊打的口令,谁放了一枪,我就枪毙谁。在这一时刻,射手们眼睁睁地盯着前面的敌人。敌人的搜索部队对朝阳寺用机枪火力搜索,打了几百发子弹,我们没有半点反应,他认为没有敌情。我以望远镜从头至尾看到敌人整整齐齐的四路纵队浩浩荡荡前进。让搜索小队过后,我估量大队敌军已进入我火网之内,我一声口令:"打!"四十几挺轻重机枪瞄准各自指向的目标猛击,打得敌人人仰马翻,大叫大嚷,慌乱一团。

后来,射手们分别向我报告子弹打光。我看也打得差不多了,命令停止射击,依次撤下阵地,登上后山。我从望远镜中看到,倒在公

---

[8] 程杰:《腾冲歼击日寇记》。《湖南文史资料》选编本,1985年第3期。
[9] 据《第20集团军腾冲抗日阵亡官佐名录》,黄文上尉为湖南黔阳人。
[10] 黄槐荣:《双山伏击战》。《腾冲文史资料选集》第一辑抗日战争专辑,第95页。据《第五十六师团将校职员表》,无三井大队长。

路上的敌人成堆，官兵看了人人喜笑颜开，都说这下打得痛快。打完后，我认为敌人不会罢休的，即迅速从没有路的草丛中撤退下山。[11]

大概是"双山伏击战"战果突出、影响较大，笔者竟然又发现另一则亲历者记述的参战经历。撰述者为第4团第1营第3连连长孙剑锋，据其回忆：

"敌人一支部队向西练扫荡，通过马站街，四路行军纵队，骡马驮载，大模大样地向双山走来。就是现在我带的这个第3连，在接到情报后，由一个排副——河南人乔华年，率领6名士兵，两挺轻机枪，埋伏在双山上有利地形。等敌人进入火网后，乔排副轻喊一声：打！两挺轻机枪咯咯扫射，步枪也是弹无虚发。敌人突遭猛击，晕头转向，惊慌失措，还来不及还枪，就纷纷倒毙。骡马乱蹦乱跳，死的死，跑的跑。先头敌兵，跑上前来拼搏，全被步枪兵的手榴弹炸得尸体狼藉，后面敌人见势不妙，抱头鼠窜，逃回马站街。事后得知，此役打死敌人一百多，打伤几十个，骡马二十多匹。伏击战成功，乔排副率六名士兵安全归队……"[12]

上述三则史料的共同点是，均指此次伏击战为预2师第4团所为。不同之处是，第2营营长程杰记参战部队为本营，并指挥"第3营一个重机枪连和一个步兵连"一并战斗；当地史料记为"第3营某连"，连长为黄文，且在此战中牺牲，却未提及兵力更多的第2营；第3连连长孙剑锋回忆录则记本连参战（但按编制序列第3连属第1营），亦未提及其他单位。同时，孙剑锋回忆录中另一处记黄文为第7连连长，按编制序列属第3营，但记其牺牲于两年后反攻时攻打来凤山营盘坡战斗中。第2营营长程杰是唯一提及有其他两个连参战的，若黄文为其所记的"步兵连"连长；而孙剑锋的"第3连"却与"重机枪连"对不上号，那么其中必定有一方为误记。以个人经验，笔者感到孙剑锋的叙述更为接近事实。据载，立下奇功

---

[11] 程杰：《腾冲歼击日寇记》。《湖南文史资料》选编本，1985年第3期。
[12] 孙剑锋：《我参加过抗日战争滇西反攻胜利战斗》。据《民族光辉——腾冲抗战史料钩沉》，第258页。

的排副乔华年在两年后反攻时调升预2师便衣队少尉组长。

——此处,要说一点题外话。

在研究写作战史中,笔者最大的奢望是在粗线条的军方战报之外,获得当时参战者的个人记述,以使70多年前的久远战事有一点可触可感的印象。然而,对此常常感到极大的艰难。"三亲者"记述稀少,固然可以想象;偶尔如获珍宝般得到一份资料,研判中却发现诸多悬疑,一时难以割舍,才最令人感到困扰。由于诸多可以理解的原因,不少参战者事隔多年所记述的战事凌乱不堪,不够准确;甚至不少撰述中存在虚构个人当时身份、经历和战绩的情况。倘若因此瑕疵而舍弃,则其中有些非亲历者难以杜撰的真实、鲜活的细节,也将被湮没。因此,笔者总是通过极力甄别做出恰当取舍,以尽可能"挽救"这些难得的资料,使一人一事能在本书中留下一点影迹。对于因此努力而留下的某些悬疑之笔,也只好一并留存备案,请读者诸君帮助甄别了。

据程杰后续记述:

这时,当地蒋区长(第四区区长蒋恩洲)和七八个穿西装的士绅打着小红旗,把程营迎接到营盘街区政府,并办好了饭菜,官兵们饱餐一顿。

次日晨,炮声在东线打响。上午10时,团部和师部派人送来紧急命令,指示不要和敌纠缠打硬仗,尽快向腾南洪副师长靠拢;师已集中兵力阻击北进的敌人。程营遂于第二天下午赶至距十余里的盈江边(其时洪行指挥部设在丝瓜坪小勐戛),副师长洪行迎接该营,称道官兵们伏击战打得好。这时,谍报人员报告,敌人在当日上午已回撤。程营的几位连长听说后一致要求,吃了晚饭,夜行军返回营盘街追击敌人。此要求得到上级批准。

次日上午,该营又回到营盘街。蒋区长告诉程杰,敌人昨天就退回县城了。程杰到朝阳寺公路上看了一下现场,敌人尸体全部运走,打死的驴马摆在路旁无人过问,公路上的血迹还在。[13]据当地史料记述,日军战斗后当日即在双山脚下的碾房内焚尸,后来当地

---

[13] 程杰:《腾冲歼击日寇记》,《湖南文史资料》选编本,1985年第3期。

人曾在此处看见大量日军皮鞋上未烧化的"鸡枞钉",他们说,"可以装一粪筐"。[14]

此处,程杰的记述中漏掉了一个惨痛的细节。据当地人记忆,在程营撤离后的两天,日军后续部队进驻下茶子园,残酷杀害乡民予以报复,两天内即杀死13人(一说18人),并将碗窑街、河头街等附近村庄烧成一片瓦砾。[15]

此后,程营接奉团部命令,暂驻营盘街休整。程杰请蒋区长通令各乡,迅速收集敌人丢下的军用物品。当天下午,该区所属的一个乡,送来13名投诚的日军夫役,其他乡交来二十几匹负轻伤的驴子及损坏的三八式步枪和生活用的军需物资,如手电筒、望远镜等。战利品集中摆放在区政府,远近的老百姓赶来参观的络绎不绝。其中13名夫役没有一个日本人,也不是战斗兵,均为饲养驴马的东北、朝鲜、台湾人。几个东北籍夫役说:"皇军从仰光登陆后进入缅甸,一直是打胜仗,这次吃了败仗,伤亡很大。"并说:"皇军很残酷,凡负了伤不能动的就补枪打死,看了真伤心呀!"听说国军优待俘虏,他们就乘机逃出来投降国军;人人厌战思家,每个身上都有保命符,但不管用。官兵听了这些话,增强了抗战必胜的信心,提高了士气。[16]

这时,日军的进攻已在腾境全面展开。据第11集团军参谋处作战日记:

14日、16日、17日、19日,敌陆续由龙陵增兵约四千左右,并(腾冲)原有者达六千以上,北犯者约二千五六百,炮二十余门。19日,敌一部300余人窜抵顺江一带,200余人窜抵上营。午后1时许,敌600余人窜入龙川江;当晚敌先头400余人窜入古永。20日,日军又由龙陵增加腾冲800余人,总计腾冲县境内敌约7000

---

[14] 黄槐荣:《双山伏击战》。据《腾冲文史资料选集》第一辑抗日战争专辑,第95页。

[15] 高镇仁、邵宗扬:《日本侵略军在腾冲的部分罪行》。据《保山地区史志文辑》抗日战争专辑之四,第279页。另据1987年8月黄槐荣在碗窑、茶子园的调查,据双山战斗目击者李明聪叙述,其父与茶子园18个男女老弱于9月18日夜被日军抓获用刺刀刺死。

[16] 程杰:《腾冲歼击日寇记》。据《湖南文史资料》选编本,1985年第3期。

人，分路向我全面进击。

——但对照张问德报告所记，日军早在三四日前即完成这一包围部署。[17]

20日午，由缅箐、高田北进之敌400余，与我在古永以南阱口接战；由顺江北进之敌500余，当日与我在固东以南激战。预2师师长顾葆裕在电报中深感忧虑："此次敌寇采用稳扎稳打、逐步推进战法，以对我绝对优势兵力，对我分散各地之部队分别包围攻击，故我稍为持久即难撤退，颇感困难。如敌继续增援北犯，则固东、瓦甸恐难确保。"[18]

21日凌晨3时许，敌600余（一说400余）猛扑固东，经我伏击，毙伤敌百余。中午固东陷落，我军伤亡60余人。当日晨7时以后，敌已进至曲石江南岸，灰窑街及向阳桥南岸集敌千余，有强渡向我根据地进袭企图。

22日，顾葆裕急电第11集团军：固东集敌600余，顺江街东北集敌更多，灰窑街附近集敌800余，凌晨3时以来向我岸炮击颇烈；而固东附近到处均可徒涉，扼守不易。至上午9时后，又追电补充：拂晓以来，顺江街东敌共约4000余，确有大举扫荡企图。此间各机关已令疏散，拟化整为零，继续在腾游击，唯补充给养困难，颇以为虑。因连日呈报敌情战况，一直未得到集团军回复，顾葆裕心情急切，在电报中请示处置意见。

当日，终于接到第11集团军姗姗而至的回电指示：希避实击虚，多用袭击手段，分路抄袭，勿与敌陷于正面决战。

23日凌晨3时许，预2师获悉昨晨7时许明光以南河首附近发现敌尖兵百余，遂令警戒部队向桥头街转进。又据探报，怒江坝新城有敌千余沿江北犯，有截断我双虹桥退路之企图。顾葆裕遂致电集团军，请速饬担负怒江江防之88师增派部队策应堵击。

当晚9时以后，第11集团军电复顾葆裕：已转电71军军长钟

---

[17] 张问德：《腾冲县政府民国三十二年度工作报告书》。据《保山地区史志文辑》抗日战争专辑之三，第309页。
[18] 《第11集团军总司令部参谋处作战日记（1942年8月1日至10月31日）》。据《德宏史志资料》第八集，第141页。

彬令88师及36师加派部队渡江堵截。并希望预2师遵照前电，万不得已时，务将高黎贡山隘路阻绝。

24日晚7时后，顾葆裕电告第11集团军：已窜据瓦甸之敌在附近构筑工事，并派出多股携有轻机枪之小部队配合便衣向山麓搜索；敌便衣队多着蓝布长衫、白长裤、草鞋或黄胶鞋，与我战斗时散于侧翼。敌每发现我军，即以优势兵力断行阻我。恳请转饬友军参考。另，红木树敌200余有窜犯龙川江东岸及龙北企图。

第11集团军电示处置意见：应阻敌越龙川江东犯；不得已时，应扼守高黎贡山两隘路，并告已令新28师82团及88师协力防守隘路口。

25日晨7时后，窜抵瓦甸之敌300余分多路向我大地坡进犯，被我击退；另有敌百余窜抵寺山寨，残杀我未来得及后送的伤兵5名。晚7时后，曲石街之敌200余又分路偷渡龙川江，与我沿河警戒部队接触。当日，预2师获悉灰窑有敌100余，龙江80余，瓦甸700余，桥头300余，寺山寨200余，判断敌有向我林家铺隘路大举扫荡模样。师长顾葆裕即电告集团军，拟令第6团注意戒备、责任确保，自己率挺进部队偷向龙江敌后转移。

第11集团军再次电告顾葆裕：如万不得已时，将高黎贡山各隘路阻绝。

此后，顾葆裕即率部自界头向林家铺东进。此前两日从固东经木李树、明光撤退的该师工兵营副营长，已于当日午后到达怒江勐古渡口，准备掩护师部渡江。

26日凌晨3时后，龙江、曲石之敌800余，附火炮4门，强渡龙江包围江苴，我第6团冯敏连与敌激战。瓦甸敌600余，于同时分路向我中营、大地坡、大院子部队进犯；寺山寨敌亦向我右翼急进。晨5时，全线陷于激战。

顾葆裕于5时后率挺进队经关上南进，遭江苴敌山炮封锁射击30余发。此时全线之敌向我军猛扑，我第一线兵力分散，渐有不支。顾葆裕令师部特务连加入战斗堵击日军，但仍无法挽回。中午时分，敌已进迫至羊厂坡（今杨昌坡）附近。为确保高黎贡山隘路口，顾葆裕遂令部队后撤至大地坡、关上、大坝之线。午后1时许，顾葆裕率师部到达林家铺，心知势难挺进，乃令第6团指挥炮兵营负责固守，师部人员转移至南斋公房。同时，令第4团副团长荆哲生指挥第3营及军士队扼守北部高黎贡山隘路之马面关。

据报，当日中午，已推进至怒江坝新城之敌300余，在飞机掩护下，在距大塘子、双虹桥仅30华里的幕府山与预2师朱营激战。腾北明光敌一部，正向大竹坝推进；缅北密支那敌500余，也向拖角、片马移动以策应。

中午时分，第11集团军连电71军各部，应以积极行动策应预2师战斗。

致第71军：腾敌集中约六七千，连日扫荡预2师。新城敌集结千余，有沿江北窜双虹桥截断顾师后方联络之企图。希令第一线部队切加戒备，并注意搜索敌是否越过高黎贡山有东犯之行动。

致71军88师：该师至少派兵一营渡过怒江，以营主力扼守蛮石寨隘路口，阻敌沿江北窜；以一部扼守高黎贡山之大塘子附近隘路，拒敌东越高黎贡山；对双虹桥南北沿江警备，应严加注意。

致71军新28师：仰速转令82团切实注意栗柴坝至蛮云街段沿江警戒，并派兵一部扼守灰坡、北斋公房隘路，协助预2师守备。

同时，还电令位于怒江上游六库游击区的谢晋生支队，与预2师及新28师切取联络以戒备。

当晚9时后，顾葆裕心情沉重地致电第11集团军：

此次腾冲境内共集敌7000余。腾北敌以兵力4000余、炮20余门，大举向我扫荡。本部仅以第6团迎击，该团新兵占四分之三，训练未及两月，未能发挥预期战果，深以为恨。第4、5两团仍在腾南北游击，连日均有战斗。因此对自新城沿怒江西岸北犯之敌援兵，本部已无兵分守，恳饬88师胡师长加派部队堵击，期能确保双虹桥渡口安全。

27日，奉命策应预2师行动的新28师82团孙营自勐古渡渡江，抵达蛮云街。当地自卫队杨队长告之：敌一路出灰窑、双虹桥沿怒江北上，已过新城；一路出瓦甸沿龙川江北上，瓦甸、界头相继失陷，被敌轰炸焚毁。预2师已撤至高黎贡山南斋公房；一路出固东、明光沿河北上，已抵明光。82团团长董钊即以此情电告第11集团军。

顾葆裕闻报82团到达，即致电第11集团军："该团任务如何？乞示。"显然，对71军援兵姗姗来迟心有不满。第11集团军总司令宋希濂即亲电向顾葆裕解释：该团渡江宿蛮云街之部队，系遵师长刘伯龙指示加强守备。昨日余已电令该部协助贵部守灰坡、北斋公房隘路，仰即统一指挥。

10月1日，据明光、营盘街等地之敌一部在当地劫掠粮食、物资，一部南下压迫预2师残部。2日，预2师残部600余人撤退至蛮云街。4日，新28师82团向营（欠两连）奉命撤至江边栗柴坝担任河防，仅在蛮云街留置20多人的一个排。[19]

71军的策应作战（9月21日至10月8日）

在前述预2师反击突围期间，71军奉命在东南高黎贡山麓及怒江坝予以策应。

21日，71军军长钟彬由保山出发，本拟由北翼栗柴坝沿江向南翼视察各渡口。23日抵鱼塘后得知，敌集结重兵扫荡预2师，顾师长已退守林家铺；并知龙陵、松山之敌约千余有沿怒江北犯截断双虹桥企图。钟彬遂折回户帕，令88师262团段生营（欠一连）渡江，在红木树附近阻敌。

25日，段营由来贡渡渡江固守蛮石寨，到匪样（今菲样）阻止敌北犯。同时，钟彬得知36师张锦昆游击营被敌压迫于帕路山附近，88师龚书元游击营撤至周家渡口岸；乃令龚营以步兵一连、重机枪2挺，赴大塘子救援预2师，其余集结来贡渡策应段营作战。这两个营，均为此前在怒江西岸担负游击任务的独立行动部队。其中张锦昆营隶属36师，该师为直属第11集团军的独立师，不在71军序列。在此紧急情况下，也可由钟彬指挥。

当日，钟彬以本部所获悉的情报，不无指责地电告第11集团军："此次固东街之失陷，全系警戒疏忽。"

---

〔19〕《第11集团军总司令部参谋处作战日记（1942年8月1日至10月31日）》。据《德宏史志资料》第八集，第140—148页。

——关于此次固东街失陷，在县长张问德的记述中，明确记为发生在 14 日之前，即日军首先以一部挺进夺取固东，包抄预 2 师后路，而后才有 15 日开始的全线进击；但预 2 师战报中却记为，固东系 21 日中午经激烈战斗后才失陷。钟彬的这一电报，似乎印证了张问德的记述，隐含着对预 2 师瞒报战况的指证，但遗憾的是语焉不详。

实际上，这种情况在后面战事中亦屡有出现，可见已是当时军中流弊。后人即使从这些被奉为"第一手"资料的军事文献中，也难说能抵达真相。

28 日，军长钟彬在管家寨得知 36 师张锦昆营仍在帕路山附近，即令该营监视红木树之敌北窜，并相机协击。30 日，钟彬获知：沿龙川江追击之敌先头部队昨已达桥头街，预 2 师一部撤抵马面关，于是致电集团军恳请转饬新 28 师 82 团，注意栗柴坝方面之警戒及搜索。

10 月 1 日，沿怒江北进之敌约 500 余，附炮 2 门，高射机枪 4 挺，轻机枪十余挺，掷弹筒十数个，并附驮马数十匹，傍晚进抵蛮牛街附近，向我警戒部队攻击，夜幕降临后停息。88 师段营于松山（红木树附近小地名）之线进入阵地，此时该营仅有两个连；第 2 连因先期渡江游击，尚未归建。

据 88 师师长胡家骥电：2 日拂晓，敌开始向我阵地猛攻，并尾随我警戒部队进占大熊寨以南高地。88 师段营奋勇阻击敌至黄昏，阵地被攻破，虽经夜袭仍未恢复。为整理阵地以利后续战斗，遂转移至龙潭渡（也称龙塘渡）对岸 4872 高地。另，当日 36 师张锦昆营报告钟彬：红木树之敌约 600 人，马百余匹，炮数门围攻本营，激战中其第 8 连损失颇重。

据第 11 集团军司令部第二课获得的情报：由松山经新城沿怒江西岸北进的这路日军，兵力为五六百人，属日军第 113 联队一部，其主力于 3 日晚方抵达红木树南之坝湾。而 88 师段营与 36 师张营均宣称 2 日即与五六百之敌激战，似乎都遭遇到了日军主力，双方均必有夸大之处。

钟彬闻听张锦昆营长报告后，只好令该营向段营切取联络，必要时撤至匪样，在段营右翼并肩作战。随后，张营及刚刚归建的段营第2连，先后撤抵该处据守。钟彬又令第88师师长胡家骥，派山炮一门在怒江东岸乌莽山进入阵地，射击沿江北犯之敌。

据88师师长胡家骥电报：3日晨7时后，36师张锦昆营阵地被敌突破后退，形势突变。致段营陷于被敌包围态势下，且该营第2、3连损失均大，第2连盛连长失踪。不得已乃退至大塘子附近布防，继续拒敌北进。据报，此时敌已增至800余名。

4日，钟彬在干浩方接到张锦昆营报告，云敌由龙江抄袭其后路，该营遂突围北撤，其第7、8两连失联络。同时段营亦受此影响而北撤，其第2连失去联络。钟彬即严令段营在干胆西南高地（双虹桥附近）构筑工事，不得后撤。并派88师副师长彭锷率263团张树慎营渡江增援，实施统一指挥；又沿江正面派小部队绕袭敌后。

5日黄昏，预2师第6团团长李伯人[20]留一营据守南斋公房，亲率步兵一个连又一个排、机枪一连翻过高黎贡山抵达大塘子。6日晨6时，敌攻干胆无进展；9时，分两路转攻大塘子与旧城街。据88师师长胡家骥电报云：本师段营应战，至午后4时（彭锷电报记为3时），因预2师第6团团长李伯人急退，电话收撤，一时形势顿陷纷乱。不得已，段营遂向敢顶街转进，并在该处收容残部。至此，该营步兵三个连仅存士兵、夫役49人，连、排长6员，轻机枪8挺，重机枪2挺，步枪32支，兵器损失惨重。另，此前在马面关指挥阻敌的预2师第4团副团长荆哲生也率本团一部退至敢顶街。

对此，88师师长胡家骥在致第11集团军电报中痛切地总结教训为：

"参战小单位太多，指挥不统一，各怀畛域，实难协同一致，影响全局极大。"

6日，钟彬返回保山军部。当日该军获得的敌情是：

明光现有敌二三百人。桥头街之敌数百人，自1、2两日向北斋公房预2师第6团阵地猛攻，现仍在隘路口激战。林家铺、江苴之敌，与我岗房守备部队有小接触。因此处为通往高黎贡山南斋公房

---

[20] 该团团长名李白澄，字伯人。

要地，为确保隘路，钟彬已令 88 师张营于当晚到达增援。另，受沿怒江北窜之敌压迫，88 师段营自大熊寨退至来贡街、新寨西南地区，继续向敌阻击。36 师张营 30 日在帕路山与敌苦战，伤亡奇重，现与 88 师段营会合，在新寨西南地区阻敌。

7 日晨 7 时后，88 师副师长彭锷在户帕以电话报告军部：晨 6 时敌在大沙坝对岸（双虹桥北）放信号枪，原因不明。军长钟彬令其率所部一营在缅戛警戒；封锁沿江各渡口，并搜索敌人动向。另拟以驻汶上镇之 259 团第 3 营准备堵击而后企图渡江之敌。

当日，预 2 师师长顾葆裕报告第 11 集团军：本师第 6 团第 2 营副营长李子宜退守南斋公房，现失联络。第 11 集团军第二课通报敌情：马面关附近情况仍沉寂。此外，固东街附近集敌 300 余。瓦甸街、寺山寨、大地坡、江苴共有敌八九百人。瓦甸街驻有敌之"黑风大队"，刻在储集粮食修筑道路，扬言准备进攻保山。当晚，上马头之敌向北移动；松山之敌 200 人又向新城开进。

8 日傍晚 5 时，军长钟彬依据所获敌情，做如下处置部署：

87 师 259 团原驻保山之一营，于 9 日晨出发，经板桥、瓦甸街向汶上镇前进，限 10 日以前到达该地。以 87 师副师长黄炎为指挥官，于 10 日率所要人员（师部傅参谋、骑兵、平射炮、通信、无线电各一排）由保山出发，向汶上街前进，限 12 日以前到达该地，指挥骑兵团、259 团负责栗柴坝（不含）及勐濑渡间守备；88 师 263 团以一营（张树慎营）驻打郎，归彭副师长指挥，准备支援勐濑渡及缅戛渡之战斗，并选择地势筑工事；滞留怒江西岸之张、龚、段三营，扼守敢顶街。[21]

腾南战事（9 月 14 日至 10 月 4 日）

当日军 56 师团以重兵向腾北大举包围"扫荡"时，其留置腾冲附近兵力，也同时向腾南我游击武装进击。

---

[21]《第 11 集团军总司令部参谋处作战日记（1942 年 8 月 1 日至 10 月 31 日）》。据《德宏史志资料》第八集，第 147—150 页。

据预2师师长顾葆裕战报：

腾敌600余，于14日晚犯曩烟，15日中午窜入芒东，与第4团程梦震营激战。16日，敌又自动连增加400余，西犯马茂、曩宋关。17日复由腾冲、腊戍增敌300余，攻明朗、荷花池。至18日晨5时，敌分兵各处构筑工事，有久据之模样。

为减少腾北预2师师部及第6团之压力，留置腾南之第4、5团各部极力阻敌，却难当日军攻势。15日，原驻大盈江之第4团各部退至上、下芒允附近。[22]据张问德报告，18日，第4团曾以主力进袭城郊据点，拟夺取城南敌之来凤山阵地。经7日之战斗，以弹药缺乏，攻势顿挫，敌乃结集兵力向我反击，我被迫撤离。[23]

19日，顾葆裕师长闻报，中午7架敌机降落腾冲绮罗机场，载来一名联队长，姓名不详。当日午后1时，由缅北开来的日军600余由勐卯西窜进犯陇川。预2师师长顾葆裕与正在土司区"宣慰"的尹明德专员商议，请派当地自卫军一部，前往杉木笼阻击。

22日，进犯陇川敌200余，经户腊（户撒、腊撒）窜弄璋街已抵小辛街，师长顾葆裕又派一部前往堵击。

前述预2师部队首度攻击来凤山，第4团第2营营长程杰曾有所记述，他提及此战发生于1942年"中秋前后"。以标志性鲜明的旧历记事，在老兵回忆中常常出现，且一般较之公历日期更为准确。而此次来凤山战斗——据张问德报告自18日开始，持续7天，正临近中秋节——查为9月24日。基于此分析，笔者谨将程杰回忆片段节录如下：

1942年中秋节后，敌人企图向我军展开一次大规模的进攻。我团奉命驰赴腾冲以南梁河与龙陵之间，截击从八莫增援腾冲之敌。

---

[22]《第11集团军总司令部参谋处作战日记（1942年8月1日至10月31日）》。据《德宏史志资料》第八集，第140—141页。

[23] 据张问德《腾冲县政府民国三十二年度工作报告书》（第308页）。原文未注明参战部队，参照顾师长申养（9月22日）巳电"吴心庄部连日攻袭来凤山、龙光台等处，敌据阵顽抗"所述，应为第4团。据《第11集团军总司令部参谋处作战日记（1942年8月1日至10月31日）》，第142页。

昼夜兼程急进，等我团赶到目的地，敌一个师团（原文如此）早已进入腾冲城。我团扑了空。师又命我团火速折回腾冲县南郊攻打来凤山，牵制敌人北犯。

来凤山靠拢县城南端，约500米高的独立山峰，南面山坡很陡，北面倾斜。敌人在山顶构筑坚固的地堡，火网能控制全城。我团到达即展开攻击，先射几十发迫击炮弹，一点也没有起到摧毁敌阵的效果，倒给敌人严阵以待的准备。我们第2、3两营并排攻击，当接近铁丝网时，敌人重机枪一阵猛烈射击。第3营三个连长相继伤亡，我营也有一个连长负重伤，这时，才停止攻击。第3营营长程鹏看到他营官兵伤亡悲惨情景，急得捶胸顿脚，放声痛哭。

当晚撤退，我营担任后卫，我以两个班担任警戒，间或向敌阵发射几枪，以示我军并未撤走，其余官兵进屋睡觉。他们夜行军拖得疲劳不堪。我们次日清晨出发，中午便赶上了他们。

全团分开驻扎。我营进驻山冲里一个大村庄，天下小雨。我的疟疾发了，刚刚入睡，团部送来急令，限明晨到达某镇围剿敌人。我即令号兵吹紧急集合号，连长们跑来问什么事，遂将命令传达给了他们。我们只得服从命令，夜行40多里山路。

次日上午到达××（地名忘了）。敌人已走，敌人在这个镇只停一昼夜，每家每户被搞得凄凄惨惨，没有来得及逃跑的妇女都被轮奸，猪和鸡割下腿子，丢得到处皆是。在两头黄牛屁股左右挖割一块，鲜血淋漓，牛还眼睁睁的没有死。这种丧失人性的残酷行为，如不是我亲眼看见，真是难以令人置信。日寇对我人民如此凶残暴虐，全体官兵都非常气愤，决心与日寇决一死战。[24]

此前曾提及的第11集团军参谋吴堪，也以"中秋节"这一时间标志，回忆到个人亲历的相关战事。此时，他已从集团军参谋处调任第5团第5连连长。当夜，第5团团长杨文榜命令第2营营长率第5连袭击驻守勐连之敌。据其回忆：

中秋节的夜晚，皓月当空。我们经过一夜急行军，于拂晓前进

---

〔24〕程杰：《腾冲歼击日寇记》。据《湖南文史资料》选编本，1985年第3期。

抵勐连。由一排长何立德带领侦察兵5人，先期到达勐连寨外制高点。在会合全连准备攻击时，被敌哨兵发现鸣枪报警，寨内敌兵听到枪声，混乱起来，部分敌兵潜出寨外。便下令向敌射击，轻机枪手打倒了两个鬼子兵。正当部队准备向寨内进攻时，营长命令转移。原因是，一则我们已经完成了突袭任务；二则为防备另一据点的敌兵向我包围。

此后，该连各排在交替掩护下，脱离战场。这次袭击敌据点的战斗全连仅牺牲了一名战士，后在瓦甸召开全团追悼会，埋葬在山坡大榕树下。[25]

26日，腾冲日军在大盈江两岸分兵扼守。第11集团军研判，敌似有维护腾冲至八莫公路，并控制南甸、干崖土司地区之企图。次日，预2师副师长洪行电告：犯干崖、新城（指盈江新城，非怒江坝新城）之敌已至旧城；并以400余人沿江向葫芦口进犯。我第4团分派部队在江北阵地阻敌，击毙敌130余人；又一部在葫芦口阻敌，亦击毙敌50余，我无损。[26]

在葫芦口（即浑水沟）[27]阻敌者，为干崖土司刀保图（即刀京版）组织的当地自卫军一部：

9月19日[28]（旧历八月十日）之前，预备第2师副师长洪行专程赶到干崖土司署，与滇西自卫军第一路司令刀京版共商对敌作战事宜。第二天，有一架日机从缅甸八莫飞过盈江到腾冲附近，又从盈江飞回八莫。第三天晚上，刀京版收到陇川方面的消息，说日军已向盈江进犯。刀立即把队伍拉到龙塘寨子，派黄福臣、线永茂两队前往浑水沟设伏。

---

[25] 吴堪：《抗日战争滇西战场亲历记》。据《云南文史资料选辑》第39辑滇西抗战，第75页。

[26]《第11集团军总司令部参谋处作战日记（1942年8月1日至10月31日）》。据《德宏史志资料》第八集，第141—145页。当地史料记，此战中地方自卫军阵亡20余人。

[27] 浑水沟是葫芦口北部的一个岔口，史料中以浑水沟伏击或葫芦口伏击记述此战，是一回事。

[28] 原史料记为9月12日，经查旧历八月十日为9月19日。

当时我司令部在龙塘寨。事前，刀京版派人到旧城布防，并建立递步哨，命令"旧城青年队紧急严防，堵住路口，伏击敌人"。当时，孔连友、刀安运等30多人每人刚买到一支英造大十响枪，有的买到花号七九枪，一个个神气十足，夸口说："老子们一定要消灭日寇。"他们分两伙人埋伏在祭祀色勐（傣族社神）处。在沙坡站岗的三个哨兵来报告说，日本人来了。青年们没有作战经验，正商量着怎么办，日军的尖兵队已经逼近旧城街尾。递步哨在"松茂兴"内住，街民何品芳站在门口，当官的人已经从后门溜走了。何品芳抬头看见敌人，忙喊"敌人来了！"日军就"啪"的一枪打中何的喉咙，他立即倒下了。日军到"茂松兴"门口，第二枪又打中哨兵张德兴的脖子，他忍着疼痛挣扎着逃到芒来躲避。"青年队"吓得脚忙手乱，各人只顾逃命，跑到拉弄、弄满寨子躲避。日军还未到旧城街之前，街民和大寨子人已跑光，敌人进入街寨，见街房和设治局等处没有人，又派人到新城土司衙门及附近村寨，也同样没看到人。于是在旧城住了两夜，第三天（27日）又向南甸进发。

刀京版和预2师副师长洪行接到日军从旧城出发的消息后，就联合派兵在浑水沟附近埋伏。当时刀京版在龙塘寨。敌人沿山脚走的时候，遭到伏兵射击。日军见路险不能前进，想要后退又被朗宛一带民兵合力堵击。双方激战了半日，敌人死伤了不少，物资损失很多。日军全部被游击队和自卫队围困，无路可走，只有拼命还击。第二天天将拂晓时，日军才攀登悬崖从东山赵宝忠部方面突围出去，[29]绕路走吊弄、吊岗，摸到预2师部队后方桥头附近，用小炮轰击，双方又激战了半日。预2师部队转移阵地后，日军才窜往南甸、腾冲去了。[30]

关于此战，据干崖土司刀保图之子、自卫军第一路第一支队长刀承钺（又名刀威伯）回忆补充："9月间（查为27日），敌军一大

---

〔29〕据陇川设治局、陇川土司署秘书杨绍臣遗稿《陇川各组人民抗战概述》，系因赵宝忠部松懈警惕，被日军乘夜幕攀登悬崖而上偷袭成功。载《德宏史志资料》第二辑，第149页。
〔30〕刀安禄、管洪茂、刀一中：《盈江人民抗日片断》。据《云南文史资料选集》第39辑抗日战争专辑，第172页。另，此次伏击毙敌8名；预2师阵亡士兵7名，赵宝忠部阵亡4人。据文必显等撰《遮岛的抗日活动》，《德宏州文史资料选辑》第八辑，第213页。

队由畹町沿陇川小路进犯干崖，职奉令于浑水沟伏击，虽不能全数歼灭，然困敌三昼夜，其狼狈伤亡亦相当惨重……"[31]

值得注意的是，这次据守葫芦口要隘的是地方自卫军，而预2师第4团竟把守不甚要紧的桥头方面，无论如何也不合军事常规。腾冲一位叫尹家令的士绅留下的战时日记，解开了这个困惑：

> 或言敌之由干崖来，若预备二师分队扼守石竹脑、葫芦口各要隘，以一军出幕福（即茂福）、勐宋之山岭上挖壕埋伏，俟敌军大队经过浑水沟上下时，以机枪正对扫射，则彼敌人无处躲避，无有不受其大创也。惜乎！敌军之由干崖来，先已知之，而不作是准备，徒教预备二师以扼守桥头新寨，乌可也。预备二师固不知此方山川险要，无足怪也；知险要者而不教预备二师以如此，诚可惜也！[32]

29日葫芦口阵地被敌突破后，30日敌向芒东缩小包围圈，欲图消灭芒东我军。此时，因腾北战事吃紧，预2师师长顾葆裕令第4团向滇滩、古永、盏西方面转进。[33]副师长洪行遂率该团于10月4日撤出芒东，经丝光坪、新岐寨、扒炭、古永向腾北转进。自此，腾南半壁遂为日军所控制。[34]

据梁河设治局局长封维德报告：

> 腾南沦陷[35]后，南甸土司龚统政即率先投附敌伪，组织南甸"维持会"，受敌驻芒东守备队长江藤、行政班长青木中尉指挥。又与干崖土司护印刀保固、盏达土司思鸿升合组"南干盏司地监督厅"

---

〔31〕干崖宣抚使兼第一支队长刀承钺1945年1月30日致保山专员李国清报告。据《德宏史志资料》第八集，第91页。

〔32〕尹家令：《腾冲沦陷纪略》。据《民族光辉——腾冲抗战史料钩沉》，第51页。尹家令为腾冲荷花池人，清光绪年间举人。

〔33〕《第11集团军总司令部参谋处作战日记（1942年8月1日至10月31日）》。据《德宏史志资料》第八集，第147页。

〔34〕尹明德：《滇西军民抗战概况》。据《腾冲文史资料选集》第一辑抗日战争专辑，第54页。张问德：《腾冲县政府民国三十二年度工作报告书》。据《保山地区史志文辑》抗日战争专辑之三，第308页。

〔35〕日军在南甸驻军为12月21日，梁河设治局局长封维德自此北撤腾北与张问德县政府合署办公。

于腾冲城南之绮罗乡，先后受敌驻腾行政班本部长田岛大尉及早濑大尉之监督，对于国家极尽破坏之能事，对于人民不择压榨之手段。于是，局属壮丁因此被勒派为敌服务；地方粮食，因此而被搜刮供敌应用；游击部队及情报工作之官兵，因此而被屠戮者不少；接近职局及较为公正之青年，因此被暗杀者亦多；放任种植鸦片，禁烟法令因此而被破坏；藉势搜缴枪支，民有武力而被清除。[36]

据载，此次缅甸日军经畹町、陇川向腾冲开进途中，曾拘押胁迫陇川土司多永安、腊撒土司赖奉先、勐卯土司代办方克胜三人随军行动。在途中三人均寻机脱逃，但不久多永安又被日军捕获。日军大概已了解土司在当地民众中的影响力，对其并未粗暴加害，而以威逼利诱手段，欲使多永安为其所用。先是强迫其担任"维持会长"，将其软禁在土司署，由日军昼夜看守。而后向其提出五项要求：一是要表示归顺"皇军"；二是要交出全部武装，将游击队改编为伪军；三是要交300名壮丁为日军夫役；四是要交20万箩粮食和若干军饷送往缅甸南坎；五是要跟随日军协力消灭抗日武装。在日军逼迫下，多永安表面虚应其要求，而后讨价还价、软磨硬拖，在两年间交了1挺轻机枪，20个壮丁，送了粮食70驮到南坎、40驮到木姐街；但暗中仍通过秘密渠道传令动员民众抗日，配合我游击武装。当日军在其辖区搜出电台和他签署的手令，他就以装糊涂应对。其后故意整日吸大烟，睡到日上三竿才起，以麻痹日军。终于在两年后设法逃出日军监押，与其胞弟、土司护印多永清再度率民众与敌斗争。[37]

如前所述，8月底，外交部专员尹明德奉蒋介石之命来到腾南土司区"宣慰"。

据载，尹明德一行经腾冲四五两区绕道腾南，于9月2日潜抵河西，在丝光坪和勐连旧宅先后会见预2师副师长洪行及赵宝贤和梁河地区抗日民众组织领导人熊廷和、江如溙、赵宝忠、尚自贵，

---

[36] 梁河设治局局长封维德致保山第六行政区督察专员李国清电报。据《德宏史志资料》第八集，第15页。

[37] 耿德铭：《举世罕见的滇西多民族抗战》。据《滇西抗战史证》，第23页。

还会见了陇川土司多永安胞弟多永清以及勐卯司官代表沈家磐等。5日，到遮岛向南甸土司龚绶及其子应袭龚统政"宣慰"，转达中央政府关于抗战旨意，希望各司官率领边民，协助国军，歼灭倭寇，保我疆土。又将蒋介石所颁电文、李根源题写的"为国干城"匾额，及宋希濂所赠冲锋枪一支、子弹数百发颁给龚绶。龚绶表示，愿"追随国家抗战，即任何牺牲，亦在所不惜"；并以父子二人名义向蒋介石、宋希濂、李根源发出输诚电报。[38] 7日，尹明德又来到九保镇向赵宝忠、杨育榜两自卫队壮丁进行救国救乡的宣传鼓动。[39]

尹明德没有想到的是，仅10天之后，日军即对腾南发动攻势。那些刚刚接受其"宣慰"的土司们，即接受了关于大义和诚信的严峻考验，墙上"为国干城"匾额的墨迹未干，每个人已交出不同的答卷。

10月初，尹明德一行东渡怒江返回大理。后来就此行著有《宣慰日记》二册。

腾北后续战事（10月初至26日）

在此次九一八反"扫荡"作战之尾声，马面关阻敌成为一个难得的亮点。

据张问德报告："是役，预2师之兵站基地在大塘子，敌既陷大塘子，战役可谓已经终了。然敌于休息数日后，又向马面关进犯。此方面战事呈胶着状态，此种状态之保持几及十日。"[40] 在整个战事中，我军与敌接战基本上不过三天，此地能坚持十日，除了马面关天堑的地形因素，守军的积极奋战也是重要原因。

如前所述，26日预2师师长顾葆裕率师部人员转移至南斋公房，令第4团副团长荆哲生指挥该团第3营及军士队扼守马面关。但是，可能因为该部未配有无线通讯器材，此间战况一直未能发出，直到

---

[38] 尹明德：《宣慰日记》片段。据《德宏史志资料》第二辑，第140页。
[39] 据百度百科【尹明德】http://baike.baidu.com/view/2412993.htm。
[40] 张问德：《腾冲县政府民国三十二年度工作报告书》。据《保山地区史志文辑》抗日战争专辑之三，第309页。

10月7日,第11集团军总司令部第二课的记录仍是:"马面关附近情况仍沉寂"。[41]

特别值得一说的是这支军士队,这是第11集团军参谋处从各步兵团抽调中、下士班长100多人组成的,专门集中在瓦甸进行适应性训练,谓之"战地军士队"。参谋处参谋吴堪,曾被处长任命为军士队副队长,负责训练计划。经过严于普通士兵标准训练的这些"军中之母",据守马面关为全军断后,经受了严峻的实战考验。[42] 据吴堪简单的记述,军士队当时在桥头后山占据有利地形阻击敌人,分为两组,一组正面御敌,一组掩护逐次后撤。这些班长们"作战经验丰富,战斗中步步设防,相互掩护,个个沉着应战,奋勇杀敌。拖住了敌人,而我无一人伤亡"。[43] 无论如何,这都有几分传奇色彩了。

据载,"至10月初,由腾南北上的预2师副师长洪行所率第4团,及留置打苴山、绿葱山、打鹰山的杨文榜第5团,各由古永、胆扎、麻栗坝、明光、营盘街附近,分路向敌腰击,主力则由明光以北向马面关增援。日军因腹背受敌,于10月12日开始撤退。"[44]

13日拂晓,马面关敌一部五六百人向朝阳地(即朝阳甸)以东我阵地猛攻,被我击退,毙敌六七十人;预2师黄营一部亦向朝阳地增援。晨5时后,我即占领朝阳地,继续向马面关以北地区挺进。9时许,在马面关东侧与敌展开激战,敌顽强抵抗。预2师又以一部经山间小道绕袭周家坡抄敌背后,至薄暮,敌经桥头街分向固东、瓦甸撤退。我占领桥头街后,派兵分别向明光、瓦甸街搜索。当日晨7时,敌千余由孟家寨、汤家寨向营盘街进犯,与预2师第4团一部在营盘街南侧高地激战中。

南线大塘子之敌原有千余,11日撤去600余,至13日尚存300余。71军令88师263团第2营于13日晨由双虹桥渡江,向大塘子

---

[41]《第11集团军总司令部参谋处作战日记(1942年8月1日至10月31日)》。据《德宏史志资料》第八集,第148页。
[42] 吴堪:《抗日战争滇西战场亲历记》。据《云南文史资料选辑》第39辑滇西抗战,第75页。
[43] 同上。
[44] 张问德:《腾冲县政府民国三十二年度工作报告书》。据《保山地区史志文辑》抗日战争专辑之三,第309页。

之敌攻击。经激烈战斗，阵地前敌弃尸 80 余具。该营于下午 6 时占领大塘子，又沿高黎贡山隘路向南斋公房追击。14 日晨 7 时后，于林家铺、江苴街间与敌二三百人遭遇，在江苴街东侧高地与敌激战。

当日晨，预 2 师潜入腾冲城内的便探目睹，由固东街、顺江街、碗窑街、马站街先后运回城内伤兵及死尸约五六百具。

自 14 日起，预 2 师第 4 团主力在瓦甸东北金钟山（即马鹿坡）、杨家岭之线，与敌数百人激战两日。至 16 日晨，我以一部由羊厂坡向北夹击，毙敌甚重。入晚，敌沿龙川江南窜，我于晚 7 时后进占瓦甸，继续向江苴街扫荡，残敌即退往曲石街。17 日，第 4 团一部与明光、营盘街地区间敌五六百人，仍在营盘街南侧高地对战。

18 日，顾葆裕电告第 11 集团军：本师 5 月中旬进袭腾冲，伤亡失踪计长官 22 员、士兵 626 员；6 月以后各次战斗，伤亡失踪共计长官 21 员、士兵 2367 名；又病故、转院共计官长 9 员、士兵 675 名。合计损失官兵达 3720 员名。

19 日，第 11 集团军获悉敌情：

进攻马面关、朝阳地之敌死伤 700 余人，并阵亡队长一员，11 日在桥头街北周家坡开追悼会；据守瓦甸街敌"黑风大队"内，华人占三分之二，闻多系我入缅远征军被俘官兵及华北同胞；敌在畹町、腊戍一带征集民工千余，此刻被迫改服兵役，集中龙陵训练。

当日，总司令宋希濂接奉蒋介石电令，饬预 2 师尔后作战应以游击战要领，避实击虚，与敌周旋。

21 日，预 2 师右翼追击队第 4 团一部尾追南退之敌，在固东街北侧地区与敌略有战斗，入晚后进占固东。22 日，收复顺江街，以一部监视碗窑街之敌，主力向灰窑桥前进。当日中午，在灰窑街、灰窑山之线与敌接触。激战数小时，敌逐次向南岸退去，该团遂于午后 3 时占领灰窑街，并继续追击残敌。预 2 师左翼追击队第 5 团越龙川江南进，22 日下午 5 时与第 4 团协力驱逐曲石街残敌，亦于中午占领曲石街，此后与敌隔曲石江对战。

25 日，顾葆裕电请第 11 集团军将栗柴坝守备队拨交本师。当日，马站街、小回街、侍郎坝地区间集结敌约三四千人，腾城郊外各据点之敌在强化工事，整备战场设施，甚为匆忙。

26日，预2师师部在甸头；第4团（欠一部）在明光、固东间；第5团在桥头街、瓦甸街间整理；第6团在江东云龙漕涧。[45]

在阵中迁徙的县政府

在此次反"扫荡"中，老县长张问德和成立不久的县政府经受了严峻的考验。

在赖以支撑的军队作战失利的情况下，"随军"的县长唯有逃难一途。事后，张问德本人对此经历叙述极为简单："21日，县政府离开大塘子渡江，在江河湾停留10日，将学生遣送大理入学，即转移保山办公。……（敌撤退后）县政府于10月27日由保山起程，11月2日返抵界头，行使职权。"[46]

然而，在一位随行者的回忆中，此行却并非如此简单。

熊文定，是腾冲抗战史的一位重要见证人。腾冲沦陷前，他曾入警察训练所受训。抗日政府成立后，被召进县府，跟随县长张问德，掌管印信并担负警卫工作，直至腾冲光复。据他回忆：

旧历八月十三日（查系公历9月22日），日军占固东后向明光推进，预2师师部通知县政府转移曲石、江苴。县府星夜到达江苴大鱼塘时，日军已攻破灰窑桥防线，县府只好向林家铺转移。尔后，由南斋公房翻越高黎贡山，跋涉两日到怒江边。正欲做饭吃，又闻敌人已由红木树进袭。县府又溯江北上，到蛮匡（即芒宽）与东岸71军骑兵团联系，经部队长官允许后，方放船来接。县府员工上船后，夜幕已临，船小人多，许多伤病士兵也搭船，到了江心无法摆渡，曾几次发生翻覆险情。船顺江漂流几千公尺后，才勉强靠近东岸。靠岸后又无路可走，只得攀登悬崖，黉夜摸索，至次日中午到达汶上镇，已整整3日未吃饮食矣！此期间，张县长尚能拄杖步行，

---

[45]《第11集团军总司令部参谋处作战日记（1942年8月1日至10月31日）》。据《德宏史志资料》第八集，第152—153页。

[46] 张问德：《腾冲县政府民国三十二年度工作报告书》。据《保山地区史志文辑》抗日战争专辑之三，第309—310页。

几次摔跤，满身是泥，须眉都被泥水粘结成一片。在汶上住一夜后，到瓦房住了5天，县府才奉令转到保山城南易罗池边腾越会馆住下。

张县长因年老体弱，星夜长途跋涉，饥寒交迫，瘴毒侵袭，到保山后患痢疾，卧病床上，水米不沾数日。后经71军医生细心诊治，方化险为夷，逐步好转。病稍好，闻敌军已由界头退走，即率县府员工步行4日，于10月29日返抵界头。

此后，张县长又率县府积极筹措粮米，保证军需，大力动员民工，协助部队修挖战壕，巩固防线。[47]

值得注意的是，熊文定回忆中县府人员撤离时间，较张问德报告中记述要晚数日。张问德记21日县府已翻越高黎贡山至东麓大塘子，并从此处渡江；而熊文定记述22日方得到预2师转移通知，自南斋公房翻越高黎贡山后，又跋涉两日至上游蛮匪（芒宽）渡江。敌军撤退后，县府返抵界头的时间，两人记述也错位数日。笔者以为，熊文定的记述更为准确。

对比张的平淡记录与熊的细腻描述，仿佛能感到老县长坚毅的风骨和沉勇的心跳。

与县府人员一同过江的，还有腾冲"战时工作干部训练班"的师生们。

据已经过毕业考试进入预2师战地服务队的江春楷回忆：到江边时正值中秋节（公历9月24日）下午，副队长张志公[48]派了两个学员去大塘子买月饼，准备让大家好好过个节。不料此时闻听下游之红木树已失守，日军正沿江北进。张志公遂带学员迅速下山，与东岸担任江防的88师部队联系候渡。因为船只缺乏，而江边候渡单位人员众多，当时，张志公叫学员们团团坐下，以温和的口吻严肃

---

[47] 熊文定：《抗战时期的县长张问德》。据《腾冲文史资料选集》第一辑抗日战争专辑，第152页。

[48] 张志公（1918—1997），河北南皮人。1937年入中央大学工学院，一年后转读外语系。1940年辍学，在重庆中正中学任英文教员。后应顾葆裕之请从军，先后在第88师、预2师任英文秘书。离开军队后，入金陵大学外语系学习外国文学及语言学，1945年毕业。解放后，成为中国著名语言学家及语文教育家。张志公短暂的从军经历，国内仅见预2师老兵江春楷回忆及丁芝萍所著顾葆裕传记《长风将军》所载。

地说:"……今夜要有思想准备,我们只有四条枪,子弹也不多。如果敌人杀来,女学员用毛巾蒙住眼睛,男学员监视她们跳江,决不让日寇侮辱。男学员找隐蔽地点向敌人射击,消灭一个也好、两个也好,最后连人带枪一起跳江,不能当俘虏。"所幸当晚无事。次日清晨,战地服务队即按师长顾葆裕预先排好的渡江次序,乘第一船次过江;张问德及县府人员位列军需处、军法处、军医处、野战医院之后,最后渡江。[49]

重返根据地后县政府依然如故,而预2师领导层却出现了裂隙。据亲历者记述,"九一八"之役后不久,预2师师长顾葆裕前往大理向第11集团军总司令宋希濂报告军事情况,由副师长洪行在界头负责。一日,洪行在界头东山脚某寺中召集腾冲帮会人员开会,希望帮会中人协助军队[50]……后来,顾葆裕返回界头,知道洪行召集帮会之事,认为洪行此举为笼络人心、树立党羽,所以大为不满,两人关系从此恶化。"加之师参谋长彭励想夺洪行这个军事副师长之职,又在其中挑拨是非,顾、洪两人的冲突日益尖锐。"[51]

这年冬天,洪行愤而离开预2师,前往重庆活动。次年10月被委任为新编第39师师长,离开腾冲游击区。

在腾冲人的记忆中,对副师长洪行的印象和好感,均要强于师长顾葆裕。在某种程度上,绰号"洪胡子"的洪副师长,已经在传说中带有几分神话色彩。究其原委,笔者以为洪行当时率部挺进腾冲日占区腹地游击,且与当地民众联络交往密切,应该是主要原因。此次引发矛盾的"召集帮会"一事,可以见出洪行性格之一斑:作为在敌后从事游击的部队,取得包括三教九流在内的地方势力的支持,应是有利于部队生存作战的;但洪行可能未深加思虑的是,由其个人私下张罗的这类"非组织活动",可能在当地大大提升

---

[49] 江春楷:《抗战时期的一段经历》。据《德宏州文史资料选辑》第八辑,第93页。
[50] 李嘉祐《腾冲敌情报告书》中曾记:"时腾冲哥老会仁、义、礼、智各堂口当事大爷,均逃往界头一带,听国军当局指挥。"据《保山地区史志辑》抗日战争专辑之一,第380页。
[51] 陈绍凯:《腾冲抗日县政府的情况》。据《保山地区史志辑》抗日战争专辑之一,第348页。

个人影响力之后，使作为主官的顾葆裕因担心实权旁落而心存忌惮。

离开深怀感情的战地腾冲，固然有些遗憾，但幸运的是，洪行谋到了更好的职务。两年后我军大反攻，这位因祸得福的传奇将领还将率部在怒江边的红木树出场。此为后话。

在日军方面，未见有关此战后总结反思的记录。但在腾冲人记忆中，入冬后，日军对腾冲至龙陵间公路的修筑施工却渐入高潮。

据载，日军系自6月起修筑腾龙公路，强征腾龙两县民工及"摆夷"[52]2万左右；8月中旬工程进展至龙川江边，开始立石桥墩敷设铁桥，民夫人数渐有增加；10月26日，因日军几乎倾巢出动投入"扫荡"作战，施工监管兵力不足，修路英印人曾大批逃散。我军先后捕获13名，据供述系在腊戌被俘的英印军士兵。[53]

"九一八"战事甫定，日军又从缅甸强征来印度人、缅甸人、傣人1800名投入施工。此期间，蒲川乡乡长杨光品因通晓印、缅语，遂潜入修路队伍进行策反，晓之以中印缅关系，多数民夫为之感动，有七八十人随杨光品潜逃。此后，杨光品把这些民夫绕道送至保山，交第71军军长钟彬收容。日军知情后，抓捕杨光品未获，竟将他的房屋烧毁。[54]

日军为何在此时修腾龙公路？显然出于战事考虑：基于此次对我腾冲游击武装"扫荡"成效不彰，日军深感仅以腾冲的兵力无法完成任务，而必须调集驻龙陵乃至缅北日军联合行动。以往，通行不畅的腾龙间旧公路限制了输送兵力的速度，因而必须加以整修。这意味着，公路竣工后，日军必将对我腾北根据地发动更大规模的"扫荡"行动。

---

[52] 当时对傣族的称呼，有歧视性色彩。
[53] 龙陵县长杨立声1942年8月16日报告及第11集团军总司令部参谋处9月2日日记。据《德宏史志资料》第八集，第10、135页。
[54] 黄槐荣：《腾冲的全民抗战》。据《腾冲文史资料选集》第一辑抗日战争专辑，第191页。

第6章 反第一至第二期"讨伐"

(参阅附图2、附图33、附图34、附图35)

从日军的角度来看,被其命名为"イ号讨伐"的前次扫荡战无疑是失败的,因为其兵力刚刚回撤,预2师和抗日县政府即接踵而来,几乎连个喘息休整之机都未获得。

据其公刊战史记述:

12月中旬,该(预2)师又与第88师一部相策应,以固东街、瓦甸附近为据点,在腾越周围地区开始活动。除此之外,中国军还派遣了第11集团军隶下的谢晋生到拖角方面,着手将自卫军改编为保安大队(实为游击支队),并令其驻扎于片马、罗孔[1]附近。并计划令其第一线前出到西尼克方面,与孙布拉蚌附近英军取得联系。此外,在大盈江河谷沿岸方面还有数百名自卫军于干崖、盏西开始了游击活动。拉孟(松山)正面,怒江东岸之敌也正在积极加强工事,更令其一部潜入怒江西岸,侦察我军情。

另一方面,滚弄方面的新编第39师由于我对老街附近的讨伐,已向东北方败退。但在讨伐队回到驻扎地后,又显示出准备南下的气势。在平夏地区,龙潞游击支队[2]与第87师及新编第39师之各一部,扬言要展开1月攻势而在平夏周围活动。但经过1月中旬开始的讨伐而败退到猛板附近。

---

〔1〕原文译作皮木、劳洪,笔者按标准译名改过。

〔2〕亦称"龙潞游击司令部",为1942年5月由昆明行营主任龙云委派在昆明组建,骨干多为流落昆明的沦陷区青年,司令为朱嘉锡,并兼任龙陵县长;副司令常绍群。经在昆明训练后,于7月渡过怒江进入敌占区开展游击,主要活动于龙陵、芒市区域。

在腊戌东方怒江右岸地区，自1943年1月下旬以来有数百名游击队开始活跃起来，频繁地掠夺附近村庄，扰乱治安。

第56师团所属各部队，在直接警备腾越、龙陵、拉孟、芒市、遮放、畹町、平戛、滚弄、腊戌等管内各要冲的同时，不断实施小规模讨伐，努力确保治安和宣抚。[3]

可知，此期间虽无大规模战斗，但我军不断争取主动向敌袭扰。这种蔓延在整个滇西地区"按下葫芦起来瓢"的游击战，显然令日军头痛不已。为了达成所谓"管内治安"局面，日军所实施的"小规模讨伐"，在张问德报告中，以12月6日至8日腾北曲石江沿岸及马站街战斗为最要，其次则为腾南盏西的两次战斗。

12月6日拂晓前，敌400余人、附炮2门，在马站街以南发动攻势。马站街我守军兵力单薄，乃向马站街以西朝阳寺、面街、旧村转移，同日拂晓抵达曲石江南岸。向我向阳桥、灰窑桥进犯之敌，以一部向西窜扰黑龙湾，我即转移兵力于碗窑东北之团山及碗窑以北之杨梅山。7日拂晓，碗窑失守，固东吃紧，县政府应预2师之邀，暂时迁移至水井坡办公。

据预2师判断，以为敌此次进犯之兵力不超过一千人，拟诱敌深入施行歼灭战。但因这一企图暴露过早，由上营渡过龙川江向海口及由三岔河、奎甸向哨坡推进之两路我军行动过快，致使尚滞留在曲石江及碗窑大河一带之敌军，过早感觉到包围压力，于8日开始回窜。我各路部队遂转为追击，最后停止于海口、哨坡一线。战斗结束，县政府于9日迁回界头办公。

11月14日至15日，及1943年1月2日至3日腾南盏西两次战斗，日军行动如出一辙。一部沿盏西至腾冲之骡马大道推进；一部沿槟榔江向北推进，进抵盏西会合，与吴祖伯大队（即盏西独立大队）发生战斗，互有死伤。吴大队各部以李祖科、杨成秀两部作战较力。[4]

---

[3] 中华民国史资料丛稿译稿《缅甸作战（上）》，第164页。
[4] 张问德：《腾冲县政府民国三十二年度工作报告书》。据《保山地区史志文辑》抗日战争专辑之三，第311页。

在这种情况下，为了实施稳定的占领与控制，并着眼"压制敌军反攻于未来"，日军第56师团长松山祐三中将[5]亲自筹谋指导，纠集重兵，于1943年2月初开始实施所谓第一期至第三期"讨伐"作战。

其第一期作战，主要在缅北境内展开。即以腊戌警备队（第146联队第3大队长山本恒正中佐指挥的该大队主力为基干），自2月4日至21日期间，在腊戌以东至怒江区域，对我第2军（军长王凌云）游击部队实施"扫荡"。但是，由于我军回避与敌进袭部队作战，巧妙地反复集散，日军并未能给予重大打击。[6]

于是，自第一期作战末期，日军又以56师团主力开始了对腾北我预2师的第二期作战。在我方史料中，将此次战事称为"二一四"战役，较之前述"九一八"战役规模更大。

腾北战事（1943年2月11日至29日）

据日军战史：

2月11日夜，今冈部队（第146联队长今冈宗四郎大佐指挥的该联队主力为基干）从畹町出发，经猛卯街、龙川江北进，沿江苴街——林家铺道路进入高黎贡山脉东麓。

13日，松本部队（第148联队长松本喜六大佐指挥的该联队主力为基干）自腾越出发，击破在马站街、固东街附近占领着阵地的预备第2师第4团后，经明光前出到桥头街。

腊戌警备队（山本部队），在完成腊戌东方第一期讨伐后，立即反转北进，于12日从畹町出发，沿龙陵——腾越——固东街道路疾进，又从固东街南方经分水岭，于16日晨突入瓦甸。但，当面之敌（第5团）主力已经败走，部队立即追击。败退之敌早已退到马面关。

师团战斗司令所12日自芒市出发进入瓦甸。

---

[5] 1942年12月1日，松山祐三中将接替渡边正夫中将就任第56师团长。据《兵旅の赋》，第317页。
[6] 中华民国史资料丛稿译稿《缅甸作战（上）》，第164页。

当面的中国军发现我讨伐队进入腾越以北，似才开始察知我行动。[7]

从日军战史中可知，此次从畹町调来的第146联队是其主力，刚刚完工的龙陵至腾冲道路，显然对输送该部发挥了作用。到达腾冲后，日军分为三路进击，即以两路循腾冲至固东街道路推进，而后分别在明光、固东右旋，翻山追击我军至马面关；一路沿江苴街至林家铺道路推进，经南斋公房翻越高黎贡山攻占大塘子，而后溯怒江北进至栗柴坝渡口包抄我军退路。

然而在张问德、尹明德等人的撰述中，均对日军来路讲述不清，且都开列了缅北日军从昔董至古永、罗孔至片马，龙陵日军自镇安街至红木树的进入路线。[8] 由此，可知此次我军仍属事先无情报的仓促应战。日军战史中"当面的中国军发现我讨伐队进入腾越以北，似才开始察知我行动"的记述，所言为事实。

关于此次作战梗概，日军战史记述为：

16日拂晓，今冈部队于林家铺东方高地击破约60名敌人，继续经积雪的险路进入高黎贡山里，分路冒雪急袭了据守天险的约200名敌人。当日，先遣队很快冲进该山东麓大塘子。先遣队立即急追，将敌压向怒江。同时以一部占领双虹桥附近。今冈部队（第146联队）主力也于17日拂晓，集结于大塘子附近。

高黎贡山顶及大塘子附近之敌属于第88师之第264团第1营，被今冈部队击溃后向北方溃退。先遣队于18日黎明开始北进，途中击溃部分敌人后占领勐古渡。部队主力亦陆续进入该地附近集结兵力。

——据我军战史记述："19日敌在双虹桥附近施放烟幕，并利用飞机、大炮之掩护，施行数次强渡（怒江）。我军沉着应战，将渡

---

[7] 中华民国史资料丛稿译稿《缅甸作战（上）》，第165页。
[8] 张问德：《腾冲县政府民国三十二年度工作报告书》。据《保山地区史志文辑》抗日战争专辑之三，第311页。尹明德：《滇西军民抗战概况》。据《腾冲文史资料选集》第一辑抗日战争专辑，第54页。

江进犯之敌军全部歼灭于水际；敌以计不得逞，乃以一部转犯敢顶街。"[9]但日军战史中，对此没有记述。

松本部队（第148联队）当前之敌，是预2师之一部及渡过怒江救援第88师之一部，其兵力约1000人，利用以马面关为中心的高黎贡山之险据守数线阵地。松本部队为了攻击该敌，18日晨开始命有力之一部迂回，由于地形险峻，山洞深，加之时而降雨及浓雾，使部队前进更加困难。苦斗结果，17时30分终于前出到敌阵地侧翼开始攻击。但敌方利用天险顽抗，未能轻易获得成功。经彻夜攻击，19日8时50分将敌击退。松本大佐立即部署追击队急追。追击队于高黎贡山脉内，边击退抵抗之敌边前进，20日中午突破冷水沟。

在此之前，师团长曾明令今冈部队（第146联队）沿怒江西岸北进，并令一部向冷水沟、主力向栗柴坝渡前进。21日黄昏，先遣队前出到该地并扫荡附近和破坏了军事设施。今冈部队的主力，紧跟先遣队继续向栗柴坝渡北进。根据师团长命令，21日17时中止追击，反转到勐古渡附近。

山本部队（第146联队第3大队）于瓦甸，担当该地警备，收集粮秣及从事向后方护送今冈部队患者等后勤工作。

师团长于26日由瓦甸出发，前进到马面关、冷水沟，视察该地附近松本部队的战场，28日返回瓦甸。

2月22日晨，松本部队的上田大队（第148联队第3大队，大队长上田孝中佐）从桥头街出发，开始向片马北进，当日于中寨南方击溃预2师第4团第3营的约200名敌人。接着，23日16时30分于空查河（即空树河）南方击溃西进中的50—60名敌人后继续北进，于26日11时占领片马。部队破坏了片马附近敌设施后，28日晨从该地出发向茶山河方面反转。

第56师团长鉴于已经达到覆灭敌据点目的，2月28日以后命令讨伐队首先向龙川江畔，继而向腾越周围集结，准备下期讨伐作

---

[9] 何应钦：《日军侵华八年抗战史》第四篇陆军作战概要，第七章第四节腾冲以北战斗，第254页。

战。今冈、松本两讨伐队逐次撤回兵力，3月5日左右分别集结于腾越周围地区。[10]

据张问德报告：

当时预2师在腾北之兵力仅有两个团，因来犯之敌兵力过大，只能逐次抵抗，准备于马面关既设阵地决战。计划为以第5团附两个炮兵连扼守阵地，以第4团自明光转移攻势。

此期间，张问德又率县政府于13日撤界头，抵马面关阵地内；14日行抵北斋公房；15日渡过怒江；16日抵漕涧设立行署，以待战局变化。

16日当天，马面关战斗开始。此后三天，这方幅宽18华里的阵地前，战斗情形至为激烈。19日拂晓，日军利用大雾，由马面关阵地左侧洼地向我冲击，我军失守朝阳地，马面关阵地至北斋公房之退路遂被敌切断。[11]

在前述"九一八"战事中，马面关阻敌曾给人留下深刻印象。在此次战事中，马面关之战再次成为具有决战意义的关键点。虽然日军战史中对松本部队攻击马面关留下了"苦斗"的记述，但此次该阵地仅三天即因被敌迂回突破而失去阻敌价值，不能不说是一个遗憾。

预2师第5团第5连连长吴堪曾亲历此战。

据其介绍，1942年入秋后，为防备日军秋后骚扰，该连先是在瓦甸构筑工事设防，后调至马面关据守。因第6团在前次战斗中损失极大，已撤至江东漕涧休整，此次高黎贡山西麓一带由第5团防守。当时团长由师参谋长马涤心兼任，[12]他刚从陆大毕业。

一天，日军利用夜袭小部队，在我连阵地结合部偷袭成功，我

---

[10]中华民国史资料丛稿译稿《缅甸作战（上）》，第165页。
[11]张问德：《腾冲县政府民国三十二年度工作报告书》。据《保山地区史志文辑》抗日战争专辑之三，第311—312页。
[12]如前所述，第5团团长原为杨文榜，此时可能离职，调任"滇康缅边境特别游击区"第五纵队司令。

连及机枪连与后方的联系被敌切断，经过几次冲杀也没打通去营、团的路。我与机枪连长易书光（军校14期同学）商量：必须在拂晓前脱离阵地，否则会腹背受敌。在他带领下，我们沿着山麓，穿越丛林悬崖，转移了出来。后来才知道日军袭向马面关背后，所以我团受了挫折。此次战斗牺牲较大，82迫击炮全部丢失，士气也受了影响。

我们沿高黎贡山麓北行，走了两天一夜，来到一个傈僳村寨，傈僳同胞欢迎我们进寨，并为我们煮了稀粥。在寨中休息了三天，体力得到恢复后，我们两个连即奔向营盘山、明光镇，乘夜向第4团靠拢。到明光镇时，接到第4团团长吴心庄手令，命令我们从小田河越高黎贡山，过怒江到师部驻地漕涧集中。我们在高黎贡山原始森林中穿行，有时发现三五成群的日军便衣队，带着警犬和电台，潜伏在丛林深处侦察袭击我部队。经过艰难跋涉，我们翻越高黎贡山来到怒江边，扎筏东渡，到达漕涧。

全师检查了这次马面关战斗失败的教训，营长赵某因脱离部队，作战不力，被军法处决。[13]

这位承担丢失阵地责任而被军法处决的第5团营长赵某，笔者在第54军滇西作战参战营以上主官姓名表中未找到，这当然可以理解。马面关阵地，也因此愈发成为一个醒目印记，并且直接警示着当时我军对于日军战术和战斗作风的认识。据县府民政科长兼党部书记长李嘉祜后来为我反攻部队所撰《腾冲敌情报告书》："敌人惯用包围战，如其攻击一阵地，除正面攻击外，必出奇兵包围左右翼，占据高地，从上压迫而来，或绕出后方，使我守军腹背受敌，左右遇创。去年（1943年）我预2师在马面关之役，左右皆悬崖峭壁，敌人犹以人梯攀援而上，绕至我军背后，登高截击，其用兵之迂回勇敢，可以概见。"[14]

---

[13] 吴堪：《抗日战争滇西战场亲历记》。据《云南文史资料选辑》第39辑滇西抗战，第75页。
[14] 据腾冲县政府民政科长、国民党腾冲县党部书记长李嘉祜1944年4月20日呈报《腾冲敌情报告书》之"敌人之军事"部分，转引自《日军侵华罪行实录——云南部分》，第453页。

"随军"征战的县政府里，连地方职员也被逼迫出了相当的军事素养。

在张问德报告中，以我方视角记述了后续战况：

15日，龙川江东岸预2师任江防之一个团（第5团），因大塘子失陷，我侧翼堪虞，已逐渐撤退至高黎贡山东麓芒宽街、西牙街（即西亚村）之附近。自17日起战斗至为猛烈，18日黄昏，蛮云街又复失守，19日下午小横沟发生战况，于是北斋公房至栗柴坝通路亦告断绝。此时，马面关阵地内之我军及北斋公房之我军，处境极为困难。而原来计划由明光转移攻势之一个团（第4团），亦在明光附近遭受自固东来犯之敌夹击。20日，北斋公房之我军遂由高黎贡山脊向六库撤退，退守江防。

参照日军战史，上述战事记录中的时间均有一两天的提前量。如，16日日军才攻占大塘子，但第5团早一天即远远地撤走了；21日黄昏，今冈部队先遣队方抵达冷水沟、栗柴坝，则18日蛮云街、19日小横沟的战事自然不可能发生。可以想见，张问德所记下的这些时间概念，一定是由预2师事后提供的，其目的只在铺垫一个事实：所以彼时撤退，是基于日军之压迫。经对比可知，我方的"压迫反应"，来得未免太敏感太提前了一点。

所幸的是，留在战线后方、被日军合围于马面关的我守军最后逃了出去。20日黄昏起至21日拂晓，马面关阵地内之我军利用暗夜溜下悬崖，由九渡河、小田河附近向西冲击，22日与明光之第4团会合，23日摆脱明光敌之围攻，向腾冲西北的姊妹山转进，以后亦绕经怒江上游六库，回到怒江东岸。

29日，因腾南大盈江流域发生战事，腾北日军全部南撤。[15]

腾南战事（3月1日至15日）

据载，此期间腾南大盈江流域之莲山战事再起，迫使腾北日军

---

〔15〕张问德：《腾冲县政府民国三十二年度工作报告书》。据《保山地区史志文辑》抗日战争专辑之三，第312页。

南转。但奇怪的是，日军战史中仅泛泛地提及："在以上（第二期）讨伐期间，龙陵、芒市地区也不停地反复进行肃清作战，使敌游击队不能活动"[16]，却唯独对战事发生地盏达、莲山只字未提。

如前所述，经腾南芒东三次战斗以后，我军原用以控制土司之力量失去重心，各土司向敌投降者甚多。但有两支游击武装，仍显示出坚强的抗战决心。其一，为莲山太平街刘金生、芒允许本和、昔马寸时金各一个大队，合并称为莲山独立支队，以腾冲人明增慧任司令。据"宣慰"专员尹明德评价，"莲山之昔马、太平街、芒允各地大都为汉人居住，民间枪支甚多，民气亦强"。[17]此外，盏西抚夷李祖科、神护关抚夷杨成秀、支那隘抚夷孟守义、猛豹隘抚夷安定邦，亦各组织一个游击中队，合为盏西独立大队，由预2师参谋吴祖伯任大队长。县长张问德记述，因"盏西大队[18]全系（军方）派人组织，枪支甚多，声势甚大"。[19]

战事的大致脉络如下：

1943年2月20日，缅北日军约200人自拉弄入境，寸时金率本部百余人迎敌。先派出两位景颇族青年许忠国、赖小海前出搜索敌情，在景颇寨子公邦样附近遭遇敌尖兵二人。由于距敌太近，许忠国与一名日军搂抱在一起摔起了跤，赖小海于昏头昏脑中开枪，却打在许忠国身上。枪响后，寸大队与日军迅速跑步对向开进，在距寨子半公里处遭遇交火。由于寸时金指挥有方，我占据有利地形在先，战斗中击毙日军八九人，我仅伤亡自卫队员李生富、保正玉两人。战斗持续两小时后，日军即退回缅境拉弄。[20]

3月1日，缅北日军一部约300人再度从拉弄向昔马进犯。寸时金大队凭借巨石关优良地形，与敌激战二日，敌死伤甚重。日军乃增援再犯，围攻昔马，五日未下。此时，莲山独立支队明增慧司

---

[16] 中华民国史资料丛稿译稿《缅甸作战（上）》，第166页。
[17] 尹明德：《滇西军民抗战概况》。据《腾冲文史资料选集》第一辑抗日战争专辑，第54页。
[18] 原文为"盏达支队"，经参其他相关撰述，此战主力应为"莲山独立支队"。
[19] 张问德：《腾冲县政府民国三十二年度工作报告书》。据《保山地区史志文辑》抗日战争专辑之三，第312页。
[20] 王德尚：《昔马抗日第一枪》。据《德宏州文史资料选辑》第八辑，第191页。文中记述的交战日期为正月十七，查为2月21日，与张问德报告记载有出入。

令率领援军由外夹击，敌溃去。[21]

于是，日军决定调集正对我腾北预2师实施第二期"讨伐"之兵力，除以一部返回缅北原驻地外，其余全部使用，分路由盈江南下，再由盏西西侵。10日，盏西陷落。

3月11日，干崖土司护印刀保固投敌，并率夷人数百为敌作战。太平街刘金生部因情报错误，[22]致使太平街失守。12日，由缅境东进之敌（一说为自马面关南下之敌）亦抵芒允附近，许本和部与敌激战两日，亦因众寡悬殊而失败，芒允遂为敌所占。15日，昔马亦沦陷。于是，我在槟榔江及盈江之三角地带已无法立足。

此后，日军在莲山也成立了伪组织，并派驻部队，使我军原拟由此逐渐向滇缅公路发展之计划被迫终止。[23]

对于此战，莲山设治局局长武尚贤曾有致保山专署的简要报告：

"3月上旬，由马面关败退之敌，由盏西来五百，由新城来六百，与小辛街之敌共千余，同时分路攻莲。地方与敌激战二日，毙敌数十，后有伪军来夹攻，遂不守。绅士丁德树等阵亡，左镇长等中伏死，总部赵科长失踪，李前区长（李全仁，第8军副军长李弥胞弟）被执，骂贼遇害。因众寡悬殊，全莲陷落。莲山、芒允、太平三街市被焚毁，损失惨重。"[24]

此战中，干崖也随日军进攻波及而陷落。干崖土司刀承钺事后也向保山专署提交报告：

"1943年3月3日，腾冲敌两个联队卷土重犯，分四路南下干崖，一路由浑水沟，一路由茂福，一路由盏西，一路由萝卜坝，情形十分危急。幸全体民众尚能镇定听职指挥，但边疆既无久练之兵，

---

[21] 张问德：《腾冲县政府民国三十二年度工作报告书》。据《保山地区史志文辑》抗日战争专辑之三，第313页。

[22] 指将太平街壮丁大部派往昔马增援，仅大队长刘金生、参议李心和、镇长李昌德、保长杨登富及壮丁17人留守，寡不敌众。据铁风《腾南民众游击队》，原载1945年5月23日《腾越日报》，转引自《民族光辉——腾冲抗战史料钩沉》，第152页。

[23] 张问德：《腾冲县政府民国三十二年度工作报告书》。据《保山地区史志文辑》抗日战争专辑之三，第313页。

[24] 莲山设治局局长武尚贤1943年8月12日呈报李国清电。据《德宏史志资料》第八集，第89页。

又乏犀利之械，至9日弹尽援绝，奉令转移阵地于西山，坝区方告沦陷。"[25]

张问德报告中所述"干崖刀保固投敌"，及武尚贤所述"后有伪军来夹攻"，已道出干崖等地沦陷后土司家族内部的复杂情况。据保山专员李国清致龙云的密电，在经历前番几次战事后，南甸、干崖土司家族内对抗战态度不一：南甸土司龚统政降敌，其父龚绶不愿降敌，出居萝卜寨（即今勐养镇），拥护中央；干崖土司刀承钺与其父刀保图主张抗敌，其三叔刀保固与其祖母（老土司刀安仁的夫人线朗伴）主降，刀保图父子即疏散至五台山。[26]

实际上，这些土司家族并未因此而分裂，而是迫于压力所采取的"双面政治"手段：老土司为政治清名而避走山区打抗日旗号，由其他成员出头与日军逢迎保地方和家族平安。如刀保固虽然为日军主持"维持会"事宜，暗中也刺探情报向其兄刀保图通风报信，并送粮款上山接济游击武装，向日军说情释放被捕的游击队员。[27]

前面章节曾记述，许本和所组织的芒允大队，曾向溃败英军部队购枪，装备较良。许本和留下了本大队保卫芒允战斗的个人记述，记事较为翔实，可供了解当时地方游击武装的面貌。需要说明的是，李国清致龙云密电中曾指许本和与刀保图"私仇甚深"，[28]许文中对于南甸、干崖土司家族中复杂内情不加辨析，对他人多有"一勺烩"式的指责；此外，对其本人及芒允大队的作为也有自夸之笔，需要读者注意鉴别。

谨节录许本和撰述如下：

还正在训练中，各方面有信来报，日军56师团的一个联队自腾冲马面关向南推进，要对腾冲以南各路抗日自卫军组织进行扫荡。

---

〔25〕干崖宣抚使刀承钺1945年1月30日致保山专员李国清报告。据《德宏史志资料》第八集，第91页。

〔26〕保山专员李国清致龙云保秘字1016号电，援引梁河设治局局长武尚贤电。据《德宏史志资料》第八集，第28页。

〔27〕刀安禄（记录整理）：《盈江抗战文史资料选辑》。据《德宏史志资料》第二集，第160—176页。

〔28〕保山专署致李国清电。据《德宏史志资料》第八集，第95页。

当日军到达腾冲城时，第一路司令杨育榜（不确）没有抵抗。随即日军又进入南甸，第二路司令、土司龚绶不但不抵抗，反而纵容其子龚统政投降日军助敌气焰，于是日军继续推进。进入盈江后，第三路司令、干崖土司刀京版（不确）同样是不抵抗，反而叫他的兄弟刀桓松（即刀保固，人称刀三）和儿子刀承钺一起投降日军。

于是日军继续顺利进犯至莲山。第三路大队长、盏达土司思鸿升也跟着投降日军，还得到了日军送的一挺日式重机枪。莲山独立支队司令部也不抵抗。还有国军预2师的一个连队驻在莲山，更是一枪未放就溜之大吉。于是，日军即分兵两路：一路去追击预2师的部队；另一路500多人继续向南侵犯。当日军进至太平镇时，第四大队刘金生不但不抵抗，反而布置安排和地方人员迎接日军进入太平，于是日军便直逼我边陲重镇芒允。

在这之前，有消息报告说，自缅甸而来的日军已向昔马发动攻势。于是我芒允大队即派了一个分队去支援昔马大队，另派一个分队前往铜壁关警戒。后来又有消息报告说，进攻昔马的日军已被寸时金大队击退，并报称南进的日军要向所有的滇西自卫军发动进攻。于是我们就派人将派往昔马和铜壁关的两个分队火速调回。随即将芒允的三分队派到离芒允至太平约十多里的半路上、一个叫那丙的傣族村寨[29]一带构筑工事布防。

一场鏖战已迫在眉睫。

3月12日，天刚破晓，也许是因为南进途中均没有人敢于向其放一枪，日军排成四路纵队气势汹汹地向我第一道防线开来。顷刻间，我方阵地上轻重机枪、步枪、手榴弹一齐射向日军。日军被这突如其来的猛烈袭击搞得晕头转向，措手不及，纷纷倒地。这一天的激战，击毙日军官兵200多人，连身经百战的头目今冈部队司令也身中36弹而死亡（不确）。日军遭受严重挫折之后，就向后退却，火速调回前去追击预2师的日军来增援。在这间隙里，战斗暂时平息下来。

---

[29] 许本和1943年3月12日战报称在"拉丙与呼噜（贺路）两夷寨间"。据《德宏史志资料》第八集，第89页。

还在前一天，支队司令部派来一名中校赵克礼[30]来我大队协助抗日事宜，他是北京朝阳大学的毕业生。他来的时候，正值我们忙于抵抗工作事务，未能和他多谈，对他的情况了解甚少。在与日军交上火后，他要求到前线协助指挥作战，请我派一名壮丁带他前往。我就派壮丁赵体贤同去，他俩分别带一支步枪、一支二十响。当日正午12时，我带领几人携带粮食弹药到前线去巡视战况。当时已将敌人阻住。我们到前线不远的地方，看到王定鼎由前线回来，我便问他战况，他回答："赵克礼、赵体贤、杜开和等被日军打死了。"不一会儿，有日军约一班人由左翼顺山脚而来，向我们开枪射击，我们几人立即还击，日军再也不敢向前。我因势单力薄，就带领同去的人返回大队部。

战斗一打响，镇上的群众纷纷逃难，本来组织过保护群众逃难的工作，指定由保长姜家惠负责，但也不能进行了。那时候各家各户都是各自逃生为先，已无法组织起来。我回到家里一看，妻子孩子他们一早就往后山逃难去了，家里物什摆设依旧，妻子只把3个孩子带走。我也顾不得收拾家务，便到大队部去处理战事。到了下午5时，听到消息说，日军在得到增援后继续向我芒允挺进。由于敌强我弱，我们边战边撤，我地方自卫队已按事先的安排布置撤向后山。看到战事紧张，我找到了寸尊纲的牲口5匹，把子弹捆了5驮。到了晚上7点钟，日军已经从东门、西门、北门围攻街子之际，我们就抬上了马驮准备经草坝街撤走。可是，日军已占领了小辛寨，用机枪封锁了我们的退路，我们只好改由蛮哈峡寨子撤出。当我们到达中山路坡脚，日军就埋伏在三棵黄楠树边，用两挺机枪向我们扫射。因距离太远，我也还击了几枪，赶着马驮到中山坡停了下来。到了晚上8时左右，日军占领了芒允镇，用重机枪打了200多发子弹。后来再也听不到枪声了，我们3人才赶着驮马直往中山寨行进。

这场家乡保卫战经历了15个小时，终因敌强我弱而使家乡沦陷。我自卫队壮丁死15人，伤7人。撤退时损失机枪3挺，冲锋

---

[30] 可能即为莲山设治局局长武尚贤报告中所记"总部赵科长"，以其军衔为中校，推测其应为第11集团军总部科长。

枪5支，步枪无数，遗弃子弹约2万发，存放农家迫不及运亦万余发。由于我们当时缺乏军事素养，又是仓促上阵，在组织、战术上都比较被动，尤其是牺牲烈士的尸体不能及时抬回来，以至于后来也未找到，为此，我感到对不起烈士。他们的名字是：杜开和、李大美、李自勇、李荣春、赵体贤、郑海章、左相如、尹应昌、阮正昌、许文宗、尹培文、宋八金、赵克礼、江春杨、徐老四。负伤的人员是：赵书中、杜开美、左相元、赵重伦、刘凯。

此后即驻防昔马、戛独（铜壁关），转进山区将近两年。[31]

日军南撤后，腾北又恢复战役以前的态势。

在此次战事期间，发生了一件大事：2月21日，蒋介石命令成立新的远征军司令长官部，任命第六战区司令长官、湖北省主席陈诚兼任司令长官。[32]

如前所述，因战事紧张，县长张问德于2月15日率县府人员撤至江东漕涧。3月28日，奉陈诚司令长官召赴楚雄参加军事会议。陈诚代表蒋介石召见张问德，慰问鼓励，称誉其为"全国沦陷区五百多个县长之中的人杰楷模，不愧为富有正气的读书人"。并通知远征军各级军官予以尊重。[33]

4月中旬，张问德率领县府人员，又循原路渡江返回界头。这次，他看到的却是"腾北之村镇经焚毁大半"。[34]据载，日军在前番撤退之际，于旧历正月二十一（2月25日）将所经过腾北的桥头街、界头街、瓦甸街、曲石街、小回街、腊幸街、小辛街、固东街、马站街等数条街集的千余户民房、公房全部烧光。暴敌的"三光"政策，使腾北人民遭到巨大损失，成千上万的老百姓无家可归。原县府住地界头三元宫也被烧光，张问德只好借住瓦甸街刘天培家办公。

---

〔31〕许本和：《芒允的抗日自卫队》。据《腾冲文史资料选集》第一辑抗日战争专辑，第217页；及许本和1943年3月12日战报，载《德宏史志资料》第八集，第89页。

〔32〕不久由第六战区副司令长官孙连仲升代司令长官，由湖北省民政厅长朱怀冰代理省主席。

〔33〕黄槐荣：《腾冲的全民抗战》。据《腾冲文史资料选集》第一辑抗日战争专辑，第201页。

〔34〕张问德：《腾冲县政府民国三十二年度工作报告书》。据《保山地区史志文辑》抗日战争专辑之三，第286页。

而后不顾手伤未愈，即联合预2师部队人员至西北两区视察慰问灾民，协力恢复秩序，行使县政。[35]

在此期间，腾冲以北片马地区又发生了一件令人遗憾之事：中国政府迫于英国压力，将在此处已经营数月的我"茶里游击队"撤离。

超链接1："茶里游击队"暨谢晋生事略

谢晋生，字乃常，湖南省郴州人，黄埔4期毕业。在第一次国共合作至1935年期间，历任国军排、连、副营长职务。1936年12月，任杨虎城西安绥靖公署宪兵营代营长，亲历"西安事变"。抗战爆发后，曾任177师529旅1057团副团长，参加山西方面对日作战。

1942年3月，我远征军第一路入缅作战。谢晋生时任第35补充兵训练处第3团团长，随补充兵训练处赴缅。5月，远征军败退入境。谢晋生在滇缅公路保畹段途中，收容了散兵三百余名，编为一个营，带到大理晋谒第11集团军总司令宋希濂。请求按边境战局需要，给予分配任务，以图发展。

如前所述，在远征军溃退、滇西战局吃紧之际，国民政府中央军事委员会命云贵监察使李根源离昆西上，驻节大理，协同宋希濂筹划滇西军事。此时，怒江上游泸水设治局局长刘公度率段承经等各土司，在李根源5月1日发出《告滇西父老书》的感召下，函电速报向李根源输诚，并表示"相约趋辕领教，歼此顽敌，集此大勋"的抗日决心。又派茶继周、杨子亮、杨庆云代表各土司驰赴大理，晋见李根源和宋希濂，请示抗日军事机宜。经研究决定，在六库成立"福（福贡设治局）碧（碧江设治局）泸（泸水设治局）练（保山练地）民众自卫队"，兵源主要是改编泸水各土司武装，还收容了一批从前线溃退下来的散兵游勇，约计五百多人，任务是配合预2师驻守江防和进行游击活动。委任六库土司段浩为少将司令，谢晋

---

[35] 熊文定：《抗战时期的县长张问德》。据《腾冲文史资料选集》第一辑抗日战争专辑，第153页。

生为上校副司令。1942年8月，谢带少量兵员到六库组建游击支队。支队之下分设3个大队，由段浩之子段承经任第一大队长，老窝土司段承功任第二大队长，鲁掌土司茶光周任第三大队长，[36]并设政治部、特务大队、军需室、副官室、参议室、组训科、总务科等部门。

  当时，泸水青年马秉坤在大理师范求学，因风闻家乡已经沦陷，无心读书，便投奔参加了该支队，在政治部任职。据其撰述：此时英军因缅甸战局失利而撤退，致使中缅未定界北段片马、江心坡一带成为不设防的空旷地区。[37]8月11日，拖角附近山官六七人来到界头，向预2师师部请求，愿借此机会重归中国管辖。预2师即委派左登苏、荣昌、左本昌、赵登科等分任本苗、旦戈、甘拜地（即甘败地）、茨竹地等地山官，并以左登苏兼任拖角民众自卫队队长。[38]六库游击支队组建之后，片马、拖角即划归该支队防区。谢晋生为扩张其势力，以图恢复我国对片马地区的主权，便到鲁掌向茶光周部选调兵员二十余名，于8月25日深入片马地区了解边境情况，以窥探当地人民的态度。[39]

  据谢晋生回忆：

  我亲往视察，见到片马背倚高黎贡山，形势确是险要；如片马不守，则敌可翻高黎贡山，渡怒江，直驱滇西，我云南内地，即不能保。随后到江心坡视察半月，该地位于恩梅开江与迈立开江两江之间，为我滇康川藏之屏蔽，形势更为险要。片马和江心坡两地的人民，由于受到英殖民主义者的长期黑暗统治，所过的生活，虽是极其痛苦，但见到我部队开到后，一般都欢欣鼓舞，争相欢迎，并大呼："我们的汉官回来了！我们的汉官回来了！"对我汉人同胞，极为爱戴。

  我视察完毕以后，回到大理，即将以上种种情况，向宋希濂详

---

[36]崔向弼：《泸水抗日战事访问纪零》。据《怒江文史资料选辑》第2辑，第52页。
[37]片马为1911年（宣统三年）被英强占，江心坡为1926年（民国十五年）被英强占。
[38]尹明德：《宣慰日记》。据《德宏史志资料》第二集，第135页。
[39]马秉坤：《谢晋生将军在片马地区抗日始末》。据《泸水文史资料选》第二辑，第2页。另据第11集团军总司令部参谋处1942年8月1日至10月31日日记，谢晋生曾致电集团军云8月25日抵六库，拟于日内前往片马，并请派驻漾濞之大队开来。据《德宏史志资料》第八集，第135页。

细报告，当时有云贵监察使李印老（李根源号印泉）亦在座。后经宋、李二人几经磋商的结果，即呈请重庆军事委员会将中缅未定界北段，包括片马、江心坡在内划为"滇康缅边境特别游击区"，派我为"滇康缅边境特别游击区第一纵队司令"，并兼"茶里军政特派员"。所谓"茶里"，是因为片马这个区域，原属我茶山长官司土地；江心坡这个区域，原属我里麻长官司土地。[40]

军委会随即筹建"滇康缅边境特别游击区总指挥部"，为该方面的指挥机构，任命郑坡为中将总指挥。因郑坡字蓉湖，该部又以"蓉总部"代称。其时，刘铁轮在军委会军令部作战处任参谋。总指挥部成立伊始，需建立参谋业务体系以承担作战任务，刘被派该部参谋课任职。据其回忆：宋希濂接受军委会命令协助代建总部，指定建成后由军委会直接领导，属远征军第11集团军序列。宋并举荐滇西干训团教育长董仲篪为副总指挥。[41]

"蓉总部"部队来源有三：一是以郑坡原来的第二集训处（多为军官）为基础，二是宋希濂拨给第11集团军直属步兵第1团；三是发展以土司兵为主的地方武装。具体编制为：步兵第1团，团长余子述上校；游击第一纵队，司令谢晋生少将，游击第五纵队，司令杨文榜少将，福碧泸练支队，司令为六库老土司段浩少将。1943年上半年，"蓉总部"在大理成立，12月迁至云龙县石门，1944年5月再迁云龙县老窝。此后机构略有变更，所属部队编制为：步兵第1团、游击第一纵队、运输14团（由福碧泸练支队改编而成）及教导队（即游击干部训练班）。[42]

关于谢部进驻"茶里"地区的时间和兵力，在众多史料中记述

---

[40] 谢晋生：《回忆片马、江心坡的抗战岁月》。据《文史资料选辑》第37辑（总第137辑），第151页。

[41] 刘铁轮：《远征军滇康缅边区的抗日战斗》。据《远征印缅抗战——国民党将领抗日战争亲历记》，第430页。

[42] 据云龙县史志办《国民党滇康缅边境特别游击区总指挥部组织简况》的抄件，谢晋生之子谢祥京提供。

不尽一致。

据马秉坤撰述：第一纵队组建后，谢晋生即率领副团长曾冠雄、营长郝光发、黄维先，连长李光浩等，先以原部人马及配属之一营兵力共约600余人，分别组成"挺进支队"和"独立营"。由刘晋潜任支队司令，谢晋生亲自指挥独立营，于1942年初冬，由六库经大兴地西渡怒江。在称戛（即秤杆）休整期间，通过政工队宣传发动群众支援部队抗日，后率部经排巴直上高黎贡山，翻越尺必哥垭口（又称春风垭口），进入高黎贡山西麓的片马、江心坡地区驻防，并将指挥所设于把吾库。随军运输粮弹的称戛民工队伍将物资运存把吾库后，返回称戛，刘晋潜支队进入江心坡后，因交通不便，给养运输困难，后又撤回。[43]即，最初进出"荼里"的仅一个独立营。

但谢晋生在其遗稿《回忆片马、江心坡的抗战岁月》中则记：早在1942年7月，他即预先命令副团长曾冠雄率一部（**以两营兵力编为一个支队**）先行开进片马，且据曾发回的电报称，此时"江心坡既无英军，亦无日军"；谢晋生即电令曾以一部由罗孔渡过恩梅开江，推进到了江心坡，支队部驻在江心坡的石旦。而后，纵队主力开进，兵力部署为：第一支队曾冠雄部派一个大队驻守罗孔；由罗孔再派一个中队驻于石灰卡作为前哨警戒部队，与密支那的泽勒苦日军保持接触；其余支队部和两个大队都分驻江心坡的石旦、萨格利蚌、格子土、木戛等地。第二支队谢绍晖部和纵队司令部都驻在拖角、片马一带。

则关于此后战事活动的记述，也就存在分歧。

依谢晋生所述，最初仅是密支那泽勒苦之敌与我前哨中队接触。该敌为第18师团某联队的一个中队，附有骑、炮兵各一分队，经常向我石灰卡的前哨中队进扰，我们中队亦昼伏夜出，穿梭打击该部敌人的后方交通运输，进行游击战。[44]

而马秉坤的记述是：

谢所指挥的独立营驻防把吾库后，即命营长黄维先率部向大坝

---

[43] 马秉坤：《谢晋生将军在片马地区抗日始末》。据《泸水文史资料选》第二辑，第3页。
[44] 谢晋生：《回忆片马、江心坡的抗战岁月》。据《文史资料选辑》第37辑（总第137辑），第172页。原文记日军为第4联队，查18师团无此联队番号，可能系114联队之误。

地河推进，对侵入片马的日军发起进攻。在兰怒桥、石灰卡、大坝地河一带的进攻中，遇到日军的前后夹击，伤亡很大。营长黄维先仅率部分溃军突围，撤退至称戛、夷地坝一带休整。

实际上，马秉坤所记这一战事，正对应于日军战史所载1943年2月22日第148联队第3大队从桥头北进，于26日占领片马并破坏附近我军阵地设施这一情节，但该股日军并未久留，28日即向茶山河返转了。〔45〕

但此时，英国方面开始注意我军这一动向。1943年3月，英国政府以片马、江心坡地区系属中缅北段未定界，中国军队不宜驻防为由与我交涉。中国政府迫于同盟国关系，令谢部指挥所撤驻大兴地和称戛。而后，总指挥部以新补充的吴若龙营编入谢部，偕同新兵营郝光发部进行整训，加强了武器弹药装备，准备伺机再次进攻片马之敌。

经以上对比可知，当主要当事人的撰述发生明显分歧时，后世研究者是极难辨析考订的。笔者倾向于认同马秉坤撰述中的基本史实，而推断谢晋生在撰述中将本部进驻"茶里"的日期提前了数月（参照日军战史记述应为1942年12月中旬；方国瑜《抗日战争滇西战事篇》亦记为1942年冬），而又将初战出师不利而后撤这个情节略去了。

据马秉坤所述：1942年夏秋之间，总指挥郑坡将步兵第1团余子述部调防泸水，驻鲁祖、古炭河、双米地一带，拨归第一纵队司令谢晋生统一指挥。谢部驻防称戛、大兴地后，谢晋生即一面部署步兵第1团对片马垭口的正面反攻任务，一面补充整训兵源，为此全力奔走于片马、古炭河、鲁祖、卯照、称戛、大兴地、六库、白水河及老窝、云龙、大理等地。因其个头高大、身躯魁梧，常攀藤附葛徒步于陡悬坡路，曾在大兴地附近摔倒而跌断了大腿骨，经美军医治愈后，继续在防区紧张地进行着备战工作。〔46〕

---

〔45〕中华民国史资料丛稿译稿《缅甸作战（上）》，第165页。
〔46〕马秉坤：《谢晋生将军在片马地区抗日始末》。据《泸水文史资料选》第二辑，第4页。

第7章　36师接替预2师游击
（暨反第三期"讨伐"）

（参阅附图34、附图35）

1943年5月上旬的一天，正集中在腾北桥头街受训的预2师新兵教导队，忽然奉命全部撤离，开往江东云龙县漕涧的后方大本营。第4团第2营第4连抬着连里的伤病员，上了空气稀薄、异常寒冷的高黎贡山。途中，入伍不到半年的腾冲籍新兵张正乡病情严重，抬他的几个兵累得叫苦不迭，加之与张平日没什么交情，也攀不上同乡，遂找到中队长（新训队中队长，由该连军官担任）胡凤轻抱怨："大家走不动了，不愿意抬张正乡，怎么处理？"这位胡中队长居然不假思索地说："连滑竿抛下崖子！"

连里另一位腾冲籍新兵周有富闻听，心里很难过，急忙跟中队长胡凤轻说："他们不抬，我们抬！"遂邀约了郑在达、戴有华、濮金伦等8个腾冲籍老乡，每天轮着抬，三天后终于把张正乡抬到了漕涧。[1]

鉴于预2师已在腾冲敌后游击作战一年，屡经战斗，伤亡较大，第11集团军决定令该师全部撤至江东在永平整训，而以第36师进入腾冲接替游击任务。

5月8日，第36师奉令接替预2师防务，先头部队一部已进入县境。日军获悉情报后，趁我两师交接防务之际，结集腾冲本地兵力约两个大队向我进击，实施了所谓第三期"讨伐"作战。

据日军战史：

---

[1] 周有富（口述），郑在全（整理）：《战友情深——抗日老兵周有富两次救战友经过》。据《溅血岁月》，第302页。

5月上旬以后，与预备第2师换防的第36师逐次进入腾越东北地区。腾越警备队自5月11日至20日期间，讨伐了该地区，之后继续扫荡了大盈江河谷。[2]

在"二一四"战事之后，我军与县府忙于抚辑流亡及安定秩序，而敌则忙于阵地工事构筑，故自3月至5月初均无战斗。日军突然发动此次"讨伐"，可能仅从我两师接防这一战机考虑，意在给予"下马威"式的打击，准备时间不长，动用兵力不多，实际上最终效绩也不理想，故而在战史记录中笔墨寥寥。

据载：5月13日，敌分两路突破固东、江苴。其时，县政府在界头三元宫。日军进展极速，午后，我瓦甸、新大街均已失陷，固东之敌已抵桥头对岸。[3]

因情势紧急，县政府即行转移。撤退到马面关时，敌已到水井坡，枪炮弹不断飞越头顶，县府的公文、行李驮子即被截断。到朝阳地时，在堑壕内指挥的36师副师长朱振华让张县长及随行人员进入战壕隐蔽，避免被敌人流弹所伤。待战事稍停，县府即继续东撤，在北斋公房露宿一夜，次日过怒江到蛮巴住下。[4]

14日，马面关战斗再起。初来乍到的36师因地形不熟，15日阵地被敌突破。此时，36师战斗力尚强，当即施行反包围战斗，至黄昏，外线各部推进至向阳桥、灰窑桥、固东各处，日军即行撤退。此次日军撤退极为仓促，甚至对遗弃在战场的尸体，也未来得及掩埋。[5]

得到捷报后，县政府又西渡怒江，于21日回到三元宫，并于月底迁至桥头。6月9日，向南回到界头办公。[6]

---

〔2〕中华民国史资料丛稿译稿《缅甸作战（上）》，第167页。
〔3〕张问德：《腾冲县政府民国三十二年度工作报告书》。据《保山地区史志文辑》抗日战争专辑之三，第313页；尹明德：《滇西军民抗战概况》。据《腾冲文史资料选集》第一辑抗日战争专辑，第55页。
〔4〕熊文定：《腾冲军民抗战片断》。据《腾冲文史资料选集》第一辑抗日战争专辑，第76页。
〔5〕张问德：《腾冲县政府民国三十二年度工作报告书》。据《保山地区史志文辑》抗日战争专辑之三，第313页；尹明德：《滇西军民抗战概况》。据《腾冲文史资料选集》第一辑抗日战争专辑，第55页。
〔6〕潘世征：《沦陷期间的腾冲》。据其战地通讯集《战怒江》，第32页。

因此战持续时间较短，留下亲历者回忆较少。时为第11集团军总部准尉机务员的邓常贵，曾有寥寥数笔记述：

  1943年3月，我在第11集团军电台第2班当准尉机务员，不久奉调跟随36师到腾冲沦陷区工作。36师到达后，把预2师换下来，到永平休整。

  我奉命调配第三路游击队。当时游击总指挥是36师副师长朱振华兼任，指挥部在古永，配有一个营的正规部队。日寇趁我换防时大举进攻，我们在行进中，就已听到紧密的枪炮声，经过在马面关的决战，才把敌人击退。敌人伤亡惨重。

  36师师部驻在界头，打游击的县政府也设在这儿，没有受到战火的时间比较长，得以安然整训布防，成为一个巩固的反攻根据地。我师的兵力，陆续推进到瓦甸和固东，这两地的市面被敌人焚毁，已成了瓦砾场。[7]

  大概邓常贵因初到战地，不了解此前预2师的战斗，文中称"没有受到战火的时间比较长"。但他提到了36师进入腾冲后游击组织的新变化，即在正规部队3个团之外，改组以36师副师长朱振华担任总指挥的"腾龙边区自卫军"，以少量正规部队（营），与地方游击武装配合，执行经常性游击任务。

  刚刚进入腾冲作战的36师，在此次初战中似乎表现不俗，居然在反击中令日军"遗置战地之尸体，亦未及掩埋"，若对日军"非特殊情况下绝不弃尸"的战场伦理有所了解，应知这是一个非同寻常的细节。腾冲荷花池士绅尹家令所记日记，也印证了这一情况："四月（为阴历，阳历为5—6月）内，闻36师大举反攻，连战皆克，敌军死者，不计其数。……有二三日，抬来城中敌军死尸、伤兵，一日有二百余抬。尸则焚化装以罐，或装小匣；医院则伤兵充斥，寻邻近房屋安置。此时36师之名大振，敌人胆怯，败退入城，

---

〔7〕邓常贵：《腾冲沦陷见闻》。据《云南文史资料选辑》第27辑，第147页。

死守不出，全腾欢庆之声，到处皆闻。"[8]另据张问德的随员熊文定记述：由于36师奋勇顽强与敌激战，杀伤大量敌军。县府返回三元宫后，群众互传捷报，说这次战役战绩辉煌，某日在铁匠房击毙敌军"金钢司令"，当时民间流传说："任你铜打铁铸金钢，来到铁匠房，请你见阎王。"[9]

在腾冲民间传说乃至军方史料中，记述我军击毙所谓"金钢司令"者甚多，这些记述均属不确。所谓日军司令"金钢"，应为第146联队长今冈宗四郎之误，此人并未被击毙，到次年我军大反攻时仍率部与我作战。

此外，当地传说驻守腾北的日军为"148联队与146联队各一部"组成之所谓"黑风部队"，也并未见诸日军第56师团正式代号。但在第11集团军作战日记中，根据各军地单位呈报的情况，确实曾提及该称号部队，且作推测："守瓦甸街敌黑风大队内，华人占三分之二，闻多系我远征军被俘之官兵及华北同胞。"这证明"黑风部队"之说是战时就有的传闻，而非多年后由后人所臆造。但笔者的判断是，这极可能是日军以正规部队编组的便衣队。在日军第113联队第1大队第1中队战史中，记述1943年6月下旬其第1中队和第7中队[10]均编成便衣队，以一半兵力着"现地住民服装"，对我实施"扫荡"作战，并刊出了其便衣队照片。由于便衣队来自不同的中队，在分散行动时还经常因联络失误而发生交火。[11]

当然，滇西日军中确实有不少缅、印、泰、华人，日军公刊战史中对此回避，但在下级官兵回忆中多有提及，并称之为"兵补"。对这些兵补，在进行培训后补入部队担负杂务，以炮兵、辎重部队人数居多。李嘉祜在《腾冲敌情报告书》中曾记述："敌军中颇多我国人民，各省皆有，俱说日语，敌国军官同伴不在时，方敢说中国语。对民间表示一切，亦有良心发现，不忘祖国之言论，惟因时机

---

[8] 尹家令：《腾冲沦陷纪略》。据《民族光辉——腾冲抗战史料钩沉》，第54页。

[9] 熊文定：《腾冲军民抗战片断》。据《腾冲文史资料选集》第一辑抗日战争专辑，第76页。原文记击毙"金钢司令"时间为7月24日，显见不确。

[10] 据《第五十六师团将校职员表》，第1中队长为末松诚一中尉，第7中队长为嶋田健次大尉。

[11] 《ビルマに云南埋もれた战史——镇安街守备队》，第136页。石江辉译文。

未到，不敢反正云。闻此辈来历，约有两种：一种是由各沦陷区征调而来，其兵役法系十家保一名兵，倘此一名兵征调出来，有外逃及反正情事，担保之十家，必受其累，父兄妻子亦必遭毒。故此种兵，虽有良心，一时不敢反正也。又一种则系俘虏而来，其中亦有利令智昏甘心附敌者；亦有相机进退，不忘国家者。形形色色，民间多所听见。"[12] 这些被胁迫的"隐身"兵员到底规模、功能、绩效如何，已成谜团。

各种传说中"金钢司令"毙命的时间集中在36师开进腾冲的1943年5至7月间，并可找到蛛丝马迹的史料佐证。如，潞西设治局局长常绍群呈报抗日活动日报："6月14日遮放讯，敌驻畹町守备司令今冈大佐此次在腾冲阵亡，日前敌在畹町举行盛大追悼会，仪式甚为隆重；6月26日猛板讯，敌酋今冈司令于上月腾冲之役阵亡，敌决为今冈复仇，将大举出动扫荡。"[13] 这些来自民间的情报，极可能包含着某种"愿望"的情绪色彩，并不能证实今冈宗四郎毙命，但可从一个侧面反映刚刚接防的36师在初次战斗中的表现。[14]

在日军方面，此期间部队的常规教育均转为各种临战演习，甚至还有一些诡异的适应性训练，比如"食草演习"。据113联队第1大队第1中队第4小队二木留治伍长记述：6月中旬，镇安街守备队主力和拉孟守备队一部在怒江坝土司署新城附近实施了此演习，一周时间内不吃谷物、肉类，以各种野草野菜为食，只能加点盐；同时进行强行军，在附近进行"讨伐"作战，以测试士兵的体力和耐力。结束演习回到驻地后，全员体重平均减轻了5至8公斤。对此，二木留治在战后回忆时写道："这一周的'吃草'演习对今后的作战是多么有用，是一种宝贵的体验。现在想来，当时的上层是不是已

---

[12] 李嘉祜：《腾冲敌情报告书》。据《保山地区史志文辑》抗日战争专辑之一，第389页。
[13] 潞西设治局局长常绍群呈报抗日活动日报。据《德宏文史资料》第八集，第53页。
[14] 实际上，此期间日军方面确实发生了一件大人物毙命的事件，却不为我方情报所掌握：6月28日，在赴缅甸参加第15军拟定的英帕尔作战兵棋推演后返回途中，第56师团参谋长黑川邦辅大佐与作战参谋袴田金作中佐一起乘坐"东亚号"运输机，在缅甸勃固东北30公里的山区坠机身亡。同机坠毙的还有18师团参谋长横山明大佐、作战参谋大井四郎中佐及第15军作战参谋间濑悖二少佐。此后，由川道富士雄大佐接任第56师团参谋长。

经看到了战败的迹象了呢?"[15]

由零星的记录中可以感到,此后腾冲境内的游击活动仍活跃如初。

据腾冲荷花池士绅尹家令战时日记:

"六月初五、六日（阳历7月6日、7日），驻扎古永之36师副师长朱振华与孙营长，以国军一营，与日军千余大战于古永乡内。经一昼夜，国军援兵至，敌军败走牛槛河、猴桥。是战也，敌军暗由小径向东、南、北三面，爬山越岭而至，突然猛扑，国军不知也。幸国军久经战阵，策应有方，不为动摇。"[16]

台湾陆军中校、36师排长程先华回忆:

6月中旬，我连奉令先行渡江至大坝（怒江坝）监视和牵制敌人行动，掩护全师渡江（约在8月份），至固东、瓦甸、古永等敌后游击。7月中旬，本排奉连长陆光武命令至竹青街伏击，歼敌20余人，获步枪2支，钢盔4个……[17]

梁河设治局局长封维德报告电:

8月11日，我游击队袭击勐连香柏咀坡。战斗中，我击毙酋长1人、敌军4人，伤2人，击毙战马5匹，夺获战马1匹，缴获文件甚多。事后敌军发怒，将附近香柏咀坡、大明村全部焚毁，并将甲长杀死，以泄其愤。18日，犯古永之敌返城。闻据该地民众谈：退时敌由古永抬回死尸94具，内有一装棺者系敌之仓库长。20日夜，驻来凤山阵地之敌8名，被我英勇便衣队黑夜攀入，将该敌全部刺毙，人民闻之莫不拍手称快[18]——另一较详的记述为，此次行动系71军特种谍报队员、民间艺人张辅廷配合第36师便衣队所为。[19]

前面所述配属36师的电台机务员邓常贵，在撰述中披露了此时游击武装的战斗和内部关系状况，亦有助于读者了解其面貌。其所提及的"第三路游击队"，为腾南沦陷后重新改组的游击武装，驻扎

---

[15]《ビルマに云南埋もれた战史——镇安街守备队》，第136页。石江辉译文。
[16] 尹家令:《腾冲沦陷纪略》。据《民族光辉——腾冲抗战史料钩沉》，第54页。
[17]《戎马关山话当年——陆军第五十四军史略》，第425页。
[18] 梁河设治局局长封维德1943年8月29日报告电。据《德宏文史资料》第八集，第84页。
[19] 王齐贤:《爱国壮士"草上飞"》。据《腾冲文史资料选集》第一辑抗日战争专辑，第211页。

盏西勐戛河谷。据其撰述：

第三路游击队上校衔司令黄福臣是湖南人，听说是黄埔军校毕业的，年纪60多岁，有风瘫病，行动不便，骑马都要有两个人搀扶。还有一位上校衔的杨副司令，四川人，年纪40多岁，军校12期毕业。此人风度潇洒，平易近人，爱穿士兵服装，常到我们电台谈天，跟我们很亲密。当年6月，他与黄司令冲突，被赶走，由赵宝忠继任；[20]其弟杨伯清，也被打死。杨伯清是军校18期毕业生，年纪约20多岁，当时任游击队上尉参谋。

我方三个游击大队，共约五六百人，活动地区是盏西、支那坝和神护关一带，经常与敌周旋。敌人主要据点在莲山的太平街和芒允街一带，人数约七八百，加上伪军一二百，总共约千余人。游击队一路就在莲山境内活动，二路在昔马一带活动。我们这些人都是老兵，很有战斗经验。一路和二路，人数比三路的多，武器也比较好，战斗力强，是游击队的主力。敌人随时都想消灭我们，始终不得逞。

我们的司令部驻在神护关西北长形坝子的杨家寨和王家寨里。这两个寨子是汉族，有百余户人家，少数赴缅甸经商，多数在家种田打猎。寨子下面是一条小河，周围是山。山上居民傈僳族约占四分之三，其余是汉人。老百姓生活非常困苦，食不果腹，衣不蔽体。当地傈僳人打猎用弩箭，箭头有毒，不论射中何处，立即死亡，民间称"见血封喉"。汉人住的两个寨子，是游击队的基础。敌人一来，就猛烈攻击，打得全寨没有一间完好的房子。妇女老弱不敢在家，只有青壮年男子一百多人常在家。他们每人有一支英造十响枪或七九步枪。由于他们痛恨日寇，同我们关系很好，行动又敏捷，对敌作战很勇敢，敌伪被杀伤的不少。

不久（8月），有一股四五百日寇从密支那进入我国境，要到腾冲。经过我驻地，因寡不敌众，我们向四山疏散。这时黄司令患病，

---

[20] 南甸沦陷、梁河设治局署被日军焚烧后，赵宝忠大队疏散至干崖新城，因刀保固欲缴其械，又转投到莲山，最初被黄福臣封为特务大队长。据保山专员李国清保秘字第1016号代电，《德宏史志资料》第八集，第28页。

由司令部少校参谋负责指挥，派五六名警卫保护黄司令到东面较远山上老百姓的草房里养病。有奸人把日寇带到草房，警卫逃跑，(8月7日) 黄司令被杀害。[21]

后来我军奉总指挥部命令，调往腊幸街附近休整。游击队奉命合编为一个大队，大队长是朱百虎。我们电台奉调到36师防地桥头街附近休息待命。

新编的游击大队整训完毕后到盏西游击区继续作战。我台驻在小村里。上面还派来一位上尉参谋何忠和，湖南人，军校18期毕业。我台中尉台长郑琪，河南人。另有两位中尉报务员和一位少尉报务员彭希贤，彭系腾冲人，是由国立大理师范考入我台的。后来参谋、台长和两位中尉报务员都东渡怒江回大理汇报情况，电台还有13个兵，由我和彭希贤负责。[22]

---

[21] 据《第20集团军腾冲抗日阵亡官佐名录》，黄福臣死后被追晋少将。
[22] 邓常贵：《腾冲沦陷见闻》。据《云南文史资料选辑》第27辑，第147页。

第8章　田岛诱降张问德
（暨日军酝酿"甲号讨伐"）

（参阅附图3、附图33）

腾冲沦陷初期，张问德就任抗日县长主持县政，最初可以管辖的乡镇有17个，后减少为11个。自日军实施第三期"讨伐"后，仅剩下曲石江北岸腾北的小部分地区。即便如此，张问德仍积极推行民政及教育，所以民心始终向汉。据载，虽迭经战火，在游击区内的学校仍有中心小学8所，及国民学校56所。[1]

据张问德报告：自腾冲游击军兴以来，军政两方之团结，始终无间，故军民合作之表现，在军队方面之久经战役者，曾被誉为自淞沪"八一三"抗战以后所仅见。即便在沦陷区，民众对县政府之信赖依然如故。此在敌人视之，实为一种障碍。[2]

在此情况下，驻腾冲日军行政班本部长田岛寿嗣大尉，为图控制民心、离间我军民合作，于9月11日由伪组织设法转送张问德一封书函，请求与其会晤。

所谓"行政班"，系日军对占领区实施军事统治的行政机构。日军以武力每占领一地，即由其行政班招降纳叛、网罗汉奸，筹建所谓"维持会"及伪政权，建立统治秩序。在滇西各地的日军行政班，均由设在腾冲的行政班本部指导。[3]

张问德的随从警卫熊文定，仍记得当日老县长收到来函的情景：

---

[1] 潘世征：《沦陷期间的腾冲》。据其战地通讯集《战怒江》，第31页。
[2] 张问德：《腾冲县政府民国三十二年度工作报告书》。据《保山地区史志文辑》抗日战争专辑之三，第300页。
[3] 预2师第6团团长方诚曾记"其行政班较之我国政治指导室权力大，工作成绩亦较著"。方诚：《八年抗战小史》，第106页。

"视察灾区回界头不几天,预2师便衣队送来用棉纸封了几层的一封信。我送去拆阅后,张县长突然哈哈大笑起来,接着将信递给秘书费云章说:'田岛请我到城郊与他会谈。'"[4]

令张问德哈哈大笑的这封"奇文",全录如下:

崇仁县长勋鉴　久钦教范,觌晤无缘,引领西北,倍增神驰。启者:

岛此次捧檄来腾,职司行政,深羡此地之民殷物阜,气象雍和,虽经事变,而士循民良、风俗醇厚之美德,依然具在,诚西南之第一乐园,大足有为之乡也。惟以军事未靖,流亡未辑,交通梗阻,生活高昂,彼此若不谋进展方法,坐视不为之,所固恐将来此间之不利,其在贵境亦未见为幸福。徒重困双方人民,饥寒冻馁坐以待毙而已,有何益哉?职是之故,岛甚愿与台端择地相晤,作一度长日聚谈,共同解决双方民生之困难问题,台端其有意乎?如不我遐弃,而表示同情,则岛兹先拟出会晤办法数事,征求台端同意解决。一、会晤地点定在小西乡董官村之董氏宗祠;二、谈话范围绝不许有一语涉及双方之军事问题;三、为保证第二项之确实起见,双方可用监事员一人在场监视谈话。右列三事,如台端具有同情予以同意时,请先期示复。会集日期,可由台端决定示知,以便岛先时候驾。至台端到达此本境以后,生命名誉之安全,由岛负完全责任。最妥请不带兵卫,不携武器为好;如万一必须带武装兵士侍卫时,亦无有不可,则兵数若干?枪械子弹若干?请予先示知,以免发生误会。总之,兹事双方系诚恳信义为前提,请不须少有疑虑。岛生平为人,百无一长,惟不欺不诈推诚接物八字,则常用以自励。凡事只要出岛之中心乐从而诺口者,虽刀锯在后,鼎镬在前,亦不敢有一字之改移。苍苍在上,言出至诚,台端其有意乎?临颖神驰,不胜依依,伫盼回玉。

大日本腾越行政班本部长田岛寿嗣上
昭和十八年八月三十一日具[5]

---

[4] 熊文定:《抗战时期的县长张问德》。据《腾冲文史资料选集》第一辑抗日战争专辑,第153页。

[5] 许秋芳主编:《极边第一城的血色记忆——腾冲抗战见证录(上)》,第129页。

秘书费云章接过田岛来函看罢，也笑了。一年来已习惯于与敌刀兵相见，读书人出身的张问德、费云章早已是一副铁血情怀，还真不习惯田岛诌出来的这套新鲜玩意儿。

费云章原为预2师政治部上校衔课长，才华出众，办事缜密。1943年5、6月间，由预2师参谋长彭劢介绍给张问德当县府秘书。因倾慕老县长精神风骨，从此追随其出生入死、共同进退。腾冲收复后，张问德功成卸任，费云章也去了昆明，未再回军界。[6]此为后话。

据载，收到田岛此函后，张问德与费云章经长时间研究，认为田岛此举"一方面藉以离间军政两方之团结，一方面藉以动摇人民对县政府之信赖，更一方面藉以示善意于人民，以收揽人心"。其作为固然可笑，却不能一笑置之，应该以其之道还治其身，予以有力回应。于是，便由费云章草拟回函，张问德斟酌润色，并经驻军方面同意，以原渠道回复田岛。[7]

这封回函，即为后来名闻天下的《答田岛书》，谨录原文如下：

田岛阁下：来函以腾冲人民痛苦为言，欲借会晤长谈而谋解除。苟我中国犹未遭受侵凌，且与日本犹能保持正常国交关系时，则余必将予以同情之考虑。然事态之演变，已使余将予以同情考虑之基础扫除无余。诚如阁下来书所言，腾冲士循民良，风俗醇厚，实西南第一乐园，大足有为之乡。然自事态演变以来，腾冲人民死于枪刺之下、曝尸露骨于荒野者已逾二千人，房屋毁于兵火者已逾五万幢，骡马遗失达五千匹，谷物损失达百万石，财产被劫掠者近五十亿。遂使人民父失其子，妻失其夫，居则无以蔽风雨，行则无以图谋生活，啼饥号寒，坐以待毙；甚至为阁下及其同僚之所奴役，横被鞭笞；或已送往密支那，行将充当炮灰。而尤使余不忍言者，则

---

[6] 据陈绍凯回忆，费云章于1950年自西南人民革命大学第一期毕业，派赴楚雄州武定县政府任文教科长。

[7] 陈绍凯：《腾冲抗日县政府的情况》。据《保山地区史志文辑》抗日战争专辑之一，第348页。另据谢本书在《云南大学校报》撰文称，张问德当时邀请腾冲医生刘汝桢（又名铁舟）和中学教师江逢僧参与《答田岛书》的起草。《云南大学校报》2011年3月18日第1060期（总第1060期）。

为妇女遭受污辱之一事。凡此均属腾冲人民之痛苦。余愿坦直向阁下说明：此种痛苦均系阁下及其同僚所赐予，此种赐予均属罪行。由于人民之尊严生命，余仅能对此种罪行予以谴责，而于遭受痛苦之人民予以衷心之同情。

阁下既欲解除腾冲人民之痛苦，余虽不知阁下解除之计划究将何如，然以余为中国之一公民，且为腾冲地方政府之一官吏，由于余之责任与良心，对于阁下所提出之任何计划，均无考虑之必要与可能。然余愿使阁下解除腾冲人民痛苦之善意能以伸张，则余所能供献于阁下者，仅有请阁下及其同僚全部返东京，使腾冲人民永离枪刺胁迫之痛苦，而自漂泊之地返回故乡，于断井残垣之上重建其乐园。则于他日我中国也不复遭受侵凌时，此事变已获有公道之结束时，且与日本已恢复正常国交关系时，余愿飞往东京，一如阁下所要求于今日者，余不谈任何军事问题，亦不带携有武器之兵卫，以与阁下及其同僚相会晤，以志谢腾冲人民痛苦之解除；且必将前往靖国神社，以为在腾冲战死之近万日本官兵祈求冥福，并愿在上者苍苍赦其罪行。苟腾冲依然为阁下及其同僚所盘踞，所有罪行依然继续发生，余仅能竭其精力以尽其责任，他日阁下对腾冲将不复有循良醇厚之感。由于道德及正义之压力，将使阁下及其同僚终有一日屈服于余及我腾冲人民之前，故余拒绝阁下所要求之择地会晤以作长谈，而将从事于人类之尊严生命更为有益之事。痛苦之腾冲人民将深切明了彼等应如何动作，以解除其自身所遭受之痛苦。故余关切于阁下及其同僚即将到来之悲惨末日命运，特敢要求阁下作缜密之长思。

大中华民国云南省腾冲县县长张问德
大中华民国三十二年九月十二日[8]

据熊文定回忆，回函定稿后，张问德先让县府收发员杨春禄誊出一份转田岛，同时又分别抄呈保山专署、云贵监察使署、第11集团军总部、云南省政府、昆明行营等上级部门。不久，就被昆明各

---

[8] 许秋芳主编：《极边第一城的血色记忆——腾冲抗战见证录（上）》，第126页。

报、滇西日报先后全文刊登。这封富有民族气节、义正词严的回函，一时间在大后方口口相传，收入中小学课本者有之，誊抄传播者尤多，几有洛阳纸贵之效。[9]

张问德在致保山专署的报告中，曾解释如此应对之深意为：藉此可"分令无论何地方性质，属于安全区、半安全区或沦陷区之乡镇保甲长及人民一体知照，以揭破敌人所预期心理战争上之效果"。[10]后来，云南省民政厅以训令嘉奖张问德，云："该县长对敌周旋不失身份，复函义正词严，揭破敌人奸诈伎俩，甚堪嘉尚。"[11]云贵监察使李根源，对这位腾冲同乡兼同龄人更是钦佩有加。[12]

抗战八年期间，日军特务机关、行政班、宣抚班之类机构，以邀请"和谈"或劝降信方式诱骗我抗日将领和地方领导人恐怕不在少数，但似乎只有这件事成了一个"新闻事件"，产生了巨大影响力。何也？笔者以为，应是张问德的应对契合了中国人的文化心理，即，他在"文战"之战场上以"中国方式"完胜了一仗。几百年来，中国崇文传统浓郁而尚武之风淡薄，唐诗宋词可传诵千古，暗淡和远去的总是刀光剑影、鼓角峥嵘。在强敌日本压倒性的武力逼迫下，抗战之所以能坚持下来，精神上不垮恐怕较战场上不败更为要紧。"武战"弃城失地，原本就在预料之中，最高统帅"应战而不求战"之类的讲话，亦屡屡帮助民众"心理脱敏"，尚不那么可怕；"文战"丧魂失魄，则是大为可虑之事。仗可以打输，怎么能连最擅长的"讲理"也讲不过人了呢？日本人偶尔会拿捏中国人此种心理，操作起笨拙的"文战"，汪精卫响应近卫声明之"艳电"与张问德之《答田岛书》，大概构成了其"战果"之两极。

历史选择了田岛，则是个"小概率"事件。应该说，此竖子因

---

[9] 熊文定：《抗战时期的县长张问德》。据《腾冲文史资料选集》第一辑抗日战争专辑，第153页。

[10] 张问德：《腾冲县政府民国三十二年度工作报告书》。据《保山地区史志文辑》抗日战争专辑之三，第286页。

[11] 《省民政厅嘉奖腾冲县长张问德训令》。据《保山地区史志文辑》抗日战争专辑之四，第378页。

[12] 陈绍凯：《腾冲抗日县政府的情况》。据《保山地区史志文辑》抗日战争专辑之一，第348页。

此而"成名",虽基于其担负的职责,但更与其个人性格有关。田岛原为日军113联队机枪中队长,后改任龙陵行政班长,因"政绩"不错而晋升为滇西日军行政班本部长。[13]此人极其自信而特立独行,有别样的处事手段和面孔,常以懂政治、有韬略的"中国通"自居,看不起一般蛮横愚蠢的日本军人。在从众心理极强的日本人中,是个"各色"角色。其领导的行政班与宪兵队之间,时因处事方式和风格不同而生摩擦,他着眼于"心理征服"而达成"长治久安",常施以柔性政策,较之阴狠暴戾的宪兵队,更容易赢得沦陷区民众的好感。

在某种意义上,田岛与张问德工作性质相同,都是在争取民心,构成了真正的对手关系。然而,37岁的田岛却在62岁的张问德面前屡遭自信心的挫败。张问德号召和率领全县民众参加抗日,与军队艰苦备尝、步调一致,战时军地团结无间,军民合作之表现更为良好,这不能不引起田岛之嫉视。写这封信的动机,固然是模仿中国人的文化思维模式说服张问德,但应该说还混杂着一种仰慕和嫉妒的心理。

需要说明的是,虽然田岛会说蹩脚的中国话,但也没能力亲自执笔致函张问德,据载此函系由腾冲伪政府秘书伍融金捉刀。[14]他没有料到这次让三流汉奸文人"转文",竟给对手提供了彻底摧垮其自信的机会。《答田岛书》一经成篇即载入青史,张问德立功、立德、立言"三不朽",田岛这个无名之辈却落得个沐猴而冠、不自量力的笑柄。

超链接2:日军在腾冲的军政统治
——暨日军行政班本部长田岛寿嗣事略

如本书开篇所述,1942年5月,日军是沿滇缅公路进击先侵占

---

[13] 行政班并非日军正式编制,据《第五十六师团将校职员表》,田岛寿嗣的正式职务为第56步兵团司令部联络挂。

[14] 马兆铭、黄槐荣、罗佩瑶:《腾冲沦陷时期的汉奸罪行》。据《腾冲文史资料选集》第一辑抗日战争专辑,第228页。

龙陵的。其时，先后收买当地的一些汉奸，利用他们将躲避在乡间的群众强行追回，并在滇缅公路沿线的白塔、云山、镇安街大坝、松山大垭口等处组织难民村，成立"维持会"，发放良民证，凭良民证发给大米、食盐。指派难民代表，以安抚民心，实行控制。6月以后，日军第56步兵团司令部选派田岛寿嗣大尉到难民村设行政班，随之在难民村设宏济医院，举办日语培训班和开办学校，宣传"日中亲善、东亚共荣"等政策。不久，结束"维持会"，成立龙陵县伪政府。田岛因"功绩"突出，转任腾冲行政班长。[15]

来到腾冲后的田岛，即将在龙陵的做法移植而来。

先是成立"维持会"。伪维持会是伪政府成立前的过渡机构，以搜刮物资供应敌军军需为急务。因当时重要士绅均已出走，日军即由其过去所掌握之情报，以李曰琪为维持会长，李家昌为副会长，组织维持会。李曰琪，字直夫，时年73岁，前清附生，日本留学生，云南省议员，并曾任腾冲中学校长；李家昌，字子盛，时年70岁，前清禀生，云南省议员，腾冲中学校长，沦陷时任民众教育馆长。此二人均属残年衰朽，日军以为无实际作用，仅能藉其高年以作号召，然响应追随者寥寥。这时，日军第146联队长今冈宗四郎大佐出面，以昔日在日本之同学关系，强迫东方医院院长张德辉出任副会长。张德辉字焕然，年47岁，曾留学日本学医。其妻为父籍中国、母籍日本之混血儿。[16]

预2师进入腾冲游击后，日军又利用当地流痞杨吉品（又名杨枝彩）组织便衣队，从事谍报工作。杨原为腾冲帮会"哥老会"中的一个龙头大哥，其便衣队即由其平日纠集的帮会脱胎而成。该便衣队最初由日军宪兵队掌控，杨即自称为宪兵队督察长。据载，杨为人丧廉寡耻，令乡人瞠目。其子结婚时，他邀请日军芒东行政班长青木来训话，向其叩头，获得棉纱20驮，于是群伪引以为法、竞相效尤。杨手下有杨楚英、孙正邦、冯景元、冯绍元、杜正洋、孙

---

[15] 蔡雯、李根志：《记忆的伤痕——日军慰安妇滇西大揭秘》，第106—110页。
[16] 张问德：《腾冲县政府民国三十二年度工作报告书》。据《保山地区史志文辑》抗日战争专辑之三，第297页。

正元、徐华富、段启文、段启铭、周春明等十个联络员。此十人和杨吉品的两个儿子杨正蕃、杨正金，均配发"二十响"，每日挎枪在城郊附近村寨游荡，依仗敌势力向民众敲诈勒索，无所不用其极；杨本人转眼即敛财数千万。杨楚英原为国军某部情报员，被日军抓获后投敌。因其熟悉我方活动规律，比其他汉奸更为狡猾恶毒，成为杨吉品的得力帮凶。"二杨"四处搜捕我军便衣侦察人员，被他俩捕杀的即达数十人。[17]该便衣队人数从未超过百人，日军每人每月发饷国币八千元；如在出发搜探我方情报期间，每日每人又发给一千元。在此巨大诱惑下，腾冲的流氓地痞均趋之若鹜、攀附为恶，成为沦陷区民众苦难之渊薮。

其后，大概是田岛向驻腾冲日军最高指挥官水上源藏[18]建言，将便衣队改归其行政班指挥。田岛为笼络民众以获好感起见，曾将杨吉品拘押过七天，使杨之气焰略煞，但便衣队祸害民众之恶行并未遏止。此后，宪兵队又成立一支便衣队，成员均由我军被俘士兵组成，由杨楚英任队长。这支便衣队专事引诱策反我军士兵潜逃，造成我军士兵恐敌意识，散布谣言，以图削弱我军战斗意志。

腾冲行政班扩大为行政班本部后，田岛即谋划筹组伪县政府。对于伪县政府县长人选，最初在李家昌与杨吉品之间争执甚烈。当时趋向敌伪的当地士绅和"小帽商人"，均不愿伪县长一职落于流氓杨吉品之手，田岛即授意这些人欢迎其在龙陵的得力干将钟镜秋出任。据载，钟镜秋时年三十多岁，其父为龙陵商人，在钟镜秋15岁时曾将其送往日本留学。21岁归国后，曾在其父所开商号中做过经理。[19]后又投考南京警官学校，于日军入侵前任龙陵警察局局长。日军入侵后钟镜秋即附逆任伪职，在田岛任龙陵行政班长时极尽巴结逢迎，深得其赏识。

---

[17] 马兆铭、黄槐荣、罗佩瑶：《腾冲沦陷时期的汉奸罪行》。据《腾冲文史资料选集》第一辑抗日战争专辑，第229页。

[18] 据《兵旅の赋》(第318页)，水上源藏少将于1943年5月16日接替坂口静夫少将就任第56步兵团长。

[19] 蔡雯、李根志：《记忆的伤痕——日军慰安妇滇西大揭秘》，第32—36页。

有钟镜秋出头任伪县长，伪县政府遂于1943年6月6日成立。[20]其下设机构人员为：秘书汤锡九、伍融金，顾问张焕然，承审杨巨然，第一科长金振西，第二科长周又希，第三科长王守理、伍溪舟，第四科长杨学时，第五科长伍融金（兼），政工主任李家才。伪县政府成立之初，为争取沦陷区民心，以此前的乡镇长继续留任，但须为日军提供情报，又弄来些食盐交由各乡镇长出售，以关怀民生为由拉拢感情。伪县政府的政策文告，在各地敌驻军刺刀逼迫下均为一纸空文，凡日军对地方提出征派，民众仍然不敢拒绝。伪县政府还强迫民众广种大烟，设局收税，值百抽五，奖励运食鸦片者，毒化民众；命令教育局办理日文学校及中小学，取消复兴教科书与抗日宣传书籍，采用"共和"教材课本，实施奴化教育。

伪县政府成立不久，日本缅甸商业株式会社代表川田之义前来视察，认为腾冲为倾销日货的最佳市场，且为向我怒江东岸实施走私活动的最佳据点，遂授意行政班本部组织商工会。并从掠夺来的洋纱中提出100驮，约值1500万，作为商工会的启动资金。[21]在田岛授意下，伪县长钟镜秋及李家昌勾结投机商人何世隆（又名何庆斋）、杨聪林、董根发、瞿思恩等，于8月1日成立伪商工会，李家昌任商工会长，实权由何世隆把持。何昔日曾贩卖鸦片，参加伪维持会后，负责登记沦陷区流动物资而借机自肥。接着，又筹组了低利银行及新华公司、东亚公司、协新公司、日兴公司（合称"一会、一行、四公司"），通过经济渠道，推销日货，推行日本军票，为敌筹集物资，实施经济侵略。[22]

据载，田岛在腾"施政"，惯用怀柔攻心手段。在"查获陷区与我军政府秘密联络通讯、来往报告敌情之乡镇保甲、士绅，仅以关押拷打、毒化告诫，而不杀戮，盖以恩威并进，欲使其真心归顺，

---

[20] 一说于1942年11月24日成立。据尹家令《腾冲沦陷纪略》，载《民族光辉——腾冲抗战史料钩沉》，第52页。

[21] 张问德：《腾冲县政府民国三十二年度工作报告书》。据《保山地区史志文辑》抗日战争专辑之三，第299页。

[22] 马兆铭、黄槐荣、罗佩瑶：《腾冲沦陷时期的汉奸罪行》。据《腾冲文史资料选集》第一辑抗日战争专辑，第228页。

不敢再与我方联络及为应用";"对被俘官兵,田岛亦少杀戮,并给衣物、钱米,随军听用,其良心不死者趁便逃脱,而甘心降附、听其驱使者亦不无其人"。

在腾冲,田岛平日不着军服,穿着打扮常效仿当地人。其时当地人吸食鸦片者较多,他每到一处均备置烟具,与商绅横枪受用,品茗畅谈,借此笼络人心。每当晚间放映日本"国策电影"或召集沦陷区民众开会时,会场上要以我青天白日满地红国旗与日本太阳旗交叉,中悬孙中山总理遗像,先由汉奸文人宣读总理遗训,而后田岛本人登台,以"新中国"、"中日共荣共存"、"大东亚主义"与"反对英美"等言辞惑乱人心。[23]

管理滇西日军慰安所,是田岛行政班本部的又一重要职责。他极力拥护在军队中建立慰安所制度,认为此举可让士兵闲时发泄解决生理问题,战时全身心地投入战斗,对确保日军战斗力和安全性极为有利。他的观念是,牺牲少数战败国妇女的青春和幸福,使日军有秩序地得到性满足,从而保证士兵身体健康,稳定军心。同时,也可减少对平民妇女的骚扰,与驻地居民建立良好的关系,减少对抗情绪。[24]

保山电视人蔡雯、李根志,曾对滇西日军慰安妇问题做过较深入细致的田野调查,制作了长篇电视纪录片《记忆的伤痕——日军慰安妇滇西大揭秘》。据该作品披露,日军占领滇西后,共开办了大小23个慰安所,其中以龙陵、松山、腾冲、芒市4处规模最大,均在20人以上;其他各分驻点的慰安所,人数约六七人。慰安妇除少量日本卖春女外,多为朝鲜籍,也有少量我国台湾、东北妇女,均为日军以诱骗、强迫手段征集而来。此外,日军又常常掳掠当地女子到慰安所肆意凌辱,这些临时充作慰安妇的当地女性为流动状态,数量难以统计。为避免慰安妇久在一处与官兵"日久生情"惹出麻烦威胁安全,慰安妇经常要在各处"调剂"调换。

1943年春,田岛率部押送龙陵的18名慰安妇(其中途经勐连驻点"慰安",被失控的日军枪杀一人)调换至腾冲后,即在腾冲固

---

〔23〕李嘉祜:《腾冲敌情报告书》。据《日军侵华罪行实录——云南部分》,第457页。
〔24〕蔡雯、李根志:《记忆的伤痕——日军慰安妇滇西大揭秘》,第33页。

定驻扎，不再像此前那样以游动方式管理各驻点军政事务。在此期间，田岛与伪县长钟镜秋介绍给他的一位腾冲女子蔡兰惠结了婚。据蔡雯、李根志对蔡兰惠的同学邹雁秋所做的调查，蔡兰惠1922年出生，曾就读于腾越文辉女子初级中学。腾冲沦陷前，与邹雁秋同在腾冲大同医院做护士。日军入腾前夕，蔡兰惠在逃难中与父母走散，途中与县参议员杨大田相遇，被其介绍到某土司家做八姨太而栖身。田岛要与蔡兰惠结婚的动机是，以此举拉近与当地人的感情，增加信任，更有利于其统治管理。

据载，田岛与蔡兰惠在腾冲四保街按当地仪式举办了"正式"婚礼。田岛在酒席上向人宣布，他已经成了"腾冲人的姑爷"。当时，腾冲的伪职人员、大小汉奸几乎倾巢而出前来贺喜，但日军宪兵队对此却侧目相向，日军方面一个人也未到场。

此后，腾冲日军中便传出行政班"泄密"的议论，据说日军以往多次扫荡腾北的行动，都让预2师预先掌握了。而向上级举报田岛的即是宪兵队长斋藤大尉。

对此，著有《拉孟——玉碎战场的证言》一书的日军野炮第56联队军曹太田毅曾回忆：当时日军中曾有传言，蔡兰惠是日军抓住的中国远征军间谍，先是腾冲日军宪兵队某个下士官把她占为己有，但田岛依仗自己是大尉，把蔡兰惠横抢了过来。后来，宪兵队"根据秘密侦察"发现在田岛和蔡兰惠同居期间，日军情报泄露到了中国远征军方面。太田毅分析认为，此事属于日军的"内讧"，间谍事件可能是捏造的。

关于日军行政班与宪兵队的"内讧"，日本1974年出版的《福冈联队史》中披露了内情。这部分内容，是作者杉江勇根据战后从滇西唯一活着回到日本的原腾冲日军宪兵队军曹藤本久人的回忆撰写的：

按日军编制，行政班隶属于第56步兵团，是本部队临时组建的军政机构；而宪兵队则是缅甸方面军直辖宪兵司令部的派出机构，谓之腾越分遣队，充任军事警察职能，以防间保密为核心任务，权限很大。基于工作性质，日军行政班与宪兵队均要利用当地汉奸为爪牙，但利用方式大相径庭。行政班为达成军政统治之需，常与汉奸觞筹交错打得火热，借此笼络地方势力，安抚人心；而宪兵队则认为此行为是泄露军事机密的最大隐患，因而对行政班的做法大为不满。后来，宪兵队以田岛收留敌方"美女间谍"当情妇，及行政班成员与汉奸交往中吸食鸦片染上毒瘾为由，向仰光宪兵司令部报告，同时向第148联队发出严重通告，令联队长藏重康美大伤脑筋。田岛则因宪兵队"调查自己人"而大为恼火，亦派密探收集宪兵队的不法行为向上级举报。事态愈演愈烈，双方开始设局捕捉对方利用的汉奸密探，严刑逼供令其指控对方，彼此倾轧。在此情况下，田岛曾向与其关系密切的战友说，"我不知什么时候就会被自己人杀了，每天睡觉的时候都枕着一把手枪。"鉴于双方冲突不断难以平息，最终田岛被调离腾冲去了芒市。[25]这一结果，却意外的使得田岛最后逃脱了葬身腾冲的命运。

但此时，蔡兰惠已怀了田岛的孩子。在我军围攻腾冲城期间，蔡兰惠在战壕中生下一男婴，由田岛的台湾籍"通事"（翻译）白炳璜以刺刀割断脐带接生，按田岛离腾前的嘱咐为婴儿取名"田腾裕亚雄"。

1944年9月9日，蔡兰惠与白炳璜等在财神庙被预2师第6团部队俘虏。《扫荡报》记者潘世征在旁听审俘时，对其冷静应对的言谈举止曾留下深刻印象。关于其与田岛结婚之事，蔡兰惠本人的供述是：田岛寿嗣与其相识后，曾要求其为日军行政班工作，任务为暗中监视日军宪兵、便衣队的违纪行为，并向自己报告。蔡感到这样做对当地人有利，遂答应为之。几个月后，田岛感到满意，要求与其结婚，并说："结婚后，我们到深山间拜菩萨去，中国人、日本人的事都不管。"蔡答应了。[26]

据邹雁秋回忆："腾冲城攻下后，蔡兰惠抱着一个小娃，坐着滑竿从北门走的，当时我们是在油灯庄看见她的，有国军士兵押送。从年轻时人们对蔡兰惠就很有争论。蔡兰惠是与杨吉品他们一伙被

---

[25][日]杉江勇：《福冈联队史》，第249页。网友nutcracker译文。另据亲历者回忆提及，田岛离开腾冲赴芒市约在1943年底至1944年初。据邓常贵《腾冲沦陷见闻》，《云南文史资料选辑》第27辑，第147页。

[26]潘世征：《铁城顽寇就歼记》。据其战地通讯集《战怒江》，第109页。

俘的，但是张问德县长好像还特别对蔡兰惠说过些什么⋯⋯"

据载，两个月后蔡兰惠与其他被俘的18名慰安妇被押往保山。途经龙川江西岸的上营村时，蔡兰惠因奶水缺乏且极度虚弱，并患有严重的风湿病，在押解人员动员下，将孩子送给了当地一户彭姓村民收养，后改姓彭，至今仍生活在腾冲。

从现存的史料看，并不能证实蔡兰惠是远征军情报机构安插在腾冲的内线。但蔡兰惠到保山后不久即获得了自由，并意外地与张问德的长子张星福结婚。张星福曾任国军陆军中校，当时在保山警察局任职。张问德闻听消息后极为愤怒，以与儿子断绝父子关系相威胁，迫使张星福与蔡兰惠离婚。[27]此后，预2师一位长官出面做媒，又把蔡兰惠介绍给了本师一位许姓上尉连长。从这些经历可以想象，蔡兰惠是一位有着怎样特殊魅力的传奇女子。

据闻，蔡兰惠与许姓连长在保山结合。抗战胜利后，该连长所部被调至新疆，后来在新疆参加和平起义加入解放军，并在军旅中晋升至团长。[28]蔡兰惠和他生了两个女儿。1999年，其中一位女婿曾受蔡兰惠之托赴腾冲找到其遗腹子彭某，并留下联系方式。李根志根据此线索与蔡兰惠的女婿取得联系，2003年4月欲前往采访，但被告知蔡兰惠于不久前去世。然时隔两年之后，蔡兰惠的女儿发电子邮件告诉李根志，其母是2005年7月21日才去世的，两年前的"死讯"是故意误传，真正的原因是老人怕揭开伤疤而难以面对现实。[29]

关于田岛后来的结局，也是扑朔迷离。有一种说法是，战败后田岛随日军逃往缅甸，日本投降后，田岛脱离部队，改名换姓冒充中国人，被一缅甸人家招为女婿结婚生子。后悄悄回到日本，从此销声匿迹。但太田毅的说法是：日军投降后，田岛曾受到英军审问，据说"他出卖了自己的部下"，所以回到日本后别人不理他，他也不

---

[27] 凤凰卫视《凤凰大视野》栏目《收复腾冲》之二，2010年8月10日播出。
[28] 据载，预2师师长顾葆裕于1946年春调新疆，历任暂编58师、新编45师继而整编78师师长。1949年9月25日，整编第78师随新疆警备总司令陶峙岳起义，接受人民解放军的改编。因此，笔者推测许姓连长带蔡兰惠1946年随顾葆裕赴新疆。
[29] 蔡雯、李根志：《记忆的伤痕——日军慰安妇滇西大揭秘》，第106—110页。

参加"战友会"之类的活动。据原日军第56步兵团司令部军医中尉丸山丰介绍：上世纪50年代，他曾见过田岛，其时他在熊本[30]做茶商。日本民间战史研究者阿部恭士掌握的情况是：几十年前，田岛确在熊本市中央区的药园町经营过一个茶叶店，但因为和年轻女店员有染，与妻子离婚，带着女店员去了天草那个有史以来就以输出卖春女而闻名的地方，从此下落不明。[31]

日军酝酿"甲号讨伐"（1943年9月至10月初）

中国远征军重新组建后，即积极投入反攻准备，并预定以10月底为期限完成相应战备任务。而此刻，日本缅甸方面军第15军正酝酿于1944年春发起对印度英帕尔英军的大规模攻势作战。"在此期间，第15军司令部开始策划，于即将到来的英帕尔作战之前，给云南方面的重庆军以闪电式的打击，将其击破，消除今后的后顾之忧，以便专心致志地进行英帕尔作战。"[32]

此处所谓"闪电式的打击"，即为不久后实施的"甲号讨伐"作战。日军对当时敌我形势的分析为：

驻云南之远征军为按预定于1943年10月底完成以保山为根据地的反攻准备，在筹划逐次集中后方兵团的同时，加紧整备补给道路和补给设施以及军需物资的输送。其兵力多达十数个师，反攻的重点，仍似指向腾越北方地区，故该方面的反攻准备迹象日趋明朗。

据判断，云南军目前在怒江以西地区毫无集聚粮秣的状况，故对腾越地区最关注的问题，是取得秋收的农作物。如果我军事先控制了农作物，将给云南军的将来反攻以重大的障碍，因此对云南军的这一期待需予以重视。

---

〔30〕田岛寿嗣故籍地为日本熊本县阿苏郡苏阳町（2005年改上益城郡山都町）。据［日］杉江勇：《福冈联队史》，第249页。
〔31〕蔡雯、李根志：《记忆的伤痕——日军慰安妇滇西大揭秘》，第107页。
〔32〕中华民国史资料丛稿译稿《缅甸作战（下）》，第2页。

当时，敌军被我军在中缅国境附近增兵的情报所迷惑，特别是由于第18师团的一部进入片马方面（密支那东北方约150公里），以及第56师团大量征用马匹、马夫等，而极大担心日军将自腾北地区向保山进攻。

云南军第36师师长（李志鹏）在回答团长请示"日军向固东街进攻时应采取的对策"时，指示："日军来攻时，务须首先确保农作物的收割。其间尽量抵抗，给日军以打击。在万不得已时，应按前指示行动。"[33]

在1943年9月左右，不断收到敌干部往来于腾北地区及其部队移动的情报。例如敌第71军军长（钟彬）已进入界头地区，中美联合侦察班被派到界头、江苴街方面，第36师参谋长（胡翼烜）侦察固东街附近等消息。

拉孟、滚弄、腊戍方面之敌，专心致志于整训及加强阵地和修补道路等，虽看不出有积极活动的气势，但第9师及第87师对龙潞（龙陵、芒市）地区相当注意，根据该地区日军部队的多寡，有伺机向该方面前进之模样。

另一方面，随着雨季过去，敌机的活动渐趋活跃，轰炸机特别是巨型机多次来袭。空袭多指向腊戍及腾越，9月中来袭腾越即达7次之多。[34]

在腾冲当地史料中，也记述了此期间我空军对腾冲几次轰炸的情形：

旧历八月十七日（9月17日），我机4架飞临腾冲城上空投弹4枚，李家良宅中弹一枚，房屋全毁，毙敌十余名，伤数人。寸学升家中弹一枚，毙敌数人。绮罗黄恩和后院中弹一枚，时值敌军于该地操练，闻毙敌甚重，其中有敌军官数人，遗尸另用火焚烧。

旧历八月二十二日（9月21日）午后，我机4架轰炸腾城，投弹4枚，旧县府、黉学、生官庙[35]各中一弹，另一弹落于北门外秧

---

[33] 日军据情报部门无线电监听获悉我军情况。
[34] 中华民国史资料丛稿译稿《缅甸作战（下）》，第1页。
[35] 黉学古代称学校，又称黉门、黉宇、黉序、黉宫；也是供奉孔子之所，又称文庙。生官庙又称三生庙，为道教庙宇，供奉天官、地官、水官三官神位。

田，敌死伤2人、马2匹。[36]

据载，10月初旬的一次轰炸，取得了重大成果。

当日，日军似为准备应对我军反攻考虑，以数百日军自龙陵押送大批武器弹药来腾冲。将城南四保街麦子田徐友藩家作为弹药库，先后囤放了大量武器弹药。第11集团军情报机关之"腾东谍报组"侦知这一情况，并经多方面核实后，即报告大理"总台"；同时，情报人员用特殊办法，于前一天在该仓库房顶上偷偷抛掷镜子一面，以指示目标。

10月6日晨，3架美军飞机飞临腾冲上空，找到目标后即俯冲投弹。霎时，天崩地裂的爆炸声不绝于耳，大火持续了几个小时，日军这座军火库化为灰烬。[37]

据当地史料载，此次情报是东方医院医生张德辉通报给我情报人员的。张德辉的侄子张江达曾披露："我叔叔知道了日军将大批军火运进四保街麦子田徐友藩家储存，叫张德定（其族弟）身藏几面小镜子，在敌仓库的炊事人员外出买菜时与其接近，赠以重金，叫他们趁日寇不备时将小镜子抛上屋顶。这事办成后，我叔叔即将这情报送出。"[38]

日军军火库被炸，如釜底抽薪，不但从心理上重创了敌人，也大大削弱了敌人的城防力量，为以后克复腾冲城创造了有利条件。

在酝酿"甲号讨伐"作战的过程中，日军第15军曾考虑过两种方案：

其一为调集缅甸重兵进入滇西，与本地第56师团协力渡过怒江，以急袭作战摧毁我反攻基地保山，彻底粉碎我反攻意志；其二则是以缅北日军一部加强滇西第56师团，将作战地域限定在怒江西岸，击破我反攻据点，将我驱逐并封锁于怒江东岸。

---

〔36〕梁河设治局局长封维德敌情报告电。据《德宏史志资料》第八集，第84页。
〔37〕黄永源（口述），明正辉、黄槐荣（整理）：《战地见闻》。据《腾冲文史资料选集》第一辑抗日战争专辑，第107页。
〔38〕黄槐荣（整理）：《腾冲的全民抗战》。据《腾冲文史资料选集》第一辑抗日战争专辑，第196页。

据日军战史称，第一方案虽最为理想，但因需要将第15军主力分割使用，且有限的渡江器材要投入滇缅两地，计划中的英帕尔作战所需的后勤部队及军直辖的炮兵、工兵部队等也要双重使用，因此颇为困难；特别是，日军已预料我驻印军即将反攻胡康河谷，[39] 若动用缅北第18师团主力投入滇西作战，届时可能难以适时返转应战。为此该方案被放弃，而采用了第二方案。

最后确定的作战计划是：

以第56师团之一部，确保滚弄、拉孟地区。以师团主力由腾越方面向北；以第18师团有力之一部，由古永街、拖角正面向东及南面，分别攻击桥头街、固东街地区。命第56师团及第18师团各一部，向冷水沟及六库附近的渡河点挺进，阻截敌之增援。其中应特别重视切断怒江西岸敌之退路。

作战时间，预定为10月中下旬。

第56师团于9月1日接到上述旨意的军命令后，立即开始必要的作战准备，强化情报收集网，侦察敌情。并于9月11日召集各部队长，传达了有关作战的一般要领，命各部队长研究准备。接着于9月19日下达了师团的作战准备命令，发表了各作战部队的编组，命各部队逐次向作战发起位置展开。

另一方面，配合作战的第18师团步兵第114联队长丸山房安大佐指挥的该联队主力（缺第2、第3大队）以及步兵第55联队第2大队（大队长室积忠大尉），山炮兵第18联队第2大队（大队长铃木重直少佐），于9月下旬正由密支那出发，向拖角、片马方面及直通（密支那东南约60公里）方面前进中，9月25日分别攻占达华，准备尔后行动。[40]

现在，联系这一背景来看田岛致函张问德的时机——8月底拟函，9月12日送达，就会发现其选择别有深意：若能在"甲号讨伐"

---

[39] 后来中国驻印军果于10月下旬发起胡康河谷作战。
[40] 中华民国史资料丛稿译稿《缅甸作战（下）》，第2页。

作战之前瓦解我抗日政府，虽不至于有"不战而屈人之兵"之效，也必将大大有利于其后的作战。那样，田岛就毫无争议地立了头功。

这就是有"政治头脑"的田岛的如意算盘。

此次，我军对于日军"甲号讨伐"计划可能预先有所掌握。笔者在凌乱琐碎的史料中，发现当时梁河设治局局长封维德于10月3日和9日致保山专署的敌情报告电，在敌行动准备阶段即窥察端倪，且发出了极富预见性的警示。封维德初为腾冲县第二区区长，8月6日前往梁河就任设治局长，在腾南沦陷后迁腾北与腾冲抗日县政府联署办公。

谨节录其电报如下：

"……敌近日征集工人架设腾龙间之长途电话线；驻龙陵之敌正赶制驮鞍400架，完成者已有2000余架；猴桥有敌五六十人，甘稗地有敌200余人，现正向古永修筑大道；腾敌现增援4000余人，缅人及夷人甚多；（9月）19日敌约有千余人，附夫马2000余向石灰卡进犯，22日抵罗孔，27日有一部抵拖角……据闻敌系掩护赶修由密支那至石灰卡间之道路桥梁；29、30两日腾龙桥至勐连路线有敌车100余辆，每日往返运敌军数次，尚有步行者，总数在3000余人；10月7日上午，由腾城出发之敌约千余人已达富裕村住宿；勐连路上不断有军用车百余辆运输军火。

"近日敌寇虽增兵窜扰，声势重大，千方百计迂回包抄，然我36师从容不迫，严阵以待；县府亦镇静处之，人心因之安定。惟敌众我寡，应请增援固守腾北，以守根据地，保护秋收，利用粮米，以充军实。"[41]

当然，"知敌"仅是制胜的必要条件，而非充分条件。对于进入腾北游击区仅4个月的第36师而言，其自身实力才是决定性因素。"知己知彼，百战不殆"的真正含义是，力量对比有利时就想办法赢；力量对比悬殊时能跑掉，也就是"不殆"。何况，据日本战史——"这次作战，除平戛及片马等地的守备队外，几乎投入了第

---

[41] 梁河设治局局长封维德1943年10月3日、9日敌情报告电。据《德宏文史资料》第八集，第85页。

56师团的全部兵力"。[42]

值得注意的是，在腾冲两年游击战中，日军每每以数倍的兵力对付我一个游击师，完全是"牛刀杀鸡"的态势；而到了1944年我军大反攻之际，我军进攻兵力递增至两个集团军（16个师），应对的日军居然尚不及此次"甲号讨伐"的兵力，而我军的反攻仍是那样艰难。正是在这一对比中，笔者才对两年游击战不敢有丝毫轻视与怠慢心理，而将本书的开篇从游击战写起。

如果说封维德的敌情预警属于"先见"，则此战后张问德的报告属于"后见"；实际上，衡量报告、建言的尺度是"明"，因为战事远未结束，翔实准确的报告和总结如同亡羊补牢，总是为时未晚。且看张问德的记述：

"五一四"战役后，反攻腾北呼声亦日见高涨。鉴于事实，腾北系我怒江西岸反攻之立足点，且因交通及输送上之困难，腾北之食粮及人力，均有确实掌握之必要。县政府对此事实认识甚清，故每次电请军事长官对腾北加兵，以期确保。

而敌对此亦甚明了，自9月中旬，即在腾冲控制马夫约近万余。24日，缅北密支那之敌第18师团之两个联队（据日军战史，系第114联队、第55联队及山炮兵第18联队各一大队），开始向东运动，29日攻占石灰卡，10月1日攻占罗孔，3日攻占拖角，4日与我军在片马以西对峙。6日敌转锋南下，于6、7两日分占班瓦垭口、茨竹垭口、大垭口，8日与我腾北守军在滇滩、明光两河上游之昌银沟（在缅甸境内）、茶山河对峙。此一路由密支那东进之敌，曾分出一部经由昔董（在缅甸境内），于10月3日抵猴桥，4日攻陷古永，6日续陷轮马。

而腾冲之敌自9月29日起至10月6日三犯向阳桥，8日即在曲石江南岸白家河开始构筑据点工事；另一部亦于8日进抵灰窑以南之刘家寨、黑龙湾、马站街、大锡举（今大齐起）一带。此时腾北之南西北三面，事实上已被包围，任何一面被突破，腾北我军之

---

[42] 中华民国史资料丛稿译稿《缅甸作战（下）》，第3页。

地位即感受困难。

9日，龙川江东岸江苴亦有敌情发现，于是腾北之局势更见紧张。然至13日尚无变化。[43]

谢晋生部被迫撤出"茶里"（10月1日至13日）

据多方史料，在前述谢晋生"茶里游击队"移防称戛、大兴地不久，可能因日军旋即撤退，该部又秘密渗透进入片马、江心坡原防区。此推断的依据是，如张问德报告所述：该部正是于此次日军"甲号讨伐"之序幕战中，被彻底逐出"茶里"地区的。

张问德报告中记述的谢晋生部在石灰卡、罗孔、拖角接敌时间，均提前了一两天，这可能仍是基于我军对敌"压迫反应"过于敏感造成的记忆错误。

关于此战过程，谢晋生的记述非常详细：

1943年10月，密支那日军的一个大队，附骑、炮兵共七八百人，于1日拂晓时向谢部石灰卡前哨阵地进犯，当日占领石灰卡，并对我撤退之前哨中队跟踪追击，向罗孔大举进犯。谢晋生根据敌情、地形与后方补给等方面的情况，决心对当前优势之敌采取逐次抵抗，在有利条件下予敌以重大打击，藉以削弱敌人之兵力。除急令在罗孔的（茶里）区署行政人员和当地居民即时疏散外，并令驻守罗孔的第一支队第一大队郝光发部迅速开到罗孔前方十余公里的道路两侧高地的预设阵地埋伏，伏击进犯之敌。

由石灰卡追击我前哨中队之敌，鉴于在石灰卡未遇到抵抗，因而更加骄狂，以为谢部无作战能力，因而大胆追击。孰料其前卫部队一百余人冒进到我预设埋伏阵地时，我以手榴弹爆炸为信号，全大队三个中队（欠前哨中队）全部机、步枪火力集中扫射进犯之敌，弹如雨下，敌人被打得落花流水，纷纷向丛林中逃窜。据郝光发报告，敌人伤亡约半数以上，共五六十人；我仅伤亡士兵三人。郝光

---

[43] 张问德：《腾冲县政府民国三十二年度工作报告书》。据《保山地区史志文辑》抗日战争专辑之三，第314页。

发部在完成任务后，即分几股从小道绕过罗孔向拖角方向撤退。

2日，日军占领罗孔，又继续向拖角进犯，并以一部沿恩梅开江北进，将通江心坡的各渡口予以封锁，截断我与江心坡部队之联络。敌因在罗孔遭我意外伏击，损失颇大，这时在前进道路两侧都派有侧卫搜索，在前卫先头还派有便衣侦探，行动较此前慎重。4日，敌先头部队进至离拖角5公里的小寨，即与我警戒部队冲突，战斗约半小时后，我警戒部队后撤。

拖角山上，谢部原筑有较为坚固的工事，居高临下，可以一目了然地俯瞰敌前进道路，予敌以火力封锁。谢晋生决心利用这一优越地形给敌以重创。当时片马驻有我一个大队。谢晋生率谢绍晖支队的两个大队和由罗孔撤回的郝光发大队进入阵地，准备还击进犯之敌。敌发现我既设阵地后，即展开队形，用火炮向我拖角阵地轰击；我亦猛烈还击，并用机枪封锁敌前进的道路。

中午时，有拖角老百姓报告，日军辎重队骡马约二三百匹，隐蔽在拖角左前方的树林里。谢部原有一个迫击炮队，谢晋生当即令迫击炮队集中三门迫击炮对准那片树林，连续发射了二三十发炮弹。日军不知我有迫击炮，因而猝不及防，被打得人仰马翻；有几发炮弹击中敌子弹箱，但见树林中火光四射，爆炸声不绝于耳。随即，日军以优势炮兵对我迫击炮阵地连续还击，致使我迫击炮队副队长李安士阵亡，迫击炮亦被摧毁两门，但直至傍晚，我阵地仍未动摇。到晚上10时，为避免无谓牺牲，谢晋生令部队转移至片马。

在片马前约5公里的小江上，有铁索桥一座，桥宽约20米，两岸都是丛林，这是片马最险峻的地势。谢部在小江东岸预先筑有阵地。此时，谢晋生即令谢绍晖支队的黄、李两大队进入阵地，严阵以待，并将铁索桥彻底破坏。

进犯拖角之敌6日经干坤，于7日进到噬戛，8日进至小江对岸附近，即与我右翼黄大队激战半日；敌一部携带架桥器材，企图借机枪火力掩护抢修大桥。黄大队即派狙击组携带冲锋枪，潜伏在大树上，发现敌人二三十的目标，当即将其全部歼灭在桥边。嗣后，敌又改用三只橡皮筏子抢渡到我东岸，每只筏子各乘二三人，均被谢部击退。战至晚间，为避免重大损失，谢晋生率所有部队和区署行政人员等放弃片马，翻越高黎贡山，最后转移到怒江东岸。

此役，判断敌人伤亡在三四十人，我亦伤亡官兵二三十人。

密支那泽勒苦之敌，于10月1日向石灰卡、罗孔谢晋生纵队主力进犯的同时，另以一个大队[44]由江心坡的归叨，北向萨格利蚌、石旦、格子土等地进袭曾冠雄支队。

鉴于恩梅开江各渡口已被罗孔之敌完全封锁，片马、江心坡的交通亦被截断，故谢晋生曾电令曾冠雄以保存实力为主，力求避免与敌作正规战，可利用丛林与敌进行游击战。但因该部已与后方交通断绝，粮弹无法补给，谢晋生又电令曾可向坡西移动，靠拢英国盟军，必要时可西渡迈立开江，与驻葡萄一带的英缅军联系。

在3月间，谢晋生曾派纵队参谋长黄燮堃到葡萄与英缅军指挥官布雷上校联络过一次。黄燮堃是广东台山人，马来亚华侨，先后毕业于日本陆军士官学校及日本亚细亚飞行学校，英语说得很流利。当黄燮堃在葡萄与英缅军接洽时，布雷上校指责谢部进入片马、江心坡是侵占了英方领地，但经交涉，彼此仍交换了一本密电本和电台呼号、波长、时间等，表示愿意协同作战。在黄燮堃由葡萄回到片马以后，谢部与英缅军还时有电报往来，交换过一些情报。

此时，曾冠雄支队因在江心坡、石旦、格子土受到日军追袭，孤军无援，即率领其两个大队由腾南猛的西北渡口，渡过迈立开江到达葡萄附近，与英缅军指挥官布雷上校取得了联系。起初，曾冠雄来电向谢晋生报告，说葡萄英缅军对其颇为欢迎，并发了几天的给养。但一周以后，谢晋生即与曾支队的电台失去了联系。

到了10月底，谢晋生正准备派人前往葡萄了解情况时，忽见曾支队的副官徐得胜狼狈不堪地由葡萄逃回六库，向谢报告了如下情况：

我第一支队自江心坡被迫转移到葡萄以后，英缅军对我们官兵表面上表示很好，除送来一部分粮食之外，还问曾冠雄支队长需要

---

[44] 据日军战史，应为驻密支那第56联队第1大队（大队长池岛俊一大尉）北进。中华民国史资料丛稿译稿《缅甸作战（下）》，第10页。

什么东西,有什么困难。曾冠雄当即表示:"我们是并肩作战的盟军,应团结一致共同对敌。现在日军已经进占了片马、江心坡,可能渡江向葡萄继续进犯。我支队愿意担任迈立开江的江防;但我们所携带的弹药在对日军作战中已经用完,请贵军给我们补充部分弹药,以便担任江岸的防务。"这位英缅军军官一听我部弹药打完,不禁哈哈大笑,想了一下说,请将现有枪支人数,与需要弹药数目,造一表册送去,他可以考虑发给。岂料曾将表册送去后,几天还没有答复,正待派人催问时,忽接到英缅军通知,大意是让中队长以上官长于次日上午8时到指挥部开会,讨论补发弹药问题。曾冠雄万万没想到,当他第二天率领两个大队长和八个中队长准时到达指挥部以后,即被扣留,所带自卫武器亦被搜缴。与此同时,英缅军1000余人将我驻在营房内的部队全部包围,迫令缴械。这些英缅军本不是我们的对手,我们还瞧不起他们;但此时我部因部队长以上主官都离开了部队,群龙无首,更因子弹缺乏,已无取胜把握。部分官兵仍对英缅军抵抗很久,彼此都有伤亡,终因子弹全部打光才被缴械。曾冠雄等与我部官兵,第二天都用飞机由葡萄押到印度去了。我本人因缴械时不在营房内,故未当俘虏,以后在葡萄老百姓家藏了几天,才经浪速板厂山逃回来的

谢晋生根据徐得胜的报告,曾据实转报第11集团军总部,控告英军背信弃义、破坏同盟合作之举。但不久,宋希濂亦接到蒋介石一个电报,其大意是:据史迪威转据驻印度英军某电称,中国在葡萄军队曾冠雄部纪律太坏,已予以缴械等情,特电知照。

闻此,谢晋生唯有目瞪口呆、扼腕长叹。

据其所述,后来,不但这两个大队的士兵七八百人未见送回,就是被扣留的曾冠雄等十几个部队长也均已失踪——直到抗战结束,也不知道他们的生死存亡。[45]

〔45〕谢晋生:《回忆片马、江心坡的抗战岁月》。据《文史资料选辑》第37辑(总第137辑),第174—176页。

第9章 反"甲号讨伐"

（参阅附图3、附图34）

据日军战史：第56师团长松山祐三中将根据最新的情报，决定在高黎贡山脉（含）以西捕歼正向固东街、江苴街附近腾北地区前进中的我36师及新28师。具体部署为：

首先，以步兵第146联队的约一个大队为挺进队，一鼓作气突进到怒江西岸的大塘子，奔袭该地，切断江苴街附近的我军退路；步兵第146联队（联队长今冈宗四郎大佐）主力，沿龙川江及高黎贡山脉的中间北上；另约一个大队沿挺进队的后方前进，由大塘子返转向西越过高黎贡山，达其西麓，策应主力，自江苴街附近之敌军背后攻击。

另外，以步兵团长水上源藏少将指挥的步兵第148联队（联队长藏重康美大佐[1]）主力为基干的各兵种联合部队，对固东街方面，进行正面攻击。

松山祐三命令，各部于10月13日一齐发起总攻击。

12日，日军第56师团司令部自芒市出发，当夜将战斗指挥所推进到腾冲。研究诸情报后，判断我36师已察觉其攻击企图，而将主力正向桥头街附近撤退。于是松山祐三变更部署，命令日军各部将攻击目标集中指向马面关附近，在该地附近捕歼我军。

次日，缅甸方面军第15军司令官牟田口廉也中将，也将军的战斗指挥所推进到缅甸腊戍督战。[2]

---

〔1〕据《第五十六师团将校职员表》，藏重康美大佐于7月接替松本喜六大佐就任第148联队长。
〔2〕中华民国史资料丛稿译稿《缅甸作战（下）》，第3页。

在尹明德的记述中，此次进袭来势之凶猛明显超过以往：

9月中旬，敌一路由密支那、罗孔、拖角、片马扰其北；一路由昔董经古永、轮马攻其西；一路由龙陵溯怒江而上进攻大塘子、小横沟断其后；腾冲之敌则于9月19日至10月6日分别向马站街、向阳桥等地进攻，配合各路敌军全力围攻，企图一举歼灭我36师。[3]

张问德则以亲身经历，特别强调溯江北上包抄我退路之日军之凶险：

敌一路经由镇安街、新城向北推进，11日抵龙潭渡；12日抵上马头，午时前在大塘子韩龙寨（即旱龙寨）附近突破新28师阵地，向北急进（联系日军战史记述，实为146联队挺进队突破大塘子后北进，113联队一个中队自松山北上接替大塘子守备），欲图切断我栗柴坝至腾北唯一通道，然后搜索我36师在腾北之部队，捕捉而歼灭之。在此情况下，怒江西岸通道之安全，较之腾北战事更为重要。县政府与36师司令部即于12日黄昏离开界头东移。13日拂晓，县政府再离北斋公房，而西牙街即已失守；下午渡过怒江，而小横沟西南之大寨即已发生战事，北斋公房至栗柴坝之通道即已断绝，是以人员、公物、行李多被切断，仅县长、秘书及政警数名能出包围圈而已。

此后，原在片马、拖角、罗孔、古永、碗窑附近，及曲石江南岸、龙川江东岸等处之敌，即全力向腾北进犯。14日我各线均被突破，15日猴桥、固东、滇滩、明光、营盘街、瓦甸、界头等重要市镇全部失陷。[4]

在日军战史记述中，13日发起的总攻击似乎只是一场追击战，未遭遇到有力抵抗：

攻击固东街的水上部队（水上源藏指挥之日军主力）未经大的战斗，于15日傍晚即占领了该地，更向明光疾进。攻向江苴街的今冈部

---

[3] 尹明德：《滇西军民抗战概况》。据《腾冲文史资料选集》第一辑抗日战争专辑，第55页。
[4] 张问德：《腾冲县政府民国三十二年度工作报告书》。据《保山地区史志文辑》抗日战争专辑之三，第286页。

队（第146联队主力），亦于同日占领该地，并在该地附近进行扫荡。

前占领大塘子的挺进队，继续沿高黎贡东麓北进，15日晨奇袭据守冷水沟天险之敌，控制了山里的顶峰。另外，在挺进队北进后的大塘子，由拉孟警备队（第113联队一部）派遣了一个中队负责坚守。

击破江苴街敌军的今冈部队，继续北进桥头街，16日晨击溃桥头街附近少数敌军后，更向马面关疾进。但该方面之敌，由于我挺进队的前出，已向北方溃逃，故未与大敌相遇，遂于当晚返回桥头街。[5]

师团战斗指挥所亦于15日进入桥头街。

就这样，讨伐作战开始不数日后，敌之重要据点桥头街一带，即陷入我手。[6]

如前所述，"县政府与36师司令部于12日黄昏离开界头东移"；36师师长李志鹏撤过江东的具体时间，未见我方记录。基于对捕获我军首脑未果之憾，日军战史中甚至悻悻然以嘲讽的笔调予以记述：

敌第36师师长14日曾扬言"余在桥头街，巍然不动"（通过截获电报解译），我各讨伐队遂为了捕获敌师长而活跃起来。但于当日晚间，该师长又发出电报："余已安抵栗柴坝渡。"栗柴坝渡是桥头街东北方的渡河点，对其逃跑之快殊为惊讶。[7]

第36师指挥部率先脱敌东移，对日军而言，此战最后的战果即取决于能否成功围歼尚滞留在怒江西岸的我第106、108团。

据日军战史："固东街及瓦甸附近各约一个团的敌人主力也于14日开始退却，但由于我挺进队的突进，冷水沟的山峰已被我控制，不得已而分散为小股，沿龙川江及明光河河谷北上，经大竹坝向片

---

[5] 据载，日军113联队第1中队配属146联队作战，并担任尖兵中队。其第4小队16日在马面关遭遇我军小股部队并予伏击，我损失六七名。《ビルマに云南埋もれた战史——镇安街守备队》，第141页。石江辉译文。

[6] 中华民国史资料丛稿译稿《缅甸作战（下）》，第3—4页。

[7] 同上书，第4页。

马方面逃走。松山师团长为了与由片马方面南下中的第18师团丸山部队（丸山房安大佐指挥的联合部队）的主力相呼应，命其一部（今冈联队的第1大队）经空查河向大竹坝追击；同时将扫荡的重点指向明光河及龙川江两河谷的残敌，并计划急袭可能尚在栗柴坝渡附近的敌师部。"[8]

在日军此后的搜剿战中，我第108团首先遭到重创：

根据得到的情报获悉，敌第108团团长（宋绍椒）17日企图由空查河南方越过高黎贡向六库渡方面逃脱，立即命令正向该方面追击中的上述（第146联队）第1大队，扫荡空查河及其南方地区；并命令将明光河及龙川江两河谷扫荡队的重点，更向北方移动。结果，于19日在空查河南方捕捉到隶属于第108团的约650名敌军，给予歼灭性的打击。敌遗弃尸体一百数十具。[9]

——在写作本书期间，一位远征军老兵后人在笔者的微博上留言，请我帮助查询其祖父、第36师营长杨运洪牺牲的详情。笔者首先在《第20集团军腾冲抗日阵亡官佐名录》中看到，第36师阵亡官佐列在第一位的，即为杨运洪中校。[10]此后几经检索，获得有关他牺牲情况的零星记录，最后确认日军"捕捉"并予以"歼灭性打击"的第108团650人，即108团团部及杨运洪第2营；杨运洪是在指挥本营掩护团部突围的战斗中英勇牺牲的。

据黄埔军校网上的一篇文章：

10月×日中午，杨运洪所在的×营和108团部，在一个小山上午餐，被敌人包围。日军炮火异常猛烈，我官兵伤亡甚众，只好将兵力分散突围，杨所在营随团部行动。且战且退，撤至腾冲界头乡大塘村时，不期又与大队日军遭遇，双方发生激战，营、团指挥部都被困在山腰。时近日落，为掩护团部突围，杨毅然率该营余部

---

[8] 中华民国史资料丛稿译稿《缅甸作战（下）》，第4页。
[9] 同上书，第4页。
[10] 据该资料记，杨运洪中校为广东平远人，中校军衔可能为牺牲后追晋。

冲向山下，与敌人血战至深夜。最后和全营官兵一起壮烈牺牲，以身殉国，杨年仅28岁。[11]

杨运洪牺牲地界头乡大塘村，即在日军战史所记"空查河（即空树河）南方"。另有史料提及，杨运洪是在战斗中因重伤昏迷被俘，"惨遭敌人用汽油活活烧死，壮烈殉国"。[12]

随后，日军展开了对第106团和36师副师长、游击总指挥朱振华的追剿：

> 在固东街周围的敌第106团，最初曾企图向北方逃脱，但由于惧怕我军的包围而退向固东街东方山中。师团长得悉敌企图向东方逃脱，立即命令师团预备队的一个大队（今冈联队的第2大队）的主力，控制大塘子以北高黎贡山里的各条小路，同时与占领冷水沟、大塘子各鞍部的部队一起，切断敌之各条退路。此外，师团长还命令龙川江河谷扫荡队占领桥头街以北的各条小路。
>
> 在切断估计可能脱逃的道路之后，自10月23日开始，即将重点置于扫灭敌第106团，命令各扫荡队反复扫荡明光、桥头街周围地区。结果，使分散彷徨中的敌第106团的部队，被各个击破，最后几乎全部溃灭。
>
> 这次扫荡本来计划一周的时间，但10月25日根据军的命令中止，继续加强腾北地区的防卫态势和进行作战道路的整备。
>
> 在此之前，敌第36师副师长朱振华（游击总指挥）已逃避到固东街西北的毛竹冲附近。虽对其今后将企图从我包围网中向何方向逃脱尚难预测，但根据后来的情报得知，朱振华于10月25日前后，南下到古永街东方8公里的东山附近，继而从该地再向南方或西南方潜行，以后沿龙陵以南通过，正在准备于打黑渡（平戛方面的渡河点）附近横渡怒江。
>
> 据此，师团长为了以当时正在经古永街前出盏西的铃木讨伐队（队长铃木重直少佐——第18师团的山炮兵第2大队、步兵一个中

---

〔11〕黄埔军校网 http://www.hoplite.cn/templates/hpshshzt0080.html。

〔12〕马秉坤：《谢晋生将军在片马地区抗日始末》。据《泸水文史资料选》第二辑，第4页。

队基干）与腾越警备队相呼应捕捉该敌，并阻止向西南方漏网逃脱的敌军，命当时位于芒市的步兵第113联队长松井秀治大佐（在师团战斗指挥所推进期间，指挥龙陵守备队的主力，担当芒市的守备）采取必要的警戒部署。但上述铃木讨伐队，自10月30日至11月1日期间，在盏西东北方山中，搜捕到朱振华的部队。朱振华只身逃向北方，我讨伐队击溃其一部，予以重大打击。

至此，第56师团在予敌第36师以重大打击后，彻底肃清怒江西岸。[13]

关于36师残部突围，当地史料的记述为：该部于滇滩河上游姊妹山附近化整为零，潜伏深山。粮食给养依靠民众越过敌军之包围封锁线，经过险峻之小道前往接济。敌军虽尽力搜索十日，因群众向我通风报信，无法寻得踪迹。后经熟悉山路的第四区督导员王大纲及凤瑞乡长吉济美为向导，昼停夜行，由马面关南之严家山崎岖小道越过高黎贡山，经大塘子以北渡江，我军主力乃得安全脱险，"所受损失不大"。[14] 这显然有些因不了解军情而轻描淡写了。但文中提及的"严家山小道"，正是反攻后593团主力另辟蹊径翻越高黎贡山攻占桥头的路线——此为后话。

在腾北日军搜剿36师的同时，位于缅甸北部杰沙地区的第18师团步兵第55联队第1大队基干（大队长长野重身少佐），于10月上旬由该地出发，以后作为长野挺进队，经密支那、片马长驱转进六库渡附近，追击我谢晋生游击纵队。10月末前后，又沿怒江西岸南下，在勐古渡附近"扫荡"约300名我军溃部。

第56师团主力继对腾北我军"讨伐"后，随后又对平戛方面我军进行"扫荡"……

日军战史载：至11月末，在前述作战中予我第36师以"毁灭性打击"，共歼灭我军约1200人；已方仅战死12名，战伤39名。[15]

---

〔13〕中华民国史资料丛稿译稿《缅甸作战（下）》，第4—5页。
〔14〕尹明德：《滇西军民抗战概况》。据《腾冲文史资料选集》第一辑抗日战争专辑，第55页。
〔15〕中华民国史资料丛稿译稿《缅甸作战（下）》，第7页。

日军"甲号讨伐"对我造成损失状况，我方史料说法不一，但多为缺乏数字支持的泛泛而论，有不少明显是维护面子而罔顾实情。

据台湾陆军中校、原36师排长程先华回忆，直到10月下旬，他还奉命渡江"收容突散官兵"，但却与仍在搜剿的日军发生遭遇战，最终未能完成收容任务而返回东岸。[16]前述"第三路游击队"电台机务员邓常贵，在日军最后的搜剿中不幸被俘。也许，只有遭罹此劫的亲历者，才能真切地传达出关于损失的痛楚：

> 1943年10月，敌寇增加兵力，分五路围攻36师防地；还有龙陵的一部分日寇，由怒江边进攻36师后方。该师指挥失误，经过激战，抵挡不住，节节败退，所有根据地，几乎全部放弃。师长李志鹏和师部一部分人员慌忙退过怒江，指挥常驻怒江东岸的一团人抵抗，才使日寇未能冲破天险。但该师在怒江西岸的两团（106、108团）人，后路已被切断，被日寇包围。
>
> 我和彭西贤携带电台机器，化装成老百姓，随同群众疏散到高黎贡山，在森林中隐蔽。这里散兵很少，只有我们15个人，和群众关系比较好，比较安全。原想又去找自己的部队，不料在我们隐蔽的十几天中，敌兵日增，桥头街、界头街、瓦甸街和马面关一带，直到怒江边，都驻满了敌人。36师的部队不知退往何地，联络断绝，情况不明，一筹莫展，万分焦急。老百姓陆续回家，我们也就跟着他们下山，住在山边何家，把机器埋在何家后院。我们的15个兵分散在各家，替他们割谷子、放牛，只吃饭，不要工钱。
>
> 经过当地农民介绍，我们恳求从保山偷渡过来贩盐的小贩，想办法把我们带过江。正准备夜间偷渡，突然碰上敌人，我们被俘，由3个汉奸押着关进民房。我们被押解到桥头街一个寨子，关在牛圈里，3天后被送进俘房集中营。俘房共300余人，由7个日本人监管。有一个被俘的36师上尉副连长，湖南人，日本人叫他管理我们。我们替日寇做苦工，挖路、挖洞、抬石头、抬木料、筑工事、盖房子。
>
> 阴历腊月初三（查公历为12月29日），日本人把200多个俘房调

---

[16]《戎马关山话当年——陆军第五十四军史略》，第425页。

出去，集中营只剩下七八十个人。当天晚上，用10辆汽车把我们连夜运到腾冲县城，安顿在伪县政府（南门外西街原济善局）里。第二天，伪县长钟镜秋召集我们，对我们讲话，叫我们安心住下，不要乱想。他是龙陵人，原为龙陵汽车站站长，[17]腾龙沦陷后卖国投敌。伪县政府隔壁就是日军行政班，本部长叫田岛，后又换荻岛[18]负责。伪公安局长是王天贵，原是老局长，沦陷后投敌。伪县政府设有自卫队，队长姓陈，湖南人，原系预2师的上尉副官，一年前当了俘虏，被派充任伪县政府的自卫队长。我们俘虏兵，被编为两个队，一队是自卫队，把原来本地人的自卫队解散回家，由俘虏兵接替；另一队是公安队。

俘虏中有一个姓张的上尉军医。据他说，36师被包围时，团、营长都化装偷渡怒江跑了，丢下的下级官兵失去战斗力，在山上不能过江的，把武器埋掉，埋在明光和鸦乌山（今凤凰山）一带的最多。有的被俘后说出武器所在地，日军还给点钱。在腾冲一带的两团人，大部分被日军解决；有的躲在森林里，始终未被日军发现。后来驻保山的71军军部派人过江收容，也找回去不少人。有些伤病兵，躲在农民家里，得到农民的同情和保护，保住了性命。[19]

此时，张问德率县府先驻保山，不久又携家小与费云章、吴宝泉、熊文定等五六人转到大理。11月中旬，美英盟国记者函请张问德赴保山接受采访，并拍摄新闻纪录电影。[20]接到71军及保山专员公署通知后，张问德即登程前往。乘马到瓦窑公路时，因汽车通过，骑马惊慌乱奔，将张县长甩跌车下，头擦车轮，险被碾伤。扶起来时，老人鼻口流血，右手肘关节脱臼，肘骨突出。在保山就医后，终未痊愈，肘骨变形，后成为终身残疾。[21]

---

[17] 有误，实际为龙陵警察局长。
[18] 据《第五十六师团将校职员表》，应为第148联队第2大队荻岛达太郎大尉，推测为行政班与宪兵队冲突事件后，田岛调离由荻岛接任。
[19] 邓常贵：《腾冲沦陷见闻》。据《云南文史资料选辑》第27辑，第147页。
[20] 《腾冲县长张问德协助国军反攻事实清表》。据《保山地区史志文辑》抗日战争专辑之四，第378页。
[21] 熊文定：《抗战时期的县长张问德》。据《腾冲文史资料选集》第一辑抗日战争专辑，第153页。

第10章　全域沦陷后的腾冲敌情

（参阅附图 34）

腾北沦陷后，日军即对沦陷区加强控制和压迫。日军行政班本部长田岛、伪县长钟镜秋、汉奸杨吉品等，到腾北各地成立伪乡镇公所，分别受桥头、瓦甸、江苴、固东各地敌行政班之指导、监督；各伪乡镇公所主要事务为征集马夫、搜寻副食、屯集食粮。

前述由汉奸杨吉品组织、归敌宪兵队指挥的第一便衣队，此时以伪维新社名义出现。同时，各乡镇在敌压迫及在杨吉品号召之下，均成立伪维新分社，以工作队之名义活动，受各地日军行政班监督指导。敌搜寻我方便衣与官兵时，特别注意其潜藏地点，借机百端索诈潜藏地点附近百姓。加之部分被俘官兵因生活困难而投敌伪，又带敌前往搜寻，因此对民众造成的痛苦与损害难以估计。

此时，在腾南留置的部分游击组织，因36师撤离而失去指挥约束，变得鱼龙混杂，流寇作风蔓延。萧光品游击队，本属"龙潞区游击司令部"[1]副司令常绍群部，此时常出没梁河及腾南河西、清水、蒲川、新华各乡镇，到处派夫、派壮丁、派马、派米、派款，若有不遂，即任意杀戮。梁河地境，还有原设治局股长杨育榜领导的一支游击力量。南甸土司龚统政投敌后，对杨视如眼中钉；而萧光品亦因杨部之存在对彼不利，遂联络土司龚统政，利用敌伪驱除杨育榜。

在腾北，尚存胡国本[2]领导的一支游击小队，有李俊、李泉、

---

[1]　即前述龙潞游击支队。
[2]　据592团团长陶达纲在回忆录中提及，胡国本曾在54军补充第2团任上尉副官，后来离队参加腾冲游击。我军反攻腾冲后期，胡国本率300余名游击队员来198师师部接洽，被编为592团第1营，胡国本任营长，率部参加了腾冲巷战。

汪继海等二十余人，从事伏击、袭扰、锄奸、侦察等活动。该部原系预2师换防离腾前留下的游击组织，曾隶属游击第三路黄福臣部，带有电台一部。当腾北撤守后，曾受腾北瑞滇乡民众救护，逐渐扩展。一次，该队队员汪继海在瑞滇侦察敌情时，被敌俘获，瑞滇河西乡农民李国文站出来指认汪为其亲儿子，李老的儿媳认汪为丈夫，孙儿也跟着叫汪"爸爸"，在一家老小三代冒认下，将汪解救出来。[3]

见萧光品、胡国本两部，以搜枪、筹饷、清除汉奸等名义向民众征募财物，颇为成功。一般奸伪宵小乃群起效尤，一时间各类名义的"游击司令"、"便衣队"迭出，以清除汉奸为借口，排除异己，搜刮财货。1944年初的一个深夜，和顺老乡长李德颖因维护乡民利益，在冒牌"便衣队"多次勒索乡人钱财后，因不堪忍受而拒绝再交被勒索款时，被枪杀在家里。李乡长死后，乡人推举从缅甸逃难归来的老华侨寸金奎继任乡长。一汉奸来又到乡公所威胁勒索，吓得老人将手上镶翡翠的金戒指褪下来给予，才算了事。不久寸乡长也因受惊吓而死。冒牌"便衣队"活动最凶者莫过于打着"长官部高参"旗号的张维，时时以"手枪放在乡公所丢失"、"手下弟兄在和顺乡失踪"等理由讹诈，仅其勒索和顺乡的款额就在几百万（当时币值）以上。[4]据张问德报告，张维在我反攻前枪杀民众22人，奸淫妇女无数，掠索财物近2000万。[5]我军反攻后捕获张维，7月被第20集团军总司令霍揆彰下令枪决于草坝街。此为后话。

如前所述，在1943年10月之前，日军因在腾冲驻军仅第148联队及第56步兵团司令部，兵力不足。每次"讨伐"行动前，必由龙陵、畹町及缅北腊戍调集力量，以多路分进合击战术，对我军包

---

[3] 葛自诚：《胡国本和他的游击小队》。据《腾冲文史资料选集》第一辑抗日战争专辑，第97页。
[4] 尹文和：《少年遭国难》。据《腾冲文史资料选集》第一辑抗日战争专辑，第234页。
[5] 张问德：《腾冲县政府反攻前后各种情形报告书》。据《保山地区史志文辑》抗日战争专辑之四，第294页。

围攻击,突破我防御要点阵地后,即实行扫荡追击。战后,各部队即返原防,从未有久留不返超过三四十日者。[6]

此期间,随着我游击活动消长,日军在腾冲的防御经历了如下变化:

城区防御阶段:城池沦陷后,半年中,敌人实力单薄,防御仅及城区之各街口、四城门及观音塘、老草坡、松园、叠水河及飞凤山,腾龙路之桥头街、黄泥坎、勐连一带。

四郊防御阶段:城陷半年后,敌军防御逐渐推至云华乡之哨坡及向阳桥外之白家河、深沟,扼我四、五两区之门户。

经过"甲号讨伐"作战,日军彻底摧毁我军经过多次艰苦战斗建立起来的腾北根据地,将游击主力36师和抗日县政府逐过江东。此后,为应对我即将到来的反攻,日军将防线推至高黎贡山各隘口,进入雪山防御阶段:

在高黎贡山东麓,凡有小径可通怒江处,日军均派兵三五十名至七八十名不等筑防坚守,居高临下,与我江防部队凭江对峙。同时,积极改善高黎贡山西麓道路、构筑工事、囤积物资,作为后方据点和补给基地。

因防线前推,腾冲近城区域日军防御稍弛,对民众往来减少了盘查。城区部队亦相应减少,仅在四郊派民夫守夜,并每保起壮丁6名守望,以防我游击。又每乡调壮丁30名为自卫队,以防我军活动。[7]

对于日军以逐步升级、愈演愈烈的"讨伐"作战,终于控制我腾东北及高黎贡山,张问德在1943年度工作报告记述:"尔时,滇西在战略形势上仅有腾北一隅可为将来反攻时之立足点,敌于此亦能深切了解,故对腾北我军迭次扫荡。近以我反攻呼声日高,遂于本年10月之初实行占领,以凭怒江及高黎贡山之天险阻止我军之反攻。"对此,张问德以遗憾的心情进行归因并予以批评,"我方战略

---

[6] 李嘉祜:《腾冲敌情报告书》之"敌人之军事"部分。据《日军侵华罪行实录——云南部分》,第453页。

[7] 同上书,第454页。

上,未能重视腾北在反攻中所处之地位,实为失着。"[8]

的确,在某种意义上说,是由于我军对腾北战略地位重视不够,游击力量和根据地建设绩效不佳,才使日军防线逐步推广至腾冲全域;尤其是在高黎贡山设防后,对我后来的反攻造成巨大损害和迟滞。假设我军反攻时,腾北仍保有担负游击的36师主力,并继续占据高黎贡山南、北斋公房要隘,则情形肯定大不一样。

但同样可以想见的是,我军根据地建设和游击战愈活跃,日军反弹也愈强烈。可以比较的是,在华北敌后战场冀中,亦曾有1942年冈村宁次策划的"五一"大扫荡,以集结重兵的"牛刀子战术"实施"铁壁合围",最后导致八路军基本退出冀中根据地转至晋西北。为反攻计,在腾冲沦陷两年内,应如何掌握敌后活动尺度,恐怕是一个难以作出预先评估的事。似不能认为,因为游击战导致怒江以东根据地丧失,即说不该搞游击——它对沦陷区人心的影响及军事情报收获,应予肯定;游击战绩效可以具体总结得失,但也不能认为通过努力就必定能在腾北立足,必须要考虑到敌方力量这一因素,而不能做一厢情愿的事后评判。

表1 腾冲游击战时期敌我力量对比

		我 军		日 军	
		部队	指挥官	部队	指挥官
腾冲沦陷初期	主力	预2师师部	顾葆裕(长) 洪 行(副) 彭 劢(参)	56师团司令部 56步兵团司令部	渡边正夫(长) 藤原 武(参) 坂口静夫(长)
		预2师第5团	杨文榜	56师团146联队	今冈宗四郎
		预2师第6团	辛 伦	56师团148联队	松本喜六
		护路营 (含县自卫队)	李崇善		

---

[8] 张问德:《腾冲县政府民国三十二年度工作报告书》。据《保山地区史志文辑》抗日战争专辑之三,第315页。

续表

		我　军		日　军	
		部队	指挥官	部队	指挥官
1942年9月扫荡（イ号讨伐）	主力	预2师师部	顾葆裕 洪　行 彭　劢	56师团司令部 56步兵团司令部	渡边正夫 黑川邦辅 坂口静夫
		预2师第4团	吴心庄	56师团146联队	今冈宗四郎
		预2师第5团	杨文榜	56师团148联队	松本喜六
		预2师第6团	李伯人	56师团113联队第2大队	原田万太郎
		36师游击营	张锦昆		
		88师游击营	龚书元		
		88师262团段营	段　生		
		新28师×团	李白澄		
		71军骑兵团	杨××		
	游击队	滇西边区自卫军	洪　行（兼）		
		第一路军司令部（盈江）	刀保图		
		第二路军司令部（梁河）（含陇川第二支队）	龚　绶 多永清		
		第三路军司令部（梁河）	赵宝贤		
		莲山独立支队（盏达）	明增慧		
1943年2—5月扫荡（第二、三期肃正讨伐）	主力	预2师师部	顾葆裕 洪　行 彭　劢	56师团司令部 56步兵团司令部	松山祐三 黑川邦辅 坂口静夫
		预2师第4团	吴心庄	56师团146联队	今冈宗四郎
		预2师第5团	杨文榜	56师团148联队	松本喜六
		预2师第6团	李伯人	56师团113联队第3大队	萩尾　勇
		88师264团第1营			
		36师主力（5月接防）	李志鹏（长）		

续表

		我 军		日 军	
		部队	指挥官	部队	指挥官
1943年2—5月扫荡（第二、三期肃正讨伐）	游击队	腾龙边区自卫军（昔马）	朱振华（兼）		
		第一路军司令部（盈江）	刀保图		
		第二路军司令部（神户关）	刘绍汤		
		第三路军司令部（盏西）	黄福臣		
		陇川游击支队（陇川）	多永清		
1943年10月扫荡（甲号讨伐）	主力	36师师部	李志鹏（长）朱振华（副）胡翼烜（参）	56师团司令部 56步兵团司令部	松山祐三 川道富士雄 水上源藏
		36师第106团	谷 宾	56师团146联队	今冈宗四郎
		36师第108团	宋绍椒	56师团148联队	藏重康美
		36师第107团	麦劲东	56师团113联队第1大队	绀野 恣
	游击队	腾龙边区自卫军（昔马）	朱振华（兼）	18师团114联队主力	丸山房安
		第一路军司令部（盈江）	刀保图	18师团55联队第1大队	长野重身
		第二路军司令部（神户关）	刘绍汤	18师团55联队第2大队	室 积忠
		腾南游击支队（陇川）	李照辉[9]	18师团56联队第1大队	池岛俊一
		陇川游击支队（陇川）	多永清	山炮兵18联队第2大队	铃木重直

---

〔9〕李照辉部原为军委会系统的便衣侦察队，1943年9月经第11集团军总司令部批准改组为游击支队。根据地陇川，活动区域陇川下游一带，人员696人，步枪20支，马8匹。主要与多永清部配合作战。据1944年5月17日卫立煌致龙云电，《德宏史志资料》第八集，第31页。

超链接3：腾冲游击时期的情报战

在腾冲游击时期，情报活动始终是一项重要任务，无论对于游击力量的生存壮大，还是为未来反攻作战未雨绸缪，都至为关键。

两年间，腾冲抗日政府组织设置的情报网，大概分三期：

在1942年"九一八"之役以前，日军的交通线路仅有腾龙公路一条，在腾据点仅有腾冲与勐连两地，故我军对于敌行动、工事、仓库及沦陷区设施等方面的情报搜集均较容易。我军地合作所建立起来的情报网，系以朝阳寺、芒东、勐柳三地为基点，情报收集所也设在该地，以无线电与界头联络，各乡镇保公所则为情报组。

"九一八"之役以后，对打苴山、绿葱山、打鹰山之线，我军无力驻守，退守曲石江、碗窑大河之线，同时芒东我游击据点亦失，情报收集所改设在灰窑、固东、后头田及大寨。

2012年12月，腾冲小西乡大宽邑村明姓人家拆旧房时，在墙缝中发现了几份战时小西乡便衣队长明耀国与小西乡乡长龚天元的往来密函。其中，龚天元于1942年9月下旬致明耀国的一封回函，颇有可琢磨之处。谨抄录如下：

径启者：案查奉第二联乡办事处通知，转奉洪副师（长）令速将情报所、通讯网成立完善，随时查探勐连各方情况，具报勿违，等因；奉此，遵查情报一项，非随时有人密探，不能明晰。敝所事务冗繁，办事人员无多，不敷分配。本所与贵队同属一气，且便衣队员负有此项任务。相应函请查照，烦为克日成立，并希督饬各队员，随时探查，按日具保径呈，以资消息灵通。至纫公谊！

此致

小西乡便衣队队长明（耀国）

乡长龚天华[10]

---

[10] 云南网文章《腾冲老房子拆出70年前抗日便衣队名单》。http://big5.yunnan.cn/2008page/society/html/2012-12/20/content_2542493.htm。

小西乡位于腾冲县城北，距离城北门直线距离仅2.2公里，在敌占区腹地。大概是处在日军眼皮子底下，该乡乡长龚天华对于配合便衣队侦探情报颇有顾虑，于是以乡公所人手紧张为由来推脱任务、搪塞便衣队。可见，此期间由地方组织情报侦探亦颇为不易。

1943年"二一四"之役以后，腾南莲山沦陷，原在大寨之情报收集所改设于神户关附近。

各乡镇保公所的情报组为坐探性质，派遣侦探搜集敌情，则由各情报搜集所实施。然在"九一八"之役以后，因杨吉品便衣队逐渐猖獗，对我便衣活动妨碍甚大。因敌便衣队原由秘密社会组织帮会脱胎，后来我方也利用一些旧帮会成员打入敌伪，断绝其横向联系，在情报搜集方面为一独立系统，收效亦大。[11]

在腾冲当地史料和民间传说中，曾任伪维持会副会长的东方医院医生张德辉，以"双面人"身份在敌我两方周旋，为我情报工作助力很大。在关于其人身世、性格、作为的撰述资料中，显示出极为复杂的色彩。

据载，1942年腾冲沦陷时，张德辉47岁，为和顺乡张家坡人。1911年，16岁的张德辉考入李根源创办的大理模范中学。两年后，被选送云南省立第一中学留日预备班。1913年底，张德辉东渡日本，于次年考入长崎医学专科学校，专习妇产科，于1920年获医学士学位。为校长山田其先生所器重，受聘为该校附属医院外科、产妇人科副手（助教）。1922年，张德辉取得日本内务省卫生局医师允许证。1923年张德辉回国，于次年在上海与张云和女士结婚，主婚人为李根源。张云和祖籍浙江奉化，出生于日本，为父籍中国、母籍日本的混血儿。曾就读于日本长崎产妇学校、长崎看护学校，在长崎医大妇人科实习一年，与张德辉相识。1926年12月，张德辉夫妇回到腾冲，自办东方医院，以西医医术治疗疫病，开办医护培训班。张德辉以擅长妇科、小儿科，在腾冲颇有影响。

---

[11] 张问德：《腾冲县政府民国三十二年度工作报告书》。据《保山地区史志文辑》抗日战争专辑之三，第303页。

日军侵入腾冲前夕，张德辉因夫人张云和怀孕行动不便，而难以决心出逃。在无奈之际，曾征求同乡兼同窗好友、和顺群益中学校长寸树声的意见。

寸树声时年46岁，也曾于1918年赴日留学，在九州帝国大学法文学部学习。1931年"九一八"事变后，寸树声愤然回国，任北平大学法商学院教授。"七七"事变后，又逃离北平赴兰州，任西北联大商学系主任。1940年1月回乡，创办群益中学并任校长。1942年5月8日，在日军入腾前两天，寸树声在和顺中学礼堂集合学生上了最后一课，于9日上午携亲友十余人翻越高黎贡山逃至保山。

对这段悲怆的经历，寸树声于次年曾写下堪比都德《最后一课》的散文名篇《沦陷前夕》。文中讲述，出逃前，老母亲因为他昔日曾经离家21载，哭泣着不让他再次出走。寸树声含泪对母亲说："北平沦陷后，母亲不是曾经焦心怕我做了羞辱祖宗的人吗？我曾留日多年，留在家乡，狠毒的敌人会拿全家的生命来逼迫我的。出走已经是不争气了，难道母亲愿意看到我做比出走还不争气的事吗"白发衰弱的老母，只好擦着眼泪同意了儿子的决定。[12]

寸树声所以忍痛丢下自己的学生出走，主要是顾虑自己的留日背景，而这一点日本方面的情报向来掌握确实，一旦留下，日军必定千方百计搜捕而强逼为其所用。自己的出逃已经如此难以决断，面对好友张德辉更为具体的困难，只能劝他留下相机行事、好自为之。

关于张德辉此期间更为正面的记述则是：他是奉命留下的，干脆就是我方安排的"卧底"。据孟继良文章《张德辉卧底抗日救和顺》记述："李根源得知张德辉留在腾冲，寄来密函，要他设法留在城中，抢救腾商的数万担花纱。抗日县长张问德也随后来函，要他留在城中，凭借自己的关系，伺机搜取日军情报，送给油灯庄的余之非，然后由余转交给抗日政府。收到两位前辈的密函后，张德辉终于决定留下，伺机暗中做抗日工作。"[13]

因为此记述并未引述佐证材料，笔者是心存怀疑的。从张问德

---

[12] 寸树声：《沦陷前夕》。据《腾冲文史资料选集》第一辑抗日战争专辑，第66页。
[13] 孟继良：《张德辉卧底抗日救和顺》，载2008年10月9日《生活新报》。

1943年底呈报保山专员公署的工作报告中看，他仍将张德辉划入日军合作者之列。报告中谈及杨吉品之恶行时，曾有如此连带性记述："我军之便衣及地方有志青年，牺牲于杨之手者，不知凡几；由其穷凶极恶之结果，逐渐有代替李曰琪、李家昌、张德辉之势"，可见此时张德辉仍属形象不佳。

据张问德报告，张德辉出任伪维持会副会长，系日军第146联队长今冈宗四郎大佐出面，以张昔日在日本长崎留学时之同学关系强迫。且第146联队系组建于长崎县大村市的"乡土部队"，故基于对张德辉影响力和可利用价值的重视，不断以"同乡"、"日本女婿"甚至称其夫妇为"姑姑"、"姑父"等来笼络强逼。总之，张德辉最终被迫同意出任伪职，同时，也在暗中为我方做事。据战时曾为远征军长官部谍报队所发展的腾冲士绅、商人谍报组成员的黄槐荣撰文说，张德辉平日以留日医生身份，对日军表面上虚与应付，暗中则将探到的重要军情写好，交给族弟张德定缝在鞋底内，送交和顺乡乡长李德颖转送国军。[14]

如前所述，和顺乡长李德颖于1944年初因拒绝冒牌"便衣队"勒索被杀害，那么这应该是之前的事。腾冲游击战时期，预2师第6团第1营迫击炮排排长曾新祥在侦察来凤山敌情时，曾见过张德辉一次，并留下关于其印象的口述。这应该是1943年5月之前的事：

我本人奉命随我团副团长带领一个特务排，先赴腾冲城西南面的来凤山侦察地形和敌情。第6团多系北方人，惟我是滇西蒙化（今巍山）人，在打探敌情上语言方便，故抽调随同。

我们侦察地形之后，留下特务排警戒，我和特务排排长李凤廷及一个班，随我们副团长前往来凤山脚的太子庙村里找保长了解情况，碰巧遇到腾冲县的维持会（副）会长张德辉，他也来该村活动。

---

[14] 该商人谍报组成员为李生华、刘振武、李子荣、黄槐荣、段曰良、尹希才、杨维汉、杨大洪、杨维山等9人。据黄槐荣：《腾冲的全民抗战》，载《腾冲文史资料选集》第一辑抗日战争专辑，第195页。

保长把这新情况，报告了我们副团长，副团长指示李凤廷和我要注意监视张德辉的行动，同时命保长去通知张来见面。

不一会儿，那姓张的果然来了，只他单身前来，未带侍卫人员，看上去文质彬彬，已70岁左右的人了。他见到我们副团长后，神情自若，没有恐惧的情绪，经那保长介绍后，便开始谈了。我记得他对我们副团长说："我是这里的维持会会长，虽名会长，也算是汉奸了吧。敌人快到腾冲前，我本想疏散去昆明，但因为我留学过日本，地方上的民众认为我会讲日语，又懂得日本人的生活习惯，要我对地方上做好事。为了不辜负乡亲们的希望，我明知这是汉奸行径，但仍留下来充当了这种见不得人的职务，有负于我爱国的初衷，出于无奈；我不会做对地方群众昧良心的事，这点要求长官谅解。"我们副团长听他谈了这番话后，也未训斥他，便问他日军守城部队的兵力部署情况，他当即做了恳切的回答，如敌人的指挥部设在什么地方，炮兵有多少，所设炮兵阵地、重要据点等兵力部署情形，详细讲述。讲完后仍让他回城去了。[15]

战后日本方面的撰述，基本认定张德辉为远征军的情报人员。据《福冈联队史》记述：当时日军军官经常到张家做客，张德辉有时故意谈及在日本的经历与日军套近乎，当日军放松警惕时即将话题绕到何时"讨伐"之类的话题。有一次，日军发现他家里有陌生青年似乎在偷听。虽然张德辉解释是亲戚的儿子来家做客，但后来日军宪兵队捕获了这个青年，经刑讯后供认是远征军谍报队员，并指认张也是远征军内线。宪兵队立即包围了张宅，却发现他和妻子已经逃走。[16]另据预2师第4团第2营营长骆鹏回忆：1943年8月中旬，他曾奉命率部从和顺将张德辉带至保山。为避免日军怀疑其自动归降，当时双方暗中协商以"武力胁迫"方式，由骆营在上庄

---

[15] 曾新祥（曾富昌）：《收复腾冲抗战的片断回忆》。据《巍山文史资料》第四辑，第31页。另，张德辉时年五旬，若曾新祥记为七旬属实，此人也可能是正维持会会长李曰琪，因李也曾留学日本。留存备考。

[16] [日]杉江勇：《福冈联队史》，第233页。张凌志、郭长明译文。

发射数枚迫击炮弹，而后张德辉出村随同出走。[17]

如果张德辉系暴露身份后紧急出逃，似乎并不需要顾忌在日军中的形象而采用"武力胁迫"方式。由此判断，日本方面的记述可能也有事后推测的色彩，不一定准确可靠。

据腾冲抗日县政府建设科长陈绍凯撰述，县长张问德曾与张德辉谋面，但已经是我反攻开始、即将攻城作战前夕了：

> 他（张德辉）是我读中学时代的老师。地方沦陷后，他即供日寇利用，当日寇翻译，并同日寇到过碗窑一次。至于日寇到过界头几次，则没听说他同去过。那时，我和别人都恨他当汉奸。
>
> 到县政府进驻大罗邑坪时（查为1944年8月1日），张德辉曾去会见了张问德一次，费云章也在场。他主要是说明他当汉奸供日寇利用是被迫，并且还在暗中救了些什么人，做过些什么好事。张问德和费云章也就同情他，并未追究过他一句什么话。[18]

很可能，就是此次见面后，张问德改变了对张德辉的看法。

作为"双面人"的张德辉，显然曾在与我方的接触中极力剖明心迹，以改变人们的印象。但可以想见的是，一般民众仍然对其不知底细。腾冲收复后，有人曾提请对其予以逮捕法办。但对张德辉已改变印象的张问德，未将其列入惩办汉奸之列，而又坚决主张杀掉伪县长钟镜秋。钟因在我军反攻后"投诚反正"有"立功"表现，且以两年来聚敛的资财在暗中上下打点贿赂，第20集团军总部有人出面为其说情，并将钟镜秋与张德辉做比较，表示两人都曾为日本人做事，要杀两人均该杀。

此时，龙云临时任命张问德为军事委员会昆明行营同少将衔军法官，主持审理惩办汉奸事务。在张问德极力坚持下，伪县长钟镜秋、伪商工会长李家昌、伪维新社长杨吉品等首恶汉奸得诛，张德

---

[17] 骆鹏：《八年对日抗战：我与云南省腾冲县和顺乡及其图书馆的关系》。http://blog.sina.com.cn/s/blog_4d361ba40100f7m0.html。

[18] 陈绍凯：《腾冲抗日县政府的情况》。据《保山地区史志文辑》抗日战争专辑之一，第348页。

辉得以幸免。在腾冲战事后期，张曾为体恤民众疾苦而拒绝军方要求派夫从蒲缥搬运军粮，此时又在审处汉奸问题上与军方抵触，令第20集团军总司令霍揆彰怫然不悦。颇感心寒的张问德遂向云南省政府电请辞职，归隐乡里。

在地方史料记述中，还屡屡提及一个绰号"草上飞"的传奇人物。

据载，其人名张辅廷，原籍四川，是清末民初保山县玉麟班滇剧团武生。他技艺精湛，武功过硬，更擅长轻功，遂有"草上飞"之名。1942年日军轰炸保山，戏院遭毁，戏班解散，张辅廷颠沛流离。此后，张辅廷主动与71军军部联系，愿为抗战效力。军长钟彬允诺，派其到驻防怒江东岸的第88师充任特种谍报员。1943年夏，张辅廷以民夫身份混进怒江坝新城土司衙门的日军驻地，窃取重要文件一份。1944年反攻前夕，为了更详细准确地摸清腾冲日军布防情况，张辅廷以滇剧技巧化装成老太婆，企图从腾冲北门进城，不幸为日军识破被捕，又被汉奸指认出真实身份。日军宪兵队将其关押数日，施尽酷刑后将其刺死。就义时，张辅廷已年逾六旬。[19]

此外，腾冲县政府民政科长、国民党腾冲县党部书记长李嘉祜，于远征军反攻前20天，向保山第六区行政公署呈报了一份《腾冲敌情报告书》，较详细地反映了日军在腾冲的军事、政治等情况。[20]

两年期间，军方各系统也在腾冲派遣了大量情报组，可以检索到的重要活动记录，有以下几则：

朱宗敬，江苏淮阴人，1932年毕业于江苏省警官学校。时任第11集团军总司令部参谋处第二课参谋。1942年，被派任腾冲军事情报组组长，晋升为少校。据其撰述：

当时，我领导着一个情报小组，活动在腾冲城附近。情报组共7人，在我之外，副组长叫谢南川，海南岛人，华侨；5个组员，4个是腾冲人，这是为了便于混入腾冲城收集情报而配备的。我们这

---

[19] 王齐贤：《爱国壮士"草上飞"》。据《腾冲文史资料选集》第一辑抗日战争专辑，第211页。
[20] 《日军侵华罪行实录——云南部分》，第457页。

个情报组仅有两支短枪,我和副组长各带一支,其余都是手榴弹。我们搜集日军情报是利用本地人老乡关系,有一个叫孙正邦的,是日军宪兵队汉奸便衣队长,是腾冲人。我派腾冲籍的组员混入腾冲城,和他搭上关系,然后利用他提供日军番号、工事部署及活动等情报。当汉奸的都有一个弱点,害怕鬼子一朝失败撤走,自己难以逃脱人民的惩罚。我们利用了汉奸这个弱点,威胁孙要他给我们提供情报,并保证将来不杀他。这样,日军有增兵或调动,我们很快就从孙口里获悉。

得知情报后,立即由联络员送给电台,电台发报给驻大理的司令部。电台是交通兵团派来的,有正副台长各一人,士兵6人。电台是个旧式手摇机子,很笨重,转移时就拆开,几个人背着走。一次,日军发觉我们在高黎贡山有电台,派部队到山里搜索,当时高黎贡山都是原始森林,日军根本找不到我们电台的隐藏处。而且,日军进山搜索的消息,我们已从汉奸队长口里获悉,电台早已转移,搜索扑了空。

还有一次,大约是1943年秋末,日军进攻腾冲界头街。当时,界头街是敌后县政府和游击队队部所在地。这次日军的进攻,由于我们事先获得了情报,通知了游击队,所以,日军向界头进攻并没有得利,战斗中双方都有伤亡,日军以失败告终。[21]

——1943年秋末这次战事,当指日军"甲号讨伐"。也许该情报组获取的情报起了一定作用,但战局已如前所述,朱宗敬这一记述显然是夸大其词了。不过,其文中提到所派遣与孙正邦搭上关系的"腾冲籍组员",是笔者曾经谋面的一位老兵。

卢彩文,大理"滇西战时工作干部训练团"[22]第一期毕业,

---

[21] 朱宗敬:《忆敌后情报工作》。据《云南文史资料选辑》第39辑滇西抗战,第180页。
[22] 亦称"滇西战干团"。1942年夏,由李根源、宋希濂主持在大理创办,蒋介石、龙云兼任正副校长,李根源、宋希濂兼任正副教育长,董仲篪任学员大队长。"滇西战干团"收容滇西沦陷区青年进行培训,为反攻培养干部。共开办两期,学期为一年,第一期培训学员1800人,毕业后即分配到远征军部队任排长,或派入敌后从事情报工作。该训练团亦纳入中央军官学校体系,性质如各战区所办分校。

1943年派任第11集团军总司令部参谋处第二课中尉情报员，是朱宗敬的部下。

  我们这个组，叫做"第11集团军总司令部参谋处第二课腾东第一小组"，被派在腾冲沦陷区搞敌人的情报。当时有一个叫做孙正邦的，腾冲大董人，是日本宪兵队的便衣队长。我们通过大董的同学、亲戚跟他联系，跟他讲，现在我们要准备反攻——那时上面还没有提反攻呢，不过我们讲是要反攻——你呢，跟日本人做事，你要考虑你的出路怎么样。我们反攻以后，你的生命，你的家庭、财产，有没有什么保障？我们就联系好了，有一天我就到他家里面去了。

  对我来说，那是一次很大的冒险。为什么呢？虽然他讲过愿意帮我们的忙，但是我们毕竟还没有见过他呀，到底他的心术怎么样，晓不得啊，他是汉奸嘛。到了他家里面都是武装，日本人的武装啊。我到他家去就像是去隔壁看亲戚朋友一样，当时年纪小，只有18岁不到，17岁多一点，光着脚丫板就到他家去了，他也没盘问。到了他家以后，我们事先约定了么，话不多，因为很危险，讲了几句以后，他就把情报递给我，我就拿了。给我们的消息呢，大概是那个时候日本人进攻界头有关的一些东西，另外还有日军部队的番号、哪个地方住着多少人等情况。拿着以后，我就出来了。那天没出事。出来以后走了100多公尺，我才抹抹汗，看来是安全了。[23]

  周炎涵，原为第六战区司令长官部参谋处联络组（即情报组）第4通信队中尉队员。1943年2月，陈诚赴滇兼任远征军司令长官，周炎涵随联络组少将组长张振国到云南，筹组长官部调查室。

  当时，军委会驻滇干训团在昆明北校场筹组外语班（又名泰、越、缅语训练班，实际为谍报训练班），招收流散昆明的广东、广西及华侨青年，施以特务训练。

  我先是充任上尉副官负责采购文具用品。学员还未收齐，我就和

---

[23] CCTV-10纪录片《中国远征军》第8集。

程准、万华之、陈继裕等，及新调来外语班任分队长的中央军校毕业生李光中、马骏，接受特殊任务到昆明西站美军招待所受训。由中美双方教官讲授化装、通讯以及汤姆逊冲锋枪、四五式手枪使用等大约一周后，即匆忙编组出发。我们组由长官部参谋处中校参谋张文仲任组长，我和马骏、程准任组员，还有美军索罗夫斯基中尉、哈敦中士两人配合，到怒江上游；另一组由万华之任中校组长，陈继裕、李光中等任组员，美军韩新中尉等配合到怒江中游侦察敌情。

我们先乘小吉普车到保山，休息两天后，改乘马经漕涧等地到怒江栗柴坝渡江，到大塘子住了一夜。次日翻越高黎贡山，爬至山顶南斋公房略事休息，天黑前下山。在山下遇到36师108团团长宋绍椒派部队来接我们，到江苴休息。第二天到营上街见到宋团长，受到热情接待，休息一天，分头开始工作。

我最难忘的一件事，是我和程准、马骏三人在江苴街的一段经历。

自日寇占领腾冲县城以后，江苴街即是最接近敌占区的前沿。我们人地生疏，加上一些国军部队的胡作非为，任何地方都与当地老百姓处于对立状态。我们只能依靠乡公所搜集的一些毫无用处的所谓情报，工作很难开展，乡镇人员更是庸碌无能。为了任务，我们几次化装进敌占区的草坝街、六保街活动，仍是一无所获，对于腾冲城内的情况更是无从了解。

因时间紧迫，我们正感到走投无路、束手无策的时候，突然一个蓄着长发、身着长衫的中年男子来会我，自称是腾冲的教书先生。接谈后，他将腾冲县境的沦陷情况详细讲给我们听，并怕我记不清楚，又表示可写成书面材料交给我。果然，在第三天中午，他就将材料送来，整整地写了一本练习簿，不但有腾冲沦陷前后的详情，还有日军的部队番号、主官姓名、人数、装备乃至哨坡制高点和城内外的工事位置、强度，无不详细记述。我真是感激不尽，他却连姓名都不愿留下，走时仅说了一句"我们是中华儿女，国家兴亡，责任在吾"，态度非常平淡。这句话深深铭记在心，给我极大的鼓舞。这份材料对当时的反攻准备工作起了很大的作用。

我急忙赶回营上街团部，准备将我和程准连夜译成的密码电文发回长官部。可是已经来不及了，日军分兵三路切断怒江，将宋绍椒的108团整个包围。宋绍椒同美军索罗夫斯基中尉、哈敦中士，早就逃窜过江。我们只得同部队行动，绕圈子躲避，谁知在营盘街与日军遭遇，宋团被击溃，我们沿山沟冲出。

到高黎贡山下，得遇组长张文仲，向他请示行动，他却拿出一块白手巾说："我必要时只有投降，以后有机会再回来。"我见他那副胆小怕死的狼狈相，想起江苴街的教书先生的光辉形象，相形见绌，感到十分恶心。即与程准、马骏商量，避开大小路，钻野林爬上高黎贡山。我们饿了吃野果、草根，渴了舔草叶上的露水，两天多总算翻过了高黎贡山。在一个山沟里，找到一个傈僳族老人的窝铺，经说明情况，要求收留，每天吃南瓜煮黑豆。又过了十余天，老人外出回来，告诉我们附近有一股我方军队。我们惊喜若狂，立即前往联系，乃是宋绍椒团的刘恩宪连长，带着二十余人枪。相谈投机，决定同行。又过了数日，日军撤走，我们才下山，赶到渡口，沿途到处都是被日军枪杀的我军逃散官兵的尸体，惨不忍睹。江边机枪弹壳成堆。经过隔江喊话，联系好后，师部派木船渡我们过江。

第二天到师部，见到36师师长李志鹏，对我们宽慰了一番，招待一顿，每人发一套士兵棉衣，借了点钱，才派车送我们到保山。万华之那一组也逃回来了，同我们一样形同乞丐。大家合影，在保山休息数日，又送我们回到楚雄长官部驻地。当时调查室设在楚雄东门街103号。

回楚雄后，我立即将江苴街教书先生给我的材料誊写清楚，连同检举张文仲叛变投敌的报告呈报长官部。结果是张文仲逃了回来（叛变）未成事实，不了了之。我在危难中始终保存了的那份材料，价值很大。先任我第四谍报组少校组长，后经报请军委会以情报翔实，洽宜戎机，授华胄荣誉奖章一枚，并有蒋中正颁发的奖状一份。我念叨江苴街的教书先生，这是他的功劳啊！我后来在保山曾多方打听这个教书先生的下落，想吸纳他参加我们组内工作，却始终没有结果。[24]

---

[24] 周炎涵：《抗日战争中滇西反攻前夕的谍报工作》。据《云南文史资料选辑》第27辑，第187页。

周炎涵的记述信息量极为丰富，与前后很多史实互为佐证。如，他们这两个美军人员参加的谍报组，即为此前日军战史所称之"中美联合侦察班"。主动为其留下姓名，却"腾冲教书先生"的人，虽然未写出书面情报材料，自称"腾冲教书先生"的人，虽然未写出书面情报材料，自称"腾冲教书先生"的人，虽然未写出书面情报材料，自称"腾冲板像李嘉祜的《腾冲敌情报告书》。当然，李时为抗日县政府科长，为军提供情报当不会隐瞒真实身份，这仅是一种猜测，而张德辉也曾为"教书"身份想象。周炎涵记述中最紧张的几天，并见证了当时被日军包围的第108团处境之危急。他提到"宋绍椒同美军索罗夫斯基中尉，哈敦中士，早就逃过江"，这就澄清了有些撰述中所记团长宋绍椒与该团营长杨运洪同时负伤被俘后遭杀害的事实，间接印证了杨营掩护团部突围而遭重创。其所提到任怨江边邂逅并接应其渡江的"宋绍椒团的刘恩元连长"，反攻时为107团第2连连长，于1944年8月2日攻城作战中阵亡，为我军攻城阵亡的第一位军官。

与此前所提到的"第三路游击队"通讯班邓常贵等13人在溃逃中被俘的遭遇相比，周炎涵这一组能成功逃过江东，实属幸运。实际上，军方谍报员牺牲者也不在少数。

1994年，腾冲方面应牺牲者后人请求，在国殇墓园内为王树荣、李生芬两位牺牲的英烈树立了墓碑。

王树荣，腾冲河西人，旅缅华侨。中央军校昆明五分校17期毕业，第11集团军总司令部少校特务员。1943年，他先后三次深入缅甸八莫侦察敌情，获得日军兵营、仓储等军事设施情报，详细绘制地图呈报。后美军飞机据此情报子以轰炸，战果极丰。王树荣因功晋升中校。1944年我军反攻前夕，王树荣再赴腾冲活动时，被日军捕杀于东门街曾宅，牺牲时年仅21岁。

李生芬，腾冲和顺人，艾思奇堂弟，出身书香门第。中央军校昆明五分校毕业，第71军少尉谍报员，1944年我军反攻之际，李生芬到上绮罗多散发传单时，不幸被汉奸捕获吊打。日军乞兵在腾冲文庙对其施以酷刑，将其杀害于文庙外靖边楼（钟鼓楼），牺牲时年仅25岁。

很遗憾的是，可能是囿于籍贯原因，另一位情报英烈彭才庭未能刊名于此碑。彭才庭为当时腾冲所辖九保街（今属梁河县）人，旅缅华侨。1942年应征至昆明编入汽车队，后转至"大理干训团"受训，毕业后分至预2师任少尉附员。滇西反攻战中，彭才庭奉师长顾葆裕之命赴腾冲侦察，所得情报最多。后在绮罗新生邑被日军宪兵捕获，锁在文庙刑讯，以滚水灌入腹中残酷杀害。[25]

[25] 据陈正德《梁河抗日游击队概况》，《德宏州文史资料选辑》第八辑，第210页；及许秋芳主编《极边第一城的血色记忆——腾冲抗战见证录（上）》，第146、147页。

第 11 章 大战来临直前的腾冲

(参阅附图 34、附图 35)

在当地史料记述中,1943 年是腾冲日伪势力甚嚣尘上、最为猖獗的一年。

在实施多次"扫荡"、"讨伐"后,我抗日力量终于被逐出怒江以西。尽管如此,日军因对我军反攻企图掌握较详,对未来局势发展尚心存几分惕厉之心。因为,即便是看来取得巨大战果的"甲号讨伐",也不过是即将以第 15 军主力转向前途未卜的英帕尔作战之前的"回光返照";加之,10 月下旬我驻印军已从印度雷多进入缅北,对盘踞胡康河谷的日军第 18 师团发起攻势。11 月,第 20 集团军从洞庭湖畔移师滇西,与此前担负怒江江防的第 11 集团军一并纳入中国远征军序列。此后,滇西日军绝不会再有如"甲号讨伐"般丰厚的兵力,以应对江东我摩拳擦掌的两个集团军的十万精锐。

但在对形势缺乏感知的大批奸伪人员和一般顺民眼中,似乎好日子已臻高潮段落。在抗日县府仍驻腾北期间,县长张问德着眼于"沦陷区域能保留若干人力及物力,以致我将来反攻之用",以职责身份与腾冲乡亲兼而有之的心情,曾一次次苦口婆心地向伪政府人员和艳羡靠拢敌势力的一般庸众发出警告和劝慰,令其作恶有度、多想后路,最好是迷途知返、立功赎罪,然仅取得差强人意之效。对此,张问德在其报告中记述:"对于群伪,亦期望能不苦无辜民众,以其现有地位,予我之谍报工作以便利。故曾历次发布告书,希望觉醒,收效虽不如预期者圆满,然已能达到些微目的矣。"[1]

至于铁杆汉奸、日军宪兵队便衣队长杨吉品之辈，则死心塌地沿着惯性继续穷凶极恶而醉生梦死，仿佛其思维系统中不存在"未来"的概念。时年八九岁的腾冲和顺少年尹文和，多年以后仍难忘彼时的情景：

> 1943年正是日寇、汉奸活动最猖獗的时候。他们得意忘形，于中秋节到和顺财神殿唱戏，摆赌场，设烟馆。一些富家子弟被引诱去赌钱，最后现钞和金银首饰都被杨吉品拐去。有天晚上杨吉品竟登台唱《薛平贵回窑》，出场时有意把照明的汽灯光线减弱，做把式时，两手戴满金刚钻、红绿宝石戒指，显示其荣华富贵。[2]

但是，1944年农历春节刚过，近在腾冲城北3公里的蜚凤山上发生的一桩离奇"血案"，为正在城内享受"太平年景"的日军和汉奸们心头蒙上了一层不祥阴影。

据刚刚从湖南开抵滇西弥渡的第53军第116师搜索连下士班长蔡斌回忆：

> 1943年阴历十二月，张问德县长派人到弥渡53军军部驻地汇报腾冲敌情。军部为摸清腾冲日军情况，派了一个侦察班和116师搜索连一个步兵班，组成一支远距离袭击队，于12月下旬乘车到达保山瓦房街，秘密渡过怒江。在腾冲抗日便衣队配合下，进入到腾冲城北的蜚凤山捕捉敌人。

> 蜚凤山是日军在城北的重要据点，山下为腾北公路，为连接西三练和腾冲的咽喉之地。山上构筑了日军工事，明碉暗堡遍布山头，并有重兵驻守。在这个日军心腹据点，若能抓捕或斩杀几个日军，对猖狂的日军是一个有力回击，对日夜盼望收复国土重返家园的腾

---

[1] 张问德：《腾冲县政府民国三十二年度工作报告书》。据《保山地区史志文辑》抗日战争专辑之三，第300页。

[2] 尹文和：《少年遭国难——腾冲沦陷时期片断忆旧》。据《腾冲文史资料选集》第一辑抗日战争专辑，第235页。

冲民众，也是一个巨大的鼓舞。

1944年春节过后两天（据查春节为1月25日，则此日为27日），袭击队在草坝街一位居民带路下，夜里10点到达尹家湾的绅士尹真廷家，详细了解蜚凤山日军的工事布局、火力配备、人员生活乃至岗哨换班等情况。为了慎重，半夜又转到后屯陆小鬼（真名已忘记）家了解。经过反复核实，敌情已较清楚。经过研究，决定由我们这个步兵班担任掩护，由侦察班的五个弟兄上去摸敌。万一抓不到活的，也要砍死几个，要求把人头割下来，回去交差。

（28日）凌晨3点，我们摸到敌人铁丝网外的一道土坎下趴着。规定联络信号和撤退道路后，五个担任捕捉的弟兄前进了。

夜很静，没有一点声音，天气也很冷，我们把子弹上膛后，随时准备战斗。到了3点40分，几个人影一闪，五个弟兄下来了，每人手里都提了一颗血淋淋的人头。我们顾不得询问根由，便马上撤离，顺打苴的山间小路返回。一路上，侦察班的弟兄们才把经过告诉我们——

凌晨3点半他们悄悄摸上山后，在一家大石头坟前发现一名日军岗哨，正在打瞌睡。这个日军做梦也不会想到我们会从遥远的弥渡县奔来袭击他们，毫无警惕，把枪夹在双膝之间。侦察班的弟兄趴在地上看了好一会儿，不见他动，便抓了把泥土撒过去，日本兵还是不动，真的是睡着了。这时，五个人一跃而起冲上去，一个弟兄手起刀落，从这个日本兵的后脖根砍下去，头和身子就分了家。另一个弟兄忙用铁丝往下巴骨上一穿，像提个大鱼头似的提起来。与此同时，其他三个弟兄一闪身冲进了暗堡内。

这家大石坟下是日军修成的一个大地堡，里面摆了两张床，每张床上颠倒睡了两个日本兵。三个弟兄冲进去后，看到三个日本兵睡得正香，他们使用电筒射着日军的脖子，同时一齐下手，将三个日本兵的头砍了下来。本来打算活捉剩下的那个日本兵的，但他已经惊醒了，睁开眼见三支电筒射来，知道不好，就提起被子将头一捂，却把光溜溜的肚子露了出来。一个弟兄用尖头大砍刀狠狠地往他的心口戳进去，这个日本兵来不及叫一声，就把头耷拉在床边上，一个弟兄顺势一刀，就把头砍了下来。三人从腰间抽出准备好的铁丝，一个个将人头的下巴骨穿了，走出暗堡，会同了暗堡外警戒的两个弟兄，便飞下山来。

天亮时，我们到了打苴乡的龙家营，从一户老百姓家要来几只口袋，把头装了，往肩上一搭。走在路上，老百姓还以为我们是做什么买卖的。

待到日军疯狂地在附近村寨搜查报复时，我们已经渡过怒江回到瓦房街。[3]

日军方面关于此一时期敌我形势的感受，在时为第56师团卫生队上等兵吉野孝公战后所撰《腾越玉碎记》中，也留下了画面感颇强的个人记忆：

怒江对岸，敌人的行动突然变得活跃起来。重庆军打着"夺回云南"的口号，已渐渐完成了反攻的准备。迫于这种严峻的形势，我们驻遮放卫生队也因被编组到前线部队里而开始忙碌起来。

我也被编到最前线的腾越守备队的附属部队里。昭和十九年（1944年）2月，我们告别遮放驻地向最前线的阵地腾冲开进。我们是一支由卫生兵、担架队、车辆中队、大小行李队、本部及后勤等各队人员集中起来后组成的小部队，有五六十人，基本上属非作战部队。

从遮放出发后，途经芒市，在龙陵住了一宿。第二天早上渡过龙川江之后，由于情况变得严峻复杂起来，我们一路上高度警戒着途中的敌情。行军三天，最后平安地进入了目的地腾冲城。

腾冲自我军占领以来已有近两年时间，治安已趋于稳定，是一座充满和平、宁静气氛的城池。城内住户的屋檐下，梅花、桃花争奇斗艳；城外的村子里，白色的梨花和红色的木瓜花也互相美丽地映衬着。居民们大概谁也不会想到，这样一个和平、宁静的小城不久就要

---

[3] 蔡斌（口述），段培东（整理）：《斩寇记》。据《腾冲文史资料选集》第一辑抗日战争专辑，第100页。

陷入可怕的战火之中，尽管无情的战火大幕已经笼罩了城池周围。[4]

如前所述，自日军"甲号讨伐"之后，腾冲境内我游击力量和活动遭受巨大损失。然而此时在中缅边境地带仍活跃着英军的游击武装，间或潜入我境内对日军实施袭扰。日军第113联队第1大队长武田淑文少佐，记述了1944年4月在盈江昔马镇巨石关附近与一支英军游击队的遭遇战：

（盈江）向西有一个巨石关，在该地附近部落扫荡的菊部队（密支那第18师团代字）三好中队[5]由于大意陷入了埋伏，损失很大，向腾冲方向逃了过来。当时我大队驻扎在南甸（今梁河），征发大米后要运往腾冲，刚好碰上逃出来的三好中队，于是4月9日一起转向巨石关进发。

巨石关在南甸西北方约80公里，是一个大盆地。经两夜露营之后，在三好中尉的带领下到了巨石关。这次与三好中队协同作战，是我任大队长（1月30日到任）后指挥的第一次战斗，我心里暗自下了决心，很是期待。

大队人马在山腰隐蔽，让各中队长在能看到巨石关的地方集合。这里像是在盆子底部展开的一个部落，当时三好中队人马一不小心进入了部落中间，四周山腰上子弹齐射过来，他们拖着战死、负伤者逃了出来。我与各中队长一起重新研究了地形，派遣便衣前往部落内部侦察，同时利用炮队镜观察敌情。

是不是敌人已经发现了我们的行踪呢？部落里面连一只猫的动静都没有，山的四周也看不到敌人的影子。因为派遣普通的便衣容易暴露，于是化装成了商人队伍。中队长特别嘱咐便衣队长，要找

---

〔4〕[日]吉野孝公：《腾越玉碎记》，第12页。该书为作者自印本，龙陵旅游局金明于1991年7月译为中文本，书名为《一个日本战俘的回忆——腾冲"玉碎"记》，作为1994年6月在云南保山召开的第二次世界大战中缅印战场学术讨论会资料。本书引用时对译文略作校订，标注原书页码。

〔5〕很难设想18师团部队遭挫后不逃往密支那而逃向56师团辖区腾冲，笔者怀疑武田淑文为维护本师团体面故意将该中队记为18师团所属，据查148联队第3大队第8中队亦称三好中队，中队长三好正生中尉。

勇敢的便衣执行命令。我一边听着三好中尉介绍情况,一边等候便衣的消息。

便衣下山的时候,附近山顶上出现了敌兵的身影。第2中队派遣的便衣用毛巾裹住脖子以便与敌人区别,又把枪支伪装成扁担扛在肩上继续前进。我决定先攻击山顶上的一伙敌军,命令第2中队乘着夜幕出击,我身先士卒冲了上去。

第2中队第1小队的光井好直中尉勇敢地突入敌军,不久该小队方向传来了激烈的枪声,同时无线电报告捕获了一名懂日语的美国人[6]和一些兵器。为了解第一手敌情,我让他们把美国人带到本部来。不久兵器和一些降落伞包被带过来了,但不见美国人来,原来小队长在点蜡烛的时候引来了敌军的射击,让美国人给跑了,真是遗憾。

为确保大队突入敌领地,顺便侦察敌情,我决心继续扩大战果。天亮时,对部落的扫荡也结束了,部队主力进入了部落内部。在侦察部落附近的敌情时,捕获一名当地土民。土民告诉我们,右山脚下有一个二三十户的部落,那里就是敌人的总部。土民带领我们突袭了那里,但是一个人也没发现,我们烧了那里后无功而返。

第二天早上,山顶落下了阳光,这时候听到了西面传来爆炸声,于是让部队隐藏起来。一架敌机飞了过来,在部落上空盘旋,也许他们不知道部落已被我们占领,似乎在想办法联系他们的部队。我这样想着,让便衣挥动手帕向战机招手,也许是此信号跟他们的联络信号不一致吧,敌机向对面的山顶飞去了,在山顶盘旋了一会儿,投下了白红绿各色的降落伞。

我判断那里就是敌人的总部,下达了攻击命令,并要求各中队在攻击的同时注意降落伞投下的东西。第一线两个中队像是登山竞赛一样冲了上去,发现了山顶的敌军,机关枪中队也过去支援,我从望眼镜中确认有两三名敌人被击毙。

---

[6] 据推测,这支混杂着英美军官的部队,可能是英军136特种部队(Force 136)辖下的"克钦征用军"(kachin levies)或由艾夫勒(Carl F. Eifler)少校率领的美国战略情报局(Office of Strategic Services)101分遣队所组建"克钦游击警"(kachin rangers),该两部自1943年1月起在缅北从事情报侦察和游击活动,其驻地分别在精弄山(清朝我虎踞关地,1898年划入缅境)和邦歪山上。1944年4月初的这次行动,可能系配合中美联军对缅北密支那的反攻准备而为。

两个中队到达山顶击退了敌军,并且拿到了降落伞包,里面有七八支自动步枪。据俘虏供述,山的反斜面坡下有一座兵营,里面有廓尔喀兵,[7]还有英国军官。于是我下决心要攻击那里。虽然越过山顶已是友邻师团(指第18师团)的战斗地境,但是既然获得了这个情报,我就不能就这么返回,还是决定要勇敢地出击。

由俘虏带路,在山反斜面的半坡上看到了敌人的兵营,周围是兵营的平房宿舍,有做饭的炊烟升起。我召集各中队长,让把部队隐藏起来,开始侦察敌情。有五六名敌人向我们走过来,我派遣侦察兵上去对付他们。两名印度兵被俘,其余的跑掉了。拷问了这两名俘虏,知道了当前敌军的情况。

傍晚,我下达了攻击命令,以第3中队向右,第2中队向左,一齐发起进攻;由一名廓尔喀兵当向导,我随第3中队一起前进。离敌人宿舍五六十米的地方,被敌人发现了,并发出照明弹警报,顿时战场变得像白天一样明亮。两个中队一口气突向敌军兵舍,敌军从兵舍的左入口逃出,第2中队正好在这里突入,敌我展开了白刃战。

当我进入兵舍的时候,见第2中队长原口九十九中尉浑身是血、军刀折成了两段,跑过来向我报告。他左手鲜血直流,被敌兵的刺刀刺伤了;军刀是劈砍到敌兵的枪管时折断的。第1小队长光井好直中尉(中学教师、剑道六段)在白刃战中得心应手,一连砍翻了十五六名敌人。

打扫战场的时候,缴获到通信器材、兵器、马匹,俘获白人两名,廓尔喀兵死者很多;我方仅有两三名受伤。就这样给三好中队报了仇,捆着两个白人回到了腾冲,我军士气益加昂扬。为了打击当地土民对白人的崇拜心理,还押着两个白人在城里游街示众。

把捕获的白人俘虏和此前缴获的降落伞包送交师团司令部,并做了详细汇报。松山师团长致电对我们褒扬有加:"在大队长卓越的指挥以及部下官兵奋战之下,追击敌于其他师团管辖范围,并予以歼灭,本师团长甚感欣慰。大家辛苦了!"[8]

---

[7] 廓尔喀兵,为英军招募的雇佣兵。来自尼泊尔加德满都以西的廓尔喀村,以纪律严明、英勇善战及对雇主忠诚而闻名。
[8] [日]武田淑文:《龙の部》。据《ビルマに云南埋もれた战史——镇安街守备队》,第219页。石江辉译文。

据干崖土司兼游击第一支队长刀承钺记述：盈江坝区沦陷后，该部先转移至西山游击，后转至昔马欲谋求盟军方面的接济，并常与陇川支队配合深入缅境袭扰。"(1944年) 三四月间，敌数千人，数度猛攻昔马，第一独立大队长张奋东阵亡，全部死伤十之七八。幸灰河、昔马碛等处有美军工作队及山头部队（即克钦人武装），拿婆有英军游击队，曾一度派飞机9架助战，炸敌于昔马街"[9]——这一记述，即发生于武田少佐所述战事前后。另据亲历者回忆，此期间一架美机降落于灰河附近，遭日军炮击焚毁，飞行员被日军捕获，以铁丝穿锁骨带走。此后美机连续轰炸昔马予以报复，但此时日军已经撤离该地。[10]

---

[9] 刀承钺1945年1月30日致李国清报告电。据《德宏史志资料》第八集，第92页。
[10]《盈江抗战文史资料选辑》(六) 抗日游击队在昔马，管洪茂、刀一中口述，刀安禄记录整理。据《德宏史志资料》第二集，第170页。

中部　海拔最高的战场

（1944 年 4 月 19 日—6 月 22 日）

|反攻战前绸缪|

第12章 攻击命令下达

（参阅附图4、附图19、附图20）

如前所述，1943年2月21日，蒋介石命令组建新的远征军司令长官部，任命第六战区司令长官、湖北省主席陈诚兼任远征军司令长官。[1]9个月后，陈诚在反攻备战事务中因劳累过度，胃病复发吐血，无法继续履职，蒋介石又令卫立煌继任远征军司令长官。

1942年初，卫立煌时任第一战区司令长官兼河南省主席，因涉嫌亲共而被军统告密，蒋介石以追究半年前中条山战役失利之责为由免去其本兼各职。在此期间，我组成中国远征军第一路，准备入缅作战。蒋本有意改任卫立煌为司令长官，也因此事影响而未能到任。此后，卫立煌一直被幽禁在四川成都赋闲。此番因陈诚突然病倒，而远征军司令长官一职责任重大，一时难觅合适人选；加之监视卫立煌已近两年，蒋介石对其言行表现尚感满意，且考虑在滇缅与美英军合作，不会再接触共产党，遂决定重新起用。[2]

重获机会的卫立煌，为避嫌而摒退原先追随其左右的旧幕僚，轻车简从走马赴任。

陈诚任职时，为兼顾滇南和滇西两地防务，将司令长官部设在楚雄。卫立煌到任后，不再兼顾滇南防务，而将注意力聚焦于滇西，于是将长官部从楚雄西迁至保山马王屯。此后，他一面与龙云及美军顾问团方面协调关系，以取得补给及作战等方面支持，一面组织部队接受美械换装，全力整训部队准备反攻。

---

〔1〕不久由第六战区副司令长官孙连仲升代司令长官，由湖北省民政厅长朱怀冰代理省主席。
〔2〕赵荣声：《回忆卫立煌先生》，第十二章"漂泊西南天地间"，第250页。

此时，中国远征军班底为：司令长官卫立煌，副司令长官黄琪翔，参谋长萧毅肃；[3] 辖第11集团军和第20集团军及直属部队共16个师。

终于，1944年4月19日，统帅部下达作战指导方案，滇西反攻拉开序幕。

在参谋本部军令部下达的作战指导方案中，确定作战方针为："远征军以策应驻印军攻击密支那、打通中印公路为目的"，要求远征军"除以第一线部队固守原阵地外，另以强有力之部队组成渡河攻击军，由栗柴坝、双虹桥间一带地区强渡怒江，攻击当面之敌，向固东街、江苴街之线进出，并相机攻略腾冲而占领之"。

经多方调查研究，卫立煌拟定了反攻作战计划，兵力部署为：

以右翼第20集团军为攻击集团，自双虹桥以北各渡口渡过怒江，攻击高黎贡山一线敌军，以收复腾冲为目标（因腾冲到密支那有捷径可达，攻取腾冲后可在最短时间内与驻印军会师）。

另以左翼第11集团军为防守集团，除以新编第28师掩护自双虹桥渡江的第20集团军渡江部队外，以第2军第76师、新编第33师，第6军新编第39师，第71军第88师各编组一个加强团，从打黑渡和七道河渡口渡江，作为助攻，以牵制芒市、龙陵方面的敌军，不让其向腾冲方向增援。

此外，作战计划还对分别担任攻击军和防守军的两个集团军的各军、师乃至团、营在攻击准备和攻击实施阶段的任务进行了具体部署。如，令担任攻击集团的第20集团军，以第53军为第一线，第54军为第二线；令原隶属第11集团军的第36师归54军兼军长方天指挥；以第53军、第54军归霍揆彰总司令统一指挥，在其病假期间由副总司令方天代行职权；令第二线兵团第54军集结于漕

---

[3] 此外，远征军司令长官部幕僚还包括副参谋长司可庄中将，秘书长戴曾锡中将，副官处长邵光明少将，参谋处长季鼎生少将，经理处长李欣远少将（军需监），军械处长王景明少将，军医处长张永镇少将，兵站总监蒋炎中将，兵站总监需处长彭子芳少将，办公厅秘书主任孙鼎禾少将，驻昆明办事处吴德海少将（军需监），高参室主任张心田中将（代），高参叶粹武、余念初、吴渤海中将，警卫团团长巫永桥上校等。据卫道然《卫立煌将军》，第115页。

涧、瓦窑间地区，准备随第一线兵团第53军作战进展参加作战。

卫立煌于4月20日给各部队下达了上述命令，要求于月底以前完成攻击准备。[4]

4月21日，在接奉长官部命令后，第54军参谋长刘廉一召集副参谋长文锷及各课课长，于祥云大乘村驻地召开第一次司令部幕僚会议。

先由第二课（情报）课长作简单敌情报告如下：当面之敌为第56师团第148联队所部，约3000人，在灰坡、北斋公房、大塘子、南斋公房、江苴街、瓦甸街等地构有坚强工事，凭险扼守；其他如邦瓦寨、大小白峰坡（即白凤坡）、雪山、梁山、冷水沟及桥头、界头等处，亦有敌工事封锁各隘路。联队长为藏重康美大佐，在高黎贡山作战有相当经验。关于通敌道路，除灰坡、马面关及大塘子、南斋公房两主要道路可通行驮马，适于大部队之运动外，其余诸小道均无法运动大部队。

在第二课课长报告后，经研讨确定如下状况判断：

判决：

一、军应集结于漕涧、瓦窑间地区，随第一线兵团之进展，以主力由双虹桥附近渡江，保持重点于左翼，攻击当面之敌，进出固东、江苴街之线，待命攻击腾冲而占领之。

理由：

二、敌人除以必要兵力扼守灰坡、北斋公房、大塘子、南斋公房、桥头、瓦甸、江苴及高黎贡山各要点外，其主力控置于腾、龙间。征诸过去经验，敌人待我进出高黎贡山以西时，即以主力北上，猛击我军侧背，以致功败垂成。（此为两年来游击战经验，已供反攻部队参考。）

三、高黎贡山间集团军作战区域内，道路能适于大部队之运动者，由灰坡、北斋公房至马面关及大塘子、南斋公房、江苴道，虽毫无轩轾，但双虹桥以西红木树至腾冲之交通则极为良好，故敌易以主力北上，威胁我军侧背。

---

[4]《陆军第54军滇西攻势作战机密日记》（未刊档案）。

四、军之任务在扩张第一线军之战果，进出江苴、固东，更进而攻腾冲。故不仅使既获战果能发扬光大，尤须使所得战果不致功亏一篑。

基于以上所述，故以主力由双虹桥附近渡河，保持主力于左翼，不仅易于扩张战果，且对第20集团军侧背之掩护极为安全。

处置：

五、军部及直属部队即车运瓦窑待命。

六、令36师即以汽车自下关输送至瓦窑集结。

七、令198师由永平车运至瓦窑，继再徒步至漕涧集结。

八、第一线军渡河成功后，即以198师推进瓦马街、香菜田各附近，以36师推进至大小猛坑及上下鲁村各附近，准备渡河。[5]

23日，第20集团军副总司令方天率领两军及炮、工兵部队及其他必要人员，驰往怒江东岸侦察地形，并指定各部队集结地区。[6]

仿佛示威似的，刚刚开抵高黎贡山大塘子的日军野炮56联队[7]第1大队在完成阵地构筑后，于当日向我岸阵地、弹药库和渡河物资聚集地试射。据载，其第3中队"一发炮弹命中了敌人的弹药库，引起了爆炸，大快军心"。[8]

野炮第1大队除以第1、3中队主力（6门）配属南线大塘子日军第148联队主力，另以第1中队第1小队（2门）配属北线冷水沟第2大队。据第1小队下士官伊藤清泰撰述：

> 我所属的第1中队随同第1大队，为阻止中国军队渡过怒江，于4月20日向腾冲以北地区的桥头街、大塘子方向出发。我被编在小队长田中正吉少尉的第1小队参加战斗。第1小队途中与中队主力分开，分配到步兵第148联队第2大队（大队长日隈太郎大尉），经过

---

[5]《陆军第54军滇西攻势作战机密日记》（未刊档案）。

[6]《陆军第54军滇西攻势作战战斗详报》。据《保山地区史志文辑》抗日战争专辑之二，第15页。

[7] 野炮56联队辖3个大队，其中第1、2大队各装备12门75毫米九四式山炮，第3大队装备12门105毫米榴弹炮。

[8]《炮烟——龙野炮兵第56联队战记》，第343页。董旻靖译文。

桥头街、马面关,直奔高黎贡山脉的冷水沟,沿途不时能见到残雪。

第1小队在抵达冷水沟后进行了阵地侦察,确定了安置炮车的位置,然后就开始修筑阵地。阵地一带是一个高地,岩石较多,还长着一些灌木和竹子,地上有很多苔藓。附近有一座马可波罗庙(应指北斋公房,传说马可波罗曾经此古道经腾冲去往缅甸、印度)。四周没有可以用来遮盖阵地的建筑用树木,只能舍近求远地砍了树,切成圆木再费力搬运回来。[9]

24日,方天接奉卫立煌转达蒋介石批示:将前述《远征军策应驻印军作战渡河攻击计划之方针》文内之"相机攻占腾冲"改为"攻略腾冲而占领之",从而明确此次反攻必须攻占腾冲。[10]

25日,担任防守集团的第11集团军总司令宋希濂接奉蒋介石电报,对该集团担负策应攻击的各加强团之编配、行动要领,予以细致入微的具体指导:

"……第2军、第71军此次强渡怒江之各加强团,每团兵数必须照编制充实,并须各拨一个加强营跟随各该团前进。其输送队,更应将各该军所有之输力,尽量拨补,总使各加强团能远程挺进,供应无缺,达成其阻绝敌军后方之交通,勿使畹町以南之敌军,增援于龙(陵)腾(冲),并能使我军完成占领龙腾之目的。希以此电由弟携往前方,面示王(凌云)、钟(彬)二军长及其师、团长,并派最有能力之师长,渡江指挥。此次出击,不仅关乎国军之荣辱,而且抗战全局之成败亦系于此。故各级将领应竭智尽力期在必胜,各加强团对于其任务与战术及其各种行动,务召集其各级官长,由军部切实研究指导,勿使稍有贻误;总使奇正虚实,分合进退,勿失机宜;至少各营应配给其无线电三架,使之各连派遣单独作战时,皆能切实联系,随时分合,俾得以一当十,发挥最大之功效也。中正手启。"[11]

---

[9]《炮烟——龙野炮兵第56联队战记》,第379页。董旻靖译文。
[10]《陆军第54军滇西攻势作战机密日记》(未刊档案)。
[11]《中华民国重要史料初编——对日抗战时期》,第二编作战经过(三),第472页。

当日中午 12 时 30 分，方天忽然接到长官部参谋长萧毅肃电话，转达卫立煌命令：着第 20 集团军第 54 军改为第一线兵团，第 53 军改为第二线兵团。并要求各部仍务遵前限集结完毕。

奉命由第二线改为第一线的 54 军，压力和紧迫感顿增。

军参谋长刘廉一又紧急召集副参谋长文锷及各课课长研究，作状况判断如下：

判决：

军应依怒江防守军之掩护，先集结于南靠山、瓦房街以西地区，以主力由双虹桥附近、一部由栗柴坝附近强渡怒江，击破当面之敌，进取桥头街、江苴街敌据点后，向左旋回，以求进出固东街、江苴街之线；俟第二线兵团加入战线，稍加整顿，即向腾冲攻击而占领之。

军之任务在攻击盘踞高黎贡山之敌，进出桥头、江苴，更进而规复腾冲。故在积极方面，自须攻略桥头、江苴；而在消极方面，尤须先在不败之地，稳扎稳打。因敌易以主力北上威胁军之侧背，故须以主力由双虹桥附近渡河，向桥头、江苴攻击前进；俟攻略后，应以江苴为轴，向左旋回，俾不致因稍受北上敌之威胁致功败垂成。

处置：

饬 198 师于 4 月 26 日由永平车运瓦窑，进驻关王坡、鲁郎山、小庄间地区；第 36 师于 4 月 27 日由下关车运山田，进驻汶上街、龙塘、平掌间地区集结待命。

而后，根据以上判决草拟渡河攻击计划，于次日派第二课课长呈送方天兼军长判行。并将上述处置于当日午后 3 时电饬 36 师、198 师遵照。[12]

4 月 26 日，原先担负第一线兵团的第 53 军，已由汽车兵团自原驻地弥渡、云南驿输送至保山以北老营街地区，进入攻击准备位置。[13] 突然奉命改为第二线兵团，该军上下都有长出一口气的感觉。

---

[12]《陆军第 54 军滇西攻势作战机密日记》（未刊档案）。
[13] 夏时：《滇西纵谷地带的反攻战》。据《远征印缅抗战——原国民党将领抗日战争亲历记》，第 367 页。

超链接 4：54 军与 53 军

仅仅 5 天后，卫立煌即将原定的第一二线兵团部署易位，虽谈不上"朝令夕改"，也让很多将领不明底里，部队上下猜议纷纷。仅在调兵遣将之际，种种细节已显示出此次担负反攻任务的第 20 集团军特殊的内部关系。在此，有必要略作介绍。

第 20 集团军总司令为霍揆彰，湖南郿县（今炎陵）人。黄埔军校第 1 期、陆军大学甲级将官班第 2 期毕业。1937 年 5 月授陆军中将，任第 14 师师长。抗战爆发后，先后率部参加淞沪会战、武汉会战、第一次长沙会战诸役。1939 年 7 月，任第 20 集团军副总司令兼洞庭湖警备司令。1942 年 3 月升任第 20 集团军总司令，次年秋奉命移驻云南加入远征军序列，参加滇西反攻作战。

霍揆彰指挥的第 20 集团军，共辖 2 个军 5 个师，分别为：

第 53 军（军长周福成），下辖第 116 师（师长赵镇藩）、第 130 师（师长张玉廷，继任王理寰）。该军原在湖南战场，1943 年春奉命开至滇西。

54 军（兼军长方天），该军原辖第 14 师、第 50 师、第 198 师 3 个师。该军开入云南较早，最初在担负滇南防务的第 9 集团军序列内，1943 年初转至滇西。在滇西反攻开始前，应中国驻印军总指挥史迪威要求，蒋介石将第 14 师、第 50 师于 4 月中旬空运印度，纳入驻印军序列。其时，54 军为充实该两师战斗力，将军之直属部队大部予以加强，两师调走后，该军即仅辖 198 师（师长叶佩高）。远征军司令长官部为充实第 54 军力量，于 5 月 1 日拨付原为第 11 集团军直辖的第 36 师（师长李志鹏）归该军指挥；5 月 26 日，又令原隶属第 11 集团军第 6 军的预备第 2 师（师长顾葆裕）归该军指挥。

此外，鉴于第 20 集团军在高黎贡山担负山地作战，远征军长官部还给该集团配属了重迫击炮第 2 团（两个营，装备 105 毫米迫击炮 12 门）、第 6 军山炮营（欠一连）。

由于国军派系渊源复杂，在外人眼里通常看不出各部队之间的差异及其内部关系。如果泛泛而观，大致如当时随军采访的《扫荡报》记者潘世征所述："霍军全部人马，抗战以来，为辗转东南西南

第 12 章 攻击命令下达

半壁河山之常胜军。此次自湘西、滇南调到滇西后，54军两师精兵，已奉令调往印度增援，攻击密支那——该地之攻克，赖此部分力量之助力极大；但本军因力量分散，即以其他两师对军补充，故力量未见薄弱，协力进攻，更同心一致。"〔14〕

但在局内人的"掌故"中，一支部队的面貌亦如人的血统、阅历与性格，各不相同。

关于54军：

据反攻时任54军198师特务连连长的曹英哲介绍，第198师乃由湖南保安队改编而成，其组成士兵多为湘西慈利、大庸一带剽悍的农民。然因改编不久即纳入54军，与该军嫡系劲旅14师、50师并列，总有点格格不入。1940年，黄维自中央军校教育长调任54军军长之后，为平衡战力，在时任军参谋长叶佩高的协助策划下，从14师、50师各抽调一个建制团纳入198师建制，而将198师的两个建制团分别纳入14师与50师建制中，团长以下人员马匹车辆等一切装备均不得异动。

调整后的592团，原是14师42团。14师原为18军的基干部队，历史久，战斗力强，该团在原任团长龙天武领导下，团结巩固，士气高昂，是最优秀的一个团。龙天武调升后，遗缺由作战训练均有杰出表现的陶达纲调任。593团由50师的雷镇波团调来改称，雷团长离职后，由廖定藩升任。594团未动，仍由覃子斌任团长。经过调整，198师所辖的三个团中，592团是14师血脉，593团是50师基因，594团是198师嫡传，整体上像一个"小54军"。此后3个团战斗力大致均衡，人事融洽，指挥运用自如，能够协同作战。而且在训练、作战中，3个团均有代表原属部队的心态，竞争格外激烈。〔15〕

一般人均认为，远征军部队官兵素质高，甚至是由所谓"学生兵"组成。实际上，参战时第198师的3位团长均系行伍出身，9位营长中仅2位系军校出身，但师部参谋暨连、排长有三分之一强为军校毕业。全师参战人数约5600人，师直属部队有特、搜、工、

---

〔14〕潘世征：《一寸河山一滴血——高黎贡山的战役》。据其战地通讯集《战怒江》，第74页。
〔15〕曹英哲：《抗日名将叶佩高》第一卷《抗日英雄叶佩高将军》，第11页。

通、输、卫等6个连队，没有师属炮兵和汽车；所辖3个团各有一个82迫击炮连（4门），一个轻机枪连，9个步兵营；营辖3个步兵连，一个机枪连。接受美援装备后，营连以下增加了部分60迫击炮、"汤姆逊"冲锋枪、"比灵"轻机枪[16]、M1式30步枪，少量26毫米"巴祖卡"火箭筒、20毫米战防枪，以及手榴弹、弯刀等。至围攻腾冲城之前，美军空运到部分火焰喷射器，分发到师团级。[17]

当时，远征军团长以上军官先是在军委会昆明"干训团"，而后派赴印度蓝姆伽参加高级别战术轮训；营以下军官则在滇西参加各军、师教育总队的轮训。训练每期两个月毕业，共分8周：1、2两周进行典范令的教育，3、4两周兵器训练，5、6两周射击训练，7、8两周战斗训练。典范令教育：分为预备、讲解、复习、整理、应用等五段教练。兵器训练：武器各部名称的认识和功用；拆卸结合的方法；故障排除的道理；瞄准的练习；实弹装填的练习。射击训练：环靶；人头靶；散兵靶；冲锋枪散兵靶，各种重武器的射击靶。战斗训练：班、排、连、营、团的实地战斗训练。经过"先训一步"的军官，回到营连再组织士兵训练。[18]从后来美式装备使用效果看，因火箭筒装电池发火，时值雨季，防雨装备欠缺，电池补充困难，加之高黎贡山日军防御工事多为土木结构的野战工事，所以未能发挥威力。冲锋枪在与日军近战中最为有效；火焰喷射器虽为攻坚利器，但因配发较晚，在渡江后攻击高黎贡山作战中未能发挥作用。[19]以上所述198师的编装、训练情况，大致可代表远征军师级单位的上限水准。

54军的另两个师36师和预备第2师，都是临时编入54序列中的，与该军素无渊源。如本书上部所述，它们在腾冲沦陷的两年间

---

[16] 也称布伦式轻机枪或布朗式轻机枪，是"二战"英联邦国家军队的支柱兵器。1935年英国正式将该枪列装为制式装备，并从捷克斯洛伐克购买了生产权，由恩菲尔德兵工厂制造，1938年投产，命名为"MKⅠ 7.7mm 布伦式轻机枪"，"布伦"（BREN）的命名源于捷克斯洛伐克生产商布尔诺公司（Brno）和英国生产商恩菲尔德兵工厂（Enfield）的前两个字母组成。

[17] 国军史料丛书《抗战时期滇缅印作战（一）——参战官兵访问记录（下）》，第990页。

[18] 王理寰：《卫立煌率师反攻滇西》。据《远征印缅抗战——原国民党将领抗日战争亲历记》，第376—377页。

[19] 国军史料丛书《抗战时期滇缅印作战（一）——参战官兵访问记录（下）》，第991页。

先后在腾北打过游击战，长处是地形熟悉，群众基础好，占了地利与人和。但游击战伴生的"游击习气"，却使部队不敢打硬仗，稍遇挫折就可能拔腿开溜。198师在与这两个师配合反攻作战时，屡有靠不住之感，因此对他们经常有所贬薄和抱怨；总司令霍揆彰也曾分别以严厉电报批评过这两个师。

关于53军：

据曾任53军副参谋长的夏时撰述，第53军是东北军旧部。1943年春，该军编入中国远征军序列，从湖南洞庭湖地区出发，经湘西横越黔、滇两省，徒步行军3000公里，到达滇西弥渡、蒙化一带整训。不久，得到了美式装备和训练。

53军军长周福成，副军长李汉章（**原是韩复榘老部下，派来后不久即离去**），继任赵镇藩，参谋长刘德裕，副参谋长郭业儒；不久郭调任20集团军司令部参谋处副处长，由夏时继任副参谋长。第116师师长赵镇藩，副师长刘润川，参谋长张绍贤。赵镇藩升任副军长后，由刘润川升任师长，张绍贤升任副师长。师辖第346团，团长张儒彬；第347团，团长刘焕堂；第348团，团长毛芝荃。第130师师长张玉廷（**又写作张玉珽**），副师长王理寰，参谋长王冠英。反攻后，张玉廷因在江苴街战役中擅自退却，遭撤职处分，由王理寰升师长。师辖第388团，团长佟道；第389团，团长魏宏烈（**魏在腾冲战后撤职，由王京山继任团长**）；第390团，团长傅广恩。[20]

西南联大学生华人佼，反攻后曾担任130师美军顾问译员，对53军的将领有些个人观察。据其回忆："53军是东北军，军长周福成，绰号'周大麻子'，据说是绿林出身。全军有130和116两个师，加上直属部队，编制约有两万余人。我逐渐认识了一些师、团军官，看来都是饱经战争磨炼的老兵，如副师长王理寰左眼是假眼，389团魏宏烈团长脸上有很长的刀疤，很多军官都腰杆笔挺，身材高大，很有军人风度。他们讲话时东北口音很重，偶尔谈到张学良时，都尊称'少帅'，态度十分尊敬。队伍中老兵多，看来是能打仗的。

---

[20] 夏时：《滇西纵谷地带的反攻战》。据《远征印缅抗战——原国民党将领抗日战争亲历记》，第366—367页。

但53军不是中央嫡系部队,在杂牌军中又属于东北军,其中酸甜苦辣就非外人所能得知了。"[21]

如前所述,本来卫立煌安排53军为攻击集团第一线军,可能是考虑到该军虽然仅有两个师,但毕竟是血统同出的兄弟部队,作战时协同配合会好一些;而54军三个师调走两个,与临时配属的第36师未经磨合,先放在二线为妥。但可能在此期间53军将领找卫立煌诉苦,让素来同情"杂牌"的卫又改了主意。作为53军一员的夏时,回忆起昔日的老部队没有"护短"的色彩。他甚至谈到,53军对两个集团军的分工也发过牢骚:

当时,远征军的作战方案和计划已基本确定,但在战斗开始之前,大家还是议论纷纷。有的说,作战方案制定得不好,为什么让第11集团军担任防守任务?第11集团军兵力较强,对滇西的敌情和地形也比较熟悉,为什么反而采取消极行动?大兵团作战,尤其是这次关键性的反攻,两个集团军都应该采取积极主动的行动才对。有的说,敌人在滇西一带盘踞已久,阵地十分坚固,又有重兵把守,且缅甸境内又有庞大敌军可随时增援,这一仗是不好打的。有的说,第53军战斗力不强,哪能打这次硬仗?这些议论显然是抗战初期的"恐日病"又在作祟了。[22]

53军官兵自认本军"战斗力不强",在素来崇尚荣誉的军中甘心"示弱",除了可能"真弱",肯定也有几分因处境不公而抱怨的成分。该军在湖南时的情况不详,但到滇西后与同一集团军内的54军屡有摩擦。据198师特务连连长曹英哲披露:

"1944年5月初,开打之前,我连上士班长邹新俊,被53军130师一个连抓去,且死不认账。幸该员冒死呼救,而该连长仍一口咬定,不肯放人,几乎引发一场枪战。幸我尚属理性,以老乡、战

---

[21] 华人佼:《抗日战争后期远征军译员生活700天》。http://history.kunming.cn/index/content/ 2009–05/26/content_1886948.htm。

[22] 夏时:《滇西纵谷地带的反攻战》。据《远征印缅抗战——原国民党将领抗日战争亲历记》,第367页。

友关系软磨，终获顺利解决。"[23]在当时兵源匮乏的背景下，连十几岁的孩子也常被抓壮丁充数，一个训练有素的班长被抢，还是值得冲冠一怒。

在第130师师长王理寰的回忆中，53军的"委屈"之根源就直指集团军总司令霍揆彰本人了。据其撰述：

整训时期，卫立煌在霍揆彰陪同下到第53军视察。视察之后甚为满意，集合两师在弥渡阅兵。当检查武器时，见步兵连每连60迫击炮仅4门，按编制应为6门，尚少2门。卫马上问："为什么不都拿出来？"周福成答："第20集团军扣留未发。"霍揆彰在旁面红耳赤地说："是准备补发的。如一次发完，坏了就没得补发。"卫问："第54军为什么都发了呢？"霍当时无话可答。卫立即以很严肃的口气说："大敌当前，宜以整体计划为重，不应再存歧视心理。少发2门60炮，减少火力，这是自己配苦药给自己吃。都是国军，有什么东北西南之分呢？"霍答："明天即发，60炮在库里存着呢！"卫即集合全体军官讲话，其要旨谓：大家在这个时候应加紧训练，中国是中国人的中国，杀敌复土，人人有责；军队是国家的军队，不得视为谁的私有物。请大家放心，今后第53军不论是谁，都应平等看待，对补充上一律按司令部的规定，不听命令，必受处罚。卫立煌走后，霍揆彰马上把60炮补发。从此以后霍揆彰对第53军，表面虽好，暗中更为歧视。尤其是他的参谋处长刘召东[24]，在各方面都给第53军以掣肘。

大战在即，即便对53军有种种不满，霍揆彰还是能暂时隐忍，毕竟需要这支部队去战场效力。严重的情况发生在腾冲城攻下以后，据王理寰毫不避讳的撰述：

"霍揆彰忌恨第53军的功绩，捏造情报，准备解散第53军"，竟直接报告蒋介石，大意为："查第53军军长周福成，第116师师长赵镇藩、副师长刘润川，第130师师长王理寰，均系东北军张学良的余孽，腾冲作战不力，应予撤职查办，组织军法会审。所遗各

---

[23] 国军史料丛书《抗战时期滇缅印作战（一）——参战官兵访问记录（下）》，第993页。
[24] 刘召东1943年2月即任第20集团军参谋长，而非参谋处长。

部队分拨各部队补充空额，以充实力。"蒋介石接此电后，转令"远征军司令长官部卫立煌遵照办理具报"。卫接到此令，即以电话向霍质问："收复腾冲城，打的是胜仗，第53军的战斗要报，每天前进若干公尺，歼灭敌人若干名，缴获敌战利品若干件，都是你第20集团军总部报告长官部的。现在你呈报第53军作战不力，如果属实的话，那是你战斗要报报错了，你应受军法处理。"霍揆彰无言以对。卫立煌又以长途电话向蒋介石说明此事，蒋说："无其事，就算了吧！你不要告诉第53军。"霍揆彰因此无颜再留，就悄然溜到昆明养病去了。卫立煌一面将第53军调归第11集团军指挥，一面整理第54军，并向蒋介石呈请，说明抗战团结大义，现在滇西反攻尚未完全成功，霍揆彰这种做法，是破坏团结，有利于敌；同时对第53军副军长遗缺，保荐第116师师长赵镇藩升任，遗师长缺以该师副师长刘润川升任。此后第53军官兵更为团结，人人效命，勇于战斗，对卫立煌印象更为深刻。[25]

53军面对54军，有一种嫉妒与容易受伤的心态，这类似于《红楼梦》中赵姨娘的儿子贾环对贾府"正根儿"贾宝玉的心态。因为54军脱胎于陈诚"土木系"老18军，[26]军中将领基本上是实力派陈诚的人；而53军则是张学良东北军屡遭兼并撤编后所剩寥寥的部队。[27]张学良在"西安事变"后一直被蒋介石软禁。全面抗战爆发后，曾多次要求解脱羁押赴前线带兵打仗，却得不到批准，东北军旧部"失怙"自是难免。远征军组建后，将53军与54军捆在一个集团军，自然形成"嫡出"与"庶出"的强烈比较，而集团军总司令霍揆彰、副总司令兼54军军长方天均为"土木系"干将，处事难免偏心。但是，53军作战中也确有不争气的地方，也给看不起它的人提供了口实。卫立煌维护53军利益系出于团结大局，但也不至于为此护短。

---

[25] 王理寰：《卫立煌率师反攻滇西》。据《远征印缅抗战——原国民党将领抗日战争亲历记》，第381页。

[26] 其渊源关系为：1930年陈诚为11师师长，当年以11师为基干组建18军，1931年军建制内增加另一支种子部队14师，1937年以14师为基干组建54军。

[27] 抗战后期，曾经30万人的东北军旧部仅存51军、53军、57军、49军等番号，已基本被肢解或"中央化"。

表2　远征军第20集团军指挥系统[28]

部队长	番号	部队长	番号	部队长	番号	部队长
总司令：霍揆彰 副总司令：方　天 梁华盛 参谋长：刘召东 参谋处长：张　纯	第53军	军长：周福成 副军长：赵锡庆 参谋长：刘德裕	第116师	赵镇藩 刘润川（副）宋卿湘（副）张绍贤（参）	第346团	张儒彬
					第347团	刘焕堂（前）江望山（继）
					第348团	毛芝荃
			第130师	张玉廷（前）王理寰（副、代）余石民（副）王冠英（参）	第388团	佟　道
					第389团	魏宏烈
					第390团	傅广恩
	第54军	军长：方天（兼）阙汉骞（继）副军长：郑挺锋 叶佩高（继）参谋长：刘廉一	第36师	李志鹏 朱振华（副）熊正诗（副）杨正凡（参）	第106团	谷　宾
					第107团	麦劲东
					第108团	李定陆
			第198师	叶佩高（前）刘金奎（副、继）杨培德（副）杨丽岩（参）	第592团	陶达纲
					第593团	廖定藩
					第594团	覃子斌（前）董　铎（继）
	预2师（隶属第6军，配属第54军作战）			顾葆裕 彭　劢（副）陶晋初（副）宗贤举（参）	第4团	吴心庄
					第5团	李　颐
					第6团	方　诚
					重迫炮第2团	廖治民
					第6军山炮营	
					高射炮第49团	文　山
					独立工兵第2团	林　松

［28］据第20集团军档案文献，经军史专家胡博补充完善。

4月26日，第20集团军接奉蒋介石电令，明确该集团军编制和指挥关系：

着第20集团军辖第53及54两个军，由霍揆彰总司令、梁华盛副总司令、方天副总司令负责指挥，担任怒江出击任务；着第54军辖第36师、第198师，仍由方副总司令兼任54军军长。

霍揆彰即电令第54军集结完毕后，应从速完成渡河准备，并与53军密切协同联络；炮、工兵部队由军区处。第54军即电饬36师、198师遵照具报。[29] 并遵饬军山炮营以一连，重迫击炮第2团（欠一营）之一营及第6军山炮营集结于香菜田附近；重迫击炮第2团（欠两营）及山炮营主力集结于户帕附近，统归重迫击炮团团长廖治民指挥。工兵部队除以独立工兵第24营、53军渡河连集结于汶上街，其余工兵第2团各营、第6军及本军工兵营渡河连则集结于保山，并统归工兵第2团团长林松指挥。

27日，54军各直属部队由祥云开始车运，当晚于漾濞宿营。28日下午抵达老营街，并将指挥所推进至保山小屯村。29日，54军根据渡河攻击计划，下达了军"作命滇西字第1号"命令。[30]

据载，29日为日本"天长节"，驻大塘子日军步炮兵在怒江双虹桥附近列队，面向东方举行遥拜仪式，而后将此前西岸的栈桥、渡船全部毁坏。[31]

30日，54军接奉卫立煌电令：以原配属该军之第6军工兵营渡河连，改配新39师之加强团；令第36师工兵营[32]即在下关装备一渡河连，以配补第20集团军。卫立煌又以另电补充重申了此次渡河攻击计划：

我军策应驻印军攻击密支那之目的，决以防守集团固守原阵地，并另组4个加强团协助攻击；以攻击集团由栗柴坝、双虹桥间强渡

---

[29]《陆军第54军滇西攻势作战机密日记》（未刊档案）。
[30]《陆军第54军滇西攻势作战战斗详报》。据《保山地区史志文辑》抗日战争专辑之二，第15页。
[31] 天长节，日本天皇诞辰日，是日本国四大节日之一。明治元年（1868）定，"二战"之后改称为天皇诞生日。《炮烟——龙野炮兵第56联队战记》，第365页。董旻靖译文。
[32] 36师为独立师，直属工兵部队为营建制。

怒江，攻击当面之敌，向固东街、江苴街之线进出。俟整顿态势，再攻略腾冲。

第20集团军总司令霍揆彰指挥53军、54军及配属部队为攻击集团，限5月5日以第一线军及炮兵部队与渡河作业部队在栗柴坝、双虹桥间之我岸展开完毕，并另以一部于5月5日在西浪渡我岸准备完毕。

攻击集团及各加强团之出击日期与行动另待后命。但自集结完毕之日，以后电话一到即须能开始渡河，不得延误。

攻击集团之应用器材为独立工兵第24营及工兵第2团第1连；橡皮舟为第2营及53军、54军、36师各工兵营之渡河连；统归工兵第2团林团长指挥，配属该集团军。限5月5日在栗柴坝、双虹桥间各渡口开进，并准备完毕。

当日，54军兼军长方天接到蒋介石发给其本人的战前训电：

"此次渡河出击之胜负，有关国家之存亡与革命之成功，而弟部（指54军）尤为主攻方面之中坚，务希竭智尽忠，严申纪律，有进无退，达成光复腾冲之使命。

"此次战术方面应注意者两点：其一，先觅敌寇之野战军予以彻底之打击，然后再攻略其大小据点；其二，与空军之联络必须切实而周到，对空军与陆军协同动作及陆空联系通信之灵活，必须有切实周到之准备，而且对此准备不厌其详。如能在出击以前，陆空协同作战能实习几次，则其效必大。攻击据点如能获得空军之协助，尤其俯冲投弹时，我陆军能不失时机，乘势突击，冲入据点，则事半功倍。务希于此特加注重为要；并以此电意，转告53军周军长及其赵、张二师长，与54军李、叶各师长、副师长各参谋长，及各团营连长。全体官兵，奋斗牺牲，发扬我革命军之荣誉，以慰我总理与阵亡先烈在天之灵也。"[33]

当日，第36师大部已到达保山附近，第198师全部到达瓦马街附近，炮兵部队也已先后到达各指定位置，工兵部队于怒江东岸已部署完毕。54军得悉以上状况，当日下午下达了军"作命滇西字第

---

[33]《中华民国重要史料初编——对日抗战时期》，第二编作战经过（三），第474页。

2号"命令。[34]

5月1日,第54军奉令以198师与36师完成合编。

2日,总司令霍揆彰就炮兵、工兵使用问题致电第54军:

炮兵部队渡河实施时,仍由重迫击炮第2团廖团长统一计划,配属于54军。阵地之占领,任务之赋予,由方兼军长命令之;渡河作业队由工兵第2团林团长统一指挥,配属于54军。开进位置与部署及任务赋予,由方兼军长命令之。[35]

3日,54军军部移驻瓦房街。[36]

---

[34]《陆军第54军滇西攻势作战战斗详报》。据《保山地区史志文辑》抗日战争专辑之二,第16页。

[35]《陆军第54军滇西攻势作战机密日记》(未刊档案)。

[36]《陆军第54军滇西攻势作战战斗详报》。据《保山地区史志文辑》抗日战争专辑之二,第15页。

第13章　同日，敌我两军召开战前会议

（参阅附图4、附图19、附图20）

1944年5月5日，保山北郊板桥镇马王屯。

这里原是一个规模很大的仓库群，有三十多座仓库分散在后山密林中。1942年5月4日日军轰炸保山后，仓库物资被运走，只剩下空屋。[1]最初71军进驻保山，曾在此处开设教育总队，轮训该军军官和军士。卫立煌决定将司令长官部从楚雄西迁保山后，71军即让出此地供长官部使用。司令长官卫立煌、副司令长官黄琪翔各住一间库房；其他的三十多间库房，则由长官部各处室、警卫部队及弗兰克·多恩（Frank Dorn）准将所率的美军"Y部队参谋团"分住。[2]

东南亚盟军司令部副总司令、中缅印战区美军总司令兼中国战区参谋长史迪威在其制定的滇缅反攻计划中，将滇西的中国远征军称为Y部队；将与Y部队共事的全部美军组织统一合并为Y部队作战本部。该机构仍由史迪威担任指挥，但因其本人在缅北指挥中国驻印军作战（还担任中国驻印军总指挥），遂任命助手多恩为Y部队作战本部参谋长，在滇西代理其处理有关Y部队训练、美援物资供给及协助远征军司令长官部制订作战计划事宜。我远征军方面，一般称这一美军机构为"顾问团"或"联络参谋团"。[3]

大战在即，为贯彻统帅部旨意并研究反攻作战一切细部问题，

---

[1] 据载，此仓库主要储存自缅甸入境的军械物资。1942年5月8日夜转运军火时曾发生事故引起爆炸，民众误以为日军突破71军怒江防线迫近保山，遂全城惊慌出逃。万寿康：《惠通桥激战前后见闻记》。据《滇缅抗战亲历记》，第349页。

[2] 张子文：《三年滇西抗战的回顾》。据《溅血岁月》，第186页。

[3] 据《史迪威资料》，第48、54页。

使各部队及各兵种能确实协同,并督促各部积极完成作战部署,卫立煌于即日在长官部附近的光尊寺[4]召开战前会议。[5]第11集团军总司令宋希濂、第20集团军总司令霍揆彰及所属各军、师长全部到会,美军顾问团团长弗兰克·多恩准将亦受邀出席。

据载,卫立煌首先听取各部队作战准备情况报告,而后就此次出击滇西之重要性及渡河攻击间应注意之事项予以恳切指示。[6]其时,隶属第11集团军的第6军军长黄杰,在会上记录了卫立煌的讲话提纲和要点。如同此前蒋介石电示指导宋希濂如何编组加强团一样,卫立煌极为关注的也是作战中的技战术问题,而并非韬略和计谋运用:

一、作战方针:自动攻击,并与盟军并肩作战。
二、战术运用:须以火力压倒敌人,不以人力压倒敌人。渡过怒江时,须利用敌人之间隙,以减少我军之损害。
三、一般战略形势已完全改观,目前我方已掌握制空权并有优势之火力。
四、情报及战报必须迅速而确实。
五、战斗军纪务求严明。
六、筑城以小堡垒为最适宜。散兵宜用各散兵孔(坑)。
七、空军联络方法及注意事项(略)。
八、炮兵应注意事项:
前进观测所,以与步兵前线指挥官(团长)在同一地点为原则;必要时在步兵第一线设置。
九、步炮协同应注意事项:
1. 步兵指挥官应将第一线位置随时通知炮兵。
2. 步兵发现有利目标,应随时通知炮兵指挥官。

---

[4] 光尊寺位于板桥镇东北部,距镇政府所在地3公里的世科村后山。系唐天宝二年(743年)南诏王皮逻阁为祭祀佛教尊神而建,清朝后期至民国初期又多次重建,今仍保存。
[5]《中华民国重要史料初编——对日抗战时期》,第二编作战经过(三),第474页。
[6]《陆军第54军滇西攻势作战战斗详报》。据《保山地区史志文辑》抗日战争专辑之二,第16页。

3. 关于协同事项，步炮兵指挥官应于战斗前详密协定。

4. 步兵应明了炮兵性能习惯，在炮兵弹道下前进。步兵指挥官不可使炮兵射击停止过早或变换目标，致蒙重大损害。

5. 步兵接近炮兵散布面时，应在步兵重兵器开始射击后，始令炮兵停止射击。而炮兵于步兵接近目标之15至30分钟时间，射击速度应极力增大。

十、指示各部队长应注意事项：

1. 袭击敌人时须处于主动地位。
2. 步炮须密切协同。
3. 须确报敌情。
4. 须确报战利品。
5. 轻伤官兵不得后送。
6. 公差勤务不得随便派遣。

十一、渡河工具及注意事项。

十二、通信人员之分工及监督。[7]

会议开得很成功。当晚，卫立煌致电蒋介石汇报："职本（5）日召开作战会议一般情形，极为良好，当已令各军师长即星夜返防部署。职明日赴双虹桥、惠仁桥一带视察敌情地形，仍回保山。"同时向蒋反映，"滇西电话太坏，保山至楚雄尚不能畅通，对重庆通话更不可能，拟请严饬交通部迅速调整完善，以利作战"。[8]

5日，在日军56师团司令部驻地芒市也有一个会议在进行。

主持会议的是56师团长松山祐三中将、参谋长川道富士雄大佐。参加会议的是师团所辖56步兵团长水上源藏少将、113联队长松井秀治大佐、146联队长今冈宗四郎大佐、148联队长藏重康美大佐，师团直属炮兵、工兵、搜索、辎重等各特种兵联队长，及以上各部大队长以上指挥官。

日军与远征军在同一天召开最高级军事会议，这是一个奇异而

---

[7] 黄杰：《黄杰滇西作战日记》，第65页。
[8] 《中华民国重要史料初编——对日抗战时期》，第二编作战经过（三），第474页。

有原因的巧合。

此前，第56师团一直在竭尽全力判断中国远征军的主攻方向。要在广阔地域迎击兵力绝对优势之敌，必须准确判断敌之主攻方向。鉴于两年来远征军对怒江西岸的渗透作战，主要是向腾冲北方进行，根据其他地势全貌来判断，日军认为远征军主力的反攻可能先由腾北地区开始，但一直无法确证。

此期间，中美两国高层为远征军出动经过极为艰难的磋商，最终，蒋介石被迫同意于雨季来临的5月中旬反攻。令人啼笑皆非的是，这一不合军事常理之举，居然让日军产生了极度惶惑。据日军战史："关于反攻时机，当初根据雨季（5月中下旬开始）判断，可能在进入雨季前一个月，即4月中旬左右开始。进入4月中旬中国军队仍无反攻征兆，师团甚为焦虑。"[9]

不幸的是，一件突然发生的"意外事件"，使得日军在最后一刻掌握了远征军动态，从而"判明中国远征军将于5月10日开始反攻，主攻方向大致在惠仁桥以北、六库渡以南地区"。日军第56师团长松山祐三迅即于5日召集各部队长到芒市师团司令部，指示反击方针，并进行图上作业指导，决定首先在怒江西岸地区，继而转移到险峻的高黎贡山区，再在龙川江河谷对突入到高黎贡西侧的远征军实行各个击破。

原来，2月中旬，中国一架军用飞机因浓雾迷航，在腾冲迫降。当时日军捕获中国少校军官一名，并缴获了新密码本和中国远征军的人员编制表。据日军战史称，"此后，破译密码颇为容易，对作战指导亦大有裨益。收报范围已远达昆明、重庆"；"第56师团之所以能出色地进行内线作战，固然与师团官兵对战场地形了如指掌有关，但从破译密码上亦获益匪浅。"

当日，距离中国远征军开始攻势虽仅有6天时间，但根据前期的判断，日军已事先将师团主力配置在了惠仁桥以北；这次只做了小范围的调整，就完成了针对性的防御反击部署。[10]

---

[9] 中华民国史资料丛稿译稿《缅甸作战（下）》，第91页。
[10] 同上。

5月7日，第54军接奉霍揆彰转达卫立煌电示：

攻击集团军第一线军右翼师，应准备由栗柴坝至勐古渡间施行强渡，先攻略邦瓦寨、马面关、北斋公房、桥头、界头一带地区。特须注意对怒江西岸南下之敌，自行掩护其右翼。左翼师（军主力）应准备由勐濑渡、缅戛渡、大沙坝渡、双虹桥、龙潭渡间施行强渡，先攻略大塘子、南斋公房一带地区。特须注意对怒江西岸北上之敌，自行掩护其左翼。第二线军，于第一线军左翼师渡河占领稳定后，应迅速渡过西岸，准备参加攻击。特须注意对瓦甸、江苴街之敌，务使先占领南斋公房以北之高地，俾我军攻击容易。以上目的达成后，即整顿态势，向固东街、江苴街之线进出。

兵站应对攻击军每师配随积载弹药之驮马大队及积载粮弹之运输团各一个，又对攻击军之各加强团协助。攻击军之各加强团则依出征之人马数及其所负任务，酌量配随。并予上述输力之外，再准备充足之追送输力，不断追送。

各部队开始攻击时期，由本部于前一日另以电话下达之。

自8日起对本部报告、电报，着向保山送达。

奉命后，54军即分别电饬198师、36师遵照。[11]

8日，霍揆彰电令53军军长周福成，以116师的一个团（后确定为346团）配属54军，归54军兼军长方天指挥；反攻时于左第一线渡江，掩护第一线兵团左侧背安全。54军即以该团配属军左翼第36师。[12]

10日，54军终于接奉总司令霍揆彰签署的正式作战命令，要旨如下：

一、着54军令198师准备由栗柴坝、勐古渡间施行强渡怒江。先头渡江部队应于蛮东寨、平安寨、四箩田、西牙街之线占领桥头

---

〔11〕《陆军第54军滇西攻势作战战斗详报》。据《保山地区史志文辑》抗日战争专辑之二，第16页。

〔12〕《陆军第54军滇西攻势作战机密日记》（未刊档案）。

堡阵地，掩护主力渡江，先派有力之一部对北占领阵地，严密警戒通过江河大练地方面之道路，掩护右翼背之安全。尔后逐次攻击邦瓦寨、北斋公房、马面关、桥头、界头各据点。攻占后即以主力扼守通片马、明光之道路，并整顿态势，作第二步攻击之准备。

二、着54军令36师（及配属该军116师之一个团）准备由勐濑渡、缅夏渡、大沙坝渡、双虹桥、龙潭渡间施行强渡怒江。先头渡江部队应于蛮宽（今芒宽）街、巷桥、敢顶街、勐林坝、沙田、重冈坡（即丛岗坡）之线，占领桥头堡阵地，掩护主力渡江。尔后向大塘子、南斋公房（十万分之一图上"歪坡"西）攻击而占领之；并与先头部队渡江之同时，派由116师配属该军之一团（即346团），由龙潭渡渡江，占领新寨东西之线（见高黎贡山兵要地志图），采纵深配备，构筑工事，扼守交通要道，阻止由马头街方向北进之敌，掩护主力左侧背之安全。

三、第53军（欠116师之一团）于54军、36师渡江攻击大塘子、南斋公房之同时，相继由大沙坝渡、双虹桥间渡江，策应54军主力之作战。

四、116师原配属54军之一团，待53军过江后即归还建制，仍在新寨东西之线担任左侧背之掩护。

五、炮兵部队〔重迫击炮第2团（欠1营）及6军、53军、54军山炮营〕渡河实施时仍配属第54军，任务之赋予由54军方兼军长命令之。渡河成功后，6军山炮营仍留我岸待命，归还建制。53军、54军山炮营随各该军行动。重迫击炮第2团（欠1营）仍归54军方兼军长指挥之。

六、工兵部队（工2团第2营及第1连与另一渡河连，53军、54军工兵营，36师渡河连，工24营）渡河实施时由工2团林团长统一指挥，配属于54军，任务之赋予由方兼军长命令之。渡河成功后，53军、54军工兵营，36师渡河连，各随该军、师行动。工24营及工2团第1连留置原地，管理怒江应用器材，守护军桥。工2团第2营及另一渡河连，改归本部直接指挥。

七、补给、卫生、通信事项另令规定之。

八、攻击开始时间，俟电话到时即行实施。

九、本部指挥所于 5 月 9 日进驻瓦房街。[13]

奉令后，54 军即电转饬 36 师、198 师遵照。同时电令配属作战的炮兵部队："炮兵队由重迫击炮第 2 团廖团长统一计划；但军山炮营之一连、重迫击炮及第 6 军山炮各一营，在渡河攻击间归属 198 师。53 军山炮营、重迫击炮 2 团（欠两营）、54 军山炮营（欠一连）统属廖团长指挥，在勐濑渡、双虹桥间占领阵地，准备掩护我主力方面之渡河。"[14]

稍早前，卫立煌曾与霍揆彰就作战应注意事项反复研究磋商。当日，霍致电两军转达卫长官面谕：

1. 范围小时，应以小部兵力附炮兵及重火器围攻，主力控置以应付事变。不要开始即使用主力，致拘束尔后之行动；

2. 各部队在任务之达成上，不可存丝毫之依赖心，尤不可擅自请求增援，以混乱指挥官之一贯计划；

3. 渡河实施时，我岸必须占领掩护阵地，以少数兵力守备，附以步兵重兵器，以使步兵渡河容易。先头部队渡河后，占领桥头堡，逐次推进，稳扎稳打。防敌乘我立足未稳而对我反攻击，致影响主力军之渡河；

4. 各部队渡河后之通信，必须追随第一线而架之，使其畅通无阻；

5. 扼守江边阵地，尤以向南向北占领，掩护之部队应切实扼守道路，阵地位置不可全在山上。根据过去经验，如阵地位置全在山上，死角太大，敌人仍能在道路上运动自如；

6. 士兵须携有两日份炒米，非有师长命令不得动用；

7. 迫击炮弹及山炮弹、轻榴弹应多携带。现尚留存后方者，应星夜运送前方。[15]

随后，霍揆彰向 54 军下达了发起攻击时间：

---

[13]《陆军第 54 军滇西攻势作战机密日记》（未刊档案）。

[14]《远征军炮兵指挥部各炮兵部队参加滇西战役高黎贡山亘腾冲地区战斗详报》。据《保山地区史志文辑》抗日战争专辑之四，第 258 页。

[15]《陆军第 54 军滇西攻势作战机密日记》（未刊档案）。

着该军于 11 日黄昏后开始漕渡，12 日拂晓前漕渡完毕，即行攻击当面之敌。[16]

此时，战前绸缪已定，站在对敌我双方态势"全知"的视角上，不妨对我军反攻作战部署作一番分析。美军方面编撰的战史，对此概括得比较简单明了：

中国远征军滇西反攻的计划是分南、北两线越过怒江进攻。以滇缅公路为界，滇缅公路以北由第 20 集团军担任，分为 3 个纵队：其中两个北方纵队分别从马面关垭口和大塘子垭口越过高黎贡山，扫荡瑞丽江（即龙川江）河谷的日军各据点，然后南下腾冲；另外一路纵队[17]将从腾冲正东渡江，直取这个易守难攻的东方古城。滇缅公路以南，则由第 11 集团军的几个加强团担负策应攻击。[18]

形象地说，这个攻势计划就像拳击时以左拳虚晃、右拳攻击。之所以如此，主要是顾虑我一旦开始攻击，缅甸日军沿滇缅公路增援向我怒江正面攻击，则可能危及我军侧背，甚至动摇我后方。因此决定以第 20 集团军为攻击军，攻取腾冲；而以第 11 集团军为防守军，主力沿江固守，仅以 4 个加强团的少量兵力渡江攻击，策应第 20 集团军的作战。从兵力分配上，远征军所辖的 16 个师中，攻击军仅 5 个师，而防守军及预备队竟多达 11 个师。[19]

显然，这是一个比较保守的方案，建立在对于敌情的不了解上。实际上，以日军当时的兵力，是很难从容应付缅北、滇西两面作战的。在我军反攻前，日军滇西第 56 师团总兵力为 18820 名（其中，

---

[16] 《陆军第 54 军滇西攻势作战战斗详报》。据《保山地区史志文辑》抗日战争专辑之二，第 16 页。
[17] 指进攻红木树的新 39 师加强团，实际上该路纵队亦属防守军第 11 集团军指挥。
[18] 美国战史《怒江战役的完成》，戈叔亚译文。笔者据《怒江战役述要》略作校订。
[19] 其中攻击军为第 198 师、第 36 师、预 2 师（属第 54 军）；第 116 师、第 130 师（属第 53 军）。防守军为第 9 师、第 76 师、新 33 师（属第 2 军）；93 师、新 39 师（属第 6 军）；87 师、88 师、新 28 师（属第 71 军）。预备队为 103 师、82 师、荣誉第 1 师（属第 8 军）。反攻后期，又将总预备队第 200 师投入龙陵战场。

为应对我军反攻从国内补充兵员 2400 名）。但是，有约三分之一被派往缅北增援第 18 师团作战，实际兵力为 11000 名。[20] 远征军首轮投入的反攻兵力为 72000 名，则我与敌兵力对比约为 7∶1 强。

据日军战史所述：第 56 师团的防卫地区北起片马以南的中缅边境，南至滚弄以南，有约达 400 公里的广阔正面，预料远征军有 9 条作战路线，即：指向腾冲方向的 4 条，指向龙陵和芒市地区的 4 条，由滚弄通向新维（即兴威）的 1 条。"倘若中国军队在上述作战路线分别部署一两个师，然后全线同时发起攻势，是师团最大的痛苦。"[21]

因此，"对师团来说，惟有以一部预先扼守前述各作战路线，阻滞敌军进入，并在此期间指导主力进行果断的内线作战，将敌各个击破，此外别无良策。"[22]

此时，日军第 56 师团根据破译我通信密码获悉情报判断，中国远征军作战计划的中心内容是：首先在北方占领腾越及其以北一带地区，在南方首先攻占平戛（今平达）周围，然后由南北向滇缅公路包围夹击日军。在此之前，一直在滇缅公路沿线地区避免力攻而待机的兵团，此时与上述南北两兵团的夹击相呼应，由拉孟（松山）方面西攻，从南、北、东三方面钳击日军，将其逐出滇西地区。[23]

应该说，在"知己知彼"这一点上，日军确实是完全做到了。对中国远征军来说，这是个极大的不幸。

表 3　日军对远征军反攻腾冲兵力的推定及实际情况 [24]

番　号	日军推定	编制员额（实有兵力）	军令部统计
第 20 集团军司令部及直辖部队	约 5000 名	缺资料	
第 53 军司令部及直辖部队	约 5600 名	缺资料	官 2035 名； 兵 19792 名； 小计 21827 名
第 116 师	约 7800 名	6792 名（缺资料）	
第 130 师	约 8000 名	3000 名（缺资料）	

[20]［日］相良俊辅：《菊と龍：祖国への栄光の戦い》，第 252 页。况冶译文。
[21] 中华民国史资料丛稿译稿《缅甸作战（下）》，第 88 页。
[22] 同上。
[23] 同上书，第 85 页。
[24] 同上书，第 172 页。

续表

番 号	日军推定	编制员额（实有兵力）	军令部统计
第54军司令部及直辖部队	约4700名	2543名（实有3539名）	官2179名；兵22288名；小计24467名
第36师	约7200名	7350名（实有8503名）	
第198师	约5600名	6889名（实有7247名）	
预备第2师	约5700名	7087名（实有7496名）	
重迫击炮2团（配属）		1314名（实有1473名）	
第6军炮兵营（配属）		313名（实有316名）	
合计	约49600名		46294名

备注：日军推定系当时56师团芒市机关的通信情报判断；编制员额（实有兵力）据第20集团军各军、师战斗详报；军令部之统计系军令部第一厅（作战厅）据远征军长官部呈报统计表计算[25]，时间起止为1944年5月12日至12月31日。可以看出，日军推定我军兵力与实际情况大致不差。

超链接5：怒江与高黎贡山

按远征军司令长官部拟定的作战部署，担负首轮渡河攻击任务的部队为7.2万之众。此时，摆在我军面前的两大障碍即为渡过怒江、翻越高黎贡山。

怒江亦名潞江，相传三国时期诸葛亮南征"五月渡泸"即为此水。怒江之源头，出于西藏拉萨北部的纳木错湖，江水在平均海拔3000米的横断山脉间冲出一条深谷奔泻而下，流经西康及滇西贡山、福贡、泸水、保山境，注入缅甸后称萨尔温江。江面旱季宽约80至100米，水深流急，水温极低，一般除渡口外难以通过。5月中旬，正值雨季到来直前。入雨季汛期后，江面宽幅可增至200米，更是波涛汹涌，即便凭藉舟筏亦不易渡。

两年前，中国远征军第一路入缅作战受挫，撤退过怒江时，主动破坏了江上原有的两座桥（惠通桥和惠仁桥），两年来怒江上再无

---

[25]《滇西战役远征军参战人员和死伤统计表》。据《保山地区史志文辑》抗日战争专辑之三，第265页。

桥梁。据预2师第6团团长方诚回忆：在反攻之前，我军曾派工兵部队在栗柴坝、勐古渡、双虹桥、惠仁桥等渡口造钢缆木板军桥，并于各大小渡口备造木舟竹筏。后因山洪暴涨，流速过大，除双虹桥、惠仁桥外，栗柴坝、勐古渡之军桥均被冲毁。最终，反攻部队只能利用木舟及美军配给的橡皮艇强渡。[26]

在预定渡江的区域内，怒江东岸为我军占据的怒山之余脉，西岸即为日军盘踞的高黎贡山。

高黎贡山，为怒江与龙川江（流入缅境后汇入伊洛瓦底江）的分水岭，海拔最高处逾3500米，由北向南如鱼脊般绵延而下，横亘数百里，成为腾冲的天然屏障。山势倾斜急峻，几成垂直状，且有无数深谷交织其间。山中森林茂密，古木参天，通视困难。道路仅南、北斋公房两个古驿路，勉强能通行骡马，但极为险峻；其他各处虽有少数羊肠小径可横过山脉，然多为溪流侵蚀而成，行走不慎即有坠毙之虞。且山顶与山麓气候之差异，有如冬夏之别，倘不着冬服而欲通过山巅，虽在盛暑也常遭冻毙。此处，古来又为瘴疠之地，夏季怒江峡谷间蚊蚋密布，疟疾流行，对部队战斗力亦构成严重威胁。[27]

美军方面曾称高黎贡山为"二战海拔最高的战场"，并以亲历新几内亚岛欧文·史丹莱（Owen Stanley）山脉作战的美国军官和战地记者的对比感受，认为"高黎贡山脉的作战比前者要艰难得多"。在美军战史中，记述某些战事时常寥寥数笔，却对远征军在高黎贡山的艰难生存状态给予了细致入微的笔墨。事实上，如果不能让未亲临其境者理解征服这座天堑之艰难，也必定无法让人想象发生在这里的是一场怎样的战争：

怒江西岸是高黎贡山脉。这个山脉南北长170英里，高入云霄。山中很少通路，只有经三个垭口的古道可以翻越到西面。最北面的是片马垭口，海拔12900英尺；中间是马面关垭口，海拔10000英

---

[26] 方诚：《八年抗战小史》之十收复滇西之役，第49页。
[27] 胡璞玉主编：《抗日战史》，第二十九章缅北及滇西之作战（二），第149页。

尺；南面的垭口在大塘子和江苴街之间，同样是海拔10000英尺。

群山的险峻是无法形容的，特别是日军又在这些具有战略意义的垭口修筑了坚强的工事而据守，大概只有中国兵才能越过这种天险，在这样的地形作战。

在此处修筑公路是不可能的，除非打算投入数千劳工经数年艰苦施工，就像修筑滇缅公路那样。但即便是滇缅公路，也只是弯弯曲曲地从高黎贡山南部海拔较低的地区通过的。

通过垭口的山路非常狭窄，有的地方甚至连背负装备的徒步者也无法通过。驮马经过的时候，常常要将负荷卸下，由人一件件分散抬过小径。

山中没有山谷或平地可供小憩，以放松紧张的腿部肌肉。山势极其陡峻，无法直线向上攀登，必须左右盘旋向上挪动。由于地势太高，令人呼吸困难，即便是异常坚强的中国士兵和民夫也不得不放慢步伐。下山同样非常痛苦和艰难，在几乎垂直骤降的山路上，人的膝关节会因过度紧张而像果冻和小牛腿那样激烈地颤抖。

在雨季，这些山路有些地方变成了山溪。有的地方泥泞不堪，骡马都难于行走。有些地方淤泥没膝，鞋上经常拖着几英寸厚的泥巴。中国士兵多半把草鞋丢掉，赤脚比较站得稳当一点。大雨使中国士兵的军服完全湿透。甚至雨衣在行军时也没有什么大用，因为一面淋雨，一面出汗，里外都湿。不过雨衣在越过马面关和大塘子以西的雪山时，却发生了很大的功用，一万件美国雨衣从空中投掷给了山顶上的中国兵，用以遮避风雪，晚上还可以盖着在雪地里睡觉。

只靠一点米饭就能越过这种地形，真是难能可贵的事。参加过新几内亚岛上欧文·史丹莱山脉作战的美国军官和战地记者，认为高黎贡山脉的作战比前者要艰难得多。中国士兵和民夫背负着装备和稻米，经过艰苦跋涉从怒江热带河谷到达白雪覆盖的山巅，充分印证了他们的中国名字——"苦力"。在这些骡马都无法通行的几乎是垂直的山路上，他们经常要行走8个小时，其中一些人还抬着负伤士兵的担架返回。

日军以为那些穿着单薄、总是吃败仗的愚蠢的中国兵，绝不会在最糟糕的雨季中攻击这个被称为"东方的毒药"的恶劣之地。但是日本人低估了他们的敌人,因此最终输掉了这次战役。

越过了高黎贡山就是瑞丽江。这条江实际上距怒江只有15英里。它较怒江要小,但是河谷的情况却相同;它高出海面约6000英尺,可以通到腾冲。瑞丽江以西的山脉不如高黎贡山高,却也很难越过。

日军占据怒江西岸已有近两年时间。他们在易守难攻的山上构筑了异常坚固的阵地。中国军队在人数上占有压倒性的优势,但是这个优势被日军的素质抵消了许多。[28]

---

[28] 美国战史《怒江战役的完成》,戈叔亚译文。笔者据《怒江战役述要》略作校订。

| 第一阶段作战 |

第 14 章　渡河攻击

（参阅附图 5、附图 6、附图 21、附图 22）

攻击军一线兵团渡江

按作战方案，我反攻部队原定于 5 月 11 日黄昏后开始同时渡江。但 10 日夜，预先派遣在怒江西岸担负游击任务的预 2 师一个营[1]，突然与日军 800 余人在邦瓦寨发生遭遇战。交火至 11 日凌晨，在江东待渡的 198 师师长叶佩高以电话上报此情。霍揆彰经请示卫立煌批准，于当日清晨命令 198 师派右翼之 594 团于午前先行渡江，以主力增援邦瓦寨预 2 师游击营战斗；以一部占领掩护阵地，对土官寨、北斋公房、冷水沟方向严密警戒，以确实掩护该师主力渡江。[2]

594 团渡江选择的是上游栗柴坝、孙足河两个渡口。据 594 团副团长董铎回忆：我 594 团是 198 师的先锋团，而 198 师又是 54 军的先锋师，因此我团也是 54 军的急先锋……军部拨橡皮船 16 只，每只一次可载全副武装官兵 10 人，经 20 次全团即可渡完。[3]

关于第 594 团先行渡江后与敌交战情形，暂且搁下，后面详述。

---

〔1〕据预 2 师第 4 团第 3 连连长孙剑锋回忆，该游击营实为第 1 连配属第 3 连一个 60 迫击炮班。
〔2〕《陆军第 54 军滇西攻势作战机密日记》（未刊档案）。
〔3〕董铎（方延庆整理）：《收复腾冲纪实》。据《合肥文史资料》第二辑，第 16 页。

11日，为月龄[4]四月十九日。傍晚时分，一轮朗月高悬高黎贡山巅之上，幽深的怒江峡谷景色在月光映照下颇为壮观。此时，我数万大军自东岸悄然下至深谷，来到奔腾的怒江边。在17名美国工兵顾问督导下，我工兵部队利用美式橡皮舟和小木船，在怒江旋滚的激流中开始渡送主力部队过江。

按预先划定的渡江区域，攻击军第一线兵团第54军，以右翼198师592团陶达纲部由勐古渡、593团廖定藩部由水井渡（即水晶渡），相继渡江。左翼36师108团李定陆部由康郎渡，106团团长谷宾部由缅戛渡，107团团长麦劲东部由大沙坝渡，配属该师的116师346团张儒彬部由龙潭渡，分别渡江。[5]

第54军工兵营渡河连负责198师主力渡江。此前，连长董嗣勋与美军顾问卡塞中尉、克利斯少尉、雷丁军士等研究地形地貌后，认为勐古渡适合采用操纲渡和操桨渡两种方式，水井渡只可操桨渡。操纲渡，是预先将一根长200米、粗三四厘米的麻绳通过橡皮舟引至对岸，选择一棵大树设置滑轮，用被覆电线绑接麻绳，从对岸牵引至我岸，仍选择大树以滑轮固定。橡皮舟乘员即可握住悬置江面的这根麻绳，由我岸工兵拖拽较快地渡江。操桨渡，即乘员直接划桨渡江。考虑到怒江水流湍急，需要选择我岸上游适当位置为出发点，通过奋力划桨减少偏流影响，使呈斜线的航迹能准确指向对岸预定的登陆位置。当时，该连共配备美式橡皮舟18只；工兵团又自造木船3只。

11日夜，连长董嗣勋命第1排排长黄选周、第3排排长温天才负责勐古渡，配给橡皮舟12只、木船2只，以黄选周为渡江指挥，运送198师592团及师部直属部队渡江；以第2排排长陈雯负责水井渡，配给橡皮舟6只、木船1只，运送593团渡江。[6]潘世征在战地通讯中记述：渡江时，怒江水流虽急，但54军工兵营在汤子纯

---

[4] 从新月起算各种月相所经历的天数，并以朔望月的近似值29.5日为计算周期。这与中国农历中的月长相同，因此两者大体吻合，从新月到下一次新月的间隔时间称为一个朔望月。军事上因夜间行动关系，对月龄特别重视。

[5] 方国瑜：《抗日战争滇西战事篇》，第25页。

[6] 董嗣勋：《怒江烽火 腾冲血战——滇西反攻战片断回忆》。据《滇西抗日战争史料续辑》，第10页。

营长指挥下,已在大理洱海的大风浪中将渡江技术训练成熟,所以在各渡口驾驶木船、橡皮艇皆驾轻就熟。[7]

198师师长叶佩高的儿子叶祖禹,曾在凤凰卫视纪录片中谈及父亲昔日关于渡江的回忆,有一个细节令人印象深刻:

> 当时,一个重要的问题就是电话线屡架屡断。父亲在作战手记中写道:"因为怒江湍急,电话线一浸入江水马上就被冲断。我乃限通信连连长张兆楷(又名张志强)亲自去架设,一个小时内必须去架通,否则军法从事。因部队正在渡河中,被怒江的急流分割为二;如果电话不通,不能指挥与联络,必被日寇各个击破。"这就是为什么接到这样的死命令后,张兆楷必须自己背着电话线渡江架线。台湾的《中央日报》发表过张兆楷写的一篇文章《怒江生死线》。[8]他说,生死的关头,他有过(犹豫):那个时候他是不是可以跳进江去报效(国家),让别人来。他觉得他没有完成任务。他不能完成。后来他决定还得再试。张兆楷后来回忆说,就在一小时的死限快到的时候,不知道为什么,江水突然变缓了,电话线终于架了起来。[9]

实际上,是渡河连连长董嗣勋帮通信连解决了这个难题:

> "通信兵部队架设过怒江的通信线路,多次利用橡皮舟载电线过江,都被水冲走。后来请我连协助,在我岸将电线托于原架设的麻绳上,在橡皮舟上放一盘电线,随舟行速放线操作,很快就架通了前后方指挥所的电话线……"

在董嗣勋的印象中,198师老兵多,平日训练有素,在渡江过程中始终秩序井然。在寂静的夜里,除了脚步声,悄悄的"跟上!"提醒声和船桨触水声外,就似一个无人之境。[10]据54军战斗详报:因我军准备周到,企图秘密,致出敌不意,渡江时仅于沿江西岸一

---

[7] 潘世征:《一寸河山一滴血——高黎贡山的战役》。据其战地通讯集《战怒江》,第75页。
[8] 1971年5月23日及6月13日两次刊载于台湾《中央日报》副刊。
[9] 凤凰卫视凤凰大视野栏目纪录片《中国远征军》(八)《光复腾冲》(上)。
[10] 董嗣勋:《怒江烽火 腾冲血战——滇西反攻战片断回忆》。据《滇西抗日战争史料续辑》,第14页。

带遭遇敌少数部队之抵抗（指前述594团与敌在邦瓦寨附近交火）。至5月12日拂晓前，第一线兵团均已先后强渡完毕……[11]

此后，54军右第一线198师，以594团为右第一线团，攻击苦竹林、岩头山、苤菜地、朝阳地之敌；592团为师之左第一线团，攻击小横沟、蛮云街、灰坡、冷水沟、北斋公房、马面关之敌；593团为师预备队，渡江后位于西牙街附近待命。

左第一线36师，以107团攻击当面唐习山、大塘子之敌；以108团进至管库山、回恒山间地区，并各以一部经乌濑山、大小白峰坡道、管库山、雪山、梁山道、野猪官塘、冷水垭道向西进出，以求警戒师之右侧背；配属该师之116师346团，占领核桃坪、马脑山、重冈坡亘怒江之线，对西南警戒。

以上两师战斗地境线为西牙街、冷水垭至桥头之线，线上属第36师。

当日，在攻击军渡江同时，怒江下游防守军之新编第39师加强团，由周家渡、老鸦渡、瓦打渡；第88师加强团，由蚌董渡、河尾渡（均在瓦打渡以南约90公里）；第76师、第9师联合编组之加强团，由罕拐渡、龙潭渡分别渡江。因行动秘密，均未遭敌之抵抗；新编第33师加强团，则向东滚弄我岸之敌前进据点施行佯攻。[12]

我7万大军渡江反攻的壮阔场景，令随军行动的《扫荡报》记者潘世征激动不已，在战地通讯中写道：

当两年前腾龙失守时，我国素以善战英勇著名之远征军某军（指第一次入缅的中国远征军第一路之第5军），在海外历建伟功，最后不以战败，而失利于天时地利。记者当时痛心疾首，认为以后只有保卫怒江，始可反攻缅甸，怒江已成为黄河第二：保卫黄河，守住山西，故都北平有重见光明之一日；保卫怒江，攻克腾龙，国际交通有重开的一天。今日我常胜大军，破釜沉舟，不入腾龙誓不返。横断山脉上

---

[11]《陆军第54军滇西攻势作战战斗详报》。据《保山地区史志文辑》抗日战争专辑之二，第17页。

[12] 胡璞玉主编：《抗日战史》第二十九章缅北及滇西之作战（二），第150页。

之冬雪已开始融化，怒江的洪流已激增数尺，攻势迅速完成，从此长驱直入，直蹈敌窠，这一股英伟之气，在我国西南边疆上向天际直冲。"[13]

但是，囿于当时所掌握的敌情，潘世征对日军方面做了不准确的臆测式摹写：

"我军强渡怒江时，敌人还睡在迷梦之中。高黎贡山之天险，倘敌人早发觉数小时，凭一年来修筑之坚强工事，由山顶居高临下，我过一只船，他打沉一只船，无论如何，没有一兵一卒可能越过这条大江的。现在，却因不明我反攻决心，不知我渡江如此迅速，所以被我完成大举。"[14]

兵法云，对渡河之敌最佳的进攻时机为"半渡而击"。尽管日军通过通信破译已基本掌握我军反攻部署，但因为兵力严重不足，没有在怒江西岸滩头全线设防，而采取据守要点以小股兵力迎击的战术。10日夜，日军与预2师游击营发生遭遇战，并迫使我594团提前渡江增援，即为证明。此时，日军的主要阻击阵地均设在高黎贡山山腰及山顶各隘口，以邀击态势迎候我军。

但不管后续战事前景如何，渡江成功令远征军上下均沉浸在兴奋之中。当闻听卫立煌报告至12日后续部队全部过江后，13日，蒋介石向美国总统罗斯福发去了一封电报（通过中国驻美大使魏道明译转）：

"闻近日尊体康复，无任欣慰。中国远征军已于昨日强渡萨尔温江完毕，现在向敌军猛烈进攻中。中国甚愿竭尽绵薄，能策应盟军在印缅之作战有所补益，以副阁下之殷望。惟中国本为贫弱之国，加以今日七年之长期抗战，其艰难困苦，甚于其他之盟邦，必为阁下所深悉。而且中国战场，一方面在其战场中心河南平原作战，正在大规模发展之时，而一方面又欲在萨尔温江作战同时进行。以中国疲弱之身，而当此两面作战之重任，其艰危之状，更倍于往昔，尚望阁下体谅此苦是荷。蒋中正。"[15]

---

[13] 潘世征：《一寸河山一滴血——高黎贡山的战役》。据其战地通讯集《战怒江》，第76页。
[14] 同上。
[15] 《中华民国重要史料初编——对日抗战时期》，第二编作战经过（三），第483页。

在这封电报中，于简短的报捷之后，蒋介石以三分之二篇幅重申了中国当下的困境，以期罗斯福对自己前番迟迟拖延滇西方面反攻的情由予以谅解。[16]但这种"诉苦腔"给外人听了，好像此时远征军是要帮助美军收复美利坚沦陷的国土。电报中"萨尔温江"的译法，显然是照顾了西方人的理解习惯，如果准确地译作中国内河"怒江"，大概就令人滋味百出了。

渡江初期敌情

11日，54军司令部参谋处综合各方面通报，所掌握的当面敌情为：

数日来，敌由灰坡向江边推进，构筑工事，驮马百匹，运输甚忙。小横沟有敌500余人，马百余匹，且有坚固阵地；灰坡100余人，有游动炮2门；冷水沟有敌约400人；北斋公房有敌200余人，敌构筑坑道工事甚坚；马面关、桥头之敌为148联队第1大队。南线大塘子方面，有敌100余人。[17]

这些零碎的敌情是否准确？笔者将日军战史中的记述汇总制表如下：

表4　远征军反攻初期滇西日军兵力及配置情况

地域区分		守备兵力	指挥官	备注
片马		第18师团第114联队第1大队主力	猪濑重雄少佐	
冷水沟	马鞍山、灰坡	148联队第2大队一部	成合盛大尉	
	冷水沟	148联队第2大队主力及联队炮中队	日隈太郎大尉	附野炮第1小队
	桥头、马面关	148联队第1大队留守队	不详	
大塘子		148联队主力（第3大队为基干）	藏重康美大佐	附野炮第1大队

---

[16]关于蒋介石在美国压力下终于同意出动远征军反攻滇西，可参拙作《1944：松山战役笔记》第2章。

[17]《陆军第54军滇西攻势作战机密日记》（未刊档案）。

续表

地域区分	守备兵力	指挥官	备注
红木树	113联队主力（第1大队为基干）	松井秀治大佐	
拉孟（松山）	113联队留守队及野炮56联队第3大队	金光惠次郎少佐	约1300人
镇安街	113联队第2大队留守队	尾原繁中尉	约150人
龙陵	113联队第3大队及工兵56联队留守队[18]	小室钟太郎中佐	约300人
平戛	146联队第1大队	安部和信少佐[19]	
滚弄	搜索第56联队	柳川明中佐	

附记：

1. 148联队第1大队（水渕嘉平少佐）主力于3月中旬增援缅北第18师团，先后转战于加迈、密支那、八莫。

2. 146联队第2大队（胁山博雄少佐）、第3大队（堤茂三郎少佐）由金冈宗四郎大佐指挥于4月上旬增援缅北第18师团胡康方面；7月下旬至8月下旬陆续返回芒市归建。

3. 113联队第2大队（原田万太郎少佐）主力由师团直辖，在我反攻开始后先奉命增援平戛，此后配属第148联队归藏重指挥；6月中旬全部转往龙陵。

4. 113联队第3大队（荻尾勇少佐）5月初由水上源藏少将指挥在缅甸担任八莫公路警备，在我反攻开始后主力配属第148联队归藏重指挥；6月中旬全部转往龙陵。

汇总54军情报中所述小横沟至北斋公房一线日军兵力，约为1200人，大致与据守此地的日军148联队第2大队实际兵力相当。但所述"马面关、桥头之敌为148联队第1大队"，实际上仅为该大队留守队，不超过300人。对于南线大塘子36师（不久由53军接替）当面之敌，其估计则大大偏少，实际上此时为藏重康美直接指挥的第148联队本部加第3大队，并配属野炮56联队第1大队主力，兵力当比北线更多。

在兵力对比中可见，战斗中我军大致以师建制应战日军大队建制。不了解者可能会误以为是"牛刀杀鸡"，其实不然。当时的198

---

[18] 6月5日，第2师团第29联队第2大队（藤木大队）配属，增加兵力约440名。据中华民国史资料丛稿译稿《缅甸作战（下）》，第99页。

[19] 据《第五十六师团将校职员表》记为安部和壮。

师特务连连长曹英哲,赴台湾后任陆军少将,毕业于美国陆军参谋学院,他在撰述中曾专门就此做过深入比较:

> 我想从中日双方的编装、员额、后勤补给、作战训练、指挥运用等方面,探讨高黎贡山、腾冲战役。何以敌人敢常以"对十倍之敌"甚至"二十倍之敌",仍有必胜自信的大话,真的是日军善战吗?
>
> 从表面上看,作战初期确是日军仅一个第56师团,面对远征军12个师,再加上5个军级司令部,2个集团军司令部,从番号上确也是"二十比一"。以198师攻击之高黎贡山正面而言,日军守备部队(不含后来反攻桥头所动用之部队),大致亦仅步兵148联队之第2大队加强而已,从番号上看,也确实是"十比一"。
>
> 不过若从编制装备而言,日军第56师团直属部队便有:搜索第56联队、野炮第56联队、工兵第56联队、辎重兵第56联队;联队大致和国军团级相对应。而其步兵联队的编制,除3个步兵大队外,尚有联队炮中队(75毫米山炮4门)和速射炮中队(37毫米速射炮6门)。其步兵大队除了3个步兵中队、1个重机枪中队(92式重机枪6挺)外,尚有步兵炮1个小队(70毫米步兵炮2门)。
>
> 而198师的师直属部队则不过有:搜索连(没有马匹和任何机动能力,完全一个轻装步兵连而已)、特务连、运输连(仅人力挑夫)、工兵连(多了些圆锹十字镐的步兵连)、通信连和卫生队等6个连级的编装。步兵团中仅有82迫击炮连一个(82毫米迫击炮4门),既没有一门野战炮,也没有一辆汽车。全师渡江前的总兵力,不过小米加步枪约5600名而已(反攻前确实接受了些美援新武器,如60迫击炮、"比灵"轻机关枪、冲锋枪、火箭筒、手榴弹以及7月下旬空运来的火焰喷射器等类的轻兵器)。[20]
>
> 我军一个师的兵力装备,根本无法和日军一个师团的兵力装备相比。实际上日本陆军师团是诸兵种合成、能独立作战的战略

---

[20] 从曹英哲的记述看,反攻初期远征军美械装备并未配备到位。后来应有的军属105毫米榴弹炮营(12门)、师属75毫米山炮营(12门)、团属37毫米战防炮连(4门)、营属81毫米迫击炮排(2门),此时尚未编成。

建制部队，是日本平时军事编制中最高一级的建制单位，在许多方面更像中国的军，而与中国的师差别很大。日本师团的主官叫师团长，编制中将；以 56 师团而论，全师团人数（不含配属支援兵力）约 18914 人；而 54 军仅 17500 人（军部及直属部队 4700 人，36 师 7200 人，198 师 5600 人）；53 军共 21400 人（军部及直属部队 5600 人，116 师 7800 人，130 师 8000 人）。再加上第 11 集团军的 3 个军（2、6、71 军）和远征军总预备队第 8 军，我总兵力约为十万余人，对日军第 56 师团来说，也不过是五比一而已。况且我反攻后期，日军第 56 师团陆续获得第 2 师团、第 49 师团、第 53 师团各一部及其他特种兵部队增援，共计拥有步兵 17 个大队又两个中队，两个搜索联队，一个工兵联队，一个野炮兵联队，重炮两个中队，另有印缅伪军约 3000 余人未列入。粗估，我军与日军人数约为三比一弱。"二十比一"的说法简直荒谬可笑。

日军 56 师团在怒江西岸经营战场整整两年有余，占好了一夫当关的有利地形，并从破解密码获得正确无误的情报，摆好了阵地陷阱等国军。以 198 师当面的日限大队（148 联队第 2 大队）而言，不仅配有联队炮、速射炮，还有 54 匹战马。日军大队（营）级指挥官，便可直接运用炮兵火力；198 师虽也有一个重迫击炮营、一个山炮连配属，这些炮兵部队，既没有前进观测员，又没有联络官，团长要申请火力支援，还得通过师长；如何捕捉战机，如何步炮协同（因为误伤事件频仍，有些步兵部队宁肯上刺刀冲锋，也不愿炮兵支援，甚至背后以"汉奸炮"称之），又如何发挥统合战力呢！

这是个需要精打细算的重要问题，绝不能从番号上对比，也不可从兵员表面计算，因面对日寇这样能发挥统合战力的部队，绝非小米加步枪的部队可以征服的，何况其已占领天险以逸待劳地摆好架势。

总之，千言万语，不过只几句话："要从编装上找答案，发扬统合战力上着眼"；"要从充实基层战力着手，再多的番号，再多的将军，都无济于战力的提升"。[21]

---

[21] 曹英哲：《抗日名将叶佩高》第一卷《抗日英雄叶佩高将军》，第 12 页。

在部署作战中，敌我对阵兵力的"预算"有一个基点。对此，日军第 56 师团司令部"乙参谋"（负责情报）野口省己少佐战后曾谈及：

"松山中将曾评价，初期的远征军一个师的战斗力，约相当于龙兵团（指 56 师团）一个大队的程度。这是他从之前的战斗经验中作出的评估。昭和十八年（1943 年）秋的怒江作战中，他的评价还是一样的。但是，远征军通过改良装备、强化训练使士兵的质量飞跃性提升，经过昭和十九年（1944 年）2 月的战斗后检讨的结果，他得出敌军一个师的战斗力约相当于龙兵团三分之一的结论，而后，开始纠正此前部队中存在的藐视中国军的观念。不过，这种观念已经很难纠正。"[22]

首次遭遇战

此时，回头再说先行渡江的 198 师 594 团与敌率先打响的遭遇战。

关于此次遭遇战，日军战史中扼要记述了一笔："第 198 师主力和预备第 2 师一部（指该师游击营）有力部队由勐古渡和栗柴坝渡渡江。面对该敌，日限大队自 11 日起以一部扼守马鞍山，以主力捕捉突袭栗柴坝渡方面约 500—600 之敌，予以重创。"[23] 从战术角度来看，日军这一出击符合"打击立足未稳之敌"的原则。

如前所述，预 2 师游击营于 5 月 10 日晚在邦瓦寨附近受约 800 步炮联合之敌压迫，几难支持。实际的情况是：10 日，预 2 师游击营的一个排，辗转来到江边磨磨山（又称毛毛山）上的观音寺宿营。黄昏后，突遭从山上下来的日军一部包围袭击，阵亡 3 人后向土官寨撤退。但日军并未追赶，而是留驻观音寺附近山头，警戒江岸附

---

[22] [日] 相良俊辅：《菊と龍：祖国への栄光の戦い》，第 252 页。况冶译文。原文为野口正己，《拉孟、腾越——玉碎の实相》中附表一第 56 师团团长一览表记为田口正之；《第五十六师团将校职员表》记为野口省己。此人后调任第 33 军参谋。

[23] 中华民国史资料丛稿译稿《缅甸作战（下）》，第 92 页。

近我军动向。[24]

此后，霍揆彰命198师派594团渡江增援战斗。据54军战斗详报：该团一部于11日午前由栗柴坝渡渡江，与敌遭遇于观音寺附近，将敌击退，并即占领该处附近高地，以掩护主力渡江。[25]

在我方史料记述中，称之为"观音寺遭遇战"。据潘世征战地通讯：

11日天色拂晓的时候，我军594团覃子斌团长的部队，在过河后四五里的邦瓦寨、观音寺等地，开始以强硬的姿态，与敌人发生了第一次的遭遇战。

覃团长自东战场辗转来到云南，已经3年多了。去年从滇南调到了滇西，准备反攻，自团长以下，全团官兵是无以形容的兴奋。覃团长平时训诫的话："战场上的枪声，要紧接着操场上的操声"，"操声，我们操得差不多了，什么时候接着战场的枪声呢？"

第一次，11日的黎明5时，和敌人作了首次的遭遇。

——这一刻，居然还有目击者：这天清晨，预2师游击营的后勤兵廖班长带着19岁的丙贡小伙子石相开准备前往石墩子背米。从丙贡下山刚走到一棵大树下，"就看到198师大部队持枪一条龙似的冲上来。两人都看得呆了，不再下去背米，躲在树后看部队前进。"[26]

这是敌人意料之外的事。覃团轻机枪连连长李仁，带着他的一排部下，搜索前进遭遇着敌人的时候，他们散了开来，"咯咯咯   "一场大战结果，敌人死亡11名，我们的李连长四肢负5处枪伤，腹上亦伤一弹，后来模糊地被救回到后方医院。敌人七八十

---

[24] 石相开（口述），艾纶（整理）：《日寇在丙贡一带的暴行》。据《泸水文史资料选》第二辑，第21页。

[25]《陆军第54军滇西攻势作战斗详报》。

[26] 石相开（口述），艾纶（整理）：《日寇在丙贡一带的暴行》。据《泸水文史资料选》第二辑，第21页。

人,向后退走了。[27]

在此记述中,似乎594团一部在付出少量伤亡后,即将敌驱逐而站稳脚跟。但对比当地史料记述,此说显然过滤了很多曲折过程和细节:

> 5月10日,我预2师游击营在丙凤寨(即丙奉)附近的观音寺袭敌失利(实际上是遭敌突袭),受到增援敌军八百余名之压迫,不能支持。594团奉命前往增援。该团一部自麻地洼爬山前进,准备围歼观音寺据点之敌,不期到丙凤附近老母猪地黑垭口洼子休息时,突然遭到蕨叶坝两边山上日军的两面包抄夹击,伤亡重大,增援受挫。一位连长在危急中,抱起机枪滚下岩缝里狠狠还击日军,打退敌几次冲锋,后已不能孤军作战,携带机枪渡回江东。
> 增援部队受挫后,继由594团主力经栗柴坝再次渡江增援。我军进至大山坪子时,用望远镜发现大量敌军驻满观音寺。随即以猛烈炮火轰击,继以步兵围歼该寺之敌,敌军伤亡累累,尸横遍野,余部纷纷逃窜,我军终于收复了观音寺。此战拔除了敌军前哨阵地,为反攻小横沟、岩头山之敌创造了条件。[28]

由此可见,594团先期增援的一部,实际上在遭敌突袭后无法立足,"携带机枪渡回江东"的当为前述负重伤的机枪连连长李仁。因增援受挫,594团于11日傍晚再次渡江增援,此时应该是团主力。据载,"至酉时(17—19时),第594团团长覃子斌率主力再由栗柴坝、孙足河口渡江,驱逐丙贡附近敌人之警戒部队,即向当面严行侦察"。[29]

由于这次意料之外的遭遇战,594团后续部队渡江时即遭敌"半渡而击"。当时为我军摆渡的老船工留下了如此回忆:"渡江时,盘

---

[27] 潘世征:《覃子斌团长之死》。据其战地通讯集《战怒江》,第142页。
[28] 李道生、马秉坤:《泸水军民联合抗日战事纪实》。《云南文史资料选辑》第39辑滇西抗战,第217页。
[29] 方国瑜:《抗日战争滇西战事篇》,第25页。

踞西岸的日军从磨磨山的中龙潭据点,以重机枪拼命向渡江部队扫射,子弹像雨点般射向江面和船旁。为了避开敌军火力,减少伤亡,部队开始时在黑夜渡江。强渡部队在东岸强大炮火配合下,首先攻击正面据点之敌,待消灭中龙潭据点敌后,再日夜抢渡。"[30]

此后,日军似乎主动收缩后撤了。

经过如此补充后,才会对潘世征这样的概括性记述不至于产生歧义:"当5月11日在栗柴坝渡过怒江后,594团即在11日晚黑夜之间,与敌激战,一面攻击,一面向山上爬。敌人抵抗不了我们的一股锐气,即晚失守,退上数十里,退守丙凤垭口和苦竹林。"[31]

---

[30] 李道生、马秉坤:《泸水军民联合抗日战事纪实》。据《云南文史资料选辑》第39辑滇西抗战,第216页。

[31] 潘世征:《一寸河山一滴血——高黎贡山的战役》。据其战地通讯集《战怒江》,第77页。

第15章　198师攻击小横沟、灰坡

(参阅附图5、附图6、附图21、附图22)

反攻高黎贡山作战,自然应该从打响第一枪的198师开始叙述,但这样开篇却问题多多。主要的缺憾是,在参战部队的5个师中,198师未留下最重要的文献——战斗详报;[1]存世的骨干史料是54军作战日记、54军战斗详报及部分亲历者撰述。但笔者在细致的史料爬梳中不无遗憾地发现,54军作战日记中收入的198师战况电报,有不少明显存在早报、瞒报甚至谎报问题;而主要依据战况电报编写的54军战斗详报,也就难免存在修修补补、自圆其说的问题。当笔者发现这一点,就对5月5日战前会议上卫立煌对军师长们"情报及战报必须迅速而确实"的警告,颇有恍然顿悟之感。

如果完全依赖军方文献,则大致可以照方国瑜、胡璞玉的著作抄下来,但那样可能将不能了解部分被遮蔽的真相。所幸的是,有一些亲历者的撰述是独立于军方记录之外的,他们相互补充地展示出了战况的"原生态"。

笔者的叙述原则是,优先选择那些可信的记述,同时将一些可能存在遮蔽和矫饰的说法略作辨析以供参考。对这些鲜血写就的故事,笔者只能如此讲述,也许这会造成一些阅读上的重复拖沓、不够流畅,但相信唯有如此,读者才可能因兼听而明。

---

[1] 198师出身的曹英哲曾为此与人做过一些推测和感叹,他们认为198师战绩最佳,因此可能招致嫉恨而被人有意毁掉其战斗详报(曹英哲:《抗日名将叶佩高》,第50页)。此说显然存在明显的逻辑问题。实际上,预2师的战斗详报也未发现。

据日军战史：当我军渡江开始仰攻高黎贡山后，日军第56师团主力按照预定计划，以各个击破我军为目标，在高黎贡山东麓向我实施反击。

北线方面，日限大队在渡河点附近阻滞我594团攻击后，继而转折，以主力占领马鞍山、灰坡，以一部占领冷水沟，15日以后阻击第198师主力的进攻。"特别是马鞍山守备队，虽陷入敌军约2000兵力之重围，仍固守阵地奋战，对敌军杀伤极大。"[2]

日军战史这一记述比较概略，笔者首先依据我方史料叙述逐日战况。

据54军战斗详报：12日拂晓，592团、593团继594团之后渡过怒江。592团与594团展开于丙凤垭口、平田垭口、青坡亘猛峨山（又称磨磨山）东北之线，对占领邦瓦寨、苦竹林、岩头、小横沟、灰坡、大寨、一把伞等处之敌攻击。593团担任师预备队，暂集结于西牙街东北侧地区，其搜索连位于猛峨山，向西南警戒。

我炮兵队则于此时在勐古渡东北占领阵地，开始向小横沟、灰坡一带射击，掩护步兵攻击前进。当时，敌炮兵曾予以还击，双方经一度炮战，因我炮兵优势明显，敌炮兵几乎被我完全压制，故步兵攻击进展颇为顺利。当日黄昏后，我炮兵以一部过江，推进于蛮云街西北地区。[3]

198师展开的两个一线团，594团为右翼，于邦瓦寨西北地区占领阵地，攻击正面当前为邦瓦寨、苦竹林；[4]592团为左翼，攻击正面为小横沟，也是日军日限大队主阵地。当日攻击情形如何？198师师长叶佩高战况电报和54军战斗详报均语焉不详，但592团团长陶达纲留下了如此记述：

12日，就攻击位置完毕，已中午12时了。此时附属师指挥所的重炮（实际是重迫击炮）、山炮犹未渡江进入阵地。右翼的594

---

[2] 中华民国史资料丛稿译稿《缅甸作战（下）》，第92页。
[3] 《陆军第54军滇西攻势作战战斗详报》。据《保山地区史志文辑》抗日战争专辑之二，第20页。
[4] 方国瑜：《抗日战争滇西战事篇》，第26页。

团,尚在渡江中,犹未展开。但师部的幕僚人员,即一再催促本团立即攻击前进,夺取蛮云街及灰坡。当时本人陈述:重炮、山炮犹未渡江进入阵地,594团正在渡河,尚未展开。为收协同一致之效,似乎不宜一个部队先展开,便先攻击。可是过了一会儿,师部参谋长电话又来了,再一会儿副师长电话,再一会儿师长电话,都是促本团立即开始攻击,好像是不立即攻击,对上级乃至最高统帅部,就没有交代似的。

本团不得不服从命令,于是下令各营攻击前进。我右第一线营(第3营,营长姚立功)凭其自身之火力六〇炮及轻重机关枪,一举将蛮云街日寇一据点攻克,日寇向灰坡方面窜逃。但本人知道日寇在集中兵力,于是命右第一线营继续前进,向左旋与左第一线营(第1营,营长宋逢桥)协同围攻灰坡之日寇。此时已夕阳西下,进入黄昏了。忽然右翼岩头山方面(即594团应攻击之日寇据点),日寇的速射炮、机关枪如一阵狂风暴雨般向我右第一线营的右侧射击,灰坡的日寇亦乘机出击,我第一线营官兵伤亡甚重,不支向后退却。本人此时正在第一线直后约200公尺,退到我"比灵"轻机关枪连(连长萧传莲)所布阵线,才稳住阵脚。本人此时下令构筑工事,转为攻势防御,并不断用迫击炮、机关枪向日寇阵地断断续续轰击。此时天已入暮,只有微弱的星光。本人又下令,谨防鬼子夜袭及拂晓攻击。

第二天(13日)清晨,本人清查官兵伤亡情况,第1、2两营官兵已经共有85人伤亡。[5]

对比陶达纲的记述,可知54军战斗详报中所谓"敌炮兵几乎被我完全压制,故步兵攻击进展颇为顺利"就是虚构之笔。

13日拂晓,198师继续攻击,师指挥所也推进至勐古渡西岸的江西山。

清晨,198师特务连排长叶奋平看到,师长叶佩高一反平常,脱下浅灰色的粗布军衣,穿上了深绿色的毛呢将军制服,雄赳赳地站在阵地后方。叶奋平十分纳罕地暗想:师长穿一身特别整齐的军装,

---

[5] 陶达纲:《滇西抗日血战写实》。据《民族光辉——腾冲抗战史料钩沉》,第199页。

不是容易被敌人发现而很危险吗？[6]

叶奋平，是叶佩高的本家族人，连长曹英哲的部下。该连另两位排长郑挺龙、陆荣延也是叶师长的乡亲；郑挺龙还是叶佩高前任师长郑挺锋[7]的本家，5月11日594团轻机枪连连长李仁在观音寺遭遇战负重伤后，郑挺龙继任该连连长，9月11日战死于腾冲巷战。当时，军队将领带挈家乡子弟从军是为风气，作为近身"亲兵"用家乡子弟也感到可靠。据曹英哲云，若不是自己"不怕死、不怕苦、不怕难、不要钱，处事公正、公平、透明，做人坦诚肯吃亏，还有些学术本领外，根本没办法统领这一群骄官悍兵"。这一自白，也道出了当时在军中做带兵官的素质要求。[8]

当日，右翼594团攻击顺利，相继攻占丙凤后山、苦竹林、岩头各地，敌被迫向大蕨地、营盘山撤退。

但左翼592团因单纯由正面向灰坡攻击，进展极为困难。198师遂令该团第3营由右翼包围，刚进至小横沟山腹，敌增援自北而来，企图反包围第3营右翼。双方展开激战，营长姚立功、第8连连长朱国勋阵亡，[9]状况危急。198师再令预备队593团第1营北上，又向包围592团之敌的外翼包围，敌因此被迫后退，战局稍获安定。

此时，592团第2营（营长潘鑫）由左翼突破敌大寨及一把伞阵地，攻入灰坡后方高地；198师形成对小横沟、灰坡之三面包围。但因天已入暮，198师令各部以当下态势与敌彻夜保持接触，准备次日再行攻击。[10]

但是，笔者非常困惑地看到，在54军作战日记中，却留下了如此记录：

---

[6] 叶奋平：《一九八师反攻腾冲纪事》。据《云南文史资料选辑》第39辑滇西抗战，第315页。

[7] 郑挺锋时任第54军副军长。其胞兄郑介民为军令部第二厅中将厅长，1946年继戴笠之后任军统局局长。

[8] 曹英哲：《抗日名将叶佩高》第一卷《抗日英雄叶佩高将军》[注43]，第45页。

[9] 原文记姚立功负伤。潘世征《一寸河山一滴血——高黎贡山的战役》记其阵亡，据《战怒江》第77页。另据《第20集团军腾冲抗日阵亡官佐名录》，姚立功少校为山西永济人，朱国勋上尉为湖南汉寿人。

[10]《陆军第54军滇西攻势作战战斗详报》。据《保山地区史志文辑》抗日战争专辑之二，第21页。

叶师长5月13日卯（5—7时）电：本师12日夜继续攻击。于13日拂晓，592团占领小横沟、灰坡；593团现向北斋公房攻击；594团仍向邦瓦寨攻击。

叶师长5月13日酉（17—19时）电：592团13日晨攻占小横沟、灰坡后，继占高黎贡山顶6559高地，构筑工事；594团由邦瓦寨西进，向苦竹林攻击；师指挥所在高黎贡山东麓。[11]

小横沟、灰坡、6559高地、北斋公房到底是哪天才得以攻占，该战况电报中打了多少"提前量"，读者后面将会明白。可以肯定地说，叶师长此两电均属"早报"战况。

但是，当日师长叶佩高也做出了一个后来影响到整个滇西反攻战局的英明决策。

据载：因当面之敌凭险固守，我须节节仰攻，进展不易。叶佩高师长乃以593团主力由辛酉山、苦竹山、三元宫小道迂回敌后，截断敌军之联络线，以期策应正面之战斗；而仅以该团第1营控置于蛮云街附近，为师预备队。[12]

叶佩高派出作为师预备队的593团主力，遂有了后来袭占桥头、马面关之奇功，后面将会详叙。但这个决策当时所冒风险，却非常人可以想象。曹英哲对此曾作如此评论："师长既然大胆地把三个团全部撒了出去，又将炮兵配属给592团[13]，手中已全无可以掌握战局的手段和方法，最后只有拼了命地冒险犯难，身临火线以激励士气了，说起来真是够惨够无奈……"[14]

在叙述战况进展时，各种史料记述中地名的不统一，是一个很大的问题。但这又有其可以理解的原因——在广袤的山区，若非当地人，其实很难精确地叫出每一个山头的名称，往往会以一个泛称涵盖很多山头。比如，不少撰述中所称的灰坡，其实指的

---

[11]《陆军第54军滇西攻势作战机密日记》（未刊档案）。
[12]《陆军第54军滇西攻势作战战斗详报》。据《保山地区史志文辑》抗日战争专辑之二，第21页。
[13] 此情节发生在17日，叶佩高将师属炮兵全部交由592团团长陶达纲指挥攻击灰坡。
[14] 曹英哲：《抗日名将叶佩高》第一卷《抗日英雄叶佩高将军》[注44]，第47页。

是其前沿的小横沟。从进攻路线来说，先攻克小横沟，而后才顺序推进至灰坡。

当地史料对此界定得极为清晰："小横沟是通向灰坡大路上有三台平地的一个村庄，居高临下，地势险要，是灰坡梁子下日军的前卫阵地。日军在这里建储有大量弹药、粮食、物资仓库和军马场，有数百匹军马，还有训练场地，是日军物资供给的集散地。周围掘满战壕工事，日军分兵把守。"[15]

潘世征战地通讯中的记述为："灰坡是高黎贡山最高峰到北斋公房的一个大门，四面有高山峻岭，满山上生长着密密的丛竹，有如南斋公房东部的大塘子一样，敌人两年来建筑了许多工事在上面，他们准备死守半年。敌人在这儿有1个大队、4个中队守着，有8门大炮，有400匹新购的蒙古种大马，以及大量的粮食。"此处的"灰坡"，就是将小横沟与灰坡不加区分地合二为一了。

据潘世征战地通讯：13日晚上，594团挺进到了"灰坡"。该团团长覃子斌对于地形的不利和敌人粮械的充足极其痛恨，"敌人要死守6个月，我们要6天内攻克灰坡"。[16]实际上，小横沟、灰坡为592团攻击正面，594团攻击路线为偏北的苦竹林、营盘山一线。据198师战况电报，14日594团仍在清扫邦瓦寨残敌；[17]而方国瑜撰述，14日晨该团由邦瓦寨出苦竹林方面，攻占老人岩；[18]两者记述不一致。但覃子斌所说"要6天内攻克灰坡"，已经将叶师战况电报中"13日拂晓陶团攻占小横沟、灰坡"的记述证伪了。

关于14日的战斗，54军战斗详报的记述为：

14日天明，我步兵在炮空掩护之下，继续对敌阵地猛攻。我右翼594团旋即攻占营盘山。我包围灰坡、小横沟之部队，亦冲入敌阵，经一度激战，敌伤亡惨重，不支溃退，592团遂即占领小横沟与

---

[15] 李道生、马秉坤：《泸水军民联合抗日战事纪实》。据《云南文史资料选辑》第39辑滇西抗战，第218页。
[16] 潘世征：《覃子斌团长之死》。据其战地通讯集《战怒江》，第143页。
[17]《陆军第54军滇西攻势作战机密日记》（未刊档案）。
[18] 方国瑜：《抗日战争滇西战事篇》，第26页。

灰坡。[19]

小横沟、灰坡继13日被"攻占"后,又于14日再度被"占领"。但更荒诞的是,当日198师的电报又沿着此前的惯性继续"预支"战况进展:

"叶师长辰寒（5月14日）电称：592团向冷水沟猛攻中。"[20]

须知,冷水沟在高黎贡山顶,此时远远不到。如此信口开河,后面将如何圆场?

姑且按54军战斗详报认定,592团继13日之攻击后,于14日攻占小横沟。那么两天来的战斗状况,应为当地史料所述的如下面貌：

198师主力于5月的一个下午（13日）开始对小横沟之敌发起攻击。首先美机出动五六十架次,轮番轰炸和扫射敌堡、战壕、仓库和马匹,继而我军江东勐古大平箐炮兵阵地对准小横沟反复轰击。雨点般的炮弹和炸弹将敌军工事轰成一片焦土,树木竹林被毁得粉碎,把敌军炸得人仰马翻,直到天黑。

次（14日）晨天未亮,信号弹划破了天空,就开始决战,枪响成一片,就像炸米花一样。经过轰炸炮击和激烈的战斗,敌军伤亡累累,我军亦多有牺牲。少数残敌尚在负隅顽抗,我军从四面潮水般涌入敌阵,听不到枪响,只听见"杀！杀！杀！"的厉声喊叫,双方展开了激烈的肉搏战,反复冲杀,最后全歼了日军,取得攻占小横沟据点的胜利。[21]

攻击小横沟战斗中,我空军和炮兵予以有力支援,在其他撰述中亦有记述。据潘世征战地通讯："每一山道是被封锁了起来,一条竹林里的大道也被开辟了出来,我们的大炮已开始向灰坡攻击,我

---

[19]《陆军第54军滇西攻势作战战斗详报》。据《保山地区史志文辑》抗日战争专辑之二,第21页。

[20]《陆军第54军滇西攻势作战机密日记》（未刊档案）。

[21] 李道生、马秉坤：《泸水军民联合抗日战事纪实》。据《云南文史资料选辑》第39辑滇西抗战,第218页。

们的飞机也炸死敌人和战马。"[22]方国瑜撰述："14日巳刻（9—11时）敌增援向灰坡反攻，战斗激烈。正午，我藉飞机3架及炮兵之支援，将敌击退，并乘势进占灰坡及西端之6369高地，毙敌副联队长（日军无此职务，应有误）一员……我为确保已占之地区计，加筑工事防守之。"[23]

据54军战斗详报：在14日的战斗中，"美教官夏伯尔中尉亦随队冲锋，饮弹殒命。其牺牲精神，实足以表示盟邦人士之敌忾同仇，殊令人敬佩而感奋"。[24]夏伯尔（Schaible）是反攻后与我军并肩战斗而阵亡的第一位美军顾问，时年不过22周岁。他的故事感人至深。

多年以前，居昆明的远征军老兵邹德安曾告诉历史学者戈叔亚，1942年远征军第一次入缅作战时，他的部队有一位美国陆军教官，名字叫夏伯尔。战事失利后，部队在撤退途中的原始森林里，总伴随着"呜呜呜"的猿啼声，好像是在嘲笑远征军的失败，让邹德安和战友们感觉特别懊恼。但跟他们一同撤退的夏伯尔不这样看。夏伯尔解释说，猴子发出的声音，就和英语里面的"Who（谁）"一模一样——"所以它们不是在嘲笑我们，而是友好地和我们打招呼！"这个解释给邹老留下深刻印象。

邹德安知道这些美国官兵都是史迪威司令部的人。回到云南后，邹德安还见过几次夏伯尔。其中一次在昆明，史迪威为几位中国军人颁发奖章，邹德安代替一位没有到场的同事接受了奖章，当时夏伯尔还来祝贺，弄得邹德安很不好意思。他们最后一次见面是在中国远征军即将反攻滇西的时候。"嗨！邹，我打腾冲。再见！"离别时，夏伯尔用中文说得很轻松。[25]

等邹老终于获知夏伯尔下落，已是20世纪80年代中期。一天，他应邀去腾冲国殇墓园参观，向大家谈到他的美国战友夏伯尔。话音刚落，就有同伴在前面惊叫起来："你的夏伯尔在这里！"他跑过

---

[22] 潘世征：《覃子斌团长之死》。据其战地通讯集《战怒江》，第143页。
[23] 方国瑜：《抗日战争滇西事篇》，第26页。
[24] 《陆军第54军滇西攻势作战战斗详报》。据《保山地区史志文辑》抗日战争专辑之二，第21页。
[25] 戈叔亚：《云南腾冲为美阵亡官兵立碑 老布什写信致谢》，2008年9月21日《生活新报》。

去，眼前是盟军阵亡将士纪念碑，夏伯尔的名字赫然在列。

回到家，他马上叫来经常采访他的戈叔亚。一边激动地来回踱步，一边大骂夏伯尔所在的中国部队。"混账！混账！不是规定美军顾问不上前线吗？怎么让人家也上前线送命？"

笑蜀在其《史海回眸：抗战期间寻找美国大兵》一文中，曾对夏伯尔之死予以深情的描述：

"夏伯尔阵亡于高黎贡山的灰坡。灰坡是一段极为陡峭的山崖，路上全是浮土，而且寸草不生，无所攀援，徒手爬行已经非常吃力，远征军将士和夏伯尔就是在这样艰险的道路上冲锋厮杀。按规定，作为教官的夏伯尔可以不上前线，但高黎贡山（小横沟）一役，目睹中国官兵尸横遍野仍前仆后继，年轻的夏伯尔热血沸腾，军人的尊严感和美国人骨子里的英雄主义令他无法坐视，于是扛起枪，跟随198师一个叫向梅生[26]的连长并肩冲锋。"

后来，在帮助腾冲增建国殇墓园而搜寻资料的过程中，戈叔亚收到史迪威的孙子约翰·伊斯特布鲁克的一封电子邮件，这是美军顾问团团长弗兰克·多恩将军在给上级报告中所附的一份名单，一共有阵亡及因公殉职人员19名，夏伯尔中尉名列第一位。

夏伯尔阵亡后，遗体从灰坡运到怒江边，再渡江至东岸。连长向梅生跟美军顾问一起，亲手用白布包裹夏伯尔遗体，抬上飞机，先飞保山，然后送回美国安葬。[27]

在小横沟阵地后面，即为灰坡。

据当地史料：1943年10月"甲号讨伐"作战之后，日军500余人带大批骡马辎重进占蛮云街，建立灰坡据点。日军将灰坡山麓的村寨小横沟、大洼子、旧乃山、四岭岗等全部烧毁，夷为平地。在这些村落地基上建立练兵场、骡马场、空投场和机炮阵地；在灰坡下的田野、隘路、阳坡上，到处挖掘交通壕、地堡、

---

[26] 原文记向梅生为198师工兵营连长，实际上198师仅辖工兵连。据《碧血千秋——腾冲国殇墓园资料汇编》中阵亡将士名录，向梅生为593团第1连连长，亦即师预备队593团第1营所属。向梅生为湖南湘乡人，于后期战事中阵亡，时间地点不详。

[27] 笑蜀：《史海回眸：抗战期间寻找美国大兵》，载2008年4月14日《南方周末》。

战壕。前沿地下埋设地雷，地上拉起铁丝网，把蛮云半山以上地带划为军事禁区。禁区内的上百户农民被迫逃进深山老林，终年不敢露面，过着饥寒交迫的生活。禁区周围村寨的蛮云民众则成了日军经常抓夫、抢掠、奸淫、烧杀的对象，陷入水深火热之中，没有一日安宁。[28]

由于54军战斗详报已认定14日"攻占"小横沟、灰坡，则关于15日的战事，其记述为：198师592团于占领小横沟、灰坡后，一面清扫战场，一面续向灰坡以西挺进。但因山势险峻，炮兵运动困难，致未能一鼓作气完全予敌以歼灭。残敌一部又退守滥泥坝、茶房附近阵地。[29]

而198师的战况电报，仍"预支"着进展"提前量"，不过幅度似乎不那么大了：

"叶师长辰删（5月15日）电：592团经猛烈战斗后，将灰坡西纵深工事占领大部。594团删（15日）克大蕨地"；[30]方国瑜的记述是，"594团15日占领岩头以西地区"。[31]

值得留意的是，在54军战斗详报关于当日战事的记述中，有这样一笔：

"……当面之敌误认我军已无攻击力量，曾转取攻势，似图恢复灰坡阵地。幸我官兵沉着应战，敌终未得逞。"[32]

凭经验，笔者怀疑这种一笔带过的记述，往往有不利的隐情。对比一下日军战史的记述，就明白了："（日隈大队）继而转折，以主力占领马鞍山、灰坡，以一部占领冷水沟，15日以后阻击第198师主力的进攻……"[33]日军战史披露的情况是：15日，日隈大队仍

---

[28]李道生、马秉坤：《泸水军民联合抗日战事纪实》。据《云南文史资料选辑》第39辑滇西抗战，第192页。

[29]《陆军第54军滇西攻势作战战斗详报》。据《保山地区史志文辑》抗日战争专辑之二，第21页。

[30]《陆军第54军滇西攻势作战机密日记》（未刊档案）。

[31]方国瑜：《抗日战争滇西战事篇》，第26页。

[32]《陆军第54军滇西攻势作战战斗详报》。据《保山地区史志文辑》抗日战争专辑之二，第22页。

[33]中华民国史资料丛稿译稿《缅甸作战（下）》，第92页。

据守马鞍山、灰坡，并于当日发起反击。

实际上，15日，592团确实遭遇险情。对此，198师战况电报只字未提，真实的危机状况只有在亲历者的个人撰述中才能看到。

据592团团长陶达纲撰述：

> （15日）正午，本人电话师部，请求重炮、山炮，给予火力支援。但师部的答复是：重炮、山炮，上山有困难，尚未进入阵地，不过他们在努力搬运中，今天一定可以进入阵地。师部同时又再度催促本团开始攻击，并说师长叶佩高即将到前方来鼓舞士气。而本团自亦不能因为无炮兵支援，而不开始攻击的理由。
>
> 即令迫击炮开始射击，第一线的六〇炮、轻重机关枪也开始射击了，官兵也在跃进了，火焰放射器放出火焰了，火箭筒也开始射击了。这时官兵们距离日寇阵地只有二三十公尺，万恶狡猾的日寇，用机关枪、手榴弹，在顷刻之间，弹如雨下，亲见官兵伤亡枕藉。
>
> 本人立即命令预备队（593团第1营）迅速加入攻击，一举歼灭日寇。可恼的是，本人一再的火急命令，该营长李春廷，竟敢不遵从，而且一直没有去加入第一线之拼命战斗
>
> 本团第二次攻击又遭顿挫，但是没有被打垮下来。本人就在第一线的直后，也常受硝烟弹雨的侵袭，幸而命大，不死而已。本团第一线营攻击顿挫之后，即行调整战线，令最危险处之官兵，用火力掩护他们向后方退一点，站稳脚跟，天色又渐渐黄昏了。本人当即命就地构筑工事，并防止日寇之夜袭，尤其是拂晓攻击。[34]

攻击一再受挫，似乎令198师师长叶佩高陷入了极度焦虑状态，他决定到第一线为部队打气。据当时跟随他的特务连长曹英哲回忆：

> 日本人顽强不退的执著，惹恼了叶佩高将军。他自己要爬

---

〔34〕陶达纲：《滇西抗日血战写实》。据《民族光辉——腾冲抗战史料钩沉》，第202页。

上树去，观察敌情，但密密麻麻的森林中，虽然枝叶被弹雨炸射得皮破叶落了，哪里能满足情报上的需求？他溜下树来，坐在一个散兵坑沿上，发一阵呆，然后要我到前面去找592团陶团长来。

我是经受过严格训练的下级军官，平时教导弟兄们，通过敌人火力控制地带时，总以匍匐前进为要领。哆嗦地爬上40多米，看见陶团长和李营长就在前面一棵树后面，面对着地图，趴在地上正全神贯注地商量什么（联系陶达纲记述，应是发生了争执）。我又向前爬了数米，低喘着报告说："报告团长，师长正急着找你。"陶团长猛然回头，看见了什么似的突然站起来，扑到我身后，和李营长每个人架着师长一条胳膊，拖拖拉拉地硬往后面拖，而且边走边埋怨我糊涂：怎么可以让师长挺着腰杆到火线上来！

真的，那里就是第一线，师长、团长、营长和拿步枪上刺刀的小兵们，混杂地挤在一起。

当时我羞愧得什么似的。匍匐前进，原来只是小兵们和连排长的战斗动作；堂堂的将军，怎么能向日本的子弹弯腰？总之，将军不说什么，我们都知道，他在向部下以身示范，用生命和荣誉鼓励着士气。

过了不久，冲锋的号音终于吹奏起来，但那次厮杀似乎没有把日本鬼子赶下山头。[35]

此外，曹英哲还提到了这样一个难堪的插曲：

5月15日，592团配属593团第1营（营长李春廷）再兴攻势，结果伤亡250余人，其中第3营营长姚立功[36]、副营长郭砚田均阵亡，副团长陈志杰、第1营营长宋逢桥负伤（但宋未下火线），连长伤亡四五员之多，部队垮了下来，甚至有的快溃退到江边了。

那时，师指挥所已渡过怒江，设在濒江边的江西山山巅上。我正忙着指挥什么，突然听见一位陆大毕业的副师长，急促地高声叱

[35] 曹英哲：《抗日名将叶佩高》第一卷《抗日英雄叶佩高将军》，第28页。
[36] 与54军战斗详报记述姚立功阵亡时间不同。

叫:"卫士!卫士!捆行李　捆行李!"我不由得愣在当地,心想这么危急的时候,怎么可以如此慌慌张张地大呼小叫,扰乱军心。

此处曹英哲不点名所说的这位"陆大毕业的副师长",即刘金奎。

曹在撰述中披露了两人之间的宿怨:"我本不该坦率到不顾隐恶扬善失掉君子风度,然一则我终究是位半路出家的史学者(退役后考入东海大学历史研究所毕业),对史学的求真有份执著;再则,部队攻占高黎贡山后向腾冲城运动中,曾在某村休息两三天。叶将军突然要我迅速集合全连,我不知道发生了什么状况,只急着求快求方便,忘了还是战地,竟命令号兵吹起紧急集合号来,难免人心惶惶,一时或者惹乱了整个司令部,尤其是这位胆小的副师长。他把我找到他房里,顿着脚骂我糊涂,扰乱军心,并说要罚我去打冲锋。做错了事挨教训,就军人而言是应该的,但是罚打冲锋,难道也是处分人的办法和手段吗?那么那些英勇冲锋的人,都是该死的罪人了?也是我年轻气盛忍不住,便大声顶了过去:'倒该谢谢副师长的培植了。'这件事虽然最后不了了之,但叶将军升任副军长之后,这位副师长居然升了师长,而我依然还是特务连长。直到1945年4、5月间,部队移驻到贵州兴义县,这位副师长才真正借故出了这口气,把我调到593团第2营再去当连长磨炼。"

作为特务连长的曹英哲,其职责是担负师部安全警卫,与师部长官近距离接触,对长官们性格了解较深。对于198师的正、副师长叶佩高与刘金奎,曹英哲还有过如此的比较和评论:"也许是太多的事困扰着他(指叶佩高)的神思,所以对我们特务连的士兵们,从没责备过,一切事务都由我安排和处理;不像另一位副师长,弟兄们跟着他回来后,再不愿派去跟他出勤。一位弟兄向我抱怨说:"×××怕死得要命,跟他近了,他说目标太大,敌人会炮轰,要我们赶快滚远些;离他远了,他又骂把他一个人丢下,不管了;站高些,他骂我们暴露目标,是汉奸。跟着他,总是啰里啰唆的,反正怎么都不对,只有挨骂受气的份。"

回到正题——

当日军逆袭给师部造成一片惊慌混乱之际，曹英哲转过身来，看到师长叶佩高却是淡定从容，和颜悦色地手指着对他说："快带一排人，到下面去看看。"对此，特务连排长叶奋平也留下了如此记忆："……战斗一时失利，部队退将下来，看见戎装整肃的师长，岿然挺立在前面，马上停住脚步。师长一声令下：'踅回去，往前冲！'全体官兵立即转向敌人，再次发起进攻。"此刻，叶奋平终于领悟到叶佩高脱下灰布军装、换着将军呢制服"严装上阵"的动机和用意：一是抱定不成功便成仁的决心；二是肃军纪鼓士气以克敌制胜。[37]

且看曹英哲叙述此后的情景：

（奉命后）我疾如烈火般地带了一排人，不顾三七二十一，就沿着面向敌方的山径抄近冲了下去，所幸日军未敢施大规模逆袭，我们一口气便冲到乱糟糟的人群中。见593团第1营宋营长面色凝重惶惑地向我轻摇了摇手；592团陶团长也在不远处，只见他唇焦口哑地在那里还用手指着机关枪在这里就射击位置，82迫击炮在那里占领阵地　惊吓傻呆了的官兵，突然想起身上还有家伙，在被迫跳下怒江淹死之前，还可以和敌人拼个输赢。就这样，各级干部在作战经验丰富、从容沉着的陶团长指挥之下，恢复了镇静和理智，再度站稳阵脚。

我也在夕阳洒满山林的傍晚，回到了师指挥所。[38]

一场险情得以化解，在亲历者留下的难得回忆中，这个几乎被权威史料遮蔽的历史情节不但"详其事"，而且"见其人"（钱穆语）。

军中常云："慈不掌兵"，但198师师长叶佩高似乎是个例外。据54军旧部回忆，叶佩高有两个绰号，其一为从姓名谐音而来的"一般高"，含义是：虽然作为师长的他仕途进步不算快，但论资历

---

[37] 叶奋平：《198师反攻腾冲纪事》。据《云南文史资料选辑》第39辑滇西抗战，第315页。
[38] 曹英哲：《抗日名将叶佩高》第一卷《抗日英雄叶佩高将军》，第13页。

与能力,却与在其上的军长们不相上下;[39]其二为"叶婆婆",指其有老婆婆的慈悲心肠。对此,曹英哲还讲述了发生在灰坡战事期间的另一个故事,唯具体时间不能确定:

部队强渡怒江后,师指挥所迅速移到紧靠江边的西岸江西山上。592团就展开在江西山与灰坡之间,一波波地英勇仰攻。日本人也不时实施逆袭,把592团的阵线冲散打烂。

有一天,师长到前方指挥作战,我率领几位弟兄在前面搜索警卫,突然遇到一个散兵,问他孤魂野鬼似的游荡什么,他吞吞吐吐吓得说不出话来。我骂他是逃兵,并告诉他师长就要来,非枪毙不可。正说着,师长真的来了,知道他是个怕死的逃兵后,右手从腰间掏出左轮手枪来,高高举起,说:"我枪毙你,我枪毙你!"但枪始终没有落下来瞄向逃兵。当时在场的人,只有我一个人可以扮演和事佬的角色,于是我窜向前两步狠狠地踢了逃兵一脚,大声斥骂他:"混蛋,还不快谢谢师长,回部队里去拼命!"

逃兵和我一样,突然也变聪明起来,趴下磕了个头,向前方跑回去了。

在那个时代里,尤其在战场上,将军杀个犯罪的人以立威是常有的事,可是我们敬爱的"叶婆婆",虽然高举着枪,却僵在那里,口里说要枪毙人,也不过是吓唬那位真的有罪应该枪毙的逃兵。他这种宁肯法外施恩,也不以立威为然的仁心善行,只有老天爷和我能够完全地明白和谅解。[40]

据54军战斗详报,16日以后因连日阴雨,空军不能活动,乃暂与敌保持接触。[41]在198师战况电报中,也终于不再打"提前

---

[39] 叶佩高原名叶用迈。1922年,经正在云南讲武堂第15期就读的族兄叶剑雄介绍,顶替第18期一名考取该校而未报到、名为叶佩高的新生之名入学,从此踏入军旅。这一资历较黄埔第1期的霍揆彰还早两年。

[40] 曹英哲:《抗日名将叶佩高》第一卷《抗日英雄叶佩高将军》,第27页。

[41]《陆军第54军滇西攻势作战战斗详报》。据《保山地区史志文辑》抗日战争专辑之二,第22页。

量":"592、594两团与敌对峙……"〔42〕

但是,当日却有一个难得的好消息传来。

据54军战斗详报:"16日,由左翼迂回敌后之593团,已越过高黎贡山,攻占桥头、马面关,将敌后方主要联络线完全截断,且斩获甚多,于是我军士气益为振奋。"〔43〕

关于第593团主力这一路奇兵出击,后面将有专述,此处暂且按下不表。但想必这一捷报,对当日担负正面作战的592团也有重要启示,遂有曹英哲所述该团此后的"颠倒正面"攻灰坡——同时亦可见,亲历者记述再次对军方史料证伪:此时灰坡确实未攻占。

592团两次攻击未能奏功,伤亡官兵已达300余人之多。叶佩高将军也许是在激将,也许是真心诚意的,想要592团暂时休息整补。

陶达纲将军所著《滇西抗日血战写实》,在第三次攻击灰坡一节中,对于这一关键性的发展,有较详细的描述:"师长叶佩高将军面容仁慈,以和蔼的口吻对本人说:正平兄(本人的号),你这次攻击灰坡,虽未完全达成任务,但是日寇已经遭到了沉重的打击,是不成问题的;同时贵团已尽到应有的努力,可以把部队带到后方整补休息,重加编组待命。"

陶团长是位誓死达成任务的抗日英雄,其好胜自负的坚毅个性,以及其在淞沪、赣北的光荣战绩,若不是马革裹尸,这口气说什么也咽不下去。所以他必然以极其沉重的心情,向师长要求说:"攻击灰坡是本团的责任,第三次攻不下灰坡,便是本人成仁的所在。"

叶将军和陶团长曾共事多年,他们相知相信相互了解有多深,是别人永难测度的。

力攻不成,只有智取了。正面攻击无功,试试颠倒正面奇袭如何?〔44〕

---

〔42〕《陆军第54军滇西攻势作战机密日记》(未刊档案)。
〔43〕《陆军第54军滇西攻势作战战斗详报》。据《保山地区史志文辑》抗日战争专辑之二,第22页。
〔44〕曹英哲:《抗日名将叶佩高》第一卷《抗日英雄叶佩高将军》,第14页。

关于592团正面攻击灰坡未果而采用"颠倒正面"的迂回战术，时任美军顾问译员的西南联大学生华人佼的回忆，提供了另一个背景。

当时华人佼被分派在53军130师美军联络组担任少校军医波斯丁的翻译。部队渡江前，华人佼被美军兽医中尉阿道夫留下在江东板桥镇看守办理汽车移交，而后于14日出发追赶部队，渡江后，走到了54军作战区域内：

> （判断为16日）走了一整天，在一个小山麓上找到部队集合地，并找到了54军的一个美军联络组。在帐篷里，我们看到联络组上校组长[45]正在大声叫嚷："我一直坚持要迂回，为什么不迂回作战？迂回！迂回！"帐篷内几个下级军官都屏息倾听，没有一个敢答话。上校的翻译是我认识的西南联大同学马维周，他轻轻地告诉我，这个地区的日军总兵力约500人，在我军渡江时未作任何抵抗就撤退到山腰，依靠地形和坚固的工事，组织交叉火力封锁上山通道，我军正面仰攻损失很大，所以上校大发脾气；他又告诉我这个上校是美国的职业军人。[46]

由此记述可见，592团灰坡攻击受阻而改用侧翼迂回战术，应该有美军顾问的影响。但由于可以想象的原因，这些批评和建议在中方记录中是无迹可寻的。

山地作战，地形复杂，除必须发扬独立作战之精神外，空间回旋的余地很大……叶佩高和陶达纲最后终于决定，592团全团左旋，绕到敌人阵地灰坡的右后方攻击；而原592团的正面，交由593团第1营接替，以拘束牵制敌人。

---

[45] Y部队美军顾问参谋团由Frank Dorn（弗兰克·多恩）将军统一领导，第11集团军美军联络组长为Wanlter S. Wood（吴德）上校，第20集团军美军联络组长为Harry A. Buckley（布克莱）上校，53军美军联络组长为John H. Stord（斯多德）上校负责，第54军美军顾问组长为Elvis Stahr（史塔尔）中校。判断此人也可能是布克莱上校。

[46] 华人佼：《抗日战争后期远征军译员生活700天》。据昆明信息港人文地理http://history.kunming.cn/index/content/2009-05/26/content_1886948.htm。

据陶达纲撰述:"592团第1、3两营及直属部队,用绳索把机关枪的枪鞍、枪身、三脚架,82及60迫击炮筒、炮盘,与应携带的枪支弹药,背在背上;伙食担子,卫生队的药箱子,亦尽可能用背的方法。各部队经过半天的时间,一切前进方法都准备好了之后,本人即率同团本部人员、直属部队及第1、3两营官兵,奋勇地爬岩越岭,攀援茅草或树枝,向灰坡的右后方前进,当晚即与第2营会合了……"[47]

如前所述,592团第2营先于13日即由全师最左翼,突破大寨及一把伞敌阵地而攻入灰坡后方高地。据潘世征战地通讯:

"从灰坡到小横沟一线之内的敌人,为56师团148联队两个中队×千余人,有大炮3门,臼炮1门,机关枪、步枪极多。因为见到山高后,我军无路可上,即把大部分兵力置配小横沟区域之内。因此,我主力自正面攻击灰坡;而以一营[48]乃由灰坡左翼而上,于丛林中开路前进,占领西部高地……"[49]潘世征的这一记述,也说明了日军何以将大部分兵力配置在位置较低的小横沟的原因。另外,按其记述,此时我军对小横沟区域日军尚未肃清。

总之,16日592团全团均迂回到了敌灰坡阵地右后方。如果打一个比方,就是前面的小横沟尚未咽下,但筷子又夹住了后面的灰坡,吃着一个,夹着一个。

令人欣慰的是,17日的198师的战况电报终于不再"预支"进展:

"叶师长辰篠(5月17日)前战一电称:陶团续向灰坡西端敌阵地猛攻……"[50]

据陶达纲本人撰述:

"第二天(17日)一清早便率同第1、2、3营营长,到达第2营的第一线,紧靠日军的碉堡及有掩盖的散兵坑,详细侦察敌情、地形。有一险要处,是第2营第4连的阵地,那是日寇的咽喉所在。

---

[47] 陶达纲:《滇西抗日血战写实》。据《民族光辉——腾冲抗战史料钩沉》,第203页。
[48] 潘世征原文记为第1营,应为第2营之误。
[49] 潘世征:《一寸河山一滴血——高黎贡山的战役》。据其战地通讯集《战怒江》,第77页。
[50] 《陆军第54军滇西攻势作战机密日记》(未刊档案)。

连长邹国良，行伍出身，他所布置的阵地，绵密周到，正好扼住日寇的咽喉，此前日寇几次逆袭，都被打退，日寇两具尸体，还躺在邹国良连阵地前不到10米。侦察地形以后，时已至中午，接师部电话……将山炮一连及重炮一营都归本团指挥。"[51]

师长叶佩高将配属本师的炮兵都交给了陶达纲，这固然是基于完成战斗任务，但也可见出叶与陶之间的高度信任关系。

可能是因炮兵转移阵地需要时间，当日的战斗在各方记述中都较为简单。据潘世征战地通讯："……敌人死力困守，第3中队德云中队长[52]于17日被歼。17日上午，灰坡到北斋公房的大门上，高悬了青天白日满地红的国旗，这是血和肉换取得到的胜利。"[53]

当日，从右翼攻击的第594团自岩头前进，攻占茶房西北地带。[54]

18日，对灰坡的总攻真正开始。

据陶达纲撰述：

5月18日上午8时整，本人见各营就攻击准备位置，于是下令重炮、山炮、八二迫击炮，开始20分钟之轰击。同时要第一线营士兵们，呼叫"活捉日本鬼子！"喊"杀！杀！"引诱日本鬼子跑出掩体，以便我各种火炮将鬼子一一歼灭。20分钟后，各种火炮已在延伸射程，各营即自动自发开始向日寇阵地猛冲。杀声、枪声、手榴弹声，不绝于耳。

在这紧要关头，第2营派出包抄日军后路的第5连连长官业宣，面带紧张向本人报告说：报告团长，发现日寇增援部队，在我右后方飞快行动。本人大声骂这连长：你糊涂，那是日寇退却了，赶快用火力兵力去追击。不一会儿，听到迫击炮、机关枪声，在日寇退却方向响起来了；同时第1、3营方面的情况，也使本人十分高兴，因为勇敢的官兵们，已经冲入日寇主要据点之中心灰坡了，把剩下

---

〔51〕陶达纲：《滇西抗日血战写实》。据《民族光辉——腾冲抗战史料钩沉》，第203页。

〔52〕第3中队属第1大队，已随大队主力开赴密支那，不在日隈大队序列；且中队长为篠原直造中尉，不是德云。

〔53〕潘世征：《覃子斌团长之死》。据其战地通讯集《战怒江》，第143页。

〔54〕方国瑜：《抗日战争滇西战事篇》，第26页。

的鬼子,完全歼灭了。一切枪炮声、喊杀声,都渐渐沉寂了。[55]

在当地史料记述中,当日美机还出动五六十架次,先在日军地堡上空轮番轰炸,俯冲扫射,再以炮火集中火力轰击日军工事中心区,将许多地堡、战壕摧毁,敌军地堡中的重机枪被炸哑了。一阵轰炸之后,匍匐在地面的我军步兵,以猛烈火力扑向敌军阵地,部分残敌仍负隅顽抗,凭藉残壕败垒向我军猛烈开火。我军步步进逼敌堡,但伤亡惨重,仅几个小时,即伤亡殆尽。一个连队百余人冲入敌阵,结果只剩二十多人退下火线。战场上敌我血流成渠,战斗十分激烈。敌军虽凭险死守,但我军英勇杀敌,终于以最大代价,逐次拔除了灰坡山所有的敌军据点,占领了整个灰坡梁子。[56]

潘世征战地通讯载:"敌人的8门炮[57]起初是发挥了它的威力……临到最后的一天,8门炮是全部的被埋在大山中间。被包围着的敌人,由六七百个剩下了30多个,他们狼奔豕逐地奔走。接着,我军发现了3门大炮。"[58]最后缴获战利品甚多,有山炮2门、速射炮4门、轻重机关枪5挺、步马枪50余支及军刀、手枪等物,还有日寇的军马54匹。当日战斗我伤亡官兵67人,第2营营长潘鑫负伤。[59]

攻占灰坡后,特务连长曹英哲即随同师长叶佩高前往察看:

"由于前前后后数次争夺,阵地上敌我死尸杂陈,有数百具之多。且腐尸气味,阵阵冲鼻,白色的尸蛆,甚至从绑腿缝里、眼眶里、口腔里、鼻子里,钻进钻出,爬满了脸部及全身,真是惨不忍睹。

"死尸中,自然也有刚才拼斗战死的,横躺竖卧,龇牙咧嘴。最

---

[55] 陶达纲:《滇西抗日血战写实》。据《民族光辉——腾冲抗战史料钩沉》,第205页。
[56] 李道生、马秉坤:《泸水军民联合抗日战事纪实》。据《云南文史资料选辑》第39辑滇西抗战,第219页。
[57] 此8门炮,应分别是野炮56联队第1大队第1中队第1小队所属九四式75毫米山炮2门,联队炮中队所属四一式75毫米山炮4门,日隈大队所属70毫米步兵炮2门。
[58] 潘世征:《覃子斌团长之死》。据其战地通讯集《战怒江》,第143页。
[59] 曹英哲:《抗日名将叶佩高》第一卷《抗日英雄叶佩高将军》,第15页。

令人难忘的是593团第1营副营长张子明上尉[60],叉蹲在散兵坑口,久不梳理的长发直挺挺地竖立起来,把布帽都高高顶起。胡乱斜挂着的图囊,大概被人扯来翻去的,散乱的纸片,撒了一地。还有个日本鬼子的尸体,蹲立在散兵壕里,张大的嘴巴里塞了颗子弹,真不知道是哪位逗趣的中国兵干的!无论如何,这都是中日的精英,为了国家,流尽了最后一滴血,成了葬身异域荒山野林的无名英雄。

"无论如何,敌人仅有的炮火,已为我所夺,198师正面的敌军战力,已经大大减弱。北斋公房的攻陷,只是时间问题了。"[61]

关于自12日小横沟、灰坡战斗以来198师伤亡情况,当地史料记述为:

为夺取灰坡,我军牺牲了数百士兵和中下级军官。其中营长姚立功及郭砚田、朱国勋、唐开华等4名军官在战斗中英勇殉国,合葬于灰坡山四岭岗村下的大路旁,部队还在合葬墓前方的大路旁立了一块石碑以纪念。据当地村民樊银灿回忆,石碑上刻着三行字,右上为一行小字"为赎取灰坡",中为大字题词"人死精神不死",左下为年号和落款"中华民国三十三年□月□日一九八师□□□(应为"五九二")团立"。

可惜此碑在1958年"大跃进"中,被群众积肥时损毁,现已难以寻觅。合葬墓在新开垦的稻田里,也只剩下乱石砌就的一堆荒丘古冢了。[62]

灰坡下为小横沟,上为北风坡、冷水沟。在我军围歼过程中,少数残敌突围向北风坡方向逃窜,大部则被迫向小横沟集中。据潘世征战地通讯:

占领灰坡之后,叶师长即亲至灰坡指挥,一面向上防守冷水沟敌人向下袭我军后路;另一面即以592团第2、3两营,开始向(小

---

[60] 据《第20集团军腾冲抗日阵亡官佐名录》,张子明上尉为四川万县人。
[61] 曹英哲:《抗日名将叶佩高》第一卷《抗日英雄叶佩高将军》,第15—16页。
[62] 李道生、马秉坤:《泸水军民联合抗日战事纪实》。据《云南文史资料选辑》第39辑滇西抗战,第219页。姚立功、朱国勋情况已如前注;据《第20集团军腾冲抗日阵亡官佐名录》,郭砚田上尉为河南南阳人,唐开华上尉为四川巴县人,两人阵亡时间地点不详。

横沟）敌攻击。迫击炮数门，亦在山上之小竹林中协助作战。然7次向小横沟进攻，不能攻克。

18、19两日，敌向我反攻，想破我防线，向西突围。叶师长即向部下宣布："不能攻克小横沟，灰坡被敌包围，此地即为我葬身之地。"并下令大举进攻。[63]

通过潘世征这一极具方位感的叙述可知，198师确实是先迂回攻取灰坡高地断日军退路，向上对冷水沟方向防御，而后向下包围歼灭小横沟之敌。亦即，虽然18日攻占灰坡，但被阻隔在下面小横沟的残敌仍未能解决。

但是，这一点在198师战况电报和54军战斗详报中均隐去了。

两名日军士兵的证言

198师对小横沟、灰坡的攻击战斗，已大致以我史料作如前之叙述。在敌我双方的交战中，如果不能获得敌方记述予以佐证，无论如何都有几分自说自话的色彩。所幸，参加此战而幸存的两名日军士兵，对此留下了较为详细的记录，其一是配属日隈大队作战的野炮兵第56联队第1大队第1中队第1小队下士官伊藤清泰，其二为第56师团卫生队上等兵吉野孝公。他们撰述中所说的"马鞍山"地名，我方史料中极少提及，但在现地能找到，位于小横沟东北2公里处，地势略低。[64]

现将其撰述分别节录如下，以供读者从敌方视角回味前述战事。
时间：5月11日至12日晚
伊藤清泰撰述：

一天晚上（应为10日夜），左前方的马鞍山方向传来激烈的枪声和炮声，持续到了天亮的时候（应指观音寺遭遇战）。5月11日，

---

[63] 潘世征：《一寸河山一滴血——高黎贡山的战役》。据其战地通讯集《战怒江》，第78页。
[64] 此外，日军战史中将马鞍山、灰坡并提，因此也可确认马鞍山并非指灰坡。

对腾冲志在必得的中国军队发动总反攻了，战火一起，一口气就渡过怒江。一直在渡河点附近等待的我步兵第2大队主力，向敌人发动迎击战，战斗随即全面展开。

在冷水沟阵地的我们山炮小队也接到了立刻向马鞍山进出的命令。因驮马还滞留在马面关，所以没法用马运炮，只得让正在构筑阵地的二十人以人力搬运，把山炮分解成炮身、炮尾、摇架、炮架、车轮、防盾、前脚、后脚等零部件，外加弹药，由不同人带着，由于人手不够，每个人都满负荷，连一个可以替换的人手都没有就出发了。

马鞍山在冷水沟阵地左前方的腹地，从冷水沟到马鞍山之间仅有一条在岩石缝中开辟出来的狭窄险路，在这条路上搬运货物异常困难。一路上，怎么努力也走不快，大家都背着很重的部件，又没有人能替换，走一阵子就得停下来歇一歇。即便是这样，所有人都疲惫至极，最终于傍晚才抵达马鞍山。在马面关的驮马也于第二天（12日）到达了。

马鞍山由联队炮中队的成合大尉带领少数士兵守备着。步兵的主力已离开阵地，到前方渡河点附近与来犯的中国军队展开了激战。卫生队、运输队的五十多人带着弹药、粮草来到马鞍山阵地。他们本来预定第二天返回后方，但敌人已经包围了马鞍山，后路被断，也只能留守在阵地上。

——伊藤清泰提及的"卫生队、运输队的五十多人"，即吉野孝公一行。

吉野孝公撰述：

我们接到奔赴第2大队原口部队[65]去管理卫生器材、弹药和粮食补给的命令。原口部队的主力阵地，也就是最前线的马鞍山阵地。它位于俯视怒江的一个山腰上，主要是阻击敌人渡江。我们

---

[65] 第148联队第2大队长初为原口忠人少佐，此期间离任，由第146联队第9中队长日隈太郎大尉升任。因此日方史料中所记原口大队、日隈大队是一回事。

首先必须越过冷水沟顶部的友军阵地，才能到达。

从腾冲城出发，经过两天饱尝千辛万苦的急行军，到达马鞍山阵地时，已是（12日）日落西山的黄昏时分。这时，原口部队已去攻打渡江的敌人。阵地上，只有一个分队[66]的警备士兵。

我们解下马鞍，立即着手准备宿营。营房设置就绪的时候，队部传来命令："今夜可能有敌袭，全体官兵务必严加警戒！"夕阳西下，阵地沐浴在傍晚太阳的余晖之中，天空渐渐地暗了下来。此时，辎重班还在整理卸下的货物。

时间：5月13日
伊藤清泰撰述：

5月13日拂晓，守在阵地前方分哨的山口末雄兵长发现有敌兵窜了过来，为赶回来报告有敌人来袭的情况，在阵前二三十米的地方，遭敌密集火力扫射而倒下，为右侧胸部贯通伤。同时，敌人吹响喇叭，各路部队一齐发起攻击。敌兵从我炮队放列[67]前方的山谷一窝蜂地冲上道路。我们对冲到放列前面的敌兵还以"零距离"射击。[68]伴着剧烈的爆炸声，敌人被炸飞了起来。狼狈不堪的敌人不顾身边中弹倒下的战友，四散逃到道路下面的山谷里去了。他们还扔下了水冷式机关枪（指我军装备的马克沁重机枪），被我们缴获。检查和试用了一下，没发现什么异常，就放在炮旁边用来对付没完没了扑上来进攻的敌人，后来（这些枪）被炮弹击中坏掉了。敌人的炮兵也以我们的阵地为目标，不断地展开炮击，但都打到了后方，放列没有遭受什么损失。在那之后，敌兵有三四回都突击到了放列附近，我们都用炮弹将其击退了，阵地前面堆了很多敌人的尸体。步兵也有不少人战死，我们小队第一次有人出现在了战死者名单上。

---

[66] 日军步兵一个分队约12人，相当我军的班。

[67] 将火炮及其配套装备由行军状态转为战斗状态的操作过程，也指展开后的炮位和掩体，英语为Emplacement。

[68] 日军火炮"零距离"射击，是指炮弹采用瞬发引信，出膛约15米后即行爆炸，对前方形成散布弹幕，对近距离攻击的敌方步兵杀伤力极大。

吉野孝公撰述：

（13日拂晓）突然枪声大作。随之，"敌袭！"的巨大喊声刺破黄昏传遍阵地的每一个角落。趁着暮霭从后山迂回过来的敌人，突然在黑暗中怒涛般地涌了过来。

黑暗之中，若非很近，无法判别敌我。这时，不知是谁摔掉了手枪。接着，展开了一场军刀和刺刀的混战。敌人可能没有料到会遇到我军这样猛烈的反击，顷刻间，四处逃窜。令人心惊肉跳的时刻，在夜色中转瞬即逝。遁入灌木丛里的敌人，又用机枪反击。头顶上，敌人发射的照明弹，照得周围宛如白昼一般明亮。彼此之间的距离，只有四五十米。

这时，我们从阵地后方推出一门大队炮（即九二式步兵炮），小队长用低微严肃的声音命令准备射击。接着便发出了铿锵有力的射击号令：

"大队炮零距离射击，放！"炮口喷火的瞬间，前面的敌丛里，随着爆炸声，飞溅起巨大的火花。接着又是一发。五六发以后，敌丛哑然无声。令人毛骨悚然的黑暗，万籁俱寂，只有时间在静静地流逝。静寂的夜色里，从炮弹击中的灌木丛里，传来敌兵细微的呻吟声，可能被炮弹打中受了伤。

通往城里的小道一侧，站立着五六棵像是麻栗的高大树木，成为我们绝好的掩体。我们迅速地钻进树荫中藏好身，警戒着对方的动静。不知过了多久，感到腹中空空之时，一束光线从树梢间射进来，天亮了。

忽然，有两名敌兵蹒跚着朝我们走过来。我不假思索地扣了扳机。前面的那个立刻直挺挺地划着弧线向前倒了下去。后面的那个见状，猛然一惊，迅速转身而逃。这是我开枪打死的第一个敌兵。敌人终于退了下去。战果：我方毙敌6名，缴获机枪1挺，机枪子弹3箱，步枪12支。我方重伤1名，轻伤3名。

这天夜里，敌人没有发动进攻，也没有夜袭。我们在小心谨慎的警戒之中迎来了又一个黎明。

时间：5月14日

伊藤清泰撰述：

翌14日，敌人依然毫不松懈地不断向我方发动进攻，敌人投掷的手榴弹接连在阵地附近爆炸。我军应战的步兵与敌人展开了持久而激烈的战斗。中午前后，敌人扔过来的手榴弹在炮的旁边爆炸了，二炮手河村正登军曹腹部和左大腿受重伤，一炮手田笼静男伍长也负了伤，都被送到了卫生队的伤员收容所接受治疗。

不久，天空飞来敌人的3架战斗机。道路的对面突然蹿起一阵白烟，敌机在阵地上空来回盘旋的同时，以机关枪向地面扫射。伏在田中少尉脚边的今井孟夫伍长，头部被子弹击穿当场死亡。负伤后撤下去的田笼伍长也被机关枪扫射打中腹部，战死。

敌人的攻击变得更加猛烈了，敌我不断地互相投掷手榴弹。阵地上不断遭到炮击，一片混战中，想要阻止敌人的进攻变得愈发困难。身负重伤的河村军曹也战死了。后方复郭阵地[69]也遭到了敌人的袭击。指挥构筑掩体作业的杉谷巽伍长的右胸和右臂都受了贯通伤（收容到卫生队后为保全性命将右臂截肢，但还是在16日傍晚因伤重不治而亡）。

吉野孝公撰述：

（14日）下午，敌人从怒江对岸的山腰处开始向我炮击。炮弹呼啸着掠过头顶，在阵地后方五六十米的地方爆炸。昨日傍晚刚刚运到的辎重货物被炸得七零八落。阵地下面的广场上，辎重班的战马和官兵在密集的弹雨中，无声地，一个接一个地倒了下去。

我们被迫从连夜构筑的这个阵地撤出，又立即着手在南侧的斜坡上修筑工事。构筑完主体阵地后，我们又修筑了应战用的附属阵地，做好了敌人袭击的准备。

---

〔69〕日军的防御阵地由前进阵地、主防御线、内部防御线、围郭、复郭等诸防御线组成。围郭起到防御敌人突袭，防止内部防线崩溃的作用；复郭是在围郭陷落之后，继续抵抗的阵地。

这时我们已归属联队炮成合队长的指挥。这支部队有联队炮1门，大队炮1门，重机枪2挺，轻机枪2挺，步兵十几名。加上我们运输队的成员，组成了一支小规模的混合部队，有80余人。

时间：5月15日至19日
伊藤清泰撰述：

5月15日，战线进一步缩小到复郭阵地，进入了与敌人僵持的持久战。阵前有数十米的平坦地，敌人已经攻到平地对面的凹地，离我们非常近了。对于敌人反复的突击，友军报以猛烈的重机枪扫射，造成敌军死伤甚多，终于退了回去。连日来敌机每天两三次飞临阵地上空，以机关枪向我地面扫射。敌步兵在山炮、迫击炮支援下反复攻击，但均遭我反击击退。

在渡河点附近与敌人激战的步兵第2大队主力也逐渐缩小战线，撤退到了冷水沟。为了救援一个步兵小队，进入了阵地。

包围马鞍山的敌人对阵地发动不间断的猛烈炮击，反复突袭。17日，今濑友秋伍长头部被击穿；炮手井手浩太郎兵长腹部、腰部被迫击炮弹片击中；柿田多兵长右腹也被迫击炮弹片击中，三人均战死。

截至此时，开始缺乏武器弹药了，特别是粮食储备也已见了底。小队是搬运炮弹来到马鞍山的，所以基本上都没有带粮食。驮马班基本上以带弹药和马粮为主，之外只带了三四天口粮而已。战斗的后半程，只能以一点点干面包和干菜充饥。通信机的电池也没电了，无法与大队主力取得联络。

吉野孝公撰述：

敌人已完成了对我们这支部队的包围，利用飞机从空中不断地进行扫射。地面部队则运用各种新式武器，对我们实施波浪式攻击。攻击次数也与日俱增。马鞍山上不分白天和黑夜，各阵地，敌我之间的战斗一天比一天激烈。在这种白热化的恶战中，阵地上的树木几乎全被击毁，面目全非。阵地后面的军马得不到水和粮草，在炮弹的爆炸声和纷飞的弹雨中饮弹倒地，剩下的马也只是颤栗地等待着死期的到来。

5月19日[70]，敌人开始实施总攻。

在敌人的陆空配合作战面前，我们这支小部队被打得抬不起头来，除咬牙应战外，无计可施。敌人根本不把我们放在眼里，对我们进行了一次又一次的攻击。在这种猛烈的攻势下，我方士兵和战马一个个倒在了阵地上。痛苦中死去的战友尸体还紧紧地抱着枪身。悲壮！惨烈！我们的炮弹、机枪子弹和步枪子弹都快光了。暮霭渐渐笼罩了阵地，敌人的攻击也随之停息下来。战壕里，疲惫的战友们长长地松了口气。[71]

伊藤清泰撰述：

5月19日，传令兵浅尾善夫兵长遭敌机轰炸，头部中弹阵亡；炮手松熊才雄兵长头部中弹；藤胜明兵长腹部中弹，皆战死。驭手本田浪夫伍长的右大腿被飞来的迫击炮弹片炸烂，战死。敌人逐渐接近了卫生队阵地，又是投手榴弹又是机枪射击，而后乘势突入。我方以大炮直接瞄准迎击，在敌人后退之际，步兵再乘势连喊带杀地追击，阵地前留下很多敌人的尸体。[72]

此时，虽然小横沟残敌仍难以"下咽"，但198师除以一部兵力继续围攻外，注意力已转向上面的北风坡。

据当地史料记述：北风坡是灰坡梁子的制高点，也是日军在灰坡山的最后一个据点。从这里翻越高黎贡山，经冷水沟即可到北斋公房。敌军在北风坡一带各据点的地堡外围，布满竹签和铁丝网，以防我军的夜袭。[73]在曹英哲的记述中，攻占北风坡也几乎是兵不

---

[70] 原文为21日，根据所记战事并与伊藤清泰记述内容互参，应为19日。
[71] [日] 吉野孝公：《腾越玉碎记》，第17—18页。
[72] 《炮烟——龙野炮兵第56联队战记》，第380—382页。董旻靖译文。
[73] 李道生、马秉坤：《泸水军民联合抗日战事纪实》。据《云南文史资料选辑》第39辑滇西抗战，第220页。

血刃的追击战:"(592团攻占灰坡后)立即实施战场外追击。第2营在驱逐了北风坡日寇的警戒部队后,追击队一路未遭遇抵抗,顺利地占领了北风坡高地。灰坡到北风坡,大约15公里左右,便这样一口气冲了上去。"[74]

当日,从右翼攻击的第594团进至丙凤附近。[75]

19日,198师重新调整部署,以594团一部攻击大蕨地,主力开始对滥泥坝、茶房之敌行包围攻击。因敌阵地居高临下,我军纯属仰攻,进展颇为不易。幸天气晴朗,空军飞临助战,经激战后,终于摧毁敌茶房附近阵地。敌遗尸遍野,计达百余具,内有德永中队长[76]一员。并虏获敌山炮3门、平射炮1门,轻、重机枪数挺,马10余匹,及军品文件甚多。但该师下级干部及士兵伤亡亦重。

师长叶佩高为使残敌无喘息之机,又令部队乘势对占领冷水沟、北斋公房之敌开始攻击。[77]至20日,594团已迂回进至冷水沟以西(应为东北)地区;592团进占滥泥坝,威胁冷水沟之敌。[78]

---

[74] 曹英哲:《抗日名将叶佩高》第一卷《抗日英雄叶佩高将军》,第15页。
[75] 方国瑜:《抗日战争滇西战事篇》,第26页。
[76] 日军第148联队第2机枪中队小队长为德永正七中尉,但日军史料中记此人未死。
[77] 《陆军第54军滇西攻势作战战斗详报》。据《保山地区史志文辑》抗日战争专辑之二,第22页。
[78] 方国瑜:《抗日战争滇西战事篇》,第26页。

第 16 章　36 师出击大尖山、唐习山受挫

（参阅附图 5、附图 21、附图 22、附图 34）

如前所述，5 月 11 日晚 7 时，在攻击军右翼 198 师从上游渡江同时，左翼 36 师 108 团李定陆部由下游康郎渡、勐濑渡，106 团谷宾部及 36 师师部由缅戛渡，107 团麦劲东部由大沙坝渡，配属该师的 116 师 346 团张儒彬部由龙潭渡，也分别渡江。[1]

后为台湾陆军中校的刘衡一，当时随 36 师师部通信连乘胶皮筏渡江。据他回忆：因大家生长在陆地，均不谙水性，且船小水急人又多，上筏之后一动也不敢动，任由驾筏者将筏弄得左右前后摇晃。大家当时忐忑之心，和铁青而发紫的面孔，均被水声和黑暗所掩盖。其惊恐之状，大家事后仍然心有余悸。[2]

第 20 集团军总部参谋杨纳福，当时奉派在第一线部队担任联络参谋，随 107 团由双虹桥附近的大沙坝渡渡江。双虹桥是一座狭窄的徒步桥，已遭破坏，只留石头桥墩露出水面；部队只有依赖橡皮艇及竹筏漕渡。幸而日军因无足够兵力沿江岸配备拦阻阵地，而采取后退间接配备，故部队渡河较为顺利。[3]

与前述 198 师静悄悄地渡江不同，据美军顾问记述：渡江时 36 师在怒江峡谷里打起了无数的火把，这实际上已经暴露了进攻企图；"如果敌人已经做好防御准备，即便是一支人数不多的力量，也

---

[1] 方国瑜：《抗日战争滇西战事篇》，第 25 页。
[2] 《戎马关山话当年——陆军第五十四军史略》，第 427 页。
[3] 国军史料丛书《抗战时期滇缅印作战（一）——参战官兵访问记录（下）》，第 937 页。

足以对渡河部队造成重大伤亡"。所幸，这样的危险并未发生。[4]

至12日凌晨3时许，36师各团均渡江完毕。

106团由缅戛渡登岸后，即向茶棚、勐林附近地区推进。到达后，即以一部占领勐林北端高地、高楼子南端高地一带警戒，其余集结于茶棚附近。

36师师长李志鹏率师部继106团后渡河，即向茶棚附近前进。6时，在洼子寨西南端高地开设师战斗指挥所，并将106团控置于师部附近。据载，因其他各团从不同渡口过江，已按预定目标迅速向前推进，师部对团的联络只能靠无线电，因此对各部战况进展未能及时掌握。[5]

108团第3营由康郎渡渡江后，当面未发现敌情，乃派一个排在辛酉山构筑工事，对北警戒。主力经官乃山、核桃坪、赛马坝向大白峰坡搜索前进，在滴流水附近留置第7连一个排占领阵地扼守，以拒阻大白峰坡之敌。因误会命令，该营妄率主力绕越高黎贡山西向汤家岭前进。

108团第1营［欠第3连及第1连（欠1排）］由勐濑渡渡江后，经管库山空村，留第1连在敢顶山附近，对雪山、梁山隘路警戒防敌东窜，其余翻越梁山向窑上牌（今窑上）前进。

108团团部及直属部队第2营及第1营第3连与第1连之一排，由勐濑渡渡江后，第2营即经回恒山、滴流水向高梁弓方向搜索前进。发现高梁弓隘路附近之敌，已占领五台坡、五门坎、5640高地，构筑坚固工事扼守。该营遂占领冷水沟东端高地附近隘路构筑工事扼守，以监视当面之敌。108团团部及直属部队与预备队［第1营第1、3两连（欠一排）］，渡江后推进于野猪官塘附近。

配属36师作战的116师346团自龙潭渡渡江后，即在豹子洞、李家凹、芭蕉箐、巴棍（即耙棍）、重冈坡之线占领阵地，担负左侧背警戒。[6]

---

［4］渡江反攻初期美军顾问团长弗兰克·多恩准将报告。美国斯坦福大学胡佛档案馆馆藏资料，张太雷译。

［5］《陆军第36师唐习山战役战斗详报》。据《保山地区史志文辑》抗日战争专辑之一，第257页。

［6］《陆军第54军滇西攻势作战机密日记》（未刊档案）。

率先与敌打响的是自大沙坝渡渡江的第107团,然而刚刚接敌即窘迫不堪。

据跟随该团行动的第20集团军总部参谋杨纳福回忆:

> 当107团渡河完毕,进出一个山坡时,日军约50余人,忽由山区树林中冲出,在其炮兵火力掩护下,向我渡河部队进行反击。一时,该团(约千余人)大乱,士兵纷纷后退,退集至河岸。配属该团的一个75毫米山炮连,在溃逃中把炮架遗弃于草丛中,该连连长在河岸抱头掩面而泣。
> 36师师长李志鹏于茶棚指挥所闻报后,遂立即要求该团长麦劲东及各级干部沉着冷静,迅速恢复掌握部队,并饬该团派出一个连向当面来袭之日军进行侧击。因众寡悬殊,日军亦不恋战,稍作交战,即向大塘子撤退。战斗结束后,山炮连士兵在草丛中捡回遗失之炮架,山炮连长又破涕为笑。

对此,杨纳福评价说,36师在过去确是一个能征善战的劲旅,但因担任两年游击作战期间损伤惨重,缺员过多,仅在反攻前夕才得到兵员补充,新补来的士兵,不但未经训练,且体弱多病,虽有良好的美式武器装备,却无战斗力。[7]

如前所述,较之北线198师当面之敌日军148联队第2大队,南线36师面对之敌兵力更强。据日军战史:"自12日起,藏重部队主力(第3大队为基干,大队长宫原春树少佐)乘第130师和第116师(原文如此)刚由大沙坝渡渡江进攻、立足未稳之机,发起反击,继而以主力据守大塘子东侧要线。"[8]

日军野炮56联队第1大队主力(第1、3中队)此时配属藏重部队作战,位于双虹桥以西高黎贡山麓。该大队本部伍长中川正雄(后改名里博忠)的撰述与杨纳福的记述互相佐证:

---

[7] 国军史料丛书《抗战时期滇缅印作战(一)——参战官兵访问记录(下)》,第938页。
[8] 中华民国史资料丛稿译稿《缅甸作战(下)》,第92页。

5月12日拂晓，正如所料，敌人约1500人的兵力开始渡河，我们大队稍作等待，支援步兵向渡河点猛烈攻击。就在差点让敌人的企图彻底破灭的时候，敌人抓住我军兵力不足的间隙，驱三千大军从上游的大沙坝渡渡河点渡河成功。

此时，我们大队为阻止敌人的进攻，紧急将阵地向大沙坝渡推进。已经完成渡河的敌第53军（原文如此），在甘蔗地里像蚂蚁一样成群结队地向友军阵地迫近，展开了执拗的人海战术进攻，战斗极为惨烈。[9]

在日军战史和个人撰述中，均将我首轮攻击部队36师误当作53军部队，很难得的在情报掌握方面出了一点纰漏。

据36师战斗详报："第107团于大沙坝渡江后，即以第2营经唐习寨（即烫习寨）、大坪子、鸡心山向大塘子搜索前进。该营当以第5连附重机枪一排搜索前进，于唐习寨西北端高地与敌接触，第5连当以炽盛之火力猛烈攻击。激战数小时后，敌不支，向西溃退，据守唐习山（即烫习山）。斯役，第5连连长贾知章，排长徐风山、赖本贵均负伤，士兵伤亡40余名。"[10]

后为台湾陆军上校的张文才，曾在回忆中披露："107团第2营前卫攻击大塘子，第5连在鱼洞河、唐习山，与敌激战。营长孙振全逃避战斗，使第5连伤亡殆尽。"[11]但从36师战斗详报上，丝毫看不出此次导致第5连伤亡殆尽的战事与第2营营长的责任关系。可见，即便是所谓"详报"，也还是隐恶扬善的春秋笔法，需要在字里行间辨析那些被遮蔽过滤的史迹。显然，如果该连40多人的伤亡不能在史册上留下一个"！"，至少应该留下一个"？"，以让后人在此处略事凝神思索。

此后，第2营除第5连外，其主力仍由北向大坪子、兴喇寨（即杏喇寨）、鸡心山前进，拟以一部向大塘子方向搜索前进，以大

---

[9]《炮烟——龙野炮兵第56联队战记》，第345页。董旻靖译文。
[10]《陆军第36师唐习山战役战斗详报》。据《保山地区史志文辑》抗日战争专辑之一，第258页。
[11]《戎马关山话当年——陆军第五十四军史略》，第427页。

部绕攻唐习山之敌侧背。因该第5连伤亡过重，107团团长麦劲东遂以第1营一部接替追击，向唐习山麓推进。同时，又令第3营以第7连（附机枪一排）经双虹桥西岸，由干胆河绕大尖山南侧、大塘子南端之百花林搜索前进，以期切断大塘子向东南道路，以便尔后对大塘子之敌夹击（该连于14日晨7时占领百花林）。

12日5时，107团第2营在鸡心山与敌接触，发生战斗。激战数小时，毙敌20余名、骡马约30匹，我伤亡士兵30余名。其后，即成相持状态。[12]

107团第1营向唐习山推进。该地日军约300余，附炮2门、重机枪2挺，[13]抵抗极为顽强，第1营进展困难。此前，重迫击炮第2团及各军炮兵早已在怒江东岸尖山、下鲁村、章那村各附近占领阵地，并完成一切射击准备，待命支援射击。9时许，我东岸炮兵发现唐习山鞍部敌迫击炮一连，正向第1营猛烈射击，即以急袭射击予以制压，破坏敌炮2门。遂又转移射向，对增援而来正在卸驮之敌人马射击，毙敌人马数十。[14]

据日军野炮56联队第1大队本部伍长中川正雄回忆：

大沙坝渡的对岸，敌军以40门火炮支援渡河，我方一开火，敌全部炮火力马上齐发扑面而来。敌炮击结束后，我阵地前方不仅寸草不生，连整个地面都变了样。此次战斗中，第1中队长高桥恒太郎中尉负伤，接替指挥的第3中队北川胜市中尉战死。对我方而言，真是未曾想过的苦战。

那天，我和村田军曹拼尽全力想把敌军的炮火压制住，却被一阵疾风暴雨的炮击打中身前的战壕覆盖物，战壕从头上塌下来，差点把两个人活埋。好容易爬出来，发现两人居然还都活着，只是村田的小脚趾有一点轻微的擦伤，真是幸运啊！

---

[12]《陆军第36师唐习山战役战斗详报》。据《保山地区史志文辑》抗日战争专辑之一，第258页。

[13] 据《陆军第54军滇西攻势作战机密日记》李师长辰文（5月12日）午（11—13时）参电。

[14]《远征军炮兵指挥部各炮兵部队参加滇西战役高黎贡山亘腾冲地区战斗详报》。据《保山地区史志文辑》抗日战争专辑之四，第259页。

我方停止了炮击，敌人也安静下来，也因此难以确定战线最前沿的位置，敌我双方遂进入近距离短兵相接。大队长让各队都以步枪兵编成了"白兵队"，准备与敌人展开肉搏。如"肉搏"这个词所界定的——作为炮兵，这是到了最后弹尽粮绝之际的垂死一搏。[15]

此时，在高黎贡山冷水沟、大塘子两战场敌我火炮及步兵重武器配置情况大致如下：

表5 高黎贡山作战远征军与日军火炮及步兵重武器对比

	远征军		日军	
冷水沟	重迫击炮第2团一营	105mm/6门	野炮56联队第1大队一小队	75mm/2门
	第54军山炮营一连	75mm/4门	第148联队联队炮中队	75mm/4门
	第6军山炮营（不过江）	75mm/12门	第148联队速射炮中队一部	37mm/2门
	3个82迫击炮连	82mm/12门	第148联队第2大队步兵炮小队	70mm/2门
	60迫击炮	60mm/162门	重型掷弹筒	50mm/27具
	"巴祖卡"火箭筒	26mm/18具		
	战防枪	20mm/?支		
大塘子	重迫击炮第2团（欠两营）	105mm/6门	野炮56联队第1大队（欠一中队）	75mm/6门
	第53军山炮营	75mm/12门	第148联队速射炮中队主力	37mm/4门
	第54军山炮营（欠一连）	75mm/8门	第148联队第3大队步兵炮小队	70mm/2门
	6个82迫击炮连	82mm/24门	重型掷弹筒	50mm/27具
	60迫击炮	60mm/324门		
	"巴祖卡"火箭筒	26mm/36具		
	战防枪	20mm/?支		

[15]《炮烟——龙野炮兵第56联队战记》，第345页。董旻靖译文。

另据日军野炮第 1 大队第 1 中队小队长吉田英树少尉记述：当时，步兵已推进至渡河点附近阻敌，其所在的炮兵中队进入步兵留下的"九号阵地"（在唐习山麓前沿）增援步兵战斗，实际兵力只有约一小队。[16]

11 时许，107 团第 1 营攻占该山之第二峰。后经敌数度猛烈反攻，遂退至山腹固守。[17]

107 团第 3 营（欠第 7 连及机枪连 1/3）经唐习寨南端鱼洞河搜索前进，4 时抵大尖山麓，自东向西沿山攀登而上。5 时许，尖兵进抵山腹，即与敌警戒部队接战。该营立即以第 8 连向该敌攻击，将敌逐退后，于 6 时稍过，进抵大尖山最高峰。敌凭险据守，阻我前进。该营以第 8 连从正面继续攻击，激战中该连连长王兴齐、排长吕好义负伤，士兵伤亡 30 余名。其后，该营以主力由山腰右侧向敌包围，经一度激战，敌伤亡约 10 余名，弃尸 2 具。至 9 时左右，[18] 该营确实占领大尖山。

大尖山位于大塘子正东，为一马蹄形山梁，可瞰视双虹桥及大沙坝渡。因敌主力北出唐习山而兵力空虚，经我攻击后，即仓促西撤。该营遂即就地改筑工事，防敌反击。[19]

此时，因 107 团兵力已全部使用于正面，团预备队只控置了一个步兵排。师长李志鹏遂将师部搜索连拨归该团指挥，充任预备队，于唐习山寨西北高地亘鱼洞河之线担任警戒。

12 日 10 时许，36 师战斗指挥所推进至唐习寨西北小高地。

按 54 军作战部署，36 师反攻的任务为击破当面之敌，进出大塘子、南斋公房。师长李志鹏在听取 107 团团长麦劲东战况报告后，经现地侦察后发现，唐习山位于大塘子东北，瞰制右端，互为犄角；欲进出大塘子，必先攻占唐习山。遂下定决心，先行攻占唐习

---

[16]《炮烟——龙野炮兵第 56 联队战记》，第 355 页。董旻靖译文。

[17]《陆军第 54 军滇西攻势作战机密日记》。据《保山地区史志文辑》抗日战争专辑之二，第 18 页。

[18] 据 54 军战斗详报；李师长辰文（5 月 12 日）午（11—13 时）参电及 36 师战斗详报记为 7 时占领。

[19]《陆军第 36 师唐习山战役战斗详报》。据《保山地区史志文辑》抗日战争专辑之一，第 259 页。

山后,再向大塘子之敌攻击。当即以电话命令106团,以其第2营归107团指挥,增加至107团正面,对占据唐习寨之敌实施攻击。

106团第2营奉命后,即经洼子寨进至唐习山西南高地附近,受107团麦团长指挥。

17时30分,该营以右翼联系第107团第1营,展开完毕,即向唐习山之敌攻击前进。激战3小时后,伤亡甚重。至21时许,一度攻占唐习山第二峰。入夜后,敌增援200余人,数度猛烈逆袭,该营因伤亡奇重,遂撤守山腹,利用临时构筑的简易工事,与敌呈对峙状态。该营第4连连长刘学孔,排长颜少敏、杨伯禹,第5连排长梁彤照,第6连排长华艺芬等负伤,全营伤亡120余名。

当晚10时,团长麦劲东报告师长李志鹏,对唐习山攻击未果,106团第2营伤亡甚重,战斗力薄弱;若继续攻击,必须变更部署,增加兵力。李志鹏即以此情上报军部,请求增援。同时,考虑到攻占唐习山为战事进展之关键,决心在增援兵力到达前,仍以本师部队继续攻击。遂以电话预令位于茶棚的师预备队106团(欠第2营)准备投入战斗。[20]

13日晨,54军司令部获悉敌情:大尖山西北端鞍部有敌炮2门,重机枪2挺;兴喇寨有敌约200余人。另,12日晚及13日晨,红木树方面之敌约2000人向大塘子增援[21]——据日军战史,由南路增援的这股日军为松井部队。但该部增援大塘子尚未到达,即因新39师加强团对红木树攻势猛烈而于15日返转。

据炮兵部队的远距离观察:13日晨8时前,敌向唐习山增援数百人,猛攻我既占阵地内两个高峰。因众寡悬殊,我军为避免无谓牺牲,将该峰放弃。敌遂乘势推进占领,又以迫击炮数门、小炮1门、重机枪2挺向我步兵近迫射击。此时,我东岸炮兵集中火力向敌实施阻断射击,予敌以重创。[22]

---

[20]《陆军第36师唐习山战役战斗详报》。据《保山地区史志文辑》抗日战争专辑之一,第259—260页。

[21]《陆军第54军滇西攻势作战机密日记》(未刊档案)。

[22]《远征军炮兵指挥部各炮兵部队参加滇西战役高黎贡山亘腾冲地区战斗详报》。据《保山地区史志文辑》抗日战争专辑之四,第259页。

上午8时，36师于洼子寨师司令部下达命令：

占领唐习山西端高地之敌约200余人，附山炮及平射炮各一二门，顽强据守，屡击不退。师为攻略大塘子、南斋公房，便利进出，决先歼灭该敌。
着106团（欠一营）于本日16时向唐习山西端高地之敌攻击。
军山炮营第2连山炮2门，在唐习山附近进入阵地，协力该团攻击；107团迫击炮连及该团第1营重机枪连在原阵地，以火力协助该团攻击。[23]

昨（12日）夜，第20集团军总司令霍揆彰接54军兼军长方天报告，云大塘子正面36师兵力告急，遂决心令第二线53军以一部渡江增援。13日10时30分，54军接奉霍揆彰命令："……着（53军）116师以一团接替36师108团野猪官塘附近各高地防务，限本（13）日午后1时接替完毕；130师以一营接替36师大尖山防务，限本（13）日黄昏时接替完毕。36师应以全力攻击唐习山、大塘子之敌而歼灭之。"[24] 54军兼军长方天奉命后，即以电话告知36师师长李志鹏——但因53军两师渡河需时，后来对以上防务均未能如期交接，并因此引起争议。

36师仍决心继续包围攻击唐习山之敌。16时，106团第1营由唐习山北、第3营由唐习山南；107团第1营由原阵地向西，均展开完毕，进入攻击准备位置。原定配属作战的山炮营第2连由双虹桥渡江，因运动困难，至黄昏后才到达唐习山东南高地，故未能进入阵地支援战斗。

16时30分开始攻击。主攻方向的107团第1营在炮火掩护下，进展迅速，占领唐习山主峰北端山峰。经彻夜冲杀，于次（14）日凌晨3时，（106团）第3连一部占领唐习山主峰，伤亡甚重。后遭

---

[23]《陆军第36师唐习山战役战斗详报》。据《保山地区史志文辑》抗日战争专辑之一，第260—261页。
[24]《陆军第54军滇西攻势作战机密日记》（未刊档案）。

敌猛烈逆袭，该连连长黄英正沉着指挥，攻击并未停顿。后率部勇敢冲击，曾一度据守主峰，与敌对峙。敌又大举逆袭，连长黄英正、副连长郑福元相继壮烈牺牲，士兵伤亡殆尽。4时许，唐习山主峰复陷敌手，遂暂坚守第二峰与敌对峙。[25]

关于此期间的激战，位于日军步兵阵地稍后的野炮56联队第1大队第1中队伍长材木武尚留下如此记述：

> 山本宽上等兵突然叫醒我们，说："敌人来袭啦！"这是昭和19年（1944年）5月14日凌晨1时左右。敌人的数量不详，只见山坡上全是敌人在往上爬。马上通知了野见山利一曹长，再去向高桥恒太郎中队长报告。可能是在回来的路上被敌人发现了，他们马上展开了激烈的进攻。敌人发射了好几发照明弹，以机关枪、步枪向我们猛射。我们也顽强地以机关枪还击。刚才还在安静的梦乡里，转瞬之间就被枪炮声拉进了大决战的战场。
>
> 突然，"砰"的一声巨响，中队长指挥"零距离"射击的炮弹在头顶上炸开了，马上就听到了敌人的悲鸣声。敌先头部队刚刚侵入我们的阵地，突然就乱声四起。后来听说，江口恒上等兵还生生抱着一枚炮弹投到了敌阵中。
>
> 蓦地，三米之外出现了三个端着机关枪的敌人，向我方投掷手榴弹，山本上等兵被打中了，光荣战死。这时，我左颞部被沙土击中，脸上溅满了山本上等兵的血，什么也看不见了。野见山曹长对我大喊："材木伍长，你还好吗？"这时，有什么东西飞过来砸在大腿上，啊！手榴弹！我抓住它马上向敌人扔回去。随着手榴弹爆炸，三名敌兵应声倒下。但敌人还是迎着我们的射击，一批批爬了上来。
>
> 总担心着炮台变成怎样了，可是无法确认。这时，友军的炮兵为救援我们，开始向敌军实施制压射击。我们刚才好不容易爬上山

---

〔25〕《陆军第36师唐习山战役战斗详报》。据《保山地区史志文辑》抗日战争专辑之一，第261页。据《第20集团军腾冲抗日阵亡官佐名录》，黄英正上尉为湖南湘潭人，郑福元中尉为江西玉山人。

顶，又开始后撤隐蔽。天亮了，才发现阵地前满是敌人的尸体，多得令人吃惊。[26]

——另据第1中队小队长吉田英树少尉补充回忆：当日军炮兵"零距离"射击到第四五发时，我军一枚迫击炮弹落在了日军野炮阵地，弹片击中二炮手梅野芳春伍长的右胸，他喊着"天皇陛下万岁"倒在炮架下。小队长吉田又令高巢兵长接任二炮手，继续对我射击。其后，间坂口芳正兵长右眼重伤、岩崎利夫伍长头部中弹、高尾守雄一等兵右臂负伤，吉田本人右肩也遭机枪子弹贯通伤，但仍坚守战位向我反击。

经此打击，我军攻势一度停滞，但很快又发起新一波攻击。这时，位于最前沿阵地的日军步兵十余名赶来向炮兵求援："炮兵的诸位长官，你们辛苦啦！不要再有什么担心啦，请尽早出手相救，前方死伤无数！"其焦急之状"就像在地狱里见到了佛祖"……[27]

此次我攻击唐习山遭顿挫的原因，36师战斗详报的解释是：

13日12时，据守大尖山阵地之107团第3营及106团第2营，奉军长电话谕：130师已派步兵一营接防，于黄昏后交接完毕。但130师之一营于14日拂晓始接收完毕，致107团之第3营及106团之第2营被敌牵制，不能他调。当敌攻击我107团第1营正面危急时，师团间均无预备队增援，我攻击因之停顿。[28]

即，36师认为130师接防不及时，导致本师无预备队应急，是107团第1营在唐习山遭敌逆袭后未能阻止的原因。但是，据守大尖山107团第3营及106团第2营在本阵地的表现，几乎在同时也得到了检验——

---

[26]《炮烟——龙野炮兵第56联队战记》，第358页。董旻靖译文。
[27] 同上书，第356页。
[28]《陆军第36师唐习山战役战斗详报》。据《保山地区史志文辑》抗日战争专辑之一，第262页。

13日晚，霍揆彰闻报53军两师未按期接替36师防务，极为不悦。22时，向两军下达如下命令：

集团军为肃清前进障碍起见，决以优势兵力将唐习山之敌一举歼灭。

54军36师附山炮兵1连（2门），仍以原态势攻击唐习山与大塘子之敌，右与116师切取联络；53军116师（欠346团）附山炮兵1连（2—4门）展开于彭家箐、勐林线，与36师切取联络，由北向南对唐习山之敌攻击而歼灭之。攻击开始时间为明（14）日午前10时。

54军奉命后，即电饬36师遵照。并告空军明日将飞临协助攻击，令地面部队届时标示布板。[29]

然而，这个命令尚未发至各师，即告无法实施。

如前所述，36师渡江攻击后，最先得手的战果是107团第3营攻占最靠江边的大尖山。然至13日下午，大塘子之敌忽向大尖山反攻，师长李志鹏遂令106团第2营前往增援。至晚，"第3营仍保有大尖山，与敌对战中"。[30]但进占鸡心山之107团第2营，因受唐习山、大塘子敌之夹击，已被迫退守兴喇、鱼塘附近。[31]

不料当晚零时刚过，日军突然对唐习山西端高地发起夜袭，形势急转直下。

据第36师战斗详报：

第107团第3营（欠第7连）据守大尖山，于14日1时被敌围攻甚急。当命107团部附近（唐习山西南高地）之106团第2营驰往增援，借既设阵地凭险据守。

---

[29]《陆军第54军滇西攻势作战机密日记》（未刊档案）。

[30] 李志鹏师长辰元（5月13日）23时智信杰电，据《陆军第54军滇西攻势作战机密日记》（未刊档案）。

[31]《陆军第54军滇西攻势作战战斗详报》。据《保山地区史志文辑》抗日战争专辑之二，第19页。

2时许，敌约200余，分由唐习山北之河沟及其南之鱼洞河山沟，偷袭唐习山之107团第1营及配属该团之师搜索连阵地，直向第1营第2连阵地猛扑。战斗2小时余，第2连伤亡士兵20余名，搜索连伤亡6名。第2连阵地发生空隙，敌遂渗透发展，继向东北方师指挥所攻击。经第2连之一排及师部特务连竭力阻止，一度激烈战斗，我官兵坚守阵地，迄未稍动，第2连伤亡士兵7名，特务连伤亡士兵3名。后经特务连猛烈逆袭，我伤亡士兵7名，敌亦伤亡惨重，残敌乃于8时狼狈逃窜，遗尸30余具。

在这种经过事后修饰冠冕堂皇的军事文书中，让人实在难以感受彼时危急的真相。

据54军作战日记，日军此次突袭"将唐习山师指挥所及麦团指挥所截断，向师部包围"，在师部特务连应战后，师指挥所紧急转移到了蛮仓（即芒仓）西端高地。而方国瑜的描述是："亥刻（21—23时）[32]，大塘子之敌一股约五六百人，沿鱼洞河及大坪子道分路猛犯。此时我第36师兵力分散，力量薄弱，援兵未至，故原占领阵地，遂被敌人突破，而向江边各渡口撤退，故大尖山、唐习山以东各村庄，全为敌人所夺，情况至为紧张。"[33]

关于此次遭遇日军夜袭猝不及防的原因，第54军战斗详报中解释的情由为，"李师正面过广，且山川错杂，夜间警戒极难周密"；但美军顾问团方面认为与师长李志鹏的指挥不当关系甚大。据美军顾问团长弗兰克·多恩报告：

第36师师长（李志鹏）战术运用不当，他将部队分散使用，无法将当面日军（据战前判断，这股日军为148联队第3大队，人数不过数百）击溃。而且日军的这支小部队不但挫败了第36师的进攻，还为增援日军的到达赢得了充裕的时间。更糟的是，第36师的两个团被打得七零八落，散落在大塘子附近的一大片区域内，并和

---

[32] 36师战斗详报记为14日1时，54军战斗详报记为14日零时，不尽统一。
[33] 方国瑜：《抗日战争滇西战事篇》，第33页。

师部失去了联系。[34]

在战斗详报中吹牛的,还不仅是步兵,在隔着遥远距离的炮兵笔下,也不乏此类含糊其辞的记述:"14日拂晓,唐习寨以东之敌经我攻击后,以孤立无援,乃以迫击炮数门掩护撤退。经我炮兵先以火力制压其迫击炮后,以歼灭射击败退之敌,收效甚巨。"[35]实际上,当日军逆袭得手后主动撤退时,都会在我军战斗记录中被记述为"狼狈逃窜"。

14日,上午9时左右,107团第3营将大尖山防务交由刚刚渡江的116师接替,即转移于鱼洞河方面,联系106团第1营右翼,共同扼守唐习山亘鱼洞河之线与敌对峙。据炮兵方面的记录,"午后2时,敌兵数十人分两路沿沟而下,抄袭包围大塘子友军107团之侧背,我炮兵即对之行歼灭射击,敌乃不支,败窜。"[36]

鉴于116师一部已渡江接防,当日,惊慌甫定的36师拟调整部署,再举攻击。

此时,接奉到54军兼军长方天昨日傍晚下达的电令:"军为肃清前进障碍计,决以优势兵力,将唐习山之敌一举歼灭之。该师附山炮2门,仍以原态势与展开于彭家箐、勐林线之116师协同,向唐习山、大塘子之敌攻击而歼灭之。"

奉命后,36师即与116师商定协同攻击事项。

不料,15日零时,又接到兼军长方天电:"116师346团归还建制,仍服原任务;36师108团仍在野猪官塘一带高地担任警戒,固守高梁弓各隘路;师部及其余部队集结于回恒山整理待命。"

奉此命令,36师即将攻击任务交116师接替。[37]

54军朝令夕改,何故?

---

[34] 渡江反攻初期美军顾问团团长弗兰克·多恩准将报告。美国斯坦福大学胡佛档案馆馆藏资料,张太雷译。

[35] 《远征军炮兵指挥部各炮兵部队参加滇西战役高黎贡山亘腾冲地区战斗详报》。据《保山地区史志文辑》抗日战争专辑之四,第259页。

[36] 同上。

[37] 《陆军第36师唐习山战役战斗详报》。据《保山地区史志文辑》抗日战争专辑之一,第262页。

原来，鉴于36师渡江后屡战不利，第20集团军总司令霍揆彰于14日晚10时决定将该师撤至后方整理，准备让原为第二线的53军接替攻击。为此，在令两军部队交防外，又令54军山炮营第2连（炮2门，每门炮弹30发）归53军军长周福成指挥。[38]

---

[38]《陆军第54军滇西攻势作战机密日记》（未刊档案）。

第 17 章　593 团袭占桥头、马面关

（参阅附图 6、附图 7、附图 34）

如前所述，5 月 16 日，当 198 师 592 团因正面进攻灰坡受阻、一筹莫展之际，忽闻由左翼迂回翻越高黎贡山的 593 团主力，以奇兵袭占桥头、马面关，切断北斋公房日军后方联络线，一时间令全师士气益为振奋。[1]

此次行动缘起于何时，计出于何人？198 师特务连长曹英哲在其撰述中曾以富于诗意的笔调如此描写：

我们师指挥所于 5 月 12 日移向怒江对岸那晚，突然在河滩的一个帐篷里，师长和师部里的少数重要干部，正和刚从山那边桥头方面归来的预 2 师谍报队队长在密谈。我端着冲锋枪坐在帐篷外，虽然不知道所谈内容，但河面的冷风，天上闪烁的星星，却告诉我夜已深沉破晓。[2]

潘世征在战地通讯中，披露了师长叶佩高和这位神秘的谍报队长这次密谈的内容和结果：作为预备队的 593 团渡江之后，于 13 日由西牙街附近抵达辛西街登山后，得到我军便衣队的报告：从辛西街向西，绕过冷水沟的南边一个垭口，有小路可向高黎贡山西麓敌人后方的要地桥头街进袭。桥头是敌人的补给地，因为现在敌军大

---

[1]《陆军第 54 军滇西攻势作战战斗详报》。据《保山地区史志文辑》抗日战争专辑之二，第 22 页。

[2] 曹英哲：《抗日名将叶佩高》第一卷《抗日英雄叶佩高将军》，第 16 页。

部分已向山顶上北斋公房等地防守，桥头敌人后路无守备。593团得到这个确切情报之后，立刻改为挺进部队。[3]

曹、潘二人所述酝酿时间、决策过程略有出入，不过并无大碍。

后来参加此次行动的593团少校团附姚家增和上尉团附黄应华，均在个人回忆中简洁明了地记述了当时所受领的任务：

师主力因仰攻灰坡正面之敌受阻，师长叶佩高遂令当时担任师预备队的593团，留下第1营担任师部警卫，由廖定藩团长亲率第2、3两个营为特遣支队，轻装另辟翻山小径，奇袭敌后补给点——桥头与马面关，占领而破坏之。[4]

姚家增后来去了台湾，在军旅中晋升至陆军上校，但很遗憾地在一次交通事故中遇难，未能像曹英哲、杨纳福那样获得将星。不过，就在参加此次行动之前，他已经拿到了步入将军之门的"入场券"，却被他断然放弃了。

部队驻永平时，姚家增得知自己通过了陆大第20期考试，限期赴重庆入学。廖定藩团长闻知后有意说道："军人的事业和荣誉都在战场。"当时因副团长黄福荫赴后方接领新兵，廖希望姚留在自己身边为助手，故意拿这句话刺激他。姚心想，自己从无战争经历，天天喊反攻，如此一走了之，岂非临阵脱逃？因此，放弃了升学机会，后随部队西进保山。[5]

据载，5月13日当晚，593团（欠第1营）即以便衣队为先导，沿辛酉山、苦竹山、三元宫小径西进。该道路艰难异常，人烟绝迹，山岭经日阴雨，寒冷刺骨。官兵忍寒耐苦，攀藤附葛，历时两日，越过高黎贡山，于5月15日到达桥头东冉家寨附近。[6]

54军战斗详报所述之迂回挺进过程，在亲历者笔下又是另一番

---

[3] 潘世征：《一寸河山一滴血——高黎贡山的战役》。据其战地通讯集《战怒江》，第78–79页。

[4] 姚家增：《抗战与我》。转引自曹英哲：《抗日名将叶佩高》第一卷《抗日英雄叶佩高将军》，第17页。黄应华（口述），刘庚寅（整理）：《一个远征军老兵对腾冲抗日战争的回忆》。据关爱抗战老兵网 http://www.ilaobing.com/forum.php?mod=viewthread&tid=11126。

[5] 姚家增：《抗战与我》。转引自曹英哲：《抗日名将叶佩高》第一卷《抗日英雄叶佩高将军》，第16页。

[6]《陆军第54军滇西攻势作战战斗详报》。据《保山地区史志文辑》抗日战争专辑之二，第25页。

感受。据姚家增撰述:

> 高黎贡山地势险峻,大约相当于台湾省的面积。[7]山峰起伏,全是一片原始森林,丛叶密布,蔽日遮天。渡江后,有土著盐贩向导,我们在积雪落叶的污泥上摸索前进,土著称起伏的山峰为"巅巅"。他又说,翻过五个"巅巅",就是山的那一边。
>
> 廖团长是一位有胆识、有抱负的指挥官,他带头,他要我跟着他,趁黑夜推进到山的那一边。当我们走完一整夜,发觉还是在第二个"巅巅"盘旋,他毫不迟疑,一意为达成任务,奋勇直前。我们一身除武器弹药便是挂在肩上的一袋5日份熟炒米,因敌后禁火,就地取积雪干咽炒米作为餐饮,冻毙倒地者,时有所见。我们作了急而又强的行军,直到第四天,终于到达了山的那一边。[8]

与姚家增一样,在上尉团附黄应华的记忆中,两天两夜的山地强行军,因艰难而在感觉上漫长,记为"四天"。[9]也许是未曾特别留意队伍中的便衣带路者,姚家增误以为是"土著盐贩",张问德报告中则记为"凤瑞乡长吉济美",[10]而《198师滇西攻势作战战斗纪实》中明确记为是以"预2师便衣队石队长为向导"[11]——其实,这些记述都将统一在一个答案中,容当后续。

行军途中,心知师长牵挂,团长廖定藩每天一个电报报告,接电后的叶佩高也每天一个电报报备军部。

当时,南北走向的高黎贡山之分水岭,也是云龙县与腾冲县的

---

〔7〕曹英哲原注:此项判断,或以远征军反攻作战的正面及纵深而论,抑或以日军第56师团(欠、加强)之防卫地区而言,盖日军56师团防卫地区,北起片马以南的中缅边境,南至滚弄以南,约达400公里的广阔正面,故概略与台湾岛的面积相等。美军新闻处《怒江战役述要》(第8页)载:在腾北40天的作战中,第20集团军占领了日军占据两年的4000平方英里地区。

〔8〕姚家增:《抗战与我》。转引自曹英哲:《抗日名将叶佩高》第一卷《抗日英雄叶佩高将军》,第17页。

〔9〕黄应华(口述),刘庚寅(整理):《一个远征军老兵对腾冲抗日战争的回忆》。据关爱抗战老兵网http://www.ilaobing.com/forum.php?mod=viewthread&tid=11126。

〔10〕张问德:《关于反攻前后各种情形报告书》。据《腾冲文史资料选集》第一辑抗日战争专辑,第264页。

〔11〕曹英哲:《抗日名将叶佩高》第二卷《桥头马面关战役评析》,第55页。

分界线。593团经80多里跋涉翻越过高黎贡山，即踏入了腾冲地界，见到了腾冲的乡亲。

据张问德报告记述，"此克复马面关之198师593团，为首先进入县境之部队。民众确知我反攻业已开始，且知道反攻兵力之雄厚，惊喜异常。民众咸能咬紧牙关忍受一切，尽到其应尽之责，支持一切"。[12]曾与预2师、36师先后熬过艰难的两年游击战的老县长，格外看重的是"反攻兵力之雄厚"，因势单力薄而被强敌迫离家园的惨痛记忆在其心中挥之不去。"久遭敌军蹂躏之当地民众，则如久旱逢甘霖，莫不欢欣鼓舞，无分老幼均箪食壶浆以迎廖团，壮者自愿做其向导随队击敌"。[13]

桥头街，系敌在腾北唯一的坚固据点兼战备物资仓库。地当冲衢，形势虎踞，构有钢骨水泥及坚石之地面地下工事，东有余家大坡、狮子山两据点为掩护，北以长坡、西以龙川江为屏障。当高黎贡山尤其北斋公房未攻占以前，日军当以全力保有此生命线。[14]

593团抵近桥头后，当即侦察敌情地形。该团第3营副营长李茂容与第5连连长张硕昌，在当地老乡帮助下，化装成民夫，以替日军搬运筑城木材为由进至桥头敌堡垒阵地内，将敌工事、重火器位置和兵力部署侦悉。廖定藩团长当夜即将兵力部署完毕，决心以第2营攻击桥头日军粮秣被服仓库；以第3营第9连向北袭取马面关，截获敌骡马输运队。预定于次日拂晓分头发起攻击。[15]据593团上尉团附黄应华回忆，当时团长"对第2营下达了务必攻下桥头街，否则军法惩罚的命令"。[16]

16日拂晓前，第2营营长张程甫率所部于月色朦胧、万籁俱寂中向桥头潜行。在破坏敌阵前鹿砦、铁丝网后，才被敌察觉，顿时

---

〔12〕张问德：《关于反攻前后各种情形报告书》。据《腾冲文史资料选集》第一辑抗日战争专辑，第264页。

〔13〕曹英哲：《抗日名将叶佩高》第二卷《桥头马面关战役评析》，第56页。

〔14〕方诚：《八年抗战小史》之十收复滇西之役，第50页。

〔15〕曹英哲：《抗日名将叶佩高》第二卷《桥头马面关战役评析》，第17、55—56页。

〔16〕黄应华（口述），刘庚寅（整理）：《一个远征军老兵对腾冲抗日战争的回忆》。据关爱抗战老兵网 http://www.ilaobing.com/forum.php?mod=viewthread&tid=11126。

遭到敌机枪猛射。张营长身先士卒，高声喊杀，率部冲入敌阵展开肉搏，并向敌堡内投掷手榴弹。敌仓皇失措，大多丧命在我忠勇官兵的刺刀之下，残余敌军则抱头鼠窜。我当即占领敌堡，并继续向另一敌堡攻击。第5连连长张硕昌，率先冲至敌堡垒顶上，发冲锋号令，并以手榴弹由射孔投入堡内，其部属则乘势蜂拥而上，用冲锋枪、手榴弹及刺刀与敌近战，于血肉横飞、枪林弹雨中将敌大部歼灭，仅极少数逃脱。桥头为张程甫营确实占领。[17]

据载，"桥头之战毙敌……共300余人，并夺获迫击炮1门，重机枪1挺，轻机枪4挺，及仓库数处"。[18]

收到廖定藩团长报捷电后，叶佩高当即致电54军兼军长方天："……593团16日3时攻克桥头，续向马面关袭击。"[19]

在第2营向桥头出击同时，第3营第9连连长马梦臣亦率本连向马面关进袭。

也许是因为桥头方面第2营先行打响，马面关日军已被惊醒而有所准备，加之第9连攻击兵力较少，敌顽抗甚烈。此地战斗整整持续一个昼夜，至次日傍晚才将敌大部歼灭。[20]残敌向西北退去，我即跟踪追击，与敌对峙于附近高地。[21]

此战，第9连夺获敌轻重机枪3挺，敌伤亡约400余人；该连阵亡军官6员，士兵伤亡约百名。[22]

关于桥头战斗中我军伤亡情况，在军方史料中有如此记述：

我第2营张程甫营长，于喊杀声中，身先士卒冲至敌堡前，大呼"活捉鬼子"，不幸被敌弹击要害，壮烈殉国。第4连连长杨凯元，只身追捕敌一军官，两人相扑时，同被敌兵投来的手榴弹炸中阵亡。第5连副连长唐得发在同敌肉搏中牺牲。[23]第6连连长项育仁

---

〔17〕曹英哲：《抗日名将叶佩高》第二卷《桥头马面关战役评析》，第56页。
〔18〕方国瑜：《抗日战争滇西战事篇》，第28页。
〔19〕《陆军第54军滇西攻势作战机密日记》（未刊档案）。
〔20〕曹英哲：《抗日名将叶佩高》第二卷《桥头马面关战役评析》，第56页。
〔21〕方国瑜：《抗日战争滇西战事篇》，第28页。
〔22〕同上。
〔23〕据《第20集团军腾冲抗日阵亡官佐名录》，张程甫少校为湖南道县人，杨凯元上尉为湖南湘阴人，唐得发中尉为湖南东安人。

与敌血刃格斗时身负重伤,排长姚斌亦受伤,士兵伤亡60余人。

但曹英哲在其撰述中指出,第2营营长张程甫并未死于冲锋之际,而是在占领阵地之后遭敌冷枪牺牲:

5月16日,第2营对桥头阵地实施黎明攻击,顺利地一举攻占。

天色微明,战场还未曾清扫,营长张程甫便提着惯用的藤手杖,迫不及待地来到阵地上。适一负伤装死的日兵,闻得人声嘈杂睁眼一瞬,却被这位眼尖的营长所见,说时迟,那时快,他丢了手杖,张开双臂,像老鹰抓小鸡似的抓了上去,口中还大叫着"捉活的!捉活"砰的一枪,被那个装死的日本鬼子,击中额头,扑地而一命呜呼了。

据载,张程甫系行伍出身,长得粗粗壮壮,面红而多须,声如洪钟,未见其人,先闻其声,有"张飞"的绰号。他营里第5、6连连长——军校二分校15期毕业的张硕昌、项育仁,最喜欢背后编派他的故事。[24]

也许,在同样从那场残酷战场走过来的曹英哲笔下,这位营长的牺牲不如经过修饰军方记录中那样悲壮、堂皇,但在笔者眼里这样的记述更为真实可感。

许是因为这是一场难得的全胜之仗,军方战史记述中均充满欢欣笔调。在首次参战的姚家增的记述中,笔者感受到了战事中惨烈哀伤的一面:

(此战)遭遇敌之顽强抵抗,浴血搏斗鏖战竟日,杀声震野。战场上的枪炮声、吼叫声、呻吟声,究竟是与平时有些大不相同,我也算是有了作战的经历。

这是一场惊天动地,悲壮惨烈的拼斗。阵地得而复失,失而复得。强敌虽被全歼,我亦伤亡累累,两位营长均于是役阵亡,连、

---

〔24〕曹英哲:《抗日名将叶佩高》第一卷《抗日英雄叶佩高将军》,第19页。曹英哲原文记"张程甫本名张鹏,程甫是他的号",实际上阵亡官佐名录中记其本名为张程甫;198师还有一位阵亡的张鹏少校,应该是弄混了。

排长伤亡过半，美好的一战打完了，也走完了该走的路。

后来，我也就在他们的祭礼上，由少校团附接任第3营营长的职务，前任营长吴耀垣兄是我军校同期同学（5月28日在后续战事中阵亡）。当时的新闻和广播，都有强渡怒江我部姚营长英勇殉国的报道，让远在重庆的白发祖母和母亲伤心多日。其实报道并没错，因为当时198师有两位姚营长，592团第3营姚立功营长于攻击灰坡之敌时阵亡；593团的姚营长（我本人）不过是出死入生，身被重创而已[25]。

17日，593团清扫战场，修整加固桥头、马面关附近防御工事。此时，以第7连接替马面关防务，并准备以第9连东进攻击高黎贡西麓之朝阳地，协助师主力正面作战。[26]

当日，团长廖定藩经派人侦察，获知附近敌情为：桥头西岸有敌数十名，内有校官一员。敌军数百由界头正向桥头驰援；余家寨有敌200余名，并有仓库数座。廖定藩团长即决心继续攻击桥头西岸和余家寨之敌，扩张战果。

18日晨，第5连连长张硕昌率部秘密接近敌阵，见敌30余名正集合训话。张连长即分遣数个战斗小组，从各方包围该敌，经短时急袭，毙敌20余人，我无一伤亡。"从敌尸身上发现一被击毙之日军官，系148联队第1大队长吉原少佐"。与此同时，敌60余人窜至冉家寨593团团部附近，经特务排奋起迎击，击毙敌20余名，余敌退据李家寨。

当日午间，第3营及第2营一部，由第3营营长吴耀垣率领，攻击余家寨之敌。经过激战，敌不支而退，我夺占敌仓库两座。除可利用之粮食外，其余均悉数焚毁，一时间火光冲天，弹药爆炸声不绝于耳。此战毙敌军数十人；我第8连连长汪振中不幸阵亡[27]，士兵伤亡10余人。

---

[25] 姚家增：《抗战与我》。转引自曹英哲《抗日名将叶佩高》第一卷《抗日英雄叶佩高将军》，第18页。

[26] 《陆军第54军滇西攻势作战战斗详报》。据《保山地区史志文辑》抗日战争专辑之二，第25页。

[27] 据《第20集团军腾冲抗日阵亡官佐名录》，汪振中上尉为湖南石门人。

19日，第6连及团部特务排继续围攻李家寨，敌据村落顽抗。次日，廖定藩团长亲率第6连和特务排继续围攻李家寨，敌据点中弹起火，我突击队乘势冲入敌阵，击毙敌官兵20余人，残敌溃散；我缴获步枪4支，钢盔6顶。第6连副连长肖俊德受伤，排长钟光耀、郭胜其阵亡[28]，士兵伤亡7人。

据载，连日来593团军粮均由当地百姓及缴获敌粮补给，尚能维持，只是弹药甚感缺乏。师部曾令运输第11团团长赖成梁派两个连由勐古渡运送弹药至该团，限20日到达冉家寨。当该两连越过高黎贡山顶时，因风雨交加，气温极低，运输兵冻死10余人。[29]

综合军方战史及潘世征战地通讯记述：593团在此次袭占桥头、马面关战斗中共计毙敌第1大队长吉原少佐、松光丰大尉、酒井国太郎大尉、太平中尉以下官兵共300余名，夺获迫击炮1门，重机枪1挺，轻机枪4挺，步枪4支，钢盔10余顶，骡马37匹，粮弹及被服仓库5处。士兵每人除获得饱食而外，并且每人得军毯及呢子大衣各一件。[30]对仓库中物品，除择要封存备用外，其余尽付之一炬，延烧达4昼夜。[31]

在此记录中，令人困惑的是被击毙的"第1大队长吉原少佐"。实际上，桥头、马面关确为日军148联队第1大队驻守，大队长为水渕嘉平少佐。但该大队主力此时已增援缅北战场，与我驻印军鏖战于密支那，留守桥头、马面关的仅为该大队一部；且经查日军军官名册中并无"松光丰大尉、酒井国太郎大尉、太平中尉"等人。[32]

曹英哲在其《桥头马面关战役评析》一文中，曾专门对该地日军兵力情况做过分析：

> 桥头为冷水沟守备队的重要后方基地。当藏重大佐的148联队

---

〔28〕据《第20集团军腾冲抗日阵亡官佐名录》，钟光耀少尉籍贯不详，郭胜其少尉为湖南湘乡人。

〔29〕据曹英哲《抗日名将叶佩高》第二卷《桥头马面关战役评析》，第57页。

〔30〕潘世征：《一寸河山一滴血——高黎贡山的战役》。据其战地通讯集《战怒江》，第79页。

〔31〕《陆军第54军滇西攻势作战战斗详报》。据《保山地区史志文辑》抗日战争专辑之二，第25页。

〔32〕据《第五十六师团团将校职员表》。

第1大队（水渊大队）奉命调赴缅北增援时，该大队亦必然会留置相当的兵力以固守桥头这座重要的联络据点和后方补给基地。作者推断水渊大队留置的兵力不会少于150名，加上桥头附近各有关仓库及后勤作业的人员，其总兵力应在200名至300名之间，否则就不至于造成我593团100余人的伤亡。

作者为求证实此一判断之正确性，曾特地专访并函询198师渡江反攻之前，预先潜渡怒江，侦察桥头附近敌情地形的593团第2营营附袁贤祺先生，他当时被选派担任进行此项敌后侦察工作的情报队长。袁贤祺，湖南人，军校16期毕业，住台北市，时年已八旬。《纪实》[33]中作战立功官兵功绩表曾对袁贤祺作如下的叙述："深入敌阵坐探敌情，赴界头组织民众，破坏交通，率领第6连阻击由瓦甸北上攻桥头之敌，颇著战绩"。

受访时，他说："各连情报员共计9员，携带手枪炒米干粮，于师就攻击准备位置后，预先潜渡怒江。"并于回信中答询所问结语谓："1. 约在3天前到达冉家寨，向导为当地人，姓名已忘。2. 在桥头、马面关一带日军数目不详；至于敌我伤亡及兵力部署多寡，很难有数字观念。3. 日军桥头之役似难超过300人以上。见解正确。"

虽已是50多年前的往事了，他尚能道出"似难超越300人以上"，并认为我"见解正确"。

日军在桥头附近的总兵力，既难超过300人，我军以奇袭作战，伤亡竟高达100余名，日军伤亡亦必超过100名。而《纪实》中，竟累计毙敌400余名，54军之《详报》中也有"计毙敌第1大队长吉原少佐　以下官兵300余名"的记述，实在有些言过其实，而且也有误导桥头、马面关附近日军为148联队第1大队之嫌。

198师在叶将军领导之下，不但是支训练有素、军纪肃整的部队，更是支打到哪里、胜利到哪里的"爱民敢战"的劲旅。然而在第一手资料中，也难免有夸报战果的流弊。这虽然是我情报方面的最大缺憾，也突显出在这个时代读史、写史，求真求实实在是太难了。更不禁令人兴起"尽信书，则不如无书"之叹！缅怀秦汉盛世

---

[33] 在曹英哲撰述《抗日名将叶佩高》中指《198师滇西攻势作战战斗纪实》。

以"首虏"(首级和俘虏)计数而论战绩战果的确实可靠了。[34]

对身为198师一员的曹英哲将军的求真精神和坦荡作风,笔者真是心有戚戚焉!

此时,应该说一说那位与叶佩高密谈、为593团向导,却在各种记述中被模糊了身影的神秘人物。此人名叫石大用,时为预2师司令部少校参谋兼谍报队长。如前所述,预2师为最早开入腾冲沦陷区打游击的部队,对于腾冲敌情民意地形地貌之熟悉,非其他部队可比。即便在退出游击区后,包括预2师在内的远征军各部谍报组织,仍时时渡过怒江从事侦察袭扰活动。石大用即为其中出色的一员。

令笔者没有想到的是,这位立下大功的英雄,竟然在战后不久即遭埋没,以至于当地民众为其鸣不平,于收复腾冲两年后的1946年以联名公呈为其请功。公呈中提及的"绅民吉济美",亦即张问德报告中所记之本地向导,战时他是凤瑞乡长。可见,要么当时为593团向导者不仅为石大用一人,还包括吉济美等人;要么就是这条鲜为人知的翻山小径系吉济美等告知石大用,再由石大用告知198师,以至于在史料中出现不同侧面的记述。

现将这份公呈件全文刊录如下:

民国三十五年三月二十九日,腾冲县长李乐山呈报云南第六区行政督察专员李国清:

腾冲凤瑞、宝华两乡绅民吉运春、吉济美、沈世凯等26人公呈,以前预备2师少校参谋、谍报队长石大用,于敌军围攻腾北时,协助国军抗战颇著功劳,克复后未闻褒奖,特联名具呈请予给奖。

附凤瑞、宝华两乡公呈:

查陆军预备第2师少校参谋兼谍报队长石大用,联络组织情报,对国军反攻贡献甚多,其功劳地方人民有口皆碑,仅将大者列举九条于后:

---

[34] 曹英哲:《抗日名将叶佩高》第二卷《桥头马面关战役评析》参考资料《桥头马面关日军"儿玉守备队"兵力探索》,第99—100页。

一、国民三十二年秋末，时倭寇围攻36师，腾北沦陷。敌将高黎贡山大小路完全封锁，幸有石队长大用不避艰险，自带干粮，由高黎贡山斩荆凿壁，另开小径，带无线电到腾北，秘密联络爱国绅民，组织情报。且石大用能在敌人势力之下顺利工作者，因民国三十一年预2师在腾北游击时，该队长尚充预2师5团4连连长，常能以少击众，甚得绅民同心之故。

二、石队长组织情报，不专听一面之辞，能利用多方迅得确实敌情，如密呈请委任董正苏、吴枝荣、吉惠然等为腾冲救国服务团正副团长，以调查腾冲各方面敌情送该队电转。又于每乡中密委爱国正绅若干人为情报组长，专负责某乡敌情，直报该队电转，如凤瑞乡密委前任乡长吉济美、沈世才，区长吉运春，正绅杨正林、李枝龙等为情报组长，专调查界头、桥头、马面关、北斋公房一带敌情；又如宝华乡密委前任乡长孙启鳌、尹乃浩、石有增、刘开斌等为情报组长，专调查瓦甸、江苴、南斋公房一带敌情。

三、石队长又善化装，必要时常装成民夫，与敌人构筑工事，以考查敌阵地详情；或挑米送进敌行政班，考查敌仓库位置。

四、石队长军纪甚严，到处秋毫无犯。因高黎贡山路被敌封锁，人民缺乏食盐，石队长在某家食米菜若干，以相当食盐相送。

五、石队长对反攻计划预有准备。见敌将高黎贡山大小路俱皆驻兵严守，即另寻小径二条，以为反攻时引军偷渡贡山准备。如由辛酉山至周家坡小径，可以袭击桥头；由冈顶河（即敢顶河）至白马甲小径，可以袭击瓦甸。

六、石队长不惟善于组织情报，且能随时破坏敌人情报，如在国军将要反攻时，率队员暗杀敌情报队长赵乘，以瓦解敌情报组织。

七、反攻时，石队长充198师向导反攻腾北。该队长素知高黎贡山南、北斋公房敌工事坚固，即向叶师长建议：由辛酉山小径渡兵，偷过高黎贡山，袭击桥头敌司令部，当蒙叶师长采纳。石队长自引593团偷过高黎贡山，于民国三十三年五月十六日早晨，出敌不意，一举克复桥头，获敌仓库甚多；并截断高黎贡山敌人后路，以断绝北斋公房敌人弹药、粮食，使敌给养缺乏，不得不自行放弃阵地。

八、石队长富有协助友军精神，能相机而动，自动派队员3名引36师由冈顶河小路偷过高黎贡山一部分，以袭击瓦甸敌行政班，以扰乱南斋公房敌人后路。

九、截获敌人在凤瑞、宝华聚敛公私仓谷甚多，悉作198师、预2师、36师胜利品，补充反攻之军粮。虽系大军反攻之力，要知全赖石队长事先联络组织情报，兼使小径沟通，出乎敌之意外而使然也。否则若硬从高黎贡山大路进攻，敌退时必将在宝华、凤瑞之仓谷完全烧毁，多数国军过高黎贡山即乏给养。

以上几条全系石队长大用工作劳苦实在详情。待国军克复腾冲城，石队长因劳苦过度，请假休养，未闻给奖。奉令前因，理合会同具文呈报钧长鉴核，准予转呈上峰，按律给奖，以慰忠良，是为公便。谨呈

腾冲县长李

凤瑞乡乡长沈世凯、杨应霆
宝华乡乡长杨大儒、孙启杰

腾冲史志学者李正经多年艰苦调查，于2010年弄清了石大用的身世和经历：

石大用，原籍河南省遂平县花庄乡，中央军校第14期毕业。曾任预2师第5团第2营第4连连长，师少校参谋兼谍报队长。腾冲收复后，预2师奉命他调，石大用因积劳成疾请假休养，落户于腾北宝华乡中坪村高家岭。也许是上述联名公呈为石大用赢得了应有的荣誉，1948年4月，腾冲县政府任命石大用为腾冲警察局腾北分局局长兼腾冲联合自卫大队第十一大队大队长。次年，石大用奉命到怒江双虹桥一带阻击政治土匪"共革盟"[35]，因防堵清剿有功，被记大功一次。然而，1952年"镇反"时，石大用仅因曾任旧军警之职，在既无民愤、亦无血债的情况下，被错划为"历史反革命"而遭冤杀，终年44岁。[36]

---

〔35〕1949年初，滇西云县出现的一支打着"共产党、国民党革命委员会、民主同盟联军"（简称"共革盟"）旗号的地方反动武装，一度占领保山，后被云南省府派出的滇西剿匪指挥官兼保安第二旅旅长余建勋部荡平。详参《"共革盟"之乱》：http://www.ynjoy.com/html/3179.htm。

〔36〕据关爱抗战老兵网李正系列调查文章。http://www.ilaobing.com/forum.php?mod=viewthread&tid=70917&extra=page%3D1。

第18章　左翼军奉令出击，54军调整态势

（参阅附图5、附图6、附图21、附图22）

如前所述，36师大塘子攻击受挫后，于14日晚奉令集结于回恒山整理；由53军续攻大塘子之敌。第20集团军总部亦相应变更部署，攻击军不再区分为一二线，而以54军为右翼、53军为左翼，同时从南北两线攻击。

5月16日，54军参谋长刘廉一召集幕僚会议。在做出多项状况判断后，最终确定作战方案如下：

军应以主力保持于北斋公房、马面关方面，以一部进出高黎贡山各隘路口，以吸引敌人，俾主力方面战斗容易。俟我主力攻占北斋公房后，再协同进出马面关、桥头、界头、瓦甸之线，压迫敌于龙川江东岸而歼灭之。

据此判断，做出如下处置：

198师应保持主力于通马面关道路及其以北地区，以一部逐次迂回北斋公房、马面关等地，以协助主力作战。尔后以一部直趋新桥，主力务求桥头、界头之敌而攻击之。

36师进出高黎贡山后应构筑工事，暂行固守，以待主力进出北斋公房，并应各以一部继续西进，以吸引敌人。俟主力占领北斋公房后，再行攻击界头、瓦甸而占领之。但此时须切实注意左侧之掩护。

炮兵主力配属198师，一部属36师；工兵主力配属198师，一部由军直辖。

5月18日，获悉593团攻占桥头、马面关取得重大进展，54军参谋处提出：军应令36师结束整理状态，以108团经梁山、雪山、汤家岭向界头攻击前进，以策应主力198师作战。参谋长刘廉一批

示：即饬该师派经小白峰坡、梁山、雪山部队速向界头前进，以牵制该方面之敌。[1]

当日，54军正好接奉第20集团军总司令霍揆彰于17日下达的命令：

"……54军36师应加强冷水沟兵力，相继驱逐高梁弓、五台坡之敌，并于野猪官塘、冷水沟两处构筑坚强工事固守。另派有力一部（至少两连），携带干粮及无线电机，轻装于明（18）日晨由现地出发，经冷水沟攻击南斋公房之敌而占领之。该部攻击成功后，即就南斋公房构筑工事固守，并截击大塘子撤退之敌。"[2]

这一次，20集团军与54军几乎同时做出了相同决策。

36师奉命后，即令108团开始西进。

在此次反攻作战前的4月20日，李嘉祜向保山专署呈报了一份《腾冲敌情报告书》。其中，对此前两年日军对我游击部队历次"讨伐"战术作了一个总结，特别强调指出：

敌人惯用包围战。如其攻击一阵地，除正面攻击外，必出奇兵包围左右翼，占据高地，从上压迫而来，或绕出后方，使我守军腹背受敌，左右遇创。　去年10月敌军攻陷界头，则全用大包围手段。半月前，即调集缅甸、畹町、龙陵、密支那等处部队，并大派民间伕马，分道由明光、茶山河、滇滩、班瓦垭口及古永、顺江、向阳桥、灰窑、高涧槽（即高笕槽）七路包围，然仍按兵不动，每日仅用少数部队向我各处守军作游击式小接触，或战或退，牵制我军。终至10月12日，雪山东麓、怒江西岸一路敌军，冲破大塘子，截断栗柴坝渡口之我军联络线后，各路敌军乃同时而进，飞机亦配合掩护而来，彼此包围，我36师始溃。历观各战役，可见敌军之惯用包围战，不可不慎也。[3]

---

[1]《陆军第54军滇西攻势作战机密日记》（未刊档案）。
[2]《陆军第53军由怒江至腾冲会战战斗详报》。据《保山地区史志文辑》抗日战争专辑之一，第111页。
[3] 李嘉祜：《腾冲敌情报告书》之"敌人之军事"部分。据《日军侵华罪行实录——云南部分》，第453页。

类似的总结，在张问德1943年度政府工作报告亦多有提示。这些意见，似乎对远征军反攻部署产生了深刻影响。先是顾虑缅甸之敌增援滇西，而"一头沉"式地区分攻击集团、防守集团；在对高黎贡山发起攻击后，又顾忌后路被龙陵日军溯江北上增援包抄，而区分一线军与二线军。谨慎有余，固然稳当，但也使战事进展迟缓。

198师师长叶佩高以593团迂回挺进日军后方桥头、马面关，似乎成为目前唯一的大胆行动。虽然攻击得手令人振奋，但孤军深入龙川江谷地，左侧背暴露，叶佩高不得不对瓦甸方向日军可能的增援侧击保持高度警惕。

自18日起，叶佩高迭电向第54军请援，而54军的处置，基本上是一个延迟一日的"中转站"。

18日——

叶师长电：该师连日战斗，伤亡甚多，兵力不敷，恳酌派控置部队，以防万一。

54军即于次日致电向长官部及总部请示。

19日——

叶师长电：敌以汽车由瓦甸方面运兵增援，恳派36师腰击该敌，解除593团侧背。

54军即于当日傍晚致电向长官部及总部请示，并恳另行设法，以免缓不济急。

当日，36师也传来了坏消息，师长李志鹏电告54军：本师无法执行西进策应任务。原因是："派向南斋公房攻击之107团第7、9连（附迫击炮、战防枪各1排）于19日晨抵□，通南斋公房无路，五门坎南有敌，无法通过。经遵奉钧座转奉总司令霍电话，即饬仍竭力设法向南前进外；如万不能前进，即回冷水沟，向高梁弓之敌攻击。"

54军只好于次日电转总部，请总司令霍揆彰亲自裁定。[4]

当日也有好消息，54军接奉霍揆彰电，云："长官部已派预2师

---

[4]《陆军第54军滇西攻势作战机密日记》（未刊档案）。

第4团全部渡河，对付片马、泸水南下之敌。"不过，桥头、马面关之593团侧背威胁主要来自南面的界头、瓦甸方向，北面片马、泸水之敌（即猪濑大队）距离尚远，这种增援似未分出轻重缓急。

但54军只能于次日电告叶师长，权作安慰。[5]

20日——

叶师长电：午时，593团（欠第1营）亦由马面关向北斋公房攻击中。请派饬控置部队速来，以防万一。

54军于次日电转请总部核示。

当日，司令长官卫立煌直接致电54军：拨付此前在江东待命的预2师第6团归叶师长指挥。

54军当即转饬198师遵照。叶佩高马上电令该团推进至小横沟附近，作为师预备队——但该团直到23日才过江报到，还是指望不上。

连续转了三天电报的54军，援军还是个悬置问题。于是，20日，在军司令部驻地打郎，参谋长刘廉一召开幕僚会议，立足本军角度，研究应对敌增兵方案。

摆在眼前的情况是：17日，593团攻占马面关；19日，日军由瓦甸以汽车运兵增援反攻，企图规复。针对此情，54军参谋处做出了状况判断四案：

第一案：36师应以一部向界头实行攻击，以牵制敌人北上。593团不得已时可逐次向东北转移，尔后南下与主力合围冷水沟而攻击之。

第二案：593团应固守马面关。198师主力即向西推进，求北上敌军侧背而攻击之。同时，36师仍以一部向界头进出，以牵制敌人。

第三案：军应以36师主力经冷水沟、高粱弓向瓦甸，一部经大小白峰坡、汤家岭向界头攻击前进，以协力198师之战斗。

第四案：军应要求预2师即时渡江，协同593团猛力夹击冷水沟、北斋公房之敌。198师主力速向西北挺进，求敌侧背而攻击之。[6]

方案确定后，当即分别电令各部遵照执行。

---

[5]《陆军第54军滇西攻势作战机密日记》（未刊档案）。
[6] 同上。

回头再说 198 师主力的正面战斗。

先看看潘世征战地通讯记述:"20 日,我进展到小横沟敌人营地中心,我机亦来助战,向密林间之敌人大炮阵地轰炸"[7]——如前所述,当 592 团以迂回夹击攻占灰坡后,该部残敌多数均向下方的小横沟集中,这块"硬骨头"仍未啃下。

但在 198 师的战况电报及 54 军的战斗详报中,"小横沟"早已是消失的字眼。可以想见,这个一线官兵人所共知的事实,只对司令长官卫立煌和南线的 53 军隐瞒。因为,太难堪了。

虽然有些"消化不良",但 198 师仍然寄望于"超越攻击"的部队有所进展。

据叶师长电:"20 日午时,592 团已将茶房东南敌包围……"[8] 如此,就有一个悬疑问题:师长叶佩高当时如何分配小横沟和茶房上下两地兵力?因军方史料隐匿了小横沟战事,此悬疑实际上无解。

据潘世征战地通讯:21 日,小横沟之敌终于被歼灭——

当日,后方送来的大量弹药,由驮马沿山麓小路输送到达各营部,叶佩高即下令全线总攻。我重迫击炮团第 3 营,直协 198 师从右翼迂回敌后猛攻。[9]"随后,步兵突入敌阵,经激战后,占领小横沟敌人营地中心,敌人伤亡数百,死马 200 匹,遗尸遍地。我军搜索获得全部敌炮外,其他得重机枪 2 挺、轻机枪 4 挺、步枪数十支,军毯、子弹等甚多。残敌数十人,将大炮埋于泥土之中后,即由小横沟西北小路,向苤菜地阵地狼狈窜逃。"[10]

不管怎样,小横沟战事终于取得了重大战果,198 师该如何向上报捷呢?"小横沟"这个字眼既不能提及,则电文就成了如下模样:

叶师长辰马(5 月 21 日)前战电:灰坡、滥泥坝敌为第 114 联

---

[7] 潘世征:《一寸河山一滴血——高黎贡山的战役》。据其战地通讯集《战怒江》,第 78 页。
[8]《陆军第 54 军滇西攻势作战机密日记》(未刊档案)。
[9]《远征军炮兵指挥部各炮兵部队参加滇西战役高黎贡山亘腾冲地区战斗详报》。据《保山地区史志文辑》抗日战争专辑之四,第 260 页。
[10] 潘世征:《一寸河山一滴血——高黎贡山的战役》。据其战地通讯集《战怒江》,第 78 页。

队原口大队[11]附机炮队,已被我陶、廖、覃团各一营围攻。21日午时全数歼灭,毙敌甚众,夺获亦多。

电文中,将灰坡与滥泥坝并提,含糊地表明至此才"一揽子"解决战场遗留问题。若回忆一下此前该师的战况电报即知,18日灰坡即已被"超越"而过。

不仅如此,上述我方战史记述,还给人一种奇怪的感觉,即:自12日起一直无法攻占的小横沟,胜利似乎来得太仓促了一点。若联系日军方面记述,则会有恍然大悟之感。

据日军野炮第56联队第1大队第1中队第1小队下士官伊藤清泰撰述:

(19日)这天夜里,一名联络兵穿着便衣,穿过敌人的包围圈,潜入(马鞍山)阵地,带来成合大尉让我们撤往冷水沟的命令。成合大尉让各队负责人集合兵力,翌日,也就是20日夜,逃出阵地撤回冷水沟。对于山炮和其他重兵器,因为需要在救援部队协助下才能搬运,但在此之前全部得掩埋起来;驮马要全部处理掉。

要处理掉一直以来在枪林弹雨中生死与共的战马,虽说是命令,但对于驭手来说是断肠的痛楚。无奈军令如山,只能流着泪把马杀掉了。

——原来,小横沟日军19日夜奉命于20日夜放弃阵地撤往冷水沟,并于当日夜至20日白天开始处理难以带走的火炮和军马。对此,与伊藤清泰同在小横沟阵地的56师团卫生兵吉野孝公,也留下了彼此吻合的记述:

20日[12],敌人从一早就又开始了进攻。而且比昨天更进一步地增加了兵力。天也从一早就下起了雨。敌机不顾气候的恶劣,利用

---

[11] 有误。应为148联队原口大队(第2大队)。
[12] 原文记为21日,经与伊藤清泰记述互参,20日夜马鞍山日军即逃出,21日应无激战。

机枪扫射猛烈地对我进行攻击。地面的敌人在机枪、步枪和迫击炮等的掩护下，步步向我阵地逼近。

这时，成合队长命令道："大队炮对准前方30米处洼地的敌人，开炮！"

话音未落，炮口喷着火，将几个敌人的影子抛向了空中。同时，五六名战友勇敢地向前挺进。战壕里马上响起洪亮的呐喊助威声。敌人被突发情况惊得目瞪口呆。但敌人并没有就此败退，新手一个个地接替上来继续对我实施轮番进攻。

原口部队主力前往怒江阻击敌人渡江后，一点消息也没有。我们在焦急的等待中消磨时光，但得到的还是失望。他们最终没有回来。

——从吉野孝公此处所述，可见"原口部队主力"就是此前在江边观音寺与594团遭遇之敌。联系我方记述可知，该敌残部并未撤回小横沟，而是自右翼撤到了冷水沟。

队长可能已经看到阵地快要守不住了，命令道："立即处理身边的重要文件和军马。"于是我们马上把双亲、兄妹及友人的信件、慰问袋、照片和其他重要物品，全部烧掉。

下面就轮到战马了。战马也属重要的军事物资。活着的军马尚有四十几匹，无论如何也不能让它们落入敌人之手。亲手杀死它们是很残忍的，无奈除此之外已无其他选择。由于子弹已经打光，就只能让它们死于刺刀之下了，已经无暇再去顾虑什么，人和战马凄惨的人间地狱立刻呈现在眼前。

激烈的枪林弹雨中，军马垂死前的叫声里，充满了悲凉。紫黑色的血柱猛地从爱马的胸口喷出。战士们身上沾满血污，眼里充满血丝，手里握着的剑刺，一刻不停地移向了下一匹军马的胸部。战马在恐怖和颤栗中，一动不动。驯服地直面迎接刺来的剑刺，发出"噗"的一声，倒下去，临死前抓心挠肝地痛苦挣扎中，黑色的血沫四处飞溅。真正的地狱之门，此时此刻就在它们面前。

残忍地处置军马的工作在按顺序地进行着。轮到了我的爱马。这是一匹棕色的本地马，是我在一次进攻作战时，在途中的村子里捡回的。战友们给它起名叫"阿宫",是一匹非常健壮、驯服的良马,征战沙场两年多的日子里,陪我吃了很多苦,而眼下,死别的时刻已经到来。

我用缰绳紧紧地捆住爱马的前蹄。默默之中,心里感到非常沉重。"原谅我,阿宫!这是天意,天意啊!"我不断地向爱马这样唠叨。爱马在这种可怕的杀生地狱前,只是一个劲地哆嗦。我举剑的刹那间,爱马将头稍稍偏了一下。静静地注视着我手里的刀尖,同时大颗的泪珠从它眼里滑落。我心里更加难受,手也不停地颤动起来。

"原谅我吧,阿宫!一周没吃没喝,在这种激烈的弹雨中,害怕吧?难过吗?"我握着剑刺的手仍在不停地颤抖。最后,我还是下了下狠心,"好吧,我成全你了。"

刺刀从爱马的胸部捅进了心脏深处。爱马迟缓地呻吟着向前倒下,痉挛了一会儿,从伤口流出大量的血,然后便断了气。"阿宫,成佛吧!"我留下这句话,重新回到战壕里。

过去的十天时间里(即从11日至20日),在昼夜不断的战斗中,坚持百余回勇猛突击的勇士们,眼下已到了弹尽力竭之际。阵地周围的天空渐渐地又暗了下来。

敌人已经逼近到距离我们四五十米的地方。他们似乎连抬下同伴尸体的时间都没有。从低洼的地方爬上来的敌人在我方重机枪的枪口下,像小山一样地在我方阵地前堆积。但我们赖以反击的重机枪,子弹已经所剩无几了。敌人立即在层层堆积的尸体上架起机枪,开始扫射。这样,我方枪炮就只能万般遗憾地沉默了。

战壕里到处回响着"需要子弹"的悲壮声音。敌人借我方阵地沉默之机,在重武器的掩护下,一步步地向我阵地逼近。

这时,突然传来队长声嘶力竭的命令:"出击!不要让一个敌兵跑掉!跟我上!"勇士们带着战刀、刺刀,争先恐后地跳出战壕。其中有位勇士大声呼叫着"大队炮跟我来!"同时,像风一样地跑到了前面。敌人被这种突然出击打得无处可逃,左右乱窜。彼此之间的混战持续了几秒钟光景。敌人溃败,退了下去。勇士们迅速返回。其中有位勇士在回来时,还拖了一具敌人的尸体。

他就是刚才命令大队炮开炮,跑在最前面的那个勇士。在后来数不清的突击中，他每次都跑在最前面。他沉着勇敢的举动，常成为战友们称赞的对象。他的名字，现在我已经记不清楚，但军衔好像是伍长。

敌人像是已经觉察到我们没了子弹，越发大胆地向我阵地逼近，并伺机向我方投扔手榴弹。我方损失惨重，死亡和受伤者大量出现。

成合队长的眼里闪着锐利的光芒，"目前，我们已山穷水尽，大家做好准备，各位的性命就请交给我成合吧。"

大尉战刀出鞘，随之，一个不知名的军曹大声嘶叫起来，凄惨的声音真可惊动鬼神："我们的最后时刻已经到了，现在我们就去靖国神社。大家不要落后，冲！"剩下的战友们全都勇敢地冲入敌阵，展开了肉搏。敌人在这种突如其来的壮烈突击面前，被惊得魂飞胆丧，争先恐后地向后退却。瞬间，时间在此凝滞，产生了短暂的真空。但后面的敌人必然还要进行反扑。

雨声越来越大。

战壕笼罩在一片黑暗之中，队员们都已精疲力尽。队长用小声而又严肃的语调说道："大家好好听着，目前我们随时都可能死去，但完成作战任务并不仅仅意味着死。"接着，他加重了语气，继续说道，"目前情况下，对我军来说绝不允许损耗一兵一卒。部队应迅速冲出重围，返回本部。所以，全体人员必须立即做好准备，负伤的要强行军，对于不能行走的重伤员，发给每人一颗手榴弹。"每个人都明白这意味着什么。三名重伤员一言不发，想必已经无念无想了吧。雨下得更急了。

所有人员从战壕里出来后不久，战壕里传来"轰"的一声沉闷的爆炸，接着又是一声。随后，战壕陷入死一般的寂静。这是重伤员悲壮的自杀时，手榴弹的引爆声。官兵们不由得停下脚步。或许他们也已感觉到生命的终结。听说他们全然不顾战友们殊死的劝诱，轻轻地敲着手中紧握的手榴弹，"如果敌人上来了，就用这跟他们同归于尽！"这番话是在他们身旁的战友后来叙述与他们死别时告诉我们的。唉！他们的音容、他们的精神、他们悲愤的泪，怎么也无法从脑海中拭去。我们默默地为三勇士祈祷着冥福，又迈出了强行突围的步伐。

雨无情地打在勇士们的背上。湿漉漉的军服紧紧地裹在身上，行动起来极为不便，毒草的刺儿扎得手脚发麻。黑暗的密林中传出悲痛的呻吟。负伤的士兵落伍了。同时传来战友们强有力的鼓励声："坚持！在这儿落伍就意味着死。"鼓励和被鼓励的人都在拼命地急行军，然而无人知道这种充满痛苦和磨难的败走究竟要继续到什么时候。大家的呼吸仿佛都要停止了。本来就冰封的高黎贡山这时袭来刺骨的寒气。海拔5000米（不确，实为3200米）的冷水沟附近，滴水未进的强行奔命途中，寒冷、饥饿、激战、败走和疲劳正把战士们引入死亡的陷阱。尤其是寒冷，像魔鬼一样时刻威胁着我们的生命。双脚受伤的士兵四肢着地，在队伍的后面，拼命地爬行，惨不忍睹。"坚持！掉队就会死的！"此时此刻，落伍可以与死亡划等号，鼓励和被鼓励的人都在顽强地与死神搏斗。[13]

关于自20日夜从小横沟逃往冷水沟，在伊藤清泰的记忆中经历了三天三夜的艰难历程：

5月20日夜，逃出的时候到了。把小队12名战死者的手指装进袋子里，写上每个人的名字装进饭盒后，就去卫生队收容所附近的集结地集合了。收容所里还能走路的伤员全都带走，准备一起逃出去；而那些不能行动的重伤员也已经明白了状况，有了心理准备，不断有人用身上的手榴弹自尽。因为手榴弹的爆炸声，引来了敌人以掷榴弹射击。飞永龟治兵长头部和大腿中弹，尾上十太郎兵长右大腿直接中弹，二人均战死。这是在逃出行动之前的事，所以，将二人在阵地上好好地安葬之后，就出发了。

趁深夜行动，成功逃出敌人包围。但去冷水沟的道路被敌人所控制，由于带着伤员，强行通过肯定是不可行的。于是采取迂回战术，避开敌人认为我们肯定会在包围圈的间隙向冷水沟方向行进的路，反其道走进没有路的山谷，一片漆黑中手摸着地前进，树根和倒下的大树都挡着我们的去路，到天亮的时候，才走了不到两公里。(21日)天亮了，行军也稍微快一些，但在没有路的山里行军，依然困难重重。

终于走到有路的地方，可以看到前方有敌人的分哨。是进攻还

---

[13]［日］吉野孝公：《腾越玉碎记》，第18—26页。

是绕道？考虑到目下的状况，还是选择迂回，再次退回到山谷里往前走。此时已进入雨季，连日的降雨让全身都湿透。没有粮食，饥寒交迫又疲劳至极，路还非常难走。在山中露营，第二天的行程又比前一天更加艰难。险峻的悬崖织成一道网，爬上去，到了人迹罕至的老山深处。不知自己到底身在何方，在稀疏的阔叶林中被雨浇着，梦游一般前行。

天黑了，漆黑中无法前进，疲劳、饥饿、寒冷让意识逐渐模糊起来，今晚又要露营了。这么冷，恐怕在夜里会冻死，却也没有余力考虑是不是处于敌人包围的危险中。把竹子点燃，稍微暖和了一些。因为下雨，竹子很难烧着，费了好大工夫才点着。火光下，看到战友在钢盔下的脸，胡子拉碴，目光呆滞，瘦弱憔悴，形同死人。

不知不觉，（22日）天亮了。稍稍往前走了一点，脑子里只想吃饭这一件事：到了冷水沟有米饭，能吃到热乎乎的米饭。快要死了吗？坚持！自言自语地提醒自己，鼓励战友，接着走。终于走到条路上，没看到敌人。爬到山脊上看到山坡上开满了白色的罂粟花，应该离冷水沟已经很近了吧。正在下山坡，突然遭遇左前方敌人机关枪射击。一口气跑下去，所幸没有人受伤阵亡。然后又爬上了山坡。

往前走了不多远，迎面碰上友军，应该是走在前面的步兵联系上的吧。5月23日，终于回到了冷水沟。如果走正路，估计半天就能到的距离，却走了三天三夜，甚至是在鬼门关前徘徊了好久才绕回来。在这次逃离行动中，又有（弹药班长藤桥松一军曹、炮手安腾龟一兵长、炮手尾上久治上等兵、驭手下釜幸四郎上等兵）4名战友将宝贵的生命留在了高黎贡山脉里那些不知名的山谷间。[14]

据当地史料载：敌人自小横沟、灰坡败退后，其残敌由滥泥坝、望天门、大蕨地等据点，连夜经北风坡逐次撤往冷水沟、北斋

---

[14]《炮烟——龙野炮兵第56联队战记》，第382—383页。董旻靖译文。

公房。[15] 从伊藤清泰的记述可知，在日军出逃过程中，我军并未掌握其踪迹，当然也无追击行动。因此，潘世征战地通讯中记述21日198师一部对小横沟的"激战"，不过是对已经无人的敌阵地虚张声势的攻击。

据载，21日，592团及593团第1营已进至冷水沟附近。因该敌工事多，遂令炮兵向山顶艰难开路推进。[16] 此外，叶佩高电令桥头方面之593团以有力一部经马面关、朝阳地东进，协助师主力夹击北斋公房、冷水沟之敌。团长廖定藩即以第7连接替第9连马面关防务，令第9连附机、炮各一班，向北斋公房攻击前进。[17]

22日，198师占领茶房。[18] 清扫战场后，调整部署：以594团为右翼队，由大蕨地向苤菜地、冷水沟之敌攻击；以592团为左翼队，向冷水沟、北斋公房之敌攻击。593团第1营暂控置于灰坡附近，为师预备队。此外，奉命策应作战的593团第9连附机、炮各一班，也已由马面关向北斋公房东进中。

当日，592团团长陶达纲在北风坡侦察地形，判断敌情。所获印象是：

北风坡正面左前方为冷水沟高地，距离约1600米至1800米。冷水沟北部山势绵延而下，是一片密密麻麻的竹林。北风坡右边是原始森林密布的高山，地势略低于冷水沟高地。再向北约十里为苤菜地，日军筑有坚强据点，为半永久工事。从北风坡到苤菜地，仅有唯一的山间小径可达。北风坡左后方是倾斜面，有的是断崖深沟，通行不易。依据日军阵地正面及其范围，判断日军兵力大约为一个连加特种部队。[19]

23日，198师主力全线向敌包围猛攻。因苤菜地方面地形，全

---

[15] 李道生、马秉坤：《泸水军民联合抗日战事纪实》。据《云南文史资料选辑》第39辑滇西抗战，第220页。
[16] 《陆军第54军滇西攻势作战机密日记》（未刊档案）。
[17] 据曹英哲《抗日名将叶佩高》第二卷《桥头马面关战役评析》，第57页。
[18] 潘世征：《一寸河山一滴血——高黎贡山的战役》。据其战地通讯集《战怒江》，第78页。
[19] 陶达纲：《滇西抗日血战写实》。据《民族光辉——腾冲抗战史料钩沉》，第206页。

为悬崖深谷，攻击进展困难。[20] 据潘世征战地通讯：此时，山顶上连日风雨、严寒，后方给养补给极端困难，我将士均与敌人及气候战斗，第一夜冻死士兵5人，第二日又冻死9人。幸而靠民众帮助，送来蓑衣数百件，作为防雨之用。[21] 据吉野孝公记述，其所在的一股日军仍在逃亡途中，也于23日黎明冻死士兵：

> 岩石裸露的羊肠道上，终于迎来了（23日）黎明。这时，走在队伍前面的战士突然停住脚步。薄雾笼罩的悬崖上，一间不大的屋子呈现在眼前。敌人的哨卡！黑色的人影在朦胧中晃动着。倘若被发现，这下就真的完了。在无可奈何的情况下，我们只好在小道上一动不动地静等着浓雾飘过来。山崖下，浓雾厚厚地覆盖着山谷。
>
> 我们进退维谷，既不能前行又无法后退。寒气刺骨，冻得手脚直发麻。这时，我身后的一名士兵突然将手中的枪扔下飘满浓雾的山谷里，小声地骂道："狗日的混蛋！"他苍白的脸开始不停地抽搐起来。在他旁边的战友见状急忙拍他的脸颊，帮他按摩后背，但一切都已无济于事，他的身体一下子从战友们身边滑落，消失在雾中的山谷里。这就是被冻死的瞬间所出现的惊心动魄的一幕。刺骨的寒气中，我们搓着手脚，互相捶打着后背，与魔鬼般的寒冷作殊死搏斗。上天有眼，山间的雾滚滚地涌了上来，顷刻间就把我们包在了其中。莫非这真是上天保佑？部队又开始行进。在"绝对不许说话"的命令中，大家屏住气，一声不响地向着前方，挪动着双脚。来到哨卡的正下方时，仿佛双脚踩在虎尾上，每个人都很小心翼翼，最后总算平安地穿过了哨卡。然而，刚爬上小道，我们就又发现了一个哨卡。此时，在我们面前的路，除冒险下到雾中的山谷外已无任何选择。于是，我们紧紧地攀住峭壁上野生的矮竹，一步步地向山谷深处交替着双脚。俯视山谷，

---

[20]《陆军第54军滇西攻势作战战斗详报》。据《保山地区史志文辑》抗日战争专辑之二，第22页。

[21] 潘世征：《一寸河山一滴血——高黎贡山的战役》。据其战地通讯集《战怒江》，第78页。

俨然是一个无底的深渊。

途中，不知有过多少次，我们将周身的气力集中到了快被扭断的胳膊上。总算幸运地双脚着地时，翘首仰望，浓雾之中一片沉静。耳际只有战友们抓住矮竹缓缓而下的沙沙声。我默默地念着佛语，祈祷全体人员的平安。当最后一名士兵下来的时候，我们互相欣慰地拍拍肩膀。大家互相展示着各自渗出血的手心，又沿着山谷间的小溪继续前进。还没有走出三百米，敌人的迫击炮弹就在队伍前面爆炸了。位于附近的担架队员大腿受了重伤，过分的疼痛使他忍不住叫出了声，这似乎引起了敌人哨兵的注意。

接着又有五六发炮弹在我们附近连续地爆炸。我们架起负伤的士兵，继续强行前进。幸运的是后面的炮击中，我们没有人受伤。炮击中负重伤的，记得好像是荒川军士。他身材较之常人高大粗壮得多。战士们架起无法行走的他，走在蜿蜒险峻的山路上，所吃的苦，实在无法用言语表达。

雾散雨停。山峰间一条曲折的羊肠小道出现在眼前。大家精神为之一振，向着山谷继续前进。然而，越往上攀，寒气变得越来越刺骨。突然，小路下面响起了敌人的机枪声。子弹怪叫着掠过耳际。"大家快！"随着指挥员的号令，我们拼命地跑起来。负责警备的战斗人员立即在后面慌忙应战。军医中尉梅崎（宪太郎）从后面步履蹒跚地跑上来。由于过度的疲劳、饥饿，加之寒冷的折磨，跑着跑着突然倒了下去。密集的弹雨中一发发迫击炮弹呼啸着在周围爆炸。

这时值班卫生兵三牧一等兵来到我身旁。他和我是同乡，出生于久留米市，是个二十岁的年轻后备兵。他叔父是原久留米市议会议员。我一直把他看作从日夜思念的故乡来的一位使者而常常跟他谈起故乡的事。

突然后面有人不停地呼叫，"三牧在哪儿？三牧一等兵在哪儿？"三牧不假思索地要往回跑，我一把抓住他的手将其拉了回来，疯狂地对他吼叫，"三牧，不行！快向前跑，不然会死的！绝不允许你离开我半步！"但他还是拼命地挣脱了我的手，迅速向后跑去。

山脚下，敌人的枪响了。没有人再来得及奔过去。我非常理解他的心情，军医的责任感比起我劝阻的力量要强上多少倍。他和梅崎军医都死了。

三牧的班长和梅野军曹追在他后面，跑了下去，但为时已晚。他倒在了梅崎军医的尸体上。梅野军曹冒着密集的弹雨，取下了两人的头颅和双手，迅速折了回来，遗憾的是，二人的遗体只能弃之荒野了。在敌人的弹雨中，我们默默地祈祷着二人冥福，顺着蛇行的山坡后退。这一切发生在5月23日下午。

天越来越冷。[22]

据54军战斗详报："经两日激战，24日夜，乘敌疲乏之际，（594团）以敢死队于雨夜中冒死冲入苤菜地，遂将该地占领。"[23]实际上，"占领"仍然是一个含糊概念——198师25日的战况电报中仍再次出现攻击苤菜地的记述。

至此，笔者要对部队战报的"确实性"问题做一小结。

关于198师作战进展，各方记述中屡屡出现不一致的情况。笔者以为，这里面有对地名称谓不统一问题，但也存在"早报"甚至"谎报"。在5月5日远征军司令长官部召开的战前会议上，卫立煌曾要求各部"情报及战报必须迅速而确实"，可见卫立煌对当时这一军中陋习知之甚深，并特意警示在先。

为此，笔者将198师长叶佩高战况电报、54军战斗详报和潘世征战地通讯三方记述列表对比如下，并试作分析。需要说明的是，战况电报属原始资料，是伴随作战行动而生成的"第一手"材料；战斗详报是战后依据战况电报编撰的呈报文件，较前者属"第二手"材料；而战地通讯则是随军记者在观战或战事刚刚结束时采访记录的文本，其属性介于前二者之间。战况电报和战斗详报均出自"军方"，难免有某些刻意而为的文过饰非之处；作为"他方"记录的记者报道就会起到澄清事实的作用。

---

[22]［日］吉野孝公：《腾越玉碎记》，第26—31页。
[23]《陆军第54军滇西攻势作战战斗详报》。据《保山地区史志文辑》抗日战争专辑之二，第22页。

表6　198师攻占高黎贡山日军阵地流程表

部队	攻占地	攻占时间记录（1944年5月）		
		叶师长电报	54军战斗详报	潘世征通讯
592团	小横沟	13日拂晓	14日天明	21日
	灰坡	21日午时		18日
	滥泥坝			
	北风坡			18日
	茶房		19日	22日
594团	邦瓦寨、丙凤、苦竹林	13日	13日	
	营盘山		14日	
	大蕨地	15日		
593团	桥头	16日3时		
	马面关	17日酉（17—19）时		

由列表对比可见，叶师长最初曾报告13日拂晓攻占小横沟、灰坡，但一周后又再次报告21日攻占灰坡、滥泥坝，前后是矛盾的。实际上，从潘世征的战地通讯可见，因小横沟难以攻克，乃以一部从正面牵制日军，而以主力自两侧迂回，先攻克灰坡，而后再反身合围小横沟，于21日方攻占此地并肃清残敌。

那么，叶师长之前电，必然有"早报"之嫌；其后电的"补报"方符合实情。但在54军战斗详报中，仍然大致沿用了叶师长的前电来叙述（仅将攻克日推后了一天），大概是为了避开该师战报的自相矛盾之处，而把战事进展叙述得更像时间链条上的流水线作业吧。

至于部队"早报"战况进展的动机，当然有邀功之意。能提前一天，就比晚一天有光彩。但是，"早报"的风险性是，如果没有在心理预期时间内达成任务，"早报"即成"谎报"，迟早会无法自圆其说。在滇西反攻战场上最大的"谎报"事件，即为6月10日宋希濂的"攻克龙陵"捷报，因为弄成国际玩笑，最终导致堂堂集团军总司令被阵中免职。[24]

---

[24] 参见拙作《1944：松山战役笔记》，第130—137页。

第19章　53军续攻大塘子

（参阅附图5、附图21、附图22、附图34）

鉴于36师战斗力不尽理想，第20集团军总司令霍揆彰令53军接替该师攻击，目标指向大塘子。[1]

5月13日上午，53军116师（欠346团，归36师指挥）已推进缅戛渡附近准备渡江；130师推进至白龙井、四棵树附近。此时，53军指挥所及直属部队抵打郎附近。综观敌情及本军任务与企图，军长周福成向两师下达如下命令：

116师（欠346团）应即时在缅戛渡、大沙坝两渡口渡过怒江西岸，以一团接替36师108团野猪堂附近各高地防务（冷水沟仍由108团之一连固守），另以一团集结回恒、茶棚附近；师部位置于茶棚，掩护36师右侧。以上防务限于本日午后1时接替完毕。

130师388团推进双虹桥附近，该团到达后，即以一营接替36师大尖山防务，限本（13）日黄昏接替完毕。

当日中午，周福成接奉总司令霍揆彰命令：

进犯唐习山之敌为高木向前部队（掌握敌番号不确），约三百余人；大塘子敌约三四百人。36师仍在唐习山东端及大塘子附近，与敌保持接触中。集团军为肃清前进障碍起见，决以优势兵力将唐习山之敌一举歼灭。

着53军116师（欠346团）附山炮兵一连（2—4门），展开于彭家箐、勐林之线，与36师切取联络，由北向南将唐习山之敌攻击而歼灭之。

---

[1] 国军史料丛书《抗战时期滇缅印作战（一）——参战官兵访问记录（下）》，第938页。

攻击开始时间为明（14）日午前10时。

周福成当即展阅地图，考虑敌情与任务后，即电转饬116师遵照执行。[2]

116师奉命后，师长赵镇藩即决心以347团为第一线，着于明（14）日10时，开始向据守唐习山之敌攻击；以348团控制于蛮仓（即芒苍）附近为师预备队，对唐习寨与双虹桥方向特加警戒；山炮第1连于明（14）日9时进至茶棚附近占领阵地，先以集中火力制压敌炮兵，尔后协助第一线步兵攻击。当日16时，于蛮令（即芒令）师指挥所向各部下达了上述命令。[3]

此时，第20集团军总部设在怒江东岸下鲁村。自53军部队渡江起，集团军总司令霍揆彰即率领副总司令兼54军军长方天、54军副军长阙汉骞、53军军长周福成及高级军官，登上双虹桥附近山顶指导作战。[4]

据53军战斗详报，在接奉军长周福成下达的渡江命令后，"116师由缅戛渡口渡江，即集结于蛮仓、茶棚、蛮格（即芒格）间地区。130师先头部队388团推进至双虹桥附近，并以一营接替36师大尖山之防务，其余部队继续推进中。"

但是，周福成下达的命令是"限本（13）日黄昏接替完毕"；而130师战斗详报中的记述却是53军命令"该（130）师以一团限14日凌晨2时前到达双虹桥，以一营占领双虹桥以西地区，掩护桥梁"。[5]所以，388团第1营接替36师107团大尖山阵地的时间延宕至13日深夜，自以为并未逾期。

但此时，适逢大塘子日军数百名沿鱼洞河及大坪子道分路向唐

---

[2]《陆军第53军由怒江至腾冲会战战斗详报》。据《保山地区史志文辑》抗日战争专辑之一，第106页。

[3]《陆军第116师唐习山、大塘子、江苴、腾冲各战役战斗详报》。据《保山地区史志文辑》抗日战争专辑之三，第49页。

[4] 潘世征：《一寸河山一滴血——高黎贡山的战役》。据其战地通讯集《战怒江》，第80页。

[5] 关于53军与130师战斗详报中的时间不一致，笔者怀疑53军有事后修改命令的举动。在美军顾问团长弗兰克·多恩渡江反攻初期报告中有这样的记述："第116师在5月12日中午前就已经做好了渡江准备。该师指挥官（赵镇藩）已经迫不及待地要渡江，但是行动的时间却被定在5月13-14日夜间。与此同时，敌人也在加强防御，我们白白浪费了一天半的时间。"斯坦福大学胡佛档案馆馆藏史料，张太雷译。

习山、大尖山突袭，36师猝不及防，107团团部和36师师部被分割，溃不成军，此前既占阵地全失。388团团长佟道于24时发出的电报中称："23时，敌步兵约400余名，沿大尖山北侧东进，与我第1营主力遭遇，激战2小时，已被我击退。"[6]24时发出的电报，竟然能"预报"自23时起激战两小时后（即次日凌晨1时）的战况！

且看130师战斗详报记述的此后战况：

"14日2时，敌步兵百余沿鱼洞河进袭唐习寨，企图占领我双虹桥。师长当授第388团如下之命令要旨：敌步兵百余沿鱼洞河东进；该团以一部迅速击退进袭之敌，确保大尖山，掩护双虹桥。5时许，该团第2营已将进袭之敌击溃，占领唐习寨。"[7]

总之，这股如旋风般疾进的日军，先是被388团第1营于凌晨1时"击退"，又被该团第2营于5时"击溃"。

至7时许，36师指挥所洼子寨被敌渗透部队所攻占，116师当即令348团以一部驱逐洼子寨之敌，并与左翼130师切取联系。[8]

14日晨，53军军长周福成率幕僚进至缅戛渡附近指挥作战。

自拂晓起，116师即展开于彭家箐、勐林之线。战斗首先由炮兵打响，据53军美军顾问观察记述："第53军炮兵营第1连渡江后即构筑发射阵地，随后在未做任何目标确认的情况下发射了242发炮弹——若当时有日军目标被击中的话，纯属偶然。跟随的美军顾问试图说服炮1连连长停止射击并建立炮兵观察哨，但是，这个提议被该连长拒绝。这次毫无意义的射击所消耗的炮弹有6000磅重，这相当于100个挑夫的运输量。"[9]

尽管如此，10时30分，347团仍在此壮胆式滥射掩护下向唐习山逐次攻击前进。及接敌至最近距离时，与敌两度肉搏，始将当面

---

[6]《陆军第130师由怒江至腾冲会战战斗详报》。据《保山地区史志文辑》抗日战争专辑之三，第7页。

[7] 同上书，第8页。

[8]《陆军第116师唐习山、大塘子、江苴、腾冲各战役战斗详报》。据《保山地区史志文辑》抗日战争专辑之三，第50页。

[9] 渡江反攻初期美军顾问团团长弗兰克·多恩准将报告。美国斯坦福大学胡佛档案馆馆藏资料，张太雷译。

之敌击退。至13时，该团占领4个据点。此时，348团已将洼子寨之敌200余名击退。师长赵镇藩为扩张347团既得战果，遂令348团第3营增加第一线。15时，该团第3营进迫至唐习山制高点之敌阵地前猛烈攻击，激战约两小时后，敌退至与唐习山南端相对之高地，敌炮兵亦撤至大塘子附近。即以一部确保占领阵地，构筑工事，严密戒备，另以一部施行夜袭以扰乱敌人。[10]当日，130师388团之一营，已将窜抵鱼洞河之敌全部击退，而在大尖山对峙之敌仍蠢蠢欲动。

14日午前10时许，53军接奉总司令霍揆彰命令：

集团军以先行攻占大塘子为目的，决心继续攻击前进。53军116师（欠346团）于明（15）日晨，继续攻击大坪子南北高地之敌；130师除以一连固守大尖山，其余待116师消灭大坪子南北高地之敌进至大塘子时，即以全力与该师围攻并歼灭该敌。

傍晚，53军即分电下达两师命令，拟定次日午前8时发起攻击。

但此命令尚未到达两师，情况即发生变化——

15日拂晓，唐习山及大坪子日军残部利用暗夜撤至大塘子，116师遂趁势将两地完全占领。同时，130师388团亦将在大尖山对峙之敌驱逐。据悉，此时大塘子已集敌约1500余人，炮4门；鸡心山有敌五六百人；旧街亦有敌据守。[11]

据日军野炮第56联队第1大队第1中队段列[12]责任下士官山田强美伍长撰述：14日下午，该中队奉命在火炮放列附近实施"玉碎"作战，并命令位于后方的中队段列进至一线与中队"同生死"。但14日晚传来师团新命令，后退至大塘子继续死守。山田伍长遂带第1中队段列兵6名、"兵补"10名及驮马15匹连夜寻路后撤。途中，遭遇第1大队本部一名貌似精神错乱的主计中尉逆向我军方面前进，并声言去投降。大队本部的猿渡茂雄中尉赶来欲追回这名要投降的日军

---

[10]《陆军第116师唐习山、大塘子、江苴、腾冲各战役战斗详报》。据《保山地区史志文辑》抗日战争专辑之三，第50—51页。

[11] 同上书，第51页。

[12] 段列，在作战中提供后方支援的组织或者配备。日军中队以上规模的部队，为保证战斗活动能够顺利进行，设置段列编制，进行必要的补给与整备支援，一般设在战线后方。

军官，但后来两人均未能归队。[13]

鉴于敌情发生变化，15日12时，军长周福成于打郎军指挥所下达命令，调整部署：

> 军决心继续攻击大塘子之敌，扫除前进障碍。116师（欠346团，附山炮兵一连）展开于三官殿、兴喇之线，于明（16）日开始攻击大塘子右侧背之敌；130师（欠389团，为军预备队控置于下鲁村）展开于大尖山西端南北之线，于明（16）日拂晓开始攻击大塘子之敌。两师战斗地境为唐习村、大塘子道，线上属130师。
>
> 重迫击炮第2营在大尖山西端占领阵地，协力130师战斗；山炮兵营（欠第1连）在双虹桥东侧地区占领阵地，主制压敌炮兵，并协力步兵之战斗。[14]

奉令后，130师、116师即遵军部署分别向各团下达攻击命令。东岸我军炮兵观测所，也大部于当日渡江推进至双虹桥以东高地。[15]

在53军和116师战斗详报中，15日116师利用日军主动撤离而占领唐习山、大坪子，此后似乎一切平静。但美军顾问团方面的战斗记录却披露——15日晚，这两处阵地又遭日军夜袭而丢失：

> "5月15日上午，116师第347团经过一番苦斗，成功占领了一处山头，他们的战斗表现可圈可点。战斗结束之后，347团仅留下两三个人守备阵地，其余人员全部撤往附近的村庄休整。入夜后，日军在未遭到激烈抵抗的情况下再次占领这个山头。116师第348团在5月15日也经历了同样的阵地得而复失的过程。"

据此，弗兰克·多恩准将对远征军战斗作风做出如下批评：

> 从这两个事件就能够明白为什么日军在夜晚的逆袭每次都可以取得成功。中国军队在占领阵地之后既没有采取有效的警戒保卫战果，也没有持续进攻以扩大战果。部队为了攻占一个要点，往往

---

[13]《炮烟——龙野炮兵第56联队战记》，第375—379页。董旻靖译文。

[14]《陆军第53军由怒江至腾冲会战战斗详报》。据《保山地区史志文辑》抗日战争专辑之一，第109页。

[15]《远征军炮兵指挥部各炮兵部队参加滇西战役高黎贡山亘腾冲地区战斗详报》。据《保山地区史志文辑》抗日战争专辑之四，第259页。

要付出重大伤亡。士兵们的生命和鲜血却因为指挥官的无知和无能（疏于警戒）而白白浪费。中国军队的指挥官也没有一鼓作气，乘胜追击，给予敌人连续不断的打击。在异常艰苦的山地作战中，让部队在夜间进行连续作战未免过于苛求，但是却没有理由不对已占领的阵地进行必要的防御。[16]

因美军方面记录言之凿凿，因此难以否认没有发生此事。但唐习山、大坪子此后又于何时、怎样回到我军手中，多恩报告中并未记录；依照53军方面战斗记述，16日晨已依托以上阵地继续向前攻击。

16日晨，53军军长周福成率幕僚数人赴下鲁村指挥作战。
我炮空取得联络，先向敌据点行破坏射击，步兵利用所得成果，开始攻击前进。7时50分，从正面攻击的130师第一线部队，将占领马蹄山脚敌之警戒部队驱逐。10时30分，当面之敌续有增加，我第一线已接敌至最近距离发扬炽盛火力，然伤亡颇重。
130师师长张玉廷鉴于此情状，10时40分命令390团：该团（欠第1营）即推进至大尖山左侧，以第2营增加于马蹄山正面；以388团第1营着归该团长指挥。
此后，顽敌凭藉有利地势，数次出击，均被我击退。
中午11时，张玉廷接388团团长佟道报告："大塘子敌步兵增加约500余。正面之敌约1500余，不时向我古兴寨方面出击。现我已由百花林进占古兴寨附近高地。"据载，388团攻夺大塘子东南方各高地后，第3营营长张允诚奋不顾身，率部冲入敌阵。但敌居高临下，火力猛烈异常，而我军为仰攻，伤亡过重，攻势一时顿挫。[17]
师长张玉廷遂令390团第1营进至百花林，归388团团长佟道

---

〔16〕渡江反攻初期美军顾问团长弗兰克·多恩准将报告。美国斯坦福大学胡佛档案馆藏资料，张太雷译。
〔17〕方国瑜：《抗日战争滇西战事篇》，第33页。

指挥;并令该团确保既得之线,逐次构成据点。[18]预备队加入战斗后,388团方稳定阵线。[19]

中午12时,从右翼攻击的116师348团前进至兴喇以南地区,与敌发生战斗。此时,388团正在大塘子东侧与敌激战,于百花林附近陷入苦战。师长赵镇藩即令348团以全力向大塘子之敌猛攻,以挽回其颓势。

午后,微雨霏霏,我炮兵观测困难,遂将前方观测所推进至唐习山最高峰,集中火力对大塘子敌工事实施破坏射击,以支援步兵战斗。[20]激战至17时,占领鸡心山及其以西之线。师长赵镇藩即令348团就现占领之线构筑简易工事,严密戒备;347团以一营据守唐习山,防敌渗袭,于明日再度攻击。[21]

深夜24时,130师亦奉到53军命令:该师本夜务确保占领线,构筑简易工事,严密警戒;明日早8时开始继续攻击大塘子。师长张玉廷即令各部队整顿队势,准备次日之攻击。[22]

17日,天气晴朗。8时,348团利用炮兵射击成果,继续向当面之敌攻击。但因地形复杂,森林茂密,虽经炮兵、空军迭次轰击,仍无多大效果,乃以炽盛火力据险瞰制。因此,当日战况无大进展。[23]

当日,军炮兵营归130师指挥,一部在百花林占领阵地,主力在唐习山及怒江东岸高地占领阵地。师长张玉廷以第一线既得态势,于6时令炮兵先行攻击准备射击,8时步兵开始攻击前进,渐次接近至马蹄山腹敌外围据点。因天雨路滑,攀登困难,顽敌凭藉有利地

---

〔18〕《陆军第130师由怒江至腾冲会战战斗详报》。据《保山地区史志文辑》抗日战争专辑之三,第10页。

〔19〕方国瑜:《抗日战争滇西战事篇》,第33页。

〔20〕《远征军炮兵指挥部各炮兵部队参加滇西战役高黎贡山亘腾冲地区战斗详报》。据《保山地区史志文辑》抗日战争专辑之四,第259页。

〔21〕《陆军第116师唐习山、大塘子、江苴、腾冲各战役战斗详报》。据《保山地区史志文辑》抗日战争专辑之三,第53页。

〔22〕《陆军第130师由怒江至腾冲会战战斗详报》。据《保山地区史志文辑》抗日战争专辑之三,第10页。

〔23〕《陆军第116师唐习山、大塘子、江苴、腾冲各战役战斗详报》。据《保山地区史志文辑》抗日战争专辑之三,第53页。

形以逸待劳，致我军接敌困难，伤亡颇众。10 时 30 分，曾一度攻击顿挫。张玉廷遂令炮兵继续向马蹄山敌据点猛烈破坏射击，我飞机 7 架也飞临分三波轰炸扫射。第一线部队借机稍事整顿，于 12 时再次攻击。但因敌阵地多为密林草丛遮蔽，炮兵轰击与步兵攻击仍无大效，攻击再告顿挫。此期间，日军连续出击 7 次，均被我击退。16 时许，116 师丁营乘敌反击遭挫，发起第三次进攻，于 17 时攻占马蹄山腹敌据点两处。入夜后，张玉廷令各部队确保既得之线整顿队势。同时，担任军预备队之 389 团亦归还 130 师建制。[24]

据 53 军战斗详报，"本日（130 师）无显著进展，实因马蹄山东侧斜面为悬崖绝壁，攀登不易，敌人工事构筑巧妙，配有树上机枪阵地，敌顽强抵抗，故我官兵牺牲较重。是日连长阵亡 2 员，负伤连长以下已达 200 余名。"

当日深夜 23 时，53 军奉集团军总部命令：

"第 53 军应就现态势于 18 日晨继续攻击大塘子，并于大塘子西北、西南各派有力一部，猛攻敌之侧背，务一举歼灭该敌。"

军长周福成当即分别下达两师命令如下：

116 师于明（18）日上午 7 时，就现在态势攻击前进。将重点保持于右翼，由西北攻击大塘子附近敌人而歼灭之；130 师即就现在态势，于明（18）日晨 7 时攻击当面之敌。[25]

两师奉命后，即乘夜调整部署。担负主攻之 130 师师长张玉廷于 24 时电令各团：

390 团（欠第 1 营）、388 团第 1 营为右翼队，确保既得之态势，于明（18）日 7 时开始攻击大塘子、马蹄山东侧之敌据点而占领之，尔后推进于木城山南北之线。

388 团（欠第 1 营）、第 390 团第 1 营为左翼队，确保既得之态势，于明（18）日 7 时开始攻击马蹄山及古兴寨以西高地而占领之，尔后推进于岩子脚高地南北之线。

---

〔24〕《陆军第 130 师由怒江至腾冲会战战斗详报》。据《保山地区史志文辑》抗日战争专辑之三，第 10—11 页。

〔25〕《陆军第 53 军由怒江至腾冲会战战斗详报》。据《保山地区史志文辑》抗日战争专辑之一，第 111 页。

389团为预备队,位置于大尖山南侧;以一营占领鱼洞河、唐习山、大尖山各要点,掩护本师右侧背。[26]

18日,116师当面之敌由旧街方向增援兵力约一个中队。10时,348团继续向大塘子西北之敌攻击,因地形不利,敌火猛烈,我经几度冲杀,战至黄昏,仅推进数百米。[27]该团伤亡连长以下约60人,毙伤敌约百余人。[28]

是日,我空军曾三次在大塘子低飞扫射,效果良好;因大塘子外围荒草丛生,攻击困难,师长赵镇藩令部队纵火焚烧,使敌阵地暴露,以便于侦察警戒。[29]

130师方面,自早6时起我炮兵即向大塘子行攻击准备射击。敌炮由反斜面向我前进步兵射击,我炮兵以猛烈射击予以制压,敌炮即趋于沉寂。中午,总司令霍揆彰亲至炮兵观测所,指挥步兵向马蹄山敌阵地攻击,炮兵也以全力制压最妨害我步兵前进之敌机枪阵地及侧防火力。[30]

11时15分,右翼队390团迫近马蹄山敌据点,颇有进展;左翼队388团方面,敌曾两次出击,致我进展稍缓。师长张玉廷即令炮兵以主火力指向388团正面。13时30分,右翼队390团攻占据点两处;左翼队388团亦略有进展。因敌居高临下,我军接敌过程中,步步在其火力瞰制之下,故所蒙受损害甚大,尤其以干部伤亡为多。15时40分,张玉廷命389团第2营增加于右翼队390团方面继续攻击,此时全线兴起至烈混战,官兵前仆后继勇猛冲击,于18时40分占领马蹄山突出高峰半部及古兴寨东南端。[31]该师共伤亡连长以

---

[26]《陆军第130师由怒江至腾冲会战战斗详报》。据《保山地区史志文辑》抗日战争专辑之三,第11页。

[27]《陆军第116师唐习山、大塘子、江苴、腾冲各战役战斗详报》。据《保山地区史志文辑》抗日战争专辑之三,第53页。

[28]《陆军第53军由怒江至腾冲会战战斗详报》。据《保山地区史志文辑》抗日战争专辑之一,第112页。

[29] 方国瑜:《抗日战争滇西战事篇》,第34页。

[30]《远征军炮兵指挥部各炮兵部队参加滇西战役高黎贡山亘腾冲地区战斗详报》。据《保山地区史志文辑》抗日战争专辑之四,第260页。

[31]《陆军第130师由怒江至腾冲会战战斗详报》。据《保山地区史志文辑》抗日战争专辑之三,第12页。

下 70 余人，毙伤敌约三四百人。[32]

入夜后，为增强后续战斗实力，130 师师长张玉廷命令：预备队 389 团即刻接替右翼队 390 团及 388 团第 1 营既得阵地，并肃清残敌。该团第 3 营归还建制，但须待 388 团第 1 营接替防务后方得移动。390 团及 388 团第 1 营须先接替 389 团第 3 营大尖山及鱼洞河之防务。[33]

关于此期间战事，配属宫原大队的日军野炮第 56 联队第 1 大队本部伍长中川正雄如此记述：

> 将士们从天一亮便开始苦战，疲于应付无暇休息，睡眠不足更增加了患病的几率，不少人因疟疾而发高热，或因痢疾便血。将士们眼睛凹陷，瘦骨嶙峋，面色死黑。只有眼睛还能看到一点活物的生气，那是必胜的信念在闪耀。
>
> 倒下靠着背囊便睡去，钢盔做枕头，战斗帽盖在脸上，军刀抱在胸前，腰以下全部因山里不间歇的雨水而浸湿。军服因被雨水浸湿而紧贴在身上，致使行动困难，却只能等体温将衣服慢慢烘干。
>
> 敌人的攻击打退了一波又上来一波，就像山里连绵不绝升腾起来的云雾一般，我军逐渐因兵力不足而难以应对。到了 18 日前后，赖以支撑的步枪子弹也损耗殆尽，够了，看来只能就此了断了。
>
> ——据日军野炮第 56 联队第 1 大队段列兵杉野吉行撰述，此时日军炮弹也将告罄。18 日，第 1 大队段列长令小队长八并少尉率队，带 30 多匹驮马翻越高黎贡山去江苴街搬运弹药。[34]

没有受过正规训练的敌军突击队员，在身后的督战队逼迫下，

---

[32]《陆军第 53 军由怒江至腾冲会战战斗详报》。据《保山地区史志文辑》抗日战争专辑之一，第 112 页。

[33]《陆军第 130 师由怒江至腾冲会战战斗详报》。据《保山地区史志文辑》抗日战争专辑之三，第 12—13 页。

[34]《炮烟——龙野炮兵第 56 联队战记》，第 387 页。董旻靖译文。

一边哭喊着一边冲了上来,我们就用手巾裹着石头甩出去砸向敌人。对于投出手榴弹就往回跑的敌人,我们马上追上去格斗,抢夺下他们的兵器。敌人穿着棉衣,用日本刀很难一下子戳破和割开。天逐渐亮了,阵地前的山谷里,敌人的尸体堆得老高,躺下一批,冲上来一批,再倒下一批。

阵地后方紧挨着的凹地里的段列也被敌人无数次进攻,每次都造成我方兵马死伤,战死者与日俱增。这是从未体验过的战争炼狱,人间修罗场。[35]

据日军战史:"18日以后,(宫原大队)为阻击优势之敌的轮番攻击而英勇奋战";[36]并且还特别加注介绍,"远征军第11集团军之美军情报官沃德少校在战后,对宫原大队此时的顽强迎击战斗,称赞不已"。[37]

19日,116师348团继续向当面之敌攻击,因山势险峻,敌扼要固守,未得进展。

15时20分,师长赵镇藩变更部署:以348团第3营为左第一线营,347团第1营为右第一线营,各营就现在位置构筑工事确保占领之线,并相机出击敌人。348团第1、3两营控制于三官殿附近,为该团预备队。以上各部统归348团团长毛芝荃指挥;同时,另派347团第1营附工兵连,向旧街迂回攻击敌侧背,以截断敌联络线,破坏其交通通信。[38]

当日凌晨2时,130师389团接替右翼队正面完毕。6时,炮兵先行攻击准备射击。7时,第一线步兵开始攻击,初期颇为顺利。9时许,敌向马蹄山猛烈反扑,经我奋勇痛击,将敌扼制。10时,我炮兵发现马蹄山右侧有敌机关枪一挺,兵十余名,我炮兵即行射击,

---

[35]《炮烟——龙野炮兵第56联队战记》,第346页。董旻靖译文。
[36] 中华民国史资料丛稿译稿《缅甸作战(下)》,第92页。
[37] 据日军对华作战纪要丛书《伊洛瓦底会战——缅甸防卫的失败》,第107页。
[38]《陆军第116师唐习山、大塘子、江苴、腾冲各战役战斗详报》。据《保山地区史志文辑》抗日战争专辑之三,第54页。

毁敌机枪一挺，毙敌兵数名。[39]步兵乘机猛攻，冲锋三次，占领防界线边缘敌据点。12时以后，敌向我行猛烈炮击，并全线出击，往复争夺，皆未得逞。午后3时，我飞机飞临助战。至4时10分，步兵在炮兵密切掩护下，攻抵距敌马蹄山主阵地仅20余米处，忽遭敌掷弹筒猛烈袭击，我稍稍退后与敌对峙。[40]388团亦向敌冲杀，迫近敌阵地前仅二三百米，与敌数度肉搏。该团团长佟道亲率第一线部队作战，奋勇指挥，身负重伤。此战，敌我伤亡均颇重。[41]

当日，53军派346团第3营警戒130师左侧百花林方面。[42]

据日军史料，19日夜藏重大佐奉命增援桥头、马面关，并率联队直属部队及野炮第1大队主力于20日凌晨突击大沙坝渡口我守军，绕经红木树转进江苴。[43]此后大塘子守军仅余宫原大队，但53军在后续战事中却丝毫未察觉当面敌兵力变化。

20日，116师攻击当面之敌，至为激烈。首先以348团第6连佯攻黄顶山、鸡心山西侧高地；继而又令第2营营长王福林率步兵两连，迂回敌之左侧背，将黄顶山高地（亦称锅底山、锅底塘，在鸡心山以西）攻下。敌百余人向我逆袭，该营长王福林率部冲杀，奋勇冲入敌阵，杀敌数名，被敌乱枪击中殒命。[44]黄顶山因此得而复失。此后，又增加第1营投入战斗，该营营长李庆仙身先士卒，又负重伤。

据载，在此次惨烈激战中，美军顾问军官麦梅瑞（McMurrey）少校阵亡，上尉军医欧阳（Edwin Onyong）、译员姚元负伤。该师伤亡营长各一员，及其他官兵百余人。[45]

---

[39]《远征军炮兵指挥部各炮兵部队参加滇西战役高黎贡山亘腾冲地区战斗详报》。据《保山地区史志文辑》抗日战争专辑之四，第260页。

[40]同上。

[41]《陆军第53军由怒江至腾冲会战战斗详报》。据《保山地区史志文辑》抗日战争专辑之一，第113页。

[42]《陆军第130师由怒江至腾冲会战战斗详报》。据《保山地区史志文辑》抗日战争专辑之三，第13页。

[43]《炮烟——龙野炮兵第56联队战记》，第347页。董旻靖译文。

[44]据《第20集团军腾冲抗日阵亡官佐名录》，王福林少校为辽宁开原人。

[45]《陆军第53军由怒江至腾冲会战战斗详报》。据《保山地区史志文辑》抗日战争专辑之一，第113页。

麦梅瑞,后来又译作麦姆瑞、梅姆瑞,为反攻以来牺牲的最高级别美军军官。关于其阵亡过程,时为53军美军联络组长的约翰·斯多德(John Stord)上校后来在写给麦姆瑞妻子的阵亡通知书中,有较为细致的描述:

> 1944年5月20日,麦姆瑞少校所在的营进行了一场艰难的战斗。他没有顾及自己的安全,暴露在一个显眼的位置,以便观察敌人支援部队的火力点。不幸,在离他很近的地方,一个中国机枪手向敌人开火。敌人试图消灭这个火力点,就突然朝那个位置开炮,第二发炮弹在距离麦姆瑞少校很近处爆炸;尽管弹片造成的伤势不应致命,但他仍因剧烈的冲击波造成的震荡而牺牲。同一刻,他附近还有其他人伤亡。我当时位于同一山脊的100码开外,大约5分钟后赶到他受伤的地点,立即将他抬上担架,并试图唤醒他。一名美国医护人员当时在场,也受了轻伤,他首先来到他身边,宣布了他的牺牲。
>
> 在伤员疏散之后,我安排将他的遗体抬到营地,用电台向指挥部报告他牺牲的消息。同时,中国军队的师长将军和随员以及营长均迅速向我表达了深深的遗憾,并对你丈夫的英勇和对战友毫不迟疑的帮助表示赞赏。确实,他的牺牲增强了该师中美军人之间的团结,这种团结对争取获得战后世界的长期和平是必需的。
>
> 将军(116师师长赵镇藩)找到了一口棺材,并对安排最好的仪式给予了尽可能的帮助。当晚,这个部队的美国军人均守护在少校的遗体旁。第二天上午,即1944年5月21日,我们将他安葬。在当时还处于战斗的情况下,我们举行了一个尽可能完整的军事葬礼,所有美军官兵均出席了。埋葬地点位于一处美丽的山间台地,旁边有一棵高大的菩提树。在没有牧师的情况下,我主持了葬礼,结束时他的战友们在坟墓上空一齐发射三轮子弹。这一地点将被登记在美国军队的记录中。[46]

---

[46] 戈叔亚:《未刻名字的阵亡将士纪念碑》。据《东方诺曼底之战——滇西缅北战役》,第344页。笔者对译文略作校订。

在此次战斗中同时遭日军炮击负伤的姚元，是自西南联大报考军委会外事局语言训练班后，第一批分派至远征军部队的美军顾问译员。至今仍健在的姚元曾回忆：麦姆瑞与自己共事仅数月，感情却十分深厚。少校体谅自己非外语科班出身，说英文时特别放慢速度以免自己听不懂，并教导不是职业军人的自己如何用枪打靶、躲避子弹及根据炮弹的声音辨识方位距离。麦姆瑞每晚要对着妻女照片说话后才就寝，姚元看了十分感动地说："我的家人都在上海已经很久没有联系，他们也不知道我生死如何，做流亡学生时常没钱吃饭，只能躲在被窝里流泪想家，连照片都没有，凭着想象去思念他们。"麦姆瑞当时给姚元一个拥抱后说："年轻人，我会关心照顾你。"〔47〕

　　2009年，独立电视人邓康延与朋友们一起拍摄了一部电视纪录片《寻找少校》，讲述了孙敏、章东磐等历史学者在高黎贡山探寻麦姆瑞少校牺牲地的故事，媒体人笑蜀亦曾撰文《史海回眸：抗战期间寻找美国大兵》叙述当时的情景。

　　在大塘子寻访时，孙敏、章东磐看望了附近一位叫吴朝明的老人。几十年来，他在昔日的旧战场上搜集了无数锈蚀的钢盔和炮弹等物，建起了一间农家抗战博物馆。在不足20平方米的窄小展厅里，章东磐信手翻阅小桌上老人的书稿。翻到最后一页，他看到在卷了边的信纸上，老人用不太流利的字体写着：

　　"远征军攻打锅底塘，一个受伤的日军扔出最后一颗手榴弹，炸死了三个中国军官和一个美国军官。他们埋在田头寨寺院门前。"

　　在南斋公房战线上，仅阵亡了一位美国军人，就是麦姆瑞少校。几个小时之后，在当地老人的指点下，他们就找到了斯多德上校笔下那个"美丽的山间台地"。彼时，那里已成光秃秃的一片耕地，种满了油菜和豌豆。吴朝明老人说，麦姆瑞就葬在这里，跟麦姆瑞同时下葬的还有三位远征军军官。

　　不仅找到了墓地，还在山下的寨子里找到了当时为麦姆瑞提供棺材的主人家。主人姓罕，傣族姓氏，战争期间是此地的第一富户。

---

〔47〕关爱老兵网文章《远征军翻译官姚元的抗战轶事》。http://www.ilaobing.com/forum.php？mod＝viewthread&tid＝56411&extra＝&page＝6。

那是一副杉木棺材,本是罕家老爷为自己备下的寿材,当时值700块大洋。

据称,因老寿材品质绝佳,以至于1947年美军搜寻阵亡官兵遗骸的专门小组前来为麦姆瑞移葬时,打开棺木,发现麦姆瑞遗体居然栩栩如生,像睡着了似的。连少校身上的军服都整齐如新。美军专门小组原来只打算移走遗骸,但现在找到的不只是遗骸而是一具完好无损的尸体。可能他们并不具备把尸体完好无损地运回美国本土的技术条件,于是就在当地请来三个杀猪匠,仅将麦姆瑞遗骨剔出带走;而将麦姆瑞的衣物和肌肉重新装回原来的棺材中,永远留在了他为之牺牲的中国土地上。[48]

20日下午,347团第1营到达旧街北侧高地。[49]

20时,116师接奉53军命令:"着116师于明(21)日以主力攻击锅底山以西较高之山地,347团第1营务于明(21)日确实占领旧街,截断敌之联络线,破坏敌之交通通信,并阻止敌之增援。"

师长赵镇藩即令:347团以第2营附348团之一连为右第一线营,第3营为左第一线营,将攻击重点保持于右翼第1营,务于明(21)日确实占领旧街。348团(欠一连)为师预备队,位置于三官殿附近。师部搜索连接替唐习山347团第2营之一连所遗之警戒任务。[50]

130师方面,当日8时以后敌不断向我发起逆袭,并依托有利之地形,充分发扬其自动火器威力。师长张玉廷遂命炮兵射击予以压制。此时,炮兵指挥官廖治民随总司令霍揆彰同至前方指挥所策励战斗。马蹄山右侧山峰之敌,据守两个机枪掩体顽抗,我炮兵以猛烈炮火向该敌射击,虽造成相当损害,但未能全歼。[51]

---

[48] 笑蜀:《史海回眸:抗战期间寻找美国大兵》,载2008年4月14日《南方周末》。

[49]《陆军第53军由怒江至腾冲会战战斗详报》。据《保山地区史志文辑》抗日战争专辑之一,第113页。

[50]《陆军第116师唐习山、大塘子、江苴、腾冲各战役战斗详报》。据《保山地区史志文辑》抗日战争专辑之三,第55页。

[51]《远征军炮兵指挥部各炮兵部队参加滇西战役高黎贡山亘腾冲地区战斗详报》。据《保山地区史志文辑》抗日战争专辑之四,第260页。

14时，389团利用炮兵射击成果，向马蹄山各据点之敌猛攻。敌增加兵力，凭藉坚固堡垒和炽盛火力阻击，经两小时激战，我未能冲入，遂成对峙状态。22时，考虑敌经数日战斗可能疲惫松懈警惕，师长张玉廷令389团精选人员组成突击队，向马蹄山之敌实施夜袭。突击队攻至山顶时，遭敌猛烈火力阻滞，又相持于棱线附近。[52]

据潘世征战地通讯："自16日拂晓攻击开始，日夜激战，经5日之苦斗，马蹄山顶之密林，在我强烈炮火攻击下，全部炸为平地。最后敌以弹尽援绝，仍坚守优势战壕，潜伏不出，待我军进攻至工事附近20公尺以内，始大施射击，阻止我军攻势。我军亦以无畏精神攻击，及至战退敌人之后，发现有英勇士兵已冲锋前进至敌工事四五公尺以内阵亡者。"[53]

当日，388团亦不时由百花林方面向敌猛冲，敌扼要顽抗，未得进展。

是日，该师伤亡官兵60余人，敌伤亡约百余人。

21日晨，116师主力向当面之敌攻击。激战至8时许，敌不支后退，我即将黄顶山及其以西之高地相继占领。[54]旧街方面，9时，347团第2营向当面之敌出击。至12时，与该团第1营之一部取得联系，夹击阳桥山之敌。第1营主力与敌在旧街以北地区发生战斗，毙敌20余名，驮马两匹。至17时，该团第2营将阳桥山完全占领。[55]

130师方面，21日拂晓，敌乘我夜袭未逞之不备，向我左翼389团正面猛烈攻击，但均为我所阻止。敌伤亡惨重，于13时仍撤退回原阵地。师长张玉廷即调整部署，令在唐习山、鱼洞河担任师右侧背警戒之388团第1营归还建制，同时归388团指挥之390团第1营亦归还建制。15时，奉到53军命令："着该师第388团于16时开

---

[52]《陆军第130师由怒江至腾冲会战战斗详报》。据《保山地区史志文辑》抗日战争专辑之三，第14页。

[53] 潘世征：《一寸河山一滴血——高黎贡山的战役》。据其战地通讯集《战怒江》，第80页。

[54]《陆军第53军由怒江至腾冲会战战斗详报》。据《保山地区史志文辑》抗日战争专辑之一，第113页。

[55]《陆军第116师唐习山、大塘子、江苴、腾冲各战役战斗详报》。据《保山地区史志文辑》抗日战争专辑之三，第55页。

始攻击，策应第116师攻击。"388团遵令攻击，未获进展。[56]

22日，116师347团第1营仍据守旧街附近。午前8时，敌增援部队赶至，经我猛烈攻击，将该敌击退，虏获步枪1支，刺刀1把，太阳旗1面，毙毙马数匹；我伤亡连长以下30余人。该团第2营于当日清晨起，阻击反攻阳桥山之敌，激战终日，将该敌击退。我伤亡连长1员、中尉以下20余人。该师配属388团之346团第2营，派便衣兵将大塘子通南斋公房电线破坏百十米；另派步兵一连埋伏其附近，恰逢敌30余人、驮马70余匹由大塘子西去，我即予以猛烈射击，敌仓皇逃回大塘子。计毙敌六七名，马9匹，我无伤亡。[57]

当日7时，130师接奉53军命令：该师就既得态势构筑工事，以有利之一部对百花林方面敌侧背不时攻击，阻敌增援及补充；配属该师之54军炮兵连归还建制，军炮兵第2连配属该师。师长张玉廷即转令各部：两翼队各就既得之据点加强工事。右翼队对古兴寨、赦邦敌由大塘子通旧街之通路，派有力一部随时进击，截断敌联络线。炮兵即行扰乱阻止射击，以疲困当面之敌。两翼队各须以有力部队昼夜不断袭击，窥破敌弱点，准备攻破大塘子。

各部队受命后即开始行动。17时30分以后，敌步兵百余名两次向我右翼队正面出击，均被我击退。[58]

53军自接替36师续攻大塘子以来，虽然有所进展，但总体上攻势迟滞。

虽然笔者依据53军及116师、130师战斗详报逐日叙述战况，实际上每日态势基本上是在重复。在曾亲历此战的两位重要当事人记忆中，此期间的战事也是混沌一片，乏善可陈。

---

[56]《陆军第130师由怒江至腾冲会战战斗详报》。据《保山地区史志文辑》抗日战争专辑之三，第14页。

[57]《陆军第53军由怒江至腾冲会战战斗详报》。据《保山地区史志文辑》抗日战争专辑之一，第114页。

[58]《陆军第130师由怒江至腾冲会战战斗详报》。据《保山地区史志文辑》抗日战争专辑之三，第14页。

据第20集团军总部参谋杨纳福叙述：

大塘子扼高黎贡山南段进出南斋公房孔道的入山要口，居民仅有三十余户，村前有一个独立山头，日军有一小队约五十余人防守；必须攻略此山头，部队才能进出于高黎贡山。日军在此山头并未构筑坚固的工事，但野战工事的构筑及编成至为巧妙。因该山头树林浓密，视界不良，日军将自动武器配置在树杈上，经过良好的伪装，构成交叉火网，我攻击部队未接近至50码时，他们绝不开枪射击。我第130师派遣一个加强营，由正面进行攻击，三天内攻击了三次，每次都是快攻到山顶，遭敌人一阵密集火网射击，而伤亡惨重，功败垂成。[59]

53军副参谋长夏时回忆：

我军正面马蹄山、大塘子的敌人顽强抵抗，激烈的争夺战持续了七八天，迄无进展，形成对峙。130师师长乃增派第389团加强攻击，敌利用坚固工事掩护，还击的火力依然很猛烈，而且时有反扑的企图。[60]

如此下去，势必影响到整个反攻进程。

鉴于此，为使集团军迅速进出高黎贡山，第20集团军总司令霍揆彰决心：以主力围困当面之敌，以有力之一部即沿野猪官塘、冷水沟、寺山寨道，攻占江苴、瓦甸之后，再将被围困之敌聚歼之。即，将难啃的"硬骨头"暂且搁置，另派部队寻路继续推进，待时机成熟后再返身解决难题。

22日晨，第54、53两军接奉集团军命令如下：

着54军以36师（欠108团）配属运输团一个，于明（22）日

---

[59] 国军史料丛书《抗战时期滇缅印作战（一）——参战官兵访问记录（下）》，第938—939页。
[60] 夏时：《滇西纵谷地带的反攻战》。《远征印缅抗战——原国民党将领抗日战争亲历记》，第368页。

由现地经野猪官塘、冷水沟、寺山寨道进出隘路，占领瓦甸后，再行攻击江苴而占领之。108团仍守白峰坡、雪山、梁山、冷水沟各要点，并加强其工事。

着53军附重迫击炮一营，就现态势构筑坚固工事，对大塘子之敌切实围困；并须保持接触，严密监视，不时诱攻敌人。务于百花林、旧街附近，各派有力一部切实阻敌增援，断绝其粮弹补给。如敌出击，即乘机击破之；倘其逃退，即跟踪追击，将敌压迫于隘路而歼灭之。该军左翼仍应扼守小新寨、豹子洞、百花林之线，阻敌增援，掩护侧背之安全。

53军并以有力之一团为集团军预备队，位置于勐林、唐习村间地区。

53军于上鲁村军部奉命后，10时30分向两师下达合同命令如下：

116师（欠346团），附军山炮兵第1连，即就现态势占领阳桥山、鸡心山、黄顶山，构筑坚固工事，散兵壕与掩蔽部皆应加掩盖。对当面之敌须保持接触，严密监视，并时刻准备出击动作，加以不时诱攻敌人。如敌出击，即乘机击破之；倘敌退却，即移于追击，将敌压迫于隘路中而歼灭之。另以347团第1营全部为挺进队，须确实占领旧街，阻敌增援，断绝其粮弹补给，并破坏敌之交通通信。

130师（所欠390团郭、丁两营各归还建制），附重迫击炮第2团第2营、346团第3营、山炮兵第3连（缺1门），即就现态势占领阵地，构筑坚固工事，散兵壕与掩蔽部皆应加掩盖。对大塘子、马蹄山附近敌人保持接触，严密监视当面敌人，并时刻准备出击，不时诱攻敌人。如敌人出袭，即乘机击破之；倘敌人退却，即转为追击，将敌人压迫于隘路中而歼灭之。389团右翼，应注意敌人之袭击；388团配属之肖营，应常以一排兵力进出于木城山通旧街道，破坏敌之通信，并袭击扰乱敌之后方，随时埋伏侧击敌人，并与车营保持联络。

山炮兵营（欠第1连，第3连留1门在营，与第2连共2门），即在勐林、唐习村间地区占领阵地（构筑工事并施伪装），准备以火力射击大塘子附近之敌；待步兵出击时以火力支援，协同攻击。

两师作战地境为唐习山、大尖山右侧大塘子之线，线上属130师。

346团（欠第3营）仍扼守小新寨、豹子洞、百花林之线，阻敌增援，掩护军左侧背安全；并特别注意百花林通江苴道敌人而阻击之。

390团为集团军预备队，位于勐林、唐习村间地区。[61]

116、130两师奉命后，即分别电饬所属各部遵照执行。

---

[61]《陆军第53军由怒江至腾冲会战战斗详报》。据《保山地区史志文辑》抗日战争专辑之一，第114—117页。

第20章 松井部队反击红木树

(参阅附图21、附图23、附图34)

在远征军司令长官部制定的反攻部署中,以第20集团军为攻击集团,攻击目标为高黎贡山;以第11集团军为防守集团,组成4个加强团从怒江下游各渡口佯攻,以牵制日军56师团兵力。其中,位于第20集团军左侧翼、距离其最近的佯攻部队,即为以第6军新编第39师编组的加强团,攻击位置为怒江惠仁桥附近的红木树。

在怒江各渡口中,惠仁桥的特殊性在于,它是有公路可由江东直抵腾冲的咽喉要津。两年前,预2师趁日军立足未稳之际进入腾冲反攻,即循此路线进入。因此,在日军看来,若红木树被突破,这路担负佯攻牵制任务的远征军,甚至可以一转而成为攻取腾冲的先锋。

因此,在5月5日日军第56师团于芒市召开战前会议制定的应对方案中,确定以驻龙陵之日军113联队主力担负红木树防御。为此,113联队长松井秀治大佐将滇缅公路桥头堡之松山阵地守备任务,交付于野炮第56联队第3大队长金光惠次郎少佐,在松山留置113联队部分兵力;[1]而亲率联队部及第1大队(大队长武田淑文大尉)主力北上,据守红木树阵地,以阻击我军反攻。

担负反攻红木树的新39师加强团,由该师师长洪行直接指挥,以115团附116团第2营为基干编组而成,并配属71军山炮营第1连及渡河工兵作业队一部,是一支可独立遂行作战任务的小型劲旅。

据新39师战斗详报,反攻前该加强团获悉的当面敌情为:

---

[1] 关于此后我军反攻松山战役,可参拙作《1944:松山战役笔记》。

日军第56师团113联队第1大队（第1、2中队），附山炮数门，小炮数门，借怒江及高黎贡山天险，分据松山亘红木树之线各要点及沿江各渡口。企图以少数兵力，借地形天险与工事，运用各种火器威力，阻止我大军渡江反攻。

该加强团编组后，于4月30日前到达保山以西打板箐附近集结待命。4月30日，奉命于5月5日前在营邦寨、里布戛之线展开，并完成渡河攻击准备。其战斗序列为：

督战司令官、新39师少将师长洪行。

渡河先遣连少校连长朱开诚。指挥搜索连（附重机枪一排、60迫击炮一排、工兵一班）。

右支队：支队长中校副团长程梦震。指挥步兵第1营及第2营。

惠仁桥支队：支队长少校营长濮克□。[2]指挥步兵第3营（欠第7连，机3连1/2，炮排）。

左支队：支队长上尉连长张志高。指挥步兵第7连、重机枪一排、迫击炮一排。

炮兵队：71军山炮第1连。

渡河作业队：中校营长陈培。指挥独立工兵第2团第3营（欠第9连）；第6军工兵营第2连；师工兵连（欠第1班）。

5月9日，第6军军长黄杰向新39师下达命令如下：

新39师加强团应准备由周家渡、老鸦渡、瓦打渡间施行强渡，先驱逐马头街、上马头一带之敌，再转攻红木树而占领之。阻止敌由新城沿怒江西岸北上，使攻击军左翼师（即54军36师）作战容易。

基于上项任务，新39师师长洪行赋予搜索连及加强团任务及行动准据如下：

搜索连（附重机枪一排、60迫击炮一班、工兵一班）应渡过怒江，潜入敌之后方，以一部截断岩子脚敌之退路，主力袭击红木树之敌，策应惠仁桥支队之正面攻击。

加强团应以一部由瓦打渡渡江，牵制红木树之敌；主力由周家渡渡江，先攻击跑马山之敌，尔后南下略取红木树。

---

[2] 原文缺字，以下均同。

山炮第1连，各以2门占领大山、对面山阵地，协力加强团之渡河攻击。

渡河作业队，应迅即完成渡河诸准备。[3]

据载，新39师师长洪行拟随部队过江靠前指挥。但行前特别通知本师的美军顾问，表示自己要着便装过江以保证自身的安全。"他请美军顾问不要和他同行，他担心美军顾问的军装会引起对岸日军的注意。"[4]

据方国瑜撰述："该加强团于5月11日渡江，未遇敌兵抵抗。惟渡江完毕，敌先头部队阻我前进，愈战敌增援愈多。"[5]

日军战史的记述为："松井部队（以武田第1大队为基干）于12日4时起，分别突袭了由惠仁桥、周家渡（红木树北4公里）之间的5个渡口开始渡江的新编第39师第115团，将其压向江岸，继而扫荡了周家渡附近残敌。"[6]

首先接敌的，是我加强团右支队（115团第1、2营）。在新39师战斗详报中，谓之"长青坡之役"：

加强团之右支队，于5月11日20时开始西渡，因流速湍急，渡河器材过干，以致浸水，于翌（12）日4时前渡河完毕。其攻击部署目标为：第1营攻击黄土坡。第2营以一加强连（第4连，附重机枪一排），同时由老鸦渡渡江，巧取上马头附近之敌，配合主力攻取长青坡；其主力由右向长青坡攻击，形成钳形攻势。

第2营主力于渡江后，因动作迟疑，部署失当，致由正面攻击之第6连遭敌猛烈射击，连长赵芝贵阵亡，排长亦多负伤，士兵伤亡惨重。该营遂放弃长青坡攻击，会合第1营。

---

[3]《陆军新编第39师潞江西岸高黎贡山之役战斗详报》。据《保山地区史志文辑》抗日战争专辑之一，第187–188页。

[4] 渡江反攻初期美军顾问团长弗兰克·多恩准将报告。美国斯坦福大学胡佛档案馆馆藏资料，张太雷译。

[5] 方国瑜：《抗日战争滇西战事篇》，第39页。

[6] 中华民国史资料丛稿译稿《缅甸作战（下）》，第93页。

第2营之加强连渡江成功后，即向上马头攻击。抵上马头附近，遭受敌之伏击，并长青坡之侧射，伤亡亦重，乃退守江岸之小据点。

攻击黄土坡之第1营，进展顺利，当日驱除黄土坡之敌而占领之。[7]

据载，第115团第6连连长赵芝贵，长青坡之役，率部深入敌后，虽遭敌伏兵，尚能凌厉无前，撑持战局，毙敌甚众。以全功未竟，壮烈牺牲。[8]

几乎与此同时，我惠仁桥支队[步兵第3营（欠第7连，机3连1/2，炮排）]也与敌打响。在新39师战斗详报中，谓之"240高地之役"：

惠仁桥支队于5月11日20时渡河，迄翌（12）日5时渡河成功后，即向240高地攻击，进展甚速。于驱除240高地之敌后，向张明山攻击。甫及半山，敌由山顶利用优越地形，向我猛烈逆袭。我因兵力过于分散，无预备队之控制，故对敌之逆袭无法阻止；又未派兵扼守240高地之已占领阵地，经激战后，遂被迫退于小寨附近江滨，经继续收容整编。（——据日军战史：逆袭并夺回小寨西方240高地的，仅为113联队第1大队第1中队荻原小队及第3中队大谷小队。[9]）另配属第116团第3连及重机枪之一部，于5月13日向240高地进攻，激战竟日，反复冲搏，乃告克复。次（14）日，克复猪头山。仅以伤亡关系，即就现地转攻为守。[10]

据54军13日获得的战况通报："……115团第3营（即惠仁桥支队）失却联络；新39师加强团正向古板西南白马山（即跑马山）

---

[7]《陆军新编第39师潞江西岸高黎贡山之役战斗详报》。据《保山地区史志文辑》抗日战争专辑之一，第192—193页。

[8]同上书，第202页。

[9]《ビルマに云南埋もれた戦史——镇安街守备队》，第148页。石江辉译文。

[10]《陆军新编第39师潞江西岸高黎贡山之役战斗详报》。据《保山地区史志文辑》抗日战争专辑之一，第194—195页。

之敌攻击中。"[11] 此处所谓向白马山攻击之我军，即为前述之右支队（115团第1、2营）。据新39师战斗详报：

当面敌军约两小队（附迫击炮2门，重机枪2挺，平射炮1门），据守跑马山上、中、下寨附近要点。我第1营及第2营之一部，于攻占黄土坡战役后，与跑马山之敌对峙。

5月13日拂晓，第1营及第2营之一部，向跑马山攻击，敌凭藉既设阵地，顽强抵抗。又以第2营迟滞不前，致第1营正面攻击之第1连连长负重伤，排长□伯海阵亡，士兵伤亡惨重，跑马山乃不能顺利攻击。当日，第1营以一部攻占木尖山正面，与敌保持接触。[12]

左支队（115团第7连、重机枪一排、迫击炮一排）渡江后，于大小红山附近亦遭挫折：

我左支队于5月11日20时开始渡河，迄23时渡河完毕，即向小红山攻击，进展顺利。于攻占小红山后，续占大红山。5月13日，经敌反扑，大红山复为敌所有。[13]

稍后，率先渡江、直插敌后的先遣连，在袭击红木树初战告捷后，亦遭日军反击。据新39师战斗详报：

先遣连于5月10日21时全部渡江成功。后即由土人引导，潜入高黎贡山之新寨。5月14日□时，以一部于岩子脚截断敌后方联络，经主力乘夜袭击红木树。敌于睡梦中仓皇应战，遗尸遍地，该处敌200余死伤殆半，残敌向红木树以西高地逃遁，红木树遂由我军收复。敌由红木树西南高地向我猛扑数次，该连即凭藉敌之阵地，

---

[11]《陆军第54军滇西攻势作战机密日记》（未刊档案）。
[12]《陆军新编第39师潞江西岸高黎贡山之役战斗详报》。据《保山地区史志文辑》抗日战争专辑之一，第193—194页。
[13] 同上书，第195页。

尽力抵抗，率□□击退然□□终日。因惠仁桥支队为240高地之敌所阻，不能迅速进展，致该连陷于孤立，□□经过战斗，弹药各绝，接济无路，遂退守新寨。"[14]

据日军战史："中国远征军（新39师加强团）在开始渡江之初即遭到沉重的反击，遂于13、14两日中止渡江。师团长松山祐三获悉此情，即命令松井部队转进大塘子，攻击该方面之敌。"——由此反观，北线36师对大塘子的初期攻势，虽然不尽理想，也令日军56师团长松山颇感危急，遂有此令。

"松井部队遵照师团命令于15日夜开始转进。但在红木树、大塘子之间已有强敌侵入，且红木树方面的敌情已发展到不容忽视的状态。师团长松山祐三遂命令松井部队急速返转红木树方面。部队虽立即返转，但大约500之敌已进入红木树附近，该地西方3公里的相膊子（今象脖子）已被远征军占领。"

松山祐三的这次朝令夕改，使松井部队成了疲于应付的"劳师"，也给前番攻势顿挫的新39师加强团各部提供了乘虚而入的机会。虽然并无我军掌握松井部队主力于15夜转进的记载，但对于一线接敌部队来说，应能感知日军防御力量之衰减，于是，各部攻击再兴，迅速推进：

据载，"5月15日12时，我左支队占领大、小红山，残敌向坝湾退窜。"[15]

进展最大的，为我右支队攻击跑马山之一部：

"5月17日拂晓，进占木尖山之连（属第1营），潜入敌阵，先以一部于正面施行佯攻。迄12时，跑马山全部攻占。我获敌战马3匹，指挥刀1把，及雨衣、文件。毙敌中尉百武毅郎[16]一员，士兵十余名。残敌经茶岩向江□溃退。第1营于攻占跑马山后，继续向西追击，并派遣少数士兵，对通张贡山、茶园垭口之路口严密警戒。

---

[14]《陆军新编第39师潞江西岸高黎贡山之役战斗详报》。据《保山地区史志文辑》抗日战争专辑之一，第191—192页。
[15] 同上书，第195页。
[16] 据查《第五十六师团将校职员表》，113联队无此人。

"当日6时许,我第2营逼近长青坡。即以第5连展开于正面,向敌攻击;并以第6连之一部先占领长青坡北端高地,向敌包围攻击。敌以猛火力向我射击,而我官兵攻击精神充溢,勇猛前进。激战半小时后,敌以预备队向第2营之左翼包围,然卒被我攻破。敌不支,向张贡山、帕路山之洼地窜逃。9时许,我遂将长青坡完全占领。"

但是,渡河先遣连却未抓住战机,使战事陷入混沌:

"该连长朱开诚撤守新寨后,即派人与师取得联络。师于5月17日派辎重连运送弹药,并令116团第3连掩护之。而红木树之敌经我奇袭后,即侦知我兵力之由来,派队截断其归路。我运送弹药之部队,中途遭敌袭,伤亡惨重,全连官兵大部负伤,不得已退回原地。由是对先遣连弹药接济已成泡影。该连亦倾其所有,冲下高黎贡山,会合惠仁桥主力。"

但该先遣连此前派赴岩子脚伏击阻断敌后方联络线的一个排,却有出色表现。据载,15日该排"闻得红木树枪炮声甚密,料其连之主力与敌激战,乃迅即向红木树增援。既抵达后,其连之主力已不知撤往何向。该排长张志诚据守附近,与敌周旋一日,亦以弹尽,乘夜下山,会合惠仁桥支队主力"。[17]

据日军战史,松井部队于15日奉命北进增援大塘子。因白天我军飞机频繁临空,为隐匿企图而于当晚利用夜幕行动,途经马子沟于16日晨抵达入云峠。但此时突然又奉命返转红木树,于是在入云峠留置一部,主力迅速南返,于17日晨至水车小屋三岔路口。[18]此后,松井部队连续以主力攻击我加强团各部,"夺回相膊子附近,随后以全力确保红木树附近要点,阻止远征军(新39师加强团)入侵"。[19]

此期间,为确保此前既得阵地,继续扩张战果,新39师师长洪行令116团(欠第2营及第3连、重机枪第1连、迫击炮第1排)于5月17日西渡,集中于小寨附近;并饬115团主力南下围攻新

---

〔17〕《陆军新编第39师潞江西岸高黎贡山之役战斗详报》。据《保山地区史志文辑》抗日战争专辑之一,第192页。

〔18〕《ビルマに云南埋もれた战史——镇安街守备队》,第148页。石江辉译文。

〔19〕中华民国史资料丛稿译稿《缅甸作战(下)》,第93页。

寨。[20]至此，我攻击红木树的兵力已由加强团规模增加为新 39 师主力，但因日军已回援，战局仍未从根本上扭转，且对我日趋不利。

跑马山方面：

19 日拂晓，115 团第 1 营派一加强连向张贡山西北迂回攻击。进抵山麓时，顽敌坚强抵抗，激战一小时半，敌不支，向西南外窜，我将张贡山完全占领。[21]

红木树方面：

5 月 20 日夜，增派 116 团第 7 连统归渡河先遣连连长朱开诚指挥，攻击红木树。已潜入敌铁丝网内，该连长身先士卒侦察敌情，决定部署时，适遭敌集中火力之奇袭，连长饮弹殉国。部队因指挥官受挫，亦无成果。[22]此时在红木树向我反击之敌，为日军 113 联队本部。[23]

据载，连长朱开诚少校，为师部派在搜索连历练的储备参谋。"红木树之役，能出奇制胜，忠勇善战，智略超人，首克要点，开远征军胜利之先声。痛未竟全功，脑腭中弹殉国。"[24]

张明山、竹青山方面：

5 月 21 日拂晓，新增之 116 团第 1 营向张明山攻击。8 时占领山顶，一部攻入北寨，截断敌后交通。敌不支，向新寨外窜，我遂占领张明山，续向新寨之敌攻击。第 3 营拂晓潜入竹青山，与敌发生剧烈战斗，继以白刃争夺，副营长倪济宽身先士卒率部突入敌壕，英勇猛冲，歼敌百余，其遗尸遍地，而倪副营长亦不幸中弹阵亡。顽敌经我猛烈攻击，不支，向新寨外窜。11 时 40 分，竹青山为我完全占领，并续向新寨之敌攻击。[25]

---

[20]《陆军新编第 39 师潞江西岸高黎贡山之役战斗详报》。据《保山地区史志文辑》抗日战争专辑之一，第 195 页。

[21] 同上书，第 194 页。

[22] 同上书，第 192 页。

[23]《ビルマに云南埋もれた戦史——镇安街守备队》，第 149 页。石江辉译文。

[24]《陆军新编第 39 师潞江西岸高黎贡山之役战斗详报》。据《保山地区史志文辑》抗日战争专辑之一，第 202 页。

[25]《陆军新编第 39 师潞江西岸高黎贡山之役战斗详报》。据《保山地区史志文辑》抗日战争专辑之一，第 195—196 页。

据《福冈联队史》载：长命山（我方记为张明山，但日方之长命山可能包括竹青山在内）别名屏风山，守军为第113联队第1大队第2中队第1小队，小队长平野宽少尉。因之，该区域阵地也被统称为"平野山"。远征军部队攻击时，有督战队持枪殿后，对后退逃跑者直接射杀。没有退路的士兵们踏着战友的尸体，以"人海战术"向阵地疯狂冲击。平野少尉虽指挥所部拼死阻击，但身边赖以为战的老兵相继战死。曾参加过杭州湾登陆战的伍长西琦实左胸中弹而亡，揣在衣袋内的妻儿照片遭洞穿后被鲜血染红。伍长吉松守及上等兵石桥常巳、中村义马、隈井常雄等亦相继倒下……虽然覆灭在即，但残存日军仍拼死坚持着。[26]

日军第1大队长武田淑文撰述：此次远征军能突入屏风山，系因日军防御正面过宽，据点阵地之间间隙太大。"战斗之初敌攻击异常勇猛，我亲眼目睹一个十五六岁模样的敌军少年兵哭喊着向我军突击"；"敌人的炮弹直接命中大队本部，深川（朔次）军医中尉、木原（唯雄）副官、大石（元太郎）少尉等死伤"。松井联队长在红木树听到炮声，急令通信中队和联队炮中队北上向本大队增援……[27]

新寨方面：

115团主力于5月21日由高黎贡山南下，潜入星山，配合正面之116团围攻新寨。为使新寨攻击容易，该团以第2营攻占5625高地，瞰制新寨正面，阻止敌搜索；第1营任新寨之围攻，进展顺利。孰料第2营营长李克挥，于占领5625高地后，不听命令，擅自撤守，致使围攻新寨之瞰制要点为敌所控。当日，与敌在新寨附近保持接触。5月23日7时许，张明山之敌向116团第1营反扑，引发激战，至10时30分，我将敌击退。16时，新寨之敌向竹青山116团第3营攻击，战至黄昏亦被我击退。[28]

至此，新39师战斗详报中，已第三次提及115团第2营作战不力之情节：先是渡江后12日攻击长青坡"动作迟疑、部署失当"，

---

[26]［日］杉江勇：《福冈联队史》，第253页。张凌志译文。
[27]《ビルマに云南埋もれた战史——镇安街守备队》，第224页。石江辉译文。
[28]《陆军新编第39师潞江西岸高黎贡山之役战斗详报》。据《保山地区史志文辑》抗日战争专辑之一，第196页。

其次为13日拂晓攻击跑马山"迟滞不前",此次围攻新寨又"擅自撤守"。一个营在短短十天的战斗中连续三次犯严重错误,在整个反攻战事中亦属仅见。不知这位被点名的李克挥营长此后命运如何,联系到游击战时期36师曾因一营长擅自撤守阵地而遭军法处决,想必此人结局也不会乐观吧。

据日军战史:"松井部队自5月24日以后,一直据守红木树西北长命山一带阵地,果敢反击连日反复猛攻之远征军(新39师加强团),每次均将其击退,30日终于将该敌压迫至江岸。"[29]

此期间,我新39师的攻势已收缩于新寨及附近地区。据新39师战斗详报:

5月24日,以第116团第2营续攻5625高地,敌我形势上下悬殊,徒致重大伤亡,卒未达成目的。5月26日,新寨之敌向我反扑,以上击下之势,终难抵抗,第1营营长刘大成壮烈殉职,部队被迫稍后移,围攻新寨有利之势转趋恶劣。

28日,敌由江苴街增敌百余(不确,仍是松井部队),附速射炮3门,及新寨敌主力集结于我竹青山、张明山之阵地前。我以炮火向之集中射击,伤毙敌之人马甚众。敌昼间因受我炮火之制压,无甚动作。黄昏后,向我张明山守军第115团第3营及第116团第1营围攻,同时向竹青山攻击,展开激战。我渡河后,冒雨浴血苦战的兵力既疲,伤亡又重,敌有400余精锐之兵向我猛攻,我艰苦支撑一昼夜,众寨之势,卒无法挽救。5月29日晨,我第116团第3营营长胡醒汉,于竹青山慷慨成仁,全体官长先后殉国。张明山之我军亦伤亡奇重。战斗之惨烈无以再更,情况之恶劣亦达极点。旋奉上峰电令,于5月30日转进于跑马山一带地区,改为防守整顿态势,准备再度打击敌人,作守势部署。[30]

据《福冈联队史》:第113联队第1大队炮小队长川村裕中尉,

---

[29]中华民国史资料丛稿译稿《缅甸作战(下)》,第93页。
[30]《陆军新编第39师潞江西岸高黎贡山之役战斗详报》。据《保山地区史志文辑》抗日战争专辑之一,第196–197页。

率第 3 中队突破我防线与平野小队会合,日军于绝望中士气为之一振。而后两队合为一股,向"平野山"前方我军占据的三角山逆袭。川村中尉脱掉军靴,赤脚自三角山侧面的悬崖绝壁攀援而上,挥刀杀入我军阵地,大腿遭子弹贯通伤仍奋战不已;平野少尉亦负轻伤未下火线。经过白刃战后,终于占领三角山阵地。[31]

新 39 师战斗详报载,仅在竹青山战斗中,116 团即相继阵亡第 3 营副营长倪济宽、第 2 营营长刘大成及第 3 营营长胡醒汉,均以"特别忠勇事迹"记入战史。此外,还有一位幸存士兵亦获此殊荣,其事迹为:"该团轻机枪连士兵周明德,于竹青山混战之际,赤手空拳夺取敌军腰刀,毙敌 3 名,夺回轻机枪 1 挺,获敌三八式步枪 3 支。"[32]

此后,新 39 师调整部署为:直属队在松山(当地小地名,非松山战役之松山)占领阵地,阻止大塘子之敌南窜。115 团(欠第 3 营)扼守白乐堂、茶岩之线阵地,阻止敌东犯。116 团占领跑马山、长青坡之线阵地,阻止红木树敌北犯。117 团第 1 营为预备队,位于单岗附近。师指挥所在蛮牛。[33]

遭此挫败后,新 39 师战斗详报中较为客观地总结了日军素质及惯用战法之优长:

"兵员充实,训练精到,富于各自为战之精神,且能沉着应战,诈术甚多,狙击手优良。"[34]

毫无疑问,这是一支难以对付的劲敌。

---

[31] [日]杉江勇:《福冈联队史》,第 253 页。张凌志译文。
[32]《陆军新编第 39 师潞江西岸高黎贡山之役战斗详报》。据《保山地区史志文辑》抗日战争专辑之一,第 202 页。
[33] 同上书,第 197 页。
[34] 同上书,第 192 页。

第 21 章 战场侧翼：片马

(参阅附图 33)

此处，需要追溯一下反攻战场最北端片马之战事。

在本书上部说到，1943 年 10 月日军集结重兵实施"甲号讨伐"作战，将进入腾北游击的第 36 师及位于中缅未定界片马、江心坡地区的谢晋生"茶里游击队"，先后驱逐于怒江以东。此后，日军即于高黎贡山分水岭一线筑防，其前沿阵地已推进至高黎贡山东麓大白地河、小白地河、古炭河一带。

在酝酿反攻作战初期，最高统帅部即决心首先收复这一地区，以扫除反攻战场侧翼威胁。1944 年 4 月初，"滇康缅边境特别游击区总指挥部"奉命后，决心以步兵第 1 团与游击第一纵队配合，向片马日军发起反攻。作战部署为：以步 1 团从正面攻击，游击第一纵队从侧翼袭击，使敌首尾不能兼顾。以上两部，由第一纵队司令谢晋生统一指挥。

步 1 团奉命后进入泸水，从六库、大兴地西渡怒江，团部设在鲁掌区鲁祖村。为了弄清片马垭口一带敌情，团长余子述首先派出刘绍康、茶芳卫二人化装前往片马侦察。刘绍康是古炭河的汉族青年，茶芳卫是鲁掌区上寨的彝族青年，他们在"大理战干团"受训过一年。二人刚到片马，即不幸被敌俘获。日军把二人倒捆在树上，浇上汽油，活活烧死。

4 月 20 日，该团第 1 营再派第 1 连王连长率全连前往姚家坪垭口侦察。姚家坪垭口，是古炭河至片马垭口之间必经的高山小寨，战乱中住户迁散，成了荒村。王连长来到姚家坪垭口，没有发现敌人，以机枪进行火力侦察也不见动静，以为没有敌情，就返回鲁腮村向第1营朱营长复命,朱营长即率全营3个步兵连向片马进攻。部队刚接近姚家坪垭口,却遭到敌人猛烈迎击,打死我排长1人,士兵4人。原来,日军的工事设在姚家坪附近的密林中,第1连侦察时未能发现,致使此次进攻失利。不得已下令全部撤退,派人到鲁祖向团部报告。

半个月之后,团长余子述偕同鲁掌土司茶光周(游击第一纵队第三大队长)来到古炭河侧面的双米地垭口,指挥全团向姚家坪敌军发起进攻。部队从左右两翼绕道后山,向姚家坪垭口进逼。经半个月激战,付出重大伤亡,终于拿下姚家坪垭口,迫使日军退守片马垭口。

接着,步1团又增加了部分兵力,继续进攻片马垭口(即风雪垭口)。此时的高黎贡山顶风雪严寒,呵气成霜,滴水成冰。日军在垭口构筑了异常坚固的工事,以重兵扼守。垭口近旁是陡峭的岩壁,幽深的大箐,无论从正面或左右两翼进攻,都在日军火力瞰制范围内,实为"一夫当关,万夫莫开"之地。由于敌军居高临下凭险死守,我方反复进攻均未奏效,致伤亡迭出,每天都有大批死伤人员抬下战场。[1]

从步1团第3营第7连连长谢碧锋的撰述中,可知战事之艰难:

"我第7连另外配属重机枪两挺、迫击炮两门为加强连,由右翼山上向片马垭口袭击;营长刘概真率第8、9连及重机枪两挺为正面攻击;规定正面打响后,我率第7连向垭口进攻。我们的向导带我所走的路,简直是难到极点,有的地方像悬崖一样,机枪要用绑腿吊着拉上去,许多地方不但没有路,而且走一步要用刀砍去藤刺才得前行。因为雾大,向导也辨认不清方向,到了敌人附近也不晓得,倒被敌人先发现了我们。当我们前面的搜索兵刚接近敌人,敌人即枪炮齐鸣,打得土石横飞,我们连在一块狭窄的地带被敌火网封锁住,全连战士被压得抬不起头。重机枪、迫击炮连阵地也找不到,卧倒在敌人火力下,发挥不出作用。我们只能用步枪、轻机枪向敌人还击,但无法前进。正面的刘营长见预定计划被打乱,乃立即发

---

[1] 崔向弼:《泸水抗日战事访问纪零》。据《怒江文史资料选辑》第2辑,第52页。

起正面攻击。因敌人早已知道而有所准备,所以我方进攻毫无进展,反倒牺牲了好些战士。"[2]

据步兵第1团书记员王国伟回忆:"片马垭口位于高黎贡山上,地势险要,敌人筑有坚固的地下工事,左边设有尖兵排,右边配有排哨连,中间设有机枪,构成火力网。我军发起猛烈攻击,未能攻下。总指挥部下令以勇克弱,与敌周旋,时达月余。我方伤亡惨重,无济于事,后接指示,换防整编。"[3]

步1团经整编后,重新过江进抵片马垭口。"蓉总部"总指挥郑坡亲自到前方视察,提出以少量兵力从正面牵制敌人,以大量兵力迂回敌后;若不能攻克,亦必须堵住垭口,在任何情况下不准放进一个敌人。因整编后的步1团"官多兵少",力量薄弱,仍担负正面牵制任务;而以谢晋生率游击第一纵队从北方坎地河方向迂回敌后,从侧翼打开进路。

此时,因高黎贡山积雪尚未融化,山路无法通行,日军在坎地河山顶未派兵防守。谢晋生动员民夫数百人与部队一起挖雪开路,开辟出从排把到坎地河约50公里进路。据载,在挖雪开路后,当地民夫还考虑到此番进攻的后果,主动砍运了大量毛竹,堆存在拉猛里渡口,万一谢部进军失利溃退至称戛时,可立即编扎一批竹筏,利用其迅速撤渡江东。[4]

一星期后,谢晋生偕营长吴若龙(又作吴若侬)、黄维先及连长李光浩等率先头部队600余人到达坎地河,日军尚未发觉。次日拂晓,谢部袭击据守春风垭口(即尺必哥垭口,今记吃扒克)之敌,日军措手不及而溃退,我军乘势占领垭口。溃退至古浪、岗房之敌,与该地日军会合,集约六百之众,配备炮兵,又向我军反扑。谢部因先头部队人少,兼之弹药供给不上,苦战一日,又被日军夺回垭口。

但春风垭口对面的制高点,我军死守不弃。日军以密集炮火轰击我方阵地,多次冲锋欲夺山头,在我守军顽强抗击下,均未得逞。

---

[2] 谢碧锋:《东鳞西爪话远征》。据《德宏州文史资料选辑》第八辑,第71页。
[3] 王国伟:《参加滇缅边境游击的回顾》。据《云南文史资料选辑》第32辑,第170页。
[4] 马秉坤:《谢晋生将军在片马地区抗日始末》。据《泸水文史资料选》第二辑,第7页。

此后，谢部3个大队都到达坎地河，大举反攻，再度夺回春风垭口，日军被迫退守片马。[5]

因片马垭口地势险要，工事坚固，尽管谢部与步1团已对该地两面合围，仍无法在短期内攻克。此后战事，即成僵持状态。

1944年5月11日，第20集团军如期从怒江下游渡江发起反攻。

因顾虑"蓉总部"游击部队力量薄弱，不能达成牵制片马日军任务。5月上旬，远征军司令长官卫立煌令据守怒江六库渡口的预2师以第4团一部（第2营）渡江，进至茶山河、空树河一带，担负攻击军54军198师之右翼警戒。18日，第20集团军总司令霍揆彰又电告54军："长官部已派预2师第4团全部渡河，对付片马、泸水南下之敌。"[6]

此时，据守片马一带的日军为猪濑大队，系缅北日军第18师团增援滇西日军第56师团的一部，番号为第114联队第1大队，大队长猪濑重雄少佐。[7]据日军战史：

"猪濑大队以各一部守备片马以东和以南高黎贡山内的山坳，并以主力确保片马附近。5月上旬以来，在阵地前数次击退了来攻击山坳的预备第2师加强团（即第4团）。"[8]

因预2师未留下战斗详报，位于反攻战场侧翼的该部战事，不能予以详尽叙述。仅在几位参战老兵的回忆中，留下片断记录。

5月14日，预2师第4团第9连机枪手陆朝茂被抽调至加强连，作为前锋部队从六库过怒江开始反攻。在高黎贡山梁子（具体位置不详）与日军激战了7天，粮食全部吃完了，饿着肚子与日军对峙。日军龟缩在碉堡里，四周是纵横交错的交通壕。

陆朝茂说："我们打他们，他们就完全缩进碉堡；不打时，他

---

[5] 段承功：《我所经历的泸水抗战》。据《怒江文史资料选辑》第2辑，第97页。
[6] 《陆军第54军滇西攻势作战机密日记》（未刊档案）。
[7] 该部即1943年10月参加"甲号讨伐"作战后留置片马、拖角的日军，兵力装备为：缺步兵1个中队和1个小队、机枪1个小队，配属步兵炮中队半部、骑兵小队，无线电两个分队。据中华民国史资料丛稿译稿《缅甸作战（下）》，第51页。
[8] 中华民国史资料丛稿译稿《缅甸作战（下）》，第94页。

们就凭交通壕骚扰我们。粮食找不到，我们只好找蕨菜吃，大家都吃得清口水直淌。支持到第七天，传来消息说大米到六库了，叫我们自己去搬。当时全连数我小，大家就推我独自一人去搬大米。那时，我刚从机枪连分到加强连来，大伙都还不很熟，无奈我只好找了匹骡子赶着下山搬米去了。我走了三天路赶到六库，将大米捆扎好，又找了几匹骡子驮了些弹药往回赶。在我搬补给的来回六天里，山上的弟兄们不打仗，日本人也不敢轻举妄动，大家都在梁子上挨着；如果我晚上去一天，弟兄们恐怕就全饿死了。我把大米弹药运到时，他们已几乎饿得动不了，是我煮好饭一碗一碗端到他们面前，他们才算活过小命。"

也是从那时起，弟兄们接受了陆朝茂，很信任地让他担当起了重机枪手的重任，与另外4个弟兄共同组成一个班，负责一挺重机枪。

后来加强连连长调整了战术，他将全连的机枪集中起来组成一个机枪排，配合步兵打那个碉堡。步兵在前，机枪排在后掩护。但由于大梁子日军堡垒坚固，周围交通壕又很深，步兵连从低处往上仰攻，打不到日军，而日军甩手榴弹却很容易炸到步兵连的士兵。一个排长被炸死。步兵攻不上去，又把机枪排推上前，但机枪排也没有办法。

打了一会儿，还是陆朝茂想出了一个鬼点子，他说："学步兵连这样打不行，我们一个排才二十多个人，不能再损失人了，我们必须爬到高处从半山腰下来，这样打才行。"于是他们从高处爬下趸到了一个突出的岩石上，把机枪架在上面往下打日军的碉堡，这样，用机枪狠狠压住了敌人的火力。只要有人从堡垒中爬出来，便马上见阎王。这样打了三天后，日军抵不住，便乘夜悄悄撤走了。在交通壕里，国军士兵看到了一股股血迹，日军的罐头饼干丢得到处都是，死尸好像被他们连夜驮走，到别处火化了。[9]

---

[9] 李根志：《机枪手陆朝茂》。据《见证历史——滇西抗战见闻实录（上）》，第180页。

第22章 第11集团军酝酿左翼攻势

（参阅附图19）

在怒江下游防守集团——第11集团军编组的4个加强团中，有两个团是以平戛为攻击目标的，即第2军第76师与第9师合编的加强团、第71军第88师加强团。

据日军战史：

"11日上午，第76师的加强团（以一个步兵团为基干的诸兵种合成部队）全部渡过怒江，将兵力集结于平戛以东10公里附近。12日晨，第76师的加强团以一部攻击打黑渡等的日军守备队。但守备队将其击退。当日夜，安部大队（第146联队第1大队，大队长安部和信少佐）主力在平戛东南8公里附近攻击700—800之敌，给以重创。但其后远征军增强兵力，逐次包围了平戛。

"师团长松山祐三遂将先前作为师团直辖、命由拉孟（松山）北方阵地向龙陵转进的原田大队（第113联队第2大队，大队长原田万太郎大尉）以及芒市守备队编成联合大队（以原田大尉为队长，步兵3个中队为基干），火速派往平戛。平戛守备队长（安部和信少佐）一并指挥联合大队，16日由南北夹击正在攻击平戛阵地的远征军，歼灭其一个营。"[1]

此为日军56师团按预定方案，在内线作战中第一次运用机动兵力向我反击。此次反击，使76师加强团攻势遭到顿挫。但是，16日，88师加强团（以264团及262团第2营编组）在平戛附近围攻三村小寨，却获得了一个后来改变了整个滇西反攻部署的重大战果。

---

〔1〕中华民国史资料丛稿译稿《缅甸作战（下）》，第94页。

据载，当日上午9时，该部于三村击溃日军，敌遗尸60余具，其中有日军官冰田大尉（经查，第146联队第3中队长为永田岩男大尉，疑为笔误）一名。次日，官兵打扫战场时搜获日军作战命令一份，心知其重要价值，立即呈送上级。

在第88师战斗详报中，笔者看到了该师师长胡家骥发给第11集团军总司令宋希濂及71军军长钟彬的两封电报：

5月17日申（15—17时）电，报总司令宋、军长钟：连日与我作战之敌，今捡拾其文件，确为两个大队（龙字6734、6735[2]各一大队），另山炮一中队。该敌对我远征军之整个攻防部署、部队番号、长官姓名及使用兵力姓名，均甚了解。原拟乘我渡江后，集中全力，迫我于江畔，切断我补给线。经我戴团（264团，团长戴海容）艰苦奋斗，未遂其愿。

5月18日寅（3—5时）电，报军长钟：本部攻占三村时，卤获冰田部队阵中日记、会报记录等文件，已呈钧部。兹又卤获敌人大队部作战命令、会报记录、地图、诏训集、战阵训、步兵操典、兵器弹药分配表。除缴呈外，恳派日文翻译员一员来部。

师长胡家骥似乎尚未意识到此事的紧迫性，还在请求军部支援日语翻译，以便本师能优先利用一下这些情报资料。但是，宋希濂于18日回电："希将卤获之战利品（尤以敌文件为重要），报缴来部为盼。"次日凌晨，钟彬更为急切地回复："希将获敌文件专人速送，并将有功者报奖。电报太迟，请注意。"[3] 88师当即将文件报送上级。

据时任第11集团军总司令部中校作战课长的陈宝文回忆，在这份缴获的日军大队作战命令上，我军的反攻作战方案赫然被列为第一条"敌情"，而其部署则完全是针对我计划而为，即以56师团主力在高黎贡山的4个垭口作严密布防，在松山、镇安街、龙陵、

---

〔2〕原文为龙字7434、7435，不确。6734部队为113联队，6735部队为146联队。
〔3〕《陆军第71军88师加强团平夏战役战斗详报》。据《保山地区史志文辑》抗日战争专辑之一，第212页。

平戛均配置不足一个大队的防御兵力。当时，远征军反攻作战部署仅下达至集团军，初期都是口头传达的，而日军作战命令引用的竟像是原文。宋希濂看后的判断是：一定是我方内部出了大汉奸和败类。于是连声大骂，并直接打电话报告了卫立煌，要求迅速改变作战部署。[4]

5月20日上午，在保山马王屯远征军司令长官部，卫立煌也大发雷霆。作战部情报处中校处长林逸时后来如此回忆：

"当时形势对我军不利。渡江作战已经进行了10天，一线部队进展甚微，日军且有反攻趋势……大约上午8点多钟，美军G2部（情报部）伯丁上校派人送来一份缴获的紧急情报，并附有一张怒江东岸日军防卫兵力部署图表。我看过后感到吃惊不小，因为日军这个部署毫无疑问是有明确针对性的。按照计划，我军进攻分为左右两翼：左侧松山、龙陵由一个军佯攻，目的是分散和牵制敌人；右翼腾冲为主攻方向。主攻集团为第20集团军，第11集团军担任策应性攻击。但日军似乎早已洞悉我军部署，将第56师团主力近万人[5]全部集中在了腾冲方向的高黎贡山一线，利用险要地形频频反击，致使我军攻击受挫，伤亡惨重。我将情报火速呈送卫长官。卫长官看完情报，脸色铁青，一拳砸翻了桌上的作战沙盘……我从来没有见过长官发这么大的脾气。"[6]

美军顾问呈送的这份情报，应该就是88师缴获的这份日军文件。[7]

泄密事件在中国远征军高级将领中引起极大震动，卫立煌甚至怀疑重庆统帅部打入了日军高级间谍。究竟是谁并怎样把机密泄露到日军方面去的，这个谜团直到1969年才被日本防卫厅编撰的公刊战史揭开，即，一切肇始于2月中旬我空军在腾冲那次坠机，被日

---

[4] 陈宝文：《反攻腾龙战役亲历纪实》。据《昆明文史资料选辑》第六辑，第103页。
[5] 我开始反攻时，日军56师团在滇西的步兵总兵力约为六个半大队（含配属之第18师团第114联队猪濑第1大队）。为应对第20集团军攻势，松山祐三陆续将总兵力的六分之五左右投入在高黎贡山一线，约6000人。参见曹英哲《抗日名将叶佩高》，第100页。
[6] 邓贤：《大国之魂——中国远征军滇缅征战纪实》，第253页。
[7] 据载，88师缴获文件是21日送达长官部的，但配属该师的美军顾问组获悉后，应有其他渠道呈送。

军捕获少校军官一名并缴获了密码本和人员编制表。[8]

宋希濂在呈送长官部的日军情报件上签署了个人意见："我反攻部署敌已明了，敌兵力开始向腾冲集结。我应抓住战机，争取主动，出敌不意，全线反攻。"[9]在这种情况下，远征军的作战方案必须改变，原本策应攻击的第11集团军必须真正出击了。

卫立煌遂决定改变反攻部署：以第20集团军为右翼攻击军，攻取腾冲；第11集团军为左翼攻击军，攻击龙陵、芒市。两翼展开全线反攻。令第11集团军各部（第71军、第2军、第6军）于5月底完成渡江准备，6月初渡江施行攻击。

令人欣慰的是，重庆统帅部此时根据滇西、缅北战事进展研判，也提出了发动左翼攻势的想法。

21日，军令部长徐永昌致参谋总长何应钦转蒋介石签呈电报称：

"我远征军出击部队（第53军、第54军及第76师、第88师、新39师之各一加强团）自本月11日开始强渡怒江以来，进展顺利，已先后攻占马面关、桥头、红木树、平戛等据点，并围攻斋公房、大塘子等地。又我驻印军一部（新30师第88团、第50师第150团）配合美军支队复于18日迂回至密支那，占领密支那机场，并随即以运输机、滑翔机运输增援部队在该机场降落。此际我远征军主力似应乘机渡河，扩张战果，进攻腾冲、龙陵、芒市之敌而占领之。……处置：令71军（欠1个师）向龙陵攻击；2军（欠新33师又1个团）以主力向芒市攻击，截断后方联络线，一部协力第71军攻击龙陵。"

蒋介石批示："照办。"[10]

徐永昌的这一决策案，后来令曹英哲极为称道，因为从时间逻辑上看，军令部此时尚未掌握我作战计划泄密的情况，但研判战局后所做的决策，竟与前线部队的动议不谋而合，显示出相当强的洞察力与预见性。

---

[8] 中华民国史资料丛稿译稿《缅甸作战（下）》，第89页。
[9] 张组成：《龙陵抗日战争综述》。据《龙陵县文史资料选辑（一）》，第12页。
[10] 中华民国史档案资料丛刊《抗日战争正面战场（下）》，第1505页。

但卫立煌提出发动左翼反攻的设想后,却遭到美军顾问团方面的极力反对。他们认为,后勤方面无力支援中国远征军5个军(12个师)的全面攻势。

5月17日,东南亚战区联军总司令、英国皇家海军中将路易斯·蒙巴顿决定,将由13架C-47飞机组成的一个美国运输机大队转隶第14航空队,担负云南中国远征军反攻作战后勤空中补给。蒙巴顿认为,中国军队每人的所需空运量可以远低于英美军的所需量,故约定每日按4个师的最低补给量进行空运。[11]这显然是一个歧视性的补给配额。

自19日开始,军政部长何应钦与中缅印战区美军总部函来电往,何迭次恳请史迪威尽快拨发至少20架运输机到位,而美军总部副参谋长费理斯将军一面答复正在办理,一面敦促左翼远征军9个师迅速行动,"讨价还价"的味道极浓。[12]

其实,远征军最初仅从右翼反攻的作战计划,很大程度也是在征求了美军方面的意见后决定的。据美军战史的解释,"放弃拟定始终以小规模、保持高度机动性的诸多部队进行作战的设想,而逐渐改为力攻日军阵地的设想,被认为是从过于加重后勤负担而考虑的"。当时,保障远征军作战补给的第27空运中队仅有13架C-47运输机,在不能指望第14航空队出动大批飞机的情况下,空军部队认为支援远在100英里前方的庞大远征军困难重重,出现了不满情绪。

然而,史迪威中将却坚决支持卫立煌的方案。[13]

在任驻华武官时期,史迪威曾称赞卫立煌是中国最能干的战区司令,性格积极进取。多年不见,他对卫立煌接替陈诚出任远征军

---

〔11〕美国出版战史《中国—印度—缅甸:史迪威军事顾问团》,援引自中华民国史资料丛稿译稿《缅甸作战(下)》,第81页。实际上,由于滇西的恶劣天候,最终就连蒙巴顿腹案中每日4个师的补给物资,也未能投送到中国部队手中。

〔12〕据何应钦与费理斯往来函电6则。载《中华民国史档案资料汇编》第五辑第二编军事(四),第414—415页。

〔13〕美国出版战史《中国—印度—缅甸:史迪威军事顾问团》,援引自中华民国史资料丛稿译稿《缅甸作战(下)》,第112—113页。

司令长官起初有点疑虑："Y军需要一个有冲劲的推动者。"[14]言外之意是怀疑他现在还是不是这样的人。如今卫立煌左右两路出击的计划，显然打消了他的疑虑。史迪威允诺与英军协调落实补给配额。

调动部队的命令终于下达了。第20集团军继续摆出攻击姿态迷惑敌人，第11集团军所属3个军则沿怒江东岸向左翼战线秘密运动。所有部队车辆均在夜间行军，不得开灯或暴露目标。但这一重大军事行动还是未瞒过日本人的耳目。

据日军战史，日军第56师团已料到远征军不久将由滇缅公路方面发起新的攻势，其芒市机关（监听、破译通信机关）也在尽力监听着远征军通讯。后来芒市机关根据远征军通讯量增大，判断远征军即将自拉孟（含）以南地区发动新的攻势。但师团未及时采取相应对策。[15]

此刻，56师团主力深陷高黎贡山战场，怒江下游出现的新态势，尚未紧迫到令其南返以应对。

---

[14] [美] 约瑟夫·史迪威：《史迪威日记》，第211页。
[15] 中华民国史资料丛稿译稿《缅甸作战（下）》，第98页。

| 第二阶段作战 |

第23章　54军自南北隘路两翼推进

(参阅附图6、附图9、附图21、附图22)

198师冷水沟、桥头方面（5月20日至25日）

据日军战史："远征军第一次反攻作战前期，由于刚渡江即遭日军反击和补给困难，进攻受挫。其后，远征军主力力图通过整备补给态势和空中补给来培养战力，以及向六库、红木树、平戛等地增兵，使战局取得进展。于是在此期间，远征军在以有力部队突破日军高黎贡山脉内各间道守备队（分别为步兵一个小队基干），渗透到龙川江河谷的同时，主力自5月20日重新开始了全面进攻。

"冷水沟正面之敌（第198师主力）由其北部山中与正向桥头街方向前进的第593团相策应，力图突破冷水沟阵地。"[1]

23日，此前奉命增援的预2师第6团（欠第3营）终于到达灰坡198师师部报到。师长叶佩高遂令该团为预备队，而令此前留任师预备队的593团第1营归建参战。而后，以594团主力由左，第1营两连及593团第1营由右，均推进至冷水沟东侧高地，与敌激战；592团随以上两部跟进。因日军占据冷水沟最高点，凭险削地形筑有数道坚固工事，我军仰攻甚为困难。师长叶佩高令炮兵于崎岖山径上开路推进，以期支援步兵攻击。因连日来下雨，天气湿寒，198师冻死士兵数名。[2]

---

〔1〕中华民国史资料丛稿译稿《缅甸作战（下）》，第96页。
〔2〕《陆军第54军滇西攻势作战机密日记》（未刊档案）。

日军战史载:"5月24日以后,日限大队收容了马鞍山占领部队,占领冷水沟及其北部间道(即垭口隘路),全力进行防御作战。该方面之远征军为第198师主力和预2师[3]一部,轮番进攻,执意要突破日军阵地,战斗极其惨烈。"

"这一带标高达3000多米,地形险峻、山峰巍峨,远征军在突破这座山脉时,二百数十匹马曾坠落谷底,足见地形之险恶。日军占领部队迭有伤亡,弹尽粮绝,战力逐渐不支。"[4]

25日,预2师奉长官部命令以整建制渡江,拟开进桥头增援198师593团作战。为此,叶佩高又令刚刚报到两天的该师第6团赴蛮云街归还该师建制,手中已无预备队可用。[5]

当日,怒江江水骤涨,高黎贡山巅仍雨雾弥漫。因山路险峻,山炮连仍滞留在灰坡,仅能靠人力将1门山炮向北风坡艰难推进。前线所能使用的仅重迫击炮营一部,其中第5连配属594团在大蕨地,第6连配属该团第1营在北风坡。因前番战斗中损坏迫击炮2门,正在请求后方调换。在支援炮兵火力严重不足的情况下,594团仍分两路不断攻击冷水沟之敌。

黄昏时分,叶佩高打电话给592团团长陶达纲,任命其为前敌总指挥官,指挥北风坡、苤菜地全部步兵及配属炮兵、工兵,随后送来了书面命令,令陶达纲压力倍增。[6]

入夜后,冷水沟日军以两个小队袭击594团北风坡阵地(冷水沟东端),被我军击退。毙敌小队长2名、士兵7名,获指挥刀1把及望远镜等。据载,当夜,594团也派出小股兵力袭击苤菜地(冷水沟西北端)之敌,曾一度冲入敌阵。[7]此前198师战况电报曾记,24日攻占苤菜地,但这里又说25日夜仍在攻击该地,且未成功——从"曾一度冲入敌阵"这样的表述可知,战报不"确实",实在是屡

---

[3] 实际上此时预2师6团仅为198师预备队,未参加战斗。
[4] 中华民国史资料丛稿译稿《缅甸作战(下)》,第96页。
[5] 《陆军第54军滇西攻势作战战斗详报》。据《保山地区史志文辑》抗日战争专辑之二,第22页。
[6] 陶达纲:《滇西抗日血战写实》。据《民族光辉——腾冲抗战史料钩沉》,第210页。
[7] 《陆军第54军滇西攻势作战机密日记》(未刊档案)。

见不鲜的顽症。

当日在龙川江河谷方面，593团以一部夹击北斋公房，主力仍固守桥头、马面关，警戒瓦甸方向敌情。

在25日的电报中，师长叶佩高报告54军："对敌阵地，在准备一举而攻击中。"但此后两天一直大雨泥泞，敌我活动均极感困难，最终仍是在冷水沟附近僵持。[8]

36师艰难西进，攻克高梁弓（5月21日至30日）

此期间，据日军战史："南方的第53军主力和第36师主力分别试图向龙川江河谷的江苴街附近和寺山寨附近突出。"[9]

如前所述，为使集团军迅速进出高黎贡山，总司令霍揆彰决心：以53军主力围困大塘子当面之敌，而以54军36师（欠108团）沿野猪官塘、冷水沟（亦称冷水垭，与198师所攻击之冷水沟不同）、寺山寨道，攻占瓦甸、江苴之后，再协力53军将被围困之敌聚歼。为此，21日晚9时30分，霍揆彰给54军下达了上述旨意的电令，要求36师：迂回敌后部队士兵带足携行弹药基数，并以运输团另带4日份以便后续补给；在推进中"如遇敌之抵抗时，务须驱逐而迅速进出该路，达成任务"。54军奉令后，于22日中午转令36师遵照。[10]

据54军战斗详报：

"36师奉命后，即积极准备行动。但限于地形及道路关系，不能全部出动，乃于23日晨，以先遣第107团沿指定路线向冷水沟前进，以图击破扼守高梁弓之敌，而使师主力进出。但从野猪官塘通冷水沟道路，山高路险，气候严寒，兼以阴雨绵绵，路滑难行。其先头部队一部虽于24日勉力通过，进抵冷水沟附近，但因沿途冻毙及跌毙者已百余人，且以补给不济，一时难以应战，该师乃令

---

[8]《陆军第54军滇西攻势作战机密日记》（未刊档案）。
[9] 中华民国史资料丛稿译稿《缅甸作战（下）》，第96页。
[10]《陆军第54军滇西攻势作战机密日记》（未刊档案）。

暂停野猪官塘附近整理。"[11]

关于36师此次行军之艰难，据亲历者、36师参谋长胡翼烜撰述：

"本师向高黎贡山挺进，先头部队由配属工兵辟路，始则狭径崎岖，草木丛杂，即继原始森林，枝叶浓密，蔽日遮天。部队以一路纵队行军，甚为缓慢。时值雨季，连日豪雨倾盆，而全师尚未配发雨衣，士兵身负武器装具，另有加发弹药及7日粮米，重量增加甚多。尤以迫击炮连与重机枪连，配有骡马驮运武器弹药，但在悬崖小径上不慎滑倒，人马即跌毙深谷中。5月23日，师部推进至野猪官塘，始悉先头部队第107团官兵百余名，于皮房、冷水沟地区遭冻毙，损失之重，超过一次激烈战役。"[12]台湾陆军中校刘衡一的回忆是："连续数天不断下着雨……第107团冻毙200余人。我们虽在师部，但亦补给不易，有米而无菜，于是香蕉树根和刚结成如小手指粗细般的香蕉以及木瓜树心（即"孔明菜"——野苋菜已被采罄）等均为佐饭佳肴。"[13]

36师战斗详报中，亦留下如此记述："高梁弓位于高黎贡山山顶，气候寒冷，夏如冬腊；道路急峻，遇雨更泥滑而难行；树木稀少，渺无人烟；雨季终日云雾迷蒙，天寒地湿，点火炊爨维艰。行人至此，辄以雨侵风袭饥寒交迫，致夏季有冻毙之奇闻。部队于此种天候地形中行军已属不易，战斗自更困难。非遇晴爽天日，实无法进行攻击动作也。"[14]

在此情况下，36师师长李志鹏于23日午前致电54军，拟令部队停止前进：

> 麦（107）团先头已抵冷水沟，后续部队尚在皮房（大麦地西30里），官兵无雨具，各部冒雨露营。师战斗指挥所已抵大麦地。大

---

[11]《陆军第54军滇西攻势作战战斗详报》。据《保山地区史志文辑》抗日战争专辑之二，第30—31页。

[12] 国军史料丛书《抗战时期滇缅印作战（一）——参战官兵访问记录（下）》，第765页。

[13]《戎马关山话当年——陆军第五十四军史略》，第427页。

[14]《陆军第36师高梁弓战役战斗详报》。据《保山地区史志文辑》抗日战争专辑之一，第239—240页。

麦地、冷水沟间道路倾斜急峻,且连日大雨,道路泥滑,即徒手兵亦攀登困难。现皮房以西,人烟全无,天寒地湿,士兵饥寒交迫,无法行动。就目前情形,对冷水沟隘路之攻击无法实施,拟饬各部队即就地停止,俟时推进。

显然,这则电报流露出明显的"抗命"意味。54军接电后,只好于次日早晨转电总司令霍揆彰请示意见。[15] 25日,接到电报后的霍揆彰大为愤怒,致电54军严厉批评36师:

"36师未经许可,擅自行动,殊属非是!"

不仅如此,此情经上报远征军司令长官部后,参谋长萧毅肃亦勃然大怒,督令师长李志鹏执行开进的命令。据此,美军顾问团长弗兰克·多恩建议将李志鹏革职——"但在中国的畸形官僚体制中,这是不可能的事情。萧毅肃转而特意请求我不要将此事上报重庆方面,他只是希望36师师长能马上认识到自己的愚蠢。"[16]

在此情况下,54军只好再次致电36师,令其仍遵前令从速进出瓦甸、江苴完成任务。[17]

无奈,36师只好令损失严重的107团撤至二线休整,而令106团于25日8时由彭家箐、李家寨附近出发,超越107团,经野猪官塘、冷水沟继续西进。同时,师长李志鹏、参谋长胡翼烜率师司令部、参谋处、副官处、通信连、无线电排各一部及特务连全部,亦随后向冷水沟推进。

此前,该师108团第2营于11日夜渡江后,于13日以一部推进至高梁弓以东扁担箐附近警戒,发现敌高梁弓附近之坚固工事,并时有敌兵向东窥伺,似有东犯模样。该营遂全部推进至扁担箐附近构筑工事,与敌对峙。据该营侦察,日军约一个中队,附重机枪2挺,于高梁弓、5640高地一带,利用天险构筑坚固工事,储存大量

---

[15]《陆军第54军滇西攻势作战机密日记》(未刊档案)。
[16] 渡江反攻初期美军顾问团长弗兰克·多恩准将报告。美国斯坦福大学胡佛档案馆馆藏资料,张太雷译。
[17]《陆军第54军滇西攻势作战机密日记》(未刊档案)。

粮弹，企图固守野猪官塘越高黎贡山通寺山寨之隘路。[18]

据36师参谋长胡翼烜回忆："26日，本师循荒径前进，整日大雨滂沱，路陡又滑，经过一段竹林，手足并用爬越，地图上标示为点线路，实则无路可行。沿途见107团冻毙官兵，尚有倒卧或倚坐路旁者。下午4时许，师部在冷水沟露营，即命卫生连将冻毙官兵遗体掩埋。是夜寒冷难以成眠，围坐火堆旁直至天亮。"

5月27日，106团第1、2营于冷水沟附近就开进位置，第3营集结于皮房以西地区。[19]

当日，奉命后撤休整的107团团长麦劲东来到师部，就此前本团遭遇冻毙之惨情向师长解释："行军途中，体弱行走艰难之弟兄，需人搀扶前进，山上空气稀少，呼吸困难，手足颤抖，脸色苍白，唇呈黝黑。雨水自头部顺流而下，衣履与装具尽湿。气温骤降，寒冷异常，扶之稍坐休息，即倒毙路旁，惨状从未闻睹。"

28日晨，106团抵达扁担箐以东冷水沟附近。师长李志鹏亲往侦察高粱弓垭口以西敌军阵地，指示106团团长谷宾攻击部署，并集合该团军官训话勖勉。[20]近午，李志鹏令该团以第1营（欠一连）为左第一线营，第2营为右第一线营，展开于扁担箐以南之线，向高粱弓之敌发起攻击。同时，以团属迫击炮连第1、2两排之迫击炮及重机枪，与先前在该地警戒的108团第2营之重火器，发扬炽盛火力，掩护步兵攻击前进。

但是，因当日天气骤变，雨雾迷蒙，使得重火器射击效果大受影响。步兵接敌愈近，敌火愈形炽烈。经激烈战斗，14时30分，我第一线步兵攻占5640高地南端，迫抵敌阵地前约百米，遂以火箭筒及战防枪进入阵地开始射击，破坏敌机关枪掩体。至19时，已迫至最高峰[21]，敌仍凭险固守，敌我伤亡均重。入夜后，又以右翼营第5连，左翼营第1、2两连分路施行夜袭。经彻夜激战，三次冲杀，虽

---

[18]《陆军第36师高粱弓战役战斗详报》。据《保山地区史志文辑》抗日战争专辑之一，第239页。
[19] 同上书，第242页。
[20] 国军史料丛书《抗战时期滇缅印作战（一）——参战官兵访问记录（下）》，第765页。
[21]《陆军第54军滇西攻势作战机密日记》（未刊档案）。

曾一度突破敌阵,终因敌猛烈逆袭而顿挫。是夜,第5连自连长以下伤亡逾半,第1、2两连伤亡亦重。[22]

29日晨,36师参谋长胡翼烜来到106团阵地前沿。经侦察发现,日军阵地筑于圆形独立山上,面积仅为一连规模的据点阵地,但其侧防火力与障碍物周密,若要强行攻击,我主力应自左翼利用低洼地段前进为宜。胡翼烜遂向该团第3营营长周效武询问状况,研议攻击部署,决定以该营第7连(连长王法尧)及第9连(连长张定咸)循此路线攻击。[23]

而后,106团仍以第1、2营由正面牵制攻击;[24]而以第3营第7、9两连向敌左侧背包围,攀登绝壁,出奇突击。胡翼烜与周效武均在第一线督战。同时,集中全团的60迫击炮与重机枪,发扬最大威力压制敌人。

11时,第3营第7、9两连破坏敌阵前障碍物后突入敌阵,发扬手榴弹与白刃战威力,震骇敌人;随后,第1、2两营亦相继突破敌阵。此时,冲锋号与喊杀声震动山谷,全体官兵抱必死之决心,以压倒之气势奋力与敌肉搏,经一小时白刃血战,至13时终于击破顽敌,占领5640高地;残敌约50余人向西溃走。清理战场时,发现敌遗尸74具[25],其中有中队长涉川大尉一名,并虏获军品甚多。[26]

106团遂重整部署,以第1、2营清扫战场,掩埋敌尸,修补工事,防敌增援反攻;以第3营为追击队,派第8连跟踪追击。第8连追至石鹰附近,敌又占领阵地,企图阻我前进,当即被我击退,时已入夜。[27]

据载,自28日傍晚至29日下午,106团共伤亡军官14员、士

---

[22]《陆军第36师高粱弓战役战斗详报》。据《保山地区史志文辑》抗日战争专辑之一,第242页。

[23] 国军史料丛书《抗战时期滇缅印作战(一)——参战官兵访问记录(下)》,第766页。

[24]《陆军第54军滇西攻势作战战斗详报》。据《保山地区史志文辑》抗日战争专辑之二,第31页。

[25] 36师战斗详报、李师长战况电报均记为日军遗尸90余具。

[26] 国军史料丛书《抗战时期滇缅印作战(一)——参战官兵访问记录》(下),第766页。

[27]《陆军第36师高粱弓战役战斗详报》。据《保山地区史志文辑》抗日战争专辑之一,第243页。

兵140名。[28]

在25日因"擅自行动"而遭到霍揆彰严电批评之后，至此，36师终于长出了一口气。29日傍晚，36师师长李志鹏连发两电向54军报捷。电报中有些细节与后来战斗详报的记述略有不同，可能是因时间仓促掌握情况不够准确所致：

29日申（15—17时）电：占领高梁弓之敌，经我两日激战，已于艳（29日）未（13—15时）攻占该地，敌大部被歼，并获枪弹、文件甚多，阵地遗尸九十余具，残敌一部廿余向西逃窜，刻已追击前进中。查获敌文件所载番号为146联队第2大队。

29日酉（17—19时）电：俭（28）日，谷（106）团1、2营对五台坡及5640高地敌7次猛攻，均未奏效。艳（29日）辰（7—9时）以第3营由右翼包围先突破5640高地，未（13—15时）占领五台坡，即以第3营由高梁弓分向五门坎、石鹰搜索，一部与石鹰西端高地之敌对峙中。

在该电中，可存疑的是从缴获日军文件获悉守敌为146联队第2大队——36师战斗详报更为细致地记述为"第7中队（代字龙6735胁山部队涉川队）全部，附重机枪2挺及148联队川村队之一小队，合约150人"。但据日军战史，146联队一部在平戛、畹町，主力由联队长金冈宗四郎率领增援缅北胡康方面，[29]此处似不应有该部兵力。

台湾陆军上校游滌渊，时任106团第2营第6连连长。在54军台湾旧属所编《戎马关山话当年——陆军第五十四军史略》一书中，曾以"五台坡作战经过"为题，对28、29两日战斗有过较为详尽的记述。但是笔者经细研却发现问题很多，因而难以准确嵌入前述战斗经过之中。作为重要亲历者撰述，其文记述战事细节丰富，实在

---

[28]《陆军第54军滇西攻势作战机密日记》（未刊档案）。
[29] 中华民国史资料丛稿译稿《缅甸作战（下）》，第133页。据《第五十六师团将校职员表》，第146联队第2大队长为胁山忠博少佐，第7中队长为涉川胜一郎中尉；"第148联队川村队"疑为联队编外军官川村茂大尉所指挥之一部。

不容割舍；且这份材料中的问题，在亲历者个人史料中亦极有典型性，因此谨节录如下以供互参，同时略作分析，也让读者了解"史料批判"在战史写作中的操作方法：

5月28日[30]晨，旭日东升，阳光普照，山谷间冷风不兴，山岭雪花渐散。由于气温提升，官兵精神焕发。攻击号令相继下达，(106)团之第2营，由营长唐英伟少校率领继续向山顶前进，未及半时抵达。本第6连（我任连长）先期进抵，登高一望，大地晴空，五台坡日军阵地显现目前，相距约800米，铁丝障碍物闪闪发光，严整生畏。8时许，师长李志鹏将军亲临视察敌情，随即召集我营长训话，其大要为"当前敌阵地扼守要道，必须迅速击破，以利本师进出容易，且山区气候变化无常，运补困难，如不尽速攻占，全师官兵不但将蒙受冻饿之苦，即上级责难，本师亦无地自容"。言辞之间，充满激励与义愤。

9时许，营长唐英伟令第4、5连各配重机枪一排为第一线，次令81迫击炮行掩护射击，本6连为预备队随营部跟进。第一线连战斗前进，系利用山林隐蔽迂回而进，一路未遭敌军狙击，截至敌阵地约300米相对之山峰，敌军遂开始射击，双方展开枪战。营部亦进至中途，就地掩蔽，开设通讯，权充指挥所。持续枪战至午后4时许，因敌火猛烈，兼之射击技术甚佳，以致我攻击部队伤亡惨重，无法突破困境。师长李志鹏将军严令督战，唐营长心存畏惧，不敢前进，复无良策以对。在此万般无奈之下，令本连预备队前往支援，同时手令所有第一线部队统由本连长指挥全力破敌。

本连奉令进至第一线后，见第4、5连官兵伤亡枕藉，不但火力无法发扬，即战士头亦不能抬，偶有不慎，即遭敌兵射杀身亡（遇难者多被命中头部）。因之，各员心情畏惧不敢抬头，伏卧山背，静待支援。本连以任务为重，观此情形，即请第4、5连连长前来研商战局，并展示营长手令统归余指挥各节。随即决定以现有60迫击炮集中火力制压，截至捣毁敌阵地后始行攻击前进。战计确定，时已

---

[30] 原文为5月10日，彼时尚未推进至五台坡，应属记忆错误。

黄昏，官兵必须用餐；加之，各连所携炮弹有限，仍难达成摧毁之目的，因之，电告营长请迅速运补是项弹药。而上级亦由于运补困难，一时所需大量之数，仍有力不从心之叹，最后改令次日攻击。是晚官兵与敌对峙，彻夜无战况。

翌（29）日10时许，天气晴和，团运补弹药陆续到达。余令本连60迫击炮5门，弹药50发就位，亲赴棱线行标杆测量，瞄准试射，效果良好。继命令各炮依所定之标示（射向和射角）定位，行效力射，5炮齐放，敌阵烟雾弥漫，火花四裂，日军大乱，工事尽毁。经炮轰约30分钟之久，日兵有如过街之鼠，东奔西窜。我轻重机枪在毫无危险顾虑之下，尽情发扬射击奇效，窜乱之敌，大部就歼。我官兵均直立棱线拍手欢呼，欣喜若狂，如同看球赛，然士气油然大振，热闹非凡。

余认定此时敌阵已达支离破碎局面，遂独断专行，率各连士卒一声号令向敌阵地冲锋前进，未及20分钟，将敌阵地全部占领，我军幸无伤亡，即大功告成。后检点日军，计生俘2名外，余悉数为我击毙，弃尸80余具，卤获械弹食物装备甚多。未几，天候忽变，冰雹大降，战士忙于隐蔽，窜乱一团。幸敌阵已克，否则势必前功尽弃，显见及时掌握战机，其关键何等重要！

11时许，我后续部队源源由此通过，往瓦甸平原进发。我营暂时原地整补。五台山之战即此落幕。余因有功，师长命令记功一次。[31]

游滁渊所述之"五台坡作战"，即36师战斗详报所载"高粱弓垭口战斗"。但是，游文显然极度夸张了个人的地位和功绩。综合师长李志鹏战况电报、36师战斗详报及该师参谋长胡翼烜的回忆可知，28日第1营（营长曾中亮）为左第一线营、第2营（营长唐英伟）为右第一线营，共同发起攻击，未取得大的进展；29日，是由第3营（营长周效武）第7、9两连由敌左侧"出奇突击"，率先冲入敌阵；此后正面第1、2营相继突入，全团3个营共同奋战方占领阵地。而在游滁渊的叙述中，似乎只是自己以第6连连长身份并代理

---

[31]《戎马关山话当年——陆军第五十四军史略》，第428页。

指挥第4、5两连,以第2营之力即攻克了全部阵地,这显然是以偏概全的。

但游滌渊撰述中对于战术问题,特别是对于迫击炮集中使用效果的总结,给人印象深刻。这一点在36师战斗详报中也有印证:"攻击前进时,以迫击炮火力集中于一点,发扬极大之威力压倒敌人,可使我步兵接近容易";此外,"手榴弹及冲锋枪之适时集中使用,可收极大之效果。斯时,我106团第3营之冲锋奏功,端赖手榴弹与冲锋枪之适时发扬威力"。[32] 在整个反攻作战中,这种及时准确的战术总结极为重要,可令部队打一仗、进一步。

30日晨,阴雨霏霏。106团第3营将石鹰残敌驱逐后,经大水井继续向寺山寨追击前进。该师另以一部推进于寺山寨南北之线,对西警戒,以掩护师主力开进。[33] 师长李志鹏、参谋长胡翼烜率师部人员经过昨日攻占的高梁弓垭口敌军阵地时,特意进入日军交通壕察看其工事构筑情况。发现其虽遭我迫击炮猛烈射击,但重机枪掩体、掩蔽部等尚未遭受严重破坏,对其工事坚固程度不禁暗暗赞叹。[34]

傍晚时分,36师指挥所进抵寺山寨东五里之高地。李志鹏遂令前卫部队向寺山寨及瓦甸侦察敌情,准备部署攻击。[35]

回顾36师开进过程之艰难,对其终于在30日黄昏进至瓦甸外围,似乎不应过于苛责。但经与日军战史比对,却发现当日正是该师攻占瓦甸的最佳时机,但该师却仅仅是在侦察敌情,以半天之差错失战机。此为后话。

30日,接获36师高梁弓战斗捷报后,54军的长官们如释重负。反攻以来,哪怕是来自一线的小小胜利,都会给上下带来好心情。对于此前的种种不堪,在此时处理也会容易被谅解。当日,54军向

---

〔32〕《陆军第36师高梁弓战役战斗详报》。据《保山地区史志文辑》抗日战争专辑之一,第243页。
〔33〕《陆军第54军滇西攻势作战战斗详报》。据《保山地区史志文辑》抗日战争专辑之二,第31页。
〔34〕国军史料丛书《抗战时期滇缅印作战(一)——参战官兵访问记录(下)》,第766页。
〔35〕《陆军第54军滇西攻势作战机密日记》(未刊档案)。

20集团军总部转呈了36师此前的几份电报——从电报电头时间来看,这些电报已在军部压了整整一周。

其一,36师解释令107团撤退情由电:

李师长辰迥(5月24日)巳(9—11时)电:此间天雨不止,部队无法行动,现师部已移至野猪官塘。麦(107)团刻正陆续向野猪官塘撤回,该团装备全湿,冻毙士兵50余,疴病百余

李师长辰迥(5月24日)申(15—17时)电: 麦(107)团向高梁弓隘路敌攻击,因彻夜风雨,冻毙官兵112员名,现命撤回野猪官塘、回恒山整理。[36]

李志鹏师长此两电为24日所发,解释令部队停止行动的原委,且口气生硬地通报已经后撤。54军系25日收悉。但当日54军即收到霍揆彰批评36师"擅自行动"的严电,因此对36师这两封电报不敢转呈,一直压到今日该师攻克高梁弓取得战果后才转呈集团军总部。

其二,36师虚报107团战况电:

李师长辰迥(5月24日)午(11—13时)电:
1. 据守五台坡、高梁弓及5640高地,敌约百余人(番号不明)。我李(108)团第4、6两连仍固守扁担箐及5640高地以东地区;第5连马(21日)午(11—13时)占领5640高地以南高地,威胁敌之侧背;该营指挥所及其余部队与麦(107)团7、9两连位于冷水沟。

2. 辰马(5月21日)未(13—15时),我麦(107)团第7、9两连向高梁弓及据守5640高地敌攻击,李(108)团第2营第6连在原位置以火力协助攻击。因敌工事坚固,激战至黄昏方克5640东南两处小高地。时以大雨倾盆,天候严寒,行动困难,无法进展。

3. 战斗后,敌仍固守原阵地。依此判断,敌将坚强掩护南斋公

---

[36]《陆军第54军滇西攻势作战机密日记》(未刊档案)。

房敌之右侧背之安全。[37]

经研究，这封电报的真实性大可怀疑。

此电中，李师长云107团21日即向高粱弓、5640高地攻击，但实际上此时集团军刚下达令该部自回恒山出发的命令，该命令22日才经54军转达至该师。电报中关于战况的描述，与此后28日的战况相似，只是将主攻团由106团改为107团，因此，笔者推断此电报属虚构战况的电报，目的在于为107团的不战而退粉饰，以取得霍揆彰对本师的谅解。54军显然能看出此电漏洞，但仍默许并配合36师的做法，想必有些难言之隐。

36师原是第11集团军宋希濂旧部[38]，初隶第71军，后改独立师由第11集团军直辖，1943年5月曾接替预2师渡江游击。反攻前，该师被长官部拨归54军指挥，宋希濂对此一直心有不甘。该师对54军并不像198师那样绝对服从，14日初战唐习山受挫已遭批评，17日拒绝以两连进出南斋公房执行策应198师作战命令，24日再因气候恶劣官兵冻毙而令107团停止西进，其抵触情绪从生硬的电报口气即可感受到。作为夹在集团军与师之间"中转站"的54军，实际上对于临时配属、毫无渊源关系的师没有绝对权威；24日，因为简单转呈电报招致霍揆彰对36师的严厉批评，可能也感到有些歉意，此时就采取了转圜补救的办法。36师虚报战况属大胆妄为，54军明知有假而转报，也是战场上的官官相护之举。

---

[37]《陆军第54军滇西攻势作战机密日记》（未刊档案）。
[38] 宋希濂于1932年淞沪"一·二八"事变时即担任该师师长。

第 24 章　藏重部队救援桥头、马面关

（参阅附图 8、附图 21、附图 22、附图 24）

如前所述，5 月 16 日，198 师 593 团主力迂回挺进敌后，以奇兵袭占桥头、马面关，切断冷水沟、北斋公房日军后路，使此前沉闷的战场态势陡然变化。对此，曹英哲在其撰述中评论：

"叶将军这一大胆的、有计划的决心冒险行动，不仅将师仅有的预备队投入敌后战场，而且是沿着与左翼邻接部队 36 师的战斗地境线，几乎是越界攻击的。这一行动和胜利，虽然打开了远征军全局胜利的契机，却也简直是捅了一个大马蜂窝，窝虽然给冒死捅掉了，却惹来成千上万不顾死活的鬼子兵疯狂的反击。"[1]

如果说，反攻以来第 20 集团军的全线攻击如同阵阵怒涛，拍击着日军沿高黎贡山构筑的防波堤，则桥头、马面关被我突破，就是这道防波堤出现的唯一决口。面对此情，据日军战史："第 56 师团计划竭力设法将远征军主力牵制在高黎贡山脉内，并在此期间首先迅速歼灭侵入龙川江河谷桥头街附近之敌"——从日军优先应对桥头危机，亦可见出 593 团袭占桥头对整个战局造成的影响。

"为此，松山祐三师团长遂命令先前已派去紧急救援平戛守备队的原田联合大队（第 113 联队第 2 大队及芒市守备队）和龙陵地区的萩尾大队（第 113 联队第 3 大队，但其中一部[2]已拨归水上少

---

〔1〕曹英哲：《抗日名将叶佩高》第二卷《桥头马面关战役评析》，第 57 页。
〔2〕第 33 军命令水上源藏带 1 个步兵大队增援密支那，而 56 师团参谋长川道富士雄以滇西兵力不足为由，仅让水上源藏带走 113 联队第 8 中队步兵 1 个小队、第 2 机枪中队 1 个小队及配属野炮第 56 联队第 2 中队（山炮 2 门）、工兵第 56 联队第 1 中队等。川道这一抗命之举，后来得到第 33 军谅解和追认。中华民国史资料丛稿译稿《缅甸作战（下）》，第 61 页。

将指挥，于同一时间派往密支那），由汽车运往瓦甸入列藏重大佐指挥，另派师团炮兵一个大队（即此前已配属宫原大队的野炮第56联队第1大队主力）协同藏重大佐作战。"[3]

此为日军56师团在内线作战中第二次运用机动兵力，为148联队加强了2个步兵大队并配属1个炮兵大队主力（第1、3中队）。据野炮56联队第1大队本部伍长中川正雄记述，该大队（大队长池田嘉六少佐）于19日接奉藏重大佐命令，遂于20日凌晨随藏重部队自大塘子突袭大沙坝渡口击溃我守军，而后悄然南下绕经红木树向江苴开进，并于22日晨到达瓦甸。[4]

日军对于执行救援友军命令之坚决，野炮第1大队第1中队下士官森博有如下记述：

5月20日，部队开始转进。在雨雾蒙蒙中行进在一条蜿蜒山道，看到高黎贡山鞍部顶端附近有友军布设的"Z"字形地雷阵，虽然上面都系着用于警示的小白布条，但还是担心马会不小心踩到，终于全部安全通过的时候，已经吓出了一身冷汗。穿越高黎贡山鞍部，向江苴街进军。在岩石缝中曲曲折折的小径上，走着走着就会遭遇一块巨石挡着去路，有时山路竟可呈直角转弯。

日本马体型较大，加上还驮着分解的火炮零件，马蹄一不留神就会踏空滑下悬崖。好不容易才用绳子把炮捆在马背上，因为几匹马不是脖子骨折就是腿骨折，还是半途扔下了。中国本地的马已经适应了这样的山路，驮着炮依然能安稳地踏着步子通过各种弯道。一边搭手帮忙一边行进，不觉中我已经从中队的最后落了下来。太阳下山后山里已经漆黑一片，发现只剩下我们两个人（另外一个人是谁，现在怎么也想不起来）。

从高黎贡山下来，不知到了什么位置，刺骨的寒气袭来，一下子就寒彻骨髓。心知这是下山的唯一通路，想着赶快下山就好了，但后来才发现这种想法是错误的，紧挨着悬崖边的山谷里是一片森

---

[3]中华民国史资料丛稿译稿《缅甸作战（下）》，第96页。
[4]《炮烟——龙野炮兵第56联队战记》，第347页。董旻靖译文。

林,漆黑一片,山路又极其艰险,看不清脚下根本没法走。火柴也湿了,根本点不着,本来还想后面的人会因看不见而涌上来出现"追尾",却根本没有人跟上来。越来越冷——该不会都冻死了吧?不祥的预感一下子冲进脑海。

"喂!不要睡!睡着就冻死啦!"拿出干面包,两个人啃起来,慢慢地嚼,稍微恢复了一点元气。反复地跺脚,小声唱歌儿,想到什么唱什么,有一句没一句地说着话。

脑海中闪现出很多片段。在寒冬般的山里,为了降低体能消耗,两个人互相靠着倚在悬崖壁上蹲下来,寒气从脚尖传遍全身。脑袋昏昏沉沉的,自己都不知道在想什么,或许就处于迷迷糊糊的半睡半醒之间吧,只是心中一直有个声音叫着:"不能睡!不能睡!"

不知道身在何处,突然,向上看时,树影间透下一点淡淡的光,终于天亮了。朦胧的晨光里终于看清楚路了(得救啦)。就像是捡着钱了,脚下突然有了力气,轻松地跑下了山。天还不是很亮,三十分钟不到就走完了下山路,离开森林地带到了相对平坦的草地,看到对面已经放火烧过了的民居四周生着几堆火。走近一看,居然不是敌人,松下一口气,看到了战友的脸。哎哟,是第1中队啊!从他们口中得知,部队也是刚刚到这里不久,也同样是在夜里没法前进耽搁到现在的。

我们来到了瓦甸东南方的阵地 [5]

5月23日,54军据密报获悉:瓦甸敌为欲消灭593团,灭其心腹之患,并图湔雪桥头、马面关惨败之耻,乃决派兵一大队,附炮、工兵各一部北上,以攻桥头。当日,已经新大街到达回子营。593团乃集结兵力,加强工事,严阵以待。[6]

24日,593团团长廖定藩致电54军:"由瓦甸北上之敌昨晚抵界头,其一部乘夜潜入桥头附近,我正派队阻击中,惟我左翼完全

---

[5]《炮烟——龙野炮兵第56联队战记》,第347页。董旻靖译文。
[6]《陆军第54军滇西攻势作战战斗详报》。据《保山地区史志文辑》抗日战争专辑之二,第26页。

暴露空虚，恳速派援。"

593团攻占桥头、马面关后，18日至22日期间，198师师长叶佩高曾多次发出请援电报，彼时，日军尚未增援北上，属于未雨绸缪。此时，师长叶佩高令团长廖定藩直接向军部请援，似乎流露出某种不满。然而，54军还是将皮球踢给了叶佩高，令其"速为处置"，而后转报集团军总部请示意见。[7]无奈之际，叶佩高遂将刚刚加入冷水沟作战的593团第1营抽出至灰坡集结，令其速由辛酉山至冉家寨归建。[8]

25日，团长廖定藩令第9连南下，堵击北上之敌，与敌遭遇于界头附近。激战良久，毙敌十余，获步枪1支。[9]敌不断增援反扑，该连奋力逐次抵抗后，退至冉家寨固守。

这里，有一个悬疑需要澄清：面对叶佩高迭电请援，54军何以迟迟未能予以有力支持？

54军战斗详报中的陈述是：

"军部于接到廖团攻占马面关后，即虑该团孤军深入，危险甚虞。且因本军已无控置部队，曾呈报上峰请求增援，以扩张该团战果；并饬叶师将原控置该团之第1营速归该团建制。

"迄26日，军部始奉到以预2师归军指挥之命令。旋令叶师即将原配属该师之预2师之第6团开抵蛮云街附近，候预2师渡过怒江后归还该师之建制。并于当日凌晨3时致电，饬该师仍以第4团续对空树河、茶山河之敌牵袭；主力应即渡江越过高黎贡山，以增援桥头、界头，而使军尔后作战有利。"[10]

显然，54军认为本部处理尚属及时，而对上峰有所抱怨。

那么，霍揆彰为何未能及时将作为集团军预备队的预2师全部归54军指挥？为何延宕至26日，54军才接奉以预2师归军指挥之命令？反攻前，蒋介石是4月20日电令36师与198师合编为54军

---

[7]《陆军第54军滇西攻势作战机密日记》（未刊档案）。
[8] 据曹英哲《抗日名将叶佩高》第二卷《桥头马面关战役评析》，第57页。
[9]《陆军第54军滇西攻势作战机密日记》（未刊档案）。
[10]《陆军第54军滇西攻势作战战斗详报》。据《保山地区史志文辑》抗日战争专辑之二，第26页。

的。但在紧急情况下，再令预2师临时配属54军作战，似乎并未超越集团军权限。对此，莫非霍揆彰有何顾忌？集团军的电报中未就此做过说明。

增援日军终于到达桥头，连日来593团的忧虑不安不幸成为现实。

27日拂晓，日军400余人附炮多门，由界头窜至桥头附近，开始猛攻我第5连狮子山阵地。593团副团长黄福荫亲率第6连前往夹击该敌，中途遇敌200余人正向团部进犯，当即与敌激战，毙敌50余人，马8匹，其余敌遂后退；我亦伤亡士兵10余人。此时，敌另一股约200人，附炮2门，已迂回至593团团部左侧刘家寨。团长廖定藩亲率第9连和特务排前往堵击，双方反复冲突，伤亡均重，敌终不支而退。

但右翼狮子山第5连已被优势之敌包围，连长张硕昌指挥所部沉着应战。敌在优势炮火掩护下，向我冲锋7次，几度突入我阵地，双方展开激烈肉搏，我官兵猛勇异常，屡次将敌打退。终因激战终日伤亡惨重，且敌我兵力众寡悬殊，该连被迫利用夜幕撤出狮子山。

据载，连长张硕昌勇猛过人，多次与冲入我阵之敌格斗，毙敌军官1人、士兵5人；该连士兵刘志幺，战至全班仅剩自己一人仍坚守不退，待5名敌人冲至面前，引爆手榴弹与敌同归于尽；排长董桂生率全排坚守阵地与敌搏斗，杀敌数十，全排与阵地同殉。

据我方估计，当日该团共毙伤日军约200余人。[11]

日军战史对当日战事简略记述为："藏重大佐依然分别以日隈大队（第148联队第2大队）确保冷水沟，以宫原大队（第148联队第3大队）确保大塘子西部山坳，主力于27日击破占领桥头街南方高地（即狮子山）的远征军约一个营，夺回桥头街，救出了5月16日以后陷入远征军重围、断绝联系的当地守备队（儿玉市马中尉[12]以下86名）。桥头街附近之敌为第198师第593团，在日军猛攻下

---

[11] 据曹英哲《抗日名将叶佩高》第二卷《桥头马面关战役评析》，第58页。
[12] 据《第五十六师团将校职员表》，儿玉市马中尉为第148联队第3大队附。但此前据守桥头、马面关的应为第148联队第1大队残留队，推测儿玉市马系此前从第3大队调到1大队任职。

大部就歼。"[13]据载，攻击桥头街"南台"（狮子山）的是配属藏重的113联队第3大队（大队长荻尾勇少佐）。[14]

值得注意的是：在日军记录中，593团16日包围桥头日军后并未能彻底歼灭，这支由儿玉中尉指挥的守备队竟一直坚持到今日被解救，尚存86人。而我方战史及亲历者的记述均为，截至20日左右已将桥头、马面关日军约300人歼灭。

当日，198师师长叶佩高向54军发出了第5次请援电[15]：

"……该（593）团形势甚危，恳请电预2师驰援桥头，共歼该敌。"

54军于午后致电预2师师长顾葆裕，要求该师于30日前到达桥头，协力593团歼敌。同时，向集团军抄转叶佩高请援电后，加了这样一笔：

"预2师因路遥天雨，最早须30日始可到达。对593团如何指导，乞示。"

54军对本军一个团如何行动而请示集团军总部指导，显然也有几分发泄不满之意。

28日凌晨，54军心怀歉疚地致电593团团长廖定藩，询问由灰坡转往该团归建的第1营是否到位，并告增援部队预2师于30日方可到达。中午时分，又再次致电该团予以嘉勉："该团官兵英勇，殊堪嘉尚。预2师明（29日）即可到达桥头增援，希与其联络。自本晨起，已请空军协力，不断轰炸该当面之敌。"[16]

这时，接奉集团军总司令霍揆彰电，要旨为：

应令593团以有力一部于马面关附近监视当面之敌，主力固守桥头，非有命令不得轻易放弃；倘已失守，应努力收复，以掩护主力进出隘路。希饬预2师迅速推进。已令36师迅速进出高黎贡山，向瓦甸攻击。已请求空军于今日起对界头、瓦甸之敌实施轰炸，并

---

[13]中华民国史资料丛稿译稿《缅甸作战（下）》，第96页。
[14]《ビルマに云南埋もれた战史——镇安街守备队》，第151页。石江辉译文。
[15]此前叶师于5月18、19、20日，廖团于24日已连电4次。
[16]《陆军第54军滇西攻势作战机密日记》（未刊档案）。

令助我第一线部队之战斗。[17]

54军遂将此电分别转告相关各部,并特别提醒预2师师长顾葆裕,应令已集结于蛮云街的第6团提前出发,兼程赶赴,增援桥头。[18]但是,此前593团自蛮云街迂回至桥头用了两天两夜,第6团也不可能插翅飞来。

从以上这些电报往来可见,军这一级完全是集团军和师之间的电报"中转站",严重影响了指挥畅通。如果198师能直接向集团军或远征军司令长官部申请,会快捷得多。集团军或者军级司令部,至少有一级是多余的,这种多级层叠结构,效率很低,完全不适应瞬息万变的战场,正好为以快速机动兵力实施内线作战的日军所乘,这就是"以快打慢"的优势。日军从龙陵输送萩尾大队、从平戛输送原田联合大队,都是以汽车摩托化机动;而第20集团军部队在高黎贡山均为徒步行军,且缺乏粮食和御寒避雨装备。

就在各级司令部之间电报往来之际,桥头附近的战事已恶化至难以挽回之势。

28日,日军再次大举围攻我桥头东侧余家大坡阵地。593团第3营营长吴跃垣指挥所部拼死抵抗,阵地工事几乎全被敌炮火摧毁,官兵仍以血肉之躯与敌反复冲杀,战况至为惨烈。战至中午,该营伤亡过半,营长吴耀垣身中数弹,尤奋战不止,卒至阵亡。副营长李茂容随即也负伤,第2营副营长韦特巨不幸阵亡,[19]机枪连长彭飞虎负伤,排长李迪责、喻洪钧、陈绍灿、尹七生、钱连生、张绍修等先后受伤。当晚,余家大坡阵地失守。

据载,营长吴跃垣为江苏南通人,军校13期毕业,曾任592团团附。故592团团长陶达纲闻听吴阵亡后,曾追念说:"吴人较斯文,但是绝对服从命令,死在碉堡之中,其事很惨。"

此时,该团第1营营长李春廷方率部由西牙街兼程赶至。但因其在攻击灰坡战斗中,已伤亡不少,这次翻越高黎贡山时,沿途又

---

[17]《陆军第54军滇西攻势作战机密日记》(未刊档案)。
[18] 同上。
[19] 据《第20集团军腾冲抗日阵亡官佐名录》,吴耀垣少校为江苏南通人,韦特巨上尉为广西邕宁人。

冻死 30 余人，官兵已极疲惫，不堪应战。"[20]团长廖定藩见状，即令其占领冉家寨收容第 2、3 营残部，并确保三元宫隘路口，掩护预 2 师之进出；另以第 9 连北进至马面关原阵地据守。[21]

29 日中午，54 军电示 593 团，令该团固守三元宫以利增援部队预 2 师进出，并相机攻击，以牵制敌继续增援北斋公房。同时令该团查报目下所剩官兵、武器数。[22]

但是，夺回桥头的日军并未罢手，继续东进。

据日军战史，此后，148 联队长藏重康美"派遣新编入其指挥下的原田联合大队向桥头街附近敌左侧背突进，占领了马面关阵地"，且称，"冷水沟守备队以一部（步兵一个中队为基干）策应了攻击"。[23]

此时，在冷水沟被 198 师主力围困的日隈大队，能派出一个中队下山策应攻击，在曹英哲看来是不可思议的。他认为日军冷水沟守备队无力、也不可能实施此次"策应攻击"。[24]

曹英哲之所以强调这一点，意在表明：至少在此时 198 师主力作战仍有力，未给日军造成机会。这多少带有几分维护 198 师特别是师长叶佩高声誉的动机。但考虑到 198 师对冷水沟、北斋公房日军并未形成全封闭包围态势，朝向背后马面关一侧我军实际上无法控制，因此，笔者认为其"策应攻击"的可能性是存在的。

据载，"藏重康美大佐占领马面关后，将一个步兵中队留在该地，并令其由该地向冷水沟守备队（日隈大队）实施强行补给和收容伤员。"[25]另据载，配属藏重指挥的野炮 56 联队第 1 大队也留置了其第 1 中队（山炮 2 门）在马面关。[26]

关于日军这次强行补给和收容伤员行动，日军记述时间不详，

---

[20] 据曹英哲《抗日名将叶佩高》第二卷《桥头马面关战役评析》，第 58 页。
[21]《陆军第 54 军滇西攻势作战战斗详报》。据《保山地区史志文辑》抗日战争专辑之二，第 27 页。
[22]《陆军第 54 军滇西攻势作战机密日记》（未刊档案）。
[23] 中华民国史资料丛稿译稿《缅甸作战（下）》，第 96 页。
[24] 曹英哲：《抗日名将叶佩高》第二卷《桥头马面关战役评析》，第 57—59 页。
[25] 中华民国史资料丛稿译稿《缅甸作战（下）》，第 96 页。
[26]《炮烟——龙野炮兵第 56 联队战记》，第 348 页。董旻靖译文。

也存在一些争议，容后叙。

至此，593团袭占桥头、马面关的辉煌胜利，以黯淡落幕。

对此，198师编撰的战史资料中曾留下如此评述：

"我廖团此次桥头、马面关之役，官兵用命，战果显著，开滇西反攻作战胜利之先声，于5月16日占领桥头、马面关，固守14日之久。惜孤军深入敌后，久无增援，且乏补给，至29日，方于优势敌军反复猛攻中，我廖团伤亡惨重，弹尽援绝之下，桥头、余家寨阵地始先后弃守，殊堪遗憾。"[27]

据日军战史记录，藏重部队在此战中也付出较大伤亡。仅配属其作战的113联队第2、3大队即战死包括3名军官在内的40余人，另有部分伤者，部队战力受到很大损害。[28]

超链接6：桥头、马面关之战评析

在桥头、马面关得而复失之际，也许才能看清当初593团袭占此地的战略价值。

593团仅以两个营兵力翻越高黎贡山大胆挺进敌后，以奇袭作战夺占桥头、马面关，不但毙敌官兵300余，虏获甚多，更重要的是切断了198师正面日隈大队的交通、补给，使该守备队陷于困境。因此，日军第56师团不得不动用其主力（148联队主力，113联队第2、3两个大队，师团炮兵一个大队及战斗勤务支援兵力）组成藏重部队，实施所谓"第一次反击"。乘日军兵力北调，南线我53军遂乘机攻占了大塘子。此后，再度逼迫日军不得不冒险动用红木树方面之松井部队主力（第113联队部及第1大队），以阻止53军对江苴街方面之攻击。

此期间，远征军长官部和重庆统帅部获悉日军掌握我反攻部署，其主力集中于腾北地区，令第11集团军于22日发起左翼攻势。因日军第56师团几乎倾其全力在桥头、马面关间地区，第11集团军

---

[27] 曹英哲：《抗日名将叶佩高》第二卷《桥头马面关战役评析》，第57—59页。
[28] 《ビルマに云南埋もれた战史——镇安街守备队》，第152页。石江辉译文。

乘虚而入，几乎攻占龙陵，切断滇西日军中心纽带。因此，又迫使日军不得不自高黎贡山南撤，以缩小战面。第20集团军遂得以攻占高黎贡山，进而围攻腾冲城。

这种多米诺骨牌式的连锁反应，都以593团袭占桥头、马面关为第一推动力。可以说，此战打开了滇西反攻作战胜利的契机。[29]

由此反观师、军、集团军及远征军长官部于此期间的判断和作为，则优劣立显。

当其时也，198师592、594团正在攻击灰坡；593团第1营于灰坡附近担任师预备队，师直属连队中，特务连担负指挥所警卫任务，搜索连、工兵连或全部担任战斗任务或配属于各团作战中；运输连、通信连、卫生队亦正忙于其正常勤务；师无炮兵编制，自然没有兵力用于增援593团以扩张战果。但师长叶佩高闻及桥头方面战况将吃紧的消息后，即令仅有的师预备队——593团第1营归建。

54军于4月间为充实空运缅印之原辖14师、50师战斗力，曾将军直属部队大部予以拨补，反攻前仅辖198师、36师两个师。然36师于5月15日攻击唐习山、大塘子遭敌逆袭而败退，将任务交于第二线53军接替。该师主力集结于回恒山附近整顿中，应可抽调部分或其主力，以扩张593团在桥头、马面关之战果，然54军却默然无所举动。

即便36师有其不能增援的更重要理由，而预2师却正位于怒江东岸六库附近；该师第4团已渡江，阻滞日军猪濑大队自片马、拖角南下。缅北日军第18师团主力自1943年底起，为阻止我驻印军新1军进攻，一直在胡康河谷方面苦战中，此时其战斗力已降至极限。而5月17日，中美联军（以驻印军一部与美军5307支队组成）已奇袭密支那，缅甸日军自难增派兵力以威胁我20集团军右翼（亦即198师右翼）。54军应力促20集团军，甚至远征军司令长官部，以动用此闲置之兵力，然军仅"呈报上峰请求增援"而已。直至5月25日，藏重部队大举反击桥头，才命预2师主力赶赴增援。然此行动至少晚了10天，不但未能适时扩张战果，反而陷入逐次使用兵

---

[29] 曹英哲：《抗日名将叶佩高》第二卷《桥头马面关战役评析》，第68—69页。

力，完全丧失了主动。

对此，曹英哲评论说："打仗靠慧眼、慧心，创造战机，抓住战机以求胜，可惜当时只有198师叶师长能具此慧眼、慧心，有此魄力，大胆使用593团投入敌后，以开创胜利之契机。而军级、集团军级甚至远征军总部诸长官，却似都忽略了这个战机。倒是远在重庆的统帅部，瞄准了此一战机，命令远征军自5月22日，全面渡江，展开攻势，不再将主力第11集团军龟缩在怒江东岸等待。"[30]

然而，后来第11集团军出动后的表现，似乎更对不起此次战机。

日军56师团于滇西作战之初，基干兵力仅有6个半步兵大队，而一度集中于第20集团军正面之兵力竟达全部步兵兵力的约5/6，即：148联队第2大队（日隈大队）、第3大队（宫原大队），113联队第2大队（原田大队）、第3大队（荻尾大队），及配属56师团的18师团猪濑大队。6月5日，日军为南北会攻江苴街之53军，另增加113联队长松井率其红木树方面之第1大队（武田大队）。此时，南线第11集团军共3个军，仅面对56师团步兵1/6的兵力。按说，此时第11集团军正好借此机会，迅速攻克龙陵、平戛、芒市，但是，显然这个战机没有抓住。尤其是初期71军以两个师（87、88师）面对龙陵400余残敌，而未迅速攻克，痛失战机。[31]为此，曹英哲感到远征军司令部长官部、第11集团军均有责任。"198师创造了全面胜利的契机，而竟因我军情报不够积极，坐失了稍纵即逝的战机，诚可痛心。"[32]

---

[30] 曹英哲：《抗日名将叶佩高》第二卷《桥头马面关战役评析》，第61—63页。
[31] 可参见拙作《1944：松山战役笔记》之龙陵危急：松山侧背的惊险一幕（一），第126—134页。
[32] 国军史料丛书《抗战时期滇缅印作战（一）——参战官兵访问记录（下）》，第995页。

第25章　198师主力惨战北斋公房

（参阅附图6、附图22）

593团痛失桥头、马面关之际，198师主力对高黎贡山正面攻击也进入惨烈境地。

连日来，高黎贡山顶雨雾绵绵不止，空军无法出动支援。加之山巅气候严寒，士卒时有冻毙，且补给中断，粮弹均感困难。但官兵仍能忍饥耐寒，各向当面之敌奋力攻击。[1]

日军方面，此期间的战事也极为艰难。据此前从马鞍山阵地逃至冷水沟的野炮第56联队第1大队第1中队第1小队下士官伊藤清泰撰述：

>　　（23日）小队到达冷水沟后，即改作步枪队，在马可波罗庙（应指北斋公房）的位置上构筑阵地担负守备。敌人意图从主阵地正面突破，连日来在山炮、迫击炮、飞机等的支援下不断展开攻击，但在我友军步兵顽强的反击之下，不论如何狂轰滥炸，都没能获得进展。猛烈的炮击使得冷水沟阵地满山都已被炸得光秃秃，敌人已经从侧面与后方对我们形成了包围。雨是每天都下，所以冷水沟经常被浓雾笼罩着。经常是雾一散去，敌兵就站在阵地前面了。甚至还有敌兵用扁担挑运弹药，误入我军阵地而被抓住，扁担挑着的筐子里装的都是弹药。友军步兵到了晚上会对敌人发动夜袭，将敌人打跑。
>　　这里粮食极度匮乏，一粒米都没有了，草根、树芽儿、树

---

[1]《陆军第54军滇西攻势作战战斗详报》。据《保山地区史志文辑》抗日战争专辑之二，第23页。

叶　　能吃的都吃了，但这些东西也被吃光了。我们每天都去大队本部领受命令，爬上石台阶，每走三四步就要休息一下，然后才能继续前行。肚子里空空的，眼冒金星，四肢无力，迈不开步子。最后就是每次走四步一停歇。在本部痛诉缺粮的困境，但本部的情况也和我们一样。每天都等着粮食弹药的补给，盼着盼着，互相鼓励说："运输部队就要来了！"可是此时，寄托着我们所有期望的运输线，整个部队的精神支柱，其实已经成为了泡影，运输队遭到敌人攻击，于途中全军覆没（应指我593团攻占桥头、马面关，切断日军补给线）。口中粒米未进的日子已经坚持了十几天。[2]

28日拂晓，198师以594团及592团第2营，猛攻冷水沟之敌。师长叶佩高、副师长刘金奎、参谋长杨丽岩均亲临第一线督战，激战至烈。我官兵前仆后继，不断向敌突击。敌不支，退守冷水沟与北斋公房间隘路阵地，我遂将冷水沟占领。[3]

此后，我军继续攻击前进。日军于隘路间占据坚固堡垒4座，设置铁丝网，凭险固守。我反复冲杀，已迫近敌阵，双方相距仅数十米。我因弹药接济艰难，进展不易，至晚与敌成僵持状态。晚9时许，54军电令198师在冷水沟既占阵地构筑工事，整理通信，并将阵地上敌铁丝网改为朝向敌方，妥善利用。而后坚守阵地，待炮兵推进后，再谋攻北斋公房。[4]

当日战斗中，我军毙敌百余名，获轻机枪、掷弹筒各一，步枪数支，马两匹，其余钢盔文件甚多。594团第3连连长刘国清、副连长田文延、排长王庆德、王钧等4员负伤，排长刘佩然阵亡；第9连排长谭鹏武、第8连排长孙尊吾负伤，士兵伤亡约百余名……[5]

据载，因连日淫雨使怒江水势暴涨，后方兵站以驮马运送补给极为困难；若水势继涨，即有封渡之虞，则198师将陷入弹尽粮绝

---

[2]《炮烟——龙野炮兵第56联队战记》，第384页。董旻靖译文。
[3] 曹英哲《抗日名将叶佩高》第二卷《桥头马面关战役评析》，第66页。
[4]《陆军第54军滇西攻势作战机密日记》（未刊档案）。
[5] 曹英哲《抗日名将叶佩高》第二卷《桥头马面关战役评析》，第66页。据《第20集团军腾冲抗日阵亡官佐名录》，刘佩然少尉为湖南汉寿人。

之境。所幸,这天中午时分,天气终于转晴,我空军出动在灰坡投掷粮弹、雨衣174包,令官兵欢欣不已。[6]

美军战史亦记述了此次补给行动:

> 随着雨季的到来,天气逐渐恶化。在如此高地上,而变成雪花,形成浓雾,淋湿了粗糙的中国军服,视野一片模糊。暴雨威胁着中国兵站线,驮运补给无法满足第一线,第54军官兵正处在饥饿线上。幸而到5月26日,第27空运中队抵达云南驿,两天后(即28日)空投下了数吨弹药、大米及其他物资,维持一时。[7]

曹英哲记得,当日空投后,特务连分到了数罐火腿,却没有更多米粮下锅,只好煮了一锅火腿粥给全连弟兄果腹。

据其回忆,当时在高黎贡山上靠人背马驮进行运输补给作业,实在是困难异常。连日阴雨使山间小径坑坑洼洼,泥泞滑溜,行进间稍有不慎,即有跌落悬崖谷底的危险,人死马亡是司空见惯的事。而一发重迫击炮弹,要两个人才能合搬上山,渡江越岭,真是难上加难……可以说,5月28日这次空投补给,不但解了燃眉之急,也"打开了高黎贡山最后一道天险的契机"。[8]

以中日战史互参,发现一些事情竟巧合得有些诡异:23日,中日士兵同时在气候骤变的高黎贡山巅冻死;28日,当198师获得空投粮弹和雨衣,藏重部队也给冷水沟守备队带来了饭团子。据日军战史,"……我(冷水沟)占领部队迭有伤亡,弹尽粮绝,战力渐趋不支。但此时藏重部队进行了突破补给,部队遂拼死坚守着阵地"。[9]

据自马鞍山逃出的日军卫生兵吉野孝公回忆:

> 逃到远离敌人的地方,官兵们都已疲惫不堪,步伐也变得散乱起来。脚下的小道在一片竹林前顿然消失,我们也因此而迷失

---

[6]《陆军第54军滇西攻势作战机密日记》(未刊档案)。
[7] 转引自日军战史,据中华民国史资料丛稿译稿《缅甸作战(下)》,第97页。
[8] 曹英哲:《抗日名将叶佩高》第一卷《抗日英雄叶佩高将军》[注37],第44页。
[9] 中华民国史资料丛稿译稿《缅甸作战(下)》,第96页。

了前进的方向。

一股寒气猛然袭来,天下起了雨,还夹着雪,部队陷入了行动困难的窘境。手脚开始不停地颤抖起来,冰冷的雨水顺着后背一个劲地往下流。官兵们梦游般地在原地不停地走动。我摇摇晃晃地倒了下去。全体人员正面临着被冻死的危险。

突然,竹林中走出十四五个日本兵。"大家放心,我们是前来救援的!"声音仿佛来自遥远的梦中,待凝神一看,说话的人就站在眼前,的确是日本兵!他们发给我们每人一个小饭团。太好吃了,我把饭团放在嘴里反反复复地咀嚼,而战友中有人连这样的饭团都没能吃上。救援的士兵找来一堆枯树枝,为我们生起了火。周围马上充满了温暖的空气。这一堆火,在最关键的时刻,将我们从寒冷的魔鬼手中拉了回来。

这些援兵是联队本部的。由于敌人包围了我冷水沟阵地,为从后方击破敌人的包围圈,而派出援军以置于藏重联队长的直接指挥下。

这一个饭团、一堆火和援救士兵们坚强有力的鼓励,使我们又恢复了精神和勇气。

"好,再休息一下,大家一定要坚持!"在成合队长的鼓励声中,我们又振奋起精神站了起来。但糟糕的是,距离顶上的友军阵地尽管只有200米左右,却是个草坡,没有一处可供藏身。因此,我们只有在敌人不注意草坡时,每次单个单个跑上去。恰巧,黎明前雨停了,随之升起了薄薄的雾。

"好,上!"命令的声音未落,有人就跑了出去。每个人都拼命地向上跑。我排在倒数第三。敌人是不是已经注意到了一个接一个向上跑的战友身影?我的心里既担心又焦急。终于轮着我了。"喂,快跑!"后背被人推了一下。我一边拼命地往上跑,一边在心里默默地念着"阿弥陀佛,老天保佑!"途中被绊倒了一两次,但马上又爬起来继续向上跑,一分一秒也不敢耽搁。

前面阵地里的战友频频向我们招手。心里越急,脚却越动不了,但最后好歹跳入了阵地。长长地松了口气,回头一看,后面的两个战友正像蠕虫一样地爬上来。周围的空气仿佛都要凝固了。好在大家平安无事，悬着的心总算落下了，一种轻松的感觉顿时涌遍全身。可是，没等我们喘口气，敌人的攻击就又开始了。真是一波未平一波又起。[10]

吉野孝公的这段回忆，是接续着自20日夜逃出马鞍山阵地的，其记述是发生在23日夜至24日凌晨。然而，他提及此时遭遇"联队本部士兵"救援的情节，却使这一经历的时间清晰地指向28日夜至29日凌晨。同为从马鞍山阵地逃出，此前伊藤清泰所在的炮兵小队逃至冷水沟"马可波罗庙"为23日，而吉野孝公一行竟历时8天，颇有些不合情理。

但据日军战史，藏重部队于27日击破593团夺回桥头，接着以原田联合大队自我军左侧背迂回突击占领马面关，而后留置一个中队于该地，令其向冷水沟守备队实施强行补给和收容伤员。参照54军战史，28日我593团相继弃守桥头、马面关，退至三元宫扼守隘路，则日军的"强行补给"最早当发生在28日，只有此时藏重康美方能派出"联队本部"士兵东进冷水沟对日隈大队实施救援。

结合198师战况电报所记："俭（28日）……已将冷水沟完全占领。敌退至冷水沟与北斋公房间隘路阵地"，可知吉野孝公等即在此股退却日军之列。当吉野孝公等人遇到联队本部士兵救援时，距离山顶隘路上的日军阵地尚有200米距离。但在一个个通过开阔地草坡的过程中，我军居然未能发现并予以火力拦击，可想此时198师的包围和警戒状态之松懈。

29日拂晓以后，198师主力各部继续向当面之敌攻击。

594团从北面的苤菜地南下，与从正面攻击的592团取得联系，一线部队距敌阵地仅数十米。[11]但敌凭藉4个坚固堡垒工事，死守

---

[10]［日］吉野孝公：《腾越玉碎记》，第31-33页。
[11]《陆军第54军滇西攻势作战战斗详报》。据《保山地区史志文辑》抗日战争专辑之二，第23页。

不退。其战术仍然同以往一样：当我步兵开始冲击时一弹不发，直到进至约百米距离，4挺重机枪与十几挺轻机枪同时开火，交织成浓密火网将我步兵阻滞于阵前。[12]经细致观察，敌堡垒工事均有重掩盖，下有暗壕相通，并辅以铁丝网、鹿砦数层。[13]我以工、炮兵破坏及战防枪、火箭筒射击，均未奏效。师工兵连排长高麟，执爆破管奋勇冲至敌堡垒前，将该管向枪孔内投掷，不意被敌机枪击中阵亡；该工兵排伤亡仅剩6人。

据载，"594团第1营营长鲁砥中，于突击间率队直扑敌堡垒，身先士卒，中弹身亡"。所遗职务由副营长郭安民代理。排长王国鼎亦随后阵亡。两团官兵伤亡百余名，仅毙敌30余名。入暮后，我仍无大进展。[14]

关于营长鲁砥中之死，目击者曹英哲的回忆，比军方战史的记述更生动可感。

当日早饭后，曹英哲随同师长叶佩高和参谋长杨丽岩来到北风坡前敌总指挥官指挥所。上午10时左右，参谋长杨丽岩突然给曹英哲一张手令，上面写的大意是：着该营即刻攻占北斋公房，否则由特务连曹连长押部执行枪决。此致鲁营长。

曹英哲带了一个班，在苦竹林中不见天日地钻隙冒进，五六百米的距离，居然摸错了方向，直扑到北斋公房与冷水沟之间的山脚下，正好处于敌我阵地之间。幸好及时警觉，稍偏向右后急退，很快找到了594团第1营的位置。散乱地趴倒在棱线后，该营一位士兵对曹英哲说："好险呀！你们怎么跑到敌人阵地前面去了。"

曹英哲找到营长鲁砥中，把纸条交给他。鲁砥中看过之后，淡淡地说了一句："我到前面去看看。"其实五六十米外就是最前沿的散兵坑，隔着条深沟，对面百余米便是北斋公房日军阵地。大约不到三五分钟，一个兵慌慌张张地跑回来大叫："营长负伤了！"曹英

---

〔12〕潘世征：《覃子斌团长之死》。据其战地通讯集《战怒江》，第144页。
〔13〕《陆军第54军滇西攻势作战机密日记》（未刊档案）。
〔14〕据曹英哲《抗日名将叶佩高》第二卷《桥头马面关战役评析》，第66页。据《第20集团军腾冲抗日阵亡官佐名录》，高麟中尉为湖南祁阳人，鲁砥中少校为湖南澧县人，王国鼎少尉为河南商城人。

哲以为鲁砥中要什么花招，跑去一看，他已身中两枪身亡。原来，他爬到棱线上想看看情势，结果被日军机枪一个点射，两发子弹击中了胸腔要害。

这时，副营长郭安民躲到阵地另外一端的密竹林中，不肯见曹英哲。曹英哲走过去后，郭安民鼻涕一把泪一把，哭得很伤心，边哭边说："我不会跟你到师部，我也没法把北斋公房攻下来。"他用手指着对面的敌阵地说，"中间是条深沟，下去了，上不来，我们怎么攻啊？"

这位后来代理营长的郭安民，曹英哲在回忆中已忘记名字，只记得当时师里官兵送他的绰号"郭驼子"——"虽然背部稍驼，但胸部也挺得蛮高，厚厚实实的，很壮健"。对这位被自己吓哭的副营长，曹英哲以极为矛盾的复杂心情写道：

"我知道，北斋公房的攻陷，只是时间迟早问题。一个营只有几门60迫击炮，拿人命去拼，没道理，而且这样牺牲，也毫无意义和价值；况且594团的官兵，正如其他两个团的官兵一样英勇，绝不逊色。所以，我不但同情他的遭际，也对这样的命令非常反感。然而我们抗战八年，不都多半是在这样不具备条件，苦无办法，只是一味一级压着一级逼着干出来的吗？"[15]

但令曹英哲没有想到的是，几个小时后，198师整师官兵均置身于"郭驼子"的境地。

当日，在198师主力与敌惨战于冷水沟同时，在桥头、马面关伤亡惨重的593团，亦据守三元宫截击增援北斋公房之敌。中午，师长叶佩高第6次向54军发出请援电："各团之干部伤亡过半，攻击力量不足，师无控置部队，侧背感空虚，恳速派援军。"午后1时许，54军电令军工兵连配属198师，限该连30日中午赶到灰坡归该师指挥，以便增强工事。并告叶佩高，必要时可将该连与师特务连、搜索连合编为一个营，作为师预备队使用。

两个小时后，又向198师下达了开战以来前所未有的严厉命令："该师在预2师未进出隘路前，应相机攻击。万一敌增援反攻，该

---

[15] 曹英哲：《抗日名将叶佩高》第一卷《抗日英雄叶佩高将军》，第20页。

师应确保冷水沟制高点,虽一兵一卒,亦须与冷水沟共存亡……"[16]

对于这样的命令,曹英哲曾以其亲身经历做过比较和评论。1962年,曹英哲从台湾考入美国陆军指挥和参谋学院(U. S. Army Command and General Staff College),了解到美军的作业程序是:下级接受命令后得提出建议和要求,例如火力兵力支援、战术运用等,然后始可付诸执行。"我们恰好相反,上级只知道不顾死活地下命令,下级如果敢于提出要求,不是被骂怕死,便是'要你有什么用'等讽刺不屑的话。"[17]

抱怨归抱怨,具体到当时的情境,恐怕这样的命令仍有其存在的现实必要性。当然,54军能对198师下这样的死命令,对36师则可能不会,因为前者是嫡系部队,不必见外;后者是临时配属的"客军",得留点情面。能接受严令,换个角度看就是信任和倚重;客气留面子,则可能是疏远和冷落。部队与其他社会组织或团体最大的不同就是,它是靠荣誉而存在的,舍此,则生不如死。

据日军卫生兵吉野孝公回忆,在当日的战斗中,他差点葬身于被我炮击轰塌的一个洞穴内:

(29日)敌人的炮击更加猛烈。暴雨也下得更猛了。我和战友长谷川上等兵,实在支撑不住,躲进了身旁的山洞里。由于长时间的突围行军,身心都已疲惫不堪的我们俩,竟迷迷糊糊地睡着了。炮弹的爆炸声,轻轻地传入梦中,宛若远方庙会的鼓声。突然一发炮弹震塌了洞穴,我们俩被埋进了砂土碎石里。我从头到脚盖着随身携带的帐篷,全身被埋进了土里。土石压在身上,越挣扎,身子被压得越紧。紧接着,土石又塌落了两三次,耳朵嗡嗡作响,眼球好像都快被挤出来了。在里边呼吸困难,又不敢挣扎,只好任凭土石重重地压在身上。心里暗想这下完了。可就在这时,脚被人动了一下,接着整个身体被拉了出来。接触到外面的冷冷空气,我大口大口地呼出积压在胸中的浊气。"啊,又得救了。"在我身旁站着长

---

[16]《陆军第54军滇西攻势作战机密日记》(未刊档案)。
[17] 曹英哲:《抗日名将叶佩高》第一卷《抗日英雄叶佩高将军》[注30],第43页。

谷川和一位不相识的士兵。据说塌方时，长谷川被埋进了一半。听到他的呼救，这名士兵跑过来救了我们俩。

敌人的攻击更加猛烈。随着炮弹的爆炸声，几匹本地的战马在炮火中应声倒下，但还没有断气。士兵们见状从战壕里跳起来，飞快地跑过去，并迅速地切开马的腹部。军马的前蹄拼命地挣扎。有人叫道："喂，大家快过来！"声音响彻战壕。连做梦也未曾想过的活生生的事实就呈现在眼前：生食马肉。

尤其是我们这些从马鞍山撤下来的士兵，宁愿被炮弹炸死，也不愿再忍受饥饿的煎熬。饥饿的士兵们一个个急不可耐地朝着马肉贪婪地奔跑过去。激烈的战斗中，人和马的鲜血染红了雨中的冷水沟。

黄昏时分，守备队发给每人两个饭团。深夜，战火停息的阵地上，下着冷冷的雨。由于疲劳，不知不觉地进入了梦乡。[18]

但据配属日限大队作战的野炮56联队第1大队第1中队小队长田中正吉少尉回忆，步兵所生吃的马肉，是从炮兵抢过去的：

"5月下旬的时候，就已经没有粮食了，嚼着野草和草根充饥才活下来。马被敌人击中倒下了，因为是心爱的马，舍不得吃掉，伤心地挖了坑想埋起来，步兵部队却把马挖出来拿走了。开始还想要和他们争吵，可是已经没有力气生气，只能默默地看着，什么也做不了。"[19]

如前所述，曹英哲认为，藏重部队对冷水沟守备队的"突破补给"未能成功实施。理由是："593团于5月16日袭占桥头、马面关，截断日军后方补给生命线后，迄5月30日业已半月之久，冷水沟、北斋公房之日限大队未获任何补给，此点可自'占领部队迭有伤亡，弹尽粮绝，战力渐趋不支'的前述资料中证明。此外，吉野孝公回忆中也提到日军'生吃马肉'的细节。"[20]

但是，曹英哲未经留意，日军"联队本部"士兵28日黎明救援

---

[18][日]吉野孝公：《腾越玉碎记》，第34—35页。
[19]《炮烟——龙野炮兵第56联队战记》，第368页。董旻靖译文。
[20]曹英哲：《抗日名将叶佩高》第二卷《桥头马面关战役评析》，第76页。

吉野孝公一行时，即提供了每人一个饭团子；就在生吃马肉的29日黄昏，"守备队发给每人两个饭团"。可以想见，这正是"突破补给"的结果。因此，笔者以为日军留置中队的"突破补给"是成功的；不仅如此，得到增援的冷水沟日军于次（30）日又实施了"收容伤员"后送行动，说明593团在三元宫的阻截也并非那么严密。

　　研究历史者都是有血有肉的人，尤其是对这段涉及个人光荣记忆的战史，曹英哲对维护老部队荣誉的感情，每每唤起同样身为军人的笔者的感动。但让笔者更为共鸣的则是他所剖白的"半路出家的史学者，对史学的求真有份执着"的心迹。为了把这份执着贯彻到底，笔者不揣冒昧地否定了他的这一推断。198师与日隈大队在灰坡、北斋公房打得惨烈，胜利来之不易；但同样的事实是，后来据守腾冲城与我拼杀的日军主力，仍然就是这支逃出去的第2大队。

　　30日，师长叶佩高回电54军表示："本师官兵誓与冷水沟共存亡"。全师官兵振奋士气继续攻击。

　　14时，594团第3营向敌堡垒阵地北侧猛攻，我空军亦临空助战。该营长陈品三奋勇当先率队攻入苤菜地前缘敌北端堡垒，毙敌数十名，内有军官2员，获步枪2支，其余钢盔弹药甚多，将该堡完全占领，残敌十余人向南退入冷水沟垭口堡垒内。[21]

　　而后，594团团长覃子斌又亲率第2营一部由右翼迂回至北斋公房背后，将敌联络线截断，自西向东发起攻击。因敌据死力抗，战况激烈，覃子斌不幸中弹折断腿骨，但仍忍痛指挥，终因流血过多，壮烈成仁。副团长董铎遂接任其团长职务。

　　自此，我军对北斋公房东、北、西三面包围，而南面则背靠悬崖，密林杂布，敌我均难攀登，敌实已成瓮中之鳖。[22]

　　团长覃子斌上校，是反攻以来我军阵亡的最高级别指挥官。

　　据潘世征战地报道，覃子斌时年52岁，湖南大庸人。1913年

---

〔21〕曹英哲：《抗日名将叶佩高》第二卷《桥头马面关战役评析》，第67页。
〔22〕《陆军第54军滇西攻势作战战斗详报》。据《保山地区史志文辑》抗日战争专辑之二，第23页。

毕业于云南讲武堂，后曾任9年连长、9年营长、9年团长。不仅在198师，即便是整个远征军，如此老资历的团长也是唯一的。其升迁过慢，有其特殊原因：在198师改组之前身湖南保安队时期，覃已是团长。通常情况下，由地方部队改编国军，原任干部均会被淘汰；只是因覃素质特别过硬，才被留任，但也因此失去相应的派系提携而久任不迁。据载，覃性格为"少说硬干"，对部下公事上绝不姑息，但私事上慷慨帮忙，知悉部下每一个人的生活情状，全团上下对他均敬畏万分，背后称之为"老虎"。[23]

如同此前所述的几位烈士一样，覃子斌的阵亡过程，也有着非亲历者难以想象的细节。

据曹英哲撰述，"因为594团绰号叫做'老虎爷'的覃团长太英勇，领着他的特务排搜索在部队的最前面，而不幸被我机机关枪弹打断了大腿，[24]因流血过多，一时又没法搬运下山，不幸阵亡了。"[25]即，覃子斌团长是因我空军战机误伤而不治——也许只有机载大口径机枪（口径为0.50英寸，合12.7毫米）方能制造出如此严重的创伤。联系54军战史可知，这应发生于其率一部从右翼迂回北斋公房西面截断日军后路的过程中。当地史料中的一则记述，不尽准确地补充了当时的背景。据载，因日军聚集于一个小洼子里，我军久攻不克，指挥官乃发报请求上级于次日派飞机来轰炸。但发报后不久，在我军猛烈攻击下，洼子里的敌人于次晨溃退，我军遂占据此地。因此当飞机突然飞临时，地面我军未及时摆出联络信号，投弹、扫射时误伤了许多官兵，覃团长也因此壮烈殉国。[26]

在覃子斌牺牲后接任其职务的原副团长董铎，在其撰述中较为细致地回忆了当日空军的这次行动。但令人遗憾的是，董在撰述中从反攻开始之际就将自己记作594团团长，对于覃子斌只字不提。

---

[23] 潘世征：《覃子斌团长之死》。据其战地通讯集《战怒江》，第145页。
[24] 叶师30日战况电报记为"身中数弹，腿部粉碎"；潘世征战地通讯《覃子斌团长之死》记为双手、双脚均被"敌人的枪弹"打断，当时可能只能这样写。
[25] 曹英哲：《抗日名将叶佩高》第一卷《抗日英雄叶佩高将军》，第25页。
[26] 李道生、马秉坤：《泸水军民联合抗日战事纪实》。据《云南文史资料选辑》第39辑滇西抗战，第220页。

据其撰述：

（29日）当晚，我接到命令："留少数兵力监视敌人，主力向斋公房北撤退1000米，让飞机来消灭敌人。"我团依命令撤到丛林里隐蔽，架上篝火大家围火长坐，畅谈歼敌情状借此休息，心情欢畅愉快。次（30）日凌晨，我空军成梯队编队飞行，每次9架出现在怒江上空，开始向斋公房敌堡扫射。无数个红色、绿色的曳光弹在山顶敌堡附近，构成五光十色令人眼花缭乱的画面。继之，一队队轰炸机又轮番向敌堡投弹，投弹十分准确，大都命中敌堡。一座座敌堡被摧毁，浓烟里卷起敌军的血肉。此外，敌人死亡前绝望的惨叫声，也回旋于山林深处。这一天，不知投下多少枚和多少吨炸弹，敌兵被炸死多少人。[27]

看来，当日空军助攻效果并不那么差，但留给594团官兵心里的伤痛也是一时难以消弭。

据曹英哲回忆，他亲眼看到官兵用担架将覃团长的遗体从北斋公房抬至北风坡师部附近的一棵大树下，师长率师部全体官兵默哀凭吊，时已太阳西斜，细雨漾漾。[28]但是，曾随军采访覃团长并目击其受伤的潘世征记述，此时他只是因流血过多而昏迷，并没有死。后由此处转送至怒江边的野战医院救治，延宕至6月3日才去世。牺牲时，家中有老母、发妻，有3个女孩儿，大的15岁，小的10岁。[29]

继任594团团长董铎在其撰述中提及："高黎贡山沿山路15华里两旁被炸毁的敌堡里的残敌，利用残垣断壁死战，不肯投降。我带了一部分兄弟部队绕到山的西侧，截断敌人和腾冲方面的联系，并断其逃跑之路。"[30]这里说的，正是54军战史中所记"覃子斌又亲率第2营一部由右翼迂回至北斋公房以西，将敌联络线截断"这一情节。此处

---

[27] 董铎：《收复腾冲纪实》。据《合肥文史资料》第二辑，第18页。
[28] 曹英哲：《抗日名将叶佩高》第二卷《桥头马面关战役评析》，第67页。
[29] 潘世征：《覃子斌团长之死》。据其战地通讯集《战怒江》，第145页。
[30] 董铎：《收复腾冲纪实》。据《合肥文史资料》第二辑，第18—19页。

不再讨论到底是覃子斌还是董铎率队,而需要了解的是,为何当时会有如此举动?北斋公房日军的这条后路是否真的被切断?

据592团团长陶达纲撰述:

此后,师长叶佩高令其兼任前敌总指挥官,统一指挥业已对敌形成包围圈的592团、594团以及配属师的炮、工兵部队和师部工兵连、搜索连等,以便发挥统一指挥、协同一致的统合战力。当日,陶达纲率594团代理团长董铎及该团3位营长,来到594团检查阵地配置。在右边的苤菜地附近,特别指示594团第1营郭营长说:此为592团第2营与贵团第1营接合部,必须重新部署,加强工事。陶达纲判断日军若反扑,必指向这个接合部位置。同时告诫本团的第2营副营长周昆和第6连连长康健威,特别注意小心。回到北风坡后,又召集所配属的重迫击炮营任营长、山炮连陈连长、81迫击炮连张连长、82迫击炮连李连长及本团第3营60迫击炮排龙排长,现地划分各部射击区域,并以拍纸簿绘出射击区图下发各部。[31]

如前所述,当198师主力两团与敌在北斋公房激战同时,593团在马面关附近之三元宫阻敌向山上增援。当日叶佩高的战况报告中,多次提及该方面战况:

其一:"昨(29)日过界头向北斋公房增援之敌约千人,及今(30)日由北斋公房撤向马面关、三元宫、桥头之敌三百余,系敌换防。现敌正增援北斋公房及龙川江以西高地工事"。[32]

其二:"593团第1营与第9连5月30日已确占马面关西南熊家孤山、老头山,构工堵敌,又向北斋公房增援。敌现将倾全力反攻我马面关,刻与我第1营战斗中。"

在第一则电报中,"换防"之说属臆测,实际是藏重令原田联合大队绕过桥头东侧攻占马面关,而后以一个步兵中队从该地对冷水

---

〔31〕陶达纲:《滇西抗日血战写实》。据《民族光辉——腾冲抗战史料钩沉》,第212页。陶达纲记述其被任命为前敌总指挥官的时间为25日,视察594团阵地为26日,但其文中提到594团代团长董铎及第1营营长郭安民的细节,显然发生在团长覃子斌、营长鲁砥中阵亡以后,即30日。也只有老资格团长覃子斌阵亡后,才有必要做如此的指挥力量调整。

〔32〕《陆军第54军滇西攻势作战机密日记》(未刊档案)。

沟守备队强行实施补给及收容伤患。在 198 师主力围困下，北斋公房日军能撤下"三百余"，若非战报中夸大，实在令人震惊。

此前，曹英哲曾作判断："自 28 日迄 30 日，冷水沟日军守备队，根本自顾不暇，完全无力适时策应马面关方面之攻击。"显然，这与叶佩高电报中日军 300 余人自北斋公房下撤之记述相矛盾——既然能从 198 师包围中撤出，为何当时就不能策应马面关方面攻击？

在日军从北斋公房撤下的 300 余人中，应该就包括吉野孝公一行及所护送的伤员。据其撰述：

"第二天（30 日）早上，疲劳尚未消除，就接到了护送伤员下山的命令。用担架护送的伤员共有十四五人，其他伤员则自己步行，走在崎岖险峻的山间羊肠道上，本来就已非常艰难，随时还要击退伏击敌人。傍晚时，我们护送伤员到达了瓦甸的我军阵地。

"在此之前，藏重联队长率本部已经到了瓦甸。当时，在桥头街即将全军覆没的儿玉中队被救出以后，暂时也撤到了瓦甸。"[33]

据日军战史，藏重部队主力是 27 日救出桥头儿玉守备队残部，于 29 日清晨返转瓦甸的；则吉野孝公一行护送伤兵应是晚一天于 30 日傍晚抵达瓦甸的。但曹英哲推测，吉野孝公所述的"第二天"，也可能是更晚些的 6 月 2 日或 4 日，因我方战史中曾有如此记述："2 日晨，敌 30 余名护送伤兵百余名，由北斋公房西撤，在马面关附近，被我 593 团截击，毙敌 30 余名；……4 日 18 时，由斋公房护送伤兵之敌约 30 余名，经马面关附近被 593 团截击，毙敌下士山田 1 名，获步枪 1 支。"

从这一记述来看，当日军在北斋公房至马面关之间上下往来之际，593 团确实一直在截击，但是显然日军这条后路并未真正截断。由此，即可以解释为何山上的 594 团还要由团长率一部迂回到北斋公房西面来切断日军退路。考虑到 593 团在桥头、马面关伤亡太重，其未能达成此项任务也有可以谅解之处。

30 日夜，592 团团长陶达纲又是一夜未得安眠。

自奉命担任 198 师前敌总指挥官以来，陶达纲每天打盹儿时都

---

[33] [日] 吉野孝公：《腾越玉碎记》，第 35—36 页。

好像睁着双眼，对战场上的任何异动保持着高度警觉。午夜过后，陶达纲心里有些烦躁，总觉得有何事情将要发生。次日凌晨4时，天将拂晓时，陶达纲忽听得第一线有一阵短暂的轻机关枪声，他猛然坐起身来，披衣跑到北风坡上，远远望去似乎并没有什么情况，抬头只见满天繁星闪烁。

这时，值夜的团部特务排排长龙永福疾步走了过来，说："刚才前边好像有枪声……"话音刚落，陶达纲就看到594团与592团阵地之间的位置，即他曾经一再指示的两团接合部位置有火光闪亮，接着就听到十几声隆隆的手榴弹爆炸声，和隐隐约约的喊杀声。"紧张之至啊！"

陶达纲即迅速做出处置：命团预备队第1连连长向自元立即增援第6连阵地；命第1营营长宋逢桥速率该营来北风坡附近待命；同时让隐蔽在北风坡后面的全部杂兵均来到北风坡上呐喊助威，并令全部号兵齐吹冲锋号以震慑敌军。

据《198师滇西攻势作战战斗纪实》：31日拂晓，敌百余乘大雾突然袭击冲入我594团第1营阵地，并图包围北风坡592团阵地，当即发生激烈之肉搏战。592团第6连小炮班死守阵地，几全部牺牲。该连排长钟俊奋勇与来包围之敌相扑，毙敌七八名；又该连上士班长李汇龙亦只身毙敌五六名。当时594团第1营郭副营长（即前述之"郭驼子"郭安民）及592团第2营周副营长，从两翼向敌猛烈夹击，敌不支，企图逃回其阵地，被我官兵乘势追杀，毙敌十余名，仅少数逃回其阵地。[34]

由于陶达纲处置及时，部队经历最初的慌乱后迅速镇静下来。而后，集中全部迫击炮和轻重机枪向夜袭之敌攒射，日军在付出惨重伤亡后终于退缩回堡垒阵地。见日军的拂晓攻击已遭挫败，没有再攻击的能力了，陶达纲即下令各种炮火停止射击，并下令清查伤亡人数。

"可怜啊！向我说'请团长放心'的钟俊排长阵亡了。[35]他这

---

[34] 据曹英哲《抗日名将叶佩高》第二卷《桥头马面关战役评析》，第67页。
[35] 据《第20集团军腾冲抗日阵亡官佐名录》，钟俊中尉为四川荣昌人。

一排正在接合部，首当其冲，但查知他做了最大努力，最勇敢地沉着应战。他这个排的士兵，也伤亡最重……"此战我伤亡官兵含594团等部，共计29人。陶达纲记述毙敌约20余名；冲至我阵地中毙命的日军尸体7具，有中尉2员。虏获轻机枪1挺，军刀1把，步枪5支，都上着刺刀。

8时许，师长叶佩高偕美军顾问史塔尔（Elvis Stahr）中校等3人来到北风坡，详细询问了防御战经过，对陶达纲嘉勉有加。一行人离去后，陶达纲特别叮嘱传令班长安国华，将牺牲的钟俊排长遗体运往后方好好安葬。[36]

当日，叶佩高发给54军的战况电报为：

被我围困北斋公房敌，31日向我594团第1营及592团阵地攻击，经我奋勇冲杀，将突入之敌完全歼灭。毙敌官兵四五十，我伤亡二十余。[37]

---

[36] 陶达纲：《滇西抗日血战写实》。据《民族光辉——腾冲抗战史料钩沉》，第213—214页。
[37] 《陆军第54军滇西攻势作战机密日记》（未刊档案）。

第 26 章　迟到的援军：预 2 师 & 桥头、36 师 & 瓦甸

（参阅附图 8、附图 9、附图 25）

预 2 师终于到达桥头（5 月 26 日至 31 日）

最初，预 2 师作为远征军司令长官部掌握的预备力量，在怒江上游六库渡担任江防，师部驻江东云龙县漕涧。5 月 18 日，卫立煌令该师派出第 4 团渡江，于空树河、茶山河一带担任攻击军右翼警戒，阻截片马日军猪濑大队南下增援。20 日，鉴于 54 军 198 师兵力告急，卫立煌又令该师再派一部渡江助战。该师 22 日奉到命令，即令第 6 团于栗柴坝渡江。23 日该团到达灰坡 198 师师部报到，充任该师预备队。

26 日，第 20 集团军又以预 2 师全部配属第 54 军指挥。

54 军奉命后，即饬 198 师令第 6 团由小横沟至蛮云街附近集结，候预 2 师主力渡江后归还建制。又命预 2 师主力立即渡江，经蛮云街越高黎贡山，增援桥头、界头；该师第 4 团仍担负对空树河、茶山河之敌警戒任务。[1]各部即遵令行动。28 日，顾葆裕率预 2 师师部自栗柴坝渡江，驻西牙街。

29 日，20 集团军总部命预 2 师火速增援桥头。师长顾葆裕即饬第 6 团向平顶山前进；第 5 团向燕家山（即严家山）前进。当日，第 5、第 6 两团向桥头兼程前进。[2]

如前所述，29 日，在藏重部队主力攻击下，593 团第 2、3 营于

---

[1] 胡璞玉主编：《抗日战史》第二十九章缅北及滇西之作战（二），第 153 页。
[2] 方国瑜：《抗日战争滇西战事篇》，第 28 页。

桥头伤亡甚众，阵地全失。午后，以第9连及归建不久的第1营转至马面关一带构筑工事，截击意图增援北斋公房之敌。[3]当日黄昏，预2师第6团华营到达桥头东15里的冉家寨。30日晨，第6团主力抵达三元宫附近，当即与593团取得联系。至30日晚，该师除第5团（欠第2营）因被小白峰坡敌所阻未及赶到外，余均已到达三元宫、冉家寨间地区。[4]

联系日军战史可知，当预2师主力于30日黄昏前增援到达桥头附近三元宫、冉家寨时，藏重部队主力已于当日清晨返转瓦甸，可谓擦肩而过失战机。

31日上午，集团军总司令霍揆彰督令54军各部：

各部务于即日完成对桥头、界头、瓦甸、江苴攻击准备。54军除以一部（198师主力）仍围攻北斋公房；另一小部（预2师第4团）仍牵袭空树河、茶山河敌；主力应于6月1日拂晓对桥头、界头、瓦甸敌攻击而占领之，进出龙川江东岸。后即以主力沿龙川江对西岸警戒，以有力一部由西向东夹击北斋公房之敌而歼灭之。

54军奉令后，于中午分别致电叶、顾、李三师长：

致叶师：……593团自即日起暂归预2师指挥。

致顾师：该师务于明（1）日拂晓攻击桥头、界头而占领之；俟占领龙川江东岸后，即以有力一部与198师主力夹击北斋公房、朝阳地之敌而歼灭之。198师593团即归该师长指挥。

致李师：奉总司令电话命令，限该师于今（31）日完成一切准备。明拂晓总攻，该师务攻瓦甸而占领之。[5]

36师推进瓦甸遭挫，错失战机（5月30日至6月2日）

如前所述，36师攻占高粱弓、驱逐石鹰之敌后，即奉54军"应迅以主力乘胜攻占瓦甸，再谋进出江苴"之命令，于5月30日午

---

[3]《陆军第54军滇西攻势作战机密日记》（未刊档案）。
[4] 方国瑜：《抗日战争滇西战事篇》，第28页。
[5]《陆军第54军滇西攻势作战机密日记》（未刊档案）。

后，以107团等部推进至摆夷寨（今白衣寨）、寺山寨各附近。傍晚时分，36师指挥所进抵寺山寨东5里高地，师长李志鹏即派出107团尖兵向寺山寨及瓦甸侦察敌情，准备部署攻击。[6]

较之预2师迟到桥头更为悲哀的是：30日清晨藏重部队已自桥头返转，现正在返回瓦甸途中；而36师30日傍晚还在侦察敌情，又失去了乘虚而入攻占瓦甸的战机。日军在战场上能掌握如此精确的"时间差"，想必来自极为精确的情报，否则这种如同天助般的巧合，实在令人难以解释。对比之下，迟到的预2师和36师简直就像是两个可怜的瞎子。

当日，107团尖兵侦悉的当面敌情为：敌148联队……一部约300余，附山炮2门、速射炮2门，利用瓦甸附近金钟山（即马鹿坡）、狮子山、大街坡各高地之永久工事企图固守。[7]

然而，当晚又有10辆汽车满载日军从腾冲驶抵瓦甸。[8]联系日军战史，推测应为56师团配属给藏重指挥，从平夏、龙陵开来而晚到的原田联合大队和荻尾大队的后续部队。由此可见，在高黎贡山以西地域，以汽车运输兵力可赢得相当主动，达成内线作战之效。

31日上午9时，36师于战斗指挥所召集107团连长以上干部现地侦察敌情、地形，策定攻击部署。决心先以该团主力由正东、正北两个方向围攻金钟山，保持重点于右翼，以一部攻击狮子山；另以108团之一部向大街坡之敌施行佯攻。战前会议尚在进行中，11时，即获悉敌200余由界头向赵家窝南下。12时许，107团第1营彭副营长报告，据便探报称：赵家窝有敌约400余，有向寺山寨前进模样。

这股日军，即为30日清晨自桥头返转之藏重部队一部。

鉴于此情，师长李志鹏遂饬该团第1营就现地加强工事，准备予该敌以决定性之打击。并命以军官斥候向赵家窝附近搜索；同时，命第2营向窑上牌附近挺进，寻求敌左侧背而攻击。

---

〔6〕《陆军第54军滇西攻势作战机密日记》（未刊档案）。
〔7〕《陆军第36师瓦甸战役战斗详报》。据《保山地区史志文辑》抗日战争专辑之二，第102页。
〔8〕《陆军第54军滇西攻势作战机密日记》（未刊档案）。

36师既失去乘虚而入攻占瓦甸的战机，又迎头遭遇返转之敌，战局可想而知。据日军战史："（藏重部队）主力于5月30日清晨返转，并在瓦甸以东捕捉到由寺山寨窜出企图进攻瓦甸的第36师主力，给以重创。"[9]

　　而36师战斗详报的记述为：15时，金钟山之敌开始以山炮向我寺山寨及其东端高地炮击。16时，赵家窝之敌分三股向寺山寨前进，当即与107团第1连发生接触。是时，该团第3营已到达寺山寨东端高地，当即占领第二线阵地，防敌猪突冒进。17时，小团山第2连亦与敌发生接触，敌山炮仍向寺山寨轰击不已，107团第1连连长负伤。激战至黄昏后，战况渐趋沉寂，遂与敌于寺山寨西端南北之线对峙。[10]

　　日军战史中搞错的是36师主力的番号，记为"第108团和第106团一部"，实际上此时迎敌的主要是107团及106团一部。当日午后，36师后续部队才陆续开抵瓦甸附近。107团第3营抵摆夷寨北端；106团（欠第3营）抵寺山寨东端，其第3营现于摆夷寨西北警戒。108团除留部分兵力担负高黎贡山各隘口警戒外，其余均正向大麦地集结，并遵令于6月1日向寺山寨前进。李志鹏致电54军，请求派飞机对金钟山敌阵地猛炸，以支援本师后续作战。[11]

　　前面说到，36师于22日奉命经野猪官塘、冷水沟、寺山寨道进出高黎贡山隘路，但整整9天时间，36师才推进到瓦甸以东的寺山寨，反被解救了桥头日军的藏重部队返转捕捉"给以重创"。假如，36师能在25日之前到达瓦甸，就可以阻击藏重部队北援，则桥头、马面关不至于失手；即便晚几日能于27、28、29日内到达，则可以趁瓦甸日军倾巢出动北进时，进袭藏重联队大本营，那样就可以与593团南北呼应，逼迫藏重部队于桥头至瓦甸之间阵地外决战。36师的延迟，造成错失战机多次，责任非常重大。

　　当然，藏重部队解救冷水沟守备队未果，仅在马面关留置一个

---

〔9〕中华民国史资料丛稿译稿《缅甸作战》（下），第96页。
〔10〕《陆军第36师瓦甸战役战斗详报》。据《保山地区史志文辑》抗日战争专辑之二，第103页。
〔11〕《陆军第54军滇西攻势作战机密日记》（未刊档案）。

第26章　迟到的援军：预2师&桥头、36师&瓦甸

中队，向冷水沟守备队"强行补给和收容伤员"，而率主力南返瓦甸，肯定是冲着即将抄其后路的36师来的，可见其战场侦察之迅速准确。36师迟到的推进，固然让藏重未能完全救出冷水沟守备队，但结果原本可以更好。由此再次看出，战场上总是快的打慢的。

6月1日8时，敌一股约百余人，自新大街向106团第9连双坡山阵地袭击，经该连极力阻击，日军后撤。同时，攻击我寺山寨之敌，钻隙突入寺山寨北端高地一角，以火力瞰制寺山寨，使107团第1营陷于极为不利态势。

在此情况下，据54军战史，"我右翼不得已稍向后移，形成守势钩形"。

"守势钩形"为防御战术概念，但在当时军事文书中经常成为放弃阵地后退的隐语。而在36师战斗详报的表述中，甚至连这点坦率都看不到："当日12时，为争取主动，决诱敌深入而夹击之。遂命107团第1营主力，秘密脱离敌人，至寺山寨东侧高地南端占领侧面阵地，准备伏击进犯之敌。"——撤退变成了"诱敌深入"。

据载，幸而我预先控置于窑上牌之部队，适时南下侧击敌人，致敌人未能得逞。[12] 尔后，敌数度向我双坡山及寺山寨东端各高地进犯，均蒙受严重打击，不逞而退窜。[13]

当日，108团奉令以一部仍扼守高黎贡山各隘口，主力到达摆夷寨附近。2日拂晓，师长李志鹏令该团一部经罗古城攻击大街坡之敌，以为牵制。同时，左右及正面各部同时向敌猛烈攻击，终于9时击退来犯之敌，恢复5月31日晨位置。敌除以一部经由赵家窝北窜外，其余均向瓦甸方向退去。[14]

如前所述，31日，李志鹏致电54军，请求派飞机对金钟山敌阵地猛炸，以支援本师后续作战。金钟山，当地土名谓之"马鹿坡"。

---

〔12〕《陆军第54军滇西攻势作战战斗详报》。据《保山地区史志文辑》抗日战争专辑之二，第32页。

〔13〕《陆军第36师瓦甸战役战斗详报》。据《保山地区史志文辑》抗日战争专辑之二，第104页。

〔14〕《陆军第54军滇西攻势作战战斗详报》。据《保山地区史志文辑》抗日战争专辑之二，第32页。

在军方战斗详报中未记载此次飞机助战情况,笔者在当地史料中看到了相关记述:

1944年5月,4架重型轰炸机从云南驿起飞,飞过高黎贡山调整飞行方向后,发现了日军在高黎贡山西麓的马鹿坡阵地。可正当他们调整角度准备投弹时,日本人发现了他们,并首先开火。由于高度太低,其中一架飞机被击中了油箱,驾驶员在迅速丢掉油箱的同时,掉转机头准备重新调整角度实行轰炸。但由于界头坝子东西距离只有7公里左右,飞行宽度不够,飞机俯冲后如果不能快速拉起,就有可能撞在高黎贡山上。而这时飞机的发动机偏偏又出现故障。无奈,3位飞行员只好强行跳伞,降落在附近高家岭一带。飞机撞在高黎贡山上爆炸了。其余3架飞机在投下所有炸弹,让马鹿坡陷入一片火海后,围着飞机爆炸的地方转了无数圈,才恋恋不舍地离开了坠机地点。

说起那声惊天动地的爆炸,高家岭当地老人至今仍难以忘记。他们几乎都能指认出飞机坠落地点,甚至那个原先叫"公鹅头"的地方也被改称为"飞机落处"。据说,3位飞行员跳伞后,在当地民众救护下幸运生还。

据目击者、高家岭老人高成武回忆:

那天,我们家正在吃午饭,突然房顶上"哗"的一声插下两只大脚来,两只皮鞋又长又大,瓦片和烟灰落进饭碗里,我们家的人都惊呆了。一会儿后,我看见了有血滴下来。我想是否那人受伤了,大着胆子爬上了房顶,看见是红头发绿眼睛的美国人,身上还捆着降落伞,两只大脚擂进了房子,骑在梁子上,人已经晕过去了。这时我大哥、我爹也爬上了房顶,合力把美国人救了下来。我妈找了点红糖,泡了碗糖水喂进了飞行员的嘴里。他清醒过来后,看见我们是老百姓,便竖起大拇指说"顶好"。他把降落伞送给了我家,后来我拿着做了一床被子。

我们把飞行员送到了当时界头的临时县政府,由瓦甸街的艾子昌老师当翻译,我们才知道他们是被日本人打落的美国飞机驾驶员。张问德县长奖了我们5块钱。听说,另外两个飞行员一个落在大坝寺里被和尚们救了,一个落在高家岭的一棵大麻栗树上也被救了。我们在县政府看见了另外的两人,他们三个人还紧紧地抱在一起。后来美国人还发给了我家一个勋章什么的,但"文革"期间上交了,后来下落不明。美国人还曾约过艾子昌去美国,但艾子昌说,中国更需要教书人,没去。

目击者、高家岭老人高老二说:

飞机撞山前,我们看见从飞机上跳下来3个人,过后又看见飞机的翅膀也落下来了一截,紧接着便看见机身很重地撞在了高家岭的公鹅头上。当时我们正在看牛,牛给吓得到处乱跑。飞机坠落后起了一阵大火,后逐渐熄了。我们赶到跟前看见机头钻进了泥土里,露在外面的部分已烧得黑不溜秋的。这架飞机的残骸到1958年大炼钢铁时,有人曾将它撬下交给了国家,但飞机残片散落的地方很多,我们村里的高老憨就拾到了许多,因家庭困难,他曾铸了许多锑烟盒卖了买盐吃。[15]

---

[15] 李根志:《美军"飞虎队"在腾冲》。据《见证历史——滇西抗战见闻实录(上)》,第202—205页。

第27章 53军攻占大塘子，两路西进

（参阅附图5、附图22、附图34）

53军自接替36师攻击大塘子之后，战事进展并不理想。笔者以为，最重要的原因是，此处是藏重大佐率148联队部及所辖第3大队据守，其指挥力量和战斗兵力均超过198师所进攻的北斋公房。

然而，当时美军顾问团方面并不这样看。

据美军顾问团长弗兰克·多恩报告（5月20日至25日）：

"在过去的两周内，大塘子地区的情况大致相同。如果中国军队能够绕开日军的坚固据点而向西运动，他们的伤亡至少会比现在减少75%。中国军队的指挥非常糟糕。如果是一个美军师的话，他们在8天前就能到达腾冲。导致中国军队作战效能如此低下的原因并不在中美两国政府，也不在普通的中国士兵和下级军官，而是那几位愚蠢无能、只能用'懦夫'来形容的中国将领。"

但问题是，中国军队能从何处"绕开日军的坚固据点"而向腾冲挺进？目前，在第20集团军进攻正面高黎贡山东麓，凡是能够满足进军条件的隘路，均有部队在进攻；配属作战的新39师，也被松井部队阻滞于通往腾冲的捷径之咽喉红木树；除了198师593团主力另辟蹊径已迂回至龙川江谷地，其他部队并无可以"绕开"的通路。而593团的路线堪称"鸟道"，并不适合作为大兵团的突击路线。那么，这个指责是否过于轻率？

但是，弗兰克·多恩还是不无轻蔑地得出结论：

"在全部的6个师长、2个军长、1个集团军总司令当中，只有1名师长的表现能够令人满意，1名师长和1名军长表现尚可，其他

的几位指挥官都不能胜任他们的职责。"[1]

弗兰克·多恩对远征军指挥官的这一评价,也许并不全来自其个人的直接观察,有相当部分应该来自远征军参谋长萧毅肃的介绍。据其报告所述:"中国远征军参谋长(萧毅肃)对我讲中国军队的根本问题在于指挥。除了命令传达不到位之外,各级指挥官的无能也是普遍存在的。萧毅肃曾经强烈要求和卫立煌一同到前沿督战,但卫却说那不会起到任何作用。尽管身为卫立煌的参谋长,但是没有卫的支持,谁都不会理会他(指萧)的存在。"

曾任卫立煌秘书的赵荣声在其撰述中披露:萧毅肃属何应钦派系的将领,在陈诚任远征军司令长官时即为参谋长。卫立煌接任司令长官后"瞧他不上眼",曾拟邀请桂系将领、合肥同乡张义纯来当参谋长换掉萧,但此事最终未能运作成功。萧毅肃闻听后心生醋意,此后与卫合作中貌合神离,时常闹别扭。[2]基于此,萧毅肃经常跟美军顾问团方面发发牢骚,说的可能是实情,但应该也有几分基于个人不被倚重的怨气;在卫立煌、宋希濂、霍揆彰等人看来,可能还有迎合美军、外扬家丑的味道。

当藏重奉56师团命令北进解围桥头后,大塘子的战局即迅速发生变化。

据日军战史:"据守在大塘子东侧高地阻击远征军的宫原大队(148联队第3大队),在藏重部队主力(联队部和配属部队)转战高黎贡西麓后,即撤离大塘子附近阵地,5月23日以后退到了大塘子西部高黎贡山坳。"[3]

实际上,日军即便决定撤离,亦遵循相应的步骤,令当面我军不易察觉。

23日7时,敌炮向130师左翼队滥射,我炮兵亦还击。敌步兵百余向我左翼猛攻,企图解除其联络线之威胁。116师方面,348团

---

[1] 渡江反攻初期美军顾问团长弗兰克·多恩准将报告。美国斯坦福大学胡佛档案馆藏资料,张太雷译。
[2] 赵荣声:《回忆卫立煌先生》,第287页。
[3] 中华民国史资料丛稿译稿《缅甸作战(下)》,第96页。

第2营与敌稍有接触；347团第1营在旧街北端高地与敌激战约一小时，进入对峙状态。

为策应130师在大塘子正面攻击，53军军长周福成决心派遣一部迂回穿插断敌后路，上午10时在上鲁村指挥所向346团团长张儒彬下达命令：

"该团（欠一营）配属347团第1营，附工兵连（欠一排）、通信营无线班一班，于本日出发，挺进大塘子至旧街中间地区，截断敌人之联络线。以347团第1营由东向西攻击旧街敌人，并掩护该团背后之安全；其余两营由贵官指挥，由西向东攻击木城山附近敌人之背后。"为此，令该团担任军左侧背警戒的第3营归建；[4]行动时归军直接指挥，必要时可独立处置情况。[5]

因担任130师左侧警戒的346团第3营奉命归建，中午12时，130师师长张玉廷命令390团（欠第3营）推进古兴寨，集中火力攻击敌侧背，并由388团统一指挥。至17时，388团代理团长刘甲三向张玉廷报告：敌炮兵不断向我左翼射击，步兵亦数次出击；16时30分，敌步兵100余，掩护驮马50余匹，由大塘子向旧街方面活动，经我射击，敌伤亡甚大。

鉴于此情，130师师长张玉廷的判断是：马蹄山、大塘子之敌情势未变。遂令第一线团各组织突击连施行夜袭，并相机攻占敌阵地。但因天雨山滑，敌占地利，而未能遂愿。[6]

但获得敌情通报的116师师长赵镇藩，却得出了不同的结论：判断大塘子疲困之敌，经我连日攻击，势将全部退却。当即令所部第一线严密监视，时刻保持接触，勿使敌人逃脱，并不断夜袭以察知其企图。[7]

---

〔4〕将军左侧背百花林、豹子洞、小新寨掩护任务交给搜索营（营长潘庭孝）接替，又留一营加强搜索营。

〔5〕《陆军第53军由怒江至腾冲会战战斗详报》。据《保山地区史志文辑》抗日战争专辑之一，第118页。

〔6〕《陆军第130师由怒江至腾冲会战战斗详报》。据《保山地区史志文辑》抗日战争专辑之三，第17页。

〔7〕《陆军第116师唐习山、大塘子、江苴、腾冲各战役战斗详报》。据《保山地区史志文辑》抗日战争专辑之三，第57页。

24日,我向大塘子附近之敌猛攻,敌势不支,已显摇动状态。53军急令116师348团由黄顶山向大塘子进攻,威迫敌右侧背;130师389团及388团各向当面之敌猛攻,于15时30分,389团将马蹄山之敌击退,遂将该山完全占领;388团一部协同389团主力,追迫古兴寨以北之敌,激战空前。16时许,敌不支败退,两团齐头追进,遂将大塘子完全占领。

此时,已挺进至敌后的116师347团第1营由东向西攻击旧街之敌;346团一部已抵大塘子以西木城山,恰与退却之敌遭遇,乃乘机予以截击,残敌狼狈四窜。

关于346团挺进穿插至敌后的这支奇兵,第20集团军总部参谋杨纳福曾有如下回忆:

"(23日)师长另派一个加强营(实为346团两营),迂回敌人之右侧后方进行攻击。

"本人曾随此一侧背迂回部队行动,经过整夜之夜行军,秘密接近敌阵地右后方不到200码之树林中做攻击准备。此时天色尚在拂晓,士兵纷纷饮水及进食口粮,并以沿途所采摘之野蒜苗佐餐。同行者,尚有一美军联络组,约五六人,他们都是从未作过战的青年士兵,剃光了头,脸全部都涂黑,以免日军认出其为美国人"——美军官兵染黑脸怕被日军认出,可能是因为在滇西战场美军以稀为贵,日军对美军官兵凡发现必尽力捕杀或活捉。

"当休息整备时,纷纷拿出其携带的巧克力糖,向我战士换取蒜苗来吃,因为数日不进食青菜,光吃战斗口粮,会感到恶心反胃。

"天发白,正面攻击的枪声响起,于是侧背攻击部队亦蜂拥发起攻击。但突然日军以自动武器由树顶向下射击,我士兵有数位倒地。经过我军以自动武器压制反击,敌军枪声转为消沉,待冲入敌阵地,而日军早已逃逸无踪,连一个俘虏也未捉到,我军约伤亡十余人。此证明日军战技精良,纪律严明,我军战斗技能不如敌人,徒呼奈何!

"此山头攻占后,大塘子遂为我军掌握。"[8]

---

[8] 国军史料丛书《抗战时期滇缅印作战(一)——参战官兵访问记录(下)》,第939页。

据53军战斗详报："当午后各部队与敌迫近决战之时，因敌意志动摇，士气沮丧，被我冲杀，仓皇逃走。在马蹄山与木城山敌阵地之近旁遗尸累累，血腥恶臭充满原野。"〔9〕

攻克大塘子，是53军参战后取得的最大战果，全军上下士气大振自不待言。但此战的胜利，却与日军主动收缩防线有直接关系。对此，作为54军一员的曹英哲站在"友军"立场上，对53军此战曾有如此评析：

> 大塘子固由53军全军之奋勇作战而攻占；然日军为了集中兵力，抽调大塘子方面部分兵力，决心仅"以宫原大队，确保大塘子西部山坳"之用兵计划与决心，当亦至关紧要。盖5月24日，我53军攻占大塘子之时，正是日军藏重大佐挥师北上，反击我桥头、马面关593团之日。且鉴于此战役均无虏获及毙敌之报告与统计，可见53军之能攻占大塘子，实与日军转用兵力于桥头战役有不可分的密切关系。〔10〕

虽说这一评析中有几分对友军"不以为然"的味道，但总体上还是中肯的。日军是坚守而被击溃，还是按计划主动撤离，从战后有无虏获战利品及敌军弃尸可以分辨。53军及116师战斗详报中，确实没有虏获及毙敌记录；但130师战斗详报中提及"斯役计伤亡敌人千余，其遗尸在马蹄山、大塘子附近百余具"。〔11〕"伤亡敌人千余"之说实际上是无法验证的，敌遗尸百余具虽说靠谱，但也属孤证；方国瑜撰述中的记录是"虏获步枪弹万余发，平射炮弹百余发，步枪、钢盔等甚多"〔12〕，并无最重要的遗尸记录。

放弃大塘子后，日军宫原大队即向南斋公房及江苴方向逃窜。

---

〔9〕《陆军第53军由怒江至腾冲会战战斗详报》。据《保山地区史志文辑》抗日战争专辑之一，第120页。

〔10〕曹英哲：《抗日名将叶佩高》第二卷《桥头马面关战役评析》，第65页。

〔11〕《陆军第130师由怒江至腾冲会战战斗详报》。据《保山地区史志文辑》抗日战争专辑之三，第19页。

〔12〕方国瑜：《抗日战争滇西战事篇》，第34页。

因时已黄昏，53军即决心以一部扫荡战场残留之敌，以主力转为战场外追击。17时30分，于上鲁村指挥所向两师下达命令，要旨如下：

敌已向南斋公房、江苴街方向败退。军决心经旧街向南斋公房及经路新[13]向江苴街两方面追击前进，勿使敌人脱逃。116师346团（欠一营）归还建制，并配属山炮兵第1连为右追击师，于明日晨6时，由现态势经旧街向南斋公房道追击前进，并留团长率两营为军预备队，随军行动；130师（配属山炮兵第2连）为左追击师，于明日晨6时，由现态势经蛮岗、龙塘、路新道向江苴街追击前进；军部及直属各单位与重迫击炮第2营，沿大塘子旧街道行进。[14]

两师奉命后，即分别向所属各团下达追击部署：

116师以346团（欠一营）附347团第1营及工兵连为追击队，向南斋公房方向追击前进。348团（欠一营）担任战场扫荡，尔后为军预备队，随军行动。347团（欠第1营）及348团之一营进至旧街为师预备队。山炮第1连进至旧街以西地区。[15]

130师以390团（附山炮第2连）经双虹桥西端、大塘子、百花林、蛮岗、龙塘向路新前进（但通过百花林后须严密搜索至蛮黑河头待命前进）。韩营即归还建制。师司令部及直属部队经干胆、百花林，在389团后尾20米处跟进（行军序列全同前）。388团在古兴寨、百花林间集结待命前进。

25日晨，53军左、右追击师向南斋公房及江苴两道路猛烈追击。左路130师沿大塘子、百花林、蛮黑河头向江苴追击前进。因河流横断，道路崎岖，且为丛林莽草所阻，师工兵连不失时机在干胆河上下游各架轻便桥一座，并于先头开辟道路，使部队得以畅行无阻。[16]

---

〔13〕据李正先生现地调查，远征军战报中的"路新"应为"新路"之误，系针对南斋公房的老路而命名的。为保持史料原貌，以下叙述中不作改动。

〔14〕《陆军第53军由怒江至腾冲会战战斗详报》。据《保山地区史志文辑》抗日战争专辑之一，第118页。

〔15〕《陆军第116师唐习山、大塘子、江苴、腾冲各战役战斗详报》。据《保山地区史志文辑》抗日战争专辑之三，第58页。

〔16〕《陆军第130师由怒江至腾冲会战战斗详报》。据《保山地区史志文辑》抗日战争专辑之三，第18—19页。

当日上午,53军军部推进至古兴寨后,又向两师下达补充命令:

致赵师长:116师以346团(配属347团一营),迅经旧街向南斋公房挺进,以一部行威力搜索,相机攻击南斋公房而占领之。师主力配属山炮第1连,留一团为军预备队(位于龙塘),推进至旧街附近。

致张师长:130师于本日晨经百花林、新寨、巴地、蛮黑河头、长坡,向江苴、林家铺挺进,攻击江苴、林家铺敌人而占领之。该师过蛮黑河头时,应部署一部,由南而北,协力116师346团对南斋公房之敌攻击;并另以一部占领大红木树(今红木村)、杨家寨附近之线,对南警戒,掩护左侧背安全;师主力即挺进攻击林家铺、江苴附近敌人而占领之。前进时,以有力一部实施威力搜索,并注意路新之地形及敌情。[17]

据53军副参谋长夏时回忆:

我军稍事整顿,于5月25日[18]开始从唐习山和大塘子向西推进。当时我军分为两个纵队前进,以116师346团为右翼,攻击南斋公房的敌人;以130师为左翼,攻击江苴街附近的敌人。行军中一路上都是陡坡,而且都是羊肠小径,崎岖难行。连绵阴雨已下了一个多月,对大部队的行动真是难上加难。

最感困难的则是兵站粮秣弹药补给。美军联络组原以为空投物资可以代替兵站补给,就在战地附近山坡较平缓处设置三四处投置站,也曾空投过一两次防雨用具。但因山地气候变化无常,在山高雨大的情况下,飞机看不见地面标志,无法空投,补给只好靠畜力驮运,时有时无,难以为继。[19]

在这个问题上,美军顾问团长弗兰克·多恩对空军方面也不尽满意:

"空中支援任务就当时(5月10—15日)的情况来看执行得还算

---

〔17〕《陆军第53军由怒江至腾冲会战战斗详报》。据《保山地区史志文辑》抗日战争专辑之一,第120—121页。

〔18〕原文为6月2日,应有误。

〔19〕夏时:《滇西纵谷地带的反攻战》。据《远征印缅抗战——原国民党将领抗日战争亲历记》,第369页。

不错。但是（第14航空队）第69联队指挥官肯尼迪（Kennedy）上校是一个不折不扣的教条主义者。他既不了解当时战场的情况和需求，也不屑于去主动了解，执行任务比较死板。他不在意空中支援将会给地面部队鼓舞多少士气，只要是飞行任务中没有明确规定的内容，他都不会去做。"[20]

对此，随53军开进的第20集团军总部参谋杨纳福也有补充回忆：

在此有两件事值得一提，一为空军直接支援作战，一为空投再补给。在森林地区作战，陆空联络至感困难，国军部队过去从未接受过陆空联络训练。在攻击大塘子前面的山头时，美军"飞虎队"曾派遣P-38及P-40战斗机数架，轮番行直接支援作战，因布板信号铺设在茂密树林中，飞机在空中难以发现，于是常有误炸误射友军事件发生。经接受美军联络组指导，以长竹竿绑白色布板，令数名士兵高高举起，以显示我第一线位置，如此才减少了误炸误射次数。

山地作战补给至为困难，既无公路通达，又无兽力运输部队跟随，于是只有依赖空投再补给。在大塘子北端有一狭长山谷，开设了一个空投补给场。对不易摔碎的大米、食盐、干菜及罐头等，以自由落体空投；对有危险性及珍贵补给品如弹药与卫生药品，则以降落伞空投。那时所使用运输机为C-46及C-47两种型号。在空投初期，很多官兵因为好奇，拥挤在空投场观看，而发生遭落物击伤或击毙之事。[21]

346团独攻南斋公房（5月25日至6月9日）

翻越高黎贡山的古驿道有两条：北边的经过北斋公房垭口，即198师正在打通的路线；南边的经过南斋公房垭口，即116师346团即将开进的路线。所谓"斋公房"，是古时当地人为方便商旅在山上

---

[20] 渡江反攻初期美军顾问团团长弗兰克·多恩准将报告。美国斯坦福大学胡佛档案馆馆藏资料，张太雷译。
[21] 国军史料丛书《抗战时期滇缅印作战（一）——参战官兵访问记录（下）》，第940页。

设置的休憩之所，砌一间可遮风避雨的房子，并留些柴草、马料为行人提供便利。后来，在这两条主要通道的左右又探索出一些更为险峻的小径，但驮马辎重亦难以通行。

可能是考虑到经过南斋公房的古驿路于日军防御更为有利，故53军仅以346团（加强一营，配山炮一连）沿此路开进，给予的命令也是"以威力搜索、相机攻占"，比较灵活；而以军主力（130师、116师主力及军部）沿日军设防条件较弱的大塘子至江苴小径开进。

以团规模兵力而独当一面的346团，其作为就如同在北线迂回挺进桥头的593团。

据日军战史：

"第116师的一个团（346团），急向龙川江峡谷前进而杀到隘路口。宫原大队凭藉天险，顽强地进行防御作战，拒止该敌。"[22]

5月25日，346团追击经旧街溃退之敌，入晚达到黄青树附近。[23] 黄青树及路新两地，都在海拔4000米以上；由黄青树向南斋公房进攻，又要爬至6000米以上。此间仅有约1米宽的泥路一条。[24]

26日晨，天雨如注，346团第3营向南斋公房搜索前进。中午，在距南斋公房约3华里处隘路口附近，先头部队第7连与五六十名之敌警戒部队接触。战斗2小时后，将该敌击退，并占领其阵地。后又派出侦察兵搜索，行抵隘路口时，触敌预先埋设的地雷，我伤、亡兵各一名。因山高雾浓，即转向南斋公房两翼搜索。

27日晨，346团第7、9两连开始向南斋公房进攻。经严密搜索，在南斋公房以东地区有敌七八名，经一度激战，将敌击退。前进约百余米，又与80余名敌警戒部队接触交火。因隘路两旁峭壁险峻，我进攻正面狭窄，遂编组数个战斗群，在轻重机枪掩护下攻击前进。进迫至敌百余米时，发现敌布设的地雷区，绕过后，迫近敌开始猛烈攻击。经激战，毙敌约20余名，我负伤排长

---

[22] 中华民国史资料丛稿译稿《缅甸作战（下）》，第96页。
[23] 方国瑜：《抗日战争滇西战事篇》，第35页。
[24] 潘世征：《一寸河山一滴血——高黎贡山的战役》。据其战地通讯集《战怒江》，第80—81页。

1员、士兵9名,阵亡1名。[25]据侦察,该地守备之敌约500余,附山炮2门。[26]

28日午,116师师长赵镇藩偕346团团长张儒彬来到前线,视察南斋公房附近地形。见当前只有一条狭长深谷间隘路可通,两侧悬崖壁立,无法攀登,严重阻碍攻击进展,遂决心另辟新路,设法迂回至敌侧背,实施包围攻击。

清晨至中午,346团当面敌情无变化。午后,敌向我炮击数发。我第9连派兵向前搜索时,误触地雷,阵亡士兵1名,并炸毁步枪1支。第7、9两连继续与敌在隘路间对战,无进展。

傍晚,53军向116师下达命令:

着该师对南斋公房之敌,由两侧翼重新辟小路,即派轻装部队(带炒米三日份)行迂回包围攻击,正面以炮轰击,一举歼灭于隘路中。另派348团之□营,于明(29)日经百花林、蛮岗、龙塘、蛮黑河头、登山田,向南斋公房之敌南侧迂回,实施侧背攻击。

深夜,53军接奉集团军总司令霍揆彰命令:

该军以一部围攻南斋公房之敌;以主力速派390团进出路新,攻击江苴而占领之。该军攻击江苴时,应将河头寨、杨家寨、林家寨、郑家坡各附近道路彻底破坏,并派一部警戒,阻敌增援;小新寨、豹子洞、百花林之线,仍应派一部占领,掩护该军;对攻下江苴部队之给养,应事先在路新附近觅机场,以便派飞机投送。[27]

29日晨,53军向两师分别下达命令如下:

致赵师长:着该师(欠346团归军指挥,山炮第1连留2门配属该团,347团第1营归还建制)率347团于本日经大塘子、百花林进抵龙塘;348团暂驻韩龙附近,待明(30)日续进。

致张师长:着该师长率389团(388团为军预备队,仍留百花林),于本日推进至路新,并以390团之加强营挺进至长坡,相机占

---

[25]《陆军第53军由怒江至腾冲会战战斗详报》。据《保山地区史志文辑》抗日战争专辑之一,第122页。

[26] 方国瑜:《抗日战争滇西战事篇》,第35页。

[27]《陆军第53军由怒江至腾冲会战战斗详报》。据《保山地区史志文辑》抗日战争专辑之一,第123页。

领下村、小坝以西之高地；酌派一部在河头寨、大红木树附近，对左侧翼担任警戒及搜索；在路新附近寻觅机场，以便派飞机投送给养及弹药。

下午4时，于古兴寨军指挥所再补充下达合同命令：

军决心以一部围攻南斋公房之敌，以主力攻击江苴而占领之。

116师（欠346团，配属山炮兵第1连，欠2门配属张团）及第2野战医院，于明（30）日由蛮岗经新寨、龙塘、巴地、蛮黑河头、路新道路，在雪山（即路西北方高地）、长坡间地区准备攻击。

130师（欠388团，配属山炮兵第2连，欠2门），于明（30）日在路新、河头寨、大红木树间地区集结，准备攻击。先以390团攻占下村、小坝、大坝附近5186高地，掩护军主力集结，准备攻击；及对江苴附近行详密搜索侦察，并酌派一部在杨家寨、林家寨附近警戒左侧及阻敌增援。

山炮兵营（欠1、2连），于明（30）日经百花林、蛮岗（即芒岗）、龙塘、蛮黑河头，在路新附近停止，准备占领阵地；重迫击炮第2营，于明（30）日经百花林、蛮岗、龙塘、蛮黑河头、路新，在雪山附近停止，准备占领阵地。

346团（附山炮2门）为右侧支队，围攻南斋公房之敌。

388团为军预备队，暂位置于百花林，尔后经蛮岗、龙塘、蛮黑河头推进路新附近。

29日下午，又下达两师命令如下：

赵师长、张师长，388团刘代团长（刘甲三），搜索营潘营长（潘庭孝）：……29日晨命令暂不实施，略改部署：388团指挥搜索营全部，于明（30）日早以搜索营在核桃坪、马脑山之线担任警戒，以388团在龙塘、豹子洞、小新寨附近占领侧面阵地，确保军左侧背之安全；347团于明（30）日推进至蛮黑河头，策应130师，并联络龙塘附近之388团；116师师部及348团即停留现地，候令前进；130师师部在路新附近，该师应对杨家寨方面特别注意警戒；389团进出于雪山附近；390团进出长坡，对当面之敌须严密警戒，详细搜索侦察。

当日，346团主力位于黄青树以西地区，一部与敌对战。[28]午后4时许，敌六七十名，附重机枪3挺、迫击炮2门、轻机枪数挺，向我阵地逆袭。激战3小时后，敌伤亡20余名，不支退去；我伤士兵十余名，阵亡六七名。[29]

30日，南斋公房之敌七八十名向346团第9连攻击，激战两小时后，敌不支后退。此役毙伤敌约20余名，其中毙敌小田军曹1名；我伤亡排长以下10余名。[30]

午后3时许，53军向346团团长张儒彬下达命令：

该团（附山炮2门、重迫击炮2门）于明（6月1日）午时开始攻击南斋公房敌人。以一部运用步炮火力正面攻击；以一部由斋公房北侧小路迂回攻击敌之侧背，一举歼灭敌人，尔后进出岗房附近。

当日，53军接奉第20集团军总部命令：

……53军除以一部围攻南斋公房之敌，另以一部占领百花林、豹子洞、小新寨之线，对南警戒外，其主力应于明（1）日拂晓，对江苴、林家铺、岗房等处之敌攻击而占领之。进出龙川江东岸后，即以主力沿龙川江对西警戒，以有力一部由西向东夹击南斋公房之敌而歼灭之。

53军遵令后，16时于古兴寨军指挥所向各部下达命令，决心于明（6月1日）拂晓发起攻击，并推进指挥所于蛮岗。[31]

然而，6月1日，天雨雾浓。因炮兵、空军无法协同作战，346团仅对南斋公房之敌保持对峙。另派一连由右侧迂回，在南斋公房以北以土工器具开辟小径前进。[32]

2日，仍天雨大雾。346团对当面之敌攻击无进展，仍处于对峙状态。

午后3时，53军于蛮岗军指挥所又向各部下达合同命令如下：

---

[28]《陆军第53军由怒江至腾冲会战战斗详报》。据《保山地区史志文辑》抗日战争专辑之一，第123—126页。

[29] 方国瑜：《抗日战争滇西战事篇》，第35页。

[30]《陆军第53军由怒江至腾冲会战战斗详报》。据《保山地区史志文辑》抗日战争专辑之一，第126页。

[31] 同上书，第128页。

[32] 同上书，第130页。

116师（欠346团，附山炮第1连，欠2门），于明（3）日展开于下村、小坝以北地区，攻击岗房、林家铺附近敌人；并以一部攻击南斋公房之背后，遮断其联络线。留师搜索连骑兵排位置于巴地附近，对南戒备，掩护后方联络线交通。攻占岗房、林家铺后，向左旋回前进攻击敌人。

130师（欠388团）附山炮第2连（坏2门）就已展开之态势，确切与116师协同攻击江苴及其以西之敌，并以一部在河头寨、杨家寨、林家寨、新街各要点担任警戒，掩护该师左侧背安全，并阻敌增援。攻占江苴后，变换正面，由东向西攻击前进。

右侧支队346团（附山炮2门、重迫击炮2门），以一部由正面攻击南斋公房，一部沿北侧小路迂回攻击敌侧背，将敌包围于隘路中而歼灭之。尔后相机进出于岗房，协力军主力之攻击（此时该团归还建制）。

388团附搜索营（欠骑兵连，担任怒江渡口防务），在龙塘、豹子洞、小新寨附近占领侧面阵地，掩护军左侧背安全；并以一部进出核桃坪、马脑山、新寨担任警戒。

3日晨5时，南斋公房之敌向346团炮击20余发，敌七八十名借炮火掩护，向我第9连正面猛扑。经我反击，敌伤亡十余人，于6时许退去。午前11时，炮兵在黄篝附近进入阵地，开始对南斋公房敌据点工事试射。[33] 激战至14时许，该团将敌第一线阵地占领。敌退至山巅顽抗，该团迫近攻击，毙伤敌五六十名，我伤亡二十余人。此期间，自右翼迂回之第2连凭据既占之小山头，夹击敌之一部。[34] 至16时许，将敌制高点堡垒攻占两处。[35]

4日，346团依昨日态势继续向南斋公房进攻。

上午10时40分，炮兵对敌据点工事行破坏射击，而后以伴随火力支援步兵攻击前进。在我炮火制压下，步兵突破敌第一道障碍，

---

[33]《远征军炮兵指挥部各炮兵部队参加滇西战役高黎贡山亘腾冲地区战斗详报》。据《保山地区史志文辑》抗日战争专辑之四，第261页。

[34]《陆军第53军由怒江至腾冲会战战斗详报》。据《保山地区史志文辑》抗日战争专辑之一，第130—133页。

[35] 方国瑜：《抗日战争滇西战事篇》，第35页。

进而破坏第二道。此时，敌我以手榴弹互投，展开激烈近战。计毙伤敌三四十名（其中击毙敌军官深川村次大尉[36]）；我伤亡士兵十余名。因步炮协同周密，本日我军进展较大。[37]

5日，细雨浓雾交加。346团与敌数次战斗，无大进展。[38]午后3时，敌机炮射击甚烈，似有出击模样，我炮兵即向其行制压射击，约50分钟后，战况复归沉寂。[39]我即构筑工事防敌反攻，双方在阵地前对峙。[40]

6日，整日大雨，敌我无大战斗。[41]但据炮兵战斗详报记述：6日晨起，我步兵向南斋公房之敌阵地攻击，敌轻重火器向我前进之步兵猛烈射击，经我炮兵先后制压与破坏，并逐次以炮火诱导步兵攻击前进，友军奋勇冲杀，卒将南斋公房完全占领。[42]此说应属不确。

7日至9日，南斋公房连日阴雨浓雾，346团与当面之敌未发生激烈战斗，仅时以小部队与敌接触，战事陷入沉寂。[43]

53军主力进击江苴（5月26日至6月4日）

攻克大塘子后，53军主力沿南斋公房以南各山间小径向江苴推进。

130师主力出正西方向，5月26日，先头部队390团进至龙潭。因小路泥泞，派一个轻装营经路新、长坡向当面之敌搜索前进至巴

---

[36]据查《第五十六团将校职员表》中无此人。
[37]《远征军炮兵指挥部各炮兵部队参加滇西战役高黎贡山苴腾冲地区战斗详报》。据《保山地区史志文辑》抗日战争专辑之四，第261页。
[38]《陆军第53军由怒江至腾冲会战战斗详报》。据《保山地区史志文辑》抗日战争专辑之一，第133页。
[39]《远征军炮兵指挥部各炮兵部队参加滇西战役高黎贡山苴腾冲地区战斗详报》。据《保山地区史志文辑》抗日战争专辑之四，第261页。
[40]方国瑜：《抗日战争滇西战事篇》，第35页。
[41]《陆军第53军由怒江至腾冲会战战斗详报》。据《保山地区史志文辑》抗日战争专辑之一，第134页。
[42]《远征军炮兵指挥部各炮兵部队参加滇西战役高黎贡山苴腾冲地区战斗详报》。据《保山地区史志文辑》抗日战争专辑之四，第261页。
[43]《陆军第53军由怒江至腾冲会战战斗详报》。据《保山地区史志文辑》抗日战争专辑之一，第134—135页。

地；389团进至新寨；388团进至百花林。百花林、豹子洞、小新寨之线，由53军直属搜索营及116师347团之一营占领，担任军左侧背掩护。

27日，390团轻装营通过蛮黑河头，向江苴东南之大坝搜索前进；主力亦跟随前进。[44]

当时，第20集团军总部参谋杨纳福跟随130师388团开进。据其回忆：

"经过两天整补，主力部队即沿雪山小道，向江苴前进。雪山道路面狭窄，加之正值雨季，道路泥泞，不良于行。我跟随前进的是130师388团。在途中休息时，该团团旗插在地上，被风吹倒，该团团长（佟道）认为是不吉利，就掌捆该掌旗兵，并予以撤换；另外，该团长的乘马生病不前，亦就地予以枪毙，士兵纷纷以马肉果腹，可想当时食物缺乏的情形。"[45]——5月29日北斋公房日军曾生食马肉，殊不知我军吃马肉倒在先，可能比日军强些，是用火烤熟后食用吧。

28日14时，130师师长张玉廷于蛮岗接到先头部队390团报告：

团先头营于午后1时许已通过雪山，向长坡继续搜索前进中。江苴有敌步兵约千余，骑兵百余，山炮2门，均筑有坚固工事，外有铁丝网鹿砦；敌伤兵700余由江苴向腾冲运送；雪山至长坡沿途敌埋设地雷甚多；大坝、小坝、下村有敌出没。

张玉廷令该团继续搜索前进，并派工兵军官1员率兵3名，扫除雪山、长坡间地雷。[46]

29日13时，130师接奉53军命令：

着130师（欠388团）附山炮第2连（欠2门）于30日由路新至河头寨、大红木树间地区集结，准备攻击江苴之敌；并以390团先攻占下村、小坝、大坝附近5186高地，掩护主力之集结，准备攻击。同时，对江苴详密搜索侦察，并派一部在杨家寨、林家寨附近

---

[44] 方国瑜：《抗日战争滇西战事篇》，第36页。
[45] 国军史料丛书《抗战时期滇缅印作战（一）——参战官兵访问记录（下）》，第940页。
[46] 《陆军第130师由怒江至腾冲会战战斗详报》。据《保山地区史志文辑》抗日战争专辑之三，第19—20页。

警戒，掩护侧背并阻敌增援。

深夜，师长张玉廷于蛮岗师司令部向各部下达命令：

师（欠388团）附山炮第2连（欠2门）于明（30）日在雪山至大红木树间地区集结，准备攻击。390团先行攻占下村、小坝附近5186高地，掩护军主力集结准备攻击，并对江苴附近详密搜索侦察；389团于明（30）日以主力推进雪山、河头寨间地区，以一部配属工兵一班，担任林家寨、杨家寨附近左侧警戒，并阻敌增援；388团为军预备队，暂位置百花林；山炮第2连、高射机枪连，待道路修复驮马能行后即行前进，并与师确取联络；工兵连（欠一班）与军工兵营协同，务于最短期间内将龙塘至雪山道路修补完竣。

据侦察获悉，当面之敌为148联队一部及146联队第2大队[47]，约步兵1500余，山炮、步兵炮、速射炮各2门，重机枪10余挺，以岗房、林家铺、江苴、大鱼塘一带为主阵地带，均构有堡垒坚固阵地，企图顽抗。

奉师命令后，各团即开始行动。[48]

116师方面，以346团由53军直接指挥，追击南斋公房之敌，已如前所述；该师主力则进出雪山，于长坡、河头寨东方南北之线向江苴推进。29日，该师（欠第346团）附山炮兵第1连（欠山炮2门）、野战第1医院，自旧街经蛮岗、蛮黑河头、路新道路，在雪山、长坡间地区集结，准备攻击。[49]

30日，130师先头390团至长坡占领阵地，其余各部进至蛮黑河头及路新、雪山间地区。[50]116师（欠第346团）由龙塘经蛮岗、蛮黑河头至路新道路，在雪山、长坡地区准备攻击。130师（欠第388团）在路新、河头寨、大红木树间地区集结，准备攻击。[51]

31日，390团加强营将江苴东南5186高地占领，此处地势险要，

---

[47] 146联队第2大队不在江苴，应有误。
[48]《陆军第130师由怒江至腾冲会战战斗详报》。据《保山地区史志文辑》抗日战争专辑之三，第20页。
[49]《陆军第116师唐习山、大塘子、江苴、腾冲各战役战斗详报》。据《保山地区史志文辑》抗日战争专辑之三，第59—60页。
[50] 方国瑜：《抗日战争滇西战事篇》，第36页。
[51] 胡璞玉主编：《抗日战史》第二十九章缅北及滇西之作战（二），第159页。

可控制江苴。

据方国瑜撰述：此时，江苴有敌步兵千余，骑兵百余，炮数门，阵地多设铁丝网、鹿角砦、机枪掩体，均用三合土构成。敌以江苴为龙川江以东重镇，受伤官兵先送至此，再向腾冲运送。因我未能奇袭急进，使敌从容部署，加强其阵地。[52]

6月1日，390团与敌轻微接战，先后将下村、小坝占领；同时389团主力推进于河头寨、姜家寨、河边寨各附近，并以第3营展开于赵家寨高地之线。[53]当日，116师向雪山推进，进至蛮黑河头附近。

2日，390团冒雨攻击，与敌激战数小时，将大坝、杨家寨敌前进阵地占领。116师师部及348团进至路新；347团进至长坡，准备策应对江苴之攻击。[54]

当日午后3时，两师接奉53军命令：

116师（欠346团）附山炮一连于3日展开于下村、小坝以北地区，攻击岗房、林家铺附近之敌；130师（欠388团）附山炮第2连（欠2门），即以展开态势，确与116师协同，攻击江苴及其以西之敌；并以一部在河头寨、杨家寨、林家铺、新街各要点戒备，掩护该师左侧背安全，并阻绝敌之增援。占领江苴后，变换正面由东向西攻击前进。[55]

3日，347团在390团左翼下村东南之线，准备攻击林家铺、岗房之敌。是日，攻占江苴南面敌小据点数处。389团以一部攻击赵家寨以西杨家坡、新街之敌，经数小时之激战，将各该地完全占领；另以一部攻击蛮米（即曼米），随即渡过龙川江，攻占抗勐山。130师于夜间派工兵一部，将杨家坡南端桥梁破坏15米，使该桥无法为敌利用。[56]

此时，因道路泥泞，山势崎岖，重武器山炮尚在途中未到位，

---

[52]方国瑜：《抗日战争滇西战事篇》，第36页。
[53]《陆军第130师由怒江至腾冲会战战斗详报》。据《保山地区史志文辑》抗日战争专辑之三，第21页。
[54]方国瑜：《抗日战争滇西战事篇》，第36页。
[55]《陆军第130师由怒江至腾冲会战战斗详报》。据《保山地区史志文辑》抗日战争专辑之三，第21页。
[56]方国瑜：《抗日战争滇西战事篇》，第36—37页。

粮弹补给亦感困难,两师均未能乘势发动攻势,只是分别下达了攻击命令。

12时,130师师长张玉廷于箐门口师部向各部下达命令:

师(欠388团)附山炮第2连(欠2门),就已展开态势,确与116师协同,攻击江苴及其以西之敌;并以一部在河头寨、杨家寨、林家寨、新街各要点掩护左侧背安全,并阻绝敌增援。攻占江苴后,变换正面,由东向西攻击。

390团右与116师、左与389团确保联系,协同攻击江苴及其以西之敌;并控置两营兵力于5186高地至长坡、河头间地区。

389团附工兵一班,以一部与390团确取联系,协同攻击以西之敌,遮断敌交通;以一部在河头寨、杨家寨、林家寨各要点构筑工事,掩护师左侧背安全,并阻绝敌增援。[57]

16时,116师师长赵镇藩于长坡顶师指挥所向各部下达命令:

师(欠第346团)附山炮兵第1连(欠山炮2门)、第1野战医院,于明(4)日展开于下村、小坝以北地区,攻击岗房、林家铺后,向左旋回前进,攻击敌人。

347团为第一线,着于明(4)日8时展开于下村、小坝以北地区。攻击岗房、林家铺后,向左旋回前进,攻击敌人。

348团为师预备队,暂位置于雪山附近。

山炮兵第1连(欠山炮2门)迅速推进至白岩山附近,占领阵地,支援步兵攻击。[58]

据日军战史:4日,南下的藏重部队已进抵江苴街,以所配属的113联队第2、3大队为主力,在江苴东方阵地阻击53军主力的攻击。[59]

4日8时,130师390团(欠2、3营)由横寨子与赵家寨中间之线向江苴之敌进攻,先以步兵重火器实施破坏制压射击,掩护步

---

[57]《陆军第130师由怒江至腾冲会战战斗详报》。据《保山地区史志文辑》抗日战争专辑之三,第22页。
[58]《陆军116师唐习山、大塘子、江苴、腾冲各战役战斗详报》。据《保山地区史志文辑》抗日战争专辑之三,第60—61页。
[59]《ビルマに云南埋もれた战史——镇安街守备队》,第153页。石江辉译文。

兵攻击前进。激战 2 小时后，以一部由杨家寨东侧威胁敌侧背。上午 11 时，经两次冲锋，攻占杨家寨及其附近高地。午后 1 时，我步兵重火器被敌炮火制压，进展困难，遂与敌成胶着状态。[60]

此时，从左翼向岗房、林家铺攻击的 116 师 347 团取得进展。8 时 30 分，该团展开于下村、小坝以北地区，在轻重火器掩护下，向占领小坝山之敌猛烈攻击。9 时许，即将该地占领。师长赵镇藩当即令 348 团以一营进至白岩山附近占领阵地，与 347 团切取联络，其余在箐门口附近集结。[61]至 18 时，该方向战况趋于沉寂。

上午 11 时许，130 师 389 团以一部攻占马鹿冲及其以西高地，一部于赵家寨以北高地与敌激战。午后 1 时许，经数次冲锋，将明寨、高山附近高地占领。此时，敌以猛烈炮火阻我前进，遂呈对峙态势。午后 3 时，该团又以第 5 连掩护工兵班，将敌后方公路线之小江桥破坏两节，使人马不能通行，遮断敌增援路线；然我 5 名工兵阵亡 3 人、负伤 2 人。16 时 30 分，敌渗透部队 50 余名，窜入席家寨西方梁谷。389 团派第 6 连前往追击，击毙敌小队长西山大郎中尉 1 名[62]，毙敌士兵 30 余名，其余残敌逃窜。

20 时，据探报有敌千余、附炮 2 门，由大坪地向我左翼前进中。师长张玉廷即令 389 团变更部署，以第 1 连速于姜家寨、河头寨，第 2 营于河边寨、大红木树各附近构筑工事，以应付北进之敌；第 3 营于赵家寨、明寨、高山构筑工事，固守既得阵地。[63]

据方国瑜撰述，当日我伤亡军官 11 员，士兵 60 余名；毙伤敌约 70 余名。我获轻机枪 1 挺，步枪 2 支。[64]日军方面，仅配属藏重部队的第 113 联队第 2、3 大队即阵亡约 20 名，并有相当数量的负伤者。[65]

---

[60]《陆军第 130 师由怒江至腾冲会战战斗详报》。据《保山地区史志文辑》抗日战争专辑之三，第 23 页。
[61]《陆军第 116 师唐习山、大塘子、江苴、腾冲各战役战斗详报》。据《保山地区史志文辑》抗日战争专辑之三，第 62 页。
[62]据查《第五十六师团将校职员表》中无此人。
[63]《陆军第 130 师由怒江至腾冲会战战斗详报》。据《保山地区史志文辑》抗日战争专辑之三，第 23—24 页。
[64]方国瑜：《抗日战争滇西战事篇》，第 37 页。
[65]《ビルマに云南埋もれた战史——镇安街守备队》，第 151 页。石江辉译文。

第28章　藏重、松井部队合击江苴

（参阅附图5、附图21、附图22、附图25）

松井部队自红木树北上增援

当我军以重兵渡江大举反攻后，日军迫于兵力不足，以内线作战战术应对。内线作战的关键，在于以准确情报掌握战场态势，对危急情况做出优先判断，而后以所掌控的机动兵力快速救援，对敌各个击破。此前，日军藏重部队已北进解救桥头，未多逗留即行向南返转，又在瓦甸以东击破36师。此后，其应急作战目标何在？

据日军战史：

至6月3日，日军已将瓦甸、桥头街附近之远征军（指54军）全部击退到高黎贡山中。但此时在南方的第53军主力方面，强敌正由各间道（即垭口隘路）逐次渗入，前出到龙川江河谷的江苴街东南地区。

第56师团长松山祐三企图继续围歼该敌。命令藏重部队击破第36师后即刻南进，由北攻击眼下正在江苴街东南高黎贡山脚构筑阵地之敌；同时由红木树正面抽调松井部队主力（松井大佐指挥的武田大队基干部队——第113联队第1大队，大队长武田淑文大尉），沿高黎贡山脉西侧道路北进，由南攻击远征军背后。

由红木树方面抽出松井部队主力，就几乎等于把该方面弃守开放，但师团长是冒此风险，断然实施的。松井大佐乘此时机，将一部留在红木树附近要地,率领主力长驱突破艰难山地,前出到江苴街以南。[1]

——据载,也就是在6月3日傍晚,113联队长松井秀治大佐在相膊子(即象脖子)决定,令联队副官真锅邦人大尉、第4中队长辻义夫大尉、第6中队长高桥九州男大尉、速射炮中队长古手川与一大尉、联队炮中队小队长福田国夫中尉等负伤军官,率第4中队一个半小队、速射炮中队主力及前段战事受伤者共约300人返回松山,加强拉孟守备队的防御。而自己则亲率联队本部、第1大队主力〔欠第1中队主力及机枪中队一个小队(2挺)〕、第4中队一个小队,第6中队两个小队,联队炮中队(2门)及通信中队主力北进江苴,从此再未回到松山。[2]

由此可见,日军此次是以藏重、松井部队从南北两路对进,夹击已进至江苴东南之第53军。特别是将此前据守红木树的松井部队主力北调,冒着弃守此地的风险孤注一掷。那么,对于担负攻击红木树的新39师加强团来说,无疑是一次难得的战机。

该方面战况如何?暂且搁下不表,先集中笔墨叙述江苴战事。

据日军战史称:6月5日,日军从南北两路夹击53军,"大有第一次反击作战期间决战之势";同时评价说,"远征军抵抗极其顽强"。对于南北两路日军的作战效能,日军战史也做了自我评价:"由北攻击的藏重部队的战况,虽处于忽进忽止的苦战中,但各部队浴血奋战;特别是松井部队的奇袭奏功,终于击破第53军主力,迫使其败逃高黎贡山内。"[3]

在措辞严谨的日军战史中,所谓"忽进忽止的苦战"已经是隐含的批评,可见藏重部队此番表现一般;而"奇袭奏功"的松井部队,则被大大地肯定和表扬。

日军战史的这一记述,对于53军而言自然是一面镜子,从侧面展示了我南北两路迎敌部队表现之优劣。

---

〔1〕中华民国史资料丛稿译稿《缅甸作战(下)》,第94—96页。
〔2〕[日]松井秀治:《缅甸从军——波乱回顾》。转引自《ビルマに云南埋もれた战史——镇安街守备队》,第150页。石江辉译文。[日]太田毅:《拉孟——玉碎战场の证言》,第99页。
〔3〕中华民国史资料丛稿译稿《缅甸作战(下)》,第94—96页。

116师主力迎击藏重部队（6月5日至7日）

据116师战斗详报：

5日6时许，116师（欠346团）当面之敌增加500余名，向我反攻，战斗至为剧烈。同时，另有一部约百余名之敌，由岗房、林家铺方面渗入下村东南方地区及师指挥所附近，施行奇袭。当即令师部特务连、搜索连及348团之一营予以堵击，战约8小时，始将渗入之敌击溃，于小高地呈对峙状态。[4]

方国瑜撰述记为，"116师之特务连、搜索连伤亡殆尽；旋以第348团之一部增援，于下午3时将敌击退"。[5]

关于116师师部与日军遭遇发生激战，特务连、搜索连伤亡殆尽之事，曾为该搜索连老兵的蔡斌有所回忆，但他将日期记为5月28日。经查116师战斗详报，5月28日仅"346团续攻南斋公房"且"进展甚微"，并无其他重要战斗记述；而像师部遭袭，直属连队参加战斗并伤亡惨重的情节，无论如何是会在战史中记上一笔的。

因此，笔者推定蔡斌的回忆时间有误，其战斗经历应是6月5日开始——老兵口述资料的特点是，时间、地名可能有误，但战斗细节却有难以想象的真实感。

蔡斌为湖南省浏阳县古港区溪江乡长溪村人，于53军驻湘西期间入伍。后来，53军在桃源县奉命纳入远征军序列，于1943年春开入滇西。1944年初，蔡斌为116师搜索连上士班长。据其回忆：

……我们搜索连奉命直插江苴徐家寨，堵住南下增援的日军部队。当时我连是个加强连，有4个尖兵排，1个骑兵排（渡江前马匹都留在了江东）；每排5个班，共320多人。

6月5日中午，我连进入徐家寨背后大尖山（非怒江边的大尖山）的荞麦地时，发现日本兵正黄压压地从四面八方向我们围拢来。

---

[4]《陆军第116师唐习山、大塘子、江苴、腾冲各战役战斗详报》。据《保山地区史志文辑》抗日战争专辑之三，第62页。

[5] 方国瑜：《抗日战争滇西战事篇》，第37页。

我们已陷入日军的重重包围。我们这个连，都是七八年以上的老兵，在北方和湖南都与日寇较量过，有较丰富的战斗经验。看到日本兵端着三八大盖上了刺刀，气势汹汹地从四面八方围拢来，都面不改色心不跳。我们的七九步枪也都上了刺刀，准备和日寇拼了。

我趴在半成熟的荞麦地边，看着日本兵戴着钢盔，背后背了一个沉重的大背包，加上水壶、小钢锅，鼓鼓囊囊地挂了一身，和在长沙会战时的日军一样。本想开枪先打死他几个，但连长有命令，不准开枪，一律要用刺刀捅，叫小日本也尝尝咱中国人刺杀的厉害。日本兵也不打枪，雄赳赳地向我们扑来。眼看只有四五步了，突然背后"呀——呀——"地吼起来，我猛回头一看，弟兄们已和日本人干起来了。我刚一回头，一个日本兵的刺刀正向我的腰部刺来，我就地一滚，躲过了他这一招，随着一个弹跳，大吼一声："杀——"一个突刺，直插进日本兵的右肋。我趁势一扭枪身，刚拔出刺刀来，另一个日本兵从侧面冲过来，往我的下腹部又刺来，我一个"防下刺"，顺势一枪托，把这个日军的下巴和牙齿都打飞了。

此时一百多个日本兵和两百多个中国兵在荞麦地里扭成了几十团，战斗十分激烈！我亲眼看见一个日军把刺刀捅进我们一个兄弟的肚子里，还没等拔出刀来，我们的排长高玉成从日军身后，一刀插进他的肋间。另外两个日本兵又从左右把刺刀扎进排长的肚子里，排长丢了枪，一只手握住一个日本兵的枪管，正在拉扯之时，一位贵州的苗族战士，叫区来光的，飞奔了来，一刺刀捅了一个日本兵，又一枪托，击碎了另一个日本兵的脑袋。这一切，只发生在几秒钟内。待我赶到，这五个人已滚成一堆，都快死了，只有鲜血突突地往外冒，把他们都泡在血水里。

我们连长高玉功，此时已杀红了眼，他的衣服被撕得稀巴烂。这位身经百战的抗日英雄，正挥舞一把英国造的大弯刀，"呀——呀——"地吼着，像一头发了疯的狮子向日本兵扑去，东砍西剁，势不可当，给了我们巨大的鼓舞。突然有三个日本兵挺着刺刀向我逼来，我在后退中被死尸绊倒了，眼看就要丧命，不料连长横空劈下一刀解了围，把中间那个日本兵的头从耳根到脖子砍去了一半，又一刀，将另一个日军的手砍断。我就势抱住第三个日本兵的脚把他拖倒，两人滚在一起，连长不好下手，生怕一刀下来连我也被剁了。他丢开刀硬来卡日寇的脖子，我拔出匕首，一刀捅进了敌人的心口。战斗到最紧张的时候，骑兵排长姚法聪率领他的预备队从荞麦地后的山头上冲下来，他们挥舞着寒光闪闪的马刀，大显神威，杀得还活着的日军退下山去了。

这时雷电交加，大雨倾盆而下，雨水裹着鲜血，滚滚向山下流去。还没有断气的日本兵和我们负伤的弟兄，倒在地上两手紧紧地抓着荞秆根，连荞秆都在抖。有几个趴着的日本兵，疼得用手把地下都抓成了坑，但他们就是不哼一声。

天黑了，我们又冷又饿，便摸索着在日军的尸体上翻寻罐头和干粮。连长组织人把一部分伤员送下去（可恨的是，当时几个当兵的，把伤员送到后，在归队的路上开了小差）。

我被连长指定为代理排长，把剩下的二十多人编为三个班。我们互相鼓励着，要为牺牲的弟兄报仇；即使死了，也要为中国人争口气，只要不亡国，我们的英名就永存了。

第二天（6日）太阳刚出，日军的山炮、迫击炮把荞麦地轰得掀过来。昨天留在荞麦地上的许多尸体也炸成稀烂。炮一响，我们都跑进荞麦地四周的树林中，炮一停又退回荞麦地，因为在荞麦地上拼刺刀才耍得开，干着才过瘾，看着日寇龇牙咧嘴的死样才解恨！

炮一停，我们刚退到荞麦地边，日军又冲上来，我们端了刺刀狠狠地扑过去。由于我们全身裹满了血和泥，血红的眼睛闪着复仇的怒火，这拼命的神情把日寇吓懵了，经过短时间的拼杀，日军终于败下去了。

我们已无力构筑工事，也不想构筑工事，拼刺刀嘛，要工事干什么！只是连长一有空就抱着死去的弟兄们哭："我的兄弟呀！我的老兄弟呀！"我们又感动，又难受！

第三天（7日）打退敌人的最后一次进攻后，荞麦地上都布满了尸体，每一步都是踩着死尸走。下午，运输连上来打扫战场，发现我们还有13个人活着，但已经冷、饿、累得不能行动了，只好两人扶一人的搀着架着走。谁知我们的连长，这个从东北抗击日寇直打到云南的英雄，竟气疯了，他抱起一个弟兄的尸体大哭起来，

许多人都拖他不动，我们痛哭，连运输连的人也跟着哭了。突然，"乒！"一声，他自尽了，他用手枪击碎了自己的头颅……[6]

——居住在腾冲北郊油灯庄的当地史志作家段培东，1959年被错划为"现行反革命"，曾与"历史反革命"蔡斌一起坐过8年牢。蔡斌曾给他讲述了这段往事，并托付他记下来。段培东后来在其他文章中，又将搜索连连长的名字记作"王玉功"。据云这位连长打仗时常使一把英国造弯刀，人称"活关公"。关于他自杀的情景，段培东曾有如下补充：

"负了伤的兵，收拢来，摆在一溜，点点一共还有12个人，连他（指连长）自己13个。然后他就痛哭，含着眼泪说：'弟兄们，你们活着的是英雄，战死的弟兄也是好汉'，又说'我先走一步，我不能让到了阴曹地府的弟兄们无人收管，你们今后战死了以后，还来找我报到。我们这一代中国人活着要和日本鬼子打上33天，死了要和日本鬼子打到18层地狱，你们今后干死以后还到我这儿报到，我走了'。啪一枪，就倒下去了。"

大尖山血战后，运输连的弟兄把我们活着的13人搀扶到师部，尽管弄来了猪羊肉，但我们的手抖得不能拿碗筷，张开的嘴合不拢，合拢的嘴张不开，弟兄们就烧起大火给我们烤。正烤着，师长赵镇藩来看我们了，说："还有13个人，都当搜索连的官吧。"[7]

从蔡斌的回忆看，至少其所在的116师搜索连战斗力不弱，其原因也许如他所特别介绍的："我们这个连，都是七八年以上的老兵，在北方和湖南都与日寇较量过，有较丰富的战斗经验。"到1944

---

[6] 蔡斌（述），段培东（记）：《血染大尖山　光复腾冲城》。据《腾冲文史资料选集》第一辑抗日战争专辑，第113—116页。据查《第20集团军腾冲抗日阵亡官佐名录》：姚法聪为中尉，河南滍池人，应在后续战事中阵亡，时间地点不详。然在116师阵亡军官名录中无高玉功、王玉功，而有王奇功上尉，河北平谷人（今属北京），推测前两个名字应为误记。名录中无排长高玉成名字，推测高玉成虽受重伤但并未牺牲。
[7] 蔡斌（述），段培东（记）：《血染大尖山　光复腾冲城》。据《腾冲文史资料选集》第一辑抗日战争专辑，第113—116页。

年，一个连队的士兵都是七八年的老兵，这样的情况实属罕见，也许是作为师直属连队才有的特例吧。

1985年，蔡斌刑满释放后，在油灯庄再次找到段培东，并希望段培东能陪自己去龙川江边[8]祭奠死去的战友。段培东说："他用草纸剪了一个大弯刀的形状，到这个阵地上去悼念他们的连长，跪在那个地方，用胸口贴着地，两只手扒着，就有点像西藏人去朝圣的那么一种姿势。二十来分钟，在那个地方就趴着不动，当时我只看到他后背起伏，后来才发现他哭了，无声地哭。他起来的时候，脸上眼睛下边，弄到那么一摊都是湿的。"

蔡斌出狱之后，定居在腾冲郊外的一个村庄里。他当年的那段历史，村里很少有人知道，因为语言不通，十几年间蔡斌很少和村里的人来往。后来他索性住到了山上去当了护林员，更是一个人独来独往，沉默无语。在油灯庄他唯一的熟人，就是和他一起坐过8年牢的段培东，段培东是他心中那些惊心动魄的故事唯一的、也是最后的听众。

据段培东回忆，蔡斌临终前三天，又跑来找他。说：培东，还有些抗日战争的小故事没有讲完，我感觉我快要死了，我再讲出来你再帮我记一记。此时段培东发现，已经78岁的蔡斌，说起当年抗日的往事，竟依然神采飞扬。蔡斌在弥留之际的最后心愿是，希望段培东把远征军在滇西抗战的故事整理出来，留传给后人。[9]

130师阻击松井部队失利（6月5日至9日）

6月5日拂晓，北进增援的松井部队之尖兵第2中队与乘马小队联系，占领了腰子寨北方高地，以掩护主力开进，并对长坡南方我军阵地及道路状况进行侦察。松井部队本部紧随第1大队开进，

---

〔8〕 原文为怒江边。但按蔡斌所述，此次战斗地点在江苴徐家寨附近，或116师战斗详报所记"下村东南方地区及师指挥所附近"，应该在龙川江边祭奠。

〔9〕 凤凰网文章《六旬老翁25年访遍滇西老兵30万字记录抗战》。http://www.360doc.com/content/080808/17/66479_1523620.html。

于中午12时到达腰子寨，进行战斗准备。[10]

据130师战斗详报：

5日拂晓，右翼敌百余窜至箐门口东北高地，企图遮断我后方通雪山要路。师急令师属特务连、搜索连、工兵连竭力拒止该敌；继至军以预备队348团增援向敌攻击，得维持现状。同时，师令390团之一营向敌右侧背攻击，以资策应。至午后6时许，敌继续增加，炮火益烈，双方激战，390团第1营亦受敌压迫移至长坡附近。

据载，当130师正面战斗紧张之际，牛屎坡（今背阴山）方向发现敌人约二三百人，尚有后续部队约千余人前进中。为顾虑左侧背安全计，乃又派389团一营确占领河头寨附近，拒止该敌。[11]389团奉命后，以主力确保原阵地，以一连前出阻击牛屎坡方向北犯之敌。12时许，该连到达牛屎坡附近，与向大坪地、大红木树北进之敌200余遭遇，被敌压迫退回原阵地。午后5时许，敌陆续增援至千余，已迫近389团阵地前，该团集中炮火向敌猛射，敌亦还以猛烈炮火，战斗至为激烈，我守兵沉着应战，敌未得逞。[12]

在130师战斗详报中，除了"389团一连……被敌压迫退回原阵地"一句，几乎看不出当日战事中发生了怎样的重大变化。但在53军战斗详报中，则坦率记述："本（5）日黄昏后，牛屎坡方面敌人进攻异常猛烈。军为主力方面避免不利计，决将左翼之部队变更为守势钩形之态势。"

如前所述，"守势钩形"这个概念就是放弃阵地退守的隐含表达。

当晚21时许，军长周福成下达两师的具体命令为：

致张师长：着该师（欠388团）配属348团，在长坡、大红木树、河头寨之线占领阵地。以348团占领长坡至大红木树（不含）间地区；特须注意，以389团占领大红木树南北之线，右与348团、左与390团确保连接；390团固守河头寨以南地区，左至雪山底。即

---

[10]《ビルマに云南埋もれた战史——镇安街守备队》，第151页。石江辉译文。

[11]《陆军第53军由怒江至腾冲会战战斗详报》。据《保山地区史志文辑》抗日战争专辑之一，第133页。

[12]《陆军第130师由怒江至腾冲会战战斗详报》。据《保山地区史志文辑》抗日战争专辑之三，第24页。

迅速变更以上部署,构筑工事,并特别注意河头寨为要。

致赵师长:贵官率347团为军总预备队,位置于雪山西口,并以一营坚守路口;348团配属130师,在长坡、大红木树(不含)附近占领阵地。[13]

实际上,周福成的这一命令,是基于130师已经在事实上放弃了左翼阵地。

对130师在当日战斗中的表现,116师在战斗详报中也予以了指责:

"本(5)日第347团与敌激战竟日,因友军(指390团)之不协力,致伤亡重大。加之粮弹补给困难;同时接悉130师通报称,牛屎坡有敌约二三百人,其后续部队约千余人。当即电告军长。"

347团与130师部队并肩作战,但130师战斗详报中对该团却只字未提。因为347团伤亡大,周福成才令116师师长赵镇藩重新掌握该团为军预备队,退至雪山西口稍事休整;而又将此前的军预备队348团拨归130师指挥。此后,即有周福成"变更为守势钩形"的命令。

深夜23时,116师奉命后即以主力向雪山转进,并在该地占领阵地,对河头寨、牛屎坡、大红木树方向警戒;以一部(348团)就现占领线归130师指挥。

24时,130师师长张玉廷亦接到军长周福成电话,大意为:"116师率347团转进至雪山,348团即归该师指挥。"鉴于"连日激战,大雨连绵,粮弹缺乏,士兵冻馁,三面为敌包围,全盘不利之状况",张玉廷即于6日凌晨1时向各部下达退却部署命令:

师以决战防御之目的,在白岩山、箐门口以北及以西高地占领阵地,相机歼灭当面之敌。

348团就现有之态势,在白岩山、箐门口以北高地占领阵地(对北)构筑工事,拒止当面之敌;389团在箐门口以西高地至箐门口南方高地之线(对西)占领阵地构筑工事,拒止当面之敌。作战

---

[13]《陆军第53军由怒江至腾冲会战战斗详报》。据《保山地区史志文辑》抗日战争专辑之一,第134页。

时，两团应确取联络。390团为师预备队，在箐门口以东雪山西麓构筑第二线阵地。

各部奉令后即开始行动，于翌日晨5时以前变更完毕。[14]

然而，日军战史的记述是：6日天未明，第1大队（大队长武田淑文大尉）占领长坡东方高地，向敌侧背攻击前进。于拂晓浓雾中，发现从东方谷地前出的敌军，并予以出其不意的攻击——而张玉廷向130师下达退却命令是凌晨1时，可想彼时尚未与敌发生激战，即以超级灵敏的"压迫反应"决定提前撤退了。第1大队与退却中的130师仅交战约两小时，其第1机枪中队长吉村（隆介）大尉遭我迫击炮炸毙，另有7名士兵阵亡。[15]

130师退却后，松井部队即从开放的通道继续北上，进入江苴。

当然，以130师抵御松井部队千余之敌攻击，确实有力所不逮之处。潘世征在战地通讯中记述："5日，敌113联队自长坡以南之牛屎坡，向我背面作渗透战，我130师腹背受敌，乃撤退至雪山。此役敌攻势凶猛，为其昙花一现之最后反攻，我军为避免损失，遂退回雪山……"[16]美军战史中，对于江苴之战也有如此记述："位于瑞丽江边的江苴，于6月初被中国军队占领。但是日军于6月5日反击，迫使中国军队退出该地……日军江苴守备队在得到增援后，又开始了一系列的反击，虽然有一些成效，但是未能减轻中国军队对此地的压力。"[17]这一记述，与潘世征的"昙花一现"说彼此佐证。

且看后续战事进展：

6日，各部依照调整后的部署占领阵地，与敌交战。牛屎坡向我进扰之敌，沿丹阳寺山路向其东方高地挺进。其主力在丹阳寺、5766高地中间地区向我以猛烈炮火射击；其先头将迫进雪山，并以炮火封锁我至雪山之道路。经以348团一部，将包围我左翼之敌击

---

[14]《陆军第130师由怒江至腾冲会战战斗详报》。据《保山地区史志文辑》抗日战争专辑之三，第24—25页。
[15]《ビルマに云南埋もれた戦史——鎮安街守備隊》，第151页。石江辉译文。
[16] 潘世征：《一寸河山一滴血——高黎贡山的战役》。据其战地通讯集《战怒江》，第81页。
[17] 美国战史《怒江战役的完成》，戈叔亚译。笔者据美国新闻处编《怒江战役述要》校订。

退,此后战况遂成胶着状态。[18]

据日军第113联队第1大队长武田淑文撰述:此时,日军俘虏我军落单士兵一名,审讯时该士兵欲逃跑,日军值勤士兵即以刺刀戳穿了其胸膛,但该士兵仍带伤逃走。日军以为该兵反正活不了,没有去追。然而中午做饭时,下山的日军士兵发现该伤兵仍在山下一千米处山谷间的一间土屋内痛苦喘息,遂予以射杀。武田为此感叹:"人的生命之顽强,至今想起我都深深震惊。"[19]

据日军战史:当日,南北两路日军会师,"藏重、松井两联队长在江苴街握手,互致谢意"。[20] 鉴于此地危情解除,夜半时分,江苴之敌约六七百人,即以汽车向瓦甸火烧寨移动,继续北进增援。

7日,130师(欠388团)附348团在雪山西侧阵地,与敌战斗甚为猛烈;并抽派有力部队由左翼反击,将丹阳寺东窜之敌击退。

中午,军长周福成电令130师师长张玉廷:

该师须确保现在阵地,并抽派有力部队驱逐当面之敌,恢复长坡、河头寨之线。攻击情形随时具报。[21]

8日晨,敌三四百人进犯5766高地,被389团击退。[22] 116师(欠346、348两团)附388团第2营,则在雪山附近构筑工事,严行戒备……

9日,130师正面无激战,仅以小部队与敌接触。

中午时分,军长周福成决心再变更部署,向两师下达命令如下:

致赵师长:116师(欠346团)配属390团及山炮兵第1连,坚守雪山附近地区。以390团守备通长坡之雪山西侧山脚附近地区,以一团主力右接390团左翼,对南方及西南方守备雪山,及以一营守备5860高地各要点、各路口,并特别注意对左侧背之戒备。又,

---

[18]《陆军第53军由怒江至腾冲会战战斗详报》。据《保山地区史志文辑》抗日战争专辑之一,第134页。

[19][日]武田淑文:《龙の部》。据《ビルマに云南埋もれた战史——镇安街守备队》,第225页。石江辉译文。

[20] 中华民国史资料丛稿译稿《缅甸作战(下)》,第94—96页。

[21]《陆军第53军由怒江至腾冲会战战斗详报》。据《保山地区史志文辑》抗日战争专辑之一,第134—135页。

[22] 方国瑜:《抗日战争滇西战事篇》,第37页。

路新为通敌要冲，须按置一营兵力守备之，限即刻构筑坚固工事，并经常派小部队向敌方之白岩山、长坡头、长坡、河头寨、牛屎坡及青崖子5876高地（或派一排占领）搜索敌情。388团雪山之第2营第6连，路新之第3营主力派兵接替后，该团之第2、3营归还建制。将详细配备兵力位置及现地之地形迅速报军。

致张师长：130师（欠388团）主力守豹子洞、新寨附近，一部守备巴地。390团配属116师，将防务交替116师后，即集结于新寨、龙塘附近待命。候该师到达龙塘后，388团即归还建制。[23]

这一部署的基调为，令130师退二线，由116师接替防务。当日，各部即遵上令行动。

据130师战斗详报，"130师到新寨后，师长张玉廷因病去职，所遗师长职务由副师长王理寰代理"。[24]这看似平静的记述披露了一个重大情况：张玉廷被阵前免职了，但果然是"因病"吗？

曹英哲在其撰述中，曾客观地叙述导致张玉廷去职的这场战事：

"6月5日，藏重、松井两部几乎是当时56师团全部6个半步兵大队中4个步兵大队的兵力，南北呼应，会师江苴。130师见而心惊，不战而败退。"[25]曹英哲强调了日军兵力之重，但实际上南北两路日军兵力是大致相等的，在北路阻敌的116师并未因此而导致师长赵镇藩去职。

53军副参谋长夏时，则直言不讳地指出："张玉廷因在滇西江苴街战役中擅自退却，遭撤职处分，由王理寰升师长。"据其撰述：

"江苴街是高黎贡山西侧一个较大的村落，敌人盘踞已久，工事极为坚固。师部三位指挥官（指师长张玉廷、副师长王理寰、参谋长王冠英）虽已面临敌阵，却不敢立即发动进攻。因为他们一看到敌人坚固工事，就失去了作战的决心和信心，又怕背后牛屎坡方面

---

〔23〕《陆军第53军由怒江至腾冲会战战斗详报》。据《保山地区史志文辑》抗日战争专辑之一，第135—136页。

〔24〕《陆军第130师由怒江至腾冲会战战斗详报》。据《保山地区史志文辑》抗日战争专辑之三，第25页。

〔25〕曹英哲：《抗日名将叶佩高》第二卷《桥头马面关战役评析》，第85页。

敌人前来增援,有腹背受敌的危险。于是,他们就放弃进攻,率领第130师由原路退入高黎贡山。

"这样一来,不仅影响整个战局的进展,而且130师的广大官兵也遭了殃。他们一退退到高黎贡山的顶巅,气温骤降,大雨不止,没有雨衣的士兵就有冻死的危险。加以空气稀薄,难以举炊,部队得不到熟食,很多人都病倒了。"[26]

由副师长升任代师长的王理寰,亦曾明确指出:"张玉廷因指挥失当,军长周福成商请长官部撤其职,长官部允调其为长官部高参……"[27]此处披露的信息是:周福成对张玉廷不满,因为是由其向长官部商请,而非长官部获悉战报后下令查处。

由于可以想见的原因,因指挥官责任而导致作战不利的情节,在部队战史中几乎看不到详细准确的记述;甚至连失利的战事本身,也会在行文中遮遮掩掩,令人难窥端倪。在这种情况下,重要亲历者的记述,也许是把握真相唯一可以凭藉的材料,尽管这些记述仍带着"传说"的味道。此处,不妨通过另一则记述,看看远征军司令长官卫立煌对此事的处理:

据说,周福成获悉130师擅自撤退后勃然大怒,立即商请远征军长官部撤去张玉廷师长职务。基于"照顾面子"考虑,长官部签署的意见为:"允调张玉廷为长官部高参。"

对此,卫立煌是这样解释的:"中国人不仅要讲理,还要讲情,合起来就叫情理。张师长干到今天容易吗,一个命令撤了他很容易,但一个人从此就完了。能给人留路时还是要留的……"[28]

超链接7:"委座"电头电报小析

在反攻作战期间,最高统帅蒋介石曾多次致电前方将领,除远

---

[26] 夏时:《滇西纵谷地带的反攻战》。据《远征印缅抗战——原国民党将领抗日战争亲历记》,第369—370页。

[27] 王理寰:《卫立煌率师反攻滇西》。据《远征印缅抗战——原国民党将领抗日战争亲历记》,第378页。

[28] 许敏:《大战场 小细节》,第201页。

征军司令长官卫立煌及两个集团军总司令霍揆彰、宋希濂外，有的甚至发到关系亲密的军长。这些"委座"电头的电报，除了少量为签署下达参谋本部拟定的作战方案和部署，大部分为向将领们指导战术要领、提示作战注意事项。以前屡有耳闻，蒋介石对于战事关注、过问"很细"，从滇西反攻战事中可以较强烈地感受到。实际上，当时蒋介石对于东线豫湘桂战场的关注，还远在滇缅之上。

这里不妨将这些"委座"电报大致依时间开列出来，以便了解战时最高统帅最关注哪些问题。实际上，在这些电报中展示的不仅是统帅的性格和思维特点，更多地显示出其对于部队现状的了解程度及解决问题的方式：

委座卯有（4月25日）电：第2、第71各军此次强渡怒江之各加强团，每团兵数必须照编制充实，并须各拨一个加强营跟随各该团前进。其输送队，更应将各该军所有之输力，尽量拨补，总使各该加强团能远程挺进，供应无缺，达成其阻绝敌军后方之交通，勿使畹町以南之敌军，增援于龙腾，并能使我军完成占领龙腾之目的。希以此电由弟携往前方，面示王、钟二军长及其师、团长，并派最有能力之师长，渡江指挥。此次出击，不仅关于国军之荣辱，而且抗战全局之成败亦系乎此。故各级将领应竭智尽力期在必胜，各该加强团对于其任务与战术及其各种行动，务召集其各级官长，由军部切实研究指导，勿使稍有贻误，总使奇正虚实，分合进退，勿失机宜，至少各营应配给其无线电三架，使之各连派遣单独作战时，皆能切实联系，随时分合，俾得以一当十，发挥最大之功效也。中正手启。[29]

委员长卯宥（4月26日）戎机渝电：1. 此次渡河出击之胜负，有关国家之存亡与革命之成功，而54军尤为主攻方面之中坚，务希竭智尽忠，严申纪律，有进无退，达成光复腾冲之使命。2. 此次战术方面应注意者两点：A. 先觅敌寇之野战军予以彻底之打击，然后再攻略其大小据点。B. 与空军之联络必须切实而周到，对空军与陆

---

[29]《中华民国重要史料初编——对日抗战时期》，第二编作战经过（三），第472页。

军协同动作及陆空联系通信之灵活，必须有切实周到之准备，而且对此准备不厌其详。如能在出击以前，陆空协同作战能实习几次，则其效必大。以攻击据点如能获得空军之协助，尤其俯冲投弹时，我陆军能不失时机，乘势突击，冲入据点，则事半功倍。务希于此特加注重为要，并以此电意，转告53军周军长及其赵、张二师长，与54军李、叶各师长、副师长各参谋长，及各团营连长。全体官兵，奋斗牺牲，发扬我革命军之荣誉，以慰我总理与阵亡先烈在天之灵也。[30]

委座辰梗（5月23日）令一元远电：一、尔后攻击应多用渗透战术，对敌坚固据点应派必要兵力围攻，主力则向目标迂回前进，切不可为敌之一部抑留。但对沿公路敌则集中重武器一举攻略，再行推进。二、各部队在攻击进展中每占一地，即须构筑工事，以防敌反攻。

委座辰迥（5月24日）令一元代电：查火器之进步，筑城之重要性，亦随之而大增。惟国军一般多忽视筑城之价值，致已筑之工事，率多不能适合于战术及技术上之要求，无论攻守作战，难期达成预期之结果。考其原因，概由于部队平时缺乏筑城训练。一遇构筑工事，大量征用民工，不仅工事之结构与构筑难期适用而耐久，反而坐失部队之教育好机。兹特通饬各部队，嗣后构筑工事应用部队，以期于工作于训练。而以各兵种最低限度，均能熟练本兵种之工事为主。各级官长亦须实施体会，细心研究，以期有所改进。至征用民工，非特经本会核准者，不准使用。除分电外，仰即转饬所属，一体遵照。

最高统帅指导至战术细节问题，可见其已痛感部队作战暴露出的典型战术弊病：一是顾虑重重，攻击迟滞；二是疏于防御，屡次丢失既占阵地。总之，显示出其希望部队迅速取得重大进展的急切心情。循循善诱如此，若部队仍作战不力，就只有重申战场纪律一途了。当时国军的战场纪律叫做"连坐法"——

---

[30]《中华民国重要史料初编——对日抗战时期》，第二编作战经过（三），第474页。

委座巳宥（6月26日）手启：除国军抗战连坐法应彻底奉行外，兹更补充数点：1. 连长未奉命令擅自退却者，其营长可报告团长核准，立即将其连长军法从事。2. 营长未奉令擅自退却者，团长可报告师长核准，立即将其营长军法从事。3. 团长未奉命令擅自退却者，其师长可报告军长核准，立即将其团长军法从事。4. 师长未奉命令擅自退却者，其军长可报告总司令或司令长官核准，立即将其师长军法从事。5. 军长未奉命令擅自退却者，其总司令或司令长官可报告本委员长核准，立即将其军长军法从事。其他各级军官皆依次类推。以勉全体将领，以身作则，躬亲前线，与将士同甘共苦、共生死，以坚强不屈之精神与必死之决心、必胜之信念，扼守城池或据点，只许与城池、据点同尽，不得以任何藉口擅自退却。盼全体袍泽，尤其高级将领，一心一德以图之。[31]

---

[31]《陆军第54军滇西攻势作战机密日记》（未刊档案）。

第29章 战场侧翼：片马、红木树

(参阅附图33、附图21)

片马（5月27日至6月13日）

实际上，片马方向战事，焦点不在前述"茶里游击队"与敌对峙的片马，而在198师进攻正面右翼不远处的高黎贡山各垭口。

据日军战史，当593团挺进袭占桥头、马面关后，片马日军猪濑大队即以主力南下策应：

> 由高黎贡山间道（即垭口隘路）渗入之远征军，因继续向桥头街方面南下，故师团长命令猪濑大队由北面攻击该敌。大队遂以一部依然留在片马东方和空查河（即空树河）以东山坳，主力于（5月）18日自片马出发，向桥头街方向疾进，20日在空查河以南击退预备第2师之一部（约400名）。继而击破窜进空查河至茶山河道路之远征军，并前进到茶山河，扫荡了附近一带。另一方面，空查河东方山坳占领部队，阻止住强敌的数次反击，但6月中旬弃守该地，集结于茶山河附近。[1]

此处所谓"预2师之一部"，即第4团，该团于5月18日即奉命全部自六库渡江，于空树河、茶山河担负198师右翼警戒，阻滞

---

[1] 中华民国史资料丛稿译稿《缅甸作战（下）》，第96—97页。

自片马南下的猪濑大队。由于日军战史记述较为概略，而预2师未留下战斗详报，仅能从师长顾葆裕战况电报和54军作战日记的片断中了解该团战斗概貌：

29日电：第4团27日攻占中台河头以西阵地两处，29日晨7时许攻占大河头，向空树河牵袭，一部绕袭心树、茶山河敌。

预2师第6团第3营第9连原排长王希孔，曾于1942年橄榄寨战斗中负伤，在火线上团长辛伦曾临时指定其指挥第9连，但此后不久即再度负伤，被送往后方医院。伤愈后王希孔归队，希望团部能兑现原先的承诺让其当连长。大概是因为时过境迁，加之此时团指挥官人事变动（当年10月方诚接替李伯人任团长），未能如愿。王希孔为赌一口气，活动调离第6团到了第4团，在团部任特务排长。

据王希孔回忆，第4团曾在龙川江上游小石洞（又名克山）与敌苦战，随即进占大塘河头寨（即预2师电报所记大河头）。联系日军战史，即对应于"空查河（即空树河）东方山坳占领部队，阻止住强敌的数次反击"这一情节：

5月中旬，第4团从六库过怒江，经过高黎贡山火烧地（即火烧窝铺），向大塘、明光进攻，到小石洞遇敌阻路。小石洞位于高黎贡山下一个突出斜高地，东通六库，南通大塘，西南通明光，北通片马，西面高山，东面深沟，是一个险要交叉路口。敌人有200多人，顽抗固守。

第4团第2营骆鹏营长[2]亲率第4连，首先攻击小石洞，经一天一夜的激烈战斗，敌人凭三道坚固工事，死守不让。敌第一道交通壕中，有步兵轻、重机枪堡垒；第二道内，有碉堡5个，有轻重机枪、小炮；第三道壕内，有轻重机枪、炮、指挥所、掩蔽部，有大碉堡6个；阵地周围有3道铁丝网，实在是易守难攻的一个小据点。早上出发时，第4连孙濬[3]连长向我借去20发手枪子弹，第二天中午孙濬阵亡，小石洞仍攻不开。团部和部队无法前进，全部驻高山上树林内，

---

〔2〕原文记为罗鹏，经查54军参战部队营以上指挥官名录为骆鹏。
〔3〕原文记为孙俊，第4团第1营第3连连长孙剑锋回忆录中记为孙濬。

日夜大雨不停，路中稀泥没膝，雨大路烂粮食无法送到，官兵饿饭三四天，吃生蕨菜、树叶、竹尖等山茅野菜。通信排准尉机长和总机组6个士兵，吃到有毒的野菜，吐沫全亡。副团长（荆哲生）叫美军顾问发电报请上级派飞机送粮食，但山上浓雾遮天，飞机无法投送。

我同团长、副团长在团指挥所。因前进道路受阻，团长吴心庄发急，叫我带一个班到前线路口督战，只准前进，不准后退。我到阵地前，顺电话线爬到营长跟前，营长已进入敌阵第一道壕内，很难攻进第二道阵地。我亲眼看着一个班跳出第一道壕，向第二道阵地冲锋，敌人一拥而出，以刺刀肉搏，敌众我少，一个班只有四五个退回，其余全被敌人刺杀在第二道战壕前。我方伤亡十分惨重，营长眼泪直流。我打电话向团长报告战斗实情，团长回答，暂停进攻，固守已占领的阵地。敌人又猛力反扑，我集中所有手榴弹、机枪、冲锋枪向敌人扫射，打死多人，敌人又退回第二道防线。

已到黄昏时刻，团长另派一个连，从敌人左侧高地包抄。因山高无路，经一夜行动，第三天拂晓前，给敌人一个防前不防后的措手不及，一举进入敌人第三道防线，攻进敌炮阵地及指挥所。前后夹击，杀得敌人走投无路，除个别几个从山沟下逃脱，其余180人全部被我们消灭，其中有敌军官5人。缴获小钢炮2门，轻、重机枪6挺，步枪40多支，骡马35匹，弹药数十箱，无线电机1个，白米17袋，罐头、医药、干板菜、固体酱油、小桶做饭用的化学燃料等物资。当时团部下令不准吃，怕有毒。待检查化验无毒，团长才叫军需主任分给各单位去吃掉。

小石洞的歼灭战，我方伤亡官兵200余人，其中连长1人，排长6人。道路打通后，第4团团部及一部分部队，到了大塘河头寨。时便衣队在大塘西山山洞内，捉到腾北地区大汉奸周德威一男一女，身穿道士衣服企图逃到境外。报请师部，经向当地乡镇查明，确是汉奸，师部指令第4团在河头寨将其枪决，团长指令特务排执行枪决。之后，第1、2两营参加攻击桥头街，另一部分向空树河、茶山河等各据点进攻。[4]

---

[4] 王希孔：《反攻腾冲的回忆》。据《溅血岁月》，第118—127页。

31日电：空树河方面我第4团仍续攻中，其一部已攻占中寨。

6月1日，第4团（欠第1、2营）在中寨河西对敌监视中；第1营挺进黎花山，向茶山河、营盘街扰袭敌人；第2营（欠任六库江防之一连）在登埂、驼驼寨（即砣砣寨）整理。

2日电：第4团第2营拟饬向大竹坝推进，俾该团能迅速驱逐空树河之敌；主力向茶山河、明光，一部向桥头挺进，以策应师主力之作战。

4日电：空树河方面敌500余，固守据点，仍与我第4团第3营主力对峙中。又打箭树（李家寨东北10里）有敌30余，我第8连正围攻中。第1营3日晨9时许推进茶山河、营盘街间地区，向茶山河敌攻击中。另，午后1时，茶山河敌30余，驮马70余，来麻栗坝搬运粮弹，被我第4团第1营伏击，毙敌8，马30余，并获马7，我无伤亡。（此据8日电）

5日，第4团第2营在水铺山（登埂附近），团部在中台河头，第1营在黎花山向茶山河敌攻击中。

6日电：第4团第2营（欠任六库江防之一连）饬到茶山河，第1营（欠留置交口游击连）由明光向新桥转移。

另，当日午后3时许，敌指挥官藏内中尉率兵200余，由拖角增援茶山河，遭我第4团第2营第2连在高树根河北伏击。该中尉被击毙，并毙敌40余，虏获炮弹14发，军服10套，防毒面具2只，日钞1485元，该中尉日记本一本及其他文件等。我伤兵1名。（此据8日电）

——卫立煌于10日也向蒋介石呈报了这一战况，并做解释："7日所报6日晚明光到有18师团114联队系由片马、密支那窜来一节，不确。"[5]实际上，此电中所谓由拖角向茶山河增援之敌，仍为南下的猪濑大队一部。可见，当时我军对敌情之掌握，实在是云山雾罩。

7日电：第4团（欠第2、3营）仍在大竹坝附近，其第2营向蛮口河、第1营向新桥转进中。

---

[5]《中华民国重要史料初编——对日抗战时期》，第二编作战经过（三），第496页。

9日电：第4团团部在大竹坝；第3营（欠第8连）在空树河，其第8连在打箭树；第1营第2连在交口以北高树根河各附近，对当面敌战斗中。

10日电：第4团第3营（欠第8连）与沙腊树（即涩梨树）敌对峙，其第8连正围攻打箭树附近敌中。[6]

回过头来，再回溯一下"茶里游击队"在北部片马与猪濑大队留置之一部对峙的情况。

据"蓉总部"第一纵队司令谢晋生回忆：

反攻前，该纵队担任怒江东岸六库至阿兴地（即大兴地）一带的江防，为整个战场最右翼的部队。反攻开始后，即奉命策应第20集团军作战，再度渡江进攻片马。

当时，美军顾问团为了解该纵队方面情况，也派了一个联络参谋组随队行动。组长是杰克逊少校，组员有7人，其中上尉医官1人，护士2人，报务员2人，联络参谋2人，另有西南联大学生译员1人。

这里还有个小插曲：当获悉谢晋生纵队又将深入此前在中英两国间屡起争议的片马，一名英军少校端纳亦从重庆来到滇西，拿着第11集团军总司令宋希濂开具的介绍信来见谢晋生，表示要去片马察看，请求发给其护照以便通过怒江渡口。

谢晋生判断，端纳此来肯定是奉有英国特殊使命的。[7]在试图吓唬阻止其未成后，即按其请求派了两名伕子与其随行。但这两名伕子，实际上是谢让副官主任从部队挑选出的勤务兵，并已向其面授机宜。其后，两名伪装的伕子背着行李，与端纳经由古炭河到片马垭口，各借大小便的机会溜走，丢下端纳困守着两担行李一筹莫

---

[6]《陆军第54军滇西攻势作战机密日记》（未刊档案）。

[7] 据宋希濂回忆：端纳并非英国职业军人，战前曾为腾冲海关的英方雇员，熟悉滇缅边地情况。日军侵占腾冲后，端纳逃至重庆活动，被英国政府委以少校军官。其后英军与我军洽商在大理开设一联络站，互换军事情报，由端纳负责，实际上是专门监视我军在中缅未定界（茶里）地区的活动。宋希濂：《远征军在滇西的整训与反攻》。据《原国民党将领抗日战争亲历记——远征印缅抗战》，第63页。

展。事先潜伏在片马垭口的便衣向谢晋生报告,直到第三天,端纳仍蹲在原地一动未动。这时,谢晋生就让古炭河的我便衣游击队伪装成民伕,从片马方向过来,把端纳和他的行李铺盖一起捎回六库。过了渡口后,端纳一上岸即径直溜回大理、昆明,再也没有露面。[8]

6月10日,第一纵队由六库和阿兴地渡江,除谢晋生率领重新凑编的第一支队郝光发部和第二支队的一个大队,经由古炭河、片马垭口向片马营房之敌进攻外,并令第二支队长谢绍晖率领该支队的两个大队,经鲁掌、称戛背后的小道,翻过高黎贡山向敌左侧背下片马进攻。这时在片马之敌约一大队(如前所述,仅为猪濑大队留守一部),固守在附近构筑的工事内与我顽强抵抗,有时还用大炮向我轰击,同时还派出一部到下片马阻击我谢绍晖部之进攻。谢部与敌持续了两天两夜,利用时间就地构筑工事,防敌逆袭。此后,见敌气焰稍减,谢晋生即用无线电话令谢绍晖派出一个中队,迂回急向小江大桥猛袭,以截断敌后方交通联络线。

据谢晋生回忆,当时,以杰克逊少校为首的美军联络参谋组,每人穿着笨重的美国皮鞋,背上背着卡宾枪,随谢在片马垭口跑来跑去,口里都流出了白沫,苦不堪言。但他们非常恐惧和警惕,几乎寸步不离地跟着谢,似乎怕谢把他们甩掉,被日军捉去。并不断询问谢情况,谢只得耐心解释安抚,使其镇定下来。

到了13日凌晨,谢部在片马垭口的部队又向敌攻击一次,但打了一阵,未见日军还枪,派兵前往搜索得知,敌阵地及营房内已空无一人。谢晋生闻报,乃急电在下片马的谢绍晖部率部尾追,并率主力随后跟进。

在不少史料中,均记述谢部重新攻占片马经历了怎样激烈的战斗,谢晋生在回忆中则坦承日军乘夜撤离、本部兵不血刃进入敌阵地的事实。在看过大量当事人言过其实的撰述后,笔者不由得对谢心生敬意。很巧的是,谢部一位下级军官、谢绍晖支队书记员王国伟的回忆,也印证了谢叙述的实情:

---

〔8〕谢晋生:《回忆片马、江心坡的抗战岁月》。据《文史资料选辑》第37辑(总第137辑),第180页。

"……就在这时，日军在其他战场失利，片马守敌准备撤退，大量焚烧军用物资。恰遇我部刘排长去摸夜螺蛳，误认为敌哨兵烤火，不敢前进。待火尽夜深，才去侦察虚实，不慎碰到铁丝网，被敌哨兵发觉，以机枪扫射，全排牺牲。我方再派人侦察，方知敌已撤退，我部即于（13日）拂晓前攻入片马。"[9]

红木树（6月5日至9日）

据新39师战斗详报"6月5日以后之行动"一节：

"6月5日，奉第6军军部电令：第115团、第116团即将现有兵力各编组一加强营，由第116团团长朱道元统一指挥；第115团即东渡集中打板箐等附近整训。6月9日，编配竣毕。"[10]

看到这一记述，笔者曾惊愕得难以言表。如前所述，新39师加强团渡江后，在高黎贡山东麓沿江地带遭遇日军松井部队反击，进展顿挫。其渡江先遣连挺进袭击红木树，曾取得较大战果，但在日军增援反击后，被迫退回江岸与敌呈对峙状态。

但是，6月5日，新39师当面之敌松井部队以主力北进，与藏重部队会攻江苴，留置红木树兵力几臻空虚。按日本公刊战史所述，"几乎等于把该方面弃守开放"，这正是新39师乘虚而入实施反击的难得战机。但因我军未及时掌握此情报，松井部队主力离开的5天，新39师居然也退回怒江东岸编配、整训部队，直到5天后才隐约感知日军准备收缩。新39师的这一迟钝反应，错失了反击红木树、尾追松井部队的良机；当松井部队在江苴抄后路击退130师时，却并不担心新39师跟上来抄自己的后路，真是可叹可悲！

面对36师之于瓦甸、130师之于江苴、新39师之于红木树这种"仅差一步"即可扭转局势，却最终成为遗憾的事实，直令人感慨日军之行动仿佛得到"天助"，而我军则好像在接受宿命中的某种

---

[9] 王国伟：《参加滇缅边境游击的回顾》。据《云南文史资料选辑》第32辑，第170页。
[10] 《陆军新编第39师潞江西岸高黎贡山之役战斗详报》。据《保山地区史志文辑》抗日战争专辑之一，第197页。

惩罚。

　　据第116团特务排老兵周高福回忆："撤下来整顿时，我路过一栋农舍，看见房梁上有副担架悬空架在上面。我很好奇，问那人是谁？才知道是第3营营长（胡醒汉）。我还记得营长没穿鞋，两只光脚板，被雨水泡得惨白……"[11]

---

〔11〕据关爱老兵志愿者《重庆晚报》记者邓果为周高福所做的口述资料。雅虎公益之老兵地图-周高福 http://love.cn.yahoo.com/laobing/material/item-1381.html。

第30章 沉闷的后续战事：桥头、北斋公房、瓦甸

（参阅附图6、附图9、附图10、附图22）

预2师攻击桥头无果（5月29日至6月7日）

29日，预2师进抵三元宫附近，与593团取得联络。31日，54军令198师将593团暂归预2师指挥。[1]

6月1日，预2师经侦察敌情、地形获悉：桥头附近共有敌500余，附轻机枪10余挺、重机枪4挺、迫击炮3门，以兵力之半数分两股扰袭我后方，以半数扼守余家大坡及狮子山坚固堡垒。预2师以不为其坚固堡垒吸引而遭各个击破计，拟以第6团截击敌窜扰部队，并先行攻略狮子山，待第5团进出高黎贡山归建后，再重新部署。并致电恳请空军轰炸余家大坡及狮子山敌堡，以支援本部作战。

遂策定攻击计划，以593团主力仍扼守马面关，并相机攻占朝阳地；该团第2营控置于三元宫为本师预备队。师主力则于6月2日凌晨攻击桥头东侧余家大坡及狮子山敌堡垒。具体部署为：第6团攻击桥头；第5团第2营（欠守备栗柴坝渡口之第6连）袭击界头；第5团主力续攻白峰坡、严家山。[2]

当晚，第6团指挥所设于桥头东6华里之万松寺，派一部向桥头实施威力搜索。

2日拂晓，第5团第2营向界头之敌急袭，激战数小时，将敌

---

[1] 胡璞玉主编：《抗日战史》第二十九章缅北及滇西之作战（二），第153页。
[2] 《陆军第54军滇西攻势作战机密日记》（未刊档案）。

击溃，占领界头，毙敌数十，生俘日军148联队第5中队上等兵权藤章一名，并获枪炮弹及马匹等战利品颇多。晨7时许，第6团亦开始对余家大坡、狮子山攻击。其第1营攻占余家大坡堡垒南侧外壕后，一度受流窜之敌扰袭，毙敌30余，全营伤亡45人。第2营攻占桥头、河西蔺家山，并以火力策应第1营，战斗中伤9人。第3营围攻桥头东南狮子山敌堡垒。因敌堡垒坚固，火力猛烈，该团此后进展困难，乃就现态势暂与敌保持接触。

当晚，第6团续以第1营进攻余家大坡，主力进攻狮子山。深夜，当该营突入敌第三道工事后，桥头敌70余由余家寨扰袭第8连背后，该团以预备队第9连增援夹击。经终夜混战，敌我各伤亡官兵20余。此时，敌百余自瓦甸增援北进，第5团第4连在界头截击，发生混战；毙伤敌18名，我伤兵5名。至3日拂晓，该敌继续北窜，8时，抵黄家大地，向我左侧背前进，我乃设法截击。9时许，桥头敌百余亦向狮子山南我侧背包围，第6团以第9连推进万家山，向该敌攻击，至午时，毙伤敌20余，我伤亡兵7名。

3日晨，北斋公房敌30余名护送伤兵下山西撤，在马面关被我593团截击，毙敌10余，余均遭冲散，我获步枪、文件多种。

当日，54军据预2师战况报告，电示该师：该师长可根据当面情形，妥为部署，务求击破该敌而占领桥头。

4日，配属预2师之山炮连翻山越岭赶到桥头；同时，原滞留白峰坡之第5团主力亦已绕道抵达界头附近[3]——此前，该团（欠第2营）先遣队于5月29日进占五道舟，当晚搜获排除敌地雷40余枚。30日夜，以第1营攻击大白峰坡东敌150人据守之堡垒；团部及第3营进至长岭子，准备31日协同攻击。此时，该团奉命向师主力开进，遂于31日以第2连留置原地，与白峰坡敌保持接触；其余于6月1日经双石房东进，本日到界头东北。在沿途作战中，该团计伤亡官兵87人，歼敌60余。[4]

---

[3]《陆军第54军滇西攻势作战战斗详报》。据《保山地区史志文辑》抗日战争专辑之二，第27页。

[4]《陆军第54军滇西攻势作战机密日记》（未刊档案）。

鉴于后续力量到达，预2师乃积极准备第二次攻击，并将师指挥所推进至桥头东12里之刘家坡。

5日晨，第6团以第1营向余家大坡，主力向狮子山敌续行攻击。至午后3时许，第1营将东端高地两道铁丝网突破，进占敌轻机枪掩体2座，毙敌30余；我伤亡官兵37人。第2、3营一部攻占敌小堡垒，毙伤敌40余；我伤亡官5员，兵60余。此时距敌仅30米。当晚续行夜袭，但无多大成果。[5]

战斗中，第5团第2、3营在黄家大地东侧附近策应第6团作战（第4连仍在界头阻援）。第1营各以一连在严家山、双石房各附近监视及截击白峰坡之敌；主力在头牌向新大街敌警戒。第5团团部在吴家寨。据侦察，黄家大地附近有敌100余名构筑工事防御；新大街附近诸山险要，敌约100余，有坚固工事可恃。

当日中午，据守马面关之593团趁预2师攻击桥头之际，以第1、7连出击攻占朝阳地。此战毙敌数十人，残敌十余人向桥头退窜。该部随即构筑工事固守。[6]

6日，预2师拟再行攻击。但此时，54军据密报获悉：明光有敌东犯，绕经小田河迂回至冷水沟198师侧背。同时，闻瓦甸敌亦将北上增援——因53军在江苴作战失利，藏重、松井部队会师后，于6日夜以汽车运兵六七百人北进瓦甸，则瓦甸日军亦于当日必奉命先向桥头推进增援。可见，各战场之间完全是链条式的互动关系，一处失利必定妨害另一处作战。

鉴于此，54军乃饬预2师暂停对桥头攻击，派兵接替593团朝阳地、马面关防务，易攻为守；并令593团即迅速北移，堵击由明光东进之敌，并归还198师建制。

此股自明光东犯的日军，应为自片马南下的114联队猪濑大队主力。显然，预2师第4团亦未能拦阻成功，而有此变。

7日晨，预2师以第5团（欠第1营）接替593团马面关、朝

---

[5]《陆军第54军滇西攻势作战战斗详报》。据《保山地区史志文辑》抗日战争专辑之二，第27页。
[6]《陆军第54军滇西攻势作战机密日记》（未刊档案）。

阳地防务,并在老头山、凤头山、梅家山、立玄山、湾山等处构筑工事。第6团除以一部与敌保持接触外,主力在冉家寨、石团山、土团山亘王家寨之线构筑阵地。第5团第3营仍在界头附近。[7]

198师续攻北斋公房(6月1日至7日)

如前所述,5月31日拂晓,被我围困于北斋公房之敌,向198师594团与592团阵地结合部发动夜袭,经我极力反击击退敌军。据潘世征战地通讯:位于结合部的592团第6连,遭敌袭击后死守不退,最后仅存6人。幸我后援来协助,终将敌人驱回堡垒中。此役敌遗尸31人,伤亡当在80人以上,死中佐1名(不确);我缴获轻机枪1挺。[8]

当日,592、594两团即在冷水沟、北风坡南北之线加强工事,继续围困凭险固守的北斋公房之敌。此后两天,高黎贡山顶大雨滂沱,敌我均固守对峙,战事沉寂。唯3日清晨,日军30多人护送伤兵下山西撤,在马面关遭593团主力截击而毙敌10余名,已如前述。

4日晨,594团派出10余人之便衣队,绕至北斋公房后,毙朝阳地敌哨兵2人,发现该地之敌仅数十名,做有掩盖工事。午后3时许,日军数十人向该团右翼攻击,被我击退,毙敌5人[9],内有大尉1名,我亦伤亡数十人。[10]

5日,594、592两团对北斋公房敌缩小包围,积极准备攻击。[11]

6日,北斋公房敌数十名向198师右翼袭击,被我击退,毙敌5名,获步枪2支。当日傍晚,敌三四十名又向朝阳地反攻,激战至夜。当日,因江苴方面敌情变化,54军更改部署。7日,593团将马面关、朝阳地之守备交由预2师第5团接替。[12]

---

[7]《陆军第54军滇西攻势作战战斗详报》。据《保山地区史志文辑》抗日战争专辑之二,第27—28页。
[8] 潘世征:《一寸河山一滴血——高黎贡山的战役》,据其战地通讯集《战怒江》,第83页。
[9]《陆军第54军滇西攻势作战机密日记》(未刊档案)。
[10] 方国瑜:《抗日战争滇西战事篇》,第27页。
[11]《陆军第54军滇西攻势作战机密日记》(未刊档案)。
[12] 胡璞玉主编:《抗日战史》第二十九章缅北及滇西之作战(二),第152页。

36师续攻瓦甸（6月2日至7日）

如前所述，因36师主力推进瓦甸迟滞，于5月30日至6月1日遭返转之藏重部队迎击，攻势顿挫。2日，该师后续部队108团抵达，师长李志鹏遂以各部从左右及正面向敌攻击，于9时击退来犯之敌，重新占据寺山寨、小团坡，稳定态势。

3日，该师掌握当面敌情为：赵家窝附近有敌300余出没；瓦甸附近有敌三四百名，凭藉坚固工事企图固守。据此，该师决心以106团于寺山寨、摆夷寨亘宝华寺之线占领阵地，向西南警戒，以主力攻击瓦甸。[13]

中午12时，师长李志鹏于寺山寨东端高地师指挥所向各部下达命令：

107团主力于即日12时自现地出发，经双坡山西端击破赵家窝附近之敌后，转向攻击瓦甸附近之金钟山；以一部占领寺山寨南北之线，待主力击破赵家窝之敌后，同时向瓦甸附近攻击前进；106团于寺山寨东北高地亘东端高地摆夷寨、宝华寺之线占领阵地，构筑工事；108团（欠两营）为预备队，位置于寺山寨东端高地。该团第1营（欠一连）向大街坡之敌施行佯攻，策应107团之攻击；并以一部破坏江苴、瓦甸间公路，阻敌由江苴方向增援；该团第3营（附第1营之一连）仍扼守高黎贡山各隘路。[14]

奉命后，107团即由寺山寨南北之线击破双坡山之敌，前出占领李家营、汪家营之线，与赵家窝约千余之敌对峙；108团以一部在慈姑山右侧警戒，协助107团向瓦甸攻击；106团进至窑上牌亘寺山寨之线向西南警戒。

考虑到瓦甸东北金钟山附近4个高地敌据点工事坚固，且内部结构分三层，需500磅炸弹轰炸始可收效，李志鹏于当日中午电请着派空军予以轰炸。

---

[13]《陆军第54军滇西攻势作战战斗详报》。据《保山地区史志文辑》抗日战争专辑之二，第32页。

[14]《陆军第36师瓦甸战役战斗详报》。据《保山地区史志文辑》抗日战争专辑之二，第104页。

与预2师第5团一样，36师为快速推进至瓦甸，绕过了尚有敌据守的高黎贡山白峰坡隘路，仅在滴流水留置一个加强连。考虑到该连仅能对敌警戒而无力围困，李志鹏于当日请示54军应对办法。54军于当晚电复：位于滴流水部队必须推进至大小白峰坡，确实扼守该隘口，以阻敌窜入。[15]

6月4日拂晓，107团以第3营为右第一线，以第2营为预备队，开始攻击。赵家窝附近之敌被107团驱逐，退入瓦甸附近既设阵地，107团遂转向攻击瓦甸。8时，107团与金钟山之敌接触。黄昏后，迫抵敌障碍物直前，因敌工事坚固，火力异常猛烈，该团伤亡颇重，遂成对峙状态。18时，向大街坡佯攻之108团第1营（欠一连）进抵明岭以西地区，与敌发生接触，略有进展。[16]

5日，36师各部续行攻击，因敌堡垒坚固，我无炮兵助战，致无成果。[17]我伤亡官兵18名，毙伤敌约40名。

也许是因为此前因攻击大塘子不利、又在高黎贡山隘路擅自撤退而屡遭霍揆彰批评，此时36师师长李志鹏变得谨小慎微、婆婆妈妈。继昨日请示滴流水加强连之事后，又再次向54军抛出一串细节问题：

其一，师留滴流水之加强连，系担负对扼守白峰坡之敌警戒。现预2师既未攻占，该处地高天寒，补给困难，且亦非本师战斗地区，可否将该防务交预2师接收？

其二，师于攻克高梁弓后，除遵霍总司令电以108团一营及一连扼守大白峰坡、雪山、梁山、高梁弓各隘口外，其余部队现已进抵寺山寨附近，并以一部参加攻击瓦甸。究如何？乞示。

54军显然有些不耐烦了。6月6日，电复36师：

其一，预2师因有一部（第4团）任茶山河军右侧背掩护及六库、栗柴坝江防（另石房有一连），对进攻桥头已感兵力单薄，故白

---

[15]《陆军第54军滇西攻势作战机密日记》（未刊档案）。
[16]《陆军第36师瓦甸战役战斗详报》。据《保山地区史志文辑》抗日战争专辑之二，第105页。
[17]《陆军第54军滇西攻势作战战斗详报》。据《保山地区史志文辑》抗日战争专辑之二，第32页。

峰坡隘口警戒着仍由该师负责。其警戒部队位置可由该师长适宜决定，相机推进。

其二，仰该师留置确能绝对扼守高黎贡山各隘口之兵力，以阻敌窜入，其余兵力可由该师长自行处理。[18]

——大小白峰坡这个位置，是预2师和36师108团进出高黎贡山通道，但扼守此处的一股日军一直迟滞两部进程。此前，预2师第5团和36师108团各留置一连于此处警戒，而以主力绕道而过。直到腾冲围城作战期间，该处日军"经我三月余之围困，粮尽水涸，枵腹支持"，后来留下4人看守阵地，其他分两批逃往界头、瓦甸。8月18日，方由108团第5连和预2师第5团第1连得以剿灭占领阵地。[19]这支在高黎贡山支撑到最后的日军，也堪称整个战场上的奇迹。此为后话。

如前所述，当日，因江苴之敌有北援瓦甸迹象，54军亦电令36师改取守势，待机再行进攻。该师奉命后，遂于7日以107团一部仍在金钟山主峰东端，与敌保持接触；主力则移至寺山寨亘宝华寺之线，加强工事，对江苴之敌严行戒备。[20]

---

[18]《陆军第54军滇西攻势作战机密日记》（未刊档案）。

[19]《陆军第36师腾冲城区战役战斗详报》。据《保山地区史志文辑》抗日战争专辑之三，第132页。

[20] 胡璞玉主编：《抗日战史》第二十九章缅北及滇西之作战（二），第156页。

第31章　54军调整部署，各部攻击再兴

（参阅附图6、附图9、附图11、附图22）

因北斋公房、桥头战事陷入僵局，54军司令部参谋处于6月5日召开幕僚会议。经研讨提出状况判断两案：

第一案

判决：军应以一部继续攻击瓦甸，主力先攻占桥头，然后包围北斋公房之敌而歼灭之。

处置：（略）

第二案

判决：军应以一部继续攻击瓦甸，主力先攻占北斋公房，然后包围桥头之敌而歼灭之。

处置：

36师继续攻击瓦甸而占领之。

预2师（欠第4团）先以一部（固守界头及杨大坡、三元宫各隘口并监视敌人）向桥头之敌行牵制攻击，一部协助198师攻占北斋公房；尔后与198师主力包围桥头之敌而歼灭之。

198师先以全力歼灭北斋公房之敌；尔后，以一部进出新桥，主力协同预2师攻击桥头。

预2师第4团应攻击茶山河、明光一带之敌，并阻止敌南下增援，掩护军之右侧背。

兼军长方天采纳幕僚会议所做状况判断第二案，遂作如下处置：

当日，以电话饬198师整顿态势，补充粮弹，准备攻击。

6日晨，致电36师李师长：据报江苴敌增达2000余，该师应即对该方面构工以防敌北窜，并应确实保高黎贡山各隘口。

6日午，致电预2师顾师长：为扩张593团第1营战果，仰速饬593团主力围攻北斋公房敌，使198师得以早日进出山地。[1]

198师&北斋公房（6月6日至10日）

6月6日，据报明光方面有敌数百，企图由北斋公房以北迂回冷水沟，以解北斋公房之围。54军即命令593团将马面关、朝阳地防务交预2师接替后，迅速北上阻击由明光东调之敌，并即归还建制。于是，198师即以593团一部防敌东窜，以主力增强对北斋公房攻击。[2]

当日晨，北斋公房敌10余名向594团阵地攻击，被我击退，毙敌2人，获敌步枪及刺刀各2支，我阵亡士兵1人。593团已饬有力一部星夜向小田河前进，主力于当晚将马面关、朝阳地防务交预2师接替，亦北上截击敌人。[3]

据593团团部上尉副官黄应华回忆：

> 我团将（马面关、朝阳地）阵地移交预2师。虽然阵地移交了，但是团长廖定藩仍然不放心预2师的接防部队能否坚守住阵地，他命令我返回桥头一带侦察日军增援部队反攻桥头街阵地的情况。接受了任务，我换上便衣，不带枪，便匆匆出发了。路上遇到行迹鬼祟的人（我估计是汉奸），他们听我是腾冲口音，也就没有怀疑我是198师的侦察员。
>
> 我抄小路到了陆家湾。恰值汛期，河水大，龙川江水翻滚着旋涡裹着一些树木急湍而下。如果此时从我军桥头街阵地直接出去，必定会和敌军正面相遇。因此，我决定泅水过江。我当时既要观察河对岸是否有敌军，又要防备江中树木的冲击。费了好大力气，我终于在桥头我军防御阵地下游约一里的地方上岸。穿过一片草丛，我见到前方开阔地正有一大群日军弓着腰向我军防御阵地运动。我

---

[1]《陆军第54军滇西攻势作战机密日记》（未刊档案）。
[2] 胡璞玉主编：《抗日战史》第二十九章缅北及滇西之作战（二），第152页。
[3]《陆军第54军滇西攻势作战机密日记》（未刊档案）。

马上在草丛中隐蔽起来，目测出日军大约有300余人。于是我赶快渡河从原路返回。

廖团长非常关心他的下属，他牵挂我第一次外出侦察时的安危。我在距离驻地约一里处见到了正在等我的团长，把这一重要情况向廖团长报告。团长听完汇报后说，这些日本兵留给他们（指预2师）阻击，北斋公房吃紧，我们快走。并命我立即换装随部队向北斋公房进发。[4]

7日，594团与592团在北风坡及其以北之线，完成对北斋公房四面包围，将敌之道路尽行封锁。因连日大雨，炮兵在数十米以外即无法瞄准射击，步兵行动亦甚艰难，故无大进展。[5]当日清晨，赶来增援的593团第1营到达北斋公房西北方制高点姚家岭；中午，第3营到达朝阳地北6672高地、薄刀岭，遂构筑工事固守。593团团部及第2营到达小田河，对敌警戒。[6]

据593团团部上尉副官的黄应华回忆：

我团向北斋公房进发。我们奉命不准走马帮道，沿着山冈隐蔽向敌阵进发。行军成了一种体力极限的检验。山势险峻，脚下的路尽是经溪流冲刷而成的泥泞之道，崎岖危险；又刚下过雨，踩上铺满苔藓的石板滚石，一不小心就会摔得手脚朝天。要是踩上松动石头，整个人就会甩出去。高黎贡山背阴坡的森林阴暗潮湿，原始的藤萝在枝杈间盘绕，蚂蟥、蚊虫无数。我们必须负重从此间穿过。不时传来战士们肩、膝与树、藤的碰撞声。前方无路，靠尖兵用砍刀砍断前面的藤蔓、刺竹开出一条路。我们经马面关时沿着山冈，在海拔3200米的山头相互搀扶、弓着腰艰难前行。我永远不会忘记高黎贡山上那阴冷的山风和从山南吹来的缭绕在山腰的云雾。那时士兵穿草鞋，半天行军，草鞋就早已烂了。军官虽然发了一双布底鞋，但沾上泥土又重

---

〔4〕 黄应华（口述），刘庚寅（整理）：《一个远征军老兵对腾冲抗日战争的回忆》。据关爱抗战老兵网 http://www.ilaobing.com/forum.php? mod=viewthread&tid=11126。

〔5〕 方国瑜：《抗日战争滇西战事篇》，第27页。

〔6〕《陆军第54军滇西攻势作战机密日记》（未刊档案）。

又滑根本无法行走，也只好用沟水洗净挂在背包后，扛着枪和士兵一起赤脚行走。尖兵开路砍过的藤蔓、刺竹留下近一尺左右的尖桩，稍不注意，会刺伤脚掌。前几天我泅水侦察敌情，由于污水感染引起眼角膜发炎，影响视力，更是摔了不少跤。

行军急，路艰难，供给缺。整整三天，我们未见到一粒粮食，实在饿了，便在山林中寻找野芹菜和野苤菜充饥。记得那是行军的第三天，和我一起行走的一位战士忽然倒地，我赶快弯下腰去轻轻地呼唤他，告诉他休息一下再赶上部队。谁知，这竟是他听到的最后一句安慰的话。他闭上眼睛，永远长眠在高黎贡山上。

经历千辛万苦，我团终于按时到达了日军北斋公房阵地的西部。敌寇北斋公房阵地主要是防御我从东部怒江方向进攻部队592团、594团的，碉堡枪口全开向东方；敌人做梦也没想到我593团会从西部袭来。592、594两团在此之前已歼灭了大量敌军，连日的围困使敌人严重缺少给养，据说日军在北斋公房已吃同伴的尸体了，可见敌人也疲惫困苦不堪。[7]

然据师长叶佩高6月8日敌情报告："明光、茶山河有敌约500人；明光西北茨竹地有敌约400人；又北斋公房敌储存粮弹很充足。"[8]当日，北斋公房之敌到底是"粮弹很充足"，还是如黄应华记忆"已吃同伴的尸体"？笔者的推测是，日军"吃同伴尸体"事应发生在稍早之前，因593团至此才归建，故刚刚获悉，因而黄应华印象深刻。如前所述，5月27日，藏重部队救援桥头、马面关，并对北斋公房敌"突破补给"。自5月底至今，山上山下一直不间断地有所沟通（多次有敌护送伤兵下山），此时"粮弹很充足"也许亦是事实。

可能是顾虑于此，9日，198师派出便衣队两连在北斋公房敌后伏击，断其补给。当日，593团第5连进7003高地南鞍部构筑工事，对西警戒。[9]

---

[7] 黄应华（口述），刘庚寅（整理）：《一个远征军老兵对腾冲抗日战争的回忆》。据关爱抗战老兵网 http://www.ilaobing.com/forum.php?mod=viewthread&tid=11126。
[8]《陆军第54军滇西攻势作战机密日记》（未刊档案）。
[9] 同上。

10日,叶佩高令师指挥所推进至茶房东端之松坡开设。当晚,593团第3营派队潜入敌堡垒偷袭,团部上尉副官黄应华也参加此次行动。据其回忆:

"……在暗夜的掩护下,我随593团精干的一支小分队从西边的高地潜行到敌碉堡附近。我们的一个身材高大的战士猛然扑倒敌哨兵,掐断了敌人的脖子,堡内的敌人还毫无察觉。几个战士见有根电线从碉堡伸出,就顺手拉扯了几下,一个日本兵出来,就被我们的勇士徒手掐断了脖子,没有任何呻吟便结束了性命。我们用同样办法诱杀了三个敌人。那时,我们总感到用此手法痛杀日军比用枪或刀更解恨。后来战士们听到碉堡里敌人叫喊同伴的声音,随即将已准备好的几个手榴弹塞进碉堡,炸飞了一窝敌人。"[10]

据载,此战毙敌兵2人,及增援敌数名,我伤亡2人。[11]

预2师&桥头、朝阳地(6月6日至9日)

6月6日,预2师第6团第1营攻击余家大坡,无进展;第2、3营于昨晚攻至狮子山敌堡垒前遭敌阻击,无法进展,炮击效果亦甚微。6日深夜,该部从四面向敌突击,终于攻占敌小堡垒3座。此后,敌300余人由桥头分路反攻,敌我混战至拂晓,呈对峙状态。

自1日至6日晨,第6团共伤军官15员,士兵105名;阵亡军官2员,士兵16名,失踪61名。其第3营仅剩步兵60余名。此时,第4团已奉命向师主力开进,其第2营(欠任六库江防之一连)已到茶山河,第1营(欠留置交口游击连)由明光向新桥转进。

当日,师长顾葆裕致电54军:因瓦甸、江苴敌堡垒甚坚固,请派空军轰炸及请配属重迫击炮彻底摧毁,以利攻击。同时,因第5团距离后方甚远,运输困难,请准空运弹药补给;该团于白峰坡附近仅留置第2连监守,恐兵力不敷,亦请另派队增加。

---

[10] 黄应华(口述),刘庚寅(整理):《一个远征军老兵对腾冲抗日战争的回忆》。据关爱抗战老兵网 http://www.ilaobing.com/forum.php?mod=viewthread&tid=11126。

[11] 《陆军第54军滇西攻势作战机密日记》(未刊档案)。

7日，54军电复预2师：白峰坡兵力仰由该师酌增。第4团团部及第3营位置如何？准7日空补，仰收到物品即查报。

当日晨，第5团第2、3营接替593团朝阳地、马面关防务，并即加强工事。午后3时，朝阳地南侧发现敌散兵8名，被我第2营毙4名，其余窜匿，乃予以搜剿。

第6团在桥头东线加强工事，对敌牵袭。当日晨，敌30余由桥头北窜，被该团一连击毙数名。该敌复沿龙川江东岸继续北窜，该团派兵一个排追击。

第5团第1营（欠担负白峰坡警戒之第2连）在界头东北，任师左侧警戒。

因前方兵力吃紧，无法抽派增加白峰坡守备，顾葆裕拟以此时担负栗柴坝渡口江防的第5团第6连转移增加至白峰坡，遂电请军部另派部接替该连江防任务。

8日，54军电复预2师：栗柴坝渡江防连，俟派往蛮口河之第4团第2营到达后，可交由该营派兵接替，即归还建制。

当日晨，敌10余名由北斋公房经小石桥窜抵朝阳地，第5团派队截击，敌即四散潜匿。午后，7名敌兵出现在马面关西坡，第6团哨兵予以狙击，毙敌1名，其余逃窜。当日，桥头之敌仍与该团对峙中。上午10时，经侦察发现桥头对岸石家寨附近官店寺（即西灵寺）有敌300余集结，尚不知其尔后动向。[12]

9日晨7时，第5团2营在朝阳地南侧凹地毙敌散兵1名，获机枪零件数种。

当日，预2师师部在冉家寨。第5团1营（欠两连）在界头附近警戒，余无变化。[13]

36师&瓦甸（6月6日至11日）

6月6日，36师攻击瓦甸之一部，攻至敌核心工事。因敌工事

---

[12]《陆军第54军滇西攻势作战机密日记》（未刊档案）。
[13] 同上。

坚固，侧防火力封锁周密，屡未奏效。师长李志鹏乃电请飞机轮番空袭助攻。攻击金钟山之107团及108团第1营（欠一连），仍与敌对峙，伤亡军官1员、士兵6名。106团各营集结于寺山寨东端亘东北高地警戒。108团第2营于寺山寨亘慈姑山（宝峰寺西南）向西及西南警戒，第3营（附第1连）任高梁弓、雪山、梁山、大白峰坡守备。36师指挥所在摆夷寨。

当日，36师获悉，由江苴向瓦甸增援之敌800余已到火烧寨。而54军获悉的敌情为：开江苴之敌2000余，有北上增援瓦甸模样。[14]当日傍晚，兼军长方天致电36师："奉总司令霍电谕：'着该师暂停对瓦甸攻击，即就现地占领阵地，构筑工事固守，待机再兴攻势，并应确保寺山寨、梁山、雪山、大白峰坡各隘路口。'"

36师奉命后，即以电话转饬各部遵照。[15]

7日，107团除仍以第1营在金钟山主峰东端与敌保持接触外，其主力则与106团转移至寺山寨附近构筑工事。108团主力接替106团防务后，亦分别在摆夷寨、宝华寺附近加强工事，并对江苴方面严行警戒。[16] 36师指挥所于午后移至摆夷寨东端岩子头。两日来，各部伤亡21人，歼敌约10名。

李志鹏当日致54军战况电报称：106团、107团伤病甚重，现有兵力计步兵连战斗兵少者十余人，多者亦仅二三十人者；若将108团调回配守高黎贡山各隘口，则尔后如对瓦甸攻击则甚感困难。

当晚，54军致电36师：仰即加强工事，严密注意对南警戒，必要时需确保寺山寨南北之线。8日晨，又电复李志鹏：该师须确实扼守高黎贡山各隘口，对瓦甸攻击，将来可再部署；53军对江苴攻击因敌增援，刻无进展，该师应注意江苴敌北窜；该师现有实力已电报总部。

---

[14]《陆军第54军滇西攻势作战战斗详报》。据《保山地区史志文辑》抗日战争专辑之二，第32页。

[15]《陆军第36师瓦甸战役战斗详报》。据《保山地区史志文辑》抗日战争专辑之二，第106页。

[16]《陆军第54军滇西攻势作战战斗详报》。据《保山地区史志文辑》抗日战争专辑之二，第32页。

9日，107团第1营于金钟山东端高地与敌对峙；主力仍在寺山寨附近加强工事。108团第7连附重机枪2挺，守备大白峰坡。108团第9连守备梁山、雪山。108团第3营（欠两连）移驻核桃坪，师部搜索连及108团第1营第1连附重机枪1挺，守备高梁弓。106团及108团（欠3营及108团第1营第1连）在摆夷寨及慈姑山东南，向江苴警戒。师指挥所在岩子头。[17]

至11日，107团与敌对峙于金钟山，无激烈战斗。

11日10时，36师接奉兼军长方天电："着198师于11日继续攻击北斋公房之敌而占领之；预2师应以全力拒止当面之敌，务须打破敌增援北斋公房之企图；36师除以一部仍扼守大白峰坡、梁山、雪山、寺山寨、摆夷寨之线外，主力应即继续向瓦甸之敌攻击，并策应预2师之作战。"36师奉命后，即令各部遵照，竭力向瓦甸之敌攻击。[18]

但很快，赋予36师的任务就因新的敌情变化而改变了。

---

[17]《陆军第54军滇西攻势作战机密日记》（未刊档案）。
[18]《陆军第36师瓦甸战役战斗详报》。据《保山地区史志文辑》抗日战争专辑之二，第106页。

| 第三阶段作战 |

第32章 迫于第11集团军攻势,日军决定自腾北收缩

(参阅附图19)

据日军战史:

远征军在第20集团军对腾冲方面的右翼攻势受挫后,即投入第11集团军的全部兵力(第71军、第2军、第6军各主力),以拉孟(松山)、镇安街、龙陵、芒市等地为目标,6月1日一齐渡过怒江,把主攻指向滇缅公路东侧地区,实施了左翼攻势。即以第71军主力向龙陵正面,另以一部向拉孟(松山)、镇安街分别采取攻势,第2军渡过怒江后前出到平戛、上街正面。

此时,第56师团正几乎倾其全力在腾冲方面与第20集团军激战,故在龙陵以南,仅安部大队(第146联队第1大队)在平戛附近与第76师之一部交战。因此,第11集团军的攻势完全形成攻击第56师团防备之虚,战局骤然紧迫。[1]

对于腾冲方向第20集团军的反攻,日军虽已击破其进入龙川江河谷的部分,使其退往高黎贡山内。但具有强大的纵深战力之远征军,经过一段时间,必当再行突破高黎贡山脉,大举进入腾冲方面。

在此情况下,第56师团长松山祐三中将决心以一部在腾北地区坚持,尽可能把兵力调往南方,断然对龙陵、芒市地区的第11集团军主力转向攻势,采取果敢的内线作战。

亦即,首先以6月10日前到达芒市的野中大队(第53师团第

---

[1] 中华民国史资料丛稿译稿《缅甸作战(下)》,第98页。

119联队第1大队,大队长野中正雄大尉)[2]、金谷中队(担任守备滚弄的第146联队第8中队,中队长金谷龟松中尉)和轻装甲车一个中队(滚弄正面搜索第56联队的部队)与上街守备队相策应,在上街东南攻击第9师侧背,将其击破。

此外,还将长洼中队(将留在遮放以南的步兵减半而编成的联合部队,约100名)派往龙川江邦乃(即蚌乃)渡附近,掩护由腾北地区转进的师团主力前出龙陵地区。

虽然腾北地区的战面缩小以及师团转进龙陵方面,而松山师团长的部署则是:首先命藏重大佐指挥的步兵两个大队(148联队第2、3大队)基干留在腾冲附近,阻止第20集团军的进击;此时将师团主力调往南方,击破第11集团军,救出龙陵、拉孟(松山)的守备队,并打开滇缅公路。

按照这一部署,命前在江苴街南方击破第53军主力的松井部队先派原田大队(第113联队第2大队)到邦乃渡,确保该渡河点,主力于6月11日晚自腾冲出发,中途结合汽车运输,向目标龙陵疾进。[3]

据新39师战斗详报:6月10日,第116团编遣之部东渡怒江。此时,才感到红木树之敌大部似有"北撤江苴之模样"——实际上松井部队已北进江苴5天,此时已是准备全部撤往龙陵了。

新39师师长洪行即令116团向红木树推进,相机驱逐敌人而占领之。

6月11日4时,116团第2营向小寨240高地之敌攻击,发生激战;至8时40分,将240高地、南湖、猪头山、新寨等地区占领。116团于6月12日10时占领红木树,11时复攻克象脖子。于是,新39师战斗详报宣称:"高黎贡山之要隘,至此完全打通矣。"

在这里,新39师对一个月来的作战做了一个小结,指出此战表现不佳最大的问题是"作战准备不充分",具体表现为:

无线电机于攻击开始前两日始发下,致不能训练完全,未发挥

---

[2] 第53师团5月中旬由马来半岛开赴缅甸,继而为进攻温盖特空挺兵团疾进北缅(莫罕附近),但此时野中大队奉命脱离师团主力,直路转进云南,开向芒市。转引自中华民国史资料丛稿译稿《缅甸作战(下)》,第100页。

[3] 中华民国史资料丛稿译稿《缅甸作战(下)》,第100页。

其功效；弹药粮秣储备不足；运输力量不足；武器（火箭筒）反攻后五日方领到；服务人员太少，机械缺乏；装具太差（尤对雨具及胶鞋不能及时发下，在滇西雨季作战，影响战斗特甚）；渡河器材不足，事前失于检点，致用时弊洞百出，影响渡江；缺少工作器具。

又对敌我两军之优劣点做了比较：

表7　新39师对于敌我优劣点的比较

	优　点	劣　点
我　军	1、攻击精神旺； 2、忍苦耐劳； 3、长于夜间行动。	1、体力不足； 2、装备太差（指装具）； 3、射击技术不良； 4、不熟悉武器性能，故不能发挥武器威力； 5、不知土工作业之重要； 6、干部不懂战术奇正，运用失灵活； 7、通信连联络不确； 8、步、炮、陆空联络尤其差； 9、情报机构不健全； 10、补给不灵活； 11、各级指挥官决心不坚定； 12、兵力分散； 13、无预备队； 14、友军不协同； 15、分割建制； 16、各级人员不司专责，业务不分，职责不明。
敌　军	1、兵力充足； 2、装备给养良好； 3、训练精到； 4、射击技术优良； 5、沉着应战； 6、各级干部战术修养良好； 7、随时随地构筑工事，能充分发挥武器威力。	1、士气颓丧； 2、警戒疏忽。

此外，对于日军特异之装备及惯用战法，亦从可供今后作战参考的角度做了归纳：

特异装备：诸兵种能切实联击，无自私观念，各种器材充备；敌兵连有轻、中、重掷弹筒及连射炮；信号弹、烟幕弹、照明弹充分；卫生设备周全；障碍物材料充分。

惯用战法：第56师团均系福冈县人，长于山地战；迂回；包围；中央突破；死守据点；诈术。[4]

应该说，新39师的总结还是坦率中肯的，但是，"冰冻三尺非一日之寒"，转劣为优并非一蹴而就之事。

---

[4]《陆军新编第39师潞江西岸高黎贡山之役战斗详报》。据《保山地区史志文辑》抗日战争专辑之一，第198—202页。

第33章　藏重再次北返接应日隈大队突围

（参阅附图11、附图22）

日军56师团决定自腾冲收缩，而以主力转进龙陵后，当务之急是先救出被我198师围困已久的北斋公房守军，因为以日隈大队（第2大队）现有实力显然已无法自行突围，被围歼只是时间问题。自藏重、松井部队合击攻占江苴次（6）日夜，六七百日军即以汽车向瓦甸北进，其目标是重返北斋公房解围。

据日军战史：

"藏重大佐命武田大队（第113联队第1大队）接替宫原大队（第148联队第3大队）控制大塘子西部山坳的任务，重新掌握宫原大队。6月9日开始以主力自瓦甸北进，10日在桥头街附近击破预备第2师一部强敌，11日又在马面关附近击破第198师一部，13日率主力突进冷水沟，收容苦战中的当地守备队（日隈大队）后撤退。"[1]

在藏重部队前番北进"突破补给"时，曾在桥头救出被围困的儿玉守备队残部86人，并接应卫生兵吉野孝公所在的马鞍山守备队残部从北斋公房撤出。这两股日军在瓦甸分别进行调整后，也加入藏重部队参与了此次解围行动。据吉野孝公撰述：

由联队长亲自率领的这支部队高举军旗，一刻不停地向着目的地进发。走在大部队长长的行军队列中，我们忘却了疲劳，在心里暗暗地发誓，这次一定要好好地为死去的战友们报仇。

---

[1] 中华民国史资料丛稿译稿《缅甸作战（下）》，第100页。日军方面有12日"第3大队吉原队强行联络"的记述（参见附图22）。

> 我们刚到桥头街,敌人就开始了炮击。一发发炮弹掠过我们头顶,在后方的村落里爆炸。友军也立即使用炮兵进行还击,同时步兵部队则分散兵力向敌阵逼近;右面的一支部队迂回着从侧面袭击,摧毁了敌人的炮兵阵地。我方炮火对准山腰上败退的敌人进行猛烈炮击,四处逃窜的敌人近在咫尺。部队乘胜将这部分敌人一直追到马面关。
>
> 敌人在马面关重新调整了部队,我反攻的准备也已经就绪。驻守马面关的敌人已经构筑了牢固的阵地,迎面阻击我军。如果我们不能强行突破眼前的敌人阵地,位于冷水沟阵地的整个第2大队的覆没,也就只是时间问题了。
>
> 联队长命令部队一部分不惜一切代价实施强行突破,前往救援冷水沟部队;同时部队主力在马面关周围同守敌激战一昼夜,最终击退顽敌,成功地救出了冷水沟阵地即将全军覆没的第2大队。
>
> 被救到山下的官兵们,就是曾在马鞍山阵地救过我们性命的勇士们。而眼下出现在我们面前的勇士们已体无完肤,面目全非。架着受伤的战友来到山下的士兵们也已经气息奄奄。躺在担架上的重伤员大多数已呼吸微弱,恐怕是没救了。我们含着泪无声地迎接他们的到来。
>
> 后来我在话题中曾常常提到的战场上的"人肉部队",指的也就是第2大队的这些勇士们。他们在弹尽粮绝的情况下,吃光了我们曾一起生食的马肉,利用肉搏一次次地夜袭、突击,一直在阵地上死守到援兵的到来。在此,我想再大书一笔:他们就是战场上威名赫赫的148联队第2大队的官兵们。[2]

从日军公刊战史和个人记述来看,此次接应突围行动无疑算是成功的。

耐人寻味的是,吉野孝公在回忆中将日隈大队称为"人肉部队",而非日军专用术语"肉弹部队",但却只提到"生吃马肉"的细节,这里面其实隐含着难言之耻。

---

[2][日]吉野孝公:《腾越玉碎记》,第36—37页。

592团团长陶达纲在回忆录中披露：打下冷水沟后，在路途中见到"两个坑中，有水泡着的十几具日军尸体，细看他们的大腿肉、屁股肉都有刀痕，有的还见骨头，真是惨啊……又随部队到了北斋公房，再看房屋四周有一小堆一小堆的黑色屎便，这才恍然大悟，原来是日本人吃他们自己人的肉，因为纯吃肉的屎便是黑色的。显然五六天以来，日本人后方补给断了。"[3]潘世征在战地通讯中，也确凿记述：6月16日在冷水沟垭口巡察战场时，198师副师长刘金奎曾告之，"见到一具敌尸，身上的皮已被剥光，有几处刀痕伤及骨头，显然是敌人剥皮后在吃人肉。因我军冲到，弃尸而去……"[4]

——这自然是593团迂回袭占桥头、马面关，切断日军后路所致。

很可能，战后吉野孝公在老兵聚会时曾一次次提及此事，但却没有勇气把真相原原本本写进回忆录中。吉野孝公的好友、第56步兵团司令部军医中尉丸山丰，是缅北密支那战役的幸存者之一，战后成为著名诗人。他给吉野孝公的回忆录写了序言，其中有这样一句耐人寻味的话："对于战场上的事，有的可以写，有的则不能写；有的想写，有的则再也不愿追忆。"吃人肉这样的事，大约属于后者。

在日军战史记录中，从9日自瓦甸北进，13日突进北斋公房，前后仅4天。此前十余天，预2师部队连留置在桥头的日军一个中队都未解决，这次藏重部队主力加入，情势可想而知。

且从我方史料来回顾这个过程——

9日夜，瓦甸敌200余北窜，在界头附近被第5团第1营截击。但因该地道路纵横，10日晨，敌绕道黄家大地北上，转向第6团左翼包抄。[5]这时，原桥头之敌亦转取攻势，第6团第2营遂受敌包围。10日午后，经我炮兵制压，敌攻击始停止，该团尚能确保原阵地。17时，瓦甸之敌又向107团第1营攻击，敌我对峙于金钟山东

---

[3] 陶达纲：《滇西抗日血战写实》。据《民族光辉——腾冲抗战史料钩沉》，第219页。

[4] 潘世征：《关山重重去大塘——从怒山到高黎贡山纪行》。据其战地通讯集《战怒江》，第24—25页。

[5] 《陆军第54军滇西攻势作战战斗详报》。据《保山地区史志文辑》抗日战争专辑之二，第28页。

端。[6] 19时，桥头附近之敌与瓦甸北增之敌一部会合，共约有300余，附平射炮2门，已窜抵长坡附近，并续有增无已。入夜，更增逾500人以上。[7]

预2师战况电报和54军战斗详报均刻意回避了最后结果，但方国瑜撰述明确记述："下午4时，敌复由南面增来400余名，向我猛攻，战况尤为猛烈，我退出桥头街。"[8]

当日晚，总司令霍揆彰致电54军：

第11集团军已将龙陵附近据点完全占领，10日冲入城内，刻正扫荡城内少数残敌中，敌似有总溃退模样。[9] 着54军198师于11日继续正面攻击北斋公房之敌而占领之；预2师应以全力抵御当面之敌，务打破敌人增援北斋公房之企图；36师除以一部扼守白峰坡、雪山、梁山、摆夷寨之线外，主力即续对瓦甸敌攻击，以策应预2师作战。

54军奉令后，当即转饬各师遵办具报。并于11日凌晨3时向预2师师长顾葆裕发出严令："桥头增敌，该师无论如何必须确保三元宫、朝阳地。虽一兵一卒，亦须与阵地共存亡。勿违！"

此前，54军也给198师发过一次此种电报。

11日拂晓，桥头附近之敌约500名，附山炮2门，及满载粮弹的驮马90匹，分三路向马面关推进。敌以山炮向马面关南端湾山我第5团阵地射击，后即以步兵猛烈冲击，与第5团第2营发生肉搏战。幸我官兵用命及60迫击炮发生威力，致该高地失而复得者三次。此时，水井坡附近进攻之敌约百余，遭我山炮及埋伏之轻机枪袭击，稍向后退。[10] 位于马面关洼地之第5团第3营受敌压迫最烈，

---

[6]《陆军第54军滇西攻势作战机密日记》（未刊档案）。

[7]《陆军第54军滇西攻势作战战斗详报》。据《保山地区史志文辑》抗日战争专辑之二，第28页。

[8] 方国瑜：《抗日战争滇西战事篇》，第29页。

[9] 霍揆彰通报的第11集团军龙陵战况，应来自宋希濂当日战报。实际上，那是一个打了"提前量"的战报，次日即成泡影，最终导致宋希濂去职。详参拙作《1944：松山战役笔记》，第130页。

[10]《陆军第54军滇西攻势作战机密日记》（未刊档案）。

因伤亡过重，于午后被迫向朝阳地以东转移。[11]当日，预2师再失马面关，敌经马面关继续向北斋公房推进。[12]

对于预2师自5月底增援作战，至6月11日被逐出桥头、马面关，曹英哲在撰述中曾予以严厉的批评，他认为该师参战十余天"几乎毫无战果可言"：

> 预2师主力于5月26日奉命增援桥头，迄5月29日黄昏其先头部队进抵三元宫附近，一直到5月31日593团拨归其指挥为止，该师（欠第4团，配属593团）几乎是个完整的生力师。6月4日配属该师之山炮连亦越山赶到，按理对已于5月30日清晨主力（指藏重部队）即南返之日军，应大有一番作为才是，然而却几乎毫无战果可言。
>
> 藏重大佐于5月30日南转后，桥头、马面关确如前述，仅"将1个步兵中队留在该地"；而日隈大队正固守冷水沟、北斋公房；猪濑大队则仍远在空树河一带。果尔，5月30日迄6月9日，为时及旬，仅面对日军中队级兵力之预2师，确应有一番作为，但却交了白卷。6月9日藏重大佐亦仅率宫原大队北上桥头，不料马面关、朝阳地竟被敌突破……
>
> 查预2师于1942年5月16日即奉命渡江反攻，迄1943年5月36师接防，为期约整整一年时光，该师均在腾冲尤其腾北一带从事游击作战。对马面关、桥头、界头、瓦甸一带地形，不但熟识，在人和方面也有其深厚的基础。然以一师之众，居然不能乘敌主力南转之际光复桥头……怪不得那时198师的官兵们，私下里都戏称该师师长顾葆裕为"贾宝玉"，认为他跟贾宝玉一样，像一个公子哥儿，哪能上战场杀敌。
>
> ……（在后来战斗中攻克来凤山）预2师应该仍然是支劲旅，然桥头战役这段期间表现欠佳，却也是事实。[13]

---

〔11〕《陆军第54军滇西攻势作战战斗详报》。据《保山地区史志文辑》抗日战争专辑之二，第28页。

〔12〕《陆军第54军滇西攻势作战机密日记》（未刊档案）。

〔13〕曹英哲：《抗日名将叶佩高》第二卷《桥头马面关战役评析》，第75—76页。

第34章　36师驰援桥头无果

（参阅附图12、附图22）

在此严峻形势下，第20集团军只能重新调整部署。

11日午后，总司令霍揆彰电令54军：

……本集团军当面敌似有总崩溃模样。着54军之198师应迅速攻占北斋公房，并进出高黎贡山以西地区；预2师应即击破当面之敌，进占桥头；36师应以一部扼守寺山寨南北线之阵地，瞰制瓦甸之敌，以主力迅速协助预2师攻击桥头之敌而歼灭之。该军主力占领桥头后，即行扫荡龙川江东岸之线，同时各以一部渡龙川江西岸，对敌警戒。[1]

日军此次接应北斋公房日军突围，最终目的虽然是为了收缩力量南返，但截至目前其动机似未暴露。在这则电令中，不知霍揆彰因何做出"本集团军当面敌似有总崩溃模样"的判断。实际上，就在这则电令发出之时，预2师不但弃守桥头，连马面关也丢了。在10日的命令中，霍揆彰令36师主力攻击瓦甸，以策应预2师作战；但即日已改为36师主力迅速北进增援预2师，则对瓦甸的攻击即告终止。

当晚，54军即转令36师："该师除以必要兵力确保高黎贡山各隘路及寺山寨外，主力应即星夜北上，限12日午后3时许到达三元宫、吴家寨（36师战报记沈家寨）间集结待命。"同时电令预2师："力图恢复，死力固守。"[2]

36师奉命后，即以108团固守高黎贡山各隘路口及寺山寨南北

---

[1]《陆军第54军滇西攻势作战机密日记》（未刊档案）。
[2] 同上。

之线，主力则于 12 日拂晓北上增援桥头。[3]

此时，预 2 师仍力图恢复阵地，与敌持续争夺马面关、朝阳地诸高地。12 日凌晨 1 时许，第 5 团第 1 营与敌激战于朝阳地山腹，第 2 营以一部并附重火器向敌反击；第 6 团第 1 营一部向水井坡敌后截击，桥头敌百余则进袭该团第 2 营万松山阵地，至 12 日拂晓仍在战斗中。

午后 4 时，36 师主力到达刘家寨、叶家村、何家寨各附近，接奉 54 军电令：主力仰仍集结原地区，准备接替对桥头攻击任务。对该方面敌情、地形应先侦察，俟令交接，并以一部向南占领阵地，应确实掩护攻击桥头部队之左侧背。[4]

13 日凌晨，预 2 师第 5 团（欠第 3 营及第 2、6 连）及第 6 团第 1 营向湾山之敌攻击。7 时许，我山炮支援第 5 团攻击时，忽遭朝阳地西侧敌炮射击，损失颇重。此时，第 5 团第 3 营退至小石桥附近，与西来堵截敌军之 198 师 594 团第 2 营（欠第 5 连）会合，于该地阻敌东进。午后 4 时，36 师 107 团接替预 2 师第 6 团对桥头攻击之任务，第 6 团遂向三元宫转移。但因时已入暮，36 师部队未及参战。[5]

在连日来的战斗中，预 2 师师长顾葆裕虽然每天发出战况电报，却只说部队如何迎战，对结果避而不谈；54 军也仿佛心知肚明故意回避。但总司令霍揆彰显然不愿意被糊弄，当日致电 54 军提醒到——"查界头、马面关、朝阳地失守未报"。

54 军接电后，立即于 14 日电饬预 2 师查复。[6] 因大势已去，此举不过是就态度问题较个真而已。

至此，霍揆彰已分别批评了 36 师、预 2 师，唯独未批评 198 师。

14 日零时，36 师接奉 54 军命令电：军决于（14 日）拂晓开始总攻击，以 198 师攻击北斋公房，预 2 师攻击朝阳地、马面关，36

---

[3]《陆军第 36 师瓦甸战役战斗详报》。据《保山地区史志专辑》抗日战争专辑之二，第 106 页。
[4]《陆军第 54 军滇西攻势作战机密日记》（未刊档案）。
[5]《陆军第 54 军滇西攻势作战斗详报》。据《保山地区史志专辑》抗日战争专辑之二，第 28 页。
[6]《陆军第 54 军滇西攻势作战机密日记》（未刊档案）。

师攻击桥头。

36师奉命后即部署攻击，当日8时于左家寨师指挥所下达命令：

桥头东端余家大坡、朱家寨、狮子山之敌约400余，构筑坚固之工事企图固守；湾山之敌约数十名，附炮2门，与我预2师对峙中。师（欠108团）奉命向桥头附近之敌攻击。

107团为第一线团，于本（14）日4时准备完毕，展开于万松寺、余家寨之线，拂晓开始向狮子山、余家大坡之敌攻击，进出桥头南北之线。

106团为预备队，以一部于冉家寨、长坡之线占领阵地，构筑工事，掩护师右侧背，阻绝桥头、马面关间敌交通；主力于马家河东西之线占领阵地，构筑工事，掩护第一线团左侧背，并派一加强步兵连进出界头附近，阻止敌由瓦甸方面之增援。

担任第一线之107团受领上述命令后，即派第1营第2连至艾家大坡附近设伏，袭击由马面关向桥头撤退之敌。同时，以第2营为右第一线营，由冉家寨附近向余家大坡攻击前进；以第3营为左第一线营，由刘家寨经万松寺向狮子山攻击前进。

当日晨，预2师第5团分别向马面关、朝阳地攻击。适逢该师第4团第1营奉令由茶山河赶到新桥附近（大塘南之周家坡），乃加入战斗配合攻击。

关于第4团第1营赶来增援战斗，第3连连长孙剑锋留下了一份回忆：

5月18日第4团奉命全部渡江时，孙剑锋因大腿生疮在云龙漕涧治疗，耽搁了十余日。伤愈后，即带传令兵唐云华起程追赶部队，大约于6月1日自六库渡渡江。在高黎贡山东麓驮驮寨（即砣砣寨），遇到经过小石洞惨战后在此地休整的第2营，营长骆鹏告之本团奉命进抵大西练明光街地区游击，牵制固东街与茶山河之敌，策应54军在冷水沟、北斋公房的作战。

孙剑锋遂赶至明光坝子团部归队。6月6日，第1营营长陈善孚接到团长吴心庄命令，除留第2连于交口（地盘关）继续监视茶山河之敌外，着即赶至王家寨待命。命令中所说的王家寨在界头街以北，该营在地图上误认作是明光街以东十里、固东街至明光街大路旁的王家寨。随即于黄昏赶至该地，发现此处空无一人。13日下午，预2师便衣队长石大用专程赶来，告知该营走错了路，应星夜赶赴界头北面的王家寨待命。

该营即连夜翻过明光河谷与龙川江河谷之间的大山，14日中午到达王家寨。傍晚，奉命向王家寨西南方老台坡（疑即老头山）之敌进攻。老台坡地处界头街通往马面关的大路旁，据报7日前被第5团第3营攻克，3天前又被日军反击夺回。师长顾葆裕乃令第4团增援，占领老台坡，以掩护第5团在马面关作战。

营长陈善孚带第1连连长彭震宇、第3连连长孙剑锋观察地形和进攻路线后，决定以孙连攻击。孙剑锋部署好后，即率部向老台坡山麓前进，然进至敌阵地却发现空无一人，判断日军已逃走。遂发出三颗红色信号弹与第5团联络，不料又遭到对面沥泉山（即立玄山）上日军速射炮射击，所幸隐蔽及时未遭损失。[7]

14日上午10时，36师107团第一线部队向狮子山、余家大坡攻击前进，与敌发生接触。13时，在艾家大坡设伏之第2连发现由马面关撤退之敌60余名、骡马30余匹，向桥头方向前进。该连待敌进入有效射界时，集中所有火器发扬炽盛火力，予以猛烈袭击。敌猝不及防，当即伤亡官兵40余名、骡马20余匹。

107团第2连所伏击之敌，系自马面关南撤之日军野炮56联队第1大队。据第1大队本部伍长中川正雄记述：

14日，[8]根据收缩战线的战斗计划撤回。部队正在下山途中，突然遭遇敌军重机枪从侧面袭击。因前方敌人有森林隐蔽，第1中队战炮队驮载炮尾的马都落在后面，只有一匹跟上了大部队，一时间无法组织有效的炮击。就在这时，大队本部的荒木上等兵勇敢地把炮尾从马上卸下来，抱着一溜烟地跑向第1中队，其经过路线完全

---

〔7〕孙剑锋：《我参加过抗日战争滇西反攻胜利战斗》。据《民族光辉——腾冲抗战史料钩沉》，第253—255页。

〔8〕原文为15日，联系其上下文并与我军战史互参，应为14日。

暴露在敌视线之下,很不幸,没跑出去多远,被敌人的子弹打穿头部,壮烈战死。荒木上等兵的壮举,使得第1中队以最快速度展开了炮击,很是顺手,第一发炮弹便击中了敌人的重机枪……[9]

——36师战斗详报的记述为:"……不料另一股敌由该连右后方袭来,致迫击炮排排长负伤。该连在达成任务后,迅即转移至长坡附近,重新占领伏击阵地。"

据中川正雄撰述,在此次战斗中,其第1中队段列的桑原兵长遭我军狙击重伤,下士官森博请求第1大队段列长富泽(友一)中尉派两人救助,正在引导部队撤退的富泽未予理睬。森博只好带着桑原的一部分遗物离开,继续追赶中队。[10]

入夜后,因阴云密布,天色漆黑,致战斗趋于沉寂。遂命第一线部队就既得阵地构筑工事,并严密警戒,防敌逆袭。[11]

---

[9]《炮烟——龙野炮兵第56联队战记》,第349页。董旻靖译文。
[10] 同上书,第369页。
[11]《陆军第36师桥头战役战斗详报》。据《保山地区史志文辑》抗日战争专辑之二,第95—96页。

第 35 章　198 师乘势攻占北斋公房

（参阅附图 12、附图 13、附图 22）

在山下激战期间，也是山上的 198 师最难捱的日子。据美军战史载："自 6 月 3 日至 10 日，天气恶化，不能飞行，美中两国士兵均以竹笋和不洁的家畜代粮充饥，有时竟射杀老虎为食。"[1]

藏重部队主力再度北进接应日隈大队残部突围，对在北斋公房已苦战十余天的 198 师来说，即为黎明前的黑夜——战事可能更激烈，但战局却已稳操胜券，反正日军是要逃了。

10 日中午，592、594 两团出击，经数小时之激战，敌凭藉优越地形顽抗，我微有进展。[2] 11 日午后，我军又向北斋公房攻击，迫近距敌堡垒 50 米一线。因天雨浓雾，我炮兵观测困难，致炮击时误伤我士兵及毙敌兵各数名。此时，198 师获悉山下之敌已突破预 2 师马面关、朝阳地阵地，向北斋公房增援，遂调整部署应对，并拟于 12 日拂晓向当面之敌发起攻击。[3]

在众多史料中均记，师长叶佩高派 594 团第 2 营营长郭镇楚[4]率该营（欠第 5 连）下山，占领北斋公房、朝阳地间之小石桥，12 日与自朝阳地撤退之预 2 师一营会合于该地。旋即与东进之敌在小石桥附近发生战斗，并阻敌东进。但 54 军战斗详报的记述则是："12 日，北

---

〔1〕美国出版战史《中国—缅甸—印度：遣华史迪威军事顾问团》。转引自中华民国史资料丛稿译稿《缅甸作战（下）》，第 97–98 页。
〔2〕方国瑜：《抗日战争滇西战事篇》，第 27 页。
〔3〕《陆军第 54 军滇西攻势作战机密日记》（未刊档案）。
〔4〕据查郭镇楚少校名列《第 20 集团军腾冲抗日阵亡官佐名录》，籍贯不详，是否牺牲于此次阻援战斗亦不详。

斋公房之敌百余（一说五十余）西下，欲图与东进之敌夹击我小石桥部队。594团第2营乃随敌尾击，形成反包围，致歼敌逾半。"

其区别是：前者之行动为主动而为，且阻击的是东来救援的藏重部队；后者之行动则是被动而为，追击的是从北斋公房西进的日隈大队。在两种记述中，198师的责任完全不同：前者是帮助预2师完成其未尽任务；后者则是198师未将日隈大队围住，反让其百余突围西下。

笔者相信，54军战斗详报的记述绝对事出有因。

在此情况下，198师主力对北斋公房当面之敌的攻击，自然就处于一种极为有利的心理状态之下。据54军战斗详报载："198师主力亦乘势猛攻北斋公房堡垒，敌以增援不获，又将守军减少百余，故仅经2小时激战，数度肉搏，594团第3营即先将敌右翼堡垒攻占，继之592团第2营亦攻入敌左翼堡垒。至此，敌乃成瓦解之势，惟残敌一部仍据其最后一堡垒，对我顽抗。嗣经该师继续猛攻，反复肉搏，终将北斋公房敌堡垒完全占领，敌伤亡枕藉，无一生还。"[5]

实际上，这个过程从12日延续至15日——

据师长叶佩高战况电报："……增援敌约四五百，附炮数门，11日通过马面关、朝阳地，12日晨抵斋公房两侧"，旋即，"马面关敌百余，朝阳地敌数十，又增援北斋公房敌三百余，乘浓雾攀密林峻岭与该处敌会合"。[6]

将此电与前电所记之594团第2营与预2师一部于小石桥"阻敌东进"比对，显然是互相矛盾的。实际情况是，这股东进之敌12日晚进入北斋公房，与原守军会合了。

据日军战史，"藏重大佐……13日率主力突进冷水沟，收容苦战中的当地守备队（日隈大队）后撤退"。[7] 54军战斗详报记为，"13日，守据北斋公房之敌约50名，西向图袭"，并"西袭594团背后"。

---

[5]《陆军第54军滇西攻势作战战斗详报》。据《保山地区史志文辑》抗日战争专辑之二，第24页。

[6]《陆军第54军滇西攻势作战机密日记》（未刊档案）。

[7] 中华民国史资料丛稿译稿《缅甸作战（下）》，第100页。

198师遂派队尾追，反将敌包围，并攻克冷水沟间敌堡垒2座。[8]

日军野炮56联队第1大队本部伍长中川正雄记述的完整过程是：

"6月12日，驱逐马面关之敌，经奋战将我野炮第1中队救出，进而营救冷水沟守备队……当夜，（藏重部队）步兵组织敢死队，强行突破揳入敌阵，翌（13）日早晨到达冷水沟。敢死队一边与敌军交战一边营救守备队队员，第二天（14日）早晨下山至马面关，完成了近乎不可能的任务——成功实施了营救。"[9]

据被救援后出逃的野炮第1中队第1小队下士官伊藤清泰回忆：

……救援部队在马面关附近展开激烈的攻防战时，冷水沟阵地上的部队本来打算凭藉自己的力量突围，但状况不允许，只能等待救援。

强行突破马面关的步兵救援队，来到了我们小队守备的马可波罗庙阵地。当他们得知守备阵地的不是步兵，而是山炮小队，都吃了一惊，因为之前他们听说山炮队在马鞍山已经玉碎了。从救援队带来的仅有的一点儿粮食里，分得了些米，做成粥与战友们分食。已经十多天没有吃过米了。

那天夜里实施了突围，我们把装有战死者手指的饭盒挂在脖子上，带着伤员和病号，趁着夜色逃出阵地。半路上，天亮了，从后面循着我们的足迹追上来的敌人用机关枪猛射，没法再前进了。我带着几名年轻的步兵军官往山上跑，也记不清过了多久，只听到"啊"的一声大喊，之后枪声就停下来了。然后，攻击班回来了，机关枪都扔到了路上。

天暗了下来，到了友军的步哨线，询问山炮队的位置，在附近吃了饭就带我们找到了山炮队。得知中队主力也到了附近。没多久就碰上了从下面爬上来的中队主力，兴高采烈地迎接我们归队。时隔40多天，终于在6月13日（似有误，应为14日）夜，我们小队解除了配属关系，正式回归中队了。随即，部队继续后撤，向马面

---

[8]《陆军第54军滇西攻势作战机密日记》（未刊档案）。
[9]《炮烟——龙野炮兵第56联队战记》，第349页。董旻靖译文。

关前进，此时的中队在北川中尉战死之后，从第1大队段列调来木村弘中尉代理中队长职位，指挥战斗。[10]

一般史料中，多记13日198师即已解决北斋公房日军残敌，实际上这又是习惯性地打了个"提前量"。据潘世征战地通讯记述，15日才最终解决战斗：

"自14日晨[11]起，198师以594团第3营自北向南，向冷水沟垭口进攻；叶师长亲自指挥炮兵，由东向北风坡攻击；593团第2营第4连自南向北进攻；592团第5、6两连向西进攻北斋公房。冷水沟垭口敌堡垒，自南向北之工事极坚固，有五道防御战壕。我之攻势，分为三波，第一波用手榴弹及步枪弹，第二波以冲锋枪，第三波为轻重机关枪及战防枪。敌人防御凶恶，我军攻击得更凶猛。各部在大雨之中不分昼夜大战28小时，于15日晨8时占领右翼堡垒；上午10时10分，占领左翼堡垒。"[12]据美军战史载："到6月15日[13]，中国军队总算击毁了冷水沟阵地的最后堡垒。阵地上遗弃了75具日本兵的尸体。"[14]

198师从5月11日渡江接敌，至6月15日打通冷水沟、北斋公房隘口，历时35天。作为该师一员的曹英哲，对于本部的作战如此评析：

"藏重大佐此次北返，确实只是为了收容日限大队，也确实击破了马面关、朝阳地预2师的守军，然而在朝阳地与北斋公房之间的小石桥却遭遇了198师594团的一部与预2师撤退的一营会合后的坚强抵抗。当其时也，日军既不能突进北斋公房以收容日限大队，日限大队只好自行突围，以与小石桥被阻之敌相呼应，一场混战、

---

[10]《炮烟——龙野炮兵第56联队战记》，第384页。董旻靖译文。

[11] 原文为14日下午2时，应有误。54军巳元（6月13日）酉电令为饬各师于14日拂晓发起攻击；另据其所述此后"大战28小时"，也应为14日晨6时发起攻击。

[12] 潘世征：《一寸河山一滴血——高黎贡山的战役》。据其战地通讯集《战怒江》，第83—84页。

[13] 原文为13日，应不确。

[14] 美国出版战史《中国—缅甸—印度：遣华史迪威军事顾问团》。转引自中华民国史资料丛稿译稿《缅甸作战（下）》，第97—98页。

激战的结果，使198师顺利攻占了冷水沟、北斋公房。"[15]

实际上，从198师的战况电报看，虽然594团第2营在小石桥阻击藏重部队主力，但实际上并未截击成功。师长叶佩高6月12日电报说得很清楚："马面关敌百余，朝阳地敌数十，又增援北斋公房敌三百余，乘浓雾攀密林峻岭与该处敌会合。"曹英哲认为藏重部队此次收容未成功，是未看到叶师长的这一电报[16]，从感情上也有为198师辩护的色彩。当然，198师乘机尾追攻击收复北斋公房，也算个顺理成章的战果。

美军战史中，曾评价中日两军在北斋公房战斗中的表现，可供参考："日军射击准确且节约弹药，伪装近于完善。日本兵尽管已成孤军，陷入重围，既无空中掩护又缺空中补给，但毫无屈服的表现。与此相反，中国军队却反复进行代价较大的正面进攻，白白浪费了大量人员和弹药。"[17]

攻克北斋公房主要阵地的198师，除留一部清扫战场并构筑工事防敌反击外，主力乘势向朝阳地、马面关推进，以协助预2师攻击。[18]

超链接8：日军倏忽进退为哪般？
——兼评日军"内线作战"

日军战史认为，56师团以薄弱之兵力迎战强敌，在滇西战场上实施了成功的内线作战。服部卓四郎在其《大东亚战争全史》中曾如此评价："自5月10日以来，约两个月间该师团之作战，虽因兵力之绝对悬殊，及地势之险阻，未能予敌以决定性之打击，然对于八方来攻之敌，确已达成内线作战之妙。"[19]

延续了旧日军军事学术传统的日本陆上自卫队认为，内线作

---

[15] 曹英哲：《抗日名将叶佩高》第二卷《桥头马面关战役评析》，第80–81页。
[16] 曹英哲在研究写作中未得到《陆军第54军滇西攻势作战机密日记》（未刊档案）。
[17] 美国出版战史《中国—缅甸—印度：遣华史迪威军事顾问团》。转引自中华民国史资料丛稿译稿《缅甸作战（下）》，第97–98页。
[18] 《陆军第54军滇西攻势作战战斗详报》。据《保山地区史志文辑》抗日战争专辑之二，第24页。
[19] [日] 服部卓四郎：《大东亚战争全史（Ⅲ）》，第184页。

战是指"对外围数个方向对我实施向心作战之敌,我在内侧保持后方交通线所进行的作战",是"战斗力的离心使用"。从战略态势上看,外线作战是进攻的、主动的,内线作战是防守的、被动的。欲达成内线作战,就必须"集中全力对付各个分散的目标,也就是各个击破横广纵深分散之敌"。因此,"集中兵力与时间因素就具有最重要的意义"。若掌握了相对优势兵力和随时捕捉战机,就将战略上的被动转化为战役战术上的主动,也就有可能积小胜为大胜而赢得战争。[20]

具体到对56师团的评价,一方面,若仅就过程而论,其确实将战略上的被动屡屡化为一次次战术上的主动;但以结果而论,其积小胜为大胜赢得战争的目的并未达到。打个通俗的比方:在球场上展示了花哨的技巧和个人实力,但输了比赛;另一方面,即便是其一次次看似主动的战术行动,仍是由我军战役部署和战术行动所牵引,且多半未能达成战术目的即半途而废。

对此,曹英哲曾做过具体详细的解析:

战事期间,日军忽进忽退,来往于桥头、马面关、瓦甸、江苴之间,最后又主动退守腾冲,缩小战面;看似主动,其实完全陷于被动的痛苦深渊而不能自拔的情境。对此,必须与198师、36师、53军的作战和第11集团军攻势联系起来研究,才能真正了然日军之所以如此的原委。

藏重大佐主力于5月30日占领马面关后,未及东进以解冷水沟守备队(日隈大队)之围,即迅速南转,是因为36师主力于当日进抵寺山寨、摆夷寨;若非藏重大佐主力于5月30日清晨返转,日军后方之交通线瓦甸即有被36师攻占之虞。

日军何以要自腾北撤退?既要撤退,藏重大佐何以于决心撤退之前,在6月9日又以主力自瓦甸北进呢?这自然和第11集团军全面展开攻势有关,更与198师欲全力围歼冷水沟守备队有关。日隈大队既无力突围;自片马南下的猪濑大队亦无力摆脱预2师第4团

---

[20] 日本陆上自卫队干部学校修亲会著《作战理论入门》,第95页。

的纠缠，进而自茶山河增援冷水沟，以解日隈大队之围；况预2师又位于桥头、马面关附近；日隈大队要脱困，就必须动用较大兵力，以策安全。

在日军卫生兵吉野孝公的眼里，看到"由联队长亲自率领这支部队高举军旗……我们忘却了疲劳"的情形，好像正得意洋洋、奋勇进击的样子，其实藏重大佐却掩不住内心的悲伤和愤怒：走到哪里打到哪里，打到哪里胜到哪里，结果却不得不准备收容了日隈大队败走腾冲，以收缩战面。[21]

对56师团而言，持续月余的高黎贡山之战以"没有结果的结果"而落幕。

据日军战史，其"撤收"过程大致如下：

首先，命令在江苴南方击破53军主力的松井部队，先派原田大队（113联队第2大队）到龙川江之邦乃渡，确保该渡河点；主力于6月11日晚，自腾冲出发，中途结合汽车运输，向目标龙陵急进。12日下午，松井联队本部前进到龙川江，先遣队（原田第2大队）已驱逐南岸之我军，荻尾第3大队也于当日深夜到达。此期间，其第1大队（武田大队）约于6月8日接替148联队官原大队（第3大队）控制大塘子西部山坳之任务，以阻止我53军之进占。

此时，藏重部队在救出北斋公房日隈大队后开始逐次撤退，14日在桥头街，15日夜在江苴街、瓦甸地区集结了兵力。15日，武田大队向藏重148联队交割任务脱离战场，于6月19日赶至龙陵回归松井联队。[22]

松井联队转至龙陵后，藏重联队即在龙川江谷地各据点留置部分兵力，以迟滞我军追击。藏重最终目的是收缩战面，撤退至腾冲固守，但这个过程却是步步退缩、逐次进行。则第20集团军此后的作战，即为紧追日军，分头攻击各据点而收复失地。

---

〔21〕曹英哲：《抗日名将叶佩高》第二卷《桥头马面关战役评析》，第81—85页。
〔22〕中华民国史资料丛稿译稿《缅甸作战（下）》，第100页。

第36章　日军收缩后，我军追击收复失地

(参阅附图5、附图14、附图22、附图36)

收复拖角（6月15日至24日）

如前所述，片马日军在未遭谢晋生纵队打击情况下，于6月13日主动撤离阵地出逃，谢部得以收复片马。

为何日军甘心放弃片马？从日军战史中可窥察其背景。据载，"由片马前进到茶山河的第18师团猪濑大队，6月15日自茶山河出发，边扫荡当地之敌，边向固东街转进"。此时，鉴于第11集团军发起左翼攻势，日军56师团决定自腾北收缩，而将主力调往龙陵；该猪濑大队奉命南下增援，经明光河谷至腾冲，并于23日转进龙陵。那么，在离开茶山河之前，必定会电令留置片马的残部转移，并尽力追随主力归队。[1]

据谢晋生撰述：

15日，片马之敌已逃至拖角，与此处原有之敌会合。拖角在山上，易守难攻。16日拂晓，谢绍晖支队派出一个中队向拖角之敌猛攻，将要冲进敌阵地时，忽被掩蔽部的机枪猛烈扫射，先头班士兵七八人全部伤亡，该中队遂又退回。与敌僵持了一天，至17日拂晓，敌迫于我压迫，即向罗孔溃逃。我部亦尾随敌人至罗孔后山。

---

[1] 据载，后来腾冲城防日军中有100余人属第114联队，推测系猪濑大队这股残部，未能追上主力进入龙陵而滞留腾冲。由此推测谢晋生纵队可能制造了假敌情，目的在于乘机西进收复"茶里"。

19日下午，忽听右前方恩梅开江边隐约传来枪声，谢晋生派士兵前往侦察，获悉英缅军一部已由江心坡渡过恩梅开江东岸。20日拂晓，谢部正准备向罗孔之敌进攻时，忽发现敌已于头晚向密支那溃逃，英缅军则乘机进占罗孔村寨和营房，并进入日军所筑的工事内，向谢部开枪射击，严阻谢部继续前进。当时，谢部前锋即与英缅军发生交火。谢晋生将此情形告知美军联络参谋组，请他们出面与英缅军交涉，让我军通过此地继续追击逃敌。美军顾问杰克逊与对方交涉很久，毫无结果。英缅军告之，他们已奉命由罗孔攻击密支那日军，这一任务毋庸中国军队代劳。杰克逊碰了一鼻子灰，当时气得要命，不禁破口大骂："英国人只晓得投机取巧，真是坏蛋！"

鉴于片马、拖角已收回，但谢晋生部有限兵力都集中在前方，如英缅军派人深入拖角后方捣乱，我将陷入困境。因此，谢晋生判断当下应以保持片马、拖角为要。第二天，即率领进攻部队开回该地。并派一个大队进至拖角前方三四十里的卡南一带村庄构筑工事，将通往罗孔的道路完全封锁，严防英缅军部队向我进犯；令谢绍晖支队长在拖角指挥。

谢部由罗孔回到片马不久，美军联络参谋组亦奉令调回。此时罗孔方面的英缅军有二三百人，其中有着军服的，也有着便衣的，见我部队后撤，6月24日忽向我卡南阵地开进，并向我守军开枪，声称他们的部队要开回片马、拖角去。防守卡南的大队长李光浩颇有战斗经验，对英缅军进犯毫不示弱，当即命令大队士兵全部进入阵地，并以重机枪连续射击一带子弹后，对英缅军说："这里不准任何军队通过；如要强行通过，我们就开枪射击。"英缅军见我部队气势凌人，且有戒备，捱到下午即悄然撤离。[2]

当日，"蓉总部"收到来自我统帅部的电令："郑坡部应立即停止向密支那前进，并向南转用。"该电报系蒋介石18日发远征军司令长官部，卫立煌20日转第20集团军，霍揆彰23日转"蓉总部"的。可见，就在谢晋生部与英缅军冲突期间，英国方面也在与中国

---

〔2〕谢晋生：《回忆片马、江心坡的抗战岁月》。据《文史资料选辑》第37辑（总第137辑），第181—183页。

政府紧急交涉而有此结果。

于是，霍揆彰即电令郑坡以一部向空树河、定蛮关（即地盘关）、茶山河、明光前进，主力向班瓦、营盘街、古永街、盏西挺进，并与本集团军确取联络，以资策应。由此，刚刚到手的片马、拖角又被放弃了。[3]

克朝阳地、马面关（6月15日至16日）

6月15日，54军所掌握的当面敌情为：朝阳地附近有敌300余，炮2门，仍凭据坚固工事顽抗；马面关西南地区有敌500余。

当日，预2师对当面之敌续行猛烈攻击。据第4团第1营第3连连长孙剑锋回忆：

昨夜，第1营营长陈善孚召集会议，决定继续向沥泉山（即立玄山）进攻。15日凌晨，孙剑锋率本连尖兵排第3排搜索前进，到老台坡下天已微明，看到大路上马蹄印、鞋钉印杂沓，路边一间小屋内丢弃着敌人的信件、千人针、小佛像、太阳旗等物，于是判断众多日军已在夜间通过，显见是日军已开始收缩南窜。第3连冲上沥泉山后，发现阵地上已无敌踪。下山后，第1营进至界头街。旋即奉命转向明光街前进，扑灭茶山河南窜之敌（即猪濑大队），尔后向固东街追击前进。[4]

在第4团第1营攻击同时，第5团续向朝阳地、马面关间残敌攻击，至傍晚，该团第2营将梅家山、凤头山完全占领。马面关西南地区之敌300余，昨晚向第6团反扑，被击退，毙伤敌约百余。残敌散伏马面关、水井坡间，该团遂展开搜歼。[5]

---

〔3〕《陆军第54军滇西攻势作战机密日记》（未刊档案）。据谢晋生回忆，此次我军并未全部撤离，仍留置吴若龙任片马区长继续工作。然而7月21日，端纳少校指挥英缅军便衣队突然袭击，用冲锋枪将吴若龙等9人射杀于干坤。11月，远征军司令长官部再次致电谢部，传达蒋介石旨意，令该部全部撤往腾冲，原茶里军政特派员公署予以撤销。1945年1月30日，谢部遂全部撤离片马开赴腾冲，整编为长官部直属步兵第1团。谢晋生：《回忆片马、江心坡的抗战岁月》，《文史资料选辑》第37辑（总第137辑），第183—187页。

〔4〕孙剑锋：《我参加过抗日战争滇西反攻胜利战斗》。据《民族光辉——腾冲抗战史料钩沉》，第253—255页。

〔5〕《陆军第54军滇西攻势作战机密日记》（未刊档案）。

中午，198师主力亦由小石桥方面赶到，遂以592团攻朝阳地敌之左侧背，毙敌十余名；593团附重迫击炮1门、山炮2门，西进更北绕袭马面关敌背后。至午后3时左右，朝阳地、马面关附近各高地均相继被我军再行攻占。

傍晚5时30分，54军饬预2师将朝阳地、马面关防务交198师接替，限次日早8时接收完毕，构筑工事；该师主力即南下协助36师攻击桥头。[6]同时，令预2师一部于新桥以西北警戒，主力南向余家大坡高地攻敌左侧背；36师（欠108团）继续攻击余家大坡、狮子山。

16日晨，592团进至朝阳地；593团（欠第2营）攻克老头山，并接替预2师第5团湾山、镜架山防务。当日，将朝阳地、马面关间残敌完全肃清。[7]

克桥头（6月15日至16日）

6月15日拂晓，36师以107团向当面余家大坡、狮子山之敌攻击。第一线部队发扬所有火器威力制压敌企图，随即发起冲锋。因敌障碍物与掩体均极坚固，步兵接敌愈近，敌火力愈形炽烈，我所受损害随之愈大，致冲锋未能奏功。午后，由马面关后撤之敌经水井坡扰袭107团右侧背，终被击退。敌200余又自桥头南窜，经106团派队截击，毙伤敌30余，我伤兵3名；残敌向西南逃窜。

15日12时，36师接奉54军兼军长方天电："……36师明日应继续猛烈攻击桥头而占领之。"

奉命后，36师即命令107团："着107团迅速击破当面之敌，占领桥头附近各要点。"为截击桥头撤退之敌，并确实阻止瓦甸之敌向桥头增援，又电令106团："106团进出界头之一连，须确实占领界头，择要构筑工事扼守。"

107团受命后，即调整部署继续攻击，集中迫击炮火力猛烈轰

---

〔6〕《陆军第54军滇西攻势作战战斗详报》。据《保山地区史志文辑》抗日战争专辑之二，第29页。

〔7〕《陆军第54军滇西攻势作战机密日记》（未刊档案）。

击敌阵地。18时，第一线步兵借炮火掩护，已迫至最后一道铁丝网，因遭敌侧防机枪阻击，致未能如意进展。22时，敌以数股分向我袭击，因我各部皆能沉着应付，敌不逞，退窜回原阵地。

16日拂晓，107团仍继续猛烈攻击，颇有进展。

7时，李志鹏于左家寨师指挥所接奉兼军长方天电谕："原配属预2师之山炮1门，198师之山炮2门，于冉家寨西南重迫击炮一连（2门），于万松寺各附近地区占领阵地，直接归贵师指挥。"

李志鹏当即派员至冉家寨与炮兵部队联络关于射击目标、射击时机等问题，并确定步炮协同方案。而后下达命令：

107团继续向桥头攻击而占领之；106团向南警戒部队，须随107团攻击进展向西延伸，占领阵地后向南警戒，确保我左侧背安全；所配属炮兵归师直接指挥，协助107团攻击。

中午11时，原配属预2师之军山炮营第2连到达冉家寨，当即在冉家寨东北端进入阵地，观测所则开设于石团山。13时50分完成射击准备，14时开始向朱家寨射击。据36师战斗详报："炮兵之适时发扬火力，除直接杀伤敌人、破坏其工事外，精神上之威力尤大。故战斗时若有炮兵协力，且能适切协同，每易收杀敌致果之效。"

利用炮兵射击成果，107团第一线步兵即向前猛进，同时发扬所有步兵火器威力制压敌人，发起冲锋。敌不支，大部狼狈逃窜，仅以小部留置阵内顽强抵抗。

15时许，预2师第6团亦加入协力107团战斗。[8]据第6团团长方诚回忆：

"6月16日8时30分，本人于九渡河始奉到师长（顾葆裕）'第6团应于明（16）日8时将阵地交由198师接替，后即展开于长坡、艾家大坡之线，限14时以前完成攻击准备，协同36师主力攻击桥头街及余家大坡、狮子山之敌，攻击到达线为桥头街、余家寨之线'之命令。奉命后，即令各营分向长坡及艾家大坡推进，本人亲率团指挥所及直属部队于13时亦到达长坡。14时许，余家大坡西北角敌堡垒内有敌轻重机枪各一挺向团指挥所射击，我机2连即向之猛烈还击，

---

[8]《陆军第54军滇西攻势作战机密日记》（未刊档案）。

第1营则猛攻。同时36师107团团长麦劲东亦率部向余家大坡攻击；为确实协同歼敌计，本团主力向沙河村、桥头街猛攻，经数次冲杀，于16时36师攻占余家大坡、狮子山之后，亦于19时占领桥头街及余家寨。残敌数十名，即浮水西窜，经我第3营江边堵击部队机炮齐射，大部没于龙川江中，一时蔚为大观！我第2营又向朱家寨、周家寨推进，占领敌谷仓14所，虏获敌抽水机、枪炮等弹遗弃物品甚多。"[9]

36师亦以106团第1营追击沿龙川江西岸向南溃退之敌。

此战中，36师107团伤亡军官3员、士兵20余名，虏获敌步枪7支，钢盔20余顶，及文件弹药等甚多。[10]

桥头附近之敌被击退后，沿龙川江西岸南窜至瓦甸附近，又利用既设工事固守。

傍晚，54军电令各部：198师仍服原任务。预2师应以小部渡龙川江西追，相机占领尖山、6257高地之线，尔后仍向西警戒；主力于桥头附近构工。36师向南尾追敌人，并攻击瓦甸而占领之。[11]

当日，在战事终于取得节节进展之际，第20集团军总司令霍揆彰给蒋介石发了一个电报，极言地形、气候、补给之困难对于前阶段战事之影响：

职此次作战，关系国家民族之存亡，与抗战之成败者关系至大，故多方勖勉，茹苦含辛，以期完成使命。惟所见战地艰苦情境，足以影响战斗者，谨呈如下：

地形方面：高黎贡山，高达万公尺（以英尺计），羊肠小道，蜿蜒曲折，人马攀登不易，重武器绝难运动，人烟绝迹，行动作战，概受限制，给养宿营，均受困难。

气候方面：刻下正值雨季，温度甚于严冬，官兵衣被原极单薄，兼以终日雨雪交加，月余以来，露宿其中，匪特衣被透湿，甚至数日不得一饱，因之疾病日增，冻毙时闻。

---

[9] 方诚：《八年抗战小史》之十收复滇西之役，第51页。
[10]《陆军第54军滇西攻势作战机密日记》（未刊档案）。
[11] 同上。

补给方面：因地形与气候关系，陆空运输，均极困难，时虞不济，运输团队亦因冻饿疲惫死亡者，早达半数。

以上各端，均属目睹实情，悲惨艰苦，殊为可悯。自匝月以来，各部队伤亡冻毙之消耗数量，殆已过半；集团军预备队缺乏，各部队人马补充，亦成严重问题。且今后之气候愈益恶劣，其任务尤趋艰难，倘不早为之计，则于作战指导，不无影响之处。除饬各部艰苦卓绝、竭力达成任务外，谨将实地视察情形，恭呈鉴核备查。〔12〕

因为连日来捷报频传，在此情形下为部队诉诉苦，不但容易取得最高统帅对月余来战事不顺的谅解，也能为官兵争取到一些实惠。据载，蒋介石接电后批示："复慰勉并饬军政部负责速拨补充兵提前补充勿误。中正。6月23日。"〔13〕

克瓦甸（6月16日至21日）

6月16日，54军击破桥头之敌后，令36师配属山炮一连南下继续向瓦甸攻击。17日，107团推进至赵家窝、易寨附近；106团推进至窑上牌、寺山寨附近集结。瓦甸敌以山炮、步兵炮各2门向该师先头部队106团第3营射击，遂成对峙。

经侦察，36师获悉：自桥头退至瓦甸之敌约七八百余，附山炮2门、速射炮4门，据守金钟山、狮子山（非桥头附近之狮子山）、大街坡各阵地顽抗，以掩护江苴之敌撤退。36师遂决定向敌攻击，保持重点于右翼。

18日，36师向各部下达命令：

107团（附工兵一排）为右翼队，于本（18）日9时完成攻击准备，展开于赵家窝西端高地亘易寨之线，秘密接近金钟山、狮子山之敌阵地，一举攻占而进出瓦甸。

108团（欠第1、3两营，附工兵一班）为左翼队，于本（18）

---

〔12〕《中华民国重要史料初编——对日抗战时期》，第二编作战经过（三），第499页。
〔13〕同上。

日9时完成攻击准备，展开于杨梅山附近地区，秘密接近大街坡之敌阵地，一举攻占，进出瓦甸南端、永安桥（吊桥）附近。

106团为预备队，集结于寺山寨附近，以步兵一连于本（18）日由现地出发，至赵家窝西端高地，相机沿公路向瓦甸搜索前进，警戒右翼队107团之右侧背。

右翼队107团受领命令后，遂即决定部署：以第3营为右第一线营，于当日13时展开于金钟山北端大坪地之线；以第2营为左第一线营，同时展开于金钟山东端亘杨梅山之线；第1营为预备队，控置于田家地附近；迫击炮连在杨梅山西南端进入阵地，协力第一线营攻击。

左翼队108团（欠第1、3两营）受领命令后，即以第2营展开于杨梅山以南地区，以团直属轻机枪连、迫击炮连为预备队，位置于寺山寨南端。

两翼队部署完毕后，随即攻击前进。

当日黄昏，左翼队108团（欠第1、3两营）进抵大街坡东端约500米处，无激烈战斗。16时，右翼队107团与敌发生接触，战至黄昏，第一线步兵已迫进至敌阵地前200余米处。入夜后继续战斗，终因天雨昏黑，行动不便，兼因敌铁丝网、鹿砦等障碍物阻滞，无大进展。[14]我伤亡官兵30余人，敌方情况不明。

当日，54军接奉霍揆彰转奉卫立煌长官电：

"据确报，第20集团军当面敌自6月11日起至14日止，已续撤腾冲者约3000人。13、14两日，腾冲敌向龙陵方向增援者约千人，似有转用反攻龙陵企图。远征军左右两集团决由南北夹击，期于腾冲附近围歼之。第20集团军应迅速消灭桥头、界头、瓦甸、江苴残敌，向腾冲攻击前进……"

傍晚，54军即电复霍揆彰：已饬198师、预2师分别集结北斋公房、新桥间及桥头、界头间，并推进一部于龙川江西岸对西警戒；36师正向瓦甸攻击中。[15]

---

〔14〕《陆军第36师瓦甸战役战斗详报》。据《保山地区史志文辑》抗日战争专辑之二，第106—108页。

〔15〕《陆军第54军滇西攻势作战机密日记》（未刊档案）。

19日拂晓，右翼队107团集中兵力向金钟山山峰猛烈攻击。同时，左翼队108团（欠第1、3两营）推进至大街坡敌阵地前，发生激烈战斗。9时，36师鉴于第一线攻击颇有进展，顽敌势难持久，为防其逃窜，遂命108团第1营（欠一连）由瓦甸以北潜渡龙川江，至永安桥（吊桥）西南地区设伏，阻止敌人撤退。

中午11时，右翼队107团完全通过障碍物，追抵金钟山敌阵地直前，敌火力随之益加猛烈。因敌工事极其坚固，我遂使用火箭筒及战防枪予以破坏。13时，步兵发起冲锋，突破敌阵地之一部，占领其余重要据点。14时，因107团伤亡颇重，36师令担任预备队之106团以第3营增援，乘势又夺得敌堡垒3个。

此时，奉命渡龙川江设伏之108团第1营，于辛家街、小房附近与约百余名之敌遭遇，当即发生战斗，为敌逼迫稍向南撤，未能如期进出指定地点。14时30分，36师发现瓦甸之敌约300名、骡马约300匹，经永安桥向南抢运物资。108团迫击炮连遂赶赴杨梅山附近进入阵地，以火力阻止之。

16时，右翼队107团经勇猛冲锋，又攻占2个据点。17时，金钟山之敌数度向我右翼队逆袭，均遭击退。当夜，彻夜激战，敌我均有伤亡，但阵地无大变化，敌仍据守金钟山最高峰、狮子山、大街坡三个据点顽强抵抗。

20日拂晓，36师全线猛烈突击。6时许，右翼队107团首先攻克金钟山最高峰首要据点。7时，又相继突破狮子山、大街坡两据点。因外围屏障尽失，瓦甸之敌稍作抵抗即向西南方向逃窜，经永安桥向腾城方向撤退。至此，瓦甸附近各要点遂完全为我占领。

自19日晨至20日晨，36师伤亡军官17员、士兵213名。[16]

此后，36师命左翼队108团第4连经永安桥向南追击退却之敌；又令106团第1营一连经热水塘向江苴方向搜索前进，并策应南线53军作战。9时，经永安桥向南追击之108团第4连，于吴家湾附近追及敌人，当即发生激战。至21日拂晓，敌不支，溃退。我

---

[16]《陆军第54军滇西攻势作战机密日记》（未刊档案）。

俘获敌148联队作战命令一份。[17]

攻占瓦甸后，36师接奉兼军长方天电令，在本师搜索警戒地境内择要构筑工事固守。遂以107团占领金钟山、狮子山、大街坡等要点构筑工事，对腾冲、固东方向警戒；主力于牛马庙、热水塘一带构筑工事，对江苴方向警戒。108团除扼守高黎贡山隘路之部队仍服原任务外，其余在寺山寨、慈姑山、宝华寺之线构筑工事。

据房获敌文件获知：瓦甸溃敌为56师团148联队（欠第1、3大队），兵力约800余人，有山炮2门、步兵炮2门、速射炮2门、迫击炮1门。

36师战斗详报中，总结此战经验心得为：

敌每占一地，即构筑极坚固之工事。瓦甸沦敌已久，其工事固极坚固，兼以火网之编成浓密，障碍之设置深广，故由正面攻击而无炮兵协助，攻击难于奏功，易蒙重大损失。

火箭筒之主要用途固在射击敌战车，但对坚固据点攻击时亦为极有效之武器，故其弹药之充分携带与补充，实极重要。

瓦甸附近之敌工事极为坚固，由其遗弃之弹药粮秣观之，确有固守之企图。以伤亡过重，无法支持，不得已而溃退。足见不论敌人据点如何坚强，倘我能以优势之兵力、炽盛之火力进行勇猛果敢之攻击，敌固守之企图终必被我打破。

桥头之役，敌蒙受严重打击后，其士气一落千丈。瓦甸被我攻克后，敌全般态势益陷窘境，致江苴之敌相继逃窜，足见选择其首要据点而击破之，每有左右全局之效。[18]

克明光、固东（6月15日至19日）

据日军战史：

---

[17]《陆军第36师瓦甸战役战斗详报》。据《保山地区史志文辑》抗日战争专辑之二，第108—109页。

[18] 同上书，第110—111页。

"由片马前进至茶山河的第18师团猪濑大队（114联队第1大队，大队长猪濑重雄少佐），6月15日自茶山河出发，边扫荡当地之敌，边向固东街转进。"[19]因日军56师团决定收缩兵力南转，给最北线的猪濑大队的命令是开赴龙陵。在猪濑大队主力南转途中，预2师第4团奉命予以追击和截击。

6月16日，我军攻克桥头，残敌一部分即向西溃退，渡龙川江逃窜。预2师即以第4团第1营（欠第2连）渡龙川江向西岸追击。17日晨，该先头营翻山进入明光河谷，向固东搜索前进。第4团除令第2营由邦瓦寨归还建制外，其余仍向沙腊树（今涩梨树，在空树河西）、茶山河敌攻击。激战四五小时，敌不支，亦向明光方面溃退。此役毙敌50余，我亦伤亡十余人。

18日，第4团第1营到达固东附近苦竹寨；第3营进至明光附近。[20]

19日，原留置交口（地盘关南）的第4团第1营第2连归建，报称茶山河之敌已乘夜逃跑。该营遂向固东街疾进。途中，遭遇日军骑兵五六人，第3连尖兵排予以迎击，敌骑掉头向固东南逃。追击途中，第3连连长孙剑锋遥遥望见固东街冒烟，判断是日军焚烧街市准备逃跑。黄昏时分，第4团第1营进入固东街。此时火已经被村民扑灭，镇长、保长前来迎接，告知敌骑回到镇上即放火焚烧给养仓库。[21]该团副团长荆哲生遂电告师长顾葆裕："陈善孚营（第1营）占固东后，派第1连向顺江街以南地区搜索前进。敌114联队猪濑大队由固东撤退时将仓库全毁。马站街附近有敌约千余。即晚决率陈营主力向顺江街前进，行威力搜索……"

当日，总司令霍揆彰致电54军，令预2师以第4团一营（第2营）附无线电台一部，将空树河、定蛮关、茶山河确占，掩护本集团右侧安全；并派干探侦察片马、拖角、茶山河通密支那方向大道敌情动态，并与郑游击纵队（指郑坡"蓉总部"谢晋生纵队）确保

---

[19] 中华民国史资料丛稿译稿《缅甸作战（下）》，第101页。
[20] 方国瑜：《抗日战争滇西战事篇》，第32页。
[21] 孙剑锋：《我参加过抗日战争滇西反攻胜利战斗》。据《民族光辉——腾冲抗战史料钩沉》，第255页。

联络。54 军即于 20 日电预 2 师遵办具报。[22]

入夜后大雨，第 4 团第 1 营继续自固东向南开进，20 日天亮时抵达刘家寨。

中午，团长吴心庄、副团长荆哲生率连长以上指挥官到碗窑街对双山侦察，决定以第 3 连夜袭双山之敌，而以第 1 连于半夜前超越前进至马站街截击双山逃敌。因第 3 连连长孙剑锋在立玄山战斗中腿部被竹签扎伤，乃以副连长邓烈接替指挥。入夜后，邓烈顾虑走大路接近双山暴露行动，令部队散开从秧田向前推进，却因田埂错杂迷失方向，至拂晓方扑到山上，发现敌早已逃走，仅捡到敌破坏撞针后丢弃的臼炮一门。副团长荆哲生大怒，令特务排将邓烈拘押，准备惩办。经连长孙剑锋担保求情，希望给予戴罪立功机会，才得幸免。[23]

克南斋公房（6 月 10 日至 20 日）

如前所述，藏重、松井部队于 6 月 5 日合击江苴，130 师退守雪山。53 军调整防御部署，以主力对江苴、346 团对南斋公房与敌相持。

6 月 10 日，53 军接奉总司令霍揆彰命令：

"……着 53 军 116 师（欠 346 团，附 390 团）应以一部固守雪山西侧亘 5867 高地之阵地，主力应于明（11）日驱逐当面之敌，继续进击江苴；346 团应继续攻击南斋公房之敌。"

53 军奉命后，即转饬各部遵照。[24]

据载，南斋公房隘口是由岩石构成，两侧均为悬崖绝壁，攀登困难。其地形之险要，堪称"一夫当关，万夫莫开"；日军以一个加强小队约 50 人据守。11 日拂晓，右侧支队 346 团以主力行正面牵制，

---

[22]《陆军第 54 军滇西攻势作战机密日记》（未刊档案）。
[23] 孙剑锋：《我参加过抗日战争滇西反攻胜利战斗》。据《民族光辉——腾冲抗战史料钩沉》，第 258 页。
[24]《陆军第 53 军由怒江至腾冲会战战斗详报》。据《保山地区史志文辑》抗日战争专辑之一，第 136 页。

以一部迂回敌左侧背，协力向南斋公房猛烈攻击。关于这支迂回敌左侧背的部队之行动，据53军副参谋长夏时回忆：

> 南斋公房方面山高路隘，不能展开较多的兵力，敌人的抵抗又十分顽强，我方仰攻屡遭挫折，打打停停，相持了六七天时间。第346团乃挑选精干小部队，从右方攀登山崖，迂回敌人侧背，经过两天攀登，小部队直插敌人背后，予以突然袭击。这一出敌不意的行动，使据守天险的敌人惊慌失措，不得不仓皇溃逃。[25]

第20集团军总部参谋杨纳福和潘世征战地通讯中，也提及此情节，但均记当时130师以389团协助346团作战，这支迂回小队系由389团派出。[26]据载，"我军之敢死队十余人，自南斋公房南北悬崖绝壁攀登而上，一壮士不幸失足身死。11日下午，敢死队抵达南斋公房敌人堡垒之内，敌人惊骇不及，以为天神降临，死亡于手榴弹下者极多。"[27]

此时担任正面攻击之346团主力，亦发起猛攻。敌虽顽抗，经我屡次冲锋，终将敌人击溃，于13时许夺占南斋公房附近地区。据53军战斗详报，我官兵勇猛冲杀，与敌激战，敌狼狈逃窜，遗尸满山，血肉腥臭；阵地被我炮火射击，破毁不堪。

346团即分两路超越南斋公房。主力在其西侧对岗房方面戒备；其右追击连抵三岔路附近；左追击连抵岗房以东地区，向敌搜索侦察。[28]

此后，53军后续部队得以通过南斋公房西进。据跟随130师388团行动的杨纳福回忆：

> 本人与佟道团长通过南斋公房隘口时，阴风凛凛，寒气刺骨，

---

[25] 夏时：《滇西纵谷地带的反攻战》。据《远征印缅抗战——原国民党将领抗日战争亲历记》，第369页。

[26] 国军史料丛书《抗战时期滇缅印作战（一）——参战官兵访问记录（下）》，第941页。

[27] 潘世征：《一寸河山一滴血——高黎贡山的战役》。据其战地通讯集《战怒江》，第81页。

[28] 《陆军第53军由怒江至腾冲会战战斗详报》。据《保山地区史志文辑》抗日战争专辑之一，第136页。

大有如入鬼门关之感受。检视敌阵地,多为有掩盖之掩体,以掘开式的交通壕联络之,掩体内以圆木及棉被覆盖之,抵御经常接近零度的气温。当我们抵达时,掩体内尚有敌炊爨之灰烬未熄。事后当地居民告知,这些工事都是由日军征集当地平民构成之,构工完毕后,这些平民下落不明,可能均为其处死,以防泄密。

我在隘口休息时,饥寒交迫,疲惫不堪,幸亏佟团长惠余以烙饼及盐焙辣茄一个充饥,食后体力倍增,得以继续前进。

越过隘口,腾越平原在望。绿油油的稻田,碧波千顷,随风荡漾;星罗棋布的村落,浓树盖荫,炊烟缭绕,小河流水,道路纵横,好一幅美丽画面。其赏心悦目之情,即使近月来生活在阴雨霾障、暗不见天日的焦躁苦闷,亦一扫而空,心情豁然开朗,军心士气为之一振。[29]

11日午后3时许,346团一部追击达到岗房东侧,发现敌二三百人。经我猛攻,至12日下午2时,即将岗房占领,向林家铺前进。13日,346团于10时许向林家铺东方高地之敌猛攻,战斗激烈。旋因天雨浓雾,我炮兵不能射击,后无大进展;我第一线部队接近敌阵地约百余米,与敌对峙。此后数日,因大雨浓雾,炮兵无法支援作战,我攻势迟滞。

16日凌晨4时,346团再向当面之敌攻击,战至两小时,突破敌阵地正面。其右翼高山敌约百余人,仍据险顽抗,经我一再猛攻,于10时许相继攻占三个山头。敌退至隘路出口处一高山,凭藉既设阵地顽强抵抗。[30]攻战至黄昏,毙敌30余,我伤亡官兵10余人。[31]

17日拂晓,346团于风雨浓雾交加之下开始攻击。战至12时许,进展约500余米;旋因敌人增加,战斗更为激烈,后无进展。据炮兵部队战斗详报:我炮兵将阵地推进至岗房附近,经连日敷设已完

---

[29] 国军史料丛书《抗战时期滇缅印作战(一)——参战官兵访问记录(下)》,第941—942页。
[30]《陆军第53军由怒江至腾冲会战战斗详报》。据《保山地区史志文辑》抗日战争专辑之一,第138—139页。
[31] 方国瑜:《抗日战争滇西战事篇》,第38页。

成射击准备,于当日支援步兵攻击林家铺东端高地[32]之敌。终因敌人工事坚固,负隅顽抗,我军进展甚微。

18日晨,346团攻至敌阵地二三米处,战斗猛烈异常;继以第6连由道路南侧向敌人后方迂回前进。期间,我炮兵以猛烈火力对敌轻重武器行制压射击;当我步兵前进时,炮兵又以炽盛火力扑灭敌侧防机能,对步兵助力较大。

19日,阴雨。8时许,346团以主力向当面之敌攻击,该团第6连由左翼之突出部攀登峭壁,向敌背后迂回。同时,我炮兵发挥最大威力向敌猛烈射击,敌阵地大部被我摧毁,伤亡甚众。此时第6连已迂回到达敌后,我遂两面向敌夹击。战至当日下午3时,终将东高地约400余之敌击退,残敌向林家铺逃窜,我即追击迫近林家铺。

20日拂晓,346团主力向退据林家铺之敌攻击,并以第2连迂回林家铺北侧,向敌侧击。激战约一小时许,敌不支,向江苴溃退。我即分途向敌追击,于10时许追至江苴附近,敌以既设阵地顽强抵抗。[33]130师388、389两团亦跟随346团推进,以策应围攻江苴。[34]

克江苴(6月10日至22日)

6月10日,凌晨3时50分,116师接奉53军命令要旨:着该师(欠第346团)配属第390团及山炮4门、第1野战医院,在雪山附近地区占领阵地,构筑工事,相机转移攻势歼灭敌人。

奉命后,师长赵镇藩于6时率领参谋人员前往实地绵密侦察。7时30分,于雪山师指挥所授予各部命令如下:

390团即归本师指挥,为右地区队,立即占领阵地构筑坚强工事,担任左自长坡起、右至雪山西侧山脚及附近地区守备,并经常派遣小部队向敌方白岩山、长坡头、长坡附近搜索敌情。

---

[32] 原文为岗房,经与其他史料互参,应有误。

[33] 《陆军第53军由怒江至腾冲会战战斗详报》。据《保山地区史志文辑》抗日战争专辑之一,第140页。

[34] 方国瑜:《抗日战争滇西战事篇》,第38页。

348团即归还建制为左地区队，以一营兵力即刻占领阵地，构筑坚强工事，担任右接130师左翼向南方及西南方对雪山之守备；另以一营担任右侧高地与各要点、各路口之守备；并特别注意左侧背之戒备，经常派遣小部队向牛屎坡附近搜索敌情。

347团为师预备队，控置于雪山、路新；并以一部即刻接替路新之388团第3营防务，立即占领阵地，构筑坚强工事，严密戒备。该营须经常派遣小部队向敌方牛屎坡、青崖子（5876高地）不断搜索敌情，或派兵一部占领之。

山炮兵第1连位置于雪山占领阵地，并须准备充分之弹药，以一部用于防守，大部用于尔后之攻击，其观测所务须推进至第一线。[35]

11日，当面之敌在长坡头、箐门口以东地区占领阵地，企图阻我出击。自拂晓起，该师347、348两团攻击长坡头、箐门口、河头寨以东地区之敌，经激战，将长坡头、箐门口东方诸山头相继攻占，略有进展。[36]

13时，获悉盘踞南斋公房之敌被我346团击溃，其残余一部向江苴附近溃退。此时，师长赵镇藩决心于明（12）日由右地区方面转移攻势，以390团先夺取箐门口东南方高地，一举攻入敌主阵地而占领之；348团随战况进展相机钻隙，以威胁敌左侧背。

12日晨8时，390团第2、3两营开始攻击箐门口以东地区敌之警戒阵地及其附近之主阵地带。11时，我进展至箐门口左侧高地及其以西之线，与敌兵约百余名（附重机枪3挺）发生激战，经数次猛攻，迫近敌约百余米。旋因敌火力炽盛，淫雨倾盆，云雾迷漫，山炮射击无效果，致使难以制压敌火力，战况无大进展，而与敌在箐门口右侧高地以西之线对峙。[37]

当日，53军决心利用南斋公房胜利战果，以全线夹击岗房、林

---

[35]《陆军第116师唐习山、大塘子、江苴、腾冲各战役战斗详报》。据《保山地区史志文辑》抗日战争专辑之三，第63页。

[36]《陆军第53军由怒江至腾冲会战战斗详报》。据《保山地区史志文辑》抗日战争专辑之一，第137页。

[37]《陆军第116师唐习山、大塘子、江苴、腾冲各战役战斗详报》。据《保山地区史志文辑》抗日战争专辑之三，第65页。

家铺、江苴之敌,将其包围于龙川江东岸三角地区而歼灭。晨9时,向各部下达命令如下:

346团附388团(欠第2营)、山炮2门、重迫击炮2门、工兵两排(一排协助重迫击炮补修前进道路)为军右翼队,归团长张儒彬指挥,于今(12)日展开于三岔路之东方亘岗房东方及北方,攻击岗房、林家铺之敌;并以一部占领关上、羊厂坡附近,构筑工事,破坏敌之交通,戒备瓦甸方面之敌,掩护右侧背安全。

116师(欠346团)配属390团、388团第2营及山炮兵第1连为军左翼队,于今(12)日展开于长坡、河头寨东方南北之线,先驱逐当面之敌,将重点保持于左翼,继续攻击林家铺、江苴附近之敌,一举切断敌退路而歼灭之。须留置一部守备雪山西麓、南麓及以左青崖子5876高地及路新、巴地附近,随战斗进展,以一营守备蛮米、牛屎坡及以左青崖子5876高地各附近,构筑坚固工事,戒备由南向北各道路,确实掩护背后安全。

130师(欠390团、388团)为军预备队,位置于小新寨、大塘子西侧。

军会师于江苴后,即积极扫荡龙川江东岸残敌。[38]

15时,116师接奉上述军命令,随后策定攻击计划,于16时下达命令如下:

师(欠第346团)配属390团、388团第2营及山炮第1连、第1野战医院为军左翼队,于明(13)日展开于长坡、河头寨东方南北之线,先驱逐当面之敌,续行攻击林家铺、江苴附近之敌,一举切断敌人退路而歼灭之。

390团于明(13)日拂晓以现态势攻击当面之敌,占据下村、小坝各要点以北地区,掩护师主力进出,为师左第一线团,展开于下村、5186高地,并右与346团切取联络,协同攻击林家铺、江苴之敌而占领之。

348团随390团直后进出雪山西口,为师右第一线团,展开于

---

[38]《陆军第53军由怒江至腾冲会战战斗详报》。据《保山地区史志文辑》抗日战争专辑之一,第137—138页。

小坝及其迤西赵家寨之线，攻击吴寨、大塘子，横断敌人之退路而歼灭之。

388团第2营守备路新、巴地附近，尔后随战况之进展，进据蛮米、牛屎坡及以左青崖子5876高地各附近，构筑坚固工事，戒备由南向北之通敌要道，确实掩护师背后安全。

347团为师预备队，随第一线战况之进展，逐次推进至姜家寨附近待命。该团应以一营兵力守备雪山西麓、南麓及5867高地，防敌渗入，掩护师左侧背安全。

13日晨，390团向当面之敌猛攻，激战至13时许，终将占据箐门口右侧高地之敌击退。116师当即令390团掩护348团推进。当348团先头第3营将进出隘路口之际，敌后续部队增援而至，同时以猛烈炮火向我行制压遮断射击，掩护其步兵反攻。348团第3营冒敌炮火奋勇前进，在390团左翼加入战斗，固守据点竭力阻敌。此时，敌增援兵力二三百名，借猛烈炮火向我突击，战斗至为剧烈。390团与348团最初仍屹然固守，英勇应战；终因连日战斗伤亡重大，势有不支，116师即令其撤至箐门口以东地区，占领有利地形，构筑工事暂取守势。〔39〕

据潘世征战地通讯载：13日攻击江苴东南大坡，战斗极烈，我伤亡200余人。〔40〕

14日，116师仍与敌在箐门口附近战斗，大雨滂沱，无大进展。15日拂晓，继续攻击当面之敌。此时，敌第113联队第1大队二三百人由箐门口以北向我猛烈反攻，激战2小时，被我击退。〔41〕16日，又以步炮火力猛攻当面敌人。因敌以纵深兵力扼守箐门口隘路，我无法展开充分兵力，致妨碍前进，乃以猛烈炮火制压

---

〔39〕《陆军第116师唐习山、大塘子、江苴、腾冲各战役战斗详报》。据《保山地区史志文辑》抗日战争专辑之三，第66—68页。

〔40〕潘世征：《一寸河山一滴血——高黎贡山的战役》。据其战地通讯集《战怒江》，第81-82页。

〔41〕原文记为绀野大队，可能系根据前期缴获的敌文件推定。实际上，113联队第1大队初任大队长为绀野忞少佐，1月30日以后由武田淑文大尉继任。据载，15日该大队接到归还113联队建制的命令，可能在当晚即移交任务于藏重部队，开赴腾冲。但我军并未觉察当面敌情的这一变化。《ビルマに云南埋もれた戦史——镇安街守备队》，第156页。石江辉译文。

第36章 日军收缩后，我军追击收复失地　　461

该敌,积极进攻。17日,116师无大战斗。[42]

据116师战斗详报:14至17日,390、348两团与敌对峙,时有小接触。师为实现攻略江苴之企图,另拟定新部署如下:

先将箐门口高地之敌击破,以348、390两团攻击敌正面,同时以347团第3营由雪山左侧新辟之小路,迂回攻击敌右侧背;347团(欠第3营)为预备队。

18日8时,348团与390团开始向敌攻击。激战约两小时,将箐门口外左侧高地完全占领。当即令347团(欠第3营)推进至箐门口附近;388团第2营以一连仍任路新、巴地之警戒,该营主力接替347团所遗雪山西麓、南麓及5867高地防务。12时,第一线进展至长坡头、姜家寨、河头寨之线,并将长坡头全部占领。[43]

18日,116师于早8时开始正面攻击,并以347团第3营由左翼迂回敌右侧背。战至16时许,正面相继将长坡头、姜家寨完全占领;其迂回之第3营将河头寨攻占,向敌右侧背挺进。

19日拂晓,116师开始攻击。经勇猛激战,8时许,第一线部队占领长坡、大红木树之线,又继续猛攻,于15时许进迫下村、小坝及5186高地附近。我以猛烈炮火支援步兵战斗,于18时许攻占以上各据点。遂扫荡战场,追击退却之敌向江苴推进;又以347团第3营挺进大鱼塘,力求向西发展。[44]

20日拂晓,116师对当面之敌攻击,节节进迫。390团第1、3营进展至大坝、杨家寨之线(距盘踞江苴之敌仅二三百米);348团进展至赵家寨东西之线,于9时许进而围攻江苴,敌借工事顽抗。此时,左翼347团第3营主力挺进至吴家寨附近,一部突破大鱼塘附近敌人,破坏敌之联络线,并遭遇三四百名之敌,发生激战。上午10时许,右翼队346团(附388团之一营)追击林家铺溃逃之敌

---

[42]《陆军第53军由怒江至腾冲会战战斗详报》。据《保山地区史志文辑》抗日战争专辑之一,第138—139页。

[43]《陆军第116师唐习山、大塘子、江苴、腾冲各战役战斗详报》。据《保山地区史志文辑》抗日战争专辑之三,第68—69页。

[44]《陆军第53军由怒江至腾冲会战战斗详报》。据《保山地区史志文辑》抗日战争专辑之一,第139—140页。

亦进至江苴附近。

至此,53军各部遂对江苴之敌已呈合击之势。

然而,江苴之敌却无意固守,此后战事顺利得让53军几乎毫无准备。当日夜,348团第2营突入江苴,发现此处几乎已是空城。以至于53军战斗详报中只能通过夸大其词的描写,留下一点经"激战"而占领的色彩:

"20日夜10时许,发动全线猛攻。战至夜半12时许,敌不支,呈动摇状态。乃命各部队趁夜夺占江苴,曾数度冲杀,演成混战,卒于今(21)日拂晓前将江苴完全占领。"据潘世征战地通讯所记,"20日[45]夜半,以敢死队20余人,奋勇冲进街子,始正式占领。据当地人士说,克复的前一天,敌人尚有一辆小指挥车,从腾冲驾驶到江苴街来指挥作战。"[46]实际上,乘车前来的,可能正是下达退却命令的日军联络军官。

卫生兵吉野孝公在其回忆录中记述了自龙川江谷地逃往腾冲的过程,由此可以感受当时日军"撤收"的狼狈景象:

部队全部出动以后,腾冲城几乎成了一座没有任何防备的空城。藏重联队长在瓦甸召集了各个战场上的部队,马不停蹄地奔赴腾冲城。当时的情况已十分危急,部队强行火速前进。但我们卫生队由于要护送伤员,走起来异常缓慢和艰难。而自行徒步行走的伤员就更为凄惨,他们全身沾满了血污和泥水,泥沼一直陷到膝盖,动身不得,进退不得。后面上来的士兵见状,对他们进行鼓励道:"加油,后面就是敌人!"

黄昏的荒野上,大雨如注。用炊具做饭既没有地方也无时间。没有受伤的士兵们,由于饥饿和劳累,脚步也渐渐地沉重起来。追赶的士兵和被追赶的士兵,都在拼命地行军。受伤的士兵一点一点地与队伍拉开了距离。有位胳膊受伤的士兵向人们伸着手求救,但没有人去拉他一把。所有的人都在竭尽全身气力向前赶,只是默默

---

[45] 原文为21日,应不确。
[46] 潘世征:《一寸河山一滴血——高黎贡山的战役》。据其战地通讯集《战怒江》,第82页。

地从他身边经过。伤员们很可怜，他们怀着遗憾的心情无声地目送经过身边的每一个士兵的背影，在黄昏的泥泞道路上一步一步地向着前方迈着沉重的双脚。

通往腾冲城的路，下着雨，漫长而迷茫。[47]

此后，53军以一部扫荡龙川江东岸战场残敌；肃清后，即以有力部队进出龙川江西岸，占领桥头堡阵地，阻敌袭击，并搜索敌情、侦察地形。具体部署为：

130师（346团及重迫击炮排归还建制），配属山炮4门，在三岔路、杨家坡、油土坡（今佑土村）、大院子、老鹰山、松山西侧及南侧一带占领阵地。并以有力一部进出龙川江西岸，占领马鞍山、灰窑山之桥头堡阵地，阻敌袭击；而以一团控置于南斋公房附近。

116师（390团及388团第2营归还建制，欠347团），配属山炮4门，由新街沿龙川江东岸至蛮米、双草坝（今双槽坝）、栗柴坝、牛屎坡及其东方青崖子5876高地一带占领阵地；并以有力一部进出龙川江西岸，占领抗勐山之桥头堡阵地，阻敌袭击。347团肃清扫荡龙川江东岸战场残敌后，控置于杨家寨附近，为该师预备队。[48]

两师奉命后，即分头进行实地侦察，做具体部署。

21日，卫立煌向蒋介石致电报告战况：

"21日攻占江苴……结果经查明，敌遗尸150余具，我53军亦伤亡二三百。俘敌重机枪一挺，步枪数支，山炮弹、步机弹及粮食甚多。又，在江苴顽抗之敌番号，已知者为148联队、146联队、113联队，此外尚有其他番号，正检查中。"[49]实际上，仍是未搞清日军详细兵力状况，打了一场糊涂的胜仗。

据美军战史载："21日，占领江苴，获得大量炮弹及其他军火。但该地另有一小股日军据守一个据点，到8月20日，日军大部饿死

---

〔47〕〔日〕吉野孝公：《腾越玉碎记》，第38页。
〔48〕《陆军第53军由怒江至腾冲会战战斗详报》。据《保山地区史志文辑》抗日战争专辑之一，第140页。
〔49〕《中华民国重要史料初编——对日抗战时期》，第二编作战经过（三），第501页。

后，方告肃清。"[50]——此处所说的，即是据守高黎贡山白峰坡隘口而不知番号的小股日军。

一周后出版的美军战地周刊《中缅印战区综合杂志》，记述了我军反攻取得胜利的消息：

"本周攻陷江苴，在此地的所有日军被驱赶到了瑞丽江（即龙川江）以西和以南的地区。攻占江苴的是由霍揆彰将军领导的第20集团军，之前他们攻占了栗柴坝、大坝和大红木树，这些地区都是在江苴的前面。渡江后，经过了45天的战斗，第20集团军夺取了大约4000平方英里的地区，这些地区的敌阵地是两年来日本人努力修建的。这是世界上最艰难的战场——高黎贡山脉。"[51]

而赢得胜利的我军，此刻的话题竟然不是狂喜，而是窘困和凄楚。

据潘世征战地通讯记述："53军原来有驮马×百余匹，因为在雪山一条路上运输，荒山苦寒，又无马草，饥寒死亡者×百匹，其他×百匹瘦瘠不堪。身体衰弱之士兵，因不堪饥寒而死亡者，一月之内，亦在×百人左右。116师赵师长，曾因无粮食接济，食稀饭两天；士兵饮食如何，即可想象而得。如此艰辛之战场，为从古以来所未闻。"[52]

第20集团军进出腾冲平原后，由双虹桥经大塘子、南斋公房隘口至平原之雪山道，遂成为主要交通补给线。此时，集团军总部前进指挥所也由瓦房街经双虹桥渡过怒江，前进至大塘子。集团军总部参谋杨纳福奉命由前线返回大塘子，向总司令霍揆彰面报前方状况。

据云，"途经雪山道，目睹人力运输团之士兵，三三两两如羊拉屎般地络绎于途，每人背负大米或干菜罐头约15至20公斤不等，向前方运送。士兵个个营养不良，骨瘦如柴，弱不禁风。行于泥泞狭窄山道上，摇摇摆摆，看来实在令人心寒怜悯。更有甚者，骡马运输部队夹杂其中，输卒时有体力不支而倒地者，后行之骡马即践踏其身而过，或撞倒他们于山壑之中，听任其自生自灭，呻吟之声，

---

[50] 美国新闻处《怒江战役述要》，第8页。
[51] 据《中缅印战区综合杂志》，戈叔亚译。http://blog.sina.com.cn/s/blog_4d9e1cca010009gm.html。
[52] 潘世征：《一寸河山一滴血——高黎贡山的战役》。据其战地通讯集《战怒江》，第82页。

不绝于耳；干部因其泥菩萨过河，自身难保，亦就爱莫能助了。此情此景萦系于心，至今仍不能忘。"〔53〕

22日，第20集团军总部下达命令：

本集团军以攻击腾冲之目的，暂在龙川江东岸地区积极整顿，并完成攻击诸准备。

以54军198师之一部，在邦瓦寨、朝阳地、马面关、新桥构筑工事，任集团军右翼警戒；其余在桥头、界头、瓦甸间地区集结，积极整顿。

53军以一团兵力在龙潭、百花林、麦子树、小新寨之线构筑工事，任集团军左翼警戒，另以有力一部沿固东河东北岸、龙川江东岸灰窑厂及其东南高地大龙井、曲石街亘新街、蛮米、大窝子之线，构筑工事，相机占领抗勐山，并对当面之敌情地形详密侦察，确实掩护主力攻击准备。其余在老鹰山、江苴及其以南地区集结，积极整顿。〔54〕

当日，霍揆彰接奉卫立煌嘉勉警策全军电：

"我军渡江作战，艰苦奋斗，克敌致果，缅想熊勤，弥深恒念。惟战果之得，端赖节制之师，上下用命，一心反攻。敌寇负隅不屈，号令严明推进，足发人深省。若读大敌准虚构战况，行动位置具报不确，或意图蒙蔽，匪不足言忠勇，抑被污为乌合。我同袍献身党国，效忠领袖，值作战入紧张之际，不容稍懈，尤应深自策励，益矢坚贞，摧破三竭之敌，完成九舟之功，特申大义共勉之，等因。特达希即激励所属，再接再厉，以竟全功。"〔55〕

超链接9：高黎贡山之战盘点

日军对反击作战绩效的自评及损失

日军战史中，曾对两个月反击作战予以总结，而不仅局限于一个月有余的高黎贡山作战，然亦可就整体而做局部之观察参考：

---

〔53〕国军史料丛书《抗战时期滇缅印作战（一）——参战官兵访问记录（下）》，第942-943页。
〔54〕方国瑜：《抗日战争滇西战事篇》，第39页。
〔55〕《陆军第54军滇西攻势作战机密日记》（未刊档案）。

中国远征军第20集团军自5月11日向腾北方面开始反攻以来，历时约两个月，其间，第56师团果断地指导了内线作战，粉碎了优势之敌的进攻。但因敌我兵力悬殊，而且战斗减员与日俱增，战斗力随之下降，结果师团终于丧失了机动作战能力。

此时，其他各战场的情况是：印度英帕尔战役，第15军各兵团的奋战以惨败无功告终，南方军终于7月2日午夜命令缅甸方面军中止作战；胡康谷地方面的第18师团，经过8个多月的殊死搏斗，最后于7月上旬被第53师团主力收容，勉强逃到了沙莫（孟拱西南）附近；在中美联军包围下持续苦战的密支那守备队，战力也濒临极限，看来密支那的陷落只是时间问题。[56]

一直翘首企盼英帕尔战役告捷的第56师团，此时也已力竭，只得让拉孟（松山）、腾冲、平戛各守备队孤立在远征军包围中，而把战线收缩在龙陵附近。派往胡康方面的金冈联队（**步兵第146联队**）的主力仍未回到师团来，照此状态演变，被困在敌阵中的各守备队，只有牺牲别无出路。

参加上述历时两个月的反击作战的第56师团所辖和所指挥的部队总人数约为11000名，其损失概要如下：

表8　日军公刊战史中第56师团伤亡统计（5月11日至7月2日）

阵亡	伤员死亡	病员死亡	伤员	病员	合计
1719	不详	约200	1257	约4500	约8000

备注：伤员死亡按约300名计算。　　　　　　　　　　　单位：人

由此可知，师团的健康人员仅有约3000名。[57]

美军对远征军高黎贡山作战的评价

美军方面对于远征军高黎贡山作战，予以了有条件的肯定：

---

〔56〕中美联军于8月4日攻占密支那。
〔57〕中华民国史资料丛稿译稿《缅甸作战（下）》，第109页。

"6月11日，怒江战役第二个月开始时，中国军队的先头部队已进入日军占领区的纵深地域。由于最初的突袭获得很大的进展，现在进展也许不是太快；不过考虑到地形、气候（雨季）、部队初经新式训练，和日军在上述地区完备的防御工事等因素，中国军队的进攻仍然获得了令人满意的结果。战斗都是在山巅上进行的。在高黎贡山脉，日本人早已精心选择地形，修筑了极其隐蔽且只有炮弹或者炸弹直接命中才能摧毁的坚固堡垒；在有些野兔才能到达的地方，也修筑了预备阵地，以便在重要阵地被占领后，出奇不意地发起攻击。"

更多的，则是对远征军战术素养和战斗作风的批评：

"没有经过战斗考验的中国军队，不懂得应巩固他们已经占领的阵地。在这种情况下，日军的逆袭往往很容易得手，因为中国人毫无警觉和准备。所以，几乎绝大多数的阵地都要经过反复多次的易手。"[58]

根据美军顾问军官所见，中国军队大多无视美军顾问的技术指导和劝告，除战术拙劣之外，还极其缺乏爱护武器观念。美军顾问团长弗兰克·多恩在渡江反攻初期报告中，曾就中国军队对美式通信器材及火炮使用情况有如下记述：

中国军队虽然都配发了电台，但是在战斗中几乎没有派上用场。很多部队没有携带电线杆和天线，而且他们还不愿使用手摇发电机，甚至把它们留在仓库里；他们频繁使用电台里的电池，却不注意经常更换。

标准的通讯操作规范已经下发，并且命令远征军各部队严格遵守，照章操作。但是这个命令几乎没有受到重视，每一名指挥官都会使用他们自己的那套通讯规则，完全无视是否能与其他部队进行有效的联络。美国陆军提供的如此重要的电台，在整个战事当中发挥的作用非常有限。

美制榴弹炮复进机液压装置需要按要求维护，不得过量或减量

---

[58] 美国战史《怒江战役的完成》，戈叔亚译。笔者据美国新闻处编《怒江战役述要》校订。

加注液压油。第53军某榴弹炮营12门火炮中有9门因为维护不当而无法参加战斗。美军顾问的装备维护建议没有得到部队的足够重视。在我（弗兰克·多恩本人）的坚持下，远征军司令长官部下达命令给各炮兵部队，要求严格依照美军顾问的要求维护装备。[59]

此外，"中国军队的团长不能向直接支援的炮兵部队要求火力支援，而要通过师司令部来要求，故当炮兵实施掩护射击时，已失去了价值，即使炮兵射击也不能准确地夹叉目标，发射间隔往往长达五分钟；中国士兵不爱护武器，用火箭筒在雨中进行射击，由于雨淋，这种兵器经不住一天使用。步兵漫不经心地操作挂在腰带上的手榴弹拉火环，常令位于近旁的美国人胆战心惊。弹药被无限制地浪费，兵器由于不间断地使用和保养不善，短时间即告报废。战场上的武器、弹药是如此使用，而补给站与第一线的距离却相距甚远，武器易损件的生产地竟远离战线12000英里[60]，通过这些事实即可察觉，卫立煌将军麾下75000名战士的实战能力颇为低下，令人遗憾。"

美军战史归结说："如事前在训练营地所教育的，倘若违背战术原则，必将招致重大灾祸。而这一事实，在实际战场上每日均可证实，因此中国军队逐渐尊重和采纳了美军顾问军官的建议。进而认识到采用美式训练法，则能以较少的牺牲达到重要目的，各级指挥官不久终于改变了态度。"[61]

曹英哲对反攻前期作战的归纳总结

对于日军的评价：

日军56师团的防卫地区，北起片马以南的中缅边境，南至滚弄以南，约达400公里广的正面，其中预料有9条接近路线，可供滇西远征军利用，即指向腾冲方面的4条，指向龙陵和芒市地区的4

---

[59] 渡江反攻初期美军顾问团长弗兰克·多恩准将报告。美国斯坦福大学胡佛档案馆馆藏资料，张太雷译。

[60] 约合19312公里，指美援物资从美国本土运送至中国滇西战场的距离。

[61] 据美国出版战史《中国—缅甸—印度：遣华史迪威军事顾问团》。转引自中华民国史资料丛稿译稿《缅甸作战（下）》，第111页。

条，由滚弄向新维的1条。远征军开始反攻时，卫立煌所指挥的兵力虽仅72000名，倘若能全线同时发起攻击，向分布于广阔地域的日军间隙行纵深穿插，"是师团最大痛苦"。

然而远征军却于5月11日开始渡河攻击中，仅以第20集团军的2个军（53、54军）、4个师担任攻击军，且仅以198师在右、36师在左为第一线，53军则为第二线。担任主力作战之第11集团军，则为防守军，仅派3个加强团渡河，配合第20集团军的攻势。这正是日军所希望的"对师团来说，惟有以一部预先扼守前述各作战路线，阻滞敌军进入，并在此期间指挥主力进行果断的内线作战，将敌各个击破，此外别无良策"。[62]

要各个击破绝对优势的远征军，56师团唯有靠确实的情报。刚巧"1944年2月，中国一架军用机因浓雾迷航，在腾冲迫降，被捕获的一名中国少校军官，缴出了新密码本和云南军的人员编制表"。使此后破译密码颇为容易，对56师团作战指挥自大有裨益。此亦是56师团在滇西战场上表现特别果断机智的最主要理由之一。

此外，该师团自1942年5月攻占缅甸作战中，一直进出到怒江西岸地区，其后整整两年，一直在该地区担负着防卫任务，师团官兵对地形的了解，战场的经营，亦是理由之一。而其部队编装合理，官兵奋战到底、誓死不屈的精神，更是其基本缘由。

日军上述优长，均契合《孙子兵法》所云"先求不可胜，以待敌之可胜"的用兵原则。

对于远征军的评价：

其一，战略部署失当。

远征军不能于攻击之初，即全面全力地展开攻势。若以"先求稳当，次求变化"，先站稳脚跟以求不可胜，自亦无可厚非。然联系英帕尔、胡康河谷、密支那战事可知，缅甸方面能够增援该方面作战的兵力，几乎可说等于零。远征军初期作战所面对的只有56师团而已，因此就敌情判断、决心处置而论，渡河开始攻击的方案，便难免有可议之处。"然若另有其他政治上的理由，或后勤上的困难，

---

[62] 中华民国史资料丛稿译稿《缅甸作战（下）》，第88页。

自又当别论了。"——笔者以为，政治上的理由，主要是蒋介石迟迟不同意远征军发起反攻，使开战时间延迟到了天气恶劣的雨季，这带来了很大困难；后勤上的困难，主要是美军方面感到空运能力小，为两线作战提供补给太难。在何应钦、卫立煌与美军不断交涉下，美军最终勉强同意了，但后来因天气恶劣，空中补给效能很不理想。当然，日军在这方面同样存在困难，且可能比我军更惨，已经有生食马肉和吃人肉的极端事情发生了。

最令曹英哲痛心，并在撰述中一再强调的是：198师593团袭占桥头、马面关，切断了敌军生命线，军、集团军甚至远征军总部，居然都未能及时扩张战果，坐视此一良机丧失。"桥头、马面关被593团袭占，原是日军最痛苦、最被动的态势，却因我各高级将领反应迟钝，错失战机，部分部队畏战不前，反让日军处处占了先机。"

此外，"远征军指挥官和第11集团军总司令，更有可议处"。统帅部要求于5月22日全面展开攻势，当时56师团主力几乎都集中到了桥头、马面关方面198师的作战地区一带。第11集团军掌握了3个军、8个师的兵力，纵然不能一举攻下松山、平戛的日军既设阵地，而龙陵、芒市已成了空城，以现代的用兵作战原则而论，诸葛亮时代的"空城计"似绝不该重演，事实上却真的重演了。

其二，情报不灵。

使部下了解状况，是各级指挥官的基本职责之一。战场上的小道消息、谣言，经常流传在基层的官兵群中，这也许是反映战场心理的必然结果，但没有正确适时的情报或指导，却很容易造成战场上莫名其妙的恐惧，甚至崩溃和瓦解。检讨反攻作战远征军的情报，不但难以满足各级指挥官指挥作战的需求，更处处难以满足部队官兵的心理需要，常常使官兵如陷身茫茫大海或迷雾中，甚至不知所措的恐惧不安中。

198师592团在准备攻击冷水沟时，团长陶达纲在《滇西抗日血战写实》中曾说："本人又电话师部幕僚，冷水沟高地日军究竟有多少？……师部的答复是，已经问过上级，贵团当面敌人，不是一个联队，便是一个大队，或者是一个加强大队。从师部所询问来的敌情，如此而已。"[63] 担任师主攻任务的团长，已经和敌人拼斗了近两周，而对面的敌情，依然一片模糊，既不知道敌人的兵力，更不知道敌人的番号、编装。团长不知道当面的敌情，师长自也难以弄清楚，因为师虽有专司情报的幕僚，但没有设置情报搜集机关，除靠上级供应、下级搜集外，别无他法。"情报不灵，指挥官斗志不旺盛，决心不够果断明快，面对敌人便先失掉了信心，应是滇西反攻作战中最大的缺点。"

其三，编装不合理。

曹英哲感叹："多年以来，我百思不得其解的是：何以驻印军仅以新22师、新38师为主力，在缅北面对日军第18师团，自雷多一直打到密支那，将日军第18师团击溃。而我滇西远征军却以两个集团军、6个军、16个师的番号，在百余名将军指挥之下，面对日军第56师团，在国境内军民合作之下，反而纠缠了许久，付出惨重的牺牲代价，才得以与驻印军在芒友会师？"[64] 这一情势，似乎印证了服部卓四郎在《大东亚战争全史》中的自夸："历年的行情，概系日军以一个大队对付中国军一个师，而绰绰有余。"[65]

对此，曹英哲的看法是：当时军制方面只在扩编番号、提升编阶上打主意，不重基层战力和编装之合理与平衡。部队编装、指挥、士气是战力的基础；基本编装不合理，基层战力不落实，永难提升战力。"须知，再多的将军、番号都无助于战力的提升"，只靠增加指挥阶层，而减少平行单位的数量，不但增加指挥协调上的困难，更使反应时间拖长而迟钝，难以适应瞬息万变的战场状况。对此，

---

[63] 陶达纲：《滇西抗日血战写实》。据《民族光辉——腾冲抗战史料钩沉》，第208页。

[64] 我远征军攻击之初，确实仅面对日军第56师团。然而，日军由于英帕尔及缅北作战的失利，于1944年7月2日，南方军下达了要求停止英帕尔作战的命令，但"摧毁和封锁印中地面联络"必须完成，而且主要在怒江西岸的云南地区实施切断。遂拟定所谓"断作战"计划：第33军要将主力集结于芒市周围，在龙陵方面击溃远征军主力后，前出到怒江一线，在援救拉孟（松山）、腾越（腾冲）守备队的同时，切断印中联络路线。开始攻击日期定为9月上旬。动用的兵力仍以56师团担任主角，此外还有第2师团及第53师团、第49师团各一部也参加了所谓第1期的"断作战"。然9月7日拉孟守备队覆灭，继之9月14日腾越守备队覆灭，成了"断作战"的转折点，日军始决意即刻停止攻击，集中全力营救平夏守备队。9月22日，平夏守备队（146联队第1大队）被营救成功，未遭覆灭。

[65] [日]服部卓四郎：《大东亚战争全史（Ⅲ）》，第155页。

他曾有如下具体设想：

"建军应以师级为基层战略单位，俾能加强基层战力……以滇西战场而论，总兵力不过十万有余，以军级指挥三个师级及若干战斗、勤务支援兵种足矣。若然，则可减少两个阶层（集团军总部、远征军长官部）的干预及反应时间，以及两个指挥阶层的勤务杂兵等非战斗人员，基层战力自亦无形中增强了许多。师既为最基层之战略单位，除步、战兵种外，战斗支援及勤务支援的兵种自须均衡发展，以充实加强步兵、炮兵、工兵、通信兵、辎重兵以及地面、空中，甚至电子的搜侦兵力，因之，一个步兵师（或战车师、机械化师、空降师、陆战师）的编装，总以2万至1.5万员额左右为度。"

而要发挥战力，必须统合有形与无形战力于要点。所谓有形战力，即步兵、战车兵、炮兵、工兵、通信兵、辎重兵等的均衡编组，再扩而言之，是陆、空的联合作战。在此基础上，指挥官的旺盛企图心和战术修养，才能适时适地地将有形无形战力，发挥于极致。[66]

其四，战术和兵器素养差。

对于美军对远征军的批评："国军战术拙劣"，"反复进行代价较大的正面进攻，白白浪费了大量人员和弹药"，"缺少爱护武器观念"，"用火箭筒在雨中进行射击，由于雨淋，这种兵器经不起一天使用"，"团长不能向直接支援的炮兵部队要求火力支援，而要通过师司令部来要求"等，曹英哲认为基本属实情。但其补充的背景是，"在那个年代里，师级既没有炮兵部队，哪来一般支援、直接支援和增援的火力运用方法；况配属师的炮兵，既没有前进观测员和联络官分配到团级，团长又如何要求火力支援呢？"因此，"这些问题归根结底都和基本国力有关，要提升综合国力，便必须从国民教育、工业、经济、科技等最基本处下死功夫不可；枝枝节节的检讨，徒然惹起混淆、伤感而已"。

归结胜利的因素，曹英哲认为应从四个方面来肯定：

就全般情势而论，滇西反攻之所以最后以胜利结局者，当然是奠基于我全体官兵的士气、信心和愿望，从上到下，不怕艰苦、不

---

[66] 国军史料丛书《抗战时期滇缅印作战（一）——参战官兵访问记录（下）》，第996页。

怕伤亡，前仆后继，宁肯为国捐躯，也要为中华民族的生存、光荣争口气的精神，真可感天地而泣鬼神。

滇西民众的同仇敌忾，不论景颇、傈僳、白族、傣族……都能不顾死活地大力配合支援，宁肯自己勒紧腰带，挨饥受冻，也要献粮捐钱。马驮、背扛、肩挑、头顶的长流，在风雨飘摇中，像长城般地蔓延在怒江峡谷和高黎贡山巅的壮举，使前方杀敌的将士们获得粮弹、伤员得以撤退，都是胜利的源头，都是中华儿女可歌可泣的榜样，值得后人敬仰效法。

美军的协助，也是战胜中绝对重要而不可少的，美军在装备、训练、运补、医疗中所扮演的角色，制空权的获得，处处都关系着胜败。[67]

虽然我们迄今对英军的表现，仍多不满；但仅就1944年中缅印战场而论，若非英军死力缠住了缅甸方面军中的第15军（第15、31、33等3个师团——英帕尔方面）、第28军（第54、55等2个师团——防守缅甸西南及孟加拉湾沿海地区），中国远征军和中国驻印军便很难单独对付第33军的2个师团（第18、56师团[68]）。

---

[67] 592团团长陶达纲在回忆录中说得更为具体："以滇西大捷而论，若无冲锋枪，我军的体力与劈刺技术，实难对付日寇的刺刀与武士刀；若无火箭炮、六〇炮、火焰放射器、战防枪等，则难以攻克日寇死守住的一些坚固阵地及零星碉堡。在高黎贡山上，若无飞机空投大量弹药、粮食，亦不易克复那一夫当关万夫莫开的险要据点。美援之功不可没啊！"据陶达纲：《滇西抗日血战写实》。据《民族光辉——腾冲抗战史料钩沉》，第241页。

[68] 由缅甸方面军直辖的第53、2、49师团曾各以一部转用于对我驻印军和远征军作战。特别是"断作战"开始后第2师团全部转用于龙陵会战。另，侵占滇西初期，第56师团隶属第15军；1944年2月改由缅甸方面军直辖，4月8日改隶新编成的第33军。

下部　浴火之城

（1944年6月23日—9月14日）

| 腾冲城外围战役 |

第 37 章　战前部署

（参阅附图 15、附图 26）

6月21日，第20集团军越过高黎贡山，进出龙川江，日军被迫纷纷向腾冲城及其外围据点退却。集团军以一部于龙川江右岸构筑桥头堡，掩护主力集中。

23日，54军预2师主力推进至固东、马站街、顺江街间地区。因此前19日卫立煌电令"滇康缅特别游击区郑坡纵队主力在片马、浪漾、罗孔间地，有力一部向茶山河、明光地区前进"，54军于当日电令在茶山河、明光地区的第4团第3营归建。198师592团第3营抵朝阳地归建，该团部抵马面关、王家大寨，其余仍在原位置。36师108团进驻新大街及界头，一部在湾山南北之线任警戒，另一连在汤家岭附近围剿白峰坡残敌；师部及106、107两团仍在原位置。[1] 53军116师346团第2营，则沿固东河及灰窑、大龙井、曲石街之线占领阵地，并搜索敌情。[2]

当日中午，霍揆彰接奉远征军司令长官卫立煌22日电令：

第20集团军应立即进出固东河之线，主力保持于左翼，乘敌主力由腾冲向龙陵转用之时，迅速南下，攻击并占领腾冲。为避免敌人利用既设工事迟滞我军前进，该集团应先以一部由左翼迂回，奇袭腾冲。

着第54军（欠198师）附重迫击炮一营，于6月26日以前到达顺江及其以东地区，就攻击发起位置。即沿顺江至腾冲道及其以

---

[1]《陆军第54军滇西攻势作战机密日记》（未刊档案）。
[2] 胡璞玉主编：《抗日战史》第二十九章缅北及滇西之作战（二），第187页。

东道路，逐次驱逐敌警戒部队后，先攻占宝峰山、来凤山，再协同第53军包围攻击腾冲并予以占领。在攻击时，对古永、盏西方向特须注意，左与第53军切取联络。

第53军附重迫击炮一营，须立即派兵一部，占领抗猛山（即抗勐山）、向阳桥以南一带高地，其余应于6月26日以前在曲石街、双草坝龙川江两岸地区就攻击发起位置。而后主力即沿江苴、打苴、观音寺、蜚凤山大道，以有力一部沿曲石、酒店、腾冲公路向蜚凤山攻击；另以一团沿龙川江东岸南下，在龙川江渡江，随主力进展，向飞凤山攻击。攻略各据点后，协同第54军包围攻占腾冲。在攻击时，对三甲街、新城方面特须注意，右与第54军切取联络。

第198师为集团军预备队，于26日前集结于瓦甸附近。待第53军攻击前进时，再推进于江苴附近待命。[3]

霍揆彰即转电两军遵照。同时，又专电提示两军：

"为焦土手段，应审慎，并由战区司令长官命令行之。"[4]

关于"审慎"使用"焦土手段"的提示，应是"长沙大火"后遗症。实际上，最后腾冲成了"焦土抗战"的典型。

24日，霍揆彰致电两军，转达蒋介石22日致远征军训电：

"反攻缅甸打通国际路线，乃我抗战胜败之关键，亦民族存亡之所系。故自远征军成立以来，装备补充不遗余力，国人朋友期望殷殷。乃此次渡江攻击，在盟军热心协力之下，以优势兵力进攻劣势之敌，不特进展迟缓，且龙陵竟因少数敌人反攻得而复失，实有损国军荣誉。[5]现我驻印军节节进展，缅北之敌行将就歼。该长官等宜督率所部，积极进攻，歼彼倭寇，迅速完成我收复腾冲、龙陵，协同驻印军完成打通国际交通线之任务。如有作战不力，着由卫长官依法严惩。"

当日上午，54军于瓦甸指挥所依据集团军前电调整部署：

---

〔3〕方国瑜：《抗日战争滇西战事篇》，第41页。
〔4〕《陆军第54军滇西攻势作战机密日记》（未刊档案）。
〔5〕关于第11集团军攻击龙陵"得而复失"，可参拙作《1944：松山战役笔记》第三章，第126页。

预2师（欠六库一连及扫荡白峰坡部队，达成任务后归还），附山炮、重迫击炮各一连，即于空山（不含）[6]以西地区，就攻击发起位置，并注意对古永街警戒；36师（欠扫荡白峰坡部队），附重迫击炮一营（欠一连）、山炮一连，即于空山及其以东地区就攻击发起位置；198师（欠一团，以一营暂在北斋公房、朝阳地、桥头附近担任警戒，余为军预备队）即归总部直辖，位于瓦甸附近。以上均限26日前到达。[7]

10时，53军116师348团第8连先行渡过龙川江，占领抗猛山之桥头堡阵地，阻敌袭击。[8]次日，54军预2师第4、5两团向缅箐街、花坡山、龙王塘渡口搜索前进；36师106、108两团亦分别到达灰窑、新寨。

25日，第20集团军总部拟定作战时陆、空军协同方案：

查腾冲为敌在怒西最大据点。根据空军照相侦察，判知敌在该地外围已完成极坚固工事；我攻击时，若无优势空军、炮兵协同向敌据点做面式轰炸与射击，恐难奏功。为期彻底达成目的计，特拟具攻击方法如下：

第一步，以重轰炸机做面式轰炸，对敌工事彻底摧毁。

第二步，在攻击开始同时，以轻轰炸机实行俯冲轰炸扫射；并为炮兵射击指示目标，以炮兵行歼灭与破坏射击，补助重轰炸机所未能破坏之工事。

第三步，我步兵攻击前进时，以轻型飞机在敌阵地上方不断盘旋，炮兵延伸射程行阻止射击，则可减少我步兵损害，而容易达成攻击目的。

此时，退守腾冲城附近之敌，欲图凭藉城外各据点既设工事及预储粮弹，作长期据守。21日，36师在攻击瓦甸时曾缴获敌撤退命令及腾城阵地占领计划一份，据此窥知敌情为：由瓦甸、江苴撤退

---

[6] 空山，是腾冲正北方约15公里马站街附近的一组小火山。由于腾冲城建筑时南北轴线右偏约45度，沿空山南下的54军进攻正面将是腾冲城西、北两面。
[7]《陆军第54军滇西攻势作战机密日记》（未刊档案）。
[8]《陆军第53军由怒江至腾冲会战战斗详报》。据《保山地区史志文辑》抗日战争专辑之一，第142页。

之敌系148联队本部及第2、3大队，附野山炮及速射炮共7门。并欲图以第3大队占领飞凤山及蜚凤山；第2大队一部占领来凤山，一小队半占领宝峰山；重机枪一小队、炮3门、迫击炮2门占领腾冲城；第2大队乘马小队为预备队。由固东撤退之敌114联队猪濑大队，则星夜赶赴龙陵参加决战。[9]

审敌情势后，集团军即作出判断：日军防守腾冲城外围，以宝峰、蜚凤、飞凤三据点最坚强，应先攻破；又应以一部出龙江桥截断腾冲、龙陵间交通，并先行布防。故以两军分为四路进兵，先占据腾冲外围，然后会师攻占腾城。[10]

当日中午，53军于羊厂坡指挥所据集团军23日电令调整部署：

军主力沿打苴街、蜚凤山、腾冲道及沿曲石、酒店、腾冲道推进，先对青山、蜚凤山攻击；另以一团沿龙江桥、橄榄寨、腾冲道推进，先对飞凤山攻击；尔后全军围攻并占领腾冲。

116师346团（配属山炮兵第3连）为右翼队，于26日前由千双桥、小江桥渡江，在大龙井、曲石街、向阳桥附近就攻击准备位置。待攻击开始时，先遣有力一部驱逐老回街、白家河及5312高地东西之线，沿太平街、酒店、腾冲道逐次攻略当面敌人各据点。攻占青山、苁苁山后，继而协同左右翼友军围攻腾冲之敌。右与54军左翼队保持密切联络。

116师（欠346团，配属山炮兵第1连、第1野战医院）为左翼队，于26日前在杨家寨、大窝子、长坡间地区就攻击准备位置，由蛮米经草坝附近渡江。待攻击开始时，先遣有力一部占领抗猛山（即时派步兵一营先占领之）、干榨山、打苴山之线，掩护该队进出龙川江，遂即展开于该线，沿打苴街、观音寺、腾冲道路逐次攻略当面敌人各据点，并随时以一部由左翼包围敌人右侧翼。攻占飞凤山后，继而协同左翼队与左侧支队围攻腾冲之敌。在攻击各时期，须与右翼队密切联络，并随时予以协助。

---

〔9〕《陆军第54军滇西攻势作战战斗详报》。据《保山地区史志文辑》抗日战争专辑之二，第39页。

〔10〕方国瑜：《抗日战争滇西战事篇》，第41页。

130师388团（配属师工兵一排，归关营长指挥，架桥后再出发）为左侧支队，于26日沿龙川江东岸南下，在龙江桥渡江进占橄榄寨，随军主力之进展向飞凤山攻击。在围攻腾冲时，右与军主力、左与54军协同，力求由大董、洞坪方面包围敌之侧背。在攻击时，对三甲街及新城方面特须注意，并与红木树新39师确取联络。[11]

26日，54军36师先头部队已到达老祖坟，继续向南推进；预2师已到达袁家冲（阎家冲）、郭家寨、侍郎坝之线，准备向宝峰山攻击。

53军116师347团第3连于早8时渡龙川江，占领干榨山附近；348团第3营于12时渡过龙川江，占领抗猛山高地。[12]

27日，预2师乘敌立足未稳之际攻占北宝峰山，并推进主力于宝峰山、上下马场（即马常村）之线。36师左翼53军因龙川江桥梁被敌破坏，一时不易修复，该师难期与该部并进，故尚滞留老秋厂（即秋场）、红木树间。[13]

53军右翼队116师346团先头第2营第6连进抵邵家营、酒店附近，营主力到达小回街；该翼队主力到达向阳桥附近，准备渡河。左翼队先头347团第1营第3连到达东山，营主力及348团全部到达抗猛山、干榨山附近；其余部队在蛮米以北地区开始渡河。左侧支队130师388团先头第1营已抵龙江桥，其主力到达大窝子附近。[14]

28日，54军预2师先头部队进至宝峰寺、石坪村，主力到达仁里村、凤王塘附近；36师先头部队进抵罗邑坪，主力进至岭岗寨附近。[15]

53军右翼队116师346团第2营先头第6连已到达蚂蚁村（旧称买鱼村）、下河村，营主力位置于孟家村，团主力在海口、酒店间

---

[11]《陆军第53军由怒江至腾冲会战战斗详报》。据《保山地区史志文辑》抗日战争专辑之一，第142页。

[12] 胡璞玉主编：《抗日战史》第二十九章缅北及滇西之作战（二），第189页。

[13]《陆军第54军滇西攻势作战战斗详报》。据《保山地区史志文辑》抗日战争专辑之二，第39页。

[14]《陆军第53军由怒江至腾冲会战战斗详报》。据《保山地区史志文辑》抗日战争专辑之一，第145页。

[15] 胡璞玉主编：《抗日战史》第二十九章缅北及滇西之作战（二），第189页。

地区；左翼队116师（欠346团）347团位于花园、干榨附近，348团一部进抵三家村，主力位于打苴街。师部及直属队在双草坝准备渡江。左侧支队130师388团先头第1营已到达橄榄寨，主力到达龙江桥附近。[16]

当日，两军接奉霍揆彰转达蒋介石于21日发来的慰问电，云："该集团军此次强渡怒江，路越高黎贡山，作战备极艰辛，殊深恒念。尚希策励所部，克服困难，达成任务。"[17]

29日，54军接奉总司令霍揆彰28日电：

"该军应以一部在下马场、谢家营、松园之线选择阵地，构筑工事严密警戒，并派出少数搜索部队向腾冲搜索；主力即沿顺江、腾冲道以西地区，先将宝峰山、来凤山攻占，再协同53军包围攻击腾冲而占领之。"54军即电饬预2师、36师遵照。当日，预2师即以一部兵力驱逐南宝峰山（即老龟坡）之敌而进占该山山麓，36师、198师先头亦已到达大宽邑附近。[18]

53军右翼队116师346团先头第2营到达上下马场、蚂蚁村之线，主力位于海口附近。左翼队116师（欠346团）师部及347团位于花园、打苴街、横寨间地区；348团主力位于观音寺附近，其先头营进至三家村。左侧支队130师388团主力已抵橄榄寨，一部位于龙江桥。军预备队130师（欠388团）位于江苴、曲石街附近。[19]

各部队正于上述位置准备攻击之际，远征军长官部获悉：来凤山敌军阵地坚强，不易攻破；此外大盈江水深，徒涉困难。遂于30日命第20集团军对此前部署稍加修正，将攻击重点移置于左翼。[20]

据载，是预2师师长顾葆裕的一则电报导致了此次变更。

28日午后，顾葆裕据侦察所获敌情致电54军：

---

[16]《陆军第53军由怒江至腾冲会战战斗详报》。据《保山地区史志文辑》抗日战争专辑之一，第146页。

[17]《陆军第54军滇西攻势作战机密日记》（未刊档案）。

[18]《陆军第54军滇西攻势作战战斗详报》。据《保山地区史志文辑》抗日战争专辑之二，第39页。

[19]《陆军第53军由怒江至腾冲会战战斗详报》。据《保山地区史志文辑》抗日战争专辑之一，第146页。

[20] 胡璞玉主编：《抗日战史》第二十九章缅北及滇西之作战（二），第189页。

腾城附近之敌计约3000人，炮10余门，似以一部于大盈江北龙光台、东营、观音塘附近占领前进阵地，一小部出没于宝峰寺、大宽邑、草坝街、三家村附近，以迟滞我军进出。主力似在来凤寺、腾冲城、娘娘庙、高山寺之线占领主阵地，另有一部在飞凤山附近占领阵地，机动部队似控制于腾城南绒署练、大董附近腹背。大盈江自下马场以下不能徒涉，我军如由正面攻击似颇不利。我集团军进出南宝峰山、大宽邑、草坝街、三家村之线后，似应以一师由朗蒲寨绕经芭蕉关，进攻来凤山；另一师由三家村绕经芹菜塘占领大董东、南两隘路，然后夹击腾城之敌，可操胜算。并以7月1日能开始攻击为宜。[21]

经第20集团军转呈，长官部遂对前电部署予以修正。这一调整，使得原先确定的攻击主力53军让位于54军，特别是对腾冲东北部蜚凤山的攻击。

30日，第20集团军变更部署为：

54军除以预2师右自宝峰山南麓雨伞起，沿宝峰寺至下马场之线构筑坚固阵地，并以有力一部沿大盈江西岸向来凤山攻击，策应主力作战。36师、198师（欠一团）附重迫击炮一营，沿向阳桥、酒店、腾冲公路两侧先攻击蜚凤山，再协同53军攻占飞凤山。53军向打苴街、龙家营、马头山方向进出，由东向西攻占飞凤山。两军作战地境为酒店、打苴街、代家营（即戴家寨）、姜家寨、5025高地、飞凤山之"凤"字（当时采用的1:10万地图上）、腾冲城南亘余家寨、马垒（即芒垒）相连之线，线上属53军；但围攻腾冲及来凤山时作战地境另行规定。198师之一团为集团军预备队，位置于江苴街。

奉命后，54军电示各师行动：

预2师附山炮、重迫击炮各一连，应遵总部命令行动；36师（欠一团为军预备队），附山炮一连，于洞觉村、白寺之线；198师（欠一团为总部预备队）附山炮、重迫击炮一营（欠一连），于三家村及其以东地区展开。限7月2日部署完毕。[22]

---

[21]《陆军第54军滇西攻势作战机密日记》（未刊档案）。
[22]《陆军第54军滇西攻势作战战斗详报》。据《保山地区史志文辑》抗日战争专辑之二，第40页。

53军亦遵令调整部署：

116师（欠348团，346团使用第一线）配属山炮兵第1、3两连及重迫击炮第4连为右翼师，展开于河头以东5025及5830高地南北之线，攻击并占领飞凤山；右与54军确取联络。130师（欠389团）为左翼师，先驱逐芹菜塘敌警戒部队，后展开芹菜塘及陡坡寺南北之线，攻击吴邑、黄坡附近之敌；并以有力一部（一营兵力）切断通龙陵之道路阻敌增援，在罗汉冲以南地区占领侧面阵地，并在夷家坟（今五合村）、芒棒街附近严密戒备，以掩护军左侧背安全。

当日，因右翼队116师需待54军将防务接替后才能转移，故未行动。[23] 130师则于6时由大红木树沿龙川江东岸向芹菜塘前进，师部与390团当晚抵达大红木树附近宿营。此时，我388团主力已在橄榄寨、一部在龙江桥附近构筑工事，对三甲街、新城方向警戒。[24]

7月1日中午，53军令348团归还116师建制；346团因接替54军防务原因，改为军预备队，经河头至坝湾集结待命。令130师388团以一营驱逐芹菜塘及陡坡寺之敌并占领该地。[25]

据美军战史，在第20集团军渡过龙川江西岸向腾冲推进期间，美军第14航空队连日对腾冲日军实施轰炸、扫射。[26] 26日，城西英国领事馆油弹库中弹，延烧1小时许；大董落弹2枚，毙伤敌30余名；药王宫落弹4枚，毙伤敌50余名。[27]

---

〔23〕《陆军第53军由怒江至腾冲会战战斗详报》。据《保山地区史志文辑》抗日战争专辑之一，第146–147页。

〔24〕《陆军第130师由怒江至腾冲会战战斗详报》。据《保山地区史志文辑》抗日战争专辑之三，第29页。

〔25〕《陆军第53军由怒江至腾冲会战战斗详报》。据《保山地区史志文辑》抗日战争专辑之一，第149页。

〔26〕据美国出版战史《中国—缅甸—印度：遣华史迪威军事顾问团》。转引自中华民国史资料丛稿译稿《缅甸作战（下）》，第111页。

〔27〕《陆军第54军滇西攻势作战机密日记》（未刊档案）。

第 38 章　收缩腾冲后的日军

（参阅附图 27、附图 31、附图 34）

腾冲平原，当地人称"坝子"，是一个椭圆形山间盆地，东西宽约 5—10 公里不等，南北长约 30 余公里。盆地四面环山，其间遍布稻田，腾冲城位于盆地南端。

拱卫腾冲城的四座高山，向南约 2000 米为来凤山，向西约 3000—4000 米为宝峰山（亦称宝凤山），向北约 4000 米为蟒凤山，向东北约 2000 米为飞凤山。历代文人墨客称这种地形为"四凤求凰"，给腾城宝地增加了不少文化内涵。其中，军事价值上最重要的是南侧的来凤山，占据该处后能直接俯瞰腾冲城。此外，在城西不远有大盈江流过，城东北有饮马水河环绕。

腾冲城为滇西重镇，系明朝正统十年（1445 年）南征麓川[1]期间动用 15000 名将士历时三年筑成。城垣外侧根基以当地的火山条石、上为巨砖砌成，高约 8 米，宽约 6 米，近乎直立，略微内倾；城垣内侧为夯土而成的缓坡，从城内各处沿此缓坡均可登上城垣，而不需要专设阶梯。该城是标准的"八里城"——城墙为正方形，每边长 2 华里，周长约为 8 华里。[2]城墙四面正中，各有一座高 13 米的城门。因城墙西、北、东三面为水网秧田，拓展无空间，城墙

---

〔1〕 麓川是 1311—1448 年由傣族头领思可法及其儿孙三代建立的强大地方政权，其中心位于今陇川，统治区域包括今滇西及缅北广大地区。明朝于 1441—1449 年间曾出兵三征麓川，战争持续 9 年，损耗巨大，终于瓦解了麓川政权。

〔2〕 据清《腾越厅志》：腾冲城初建成时城形方正，周七里三分，厚一丈八尺，高二丈五尺，砌以青石。雉堞连云，鸿沟浸月；四门有楼，高峻坚固。东曰"沾化"，西曰"永安"，南曰"靖边"，北曰"溥润"。史称"极边第一城"，徐霞客赞为"迤西所无"。

南门外的大片区域遂发展为"商业区",如明清北京城前门外的天桥市场,暗合"北城南市"的旧制。

当我大军进入腾冲坝子时,稻田已遍植秧苗,葱茏碧绿,随风荡漾,景色宜人。惜遭战火弥漫,官兵欣赏无心。据载,自1942年5月10日沦陷以来,腾冲城区除敌寇及汉奸宵小潜居外,市民多疏散远避。敌伪曾多方策划引诱,劝令迁回,并恢复城区市集(腾冲平日五日一市集,赶集时万余人,颇为热闹),但市民始终不肯迁回,也不愿到城区集市贸易,使腾冲成为一死城,城里城外荒草遍地,荆棘丛生。[3]

据日军战史:

当远征军第11集团军发起左翼攻势后,第56师团即决定将主力向龙陵方面转进,令148联队长藏重康美在龙川江谷地及腾北方面逐步收缩战线,而后退守腾冲。6月14日,藏重部队后退到了桥头街,15日后退到江苴街、瓦甸,22日将主力集结在腾冲周围,同时掌握了原腾越守备队,[4] 藏重大佐接任守备队长。随后,立即配备兵力日夜构筑防御阵地。

在此过程中,远征军第20集团军主力(5个师),伴随藏重部队的撤退,逐次围追而来,在大致黄坡、酒店一线集结兵力,补充损耗恢复战力;并令一部兵力推进到日军阵地前沿,进行攻击准备。

这时,56师团主力已完成了对龙陵守备队的解围联系,继而准备在龙陵东北向第11集团军反击,实施所谓"蚌渺会战"。为了使战力更加集中,要求腾越守备队抽派有力的兵力增援。

尽管此时腾冲城防兵力不足,藏重大佐还是被迫按照松山师团长的要求,派遣守备队的骨干兵力步兵第148联队第3大队(大队长宫原春树少佐)主力前往。于是,宫原大队于6月27日晨自腾冲出发,向主战场龙陵转进。[5]

对此,日军卫生兵吉野孝公曾有如此回忆:

---

[3] 黄槐荣(整理):《腾冲的全民抗战》。据《腾冲文史资料选集》第一辑抗日战争专辑,第202页。
[4] 在高黎贡山战事期间,腾冲城守备由第56步兵团留守人员担任。
[5] 中华民国史资料丛稿译稿《缅甸作战(下)》,第165—166页。

经过长时间作战，已精疲力尽的官兵们，进入腾冲城以后，来不及喘息，便马上着手构筑阵地工事。

我们从马鞍山突围出来，在冷水沟阵地作战时生食马肉以后，大部分人都得了严重的肠炎，腹泻不止，疼痛难忍，苦不堪言。严重的每隔15到20分钟就要拉一次。在这种情况下，构筑阵地时就显得极为困难。各个部队可能都存在这种情况。但经过全体官兵的共同努力，守备队阵地终于构筑完毕。

我们被部署在城内东北角的碉堡里，该碉堡是我军占领腾冲后，由守备队构筑的混凝土结构的坚固阵地。警备任务由卫生队6名士兵和通信队的6名士兵交替负责。在城墙上，我们每隔100米挖置一个洞穴，作为射击口。战斗准备已经就绪。

付出千辛万苦构筑完阵地以后，我们只等着迎击敌人。就在这时，接到了师团出人意料的命令："腾越守备队：为救出龙陵部队，速派第3大队前往龙陵！"

守备队三千余人的命运遂到了生死关头。更明确地说，师团这一命令宣告了腾越守备队全军覆没的开始。藏重联队长满面愁容，但作为军人，对于军事命令唯有绝对服从。

第3大队长宫原少佐接到命令后，只好放弃刚刚构筑完毕的飞凤山阵地，带着留恋遗憾的心情，挥泪离开腾冲。

残存的腾越守备队继第1大队出走（缅北）以后，赖以作战的第3大队又去了龙陵，剩下的主力部队就只有第2大队了。其他人员只是些大队本部及从各战场撤下来的伤员。[6]

同时奉令转赴龙陵增援的，还有野炮第56联队第1中队。据该中队第1小队下士官伊藤清泰撰述，本来该中队拟留守腾冲，26日仍在来凤山修筑阵地，忽然奉命转赴龙陵，于是从阵地撤回城内做出发准备。傍晚以汽车运送火炮先行出发；给驮马装蹄之后，也于夜间出发。伤员、病号和体力严重衰弱的人员20名，及本中队在高

---

〔6〕〔日〕吉野孝公：《腾越玉碎记》，第40—41页。

黎贡山作战中阵亡的28柱官兵遗骨、行李，则被留在了腾冲。[7]

在宫原大队及野炮第1中队转进龙陵后，藏重大佐变更了6月22日拟定的部分配备，并决定放弃宫原大队原担负防御的飞凤山。[8]此时，日军腾越守备队的兵力总计约2025名。[9]

表9　日军腾越守备队序列及阵地兵力配置情况[10]

（1944年6月）

守备队长：步兵第148联队长藏重康美大佐（陆士26期）
步兵第148联队本部110名
同　第2大队主力（长　日隈太郎大尉——陆士53期）650名
同　第1大队残留队（长　宫崎德藏中尉——召）80名
同　第3大队残留队（长　野田末雄中尉[11]——召）70名
同　联队直辖部队（联队炮中队、速射炮中队、通信中队、行李队、乘马小队[12]）共340名
第56步兵团残留队（长　三坂岩雄主计少佐——召）42名
野炮第56联队第1大队本部及第1、第3中队各一部（长　岛中曹长——召）35名
师团通信中队之1个分队（长　井手梅雄伍长——召）12名
师团卫生队（长　朝仓晃中尉——召）20名
第1野战病院主力（长　五十川秀夫军医少佐——召）150名
同上收容患者（太田正人大尉——召）约250名
野战仓库（长　佐佐木高道主计大尉——召）14名
芒市宪兵分队腾越派遣队（长　真仲辰夫宪兵中尉）10名
201野战邮便所（长　山中伍长）7名
师团防疫给水部之1个小队（长　上田判夫军医中尉——召）约45名
师团病马场之一部（长　水野三治兽医大尉——召）25名
工兵第56联队1个小队约40名
步兵第114联队第1大队残留队约100名
辎重兵第56联队之一部（长　猪仓正则军曹——召）18名
步兵第146联队之一部7名
合计约2025名

---

　　[7]《炮烟——龙野炮兵第56联队战记》，第386页。董旻靖译文。
　　[8] 实际上飞凤山仍留有第3大队警戒兵力约45名，并同时兼顾蓥凤山之守备，由野田末雄中尉指挥。
　　[9] 中华民国史资料丛稿译稿《缅甸作战（下）》，第165—166页。
　　[10] 据日军对华作战纪要丛书《伊洛瓦底会战——缅甸防卫的失败》（第355页）日军兵力及部署情况制表。
　　[11]《第五十六师团将校职员表》中查无此人，疑为第3大队副官野田舆一中尉。
　　[12] 据《第五十六师团将校职员表》，各部指挥官分别是：联队炮中队成合盛大尉、速射炮中队高木利夫中尉、通信中队内野伊三二中尉、联队行李队铃木三郎中尉、乘马小队永岛胜少尉。

番　号	指挥官	阵　地		兵　力	重武器
步兵第3大队残留队主力	野田末雄中尉	城外	飞凤山阵地	45名	不详
联队炮中队、步兵第6中队、第2机关枪中队1个小队	成合盛大尉		来凤山阵地（樱、松、梅阵地及白塔阵地）	约400名	联队炮1门 重机枪2挺
步兵第9中队1个小队、第2机关枪中队1个分队	副岛秋义准尉		高良山（蜚凤山）阵地	25名	重机枪1挺
混合步兵1个小队、机关枪1个分队	冈崎均少尉		宝峰山、东营阵地		迫击炮1门 重机枪1挺
第2大队主力和一个半中队	日隈太郎大尉	城内	城墙南半部及英国领事馆	约400名	迫击炮2门 重机枪6挺
混成步兵3个小队、联队炮2个小队、速射炮2个小队	早濑馨大尉		城墙西面北半部、西北角、北面大部及拐角楼	约200名	联队炮1门 速射炮2门 重机枪2挺
高木队（4个小队）	高木利夫中尉		东北角、饮马水河	约300名	迫击炮2门 重机枪1挺
守备队本部及预备队（步兵第5中队混成两个小队）	藏重康美大佐 日隈太郎大尉		中央门（文星楼）附近	约200名	不详

备注：野战病院（含患者）约200名，包括高黎贡山战斗中负伤的113联队、146联队部分伤兵，作为后备兵力使用。重武器数量仅以日军战史明确记载并结合其所配置兵力编制推定，为下限数字。

这一部署，与36师在瓦甸缴获敌文件所载部署情况基本一致。

日军收缩阵线欲据守腾冲死守，第20集团军则以四路纵队南下追击。其进军过程在前章已有概略性综述，因各部任务、战斗经历不同，仍需详细分述如下。

第39章　130师沿龙川江南下，切断腾龙公路

（参阅附图15、附图26、附图34）

53军130师经在江苴整顿后，奉命以主力沿龙川江东岸南下，于龙江桥渡江；389团暂驻江苴为预备队。

据当地史料载，6月24日，梁河设治局长封维德在两天时间内发动聚集了第二区民众数千人，抬石运木，仅用三天时间，于27日助修龙江桥成功，使53军先头部队388团顺利通过。军长周福成对龙江桥工程的快速完成，无限惊叹，给予高度赞扬。[1] 28日，388团进占橄榄寨。

29日，军部命130师（欠389团）为左翼师，先驱逐芹菜塘敌警戒部队后，即展开芹菜塘及陡坡寺南北之线，攻击吴邑、黄坡附近之敌；并以有力一部（一营兵力），切断通龙陵之交通路线，阻止敌增援，在罗汉冲以南高地占领侧面阵地，及在夷家坟、芒棒街附近严密戒备，以掩护军左侧背安全。[2]

7月1日，130师代师长王理寰率直属连队行至水甯龙（今甯龙村）附近，侦察附近地形并做图上研究，判断：芹菜塘南接陡坡山，横亘腾城之东，甚为重要；三甲街东南通龙陵，此时龙陵之松山尚未攻克，甚为可虑。龙陵至腾冲公路如不予以切断，则围攻腾冲难以奏功。

遂依据军命令，午后2时于高笕槽师司令部做如下部署：

---

〔1〕黄槐荣：《腾冲的全民抗战》。据《腾冲文史资料选集》第一辑抗日战争专辑，第196页。1942年12月梁河沦陷，封维德率原设治局人员至腾北界头乡组建梁河行署，与腾冲县合署办公。此前，封维德曾任腾冲县第二区区长。

〔2〕方国瑜：《抗日战争滇西战事篇》，第42页。

388团将芹菜塘敌警戒部队驱逐后,即展开于芹菜塘、陡坡寺南北之线构筑工事严密警戒,与116师确取联系。以一营在罗汉冲以南高地占领侧面阵地,切断通龙陵之交通线,阻敌增援。

390团以一营在芒棒街占领阵地,对三甲街方面严密警戒;以一部位置于夷家坟构筑工事,对西对南警戒;其余控置于龙江桥附近,对东南警戒,掩护师左侧背安全。

各部队受命后即开始行动。但因龙江桥段江水深20余米,流速甚急,不能架桥,乃改架龙文桥,一时未能完成,以致通过困难,至2日晚方部署完毕。[3]

2日,130师388团主力位于橄榄寨;一部将敌驱逐后进占芹菜塘、陡坡寺,展开此线严密警戒;师部与390团到达龙江桥附近;预备队346团到达孙家山附近;389团位于江苴附近。

当日18时,53军对该师下达命令:着该师速派一营兵力在罗汉冲以南地区对西构筑工事,对上下勐连之敌严密监视并相机攻击,以牵制该方面之敌。[4]

3日7时许,388团以主力攻击前进,12时30分遂攻占尚家寨、玉璧村、黄坡之线,残敌分向倪家铺、大董逃窜;同时第2营在罗汉冲以南高地占领侧面阵地,构筑工事。[5]

4日12时,接奉53军变更部署命令:

130师(欠389团及欠388团第2营,附346团附配388团第2营、师高射枪连、山炮第3连及重迫击炮第3连)进占马垒、上勐连东西之线,阻敌增援,确实截断腾龙公路,破坏敌交通通信;并在罗汉冲附近对北占领阵地,防止腾城之敌南窜。另以390团一营占领夷家坟、蛮乃附近阵地,防止三甲街方向敌之奇袭。388团(欠第2营)及389团统为预备队,归军直接指挥。

---

[3]《陆军第130师由怒江至腾冲会战战斗详报》。据《保山地区史志文辑》抗日战争专辑之三,第29—31页。

[4]《陆军第53军由怒江至腾冲会战战斗详报》。据《保山地区史志文辑》抗日战争专辑之一,第149页。

[5]《陆军第130师由怒江至腾冲会战战斗详报》。据《保山地区史志文辑》抗日战争专辑之三,第31页。

代师长王理寰奉命后即令各部队遵照实施。

16时,388团第2营将罗汉冲东南腾龙公路木桥破坏,并剪断电话线百余米;第1营同时将大董、倪家铺间公路破坏一处,并剪断电线40余米。18时许,敌汽车十余辆由上勐连开向腾城。行至罗汉冲附近时,遭388团第2营猛烈袭击,敌70余名仓皇下车抵抗。该营居高临下发扬炽盛火力,毙伤敌十余名。20时许,敌向上勐连方向驰退。另,17时20分,腾冲敌百余名窜至大董、黄坡间,与388团第1营发生战斗。22时许,敌向倪家铺方向退窜。

5日6时,敌以汽车20余辆运兵而至,将大董、黄坡间公路被我破坏路段修复,其后南驰强修罗汉冲附近被破坏之木桥,与388团第2营发生激战。13时30分,敌伤亡20余名后,向龙陵方面逃窜。此战击毁敌汽车7辆,其中损坏较轻者被敌强行抢回,其余3辆遗弃路旁,该营即拆除掉部分重要零件使其无法使用。

17时30分,配属130师、向上勐连前进之346团进抵红豆树附近。据团长张儒彬报称:该团以第7连改着便衣,向上勐连以南地区搜索前进;闻当地百姓言,上勐连有敌800余,多系负伤者。师长王理寰即令该团于6日向官坡及上下勐连附近之敌攻击。[6]

当日,390团进占夷家坟、蛮乃之线。[7]

6日拂晓,346团以一部向官坡攻击,以第2营向上勐连攻击,并令该团便衣队(第7连)配合夹击,15时即攻占官坡、上勐连及哨堂附近。该团乘势进击,18时许又将下勐连占领,遂以便衣队继续追击逃敌。此战,毙伤敌30余名,获敌破损卡车一辆,步枪20余支,山炮弹百余发,另驮马7匹、铁丝千余斤、汽油百余桶及敌用以筑路之土工器具五千余件。

7日15时,346团便衣队进抵下勐连以南5公里之香柏咀;该团又派乡探向黄泥坎附近之敌侦察,主力在官坡、上下勐连附近构筑据点工事,并破坏公路切断敌腾龙间交通。

---

[6]《陆军第130师由怒江至腾冲会战战斗详报》。据《保山地区史志文辑》抗日战争专辑之三,第31—32页。

[7] 方国瑜:《抗日战争滇西战事篇》,第42页。

8日拂晓，346团便衣队尾追逃敌攻占黄泥坎，后又继续追击。14时20分，388团第2营由罗汉冲推进马垒占领阵地，构筑工事阻敌增援，并防备腾城之敌南窜。[8]

当日，390团推进至邦弄、崩戞（即大蚌戞）之线，与已占领马垒、上下勐连之346团取得联系；军预备队主力推进至橄榄寨，一部控置于龙川江东岸。[9]

9日12时许，346团便衣队尾追敌人至龙头街附近，与敌掩护部队约60余名发生激战。代师长王理寰即令该团以一部向龙头街急进，协助便衣队战斗。18时30分，敌向龙陵方向逃窜，该队遂攻占龙头街与腾龙桥附近，向敌警戒。[10]

10日至13日之间，130师在各占领位置无变化。

13日午后1时，53军于赤土铺军指挥所向各部下达合同命令如下：

集团军决心在敌增援部队未到达前，迅速围攻腾冲之敌而占领之。以54军198师由北门方面；36师由西门方面；预2师先攻占来凤山，后即向南门方面围攻腾城。以本军由腾城东门方面先行攻击城郊附近之敌；占领后，继向城内市区攻击，将敌歼灭而占领之。

着116师（欠346团，配属388团欠第2营、山炮兵营欠第3连、重迫击炮营、第1野战医院）为攻城师，即开始向腾城东郊攻击，须确实占领，捕灭残敌；肃清后，向城内市区以炽盛步炮火力猛攻。既入城后，应不分地区，互相策应，迅速歼灭残敌而占领之。在攻击各时期，须与54军密切协同，确守信号（总部统一规定，随即颁发）规定。

着130师〔附346团（附388团第2营），欠388团（欠第2营）及389团〕在马垒、上下勐连、崩戞、三甲街附近构筑纵深坚

---

〔8〕《陆军第130师由怒江至腾冲会战战斗详报》。据《保山地区史志文辑》抗日战争专辑之三，第33页。

〔9〕《陆军第53军由怒江至腾冲会战战斗详报》。据《保山地区史志文辑》抗日战争专辑之一，第152页。

〔10〕《陆军第130师由怒江至腾冲会战战斗详报》。据《保山地区史志文辑》抗日战争专辑之三，第33页。

固据点,并派一加强连推进龙头街,控置腾龙桥确实阻敌增援,并与新39师取得联络。

389团为军预备队,主力控置于胡椒岭,一部位于龙川江东岸。

当日傍晚,集团军总司令霍揆彰就130师行动专电53军:

集团军为确实阻敌增援,使攻击容易之目的,着该军130师派兵一团,进出于龙川江右岸三甲街亘腾龙桥至邦乃之线。该团以一营(欠一连)占领邦乃,以一连占领毛弄(即曼弄),以一营占领腾龙桥,以一连占领三甲街及其西南,各沿龙川江右岸侦察渡口,扼要构筑据点工事,并对通敌要道派便探严密搜索。师部及其余各部位于黄泥坎附近;马垒、上下勐连、崩戞各处仍须派有力部队占领阵地,并加强据点工事。以上各处工事,应星夜赶筑,火速完成,绘图具报,并与新39师切取联络为要。[11]

据此,53军于14日晨向130师下达补充命令:

着该师以346团占领马垒;388团第2营仍不动,其余推进于黄泥坎、下勐连,酌留一小部以一营挺进龙头街,确实控置腾龙桥,并派有力加强连经大卜窝街(今下甲村)挺进邦乃附近,对西南严密监视敌人;390团以一营推进占领三甲街及其西南,各沿龙川江右岸侦察渡口,扼要构筑工事守备。各团即开始广泛确实破坏交通,施以泛滥为要。[12]

14日,代师长王理寰自前方视察归来,即遵军命令部署各部行动。于15日16时部署完毕,各部开始构筑工事,并于20时彻底破坏腾龙桥。[13]

15至17日三天,53军各部位置无变更,亦无大战斗。[14]

17日9时,130师以工兵将黄泥坎至腾龙桥间公路彻底破坏,车马不能通行。

---

[11]《陆军第54军滇西攻势作战机密日记》(未刊档案)。
[12]《陆军第53军由怒江至腾冲会战战斗详报》。据《保山地区史志文辑》抗日战争专辑之一,第156页。
[13]《陆军第130师由怒江至腾冲会战战斗详报》。据《保山地区史志文辑》抗日战争专辑之三,第33页。
[14]《陆军第53军由怒江至腾冲会战战斗详报》。据《保山地区史志文辑》抗日战争专辑之一,第157页。

各部队正构筑工事期间，接奉53军电令：

346团即归还116师建制，其在龙头街之一营及邦乃之第8连，待390团接替后再动；390团（附388团第2营仍在马圣）速接邦乃、龙头街、黄泥坎、上下勐连之任务；389团即归还该师建制，接替390团新寨、丙弄、三甲街、崩戛及龙川江右岸各渡口防务；388团（欠第2营）为军预备队；山炮第2连及军工兵第2连仍配属该师。

师长王理寰即转饬各部迅速遵照实施。并令炮兵第2连、军工兵第2连及师工兵连、高射枪连（欠2挺）均配属390团；389团第2营改为师预备队，位置于芒棒街。

当日20时，复奉军长周福成电令：

据报，16日晚，敌200余人由陇川窜至盏达太平街，有增援腾冲迹象。着388团归还建制，即开赴南甸附近，跨大盈江两岸占领阵地，构筑工事，向八莫方向警戒；并远派侦探搜索敌情，如敌来犯，即予以歼灭。限18日先以一营到达，19日全部到达。

代师长王理寰即于当晚9时电饬388团，先以马圣之第2营出发，防务交390团第1营接替；其余迅速向南甸前进。[15]

18日，130师388团之一部到达南甸，其余主力将防务移交346团后，即乘夜前进。[16] 19日12时前，389团、390团已分别接替防务完毕，继续构筑工事并破坏交通。388团全部到达南甸附近，以一营占领龙窝寨、谢家坡之线，一营占领沙沟西南高地之线，其余在南甸均各构筑工事，并派便探向旧城、陇川方向侦察敌情。

为便于掌握指挥部队，代师长王理寰于20日率直属部队进驻哨堂村附近，并以搜索连占领官坡、长坡头之线构筑阵地，警戒腾冲之敌。当日晨，接53军敌情通报：八莫、南坎、太平街等处有增援腾冲之敌约2000余，太平街有敌300余，陇川有敌百余。[17] 为加强

---

[15]《陆军第130师由怒江至腾冲会战战斗详报》。据《保山地区史志文辑》抗日战争专辑之三，第34—35页。

[16]《陆军第53军由怒江至腾冲会战战斗详报》。据《保山地区史志文辑》抗日战争专辑之一，第159页。

[17] 日军战史中无此方面兵力调动记述，实际上此后日军未对腾越守备队派出增援兵力。

388团战力,王理寰即命山炮第3连以2门及师工兵连配属该团,限23日到达该团。

23日17时,130师奉军命令着配属本师之工兵营(欠两连)归还建制,于25日赴黄坡受领新任务。此后,该师状况无变化。[18]

---

[18]《陆军第130师由怒江至腾冲会战战斗详报》。据《保山地区史志文辑》抗日战争专辑之三,第35-36页。

第 40 章 116 师占领飞凤山，进迫城东南

（参阅附图 15、附图 26、附图 34）

53 军 116 师在江苴集结整顿后，奉命沿向阳桥、曲石街一路向腾城进发。

26 日午时，348 团之一部渡龙川江，占领抗猛山高地；347 团之一部，占领干榨山为左翼；346 团之一部，进抵邵家屯、酒店及小回街附近为右翼。27 日，师主力到达向阳桥准备渡河，28 日主力渡江完毕，继续推进。右翼队进抵蚂蚁村、海口、酒店间地区，向飞凤山搜索前进；左翼队抵三家村、打苴街间。

29 日，各部在上下马场、蚂蚁村、三家村之线准备攻击位置，奉命沿向阳桥、酒店公路及其以东地区向打苴街、龙家营、马头山方向进出，由东向西攻击飞凤山。30 日，346、347 两团配属山炮两连、重迫击炮一连，展开于河头以东 5025 及 5830 高地南北之线；348 团在刘家庵、孙家山附近，对飞凤山之敌准备攻击。[1]

据载，7 月 2 日，"第 348 团于拂晓雨雾正浓之际，袭击飞凤山，战斗 3 小时，将飞凤山占领"——实际上，日军宫原大队主力于 27 日撤离飞凤山阵地，其留守队仅野田末雄中尉以下 70 名，其中留置在飞凤山的警戒兵力为 45 名，并无死守打算。

当日，347 团进至老大门、姜家寨附近；346 团改任军预备队，进至孙家山附近；师部推进至老大门。至 3 日晨，348 团占领吴邑、玉璧村；346 团向罗汉冲前进；该师主力在龙江桥正积极渡江。[2]

---

[1] 方国瑜：《抗日战争滇西战事篇》，第 43 页。
[2] 胡璞玉主编：《抗日战史》第二十九章缅北及滇西之作战（二），第 189 页。

4日晨，53军电令116师：

116师（欠346团）配属山炮第1连、重迫击炮第4连，以一营固守飞凤山，主力即由芹菜塘经黄坡向大董攻击而占领之，并继续扫荡倪家铺、满金邑间地区之敌。该师攻占所指定地区后，与54军协同，对腾城围攻而占领之……[3]

奉命后，16时，116师于老大门师指挥所对各部部署如下：

师（欠346团）附山炮兵第1连、重迫击炮第4连，以一部固守飞凤山，主力向大董攻击而占领之，并继续扫荡倪家铺、满金邑间地区之敌。

348团附重迫击炮第4连为第一线向大董攻击而占领之，并继续扫荡倪家铺、满金邑间地区之敌。

347团为师预备队。但该团第2营须占领玉璧村、黄坡，掩护348团左侧背之安全；待348团进出大董后，即位置于现地，归还建制为师预备队。该团应以一营位置于飞凤山，构筑坚固工事而扼守。

山炮兵第1连向长坡山左翼变换阵地，对来凤山及腾城之敌炮兵实施充分射击后，协同第一线步兵攻击。

5日12时，116师将大董、胡家湾、倪家铺各要点全部占领。[4] 6日午，以348团向满金邑之敌攻击，敌凭坚固守，战至黄昏遂成对峙。至7日，仍无进展。[5]

8日9时，348团继续攻击满金邑、新生邑敌阵地；347团仍以一部扼守高山寺，主力推进至洞山、田心、中绮罗一带，掩护我左侧背安全。

9时30分，重迫击炮第2营变换阵地至毛家村附近，以火力掩护348团第1营攻击。激战至12时许，敌共约400余名，一部由来凤山、一部由满金邑向我反攻。该团即将第2营第5、6两连增加至

---

[3]《陆军第53军由怒江至腾冲会战战斗详报》。据《保山地区史志文辑》抗日战争专辑之一，第150页。

[4]《陆军第116师唐习山、大塘子、江苴、腾冲各战役战斗详报》。据《保山地区史志文辑》抗日战争专辑之三，第72—74页。

[5] 方国瑜：《抗日战争滇西战事篇》，第43页。

第一线，以炽盛火力向敌猛烈攻击。据炮兵部队战斗详报，"敌向我攻击进展之步兵猛烈逆袭，几迫进我炮兵阵地。卒赖我炮火之炽盛，友军之坚忍，而将出击之敌击退"。[6] 至16时，348团将下满金邑及中满金邑占领一半。[7] 该团阵亡副营长以下官兵20余人。

此后两日，与敌呈相持状态。11日8时30分，继续向上、中满金邑300余之敌攻击，至下午2时许将两地完全占领，毙敌30余名。12日晨，348团一部继续向腾城东门方面攻击，与东门外帮办衙门敌百余名激战，至午后3时，将该地占领。13日，继续向东关税务司附近之敌攻击。[8]

当日午后1时，53军于赤土铺军指挥所下达命令：

着116师（欠346团，配属388团欠第2营、山炮兵营欠第3连、重迫击炮营、第1野战医院）为攻城师，即开始向腾城东郊攻击，须确实占领，捕灭残敌；肃清后，向城内市区以炽盛步炮火力猛攻。既入城后，应不分地区，互相策应，迅速歼灭残敌而占领之。在攻击各时期，须与54军密切协同。

14日，又以另电提示116师：攻击城垣及坚固据点工事，炮兵须集中使用方可发挥其最大威力，故各军炮兵及配属之炮兵应做重点机动使用。

15、16、17三日中，各部位置无变更，亦无大战斗。

17日9时，53军下达各部合同命令如下：

困守腾城及来凤山之敌，最多不过1500人，附炮2门。集团军决以主力先行消灭来凤山之敌而占领之，同时以一部扰攻城垣。本军奉命以主力先行扫荡来凤山东麓各据点后，继续攻占来凤寺；以大部占领龙川江右岸一带，掩护军左侧背安全。

着116师（346团归还建制）配属山炮兵营（欠第3连）、重迫击炮第2营、战防炮第1连、工兵第1连及第1野战医院，先攻占

---

〔6〕《远征军炮兵指挥部各炮兵部队参加滇西战役高黎贡山亘腾冲地区战斗详报》。据《保山地区史志文辑》抗日战争专辑之四，第267页。原文记时间为14日，应有误。

〔7〕《陆军第116师唐习山、大塘子、江苴、腾冲各战役战斗详报》。据《保山地区史志文辑》抗日战争专辑之三，第74页。

〔8〕方国瑜：《抗日战争滇西战事篇》，第44页。

来凤山东麓各据点后,继续攻击来凤寺之敌而占领之。

炮兵须于7月19日黄昏前试射完毕。攻击开始日期,定于7月20日拂晓。

18日,116师346团一部到达腾冲附近新生邑、上绮罗,其主力将邦乃、龙头街防务交替后,即向腾城转进。两师其余各队位置无变更。此后至25日,53军两师各部队位置无变动。[9]

---

[9]《陆军第53军由怒江至腾冲会战战斗详报》。据《保山地区史志文辑》抗日战争专辑之一,第157页。

第41章 198师、36师会攻蜚凤山，进迫城北

（参阅附图15、附图26、附图28）

198师自攻占北斋公房进至桥头、马面关后，留594团为集团军预备队，集结于瓦甸；592、593两团渡过龙川江前进。[1]

6月30日，第20集团军接奉卫立煌变更攻击腾冲部署电令：

"着36师、198师（欠一团）附重迫击炮一营，沿向阳桥、酒店、腾冲公路两侧，先攻击蜚凤山，再协同53军攻击飞凤山而占领之……"[2]当日，198师在三家村以东地区展开，准备攻击蜚凤山。[3]

蜚凤山位于腾冲城东北方约3公里处，为一相对标高[4]一二百米的哑铃状山地，瞰制腾冲城东北地区；其东南方远在3000米外有飞凤山，相对标高约五六百米。据杨纳福记述：当时，日军因兵力不足，仅派遣少量兵力防守蜚凤山，而未派兵防守较高的飞凤山，"此为日军以兵力衡量务实的择地防守之典型战例；其绝不好大喜功，到处派兵，到处薄弱，而陷全般战局于不利"。

日军防守蜚凤山系采用环形配置，四周构筑了四五个有掩盖的碉堡，中央为核心堡垒，之间以交通壕相联系，并在阵地前沿设有简易障碍物如铁丝网与鹿砦等，铁丝网上系有以空罐头盒制作的铃铛，作为警铃。[5]

---

[1] 方国瑜：《抗日战争滇西战事篇》，第44页。
[2] 《陆军第54军滇西攻势作战机密日记》（未刊档案）。
[3] 方国瑜：《抗日战争滇西战事篇》，第44—45页。
[4] 指山头顶点距地平面的相对高差，也称相对标高。如果以海平面为基准面，则称绝对标高，亦即海拔。
[5] 国军史料丛书《抗战时期滇缅印作战（一）——参战官兵访问记录》，第945—946页。

7月1日，霍揆彰电令54军，着第6军山炮营归重迫击炮第2团团长廖治民统一指挥，该团长则由54军兼军长方天指挥。[6]

据派赴54军担任联络任务的第20集团军参谋杨纳福撰述：

在三家村南坡地，有敌一个分队约20至30人，构筑3个有掩盖的碉堡据守。198师593团以一个营，兵力约二三百人，由北、西、南三面包围攻击，经过数昼夜之激烈战斗，始攻克该地。清扫战场时，在一个堡垒内遗有日军尸体2具，并俘虏一名受伤者。据该俘虏供称，该分队主力于最后一日利用暗夜撤至城内，他在这个堡垒担任掩护任务，没来得及撤退。在最后我军四面八方来围攻时，他以受伤之躯，仍操作3挺机枪射击，予我军以重大伤亡，直至负伤昏迷被俘。[7]

此处所谓"三家村南坡地"，在当时的十万分之一军用地图上记为5377高地，也被标注在蕈凤山范围内，而后来一般所称的"蕈凤山"仅指其西部的独立山头5138高地。据方国瑜《抗日战争滇西战事篇》记：

"2日，198师592团先向蕈凤山攻击。入夜，该团以奇兵袭击，经数小时之激战，3日晨，将蕈凤山东部山头占领……"由亲历者杨纳福记述而观，此间战斗显然并非如此轻松。此后，残敌窜至此山西端5138高地，与据守该高地之敌二三百名会合，企图死守以阻止我军南下。此时，右翼36师即接替继续攻击。[8]

此前，36师攻克瓦甸后，即集结于该地整顿。6月24日，总部命该师附重迫击炮二连、山炮一连，于空山及其以东地区，就攻击发起位置。25日，该师渡过龙川江，其106团、108团分别到达灰窑、新寨附近；26日先头部队到达老祖坟附近，又向南急进；27日至老秋厂、红木树间；28日，先头进抵罗邑坪，主力至岭岗寨附近；29日至大宽邑附近。30日，接奉与198师会合攻占蕈凤

---

[6]《陆军第54军滇西攻势作战战斗详报》。据《保山地区史志文辑》抗日战争专辑之二，第41页。

[7] 国军史料丛书《抗战时期滇缅印作战（一）——参战官兵访问记录》，第948页。

[8] 方国瑜：《抗日战争滇西战事篇》，第45页。

山的命令。[9]

7月1日7时，36师106团第3营推进至上下马场附近向南警戒；第1营于洞觉村；团部及第2营于油灯庄。108团第1营推进至富裕村东西之线向南警戒；团部及第2营于下河村；第3营（欠第8连）为师预备队，位于郭家营。107团为军预备队，于酒店附近归军指挥。

当日，36师经派便探侦察及第一线警戒部队搜索获悉，当面之敌占领蜚凤山据点工事，常于尹家湾、大竹园间活动。为攻击准备便利，该师将指挥所推进至邵家营附近。

而后奉到54军兼军长方天电话，命令36师主攻蜚凤山，以198师协力攻击。

36师遂决定由108团任主攻；106团附工兵一排推进至油灯庄、沿大盈江附近，第2、3两营展开于下马场、上马场、草坝街之线，沿大盈江相机向腾城推进，协助108团战斗。至2日下午，108团部署完毕；迫击炮连亦于上马场北端高地进入阵地，完成射击准备。

3日中午，36师于邵家营师指挥所下达命令：

108团（任师预备队之第3营着即归建）附工兵一排为左翼队，于明日7时以前，展开于蚂蚁村东西之线，于炮兵攻击准备射击后，即向5138高地攻击；106团附工兵一班为右翼队，于明7时以前展开于上下马场之线，相机沿大盈江向南推进，协力108团对5138高地攻击；重迫击炮连、山炮连归108团团长李定陆指挥，须于明日7时前完成射击准备，直接协助该团攻击。

108团受领命令后，遂以第5连附第6连之一排、重机枪1挺，于当日黄昏推进至大竹园附近，以一个班向大尹家湾搜索；以第1营附工兵一排推进于后屯附近，于次日拂晓前展开于后屯西南高地，在炮兵施行效力射击之后，一举攻入蜚凤山敌阵地而占领；以第2营（欠第5连及第6连之一排，重机枪1挺），于次日凌晨3时推进于后屯附近待命；以第3营（欠第8连及重机枪1挺）为预备队，于次日拂晓前推进于富裕村待命。

3日夜正属满月（查为旧历五月十三日），天空虽阴霾满布，仍依

---

[9] 同上书，第44页。

稀可辨道路，108团各部利用月明向敌阵地推进。[10]战后落户腾冲的老兵叶进才，时任36师108团第1营重机枪连中士班长。据其回忆：

> 在一个漆黑的夜里（应为3日夜），我们接到命令——攻打蜚凤山。我所在的这一排（机枪第2排），配属给第1营步兵第2连指挥。我们摸黑从董官村走山路经油灯庄、草坝街、富裕村绕到蜚凤山后侧后屯（据叶进才补充，部队从蜚凤山背后和右侧娘娘庙包抄，目的是防止敌人向龙川江方向溃逃），在陆台甫家稍事休息后，我们连队就进入阵地了。营长规定：以绿白红三色信号弹为攻击信号，次日凌晨4时，营指挥所发出信号弹后，我们就开始攻击。
>
> 日寇占据蜚凤山已经两年。他们在山上修筑了坚固的防御工事，第一道是鹿砦障碍；第二道是有刺的铁丝网，在网上还挂着罐头筒、响铃；第三道是散兵线，其间交通壕纵横交错。日寇有百多人在这坚固的工事里防守，我们以一个营的兵力进行强攻。[11]

4日5时，左翼队108团到达指定位置。36师师长李志鹏偕重迫击炮团团长廖治民来到108团指挥所，指导团长李定陆指挥。[12]

拂晓，浓雾逐渐消散，我重迫击炮开始试射。山炮兵则因炮位较高，且浓雾迷蒙难以观察，迟至8时许始行射击。但第一发即打偏，将第5连董连长击伤，并伤士兵7名。此后，虽继续发射数十发，仍未能命中目标。师为求炮兵射击获得良好效果，以利步兵攻击，遂命山炮兵以2门留原阵地，2门向富裕村北端高地变换阵地。但炮兵行动迟缓，午后1时许方进入阵地，重新开始射击。步兵已于敌阵地前期待了5个多小时。[13]

---

〔10〕《陆军第36师蜚凤山战役战斗详报》。据《保山地区史志文辑》抗日战争专辑之三，第100—103页。

〔11〕叶进才（述）、胡国厚（记）：《我的回忆》。据《腾冲文史资料选集》第一辑抗日战争专辑，第103—104页。

〔12〕国军史料丛书《抗战时期滇缅印作战（一）——参战官兵访问记录（下）》，第767页。

〔13〕炮兵部队战斗详报对此事只字未提。

14时，重迫击炮、山炮以猛烈火力向敌射击，步兵亦迅速向敌接近。此时，察知敌东南方面防御设施较为薄弱，遂命在后屯附近待机的108团第2营，以第4连向左翼延伸。14时稍过，第一线各连先后到达敌障碍物附近。第1连因地形较隐蔽，得工兵之助力，逐次将敌鹿砦及第一线铁丝网破坏。本可一举冲入敌阵，因左第一线第2、3两连当面地形开阔，接敌困难；工兵屡次欲以爆破筒破坏障碍物，均遭敌射击负伤，以致行动较迟，未能与第1连协同。此时，敌掩体未能破坏，炮兵又因炮弹缺乏不能以火力支援，故敌轻重机枪异常活跃。第1连连长文光邦不幸负伤，致使攻击顿挫。第1营营长（毛咏庠）目睹此情，命第2、3两连迅速前进，命令步兵以重火器发扬更大火力压制敌人，各部队攻击又渐活跃。第4、5两连亦将第一线铁丝网破坏完毕。日军见我逐渐接近，异常恐惧，连续发射白色烟幕弹，请求其炮兵火力支援。瞬时，来凤山[14]上敌炮兵猛烈射击，炮弹呼啸而来。第2连连长李长发遭炮击负伤，各连伤亡多人。团长李定陆目睹此情，命令第3营副营长周福生率该营战防炮排及第9连，迅速向第1连方面增援，并实施统一指挥，以期重振攻势。

15时，副营长周福生率部到达第1连附近，即就当面敌情作详细侦察，一面以火箭破坏敌掩体，一面破坏敌第二线铁丝网。但此时工兵炸药已用尽，仅以砍刀劈砍铁丝，费力多而难见效，工兵因此多半伤亡。此时天已入暮，师长李志鹏顾虑夜间攻击联系困难，易生误会；而步兵徒手破坏铁丝网，牺牲太大。遂命令工兵营搜集破坏剪送至108团；同时，令108团占领既得阵地，待破坏剪送到后实施夜间作业，准备明日拂晓攻击。[15]

此次攻击，108团阵亡军官1员、士兵13名，负伤45名；毙伤敌约20名。[16]据在36师担任联络任务的第20集团军参谋杨纳福记述：攻击所以失利，其一是兵力过少，仅为108团第1、2营约

---

〔14〕原文误记为飞凤山，此处无敌炮兵，参54军战斗详报为来凤山。
〔15〕《陆军第36师蛮凤山战役战斗详报》。据《保山地区史志文辑》抗日战争专辑之三，第103页。
〔16〕《陆军第54军滇西攻势作战机密日记》（未刊档案）。

四五百人,主要是高黎贡山战后兵员伤亡未获补充;其二因日军射击纪律极佳,非待我攻击部队进至其阵地前方百米之内,绝不开枪射击。因此,我部队虽轻易破坏敌障碍物进至阵地前沿,但敌以猛烈火力行急袭射击,使我伤亡惨重,攻击顿挫。[17]

当日下午13时许,右翼队106团在上马场之第3营,以一部推进大竹园接替108团第2营,于大竹园南端要道口构筑工事对南警戒。傍晚,发现腾冲城内之敌50余名,经董库、娘娘庙向我左翼队108团推进。36师当即判断为敌之增援部队,遂令106团阻敌。20时,该敌于大竹园附近遭106团截击,伤亡惨重,仓皇逃窜。[18]

198师为策应36师对5138高地攻击,于3日夜以593团由东向西进击。4日凌晨2时,该团第1营一连占领娘娘庙;午后4时,第2营一连占领前董库。自此,由腾城向北道路已完全被我控制。至5日凌晨,又继续攻击占领后董库。[19]

7月5日凌晨2时,工兵营将破坏剪送达108团一线,各连遂迅速破坏敌铁丝网。4时,各连均已破坏完毕,随即秘密通过。拂晓,三发信号弹升空,各部同时发起冲锋。官兵奋不顾身,勇往直前,迅速将敌阵地大部占领。敌知已被我完全包围,生还无望,凭据山顶最后几个堡垒顽强抵抗。而且,北山顶敌工事前还有一道未遭破坏的带刺铁丝网。但我官兵前仆后继,奋不顾身,将敌最后一道铁丝网破坏;又以火箭筒摧毁敌残存堡垒两个,各部以白刃和手榴弹沿敌交通壕向敌冲杀。敌于残存掩体内顽抗,我官兵不顾牺牲,或跃至堡垒顶端,或匍匐于堡垒侧面,或用手榴弹从敌射击孔投入,或以冲锋枪向掩蔽部沿进路扫射,将敌毙杀殆尽。最后,残余之敌十数人,知难以再抵抗,遂舍弃掩体向密林逃奔,全部被我追击火力毙杀。108团官兵在此次战斗中伤亡惨重,以班排长伤亡最多,有

---

[17] 国军史料丛书《抗战时期滇缅印作战(一)——参战官兵访问记录》,第946页。
[18] 《陆军第36师董凤山战役战斗详报》。据《保山地区史志文辑》抗日战争专辑之三,第104页。
[19] 《陆军第54军滇西攻势作战战斗详报》。据《保山地区史志文辑》抗日战争专辑之二,第43页。

几个连竟找不出一个班长。[20]

据108团第1营重机枪连班长叶进才回忆：

> 战斗打响后，喊杀声、枪声、手榴弹爆炸声响成一片。我们第2排的马克沁重机关枪发挥了极大的威力，因为我们的位置选得好，敌人被我们的机枪压得抬不起头来，战斗十分激烈。只用了两小时，就突破了敌人的第一二道防线。5日天明时，我们已经冲破了敌人的第三道防线，这时阵地上的敌人溜了。我军左翼发现慌乱的敌人从稻田里向腾冲北门方向逃跑，遂集中火力向逃跑的敌人射击，截断敌人的后路。同时，又见右侧方向的稻田里有蠕动的敌人，我们又转向右侧射击，不料被射击的是狡猾的敌人用军衣包在稻草捆上的伪装；而四五十个敌人却乘机从左侧跑进城去。
>
> 这一战，从发信号弹起到我军攻占蜚凤山顶，只用了4个小时。我们第2连首先攻上山顶，生俘穿筒裙的女人2名，缴获小钢炮1门，三八式步枪10多支，饼干、罐头、纸烟和20多只汽油桶；敌人遗尸20多具，我方伤亡很小……[21]

日军战史对此战的记述为：

> "……远征军更以一部兵力开始攻击日军前哨阵地。高良山（即蜚凤山）[22]守备队副岛准尉以下25名受到由东北向飞凤山前进中的第198师约两个营（日军对我攻击部队番号掌握不准，后续攻击部队为36师108团第1、2营）的攻击，经过三天激烈的白刃战，12人战死，多数负伤，但未屈服，继续顽强抵抗。7月5日，[23]中队长下令后退，首先令伤员后退，小队长副岛准尉以下

---

[20]《陆军第36师蜚凤山战役战斗详报》。据《保山地区史志文辑》抗日战争专辑之三，第104-105页。

[21]叶进才（述），胡国厚（记）:《我的回忆》。据《腾冲文史资料选集》第一辑抗日战争专辑，第103—104页。

[22]日军将蜚凤山命名为高良山，系因148联队征集地日本久留米有一个高良台演习场，其地形地貌与此山相似而得名。

[23]中华民国史资料丛稿译稿《缅甸作战（下）》记为7月9日。据我军各参战部队战斗详报，应为7月5日。

守兵大半战死。"[24]

日军卫生兵吉野孝公此时在城内东北角城墙阵地上，其回忆录中对此战的记述，应该来自远距离观战的印象：

"第二天早上，敌人向兵力很小的我高良山（蕈凤山）阵地展开了进攻。阵地上，守备士兵只有20余人。我们顽强作战一整天，打退了敌人一次又一次的进攻。但终因寡不敌众，尽了全力的战士们一个个负伤倒了下去。副岛曹长及手下的勇士们似乎知道求援已来不及，全体人员拔刀带剑冲入了敌阵。呜呼，悲壮！勇士们顽强奋战20小时，但最后还是无济于事，高良山阵地落入敌人手中。"[25]

经我两日来浴血战斗，蕈凤山至此终被完全占领。

54军战斗详报记载的战果及损失为：36师毙敌60余名，虏获迫击炮1门，重机枪1挺，重型掷弹筒1个，轻机枪2挺，步枪9支，无线电话机1部。我伤官12员，士兵121名。[26]据第36师参谋长胡翼烜记述，108团第1营伤亡颇重，仅剩官兵170余人。[27]通过缴获敌文件和战利品，36师判断："固守蕈凤山之敌，为56师团148联队宫原大队之津村中队[28]约兵力百余名，附有重机枪、迫击炮、有线、无线电话班，一般素质较为优良，故其抵抗亦极顽强。"[29]

当日凌晨3时许，在108团攻击蕈凤山同时，敌约四五十名、骡马十余匹，又由腾冲大道向北前进，拟向蕈凤山增援。右翼队106团在大竹园顽强阻击，毙敌20余名，骡马5匹，并俘获名为中戚夫的敌兵一名，缴获敌辎重甚多。至108团完全攻占蕈凤山，增援之敌未能前进一步，最终被迫退回城内。[30]

---

[24] 中华民国史资料丛稿译稿《缅甸作战（下）》，第166页。
[25] [日]吉野孝公：《腾越玉碎记》，第45页。
[26] 《陆军第54军滇西攻势作战机密日记》（未刊档案）。
[27] 国军史料丛书《抗战时期滇缅印作战（一）——参战官兵访问记录（下）》，第767页。
[28] 据《第五十六师团将校职员表》，津村胜大尉曾任第148联队第3大队第8中队长，战时为大队部编外军官。日军战史记高良山守备队为第7中队兵力。
[29] 《陆军第36师蕈凤山战役战斗详报》。据《保山地区史志文辑》抗日战争专辑之三，第105页。
[30] 《陆军第54军滇西攻势作战战斗详报》。据《保山地区史志文辑》抗日战争专辑之二，第43页。

据杨纳福撰述：当日，108团自凌晨4时发起攻击开始，"不到一小时即攻占全部阵地"。他的判断是，"大概敌人已于先一日乘夜撤退至城内"。5日天亮后，108团部队欣喜若狂，有数百人聚集在蜚凤山阵地内。这时，发生了一桩不该发生的悲剧：

"本人以联络参谋之名义随同该师副师长进至该高地上，正以望远镜瞭望城墙上敌之活动情形时，城墙上敌人忽以小钢炮（即步兵炮）对此高地行密集火力之轰击，又使我官兵伤亡不少。此乃日军所惯用之诡计，乘我胜利疏忽之际，以出其不意之火力逆袭射击。后经我山炮火力反制，敌炮火始归于沉寂。

"后经全面清扫阵地，并未发现敌人之尸体。可见日军对受伤或阵亡之战友处理，向有严格的纪律与优良的美德；同时也常使我官兵虽获胜利而却有信心之丧失与挫折感，并在心理上常对我士气有所打击，怀疑难道敌人一个都没有被我打死或击伤吗？难道我军的射击技术就这么差劲吗？这或许也是日军的心理战术之一吧！"[31]

至此，读者已经注意到了，在敌我军方战史及亲历者记述中，关于蜚凤山之战很多重要细节存在严重的不一致。笔者之所以全部予以列举陈述，是因为这些均为第一手史料，读者有兼听的必要；同时，笔者也无法以简单取舍择其一二而作武断叙述。所以，这里专门就此进行分析：

首先，日军兵力有多少人？据日军战史，蜚凤山及飞凤山原为148联队第3大队（大队长宫原春树）防御阵地，6月27日该大队主力奉命转往龙陵，仅留置其第7中队野田末雄中尉指挥70余人分担蜚凤山与飞凤山两处防务，其中以蜚凤山为重点。此点，从前述7月2日116师348团仅3小时内即驱逐飞凤山守敌，日军几乎未加抵抗的记述可以佐证。

日军战史记述，高良山守备队兵力为副岛准尉以下25名，吉野孝公回忆为20余人；而36师战斗详报及杨纳福均记述为敌百余

---

[31] 国军史料丛书《抗战时期滇缅印作战（一）——参战官兵访问记录（下）》，第946—947页。

名。[32]笔者认为，我方记述可能对敌兵力估计偏大，但日方记述则明显不合常情。很难想象，日军能以25人——即便有较为完备的野战工事为依托——而与我军两个团番号（592团、108团）的至少两个营兵力对峙3天。问题出在哪里？联系2日348团3小时即驱逐飞凤山守敌，日军几乎未加抵抗这一细节可知，野田中尉应是2日率飞凤山之敌转至蛮凤山，3、4日在蛮凤山阵地指挥，4日夜或5日凌晨率一部突围撤至城内，而令副岛准尉率残部死守到底。日军战史记述，系"中队长下令后退"，虽然也可能以有线电话或无线电下达，但现地下达的可能性更大。因此，所谓"副岛准尉以下25名"应是留置阵地战斗到最后的日军，而非自2日以来与592团、108团对战的日军总兵力。如前所述，日军留守兵力共约70人，108团投入攻击兵力为四五百人，攻防兵力对比约为7比1。

我军消灭了多少日军？54军作战日记记述，592团初战毙敌数名，108团续战毙敌60余名；而日军战史则记述，3天激战后阵亡12人，多数负伤，而后安排部分伤员后退，副岛准尉以下守兵发起最后突击后战死。那么，逃掉的日军有多少？54军和36师战斗详报均提及有十余名日军逃跑，但却断言其"全部就歼于我军追击火力之下"；而参战者叶进才看到是"四五十个敌人却乘机从左侧跑进城去"，这个目测的数字虽然显得偏大，但应该大致接近实情。

最为关键的细节是阵地上日军的弃尸数字。参战者叶进才的回忆是"敌人遗尸20多具"，但亲临现场的杨纳福则特别记述，"后经全面清扫阵地，并未发现敌人之尸体"，并分析这可能是日军的"心理战术"。若叶进才之说正确，按日本战史的数字，其高良山守备队差不多全员阵亡，则叶进才本人目睹的"四五十个敌人"逃跑和日军战史载"伤员后退"之说即不成立；若杨纳福之说为事实，则日军仅为转移20多具尸体，就需要多少人来背抬？由此亦可推测最初阵地上日军的兵力，绝不会只是25人。

经此分析，可知交战双方的战斗记录均有"不确实"的问题，

---

[32] 方国瑜撰述记为200余，此为第二手资料，其引用数据来源不详，不列入分析。

一方在缩小损失,一方在夸大战果。这些唯一可资利用的第一手资料,勾勒出来的竟是一场吊诡而扑朔迷离的战斗!

战后,36师对此战进行总结,其主要"心得与感想"为:

关于我军——

山炮兵未能试射准确,致射击开始,即伤我官兵数名,影响我步兵对炮兵之信赖甚大;山炮弹与重迫击炮弹太少,致试射成功后行效力射击时,已无多少炮弹使用。故事后检查,敌工事为我炮火所击中者,仅一二个,实未能收预期之效果,故我步兵伤亡惨重;土工具缺乏,到达一阵地,不能即时构筑工事,故受敌火力之损害特大;工兵缺少爆破药,对敌坚固之铁丝网,仅步兵持以破坏剪,作业费力大而成功少;新兵训练不足数,处处须干部之督促领导,故干部伤亡特多。

关于敌军——

敌工事构筑坚固,有枕木盖材数层,而盖材直径有达40厘米以上者,故我炮兵破坏困难,可见其平时作业认真彻底;敌被围不惊,各自为战之精神值得我军效法;敌能遵守射击军纪;敌工事暴露,易受我空军、炮兵之轰击;射界过于短促,不能充分发扬火力;障碍物与火网未能十分联系,故为我层层破坏。[33]

---

[33]《陆军第36师蕫凤山战役战斗详报》。据《保山地区史志文辑》抗日战争专辑之三,第105—106页。

第 42 章 预 2 师自右翼迂回攻击，逼近来凤山

（参阅附图 15、附图 26、附图 28）

预 2 师第 4 团 20 日占领固东，21 日占领顺江街，即奉命构筑工事固守。第 5、第 6 两团亦开至加入此线，23 日，继续向缅箐街、张家坝搜索前进。24 日，第 20 集团军总部命预 2 师主力附山炮及重炮各一连，于空山及其以东地区，就攻击发起位置；并注意对古永街、盏西方向警戒，并与自片马、拖角南下策应的茶里游击部队确取联络。

25 日，第 4、5 两团向缅箐街、花坡山、龙王塘、海口等处搜索前进。26 日，预 2 师之第一线部队，达到阎家冲、郭家寨、侍郎坝之线，准备对宝峰山攻击。27 日，驱逐敌警戒部队，于中午进占宝峰山，并推进至松园、上下马场之线。[1]

28 日拂晓，第 5 团第 2 营以威力搜索，宝峰山之敌残部向腾城撤退，并将叠水河附近桥梁破坏。该营遂于清晨进占叠水河附近构筑工事。东营、观音塘附近已无敌踪，但因该处受来凤山敌控制，预 2 师派出少量侦察兵对该处警戒。第 4 团第 1 营推进上、下庄警戒，并向和平乡搜索。当日午后，预 2 师师长顾葆裕将侦察所获敌在腾冲防御部署情况电告上级，提出"应以一师由朗蒲寨经芭蕉关，进攻来凤山；另一师由三家村绕经芹菜塘占领大董东、南两隘路，然后夹击腾城之敌，可操胜算"的建议。[2]

关于此时态势，据第 6 团团长方诚撰述：

---

［1］方国瑜：《抗日战争滇西战事篇》，第 46 页。
［2］《陆军第 54 军滇西攻势作战机密日记》（未刊档案）。

敌主力退守来凤山及腾冲城，一部坚守外围据点飞凤山、蜚凤山以及宝峰山、老草坡、毗卢寺、龙光台各据点，均能受其主阵地来凤山炮火之确实掩护，且均构筑有坚固堡垒式阵地，及地下室与坑道交通网，进出容易，补给便利，颇具顽强性能。幸我师士气旺盛，战胜心理，造成定局。自宝峰山攻占后，我已控制山地制高点，居高临下，态势甚佳。故敌虽藉大盈江背水阵以抗，亦势不可得。[3]

29日，预2师侦察获悉：腾冲之敌自26日起疏散居民，在城西、东、南墟脚[4]附近构筑工事中。敌多驻东门外一保街、东街、下西街、全仁街一带。敌食米大部存于城南孔庙（即文庙）。经此前战斗敌伤亡800余名，余均驻城西东岳庙及县府内。城东墙脚及文笔坡有敌弹药库。

当日，远征军司令长官部据顾葆裕28日电调整部署，令该师"自宝峰山南麓雨伞起，沿宝峰寺至下马场之线构筑坚固阵地，并以有力一部沿大盈江西岸向来凤山攻击，策应主力作战……"[5]30日，该师遵照长官部指示部署行动。[6]

7月1日晨，老草坡及来凤山之敌分向我阵地炮击20余发，我伤亡士兵多人。[7]经侦察获悉敌情：腾城附近敌1000余，近日在城郊拆取民房材料加强工事。30日傍晚，敌由勐连开来汽车70余辆停于城内。29、30日两天，腾敌向城郊各村派谷米各1000余箩，及其他食品甚多。腾敌伤兵已陆续南运。[8]

2日，预2师以第4团第2营越大盈江，向芭蕉关攻击。[9]晨，敌百余、汽车2辆、马数十匹，由腾城向和顺乡前进，芭蕉关骆营（营长骆鹏）予以袭击，敌即回窜。中午时分，复于腾城南绮罗练附

---

[3] 方诚：《八年抗战小史》之十收复滇西之役，第53页。
[4] 当地人称设在城墙下的集市为墟脚。
[5] 《陆军第54军滇西攻势作战机密日记》（未刊档案）。
[6] 方国瑜：《抗日战争滇西战事篇》，第46页。
[7] 据第4团第3连连长孙剑锋回忆，日军此次炮击造成第3连伤亡十多人，主要原因为疏于警戒，为此第1营营长陈善孚被撤职，由重机枪连连长卢福森继任。
[8] 《陆军第54军滇西攻势作战机密日记》（未刊档案）。
[9] 《陆军第54军滇西攻势作战战斗详报》。据《保山地区史志文辑》抗日战争专辑之二，第41页。

近击毁敌汽车2辆，毙敌5名。[10]

军方战史中以寥寥几笔记述的这一行动，对于腾冲著名侨乡古村和顺而言，却有着拯救之功。

据亲历者、和顺少年尹文和回忆：

"1944年7月2日[11]中午，汽车、马车、大队人马，装着汽油、稻草，分两路，一路由绮罗、金银碓到和顺后山，一路由小山脚到乡前各巷脚，包围了和顺乡，主力进入乡公所所在地中天寺，把乡里的工作人员（其中有预2师的一个便衣人员）集中跪在观音殿，支起机枪恫吓他们。汉奸事先有侦探，于是把这个便衣从中拉起来，拖出寺门，边吼边打，其余的人被鬼子驱赶着跟着走。幸好这时在芭蕉关附近巡逻的预2师某营，在营长骆鹏带领下赶来，枪炮齐鸣，才解了危。我家在寺脚高处，我们弟兄在楼上从窗缝中窥见，历历在目。"

很幸运地，笔者也找到了直接当事人、营长骆鹏关于此事的回忆：

6月27日，我营攻克邵坡（即哨坡）后，直向芭蕉关、来凤山之线搜索前进。出发时我团副团长荆哲生中校赶到，转达师司令部命令："筑营于芭蕉关南北之线，占领阵地，掩护后续部队就开进配置。"副团长与我营同行，兼任督战官。当部队尚未到达芭蕉关，即接获情报："腾城之敌因邵坡失守，拟将城外补给点和顺乡予以烧毁。已集结日军及城区浪人四百余人，骡马百余，并携带汽油，准备先抢后焚。其部队已出城，正向和顺乡接近中。"和顺乡之位置，于腾冲城与芭蕉关之间，又在来凤山敌炮火控制之下。此处情况紧急，我立即决定：先救和顺乡，回守芭蕉关。但荆副团长却不同意，理由：一、敌我部队遭遇，必有激战，敌众我寡难获胜算；二、于掩护后续部队之开进任务有违。我不愿见死不救。随即将营之兵力区分两部，着副营长张树芬少校带领机枪连及重迫击炮排占守芭蕉

---

[10]《陆军第54军滇西攻势作战机密日记》（未刊档案）。
[11]原文记为6月27日，参照下文骆鹏回忆可知，6月27日为该营攻克哨坡之日，此处至和顺直线距离尚有18公里之遥，自西侧迂回由朗蒲寨经芭蕉关进迫和顺路径更长，行军战斗尚需时日。

关高地，并以炮兵火力支援和顺乡方面之战斗。救难如救火，我无他顾即率步兵三个连，奔驰和顺乡，强夺后头坡。发挥优势之六〇炮火，予敌迎头痛击。战斗结束，日军仓皇撤退，抢劫物资及汽油皆未运走，老百姓一无所失，也一人未伤。最幸运者，各街口放置之汽油未及着火，否则不单房舍成墟，躲藏于夹墙及地下室之妇女，必然死亡很大。以和顺乡之状况，居民约千余户，男士多去缅甸经商，所以生活富有，物资充裕。获救后，乡绅代表来营慰劳。除携来糕饼菜饭留官兵分享外，其他任何金钱物质，一概拒收。谨记黄杰将军[12]的训示："革命军人，不怕死，不贪财，爱国家，爱百姓。"且属分内之事不以为功，更不以为德。只感到乡人有福。[13]

——据载，预2师第4团第2营营长骆鹏，四川万县人。收复腾冲后，娶了和顺士绅寸怀云的四小姐寸恬静为妻，并在和顺图书馆举行婚礼。内战后期，骆鹏随部队赴台湾。

"经历此次劫难次日，远征军部队即陆续进驻和顺乡。最先是预备2师，师部驻张家宗堂，政治部驻寺脚尹家。接着，20集团军总司令部驻和顺图书馆。54军军部驻上庄杨宅，36师师部驻上庄钏宅，198师师部驻上村寸宅。53军军部听说是驻小西娘娘庙。各军各师之团、营、连部，散驻和顺各村巷、各姓宗祠、民居、学校，凡能住人的人家，都住有军队。当时我们十多岁的娃娃，出入图书馆，虽有层层岗哨，也不大受阻止；从家里跑到楼上在正开军事会议的将领身边站站，也不受干涉；有时到邻居家，只听见一台台小机器发出嘀嘀嘀的响声，也不知搞啥名堂（后来猜测是收发报机）；有时一听见美国飞机来，就跟着美军顾问跑到后山，看他们用无线电与机上联系，轰炸来凤山和腾冲城墙。"[14]

3日，54军接奉霍揆彰命令："着54军迅速将5138高地及来凤山、来凤寺各要点攻占后，即切实扫荡城外残敌。"54军即转令36

---

〔12〕预2师原属第6军建制，军长为黄杰。
〔13〕转引自丁芝萍所撰顾葆裕将军传记《长风将军》，第30页。
〔14〕尹文和：《少年遭国难——腾冲沦陷时期片断回忆》。据《腾冲文史资料选集》第一辑抗日战争专辑，第236页。

师攻击蜚凤山 5138 高地，198 师肃清娘娘庙、董库间之敌。同时，令预 2 师牵制当面之敌，使两师作战容易。

4 日午后，预 2 师第 4 团第 1 营主力，攻击龙光台敌警戒部队；第 5 团第 2 营主力，攻击观音塘附近敌前进阵地，以策应 36 师对尹家湾、5138 高地之敌攻击。但旋遭腾城及来凤山敌速射炮射击，我伤亡士兵 10 余名。

54 军遂以山炮对敌炮行制压射击，并对腾城行扰乱射击 80 余发，敌伤亡情形不明。[15]日军战史对此记了一笔："7 月 4 日，远征军炮兵开始攻击腾冲城的中央门。"[16]日军所谓中央门，即腾冲城"田字格"中心的文星楼。

5 日，蜚凤山及 5138 高地、董库、娘娘庙均被我攻克。为迅速扫荡城外残敌，一举攻占腾城，54 军于午后 1 时许电饬各部：预 2 师附山炮、重迫击炮各一连，应即加派一加强团越大盈江，攻击来凤山 5300 高地。该师主力即推进于 5300 高地、老草坡北端高地之线；36 师（欠 107 团，为军预备队）附山炮一连，推进于杨家坡南端、干笼东西之线；198 师（欠 594 团，为总预备队）附重迫击炮营（欠一连）、山炮一连，推进于娘娘庙及其以北亘董库之线，各对当面之敌攻击。并限 7 月 6 日黄昏前部署完毕。[17]

---

[15]《陆军第 54 军滇西攻势作战机密日记》（未刊档案）。
[16] 中华民国史资料丛稿译稿《缅甸作战（下）》，第 166 页。日本人所说"中央门"即为城区中心的文星楼。
[17]《陆军第 54 军滇西攻势作战战斗详报》。据《保山地区史志文辑》抗日战争专辑之二，第 44 页。

第43章 54军自北、西、南三面合围腾冲城

（参阅附图15、附图28、附图29）

6日，54军接奉霍揆彰转发卫立煌长官6月29日电，通报龙陵方面第11集团军部队作战教训：

"据美方联络军官报称，我87师259团攻击敌人设有铁丝网及坚固堡垒之某一山头，彼上级指挥官令从正面攻击，致伤亡甚大而毫无效果。嗣敌自动撤退，我步兵应以少数占领，多数从山之左右超越攻击；但步兵之行动竟违反此项原则，齐向山巅蜂拥而上，并密集停于该处，乃被敌集中迫击炮火射击，结果我步兵损失惨重，不得已退出，该山头后复被敌占领。查此师不按战术原则之损失，不严加纠正，势必影响今后作战。"

54军遂转令各师引以为戒。[1]

当日，预2师令第5团攻击老草坡；同时以第6团攻击毗卢寺、龙光台敌。该团以主力展开于沙坡顶、擂鼓顶之线，当晚对当面之敌行威力搜索。[2]

关于此刻日军方面情形，吉野孝公曾有如此回忆：

飞凤山山顶突然升起一股白色的硝烟，随即敌人的炮弹怪叫着掠过我们头顶，发出巨大的声响在后方爆炸，稻田里，敌人的机枪、步枪和迫击炮刹那间也一齐向我开火。腾冲坝子顿时陷入一片骚动和混乱之中。

---

[1]《陆军第54军滇西攻势作战机密日记》（未刊档案）。
[2]《陆军第54军滇西攻势作战战斗详报》。据《保山地区史志文辑》抗日战争专辑之二，第45页。

夺回高良山阵地的敌人当天（7月5日）就在我第3大队挥泪离去的飞凤山阵地上部署了强大的炮阵。于是我军城内外各阵地便都成了敌人火炮射击的目标，我们也只能听任敌人炮火的狂轰滥炸了。城外阵地的东营山、来凤山、礼仪台、凤凰山各阵地上，频频地出现了战死受伤者；我们城墙东北角的阵地也在敌人迫击炮、山炮的猛烈攻击中出现了不幸的战死者。通信队的6名士兵，和我们交接完阵地后，围坐在碉堡门口领取作为早餐的干面包。就在这时，一发无情的炮弹在他们的中间爆炸，6人当场被夺去了性命。

在敌人猛烈的炮击中，我军屏住气息，充分将敌人引到近旁，各阵地都在等待着计划中的夜袭。敌人被突如其来的夜袭给搞得晕头转向，乱成一团，弃下多具尸体和相当数量的武器弹药后，退了下去。一连几次夜袭，我军取得了巨大战果。敌人阵地变得一片死寂，从而挫伤了敌人的进攻……

此前，我们曾得到指示：敌人不到近旁，绝不要开火。遵照指示，接连两三天我们都静静地守着阵地，没有一个阵地向对方开火。根据我方密探获得的情报，敌军正等着"七七"纪念日，即"卢沟桥事件"纪念日的到来。明天就是7月7日，敌人要在一早发动总攻。

这时，又传来命令："敌军可能在今夜夜半时分，用火焰喷射器发动攻击，城墙周围各阵地严加警戒！"

当夜，碉堡及城墙周围各阵地都处于高度警备状态，但并无敌人来袭。我们在一片沉寂中迎来了黎明。[3]

7日，第54军及53军部队接奉霍揆彰转达最高统帅蒋介石重申战场纪律之严令：

"除国军抗战连坐法[4]应彻底奉行外，兹更补充数点：连长未奉

---

〔3〕［日］吉野孝公：《腾越玉碎记》，第42—43页。此处叙述时间凌乱，笔者做了调整。

〔4〕缘于1926年1月6日蒋介石在黄埔军校拟定的《革命军连坐法》，规定交战时的战场纪律，主要内容为：一、班长同全班退，则杀班长。二、排长同全排退，则杀排长。三、连长同全连退，则杀连长。四、营长同全营退，则杀营长。五、团长同全团退，则杀团长。六、师长同全师退，则杀师长。七、军长亦如之。八、军长不退，而全军官兵皆退，以致军长阵亡，则杀军长所属之师长。九、师长不退，而全师官兵皆退，以致师长阵亡，则杀师长所属之团长。十、团长不退，而全团官兵皆退，以致团长阵亡，则杀团长所属之营长。十一、营长不退，而全营官兵

命令擅自退却者，其营长可报告团长核准，立即将其连长军法从事；营长未奉令擅自退却者，团长可报告师长核准，立即将其营长军法从事；团长未奉命令擅自退却者，其师长可报告军长核准，立即将其团长军法从事；师长未奉命令擅自退却者，其军长可报告总司令或司令长官核准，立即将其师长军法从事；军长未奉命令擅自退却者，其总司令或司令长官可报告本委员长核准，立即将其军长军法从事；其他各级官长皆依次类推。以勉全体将领以身作则，躬亲前线，与将士同甘共苦、共生死，以坚强不屈之精神与必死之决心、必胜之信念，扼守城池或据点，只许与城池、据点同尽，不得以任何藉口擅自退却。盼全体袍泽，尤其高级将领，一心一德以图之。"[5]

当日，54军指挥所推进至酒店，炮兵部队已在石牌附近占领阵地，各师均遵令开始各向当面之敌攻击。[6] 据吉野孝公回忆：

第二天（7月7日）拂晓，敌人果然开始了总攻。敌人从稻田对面步步逼近地攻过来。敌人的炮兵阵地也一齐向我猛烈开火。飞凤山的敌炮兵阵地顷刻间不惜血本地向我阵内各阵地倾泻了约一千枚炮弹。

同时，我军阵地也开始反击，步枪、机枪、速射炮、大队炮、联队炮等武器一齐喷着火舌进行还击，彼此展开了激烈的攻守战。下午，敌人出动飞机进行攻击。25架飞机编成两组俯冲着攻过来，其中一组对城内和城墙进行狂轰猛扫，其他飞机则对来凤山及周边阵地实施猛烈攻击。约十分钟后飞机离去。与此同时，重炮和机枪又开始了猛烈攻击。

在敌人持续两个多小时的猛烈攻势下，城内的我军阵地根本没有任何还手之力。炮击后的来凤山笼罩在一片硝烟中，无法看清山体。据联队炮中队的西田（一男）少尉说，敌人为攻打来凤山，发

（接上页）皆退，以致营长阵亡，则杀营长所属之连长。十二、连长不退，而全连官兵皆退，以致连长阵亡，则杀连长所属之排长。十三、排长不退，而全排皆退，以致排长阵亡，则杀排长所属之班长。十四、班长不退，而全班皆退，以致班长阵亡，则杀全班兵卒。

〔5〕《陆军第54军滇西攻势作战机密日记》（未刊档案）。

〔6〕《陆军第54军滇西攻势作战战斗详报》。据《保山地区史志文辑》抗日战争专辑之二，第44页。

射的炮弹不下两万发。在一个多小时的攻击中，稻田里的敌人已乘势逼近到城墙周围。埋伏等待的我前沿部队毫不费力地击退了敌人。

守备队本部就这次战斗发表的战报称，我方损失极其轻微。但事实并非如此，各阵地的损失都比较惨重，尤其是来凤山阵地，经过敌人猛烈的炮击，损失无疑非常惨重。

夜幕渐渐地降临到雨中的腾冲坝子上。城内外各阵地都保持高度警戒，但敌人并没有夜袭的迹象。夜深了，雨中的战场上死一般地平静。[7]

吉野孝公关于7日战斗的回忆，为泛泛的宏观印象。实际上，其据守于城墙东北角阵地，该方面我军并无大的攻击动作。据载，当日北面仅198师592团一部当晚进占何家寨及田心坝；西面36师先头108团一部推进至陈家巷。

主攻方面，为西南方向预2师对老草坡、毗卢寺、龙光台的攻击：

当日，预2师以主力展开于马鞍山、松园后山、金堂坡之线，以一部推进至云区关、和顺乡，决心在攻略龙光台、老草坡敌阵地后，再以全力围攻来凤山之敌。

第5团自奉令攻老草坡，即展开于老草坡西北之钉子寨、金堂坡之线，并以一部对东营、松园严行警戒。18时许，炮兵开始射击，但重迫击炮弹多数失效不能发射，且敌堡垒多为石头砌成，山炮不易破坏。当时敌炮曾向我还击，我步兵仍冒敌火攻击前进。至21时，我第一线连即已先后进入铁丝网，与敌实行肉搏。第6连排长张荣山身先士卒，首先冲入敌堡垒内，将敌击毙，遭敌逆袭，张排长当即成仁。我突入敌阵部队终得凭藉交通壕及堡垒附近阵地，拒止敌之逆袭，形成对峙。[8]第5团阵亡士兵5名、负伤11名。[9]

在第5团攻击同时，第6团也向毗卢寺、龙光台发起攻击。据

---

〔7〕［日］吉野孝公：《腾越玉碎记》，第43—44页。
〔8〕《陆军第54军滇西攻势作战战斗详报》。据《保山地区史志文辑》抗日战争专辑之二，第44—45页。原文记第6连排长为邱荣山，经查《第20集团军腾冲抗日阵亡官佐名录》无此姓名，似为张荣山之误。张荣山少尉为四川宜宾人。
〔9〕《陆军第54军滇西攻势作战机密日记》（未刊档案）。

第6团团长方诚撰述：

"（其时）团设指挥所于擂鼓顶，以第2营攻击毗卢寺，第3营一部攻龙光台，于白昼施行全部威力搜索，藉资侦察。17时侦察计划准备完毕，于21时冒雨施行夜间攻击。"[10]至23时，第6团第4连占领毗卢寺北端两堡垒，协同第5、6两连续向宝塔附近敌大堡垒攻击前进。激战2小时许，敌由叠水河方面增援数十，且因遭受龙光台方面敌火力侧袭，致伤亡甚重，仍撤回北端两堡垒中与敌对峙。[11]第6团毙敌七八名；伤排长1员，伤亡兵12名。[12]

8日，第6团另以一部向龙光台攻击，以策应毗卢寺方面战斗；18时，在炮兵射击掩护之下，主力则继续向毗卢寺猛攻。激战2小时，因我1门迫击炮被来凤山敌炮击毁，伤亡士兵多名，且因敌顽抗，进展不易，遂暂时构筑工事与敌对峙。

当日，预2师第4团进占和顺乡、水碓等处。第5团方面，因敌工事坚强，攻击陷于停顿。14时许，东营之敌50余名企图增援老草坡，被我松园、后山东南部队阻击，回窜。

当晚，第5团集中战防枪及火箭筒，乘夜潜入已占领之敌阵地内射击，击中敌中心大堡垒1座、毙敌10余名；我步兵乘机冲入，并分别向附近各小堡垒群攻击，以手榴弹向各掩体枪眼及入口投掷。激战至午夜，终将顽敌歼灭大半，残余七八名泗渡大盈江向城南逃遁。至9日凌晨1时许，第5团完全占领老草坡；另一部亦于当晚攻占东营。预2师遂令该团以一部留守老草坡，主力则移置东营、松园附近，协力第6团对毗卢寺、龙光台攻击。[13]

同日，36师部队攻击观音塘，战至黄昏，将该地占领。

198师592团进至田心及其附近，以第1营向饮马水河攻击。进至河北岸时，遭受城上日军射击，伤亡士兵十余名；加之因饮马水河障

---

〔10〕方诚：《八年抗战小史》之十收复滇西之役，第54页。
〔11〕《陆军第54军滇西攻势作战战斗详报》。据《保山地区史志文辑》抗日战争专辑之二，第45—46页。
〔12〕《陆军第54军滇西攻势作战机密日记》（未刊档案）。
〔13〕《陆军第54军滇西攻势作战战斗详报》。据《保山地区史志文辑》抗日战争专辑之二，第45页。

碍,遂与敌隔河对峙。据随198师行动的第20集团军参谋杨纳福记述:

"在蜚凤山与腾冲城之间,有一条溪流叫饮马水河,欲由东北角接近城墙,非越过此河不可。在河之南岸,有星罗棋布的小村落,敌军配有前哨据点。当我第198师之一个营通过此河流时,遭敌半渡之攻击,颇多伤亡。此时第198师师长叶佩高将军亲临前线督战,本人随其前往,亲睹其与前线官兵嘘寒问暖,士气备受激励……"[14]

9日晨6时,第6团又各以一部增加于龙光台、毗卢寺方面,对敌续行攻击。14时许,我步兵借山炮掩护,向毗卢寺猛烈攻击,经血战肉搏后,将毗卢寺全部占领。敌遗尸20余具,及装具弹药颇多。

而龙光台方面之敌仍凭据庙宇顽抗,且利用设在大树上之鸟巢工事向我射击,致该方面我攻击部队进展困难。第6团第3营营长叶南惠亲率勇敢士兵一部奋勇冲杀,歼敌甚众;叶营长亦壮烈成仁。[15]据第6团团长方诚回忆:"……正当我攻势将形顿挫之际,我第3营营长叶南惠,率第9连迂回袭占龙光台之寺庙,幸而双方联络确实,同时继续攻击。"[16]

终于,残敌40余不支,向叠水河东窜,第6团遂于18时30分攻占龙光台。19时40分,敌又增援反扑,激战至10日凌晨3时[17]方经击退。第6团遂推进一部于大盈江北岸,与敌隔江对峙。[18]

此战中,第6团毙敌21名,缴获钢盔4顶,大衣2件,军毯5条,皮鞋2双,防毒面具1副,手榴弹20颗,子弹250发。据缴获敌文件得悉,该处守敌为日军148联队第2大队川村中队主力。此战中,我阵亡营长1员,负伤排长1员;阵亡士兵6名,负伤8名。[19]

当晚,36师108团在与龙光台比邻的叠水河凉亭与敌激战。此

---

[14] 国军史料丛书《抗战时期滇缅印作战(一)——参战官兵访问记录》,第947页。
[15] 据《第20集团军腾冲抗日阵亡官佐名录》,叶南惠少校为安徽涡阳人。牺牲后,由继任营长易书光建墓于和顺乡,后由团派机3连连长谭继禹移入第20集团军及腾冲民众于白衣阁所筹建的公墓内。
[16] 方诚:《八年抗战小史》之十收复滇西之役,第54页。
[17] 此据方诚撰述。54军战斗详报中未明确记述击退敌反扑时间。
[18] 《陆军第54军滇西攻势作战战斗详报》。据《保山地区史志文辑》抗日战争专辑之二,第46页。
[19] 《陆军第54军滇西攻势作战机密日记》(未刊档案)。"川村中队"疑为敌148联队本部编外军官川村茂大尉所指挥之一部。

两地日军彼此增援策应，108团第1营重机枪连班长叶进才的回忆对此做了严密的衔接：

我36师108团第1营奉命清扫来凤山麓沿公路之敌据点。这条公路是通往古永、梁河、盈江的主要路段。在叠水坑底那几户人家对岸的公路上，有一座凉亭，驻着敌人的一个前哨排。我们第1营就是要从这一带地区攻进城去。

一天（推断为9日）黄昏，我们从绮罗摸进和顺乡去，在夜幕掩护下，由田间小路插到小山脚。战场上的夜，静得出奇，一点声音都没有。我们从小山脚顺着通往城里的大路前进，拐了两个弯后，凉亭在眼前了。我们一面布置警戒，一面把重机枪阵地布置在凉亭右侧半山腰上。

深夜12点，开始攻击了，我们的主攻方向是敌人的前哨排，机枪的火力，直射到公路上，掩护步兵前进。在机枪的猛烈射击和步兵勇猛攻击下，凉亭里的敌人，边战边退，向龙光台方向逃跑。不到两个小时，我们占领了凉亭，继续向叠水河追击敌人。这时驻守龙光台的敌人的火力侧射过来，封锁着我军前进的道路。正在紧张的时候（应为10日凌晨3时许），从松园攻打龙光台的友军（即预2师第6团）攻克了龙光台。

凉亭这一战，消灭敌人11名，缴获步枪6支。[20]

11日天晴，美空军第14航空队B-25轰炸机在P-40战斗机掩护下飞临腾冲上空，进行猛烈轰炸，当日共往返轰炸5次。据第36师参谋长胡翼烜回忆：在此后的作战中，凡经部队提出要求美机即飞来助战，天晴则自动前来，而敌机已鲜见踪影。[21]

12日，36师（欠第107团）由腾冲城西北角逐渐迫近城垣；198师仍与敌隔饮马水河激战。[22]此后，该两师方面战事沉寂，我军攻击重点为预2师对城南来凤山之攻击。

---

〔20〕叶进才（述），胡国厚（记）：《我的回忆》。据《腾冲文史资料选集》第一辑抗日战争专辑，第105页。

〔21〕国军史料丛书《抗战时期滇缅印作战（一）——参战官兵访问记录（下）》，第767页。

〔22〕胡璞玉主编：《抗日战史》第二十九章缅北及滇西之作战（二），第191页。

第44章 预2师攻克来凤山（上）

（参阅附图16、附图28）

7月8日，预2师第4团团部进驻和顺乡西南高地，第1营于水碓，第2营于芭蕉关，第3营于和顺乡。[1]当日晨，该师附山炮、重炮各一连，越大盈江开始向来凤山做试探性攻击，激战竟日，无大进展。

据日军战史：

7月8日，据第56师团监听无线电情报，腾冲当前之第20集团军正向其上级报告："预2师、第36师、第198师、第130师（不确，该师在腾龙桥之线阻援，应为第116师），各师正转向攻击态势，7时，大致准备完毕。"

即，远征军经过20天的准备之后，已基本完成攻击准备：预2师及第36师沿马站街至腾冲道路前进，前出到腾冲城西北方；第198师经白家河、酒店，前出到草坝街、高良山（蜚凤山）正面。另第116师和第130师沿龙川江南下，到达勐连附近，在腾冲南方转向切断腾龙公路的态势。

7月8日，第36师自西，预备第2师、第116师自西南及东向来凤山、礼仪台阵地（来凤寺东侧台地）开始了大规模的威力侦察。[2]

---

[1]《陆军第54军滇西攻势作战机密日记》（未刊档案）。
[2] 中华民国史资料丛稿译稿《缅甸作战（下）》，第167页。

腾冲城西、北、东三面为开阔地，有大片稻田及大盈江、饮马水河阻隔，我军接近城垣不易。唯城南横亘着一座来凤山，海拔约1914米，与腾冲坝子相对高差约300米，成为拱卫腾城的天然屏障。此山北面，可延伸至腾冲南门外街市，地形高低起伏；山南边是倾斜陡坡，树木早被日军砍伐净尽。站在山顶展望辽远，射界开阔，架设火炮可以控制整个腾冲坝区。

日军侵占腾冲两年来，在来凤山的营盘坡、文笔塔（为制高点，也称5300高地）、来凤寺、文笔坡（也称二台坡）及象鼻子等高地预先构筑了环形堡垒工事，分别命名为樱阵地、白塔高地、松阵地、来凤山及梅阵地。山炮、步兵炮、重机枪阵地及指挥所、掩蔽部均为半地下设施，四壁和顶部均用直径40多厘米的原木被覆，再覆盖厚土；各据点阵地均以轻重机枪、掷弹筒构成交叉火网，没有射击死角；从营盘坡至文笔坡，挖有一条纵贯东西的总交通壕，宽1.5米、深1.7米，连贯着星罗棋布的散兵坑；阵地前沿60多米范围内还敷设有3道铁丝网，并通有电流。[3]按藏重康美大佐的部署，来凤山配备防御兵力共300余名，由联队炮中队主力、步兵第6中队及第2机枪中队一个小队组成，指挥官为联队炮中队长成合盛大尉。

据《扫荡报》记者潘世征评说："从军事的价值上来讲，此山距城太近，当山顶被占领，像紫金山之于南京一样，全城一目了然，甚至于每一条街道上的行人都看得清楚。所以守住来凤山，可以保卫腾冲城；来凤山不守，即使城内有再坚强的部队，也没有办法可以固守的。再则，固守来凤山，即使城垣不守，山左有腾（冲）龙（陵）公路，右有腾（冲）八（莫）公路，皆可易地而守。"[4]因此，欲攻克腾城，必先攻取来凤山，而后以此制高点为依托，俯攻城池。

9日，54军将36师107团拨归预2师指挥，令该师以主力迅速攻占来凤山。预2师奉令后，以107团守备龙光台、毗卢寺、东营之线，以牵制白衣阁、叠水河、大山脚之敌；师主力展开于云区关

---

〔3〕 王希孔：《反攻腾冲的回忆》。据《溅血岁月》，第118—127页。
〔4〕 潘世征：《血战来凤山》。据其战地通讯集《战怒江》，第85页。

及水碓、小山脚之线。[5]当日，第4团第1、3营即从正南面向5300高地攻击，至距山顶约600米，遭遇敌火力压制，无法前进。[6]据第4团特务排长王希孔撰述：

"第4团向营盘坡进攻时，团长吴心庄叫我留下六七个士兵跟团指挥所走，其余由我带着，紧跟第一线攻击部队后，督促前进。并指示说，除受伤者和通信兵外，不论什么人有后逃者就地枪决。我叫三个班长各带一班，分三股紧跟第一线攻击部队前进。日夜大雨，又受敌人炮火轰击，前进缓慢。"[7]实际上，王希孔率领的团部特务排此时担任的是"督战队"任务。有督战队的冲锋枪殿后，一线攻击部队自是不敢懈怠。

10日，我大佛寺及石牌附近之山炮，集中火力分别对文笔塔及来凤山5300高地敌工事行破坏射击。[8]第4团再度攻击，敌凭坚顽抗，激战竟日，又无进展。[9]日军战史的记述为，"10日，有力之远征军来攻来凤山，守备队以果敢的逆袭将敌击退"，并且第56师团通过通信监听获悉"卫立煌命令第20集团军总司令，以7月20日为期，向腾冲总攻击"。[10]

战后，日本方面的记述披露，这天来凤山日军中战死了一位"名人"——原日本职业棒球联盟著名选手吉原正喜。据说，这个在日本享有盛誉的前"巨人队"捕球手被中国军队击毙于文笔塔下。因当日第4团步兵未攻击至文笔塔，笔者判断吉原正喜可能死于我军炮击。[11]

11日，美军第14航空队对来凤山实施了大规模空袭。时任中央通讯社记者的彭河清在战地报道中记述：

---

[5]《陆军第54军滇西攻势作战战斗详报》。据《保山地区史志文辑》抗日战争专辑之二，第47页。

[6]《陆军第54军滇西攻势作战机密日记》(未刊档案)。

[7] 王希孔:《反攻腾冲的回忆》。据《溅血岁月》，第118—127页。

[8]《远征军炮兵指挥部各炮兵部队参加滇西战役高黎贡山亘腾冲地区战斗详报》。据《保山地区史志文辑》抗日战争专辑之四，第267页。

[9] 方国瑜:《抗日战争滇西战事篇》，第47页。

[10] 中华民国史资料丛稿译稿《缅甸作战(下)》，第167页。

[11] 据萨苏新浪博客文章《倭冢腾冲——给远征军的纪念》。http://blog.sina.com.cn/s/blog_476745f601000atv.html。

7月11日，苍碧空中白云朵朵，在雨季里难得的大好晴天。我们在城西北炮兵观测所俯视腾冲，觉得"山河风景原无异，城郭人民半已非"。街市阒然，房屋大都颓毁，腾冲简直是一座死城。一会儿，盟机大编队风驰电掣而降，在来凤山及城厢敌阵更番轰炸八次，真痛快！七年来敌机肆虐的血债，也有报复的今天。重返家园的乡民目击我铁鸟扬威，男女老幼无不欢欣鼓舞。同时运输机在我草原上投送弹药，降落伞冉冉而下。老百姓都在附近悠闲地围观；等到完了，大家又争先替军队运送，人人都带着一副笑容。〔12〕

据预2师战报的统计：

"8时许，我机4架，投弹6枚，中敌堡垒2，扫射五六次。9时许，机4架，投弹4，中堡垒1，扫射三四次。9时40分，机3架，投弹3，扫射5次。13时10分，机6架，投弹40余，中来凤寺及腾城内外。14时许，机4架，于来凤山顶扫射11分钟。15时40分，机4架，扫射15分钟。"〔13〕

来凤山日军工事，虽不如松山日军工事构造复杂，也属有钢筋混凝土堡垒支撑的环形防御体系。但该处日军有一大失策，即战前为构筑工事取材兼扫清射界，把山上的大松树砍伐殆尽，成了一座秃山。〔14〕这样，反倒有利于我空军飞机和炮兵观察，因此投弹、炮击精度很高，日军堡垒工事损毁严重。

12日，预2师续攻5300高地，逐渐迫近敌堡垒。美机4批再次轰炸腾城来凤山及腾城中心，西南方均中燃烧弹，并以机枪扫射来凤山与5300高地之敌。〔15〕

当晚，54军、53军接奉第20集团军总部电令：

集团军决心于敌人增援部队未到达前，迅即围攻腾冲之敌而占

---

〔12〕彭河清：《血肉换来的腾冲胜利》。原载国民党中央军事委员会政治部第三厅编印、民国三十三年十月三十一日出版的战时宣传丛刊《文摘月报》第4卷第9、10期合刊。转引自陈祖櫆主编《江山作证》，第350页。

〔13〕《陆军第54军滇西攻势作战机密日记》（未刊档案）。

〔14〕《炮烟——龙野炮兵第56联队战记》，第364页。董旻靖译文。

〔15〕《陆军第54军滇西攻势作战机密日记》（未刊档案）。

领之。

以54军198师攻北门；36师攻西门；预2师攻克来凤山后，即进攻南门；53军116师攻击东门。各师依指定之目标，开始向腾冲城垣及市区之敌攻击；突入市街后，应不分地区，相互策应，聚歼残敌。130师仍在马垒、上下勐连、崩戛、三甲街各附近构筑纵深坚固据点；并派有力一部推进至龙头街，确实阻敌增援。

两军即分别电饬各师遵照。

13日晨7时，大雾散去，我炮兵开始射击。预2师以第5团向象鼻子、文笔坡；第4团向文笔塔、营盘坡攻击。至11时许，第一线部队均迫近敌阵。第5团第3营以工兵将象鼻子第一道铁丝网破坏后冲入敌工事，与敌肉搏，夺获敌轻机枪1挺。但向文笔坡攻击之第4团，因受敌火力阻击未能前进，致使攻入象鼻子之第5团陷于孤立。敌以文笔塔敌炮兵及机枪集中向第5团猛烈射击，并实施逆袭，我伤亡重大，攻势陷于停顿。同时，攻击文笔塔、营盘坡之第4团，因地形暴露，敌火猛烈，终难接近。

在预2师攻击期间，守备龙光台、毗卢寺、东营之线的107团团长麦劲东亲见城内敌200余，经来凤寺向文笔坡增援。至16时许，预2师令各团于既得阵地附近构筑工事，暂行防御。此战中，预2师各团阵亡军官3员、伤4员，阵亡士兵57名、伤70名；损坏82迫击炮2门，步枪2支。[16]

鉴于自来凤山正面攻击不利，预2师拟变更部署，准备由东南象鼻子方面逐次攻略各高地。部署完毕后，因天雨无法战斗，乃各就原地加强工事，与敌形成对峙。[17]

当日13时，我飞机轰炸腾城西南之来凤山及来凤寺。[18]据中央社电："我'密撤尔式'[19]机于7月13日轰炸腾冲，引起焚烧，火焰

---

[16]《陆军第54军滇西攻势作战机密日记》（未刊档案）。
[17]《陆军第54军滇西攻势作战战斗详报》。据《保山地区史志文辑》抗日战争专辑之二，第48页。
[18]《陆军第54军滇西攻势作战机密日记》（未刊档案）。
[19] 即美制B-25中轻型轰炸机，亦译作"米切尔式"轰炸机。因"一战"中美军官威廉·米切尔（William Mitchell）在空军从陆军分离的过程中作出了重要贡献，该机以其名字命名。

上升达 2000 尺，使敌供应基地蒙受损失……我军用机向怒江区地面之华军投下粮食军火及其他供应品 46 吨。"[20]

14 日，我空军再次飞临腾冲上空助战，并轰炸城垣。[21]预 2 师攻象鼻子敌阵地，微有进展。[22]据中央通讯社记者彭河清战地通讯："……在美机协助下，12、13、14 日我们又连续攻了三天。敌寇凭坚固守，以炽盛火力向我猛击，但城西北拐角楼的坚强工事，仍大部被摧毁。城西南敌仓库亦被我机命中烧光。东北我已进抵饮马水河，南面我军则攻至来凤山腰，并占领堡垒两座。"[23]

15 日 15 时许，我战斗机 3 架于来凤山上空盘旋一周而去；16 时 25 分，战斗机 5 架于来凤山上空盘旋约 15 分钟，并对敌堡垒扫射 2 次。[24]当日，预 2 师续攻来凤山之敌，我士气旺盛，颇有进展。[25]据预 2 师第 4 团特务排长王希孔回忆：

"大家不顾生死，不怕雨淋路滑，也不怕敌人的机枪大炮，奋勇地向敌阵前冲锋。各团多次发起强攻猛冲，攻到敌阵前六七十米处，被敌人的铁丝网阻拦，受敌人的轻、重机枪扫射、侧射，只见我军伤亡官兵滚倒，伤亡十分惨重，眼见心寒。工兵协助爆破，剪开铁丝网，利用缺口再冲进去，更是被敌人的机枪一扫而光。……才强占了一两个碉堡，但被敌人侧射封锁，仍站不稳脚。经十多天数次发起强攻猛冲，都无法攻占敌阵。经上级派飞机协助轰炸，敌我双方相隔百多米，我方想法用红布铺开作标记，红布以上是敌占区，红布以下是我军攻占区。"[26]

16 日，预 2 师师长顾葆裕奉命从和顺张家坡驻地前往城北护珠寺参加高级军事会议。在沿城西大盈江右岸前往途中，在师部当马

---

[20] 尹文和：《少年遭国难——腾冲沦陷时期片断回忆》。据《腾冲文史资料选集》第一辑抗日战争专辑，第 237 页。
[21] 胡璞玉主编：《抗日战史》第二十九章缅北及滇西之作战（二），第 191 页。
[22] 方国瑜：《抗日战争滇西战事篇》，第 47 页。
[23] 彭河清：《血肉换来的腾冲胜利》。转引自陈祖樑主编《江山作证》，第 350 页。
[24]《陆军第 54 军滇西攻势作战机密日记》（未刊档案）。
[25] 方国瑜：《抗日战争滇西战事篇》，第 47 页。
[26] 王希孔：《反攻腾冲的回忆》。据《溅血岁月》，第 118—127 页。

夫的李华生被安排了一桩莫名其妙的任务,差点让他送了命。很多年以后,这位落户腾冲的贵州籍老兵仍心情复杂地向人谈及:

> 上峰让师长以上去护珠寺开会商讨作战方案。我们不敢走大路从山上躲着走,过了观音塘前面一点时被日军发现,在不知道的地方用机枪向我们射击。当官的不敢走,让找一个十八九岁能跑的士兵来,就点了我的名,让我骑着师长的马用最快的速度跑过去。
> 日军向我疯狂射击,我就把身子全部趴在马背上飞快地向前跑,其余的人就此发现了日军隐藏的射点在城西北方的一棵大树上。师长就把机枪和大炮都调来向那里开炮,将那棵树打断了,树上的日军被打死掉了下来。我才明白自己做了诱饵,因为鬼子知道我军的军官才骑马,所以让我骑马跑过去吸引鬼子开枪。[27]

事后确认,日军这个雀巢机枪工事,设在西门外小龙井的一棵大柳树上。此前,198师593团一连自观音塘村前出,潜入路边水沟向西门进攻时,因未发现此机枪据点,攻击时遭敌火猛烈射击,几乎全连阵亡,鲜血染红了水沟。[28]可见,马夫李华生所经历的这个风险,非常值得。

鉴于连日来攻击来凤山和腾冲城垣进展不利,当日,集团军总司令霍揆彰在护珠寺召集攻城部队师以上指挥官举行会议,商研攻城方略与部署,并指示积极准备,预定20日展开新一轮攻击。[29]当日下达的作战命令为:

> 综合各方面情报,困守腾城及来凤山之敌,至多不过1500人,附炮2门。集团军决以主力先行消灭来凤山之敌而占领之,同时,以一部扰攻城垣。
> 54军(附重迫击炮一营)以预2师、36师攻占来凤山各峰据点,

---

[27] 方军:《生活在100年前的远征军老兵李华生》。http://blog.sina.com.cn/s/blog_5ec5b67a0100ghi8.html。
[28] 据丁芝萍《长风将军》中腾冲国殇墓园管理所原所长毕世铣提供的老兵回忆资料,第60页。
[29] 国军史料丛书《抗战时期滇缅印作战(一)——参战官兵访问记录(下)》,第767页。

以198师扰攻城垣。该军炮兵营与第6军炮兵营,由方天兼军长指挥廖治民团长统一使用;53军以116师(附重迫击炮2门及军炮兵二连)先行扫荡来凤山东麓各据点,攻占来凤寺。54军与116师战斗地境为:下绮罗、来凤山、南门街、城中心点出东门(东门属54军)至倪家铺、黄坡之线,线上属116师。

攻击时各师应切取联络,攻击开始日期定于本月20日拂晓。[30]

据载,开会时美军配发的部分火焰喷射器正好空投到位,美军顾问介绍此新式兵器对坚固堡垒工事之近距离攻击最为有效。会后,霍揆彰即率军、师长们组织试射观摩,令优先配发预2师5具,勉励该师发挥新武器的特殊威力。据集团军参谋杨纳福回忆,当时霍揆彰对预2师师长顾葆裕这样说:"顾师长,他们都说,你预2师游击打惯了(指该师在反攻前,曾在腾北沦陷区内打过一年游击战),不能打硬仗。今天我特优先配发你5具火焰喷射器,希望你在一周内攻占来凤山,否则将军法从事。"说毕,各军、师长即分别返回防地。[31]

17日,54军即召集团以上指挥官到军部开会。经充分研商后,遵照集团军命令对部队做具体部署如下:

预2师配属重迫击炮营一营展开于象鼻子南端亘小山脚之线,向5300高地敌各据点攻击而占领之;36师应以一团位于寺脚、苏家营间,兼充军预备队。预2师主力展开于小山脚经龙光台亘东营之线,向小团坡、白衣阁、叠水河敌各据点攻击;198师配属山炮一连展开于观音塘、何家寨、董库及其以西区域亘城门之线,对腾城实行扰攻,以策应军主力作战。各部队交接移动时应利用黄昏后实施,限198师于18日拂晓前、36师于19日拂晓前交接完毕;攻击开始日期预定为20日拂晓。

炮兵队〔军山炮营及第6军山炮营(各欠一连)〕由重迫击炮第2团廖团长统一指挥,分在鹅笼(今卧龙)以南地区及芭蕉关附近占领阵地,以一部火力制压敌炮兵,主协力预2师、36师攻击,并准备各以一部火力指向腾城西门、东门方面。限19日前完成射

---

〔30〕《陆军第54军滇西攻势作战机密日记》(未刊档案)。
〔31〕国军史料丛书《抗战时期滇缅印作战(一)——参战官兵访问记录(下)》,第949页。

击准备。[32]

在当天的会议上，还有一个小插曲：

198师592团团长陶达纲，此前奉命攻打北门。北门正右边及饮马水河城墙拐角，各有一个石头砌成的碉堡，日军配有机枪火力，连日来对该团妨害甚大。该团美军顾问曾建议派工兵接近城垣用黄色炸药爆破，但因碉堡前是一片开阔的稻田，此举必将造成巨大损失。为此，陶达纲一直犹豫未决。在这次会议上，陶达纲将此事提了出来：

（17日）上午，本人接通知到军部开作战会议。[33]开会时，本人请求野炮兵，将腾冲城北及饮马水河与拐角楼的日寇碉堡予以摧毁，以利本团进攻。这时野炮营长起来讲话了，他说："野炮是轰击一个面的，而不是摧毁一个点的，因为这种炮弹发出之后，是有一定散布面的。各位不要期望野炮太高，要求亦不要太严。"

会后，我只得回团，总觉日寇两个碉堡威胁太大。而且腾冲城高约5公尺、宽3公尺左右，城墙上日寇有机枪、手榴弹、枪榴弹。如果不动脑想个办法，贸然去攻，那简直等于送死。本人想来想去，还是想依赖炮兵的神威。这时，田心的东面，已经有一门野炮进入了阵地，并且发射过，距北门大约2000公尺。

实际上，据炮兵部队战斗详报，当日已经在来凤山尝试以单炮精度射击摧毁敌堡垒："17日，来凤山敌借坚固工事顽强抵抗。我为彻底摧毁其工事起见，先以单炮搜索敌之机关枪掩体及观测所等，行精密试射，缩短误差至最小限（12.5米），继行效力射以破坏之。依观测结果，步兵通知射弹效果至佳，破坏其机枪掩体两处。"[34]误差至12.5米，似乎已是炮兵努力的极限了，但陶达纲仍决心亲自对

---

[32]《陆军第54军滇西攻势作战机密日记》（未刊档案）。

[33] 陶达纲回忆中未明确时间。因集团军总部会议为16日召开，54军当于次日开会研究作战部署，因此笔者判定当日为17日。

[34]《远征军炮兵指挥部各炮兵部队参加滇西战役高黎贡山亘腾冲地区战斗详报》。据《保山地区史志文辑》抗日战争专辑之四，第267页。

本团当前敌堡垒继续探索"大炮狙击":

　　次（18）日，本人率美国顾问贝尔里上尉及3个营长，还有传令兵等十余人，去侦察地形，同时参观这门野炮阵地。到达阵地时，第1营营长朱逢桥说："这位是我们团长。"用手一指介绍给炮兵中尉。他似乎有点紧张，因为他见了团长，带了许多人，还有洋人，是很神气的。本人说："你们辛苦了！"中尉答："没有什么。"本人又说："你对北门日寇的碉堡打5炮好吗？"中尉说："好。"立即叫射击手、弹药手、观测手做好准备，又下令放了5炮。果如他们营长所说，炮弹是散布的，不高便低，不左即右。本人在想，这野炮为何这样不中用呢？于是请这位炮兵中尉和一位上士班长教我如何定距离，如何调整水平气泡，如何使用瞄准具。他们很好，把本人一一教明白了。然后，本人请他们把野炮后座，用泥土和竹子，筑得实在些，再请他们把竹子捶破，垫在前面的炮轮之下。一切都依从了，也做得很扎实。这时本人亲自去标定距离，2100公尺，呈现在射击表上，亦请问他们对不对。对了，再调整水准气泡，也对了，再亲自瞄准好，请他们装一颗炮弹上膛。本人又瞄准，低了一点点，又调整好了，请他们放，打高了，再调整，再放，打低了。本人在高低之间，衡量一下之后，再调整，再放，这一发打中碉堡了，大家都高兴，连续7发，把日寇北门右边的碉堡彻底摧毁了。贝尔里向翻译官说，团长是炮兵出身吗？本人告诉他不是，是步兵。
　　第二天（19日），野炮拖到左边去，用同样的方法，把饮马水河拐角的日寇碉堡，也都摧毁了。[35]

　　19日，来凤山敌阵地经我炮兵连日射击后，破坏严重。敌利用间隙偷修工事，我又以一部炮兵施行一门三发之急袭射击，并适时反复进行，以干扰敌补修作业。[36]

---

〔35〕陶达纲：《滇西抗日血战写实》。据《民族光辉——腾冲抗战史料钩沉》，第223页。
〔36〕《远征军炮兵指挥部各炮兵部队参加滇西战役高黎贡山亘腾冲地区战斗详报》。据《保山地区史志文辑》抗日战争专辑之四，第267-268页。

当日，54军命令军工兵营副营长何志清为军火焰喷射队队长，率领全军已受军火焰喷射器训练的士兵，于20日拂晓前到达芭蕉关，归预2师师长顾葆裕指挥。[37]经过连日准备部署，预2师已展开于象鼻子南端、水碓、小山脚之线，拟各以一部对双坡、小团坡之敌警戒，以主力指向营盘坡，并分别对象鼻子、文笔坡、文笔塔、5300高地等地攻击。为靠前指挥，54军指挥所也于当日由邵家营移置张家坝。[38]

据潘世征战地通讯:"我军自荒无人迹的高山，到达腾冲城四郊的乡镇之后，当地老百姓都已纷纷返家。壮年农人，栽秧完毕，起来援助军队运输；耆绅们贡献物力，杀猪劳军。当日在高黎贡山的辛劳，已换得了崇高的代价（回报）。"[39]连日来，和顺附近乡民纷纷为预2师部队带路、运送弹药、送饭、抬伤员，令官兵备受鼓舞。

时年20岁的腾冲小伙子李德纯，在腾冲沦陷后即全家避难在和顺水碓亲戚家。20日晚9时，预2师某团的一个排长找到他，请他带路摸到来凤山上破坏日军的铁丝网。据其回忆：

（当时）我心里既害怕，又兴奋，我从来没有摸过枪，但来凤山上的小路我熟悉，闭着眼睛也能走。消灭日本鬼子的信念鼓舞着我，我慨然承担了向导的任务，带着这三十多个弟兄，顺着小路往来凤山巅攀登。夜静静的，月光很亮，我们的脚步声轻到前后一公尺都听不见；月光下，文笔塔看见了，仰看约距我们四五百公尺，我们继续前进，敌人的铁丝网也依稀看见了；再前进，看清了，铁丝网高约5市尺，网格较密，人钻不过去，网上还挂着不少空罐头铁筒、响铃以及"牛叮咚"。到了铁丝网脚，我趴在排长身边，弟兄们拿出钳子破坏铁丝网。不知谁剪夹不慎，牵动了铁丝网上的铁皮罐响铃，霎那，枪弹如雨一样从山顶堡垒里倾泻下来。我们急忙往山下滚，

---

[37]《陆军第54军滇西攻势作战机密日记》（未刊档案）。
[38]《陆军第54军滇西攻势作战战斗详报》。据《保山地区史志文辑》抗日战争专辑之二，第50页。
[39]潘世征:《血战来凤山》。据其战地通讯集《战怒江》，第86页。

滚到山洼小路时，排长清点人数，无一伤亡。[40]

　　21日至25日，因连日大雨，我空军不能活动，炮兵也因观测困难无法射击，未能预期发动攻势。此期间，54军各师仅各以少数部队轮番袭扰敌人，以增敌疲劳，并妨碍其工事作业。军工兵营副营长何志清已率其经过训练的火焰喷射队，携带火焰喷射器7具及预备燃料等，向主攻部队预2师报到。[41]当时，火焰喷射器是由工兵操作，配属步兵攻击。连日大雨，正好为训练火焰喷射器使用技术提供了时间，此后，这件神秘利器果然发挥了巨大作用。此为后话。

---

〔40〕 黄槐荣（整理）：《腾冲的全民抗战》。据《腾冲文史资料选集》第一辑抗日战争专辑，第199页。

〔41〕《陆军第54军滇西攻势作战战斗详报》。据《保山地区史志文辑》抗日战争专辑之二，第50页。据《第20集团军腾冲抗日阵亡官佐名录》，54军工兵营副营长何志清少校为江苏武进人，在后续战事中牺牲，时间地点不详。

第 45 章　随《扫荡报》记者潘世征巡察战场

自我军反攻开始,《扫荡报》记者潘世征即一直随军进行采访,并利用作战间隙写就一篇篇战地通讯寄往昆明的报社。也许是因为个人感情因素,潘世征在 198 师逗留时间较长,对该师的战况记述较其他部队更为详尽。

因 21 日以来连日大雨,我攻击部队在攻击发起位置与敌对峙。22 日,潘世征冒雨来到 198 师,在该师指挥官们陪同下对腾冲城西战场进行巡视。这里,不妨通过其战地通讯做一番战场巡游:

雨季来临的滇缅边境,一个月来难见到一天晴朗,(22 日)早晨大雨仍倾盆而下,腾北最前线护珠寺中参天的古树林,被像黄豆似的雨点打击,发出惊人的声音。这儿,是第 198 师司令部的所在地,叶佩高师长从高黎贡山光荣进展到此地驻营,团、营部已推进到腾冲城墙的脚跟下面。滇西敌人对我远征大山的国军虽已望而丧胆,但是他们因为被恶劣的宣传所梦醉,仍依赖古老的城墙做盾板,极端顽强地抵抗。

"只有以更顽强的攻击来消灭敌人的顽抗",这一点,我们的远征军,以至于全国部队,都很明了。所以在进攻中,步步为营,把(用)一两血肉来争回一寸土地。

向腾冲推进到城根的部队,在霍总司令领导之下,今日已到总攻击的时候。在护珠寺中的叶师,同样地奉到了这个命令,不要说雨点了,就是下冰雹、下铁珠,还是同样地要执行。师长叶佩高将军昨天晚餐时决定了亲自到第一线上去指挥及视察,今天早晨,吃了早餐,立刻出发了。

我们步行前进，同行的有198师副师长刘金奎、杨培德，参谋长杨丽岩和记者5个人。因为今天的路线上，随地有敌人发现目标的可能，所以随着前往的卫士不到十个人，他们提着冲锋枪和盒子炮，在前后保护着，随时准备必要行动。

从护珠寺下山，不到二里地就到油灯庄。这儿一带两年来被敌人一再的横行，可是老百姓知道国军进展到城郊，且抱着必胜的信心，都回家来了，其中除了本庄的人民而外，大半是城里疏散下来的小商人。他们被敌人压迫得太苦痛了，闻到率领大军前来的师长经过，一个个都在门前来看，看究竟怎样一个将军，会把顽强和凶猛的敌人，攻击得落花流水呢？

从油灯庄原来有一条大路到腾冲城去的，这是腾北公路未通前的古老大路道。但是走这路向前，可能会被守卫腾冲城的敌人发现，用大炮射击，进而用机枪扫射，所以即从街道中心，走上了荒墟地带，在山道中弯曲着、上下着前进。这里虽然泥泞载道，高低不平，但是，已经一再翻越高黎贡山的我们，简直是在平地走一样。

到593团指挥所

炮声是越来越近了，要是没有这些山地，我们非得在交通壕中前进不可。现在这一点完全可以不用担心，记者冒着雨，埋头注视地下的水塘，像平时走山路时一样，所不同的，只是炮声和心的跳跃，随时发出共鸣而已。

因为今天已到攻击的时候了，所以弹药和给养方面的补给都已经完全分送到每一个战斗兵的身上去。沿路上除了少数的壮丁，帮助部队运送粮食后退回到后面以外，绝少见到运输兵和伙夫们的来往。

这一条路，敌人在数天前是仓皇狼狈地向城垣撤退的一条小路，他们是永远想不到我军会几天后，在这儿这样坦然地在前进！

我们约走了半个钟头，大概是六七里路的曲折山道，到了石牌村。

记者不是亲临，真不会相信，这距离城直径不到五里路的山村中间，房屋是那么的完整，乡民却也都已经回家。这儿居民，十之八九是在腾冲城内做生意的商人，所以很富有，房屋建得非常的高大和坚固，和腾冲农村中完全不同。敌人今日还占领着对面的来凤山及附近城区，但比这里都要低一些。没法瞄准此地发炮，所以是使此地民众能更安心返家的大原因。

593团廖定藩团长的前方指挥所，就在石牌向南去半里的地方，廖团长住在一个姓杨的村民家里。当在攻击高黎贡山的时候，廖团长率领两营人，绕山间小道，到北斋公房西边山下的桥头，烧去了敌人三四个大仓库，使敌人有后顾之忧。关于这些战绩，记者已经在《一寸河山一滴血》那篇通讯中报道过了。上次在山上没有机会和他见面，今天见到，无限的高兴，他把上次攻击的详细情形，又亲口向记者叙述了一遍，记者更知道当时攻击环境的困难，以及所占领的桥头地形的重要，敌人乃派大军，数路增援反攻，被迫作肉搏战争之后，退回去，他的任务却已达到了。

自从渡江反攻以来，廖团死亡了2位营长、2位营副、4位连长、1位连副，排长以下干部及弟兄，死亡将近500人。对着这些伤亡壮丁们，可以看到我们作战的困苦和战斗精神的旺盛。

去老草坡前线

我们急于向第一线上去观察，所以在团指挥所内吃了几杯茶以后，由廖团长带路，即继续前进。

走出村子半里地，立刻是本地人称为深坟坝的一片高原。起初地面开广平正，除了几十个坟墓，疏稀地分列在上面而外，一无树木荫蔽，对面却立着来凤山，下面横卧着腾冲城。这样的地形，我们大群人通过，是很容易被对面山林中的敌人发觉的，于是大家散成一条很小的散兵线，越过这100余平方米的开阔地区。

接着翻过一条堤，涉过一个深水塘，就走进了杞木叶林的中间。这一个林带的高度，仍和前面深坟坝一带一样高，因为水源无法积流不能利用它来种五谷，就改种了这种容易生长的杞木林，俾作附近山村及腾城之燃料之用。

每块杞木林的中间，与前面开阔地带一样，有堤隔着，每一块大小约一百余平方米，大概是林木所有权的分界。我们的炮兵阵地，就利用这种深密的掩蔽，分布在靠近城垣的方向，继续发炮攻击敌人的目标。

记者和廖团长走到前面,一面走,一面谈着敌我战斗的情况。廖团长谈到士兵的问题,就说:"敌人的这种侵略行为虽然为我们深恶痛绝,但是他们每一个士兵的战斗精神,值得我们佩服。他们有一颗子弹,就得抵抗;一直等到弹尽的时候,他们一定埋藏了他们的枪支,不给我们利用。"他结论说,"这次向腾冲攻击以前,我召集全团士兵训话,要学习他们日本的这种精神,来攻击敌人。"

翻过了许多的堤,大约走了三里多路,到了金塘坡,这儿仍是围在林木的中间,我们却已于城的正北方向,走到了西北角上。腾西的腾固公路,就由腾冲的西门出来,经过老草坡的西麓开筑在这叶林的中间,翻过这一崎岖地带,通到滇滩坝中间去。

我们顺着公路下面,约行一里地之后,叶林已退到山后面去,公路倾斜的蜿蜒在城垣的上面。团长就警告记者说:"走公路旁的草地上面吧!否则敌人很容易发觉有人在路上行走,他们会突然发射几颗机关枪子弹来的。"

又下山一里,公路仍继续向下,前面有一方小高地,这是老草坡了,几天以前,敌人数十名尚在这高地上面,凭借坚固工事,与我军战斗,直至我们把那些敌人全数歼灭了,才完全占领了下来。

坡上敌堡垒巡礼

这次腾冲反攻战争之中,敌人因为没有坚守外防线的兵力,外围他们的防御,都是守点不守线,在第一条通道上面,地势优越和重要的地方,都建筑着极坚固的堡垒工事,里面藏着丰富的粮弹,足够他们半个月或半年应用的军需。在高黎贡山上每一个据点如此,在别的地方也都一样,他们可以顽强地死守,一直到他们远处的援军到来协助。

但是想不到滇西战场上,他们是失败了,我们的部队已分散到从缅北一直到中南半岛上每一个区域,到处有我们英勇部队牵制着他们的调度,于是后援是断绝了。在前线,时常听到芒市和八莫方面,有几千几千的敌军,等待确实消息传来的时候,才知道那些部队都是毫无斗志的印缅伪军,所以一个也不见前来救援。

老草坡敌人的堡垒也同样的情形，于是我们英勇攻击的结果，也不免白刃相见，全部确实占领（第5团于7日18时攻击，至9日凌晨1时占领）。

记者上坡的时候，巧逢大雨暂时停止了，云雾向上收缩上去，距腾冲城垣的地平线上空约500米，变成了一片云海，把东面的高黎贡山西南的高良工山的山峰，都笼罩在云雾的中间。灰白色的云，视力可发觉它正向北面飘浮，千里一片。连接城墙的平地上，除了山脚下疏稀的村落是被古老的树木包围而外，稻秧已尺来高，也是绿油油的一大片，走上山坡的顶上远瞻，似乎整个的世界，是在这数十里见方的一个小天地似的。

老草坡是一个距城仅1500多米的高地，山顶的圆周约5000多米长，敌人用铁丝网把它重重的围着，向内每隔20余米，就再筑一条条的铁丝网，一直到堡垒的四周。坡顶上有几十个坚固的石墓，这些石墓，很自然地被敌人利用，作为外围的工事。连接这些工事，都有五尺深的交通壕，通到中央的一个大堡垒，它们像群星拱卫着太阳一样。

中心的最大工事，是敌人把石墓上的大石头搬过来建筑成功的，石墙约厚2米，四面有几个射机关枪的窗口，有几条地道通到十几米以外的仓库和地底营房，营房的两端又是交通壕，这样一个用小钢炮也打不开的工事，除了肉搏而外，无论如何不能致敌人死命的。

我们从被炸开的铁丝网上到达堡垒，只见满地都是我们的大炮、迫击炮的弹坑，手榴弹的木柄也到处都有，还有许多敌人遗留下来的机枪子弹，和大包的洋芋等食品，那些东西，在地下多已发锈或腐烂得不能应用。

远眺腾冲城

上坡的时候，（第1营）李春廷营长从更前线的营指挥所到山上来迎接我们。当我们一同从中心堡垒交通壕中绕腾城西北方面的时候，记者跃出壕沟，李营长立刻提示记者说："留心给下面的敌人发现，他们要射击的。"

真是我太疏忽了。我俯身下来，再向前一看，整个的腾冲城，就在山脚的下面，西城门外的英国领事馆的大厦楼房，突出在林木的中间。我们在山顶守望的兄弟们，双手握着枪，依赖着向东南倾斜的坟墓，虎视眈眈地注视着那儿。营长补充一句说："英国领事馆敌人最多了。"

记者俯身着向前，选择了一个墓堆，俯卧在上面，用望远镜对这个久仰大名的腾冲城，细细地观察了一番。

整个的腾冲城区内外，是在密密的古树林中间，树林中间隐约地见到屋顶和白色的墙角。西门一带城墙像一条长蛇蜒蜒在林木间，有的地方树木较少，就显露在外面，有的地方，就埋在树林深处，西北城角的拐角楼像是蛇尾，英国领事馆是蛇头，正在向来凤山游跃而上。

城西几百公尺，大盈江像一条灵龙，曲弯地、安静地睡在城墙之外的水田中间，也自北宛转下来，向来凤山脚下游去。最近敌我双方，就在这个区域中对峙着，我们凭江向东攻，敌人凭城向西守，日来盟机把城墙炸出一个缺口来，西城门也像开启着，但敌人只能偷偷地走出城门，却不敢爬出缺口，我们守着大盈江上的几座石桥随时准备进攻。

"蛇"被炸中了要害，动弹不得，准备死亡，"白龙"却活跃地、幽静地在大地之上舒展身心。从天时、地利、人和上，我们的攻克腾冲只是时间的问题了。

再向南望，来凤山的山顶高矗在云海中间，这山顶一带早都被我军占领了。山的东北麓，是来凤寺，这儿有四座敌人的堡垒。几天来，我们飞机时常去炸，大炮时常集中攻击，但坚固的程度，大概愈胜于老草坡，重要性更在老草坡之上，所以敌人以500人在那儿坚守。我们知道攻城之前，必先要攻克此山堡垒，所以近来，正在那儿发动大规模攻势——在这雨势暂止的时候，大炮声、机关枪声，不断地传来。

至于攻击到城中的大炮弹，时常在我们观望处的上空，呼然吹过，在城内发出清楚的爆炸声，但是为树木所遮蔽见不到冒出的白烟。

敌人的大炮，留在城区的已经很少。他们很少发炮，并且时常利用城内街道，随时在城区之内移动发射，这儿发几炮那儿发几炮，他们是深怕被我们发现目标后，集中火力攻击它。

抵达大盈江畔

记者在山顶上观看了约莫一个钟头，师长他们先走了，廖团长来招呼我下山去，才离开俯伏着的墓堆，仍回到中心堡垒后面，绕到坡下去。这时天公不美，雨点又开始降落，愈下愈大，我们从绿茵茵的草地上向观音塘营指挥所前进，约一里即已下坡，即在大盈江畔20米的旧石子大路上前进。路的一旁都是大树和丛草，所以不易被敌人发觉，不数十步，即走入观音塘村。村民因为战事正在进展中，都已疏散到距离较远的村落中间去。

大盈江上面的一座大石桥，就在村中向东几十步路的岔路上，这座石桥的四面，都有树木环绕，正是一个天然的防御据点。我们的哨兵比山上的哨兵，更谨慎、更小心翼翼地守着，因为距敌人不到500米。

记者沿着岔路，走到哨兵面前，随意地问哨兵："敌人会冲出来吗？"

"他们不敢冲出来，冲出来倒好了，我们可以杀个痛快。"

昨天（21日）下午，被炸开的城墙缺口上，忽然爬出一个穿蓝色短衫裤的人来，他想向拐角楼方面去。他的行动被我们的守军发觉了，立刻用机枪扫射，把他打死了。是敌人呢，还是城中的汉奸，不得而知，但根据另一件事，记者可以断定他，这一定是一个汉奸的下场。

另一件事是这样发生的：前四五天的晚上，我军派了一排弟兄，在黑夜中摸索到城缺口，一个个地爬了进去，他们以为可以偷营成功了，忽然踏到了一个十几岁的中国小孩子的身上。小孩子是在城中的汉奸的子孙，他这晚被敌人捆绑露在城缺口中间，作为活生生的信号。当我们英勇的弟兄践踏到他的时候，他惊骇得叫起来，敌人事先预防着的机枪，立刻集中向目标射击，袭城的弟兄，不幸因之死亡失踪十数人，那孩子当然也被打死了。

记者对着这神秘的城墙缺口，怎不神往？可是偷视了几分钟，除了雨声和流淌的江水而外，大地上平静、凄凉和寂寞，一些见不到城墙缺口和附近的树木中，没有任何动静，否则发现个把敌人，用机枪或步枪来亲手射击他一下，手刃敌人，是怎样痛快的事。

离开桥，退回到石子路上，再向前不到 100 米，已是抵达李营长的指挥所中了。

小脚想"踏平天下"

营部有几个后窗，这些窗中，都可以望见城墙和缺口。师长他们先到，已经休息。李营长准备了一些糯米粉，请大家吃点心。记者端着碗，仍在半开的窗中注视缺口，希望对面有一些变化，可是一直到吃完点心，离开营部，仍没有看到什么。在这儿，望远镜下，那昨天被射死的人，看得非常清楚，但是面对着城墙横躺在地上，看不出是什么人。要是敌人的话，昨晚上为什么不收拾埋葬呢？

李营长是廖团三位营长中，经过高黎贡山大战，还在继续作战的一位；其他二位，都英勇地殉国了。李营长是行伍出身的，现在却正在百忙中偷暇补修英文，外国人送他的英文杂志，到哪儿也带着，这种好学的精神，以及打硬仗的勇气正是少有的。

在营部休息了几分钟，顺石子大路回石牌去。这儿沿大盈江，对着城墙，有时石子路上到大盈江旁边没有树木的开阔地区，敌人立刻射击。有一次某师的几个弟兄，太大意了，并肩前进，被敌人一颗步枪子弹打来，射死了三个，这颗子弹真是太有价值了吧！也有送饭的弟兄经过，给敌人发枪射击的。为防止这些危险，就在村内的老百姓家中，打通了泥墙，从屋子里面经过，我们就穿门越墙而前进。

走过观音塘，经过一方凹地，约 200 公尺，这一个暴露得太大的地区，只有一个个地疏散了前进。爬上凹地的东端，即到陈家巷，家园里长满了桐果树，桐果结得像苹果似的一个个地挂满了树，真是可爱。这种桐树，在滇省颇不多见，这儿既然结得这样多，这大概是土质颇适合于种桐果，那山上的杞木林，要是改种桐树，不是一宗大量的出产吗？

这时忽闻大炮发射了几下，声音很近，一会儿迫击炮声、机枪声、步枪声大作。打听了一下，才知在城北有个村子中，老百姓去砍芦苇，给敌人发觉向田中发射了几炮，我军发现敌白烟起处，就发炮攻击。

腾北村落相当多，走过陈家巷，到杨家坡，经过一个小农的门口，忽闻门内有女性大声叫喊。我和团长入内去看，原来是聚着二十多个年老妇女和孩子，在看一个巫婆做法事，他们祭着满屋的菜，巫婆是小脚，在屋内乱奔乱跳，口中念念有词，旁边的女人们齐声合着："好了，好了！"巫婆见到我们进门，打了一个呼哈，醒了过来。

"我们在求菩萨保佑你们打胜仗，她在踏平天下，保佑胜利。"老妇们说，他们学了几个新名词"踏平天下，我踏平天下……"巫婆喘着气也对我们说话了。

我们苦笑了一下，继续前进。又约一里，到达大宽邑，太阳从云端中露出了一些光芒来。我们祈求它天晴，因为天一好，盟机立刻要炸来凤山敌人的堡垒了，但只是昙花一现之后，又成了阴天。大宽邑的村头，有老百姓出来卖牛肉的，此地民众又渐渐地多了起来，壮丁已组织起来协助军队工作。

走上归途

回到团指挥所，这儿姓杨的房主很客气，准备了七八个炒菜，和很好的白酒，来请我们便饭。这一顿相当丰富的晚餐，使我们火线巡礼时的疲劳，已完全恢复了。

饭后，沿石子旧路返师部去，经过了大宽邑、下马场、上马场、义慈巷、洞觉村和油灯庄等村子，回到护珠寺。这些村子的东面，都是水田，西面接着大山，只有南北有相通的一条石子路，在村头路的两端，都有一个石墙围起，但大都只有一个门，没有大门。在门的顶上，都用一尺见方的石头，刻着"诗礼之乡"、"自然中兴"、"承先启后"等字样。

归途上，间或看到有署名为"中央特派员"在墙上写的标语，写着什么读不通的句子，像："盟国合作自然中兴"字样，有时下面署名"信天"。问老百姓们，说是一个姓李的写的，这一个活宝贝，真不知是什么意思。

回到师部，时间已在傍晚7时了。

寄语后方同胞：在前方，远征的武装同志们，从饥寒交迫的世界最高的战场——高黎贡山之上下来之后,在平原上同雨作战,真算不得一回事了。他们快克复腾冲城了,快打通中印公路了,可是你们怎样慰劳一下呢?

听说昆明人士,捐了500万元来慰劳。记者在前线知道,那些钱不足够送每个弟兄一条毛巾,若只送那个数目,实在是多余的事呀![1]

(7月22日寄于护珠寺)

---

[1] 潘世征:《火线圈中吊腾冲》。据其战地通讯集《战怒江》,第60—72页。

第46章 预2师攻克来凤山（下）

（参阅附图16、附图28）

据日军战史：

7月23日8时30分，远征军开始了第一次总攻击，即预备第2师向白塔高地（文笔塔）及樱阵地（营盘坡）、第36师与预2师左侧联系向东营阵地、第116师自东向礼仪台及满金邑阵地攻击前进。然而，这些敌人均被守备队击退，后退到展开线。

据监听无线电预2师报告，这次战斗中，"因无美空军的协助及火焰喷射器、黄磷弹，攻下来凤山无把握，继续出现伤亡，攻击顿挫"。[1]

然而，对于当日的此次攻击，我军战史中却只字未提。

当日，我作战部队收到了来自最高统帅和集团军总司令关于战术细节问题的指示电。"委座"蒋介石发来的电令，是提醒部队挖战壕绝不可偷懒：

"查火器之进步，筑城之重要性亦随之而大增。惟国军一般多忽视筑城之价值，致已筑之工事率多不能适合于战术及技术上之要求，无论攻守作战，难期达成预期之结果。考其原因，概由于部队平时缺乏筑城训练；一遇构筑工事，大量征用民工，不仅工事之结构与构筑难期适用而耐久，反而坐失部队教育之好机。兹特通饬各部队，

---

[1] 中华民国史资料丛稿译稿《缅甸作战（下）》，第167页。

嗣后构筑工事应用部队，以期寓工作于训练，而以各兵种最低限度均能熟练本兵种之工事为主。各级官长亦须实施体会，细心研究，以期有所改进。至征用民工，非特经本会核准者不准使用。"

霍揆彰的电报，则提醒士兵在投手榴弹时一定要拉弦：

"凡经我军克复之阵地，常发现有多数手榴弹未经爆炸，其原因均由于士兵未能练习投掷，致临事张皇，或则护盖亦未栓去，或则栓去护盖而不及拉引琴线，致予敌以还掷之机会者甚多……应即饬所属士兵纠正，俾发挥火器威力。"[2]

24日，各攻击部队步兵在整顿部署、构筑工事；炮兵则对城内敌司令部宿营地及补给点等各重要区域按计划实施扰乱射击，使其不能从事作业和休息。25日上午8时，炮兵又集中全部火力，对来凤山敌工事障碍物、步兵重火器等设施实施破坏射击。[3]

据预2师第6团团长方诚撰述："经多方侦察，数次威力搜索，并详询当地父老，对来凤山之攻击计划，一切准备于25日均告完毕。决定采取逐次攻略之目的，以第5团为右翼队，攻击目标为象鼻子、二台坡；第4团为左翼队，攻击目标为营盘坡；配属之山炮连及重迫击炮营，直协第4、5两团作战。第6团（欠第2营）为师预备队，待象鼻子、二台坡、营盘坡攻占后，相机协同第4、5团攻击最高峰文笔塔。据上峰腹案，预计10日内可能攻下。"[4]

当日，第20集团军忽然调整指挥力量：54军兼军长方天奉令解除兼职，遗缺由该军副军长阙汉骞接替，并于当日交接完毕。[5]部队大战在即而临阵换将，这一不同寻常的人事更替，后来引来猜议纷纷。流传较广的说法是：方天因指挥不力被免职。

据黄埔军校网的一篇文章记述：

"前期国军攻击来凤山时，在战术上犯了错误，没有集中重火力

---

[2]《陆军第54军滇西攻势作战机密日记》（未刊档案）。
[3]《远征军炮兵指挥部各炮兵部队参加滇西战役高黎贡山亘腾冲地区战斗详报》。据《保山地区史志文辑》抗日战争专辑之四，第268页。
[4] 方诚：《八年抗战小史》之十收复滇西之役，第57页。
[5]《陆军第54军滇西攻势作战机密日记》（未刊档案）。

摧毁山头日军阵地掩体,全凭步兵冲锋,伤亡巨大。霍揆彰通过几天的观察发现,他的部下只会利用人多枪多硬拼,战术上缺乏灵活性。霍揆彰知道负责攻击来凤山的54军,有的是美式装备的火炮,但却不去使用。54军军长方天受到了严厉斥责。而这时,54军副军长阙汉骞顺势提出:集中所有炮火轰击来凤山,把日军明暗工事摧毁后,步兵再上。在这种情况之下,来了个临阵换将,把第20集团军副总司令兼54军军长方天免了,把第54军副军长阙汉骞提升为军长。"[6]

关于部队有炮而不用,并非空穴来风,54军作战日记中曾有记述。7月18日,霍揆彰曾致电54军:"查该军各师迭次请配战防炮,据报36师战防炮连竟将完整火炮4门,14日经双虹桥向后移运,希将事实查明具报。"[7]36师此举的动机一般猜测为保存实力,然而大战在即却舍弃利器,实在令人匪夷所思。

实际上,这一人事变动的动议已有月余,而且似为霍揆彰与方天精心策划的一桩成人之美之举:

6月26日,霍揆彰曾向蒋介石转呈54军的一份人事调动请示电:

"据第54军兼军长方21日电称:'窃职自去年入滇后,疟疾频临,时愈时发,入夏复日益加剧,药石罔效,近日勉强支持。长此以往,势必贻误,故迫不得已,惟有恳乞准予辞职,以便易地疗养。遗缺拟请以忠勇过人、资绩均优之副军长阙汉骞升充。可否,乞示',等情。查所称确属实情,拟恳准免该员兼职,专任副总司令,俾便调养。所遗军长职,查该军副军长阙汉骞已由印返部,该员作战勇敢,资深绩优,恳准以之升充,可否,乞电示为祷。"

蒋介石批示:"可照准。应转卫长官,并令方副总司令来渝一见。"[8]

后人所以对此事误猜,主要是不了解54军内部特殊的人际关系。对此,阙汉骞的后人阙再伦在给笔者的一封邮件中,将此事解释得很清楚:

---

[6] 黄埔军校网文章《图解腾冲抗日战场》。http://www.hoplite.cn/templates/jsyjs0052.html。
[7]《陆军第54军滇西攻势作战机密日记》(未刊档案)。
[8] 台湾大溪资料室:蒋中正总统文物《文物图书(事略稿本)》002060100vol.189·06-00851。

霍揆彰、陈烈、黄维、方天、阙汉骞都属陈诚系统，且在第18军有多年共事之谊，其人事变迁，可能有一定默契的伦序。原36师参谋长胡翼烜（后曾任54军军长）晚年对将军孙阙光儒提及，考虑到阙汉骞将军黄埔4期的资历问题，此前方天由18军军长调任20集团军副总司令兼54军军长，原本有为阙汉骞升军长过渡的用意。

关于阙将军升任54军军长的人事案，早在1943年原军长黄维卸任时就提出过，关麟征将军（第9集团军总司令，驻防滇南，54军原隶该集团）的回忆也可供参考：

"我生性坦率，不好转弯抹角，当即往见陈诚说：'何敬公（何应钦）有电报来，要我保荐一名军长去接54军，不知长官的意思如何？'陈诚反问我：'你认为什么人合适呢？'

"我说：'该军副军长傅正模，资历虽深，但不善战；该军师长阙汉骞，能力颇佳，但才升任师长数月之久，马上又升军长，似乎太快。可否将我的副总司令张耀明先行兼任，经过数月之后，再由张耀明保荐阙汉骞升任军长。这个以张耀明铺路过渡的办法，不知长官意旨如何，请裁决指示。'

"陈诚当时笑颜应允，认为这是个好办法；我也自认是个好办法，对于何、陈、54军各方面都说得过去，公情私谊也能兼顾周到。当即以张耀明上报军政部，兼任54军军长职。"[9]

阙汉骞将军1939年夏即任第14师师长。关将军文中说阙将军当时才升师长数月之久，可能是年代久远回忆有误。[10]当时的主要问题还是在于黄埔军校毕业的期别资历限制。因为方天（黄埔2期）将军让贤，1944年7月25日阙汉骞将军于腾冲战场上成为英杰众多的黄埔军校4期毕业生中的第一位军长。

26日晨，久雨初霁，碧空如洗。上午10时，54军接到集团军总部电话称，美军飞机将于本日中午来腾冲轰炸。54军当即转告所

---

〔9〕据关麟征口述，赣萍撰《关麟征将军传》。54军初期曾隶属第9集团军，后转隶第20集团军。

〔10〕实际上，关麟征当时真正的用意是想借此将54军据为个人实力，此后副军长傅正模煽动54军旧部激烈反弹，陈诚引起警觉终止此项人事任命，并因此与关麟征发生激烈冲突。

属各师准备攻击。同时，军长阙汉骞与副总司令方天推进指挥所于宝峰寺指挥作战。[11]

12时15分，我重轰炸机30架临空，分批对英国领事馆及城东南角与来凤山轰炸；并另有轻轰炸机18架，自来凤山顶上空轮流俯冲投弹及扫射，营盘坡、文笔塔均中弹，一部工事已被毁；12时30分，又有"密撒尔式"（B-25）中型轰炸机15架分两波飞来，向城内轮番投弹扫射，一时浓烟弥漫，声震喧天。[12]在飞机轰炸同时，炮兵亦发挥威力集中发射，并以发烟弹为飞机指示目标。[13]

据预2师第4团第2营第4连60炮班士兵唐明月回忆："……150架飞机（原文如此），加上各种大炮，向来凤山齐轰，一时之间，天上地下同时开炮，万炮齐鸣，大地震抖，硝烟弥漫。在阵地上的我们，两人对面站着也互相看不见，互相间大声说话也听不清，回忆起来是可怕的，但当时忘记了怕，也顾不上死活。"[14]

如前所述，日军在来凤山上的阵地，主要为山顶自西而东排开的4个环形防御工事及北面半山腰的来凤寺。这些阵地在中日双方史料中称谓不太统一，较为混乱。为此笔者制作下表以供参阅：

表10　来凤山阵地中日各方名称对比

日军命名	樱阵地	来凤山（白塔高地）	梅阵地		松阵地
54军战报	营盘坡	文笔塔（5300高地）	二台坡（文笔坡）	象鼻子	来凤寺
彭河清报道					
方诚文章					
潘世征报道（拟日方命名）		大文笔坡（最高峰）	二台坡		
	第一阵地	第二阵地	中阵地	第三阵地	
孙剑锋回忆	营盘坡	文笔坡	二台坡	三台坡	
王希孔回忆	营盘坡	文笔坡	二台坡	象鼻子	

[11]《陆军第54军滇西攻势作战机密日记》（未刊档案）。
[12]《陆军第54军滇西攻势作战战斗详报》。据《保山地区史志文辑》抗日战争专辑之二，第51页。
[13] 彭河清：《血肉换来的腾冲胜利》。转引自陈祖樑主编《江山作证》，第351页。
[14] 唐明月：《我在滇西抗战中几次战斗的回忆》。据《怒江文史资料选辑》第13辑，第104页。

午后1时40分，全军开始攻击。

预2师第4团以两个营，攻击来凤山西侧的营盘坡阵地，第3营为左翼、第1营为右翼。据54军战斗详报：

"第4团迫近营盘坡敌铁丝网附近，受文笔塔敌之侧射。而我官兵仍奋勇前进，午后2时许一鼓冲入敌工事，敌负隅顽抗，以冲锋枪向其扫射，并投手榴弹，残敌仍死守不退。

"乃以火焰放射队秘密接近敌堡垒，向内施以火焰，敌一部当即焚毙，余则以不能耐所施高热，乃不支，向文笔塔败退。15时10分，我遂攻占营盘坡。除以一部守备该地，并进占营盘坡以东山腹阻敌由来凤寺增援外，主力乃即转移于第6团方面，以合力围击文笔塔。"[15]

几位参战者的回忆，使得军方战报过于简略的记述变得生动鲜活。

第4团攻击营盘坡

右翼方面，据第4团第1营第3连连长孙剑锋回忆：

……到了棱线下面，发现攻击目标偏向文笔坡，那是第6团的任务，我团攻击的目标是营盘坡，奉命向左移动，对正营盘坡。我团的攻击布置是第1、3营为攻击营，我第1营以第2、3连为攻击连，第2连在右，第3连（本连）在左，本连左翼邻兵是第3营第7连。当队伍在山麓开进时，地势较广，部队较疏散；越往上，越密集。当部队由文笔坡棱线下面向营盘坡移动时，第7连向右缩，第2连向左挤，这样把本连拥上最前线。当面是个小鞍部，这时官兵是最低姿势，匍匐前进。我观察，一方是营盘坡，一方是文笔坡，形成交叉火网，这个小鞍部，正是营盘坡敌人的前沿阵地。外层是竹签，纵深约丈多，竹签后面有带刺的铁丝网两层，外层约半人高，内层约一人高，铁丝网后面是纵深直到坡顶炮位的交通壕，有掩体、掩蔽部、自动火器阵地。如此坚强阵地，可以说是周密计划的防御工事，不过大多被空军轰炸、炮兵射击破坏得不成样子。但是残敌

---

〔15〕《陆军第54军滇西攻势作战战斗详报》。据《保山地区史志文辑》抗日战争专辑之二，第51页。

犹作垂死挣扎。这时双方已经交火，枪声与炮声交响，泥土共硝烟飞扬，喊杀声、呼叫声、呻吟声，不绝于耳，堪谓惊天地、泣鬼神。

营长一再命令第3连冲锋，在障碍物没有破坏之前，冲锋是送死。我沉着地派传令兵向营长请求快派工兵来破坏障碍物，开辟冲锋路。一会儿，工兵来了，是个中士班长，推着破坏筒，匍匐前来。我命令他尽快破坏铁丝网。那个班长很勇敢，把丈多长的破坏筒推进铁丝网下面，退后发火。我一面注视工兵行动，一面传令各排上刺刀，准备手榴弹。当破坏筒轰隆巨响，硝烟如浓雾，铁丝网轰开了一个大缺口，我乘机高喊："第3连，冲锋！前进！"于是一阵手榴弹爆炸，在硝烟弥漫、泥土飞扬的瞬间，我端起冲锋枪，连声喊杀，首先从冲锋路冲进铁丝网；副连长和所有官兵，也都喊杀连天，跟着冲进来。

迎面是第一道交通壕，有几个敌人，打出最后一颗子弹，端着刺刀枪"呷呷"乱吼，想跳出战壕逆袭，还没有站稳脚，就在我们的冲锋枪、机枪扫射下，纷纷倒毙。我方副排长唐明的左臂受重伤，有几个弟兄牺牲，吸大烟的涂福云在内。我急忙命令排长黄燮武率排向敌阵地纵深扫荡，一面命唐副排长率兵向营盘坡上敌人炮阵地挺进并占领之，一面命副连长率预备队对前后方联络。这时左翼邻兵第7连副连长高凤鸣来同我联络，我说："你来得正好。"立即同他协定，以营盘坡敌炮阵地向东延伸之线为战斗界线，线左归第7连负责扫荡，并对北方警戒；线右归本连扫荡，并对文笔坡警戒。说罢，分头行动。我率领指挥班沿与第7连战斗界线右侧向敌纵深扫荡，约顿饭之时，我们就完全占领了来凤山上营盘坡敌阵地。从战斗打响，到完全占领敌阵，只有两个多钟头。[16]

左翼方面，据第4团第3营第9连机枪手陆朝茂回忆：

我们攻的那天，说好了有60架盟军飞机来助战，先有30架飞

---

[16] 孙剑锋：《我参加过抗日战争滇西反攻胜利战斗》。据《民族光辉——腾冲抗战史料钩沉》，第261页。

机来轰炸了一家伙，日本人躲进了洞中，飞机的轰炸并没有损伤他们多少元气。我们冲上去时，他们便迅速地从洞中钻出，与我们混战在一处。我们机枪班的机枪不知道往哪儿打，只好干瞪眼。可能是因为空地联络马虎，正在我和敌人拼刺杀得最激烈的时候，美国人的飞机又来了30架，猛丢了一会儿炸弹，又狠扫了一会儿机枪，我们的人和日本人都被炸死和射死了一大片。我们重机枪班的机枪也被炸弹掀起的泥土埋住了。美国人的飞机飞走后，我们活着的又展开了肉搏。日本人都端着上了刺刀的"三八大盖"，左一声"杀"，右一声"杀"。我们便丢下机枪用手榴弹甩过去炸，甩过来炸。后来我们的手榴弹也甩光了。那天太危险了，日本人和自己人交叉着，打这不成，打那不是。

后来，日本人死伤大半，退缩在了一个大碉堡里面。我们的机枪又被埋住了，我和两个四川兵狠劲地从土里往外拽机枪。还好，拽出来后，擦了擦枪，换了枪管和水后还可以打得响。我把重机枪对准那个大碉堡的枪眼狠扫。因为我们的重机枪威力大，打的全是250发一链的高射机枪弹，扫了一会儿后，那个枪眼被打得稀巴烂，日本人在里面存扎不住，跑出碉堡向腾冲南门方向拼命地跑。他们撤退的时候，边退边丢手榴弹炸我们，用机枪顺地扫我们。我们的机枪也顺他们的屁股狠扫几下，日本人又丢下十几具尸体。[17]

第4团团部特务排跟随两个一线营推进，同时担负督战之责。据特务排长王希孔回忆：

7月26日那天天晴，我方10多架飞机向来凤山轰炸扫射，还有大炮集中火力向敌连续炮轰，文笔塔也被炸倒。这时，吴心庄团长、胡能昌副团长，亲率全团向敌阵猛冲；并命令我带着特务排，同各连快速冲进敌阵地。我同各连趁飞机炸后的浓烟，一鼓作气地冲进敌人阵地内，但日军宁死不退不投降。双方发起激烈的刺刀肉搏战，反复冲杀，只听杀声震耳，刀声叮当，杀得敌人血肉横飞，

---

〔17〕李根志：《机枪手陆朝茂》。据《见证历史——滇西抗战见闻实录（上）》，第181页。

死尸遍山，血流成河。我排一个兵同日军对刺搏斗，一刺刀把敌人后背穿通倒地而死。一个敌人端着刺刀向我扑来，我的"二十响"一枪把敌打死在地。我的一个副班长张林青和敌人争夺机枪，我从敌人背后双手一把卡住敌人喉咙，按在地上，卡得他两眼珠发白，副班长用绑腿带把敌人捆起，才算活捉一个敌兵。

在我们人多、火力强的情况下，敌人无力再支持，最后其余部分向文笔塔逃去。我团首先攻克营盘坡阵地。团长命特务排暂守已占领的阵地，一部分向来凤寺方向半山腰进攻，其余多数即转向文笔坡方面。[18]

此次第4团攻击顺利得手，有两个因素至为关键。

其一，空军轰炸效力强大。据潘世征、彭河清战地通讯，"我机第一次轰炸时，一个炸弹正好落在山顶上的营盘坡"，[19]造成"堡垒大部坍毁"。

其二，出敌不意地使用了火焰喷射器。对此，亲历者留下诸多笔墨：

彭河清战地通讯："敌顽强抵抗，我将士冲至敌前，以手榴弹投入工事，不料在掩体炮口即行爆炸，未能奏效。原来门口置有铁丝网，敌之机枪可射出，我们的手榴弹则塞不进去。然而狡诈之敌，终被我火焰喷射器烧得焦头烂额了。这玩意儿在中国战场上还是第一次使用，燃烧时发热在二千度以上，喷射距离可达六十码。据守的敌人就被这新式武器解决了。"[20]

第20集团军参谋杨纳福撰述："攻击部队乘势蜂拥而上，以所配发之火焰喷射器，二人一组，分别跃进，接近堡垒，对准堡垒之出口及枪眼，施行猛烈喷射，因高度之灼热，将敌人纷纷烧死。日军从未见过如此新式武器，惊慌失措，心理失掉平衡。我军逐一攻占碉堡后，部分逃至交通壕内之敌步兵，亦遭我火焰喷射器之灼热

---

[18] 王希孔：《反攻腾冲的回忆》。据《溅血岁月》，第118—127页。
[19] 潘世征：《血战来凤山》。据其战地通讯集《战怒江》，第87页。
[20] 彭河清：《血肉换来的腾冲胜利》。转引自陈祖樑主编《江山作证》，第351—352页。

火焰活活烧死；有惊慌逃跑者，亦为我自动武器射杀。"[21]

第4团特务排长王希孔回忆："我们除用刺刀、手榴弹、冲锋枪，与敌反复拼搏外，最具威力的就是用火焰喷射器向敌人喷烧。从十多米外喷向敌掩蔽部内，都会把敌人烧死。那天我眼看着有4个日本兵，身上燃火，满身黑烟，连滚带爬地边跳边跑，士兵连续投去五六个手榴弹，把敌人炸得血肉乱飞，真解恨。"[22]

第4团第2营第4连60炮班士兵唐明月说："我们攻上去时，没有发现活着的日本人，只见森林破碎，草皮焦枯，工事在燃烧。直到后来打扫战场时，才发现在工事的树杈上夹着一个半死不活的日本兵。在这场战斗中，我连仅轻伤一人。"[23]

但第4团第3营第9连机枪手陆朝茂多年以后才知道，自己在这场战斗中"牺牲"了。战后落户腾冲的这位老兵，有一次在腾冲国殇墓园阵亡将士墓碑上，发现了自己的名字。经反复回忆，他终于弄清了事情的原委："我们排有个弟兄，保山人，打来凤山头天晚上，我们同睡一铺，衣裳脱在旁边，衣裳上有符号名字。那早上起床后，我们把衣裳穿错了。早上，往山上攻没多远，他就被打死了。由于他穿着我的衣服，阵亡名单上就写着我的名字，国殇墓园里刻着的也是我的名字；而我只是裤腿上被打了一个洞。"[24]

第6团攻击文笔塔

在第4团攻击营盘坡之同时，第6团亦相机迫近来凤山主峰文笔塔（5600高地），团指挥所距文笔塔亦仅500米左右。第4团攻占营盘坡后，第6团即决心攻击文笔塔，以第1营在左，由营盘坡方面绕攻文笔塔敌堡垒之侧背，以封锁其出入口；第3营（附工兵1排）在右，先破坏其三层铁丝网开辟冲锋通路；而后步兵在重火器掩护之下，一举冲入。据54军战斗详报：

"18时，工兵破坏敌铁丝网后，炮兵亦延伸射程，第6团步兵

---

[21] 国军史料丛书《抗战时期滇缅印作战（一）——参战官兵访问记录（下）》，第949页。
[22] 王希孔：《反攻腾冲的回忆》。据《溅血岁月》，第118—127页。
[23] 唐明月：《我在滇西抗战中几次战斗的回忆》。据《怒江文史资料选辑》第13辑，第104页。
[24] 朱雨晨：《逐屋肉搏——陆朝茂亲历惨胜腾冲》。据《中国新闻周刊》2005年26期。

乃奋勇冲入，与据守堡垒内敌肉搏。时以文笔坡及象鼻子敌火侧射甚烈，一时弹丸风雨相继而来，我伤亡虽重，然仍坚持勇猛前进，战斗至为惨烈。迄18时30分，我遂又将文笔塔攻占。同时，攻击文笔坡部队亦已突入。敌阵内交通壕纵横交错，当我敌肉搏时，敌忽由南增援逆袭，且时近黄昏，我以伤亡众大，乃固守文笔塔阵地而与敌对峙。"[25]

据指挥此次攻击的第6团团长方诚撰述：

（发起攻击后）我官兵咸具决心，不顾一切，在我机枪有力之掩护下，迅速以最低姿势，利用死角及弹痕，由广大正面接近敌之堡垒群，分别以手榴弹投入每个工事射孔内，一时爆炸声大作，我乃乘机冲入工事内，发生激烈之壕内战。敌不支，一部狼狈向二台坡逃窜，大部被歼灭于阵地内。18时30分，即将文笔塔整个堡垒群全部占领……占领后，即督部扫清战场，整理工事，并重新加以部署，防敌反扑。[26]

在第6团攻击文笔塔时，已攻占营盘坡的第4团并未停歇，而予以积极配合策应。据第4团第1营第3连连长孙剑锋回忆：

……营长（卢福森）要我到营指挥部，我把阵地上责任交代给副连长。到了营指挥部，营长流着泪说："在你连冲进铁丝网后，第2连连长陈文枚[27]和第7连连长黄文先后在铁丝网附近阵亡。"我听了，也为战友悲伤。营长又说："你连今天辛苦，夜里做营的预备队休息。"我说："我观察营盘坡和文笔坡只隔个小鞍部，有唇齿相依之势。现在第6团还没有攻下文笔坡，到了夜间，营盘坡定有危险。若乘天没黑之前，我们从营盘坡攻击敌人，使敌人腹背受到夹击，可能消灭敌人，克复文笔坡，免去营盘坡夜间可能发生的紧张。"营

---

[25]《陆军第54军滇西攻势作战战斗详报》。据《保山地区史志文辑》抗日战争专辑之二，第51页。

[26] 方诚：《八年抗战小史》之十收复滇西之役，第59页。

[27] 据《第20集团军腾冲抗日阵亡官佐名录》，陈文枚上尉为湖南醴陵人。

长说:"你的意见很好,可第1连要接换你连的阵地、任务;第2连连长阵亡,副连长代理连长,怕不能胜任;你连需要休息,无兵可派,如何打呢?"我说:"我建议就由我连打,营长认为可行,请下命令吧。并请重火器对文笔坡堡垒、阵地轰击,掩护我们。"营长说:"你们开始行动,我报告团长。"

回到指挥所,我把任务向副连长、排长讲明白,就把队伍分为两组,副连长率领一组,由营盘坡出发,经小鞍部向文笔坡堡垒进攻;我率领一组由营盘坡出发,经坡下凹地,登对面岭上,向文笔坡阵地进攻。

团的迫击炮、重机枪对文笔坡敌阵地和堡垒猛烈射击,距离近,瞄准确给敌人致命打击。等我们两组接近敌阵地时,我们做好冲锋准备,当重火器延伸射程,我们就连声喊杀,冲向敌阵。同时,第6团也攻击得手,冲上敌阵。残敌跳出战壕,向坡东侧凹地,有的连跑带蹦,有的抱枪顺坡下滚。往哪里跑!南面有第6团追击,北面有本连的侧射,在自动火器扫射之下,全被歼灭。

我们和第6团会师了,第6团第1营营长柳汉卿紧握我的手说:"老孙,谢谢你们的帮助。"我说:"我们应当做的。"我们回到营盘坡检查人数,这次只牺牲一个传令兵明德成(四川人)。[28]

此外,在第6团攻击文笔塔同时,右翼第5团亦向象鼻子敌阵地猛攻。据54军战斗详报:

"攻击象鼻子之第5团,由该高地西南侧斜坡攀登而上,虽地形暴露,敌火猛烈,然该团官兵仍能奋勇冲杀,夺获象鼻子敌堡垒一部。惟该处堡垒未经炮火摧毁,黄昏后,敌曾三度逆袭第5团,该团刘营长(查为第2营营长刘基芳)虽负伤8处,犹能率部抗战,击退来袭之敌。"[29]

---

[28] 孙剑锋:《我参加过抗日战争滇西反攻胜利战斗》。据《民族光辉——腾冲抗战史料钩沉》,第263页。
[29]《陆军第54军滇西攻势作战战斗详报》。据《保山地区史志文辑》抗日战争专辑之二,第51页。

现在，让我们从日方记述中对 26 日之战予以回顾。

据日军战史：

"7 月 26 日，远征军以战斗、轰炸混合机群 57 架进行轰炸、扫射，同时以一日 5000 发炮弹的炮击和大量火焰喷射器，目标来凤山，开始了第二次总攻击。来凤山守备队迎击该敌，死守阵地。远征军轮换第一线兵力，轮番攻击。被破坏的阵地无力修复，终日激烈的轰炸伤亡不停地出现。"[30]

吉野孝公的记述为：

7 月 26 日[31]，敌人重新调整了阵容，发动了第二次总攻。敌人的巡逻机一早便嘈杂地在上空盘旋侦察。五十多架战斗轰炸机的庞大编队，和敌人的地面部队互相配合，俯冲着对周围阵地和城内外我军阵地展开了攻击。

作为我主要阵地的来凤山，在敌人猛烈的进攻中几次易手。骁将太田大尉和成合大尉，不断鼓励剩下的二十几名勇士，英勇地反击逼近的五百余名敌军。他们捡起敌人投掷过来尚未爆炸的手榴弹迅速扔了回去。敌人来到近旁，就采用突击的方式，击退了敌人的多次进攻，殊死守卫阵地。[32]

按吉野孝公的说法，来凤山日军是在第 9 中队长太田正人和联队炮中队长成合盛共同指挥下战斗。在龙陵战场活下来的日军 113 联队士兵品野实，对腾冲战事也有所记述，但他的说法是："成合盛大尉最早是在腾冲城外的来凤山上任守备队长。当时，由于遭到敌人连日猛烈的炮击，守兵不断减少。后来太田正人大尉前去增援，但没能赶上。"

因为成合盛未坚持到增援队赶到即后撤，加之他在高黎贡山之马鞍山作战中又失败过，所以，后来被一些人指责为胆小鬼。进入城区巷战后，成合盛被守备队长藏重康美大佐任命为机动队队长。但此

---

〔30〕中华民国史资料丛稿译稿《缅甸作战（下）》，第 167 页。
〔31〕吉野孝公《腾越玉碎记》原文为 7 月 24 日。我军第二次总攻应为 7 月 26 日。
〔32〕［日］吉野孝公：《腾越玉碎记》，第 46—47 页。

时各种非议和指责使其痛苦之极，却只能强自忍受。在战事陷入绝望的日日夜夜里，成合盛曾几次要求去死。"最后，他是率领着极少的兵力，冒着敌人的炮火，在腾冲城东门像自杀一样战死的。"[33]此为后话。

此后，据日军战史："有力远征军之一部，已经侵入城墙和来凤山中间，因此不得不放弃来凤山。"[34]

日军战史对于失利战事的记述通常一笔带过，实际上26日其尚未决定放弃来凤山。但此处所说侵入南城墙和来凤山中间的我军，应指我助攻部队36师106团及116师346团。据54军作战日记：

26日，36师命右翼队106团由和顺乡东北端小山脚之线向来凤山西北角二台坡（非来凤山东麓之二台坡）之敌据点攻击；以左翼队107团于东营、松园、龙光台之线佯攻小团坡、白衣阁之敌，协助106团攻击。106团经激烈战斗后，于18时30分占领敌阵地。[35]

当日11时，53军116师继我方飞机连续轰炸后，即开始攻击。其右翼队348团逐次进迫，在上满金邑与敌发生激烈巷战，随后进抵花牌楼附近，在城东南角半华里与敌对战，一部突入东门外税务司院内与敌激战；左翼队346团向来凤寺攻击，数次冲锋，将该寺外围据点相继占领，进抵花园寺（应为华严寺）及来凤寺敌外壕铁条网之边缘激战。[36]

据载，当晚8时，预2师师长顾葆裕向54军请求使用预备队。但军长阙汉骞未同意，回复说：待该师攻克象鼻子，确占来凤山后再议。晚8时稍过，阙汉骞电告各师，须确保持既得阵地，并令预2师利用暗夜，继续向象鼻子攻击。[37]

顾葆裕申请使用预备队，可能是因本师白天伤亡较大兵力不足，同时了解日军惯于夜袭的特点，确有相当的预见性。军长阙汉骞此刻显然有些保守，遂有此后日军逆袭时预2师难以应对的混乱局面。

---

[33]［日］品野实：《中日拉孟决战揭秘——异国的鬼》，第279页。
[34] 中华民国史资料丛稿译稿《缅甸作战（下）》，第167页。
[35]《陆军第36师腾冲城区战役战斗详报》。据《保山地区史志文辑》抗日战争专辑之三，第112页。
[36]《陆军第53军由怒江至腾冲会战战斗详报》。据《保山地区史志文辑》抗日战争专辑之一，第159—160页。
[37]《陆军第54军滇西攻势作战机密日记》（未刊档案）。

第6团击退日军逆袭

27凌晨，来凤山日军向预2师第6团既占阵地文笔塔发起猛烈逆袭。

据吉野孝公撰述：

我们接到"来凤山阵地危急"的报告以后，交接完阵地，和由各阵地抽调来的11名勇士组成了一支尖刀队，迅速赶赴来凤山营救被困官兵突围。黄昏微暗的暮色笼罩了山麓。敌人发射的照明弹照得我们前方白昼般明亮。就在这时，我们与几名来到山下的友军伤员不期而遇。他们大都是重伤号。单只胳膊、单条腿、满脸是血的勇士们凄凄惨惨，已奄奄一息。

"我们是救援队，大家坚持！"我们跑过去不停地鼓励他们。但他们无奈地摇摇头，其中有一人开口说道，"我们已经没救了，很遗憾，我们放弃了阵地。太田大尉马上就下来。"他呼吸急促地说着，"你们赶快回去！"说完便气绝身亡。这就是战败勇士的风采！凄惨悲壮！我们背起剩下的伤员回到了城里。

这时的城内战场，情况也极为凄惨。房屋在炮火中已变得面目全非，并不断燃烧着倒塌下来。树上熊熊燃烧的火焰在大风中发出呼呼声响，一派人间地狱之景象。勇士们在里边到处跑着。遭到狂轰滥炸后的废墟上，二三十名慰安妇的身影突然映入眼帘。她们已剪掉黑发，头顶钢盔，穿着军服，冒着弹雨，为我们做饭，四处奔跑着救护伤员。她们的英勇行动真让人感动得潸然泪下。[38]

从吉野孝公的记述看，他所在的11人只是赶到山下接应了来凤山溃逃伤兵，而未参加山上的战斗。则日军27日凌晨对文笔塔高地的逆袭，应是从文笔坡、来凤寺阵地而来。

据54军战斗详报："27日晨2时许，敌由城内及来凤山等方面增援百余，向我文笔塔反攻。迄5时30分，敌30余冒死冲入我文笔塔东南阵地内，发生混战，状甚惨烈"——54军作战日记的记述

---

[38][日]吉野孝公：《腾越玉碎记》，第47—48页。

为:"……迄天明,将敌大半击退。惟尚有敌 20 余名窜入 5300 高地之堡垒内;另敌百余在铁丝网外与我对战中。"[39]——"预 2 师乃以预备队第 6 团第 2 营向文笔塔方面增加,予以猛烈之反攻。6 时 30 分,遂将侵入之敌全部消灭,并击溃增援之敌。当敌回窜来凤寺时,遭我预伏北侧凹地部队截击,伤亡累累,生还者不足 10 人。"[40]

即,吉野孝公一行在山下接应到的,可能就是这股逃出的约 10 名日军伤兵。

关于此次反逆袭过程,作为直接指挥官的第 6 团团长方诚记述为:

27 日 1 时许,敌果由城区经来凤寺增来敌百余名,联合二台坡、象鼻子之敌,冒雨向我猛扑,第 1、3 两营均伤亡甚大。至 4 时 30 分敌反攻益烈,其一部 30 余名,乘隙窜入文笔塔东南堡垒中,并进入其原位置山炮阵地。

此时阵地内混战至最高度,本人即率配属之火焰喷射班及新由曩宋关调回之第 4 连加上特务排传令班实行反攻。时天已黎明,雨停天霁,幸士气旺盛,又得到山炮营王毓珍营长之密切协同,[41]不到半小时,将侵入之敌予以痛歼后,恢复原阵地。溃败之敌,复受我预伏左侧凹地之第 3 连所夹击,伤亡累累,零星残敌又向二台坡及其东南逃窜。[42]

据守营盘坡既得阵地的第 4 团第 1 营第 3 连连长孙剑锋,亦留下了其观察记录:

大约是凌晨时刻,雨停了,听到文笔坡方面有枪声,起初以为是第 6 团火力警戒,接着机枪响了,手榴弹响了,是有情况了。推

---

[39]《陆军第 54 军滇西攻势作战机密日记》(未刊档案)。
[40]《陆军第 54 军滇西攻势作战战斗详报》。据《保山地区史志文辑》抗日战争专辑之二,第 52 页。
[41] 日军战史载:远征军 6 月 27 日 6 时向来凤山阵地炮击。据中华民国史资料丛稿译稿《缅甸作战(下)》,第 166 页。
[42] 方诚:《八年抗战小史》之十收复滇西之役,第 60 页。

醒身旁的副连长,叫醒官兵,做战斗准备。枪声、手榴弹声越来越紧急,我顺着战壕把队伍散开,注意文笔坡的情况。天色微明了,我发现对面岭岗棱线下面有两个人,猫着腰向文笔坡跑去,我判断是从来凤寺上来的敌人,命轻机枪兵瞄准打,那两个家伙应枪声倒地。天大亮了,第6团部分队伍,大概是受不住敌人压力,向营盘坡跑来。我高喊:"不准过来,转回去!"这时我团第2营也有一部分到小鞍部那边布防。肯定是第6团增援部队到了,在一阵激烈的枪声、手榴弹声、喊杀声之后,战况渐渐沉寂,文笔坡转危为安。[43]

如前所述,26日晚8时,军长阙汉骞拒绝了师长顾葆裕关于使用预备队的请求。27日凌晨第6团突遭日军反扑,阙汉骞如何应对?

据54军作战日记:"(27日)天明后,军长之处置:1.令预2师对象鼻子之攻击停止,仅派队监视之;务以全力击退窜入5300高地之敌。2.令预2师第6团团长,须与5300高地共存亡……"

"与阵地共存亡"的命令,非特殊情况不下达。此前在高黎贡山作战已有两次,一为5月29日藏重部队第一次反攻桥头,54军电令198师与冷水沟共存亡;一为6月11日藏重部队第二次反攻桥头,54军电令预2师与三元宫、朝阳地共存亡。可见此次情况之危急。不过,若昨晚阙汉骞同意将预备队配属第6团而加强戒备,也许当不至于混乱如此。

据载,晨7时40分,窜入5300高地之敌已被全部歼灭。

军长阙汉骞闻报后,即令预2师整顿态势,加强工事,确实固守。又令将一部炮兵推进至5300高地附近。[44]

超链接10:来自地面和空中的有力支援

至此,应该宕出一笔,在我军攻击部队这一主体力量之外,说

---

[43] 孙剑锋:《我参加过抗日战争滇西反攻胜利战斗》。据《民族光辉——腾冲抗战史料钩沉》,第265页。

[44]《陆军第54军滇西攻势作战机密日记》(未刊档案)。

说为赢得战争而付出巨大贡献的其他因素。这并非基于"政治正确性"考虑，而是当时的客观实情。

多年以后，预2师第6团团长方诚在回忆录中不无感慨地写道：

"讵知7月26日12时，本师开始攻击之际，白发苍颜之老先生，西装革履之少爷公子们，以及男女学生、乡镇保甲长民众等，均争相驮沙袋，担子弹，送茶饭，并有许多太太小姐，成群结队的跟着部队后面观战，好像赶会看戏似的。此时官兵精神异常振奋，几不知是在打仗！"[45] 当时，方诚的第6团团部住在和顺乡李生纬家。李生纬后来也曾记述：

"方诚团长对我说，他经历过的战场不少，像和顺乡这样处于枪林弹雨笼罩之下，村民不顾危险，守持家园，更齐心协力协助国军作战，不惜人力物力，支持应付，诚属少见，令人佩服。我回答说：国家兴亡，匹夫有责。团长莞尔笑之。"[46]

在抗战八年的正面战场，似乎只有1937年上海"八一三"抗战初期才有过这样的景观。

据当地史料载：

我反攻部队于7月份进到下北、小西、和顺、洞山等地，各乡乡长即号召人民节省粮食，支援部队。和顺乡乡长[47]说："我们吃稀饭，也要给国军吃饱。"他要求全乡人民吃几天稀饭，在反攻来凤山战斗的前后十来天中，乡公所、老百姓家，把米饭一甑一甑地蒸熟，配合菜蔬，挑送到部队驻地和阵地上，全乡十五六岁以上的青壮年，轮流送饭、送子弹、抬伤员。人民对抗日战士的支援，极大地激励着战士们多杀日寇、全歼日寇的决心。

战后落户腾冲的老兵、预2师第4团特务排长王希孔回忆："在十多天中有很多当地人送沙包、弹药、白米饭。饭头上还有辣豆豉、包心白菜汤。有抬担架的，还有些青年男女放下担子跟着参战的。士兵们高兴地说，在别处打仗饿饭，在这里打仗老百姓送饭给吃，

---

[45] 方诚：《八年抗战小史》之十收复滇西之役，第57页。
[46] 阙儒：《阙汉骞将军与腾冲歼灭战》。据《戎马关山话当年——陆军第五十四军史略》，第205页。
[47] 原文为李德颖。本书上部已提及，李德颖于1944年初被害，此时乡长应为寸金奎。

打死也甘愿，死了也成一个饱死鬼。"[48]

7月26、27日，从和顺、水碓、上绮罗、中绮罗往来凤山我军阵地送子弹的、送饭团的、送茶水的乡民成群结队。他们几乎不顾头上的枪弹不停地飞过。这些群众中，有青年，也有五六十岁的老人，他们一个个挑着饭担、扛着子弹箱，不知哪里来的神力，个个行走如飞。水碓的老华侨李日治，被青年的激情感动，也约着五十岁的李生章，各抬一箱子弹往来凤山上送。儿子劝阻他年纪老了不要扛，李日治说："多少中国人死在日本侵略者的刺刀下，而今我能扛着子弹去消灭日寇，就是为了不被日寇的刺刀戳。"27日的进攻战，打得十分激烈，送子弹的民夫寸守国被打死在文笔坡。

进入夜晚，为了让进攻部队在战斗间隙能较好地休息，绮罗、和顺的民夫主动承担了第一线哨兵。绮罗乡的段尊六回忆说："7月26日晚，我和段启旺、杨正福三人在象鼻子坡替国军在第一线站岗，我们三人站的位置距离连部哨兵五六丈。进入下半夜了，隐隐看见4个敌人向我们爬来，我立即飞报连长，一排机枪扫去，4个敌人不动了，全部消灭。"[49]

此外，来自美军方面的有力支援，在整个抗战过程中也找不到可与比拟的第二例。

据美军战史：

"在争夺来凤山战役中，中国军队在依照美军所做的计划开始进攻前，于7月24日先作详细的侦察搜索。在攻击开始后，中国军队以大兵力一举进攻，而不像过去之零星使用。占领敌军阵地后，并且还遂行追击，未稍停顿。在这一次作战，中国远征军首次使用美国的火焰喷射器。美国工兵飞到前线，在前方指示中国工兵如何使用这个武器。中国军队使用火焰喷射器获得很满意的战果。此外，美国第14航空队的战斗、轰炸机协同攻击。"[50]

据载，在7月27日轰炸飞凤山后，一架小飞机发生故障，返航

---

[48] 王希孔：《反攻腾冲的回忆》。据《溅血岁月》，第118—127页。
[49] 黄槐荣（整理）：《腾冲的全民抗战》。据《腾冲文史资料选集》第一辑抗日战争专辑，第198—200页。
[50] 美国新闻处：《怒江战役述要》，第10页。

飞到界头南部的"旱坝"（当地人对沼泽地的称谓）时失去控制而坠落，机组技术中士詹姆斯·伍德科克牺牲。[51]

界头村民艾子昌看见飞机落后，便迅速地组织村民前往营救。但当他们赶到时，只看见伍德科克已连同飞机被烧焦了，手、脚都烧得缩作了一团，但手里还紧紧攥着一样什么东西。有人回忆说那是一件"和平战胜死亡"的护身符，是美军飞行员用炮弹皮做成的和平鸽形状的器物。艾子昌和村民把伍德科克抬出来，埋在了沼泽地边的一个小山包上，为了便于记忆还特地选在了一棵大松树下。在1948年前后，几名美国军人带着伍德科克的妻子在几名中国军人陪同下来到这儿，把伍德科克的尸骨迁回了美国。

据当地人回忆，因接近不易，这架美军坠机一直在沼泽地里未遭拆卸。人们最后一次看见它是1983年的4月，又一个雨季过后，它便陷入了更深的泥潭里。[52]

27日晨7时左右，预2师师长顾葆裕饬第5团续攻象鼻子，拟待攻占该地后再行夹击文笔坡（指二台坡）。8时30分第5团开始攻击，近午攻占象鼻子。遂依预定信号，通知接近文笔坡部队向南攻击，以夹击文笔坡高地。敌因首尾不能相顾，乃于13时许放弃其仅存之制高点，仓皇东逃，复受我文笔塔第6团火力阻击，几悉数就歼，逃回腾冲城者仅十余名。13时30分[53]，文笔坡亦为我攻占。经清理战场，敌遗尸约200余具，并虏获敌山炮、步兵炮及轻重机枪甚多。[54]

第4团第1营第3连连长孙剑锋，于当日午时来到文笔坡堡垒观察了第5团战况："从堡垒墙头望象鼻岭上二台坡、三台坡敌人，在第5团冲锋下，残敌退到反斜面，一会儿又攻进阵地，第5团不

---

[51] 据戈叔亚从美国得到的美军阵亡人员名单判断。
[52] 李根志：《美军"飞虎队"在腾冲》。据《见证历史——滇西抗战见闻实录（上）》，第213页。
[53] 54军作战日记为下午2时10分攻占。
[54] 据《陆军第54军滇西攻势作战战斗详报》（第52页）。54军作战日记为：获迫击炮1，并毙敌少佐1，士兵18名。

支后退;等一下第5团再攻上来,敌人又败出阵地,形成所谓拉锯战……傍晚听说,第5团已经攻占象鼻岭上敌人两个阵地……"[55]

据载,在预2师攻击象鼻子、文笔塔同时,"116师346团亦在来凤寺外双坡敌铁条网外开始攻击,借炮火之掩护,工兵勇猛破坏障碍物,故迅速突破双坡敌铁条网二道,与敌激战,于正午攻占敌堡垒大小十余处,逐次近迫来凤寺附近;复突破铁条网三道,攻入敌阵地之内部;继向来凤寺附近集团家屋突进,激战异常,并将敌由松坡通来凤寺之交通路遮断。至16时,将来凤寺完全占领,敌遗尸80余具"。[56]

当日,"36师106团亦将小团坡、白衣阁、叠水河等敌坚固据点先后攻克"。[57] "116师348团于19时20分占领税务司以北4个据点。师长赵镇藩即令347团第2、3两营推进至倪家铺、下满金邑各附近,防敌进袭"。[58]

在腾冲战役中,部队战斗记录中均不同程度地出现战报"不确实"问题,尤其是对战况进展打"提前量"的问题比较突出。前述之战况,均出自军、师战斗详报,但也有些史料与其记载有出入。

如,据潘世征战地通讯记述:27日下午2时,36师由腾(冲)八(莫)公路向山上白衣阁及小团坡进攻;另一部分(应为第4团)自营盘坡向山下攻击。但"当日进攻未有结果"。同时,116师346团也只是向来凤寺推进,并未"完全占领"。[59]在方国瑜撰述中,"346团向来凤寺猛攻,激战至下午4时,仍在对峙中"。[60]

在大量阅读当时军方战史资料后,笔者发现所谓"攻克"、"占

---

[55]孙剑锋:《我参加过抗日战争滇西反攻胜利战斗》。据《民族光辉——腾冲抗战史料钩沉》,第265页。
[56]《陆军第53军由怒江至腾冲会战斗详报》。据《保山地区史志文辑》抗日战争专辑之一,第160页。
[57]《陆军第54军滇西攻势作战斗详报》。据《保山地区史志文辑》抗日战争专辑之二,第52页。
[58]《陆军第116师唐习山、大塘子、江苴、腾冲各战役战斗详报》。据《保山地区史志文辑》抗日战争专辑之三,第77页。
[59]潘世征:《血战来凤山》。据其战地通讯集《战怒江》,第88页。
[60]方国瑜:《抗日战争滇西战事篇》,第49页。

领"这类概念，并不意味着已经歼灭敌有生力量。白天已经"攻克"、"占领"的阵地，晚上即可能出现日军的逆袭，以至于军方战报中难以解释这些反扑之敌到底是从哪里冒出来的。

据日军战史：

"7月27日傍晚，藏重大佐决意撤退，令来凤山的残余守兵后退到城墙阵地。于是战场便由外郭高地线直接转向城墙战。"[61]应注意，此处所记来凤山仍有"残余守兵"，他们仍在我军所谓已经"攻克"、"占领"的那些阵地上。

据日方撰述，来凤山守备队长成合大尉下令后退时，士兵们不愿意撤离。

"这里是我们自己命名的阵地，我们不撤退。"

士兵们对命名为樱、梅、松的阵地已经产生了感情，成合也十分理解。

"不行，这是联队长的命令。立刻撤退！"[62]

大约是吸取了此前日军夜袭的教训，27日晚8时，54军电告各师：今夜须严加防范，防敌突围；并饬108团集结于和顺乡附近，准备向敌突围方向增援——54军既有"防敌突围"的准备，也就是默认了战报中所谓"攻克"、"占领"当不得真。

果然，28日拂晓，日军再次于各阵地向我反扑。

据54军作战日记："28日凌晨3时，敌一部由小团坡、叠水河方面向我突围，均经我击退。4时许，敌又向来凤寺逆袭，刻仍与我346团激战中。"[63]36师战斗详报的记述为："激战至28日10时，占领小团坡、白衣阁，12时占领叠水河。"[64]

然而，最令人意想不到的情况来自方国瑜的撰述：

"28日拂晓，昨日在来凤山击退之敌，向我文笔塔（5300高地）第6团阵地反扑，该团以伤亡过重，至8时许，阵地之一部被突破。

---

[61] 中华民国史资料丛稿译稿《缅甸作战（下）》，第167页。
[62] 〔日〕相良俊辅：《菊と龍：祖国への栄光の戦い》，第262页。况冶译文。
[63] 《陆军第54军滇西攻势作战机密日记》（未刊档案）。
[64] 《陆军第36师腾冲城区战役战斗详报》。据《保山地区史志文辑》抗日战争专辑之三，第112页。

我即增援反攻，10时许，敌不支，狼狈向来凤寺溃退。"

日军既向来凤寺溃退，则346团从凌晨4时起战斗就没有间歇：

"28日清晨，346团突破敌铁丝网三道，攻入敌阵，复向来凤寺之敌猛攻。激战至下午4时，方将来凤寺完全占领。"

而且，当日348团的战况进展，也是在弥补前日战斗详报中所打的"提前量"：

"第348团先后夺取敌小堡垒4座，战至下午5时将花牌楼完全占领，并以一部于下午3时将帮办衙门亦完全占领"——但令人困惑的是，在方国瑜撰述中曾记348团早在7月12日午后3时即"占领"帮办衙门，7月28日该团又再"占领"帮办衙门，而实际上直到8月31日帮办衙门才真正被占领！[65]

而53军及116师的战斗详报，已经完全回避了来凤寺、花牌楼、帮办衙门等地名，转而叙述新的进展：

28日午后1时许，右翼队348团将二保街、沙水巷、尿水巷、工商会、大理会馆相继占领，在东关方面推进至距城垣仅百余米；左翼队346团将省立中学、海关署、六保街、税务局街、全仁街、五保街、四保街逐次攻占，[66]于午后3时许到达南门外百余米处与敌对战。该团官兵伤亡甚重，虏获战利品甚多。[67]

据载，当日我飞机57架分4批对来凤寺及腾冲城轰炸扫射。因敌我相距过近，至误伤我预2师官兵10余名。[68]

经过26日以来的惨烈战斗，预2师在36师、116师协力下终于攻占来凤山。28日上午，主峰5300高地竖起了一面国旗，军民在腾冲沦陷两年后重睹青天白日，莫不欢欣鼓舞。这座小小的山头，在这一刻成为中国抗战的标志，为世界所瞩目。

---

[65]方国瑜：《抗日战争滇西战事篇》，第49页。方国瑜撰述起始于1947年，且史料来源极丰，未注明出处，因此错讹之处已不可考。

[66]《陆军第116师唐习山、大塘子、江苴、腾冲各战役战斗详报》。据《保山地区史志文辑》抗日战争专辑之三，第78页。

[67]《陆军第53军由怒江至腾冲会战战斗详报》。据《保山地区史志文辑》抗日战争专辑之一，第160页。

[68]方国瑜：《抗日战争滇西战事篇》，第49页。

当日，第20集团军总司令霍揆彰收到美军顾问团团长弗兰克·多恩准将的祝捷电报。据说，我军攻克来凤山的进程使多恩颇感意外，"因为他预计非一个星期不成"。[69]而此刻，抗战首都重庆全城欢庆，蒋介石的报捷电也越过大洋发到了美国。不久，杜鲁门总统即令驻华美军方面向预2师师长顾葆裕、副师长彭劢颁赠了荣誉军团勋章。[70]

当日，众多远征军将领与腾冲士绅、支前民夫、看热闹的儿童纷纷爬到山顶，站在失去了两年的制高点上俯瞰腾冲城，分享胜利的喜悦。

最欣喜而自豪的自然是54军军长阙汉骞：晋升军长三天即获此胜仗，阙将军特骑爱马至来凤山顶拍照留念。"其时战马长啸三声，更壮威仪。将军吻马面后返回和顺乡指挥所，是日加菜进餐，并加发马夫20元。"[71]

腾冲和顺少年尹文和很幸运，因为预2师政治部住在他家，这天政治部主任周闾带着他也上了山，还让士兵搬了几把藤椅上去，似乎是预备给高级将领们坐用。尹文和的父亲后来在日记中特别记述了当日情景："攻破来凤山全部后，预2师政治部主任周闾、第一课课长李才祝、第二课课长杨骏鹏诸君，携季子文和往游，于敌尸上获中国式折扇一柄，系日本东条英机题赠高岛者。一面绿地黑字，横书'勋业显多难'五字，每字大二寸，疑署陆军大臣东条英机、陆军恤兵部；一面日本国徽，中心一红日，绿地，书龙六七四五部队高岛营长（查龙6745部队为日军第1野战病院代号，不应有"营长"的称谓）。周主任及政治部官佐十余人，住本宅约八个月之久。离腾时，持以赠予，此亦胜利品之一。"[72]

---

[69] 彭河清：《血肉换来的腾冲胜利》。转引自陈祖樑主编《江山作证》，第351-352页。
[70] 方诚：《八年抗战小史》之十收复滇西之役，第61页。"荣誉军团勋章"，又叫做"功勋团勋章"、"功绩勋章"，于1942年7月20日由美国国会决定设立，授予美国武装力量或盟军中在服役期间功绩卓著的人员（通常是主要人员）。
[71] 阙儒：《阙汉骞将军与腾冲歼灭战》。据《戎马关山话当年——陆军第五十四军史略》，第205页。
[72] 尹文和：《少年遭国难——腾冲沦陷时期片断回忆》。据《腾冲文史资料选集》第一辑抗日战争专辑，第240页。

几乎在所有史料中，均记述当日城内日军看到我军在来凤山顶竖起国旗，基于泄愤而发炮多发，好像是表示敬意的"礼炮"。实际上，这一记述最早出于《扫荡报》记者潘世征当日在现场的感语，后来他把它写进了报道中：

"来凤山之战，不到二十四小时光荣地胜利（原文如此），青天白日满地红国旗，在军乐声中升到半天空。这时记者正在来凤山的南面，步行向山顶前进。将到山顶，阙军长汉骞、周军长福成、顾师长葆裕、李师长志鹏、赵师长镇藩等十余位将领，也正分路到山顶去观察。敌人见我升旗，即发炮九响攻击，弹均落于荒郊。记者见炮弹爆炸，我军一无损伤，乃名之'礼炮'，是贺我升旗礼炮，也是对我们上山将领的欢迎礼炮。"[73]

当日，彭河清和潘世征两位战地记者均以极大兴致巡游战场，留下了所见所闻。

中央通讯社记者彭河清是一位专业新闻人，其记述简明扼要：

"我高兴极了，28日晨赶来来凤山视察。自某地往松园，于午间抵叠水河新桥，一排长阻余前进，告以南门外四、五、六保街刚刚克复，第一区内残敌尚未肃清，恐怕遇险。记者乃折往龙光台，从小山脚登山。遍山弹痕，血迹斑斑，我守军正忙于改造工事，而带胜利的微笑，有些则在水潭洗涤两日来的泥尘。山上本无水，这潭是我机轰炸而成的，却好贮了一池水来方便弟兄们。俯视腾冲，一目了然。南门犹有寥落枪声。黄昏时，敌已扫荡净尽。"[74]

出身西南联大的潘世征似乎更"才子气"一些，其好奇心之强、观察之细致、表达之个性化，与缅北战场的"业余战地记者"黄仁宇[75]极为相近：

> 记者于28日上午10时许，由和顺乡出发向来凤山上去视察阵地，有一条宽阔五六尺的石板路，是可以一直通到来凤山的半

---

[73] 潘世征：《血战来凤山》。据其战地通讯集《战怒江》，第88页。
[74] 彭河清：《血肉换来的腾冲胜利》。转引自陈祖樑主编《江山作证》，第352页。
[75] 黄仁宇在缅北为《大公报》等媒体撰稿写成的系列战地通讯，后结集为《缅北之战》。新星出版社2007年曾再版。

腰和来凤寺去的。和顺乡有千余户人,大都集中在一处,所以像一个小都市似的,本地人有"小上海"的称呼,正街长约二里。走到村梢头,有一座百岁坊,是一位老老太太百龄高寿时所建筑的,这就是上山的大门口,约七里上到山腰,就要爬一个四五百米的小坡到达山顶。

……在草皮上走向山顶,看到地上有一条军毡及一条皮带;再上几步,有一把枪刺及子弹带;又上几步有一支步枪,这一定是我们的一个弟兄阵亡的遗迹,使记者无限地伤心。

到达山顶上的大文笔坡,见到了预2师第6团的各连连长赵赓阶、张剑山、王才高、张玉平等几位,正坐在一工事旁休息谈心,于是记者就和他们长谈起来。张剑山连长攻击时,一颗子弹从他喉管摩擦而过,鲜血直流出来,他说:"当时我就叫声'啊呀!'立刻摸摸脖子,后面没有打穿,就说'还好',叫旁边一位排长给我看,知道只擦去一些皮,喉管气管一点没有伤到,就继续指挥攻击。"他的头下面,今天围了一大包纱布,有些血殷殷的颜色。

记者向他说:"可以下去休养一下了。"

"不,不要紧,没有关系的。"

几位连长带我参观敌人的阵地,他们讲着敌人顽强固守的情形。

"敌人在堡垒内死守,我们的弟兄一直到了工事的上面,敌人还是不愿意投降,弟兄们就将手榴弹从机枪洞口中投进去,才把敌人完全炸死而加以占领。"

说时,他们指给记者看炸坏的机枪洞口,这种工事太坚固了,只能炸坏一小部分。所以又由工兵重新略加修理,作为我军固守的工事了。

他们因为刚才得到休息,遇到记者就非常地高兴,把自己留作纪念的一面日本国旗,许多彩色版精印的日本军事邮片,敌兵用的军队手册、军用纸币给记者,作为纪念。一位连长又把几张从敌尸身上得到的照片,赠给记者,内有一张是一位年轻漂亮的日本太太和她三个儿女的照片。那几个孩子是一男二女,最大的名守夫,昭和十一年(1936年)2月22日生,今年才8岁;最小的伸子,昭和十五年(1940年)2月6日生,才4岁;下面写着,现住"福冈县三幡市屋敷町二丁目"[76]。这些字迹都是那女人的笔迹，真是："可怜来凤山头骨，犹是深闺梦里人。"大家看着这张相片，都惋惜不止，敌军阀把日本民众送到横断山脉的大山上面，活生生地送葬，不知究竟为了一些什么呀！

在山顶上，记者将敌人堡垒，一个个都参观了一下，从营盘坡上向西面山麓看，也见到2小时以前攻克的白衣阁及小团坡，许多士兵正在战壕内挖取战利品。[77]

与尹文和一样，12岁的和顺少年寸希廉当日也随第6团官兵上山看热闹。据其回忆：

当时，潘世征戴眼镜，穿一身黄毛呢军服，胸前交叉背着公文包和莱卡相机，戴着军帽。第6团团长方诚正坐在文笔塔的台阶上，清点从战壕里头拖出来的阵亡官兵遗体，从胸前的符号上分辨姓名和番号，并逐一登记在册。同时，向潘世征介绍来凤山战况。采访结束时，潘世征对方诚身边的战利品一把日本刀颇感兴趣，希望方赠送自己作纪念，方表示此物需要上缴，而未满足其心愿。[78]

可能缘此，潘在此报道中对预2师攻克来凤山战斗记述简略，连方诚的名字也未提及，反倒对此后参观的346团来凤寺战斗着墨较多：

因为来凤寺攻克了，所以记者决心向北下山，到腾冲的名胜中去作一次冒险性的旅行。在山顶上，观看腾冲全城已一目了然，现在下山去，敌人南门城堡上的阵地，正面对着记者下山的路，起初还有200多公尺的山沟，不久就到了开阔地带，除了青草而外，敌人很可能把我看得很清楚。记者知道敌人见一两个人行走，很少射击，所以硬着头皮向下去，幸而草色和记者衣服颜色相似，平安地走了四五百公尺的下坡路，到了来凤寺背后的丛林中，平安地进入来凤寺。

这儿有346团第3营驻扎，寺的范围很大，庙子也有好几院。

---

[76] 此地名疑有笔误，联系当时日本的行政区划，推测为福冈县八幡市木屋濑町二丁目。
[77] 潘世征：《血战来凤山》。据其战地通讯集《战怒江》，第91—93页。
[78] 据2010年8月13日凤凰卫视凤凰大视野栏目纪录片《光复腾冲》，采访寸希廉同期声。

记者走入靠东面的一个院子内，有8连张文忠连长在，正要谈话，萧振邦营长从中院闻记者到达，过来欢迎，记者即偕同前往一所指挥部内去。一面前进，一面谈此前作战经过，并指示给记者，敌人在寺内房屋下面所建筑的防空洞，有一个洞内，适巧为我弹打中，后又遭遇肉搏战，洞内死亡了五六个人。

敌人在山顶上第二阵地内（即文笔塔），有一个小粮仓，这儿却是一个大粮食仓及大弹药库，还有几百条旧衣裤及二三百双旧皮鞋，都在这儿。所以第3营自东面及来凤山顶象鼻子堡垒中间空隙的斜坡上攻入来凤寺的过程中，只死亡一个弟兄，伤五六个弟兄，而得到了巨量的战利品，真是："没有吃，没有穿，敌人给我们送上前；没有枪，没有炮，敌人给我们造。"记者不但吃了许多敌人的饼干和糖，临行时还带了许多小袋饼干走路。

在营指挥所内，见到了346团副团长李常荣。原来营长要留记者在寺吃了晚餐再往团部上绮罗去的，副团长说，周福成军长他们正在团指挥所内。记者仍由营附马荣杨引导，下山经过腾冲南门外闹市的稍头，向东前进。这时南门外敌人已全部退到城内去，我军前哨，已搜索到南门城墙100公尺以内的房屋内，准备攻击城垣了。

经过东部敌堡垒工事的时候，记者参观了一下，4具敌人的遗尸，掷在一个炸弹坑内尚未掩埋。

在团部，会见了周福成军长、赵镇藩师长，他们正在和美国联络军官谈作战经过及今后进攻步骤。因为军部、师部离此尚远，不久即回走。

记者当晚住在346团团部，与张儒彬团长闲谈到半夜12时许才睡觉。

张团长是辽宁人，出身于东北讲武堂，已从戎20载，今年已39岁。他说："当年内战，无一不参加，眼见弟兄死亡极多，而本人一次也没有受伤，真是留我生命，作为抗战用。"所以这几年抗战以来，他即奋勇转战各战场，在台儿庄大捷时受了伤，流血太多，休息一年半，又入53军，先后受伤共7次。眼见弟兄们一个个阵亡，心中不忍。现在他是："老是一种恐惧的心理存在着，不敢小看敌人，每一次作战的时候，我时常想着：用什么方法来减少弟兄的牺牲，以减轻私德上的损失。

"这次作战，自26日早上开始攻击，两天一夜，我在前线指挥。受到山顶上的敌人侧击，第一天攻不下，考虑结果，认为有两个大原因：第一，步炮不能协调；第二，距敌仅四十米以内，步兵动作迟缓。所以第三天（即28日），炮兵由团部来指挥，并饬弟兄在火线上，发挥最大机动性。我指挥炮兵后，不到三分钟，步兵即冲锋，第一波每班十个人，每人携带手榴弹四枚，第二波由冲锋步枪攻击，第三波为机枪冲锋。

"来凤山东线敌人4个据点，主力共3连。攻击中心堡垒，第一天中心堡垒40余人，伤亡小半。第二天增援来敌人30多人，全线敌人130余人，结果全部消灭。这次第2营张福善营长主攻，我军伤亡150余人，第2营正面敌不到20人，我军伤亡极微。

"当指挥主力作战的时候，我说：'我只见你们5个连长，不见敌人堡垒，就是你们5个人，哪一个头颈长得结实的向我诉苦。'当时，我的电话只有向前通话，后面问讯的，我一律以'先通前面'来应付，有捷报我自己会报告的。"

东线上以346团两营人马，攻克敌人4据点，进入来凤寺，挺进到城墙下面，不是没有原因的吧！[79]

超链接11：来凤山之战小结

在此前的叙述中，笔者刻意回避了我军各部队战果方面的记述，因为众多史料记录不尽统一，明显的夸张之笔甚多，有的甚至有些荒诞色彩。

实际上，这个问题与"战报不确实"性质相同，而后人面对这些不尽可靠的记述往往难以辨别，却乐于不加思考地津津乐道。虽说"胜利者是不应受指责的"这种说法被很多人接受，但一个民族的历史观和文化心理，也许正在这似是而非的观念中生长着。现在，笔者将各种撰述中关于战果的记述列举出来，并予以简单分析，不

[79] 潘世征：《血战来凤山》。据其战地通讯集《战怒江》，第93—95页。

知是否能引起感兴趣的读者深入的思考。这样的"小题大做"之举，并非纠缠既往，而是着眼于未来。

表 11　来凤山战斗战果统计表（7 月 26 日至 28 日）

时间	信息源	我军战果			我军损失
		歼敌	俘敌	缴获	
26 日总攻	潘世征	两阵地共弃尸 50 余具			
	彭河清	文笔塔阵地弃尸 124 具		山炮 2 门、炮弹 2000 余颗、九二式步兵炮 1 门、机步枪百余支，及无线电闪光器等战利品无算	
	杨纳福	歼敌百余	20 余人		
	方　诚	文笔塔阵地弃尸 52 具		房获敌山炮 1 门、重机枪 2 挺、机步枪 30 余支、仓库一所，其他重大文件装具等亦甚多	6 团伤亡军官 6 员，士兵 121 名
	方国瑜	敌伤亡 600 以上		山炮 3 门、轻重机枪 20 余挺、其余步枪甚多	总计 1000 余人
27 日反击	方　诚	敌遗尸 69 具		房获敌轻机枪 4 挺，步枪 38 支，电话机 3 架，牛肉罐头 300 余大箱（每箱 70 个）	伤亡军官 12 员，士兵 135 名
	彭河清	敌遗尸 47 具		房获迫击炮 1 门、重机枪 2 挺、步枪 35 支	
28 日反击	方国瑜 预 2 师	来凤山敌遗尸 40 余具		夺获轻机枪 2 挺，步枪 20 余支，电话机 2 部，炮弹 500 发	伤亡官兵 100 余名
	方国瑜 36 师	小团坡、白衣阁毙敌 20 余名			伤亡军官 2 员，士兵 56 名
	方国瑜 346 团	来凤寺敌伤亡约 100 余名，遗尸 80 余具		房获轻机枪 1 挺，步枪 12 支，手榴弹、炮弹 18 箱，被复线约 3000 米，手枪弹 10000 粒，战刀 1 把	伤官 4 员，士兵伤亡约 100 余名

由列表可知，实际上任何一方的记述都不具备精确统计的价值。特别是歼敌数字一项，完全是云山雾罩。

另外，54军作战日记中，对于26、27日两天战果及损失也有一个统计：

7月26日：

预2师伤亡：负伤官17，兵126；阵亡官7，兵142。损失：轻机枪1，步枪15支，冲锋机枪3支。毙敌：敌遗尸124具，卤获：山炮2，九二式步兵炮1，重机枪2，无线电机1，闪光器1部，步枪10余支，山炮弹千发，步兵炮弹三百发。

36师伤亡：负伤士兵30余，阵亡官1；卤获：步枪4支。

7月27日：

预2师伤亡：负伤官5，士兵46；阵亡官2，士兵38。毙敌：敌遗尸43具，内少佐1（龙六七三六）。[80] 卤获：迫击炮1，轻机枪2，掷弹筒2，步枪10支。[81]

据此不完全数据合计，日军在来凤山弃尸147具；我军阵亡官兵190，负伤224人。

27日，预2师第4团特务排长王希孔曾率本排打扫战场，据其回忆：

"我排在营盘坡清理敌人阵地，仅第4团主攻范围内，就有敌尸体150多具，我叫士兵就地掩埋，还拖去30多具埋在文笔塔东南边的两三个大炸弹坑里。文笔塔被炸倒后，还有1米多的塔根，塔旁有一个五六十厘米口径的大铜钟。缴获山炮1门，重迫击炮1门，轻、重机枪8挺，步枪50多支，电话机2部，指挥刀3把，弹药50多箱。在山顶北部，下10米左右处凹部，有个暗室，进深10米左右，全是40～50厘米原木满站满盖，上堆土2米多厚，内有医药、大米、罐头、工具、干菜、破烂武器等物资。

"其他团的情况我不清楚，仅第4团阵亡官兵200多人，其中连、排长12人，受伤的官兵300多人，特务排阵亡7人，受伤12

---

[80] 龙六七三六为日军148联队代号。然少佐之说不确。
[81]《陆军第54军滇西攻势作战机密日记》（未刊档案）。

人，有些连伤亡人数超半。"[82]

经对比可知，两种记述中日军遗尸数字大致接近；54军作战日记统计26、27日两天预2师仅阵亡189人，而王希孔所述第4团即阵亡200多人，尚不含第6、5两团的数字。显然，军统计的漏算是较多的。

一周后出版的美军《中缅印战区综合杂志》上，对我军战果也有记述："在攻占来凤山两天的战斗中，有超过380名日军士兵被打死，500人负伤……第20集团军缴获了大量敌人装备，包括2门榴弹炮、26挺机枪、132支步枪、1000堆子弹、1部电台、2门迫击炮和1挺防空高射机枪和其他物资。"[83] 其中的歼敌数字，应该来自我军的提供，笔者感到明显偏多。实际上，守备来凤山的日军为联队炮及步兵各一个中队，加上可能曾增援的太田正人机动队，总计也不会超过400人。

预2师第6团团长方诚是一个勤于思考和总结的指挥官。1946年，他为逃避内战考入陆军大学特8期将官班就学，1949年在陆大以川湘鄂绥靖公署少将副参谋长名义宣布起义参加解放军，新中国成立初期被刘伯承元帅选中担任南京军事学院教官。他在回忆录中对来凤山之战从战术方面心得，有如下归纳：

预备队长之察破好机适切行动，为攻击成功要诀之一：预备队任务最大，指挥最难，官兵亦最辛苦，部队更需要精锐机动。预备队长要亲自到一线观察战机，随时做主动的准备，并对上峰时作有利之建议，当得良好之战果；若认预备队可休息，一味听上官指挥而动，则难免动作失措贻误战机也。

坚固据点之攻击法：攻击敌堡垒，其最好办法，厥为选派特别勇敢之官兵，利用我空军及炮兵之火力压制与掩护，冒死接近敌垒，用火焰放射器喷烧，以战防枪、火箭筒摧毁，尤以手榴弹

---

[82] 王希孔：《反攻腾冲的回忆》。据《溅血岁月》，第118—127页。
[83] 据美国《中缅印战区综合杂志》，戈叔亚译。http://blog.sina.com.cn/s/blog_4d9e1cca010009gm.html。

由射孔投入，则可奏无敌不摧、无攻不克之特效，此役益足证不虚。又此役我第7连连长文屏如、第9连连长周连城，亲用手榴弹炸死敌山炮射手，其右手仍握在炮闩上，实可谓此役中精彩之节目。

歼敌反扑（逆袭）之方法：阵地占领后，防敌反扑，这是每一个官兵应有的准备和认识。但负责应付此项演变的指挥者，无论地区多大，兵力多少，务宜抽一部必要的兵力为预备队，随时控制，并使之充分休息，以备情况最有利或最恶劣时之使用。如此役敌之反攻文笔塔，倘不待天明，始使用新调来之第4连（连长王文蔬）及特务排之新锐部队，殊难达到理想之惊人效果。[84]

自蜚凤山、老草坡、龙光台、毗卢寺、来凤山等高地相继被我攻占后，残敌均已遁入城内，但仅以一部扼守东城外税务司署、帮办衙门、白马庙、饮马水河村，及西城外拐角楼、西林寺、英国领事馆各坚强据点。并设暗壕与城内保持交通，补给输力转用极为灵活。且城东、北、西三面地形开阔，阡陌交错，又有大盈江、饮马水河环绕，作为城外围之天然障碍，接近极为困难。仅城南方面我军于攻克来凤山之后，即逼南关，勉强可以接近。

为期迅速攻占城垣，7月28日上午9时，54军军长阙汉骞率幕僚人员亲赴来凤山视察，将敌阵及城缘工事侦察一遍，随后召集各师长、团长于和顺乡预2师师部，指示攻城应注意事项，饬各部队积极从事攻击准备。[85]

当晚，阙汉骞又将白天视察情况及个人意见，向总司令霍揆彰具申。大意为：先攻城之四角，再顺城墙延伸扩张战果；待确实占领城墙后，再围攻城中心区。期间要求空军轰炸城墙四角，协助步兵攻击。[86]

28日，日军腾越守备队长、148联队长藏重康美接到第56师团

---

[84]方诚：《八年抗战小史》之十收复滇西之役，第62页。
[85]《陆军第54军滇西攻势作战战斗详报》。据《保山地区史志文辑》抗日战争专辑之二，第59页。
[86]《陆军第54军滇西攻势作战机密日记》（未刊档案）。

长松山祐三命令:

"在师团主力的龙陵会战期间,要死守腾冲。"

据日军战史载:"此时,占领来凤山的远征军,企图进一步攻占腾冲阵地,特别是运输机连日来冒雨一天数次强行运输。"[87]

---

〔87〕中华民国史资料丛稿译稿《缅甸作战(下)》,第168页。

| 围攻腾冲城垣战役 |

第47章　日军城防及远征军攻城作战部署

（参阅附图 16、附图 18、附图 27、附图 28）

攻克来凤山后，腾冲围城作战又持续了近 50 天。即便在当时，后方的国民对远征军旷日持久的攻势也感到困惑不解。作为亲临火线采访的记者潘世征，颇感有必要在其采写的战地通讯中释疑：

反攻腾冲的我远征大军，自从飞渡怒江，肃清高黎贡山及来凤山等地 1.5 万余平方华里面积内的敌寇以后，全部作战的目标，只剩下了 12 平方华里的一个县城了。为什么这样一个小县城，老是攻不下呢？

到过腾冲的人，立刻会来辩论，说：这腾冲城墙是全用三四尺宽的大石块，造成的一座坚固的堡垒。我国数千年历史上，西南的历次边患，促使城墙一天比一天建造得完整和坚强。再者，这个城的东、西、北三个方向，完全是大盈江流域平原纵横交错的水田及河流，现在正是水稻生长的时期，翠绿的水田汪洋一片，成为拱卫城垣的天然屏障。向城墙接近，只有南门外及东南、西南二城角。

除有石头及泥潭保护之外，两年来敌人还在城垣之上建立了几百个小堡垒及防御工事。又为了防止我空军的进袭，城内每一所房屋的下面，都用大石块造了巨大的坚固防空洞及交通壕，这些条件都造成了这次反攻腾冲城垣时，攻城及巷战中，我军遭遇的重大困难。

我军血战攻克来凤山之后，腾冲全城早已在居高临下的大炮射程之中，敌寇的命运，是全部被控制了。可是顽强的敌寇尚以为他的武士道精神应用得当，后方的援军，更可及时来临，所以凭借他两年来所储藏的大量的粮弹，以及从近城各乡镇中搜罗去的牛猪等副食，准备死守到10月底，来完成他的迷梦。故对我自来凤山上直冲到腾城垣的大军，仍轻蔑和忽视。[1]

关于日军在腾冲的城防工事，李嘉祜在4月份提交的《腾冲敌情报告书》所记，应为我军制定攻击部署的重要参考依据。据其撰述，腾冲日军工事分为野外、街市两种：

野外工事：多凿入土中，或建土石房子，四面战壕，伐木倒地，连搭三尺，以为障碍。又用铁丝、绳子拴铜铃、洋铁筒及狗，以防我军夜袭而有响动。

市区工事：四城门用砖土木石塞堵，仅启南门以通出入，又于东、北、西三门外，各筑炮楼一座，高二丈许，皆以土木石砖筑成，城墙多掘炮眼，又穿凿城埂若干处为掩蔽部、驻军及藏军火，并穿通垛眼于城外。每街市路口，则架设竹木土石工事，以栅木铁丝网围之。

李嘉祜还补充介绍，因我空军历次轰炸目标较为准确，日军已怀疑城内有我方情报人员活动，故战前将城内老居民完全逐出，禁绝我内外情报联系。[2]这一点，后来客观上减少了平民伤亡，但日军的动机却是为自身安全考虑。

战后，日军公刊战史中披露的情况，基本印证了李嘉祜所提供情报的准确性：

（腾冲）防御设施概要：

1. 在各门外及各城墙角建造石材及混凝土的碉堡，围上铁丝网，在其前方周边构筑简易的掩盖阵地。

2. 在各城门上及各城墙角上设置用泥土、土木所构成之中强度有掩盖的炮座及机枪座，并在各面城墙下方构筑兼作防空壕使用之居住场所五六处。

3. 城内各大街道周边构筑轻掩盖阵地，与交通壕相连结，并随

---

〔1〕潘世征：《铁城顽寇就歼记》。据其战地通讯集《战怒江》，第99—100页。
〔2〕据腾冲县政府民政科长、国民党腾冲县党部书记长李嘉祜1944年4月20日呈报《腾冲敌情报告书》。

处设置防空壕。

4. 促城外市区之居民迁移,扫清主要地点之射界。[3]

在预2师攻击来凤山期间,第20集团军即于7月27日18时下达攻城命令:

腾冲附近残敌,业已遁入城内,似图固守待援。集团军决心以主力围攻腾冲城内之敌,一举歼灭之。

第54军,附重迫击炮一营,向腾冲城南门亘西门、北门至东门(不含)之线攻击;配属该军指挥之预备第2师,先固守来凤山及来凤寺,随时准备策应作战。

第53军,应以第116师附重迫击炮一营,及该军山炮营,向东门亘南门(不含)之线攻击;该军第130师,除担任南甸对西警戒,及马垒、龙头街、蛮乃对龙陵之警戒外,应抽调一部位置于倪家铺附近,以策应第116师作战。[4]

集团军命令特别规定:攻城作战开始后,各部"凡生获俘虏一名,由本部奖洋1000元"。[5]

54军奉命后,即决心保持重于城南方面,乘我空军轰炸城垣取得成果,或爆开缺口时,一举突入城内展开巷战。以36师附重迫击炮一营(欠1门)、山炮一连及火焰放射队(欠2具),担任城西南之攻击;198师附重迫击炮1门、军山炮一营(欠一连)及火焰放射器2具,担任北门亘东门(不含)之攻击;预2师以第6团固守来凤山,主力集结于来凤寺附近,为军预备队;所配属之第6军炮兵营为军炮兵队,位置于老草坡附近,以火力支援36师攻击,以一部制压敌炮兵。

53军奉命后,即以116师附重迫击炮一营、军山炮一营、工兵营(欠一连),展开于东门亘南门(不含)之线。130师附山炮2门,仍防守马垒、上下勐连之线;其389团(欠一营)为军预备队,位

---

[3] 据日军对华作战纪要丛书《伊洛瓦底会战——缅甸防卫的失败》,第363页。
[4] 胡璞玉主编:《抗日战史》第二十九章缅北及滇西之作战(二),第193页。
[5] 《陆军第54军滇西攻势作战机密日记》(未刊档案)。

置于大董附近。[6]

关于此时日军之应对，据日军卫生兵吉野孝公回忆：

敌人渐渐地逼近了城墙。联队本部决定在城内与敌人展开决战，为此所有人员立即开始作战前准备。各自的守备任务及人员部署已经确定，其情况如下：

东面、东南角、西南角各阵地，第2大队主力400人；西面、西北角、北面阵地，早濑混合部队200名；北面、东北角、饮马水、水田、税关[7]各阵地，高木中队的混合部队300名；中门（即文星楼）附近阵地，本部预备队200名，加上野战医院的部分伤员200名。我被安排在高木中队的附属部队里，从东北角阵地被调到东门前的饮马水阵地，由竹迫小队长指挥。此时的守备队共有1200人，要迎击已层层包围我们的4万敌军，敌我兵力悬殊30余倍。[8]

据日军战史，6月27日148联队第3大队转往龙陵后，据守腾冲日军为2025名。按吉野孝公记述的数字，在包括来凤山之战在内的腾冲外围战事中，我军已歼灭日军800余人。关于我军兵力，吉野孝公记述6月27日约为6万，攻城开始后约为4万。但据我方史料，在渡江反攻时，第20集团军总兵力也不过46000人[9]，每个师均为七八千人。经历高黎贡山和腾冲外围攻击作战，以伤亡30%做保守估算，即尚余32200人（战斗中各部均未获得补充）。则我与敌兵力对比约为26∶1。[10]因此，吉野孝公这一记述虽有所夸大，但大致符合实情。

---

〔6〕 方国瑜：《抗日战争滇西战事篇》，第51页。
〔7〕 即我方所谓税务司署。
〔8〕 [日]吉野孝公：《腾越玉碎记》，第48—49页。
〔9〕 军令部第一厅据远征军长官部呈报《滇西战役远征军参战人员和死伤统计表》计算。据《保山地区史志文辑》抗日战争专辑之三，第265页。
〔10〕 战后，日军第56师团战友会"云龙会"编撰的《拉孟、腾越——玉碎的实相》（第22页）中推定，腾冲战役中中日兵力对比为25∶1，松山战役中中日兵力对比为33∶1。经笔者核实，前者准确，后者应为26∶1。

第48章　47天攻城作战日志（上）

（参阅附图16、附图27、附图28、附图31）

7月29日（攻城D日）

54军、53军分别向所属各师下达作战命令。

当日晨，54军军长阙汉骞率指挥所人员进驻宝峰寺，距第一线阵地约3000米。

上午，一个从城内逃命出来的老百姓来到上绮罗346团团部，向该团团长张儒彬报告城内敌军现状。战地记者潘世征经旁听获悉：城内之敌共约1500余人，内有三分之一伤病者，在148联队藏重康美联队长、留奥联队副官、松冈大队长[1]，及宪兵班长、行政班本部长等领导之下，分守四城门。有大小炮十余门，重机枪四五十挺；马300余匹，牛200余头；随军营妓朝鲜女人30多人。还有为虎作伥、为非作歹的汉奸杨吉品、熊世会、杨楚荫（即杨楚英）三逆及其小喽啰家眷等五六十人，台湾、福建籍通事（即日军翻译）3人；通事3人有投降我军之意。

中午，潘世征自上绮罗出发，继续巡察战场，经下绮罗、和顺乡到达白衣阁、小团坡等阵地。"这个记者亲眼见到攻击的敌堡垒，仅隔一日，即得泰然经过，心中无限地欢欣。当经过叠水河上敌人钢骨水门汀筑成的双重堡垒时，见到那样险峻奇特的形势，那样优美可人的风景，想不到给敌人占领了二年，花了许多壮士的血汗，

---

[1]此处"松冈大队长"疑为第148联队第2大队部编外军官松冈芳一郎中尉。

才重见光明……沿路上见我军又已纷纷向城垣挺进，许多行程甫定的弟兄在树林内的村落房屋中间择地宿营，百战士卒无一不精神饱满，戎装整齐。"[2]

午后5时许，阙汉骞接总司令霍揆彰电告：美机将于午后6时来腾轰炸。6时半，我机3架开始对腾城东门轰炸，继而飞机4架又向城东北角轰炸。但两弹误投城外何家寨、田心我防地内，伤我592团士兵12名，亡排长1员、士兵7名，并将116师电话线炸断数处。[3]

在整个战役期间，由于我空地协同不佳，发生误炸事件多起。因为此次误炸造成伤亡达20人，在美空军人员中亦有记述。

2004年8月2日，美军第14航空队老兵克利福德·隆重访战地，在腾冲国殇墓园与当地9名远征军老兵亲切握手、交谈。其间，与克利福德·隆请同行的中美航空历史遗产基金会主席杰夫·戈林向9名中国老兵问了一个问题："60年前，为了完成轰炸任务，克利福德·隆曾误炸了中国远征军。但是，如果不那样做，中方的伤亡可能会更加惨重。这么多年来，尽管可以说服自己，但克利福德·隆仍然十分不安。你们怎么看飞虎队员？你们会原谅他吗？"

通过随行翻译的解释后，9名老兵不约而同地对着他摇了摇头。他们或拍他的肩，或伸出大拇指，告诉他："我们理解，我们是同一条战壕的战友。"与克利福德·隆同岁的卢彩文笑着说："你们从万里之外来到这里帮助我们打日本人，我们是不会忘记你们的！我们不怪你。"听说这话，克利福德·隆用力握住卢彩文的双手，对他说："我们活了下来，我们是战友。谢谢你们！"[4]

实际上，在空军误炸之外，战事中还屡屡发生我炮兵误炸步兵的问题。"友军炮火"成为一个战场伦理问题，令人困扰。但无论在当时还是战后，中国人总是对此予以最大程度的谅解。

据载：晚7时半，敌阵内枪炮声忽起，8时许，敌开始向饮马水河"突围"。54军即令198师堵击，并饬其将预备队向前移动。8

---

[2] 潘世征：《血战来凤山》。据其战地通讯集《战怒江》，第96页。
[3] 方国瑜：《抗日战争滇西战事篇》，第52页。
[4] 史迪威驿站网文章《克利福德·隆：昔日"飞虎"》。http://www.sdwyz.com/flying/flying/200704/flying_418.html。

时稍过,敌300余已由饮马水河突出,198师及116师与敌激战中,我炮兵亦于此时间开始射击,支援战斗。8时30分枪声稀疏,至9时枪炮声又大作。9时10分以后,枪声渐停,敌已窜回城内。晚11时,饮马水河敌两次"突围",又为我198师593团所击退。[5]

54军作战日记中记述日军为"突围",实际上日军此时绝无突围打算,此为其在防御战中惯用的夜袭战术。对此,潘世征的记述为:

"敌人见我数个工事被炸毁,又见我大军连日来只顾攻击来凤山及南城门,所以于晚8时许即借新月的光芒,向饮马水河以北的田心一带攻击,想乘我军新步骤未完全之时,作突围之举。敌人哪里知道,固守田心的是他们自己称为'死对头'的198师592团呀!敌人以大炮、机枪、炸弹等死命攻击的结果,我军只伤亡了七八个人,而敌人死亡数十人。敌攻击我军大约有三个钟头之久,战况的激烈,不亚于26日我军向它攻击的凶猛。但是我守军寸步未退,发挥了真正国民革命军的伟大精神。

"198师叶佩高师长,是晚在指挥592团坚守外,并命令在城西北拐角的593团,发动向拐角楼敌人的攻势,想一举而冲入城内。但因攻城时机尚未成熟,没有进展。"[6]

7月30日(D+1日)

凌晨2时,敌百余名由北门向我突击,被我198师593团堵击,遂对峙于北门附近。

当日,各部接奉集团军命令:"各部队攻克城垣时,应尽先搜捕匿藏之敌,免受其狙击之害。切勿以虏获物品为目的互相竞争,尤其各有区域,不得越界取物引起纠纷。"[7]

此时,我攻城各部队攻击态势为:

36师一部,控制于小山脚及和顺乡;主力展开于南关及东营之线,106团对南城墙、107团对西南城角,准备攻击。

---

[5]《陆军第54军滇西攻势作战机密日记》(未刊档案)。
[6] 潘世征:《血战来凤山》。据其战地通讯集《战怒江》,第97页。
[7]《陆军第54军滇西攻势作战机密日记》(未刊档案)。

198师一部，守备尹家湾及董库；主力展开于陈家湾、何家寨及饮马水河之线，593团对拐角楼、592团对饮马水河，准备攻击。

116师以346团转移于右翼，对东门及帮办衙门之线攻击；348团由帮办衙门以南至南门以东之线攻击；347团为师预备队，位置于满金邑附近。[8]

午后5时许，城内遭我轰炸，致数处起火，延烧达2小时。[9]

7月31日（D+2日）

各部队仍做攻击准备，未发生激烈战斗。中午12时许，敌在饮马水河西岸附近修补工事。592团以机枪向之扫射，敌即窜回城内。[10]

当日，54军参谋长刘廉一、副参谋长文锷及参谋处第一、二课长集议，研讨对腾冲之敌攻击方法，提出各阶段作战方案如下：

甲　由城南方面实施越城强攻

一、先以空军对城楼及城四角予以猛烈之轰炸，以求破坏敌之城头堡垒，然后在城南方面以战斗机掩护，并继续对城厢及城北方面予以轰炸，使敌不能全力予我以抵抗。

二、以54军及53军炮兵主力分置于鹅笼以南及绮罗练各附近，主以火力指向南门城墙及西南及东南城角，于开始攻击前实行破坏射击。俟空军轰炸城南后，继以猛烈射击以制压城头堡垒之敌，掩护攻城部队之爬城及攻击；俟我攻城部队接近城头堡垒时，即应延伸射程，射击城东西两城楼敌逆袭及增援。如城厢内有敌炮兵发射时，予以制压，并对城西及经城角沿城墙至南门与由南门经城墙至东门城墙之线及城内（射击）；另以一部火力使攻城部队于爬城时得以适时予敌以制压。

三、116师、36师两师攻城部队，应以第一线营三分之一为爬城队，三分之一为掩护队，三分之一为控置部队，并以工兵编成爆破队。爬城部队又分为三波：第一波携带轻机枪、小迫击炮、火焰放射器及其

---

〔8〕胡璞玉主编：《抗日战史》第二十九章缅北及滇西之作战（二），第194页。
〔9〕方国瑜：《抗日战争滇西战事篇》，第52页。
〔10〕《陆军第54军滇西攻势作战机密日记》（未刊档案）。

他近战武器与爬城工具，于我炮兵及重火器火力掩护下实行爬城。成功后，即速攻城头堡垒，并掩护第二波爬城；第二波携重机枪、火箭筒等，继第一波爬登城以扩张战果；第三波携带步兵重火器，继第二波之后登城。于攻克城头堡垒后，即应固守已占领阵地，使第一波得以继续沿城墙向东西两城楼攻击。掩护队应以轻机关枪及迫击炮，利用城南门外家屋，直接掩护我爬城部队之登城及攻击。对城南通西门及东门部分，亦须有一部火力，并得阻止敌之增援及逆袭。

爆破队于第三波登城后即将城门爆破，俾主力得以入城。

四、助攻方面之 116 师、36 师两师各一部，于其主力由城南爬城攻击时，亦须由东、西、北三方面与敌接近，佯行爬城并相机登城。此时，198 师、预 2 师两师主力须控置于城西、城北、城南三方面，以防敌之突围，并得适时予敌以追歼。

乙　乘我空军轰炸有缺口时，强行攻击之部署

以空军于城南轰炸使城墙缺口，然后继以炮兵火力俾于缺口前构成扇形墙壁，并以一部火力指向于城头堡垒予以猛烈之制压。此时我攻城部队以一部乘机取道缺口入城，在炮兵掩护下构成半圆形阵地站稳脚跟，然后主力入城扩张战果，以行街市战。

丙　任敌突围，俾我主力得于城南地区强（迫）敌与我决战而歼灭之

198 师应固守大盈江及沿饮马水河之线，并应于 5268、5138 各高地构筑预备阵地。乘敌突围南下时，即以 53 军、54 军预备队实行追击，将敌压迫于飞凤山西方地区而歼灭之。[11]

8 月 1 日（D+3 日）

晨 5 时，敌在西门外倚虹楼[12]、新桥及英国领事馆附近出没。36 师 107 团于大盈江北岸发现后，即以轻重机关枪、小迫击炮射击，敌即窜回。198 师于饮马水河北岸及大盈江西岸，对城北实施近迫作业。[13]

---

〔11〕《陆军第 54 军滇西攻势作战机密日记》（未刊档案）。
〔12〕原腾冲老城西门外的倚虹楼今已不复存在，但西门外大街现被命名为霓虹街，应与此关联。
〔13〕《陆军第 54 军滇西攻势作战机密日记》（未刊档案）。

8月2日（D+4日）

黎明，北门及西北城角之敌以步枪向我射击，妨害我军近迫作业。198师当即予以还击，一时枪声甚烈，不久即止。北门外敌一堡垒已于昨日被我炮兵击毁，敌无法修复。

9时，集团军总部以电话通知各军：中午我机将飞临腾城轰炸。

9时30分，54军军长阙汉骞接奉总司令霍揆彰电话，要旨为：

本日我机轰炸后，不论将城墙炸开缺口与否，部队均应极力开始攻击。

198师应先向北门发炮，使敌注意力集中于北门方面；尔后并应集中炮火于南门方面，掩护攻城部队爬城。至于攻城部队，即便我机轰炸时命中城墙四角，似仍应以城门为主要目标、城四角为辅助目标。

应集中迫击炮、山炮向城门口射击，后再以工兵编成爆破队，继炮兵射击后将城门炸毁。再以迫击炮及轻重机枪等火力掩护攻城部队入城，迅速占领要点扩张战果。

对先入城占领据点得以立稳脚跟而获攻克城墙之师，总部赏洋10万元，并制赠荣誉旗一面；对有功勋之官长，准报请军委会核奖或请颁发勋章。

奉令后，阙汉骞即以电话令各师长遵照。9时40分，又电令工兵营第2连：限12时以前到达上庄归36师指挥，担任城门爆破。

当日天候开朗，晴空万里，我空军战机出动多批次对腾冲猛烈空袭：

上午10时，战斗机4架轰炸扫射城东南门外，同时，以P-38式2架投弹2枚落城内；

10时30分，战斗机4架轰炸、扫射城东北饮马水河及城内；

11时20分，战斗机4架轰炸、扫射城东南门城内；

12时20分，轰炸机1架炸东南门内，同时战斗机3架轰炸及扫射饮马水河附近；

12时45分，轰炸机6架炸城内，同时战斗机4架扫射轰炸城东南。

以上共轰炸机12架，战斗机21架。除在城东南角之城墙炸开一小缺口外，余弹均落城内外，并未炸中城墙。

午后3时，战斗机3架扫射、轰炸南门城内外；

4时15分，战斗机4架扫射轰炸城区中央；

4时30分，战斗机4架轰炸东门内。

以上战斗机11架，亦未炸中城墙。[14]

据潘世征战地通讯：

"这天早上，大炮开始隆隆发射，我空军亦来助战，来了9批飞机，共40架，把石头城炸了又炸。所炸的目标是城墙，因为炸开缺口之后，我军可以爬登，向内攻击。飞机轰炸和大炮射击，是这次攻城的前奏曲。倘若没有这种武器，这个坚固的石头城，真可称一夫当关，万夫莫敌。以血肉之躯，要想超越十多公尺高的城墙，真是一个理想；这个理想被我们的步炮空三军密切地联系，于发布攻击命令的日子，开始实现了。

"1000磅重的炸弹，是被空军从遥远的祖国空军根据地（指美国本土）运来的，很准确地炸中在石城上。当攻击令未下以前，四周的城墙上面，大概早有十个缺口了。敌人对这缺口，往往是连夜把它重新阻塞起来，他们的方法是利用城内的汉奸及被强迫入城的苦力，打木桩围铁丝网，垒沙包，阻止我军的登越。"[15]

自上午11时起，116师于我空军轰炸间隙率先开始攻击。

346团攻击城东门外帮办衙门及东方医院数处坚固据点。经激战后，先破坏敌之铁条网，继而占领四五个小堡垒。16时许，一部冲入帮办衙门院内，占领敌工事数处，与敌发生激烈争夺战。

午前，348团利用飞机猛烈轰炸及炮兵射击成果开始攻击。于东南城角东侧炸毁的缺口处（长约十余米），官兵踊跃前进，前仆后继，奋勇登城。敌虽数次冲杀反击，终被我击退，该团第9连于16时陆续登城成功。[16]

据潘世征战地通讯：该连首批登城者为步兵42名，由348团

---

[14]《陆军第54军滇西攻势作战机密日记》（未刊档案）。

[15] 潘世征：《铁城顽寇就歼记》。据其战地通讯集《战怒江》，第100页。

[16]《陆军第53军由怒江至腾冲会战战斗详报》。据《保山地区史志文辑》抗日战争专辑之一，第162页。

第3营霍副营长率队。"上了城墙后,该连立刻构筑工事,防止敌人的迎击。两侧的敌工事中,几挺机枪向我射击,几十个顽寇分路向上肉搏,手榴弹、枪榴弹集中攻击我登城的部队。但我军沉着应战,英勇的斗士,一个个地负伤退下来,后继的人,又补充了上去;工兵也同时在建筑交通壕和防御体……这一个据点,自攻克的那一分钟起,一直到次日的早上,我们是站稳了脚跟。"[17]

13时30分,总司令霍揆彰以电话命令54军各部开始攻击。

14时许,198师以593团第2营(欠一连)于拐角楼附近渡过大盈江、592团一连于饮马水河村附近渡过饮马水河,分别向当面之敌攻击。因地形开阔,敌火网浓密,接近困难,乃于距城墙200米处停止,构筑工事,与敌形成对峙。[18]198师伤军官5员,亡士兵20余名。592团第2营营长周昆及第5连副连长均受伤。[19]

14时55分,36师开始攻击。16时,追抵西南城脚。17时,左翼107团以急造之竹梯开始爬城。17时30分,第2连连长刘恩宪亲率第1、2两排奋勇先登,攻占城垣西南角城墙上敌堡垒3座(西南敌堡垒共4座)。因城墙上敌火网浓密,连长刘恩宪当即阵亡,其余官兵也相继伤亡殆尽。[20]该连第3排因敌火封锁,未能继续登城,遂在城下与敌成对峙状态。该连计伤亡军官3员,士兵31名。

108团第2、3两营同时于西南城角东侧爬城,伤亡士兵26名,未能奏功。入暮,也与敌隔城对峙。[21]

据中央通讯社记者彭河清报道:"下午2时许,我们雄立来凤山上观战,犹如置身电影院,这场景,实是抗战以来破题儿第一遭。轰炸机竟日扬威,指挥机不断指挥,炮兵射击,步兵前进有如运动场上锦标赛,谁也不肯落后。那紧张的一幕,真的精彩,环观的民

---

[17] 潘世征:《铁城顽寇就歼记》。据其战地通讯集《战怒江》,第101页。
[18] 《陆军第54军滇西攻势作战战斗详报》。据《保山地区史志文辑》抗日战争专辑之二,第62页。
[19] 《陆军第54军滇西攻势作战机密日记》(未刊档案)。
[20] 据《第20集团军腾冲抗日阵亡官佐名录》,刘恩宪上尉为河南光山人。
[21] 《陆军第36师腾冲城区战役战斗详报》。据《保山地区史志文辑》抗日战争专辑之三,第116页。

众眼福不浅,他们啧啧称道:'出气了!出了这口气!'"[22]

同为观战者,预2师第4团第9连机枪手陆朝茂的心情截然不同。当日,陆朝茂站在来凤山上看着空军向城墙投弹之后,步兵在一片喊杀声中,潮水般冲向城墙和城外的工事,但是每次都被日军密集的火力网挡回来。"我们的装备不算好,没有什么重武器,要么靠近城墙安放炸药,要么等着飞机炸才能打开城墙。最后也就是靠着飞机才打开缺口的。"[23]

日军战史对当日战事的记述为:

"8月2日晨,远征军开始炮击腾冲阵地,发射炮弹达3000发。[24]在约60架战斗机的配合下,第36师向西南城墙,其他各师在强化包围态势的同时,各以一部分别从正面开始攻击。远征军在攻击时,首先以炸药破坏城墙,以火箭炮或火焰喷射器,对准枪眼强行攻击。"[25]

8月3日(D+5日)

凌晨3时许,108团又以一排继107团爬城队自西南城角爬城,不料亦遭敌火力交叉封锁,进退维谷,全部被歼。计阵亡排长1员,伤亡士兵24名。[26]日军战史记述为:"8月3日西南角的碉堡被破坏,一部分敌人从此突破口冲入城内。守备队乘夜采取逆袭,将远征军击出城外。"[27]

116师346团在东门外帮办衙门院内与敌激战。敌据高楼及预设之碉堡,守备极为坚固。我官兵奋不顾身,勇猛进击,占领少数堡垒,与敌在院内形成对峙。

348团一部占据城墙上缺口,迅速构筑工事,终日战斗不断,我守备较稳。在右翼,有敌重机枪巢一座,我屡受其侧射。我官兵

---

[22] 彭河清:《血肉换来的腾冲胜利》。转引自陈祖樑主编《江山作证》,第352—353页。
[23] 朱雨晨:《逐屋肉搏——陆朝茂亲历惨胜腾冲》。据《中国新闻周刊》2005年26期。
[24] 另据《远征军炮兵指挥部各炮兵部队参加滇西战役高黎贡山亘腾冲地区战斗详报》(第269页):"上午10时,炮兵对城内行点目标射击。下午4时,掩护步兵作爬城战,但未奏功。"
[25] 中华民国史资料丛稿译稿《缅甸作战(下)》,第168页。
[26] 《陆军第54军滇西攻势作战机密日记》(未刊档案)。
[27] 中华民国史资料丛稿译稿《缅甸作战(下)》,第168页。当日,中国驻印军攻陷密支那。

激于义愤，在城上奋起实施果敢冲锋，将敌机枪夺取。同时，工兵乘势破坏扩张所占领之缺口，将我占据阵地延伸至50米宽。[28]

当日，54军接奉集团军于8月1日下达的腾冲城攻击计划：

第一 方针

一、集团军为迅速攻略腾冲城之目的，应以兵力一部确保来凤山，并占领南甸、龙头街等处阻敌增援；以主力于炮空火力掩护之下，一举突入城内，逐次攻击而占领之。

第二 指挥要领

二、以有力一部确保来凤山，并于南甸、邦乃、龙头街之线各筑所要工事，确实阻敌增援，使攻城部队作战容易。

三、主力于炮空火力掩护之下，一举突入城门或缺口，先求立稳脚步，再行逐次消灭敌之抵抗。

四、敌如断然反击，甚或企图突围逃窜时，我应以炽盛火力扑灭之。

五、我入城各部队应于各个攻击区域或目标，同时行果敢之扫荡战，使敌各个据点孤立，无法支援。

六、各部队之预备队，除随攻击部队推进并应随时扩张战果或增援外，并应各以一部确保进入路（城门或缺口）之安全。

第三 兵团部署及任务

七、53军以130师之主力于龙头街、邦乃、南甸之线构筑所要工事，确实阻敌增援。该军之116师附配属部队展开于东门外（含）亘南门外之线（南门街不含），攻击由东门大街（含）亘南门大街（街道不含）至城中心十字大街之交汇点东端之东南区域而占领之。

54军附配属部队（欠预2师）展开于南门（含），经西门、北门亘东门（东门街不含）之线，攻击南门大街、西门大街、北门大街、东门大街（东门街不含）东北、西北、西南等区域之敌而占领之。

预2师确保来凤山之占领地，并加强工事。

---

[28]《陆军第53军由怒江至腾冲会战战斗详报》。据《保山地区史志文辑》抗日战争专辑之一，第163页。

八、54军及116师之攻击区域地境如次：东门桥、东门大街、城中心十字大街交会点之东端（以上之线归116师）；南门大街、南门城门（以上之线属54军）之线。

第四　攻击实施及注意事项

九、攻城部队应以城之四周不时佯攻，并于拐角楼方面故意暴露登城企图，及间为登城佯动，以牵引敌之注意及防御重点于该方面。

十、在攻城开始之前，应于拂晓先在拐角楼开始确似真面目之攻击，其他方面在暂行佯攻。迨黄昏或次日拂晓（主力以黄昏为妙），突于东、南、西三门同时集中炮火指向各城门猛击。此时，空军除以一部轰炸城内之敌人外，另以主力指向东南门城墙轰炸。

十一、我攻城部队即利用炮、空射击成果，一举突入城门或缺口，确实立稳脚跟，再行逐次之攻击扫荡之。

十二、我攻城部队既入城后，各军师预备队即应随攻击部队之进展，适时扩张战果或增援。并各应以有力一部确保进入路口之安全（城门或缺口）。

十三、各部队突入城门或缺口之当时，除直前纵深阻敌街市反攻外，其余应先求城墙上及其下方之敌而消灭之，再利用建筑物逐次向市内之敌紧迫攻击之。

十四、实施街市战时，应注意敌利用建筑物制高点或楼房之射击，此时，我亦有同样之制压射击。

十五、对敌之饮水应设法断绝，并要求敌之指挥所而攻击之。

十六、攻击部队在街市前进时，或于每一占领区内应严密搜索，以免中伏。

十七、各部队之联络，攻进城之官兵均应佩戴特异显目之标示记号，以免混乱。

十八、如巷战当日未能终结，有待于次日之攻击。一入夜后应严密戒备，最好将近敌方之房屋放火，使敌难以接近。

十九、各部轻重机枪、战防炮应配置于街口，指向敌方街头堡垒及核心工事而射击之。

廿、城之四面堡垒应先摧破之，再行街市之扫荡。

廿一、各部队应利用现地器材，准备移动携带入城，阻止敌之逆袭，并多携带易燃物及爆破器以备应用。

廿二、部队入城前，应充分携带干粮及饮水。

第五　通信联络

廿三、师以上以有线电为主，无线电为助；进城部队初期以无线电话及信号为主，进城以后即以有线电联络之。

第六　兵站及卫生

廿四、兵站应充分准备进城部队之粮弹，并应尽可能追补之。但卫生机关如现设置。

54军奉令后，即电转饬各师遵照实施。预2师及36师由胡课长送交，198师由传骑班军官送达。[29]

8月4日（D+6日）

拂晓前，116师346团于帮办衙门院内与敌继续争夺，至拂晓后始终止，我官兵伤亡20余人。[30]晨5时起，城内敌向东门方面炮击甚烈。116师当即予以还击，一时枪炮声大作，至6时暂停。

当日晨，中央通讯社记者彭河清经由荒芜满途的南门外市区，从城垣破壁中东达城东南角348团战壕，小心翼翼地攀上缺口，潜身堡垒中窥探城下之敌。"则见钳形工事中，机枪交互架设，敌兵皆上刺刀，怒目警戒。如果冲下去，只有白白牺牲。我们最好的办法，是加强工事，以待时机。"[31]

中午11时许，我机先后飞来4批（每批4架）轰炸。第3批轰炸命中拐角楼北端城墙，炸开一缺口，宽约6米。第4批炸中西南城角，炸成一缺口，宽约7米；唯城之基脚尚余1.5米。

据载，炸开西南城角这个缺口的，即为美军第14航空队第25飞行中队P-40战斗机飞行员克利福德·隆。据其回忆，为了达成轰炸效果，他们发明了一种"特殊武器"：

---

[29]《陆军第54军滇西攻势作战机密日记》（未刊档案）。

[30]《陆军第53军由怒江至腾冲会战战斗详报》。据《保山地区史志文辑》抗日战争专辑之一，第163页。

[31] 彭河清：《血肉换来的腾冲胜利》。转引自陈祖樑主编《江山作证》，第353页。

8月2日,我们根据地面部队提供的情报,对腾冲进行轰炸。我们的飞机在拂晓起飞,这是我第一次驾机飞越腾冲上空。当时的腾冲城十分坚固,我从飞机上看到上万名远征军用云梯登城,因日军借石城的有利地势难以靠近,纷纷中弹,掉下云梯。8月4日,[32]在得知我们扔下的炸弹被坚硬的城墙巨石反弹到离城墙几十米外爆炸而无法炸塌城墙时,地面的工勤人员想出了一个办法——他们在炸弹上绑上磨尖的钢条,犹如给炸弹安上了"刺刀"。这样,当我们在飞机上扔下炸弹时,"刺刀"就能牢牢"钉"在城墙上,准确地炸毁城墙。最后,我清楚地看到我扔下的炸弹把南城墙炸开了一个缺口……[33]

对拐角楼附近所炸开的缺口,198师以重机枪火力封锁,使敌不能修复。西南城角所炸缺口,36师以山炮向其两侧射击,以期再扩大缺口,并准备以一部继炮兵射击后爬城。[34]

15时30分,利用空军轰炸成果,36师以108团向西南城角缺口、198师以593团向拐角楼北端缺口强行登城。[35] 17时,108团第3营占领西南城角缺口之一部,第2营继续加入战斗,扩张战果。[36]据台湾老兵、36师某团副营长张文才回忆:

"这天,部队组织了一支敢死队,趁日军被炸得晕头转向,城头硝烟弥漫之际,冲上城墙。敌人立即发起反击,并以侧射火力封锁后续部队的进路。

"敢死队的战士在城头上与三方敌人殊死战斗,城外我军除向两翼射击外,别无他法支援。突然,在城墙缺口处出现抱在一起翻滚的两个人,一个要往城里翻,一个要往城外翻,最后是中国兵抱着

---

[32] 原文为8月3日,据查3日无空袭记录,应为4日。
[33] 史迪威驿站网文章《克利福德·隆:昔日"飞虎"》。http://www.sdwyz.com/flying/flying/200704/flying_418.html。
[34]《陆军第54军滇西攻势作战机密日记》(未刊档案)。
[35]《陆军第54军滇西攻势作战战斗详报》。据《保山地区史志文辑》抗日战争专辑之二,第62页。
[36]《陆军第36师腾冲城区战役战斗详报》。据《保山地区史志文辑》抗日战争专辑之三,第116页。

日本兵翻到了城外，但两个人还没撒手，在互相用嘴咬。城外我军以机枪向他们近旁射击，他们才松手，日本人当然被枪打掉了，中国兵跑了回来，他的耳朵被日本兵咬掉了一只……"[37]

据载，当晚108团第3营利用夜幕掩护再度爬城攻击，于20时占据城头堡垒一座，拟继续下城向城内扩张战果，该团即以第2营（一连）予以增援。不料，至22时，敌从西南、西城楼及英国领事馆集中火力，指向该处逆袭，除进入之第3营大部牺牲外（仅余15人），第2营继续登城部队亦被敌火力伤害殆尽（仅余5人）……[38]

占据东南城角缺口阵地之348团，夜半时分亦遭敌猛烈反攻，该团官兵前仆后继冲杀，终将敌击退。[39]

当日白天与夜晚的惨烈战况，在日军战史中亦得到印证：

8月4日午后，远征军集中火焰喷射器于西南角再行攻击。该部又被日军击退。当夜，远征军以挺进爆破班进行肉搏，曾三次试图突破该方面，但在日军严密的警戒网前败退。

当夜，根据密码破译第54军军长的紧急电报："连日经数次肉搏攻击，大量伤亡，并未奏效，希空军配合攻击，将城墙炸出突破口，以便突入。"此外，还要求空运两万颗手榴弹。[40]

当日，鉴于36师攻城顿挫，54军参谋长刘廉一召集参谋处人员，研讨攻城方法，其结果如下：

攻城方法之研究

查36师二次强行登城均告顿挫，揆其原因如下列三端：
1. 登城地点仅只一处；
2. 登城部队未带近迫作业材料；

---

[37] 许敏：《大战场 小细节》，第232页。
[38] 《陆军第54军滇西攻势作战机密日记》（未刊档案）。
[39] 《陆军第53军由怒江至腾冲会战战斗详报》。据《保山地区史志文辑》抗日战争专辑之一，第163页。
[40] 中华民国史资料丛稿译稿《缅甸作战（下）》，第168—169页。

3. 城垣中层敌构有工事，每俟我少数部队登城后，即以火力封锁我后继部队，然后集中主力围歼我已登城部队。

兹针对前列原因，拟具下列方法以供参考：

A. 36师在城南及城之西南角至少应各以一团爬城；城西方面可以少数部队予以牵制，佯行爬城。

B. 攻城团之编组（附表缺略）。

C. 攻城之步骤：

1. 先以爆破队携带爆破器材、火焰放射器、火箭筒，藉我步炮兵火力之掩护，于爬城前接近敌之侧防机关，先以火焰放射器向敌之枪眼喷射，后继以黄色药包塞入敌工事内而爆破之，残余之工事即以火箭筒不断予以摧毁。

2. 爬城队动作：

（1）第一波乘我爆破队破坏敌侧防机能之瞬间，迅速随爆破队直后接近城脚，强行登城。按冲锋枪及轻机枪、步枪之次序攀登上城后，在左（右）方者则利用近迫作业材料向左（右）占领阵地，与中央及右（左）方各组连成圆形阵地，依步兵所带土囊逐次增强之。

（2）第二波继第一波后登城，对敌之掩体工事可以火箭筒予以摧毁，此应尽可能扩张既占领之城墙。

第三波继第一、二波后爬城，上城后，对占领死角之敌可以迫击炮消灭之。

第一、二波俟第三波登城后，即勉力向前推进。

此时，连长应视当时情况，适宜部署所属，力求固守既占领之阵地，并与其他登城之连确取联系，死力拒止敌之逆袭，以掩护后续部队之登城。

各排之间隔为50至100米。

各梯之间隔为50米。

各团之间隔为200米。

3. 如前项部队能顺利达成任务，重机枪则随中央排后登城，以巩固其已占领之地区，并得应乎情况，使各排分别配属第一线连。

4. 各团俟前项部队成功后，即依机动部队、掩护队之次序全部爬城，扩大其成果。

此时，特须注意第二、三波动作，必须机速果敢，勿为敌火所隔断，而使第一波陷于孤立。

5. 如所占领之阵地已稳定，向左右之连应向两翼扩张，俾主力得以利用梯绳或沿城墙内侧进入城内，此时应先以火力毁坏靠近城墙之家屋，免敌潜伏，并注意城内突起高耸之建筑物，免为敌火所损害。

6. 进入城内之部队，应注意警戒搜索，分为若干小组逐步搜索前进。此时城上部队特应以火力掩护其动作，前进之目标应由师统一指挥，俾得异道同归。

7. 登城成功后，可令爆破队随之入城，炸毁城墙或破坏城门使其倾倒，以便后续部队入城。

8. 师长视大部入城后，即另行部署进行巷战，以期肃清残敌。

9. 支援部队之部署，应使其占领南关外之坚固家屋制高点处，直接掩护我登城部队。对于不意现出之敌，侧防机能尤须有制压之准备。

10. 机动部队应控置于交通进出方便之处，俾得适时增援。

11. 炮兵应详定计划，精密测地。对于我主攻之西南城角，应能指向火力以行破坏。如情况许可，并应推进一部以直接射击，破坏敌之侧防机能，以掩护我步兵之前进。

12. 与其他军师之协同：

甲. 预2师应随时集结主力，准备扩张成果。

乙. 198师俟腾城南部确实占领后，即设法由北门附近登城。

丙. 对53军应请其于我强行登城攻击时协同我之攻击，而令116师自缺口进入，以城中心为目标，共同包围城内之敌而歼灭之。

附记：利用116师已占领缺口，扩张战果案

以该团主力向缺口两翼席卷，36师得以一部监视当面之敌，主力继116师主力后，由缺口入城，扩张该师既得战果。但该师之扼守，拟仍应由该师负责。[41]

---

[41]《陆军第54军滇西攻势作战机密日记》（未刊档案）。

8月5日（D+7日）

108团与逆袭之敌激战至凌晨2时止，西南城角又被敌占领。该团自副团长以下伤亡军官18员，士兵156名。攻入缺口官兵伤亡殆尽，遂仍据守城外阵地，与敌对峙。[42]

当日清晨，总司令霍揆彰严电54军军长阙汉骞：

昨晚被敌夺回之阵地，如今日不能规复，则将严重处分担任攻击之团、营长；

36师应利用空军轰炸之成果，编组敢死队，携沙包入城，成功后即应向后构筑交通壕；

198师亦应于今日利用空军轰炸之战果，自北门附近强行入城；

炮兵自即刻起即应断续射击，以支援步兵攻击。

当日，天气晴朗。我空军飞机分8次，每次4架，共计32架次轰炸并扫射腾城之敌，投弹数十枚。其中，第6次为战斗机4架，沿南门城墙纵方向轰炸，将城墙炸出两个缺口，右边一个距南门口约400米。[43]日军战史记述为："15架B-25轰炸机终日轰炸城墙，已有13处被破坏。"[44]

我机轰炸后，36师即令各团发起攻击。

据36师战斗详报："15时，106团向城南门西侧，108团向城南门与城西南角中央，107团向城西南角空军轰炸之各缺口突击。经数度击杀，卒以缺口两侧敌侧防火猛烈，致我伤亡甚重。106团伤亡官长6员、士兵30余名；107团伤亡士兵32名；108团伤亡官长4员、士兵35名，攻击仍未奏功。"[45]

54军作战日记记述为："108团将左边缺口占领，并爬上20余人，在强筑城头工事，向后构筑交通壕，以图再扩充战果。"

54军参谋长刘廉一奉军长阙汉骞面谕，以电话饬198师于北门

---

〔42〕《陆军第36师腾冲城区战役战斗详报》。据《保山地区史志文辑》抗日战争专辑之三，第116页。

〔43〕《陆军第54军滇西攻势作战机密日记》（未刊档案）。

〔44〕中华民国史资料丛稿译稿《缅甸作战（下）》，第169页。

〔45〕《陆军第36师腾冲城区战役战斗详报》。据《保山地区史志文辑》抗日战争专辑之三，第116页。

方面，并饬36师106团、108团两团均向当面之敌牵制攻击，更饬106团须对南门城楼及英国领事馆方面之敌制压，使108团得以迅速扩张战果。[46]

当日，116师346团仍在帮办衙门院内各据房舍及工事与敌保持对峙状态。348团登城部队使用火焰放射器，将东南城墙缺口右侧敌小型堡垒焚毁而占领。[47]

当晚，我占据城墙缺口部队继续扩张战果。108团对南门城墙中央缺口攻击后，受敌左右堡垒及南门城楼敌火力瞰制，负伤连长1员、士兵30名。后续部队因受敌火力封锁，不能爬城。106团以一部从靠近南门城楼的左边缺口爬城，受南门城楼敌火力瞰制，也无效果。[48]东南城角方面，敌以猛烈炮火掩护密集兵力向348团登城部队反复猛扑。经3小时激战，该团以炽盛火力及手榴弹将敌击退。敌遗尸多具，我负伤士兵7名。[49]据日军战史载："地面之远征军虽数次从破坏口冲入城内，均被守备队击退，并尽力堵塞了破坏口。"[50]

为期炮兵以直接瞄准摧毁敌城墙上堡垒，54军饬第6军炮兵营改配36师，仍由廖治民团长指挥；又饬该营推进火炮一部对南城门直接射击，破坏敌城门堡垒。[51]当夜，第6军炮兵营遂推进阵地至来凤山。[52]

8月6日（D+8日）

经彻夜激战，占据南门城墙中央缺口的108团少量兵力，因后续部队遭敌火力封锁无法增援，于清晨7时左右放弃该缺口。但该团仍以重机枪向该处瞰制，使敌亦不敢占领。[53]

---

[46]《陆军第54军滇西攻势作战机密日记》（未刊档案）。
[47]《陆军第53军由怒江至腾冲会战战斗详报》。据《保山地区史志文辑》抗日战争专辑之一，第163页。
[48]《陆军第54军滇西攻势作战机密日记》（未刊档案）。
[49]方国瑜：《抗日战争滇西战事篇》，第53页。
[50]中华民国史资料丛稿译稿《缅甸作战（下）》，第169页。
[51]《陆军第54军滇西攻势作战机密日记》（未刊档案）。
[52]《远征军炮兵指挥部各炮兵部队参加滇西战役高黎贡山亘腾冲地区战斗详报》。据《保山地区史志文辑》抗日战争专辑之四，第269页。
[53]《陆军第54军滇西攻势作战机密日记》（未刊档案）。

当日天气晴朗。中午 12 时 30 分，我军飞机来腾冲投掷燃烧弹，致拐角楼起火。敌向城内逃逸，经我用重机枪扫射，敌狼狈异常。

15 时 30 分[54]，我机 8 架又来轰炸南城门，城楼中弹 2 枚被炸毁，城楼左右城墙上各炸有一小缺口。

16 时，106 团遂向被炸毁的南城门楼攻击。其第 3 连一部于 17 时突入城楼，因受城墙上两侧敌侧防机枪与手榴弹、掷榴弹及炮兵猛烈射击，致首先突入之一部悉数伤亡，后续部队亦遭重创。入夜后，敌不断反攻，我亦继续增援。次日凌晨 1 时，又以师部搜索连加入战斗。[55]

当日 16 时，108 团与 106 团一部亦同时向城南门与西南角中央缺口攻击。因缺口倾斜急峻，又遭缺口两侧敌堡垒内火力封锁，致我伤亡过重，无法突入。黄昏时，仍在缺口外与敌对峙。我伤亡军官 4 员，士兵 62 名。

107 团亦于 16 时向西南城角缺口攻击。因缺口两侧数米内即有敌坚固堡垒，遂由工兵实施敌前强行爆炸作业，即工兵以必死之决心，将炸药点火后，迅置于原缺口东侧，爆破一新缺口，摧毁敌坚固堡垒一座。[56]

关于此次 107 团爆破打开西南角城墙缺口，有两位当事人补充了重要细节。

如前所述，8 月 2 日该团攻击西南城角，107 团第 2 连连长刘恩宪率第 1、2 两排攻上城垣，因城墙上敌火网浓密，刘恩宪及两排官兵相继伤亡殆尽。该连第 3 排因敌火封锁未能继续登城，返回之路又遭敌火力瞰射，遂滞留城墙脚下。

据台湾陆军上校江淮柏回忆："该排（第 3 排）准尉排长牛志书，发现西南角城墙脚下有个洞，洞口朝天，且伪装良好，不到洞口，不易发觉。我们一旦接近城墙，伤亡重大，都是此洞内之敌射杀的。牛排长将此发现层报上级，经侦察后果有此洞，上峰即决定

---

[54] 54 军作战日记记为午后 4 时 10 分。
[55] 54 军作战日记载，36 师于午后 5 时左右即令搜索连向南城门口增援，以轻重机枪、60 迫击炮、手榴弹等据守城头阵地，以应对敌逆袭。
[56]《陆军第 54 军滇西攻势作战机密日记》（未刊档案）。

先用炸药炸毁城墙。"[57] 36师参谋长胡翼烜的记述为："排长牛志书仍率士兵7人，利用弹穴及城脚小洞，匍匐于大石板下，迅速构筑工事，并向城内挖掘坑道，继续攻击前进。（5日）入夜，仍奋力挖掘，夜深人静中，闻敌军言语声，知已接近敌阵……"[58]

其后工兵搬运炸药准备爆破，同时，江淮柏受命指挥步兵攻击：

8月6日[59]，107团第2营，以仅有的步兵与机枪第2连弹药兵合编成两个步兵排，由准尉排长于林甫率领原有的两个班；机2连少尉排长李运恕率领本连编成的两个步兵班，为一攻击连，实际仅4个班。我自报奋勇充任这次攻击连长。

当天下午2时起，即至攻击发起位置（距西南城角约百余米），拟俟工兵第1、2两连（第2连连长朱宗灏）爆炸城墙，我们即向城上冲去。但是工兵弟兄搬运炸药任务颇艰巨，伤亡重大，约4时左右炸药始安放完成。即点燃导火线，轰然一声巨响，地裂墙崩，黑烟密布，碎石满天飞。就在此瞬间，我大喊一声"冲！"全连即向墙上冲去。西南城墙炸成一个大斜坡，当我们向上冲，碎石仍在向下滑动，士兵站立不稳。敌军因受强烈震动，我们登上城头，未遭抵抗，顺利占领。

当即分配一部分士兵继续不断向城内敌阵投手榴弹，一部分士兵改建工事。此时发现城头右侧，敌之机枪掩体损毁，稍加修改即可利用，遂将其枪口（射击孔）改为进口，进口改为枪口。但是里面空间过小，人不能进入，恰好有一西康籍士兵，身材短小，可以爬进。我给他一支冲锋枪，装上弹夹（此兵很笨，近似白痴），以防敌人反扑，把他埋伏在里面，并告诉他，看到有戴铁帽子的，即扣板机射击。当工事修改大致可以利用时，时近黄昏，敌约二十余，突然大叫一声，一冲而上，向我城上士兵乱射。我守城士兵站立不住，退至墙外斜坡上，继续投手榴弹。此时埋伏在工事内之"白痴

---

[57]《戎马关山话当年——陆军第五十四军史略》，第430页。
[58] 国军史料丛书《抗战时期滇缅印作战（一）——参战官兵访问记录（下）》，第768页。
[59] 原文为8月2日，应有误。

兵",看到前面有很多戴铁帽子的,即扣扳机,敌十余人应声倒地,我迅即恢复阵地,重新占领城头。有了这次经验,即以手榴弹不停地投,步机枪均无用武之地。

从黄昏至翌日拂晓,敌军曾向我猛冲13次,均不能得逞。当敌人第6次向我冲锋后,师部送来一具火焰喷射器。敌人发起第7次冲锋时,我即以火焰喷射器向敌扫射,将来犯之敌全数烧死。其后敌人每次冲锋,只听见其大喊大叫,不敢上来。直至清晨,我空军又临空,敌人统统隐蔽起来,不敢出动。[60]

36师战斗详报的记述为:"(107团)步兵乘势奋勇突入而占领缺口及其附近之敌掩体数个,遂即以配属该团之工兵连构筑工事,以求立我脚步。敌虽数度反扑,终未得逞。入夜后,敌又大举逆袭9次,均被我击退。敌伤亡约百余名,弃尸二十余具。该团伤亡官长2员、士兵53名,虏获敌步枪8支。是为攻城以来首次收获战果,而为集团军尔后攻城之重要支撑。"[61]

后来,我军缴获日军士兵山北留一日记本一册,如此记述当日城墙西南角战斗情形:

"从腾越西门前至城内西南角的原有阵地,在这三日间,尤其是昨(6日)晚战斗,确实异常激烈。华军恃有迫击炮、山炮、水冷式重机关枪、捷克式轻机枪等优良武器,以及数倍于日军的兵力前来攻击,结果西南角的一角被他们占领。是时,守备队第4中队虽然拼命死守,但无济于事。我们预备队队长松冈中尉誓期收复之,试行了4次,拼命地夜袭,但可惜全部都成仁;华军受伤的很多。战斗日益激烈,而有火场之观。"[62]

当日,116师346团仍在帮办衙门院内与敌对峙;次日凌晨2时许,约百余之敌向348团占据东南角城墙缺口处数度猛攻,激战至

---

[60]《戎马关山话当年——陆军第五十四军史略》,第430页。
[61]《陆军第36师腾冲城区战役战斗详报》。据《保山地区史志文辑》抗日战争专辑之三,第117页。
[62]《陆军第54军滇西攻势作战战斗详报》。据《保山地区史志文辑》抗日战争专辑之二,第62页。

拂晓，敌被我击退。[63]

关于当日战斗，日军战史的记述为："8月6日，美军飞机32架来袭，地面之远征军同时开始猛烈炮击，向南门及西南角攻来。凄惨的近战在狭窄的地区执拗地反复着。远征军可以反复攻击，而守兵则无力更换。随着伤亡的增加，反击力量急剧下降。"[64]吉野孝公在其回忆录中综述8月1日以来的战斗，也至6日达到高潮：

8月1日，敌人发动了第三次总攻。雨后的腾冲坝子上薄雾蒙蒙，腾越守备队面对敌人4万大军，开始了艰苦卓绝的战斗。阵地上，伺机出击的勇士们，群情振奋，切齿扼腕，心中的火在无形地燃烧着。但出人意料，这一天的战斗，彼此的规模都很小。

第二天起，敌人改变了战略，不发动任何进攻，只是静静地注意我方的行动。这种令人乏味的日子持续了三四天，第五天拂晓，敌人几万大军一起开始了行动。一直寄希望于突然的闪电式袭击的敌军在重武器的掩护下，疯狂地向南侧城墙冲了过来。

对此早有预料的我守备队勇士跳出战壕冲入了敌阵。在怒吼声、大骂声、呼叫声中，敌我双方展开了激烈的白刃战。激战十多分钟，敌人弃下很多尸体败下阵去。敌人奇袭南侧城墙失败后，放弃了这种打法，转而计划炸毁我西南角的碉堡。夜半时分，敌人开始挖掘碉堡底部。第二天[65]，敌人在挖好的洞穴里放置炸药，炸毁了我西南角的碉堡。

敌人的突击队从爆破的城墙缺口处杀了进来，南侧城墙再次成为彼此攻防的修罗场。[66]

城墙上的太阳旗在风中摇曳，追逐敌人的士兵，四处乱窜的敌人，受伤倒下的士兵，骂声、怒吼声、惊叫声混杂一处的白刃战紧张激烈。彼此一进一退地僵持着，最后顽敌溃败而逃。激烈的南侧

---

[63]《陆军第53军由怒江至腾冲会战战斗详报》。据《保山地区史志文辑》抗日战争专辑之一，第163页。
[64] 中华民国史资料丛稿译稿《缅甸作战（下）》，第169页。
[65] 原文记为6日拂晓，参照我方记述，应为6日下午4时爆破。
[66] 为佛教用语，传说阿修罗毕生以战斗为目标，修罗场意为战乱或战斗的悲惨场所。

城墙攻防战,在敌我双方都付出惨重代价的情况下暂告一段落。[67]

8月7日(D+9日)

据载,南城门楼方面激战自昨夜持续至拂晓,因敌大举增援逆袭,106团伤亡惨重,南城门楼被敌夺回占领。该团伤亡军官8员,士兵95名;师搜索连伤亡军官2员,士兵25名;配属该团的工兵连伤亡士兵4名。

据36师参谋长胡翼烜撰述:"106团战斗区内南门城楼被炸毁,乘势一度攻占,惟未及时赶筑工事,经敌逆袭后,得而复失,上峰怒责该团作战不力。"[68]但当日清晨,师长李志鹏接奉军长阙汉骞凌晨3时电,令此前在来凤山休整的预2师派第4团归其指挥,以增强36师攻击力量。[69]

午后,36师参谋长胡翼烜巡视107团阵地,聆悉该团昨日战况,即与团长麦劲东商定,仍采用坑道攻击战法:"师增派工兵,携炸药及爆破工具,协助继续挖掘坑道,择时爆破。团即增派兵力,加强攻击战力。"[70]

午后3时,107团续向西南城角攻击,利用工兵强迫爆破作业,破坏原占领缺口两侧敌掩体各一个并占领之。入夜后,敌向右侧我既占堡垒逆袭4次,均被击退。该团伤亡军官3员,士兵20余名。[71]

于107团攻击同时,108团亦以工兵用炸药强行爆破南城墙缺口两侧敌堡垒,即以步兵突入,攻占左侧敌掩体一个。[72]据该团第1营重机枪连班长叶进才回忆:

---

[67] [日]吉野孝公:《腾越玉碎记》,第49—51页。
[68] 国军史料丛书《抗战时期滇缅印作战(一)——参战官兵访问记录(下)》,第768页。
[69] 《陆军第36师腾冲城区战役战斗详报》。据《保山地区史志文辑》抗日战争专辑之三,第117页。
[70] 国军史料丛书《抗战时期滇缅印作战(一)——参战官兵访问记录(下)》,第768页。
[71] 《陆军第36师腾冲城区战役战斗详报》。据《保山地区史志文辑》抗日战争专辑之三,第119页。
[72] 《陆军第54军滇西攻势作战战斗详报》。据《保山地区史志文辑》抗日战争专辑之二,第162页。

108团第1营负责攻打城墙的西南拐角。在攻击之前，研究了三个方案：

第一个是用棉花捆浸水，作为掩体滚进，以便接近城墙。可是敌人由工事里、暗射孔里射出子弹来，使我们伤亡很大，这个方案不能实现；第二个是用毛竹扎长梯，以大无畏的精神踊跃快速地接近城墙根，瞅准敌人射击的死角，竖起长梯登城。爬梯子的勇士们也一个一个被敌人打了下来，长梯方案也告失败。当时所有主攻部队都在城墙周围，重炮和飞机也无法发挥威力，恐怕伤了自己人。最后一个方案是施行爆破，用火力封锁敌人的射击孔，挖地道到城墙根，用大量的炸药包塞进地道里，电触爆破。

我们把重机枪架在城墙外药王宫的顶楼上，用土基木料做掩蔽工事，居高临下，对敌人的一切活动都看得清，用火力压制敌人，威胁着敌人的工事和射击孔，掩护工兵作业。如此奋战了三四天，终于在城墙的西南拐角和白果巷口的对面，一举爆破成功。我们的步兵，趁爆炸的浓烟未散，迅速攻占了炸开的缺口，登上了城墙，继续向纵深发展。

在这次战斗中，我的左臂受伤，幸而没有伤着骨头，仍继续参加攻城战斗。[73]

然而，入夜后敌大举逆袭，该团既占左侧堡垒又于晚7时许被敌夺回[74]——这一点，仅见诸54军作战日记中师长李志鹏戌时（7—9时）战况电报，在36师及54军战斗详报中均被略去了。

当日，在36师攻击同时，城北198师也分向拐角楼、饮马水河佯攻，以为牵制。[75]午后4时许，我战斗机4架曾对腾冲北门及饮马水河附近投弹扫射。[76]

---

[73]叶进才（述），胡国厚（记）：《我的回忆》。据《腾冲文史资料选集》第一辑抗日战争专辑，第106页。

[74]《陆军第54军滇西攻势作战机密日记》（未刊档案）。

[75]《陆军第54军滇西攻势作战战斗详报》。据《保山地区史志文辑》抗日战争专辑之二，第63页。

[76]方国瑜：《抗日战争滇西战事篇》，第54页。

116师346团仍在城东帮办衙门院内与敌对峙；夜半，敌曾猛烈反攻348团所占东南城墙缺口附近，该团予以迎头痛击，敌终未能得逞而遭击退。该团遂积极扩张城墙两侧缺口，以坑道作业向左右延伸。[77]

关于当日战况，日军卫生兵吉野孝公的回忆为：

8月7日，敌人动用各种炮火，并与空中相配合再次对我阵地进行猛烈轰击。针对城墙上的枪眼，他们使用火箭炮、火焰喷射器等新式武器实施猛攻。猛烈的炮火中，城内残存的树木和建筑物被彻底击毁，化成了一片焦土；南侧城墙也有好几处被炮火炸毁……

为了补给粮食，我穿过到处爆炸的城内跑向中央门（即文星楼）。道路两旁到处散落着被炸死的友军尸体，有的没了手，有的没了脚，有的头被炸飞。血淋淋的手、脚和肉片被大风吹着在地上到处滚动。还没有死的两三名士兵，表情痛苦地伸出满是血污的手向我求救。对于这种地狱般的现状，我也束手无策，只能熟视无睹地继续往前走。战场上的一切都是残酷的，除了凄惨和残酷之外，我再也找不出恰当的词语来形容。

炮击更加猛烈。令人胆战心惊的迫击炮弹在怪叫声停止的刹那间，在我近旁爆炸。接着又有几发相继爆炸。陷入这种束手无策、极其危险的境地，我只好一动不动地蹲下身子。头上的敌机目空一切地盘旋着向我扫射。突然，一股异样的气流从头顶吹过来，随着"吱——"的一声，地面沙哑地颤动了一下，定睛环顾四周，一个汽油桶状的物体扎入我前面三四米的路上。一颗炸弹！我一时间只觉脑中空空，周围变得一片黑暗、模糊。稍稍过了片刻，凝神一看，那颗巨大的炸弹一半扎入地中，没有爆炸。幸免于死的我，立刻跳起来不顾一切地向前狂奔。周围到处弥漫着硝烟，什么也看不见。

激烈的战火中，我抱着一桶记不清从哪儿弄到手的糙米跑向东门。敌机再次追着我疯狂地扫射，子弹打在路上，溅起一排排火花。穿过弹雨纷飞的战火，跑回城外阵地时，我已累得上气不接下气。

---

[77]《陆军第53军由怒江至腾冲会战战斗详报》。据《保山地区史志文辑》抗日战争专辑之一，第163页。

战友们正在牵肠挂肚地等着我。当我把盛满米的桶交给他们时，他们高兴地拍了拍我的肩膀。[78]

鉴于本师攻击正面过宽，经连日激战损失较重，兵力不敷使用，36师决定集中全力由107团已取得立足点的西南城角方面扩张战果，于午后5时下达命令调整部署：

据守腾城之敌约六七百名，刻仍凭借坚固工事顽强抵抗中。

师附预2师第4团、山炮兵一营、重迫击炮一连为主攻部队，展开于南门街亘川主庙之线，利用空军轰炸及爆破作业破坏城墙后，攻入城内，扫荡残敌而歼灭之。

预2师第4团（附军工兵营一连）接替自南门亘西南城角间106、108两团之警戒任务，确实封锁城墙各缺口，防敌外窜。

107团（附工兵营、火焰放射队）为攻城队，就已攻占之西南城角据点加强工事，借工兵爆破效力，逐渐向两翼扩张战果，摧毁城墙上敌堡垒后，再攻入城内，扫荡残敌。

106团应即进至叠水河附近，派兵一营（编为一步兵连，重机枪3挺）接替107团于川主庙附近对英国领事馆方向警戒任务，加强工事，确实掩护107团左侧背；其余于白衣阁、小团坡、叠水河附近加强工事。

108团集结于大山脚附近，整理待命。

第6军山炮兵营、军山炮连、重迫击炮营，统归廖治民团长指挥，限本（7）日完成射击诸准备。主火力破坏城墙上敌堡垒，支援107团对西南城角之战斗；一部制压敌炮兵，并阻止敌向西南城角增援。

工兵营归107团麦劲东团长指挥，担任爆破作业与对后方掩盖交通壕之构筑。

各部队受领上述命令后，当即开始行动。[79]

---

［78］［日］吉野孝公：《腾越玉碎记》，第51—53页。
［79］《陆军第36师腾冲城区战役战斗详报》。据《保山地区史志文辑》抗日战争专辑之三，第119页。

超链接12：军地因军粮供应问题引发矛盾

就在吉野孝公在城内到处寻找粮食之际，远征军也在为粮食问题发愁。

8月7日，第20集团军兵站分监部召集腾冲县政府各乡长，以施压方式令其具结，追加认征军粮200万斤。会后，各乡长到县政府陈述情形，经再三考虑，由县长张问德于9日亲谒霍揆彰总司令请求，核减为150万斤，其中包括各乡镇富户捐送的军粮53万斤在内。并议定，在8月7日以前供应之军米，一律不给价换据，抵除未来之征实；在8月8日以后供应之军米，给价换据，抵除未来征购。但因秩序无法维持，此前腾冲地方已供应的500万斤军粮中，能领到单据（无论是正式收据或白条）者仅有半数。此外，还有马料问题，腾冲县政府当时奉到明令："战时改善部队生活，代购油料、副食、豆麸皮、马草办法已经废止，国军副食、马料均由国家补给现品"，但兵站方面认为：马料例由地方筹购，不能抵除征实、征购。于是，双方又开始为此交涉，县政府对此颇感压力。

俗话说，"兵马未动粮草先行"，然而，反攻以来远征军部队与地方政府之间屡因粮草问题发生龃龉。据张问德政府工作报告：

高黎贡山战事期间，部队粮秣全由当地民众补给。当远征军反攻部队翻越高黎贡山，而南、北斋公房隘路尚未攻克时，军方在县境以内尚未设置兵站。最初，民众激于义诚，自动煮饭，连同蔬菜一并送往阵地的现象非常普遍，且持续了十余天。其后，因这些居民均属居住高黎贡山西麓的贫困人家，财力有限，遂告终止。反攻各部队从高黎贡山隘路进入龙川江东岸，大都无输力未带给养，而部队因作战又大部分散；其时伪乡保长多数在逃，新任保甲长多数又在作战地境，无法执行职务。因此部队粮米大都就近取用，民众也尽量供应，但到了存谷用尽无可供应时，部队食米即发生恐慌。因此一般不自然之现象自然发生，民众亦因是畏惧而逃散，因是秩序大坏，亦因是而渐有屠宰耕牛之事，此种现象迅即普遍发生。6月22日，县政府返抵县境，部队各高级将领亦先后推进，才有所改善。究其原因，一方面是因地形困难，输力有限；但是，6月21日南、北斋公房已完全克复,而兵站机关则延至7月5日才开始推进,因此延迟造成无人负责维持的局面现象,实为最大原因。

在兵站机关迟到之两星期内,县政府先行分划地区补给粮秣。直到7月5日,集团军分监部亦未能携有颗粒到来补给,反要求县政府征用民夫万名,于10日内将户帕的存粮60万斤运至江茝街。户帕为怒江东岸距双虹桥约30华里的一个小市镇,距江茝街约180华里。当时江茝附近民众在我军反攻后返回家园者人数尚少,这一万名民夫就必须从腾北征集。

据腾冲县政府建设科长陈绍凯回忆,最初,县政府曾经拒绝了这一任务:"那时是兵荒马乱之时,人民跑空,乡镇政府也完全解散,无从派夫。第20集团军兵站分监部负责人段某(**查为第20兵站分监段钟祥**)即大为不满,又因县府秘书费云章向他们顶了几句话,说运粮是兵站的事,不能推给老百姓,所以段分监即在第20集团军总司令霍揆彰面前搬弄是非,说我和费云章破坏军民合作,霍揆彰就要整治我们。后由县长张问德转圜,负责派夫,才算了事。"[80]

当时,县长张问德考虑到,地方供应军粮已近250万斤,几乎到了罗掘俱穷的境地。如能将户帕存粮运至江茝,至少可供应军粮约十日份。待以后部队推进,民众负担就可以减除,故民众也很愿意出力搬粮。但是,兵站分监部认定江茝至户帕来回仅须四日程,故给予民夫的待遇很低:每人运军粮60斤,仅提供食米6斤,盐一两二钱,副食国币40元。县政府为此争之再三,军方也不肯再加。于是,只好将此60万斤米按各乡镇人力多寡,分配给四、五两区的凤瑞、宝华、曲石、上北、兴华、三益、东屏、明光、瑞滇、古永十个乡镇,共出动民夫2000多人。当时正值雨季,山道通过困难,怒江烟瘴甚炽,民夫背负重量未能达到预期规定,故此次户帕运粮在时间上延宕至45天才运完;民夫因劳作感染瘴毒而死者超过200

---

[80] 陈绍凯:《腾冲抗日县政府的情况》。据《保山地区史志文辑》抗日战争专辑之一,第348页。

人，生病者更多。[81]据张问德随员熊文定回忆："时值连天大雨，路途崎岖艰险，又因激战方歇，人马尸体沿途腐烂，臭气难闻，民夫艰辛跋涉，疲惫不堪，有的途中死去，有的回来后病亡。"[82]

关于户帕运粮，在当地史料记述中颇具悲情，劳作时间、病殁人数也不尽一致。据载，"当时，民间壮丁因服役战场家无闲人，因此户帕运粮60万斤的重任，几乎都落在老弱妇孺的肩上，他们争先恐后而出，在大雨滂沱中，男队女队掺杂而行，行进中的民夫队伍如龙似蚁，往来于三百里路程的崎岖山岭间，不过五六日的时间，将60万斤军粮运完。国军、随行美军见之，莫不为之鼓舞，均赞叹为空前罕见。综计户帕及红木树运粮民夫殉职者为1070人。"[83]

据张问德报告，造成民夫紧张的原因，征兵为一大因素。

最初，县政府在大理时曾奉腾（冲）大（理）师管区命令，云滇西敌我缓冲区为滇康缅边境特别游击区总部征兵区，指令征补该总部缺额1029名。当时因为腾冲全境沦陷，无法遵办。及至高黎贡山完全克复，该总部第五纵队司令杨文榜来函，云该总部已奉令以腾冲等12县、局为征补区，其中腾冲、龙陵两县为本纵队征补区，要求每乡征调40名。不久，滇康缅边境特别游击区总部副总指挥董仲麓又来私函，云该总部亦须每乡征调75名。如果按此要求，合计每乡须征调150名，腾冲全县21个乡镇，总计应征调壮丁3150名。若12各县均按此标准，仅对滇康缅游击部队补充兵员就是个天文数字。这显然是不近事实的要求。张问德乃一面电请保山李国清专员代向军管区请示，一面通饬严令各乡镇，非奉县政府命令不得征交。但不久各乡镇的报告纷至沓来，云该总部及其第五纵队的征兵人员已经遍布各乡，携带武装士兵坐催勒交。而下到一个乡的新兵大队长、中队长多如牛毛，此索五十，彼要一百，来由毫无头绪可循，且莫可究诘。乡镇长与该总部及第五纵队所派征兵人员争执层出不

---

[81] 张问德：《腾冲县政府反攻前后各种情形报告书》。据《保山地区史志文辑》抗日战争专辑之四，第288—296页。

[82] 熊文定：《抗战时期的县长张问德》。据《腾冲文史资料选集》第一辑抗日战争专辑，第154页。

[83] 黄槐荣：《腾冲的全民抗战》。据《腾冲文史资料选集》第一辑抗日战争专辑，第200页。

穷；而乡镇长被捆打之事，亦即层出不穷。壮丁于是纷纷逃散，由此影响到户帕运粮人力。此外，战事期间各乡对于部队提供各种协助，合计全线使用民夫达35000人左右。

张问德报告中愤怒地指出："……凡此由军粮补给以至人力、物力之消耗，几至造成民情求死之现象，其责任按诸实际应归兵站。军令部所派之联络参谋，以及随军记者，屡次批评兵站事前无准备，事后无补救，而于事前事后之间又无统一适宜之计划，此实为反攻中一大污点。"[84]

截至7月底，除马料之供给外，腾冲地方供应部队军粮一项，总数已近500万斤。此时，来凤山已经攻克，对腾城包围形势已经完成，部队均已从龙川江流域进至城郊附近。但部队粮秣之补给，兵站分监部仍无法承担。而各部队对于粮秣补给之事均求方便，普遍存在与其求兵站不如求地方的心理，均直接向地方乡保要粮。部队领粮的军士，大部分为后勤杂兵，军纪散漫，来到乡保公所领粮、领料，几乎无所不为。于是，乡保长被捆、被打，时有所闻。

自惠仁桥、龙文桥修复以后，补给路线已经缩短，可由保山经由蒲缥，越过怒江，再经红木树至腾冲。8月上旬以前，腾冲民夫4000人，驮马2000匹，合计约共8000人的运输力，沿此路线前往红木树接运粮秣，却空手而回。在原来产米较少、驻军较多、较久之区，中产以下民众已无米可食，能以荞麦充饥者，反为上乘；另一方面因粮食缺乏、军粮紧急之故，致米价暴涨，每斤需国币50元；且市价已有超过60元的纪录，民食堪虞！县政府遂将地方粮食告急的实际情形通报第20集团军，建议向梁河、盈江、莲山各设治局地区筹购军粮；若能筹购500万斤，即能维持军粮两个月。但集团军兵站分监部仍置之不理，于是发生了前述强迫乡镇长具结认购军粮200万斤之事。

据张问德随从警卫熊文定回忆：

第20集团军总部由护珠寺迁到董官村后，通知张问德县长到总

---

〔84〕张问德：《腾冲县政府反攻前后各种情形报告书》。据《保山地区史志文辑》抗日战争专辑之四，第288—296页。

部去。张县长带着秘书费云章去了，霍揆彰总司令接见时提出，除补充兵员外，请县政府再组织力量到蒲缥搬运90万斤粮食。当时战况已近尾声，总司令的要求脱离现实，苦人所难。张县长为民请命，据实陈词，总司令怫然不悦，对水深火热的沦陷区人民显不关心，完全漠视抗战有功的地方政府。张县长不予置理，遂向云南省政府密电请了病假，并分报军政各上级部门。[85]

8月8日（D+10日）

凌晨1时，107团第3营由西南城角向敌袭击，毙敌数名，虏获步枪2支、钢盔2顶。[86]该团第2、3营兵力约50人，占有两个堡垒构筑工事据守。稍晚，该团于西南城角右侧又占领一个堡垒。该团第1营因第一次攻西南城角伤亡甚大，现仅有战斗兵10余人。

城南门口的第106、108两团因伤亡甚大，已将任务移交预2师第4团接替。108团撤回大山脚，编成两个步兵连，第1连战斗兵40人，第2连战斗兵50人；106团以一营于川主庙对英国领事馆警戒，其余集结于叠水河、小团坡附近。[87]

据36师参谋长胡翼烜撰述：

8日晨，师长李志鹏召集作战会报，决定："第107团突破攻占之城西南角阵地，继续加强，炮兵加强多点目标与支援工兵任爆破及坑道攻击，细部执行计划由步、工兵指挥官协商研讨。惟作战以来，工兵颇多牺牲，由军工兵营长邬振杰编组一加强连，由该营朱宗灏连长率领；另由107团预备队抽调杜发华连参加。"

工兵营长邬振杰与连长朱宗灏遂研订"坑道攻击作业计划"如下：

爆破组：班长1人，作业手7人，各携TNT炸药一箱，及电线、信管、雷管、导火索、导通测试器等备用。于拂晓前昏暗中，匍匐潜行至目标处，安装炸药毕，退回隐蔽。爆破声起，工援组指

---

[85]　熊文定：《抗战时期的县长张问德》。据《腾冲文史资料选集》第一辑抗日战争专辑，第154页。

[86]　《陆军第36师腾冲城区战役战斗详报》。据《保山地区史志文辑》抗日战争专辑之三，第119页。

[87]　《陆军第54军滇西攻势作战机密日记》（未刊档案）。

挥作战。

工援组：排长1人，士兵7人，负责支援爆破组，并与工指组联系，候令引爆炸药。配备冲锋枪、手榴弹、导通测试器、导电箱（引爆炸药用）等。于爆破声响之同时，在浓烟飞灰下，迅速冲入爆破点，集中火力，阻止敌军逆袭。俟增援步兵到达，移交阵地并固守之。

工指组：紧随工援组后，指挥作战。

因连日天晴，美空军频临轰炸腾冲城内；炮兵发挥急火射击，破坏力强；步、工兵密切协同，坑道攻击作业顺利。[88]

连日来，54军令炮兵部队以山炮直接瞄准射击城墙上敌堡垒，累经试验有效。当日乃令原配属36师之炮兵统归师长李志鹏直接指挥；重迫击炮第2团团长廖治民调军部为炮兵指挥官。[89]

当日夜，敌以猛烈炮火向我西南城角之107团及川主庙之106团轰击，并以部队出击。经激烈战斗后，我方虽有伤亡，但终不为所动，敌不逞而退。计107团伤亡军官4员，士兵37名；106团伤亡军官1员，士兵16名；配属36师之军工兵营伤亡士兵4名。[90]

在东门外，当日116师346团仍在帮办衙门院内与敌激烈争夺，彼我伤亡较大。据守东南城角既占堡垒的348团于夜半与反攻之敌激战，至次日拂晓方终止战斗。[91]

据日军战史记述："当日零时，西南角和东南角的碉堡完全被敌破坏。"[92]

日军卫生兵吉野孝公据守东门外阵地，据其回忆：

（8日）一早，敌人便又开始了猛攻。数万发炮弹刹那间被倾泻到城中各个角落。大编队的战斗轰炸机投下炸弹后，立刻又折了回

---

[88]　国军史料丛书《抗战时期滇缅印作战（一）——参战官兵访问记录（下）》，第768–769页。
[89]　《陆军第54军滇西攻势作战机密日记》（未刊档案）。
[90]　《陆军第36师腾冲城区战役战斗详报》。据《保山地区史志文辑》抗日战争专辑之三，第119页。
[91]　《陆军第53军由怒江至腾冲会战战斗详报》。据《保山地区史志文辑》抗日战争专辑之一，第163页。
[92]　中华民国史资料丛稿译稿《缅甸作战（下）》，第169页。

来，用机枪疯狂地扫射。东门附近城墙因此而被炮弹撕开了两个巨大的口子。我们阵地已有3人中弹身亡,5人受伤,陷入了最为困难的境地。敌机扫射完刚刚离去,突然从侧面的中国医生张德辉家的住宅里,传来了敌人的枪声。这样下去,位于东门阵地的联队本部处境就非常危险了。于是高木中队长命令我竹迫小队迅速设法击退东门前面的敌人。

在我们阵地上,已经只剩下包括竹迫(久二郎)小队长在内的11名官兵。小队长毕业于京都大学,是个二十岁刚出头的少尉军官,沉默、温情而又勇敢,在部下当中有着很高的威望。

这天夜里,留下饮马水等阵地的警备士兵,竹迫少尉率领7名士兵开始对敌阵地实施夜袭。为了从敌背后进行袭击,我们悄悄地沿着长长的土墙迂回着向敌阵地插入。土墙中间有个炮弹炸开的缺口,我们由此缺口潜入了宅子。树木遮盖的屋子里漆黑一片,一点声音都没有。我们又从这间屋子朝着估摸是敌人战壕的南侧土墙,一声不响地渐渐靠近。这时,敌人细小的说话声传入耳膜。没错,这儿就是敌人的战壕。少尉小声地命令道:"上!"

我们随即朝着亮着灯光的方向,像风一样迅速地冲了过去。可能敌人注意到外面的响动,战壕里立刻传出异样的叫声。按照事先商定的计划,前面的3名士兵迅速将手榴弹扔了进去。随着巨大的爆炸声,一股浓烈的火药味直冲鼻腔。我们带着枪一声不响地闯了进去,黑暗之中,一时静得可怕。左臂上的白色腕章(即袖标)是我们这次夜袭的标志。周围一个敌人影子都看不到,难道是逃跑了?左臂戴着白色腕章的战友们围拢一处,用随身带来的灯照了一下周围,最后在战壕里发现了5具敌人的尸体。大概是被手榴弹炸死的。我方轻伤1名,只不过是轻微的皮肤擦伤。夜袭成功。[93]

8月9日(D+11日)

自8日晚8时至9日晨5时,敌共向107团西南城角方面反攻

---

[93][日]吉野孝公:《腾越玉碎记》,第53—55页。

5次，均被击退。[94]

据守城东北角阵地的日军，为速射炮中队长高木利夫中尉指挥之一部。该队士兵佐藤兵长和今井上等兵曾乘夜幕潜出城外，在饮马水河边遗弃的日军尸体上搜检回一些武器弹药。其他士兵纷纷效仿为之，有的因过于接近我军而遭狙击毙命。起初高木曾阻止这一冒险行为，但因弹药难以接续，又鼓励士兵继续利用暗夜向我袭扰。

9日，日军通过密码破译，获悉36师师长李志鹏战况报告："我连日冒雨猛攻，因敌顽抗死斗未能成功。目前一个团的战斗兵减少到400人，已无战力。"[95] 截至当日，日军也已损失兵员820名，弹药、粮食均已告罄，且无获得补给的希望。[96]

当日天气忽晴忽雨，全线无激烈战斗。54军军长阙汉骞亲赴一线视察，至距敌50米处，对占领城西南角之107团团长麦劲东以下官兵指示颇多，并给该师官兵犒赏5万元，以示奖励。[97]

198师在饮马水河村捕获由城内逃出的一名敌军曹村井一郎，据其供述：

城内指挥官为148联队长藏重康美大佐，其以下共约千余人，计战斗兵力600余，伤兵300余。守军多系56师团所属，以148联队为基干，约800名；146联队约200名；工兵约30名，辎重兵约50名；配属之18师团114联队步兵约百名（即猪濑大队残部）。[98] 此外，尚有中国汉奸及苦力约50名，朝鲜慰安妇及中国女子40名。武器装备方面，尚有联队炮及大队炮各1门，速射炮2门，重机枪4挺，轻机枪18挺，步枪四五百支。

另，据称城内日军恐惶、疲惫万状，因松山师团长有令：死守至10月底，必可增援反攻。[99]

当日黄昏后，敌向西南城角之107团逆袭；入夜后又向该团逆

---

[94]《陆军第54军滇西攻势作战机密日记》（未刊档案）。
[95] 中华民国史资料丛稿译稿《缅甸作战（下）》，第169页。
[96][日]相良俊辅：《菊と龍：祖国への栄光の戦い》，第266页。况冶译文。
[97]《陆军第54军滇西攻势作战机密日记》（未刊档案）。
[98] 日俘供述的日军总兵力大致准确，但所属部队番号不尽准确。
[99]《陆军第54军滇西攻势作战战斗详报》。据《保山地区史志文辑》抗日战争专辑之二，第63页。一说为54军炮兵营于董库俘获，村井一郎为伍长。同资料第93页。

袭,均被我击退。敌死伤20余名,遗尸8具;我无伤亡。[100]

当晚,在东门方面,吉野孝公所在的竹迫小队又奉命向我夜袭:

"(9日)早上,敌人再次在前述地点集结。彼此之间的距离只有三四十米,连对方的讲话声都可以听到。我们决定天黑以后,挖一条通向敌人阵地的'Z'字形攻击战壕。夜里,通过大家拼命作业,终于在次日黎明到来之时挖好了战壕。"[101]

8月10日(D+12日)

10日晨,竹迫小队在"Z"字形战壕潜行,对我实施了近距离攻击。据吉野孝公回忆:

> ……但敌人根本不把兵力很少的我们放在眼里,进行了顽强的抵抗。在敌人接连不断的猛烈攻击中,我方兵员损失惨重。战局已变得对我方越来越不利,自野战仓库被炸毁以后,我粮食和弹药极为匮乏。敌人补充了武器和兵力后,再次猛袭过来。平素勇猛善战的勇士们,这下也无能为力了,阵地一个个相继被击破。
>
> 今后我们就只能尽力死守着阵地,期盼着援军的到来了。勇士们每天都在艰苦的恶战中祈祷着援军的到来,幻觉中某个山头出现了太阳旗,某个山谷传来了进军的号声……"能看到援军的身影吗?"战士们每天都在期待着援军的声音,期待着那熟悉的号声。
>
> "喂,不要死,千万别死!援军马上就要来了。再坚持一下,坚持!"抱着呼吸微弱的士兵肩膀不断进行鼓励的战友,眼里噙着焦急和悲痛的泪水。第二天,第三天,还是没有见到援军的身影。勇士们的梦幻破灭了。[102]

54军战斗详报的记述为:"8日至10日,敌每夜均向我占领城

---

[100]《陆军第36师腾冲城区战役战斗详报》。据《保山地区史志文辑》抗日战争专辑之三,第119页。

[101][日]吉野孝公:《腾越玉碎记》,第55页。

[102]同上书,第55—56页。

墙缺口之36师及198师饮马水河592团攻击,赖我官兵沉着应战,故得巩固已占领阵地。"[103]

据36师参谋长胡翼烜撰述：

"10日晨,我军发动拂晓攻击,乘工兵爆破瞬间,猛烈冲杀,攻占城墙边堡垒两座,推进百余米,利用交通壕赶筑工事。经连日激烈战斗,我已在城西南一隅,占领为连规模据点阵地。"[104]据载,至黄昏,107团共占领敌大掩体4个,正面幅宽约30米。当夜10时许,敌向我107团逆袭4次,均被我击退,我无伤亡。[105]同时,旧英国领事馆之敌也向川主庙我106团第1营袭击,被击退,我伤亡士兵2名。[106]

当日整天大雨。战地记者潘世征为了解部队战况,来到各师一线阵地巡察：

向饮马水河攻击的部队,是198师592团陶达纲团长在此指挥。团指挥所在东北城角外三里地的田心,出了田心的村梢头,便是茫茫的水田区域。敌人知道我军不易在此地固守,所以当日曾经几次在此突围,可是我们的陶团长,率领着他手下的×××名英勇的官兵,从平地上垒起了两条堤岸,像螃蟹的两只大钳,把饮马水河封锁了起来。敌人攻击一次,我军强烈地抵抗一次,敌尝试了这儿的苦味,才停止他在这儿突围的企图。

向拐角楼前攻击的部队（即593团）,自观音塘、陈家巷等地,便是500多米宽的水田区域,中间再横卧着一条30多米宽的大盈江,这是根本没法接近的一个地带。我军的防御,也只能在500米以外,建立起一条数里长的防御工事,阻击敌人的突围。但敌人也知道我军没法接近,就在拐角楼附近陆地上建筑工事,防止我军的

[103]《陆军第54军滇西攻势作战战斗详报》。据《保山地区史志文辑》抗日战争专辑之二,第63页。

[104] 国军史料丛书《抗战时期滇缅印作战（一）——参战官兵访问记录（下）》,第769页。

[105]《陆军第36师腾冲城区战役战斗详报》。据《保山地区史志文辑》抗日战争专辑之三,第119页。

[106]《陆军第54军滇西攻势作战机密日记》（未刊档案）。

突击。

除了这东北、西北二角的敌我严密防御而外,东南及西南的战斗,是利用房屋的墙壁及交通壕的推进,两方面逐步地与敌人接近。西南角上我登上了城墙的部队(即36师),因为敌人的严密封锁,根本抬不起头来。于是向前推进的办法,就在城墙的上头,分头向北及向西,挖掘地洞,于地洞中向敌人城墙上的工事接近,再用爆炸的办法,去一个个毁灭敌人阵地。

记者于10日的下午,自交通壕中登上东南城墙,小心翼翼居高临下,从机关枪眼中观察城内的形势。这时我们城墙上的地洞,向北已挖了34米,向西已挖了37米。在地洞的顶部,敌尸纵横地曝露在上面,他们是想来攻击我们登城部队(即348团)的;当被我们击毙之后,就没法前来收尸,我军也没法前去把它埋葬。这些敌尸,一直从受伤、死亡、腐烂、风曝、雨露,到最后被鸟啄成为白骨的,自攻城开始到全城克复为止,何止数百具。[107]

当日出版的美军《中缅印战区综合杂志》,以《大炮、迫击炮轰击腾冲城内的日军守备队》为题,对连日来的战事进行综述报道:

在腾冲发生了最残酷的战斗,在那里中国第20集团军通过被第14航空队的B-25轰炸机炸开的15英尺宽的城墙缺口,蜂拥入城。

在攻陷密支那的鼓舞下,中国军队发动了怒江战役以来最猛烈的攻势,冲进了这座城市。使用现代化的火焰喷射器和古代攻城的收放云梯,第20集团军在美国炮兵和俄国制造的重型迫击炮(由美国联络机校正火炮弹着点)的掩护下组织了这次进攻。

B-25中型轰炸机贴着树梢低空飞行,把定时跳越炸弹投掷在城墙脚下,致使城墙巨石被炸飞到天空。第14航空队的投弹手还直接命中了一座军火库,巨大的黑色蘑菇云腾空而起,笼罩着整个城市。大约有2000名日军(原文如此)在做最后的抵抗。

---

[107] 潘世征:《铁城顽寇就歼记》。据其战地通讯集《战怒江》,第102—103页。

中国兵冲进城墙的裂口,和日军守备队士兵进行白刃战,他们用刺刀把敌人驱赶出坚固据点。许多负伤的士兵被抬到了数英里外的帐篷里治疗,美国部队在那里建立了野战医院。[108]

8月11日(D+13日)

当日,大雨如注。敌我仍在对峙状态,未发生大的战斗。

中午11时,旧英国领事馆之敌向川主庙我106团袭击,遭击退。我伤亡士兵2名。[109]

午后4时,我炮兵对南城墙左侧敌碉堡实施破坏射击约47分钟,摧毁敌碉堡一座。[110]

8月12日(D+14日)

当日仍为大雨,昼间全线无激战。

鉴于围攻腾冲战斗已有月余,仍未取得大的进展,当日54军重新调整部署:

预2师配属第6军山炮营、重迫击炮营(欠2门)、平射炮1门、军工兵营第1连火焰放射器2具,除以一部仍固守来凤山外,主力应由城南缺口先行登城,相机入城扫荡残敌。但须右与116师联络,左与36师切取联络。

36师附军山炮营一连、重迫击炮1门、平射炮1门、火焰放射器2具,应以一部攻击西门外英国领事馆敌各据点;主力就现在占领之西南城角向北扩张,务将西门城楼及其以南城墙占领,然后联系左右两师,入城扫荡残敌。

198师附军山炮营(欠一连)、平射炮一连(欠2门)、重迫击炮1门、军工兵营(欠二连)火焰放射器2具,于攻占拐角楼后,

---

[108] 据美国《中缅印战区综合杂志》,戈叔亚译。http://blog.sina.com.cn/s/blog_4d9e1cca010009gm.html。

[109] 《陆军第36师腾冲城区战役战斗详报》。据《保山地区史志文辑》抗日战争专辑之三,第119—120页。

[110] 《远征军炮兵指挥部各炮兵部队参加滇西战役高黎贡山亘腾冲地区战斗详报》。据《保山地区史志文辑》抗日战争专辑之四,第269页。

再由拐角楼两侧缺口登城,并联系左右两师,相机入城扫荡残敌。

各师登城时,如敌以主力指向我某一方面时,其他方面应以一部即时突入城内;主力进攻城墙两侧,再求敌之侧背而攻击之。

配属各师之炮兵均应推进一部,于攻击开始直前,相互消灭城墙上敌堡垒及城墙内侧敌人。开始攻击后,炮兵即应掩护各师强行登城,然后延伸射程,直接支援各师巷战。对敌炮兵之制压,各炮兵均须预有准备。[111]

36师接奉命令后,中午12时于上庄指挥所电令各部:

108团(附工兵一连,含爆破排一、土工排一)经西南城角现占缺口,利用爆破与土工作业,向北扩张,占领沿城墙敌各堡垒,进出西城门楼。然后联系友军,入城扫荡残敌。

106团以一部在现占领阵地川主庙东西之线加强工事,主力直接攻击西门外英国领事馆,攻占后协同108团攻击西城门楼。

107团于现占领各堡垒加强工事,确保西南城角各据点,以火力掩护预2师攻击,必要时增援108团。

军山炮营第2连、重迫击炮(1门)仍于寺脚、叠水河各附近原阵地,主火力破坏城墙上敌堡垒,阻敌增援,使108团攻击有利;以一部火力消灭城墙内侧死角及制压英国领事馆敌之活动。

工兵营派兵一连归108团团长指挥,须充分准备爆破及土工作业器材,并应另行准备第一线进展后逐次加强工事之材料。火焰放射器暂搁置于西南城角堡垒,归107团夜间防御使用;必要时改配108团,用于城壕及巷战攻击。

当晚,日军仍在各对峙线向我实施反击:

西门外英国领事馆之敌向川主庙之106团袭击,被我击退;我伤亡士兵1名。城内之敌向西南城角之107团夜袭3次,均被击退;我伤亡士兵2名。[112]此前,我炮兵对南门外各要点均经试射,已构成周密的阻止线;待敌进入我阻止线时,即按预案实施近距离

---

[111]《陆军第54军滇西攻势作战机密日记》(未刊档案)。
[112]《陆军第36师腾冲城区战役战斗详报》。据《保山地区史志文辑》抗日战争专辑之三,第120—122页。

急袭，予敌以重大杀伤。[113] 此外，晚10时许，城东北拐角楼及西门城楼之敌，集中机步枪、迫击炮等对我观音塘、陈家巷方面射击，阻止593团对大盈江架桥作业，经我以炮兵及机枪还击，旋即停止。该团已架成轻纵队便桥4座，连同原有的西门桥，共5座。[114]

我方史料中又忽略了108团当日战况。但据日军战史载：

"据密码破译，第36师师长（李志鹏）报告：'12日夜，城内之敌大举逆袭我占领城墙之第108团，经以白刃对抗激战数刻，终因我伤亡过重，不得已而撤出城墙阵地。此次战斗中，第108团第2营的500余人，自营长以下伤亡殆尽。'从城墙一角被击退的远征军，开始在西南和东南角附近挖掘坑道。"[115]

8月13日（D+15日）

当日，腾冲战局发生了一个重大变化。

据美军战史：中午时分，第14航空队出动18架战机对城中心大堡垒群俯冲投弹。[116] 其中数枚重磅炸弹直接命中东城门城楼，在城下防空壕内指挥作战的日军守备队长藏重康美大佐及其手下共32名官兵，均被炸塌的砖石掩埋毙命。

此次轰炸中，位于东门外附近的吉野孝公为直接目击者。据其回忆：

8月13日中午刚过，敌人的飞机袭击了城里，炸毁了几处城墙。其中有颗炸弹命中了位于我们阵地后面的城墙东门。"啊！"我们反应过来的一刹那，随着一声巨响，东城门燃烧着倒了下来，周围一片浓烟。守备队本部位于东城门下的战壕里。悲壮！藏重联队长及部下三十余名官兵刹那间从这世界上无声无息地消失了。[117]

---

〔113〕《远征军炮兵指挥部各炮兵部队参加滇西战役高黎贡山亘腾冲地区战斗详报》。据《保山地区史志文辑》抗日战争专辑之四，第269页。
〔114〕《陆军第54军滇西攻势作战机密日记》（未刊档案）。
〔115〕中华民国史资料丛稿译稿《缅甸作战（下）》，第169页。
〔116〕美国新闻处：《怒江战役述要》，第11页。日军战史记为：战斗、轰炸联合之敌机24架。
〔117〕[日]吉野孝公：《腾越玉碎记》，第57页。

日军战史中开列的阵亡名单为：

步兵第148联队长藏重康美大佐，联队副官留奥景光大尉（召），第2中队长下川忠藏大尉（召），第2机枪中队长大贺保大尉（少19期）、福山平八郎大尉（召），联队旗手北原升一中尉（56期），下泽敬市兵技少尉（召），落合芳雄军医中尉（召），以及其他下士官、士兵24人。[118]

藏重康美，被日军士兵背地里戏称为"坐洞联队长"，可能因其整日坐在东城门洞的联队本部指挥，加之日语读音中"坐洞"与"藏重"近似，遂有此绰号。品野实在其作品中曾调侃："'坐洞联队长'藏重和他的绰号一起，永远埋在了洞里。"[119]

据载，对于56师团所辖的三个步兵联队长，师团司令部的参谋们曾在私下议论：当接受上级命令时，"113联队的松井大佐（陆士22期）会明确表示，自己哪些事情可以办得到，哪些事情办不到；146联队的今冈大佐（陆士28期）必定讨价还价，但之后还是干得比命令要求的多；148联队的藏重大佐（陆士26期），即便面对强人所难的命令，也会全力以赴。"[120] 大概是基于对藏重性格的了解，松山师团长才会在其担负守备腾冲任务之初，即断然抽调其主力宫原大队去增援龙陵；但其死得这么快，一定超出了师团首脑们的预期。

藏重死后，接替其职责的本应是第2大队长日隈太郎少佐，但由于日隈在高黎贡山战斗中被炸掉了一条腿而无法接任，于是指定太田正人大尉担任守备队长，由日隈少佐协助其指挥。太田时年28岁，曾任第9中队长，因多次负伤入院治疗。出院后，因其所在的第3大队已开赴龙陵增援，乃暂留联队本部担任勤务。

据吉野孝公撰述："城内作战本部迅速传来命令：'今天藏重联队长不幸战死。今后的战斗由不肖太田大尉负责指挥。所有战斗人员必须团结一致，死守阵地。'"指挥官接替如此迅速，可能是日军事先即

---

[118] 该资料所列多为临时担负的职务。据《第五十六师团将校职员表》，联队旗手北原升一为少尉，下川忠藏大尉为联队本部编外军官，大贺保大尉为联队部附，福山平八郎大尉为第4中队小队长，下泽敬市少尉为联队本部编外军官，落合芳雄无记载。

[119] [日]品野实：《中日拉孟决战揭秘——异国的鬼》，第280页。

[120] [日]杉江勇：《福冈联队史》，第238页。张凌志译文。

有预案。此外,由于第148联队军旗得到了很好的"供奉",在轰炸中没有发生意外。但因联队旗手北原升一少尉战死,遂指定通信中队小队长宫原政登少尉继任旗手。

然而,我军战史中对此毫无记述,显然当时并未掌握这一情况。只有594团团长董铎后来在回忆文章中有此记述:"13日上午,我飞机临空先轰炸城内顽敌。轰炸机9架满带重磅炸弹,另有战斗机于高空掩护。只听见扑通扑通炸弹的爆炸声,霎时浓烟滚滚上卷,覆盖整个腾冲上空。这次毁灭性轰炸,不知投下多少吨炸弹。据后来战俘说:那天早上,守城最高指挥官藏重康美在城门洞里集合中队长以上军官数十人开会,计划顽抗到底,不料炸弹命中城门洞,军官全部被炸死。"[121]

据日军战史,"藏重大佐之死,使守备队官兵同感悲愤"[122],"守备队官兵一连几天沉浸在无限的苦闷和悲痛之中"。[123]但从当日我军战况记录中,却丝毫感受不到日军最高指挥官阵亡带给日军士气的影响:

午后1时许,593团炮击拐角楼,以战防炮毁敌小堡垒4座。饮马水河之敌向我射击,我伤哨兵1名。[124]当晚9时许,英国领事馆之敌向川主庙106团第1营袭击,被我击退,我无伤亡。同时,城内之敌向西南城角107团第2、3营逆袭3次,并以炮火破坏我西南城角掩体;我伤亡士兵2名,但仍确保原阵地,敌未得逞。[125]东门外,116师346团仍在帮办衙门院内与敌对峙中。占据东南城角的348团方面,日军数日来连续利用暗夜逆袭,猛烈反攻我登城部队。但该团始终占领缺口阵地,并向两翼逐次扩展。[126]

此外,集团军总司令霍揆彰于11日曾电告54军:"据报,困守

---

[121] 董铎(方延庆整理):《收复腾冲纪实》。据《合肥文史资料》第二辑,第16页。
[122] 日军对华作战纪要丛书《伊洛瓦底会战——缅甸防卫的失败》,第365页。
[123] [日]吉野孝公:《腾越玉碎记》,第58页。
[124] 《陆军第54军滇西攻势作战机密日记》(未刊档案)。
[125] 《陆军第36师腾冲战区战役战斗详报》。据《保山地区史志文辑》抗日战争专辑之三,第123页。
[126] 《陆军第53军由怒江至腾冲会战战斗详报》。据《保山地区史志文辑》抗日战争专辑之一,第164页。

（高黎贡山）大白峰坡之敌，粮弹俱绝，仰即派得力人员，督饬围攻部队迅速捕捉歼灭具报"。54军接电后，令预2师派兵速往督剿。当日，36师即通知108团，令通报仍滞留在大白峰坡监视残敌的第8连知悉。[127]

考虑到城垣战斗之后，我军将转入街市巷战。为了给部队提供战术指导，当日54军司令部召集幕僚会议，参谋长刘廉一让参谋们各陈所见，汇集后形成《街市战应注意事项》，下发各师。其内容如下：

一、当我主力突入城市后，扼守缺口之部队必须于缺口附近依托城墙构筑弧形阵地，以确保该缺口。

二、突入市区部队切忌冒险轻进，必须先派搜兵严密搜索，逐段前进，分区扫荡敌人。

三、进入街市部队宜分为数波，以便交互前进，相互支援。

四、各线攻击部队应编组为搜索、突击、破坏、警戒诸组。对每一据点之攻击，应先经绵密搜索，侦察敌工事与侧防机关位置、进出道路等后，再使突击组向之攻击。必要时得先使破坏组予以破坏后再攻击之，则进至警戒组。当突击组或破坏组对敌攻击及破坏时，则应对侧方及后方严行警戒，以防意外。

五、指挥官对进入街市部队，必须事先明示逐次到达目标，并严密规定联络记号。

六、在街市内每攻占一地，即应由第二线部队构筑工事，增设障碍物，以求稳扎稳打。

七、沿街道前进时，应先利用两侧家屋，派搜兵搜索前进。除应注意前方之敌外，对侧方尤其两侧巷道，均须特别注意。

八、巷战时，如沿街道进攻困难，可利用两侧家屋，逐次破坏其墙壁而前进。为此，每一单位必须携带必要之工作器具或简单之爆破器材。

---

[127]《陆军第36师腾冲城区战役战斗详报》。据《保山地区史志文辑》抗日战争专辑之三，第123页。

九、巷战时,应严令士兵勿争取敌之遗弃物品,以免中敌暗计。

十、前进时,须利用街市房屋墙壁死角或屋顶以接近,而减少敌火力对我之损害。

十一、工兵部队应配属一部于第一线,指挥官使能适时应步兵之需要,对敌坚固房屋及工事施行爆破。

十二、炮兵联络班及观察员应随第一线步兵行动,俾得应步兵之要求,适时通知炮兵易于协同。

十三、对敌利用建筑物及雀巢工事,为以我步兵火力难以摧毁时,必须严加搜索,适时通知炮兵先以破坏,然后攻击前进。

十四、攻击前进时,对街市内外土堤、田埂、沟渠及每一家屋,均须严密搜索,方可利用。

十五、攻击前对敌情应实施详细侦察,并对房屋内及各攻击目标均须编以号数,确切规定联络记号及联络方法。

十六、攻击部队必须携带地雷侦察器,以便搜索。

十七、巷战时应多准备近战武器之弹药。

十八、攻击部队应多带莫洛托夫瓶(即以1/3机油、2/3汽油贮于玻璃酒瓶内,并以浸有汽油之布或棉花塞入瓶口,点火后迅速向目标投掷,以便燃烧凭借家屋对我顽抗之敌)。

十九、由甲家屋至乙家屋再至丙家屋,须注意设置交通壕,严密搜索敌在屋内有无交通暗壕。[128]

---

[128]《陆军第54军滇西攻势作战机密日记》(未刊档案)。

第49章 47天攻城作战日志（下）

（参阅附图16、附图17、附图28、附图31）

8月14日（D+16日）

拂晓前，东南城角之348团与敌接触激战，短时即止，敌我略有伤亡。东门外，116师346团于午前攻击据守帮办衙门之敌，发生激烈战斗。因敌堡垒密布，经我发起数次冲锋，仅略有进展；敌我伤亡甚多。[1]

自昨日我军攻占西南城角一部后，敌即积极向该方向增援。午后3时至夜晚，敌向西南城角之107团逆袭多次，均被击退，我无伤亡。[2]此期间，我炮兵不时对敌行扰乱射击，支援步兵攻击。[3]

当日，各师战斗准备就绪。午后，接奉总司令霍揆彰电令，饬各部于15日凌晨4时开始总攻击。54军即电所属三师，指示攻城时应注意事项，其要旨如下：

一、本军预定15日晨4时开始攻击。各师应以预先标定各点，先以炮消灭城墙上敌各堡垒。如天未十分启明而观察困难时，可行断续射击，以节约炮弹。在西南方面并应由预2师预行指定炮兵一部，以任对敌炮兵之制压；198师方面则可由该师自行指定之。

---

[1]《陆军第53军由怒江至腾冲会战战斗详报》。据《保山地区史志文辑》抗日战争专辑之一，第164页。
[2]《陆军第54军滇西攻势作战机密日记》（未刊档案）。
[3]《远征军炮兵指挥部各炮兵部队参加滇西战役高黎贡山亘腾冲地区战斗详报》。据《保山地区史志文辑》抗日战争专辑之四，第269页。

二、预2师、36师应在4时前完成登城准备。198师应于4时前渡河及展开完毕，准4时即可开始向拐角楼攻击，但对其两侧缺口必须派遣所要兵力严行监视，得相机由缺口登城，必要时得强行登城。此时36师除以主力准备由西南城角向北扩张外，并应余以一部向英国领事馆及西林寺之线开始攻击。但各师于城墙时，必须报告军长，以便转报总部要求116师及令饬其余各师同时登城。又，全军登城应在198师攻克拐角楼之直后。

三、当步兵登城时，炮兵即应延伸射程于城墙内侧，构成弹幕，以阻敌逆袭。步兵登城后，对城墙上敌堡垒如仍须以炮兵破坏时，得临时请求炮兵予以破坏之。

四、各部队于登城成功后，即应在炮兵掩护下加强工事，并应从速完成入城准备。

五、各部队登城成功后，如敌集中力量向我城墙缺口某一方面反击时：在拐角楼攻克后，其他方面应以一部即时突入城内，主力于进占城墙内侧墙脚后，再求敌之侧背而攻击之；如拐角楼尚未攻下时，198师可谨以一部入城牵制敌人，并应向城西北角发展，以断拐角楼与城厢之联络，俾易攻占拐角楼，使主力得以适时入城。

六、各部队在城墙内侧城脚附近确实站稳后，即应报告，以便全军同时入城而分区逐段以扫荡残敌。

七、各部队下城时，须注意城墙脚下敌之工事及其侧防机能。[4]

据我军战史，14日当天全线无激烈战斗，总攻系于次日拂晓开始。[5]但美军、日军战史中均记录当日即发起总攻，这种一致性的记述错误，颇令人不解。谨节录日军战史备考：

"远征军自14日7时，为扩大前一天空袭战果，以猛烈炮火射击为先导，开始第二次总攻击。即，在将近一周的攻击准备之后，在优势的炮击配合下，利用烟幕、梯子攀登城墙，与坑道爆破相辅，

---

[4]《陆军第54军滇西攻势作战机密日记》(未刊档案)。
[5]《陆军第36师腾冲城区战役战斗详报》。据《保山地区史志文辑》抗日战争专辑之三，第123页。

企图突入城内。各处展开壮烈的白刃战。经死斗数刻,于12时左右,勉强挫败远征军的攻击。战斗中失去了包括(满身少尉、波多野少尉及田中主计少尉[6])3名军官的多数守兵。"[7]

8月15日(D+17日)

凌晨4时,漫天大雾。各师依照预定计划,各向当面之敌发起总攻。[8]

预2师方面战斗:

此前,预2师一直作为集团军预备队,在来凤山休整警备。据该师第4团特务排长王希孔回忆:"第4团在来凤寺住了十来天,每天看到我方飞机轰炸城内四个城门楼、一个文星楼,炸后一股黑烟,高楼一个一个地不见了。每日下午7时左右,城内夜景更可观,敌我双方红、蓝、白、绿各色信号弹、照明弹,好像节日放烟花一样一阵一阵地出现。8月初,开始向城内发起攻击的是36师、198师和116师。用云梯攻城不成功,在南城墙脚一线被敌刺刀杀死的就有100多人。多次爬梯冲锋,都无法攻进城内。8月中旬,第4团奉命向城内进攻。"

拂晓后,预2师开始攻击南城墙之西南城角。"从白果巷进箭道之路,是一个飞机弹炸开的缺口,附近敌人筑有4个碉堡。城墙上每隔十多米就有两个碉堡,及交通壕、掩蔽部和轻、重机枪阵地,对外形成交叉火网。有些射击孔,是开在城墙石缝里,很难发现。"[9]于是,先以炮火轰击。6时许,第4团藉炮兵掩护,先后跃登西南城墙之两大缺口,因遭城墙内侧7个堡垒之敌侧射及城墙反斜面敌之阻击,前进不易。12时许,曾以步兵冲击数次,终以伤亡过大,未果。17时,重新调整部署,又以第5团继续攻击南门城楼,企图乘黄昏一举登城。因遭受城墙上两侧敌堡垒之火力封锁,及城

---

[6] 据第56师团战友会"云龙会"编《拉孟、腾越——玉碎の实相》,第138页。另据《第五十六师团将校职员表》,前二人分别为第148联队第4中队小队长满身逸雄少尉、第56师团病马场附波多野厚兽医少尉,田中主计少尉无记载。

[7] 中华民国史资料丛稿译稿《缅甸作战(下)》,第169—170页。

[8] 《陆军第54军滇西攻势作战战斗详报》。据《保山地区史志文辑》抗日战争专辑之二,第64页。

[9] 王希孔:《反攻腾冲的回忆》。据《溅血岁月》,第118—127页。

墙内敌火力侧射，未能立足，激战至20时，均于占领位置构筑工事固守。计伤军官7员、亡3员，士兵伤亡234名。[10]

据王希孔回忆：

第4团攻克来凤山后，各连伤亡惨重，有些只剩20多人，连、排长大部分伤亡。团长吴心庄下令团直属部队全部参加攻城。我特务排除原有人员外，又补充了40多人，团长叫我编成一个连，由我代理连长，从班长中挑出三个代理排长，每个班有七八个人，从顺城街南面，想尽一切办法攻占南城墙缺口。我叫各班连夜挖交通壕至城墙缺口，利用敌人火力暂停时，以强攻占领南城墙缺口；并叫各班快筑工事，对付左右城内敌人。因我叫声过大，被敌人用石头打在我的腰部，我即滚下缺口，士兵拿起一看是块石头，还笑着说"排长的命真是大，手榴弹投在身上不会炸"。仅在这个缺口，即与敌人反复拼刺三次，一到黄昏敌人就向我连猛力反扑，经我机枪、冲锋枪、手榴弹猛烈火力及刺刀肉搏，把敌人击退下去。我们站稳城墙缺口，把各碉堡内的敌人全部肃清后，一面以火力压制城内敌人，一面挖交通壕向城内进攻。[11]

第4团第9连机枪手陆朝茂也参加了此次战斗。

当时，陆朝茂和弟兄们在城外十字路口码起一个机枪掩体，把机枪对准南门。陆朝茂独自一人守着那挺重机枪，其他弟兄都钻进了日本人挖的防空洞。

中午时分来了一架美国飞机，对城中进行一番扫射后，在南门上面丢下一颗大炸弹，把南门炸开一个很大的缺口，周围的房子都震倒了。木料、瓦砾砸到了陆朝茂的周围，但却没有砸到他。看到陆朝茂没有死，班长从防空洞里钻出来大叫着对陆朝茂说："你要好好看着地方啊，日本人是会从城门上的那个缺口冲出来的，你要注意啊！"陆朝茂说："不怕的，你们放心好了，出来我就打！"

"其实也没有出来什么日本人，我见没人出来也就没有射击。观察了一会儿，我们开始往里趟，那几天非常困难，一天只能趟进去

---

[10]《陆军第54军滇西攻势作战机密日记》（未刊档案）。
[11] 王希孔：《反攻腾冲的回忆》。据《溅血岁月》，第118—127页。

一小点儿,有时只有10米。如果哪天能推进20—30米,那是最辉煌的胜利了。有些时候是进也进不去,退也退不了,夹在日本人的火力中间。日本人全部躲在地堡里,他们在暗处,我们在明处。他们从城墙脚、墙洞里往外打我们,人又不见,我们找不到还击的目标,有好几个弟兄被打死了。我们机枪班的弟兄发火了,就把机枪抬到了一户人家的楼子头上,从高处向日本人打,这下效果很好。但打不上一会儿,机枪水干了,叫我去提水,因为其他省的兵不会提腾冲的吊井水,而我们机枪班又只有我是腾冲人。于是我飞快地跑到楼下不远的一个吊井边,把水提出了吊井。突然这时不知从什么地方打来一枪,把我的钢盔打飞了一丈多远,我跑过去又捡起来戴在了头上,发现中间部位已被打裂了一股。我趴着观察了一会儿,见没动静,便提起水桶飞快地跑上了房子。班长见我回来,便大声叫道:'你怎么去了这么久,机枪管都发红了,你还没到,干什么去了?'我把经过向他说了,他看了看我的头说:'幸好你的头发有半年没剪,把钢盔顶起来了,日本人是瞄得很准的。'"

换水后,陆朝茂他们的机枪打得更狠,压住了日军暴露出来的火力点,让步兵将他们一个个地炸掉。[12]

36师方面战斗:

拂晓,106团、108团同时开始攻击。106团由川主庙攻击英国领事馆,因敌工事坚固,火网浓密,进展困难,我伤亡士兵20余名。108团攻击城西门至西南角间之线,经终日激战,仅占领西南城角北侧堡垒一个,伤亡军官2员、士兵10余名。尔后,仍拟以步、工兵联合坑道作业,攻击前进。[13]107团仍在城西南角原阵地,以火力支援预2师攻击,伤亡士兵2名。[14]

198师方面战斗:

---

[12] 李根志:《机枪手陆朝茂》。据《见证历史——滇西抗战见闻实录(上)》,第182页。当时远征军部队未普遍装备钢盔,因机枪手容易成为敌重点打击目标,即从各处搞来杂式钢盔配用,其中包括美军顾问馈赠。

[13] 国军史料丛书《抗战时期滇缅印作战(一)——参战官兵访问记录(下)》,第770页。

[14] 《陆军第36师腾冲城区战役战斗详报》。据《保山地区史志文辑》抗日战争专辑之三,第123页。

拂晓，593团第1营及第8、9连为左翼，向西门与拐角楼间缺口攻击；第2营及第7连为右翼，攻击拐角楼。因该方面有河流、水田、泥泞障碍，接敌异常困难。第1营官兵仍前仆后继，奋勇冲杀，曾一度冲入城墙缺口，伤亡甚重。西门外英国领事馆方面之敌亦增援前来，向该团夹击，战况至为激烈。第2营也曾冲入拐角楼，占领敌堡垒数座。敌不断增援反扑，我方因地形开阔、弹药不济、预备队增加困难，以致第一线官兵伤亡惨重，无法再进。

据美军战史记录："中国军队在大炮轰击后，于凌晨3时再行进攻。到黎明时，城北村落（应指拐角楼）中除去由日军100人扼守的两个堡垒外，全部占领。另，某部队占领西北部[15]城墙上的阵地。但是日军由城内两路夹击，村落中堡垒内的日军也以火力支援，中国军队终被迫退出。估计日军死伤约百余人。"

苦战终日，593团第1营营长李春廷及连长罗绍裘、张石生、严谨瑜负伤，第2营连长张硕昌负伤，第3营连长朱世昌阵亡、马梦臣负伤，排长伤亡约20余员，士兵伤亡约300余名，攻击受挫。入暮后，仍据守大盈江河岸原阵地与敌对峙。[16]

据198师特务连连长曹英哲回忆：

"城外西北角突出的拐角楼，593团牺牲了200多条好汉的生命而未能攻占。我曾亲眼看到第2营姚家增营长额头上挂着大颗的汗珠，面色苍白，声音嘶哑，欲哭无泪的窘态。也曾在稍后方的野战医院门口，看到待救的无奈伤兵，成排地躺在担架上等待急救，或竟默默地就这样走了。院内更是一片凌乱，鬼哭狼嚎似的忍受着没有麻醉的手术痛苦。战争是太残酷了，硬生生地把生命夺走。"[17]

当日，为策应593团攻击，592团亦向饮马水河攻击，未获进展；伤军官1员，士兵4名。[18]当日战斗，在日军战史中仅一句带过："15日晨，第198师从西北角拐角楼和东北角的饮马水河正面攻

---

[15] 原文为东北部，应有误。东北部592团仍被阻止于饮马水河一线，未接近城墙。
[16] 据曹英哲《抗日名将叶佩高》第一卷《抗日英雄叶佩高将军》[注33]，第43页。据《第20集团军腾冲抗日阵亡官佐名录》，朱世昌上尉为安徽无为人。
[17] 曹英哲：《抗日名将叶佩高》第一卷《抗日英雄叶佩高将军》，第22页。
[18]《陆军第54军滇西攻势作战机密日记》（未刊档案）。

来，也被击退。"[19]

据 54 军战斗详报：鉴于拐角楼、饮马水河方面地形开阔，攻击困难，且经此次强攻后已探知日军实力，以后若继续硬攻难有作为，54 军向集团军总司令提出，似可转移兵力。霍揆彰批示同意。于是，54 军当日电令 198 师除以一部担任饮马水河及大盈江通西门大道之线对敌警戒外，主力应即转移至叠水河、水碓间地区，准备向南城墙方面扩张战果。[20]

攻城战斗已有月余，36 师、116 师分别在城西南、东南已上城墙，而被认为战斗力较强的 198 师尚未抵近城墙，无论如何都是一种压力。此次转移兵力，是该师打开局面的重要举措。最早的动议由谁提出？592 团团长陶达纲、594 团团长董铎在各自的撰述中均表明，是自己之功。

据董铎回忆：

"（腾冲）东北两面是小河、水田，不易接近；南面是居民区；西面是小山区。我团驻于城外，正苦于攻城不易，如何下手的思索中……这时，我建议由南面登城消灭残敌。理由是：南门外大街，长 500 米，宽 20 米。除靠城墙约 30 米没有房屋外，两边都是木结构平房和两层老式楼房，可架机枪掩护我工兵在城墙根挖洞埋炸药，以便炸开缺口让步兵登城。师长接受了我的建议。"[21]

陶达纲的记述是：

"53 军之大部兵力，既已到腾冲城东面之董库及饮马水河地区东南一带。本人于是建议师长，在北门方面，派一部分兵力监视足矣；请将本团全部兵力转移到南边去攻击，以免在腾冲北面望着高高的城墙而兴叹，致使部队劳而无功。两天以后，师长同意了，将看守任务移交 593 团；即命本团当夜转移全部兵力，到腾冲城之西

---

[19] 中华民国史资料丛稿译稿《缅甸作战（下）》，第 170 页。
[20] 《陆军第 54 军滇西攻势作战战斗详报》。据《保山地区史志文辑》抗日战争专辑之二，第 65 页。
[21] 董铎（方延庆整理）：《收复腾冲纪实》。据《合肥文史资料》第二辑，第 16 页。

南边去，准备攻击。"[22]

很遗憾593团团长廖定藩去世早[23]，未留下记述，否则可能还有一种说法。

116师方面：

鉴于连日来进展甚微，116师令此前作为预备队的347团加入，攻击南门以东之敌；348团于占领地继续扩张战果。两团分别以第1营为突击搜索队，第2营为掩护队，第3营为扫荡队，依梯次攻击；[24] 346团仍继续攻击帮办衙门。激战至10时许，347团第3连将南门以东约50米处之缺口完全占领，并构筑工事防敌反攻；346团及348团之攻击仅稍有进展。[25]

8月16日（D+18日）

当日，预2师第4、5两团登城部队继续战斗，并加强工事。黄昏后，敌炮向我阵地猛烈射击，致工事毁坏多处。敌步兵二三十名不断反扑争夺阵地，经彻夜激战，终将敌击退。约毙伤敌10余名；我伤亡军官2员，士兵13名。当夜，敌又向城西南角北侧36师108团第1营逆袭，被我击退，我伤士兵3名。[26]据美军战史，"中国军队现在城西和城南附近已经有6处立足点。"[27]

东门外，116师346团仍在帮办衙门院内与敌对战；348团方面，敌于午夜曾数次逆袭，被击退；347团登城后，积极构筑工事，敌虽猛烈反攻，终未得逞。[28]

当日，198师奉命转移兵力，594团进至松园，592团位于大山脚。198师师部迁至和顺乡。593团仍留置城北一线监视，团部设于田心，

---

〔22〕陶达纲：《滇西抗日血战写实》。据《民族光辉——腾冲抗战史料钩沉》，第227页。
〔23〕廖定藩于国共内战中任第54军第291师中将师长，1949年4月21日在江苏丹阳与人民解放军作战时阵亡。
〔24〕《陆军第53军由怒江至腾冲会战战斗详报》。据《保山地区史志文辑》抗日战争专辑之一，第164页。
〔25〕胡璞玉主编：《抗日战史》第二十九章缅北及滇西之作战（二），第197页。
〔26〕《陆军第54军滇西攻势作战机密日记》（未刊档案）。
〔27〕美国新闻处：《怒江战役纪要》，第12页。
〔28〕《陆军第53军由怒江至腾冲会战战斗详报》。据《保山地区史志文辑》抗日战争专辑之一，第164页。

第 1 营在观音塘，第 2 营在陈家巷，第 3 营在饮马水河。[29]

对我转移兵力调整攻击方向，日军迅速察知，据其战史记述：

"16 日，被击退的第 198 师主力，似被调到西南角方面，远征军将攻击重点集中到了西南角。见日军守备队斗志消失，远征军便以重兵不顾伤亡，前仆后继，展开人海突击。尽管日军守备队再勇敢，也不能不被压倒。守兵伤亡激增，尤其面对从南门附近及西南角的三个破坏口边筑城边推进、逐步扩大位置的远征军，毫无还手之力，虽先后三次夜袭均未成功。"[30]

当日，执行轰炸腾冲任务的美军第 14 航空队飞行员克利福德·隆险些丧命。

当其驾机临空时，不幸被子弹击中了飞机右侧机翼，飞机立刻失去了平衡，开始在空中翻筋斗。"我一下慌了，心想，完蛋了！但还是立刻控制好情绪，定了定神，努力保持高度和速度，并决定在保山机场实施紧急迫降。我没有按常规实施跳伞，因为我相信自己能够平稳落地。这时，右边机翼已经掉了。我全力加速俯冲，尽力把飞机摇摇晃晃地降了下来。可是，我又犯了一个致命的错误——没有在迫降时提前打开机舱盖。这下我可急坏了。但不知何故，我竟然使出了超人的力量，打开机舱盖，然后使劲往前跑。当我跑出 100 多米再往后看时，看到飞机已经被毁坏得面目全非了。我对自己没有控制好飞机很失望。但是，我又为自己能够死里逃生而感到兴奋不已。上帝真是在保佑着我。"[31]

8 月 17 日（D+19 日）

12 时许，预 2 师第 4、5 两团继续战斗。黄昏后，敌又炮击我阵地，步兵反复进攻，激战终夜，被我击退；计毙敌 4 名，我伤亡士兵 3 名。敌将西南城墙内东岳庙附近数栋房屋烧毁。[32]

---

[29]《陆军第 54 军滇西攻势作战机密日记》（未刊档案）。
[30] 中华民国史资料丛稿译稿《缅甸作战（下）》，第 170 页。
[31] 史迪威驿站网文章《克利福德·隆：昔日"飞虎"》。http://www.sdwyz.com/flying/flying/200704/flying_418.html。
[32]《陆军第 54 军滇西攻势作战机密日记》（未刊档案）。

14时许,城东南角之348团登城部队,向城上右翼猛烈攻击,炸毁敌堡垒3座,并占领2座。[33]

当日,106团仍在川主庙附近与英国领事馆之敌对峙。[34]

据台湾陆军上校、106团第3连连长王连升回忆:"我连于15日深夜潜至英国领事馆之南侧庙宇,而将该处占领。16、17两日,我连曾派小股兵力向英国领事馆沿线之敌作试探性之攻击,但均因敌火猛烈而未能奏功。英国领事馆之敌军,亦曾于16日晚利用暗夜向我第3连阵地实施偷袭,经我军发觉,待其接近时,以猛烈之机枪火力及手榴弹掷射,将敌击退,并予以重大伤亡。17日黄昏,师参谋长胡翼烜亲至我第3连,并潜行至最前方之阵地向我指示机宜。"[35]

当夜,敌向城西南角之107团逆袭3次,均被我击退。该团以第1营守备西南城角既得阵地,第2、3营集结于药王宫附近。[36]

但据日军战史,当日我军的进展似乎更大些:"我西南阵地守兵已全部覆灭。17日午后,远征军自西南角及南门西侧阵地附近破坏口陆续侵入城内。腾冲城的一角终于落入远征军手中。"[37]

当日,日军守备队长太田大尉致电第33军司令部称:

"敌军以两个师猛攻,南方尤其压力巨大,虽城墙被突破一角,我军仍试图反攻。全员斗志昂扬,请军部及师团安心,不要为救援我们守备队而进行无谓的战斗。"

第33军高级参谋辻政信在战后所写的《十五对一》中,就太田此电曾大肆吹捧:

"……都已经说出'请师团及军部不要为救援我们守备队而进行无谓的战斗'这样的话,其高洁、悲壮是无法形容的。一位二十七八岁的大尉,怀抱着联队长的遗骨,拥着军旗,在二十几倍于己的大敌完全包围下英勇奋战,无论如何是用书面语言无法形容

[33] 方国瑜:《抗日战争滇西战事篇》,第56页。
[34] 《陆军第54军滇西攻势作战机密日记》(未刊档案)。
[35] 《戎马关山话当年——陆军第五十四军史略》,第432页。
[36] 《陆军第54军滇西攻势作战机密日记》(未刊档案)。
[37] 中华民国史资料丛稿译稿《缅甸作战(下)》,第170页。

的。从漫长的战争中各种痛苦的场面熬过来的日军，其传统就是绝不乞求救兵，此意不直接说出也要暗示；或者干脆少发让上级司令官肝肠寸断的电文。这位太田大尉宁愿努力去安慰上级。在长筱城面对织田信长大军的奥平信昌固守城池的确令人尊敬，鸟居强右卫门挺身而出突破重围向织田、德川求援也被宣传为古战史的美谈。和他们相比，太田大尉的精神境界不是高得多吗？"

对此，日本一位军史作家楳本捨三则予以批评：

"在多少有一点增援也许就会有一线希望的紧要关头，说什么'日军的传统'就是'绝不'乞求救兵，这不是迂腐透顶的吗？有增援的话，不仅这个战场，整个战区都有可能转向有利的形势，所谓'绝不如何'是不合理的。也许日军所受的教育就是'求援被认为是懦弱的行为'，'提倡武士的风度，拒绝胆小鬼的行径'这些陈腐的思想。虽然在个体看来，的确是勇敢的、无比壮烈的、让敌人胆寒的战斗；但从整体的高度看来，不能不认为是愚蠢的战斗。战争中，只有最后的胜利者才能笑得出来。"〔38〕

因 15 日发起的总攻击受挫，54 军决心变更部署，当日 12 时于上庄军指挥所命令各部：

困守腾城之敌连日被我围攻，已呈疲惫之势。军为扩张既得战果，决心变更部署，彻底集中兵力于城南方面，先行肃清南城墙上下之敌，然后入城，逐渐向北推进，以扫荡城内敌人。

各师任务区分为：

198 师附重迫击炮营（欠 2 门），工兵一连，平射炮 1 门，除仍以 593 团扼守大盈江、饮马水河之线，以牵袭该方面之敌；主力应即登南城楼及其以西城楼，肃清城墙上之敌，先行扫荡左所街以南地区之敌，然后逐渐向北扩张，以扫荡敌人。

预 2 师附工兵一连，重迫击炮 1 门，平射炮 1 门，仍以一部扼守来凤山；主力应即肃清现占领城墙上下之敌，联系 198、36 两师，入

---

〔38〕［日］楳本捨三：《壮烈拉孟守备队：玉砕に殉じた日本軍将兵の記録》，第 168 页。郭长明译。

城先行扫荡电报局以南地区之敌，然后逐次向北扩张，以扫荡敌人。

36师附重迫击炮1门，应以有力一部沿西城墙上及其东侧地区，联系预2师，逐渐向北扩张；主力须确保川主庙，阻敌南下而掩护军主力之左侧背，并须设法围困英国领事馆附近之敌而歼灭之。

各部队入城后应即确保已占领缺口，198师并应负责开辟南门进出路。[39]

攻城时，各师应加大纵长区分，以便交替攻击前进。

山炮兵统归军炮兵指挥官廖治民指挥，其区分任务及阵地位置如下：

军山炮营为左炮兵群，应以一连位于石牌附近，协力198师593团战斗；主力位于寺脚附近，应先消灭南城墙脚之敌，主对敌炮兵制压，并协力36师对西门外敌各据点攻击。必要时，须准备火力于南门街右侧地区，以行阻止攻击。

第6军山炮营为右炮兵群，应先消灭西城墙内侧城脚之敌。尔后直接掩护由城南方面入城部队之攻击，并随攻击部队之进展逐次延伸射程，以行阻止射击。[40]

36师接奉命令后，于20时20分下达命令，具体部署如下：

107团以一部加强城墙上工事，确保已占领各缺口，右与预2师确保联系，主力控制于药王宫附近，准备向北推进，逐渐肃清西城墙上下之敌，相机入城扫荡残敌。

108团（附工兵一连）沿西城墙利用爆破及土工作业向北推进，逐渐肃清西城墙上下之敌，相机入城扫荡残敌。

106团（附工兵一排）主力于川主庙附近构筑纵深坚固阵地，防敌出击，并掩护军主力左侧背，并须设法围困英国领事馆之敌而歼灭之；以一部沿大盈江警戒，左与198师593团确保联系。

重迫击炮连（1门）仍在原阵地，主火力指向西城角东端城墙脚及英国领事馆。[41]

---

[39]《陆军第54军滇西攻势作战机密日记》（未刊档案）。
[40]《陆军第54军滇西攻势作战战斗详报》。据《保山地区史志文辑》抗日战争专辑之二，第65页。
[41]《陆军第36师腾冲城区战役战斗详报》。据《保山地区史志文辑》抗日战争专辑之三，第123—126页。

当日出版的美军《中缅印战区综合杂志》，以《中国军队对腾冲收缩包围》为题做综述报道：

尽管日军在密支那的抵抗非常顽强，但还是（于8月4日）陷落了；所以一度传说腾冲将是第二个密支那。但是由于日军守备队在这个城市防守极为坚固，本周弗兰克·多恩准将从司令部发出急电，说日军出城反击中国第20集团军，迫使他们后退。

本周的一个晚上，日本人组织了7次反扑，重创并击退进攻的中国人。攻城战被迫停止，在城墙附近日军遗尸60多具，在城墙前面狭窄的坑道里发现200具日军尸体。

中国人仍然还是在组织攻势，按计划逐步摧毁敌人的单个坚固据点。这是缓慢而单调的工作。第14航空队每天轰炸日军阵地。[42]

8月18日（D+20日）

当日，各师均已遵令准备完毕。

36师108团第1营仍在西南城角北侧与敌对峙；106团第1营则于川主庙向英国领事馆之敌攻击，毁坏敌掩体2座，我伤亡士兵8名。[43] 据台湾陆军上校、106团第3连连长王连升回忆："18日晨，我第3连继续向英国领事馆发动攻击，但除因正面敌猛烈火力阻我前进外，并有西城墙之敌机枪火力，居高临下，对我造成重大伤亡，使我无法前进。于是奉命暂停攻击，退回原阵地，请求空军支援。"[44]

午后14时，我空军飞来助战，以火箭弹[45]射中英国领事馆，当即起火燃烧。据参加空袭的第14航空队飞行员克利福德·隆回忆："8月18日，天空一片湛蓝。接到准确情报后，我们的飞机呈攻击队形起飞，并曾在空中与日军飞机相遇（原文如此，日军战史无记

---

〔42〕据美国《中缅印战区综合杂志》，戈叔亚译。http://blog.sina.com.cn/s/blog_4d9e1cca010009gm.html。

〔43〕《陆军第54军滇西攻势作战机密日记》（未刊档案）。

〔44〕《戎马关山话当年——陆军第五十四军史略》，第432页。

〔45〕即美军在"二战"中最早实用的非制导火箭系统——M-8型114毫米（4.5英寸）三联装火箭，发射管可安装在P-38或P-51飞机的挂架上以取代炸弹的位置。发射后M-8火箭尾翼在气流中展开，命中精度极差，但拥有强劲的打击力。

录)。当时，敌军的火力很猛，但我们也实施了猛烈的火箭弹攻击和扫射。我亲眼看到地面上成千上万的尸体，到处都在冒烟，炸弹爆炸的声音此起彼伏。"[46]利用飞机轰炸成果，106团向英国领事馆之敌攻击，激战4小时，已迫近其围墙。[47]但据美军战史，"地面部队屡次进攻，仍然未能占领"。[48]

此处，不妨宕出一笔，说说空军对于腾冲作战的有力支援。

自8月进入围城作战后，美军第14航空队在距腾冲城直线距离仅10公里的马房坝卧龙岗选了一块宽阔的草地，铺上白沙，又修了个临时军用机场。据附近村民黄成仁回忆：

"马房坝的卧龙机场最多的时候停过13架飞机。攻腾冲城最猛烈的那天，只见那些小飞机飞上飞下，到绮罗机场那儿接伤员，我们看见从飞机上抬下来许多伤员，然后送到阎家冲的野战医院去了。那天，听说美国人的一个什么顾问也被打死了，飞行员们整天都没有言笑。驻在机场旁边的一个远征军炮兵阵地那天也拼命地往腾冲城方向打炮。当时我们在老美的帐篷里大气都不敢出，下午才悄悄地回了家。"

据学者戈叔亚通过史迪威的外孙约翰·伊斯特布鲁克等从美国获得的资料，8月18日滇西美军共阵亡官兵7人，几乎占美军在滇西全部阵亡人数的一半，阵亡原因为坠机。[49]以美军官兵的乐观天性，零星发生的阵亡当不会造成集体性的压抑，故而推测黄成仁记忆中让"飞行员们整天都没有言笑"的事件，当是发生在这个黑色的日子。

马房坝机场像腾冲其他的所有临时机场一样，只能起降L-4、L-5型空中联络机。飞行员们以高超的技术，在恶劣的气候条件和复杂的地形条件下，曾执行了上千次侦察飞行任务，营救了数十名轰炸机和运输机坠落后的生还者。驻马房坝卧龙机场的联络机营救

---

[46] 史迪威驿站网文章《克利福德·隆：昔日"飞虎"》，http://www.sdwyz.com/flying/flying/200704/flying_418.html。

[47]《陆军第36师腾冲城区战役战斗详报》。据《保山地区史志文辑》抗日战争专辑之三，第126页。

[48] 美国新闻处：《怒江战役述要》，第12页。彭河清、潘世征战地通讯记为18日即攻占英国领事馆，应不确；克利福德·隆回忆为20日方攻占此地。

[49] 据《东方诺曼底之战——滇西缅北战役》，第349页。

的飞行员,包括高黎贡山作战时在固东顺江旱坝跳伞的那3位飞行员,但却付出了损失一架飞机两条生命的代价。

据统计,在腾冲作战期间,第14航空队飞机被日军炮火击中,或因地理、气候等原因影响而坠机的不低于20架次。[50]

于36师战斗同时,在西南角登城的预2师第4、5两团亦继续攻击,扩张战果,加强工事。敌数次向我反扑,并用手榴弹向我投掷,均被击退。本日计毙敌10余人;我工兵连军官周开福及1名士兵负伤,3名士兵阵亡。

116师346团仍在帮办衙门院内与敌对峙;348团于拂晓曾与敌发生激战,互有伤亡;347团方面,敌人屡行攻击,终被我击退。[51]

当夜,城东北拐角楼之敌出扰,被198师593团击退;该团伤兵2名。此时,原任预备队的594团已完成攻城准备。

当日,54军向原隶属本军、现已纳入驻印军序列的50师副师长杨温致电,请其介绍该师攻克密支那的作战经验,以作为本军攻击腾冲作战参考。杨温当即回电:

"(1)本师攻密初期,不明敌工事坚强(多用短距离反斜面),伪装好,火网密,树、屋、堤上狙击手多。我虽以重机枪向其扫射,空炮轰击后,以步兵冲锋至最近距离,残敌仍凭坚死守,负伤不退,向我猛射,伤亡颇大。后改用强攻坑道,并用迫击炮进至距敌150码,重轻弹并用射其前后左右;俟奏效后,即以步兵6—10人一组,多带手榴弹,更番攻进。将至在受其火制,即行筑工。遇敌坚强据点,用坑道包围(作业时以洋铁皮三块盖护前部,免敌手榴弹、掷弹筒伤损)。如仍顽抗,则以火箭摧毁之。(2)敌在我轰击时,多集于我最近距离,所谓前方安于后方,应用60炮猛射。(3)俟敌伤亡大后,方乘时以步兵部队夹击。"

---

[50] 李根志:《美军"飞虎队"在腾冲》。据《见证历史——滇西抗战见闻实录(上)》,第207页。

[51] 《陆军第53军由怒江至腾冲会战战斗详报》。据《保山地区史志文辑》抗日战争专辑之一,第164页。

54军即转电本军所属198师、36师、预2师及53军116师。[52]

8月19日（D+21日）

自拂晓起，各师对当面之敌发起全线攻击。

198师方面：

此前一直作为预备队的594团投入战斗。据该团团长董铎回忆：

"18日下午，我团就暗暗地在南门外街道楼上用沙包做成二十几个机枪掩体，拂晓前重机枪一律安放好。同时工兵营派了100人分10组携带工具、炸药，只待机枪一响就分头潜伏城脚埋药安引线，然后用速燃导火索一齐爆炸。

"19日东方发白时，我一个信号，楼上所有机枪同时发射，10组工兵同时接近城脚开始作业，我第1、2两营乘机迅速隐蔽到城墙附近民房内。约□时许，工兵一按电钮，十处炸药一声轰响，城墙顿时炸开缺口。我部在呐喊声中纷纷登城，敌人慌忙后退。"[53]

此次爆破，在南门城楼西侧炸开缺口两处，594团官兵即在呐喊声中勇猛登城，敌人慌忙后退。经数度冲杀，至傍晚6时，已攻占两处缺口，并破坏敌堡垒一座。该团机枪第1连连长余成章率兵2名，冒死冲至敌堡垒前投入手榴弹，炸毙敌6名后进占该堡垒，夺获步枪4支，轻机枪1挺。该团第1连连长朱治涛、第2连连长赵桂庭负伤；连长以下军官负伤9员、阵亡4员，士兵伤亡89名。军工兵营第2连士兵伤亡14名，师工兵连士兵伤亡6名。

登城部队即赶筑工事，并向城垣两侧逐次扩张战果。工兵继续实施近迫作业，并准备再爆破缺口一个，向左翼逐步发展，期与预2师登城部队取得联系。

与此同时，593团攻击拐角楼，以策应南城594团之战斗，伤兵2名。

预2师方面：

第4、5两团登城部队掩护198师攻击南门城楼，并继续肃清城

---

[52]《陆军第54军滇西攻势作战机密日记》（未刊档案）。
[53] 董铎（方延庆整理）：《收复腾冲纪实》。据《合肥文史资料》第二辑，第16页。

墙上堡垒之敌,敌以迫击炮、手榴弹向我阵地工事及第5团第3营指挥所附近不断轰击。激战终日,至黄昏前,我已将白果巷口亘西南角第4个堡垒之间城墙上堡垒之敌肃清。计毙伤敌30余名,并虏获步枪1支;我士兵负伤54名,阵亡48名。

36师方面:

晨5时,36师向当面之敌攻击。107团在原位置以火力策应预2师战斗;108团向南构筑重机枪掩体1个,向北延伸坑道交通壕约10米。106团占领英国领事馆南面围墙缺口,毙敌13名,我伤亡士兵3名。[54]

随后,106团令连长王连升率第3连向西林寺实施威力搜索。因该处并非敌主阵地,少数敌人经与我轻微战斗后,即向西北方的丛林阵地退去,我即占领西林寺,并向敌丛林阵地攻击。初期仍以威力搜索队向敌渗透,但因敌碉堡坚固,工事隐秘,每当我军接近其阵地时,即遭其伏击或狙击,伤亡重大。经两小时战斗,计阵亡排长2员,士兵10余人,攻势因而受阻。于是再请求空军支援。我重轰炸机遂于11时左右临空,向敌阵地猛烈轰炸。我步兵乘机攻入敌阵,经约两小时之肉搏冲杀,终将敌全部肃清。遂进行整顿并构筑工事,向敌警戒。[55]

116师方面:

拂晓,346团自税务司署开始向前攻击,我炮兵直接协同该团战斗,激战3小时许,至午时将东方医院占领;占据东南角城墙阵地的348团,屡遭敌反攻,终将敌击退。[56]

当日晨,炮兵部队发现武侯祠附近之敌正布设火炮,即在概略试射后实施效力射,敌即弃炮逃散。[57]

据日军战史:

"藏重阵亡后,接任守备队长的太田大尉,早已预感不能驱逐

---

[54]《陆军第54军滇西攻势作战机密日记》(未刊档案)。
[55]《戎马关山话当年——陆军第五十四军史略》,第432页。
[56]《陆军第53军由怒江至腾冲会战战斗详报》。据《保山地区史志文辑》抗日战争专辑之一,第164—165页。
[57]《远征军炮兵指挥部各炮兵部队参加滇西战役高黎贡山亘腾冲地区战斗详报》。据《保山地区史志文辑》抗日战争专辑之四,第270页。

自西南角城墙侵入之敌，遂决定重新部署，据守联结西门和南门之线的既设阵地，阻击敌人。第33军司令官本多政材中将虽命令腾越守备队在军主力未解围腾冲之前，死守到10月上旬；但根据现状判断，已难以支持。以后，远征军主力确保南面城墙的一角，积极准备攻势。8月19日，开始了第三次总攻。此时，美军的战斗机已使用腾冲机场〔58〕直接参战。

"远征军地面部队的压力，当然是自城内西南角指向东北。守备队此前一直所指望的夜袭，也因为人员损耗和体力、气力的下降，难以实行。19日傍晚，即在原野战病院附近对峙。

"远征军兵力除第36师之外，预备第2师（欠第6团）、第198师（欠第593团）亦并列反复猛攻，企图将我一小撮守备队一举消灭。但其攻击却很慎重，采取步步为营构筑工事、逐步扩大地盘的办法。市街战的惨状远非野战可比，逐次被迫到城内东北角的守备兵，在瓦砾中忍耐着城墙倒塌声和火焰喷射器的火焰，仍以超人的毅力继续死斗。"〔59〕

8月20日（D+22日）

当日，各师继续攻击扩大战果。

昨夜敌向594团登城部队逆袭，被击退。清晨，该团第2营攻占城墙缺口一个，堡垒一座，获步枪2支。第1营以重机枪由缺口向城内城隍庙（应有误，城隍庙在城东53军战斗地境内）之敌射击，毙敌军官1人、士兵5人；我士兵伤7名、亡2名。

晨7时许，106团第1、3两营向英国领事馆攻击。约10时左右，我空军重轰炸机临空，向英国领事馆猛烈轰炸。据克利福德·隆回忆，"我们的飞机击中了房顶，平日壮观的领事馆仅剩下了四周的墙体"；〔60〕领事馆外之石围墙，亦被炸开数处缺口。〔61〕106团乘机冲

---

〔58〕系1940年初为抗战需要而修建的机场，位置在绮罗乡和大董乡的毛家村、团山村。
〔59〕中华民国史资料丛稿译稿《缅甸作战（下）》，第171页。
〔60〕史迪威驿站网文章《克利福德·隆：昔日"飞虎"》。http://www.sdwyz.com/flying/flying/200704/flying_418.html。
〔61〕《戎马关山话当年——陆军第五十四军史略》，第432页。

入，经激战，于午后2时许占领，遂构筑工事据守。美军战史记述为，"英国领事馆除去一幢房舍内仍有日军10名顽抗外，其余均经占领"。此战，毙伤敌30余名，我伤亡5名，虏获敌卡车2辆。

108团清晨派出一组侦察兵向城内搜索，与敌发生战斗，我伤亡士兵2名。中午，敌向108团逆袭，被我击退，我伤亡官兵各1人。当日，该团仍由城墙上继续向北延伸约20米，攻占敌堡垒、掩体各一座；107团第一线部队仍在城西南角，以火力协助预2师战斗。

午后4时，预2师就占领城墙向城南掘壕逐步下城，第4、5两团各一部首先突入西南城内，敌顽强抵抗。经激烈战斗后，第5团第9连于午后6时30分攻占东岳庙。[62]

关于第5团攻占东岳庙，第4团第1营第3连连长孙剑锋在回忆中留下了细致记述。

打下来凤山后，孙剑锋因患痢疾住进了师卫生队。痊愈后，在贾家祠堂师部探访时闻知，第4团为其记大功一次，请颁甲等干城勋章；同时，在军部下达的每日命令中，有调其回师部任随从参谋一项，但师部的每日命令尚未下达。孙剑锋高兴地回到卫生队，本团第2营营长骆鹏打来电话，告之：此前本团参加攻城战斗伤亡很大，现全团九个步兵连整编为一个步兵连，团长吴心庄的意思，想请你来指挥。孙剑锋心想，"防守战打过了，游击战打过了，阵地战打过了，再试试攻城战、街巷战看看"，乃同意就任。

在电话中向团长、营长报到后，孙剑锋带传令兵观察城墙。在南门至西南拐角之间的一段城墙，被美军轰炸机炸开了一个大缺口，敌人火力封锁，不能进去。第5团此时担任攻城，在顺城街一线部署。但西南拐角处，已被36师部队占领，守阵地的连长是孙剑锋的军校16期同学，于是孙提出借该阵地观察敌情，对方高兴地应允了。于是孙剑锋登上了城墙，看到：

> 西南拐角城墙下面，是个篮球场，球场向东去，是东岳庙，庙

---

[62]《陆军第54军滇西攻势作战机密日记》（未刊档案）。

对篮球场有用石条筑的一座堡垒，明显是封锁篮球场。[63]正看的时候，从东岳庙北方巷道，约有十多个敌人，持枪跑进东岳庙。我判断可能进入那座石条堡垒，便请营部派火箭筒来轰击，堡垒打垮了，我继续观察。下午4点钟光景，见到从东岳庙出来六七个敌人，向北方跑去，我判断在石条堡垒里打死了几个敌人，若不然的话，为什么来时十多人，回去时只有六七个人呢？因此联想到东岳庙里，一定没有敌人了，我马上把这情况，通报给第5团团长。李颐团长相信我的通报，立刻命令他团的第3营，从大缺口左侧方进入东岳庙，没遇到抵抗，成为进城的第一支队伍。[64]

  美军战史记述为，"中国军队越过西南城门，攻入城内约100码，并在城内西角获得进展，占领堡垒一处及设防民宅一处"。[65]此战，计毙伤敌20余名，虏获步枪10支、电话机1部、掷弹筒1具、轻机枪枪管1支，其他战利品甚多。我士兵伤35名，阵亡17名。

  另据报，当日清晨，第5团留置高黎贡山白峰坡之第1连已将被围困之敌完全肃清，俘敌上等兵山川留市1名，战利品甚多。[66]

  当日拂晓，116师346团自东方医院向东城墙推进。该团第7连与敌接触后，战斗异常猛烈，于10时将东门南方城墙缺口占领。348团登城部队则向右翼发展，将敌堡垒占领两处，此后"东南城墙上各阵地已连成一气"。[67]347团方面，敌不断逆袭，屡犯未逞。[68]

  鉴于116师对东门外敌据点攻击取得进展，53军军长周福成来到该师指导攻城战术。该师奉命后制定攻击计划如下：

  师决于明（21）日10时开始猛攻，以迅速手段肃清城内残敌。

---

  [63] 据载，东岳庙战前已改作城保中心学校，篮球场为其附属设施，日军曾将此地作焚尸场。据山泉《劫后腾冲记》，载《民族光辉——腾冲抗战史料钩沉》，第148页。
  [64] 孙剑锋：《我参加过抗日战争滇西反攻胜利战斗》。据《民族光辉——腾冲抗战史料钩沉》，第267页。
  [65] 美国新闻处：《怒江战役述要》，第12页。
  [66]《陆军第54军滇西攻势作战机密日记》（未刊档案）。
  [67] 美国新闻处：《怒江战役述要》，第12页。
  [68]《陆军第53军由怒江至腾冲会战战斗详报》。据《保山地区史志文辑》抗日战争专辑之一，第165页。

346团以一营与税务司之敌保持接触,防守帮办衙门一带阵地,并相机攻占税务司或围困之。另以两营由东南城角(现348团已开之缺口处)向城内攻入,以主力自东城门内及东城墙上攻击残敌。城墙下部队与348团攻击队协同,向东北方向城内之敌攻击。

348团以一营在城墙缺口处占领防守,并在城墙上掩护,向左攻击残敌。以一营即向现东南城角缺口处准备攻入城内,须与346、347团协同,攻入后即由城内逐次向北至东城墙内与南门街之中间地区攻击。以一营在城外为预备队,俟346团已占领之城墙由该营进占,掩护城下部队攻击。

347团以一部占领掩护城墙及缺口,并攻击城墙上左右之敌,主力准备城内攻击。攻击时,务与预2师及348团切取联络。攻入城内后,右与348团联系,左至南门大街(不含)间地区,向城内逐次攻击。

山炮营阵地应位置于中满金邑以南黄坡附近,辅助观测所须竭力推进至城墙上,对射击目标须预先测定,以完成效力射击诸准备。[69]

据日军战史,当日,守备队长太田大尉致电第56师团长报告战况并请求补给弹药:

藏重大佐阵亡后,即处于如此严重的态势,纯属卑职无能,甚感惭愧。然而官兵单眼独脚可参加战斗者皆志愿参与,誓死消灭仇敌。官兵经两个多月的战斗,今仍遵照部队长之遗训,继续奋战中,悉请放心。

目前之状况已乏善可陈,未能详细报告甚感遗憾。兵团主力方面之战况如何?请不必顾虑卑职等,尚祈继续战斗。只是迫切渴望有手榴弹,若有可能,烦请强行补给为祷。[70]

---

[69]《陆军第116师唐习山、大塘子、江苴、腾冲各战役战斗详报》。据《保山地区史志文辑》抗日战争专辑之三,第80—81页。

[70] 日军对华作战纪要丛书《伊洛瓦底会战——缅甸防卫的失败》,第368页。

8月21日（D+23日）

晨，594团继续向南城墙上之敌猛攻，激战至午时，将城墙上之敌完全肃清。后即以第2营确保城墙上缺口；以第1、3营下城由城中心攻击，进展约200余米。据594团团长董铎回忆："此时，腾冲城内已无一间完好房屋，尽是大小弹坑和断壁颓垣。敌人仍在构筑工事，企图顽抗到底。我军喊话'缴枪不杀'，但终无效。我们遂用战防炮和平射炮摧倒所有墙壁，敌人多埋身于墙土下。"[71]该团军官伤亡各1员，士兵伤13名；虏获步枪3支，步弹4000发。

592团以第3营确保南门口通路；以第1、2营自594团右翼下城，至中午12时许，将教育局及女子中学占领，[72]攻至田家巷附近。该团士兵伤2名。此后，敌分向城东北及西北撤退。

预2师以第4团为城垣守备队，并以火力掩护第5团向东岳庙以北地区攻击。9时10分占领电报局，即以主力继续攻击元天宫（又称玄天宫）、督办公署之敌，激战至14时40分占领该地，遂构筑工事与敌对峙。计毙伤敌20余名，获轻机枪1挺、步枪9支，其他战利品甚多。我军官阵亡3员，士兵负伤27名、阵亡21名。

关于入城后在巷战中遭遇的新情况，预2师第4团特务排长王希孔留下如此回忆：

攻到女子学校北侧，挖通墙洞钻过去三个人，正在敌人碉堡边。五六个鬼子一拥而出，刺死我二人、伤一人；我刺死敌一人。像这样墙内墙外拼刺刀，日夜都有，因隔墙不易观察对方情况，处处遭遇肉搏。上高处，敌有房顶或楼上的机枪扫射；在低处，又有墙脚地堡的机枪突袭。每通过一家房院，都要过细搜索，注意隐蔽，稍微大意就会被敌人的刺刀穿身。敌在暗处躲着，有时我们几步跑到敌人枪口前，还未发现敌人，敌人刺刀就到身边。我第2班士兵挖开一个墙洞，未等我方射击，敌人就先投过一个手榴弹，炸伤我二

---

[71] 董铎（方延庆整理）：《收复腾冲纪实》。据《合肥文史资料》第二辑，第16页。
[72] 潘世征：《铁城顽寇就歼记》。据其战地通讯集《战怒江》，第104页。

人。我感到,这房前屋后的巷道战,比野外山地战还困难。所以多数时间是白天休息观察进路,夜间挖壕挖洞进攻。"[73]

当日,36师107团以一部入城与预2师协同攻击;108团攻占西城墙缺口3个,向北延伸约300米。[74]中午,106团向英国领事馆以北地区搜索前进,于其北端300米处与敌发生战斗,当即驱逐敌而占领之。我阵亡军官1员,伤亡士兵6名。该团主力遂在英国领事馆加强工事。[75]

晨8时,116师集中各种火器对城东南角以北城墙上敌堡垒实施猛烈射击,敌工事被我破坏甚多。同时,我工兵又在南城墙爆破缺口两个,一个距南门约100米,一个距南门约200米。347团遂以第1、3两营向城下猛烈冲击,于10时沿南门大街攻入顺城街,15时攻占左所街,又向文庙攻击。348团第1营由东南城角既占之大缺口处,于10时冲入左所街,与敌展开激烈巷战,实施逐屋争夺,亦于15时进抵文庙附近。346团以一部围攻帮办衙门之敌;另以第3营于9时攻占东城墙缺口一处,即突入城内展开巷战,于15时夺占南岳庙巷附近。[76]至18时,347、348团之第一线将左所街南面之线完全占领,346团进展至距城隍庙约30米处。[77]据潘世征战地通讯:"东南城角之我军,亦突入城下,进抵南岳庙、文庙、秀峰山等地,捕获罪大恶极之第一名汉奸杨吉品,及男女汉奸20余名,并续向前攻击。"[78]

据美军战史:"今日的进展相当大。击毙日军约120人,并夺获若干轻武器。"[79]而日军战史的记述为:"8月21日,美机来袭增多到100

---

[73] 王希孔:《反攻腾冲的回忆》。据《溅血岁月》,第118—127页。
[74] 《陆军第54军滇西攻势作战战斗详报》。据《保山地区史志文辑》抗日战争专辑之二,第67页。
[75] 《陆军第54军滇西攻势作战机密日记》(未刊档案)。
[76] 《陆军第53军由怒江至腾冲会战战斗详报》。据《保山地区史志文辑》抗日战争专辑之一,第165页。
[77] 《陆军第116师唐习山、大塘子、江苴、腾冲各战役战斗详报》。据《保山地区史志文辑》抗日战争专辑之三,第81页。
[78] 潘世征:《铁城顽寇就歼记》。据其战地通讯集《战怒江》,第104页。
[79] 美国新闻处:《怒江战役述要》,第12页。

架次。自第三次总攻击以来，已射弹达15000发。当日，城墙又有7处被炸坏，午后只剩下东南城墙；[80]南城墙已被远征军占领。这时守兵仅有640名（其中步兵约100名，担架队约100名），粮食已不足，弹药特别是手榴弹接近用罄。"此时，日军守备队的防御配备为：

南正面：日隈大尉等约300名；

东北正面：高木中尉等约120名；

西北正面：早濑大尉等约70名；

守备队本部及医院：太田大尉等约150名。[81]

卫生兵吉野孝公的阵地在城东北正面，属高木中尉辖下的竹迫小队。据其回忆：

"8月21日，腾越守备队的兵力只剩下640人，其中约有100人是伤员。在弹尽粮绝，又遭到敌人猛烈炮击的情况下，太田守备队长给师团发去了电报。大意是：'城内被围得死死的，无法再忍受士兵一个个被杀掉，请允许我们冲出城，开展游击战……'

"可是，师团方面却态度强硬，以后连这封电报也没有刊入战史。下达的命令仍是死守。可是守城官兵已经无法坚持了，城的四分之三已被敌人夺去，守军被围困在东北角……"[82]

这个电报在日军战史中被略去，大概是不符合上级令其固守的旨意，有失体面。

至此，我军大部均已突破城垣转入巷战。然城内经连日我飞机轰炸及炮击，房舍尽成废墟，处处断壁颓垣，敌利用其步步予我以坚强抵抗，且城内巷战工事星罗棋布，进展颇为困难。为区分作战地境、落实责任，当日午后第20集团军致电两军：

南城门、南门街、文星楼、北门街至北城门之线以东地区归53军，线上及其以西地区归54军。城外饮马水河至北门段，仍归54军监视部队堵击。

---

[80] 实际上东南城墙大部已被第116师占据。
[81] 日军对华作战纪要丛书《伊洛瓦底会战——缅甸防卫的失败》，第369页。
[82] 许敏：《大战场 小细节》，第232页。

54军奉令后，当晚9时于上庄军指挥所向各师下达命令：

腾城残敌经我军压迫后，约尚有二三百人退据城北，似仍图负隅一战。军决于明（22）日继续攻击，期将敌压迫于城西北角及拐角楼附近，包围捕捉而歼灭之。攻击开始时间预定于明（22）日晨飞机轰炸完毕呈"一"字队形飞去之直后，必要时以电话命令之。

198师配属重迫击炮1门、工兵一连、平射炮1门，除仍以593团扼守饮马水河亘西门以北、大盈江之线外，主力应继续攻击前进；待进抵北城墙之线后，以一部由北门出城攻击拐角楼之敌，其余应与预2师协同包围城西北角之敌，压迫其于拐角楼附近而歼灭之。

预2师配属工兵一连、重迫击炮1门、平射炮1门，应迅速击破当面之敌，联系198、36两师，压迫敌于西北城角而歼灭之。

36师配属重迫击炮1门，除应以一部继续沿西城墙北进；主力于攻击西林寺后，应会同198师包围拐角楼之敌而歼灭之。[83]

8月22日（D+24日）

各师奉命后，继续对当面之敌猛攻，敌则凭残垣断壁及巷战工事寸土必争。

7时30分，36师下达命令做攻击部署：

107团于8时以前，接替108团西城墙各缺口防务，加强工事以确保城墙各缺口。右与预2师联系，并以火力掩护其侧背，沿城墙延伸工事，北进与106团及攻击西城门部队联系。

106团（附工兵一排）以一部于本（22）日晨爆破英国领事馆东侧城墙缺口，构筑工事固守，以火力掩护107团，沿城墙向北延伸，并进至108团侧背。主力攻占西林寺后，构筑工事，掩护108团攻击西城门及进出拐角楼，并确保西林寺亘英国领事馆既得阵地。

108团（附工兵一连）于本（22）日8时将城墙各缺口防务交替后，主力集结于川主庙、英国领事馆附近，乘106团攻占西林寺、空军轰炸完毕后，即向西城墙攻击前进。攻占后，再会同198师包

---

[83]《陆军第54军滇西攻势作战战斗详报》。据《保山地区史志文辑》抗日战争专辑之二，第68—69页。

围拐角楼之敌而歼灭之。[84]

拂晓，106团开始向西城门南侧150米处缺口及西林寺攻击，激战2小时，当即攻占。我伤亡士兵4名，虏获敌步枪2支。108团自昨日午后至当日中午，在西城墙爆破3个缺口，其最左翼已进至距西城门约200米处。共毙敌10余名，虏获敌步枪3支、手提轻机枪（即冲锋枪）1支。该团伤亡军官2员、士兵16名。[85] 而后，将所占领城墙上阵地交107团，集结于英国领事馆附近，准备对西门城楼攻击。[86]

198师方面，经终日激战，592、594团仅攻占田家巷以北高等学堂。592团军官伤2员，士兵伤亡17名；[87] 594团军官伤5员、亡2员，士兵伤21名。昨夜，饮马水河之敌出扰，593团伤士兵2名。[88]

预2师攻克女中及县党部后，以第5团继续向自治局及武侯祠攻击。此两地敌工事坚固，第5团遭敌猛烈射击，伤亡甚重，至黄昏仍在攻击中。当日共虏获敌步枪5支，其他战利品一部。我军官伤1员，士兵伤34名、亡23名。[89]

53军116师各团于上午10时开始攻击。346团攻占东门以南约百余米处缺口一个，[90] 其第3营进展约20余米，破坏敌堡垒3座，进至距东门大街约80余米处与敌对战。348团第1、2营进展约20余米，至文庙街大白房子敌仓库。该处敌筑有堡垒5个，周围绕铁丝网2道。该团官兵奋勇摧毁敌堡垒2个，与敌发生激烈战斗。347团第1、3两营，由左所街进展至文庙附近。该处敌筑有

---

[84]《陆军第36师腾冲城区战役战斗详报》。据《保山地区史志文辑》抗日战争专辑之三，第128—129页。

[85]《陆军第54军滇西攻势作战机密日记》（未刊档案）。

[86]《陆军第54军滇西攻势作战战斗详报》。据《保山地区史志文辑》抗日战争专辑之二，第70页。

[87] 另据《198师滇西攻势作战战斗纪实》："22日，我陶（592）团继续攻击前进，占领了高等小学，敌凭据断垣残壁顽抗，与我寸土必争。我伤亡军官9员、士兵41名。"伤亡情况与54军作战日记记述不尽一致。

[88]《陆军第54军滇西攻势作战机密日记》（未刊档案）。

[89] 同上。

[90]《陆军第116师唐习山、大塘子、江苴、腾冲各战役战斗详报》。据《保山地区史志文辑》抗日战争专辑之三，第81页。

堡垒6个,坚固异常,敌军凭坚固守,该团向各堡垒奋勇围攻。当日,奉命赶来增援的130师389团第2营,已接替346团围攻帮办衙门残敌。本日虏获无线电机、步枪、望远镜及防毒面具多种,我伤亡士兵约60名。[91]

据美军战史:"中国军队今天在城内西南略获进展,夺得若干轻武器。第10航空队轰炸腾冲城的东北角,出动约60架。但炸弹也不能使以前被炮击和轰炸变成瓦砾场的地方再燃烧起来。"[92]日军战史则坦承:"经第三次总攻击,远征军已占领城内的三分之一。更于22日,以第198师主力从西门附近,以一部向旧英国领事馆周围阵地攻击,同时开始了全面攻击。"[93]关于此刻敌我攻防态势,潘世征在战地通讯中描述为:

"数天来的战斗,我军攻克全城三分之一,与我军对峙的是城内敌人第二线的坚固堡垒工事所在地。文星楼的基座全部以石块造成,炸弹把它的顶炸空,可是四围屹立,依然是一座堡垒。秀峰山是城内的一个高地,周围长半里余,南部是房屋,东部是文庙内的学校,以及建筑坚固的文庙大殿,敌人居高临下,不易接近。武侯祠是西门内的一个敌堡垒,与文星楼、秀峰山成为一个三角形的弦线,紧紧拉住。我军的攻击,真不是易事了。"[94]

当日,第20集团军总部接奉卫立煌长官电,对进入街市攻坚作战后应注意事项予以指示:

各级部队对当面敌阵地,应行极绵密之侦察,期无遗漏,尤其对于侧防机关不可忽略;

侦察须先详为研究,策定周密计划与确切准备,并注意敌我兵力之较量,使我火力为有组织优良运用;

过去,步、炮、工、空之协同均有缺憾,现虽逐渐改进,但对

---

[91]《陆军第53军由怒江至腾冲会战战斗详报》。据《保山地区史志文辑》抗日战争专辑之一,第165—166页。
[92] 美国新闻处:《怒江战役述要》,第12—13页。
[93] 中华民国史资料丛稿译稿《缅甸作战(下)》,第171页。
[94] 潘世征:《铁城顽寇就歼记》。据其战地通讯集《战怒江》,第104页。

每一攻击均应事先有极完善之协定，并按照确实联系实施；

必要时，须因地形因情况之不同，先行攻击之演练，然后实施之。事前做种种充分准备，以减少临时之失措与牺牲；

此次攻击敌人时强行战斗，有时行壕内战斗，我在部署上应对此有预备、有对策、有最后歼敌决胜力量；

对各据点攻略，在确实占领一点一地，即全力确实站稳脚步，故随时随地须构筑工事、利用工事，尤不可忽略一时，致遭敌之反扑而挫失。

以上各项仅举概略，希各部队就当前实际情况详策妥善办法，不可下达普通攻击命令，勿略堡垒攻击要领，务期以小代价收获重大战果。[95]

8月23日（D+25日）

本日，592、594两团经激烈巷战后，向北推进约100米。592团第3营副营长陈芹煌、机枪第2连连长康炳玉阵亡，[96]另军官伤2员、亡3员；士兵伤亡62名。594团军官伤12员、亡4员；士兵伤亡51名。又，两团被我炮误击，伤亡甚多。593团仍与敌对战饮马水河、拐角楼之线，伤士兵3名。

54军作战日记提及"两团被我炮误击"，在亲历者回忆中得到印证。198师特务连连长曹英哲随师部在第二线，当日经历了此次险情：

"大约是8月23日，[97]不知道为什么，突然心血来潮似的，我从矮墙后火线人丛里，转到三四十米处一辆残破的汽车旁。约莫两分钟，突然我军一颗炮弹飞落到我原先所在位置附近，结果把我这个连的弟兄炸伤3人，其他单位被炸死、炸伤各10多人。我当时感到右膝盖附近疼痛难忍，打开绑腿卷起裤管一看，幸好只有一小块红

---

[95]《陆军第54军滇西攻势作战机密日记》（未刊档案）。
[96] 据《第20集团军腾冲抗日阵亡官佐名录》，陈芹煌上尉为湖南耒阳人，康炳玉上尉为河北安国人。
[97] 原文为22日，根据战史记述22日未发生炮兵误击，且此次误击造成伤亡较大，符合23日所载的情况。

肿而已。险哉,亦幸!"[98]

清晨,108团于西门南侧约80米处爆破一缺口,并确实占领;午后继续向西城门攻击。我伤亡20余名。106团、107团仍在昨日位置,无进展。

当日,预2师第5团加强营继续向城内自治局及武侯祠之敌猛攻。激战终日,曾数次突入与敌肉搏,终因敌工事坚固,顽强抵抗,我伤亡甚重,未能攻下。至黄昏,仍在战斗中。我伤军官1员、阵亡2员;伤士兵37名、阵亡6名。[99]

53军方面,116师于晨8时开始攻击。346团经猛攻后,已进展至距东门大街仅58米,并破坏城墙上下敌堡垒八九处;其左翼正在城隍庙附近与敌发生激烈争夺战。348团由城隍庙向敌攻击,又奇袭大白房子敌仓库,敌在该处筑有堡垒甚多,顽强抵抗。347团右翼猛攻文庙,左翼在秀峰山与敌激战。389团第2营仍围攻帮办衙门之敌。本日战斗至为激烈,我伤亡甚重。[100]

当日,文星楼至西门一带敌轻重机枪又向我第一线步兵阵地猛烈射击,我炮兵即对该地区内敌机枪掩体行破坏射击。[101]

当晚,中央通讯社记者彭河清自和顺发出战地通讯:

"23日巷战益烈,与敌在破败市街隔墙搏斗,敌死尸马匹遍地横陈。三日来的战果,我已占领了半个腾冲。

"两年来,敌在腾冲不断构筑工事,固若金汤。不仅在城墙上步步堡垒,而在城内亦有坚强的阵地和防空壕;每当我机来炸,敌寇即趋入躲避。在敌认为铁打的腾冲,到底被我英勇将士击破了。敌酉藏重联队长据传已经炸死。城内尚有敌残兵约500人,能作战的敌兵不过三四百人,势成强弩之末,舍投降外,别无生路。但依过去经验,顽敌必将作困兽之斗,因为一则敌防线缩短,兵力集中;

---

[98]据曹英哲《抗日名将叶佩高》第一卷《抗日英雄叶佩高将军》[注34],第44页。
[99]《陆军第54军滇西攻势作战机密日记》(未刊档案)。
[100]《陆军第53军由怒江至腾冲会战战斗详报》。据《保山地区史志文辑》抗日战争专辑之一,第166页。
[101]《远征军炮兵指挥部各炮兵部队参加滇西战役高黎贡山亘腾冲地区战斗详报》。据《保山地区史志文辑》抗日战争专辑之四,第270页。

再则在城东北、西北两角敌有坚可凭。城西北县政府、格乐庙[102]的工事，均不易摧毁；而城东北一片苗圃，处处堡垒，这开阔地带尤不易攻。敌联队部原驻该地，可见重心在东。我们捕获了一些苦役，据供城中尚有朝鲜营妓30余名。不知死活的倭寇，真是黄连树下操琴——苦中作乐。

"这些敌寇，在我加紧进攻中，迟早会全部歼灭的。"[103]

8月24日（D+26日）

当日，因雨雾迷蒙，炮兵无法观测，未能支援步兵战斗。

108团继续向西城门攻击，敌凭借拐角楼以南地区的侧防火力与城墙上的坚固工事顽强抵抗，战斗极为激烈，彼我伤亡均重。[104]

武侯祠方面，因预2师第5团伤亡过大，师长顾葆裕令第6团接替第5团继续攻击。午后3时至傍晚，敌藉炮兵及西门堡垒内机枪掩护，以步兵由武侯祠4次向我第6团阵地反扑，均被我击退。[105]

入夜后，敌又向198师两团及36师107团左翼猛烈逆袭，均遭击退。[106]

116师于18时开始攻击。346团城墙上部队击毁敌堡垒两处，其主力正攻筑□□□□□□□打□围，两翼保持对战，中央猛攻敌仓库。348团于城隍庙附近，炸毁敌堡垒2座，当即攻占，并夺获敌步枪2支、灭火器1具。[107] 347团攻击文庙及秀峰山，将文庙附近堡垒击毁两处。[108]据美军战史载，"中国军队今天毫无进展，南

---

[102] 此处初建万寿宫，后改建土主庙，因地处腾城西北角落，当地人俗称为"角落庙"，远征军部队史料中误记作"格乐庙"。

[103] 彭河清：《血肉换来的腾冲胜利》。转引自陈祖樑主编《江山作证》，第354页。

[104] 《陆军第36师腾冲城区战役战斗详报》。据《保山地区史志文辑》抗日战争专辑之三，第130页。

[105] 《陆军第54军滇西攻势作战机密日记》（未刊档案）。

[106] 《陆军第54军滇西攻势作战战斗详报》。据《保山地区史志文辑》抗日战争专辑之二，第70页。

[107] 方国瑜：《抗日战争滇西战事篇》，第58页。

[108] 《陆军第53军由怒江至腾冲会战战斗详报》。据《保山地区史志文辑》抗日战争专辑之一，第166页。

段中心那所庙宇（即文庙）是进展的大障碍。但是那个地区有4处堡垒已被占领。"[109]

日军战史载："24日23时，西门阵地终于落入远征军之手。守备队也随之丧失大半。守备队的命运已定。"[110] 然参照我军战史记述，次日仍对西城门攻击，该记述应不准确。

当日出版的《中缅印战区综合杂志》，发表了战地记者采写的战地通讯，题为《日本人蓄谋已久，但仍然丢尽面子》：

> 腾冲谷地，是中国军队从日军手里解放的第一个较大的地区。敌人一直残酷地对待这里的中国农民，强征他们修筑防御工事，工事修好后就把他们全部杀死，以免他们逃出去向中国军队泄露军事秘密。在长达两年的占领期间，日军偶尔也对当地民众施行着眼长远征服的怀柔政策。在一个乡镇公署里，一位留着胡须的年长地方官员和他的部下，告诉我他们在敌人的统治下经历的苦难。
>
> 1942年5月10日，当日军侵入腾冲时，大多数老百姓都逃往山区。只是到了晚上，才有人偷偷回村取些食物。一天，人们在所有的市场上看到了日军张贴的布告：如果房屋无人居住，在两个星期内就要焚烧。在这种情况下，除了少数妇女依旧留在山里，其余的人不得不返回家园。日军统治部门给每村的村长一个清单，上面开列着必须派服劳役和征发粮食的数量，粮食包括大米、猪肉、牛肉和蔬菜，并限期交到日军的仓库。有的村民无法完成必须交纳的粮食数目，日本士兵就挨家挨户搜查，拿走任何他们想要的东西。
>
> 日军刚占领此地时，这位官员说，敌军士兵或三三两两或纠集四五十人劫掠村庄，抢走他们的女人。在一个叫做黄坡的小村子，某天夜里，一个醉酒的日军伍长杀死了一个年轻的女人和她的孩子。
>
> 直到敌人占领这里6个月后，当其行政班长到达（由此推测田岛寿嗣自龙陵转赴腾冲应在1942年11月前后），士兵才停止骚扰妇女。但是仍然要求征集大量的劳工为他们修建防御工事和房屋，许

---

[109] 美国新闻处：《怒江战役述要》，第13页。
[110] 中华民国史资料丛稿译稿《缅甸作战（下）》，第171页。

多逃亡的农民遭到枪杀。不久，日军随队的朝鲜慰安妇来到，许多日本士兵在营区内欢迎。

日本人反复向村民炫耀，他们有数百架飞机。老百姓也看到了许多日本飞机。

当美国装备训练的中国军队发动怒江战役时，日军向当地老百姓嘲笑道，中国军队根本不可能翻越11000英尺（约合3350米）的高黎贡山脉；当中国军队越来越近时，日军又急切地派遣士兵到处发送征粮派款的清单。

"敌人没有收到最后派给我们村子的12000磅（约合5443公斤）大米，"这位相貌堂堂的老地方官员微笑着说，他亲自出来为我送行，并微微欠身辞别。"有时，当日军士兵带着催粮的通告怒气冲冲地来到我家，我总是寻找各种各样的借口推托。而现在，中国的师司令部说要买多少粮食，我们马上就送去多少粮食。"[111]

据笔者分析，文中这位"留着胡须"、"相貌堂堂的老地方官员"，虽然外貌上很像腾冲抗日政府县长张问德，但从其向美军记者所谈及的内容来看，应该是一位在日军淫威下艰难行事的敌占区乡镇长。因为，日军士兵不可能将催粮的通告送到抗日县长张问德的家中。

8月25日（D+27日）

本日阴雨，各部仍向当面之敌攻击。

592团攻占堡垒2座、民房2所。594、593两团均与敌对战中。我共伤亡军官2员，士兵15名。入夜，城内敌数度向592、594两团反扑，均被我击退；我共伤亡士兵19名。

36师鉴于108团向西城门攻击迟滞，于中午11时下达命令：

107团应即将右自108团既占堡垒、左至106团既占堡垒南6米处以南地段内城楼上及内侧斜面所有残敌完全肃清；106团应将既占堡垒南15米处以北，至108团现占领堡垒以南地段内城墙上及内

---

[111] 据美军《中缅印战区综合杂志》，戈叔亚译。http://blog.sina.com.cn/s/blog_4d9e1cca010009gm.html。

侧斜面所有残敌完全肃清。

奉命后，108团继续向西城门攻击。12时，敌以炮火轰毁我西城门以南50米处城墙上工事，并以步兵向我反复逆袭3次，均被击退。我伤亡军官2员，士兵20名。[112]入夜，敌仍向我西门南侧70余米处108团所占领缺口逆袭，经4次肉搏，终将顽敌击退。其最后一次，敌原口大队山中队之军曹森满男已冲入我掩体，108团担任守备的第9连第4排排长奚郁用当即与其肉搏，终将该敌摔坠城下而击毙，该排长亦负伤；又伤亡士兵7名。同夜，敌向我107团左翼逆袭2次，均被击退。[113]

预2师第6团与敌在武侯祠附近彻夜激战，至25日拂晓仍未停息。计毙敌10余人；我伤军官1员，伤亡士兵29名。上午10时，我炮兵对武侯祠、自治局一带敌工事行破坏射击，敌炮亦于雾中向我还击，炮战颇为激烈。[114]中午，第6团继续攻击，其右翼前进百米，攻占自治局及其以北敌堡垒2座；其左翼攻击武侯祠部队，因遭受西门以南城墙敌侧防火力猛烈侧射封锁，伤亡颇重，进展困难，至晚仍在激战。午夜时分，敌又自西城墙森林一带先后向我反扑，均被击退。本日敌遗尸10具，我房获步枪4支，掷弹筒及被服等战利品一部。我阵亡排长程楷、易定钰等2员，伤排长陈乃焕、王洞纯等2员，伤亡士兵50余名。[115]

116师各部于清晨开始向当面之敌攻击，至15时许，攻占东门城墙及文庙附近敌堡垒4座。[116]389团第2营仍在攻击帮办衙门之敌。[117]

15时，130师接奉53军军长周福成命令："着该师388团（欠

---

[112]《陆军第54军滇西攻势作战机密日记》（未刊档案）。
[113]《陆军第36师腾冲城区战役战斗详报》。据《保山地区史志文辑》抗日战争专辑之三，第131页。据查，"山中队"为第148联队第2大队步兵机小队，小队长山中正之中尉。
[114]《远征军炮兵指挥部各炮兵部队参加滇西战役高黎贡山亘腾冲地区战斗详报》。据《保山地区史志文辑》抗日战争专辑之四，第270页。
[115]《陆军第54军滇西攻势作战机密日记》（未刊档案）。据《第20集团军腾冲抗日阵亡官佐名录》，程楷少尉为四川宜宾人，易定钰少尉为湖南醴陵人。
[116]方国瑜：《抗日战争滇西战事篇》，第58页。
[117]《陆军第53军由怒江至腾冲会战战斗详报》。据《保山地区史志文辑》抗日战争专辑之一，第166页。

一营）以一营驻南甸，以一营驻腾龙桥附近担任警戒；该师师部及388团之一营即移驻大董东部；390团移驻倪家铺附近。"[118]此后，130师主力即结束警戒阻援任务，开来腾冲参战。

据日军战史："当日，远征军集中全部炮火，企图推进城内战线。此时，在敌第四次总攻击后，正面的守兵已不足百名。"

此外，当日中午11时，缅甸日军第5飞行师团[119]战机在恶劣天候下飞临腾冲，首次对日军守备队强行补给，投下手榴弹500颗，以及卫生材料（医疗物品）等。

据目击者吉野孝公撰述：

8月25日早晨，噩梦尚未醒来，天空阴云密布，并下着毛毛细雨。突然战壕里的战友惊叫起来："友军飞机！"

仰望天空，6架战斗机正在腾冲城上空盘旋。机翼上的太阳旗异常鲜艳夺目。久违了，机翼上的太阳旗！战友们兴奋得忘掉了敌人就在眼前，在阵地上不顾一切地狂欢乱舞起来。跳出战壕的战友，手里握着枪，眼里闪着激动的泪光。我们连呼"万岁！"声音响彻云霄。被欢呼声压倒的敌人，手足无措，呆若木鸡，连开炮都忘了。飞机对敌人阵地进行了几番攻击以后，振动着巨大的机翼，消失在远处的云端里。

短暂的兴奋之后，战友们立刻士气大振。此时，城内到处展开了肉搏。每次肉搏，阵亡和负伤的人数都在不断地增加。弹药！粮食！黎明和黄昏，黄昏和黎明，在勇士们这种殷切的期盼中更替着。[120]

日军守备队长太田大尉致电56师团，称："见到久违的漆有日

---

[118]《陆军第130师由怒江至腾冲会战战斗详报》。据《保山地区史志文辑》抗日战争专辑之三，第36页。
[119] 为缅甸方面军配属的航空部队，师团长田副登中将；其下作战部队为第4飞行团，指挥官辻本隼三中佐；辖第50（战斗）、第64（战斗）、第204（战斗）、第8（轻爆）、第81（司侦）、第98（重爆）等6个飞行战队。使用机种：九七式重型轰炸机、九七式轻型轰炸机、九九式双发轻轰炸机、九七式战斗机、一式战斗机、九七式司令部侦察机、一〇〇式司令部侦察机。
[120][日]吉野孝公：《腾越玉碎记》，第58页。

本国徽的友机出现在我等头上,全体含泪感激欢呼,其心情谅可体察。接受手榴弹的补给,当编组敢死队时,官兵踊跃参加。友机飞来时,虽受高射炮之阻碍,但全机安然返航。"

日军战史评论说:"此项电报可显示守备队官兵狂喜之状,在最艰苦的战斗中,尚担心友机的安危,军人的情分跃然纸上,读者莫不感动不已。"[121]

据载,日军这次成功空投,使宣称已拥有绝对制空权的美军方面颇感难堪。130师师长王理寰把情况报告给卫立煌,卫立即约见美军顾问团长弗兰克·多恩准将,告之:让日军得到这批弹药,就是让中国士兵多流血,而流出去的血是再也收不回来的。多恩歉意地回答说,这是美军的疏忽,并保证以后不会再发生此等事情。[122]

8月26日(D+28日)

据炮兵部队战斗详报:

"8月26日,炮兵直协城西南方向友军向城内之敌攻击,与敌步兵相接触,白刃肉搏,逐屋争夺,双方恶战,友军颇有进展。"[123]

中午,107团于督办公署西侧爆破敌1个掩体、2个掩蔽部,并予以占领。毙伤敌10余,我伤亡士兵2名,虏获敌轻机枪1挺、步枪3支。入夜后,敌向107团既占该阵地逆袭2次,我伤亡军官2员、士兵9名;[124]敌又向108团既占西城门南侧70米处缺口逆袭,经激烈战斗后,敌不逞退窜。我伤亡士兵4名。

预2师第6团一部于午时攻破自治局北端敌堡垒,完全占领;另一部协助36师摧毁西南角城墙上敌工事;主力则向武侯祠之敌压迫,至黄昏前,已将其东侧堡垒破坏一部。当日,计虏获敌轻机枪1挺、步枪2支;我阵亡连长王才高1员,[125]伤排长杨后生、王

---

[121]中华民国史资料丛稿译稿《缅甸作战(下)》,第171页。
[122]卫道然:《卫立煌将军》,第132页。
[123]《远征军炮兵指挥部各炮兵部队参加滇西战役高黎贡山亘腾冲地区战斗详报》。据《保山地区史志文辑》抗日战争专辑之四,第270页。
[124]《陆军第36师腾冲城区战役战斗详报》。据《保山地区史志文辑》抗日战争专辑之三,第131页。
[125]据《第20集团军腾冲抗日阵亡官佐名录》,王才高中尉为贵州瓮安人。

能等2员，伤亡士兵10余名。当晚，敌集中迫击炮2门，山炮、步兵炮两三门及掷弹筒数具，乘昏黑向我第6团阵地猛烈反攻，激战彻夜。

198师方面敌我对战态势无变化。当晚，饮马水河之敌向593团阵地袭扰，我阵亡排长1员，伤亡士兵2名。[126]

116师于早晨开始攻击。346团经猛攻后，将城隍庙南侧堡垒破坏三处，并将该地占领；348团击毁敌仓库堡垒两处，并予占领；347团则将文庙南侧堡垒攻毁数处。389团第2营继续围攻帮办衙门之敌。[127]

当日，130师师长王理寰率增援力量390团（欠第3营）到达倪家铺附近。[128]第20集团军总司令霍揆彰也将指挥部从城北护珠寺迁至来凤山，就近指挥攻城。[129]

8月27日（D+29日）

预2师第6团与敌激战彻夜，至拂晓，敌因伤亡甚重，退守原阵地。敌弃尸9具，我阵亡排长郭瑞标1员[130]，伤士兵10名、阵亡1名。

116师346团在城墙上部队向北进展约30米，并占敌堡垒两处；在城下部队仍攻击城隍庙之敌。348团进攻仓库附近之敌，进迫其南侧，摧毁其堡垒一处并予以占领。347团与敌激战数小时后，突进文庙南墙下，占领敌堡垒数处及战壕一道。美军战史记为："南段某一庙宇地区有堡垒4处被中国军队占领，日军交通壕若干处被切断。"[131] 389团主力向税务司进攻，无大进展。[132]

日军战史载："8月27日，守兵得到手榴弹后，继续奋战。但

---

[126]《陆军第54军滇西攻势作战机密日记》（未刊档案）。
[127]《陆军第53军由怒江至腾冲会战战斗详报》。据《保山地区史志文辑》抗日战争专辑之一，第166页。
[128]《陆军第130师由怒江至腾冲会战战斗详报》。据《保山地区史志文辑》抗日战争专辑之三，第36页。
[129] 潘世征：《铁城顽寇就歼记》。据其战地通讯集《战怒江》，第107页。
[130] 据《第20集团军腾冲抗日阵亡官佐名录》，郭瑞标少尉为江西遂川人。
[131] 美国新闻处：《怒江战役述要》，第13页。
[132]《陆军第53军由怒江至腾冲会战战斗详报》。据《保山地区史志文辑》抗日战争专辑之一，第166—167页。

在此次战斗中,所剩无几的兵力又减少一半。东南角正面之远征军,以两个营的兵力数次反复攻击,均被击退。守备队本部人员都变成战斗员,加入中央门(文星楼)的战线。"[133]

午后 3 时,130 师 388 团第 1 营亦到达大董。师长王理寰下令部署各部任务:

389 团酌以一部兵力接替 116 师搜索连防务,第 2 营归还建制仍服原任务,其余为预备队,控置于满金邑、上绮罗附近;其在玉璧村、董库的第 6、7 两连,待 390 团接防后归还建制。390 团以一营接替 198 师饮马水河我岸及玉璧村、董库(389 团第 6、7 两连)防务,主力控置于倪家铺。388 团除留任南甸、腾龙桥警戒部队外,团部移于朗蒲寨附近,第 1 营(欠一连)于大董附近为师预备队。各接防部队须事先派员与交防部队接洽,待黄昏时开始交接,并限晚 9 时交接完毕。[134]

因当日天阴大雨,空军无法活动,炮兵难以有效支援作战,步兵乃于战斗间隙积极加强工事。[135]

第 6 团攻击武侯祠 4 天来,付出巨大伤亡也未能攻克,遂向师长请求增援。27 日晚,接替骆鹏担任指挥的该团第 3 营营长陈嘉谟,找来孙剑锋,说:"团长命令,贵连今晚进入东岳庙,归第 6 团指挥。"回到连指挥所,孙剑锋集合全连官兵讲话,说明新任务。随后,带着队伍进入东岳庙,住在一个大掩蔽部内,九十多人还觉宽敞。

半夜时分,第 4 团团长吴心庄打来电话,提醒孙剑锋:"孙连长,你要小心,不要太冲了,本团只有这一点本钱了,冲光了就没人了。"孙剑锋回说:"是!请团长放心,我不会乱冲的。"[136]

---

[133]中华民国史资料丛稿译稿《缅甸作战(下)》,第 171 页。日本战史作家相良俊辅在《菊と龙》中记述 7 月 28 日日军伍长、原巨人队棒球捕手吉原正喜在手榴弹战中表现出"惊人的投掷技巧",并于当日阵亡。实际上吉原 7 月 10 日毙命于来凤山,相良之说应属根据其人特长所做的演义之笔,本书未予采信。

[134]《陆军第 130 师由怒江至腾冲会战战斗详报》。据《保山地区史志文辑》抗日战争专辑之三,第 36—37 页。

[135]《陆军第 54 军滇西攻势作战机密日记》(未刊档案)。

[136]孙剑锋:《我参加过抗日战争滇西反攻胜利战斗》。据《民族光辉——腾冲抗战史料钩沉》,第 268 页。

8月28日（D+30日）

清晨，炮兵集中全部火力对盘踞武侯祠区域之敌猛烈射击，使负隅顽抗之敌陷于委靡沉默。[137]

据54军作战日记：预2师第6团乘势向武侯祠及其以东敌主要据点攻击，鏖战竟日，将武侯祠攻占大半，至晚仍在战斗中。[138]这与第6团团长方诚的撰述一致："28日，以全力向武侯祠附近之据点攻击，敌凭坚顽抗，鏖战竟日。为争夺该祠及其以东之家屋，得而复失者6次，至黄昏始占领一半。"[139]而美军战史记述为："城西中心某一庙宇地区（即武侯祠）今日六经得失，到日暮时中国军队占据该地一半地区……"[140]"六经得失"之说，与方诚的回忆均相契合。

在第4团连长孙剑锋的回忆中，第6团当日攻占武侯祠的一半之功，却有另一番原委：

（28日）天亮之后，第6团第2营萧营长（萧凝和）要我同他到武侯祠去观察。出东岳庙往北，是一条巷道，经西门大街直通老县政府街。路经一处破烂家屋，可能是敌人的医疗站，担架乱放，尸体狼藉，有的干枯，有的腐烂，奇臭难闻。又前行，到武侯祠南面围墙外，探望祠内，全是断壁残垣。大殿前，有一棵光秃秃的大树。萧营长指着大树说："今天要攻击大殿，本营主攻，贵连伴攻；贵连必须到达大树附近，本营从那里进攻大殿。"我听后，心想：这算什么伴攻，明明是做你们的开路先锋，我若是能到达大树附近，大殿也用不着你们攻了。军纪是绝对服从，我答应："是！"他又说："贵连现在就接替本营第5连，尔后开始行动。"

我把连队成一路，鱼贯前进，先到第6团第2营第5连的指挥所，见了连长，问问情况和各排的位置，就把任务接过来，立刻命本连进入作战位置。刚接过任务不久，第2排的哨兵报告，右翼前

---

[137]《远征军炮兵指挥部各炮兵部队参加滇西战役高黎贡山亘腾冲地区战斗详报》。据《保山地区史志文辑》抗日战争专辑之四，第270—271页。
[138]《陆军第54军滇西攻势作战机密日记》（未刊档案）。
[139] 方诚：《八年抗战小史》之十收复滇西之役，第65页。
[140] 美国新闻处：《怒江战役述要》，第13页。

方发现敌人几十个，持着枪，顺着巷道向北方跑去。我判断这情况有两个可能：一是敌人弹尽粮绝，真的逃跑；二是诱我进入武侯祠，然后反扑。我根据第二个可能处置，把常用的方法，两排在前、一排在后反转过来，命前面第2排把哨兵改为搜兵，顺武侯祠东厢搜索前进，发现地堡暗道，先丢手榴弹，消灭潜伏敌人，以防里应外合；命第3排就地散开，对通往北方巷道，严密监视；第1排为预备队，原地待命。然后到第2排前面，观察搜兵情况。

两个搜兵交互前进，没遇抵抗到北面围墙，墙上有个大洞，可以出入。搜兵先对墙内周围看看，又探头对墙外看看，用手势表示，没有敌人。于是我率第2排跟进，见武侯祠东厢是个长廊，房屋完全破坏，有一间梁上，吊着几具尸体，显见是自缢。地上遍地是米、稻谷、炊具，是灶厨模样。于是命第2排散开，占领东厢，修改工事，巩固阵地，对敌方警戒。回头看大殿冒出黑烟，是敌人放火逃走的征候，要抓住战机。我立刻率领指挥班和第1排向大树、大殿那边跑步前进，没遇抵抗进入大殿，就这样一枪没响，完全占领了武侯祠。

我兴奋极了，一面命传令班熄灭火烟，一面命第1排警戒，一面打电话给吴团长："报告团长，职连已经完全占领了武侯祠。"团长不相信地说："你弄错了吧，人家两个团，前后几天都没打开，你怎么一下子就占领了？"我说："没错，我发信号弹给团长看。"在电话机里，听见团长高兴地给师长讲电话："报告师长，孙连已经完全占领了武侯祠。"

没过多久，第6团团长方诚来了。我向他敬礼，他满脸不高兴的样子，我才猛然想起，归他第6团指挥，要先向他报告才是。

孙剑锋的记述中"完全占领武侯祠"的说法，可能有夸大之处，否则军方战报不会说仅"占领一半"；在大殿之外，应该还有未占领的附属地域。但是不能不说孙在军事素养优秀之外，还是一员"福将"，常常能抓住日军撤退的战机，兵不血刃地取得战果。但是，这次意外的功劳也招致了一些口舌，据云第6团团长方诚看到大殿内日军丢弃物资甚多，回头即向师长顾葆裕报告孙"发了很多洋财"。

傍晚时候第 4 团团长吴心庄转告孙剑锋后，孙气愤不已。[141]

本日，预 2 师计毙伤敌 30 余名，虏获敌轻、重机枪各 1 挺，步枪 6 支，剪形镜 1 具，手枪 1 支，其他重要文件、地图、书籍甚多。我伤连长张剑山[142]、副连长黄仁等 4 员，伤亡士兵 150 名。

自清晨起，198 师城内部队自田家巷附近向敌攻击，协力预 2 师攻击武侯祠。激战至黄昏，进展约 50 米。592 团伤军官 1 员、士兵 6 名；594 团第 3 连连长黄相书负伤，士兵伤亡 18 名。593 团正与 130 师部队交接董库、饮马水河防务中。

36 师方面，108 团将西门城楼以南 70 米缺口至西南角城墙上残敌完全肃清。106 团由现占据缺口向武侯祠方向延伸约 10 余米，攻占敌堡垒一座并做改修，同时占领一小房屋。伤亡军官 1 员，士兵 8 名。入夜，敌向 107 团袭击，被我击退。[143]

为调集充足兵力肃清西门北侧地区之敌，36 师令 106 团于明（29）日将已占领之英国领事馆东侧城墙及城墙内阵地交 107 团接替，主力集结于附近待机行动，并以其占领西林寺之一部向东北方搜索敌情。[144]

当日晨 8 时，130 师接获情报："龙陵西南象滚塘由芒市窜来敌人约 500 余，刻正向西北方向窜扰中。"为防敌北窜，师长王理寰遂命令 388 团团部及直属部队即移驻马垒；军属搜索营第 1 连即移至下勐连，归 388 团团长佟道指挥，对龙川江右岸大沙坝、毛弄、巷弄、邦乃各渡口严密警戒，并搜索敌情。午后 1 时，388 团及搜索营移动完毕。同时，390 团第 3 营已将腾龙桥附近防务移交后到达腾冲归建。

午后 2 时，389 团向帮办衙门之敌发起攻击。敌恃工事顽抗，其东城墙上侧面炮火尤烈。389 团经反复进攻，占领碉堡 1 个，虏获敌

---

[141] 孙剑锋：《我参加过抗日战争滇西反攻胜利战斗》。据《民族光辉——腾冲抗战史料钩沉》，第 268 页。

[142] 方诚在其《八年抗战小史》记张剑山于攻击武侯祠战斗中阵亡，但《第 20 集团军腾冲抗日阵亡官佐名录》中无记载，因此判断其受伤未阵亡。潘世征战地通讯曾记其在来凤山战斗中负伤，此为第二次负伤。

[143]《陆军第 54 军滇西攻势作战机密日记》（未刊档案）。

[144]《陆军第 36 师腾冲城区战役战斗详报》。据《保山地区史志文辑》抗日战争专辑之三，第 131—132 页。

步枪数支及其他战利品。[145]同时，饮马水河东岸之390团第1营亦向西岸之敌攻击，以资策应。晚8时许，因大雨攻击暂停。[146]

当日，116师346团在城墙上部队攻击前进约20余米，击毁敌堡垒3处而占领之；348团进迫敌仓库墙角下，与敌争夺战中。[147]

8月29日（D+31日）

本日，198师继续向城内之敌攻击。592团向北进展约50米，伤亡士兵10名。在饮马水河担任堵击之593团第3营，奉命将防务交由53军130师接替，转移至田心，对拐角楼警戒；该团主力则转移于城南方面，任198师预备队。

36师方面，106团将所占领之城墙缺口及其西侧阵地交107团接替，团主力集结于英国领事馆附近。[148]该团占领西林寺之一部，清晨向东北方搜索，毙敌1名，虏获步枪1支，我伤亡士兵3名。108团于昨日肃清城墙南侧之敌后，今日向西城门攻击，敌仍顽抗。我伤亡军官1员，士兵9名。[149]

预2师为扩张第6团对武侯祠攻击成果，以第4团加入围攻。据第4团特务排长王希孔回忆：

"经多次墙内墙外遭遇肉搏，攻进到武侯祠南边民房内。团长吴心庄召集团直属部队排长以上人员开会，在一间民房内研究采取什么办法进攻武侯祠。正开着会，敌人从东北拐角打来十多发炮弹，一发正落在开会人中间，重机枪连况连长和迫击炮排排长当即阵亡，伤六七人。我的右腿膝盖上面中一小块破片，未穿通，还露出一小尖儿，用手拔不出，我挺着腿用牙把破片拔出，包好药继续作战"；而

---

[145]《陆军第53军由怒江至腾冲会战战斗详报》。据《保山地区史志文辑》抗日战争专辑之一，第167页。
[146]《陆军第130师由怒江至腾冲会战战斗详报》。据《保山地区史志文辑》抗日战争专辑之三，第38页。
[147]《陆军第53军由怒江至腾冲会战战斗详报》。据《保山地区史志文辑》抗日战争专辑之一，第167页。
[148]《陆军第54军滇西攻势作战战斗详报》。据《保山地区史志文辑》抗日战争专辑之二，第70页。
[149]《陆军第54军滇西攻势作战机密日记》（未刊档案）。

后,"挖地道墙沟,攻进武侯祠。敌人拼死不退,经我激烈肉搏拼杀,把敌人大部分杀死在碉堡及房内。"[150]

经第4、6两团并肩激战,至11时许,将武侯祠及其西侧仓库全部占领。部队攻入祠内,发现悬梁自杀之敌军官及士兵数名。而后,推进至西门街南侧民房附近。[151]据54军作战日记载:午后,敌虽两度猛烈反扑,均为我击退。计毙伤敌20余,虏获步枪2支,其他重要文件甚多。我伤排长姚乃雪、吴增辉等2员,阵亡排长曹刚、陈树清等2员,伤亡士兵54名。[152]而王希孔的回忆有所不同:"……杀死敌60多人,其中有敌军官3人,2人是自杀。[153]缴获炮1门、轻重机枪4挺、步枪30多支,指挥刀、望远镜及其他弹药等物资若干。我方伤亡官兵80多人,其中连长4人、排长8人。"[154]

当日,预2师获悉:21日,留置高黎贡山的第5团第1连在白峰坡附近俘获敌一等兵吉刚秋则1名,虏获机枪1挺、步枪11支;该连正清扫战场中。遂于傍晚电报54军。[155]

116师346团在城上部队占领敌堡垒两处,其主力仍进攻城隍庙之敌;348团将敌据之仓库南面外围墙完全占领;347团将文庙南侧堡垒占领两处。[156]

130师以高射机枪1挺移于税务司署附近,归389团指挥,于12时许开始攻击,至晚仍未成功。[157]

在战争舞台上,聚光灯总是照射在战斗最激烈的战场上,这注

---

[150] 王希孔:《反攻腾冲的回忆》。据《溅血岁月》,第118—127页。据查《第20集团军腾冲抗日阵亡官佐名录》,无况姓军官,疑系受伤未阵亡。

[151] 《陆军第54军滇西攻势作战斗详报》。据《保山地区史志文辑》抗日战争专辑之二,第70页。

[152] 《陆军第54军滇西攻势作战机密日记》(未刊档案)。据《第20集团军腾冲抗日阵亡官佐名录》,曹刚少尉为四川武顺人,陈树清(原文误记作陈长清)少尉籍贯不详。

[153] 方国瑜《抗日战争滇西战事篇》记"于祠内发现敌尉官尸体3具,1具系吊死,其余2具系自杀",与54军战斗详报及王希孔回忆契合。

[154] 王希孔:《反攻腾冲的回忆》。据《溅血岁月》,第118—127页。

[155] 《陆军第54军滇西攻势作战机密日记》(未刊档案)。

[156] 《陆军第53军由怒江至腾冲会战战斗详报》。据《保山地区史志文辑》抗日战争专辑之一,第167页。

[157] 《陆军第130师由怒江至腾冲会战战斗详报》。据《保山地区史志文辑》抗日战争专辑之三,第38页。

定会让无数边缘事件逸散，除非偶然被亲历者所记忆。在第20集团军参谋杨纳福的记忆中，可能会忘掉每日亲历亲闻的战事，但却不会忘记此期间自己险些亲手酿成的一桩大祸：

8月底，腾冲合围之时，我仍任前线联络参谋，率传令兵及通信兵各一员，穿梭巡回第一线各团。有一天驻扎在城西北约三公里的杨村（杨家坡），村东边有条小溪，紧靠着我所住杨宅的坡脚下，该小溪通往城西北的拐角楼。那两天得到的情报是，日军可能分为小股渗透城外刺探我军情。一天午夜，月色朦胧，传令兵王浩东报告我，小溪中有人，判断是日军出来刺探军情。我即携冲锋枪到阳台上，果见一人影在溪中由南向北潜行，我即以冲锋枪射击三发，果然命中，并立即听到喊声："我是杨家的孩童！"我随即与传令兵前往检视，果为杨家的小儿子，夜晚出来捉鱼，子弹命中他的胸部，鲜血直流。经以急救包扎后，偕其家人连夜送至三公里外草坝坡（草坝街）的野战医院。当时野战医院有美军援助，设备完善，医药充足，并有美军医官参与。

我将此事报告总部，总部饬令野战医院要尽力将孩童治好，以增进军民感情。经过一星期的治疗，该孩童竟然痊愈，因为子弹穿肺而过，并未伤及其他内脏。事后杨宅主人反认我是大恩人，请我吃饭并送我绿玉一粒作纪念。[158]

8月30日（D+32日）

凌晨1时许，107团第1营向武侯祠西北敌阵地攻击，毙敌10余人，房获步枪4支，阵地向前推进70余米，已与预2师阵地相联系。拂晓，108团在西门南方30米处城墙爆破一个缺口，并构筑工事占领；随后向北延伸交通壕，以便向西门攻击前进。我伤亡士兵6名。106团当日由西林寺向东北敌阵地攻击，遭敌猛烈射击，我伤军官1员、士兵13名。遂据守西林寺，沿大路之线与敌对峙。

预2师第4、6两团续攻占城内西门街南侧房屋数楹，因该处地

---

[158] 国军史料丛书《抗战时期滇缅印作战（一）——参战官兵访问记录》，第958—959页。

形突出，我受东西两面敌火力猛烈侧射，伤亡颇重，至晚，仍在激战中。计阵亡排长雷贵富1员[159]，伤副营长徐笃，排长王泽生、高凤鸣等3员，伤亡士兵29名。

据第4团连长孙剑锋记述：

当日傍晚接到命令，大意是：第6团由武侯祠至西城墙向西门街之线主攻；第4团整编连佯攻，掩护第6团；薄暮开始行动。孙剑锋做好战斗部署后，敌人一发炮弹打来，落在指挥所外面院心里，炸死了重机枪连来送饭的特务长和几个炊事兵。

薄暮到了，我命令第一线排、六〇炮班，对西门街之线发扬火力，张大声势。接着我命令第一线连排向前推进，占领武侯祠北面围墙的东段，向墙外连续投掷手榴弹。弹药源源运到，取之不尽用之不竭，枪声、炮声、手榴弹声，惊天动地，震耳欲聋。我看看左翼主攻的第6团方面，却什么动静都没有。我让副连长守着指挥所，便率领指挥班，强撑着到第一线巡视。来到第1排左翼，北围墙中段，是被飞机炸开的一个缺口，也可以说是和第6团的交界点。听到墙外有悄悄人声，我以为是第6团的人，顺西门街过来，刚想问一问是不是第6团，话到口边，似乎有声音在提醒：不要问，看看。我踩着土探头对墙外看，这时云层里出现月光，见有几个人，持着上刺刀的枪，顺着西门街交通壕，向北围墙这边猫着腰走将过来。先头那个到墙外朝东方放了一枪，枪口火大见，月光照在钢盔上发亮，是敌人！我轻轻拿出驳壳枪，心想用移动点放，消灭他们。不知怎的，机钮在快放上，对准先头那个头上一扣扳机，突的一响，九粒子弹全放出去了。我一惊，连蹦带跳，跑到左后边一堵断墙的拱门后面，敌人就投过来一颗手榴弹，震得我耳鼓作响，破片打在断墙上有声。好险！要是站在那里不动的话，真会粉身碎骨，不堪设想了。接着敌人又发射了一颗火花般的信号弹，并"呷呷"吼叫。我判断敌人可能乘机反攻，便高喊："各单位注意，朝正面敌人狠狠

---

[159]《陆军第54军滇西攻势作战机密日记》（未刊档案）。据《第20集团军腾冲抗日阵亡官佐名录》，雷贵富少尉为贵州正安人。

打！"于是第一线排加强火力，指挥班也闻声赶来。我命令对那缺口猛烈射击，封锁缺口。这时第一线用两个排，另一个排守着右侧巷道，身边已没兵可用，万一敌人冲过来，那就危险了。

拱门右边有堵破屋高墙，我把指挥所前进到那里，便讲电话给陈营长（陈嘉谟）："报告营长，职连遵命佯攻前进到北围墙，接近西门街，不见第6团动静，发现敌人在围墙外有反扑企图，职连阵地突出，兵力不够分配，请予增援。"

约半小时后，先是总司令部的一个工兵连长向我报到。我请他用拒马或其他障碍物，遮断右侧巷，以防敌人迂回。接着师部搜索连连长彭震宇（原我营第1连连长）报到，我请他接替右侧防守的预备队排，他说："我对敌情地形都不明了，又是夜里，请你明天早晨再给我任务。"我说："因为情况紧张，才请求增援，你这样讲，怎么可以呢？"他一声不响，回头就走。我把这情形报告陈营长，营长似乎偏袒地说："那么你就明早再给他任务吧。"我说："前面情况仍在紧张，彭连来了不接受任务，等于没有增援。如果敌人扑过来，我手中没有可用的兵了，营部相距不远，我有危险，营长也会有危险。"电话机里，听见营长和他商量："老彭，你还是去接受任务吧。"

彭连换下我的预备队排，我才松了一口气。坐下来，觉得我的潮湿疮奇痛奇痒，大概是刚才蹦跳跑，挣破了疮痂；又因四天四夜来没有好好睡眠，我感到身体实在支持不住了，觉得以这样的身体指挥战斗，对公对私都没有好处，我便讲电话给团长，请求换人。团长说："你再支持嘛。"我说："实在支持不住了。"团长说："现在没有人好派去换你啊。"我有点生气了，便说："报告团长，假使我现在牺牲了，这个队伍就没有人指挥了吗？"团长哼了一声："好，我让傅副团长去看你。"我放下电话，心中冷淡极了。

半夜光景，傅副团长来了。他仔细地看过我的疮势，说："你是不能再打了。"他走后，约半点钟光景，团长来电话说："孙连长，好吧，明天中午，派高射机枪连许连长去换你。"[160]

---

[160] 孙剑锋：《我参加过抗日战争滇西反攻胜利战斗》。据《民族光辉——腾冲抗战史料钩沉》，第272页。

据54军战斗详报:"是日,198师因右翼友军迟进而受文庙敌之侧射,无法前进,遂就既占之教育局及高等小学原阵地,以火力掩护其左翼594团对西门街之攻击。"[161]受文庙敌侧射的右翼592团阵亡军官3员、士兵42名,进展不易;594团进展约40米,伤军官3员、士兵16名。593团与敌对战,无变化。[162]

116师于晨6时开始总攻。346团乘炮兵射击之成果勇猛前进,在城上部队向北进展约十余米;其主力进攻城隍庙,右翼进展约十余米,占领敌堡垒一处;左翼队进至城隍庙南墙附近,占领其堡垒两处。348团猛攻后,于14时将敌仓库南院占领。347团利用炮火间断射击,由秀峰山、文庙左侧突入,于15时将文庙正殿完全占领。

本日,116师各团获步枪3支、防毒面具44具及其他战利品甚多。我伤亡官兵约200员名。

当日拂晓前,饮马水河西岸之敌向130师390团出击3次均未得逞。而后,130师以山炮、战防炮各1门归389团直接指挥,10时许,该团即向帮办衙门猛攻,至晚8时攻占敌堡垒3处,占领帮办衙门三分之二;我伤亡官兵30余员名。其间,390团一部在饮马水河实施佯攻以策应。[163]当夜,帮办衙门之敌4次逆袭,389团沉着应战,确保既获阵地。[164]

美军战史对当日战况的记述为:"城内南段两处庙宇地区,在过去两星期内一直阻碍中国军队的进展,今天已经被占领一部分。东南面城墙方面进展很少。东南门外,中国军队进攻日军的坚强阵地,占领堡垒3处。西北面城门的堡垒得而复失。"[165]

据载,当日早9时至晚9时,炮兵分别对西门街及西北、东北

---

[161]《陆军第54军滇西攻势作战战斗详报》。据《保山地区史志文辑》抗日战争专辑之二,第70—71页。

[162]《陆军第54军滇西攻势作战机密日记》(未刊档案)。

[163]《陆军第53军由怒江至腾冲会战战斗详报》。据《保山地区史志文辑》抗日战争专辑之一,第167页。

[164]《陆军第130师由怒江至腾冲会战战斗详报》。据《保山地区史志文辑》抗日战争专辑之三,第38页。

[165]美国新闻处:《怒江战役述要》,第13-14页。

城角敌据点工事、侧防机能、炮兵阵地实施制压与破坏射击，以配合步兵攻击。[166]

当日，53军、54军接奉集团军总司令霍揆彰为激励士气而下达的手令：

> 本集团军围攻腾城以来，已为时一月。虽各部咸能努力，从未稍懈，但综观成绩，尚未及半。目下困据城内之敌，能作战者不过三百余人，我围攻部队之兵力与火力依最低限度计算，亦在十余倍以上。纵令残敌如何顽强，工事如何坚固，安有不能一举歼灭之理？而时日稽延、大功未成者，全在我各级指挥官无必胜之信念与必死之决心耳。言念及此，能无惭悚？近日龙陵之敌已有增加，而瓦厂（似为首厂）方面亦发现敌情，均有随时增援腾城之可能。迭奉长官电谕，饬即迅速攻克腾城，等因。兹特规定，自明卅（30）日起，限五天内将各该军区域内之敌彻底肃清，并将每日进展情形具报本部。如有观望不前或借故推诿不能如限肃清，致使外敌增援影响整个计划者，各该军长、师长应负贻误之责。除分令外，仰即激励所属，有我无敌，奋勇直前，以完成此重大任务为要。切切此令。[167]

奉此手令后，两军即分别转饬所属各师及炮兵团遵照。

此刻，缅甸方面军第33军正集结第56师团和第2师团，拟以9月3日为期，并列向龙陵方面的第11集团军发动大规模进攻。此次攻势，被命名为"断作战"。[168]

超链接13：辻政信制定"断作战"计划

据日军战史：

此前，对远征军的反击作战，几乎是第56师团单独进行的。4

---

[166]《远征军炮兵指挥部各炮兵部队参加滇西战役高黎贡山亘腾冲地区战斗详报》。据《保山地区史志文辑》抗日战争专辑之四，第271页。
[167]《陆军第54军滇西攻势作战机密日记》（未刊档案）。
[168] 中华民国史资料丛稿译稿《缅甸作战（下）》，第171页。

月份,缅甸方面军第33军司令部才匆匆编成,加之胡康方面的战况紧迫,所以对第56师团方面的反击作战,本多政材司令官就暂时委托给松山祐三师团长负责了。

然而,到了6月末,第56师团对龙陵东方地区第11集团军主力的攻势,因已精疲力竭,无力再救援拉孟(松山)守备队。本多政材遂命令第56师团主力后退到芒市附近。当时,拉孟、腾冲、平戛的守备队正在远征军优势兵力重围下,继续孤军作战。再由于第56师团主力的后退,龙陵再度陷于中国远征军包围之中。

因为胡康河谷的失陷,在史迪威指挥下的中美联军对密支那守备队的压力更大,致使该方面战况告急,本多政材遂决定将军主力向滇西集结,先行迅速击灭中国远征军。

此前,由"中国派遣军"参谋转任为第33军参谋的辻政信大佐,7月9日到达仰光,立即和方面军联系,了解其企图和全面情况后,10日便到达眉苗的第33军司令部就任。

辻政信大佐在高级参谋白崎嘉明大佐的领导下,被任命为作战主任,立即着手研究作战计划。因此次作战意在切断中印地面联络企图,即被命名为"断作战"。其方案如下:

方针

一、军要将主力集结于芒市周围,在龙陵方面击灭云南远征军主力之后,前出到怒江一线,在援救拉孟、腾越守备队的同时,切断中印联络路线。

开始攻击日期定为9月上旬。

指导要领

二、第56师团要长期确保大概目前态势。在扣住云南远征军的同时,准备今后的攻势。

三、第2师团要首先集结在南坎周围,构筑工事,以佯攻欺骗敌人。在主力集中完毕后,利用夜间一举跃进至芒市方面,和第56师团一起准备今后的攻势。

四、第18师团在后退到英多附近之后,以主力沿杰沙—八莫—南坎道路,向南坎方面;以一部由火车经曼德勒、腊戌向南坎方面集中,与第 2 师团交替南坎附近的守备。然后面对密支那方面之敌切断中印联络线。

五、首先以第 2 师团之一部确保八莫附近,掩护第 18 师团的转进。尽量使密支那方面之敌前进迟滞。

六、要努力长期确保密支那[169],切断敌印度远征军(即中国驻印军)和云南远征军的联络。

七、在第 56 师团及第 2 师团准备完毕后,要尽快开始攻击龙陵周围。

八、击破龙陵周边的敌主力之后,一举向拉孟(松山)附近疾进,解救拉孟守备队。接着向腾越方面采取攻势,解救该地守备队。

以第 2 师团或第 56 师团的有力部队,营救平夏守备队。其时机或在营救腾越守备队之后,或同时果敢地进行。

九、尽快整理密支那铁路线方面的后方,在腊戍—曼德勒铁路线方面形成重点,以便于军充分进行补给。

要加强叫脉—腊戍—新维—畹町—芒市大道的防空,并修补桥梁及加强确保措施。

十、要在畹町、南坎周围坚固地域筑城,以准备今后的作战。

十一、在击破中国远征军主力,完成第一期作战目的后,以第 2 师团及第 18 师团主力向新编第 1、第 6 军[170]方面采取攻势,营救密支那及八莫守备队,与第 56 师团配合,加强切断中印联络线。

十二、要适当地加强蒙密特方面的守备。

十三、军司令部要迅速推进到新维、继而芒市,及时统率战场。

上述作战计划,33 军参谋长山本清卫少将[171]以下人员意见一致,经军司令官本多政材批准,成为正式的作战计划。不久,军高

---

[169] 8 月 4 日密支那被我攻克,但日军"断作战"计划仍未改变。

[170] 中国驻印军在密支那战役期间,主要以滇西方面增加的兵力新编成了新编第 6 军。原新 1 军辖新 30 师、新 38 师;新 6 军辖第 14 师、新 22 师及第 50 师。

[171] 第 33 军参谋长初为片仓衷少将,上任不久患猩红热,6 月上旬因病情恶化离任,由第 2 铁道监兼第 5 特设铁道司令官山本清卫少将接任。

级参谋白崎大佐调任第18师团参谋长，遗缺由辻政信大佐继任。

8月28日，第33军高级参谋辻政信大佐进入芒市，视察各部队攻势准备的实况，并听取第2、第56师团的希望，边起草下述军的命令草案，边准备推进军战斗指挥所。军司令官本多政材中将提前到达新维，迎接从胡康方面前来的第18师团长田中新一中将。在表示犒劳的同时，就南坎方面有关下期作战准备问题作了必要指示。接着于8月30日夜，军战斗指挥所向芒市出发。提前出发的高参辻政信所拟的命令草案，经批准后向两个师团下达。

此间，军参谋长山本清卫少将指导两名军后方参谋，全面担当由腊戍—畹町—芒市道路的后方补给业务。在第一期作战期间，大部分时间驻在腊戍或新维，作战事宜全由辻政信大佐负责。

8月30日，第33军在芒市下达攻势命令：

一、拉孟、腾越、平夏各守备队面对优势之敌的长期猛攻，仍孤军死守阵地。

又，龙陵守备队自8月中旬以来，正遭受来自拉孟、平夏之敌的重压。

二、军决定迅速击破龙陵周围之敌，前出到怒江线，首先救出拉孟守备队，继而营救腾越、平夏守备队。

9月3日拂晓攻势开始。

三、第2师团为右第一线兵团，应在公路（芒市—龙陵—拉孟）东侧小松山南侧地区准备攻击。9月3日拂晓起击破公路以东龙陵东侧之敌，并前出到龙陵东北侧地区。

四、第56师团应在原分哨高地南侧地区准备攻击，9月3日拂晓起，击破公路以西龙陵西侧之敌，并前出到龙陵西北侧地区。

五、两师团之作战分界线为滇缅公路，公路上只准许两师团及军直辖部队的车辆和运送伤员使用。

六、军炮兵队应在原分哨高地附近占领阵地，初期协助第2师团的攻击。

七、第49师团吉田部队为军预备队。

沿公路两侧地区，随第2、第56师团跃进。

基于上述命令，日军参加此次攻势作战的兵力概为：

第2师团：步兵6个大队、炮兵2个大队（6个中队）、工兵1个中队，计约6000名。

第56师团：步兵6个大队、炮兵2个大队（6个中队）、工兵1个中队，计约6000名。

军属炮兵队：150毫米榴弹炮2门、山炮1个中队（属第49师团），计约500名。

军预备队：步兵3个大队（属第49师团）、工兵1个中队。

日军据密码破译获悉，在重庆的最高统帅蒋介石已侦悉日军此次攻势意图，遂向远征军发出督电："国军名誉浮沉即在今日。"腾冲方面的第20集团军接到督电后，于8月30日以后，开始了前所未有的大规模攻势。[172]

8月31日（D+33日）

31日，198师594团联系预2师攻抵西门街。预2师以师部搜索连及防毒连分别配属第4、6两团，向西门街南侧敌占领之民房猛攻。激战终日，第6团进至西门街，第4团进至西门街以南约50米处。

据指挥第4团整编连的连长孙剑锋记述：

天亮时，营长命令向西门大街推进。经过逐巷逐屋激烈战斗，第4团整编连第1排攻占了西门大街那边一间家屋。再前进，遇顽强抵抗。连指挥所跟进到院子中间一个掩蔽部，里面积雨水泥泞，霉臭难闻。孙剑锋遂在出口处设立指挥所。伤兵接连下来，有两个腾冲籍兵，许洪发右手负伤，手指打断，皮还连着，一面走一面哭喊："连长！连长！"赵国安才18岁，左臂负伤，也哭兮兮地走下去。孙剑锋看了心里很难过。

中午12时许，高射机枪连许连长（许兆元）来了，他的脸色红红的，神情很紧张。他说："老孙，我没打过仗，请你告诉我，前面情况，怎样打法？"孙剑锋告之："战场情况，瞬息万变，见景生情，适宜处置，胆大心细，沉着冷静，活用原则，运用之妙，纯乎

---

[172] 中华民国史资料丛稿译稿《缅甸作战（下）》，第172页。

一心。"随后告之各排位置，与其握别，步履蹒跚地去了裹伤所。[173]

当日，炮兵直接协力36师自西门登城攻击，以猛烈火力压制，使敌无法抬头。[174]108团乘势破坏城上敌堡垒，占领西门城楼；106团向西林寺东北方丛林、民房攻击，占领敌阵地一部。同日，106团向西城门及西城外40米处的号名桥攻击，于16时占领两地。于是，西门以北的城墙及西门街皆为我所控制。入夜后，敌向108团占领的西城门逆袭2次，均被击退。

另，围攻高黎贡山大白峰坡的108团第8连于傍晚归抵叠水河，归还建制。[175]

据称，大白峰坡之敌经我三个月余之围困，粮尽水涸，枵腹支持，于8月17日，大部由预2师一连（第5团第1连）之右侧，经阎家山左侧干谷，分两批逃至界头、瓦甸一带，阵地内仅留置4人。18日，该连与预2师之一连协力攻击，将该阵地占领。预2师留该地负责的张副营长命令该连归还，遂在整顿后于本日开抵腾冲。[176]

当日，除最右翼198师592团因受右侧文庙及秀峰山之敌火力侧射，进展困难，仍在高等学堂南北之线向东北与敌对峙外，54军各部均已进至西门街至西门城楼、西林寺之线。[177]

53军方面，116师于本晨继续攻击。346团攻击城隍庙之敌，占领其堡垒一处；348团在仓库第一院破坏敌据守之第二院内堡垒三处；347团在文庙内继续攻击正殿北面一层大殿。我官兵伤亡30余员名。

130师389团当面之敌于拂晓前曾数次逆袭，均被击退。该团于12时继续攻击，攻占敌碉堡7个，于14时将帮办衙门完全占领，

---

[173] 孙剑锋：《我参加过抗日战争滇西反攻胜利战斗》。据《民族光辉——腾冲抗战史料钩沉》，第273页。
[174] 《远征军炮兵指挥部各炮兵部队参加滇西战役高黎贡山亘腾冲地区战斗详报》。据《保山地区史志文辑》抗日战争专辑之四，第271页。
[175] 《陆军第54军滇西攻势作战机密日记》（未刊档案）。
[176] 《陆军第36师腾冲城区战役战斗详报》。据《保山地区史志文辑》抗日战争专辑之三，第132页。
[177] 《陆军第54军滇西攻势作战战斗详报》。据《保山地区史志文辑》抗日战争专辑之二，第71页。

少数敌人退守东门附近堡垒群顽抗；该团一面构筑工事，一面向以西、以北继续攻击。[178]当日，该团伤亡官兵约40余员名，虏获敌步枪数支。[179]

据美军战史载："城内西面的日军已被肃清。由西北至东南的街道已被越过。西北门经中国军队攻击后被占领。庙宇地区内又有日军堡垒一处被占领，该地日军被迫局促于一隅。东南门外的海关大楼（即帮办衙门）已被中国军队占领。但是东城门附近日军仍坚守阵地。"[180]

9月1日（D+34日）

当日，阴云密布。

凌晨1时许，敌20余人向城内西门街预2师第6团左翼阵地反扑，激战一小时许，我将敌击退。因该团自攻城以来伤亡甚重，中午，预2师令该团将攻击任务交由第5团接替。右翼第4团扫荡西门街南侧房屋内残敌，已进抵距西门街30米处。本日计毙敌10余名，敌遗尸8具，虏获步枪3支，电话机1部，山炮瞄准具2具，其他物品一部。我伤副连长徐楚华，排长王俊、杜延陵等3员，伤亡士兵19名。

上午10时许，36师106团驱逐西林寺东北丛林、民房一带之敌而占领该地区，伤士兵2名。中午，108团攻占西城门北侧30米处缺口，毙敌十余名，虏获敌轻机枪2挺，步枪5支，探照灯1盏；我伤亡士兵9名。午后，36师令107团第3营将城墙西南角守备任务交师部骑兵连（即搜索连）接替。

自清晨起，敌炮向198师592、594两团射击50余发。198师以594团协助592团攻击；592团以一部对东北警戒，主力向当前之敌攻击。黄昏前，第1营已进至西门街。计伤亡军官2员、士兵27

---

[178]《陆军第130师由怒江至腾冲会战战斗详报》。据《保山地区史志文辑》抗日战争专辑之三，第38页。

[179]《陆军第53军由怒江至腾冲会战战斗详报》。据《保山地区史志文辑》抗日战争专辑之一，第168页。

[180]美国新闻处：《怒江战役述要》，第14页。

名。593团第3营调至水碓,为师预备队。[181]

当日,198师师长叶佩高奉命擢升54军副军长,由副师长刘金奎接任师长(但叶佩高仍在师指挥,至腾城攻下后才到军部)。[182]

53军方面,晨5时,130师奉令将388团第2营拨归116师347团指挥。[183]中午12时,以389团继续攻击当面之敌,至午后3时,攻占帮办衙门西南约50米处敌碉堡一座。伤亡官兵20余员名,虏获步枪2支。

116师于晨7时继续攻击,集中发挥各种火器威力,将敌构筑的坚固工事摧毁殆半。[184]战斗至午后3时,346团占领城隍庙南院正殿,在北院与敌对战。348团将仓库后院占领四分之三。347团附388团第2营将秀峰山及文庙完全占领。其间战斗异常激烈,该师官兵伤亡约120名,缴获敌步枪2支,轻机枪1挺。[185]

据美军战史记述:"两处庙宇地区,今天全被中国军队占领。城北的中国军队也有进展。西北面城门附近地区已告肃清。西南面城门一带也有进展。"[186]

据腾冲当地传说:348团攻至文庙附近时,部队在一座大钟前再也无法前进。这是一口铸造于明代的大铜钟,钟高1.9米,口径1.4米,钟身厚达2厘米。[187]在大钟的腰身部位,一挺机枪从一个

---

[181]《陆军第54军滇西攻势作战机密日记》(未刊档案)。

[182]《陆军第54军滇西攻势作战战斗详报》。据《保山地区史志文辑》抗日战争专辑之二,第71页。

[183]《陆军第130师由怒江至腾冲会战战斗详报》。据《保山地区史志文辑》抗日战争专辑之三,第38页。

[184]《陆军第116师唐习山、大塘子、江苴、腾冲各战役战斗详报》。据《保山地区史志文辑》抗日战争专辑之三,第81页。

[185]《陆军第53军由怒江至腾冲会战战斗详报》。据《保山地区史志文辑》抗日战争专辑之一,第168页。

[186]美国新闻处:《怒江战役述要》,第14页。

[187]明正统六年(公元1441年),兵部侍郎侯琎随尚书王骥远征麓川,平定边乱,后留镇云南。基于对腾冲特殊地理位置的深切了解和边境攻防需要,侯琎与都指挥使李升等动用西征将士1.5万人修筑了腾冲石城。城竣之后,明景泰元年(公元1450年)铸此黄铜巨钟,镌刻征战功绩于其上,以传后世。后人称此钟为"侯琎钟"。据载,铜钟铸成后,"立亭文庙前小埠上以悬之"。清光绪二十一年(1895年),移到文星楼中悬挂。因钟身过重,恐致倾覆,又移置楼旁。后在文庙街北的泮池北岸建钟鼓楼,悬钟于楼,并配一鼓。按军方战史记录,系347团攻击文庙,348团攻击敌仓库。仓库夹在文昌宫与城隍庙之间,其正北面即是钟鼓楼。此钟现陈列于腾冲博物馆内。

拳头大的孔洞里探了出来,原来有一名日军躲藏在倒扣的大钟里,至今人们也不清楚,日本兵是怎样凿穿了堪比坦克装甲的钟壁。

当时,348团团长毛芝荃下令以迫击炮、重机枪、手榴弹集中瞄准大钟,但一顿狂轰滥炸后,却不见大钟被炸开。直到4天以后,大钟里的枪声停止了,几十名士兵冲上去掀翻大钟,才发现里面的日本兵弹尽粮绝,而人则是被震得耳鼻流血而毙命的。[188]

如前所述,116师于数日前即大部突破东南角城墙,进入城内巷战。然日军战史中却记为,此前我军一直在"强袭城墙",至9月1日凌晨2时才突破东南角城垣。一般而言,日军战史对于战斗过程记述较为准确,这一错误应是因为其"守兵大部战死"而无法获知详情。不过,当日战况之危,从一个重要细节可以感知,据载:

"(9月1日)守备队长通知处理重要文件和主要兵器,尽量做到在最后时刻文书、武器均能无一遗漏地进行销毁。此时,军旗仍保存完好。"[189]

显然,太田这一命令是针对此后将在日军各处防御阵地不断出现的"最后时刻"而言的。

9月2日(D+35日)

2日,592、594两团在西门街与敌激战,至14时许,进展约20米,获步枪4支。592团阵亡军官3员,士兵伤亡9名;594团伤亡军官3员、士兵28名。

午前10时,107团第2营在西城门北侧100米处爆破一个缺口,当即占领,并毁敌掩体9个,毙敌20余人;我无伤亡。午后1时许,108团以一个班兵力向西门内区公所挺进,协力预2师第5团对团保局攻击,毙敌数名,虏获敌步枪3支;我伤亡士兵1名。106团第1、2营仍在西林寺东北地区构筑工事,其第3营在西林寺。[190]

当日,炮兵协同预2师攻击,对妨碍步兵前进的两座敌坚固工

---

[188] CCTV纪录片《血战腾冲:中国军队最成功的攻坚战》。http://www.sciencehuman.com/history/history2006/history200605h.html。
[189] 中华民国史资料丛稿译稿《缅甸作战(下)》,第172页。
[190] 《陆军第54军滇西攻势作战机密日记》(未刊档案)。

事集中射击，几乎全部破坏。[191]此后，第4、5两团乘势扫荡城内西门街以北之敌。激战终日，至黄昏右翼第4团已超越西门街以北50米民房的前缘；左翼第5团已将西门街以北100米的团保局占领。本日计毙敌20余人，遗尸8具，虏获轻机枪2挺，步枪6支，马枪2支，防毒面具2副。我阵亡排长陈玉清1员，士兵伤12名、阵亡3名。[192]

凌晨3时，敌曾向城隍庙南我军反击，经116师346团奋勇迎击，将敌击溃。午前10时，346团攻占城隍庙东墙角堡垒1座，并破坏该庙西北墙外堡垒3座，引起爆炸燃烧，火势炽烈，我无法进展。347团攻击后，占领秀峰山北方民房一处。该师计伤亡官兵约60员名，虏获敌步枪2支，及其他战利品多种。

130师389团围攻帮办衙门西北方之敌，该团伤亡官兵十余员名，获步枪2支。[193]

美军战史对当日战况记录为："日军昨夜又从事反攻，但被击退。中国军队在重新部署后，略有进展。今日天气恶劣。"[194]

当日，为区分战斗责任，53军下令将116师与130师战斗地境改为花牌楼、南岳庙西侧、城隍庙东墙、李家寨以西之线，线上属130师。[195]

当晚9时，130师于大董师司令部电令：390团（欠第1营）配属战防炮第2连（欠2门）、军工兵营第2连，于当晚即刻接替城隍庙（不含）以东至东城墙（含）之间346团之攻击地区。并要求各部"于明晨开始尽力猛攻，不得瞻徇，务于明晚攻至东门大街之线"。[196]

---

[191]《远征军炮兵指挥部各炮兵部队参加滇西战役高黎贡山亘腾冲地区战斗详报》。据《保山地区史志文辑》抗日战争专辑之四，第271页。

[192]《陆军第54军滇西攻势作战机密日记》（未刊档案）。据查《第20集团军腾冲抗日阵亡官佐名录》，无陈玉清姓名，疑为少尉杨玉清，四川渠县人。

[193]《陆军第53军由怒江至腾冲会战战斗详报》。据《保山地区史志文辑》抗日战争专辑之一，第168页。

[194]美国新闻处：《怒江战役述要》，第14页。

[195]《陆军第116师唐习山、大塘子、江苴、腾冲各战役战斗详报》。据《保山地区史志文辑》抗日战争专辑之三，第82页。

[196]《陆军第130师由怒江至腾冲会战战斗详报》。据《保山地区史志文辑》抗日战争专辑之三，第39页。

9月3日（D+36日）

3日，198师592团沿西门街由西向东攻击，激战终日，迫近至文星楼约40米，虏获机枪1挺、步枪12支，伤军官8员、士兵30名。594团超越西门大街以北约55米，伤亡军官5员、士兵39名。

36师107团在西门北侧距西北城角约150米及200余米处，各爆破一个缺口，当即占领构筑工事据守。虏获敌九七式探照灯1具；107团伤亡士兵11名，工兵营伤亡士兵5名。106团、108团均在昨日位置增强工事。

预2师第4、5两团扫荡城内之敌。至黄昏前，左翼第4团攻占西门街以北约50米，右翼第5团进抵团保局以北100米树林前缘。计阵亡连长许兆元1员，士兵伤21名、阵亡3名。[197]

凌晨4时，130师依昨夜命令变更部署完毕。[198] 7时，各团以重火器开始猛射。至晚，389团攻占帮办衙门以西及以北敌堡垒2座；390团一部位于饮马水河，主力参加城内战斗，攻击城隍庙以北之敌，破坏敌碉堡1座，进展约70米。官兵伤亡约30余员名，虏获步枪3支。

116师亦于晨7时开始攻击。346团将城隍庙北半部占领；348团将大白房子仓库完全占领；347团超越文庙以北约五六十米处及秀峰山以北约百余米，距东大街甚近；配属该团之388团第2营占领文昌宫。官兵伤亡约200余员名，虏获步枪4支、山炮1门及其他战利品多种。[199]

美军战史记述当日战况为："……中国军队的攻势仍然在进行中，并且在东北城墙方面进至距城200码处。其他部队则越过由西北至东南的街道，冒日军顽强抵抗，向前推进。"[200]

据载，午后2时，敌机9架飞临腾冲，以机枪向来凤山我军阵

---

[197]《陆军第54军滇西攻势作战机密日记》（未刊档案）。据《第20集团军腾冲抗日阵亡官佐名录》，许兆元上尉为江苏盐城人。如前所述，许兆元接替孙剑锋三天即阵亡。

[198]《陆军第130师由怒江至腾冲会战战斗详报》。据《保山地区史志文辑》抗日战争专辑之三，第40页。

[199]《陆军第53军由怒江至腾冲会战战斗详报》。据《保山地区史志文辑》抗日战争专辑之一，第168—169页。

[200] 美国新闻处：《怒江战役述要》，第14页。

地扫射，并向城内日军空投补给。但我军以高射机枪沉着射击，敌机即仓皇向东南方向逃去，我无大损伤。[201]战地记者潘世征目击后记述为：

"3日的上午，忽有敌机9架，乘阴雨来袭。敌机在上空耀武扬威了半小时，在来凤山顶上扫射了几百发机关枪子弹，在饮马水河村子中投掷了四五包东西，就一溜烟地逃走了。

"这天下午，敌人大概得到了什么补充，就对东线的我军，做相当激烈的反攻，都被击退。这是敌人临死前刹那的回光返照，自从这一次之后，敌寇一蹶不振，再没反攻的能力了。"[202]

日军卫生兵吉野孝公也记述了此情，但他把日期记为9月1日。如前所述，8月25日日军战机曾飞临腾冲进行补给，中日双方均有记录；但9月1日中日双方均未记述日军战机飞临之事，笔者推定吉野孝公应为记忆错误。

据其撰述：

（9月3日）早上，天空依然雨云密布，不时有几颗炮弹在近处爆炸。敌人可能已经察觉到我方弹药匮乏，肆无忌惮地向我战壕逼近。距离只有30米，敌人正目空一切大摇大摆地走过来。我们想要开枪射击，却已没有子弹，早饭吃了个半饥不饱，更拿不出力气赶走敌人，所以只能愤恨地眼睁睁望着敌人肆虐而兴叹。

这时，从云层中低空飞来几架战斗机。银翼上是太阳旗！友军飞机俯冲下来，盘旋着对水田里的敌人进行扫射，敌兵四处逃窜。乘此机会，其他飞机迅速向我阵地空投物资。战友们从战壕里跳出，到处跑着，将空投下来的物资集中到一起。官兵们看着在头顶飞舞的太阳旗压住了敌人，仿佛再生一般，互相手牵着手，全都感动得哭了。我们悲壮的祈祷终于感动了上苍。

空投下来的物资有弹药、粮食和卫生材料等。12架[203]友军飞机

---

[201]《陆军第54军滇西攻势作战战斗详报》。据《保山地区史志文辑》抗日战争专辑之二，第72页。
[202] 潘世征：《铁城顽寇就歼记》。据其战地通讯集《战怒江》，第107页。
[203] 我军各种史料均记为9架，美军战史记为10架。

完成了空投任务后，再次对敌军阵地进行了扫射。尔后，飞离了腾冲上空。但没有多久，友军飞机又折了回来，不断地在腾冲上空盘旋。接着，从云层的另一端，一群编队飞机正向腾冲上空逼过来，这是敌人的飞机编队。

敌我飞机立刻展开了一场空战。飞机在空中追逐、盘旋、上升、翻转。白色的硝烟划着巨大的圆弧，接着便是沉闷、遥远的连续炮声。这是我们第一次亲眼目睹敌我空战。我们屏住气息观看着空战的精彩场面，每个人手里都捏着一把汗，默默地为我军飞机祈祷武运。

壮烈至极的空战持续了五六分钟。分不清敌我的两架飞机尾部拖着长长的白烟，从云端坠落。

我们目不转睛地盯着离去的友军飞机，祈祷它们平安返回。空战时，地面处于休战状态，双方阵地上的士兵都只是呆呆地站着。

友军飞机冒死投下的弹药，马上便被分给了守备队全军，每人分得手榴弹一颗，步枪子弹十发。这是腾越守备队得到的最后一批弹药，因而也是非常宝贵的。

小队长在分发子弹时说："这是最后一批弹药了。手榴弹留作最后一刻时使用，大家务必好好保管！"他最后说的这句话，像针一样深深地刺进了每个人的胸膛。[204]

当晚，53军电令116师将城隍庙346团阵地及仓库东墙外348团一部防务，交由130师390团接替；又将两师作战地境调整为：五保街西端、仓库东墙外、北城墙南北相连之线，线上属130师。两师即遵令行动，完成交接。

116师划分所属各部战斗地境为：仓库归348团，仓库以西至文庙西墙（含）归346团，由文庙南墙至南门大街（不含）归347团；同时令388团第2营改归346团团长张儒彬指挥。[205]

130师划分389团、390团战斗地境为东城墙南北之线，线上属

---

[204]〔日〕吉野孝公：《腾越玉碎记》，第59—61页。
[205]《陆军第116师唐习山、大塘子、江苴、腾冲各战役战斗详报》。据《保山地区史志文辑》抗日战争专辑之三，第82页。

389团。并令389团明（4）日拂晓后肃清帮办衙门附近之敌，并以炮火摧毁城墙上敌碉堡；该团第1营将饮马水河阵地交师部搜索连接替后归还建制，参加城内作战。

鉴于本师部队为最晚投入战斗的生力军，备受各级长官和友军关注与期望，130师师长王理寰严令各部："明（4）日晨，各部队须继续猛攻，如有得而复失及退缩不前者，即将该管部队长从严惩处。"[206]

9月4日（D+37日）

凌晨，198师592团将城内防务交593团（欠一营）接替，退出城外集结于五保街。此后，593团以第1营及团属轻机枪连继续攻击，至午后3时许，迫近文星楼附近；伤亡士兵20余名。594团自昨日位置又向北进展约50米；伤军官1员，伤亡士兵26名。

4日晨，36师108团第3营向城西北角南侧约百米处我飞机轰炸形成之缺口攻击，至黄昏，进至拐角楼南端约百米处，构筑工事与敌对峙；伤亡军官2员、士兵14名。同时，106团在西林寺东北地区的第1、2营，以火力协力108团攻击，遭拐角楼之敌狙击，我伤亡士兵2名。配属108团之工兵，伤亡士兵1名。107团仍在昨日位置。

当日，预2师右翼第4团攻占西门街以北约80米处民房三座。左翼第5团曾数度向团保局以北百米处民房及树林内之敌猛攻，终因树林茂密，蒿草丛生，敌堡垒不易搜索发现，致遭受其猛烈射击，而未能占领该线。至晚，构筑工事与敌对峙。计毙敌6名，获步枪2支；我伤排长黄绪升1员，伤亡士兵30余名。[207]

53军方面，于昨夜变更部署后，116师346团转移至左翼。从右至左，各部战况如下：

130师（欠388团）于拂晓开始攻击。9时许，389团已将帮办衙门附近之敌完全肃清。13时许，又攻占东城墙上敌碉堡2座，但

---

[206]《陆军第130师由怒江至腾冲会战战斗详报》。据《保山地区史志文辑》抗日战争专辑之三，第40页。

[207]《陆军第54军滇西攻势作战机密日记》（未刊档案）。

遭敌猛烈射击,我登城官兵伤亡殆尽。390团于同时猛攻,摧毁城隍庙北部敌碉堡3座后,进展约20余米。饮马水河西岸之敌,拂晓后向东岸出击两次,被该师搜索连击退。[208]该师官兵伤亡约40余员名,虏获步枪2支。

116师于拂晓开始攻击。348团在仓库以北与敌发生猛烈战斗,无大进展;同时,文昌宫以北之敌,向346团(附388团第1营)反攻3次,均被击退;347团向秀峰山以北之敌攻击,激战至午,进展20余米,占领民房一处。该师官兵伤亡约140余名,虏获步枪1支,及其他战利品甚多。[209]为就近指挥,116师指挥所推进至城内左所街。[210]

据载,"各部队自巷战以来,连日伤亡过重,故特务营(集团军直属部队)及各军、师之直属部队及防毒排等,自本日起均加入战斗。"[211]

如"田字格"状的腾冲城,其中心点为文星楼。在我方史料记述中,有的记当日攻占文星楼,甚至已自此向北推进;但54军战斗详报记为抵进该地,尚未占领。据日军战史,该地为其支撑性据点,4日以后仍在其控制之下。

据载,在攻击文星楼时,曾发生一个惨烈的故事,且直到战后多年仍有余音,值得细说。

据潘世征战地通讯:在攻击文星楼时,"我军一位连长,率队奋勇地攻入,忽然闪出一个敌酋来,用他的指挥刀把连长杀死。一位班长见到,气愤万分,掷去一个手榴弹,把敌酋炸了一个粉碎,文星楼乃全部攻克。"[212]

腾冲当地编撰的一份史料中,对此记述加了一个编者注,称:

---

[208]《陆军第130师由怒江至腾冲会战战斗详报》。据《保山地区史志文辑》抗日战争专辑之三,第40页。
[209]《陆军第53军由怒江至腾冲会战战斗详报》。据《保山地区史志文辑》抗日战争专辑之一,第169页。
[210]《陆军第116师唐习山、大塘子、江苴、腾冲各战役战斗详报》。据《保山地区史志文辑》抗日战争专辑之三,第82页。
[211]方国瑜:《抗日战争滇西战事篇》,第62页。
[212]潘世征:《铁城顽寇就歼记》。据其战地通讯集《战怒江》,第107页。

"这场战斗,被杀死的除连长外还有 7 名战士。这位为复仇而射杀敌酋的不是班长而是排长,并且使用的武器是冲锋枪而不是手榴弹。这位排长是浙江海宁市人,后去了台湾。1994 年 6 月,他还寄信到海宁委托其义弟羊坚先生把他在这场战斗中夺到的战利品军刀,完整地送到腾冲赠予国殇墓园。"[213]

笔者曾在腾冲国殇墓园的陈列室里,见过这把日本战刀,但未见关于其来历的文字解说。这是一把日军九八式军刀,为军官配用;因缺失刀穗,不能判断佩用者的级别。[214]

曾亲手接受捐赠的文管所原所长李正先生,后来向一些人介绍过当事人所讲的故事,在网络上多处可见。大致内容为:

这把刀曾是一位名叫沈荣棠的军人的战利品。沈荣棠为浙江海宁人,时为预 2 师第 6 团第 2 营迫击炮排中尉排长。据称,1944 年在攻克腾冲城的最后一次血战中,一个日军军官挥着这把刀跳出掩体向我军反扑,沈荣棠排里有 8 名战士猝不及防,死在这把刀下。沈荣棠端起冲锋枪朝这发疯的鬼子一阵狂扫,直到打完最后一颗子弹。战斗结束后,经团长方诚的特许,沈荣棠留下了这把带着他的 8 名弟兄血迹的军刀。

战后,沈荣棠回到浙江海宁,长跪在堂前,捧起这把日本军刀献给母亲,当作抗战胜利的纪念。内战后期,沈荣棠随军赴台。后来,在无休无止的政治运动中,为了避免惹来麻烦,老母亲把军刀层层包裹后投入了水井。临终前,将这个秘密告诉了身边的亲人。1990 年沈荣棠从台湾返乡探亲,得知军刀尚存,便委托义弟羊坚将刀捐赠给大陆相关机构。1994 年羊坚先生从报纸上得知腾冲要建滇西抗战纪念馆,便先把刀捐给海宁市政协,再由海宁市政协派人陪同他携刀赴腾冲捐赠。当年 6 月 4 日,这把附着 8 名远征军官兵英魂的日本军刀,几经沧桑回到腾冲。[215]

笔者素来对战争中的细节问题感兴趣,加之个人亦收藏日本军

---

[213] 据中共腾冲县委宣传部、腾越文化研究会合编《东方诺曼底之战——滇西缅北战役》,第 199 页。

[214] 日军军官九八式军刀以刀穗颜色区分级别,将官为金色,佐官为红色,尉官为蓝色。

[215] 章东磐、孙敏:《日本军刀的故事》。http://www.xinfajia.net/6298.html。

刀多种，且曾亲眼目睹并确认此刀的确实性，因此也对其背景做了一番考证：

从潘世征战地通讯和腾冲国殇墓园提供的文物来源等线索来看，此事有多个证据可以佐证，应该确有其事。但是，各方记述的细节存在矛盾。潘世征文章未点明战斗具体时间，但表明此战发生后即攻克文星楼，这个时间连带关系很重要。据198师战况电报，文星楼攻克时间为9月4日。但攻克文星楼的部队为该师593团第1营及团属轻机枪连，并非预2师；而缴获此刀的却是预2师第6团第2营迫击炮排排长沈荣棠。据预2师战况电报，该师4日以第4、5团并列自西门街向北攻击；第6团因攻城以来伤亡巨大，于1日中午即将攻击任务交5团接替。但此前一直是第6团配属第4团作战，据第6团团长方诚记述，"1日我团协同第4团已攻抵西门大街以北"。

综合以上分析，笔者认为缴获日本刀的战斗，当系沈荣棠所在的第6团在协同第4团攻击西门街以北地区时所得，具体时间并不能确定；但可以排除是在攻击文星楼战斗时所缴获，因为入城巷战后部队均依照规定的战斗地境行动，而预2师与198师此时相距较远。由于此事唯一的亲历者沈荣棠未留下详细的口述，而当事人第6团团长方诚回忆中又未曾提及，对于这个战场传奇只能做如此推定了。那么，潘世征战地通讯中所述的情节，要么是细节有误，要么就是另一个发生在198师而被逸散的故事——在腾冲战斗进入白热化的尾声阶段，这样惨烈的肉搏战，几乎时时刻刻都在上演着。

在据守东门阵地的吉野孝公回忆中，此时的日军已是末日景象：

战壕里，腐烂的尸体散发出异样的臭味。连日不停的雨水与尸体里流出的血和油污搅和在一起，一直浸到膝盖。雨水天，敌人也很少发动进攻，阵地上一片寂静。

这时候，我们非常想抽烟，连做梦都想抽上几口。战壕后面有棵桃树，这棵桃树便成了我们的"烟草"树。趁敌人不射击的空当，揪下叶子，用蜡烛和携带的燃料烘干，我们就抽吸着这样做成的"烟"。这种相同的日子持续了四五天。不知为什么，这几天里，敌人没有发动任何进攻。令人乏味无聊的日子还在一天天地重复，我们趁机在战壕里治疗伤员，修理武器，一心一意地准备着迎击敌人的进攻。

东门残骸。无情的雨无声地下着。联队长及三十余名官兵的尸体就躺在那儿。这是战场上静静的一瞬。[216]

自8月13日藏重联队长等人被炸死之后20多天，吉野孝公仍能看到其曝露的尸体，对于素来重视阵亡人员后事的日军而言，这一细节非同寻常。可见，日军在此期间连收尸焚化的机会和心情都没有了。

9月5日（D+38日）

本日晨，第6军山炮营由美军顾问军官沙利少校协助，实施空中观测射击，因雨未果。各部仍冒雨向当面之敌发起攻击；炮兵以火力直协54军部队攻击。[217]

198师593团占领南街口及西街口，继续向文星楼攻击。获步枪2支，伤军官2员，伤亡兵8名；594团推进约60米，伤军官5员、亡4员，士兵伤亡29名。

36师108团向城西北角南侧约50米处缺口攻击，经激战，于11时占领该地。城墙西北角及拐角楼之敌，均感受重大威胁。[218]据美军战史："中国军队已经在城上据有离城北角约30码远的阵地，并企图占领城北角西南的城墙缺口，但未成功……"[219]我伤亡军官1员、士兵23名。106团、107团均在昨日位置加强工事，掩护预2师攻击。

预2师第4、5两团继续向城内团保局之线以北地区攻击。敌凭

---

〔216〕[日] 吉野孝公：《腾越玉碎记》，第61页。
〔217〕《远征军炮兵指挥部各炮兵部队参加滇西战役高黎贡山亘腾冲地区战斗详报》。据《保山地区史志文辑》抗日战争专辑之四，第271页。
〔218〕《陆军第36师腾冲战区战役战斗详报》。据《保山地区史志文辑》抗日战争专辑之三，第133页。
〔219〕美国新闻处：《怒江战役述要》，第14页。腾冲城并非按正方位规划而建，而是在南北轴线上右偏约45度，则西北角实际为北角。当地人和远征军部队一般按习惯将其理解为正方位，美军方面则按实际情况称之。

据密树丛林隐蔽顽抗，经我逐次予以扫荡，至黄昏前右翼第4团推进至西门街以北200米处；左翼第5团进抵至西门街以北300米[220]处房屋及树林，一部仍继续攻击。当日，计敌遗尸8具，我房获敌步枪6支、电话机1部、防毒面具8副、步枪弹4400粒。军直属平射炮排排长祝明鱼、谢战清2员负伤，士兵伤35名、阵亡7名。[221]

116师348团在仓库北方进展20米；346团进迫钟鼓楼与敌激战；347团攻占东门大街南侧房屋。该师伤亡官兵约250余员名，获步枪6支及其他战利品多种。

130师389团一部围攻帮办衙门西北之敌；师工兵连一排配属该团主力在东门南约80米处缺口登城，竟日与敌争夺东城墙下碉堡；[222]390团进展约20米。该师伤亡官兵约130员名，获步枪5支。[223]

第53军及所辖两师的战斗详报中，极少提及战场上伤亡官兵的姓名，却有对"各人、各部队功勋"及"忠勇官兵事迹"的记述。前者基本是泛泛地表扬所属师、团长指挥得力，其实乏善可陈；但对忠勇官兵事迹的记述却少而精彩。据116师战斗详报：

当日，389团在攻击帮办衙门战斗中，该团第2连中士耿庆云乘拂晓昏暗，持冲锋枪、携手榴弹潜行进入敌交通壕。搜索中，发现敌掩蔽部一座，遂轻步进抵其出口，以冲锋枪对内猛扫，当即毙伤敌两名。不料枪口突然被敌抢握，以致双方争夺，但该兵身高力大，突然猛力将枪夺回，反身奔逃。两名敌兵尾追于后，以手榴弹投之，该兵急伏于壕内死角，未伤分毫。又起身奔逃，并反投手榴弹还击，两次将两名追兵分别炸毙。待其他日军发觉后对其滥射，该兵已奔入我军既占堡垒中，安然无恙。[224]

---

[220] 54军战斗详报记为200米。
[221]《陆军第54军滇西攻势作战机密日记》（未刊档案）。
[222]《陆军第130师由怒江至腾冲会战战斗详报》。据《保山地区史志文辑》抗日战争专辑之三，第40页。
[223]《陆军第53军由怒江至腾冲会战战斗详报》。据《保山地区史志文辑》抗日战争专辑之一，第169页。
[224]《陆军第130师由怒江至腾冲会战战斗详报》。据《保山地区史志文辑》抗日战争专辑之三，第46页。

上午9时，53军命令130师：着388团团部及直属部队并第2营（欠一连，仍警备南甸）即于本（5）日夜赶来腾冲城参战。该团第2营留置南甸之一连及该团在腾龙桥附近之第3营，统归军搜索营潘庭孝营长指挥，仍担负原任务。该搜索营营部即由邦乃移于上勐连附近，仍归130师师长王理寰指挥。

王理寰奉命后，即以电话告知所部星夜实施。[225]

日军战史对连日来战况记述为：

9月1日以来，战线一时沉寂，远征军似在准备最后的攻势。守备队也集中残存的兵力，决定固守中央门（即文星楼）正面。这时，守备队的阵地只剩下东门南100米经中央门至西北角南面100米线以北的城内约一半；兵力已减少到太田大尉以下约350名。

远征军最后的总攻击是9月5日开始。

当日拂晓，远征军在炮兵、迫击炮的集中火力下，陆空相呼应，攻击重点指向中央门正面，开始了全面攻势，其压倒之势令人生畏。16时左右，在远征军怒涛般的压力面前，日军第一线终于被突破，西北角立即被孤立。[226]

按此记述，由于预2师和198师自文星楼西侧北进所阻断，36师当面的城西北角之敌，已无法得到日军守备队本部的增援。

9月6日（D+39日）

本日，198师593团经反复与敌肉搏，占领文星楼，进展至西门街以北50余米，敌弃尸23具。我焚毁敌粮食、被服库各1座，获步枪5支，其余战利品甚多；军官伤3员、亡1员，士兵伤亡14名。594团进展至县政府南端附近，毙敌10余名；伤军官2员、亡1员，士兵伤亡14名。[227]

---

[225]《陆军第130师由怒江至腾冲会战战斗详报》。据《保山地区史志文辑》抗日战争专辑之三，第41页。
[226] 中华民国史资料丛稿译稿《缅甸作战（下）》，第172页。
[227]《陆军第54军滇西攻势作战机密日记》（未刊档案）。

午前，36师108团向城墙西北角之敌攻击，至中午占领城墙西北角及北侧10余米处缺口，同时占领城脚下之堡垒。至此，敌城墙阵地已全部被我占据；[228]虏获轻机枪1挺，步枪2支，我伤亡士兵2名。同时，在西城墙上的108团火力支援下，106团第2、3两营向拐角楼村落攻击，至午后占领其西半部，遂加紧构筑工事固守，与拐角楼东半部之敌对峙。虏获轻机枪1挺，步枪1支，我伤亡军官1员、士兵2名。107团仍在昨日位置，以火力支援预2师攻击。当日夜，敌向城墙西北角之108团逆袭，被击退，我无伤亡；虏获敌步枪1支。

预2师以第4、5团继续向当面之敌攻击，激战竟日，各团均续有进展。黄昏时，第6团一部已占领北城墙西端20米处，又继续扩张战果。本日该师伤士兵12名。[229]

130师自清晨继续攻击。389团于午后3时许将东城下敌碉堡攻占，遂登城向北攻击，至晚进展30余米（一说10米），该团一部在帮办衙门西北方占领敌堡垒两处；390团攻击至晚，进至距东门大街40米处。该师共伤亡官兵约百余员名，虏获步骑枪9支。

自昨日以来，敌自饮马水河西岸三次出击，均被东岸130师搜索连击退。[230]

116师亦于清晨同时发起攻击。348团进展距东门大街30米处。[231]346团经猛攻后，主力进抵东门大街。上午10时许，130师388团直属部队及第2营（欠一连）奉命全部到达，驻倪家铺候令。53军令该团第2营加入战斗，与346团一部协力攻克钟鼓楼，而后超越东门大街与敌对战。347团攻击进展至东门大街北面，超越30余米处民房附近。该师伤亡官兵约200员名，获步枪11支、轻机枪1挺，及其他战利品甚多。[232]

---

[228]《陆军第36师腾冲城区战役战斗详报》。据《保山地区史志文辑》抗日战争专辑之三，第133页。

[229]《陆军第54军滇西攻势作战机密日记》（未刊档案）。

[230]《陆军第130师由怒江至腾冲会战战斗详报》。据《保山地区史志文辑》抗日战争专辑之三，第41页。

[231] 116师战斗详报记为五六十米处。

[232]《陆军第53军由怒江至腾冲会战战斗详报》。据《保山地区史志文辑》抗日战争专辑之一，第169—170页。

美军战史记当日战事为:"城墙北角外设防的村落,以及北角本身,今天几乎全部被中国军队占领,在东北面城墙城门北角之间占领阵地。日军的防御据点现在只有东门了。今天俘获大批新武器。"[233]

据日军卫生兵吉野孝公撰述:

9月6日是敌人进行城内决战的总攻之日。如果敌人冲过来与我们展开面对面的混战,那敌人的大炮就基本失去了作用;对我军来说,近距离作战本来极为有利。但是敌人依靠雄厚的物力和兵力,使用迫击炮、火箭筒和火焰喷射器等新式武器进行攻击,接近我阵地的敌人还疯狂地向我方阵地投掷手榴弹,使我军处境极为艰难。

在这种情势下,我军全军覆没之势已非常明显。抱定死战到底决心的太田大尉,率领守备队主力第2大队决定夺回南侧城墙。

官兵们迎着已攻入城内的敌人,怒涛般地向城墙冲杀过去,一场壮烈至极的白刃战展开了。经过勇士们感泣鬼神的奋战,敌人弃下相当数量的尸体和枪支溃败而逃。夺回南侧城墙取得了成功。我们用这种勇猛果敢的争夺战,一举将城内的敌人暂时赶出了城外。

然而,敌人马上便又转入炮击。敌人的炮兵阵地一齐向城内开火。空中大编队的战斗轰炸机也对城内各个角落实施反复的扫射和轰炸,城内立刻变成了一片火海,无数官兵被炸死在熊熊燃烧的大火中。

城墙再次被敌人夺回,接着,手榴弹像雨点一样倾泻过来。火焰喷射器吐着通红的火舌烧遍城内各战壕。从战壕里跳起的士兵,全身被火包着,像火人一样到处乱窜,身体不到十秒钟就被烧尽了。城内满目皆是这样的尸体残骸,一派火焰地狱的景象。

战争可怕,可真正可怕的还是那些残忍至极的武器。[234]

吉野孝公的这段回忆耐人寻味。从我方战斗记录来看,当日日军并未发起大规模的反击,仍是各据点残敌负隅顽抗。在我军早已

---

[233] 美国新闻处:《怒江战役述要》,第14页。
[234] [日]吉野孝公:《腾越玉碎记》,第62—63页。

越过城内东西中轴线逼近北城墙的态势下,反击"南城墙"更属妄谈。那么这种过分的自诩,就是在为失败辩解,而其找出的借口则是我军的"新式武器",特别是火焰喷射器这种"残忍至极的武器"。吉野孝公此处的记述不是基于事实的严谨叙事,而是一种心理感受。但也充分表明少量新式武器即可打破战场平衡,颠覆日军所谓"近战无敌"的传统优势。

但是,因为火焰喷射器这种新式武器技术复杂,经过培训的射手大量阵亡后,有些新手临阵操作,造成的麻烦也不少。据美军《中缅印战区综合杂志》记者阿尔伯特·拉文戴尔(Albert Ravendale)报道:

我发现一个美军联络组在一幢中国商人的宅院里。当我和他们交谈时,一个中国上尉被抬了过来,他的右脸和一条胳膊严重烧伤。他被没有经验的中国士兵用火焰喷射器喷出来的火焰直接击中。那些士兵在距离30码开外对着日本人的一个碉堡发射——这些士兵仅仅训练了三天就来替换战死的战友——但是火焰喷射器失去控制,燃料喷在了地堡外面,红色的烈焰反溅射到中国军队的阵地上来,霎时有6个中国兵被烧成了焦炭。这位上尉认为他还很幸运,毕竟捡了一条命。[235]

9月7日(D+40日)

晨6时许,36师106团继续向拐角楼东半部之敌攻击,终于将拐角楼全部占领。我伤亡军官1员、士兵6名,虏获轻机枪3挺、步枪12支。期间,108团始终在城墙上以火力支援预2师攻击。107团仍在昨日位置。师部搜索连、特务连在西南城角担任警戒。

晨7时许,预2师第4、5两团继续向县政府、格乐庙之敌猛攻;另以第6团主力由北城墙西端抄袭敌后。激战至11时,残敌伤亡殆尽,我即将县政府、格乐庙及其北侧城墙完全占领[236]——第6团团长方诚的记述是,"本团乃由北门西端登城,随即攻下格乐

---

[235] 据《中缅印战区综合杂志》,戈叔亚译。http://blog.sina.com.cn/s/blog_4d9e1cca010009gm.html。
[236]《陆军第54军滇西攻势作战机密日记》(未刊档案)。

庙"。[237] 计房获敌汽车 5 辆、轻机枪 2 挺、步枪 17 支、掷弹筒 1 具、山炮弹百余发、步枪弹万余粒。伤连长盛庆云、排长吴恒业 2 员，士兵伤 22 名、阵亡 3 名。

此时，198 师 593 团（附师搜索连）已进展至北门口以南约百余米处。毙敌 10 余名，内有炮兵军官小田村佐大尉[238] 1 员；获步枪 3 支，轻机枪 1 挺，战刀 1 把，被服库 1 座。我伤亡军官 2 员、士兵 5 名。中午，594 团（附军部特务连之一排）攻占县政府及其以北城墙（原文如此，此处记述与前记预 2 师攻占该地不一致）。俘敌 1 名，获步枪 4 支，毙敌 10 余名；伤亡士兵 7 名。[239]

实际上，54 军各部本可一鼓作气肃清西半城区域内残敌，但"正当攻击进行顺利时，天忽大雨，炮兵团观测不易，未能射击，遂致攻击停止"。[240]

53 军两师于午前 9 时同时发起攻击。

130 师 389 团占领东城墙上缺口一处，并由此向北进展约 30 米处，又攻占堡垒两处；390 团一部进展至东门大街南侧房屋，主力占领东门大街南侧堡垒两处。[241] 该师官兵伤亡约 90 余名，获步枪 1 支。

116 师 348 团进展至距东门大街 30 米处南侧房屋附近；346 团攻至东门大街以北百余米处；347 团越过东门大街向北推进约 250 米，至黄昏仍与敌激战中。该师伤亡官兵共约 190 员名，获步枪 7 支及其他战利品多种。[242]

美军战史记述当日战况为："城北角外村落里的日军阵地，今天已全部被中国军队占领。除了东门外，城北也全部肃清。南部除掉东南城门之外，也全部占领。东部有三分之一在中国军队手中。今

---

〔237〕方诚：《八年抗战小史》之十收复滇西之役，第 66 页。原文记为 9 月 6 日，应有误。
〔238〕《第五十六师团将校职员表》中查无此人。
〔239〕《陆军第 54 军滇西攻势作战机密日记》（未刊档案）。
〔240〕《远征军炮兵指挥部各炮兵部队参加滇西战役高黎贡山亘腾冲地区战斗详报》。据《保山地区史志文辑》抗日战争专辑之四，第 271 页。
〔241〕130 师战斗详报记为：第 389 团于东城墙上北攻，迄晚在东门南侧碉堡 2 处与敌发生争夺战。与 53 军战斗详报不尽一致。
〔242〕《陆军第 53 军由怒江至腾冲会战斗详报》。据《保山地区史志文辑》抗日战争专辑之一，第 170 页。

天夺获的战利品中有步枪 33 支,汽车 3 辆,机关枪 3 挺。腾冲城之十分之八已经在中国军队手中了。"[243]

当日,整个滇西反攻战场最重大的进展是第 8 军攻克松山。令人惊奇的是,在吉野孝公的回忆中,腾冲日军居然于当日收到了这一消息。虽然据信此两地日军可通过无线电联络,但松山日军已于 9 月 6 日傍晚破坏电报机,也很难设想 56 师团会将这一噩耗通报腾冲日军而干扰军心,因此笔者推测吉野孝公的记述仍有事后补充的成分在内:

> 9 月 7 日,我们得知了云南最前线的拉孟阵地(即松山)全体官兵阵亡的消息。此时的饮马水我军阵地上空也在翻滚着死亡的乌云,战友们的死已迫在眼前。不知谁嘴里嘟哝了一句:"我们的生命就要在此了结了。"在敌人火炮的猛烈轰击中,西岛上等兵中弹倒下,在其旁边的西山上等兵也被手榴弹的弹片削去了鼻子,幸运地保住了性命。
>
> 谁也无暇顾及阵地上的伤员。整个阵地已危在旦夕。这时,中队的援兵带着轻机枪和掷弹筒跑了过来,战壕马上又恢复了生气。然而,战壕里子弹早已打光,已剩下不多的我们,依靠援兵进行反击,着手掩埋战壕里的死尸。弹雨中,我们迅速地挖好了一个墓,将尸体重叠着放进去。
>
> 突然,一发迫击炮弹在我身旁爆炸,我横着倒了下去,只觉头好像被谁击了一下,有个弹片嵌进了头部,好在无关性命。在援兵的攻击下,在场的敌人被压了下去。与此同时,进入东侧约 100 米附近的敌人,开始从碉堡里向我猛烈地开火。碉堡共有三处,尤其是中间的那个运用迫击炮疯狂地对我阵地进行轰击。阵地再次陷入危机之中。
>
> 高木中队长命令道:"实行夜袭,摧毁此碉堡!"但根据守备队目前的情况,再组织士兵,已经很勉强。
>
> 竹迫小队长说明了目前的情况并陈述了自己的意见,但中队长态度坚决,没有采纳。小队长无可奈何地接受了命令,并将此情况告诉了我们五个部下。

---

[243] 美国新闻处:《怒江战役述要》,第 15 页。此记述中的"东南城门",难以界定位置。

夜里，夜袭准备就绪以后，我们五个人随小队长前去炸毁碉堡。夜色蒙蒙的雨中，我们跳入水田，向碉堡后方迂回。三个碉堡里各有两名中国士兵。牧山兵长攻击右翼，贝野和我攻击中间，梅野军曹攻击左翼。小队长在后面拔刀的同时，我们一声不响地悄悄向碉堡摸近。

一小束灯光透了出来，同时还听到里边的说话声。"啊，就是这个。"贝野把手榴弹扔了进去。突然敌人从里边跑出来，我端着刺刀对准想要逃跑的敌人扎了过去，几乎同时，手榴弹爆炸了。接着，左边的碉堡开火了，机枪子弹打穿了我的左臂。我从碉堡旁一下子滚落到水田里，敌人的子弹一个劲地搅拌着周围的水，我左臂麻得抬不起来。黑暗中，有四五个人向我走过来。我还以为是敌人，顿觉一阵紧张，细细一看，我发现了他们左臂上的白色腕章。"喂！"我低声叫道，并听到对方回答，"是吉野吗？"这是牧山兵长的声音。我想要站起来，但一只胳膊陷进了田里，怎么也站立不起来。

牧山扶起我，抓住我的胳膊，"你受伤了？稍等一下！"他解开自己的绑腿，迅速给我包扎了一下。"能走吗？""能。"我回答说。他把我架在肩上搀扶着，摇摇晃晃地好不容易摸索着走回了阵地。其他4名战友正焦急不安地等着我们。[244]

攻克西北角城垣和城外拐角楼后，36师战斗地境内之敌已肃清。因此36师战斗详报不无自豪地记述："因本师先各友军达成任务，故承总司令、军长颁发荣誉旗及犒赏，当即特发108团全体官兵，以示奖励。"[245]按说，198师593团尚距北门口约百余米，但54军战斗详报中也宣称，"至此，本军攻城任务遂告完成"。[246]

当晚，36师部队在西城墙内外阵地加强工事，准备调整部署，协助友军攻击。

21时，师长李志鹏接奉军长阙汉骞转达集团军总司令霍揆彰

---

[244][日]吉野孝公：《腾越玉碎记》，第63—66页。
[245]《陆军第36师腾冲城区战役战斗详报》。据《保山地区史志文辑》抗日战争专辑之三，第133页。
[246]《陆军第54军滇西攻势作战战斗详报》。据《保山地区史志文辑》抗日战争专辑之二，第72页。

命令：

"据报，龙陵以西之首厂，由芒市窜到敌一部，有增援腾冲之模样"，基于此情，"着第36师（配山炮2门）于明（8）日晨出发，向腾龙桥附近前进。到达后即沿龙川江北岸，自腾龙桥至邦乃之线选择阵地构筑工事固守，拒止增援之敌。原在腾龙桥守备之130师388团第3营及在邦乃守备之53军搜索营第1连，统归36师李师长指挥。"

36师遂立即准备行动，于当夜将已占领之西城墙内外阵地交198师接替。次日拂晓，即由腾冲出发向南开进。[247]据载，36师奉急令开拔时，全腾冲各乡已无余粮可以供应。最后，是和顺乡火速地拼凑得几千斤米，得以应付急需。这件事曾得到卫立煌长官赞扬："和顺乡出大力，办事有为。"[248]

按照霍揆彰的命令，36师此去腾龙桥担负阻援任务，且仍指挥当地留置的130师一部，则该师仍在第20集团军指挥之下。但据36师参谋长胡翼烜回忆，此去实际上是为了增援龙陵，将脱离第20集团军序列，入列第11集团军第71军军长钟彬指挥下。以胡翼烜当时的地位，对此举背后的运筹过程不尽了然，只是感慨本师在腾冲、龙陵两地"赶场"作战之辛苦：

"缘我师攻占腾冲战役，伤亡惨重。现每团均缩为一二个步兵连，每连只六七十名列兵；每团机枪一连，只有两挺重机枪，又转战龙陵，诚困难重重！后闻上峰不和，左翼集团军总司令宋希濂将军遭调职。他是我师成立时的首任师长，全师官兵重情义，纵然困难，乐于从命。"[249]

宋希濂"遭调职"一事，系因6月10日"早报"攻克龙陵捷报所引发。日军56师团抽调腾北日军主力南下增援后，第11集团军对龙陵攻势陷入僵局。此后，史迪威于缅北致电蒋介石要求追查责任，71军87师师长张绍勋迫于压力阵前自杀（未遂），与宋希濂关

---

[247]《陆军第36师腾冲城区战役战斗详报》。据《保山地区史志文辑》抗日战争专辑之三，第134页。

[248] 阙儒：《阙汉骞将军与腾冲歼灭战》。据《戎马关山话当年——陆军第五十四军史略》，第205页。

[249] 国军史料丛书《抗战时期滇缅印作战（一）——参战官兵访问记录（下）》，第770—771页。

系不睦者如远征军参谋长萧毅肃乘机发难，在此内外压力之下，蒋介石延宕至9月终令宋希濂离职去陆军大学进修，而以副总司令兼第6军军长黄杰接替其职务。在此期间，宋希濂一直在情绪上比较抵触，特别是对原隶属本集团的36师仍在第20集团军序列内念念不忘，并可能有所活动；因此当36师刚刚在腾冲达成作战任务，即要求该师脱离第20集团军序列归建。那么，胡翼烜所说的"上峰不和"，可能也包括卫立煌、霍揆彰对宋希濂此举的不满。现在，龙陵作战任务远未达成，宋希濂即遭调职，实际上是一种极伤脸面的处分。杀人不过头点地，在这种情况下，对宋希濂希望调回36师的心愿不妨予以满足，况且龙陵方面确实兵力不足。

以上背景，大致就是36师匆匆离开腾冲的原因。

当然，令36师转往腾龙桥阻援的这份"总部前参字第585号命令"，仍对腾冲后续战事作出部署：

集团军为迅速肃清腾城残敌起见，仍以主力于明（8）日继续攻击。53军除以一部扼守东门至南门（不含）之线外，主力应由南向北；54军（欠第36师）除以一部扼守南门至北门之线外，主力应由西向东，互相协同，一举肃清残敌。[250]

此命令意味着，率先达成作战任务的54军要自西向东旋转，超越原先划分的作战地境，协力进展迟滞的53军肃清城东北角之敌。[251]

9月8日（D+41日）

当日，54军部队奉命自城西北右旋，协力53军攻击。

凌晨3时下达的攻击命令为：

预2师附平射炮2门，工兵一连，重迫击炮2门，以一部扼守西门城楼亘西门（不含）城墙之线；198师附平射炮连（欠2门），工兵一连，重迫击炮2门，以一部扼守西门城楼亘西门之线，主力由灵官庙亘北门之线向东攻击，进出财神庙街及其以北之线。[252]

---

[250]《陆军第54军滇西攻势作战机密日记》（未刊档案）。
[251] 方国瑜：《抗日战争滇西战事篇》，第63页。
[252]《陆军第54军滇西攻势作战战斗详报》。据《保山地区史志文辑》抗日战争专辑之二，第73—74页。

两师作战地境为：自文星楼北缘起向北延伸200米处东西之线。并由军参谋处派员前往实地测量，向两师指示明确。

当日，198师593团（附师搜索连）进展至北门街以东百余米，毙敌20余名，内有炮兵小队长久保中尉[253]1员。摧毁敌粮服库1所，获步枪7支，文件1箱，无线电机1具；阵亡军官1员，伤亡士兵13名。594团（附特务连一排）进展至北门街及北门城墙以东百余米，获敌被服库1座，毙敌30余名；伤军官1员、士兵□名。

预2师由文星楼、灵官庙之线向财神庙街攻击。此时，第6团已是该师主力，配属平射炮2门，军及师各配给工兵一连、火焰喷射器分队及防毒连。[254]至黄昏前，进抵财神庙街以西约150米处，构筑工事与敌对峙。我伤排长倪长贵1员，阵亡士兵1名、伤5名。

另，36师于当日拂晓由腾城出发后，午后3时许，107团抵黄泥坎，106团抵三合街，108团抵下勐连，师司令部及直属部队、山炮连抵上勐连附近地区。[255]

晨8时，53军电令116、130两师：

"着388团即左与348团协同，右旋回由西向东主攻东门大街；346团即向东北方向猛攻，右与388团、左与347团联络之；347团即由西向东北方向猛攻，左与54军确取联系。348团、390团、389团由南向北猛攻。各部队地境不分，务须密切协同，互相援助，以大局为重，奋勇前进。"

两师奉命后，即迅速完成部署，于9时各向当面之敌猛攻。

至午后4时许，130师389团沿东城墙北攻，进展约20余米，占敌堡三处；390团左翼右旋回攻至文家巷西侧，与敌激战。伤亡官兵约170员名，获步枪2支及防毒面具等。

同时，116师348团突进至东门大街北侧五六十米处房屋与敌激战；原为军预备队的130师388团（欠第3营），在军长周福成直接

---

[253]据《第五十六师团将校职员表》，应为野炮第56联队第1大队第1中队小队长久保实中尉。

[254]方诚：《八年抗战小史》之十收复滇西之役，第66页。

[255]《陆军第54军滇西攻势作战机密日记》（未刊档案）。

指挥下，由钟鼓楼向东门大街进攻，抵文家巷巷口附近；[256]346团由东门大街向东北方攻击，进展约百余米；347团由北门大街以东地区向东攻击，进展约150米。伤亡官兵约120员名，获步枪10支、重机枪1挺，并俘获敌军官1员。[257]

116师捕获俘虏这一情节，师部搜索连蔡斌为亲历者。不过他在回忆中将地点记为文星楼，实际上文星楼已于6日被198师593团攻占并超越而过，因此笔者推定他说的是一个大范围概念，具体位置应在文星楼东北某处。据其回忆：

"文星楼是日军在腾冲城内的支撑点，周围尽是碉堡和暗壕，但日军已感到即将灭亡的命运，当官的很多人在剖腹自杀。我们在搜索中就发现用指挥刀从胸心直插到小肚的5具'太君'。有的日本兵则丢了枪、敞开怀，向我们正吐火舌的机枪扑来，希望我们尽快地将他打死。我和另外两个弟兄冲进一个暗堡里，发现一个日军，既不反击，也不表示投降，只睁圆了牛眼般的眼睛望着我们，真像一个泥塑太岁。我们三人一齐冲上去，费了好大劲才把他按翻捆起来，算抓到的第一个日军俘虏。"[258]据130师战斗详报载，当时在现场指挥捕俘的是该师上尉参谋张秉璜。[259]

据美军战史记录，当日"日本军官1员及士兵3名投降；另5人被俘"。[260]

因为当日俘敌数量较多，潘世征在战地通讯中亦有记述。不过，其记日期为7日，且俘敌数字偏大。据军方战斗记录，7日之前俘敌极少，因此笔者判断应为8日或9日。据其撰述：

---

［256］《陆军第130师由怒江至腾冲会战战斗详报》。据《保山地区史志文辑》抗日战争专辑之三，第41—42页。

［257］《陆军第53军由怒江至腾冲会战战斗详报》。据《保山地区史志文辑》抗日战争专辑之一，第170页。

［258］蔡斌（述），段蓓冬（记）：《血染大尖山　光复腾冲城》。据《腾冲文史资料选集》第一辑抗日战争专辑，第119页。

［259］《陆军第130师由怒江至腾冲会战战斗详报》。据《保山地区史志文辑》抗日战争专辑之三，第45页。

［260］美国新闻处：《怒江战役述要》，第15页。

……那天，捕到了14个日俘及一个朝鲜人，后者能说中国话。他说："自从你们空投掷下来召降的传单以后，天天想投降，可是被看得太紧，所以没法出来。终于在6日晚上，率领了4个日兵，从饮马水河方向逃出来，逃到你们驻军的地方自首。"

一个敌俘名叫秋吉大三的，他是114联队[261]的辎重兵，是一个日本的民族主义者，也是一个小说家。记者就询问他，既是民族主义者，怎会出来投降？他在纸上写"日本是专制的帝国主义国家。（我）昭和十一年（1936年）被捕，罚2年6个月徒刑，投狱，出狱派入军队"，他说："日本现有社会主义者12万人，民族主义者10万人，共产主义者五六万人，现在执刑者6万人。"

他给记者写了一张"投降的感想"，现在把它翻译在下面："我实在不想出来，想不出来，文明继续在转变中，你们中国很好的情义救我的罪，现在我第一步得住下之后，要把我的心放在中国军队之内，做我可以得到的事达到中国将来和平的目的，这目的是必能达到的。亲爱的中国同胞，我们日本军官是那么激烈地对你们作战，对你们的情义很刻薄，而我们有此结果，现在我才知道光明的前途。中国的同胞诸君，要理解我们，爱护我们，我是很希望的。"[262]

然而，至此仍执迷不悟的其他日军，仍"或依坚固工事负隅死守，或依爆堆残堡隐匿袭击，或据屋顶楼阁以行阻击，虽一墙一屋亦必顽抗死守"。[263]吉野孝公记述的情形是：

两军在城内展开了殊死反复的争夺战。官兵们不分白天黑夜，一次又一次地反击不断逼近的敌人，连吃饭的时间都没有，竭尽全力英勇奋战。

城里送来了连想都没敢想的食物，每个人一个饭团和一袋干面

---

[261] 114联队第1大队，即猪濑大队约有100人留在腾冲参战。
[262] 潘世征：《铁城顽寇就歼记》。据其战地通讯集《战怒江》，第108—109页。
[263] 《远征军炮兵指挥部各炮兵部队参加滇西战役高黎贡山亘腾冲地区战斗详报》。据《保山地区史志文辑》抗日战争专辑之四，第272页。

包。听说是由慰安妇冒死做成送来的饭团，拿在手里，只觉眼中发涩，感激之情油然涌上心头。尽管如此，食物还是被狼吞虎咽地吃了下去。

激战中，人们忘记了远在祖国的双亲、兄弟和姐妹，已在思想上做好了奋战到底的准备。就是这些坚强的人们，在慰安妇们再次冒着生命危险送来的一颗颗滚烫炽热的心面前，眼眶中却充满了感激的泪水。在马鞍山突围时，冷水沟上，即将被饿死的刹那，救援队的那个饭团……而今的这个饭团又像当初一样，是那么好吃、那么味美。眼下又像当初一样，是那么难得和宝贵，喜悦和感激之情也像当初那样。如果此次还能活下来，还有相见之日，彼此一定会很激动吧。战壕里的勇士们和我一样，歪着脸，就着泪水吃下了她们送来的食物。

战壕后面的蓄水池里，漂浮着几具尸体。他们的头埋在水里，身上淋着雨。不知是饮水的士兵中弹倒下的，还是受伤的士兵饥渴难忍爬到水边后死去的，更不知道他们是什么地方的战死者，惨不忍睹。[264]

另据当地史料，当日，美军一架 B-25 轰炸机在协助我军作战后返航时发生故障，迫降于腾北固东海坝。2004 年，腾冲文史作家李根志曾采访当地目击者，留下如下记录：

番正福（72 岁）：民国三十三年（1944 年）八月初十前后，一架美军"五个头"的大飞机从腾冲城方向飞过来，机身上燃烧着大火，飞到坡上村的上空时，丢下了两个油桶，眨眼工夫便擦着房子斜插进了海坝里。那时海坝里的地是用很粗的木杆围着的，里面种的是荞麦。飞机落下时，把木杆全给撞断了，荞麦也压倒了一大片，飞机的前轮也给弄折了。飞机的肚皮把埂子铲平后，在田里蹭了二十多丈才停了下来。那天我和番正才恰巧在番绍安家里看他杀猪。当时番绍安有二十多岁，我和番正才有十多岁。番绍安看见飞机时

---

[264]［日］吉野孝公：《腾越玉碎记》，第 66—67 页。

就叫着我俩迅速跑出去，见飞机落下来，我们都吓呆了。番绍安说，走，去看是不是日本人。我们就顺手拎了把斧子向飞机跑去，这才看清楚飞机上没有日本人的太阳旗，里面晕过去的人是红头发绿眼睛的外国人。番绍安说，是"飞虎队"的人。他就爬上了驾驶舱，把其中一个背下来；背第二个的时候，由于他脚太长，总是挂着飞机舱门，我俩赶快上去帮着抬脚。就这样，我们三个人把三个牛高马大的飞行员抬下了飞机。

看着快没气的"老美"，番绍安对番正才说，快，去家里拿几个生鸡蛋来。鸡蛋拿来后，番绍安把鸡蛋壳戳通了一个洞，让蛋清流进"老美"的嘴里。三个"老美"一人灌完一个鸡蛋后，都醒了过来。其中一个"老美"从身上摸出了一个小铁盒子，很像现在的步话机，叽哩呱啦地叫了一通后，便仰面朝天睡在了田里。不一会儿，从西边飞过来两架小飞机[265]，在头顶上空盘旋了几圈后，有一架强行降落在了一丘田里，又把田刮了一个大坑。下来的"老美"用手势比划着，叫我们几个人把那三个伤员又抬上了小飞机。可能是因为那块田的长度不够，小飞机强行起飞后，撞上了顺江街边两棵高大的秃杉树，又落了下来。我们跑过去看时，有两个伤员睡在地上，像是已经摔死了。活着的两个中，有一个又拿起了那种小铁盒子，叫了一通后，两个人还是替那两个飞行员包裹伤口。

不一会儿，又来了一架小飞机，落在了海坝里。这次下来的人在海坝中看了好久，然后来到坠机旁，和没受伤的两人叽哩咕噜了一会儿。然后有一个用手势比划着对番绍安说，飞机飞不起来是因为跑道太短，还需要中国人帮忙把海坝里的几丘田埂铲平，这样飞机才会飞得高，不再撞树。番绍安把这些跟在场的人说后，大家就回家拿来了锄头和铲子开始铲地，用了5天的时间修了一条很长的跑道。"老美"很高兴，给所有参加修跑道的村民每人发了一根"骆驼牌"香烟，有的人吃了几天才舍得吃完。然后"老美"就坐上飞机飞走了。"老美"把那架坠下的小飞机修好后，也从这个飞机场飞走了。又说那架"五个头"的大飞机不行了，只能做废铁用。他们

---

[265] 据推测应是美式 L-5 "哨兵" 轻型通讯联络机，可乘三人。

上去鼓捣了一会儿，把一些杂七杂八的小东西拆下带走了。

番正才（71岁）：原来"五个头"的烂飞机在田里供着，影响到种庄稼。而当时大家又很穷，有人说用飞机锑铸各种炊具好得很，就有人爬上去用斧头把一些飞机锑件砍了下来。但飞机上的机枪部件却没人敢动。后来政府曾派人来看过，说没用了。使用汽油泼上去把它给烧了。村民们用砍下的飞机锑铸了大盆、炊具，打了剃胡刀，现在很多人家还用着这些东西。飞机没被烧过的一些铁件，后来被抬到村口的照壁下丢着，到1958年大炼钢铁时才被当废铁收去炼钢。

有些砍下来又一时无法熔化的硬铁件，还有些无用的塑料零件被保存了下来，飞行员丢弃的衣帽和烂鞋子也被村里的番复生当宝贝"保存"了下来。后来是银行的一个姓段的人把这些破烂玩意儿买走了。

得到这一线索后，李根志经过多方打听，获知买走飞机残件的为当地专事抗战文物收藏的县农行职员段生馗先生。并在他收藏的一顶飞行员的帽子里层看见了如下字样：
"TYPEA–14 SPECIFIATION3189 SIZE–MEDIUMSTOCK NO.8300–396015 CONTNO.W33–038AC–3172 THE.SELBY SHOECO.PROPERTY A.F.U.S.ARMY"

这架坠机遗留下来的零部件，段生馗还收到了飞行员长统皮鞋、飞机方向机、挂包、伞绳、无线电盒、电筒、大衣等近十种。[266]如今，这些文物均陈列在腾冲国殇墓园隔壁的滇西抗战纪念馆里，这座基本上由段生馗个人收藏的数万件抗战文物建起来的博物馆，已成为当地旅游最受瞩目的亮点。

9月9日（D+42日）

凌晨1时至4时，饮马水河之敌数次向130师搜索连出击，均

---

[266] 李根志：《美军"飞虎队"在腾冲》。据《见证历史——滇西抗战见闻实录（上）》，第203页。

遭击退。

拂晓，130师各团继续围攻当面之敌。389团在东城墙上向北进展约60米，正向东城门楼进攻；390团附军部特务连一排在东门大街与敌对战，进展约20米；388团沿东门大街北侧向东进展约40米。敌全线数次逆袭，均被击退。入夜，各团一面严密警戒，一面加强工事。[267]该师官兵伤亡约160员名，获步枪1支。

116师于晨开始攻击。348团仍在东大街南侧房屋与敌激战，无大进展；346团向东北进展约50米；347团进展约百余米，在文家巷西侧民房与敌激战。该师伤亡官兵约200余员名，获步枪4支。[268]

此期间，炮兵集中火力向53军正面之敌轰击，并遮断西向增援之敌。其后天雨，雾满全城，炮兵停止射击。[269]

9时，54军两师继续向敌攻击。

198师各部向东进展约200米，至财神庙街东端，毙敌40余人。其中593团伤军官1员、士兵32名；军工兵连伤亡士兵13名；594团伤军官1员，伤亡士兵10名，获骑枪1支、掷弹筒1具，俘敌上等兵田中有夫1名；592团伤亡军官2员、兵20余名，获步枪8支。

预2师第6团继续向城北财神庙街敌阵地猛攻，虽大雨泥泞，仍奋勇冲杀。敌以手榴弹向我猛烈还击，致我伤亡颇重。激战至午后4时，进抵财神庙西端民房。入晚，敌向我猛烈反扑，预2师遂令第4团赶往增援。我伤营长易书光[270]、副连长曾富昌等2员，阵亡排长吕永连1员；士兵伤45名、阵亡27名。[271]

---

[267]《陆军第130师由怒江至腾冲会战战斗详报》。据《保山地区史志文辑》抗日战争专辑之三，第42页。

[268]《陆军第53军由怒江至腾冲会战战斗详报》。据《保山地区史志文辑》抗日战争专辑之一，第171页。

[269]《远征军炮兵指挥部各炮兵部队参加滇西战役高黎贡山亘腾冲地区战斗详报》。据《保山地区史志文辑》抗日战争专辑之四，第272页。

[270]据查易书光为第6团第3营营长，《戎马关山话当年——陆军第五十四军史略》中记为易喜光。

[271]《陆军第54军滇西攻势作战机密日记》（未刊档案）。据《第20集团军腾冲抗日阵亡官佐名录》，吕永连少尉为浙江萧山人。

美军战史关于当日战况的记述为:"中国军队又前进70码。发现日军尸体40具,其中有一部分(方国瑜记为7具)是自杀而死的。日军曾作自杀性的进攻。据俘虏称:日军指挥官已焚毁联队旗,表示局势已无法挽回。"[272]实际上,日军于12日才焚烧军旗。

当日最重要的收获为,预2师在财神庙附近俘获敌台湾籍翻译白炳璜、郑寅春等2名,及日军腾越行政班本部长田岛少佐之妻蔡兰惠及翻译赵某之妻刘美全2人。

第6团第1营迫击炮排排长曾新祥为此事亲历者,据其回忆:

我率领的加强连推进到距财神庙[273]约20米的时候,突然听到里面发出叫声:"请不要开枪!我们里面没有抵抗能力,我们是家属。"我一听是妇女的声音,怀疑是日军的随军妓女,但仍指示部下加强警戒,以防敌人玩弄花招;同时我大声命令说:"你们举着双手规规矩矩出来投降,如敢违抗,格杀不论!"

话刚喊完,就见有个年轻妇女,抱着一个小孩走出来,对我说:"长官,请给一条活命。我是腾冲本地人,是日本侵占县城后,把我弄来做行政班长妻子的,我名叫蔡兰惠。"接着,她又讨好地说,"他(指田岛)已去芒市开会,昨晚上在无线电讯中告诉我,说要我安心等待,后天便有日本战斗机护送运输机来腾冲空投给养。"

她说到此,我便打断她的话:"不需多讲了,我也不加害你,但要送你去我们团部。作为一个中国人,你如果还有良心的话,一定要把你知道的情形,真诚地报告出来,我们上级会宽恕你的。"讲完后,我派人把她押送到团部,同时打电话向团上报告了蔡兰惠反映的情况。[274]

---

[272] 美国新闻处:《怒江战役述要》,第15页。
[273] 原文为格乐庙,查该地已于7日攻占并超越而过,应有误。
[274] 曾新祥(口述),张文献(整理):《收复腾冲战役的片断回忆》。据《巍山文史资料》第四辑,第28页。

在大部分史料中，均泛泛记述系预2师捕获蔡兰惠、白炳璜等。因当日第6、4两团协力战斗，因此第4团也有亲历者谈及此事。据该团特务排长王希孔回忆：

"9月9日攻到财神庙附近民房，捉到敌人通事（翻译）白炳璜和敌行政班长的老婆蔡兰惠。我从北门街把他俩捆送回麦子田蔡家团部，叫炊事兵打水给他们洗脸、洗澡，给他们换衣服。吃饭后，团部文书写好报告，经团长问过后，我又派士兵把他俩送去和顺总司令部。"[275]

实际上，军方记录此次俘获4人，第6团曾新祥回忆中是蔡兰惠率先走出来，但可感知跟在其后面仍有多人。但第4团王希孔仅提及两人，就可能是事后听说而非直接亲历。第6团团长方诚在回忆中，甚至误记作此次还俘获了田岛本人，则可以断定俘虏所往并非第6团团部，方诚未亲自审俘。[276]

关于此次捕获人员及审俘情况，潘世征战地通讯中有较为详尽的记述：

9日攻克财神庙街北段，捕到为敌人做翻译的台湾人白炳璜。他是曾在高等农校读书8年，毕业后在台州农林部做造林的工作。他说："入伍已3年，在敌人行政班本部内任通事，现在父母及弟弟都在台湾。"据当地老百姓说，白通事当时对我军便衣队很优待，常设计放走他们。所以白通事被捕之后，我军对他也很好。

白通事说："明日有13架敌机要来炸腾冲。"自从腾城被我包围以来，敌军一再地谣传，"日军要派大批飞机载援军来了"，"日军的飞机要来炸平腾冲围城的中国军队了"。但只听楼梯响，不见人下来。自3日那天，敌机乘雨天来了一下，被我空军追去之后，就没有再来过。

另外又捉到一个女子，名蔡兰惠。她是腾冲人，曾在腾冲文辉女中读过一个学期，现在还有一个弟弟在昆明。她是在两年前，

---

[275] 王希孔：《反攻腾冲的回忆》。据《溅血岁月》，第118—127页。
[276] 方诚：《八年抗战小史》之十收复滇西之役，第67页。

与敌行政班本部长田岛正式结婚的。据她说：当她父亲死了之后，在家中。有一次，田岛大尉经过门口，见到她，要她为行政班本部工作，侦探敌宪兵的罪恶行为，及汉奸的无耻行动，向他报告。她想：不妨乘此做一些工作，就答应了。田岛见她做得很好，几个月之后，要求和她结婚。田岛说："兰惠，我们结了婚之后，到深山间拜菩萨去，中国人、日本人的事都不管。"她答应了，在四保街正式结婚，这天日本人一个人也没有到，由伪县长某（即钟镜秋）证婚。

据她说，结婚后即帮国军投日语传单，促使日兵思家厌战。田岛有些事也知道，但没有获得证据。今年田岛调走了，现在芒市，想要接她去，还没有去成功，国军就来攻腾冲，她就不能去了。她说：有一个女同学叫陈××的，现在到仰光去为国军探取情报了，将来国军前往，她可回来报情报的。这个女孩才19岁，说话却很有条理。要是她言行真能一致的话，这种女孩子加以教育一下，却可为国家做一些工作。

当腾冲开始围攻的时候，她在城内的防空洞中生了一个孩子，现在天天抱在怀中。[277]

从潘世征的记述看，他是亲自旁听或采访了军方审讯的。蔡兰惠所述曾暗中"帮国军投日语传单"，并无其他佐证，也有可能是为了减轻处罚而虚构的。

因患潮湿疮退下战场的第4团连长孙剑锋，当晚也在师部旁听了审俘。据其记述，系由参二课课长叶遐如主审，美军驻师部联络军官在座。孙记述了当时蔡兰惠应答的要点：

问：你是知识分子，为什么甘心事敌，嫁给敌人行政班本部长田岛？

答：我是牺牲小我，完成大我。日本人来了，前方文武官员，闻风而逃，任由几个汉奸，杨济平（杨吉品）之流为虎作伥，蹂躏

---

[277] 潘世征：《铁城顽寇就歼记》。据其战地通讯集《战怒江》，第109—110页。

地方，鱼肉人民，我心不忍。嫁给田岛，我营救了不少人。[278]

从蔡兰惠被俘时敢于率先走出应对，及潘世征、孙剑锋两人记述中对其流露出的良好印象看，这个年轻女子确有超过常人的不凡胆识。

翻译白炳璜当时也不过是20岁出头，应该是田岛离开腾冲去芒市前留下照料蔡兰惠的。因为他供述的情况次日即被证实，不但生命幸免，而且被部队加以善待。[279]战争结束后，他仍住在和顺乡，在六保街娶亲成家。先是在益群中学教过几年生物课，又发挥农科专长在土锅铺农场经营数年，所搞的一鸡一厩新法养鸡，下蛋很多。大约在上世纪80年代，其人返回台湾，后来与从滇西返回日本的老兵来往密切。[280]

当日，位于芒市的日军56师团情报部门监听到蒋介石向第20集团军总司令霍揆彰发出指示：

"获悉松山阵地于9月7日被第8军攻占，心中极为欣慰。望大军继续防备龙陵方面之敌反攻。腾冲务必要在9月18日国耻纪念日（即九一八事变爆发日）之前夺回。目前整个战局正朝着有利我军的方面发展，虽然胜利曙光在望，但征途还很遥远，将有不少艰苦磨难……从这次日军在湖南的进攻作战，缅北及怒江方面对我攻势战迹来看，我军仍将面临极大困难。我军官兵，须以日军松山守备队、密支那守备队孤军奋战至最后一人拼死完成任务之情状为典范……"[281]

---

[278] 孙剑锋：《我参加过抗日战争滇西反攻胜利战斗》。据《民族光辉——腾冲抗战史料钩沉》，第274页。

[279] 阙儒：《阙汉骞将军与腾冲歼灭战》。据《戎马关山话当年——陆军第五十四军史略》，第205页。

[280] 尹文和：《少年遭国难——腾冲沦陷时期片断回忆》。据《腾冲文史资料选集》第一辑抗日战争专辑，第241页。

[281] 据［日］品野实《中日拉孟决战揭秘——异国的鬼》，第202页。看此译文可知，大概出于维护中国体面的缘故，本书译者将蒋介石电报日文最后一段翻译成了相反意思：本来是让国军官兵以日军为榜样，反倒成了我军作出了光辉典范。经查日文网站，蒋介石电报的日文表述为："……我が軍将校以下は、日本軍拉孟守備隊、あるいはミートキーナ守備隊が孤軍奮闘、最後の一兵に至るまで、命令を全うしあるを範とせよ。"而邓贤在《大国之魂——中国远征军滇缅征战纪实》中的引文，就表达了蒋介石电报原意。见该书第286页。笔者据日文将译文校订。

据 54 军战斗详报："经对被俘人员审讯后得知，敌将派大批空军于明（10）日来腾城轰炸，以协助待毙之敌作战。经即转报上峰，并请派机来腾空掩护。"[282]第 116 师美军顾问译员姚元，奉命以电话与保山美军总部联系，直至深夜方将情况报知弗兰克·多恩准将。[283]

根据当日攻势进展情况，午夜，第 20 集团军重新调整 53 军及 54 军作战地境：

文星楼至北门城墙脚，共长 470 米。文星楼向北 150 米处，为两军交界点，由该点向东延伸至东城墙之线，线以南区域属 53 军；线上及线以北区域归 54 军。限两军于次日拂晓前交接完毕。而后，53 军 116 师及 130 师一部即由西向东，与 54 军右翼协同攻击前进；130 师仍以一团沿东城墙向北攻击。

鉴于审俘获悉敌机次日将来，又令 53 军、54 军派队架设高射机枪，分别担任东门外机场及来凤山对空警戒；如遇敌机空袭或敌伞兵降落时，应立即对空射击予以消灭。[284]

9月10日（D+43日）

昨日午后 4 时许，36 师各部进抵指定地区开始布防，然在龙川江各渡口并未发现敌情。[285]

当晚 9 时，第 20 集团军总司令霍揆彰接奉远征军司令长官卫立煌电令：着 36 师开龙陵归宋希濂总司令指挥。这时，霍揆彰才意识到长官部 7 日急令 36 师开龙川江的真正目的。

10 日晨，霍揆彰不无愤怒地拟电向蒋介石报告：

限三小时到。渝。委员长蒋：4992 密。窃本集团自辰真（5月 11 日）渡过怒江攻击作战，迄今 5 月。越高黎贡山，扫荡腾北，

---

[282]《陆军第 54 军滇西攻势作战战斗详报》。据《保山地区史志文辑》抗日战争专辑之二，第 75 页。
[283] 姚元：《滇西前线的经历》。据《西南联大八百学子从军回忆录》，2003 年清华大学内部出版。
[284] 胡璞玉主编：《抗日战史》第二十九章缅北及滇西之作战（二），第 205 页。
[285]《陆军第 54 军滇西攻势作战机密日记》（未刊档案）。

攻击腾城，经激烈战役40余次，官兵伤亡十之六七。尤以未冬（8月2日）登城开始巷战，寸土必争，血流成渠，惨烈之状，难以形容。官兵伤亡更倍于前，各部战力消耗殆尽。迭次请援，而第8军及第200师先后开到，均已使用于龙陵方面；本集团既无一兵增加，即各师伤亡、缺额，亦未予以补充。各军、师长迭次面诉苦情，请求增加实力，而职仍竭力坚忍，督励所属，勉力达成任务，以副钧座期望。

不料城内正攻占大部之时，忽奉长官部通告，敌增兵龙陵，请援甚急。复据报：敌有由邦乃渡龙川江北犯模样。职为保障集团军侧翼安全，不使腾城功亏一篑，于部队困难万状、战况十分紧张之际，由城内抽调36师残部占领南甸迳龙头街、龙川江右岸，阻敌北进增援腾城。不料36师尚未部署完毕，即奉长官部卫申佳（9月9日）亥（21—23时）诚电令，着该师归宋总司令指挥，立刻渡过龙川江，夹击向龙陵北犯迂回之敌，等因。自是本集团军侧翼已完全毕露，敌倘即窜扰，职已再无一兵可以抽调堵击，影响腾城攻略，实堪顾虑。除电长官卫核示外，谨电奉闻。伏乞察核。霍揆彰。申灰（9月10日）巳（9—11时）。信印。[286]

显然，霍揆彰感觉卫立煌和宋希濂共同"做局"愚弄了自己，此电向卫抗议、向蒋告状的色彩极强。实际上，腾冲日军覆灭在即；而日军第33军实施"断作战"解救松山、腾冲，首先要冲破龙陵第11集团军防线，龙陵才是此时的主战场，也是腾冲的屏障。霍揆彰不了解整体态势，在电报中诉苦抱怨，纯属盲目。可能真正的原因是，他原本就有将临时配属的36师化为自己的实力，而不愿意让其重归宋希濂的打算；而宋希濂却来了个先下手为强。很难说在霍、宋二人之间，卫立煌会偏袒哪位，因为此二人均为"黄埔系"兼"陆帽子"，从内心里并不把卫放在眼里；卫同意宋的意见调36师增援龙陵，很可能仅是从作战这一单纯目的考虑的。

很快，蒋介石复电霍揆彰：

---

[286]《中华民国重要史料初编——对日抗战时期》，第二编作战经过（三），第506页。

"申灰巳信电悉。该集团军自渡河攻击以来，备历艰苦，战绩卓著，至为嘉慰。关于36师划归宋总司令一节，仰遵候卫长官核示办理可也。中正。"[287]

蒋介石先抚慰霍揆彰劳苦功高，而后告之：听卫立煌的。显示最高统帅还是了解全局，而支持卫立煌的。霍揆彰告状目的未果，只好依令行事，于次日午电令36师开赴龙陵归宋希濂指挥。[288]

当日，54军下达攻击部署命令：

预2师附平射炮2门、工兵一连，除仍以一部扼守城墙外，主力应即由财神庙街联系53军及198师，自西向东攻击敌人；198师附平射炮一连（欠2门）、工兵一连、重迫击炮2门，除仍以一部扼守城墙外，主力由财神庙街至北城墙之线，自西向东攻击，并应会同53军130师确实攻占城墙东北角。

黎明后，两师重新部署完毕，继续向残敌攻击。[289]

晨9时许，预2师扫荡财神庙街以东地区残敌，整日战斗非常激烈。经反复冲杀，至午后4时许，扼守龙王庙、李家塘之敌约四五十名向东窜逃，经我猛烈射击后，几全数击毙，我即将该地完全占领。本日房获敌步枪1支，速射炮1门（缺炮身）；我伤排长王个举及杨应修2员，士兵伤亡29名。

198师592团进展12米，占仓库1座，毙敌20余，内有上尉1员，获步枪9支、无线电机2部。我亡军官1员、伤3员，士兵伤亡20余名。593团进展约150米，伤亡士兵1名。594团进展约150米，亡军官1员，伤亡士兵30余名。[290]

53军方面：

凌晨2时，116师师长赵镇藩令348团攻击至东门大街马路时，

---

[287]《抗日战争正面战场》（中），第1540页。
[288]《陆军第36师腾冲城区战役战斗详报》。据《保山地区史志文辑》抗日战争专辑之三，第134页。
[289]《陆军第54军滇西攻势作战战斗详报》。据《保山地区史志文辑》抗日战争专辑之二，第75—76页。
[290]《陆军第54军滇西攻势作战机密日记》（未刊档案）。

左与388团协同，即从右侧旋向东攻击。346团右与388团、左与347团协同，由现位置攻击东门大街北侧民房以北房屋，由西向东偏北攻击。347团右与346团、左与54军协同，从现位置由西向东攻击。各部即于晨7时开始攻击。至17时，346团进展至文家巷西侧民房附近；347团攻入文家巷与李家巷中间地区；348团进展至东大街。此时，116师指挥所进至秀峰山。[291]

130师于拂晓开始攻击。至16时许，389团附特务连（欠一排）将东城门楼占领。据载，"东城门上之碉堡，为敌人腾城阵地总枢纽，特别坚固"；390团附师部特务连一排、防毒连及工兵连一排，经激战，进占东门大街至东门之线；388团沿东门大街北侧房屋攻至文家巷，入夜仍与敌对战。该师官兵伤亡约190员名，虏获步枪11支。[292]

此期间，炮兵推进一部协力53军作战，直接瞄准城楼区域之敌猛烈射击。但炮兵部队的印象是，"步兵无进展"。[293]也许美军战史记述较为客观："东门一部分已被中国军队占领。日军现在被围在东南面城墙、城门与东南角间约100码纵深的阵地中，他们的死伤很多。"[294]

蔡兰惠、白炳璜昨日供述的情报果然不虚：10日中午刚过，日军联合编队的轰炸机、战斗机群即飞临腾冲上空。此时，我军战斗机8架已提前飞临在高空盘旋等候，地面仅微微听到引擎轰鸣声。[295]旋即，一场精彩的伏击战于空中打响。

关于当日敌机数量，各种史料记述不尽一致，美军战史记为10架（轰炸机4架、战斗机6架），也有十余架之说。潘世征战地通讯

---

[291]《陆军第116师唐习山、大塘子、江苴、腾冲各战役战斗详报》。据《保山地区史志文辑》抗日战争专辑之三，第83页。

[292]《陆军第53军由怒江至腾冲会战战斗详报》。据《保山地区史志文辑》抗日战争专辑之一，第171页。

[293]《远征军炮兵指挥部各炮兵部队参加滇西战役高黎贡山亘腾冲地区战斗详报》。据《保山地区史志文辑》抗日战争专辑之四，第272页。

[294]美国新闻处：《怒江战役述要》，第15页。

[295]董铎（方延庆整理）：《收复腾冲纪实》。据《合肥文史资料》第二辑，第16页。

记述为 13 架：

（10日）正午12时，忽来敌机13架，8架是战斗机、3架是轰炸机、2架是运输机。当它刚到腾冲城上空的时候，我空军战斗机8架也同时到达，于是一场激烈的空中大战，与地面上的步炮兵相机开展。我军"双身"的P-38战斗机居高临下，开战不到2分钟，敌人的1架轰炸机立即在上空燃烧起来，一直跌到来凤山的象鼻子坡顶上，轰然一声，敌机下的炸弹爆炸，把飞机炸成了千万片。敌空军4人，也全部粉碎，东一个头，西一只手，这儿一块肉，那儿一摊血。敌人想来对我军施暴，结果却是自食其果。

在15分钟的空战之内，敌人另1架轰炸机及1架运输机都被我空军击落，1架落在护珠寺附近，1架落在明朗乡附近；另外有3架也被击落，2架落在腾龙桥附近，1架落在南甸附近。敌机的炸弹，在空战中乱掷下来一些，也没有伤到人畜。运输机所带东西，那天是满天乱掷，医药、弹药，都让我各乡村的老百姓拾到了。

我机8架，当获了全胜之后，在天空间继续列队巡视了半小时，才安全向空军基地飞回去。[296]

当时，激烈的空战吸引了几乎所有人的目光，甚至地面战斗一时停息下来，敌我双方都躲在掩体内凝神仰望。美军第14航空队老兵伯韦尔·刘易斯（Burwell Lewis）中校描述："10日，在腾冲这个小小的河谷晴朗的上空，无数双方的飞机相互盘旋缠绕：狡猾的日本战斗机、轰炸机和美国空运中队的飞机一起拥到了好像是航空母舰繁忙的甲板的腾冲上空，如同池塘里受惊的鲑鱼。"[297] 预2师第4团特务排长王希孔当时站在麦子田小学操场，看见"敌飞机只会绕圈斜上斜下，我方飞机则能直上直下，听见机枪在空中哗哗作响"。终于，城西北角上空一架敌机尾部冒出一团黑烟，一头撞

---

〔296〕潘世征：《铁城顽寇就歼记》。据其战地通讯集《战怒江》，第110—111页。
〔297〕美国陆军航空队伯韦尔·刘易斯中校：《死亡的日本人和牵牛花——腾冲挽歌》。戈叔亚译。http://blog.sina.com.cn/s/blog_4d9e1cca010008v3.html。

在叠水河对面山坡上。"我军抗日八年总是受敌机轰炸、扫射，今日第一次看到我机把敌机打落，高兴得拍手叫好。"[298]预2师第6团第1营迫击炮排排长曾新祥则欣慰地想："可能是自己捕获的蔡兰惠提供的情报起作用了。"[299]

当日，我击落敌机数量，众多史料普遍记为4至5架。其中，方国瑜记述比较具体："我空军奋勇迎击，击落敌机4架，其中3架人机俱毁，1架强迫降落蚂蚁村。驾驶员4人，被我击毙3人，生俘1人，获机枪2挺。"[300]能生俘日军飞行员是一件难得的事。据配属53军的第14便携式外科医院美军军医译员周其鉴回忆：当时该飞行员迫降时被挂在树上，我军官兵将其送入医院救治，经检查仅腿部骨折，遂将其安置在一张桌子上休息。第二天却发现其嘴角流血，嘴里有玻璃碎片，怀疑是晚上咬碎预先准备的氰化物容器自杀了。[301]

另据和顺少年尹文和回忆，坠毁的飞机一架落在来凤山西面对着和顺乡的半山腰，一架落在和顺与芭蕉关之间的"五块地"。自己和小伙伴曾约着去用锉子锉下了一两根钢管做玩具。[302]当地人阙儒和张本鸿也约着上山顶去看，并拆下了一两样小零件带回来。[303]

据统计，自我军渡江反攻以来，缅甸日军第5飞行师团飞机仅出动4日次支援腾冲日军作战，且屡遭击落。[304]而美军第14航空队及第10航空队对第20集团军地面部队直接协助攻击35日次、空

---

[298] 王希孔：《反攻腾冲的回忆》。据《溅血岁月》，第118-127页。

[299] 曾新祥（口述），张文献（整理）：《收复腾冲战役的片断回忆》。据《巍山文史资料》第四辑，第28页。

[300] 方国瑜：《抗日战争滇西战事篇》，第64页。

[301] 据《重庆晚报》记者邓果对周其鉴所做的口述记录。周其鉴为浙江人，1943年考入昆明译员训练班，毕业分至第14便携式外科医院（Portable surgical hospital），院长为美军少校军医雷蒙德·班塔（Raymond E. Banta）。据其介绍，当时对伤员为三级救治，首先由移动手术医院做紧急处置，而后转送野战医院（Field hospital），更复杂的送后方医院（Base hospital）或者陆军医院（Army hospital）。

[302] 尹文和：《少年遭国难——腾冲沦陷时期片断回忆》。据《腾冲文史资料选集》第一辑抗日战争专辑，第239页。

[303] 阙儒：《阙汉骞将军与腾冲歼灭战》。据《戎马关山话当年——陆军第五十四军史略》，第205页。

[304] 分别为8月25日6架、9月3日9架、9月10日10架、9月11日3架。

投补给41日次，除数次因发生故障坠机外，未遭日机击落一架，可以说绝对控制了腾冲的天空。

表12 空军支援作战情况统计表

日　期	轰　炸	补　给
5月15日	据谍报：轰炸腾冲，城内西街敌野战仓库两处中弹，损失甚重	
5月17日	据谍报：轰炸腾冲，敌伤亡70余人，敌临时弹药堆积所中弹	
5月18日	据谍报：轰炸腾冲，敌宪兵司令部中弹3枚，伤亡10余名；野战仓库中弹10余枚，办公处全毁，敌伤亡10余名，内有联队长一员。对城内及饮马水河、六保街一带投弹，敌伤亡60余名，内有队长一员。当日轰炸敌共伤亡百余名	
5月19日	轰炸腾冲，敌野战仓库及行政司令部、野战医院、营房均中弹；向阳桥中弹一枚，不能通车	
5月28日	炸毁向阳桥及新街附近桥梁；两次轰炸并扫射瓦甸，效果不详；轰炸北斋公房，效果不详	
5月29日	轰炸腾冲，一弹曾直接命中敌军司令部；攻击江苴、瓦甸、界头，效果不详；攻击北斋公房，效果不详	
5月30日	轰炸机9架猛炸腾冲，效果不详；轰炸江苴；下午轰炸北斋公房，发现敌军向西移动，并见我军标示布板	
5月31日	轰炸龙川江桥，效果不详；在马面关附近对敌扫射并投火箭弹，收效甚大；轰炸瓦甸街及以北敌工事；巡逻攻击桥头、界头、江苴，效果不佳	在灰坡附近对198师投粮弹20吨，其中弹药5吨；在大塘子附近对53军及36师投粮27吨。在三炜（？）附近对36师投粮弹27吨，其中弹药4吨
6月3日	巡逻攻击桥头、瓦甸、江苴3次，轰炸敌堡垒并投杀伤弹；在瓦甸东北直接协助地面部队攻击，炸中敌堡垒一座，并在该地以南直协地面部队攻击、轰炸敌工事	

续表

日　期	轰　炸	补　给
6月9日		因天气不佳,出动7架飞机投送粮弹,4架成功投掷,3架折回
6月13日	轰炸瓦甸,效果不详	
6月19日	轰炸腾冲,效果不详;轰炸江苴、瓦甸;轰炸向阳桥	
6月20日	轰炸江苴;临时巡逻攻击向阳桥以南公路上1500人行军纵队,毙伤500人以上,及驮马七八十匹	20架飞机对20集团军投送粮弹,共60余吨
6月21日	对腾冲至顺江街公路上敌巡逻攻击	9架飞机对20集团军及11集团军投送粮弹约20吨
6月24日		运输机4架在江苴附近对20集团军投送粮弹
6月25日		运输机7架在马面关附近对198师投米;运输机3架在江苴附近对53军投粮弹
6月26日	B-25轰炸机14架,分别对腾冲、芒市轰炸扫射,多处起火	
6月29日		运输机2架对20集团军投送粮弹
6月30日		运输机8架在江苴附近对20集团军投送粮弹
7月4日		运输机32架向20集团军投送粮弹(内含空投)
7月5日	战斗机出动扫射腾冲城内之敌,效果不详	运输机38架向20集团军投送粮弹约95吨
7月6日	轰炸腾冲城,效果不详	
7月10日	战斗机4架轰炸来凤寺及满金邑,在来凤寺曾有2弹命中敌工事中心	运输机2架在江苴对20集团军投送炸药及火焰喷射器,另5架对53军投送粮弹约13吨
7月11日	B-25、P-40轰炸腾冲及来凤寺共7次。城内数处起大火,城墙东北角炸一大缺口,来凤寺敌堡垒阵地亦命中若干弹	运输机6架在江苴对20集团军投送火焰喷射器16吨、粮弹12吨

续表

日 期	轰 炸	补 给
7月12日	上午B-25轰炸机以烧夷弹、杀伤弹炸腾街，到处起火，尤以五保街、六保街为猛烈。同时有枪炮弹爆炸声甚浓，判断系炸中敌弹药库。延至下午9时，火光与爆炸声仍未息；狠炸来凤寺2～3次，效果不详	运输机4架对20集团军投送粮弹10吨
7月13日	B-25轰炸机在腾冲南门外附近地区，共投100磅重炸弹200枚	运输机15架对20集团军投送粮弹40吨
7月14日	下午5时30分轰炸腾冲城，尚起大火	
7月15日	战斗机按计划轰炸来凤寺，结果不详	运输机5架对20集团军投送粮弹
7月16日		运输机2架对20集团军投送黄包炸药5000个
7月17日	B-25一批到腾冲轰炸；P-40出动8次，有2次到来凤寺上空，结果不详	运输机3架对20集团军投送弹药6吨
7月23日		飞机13架投送20集团军粮弹32吨
7月26日	第一批战斗机8架，约正午12时对来凤山扫射并俯冲投弹，敌5300高地大堡垒命中3枚；营盘坡2堡垒各投弹2枚，扫射成绩亦好。第二批轰炸机27架、战斗机3架对城区轰炸，城内发生大火，惟城墙尚未能破坏。第三批战斗机8架对来凤山俯冲投弹及扫射敌据点，来凤寺中弹起火，完全焚毁。第四批战斗机8架对来凤山攻击，效果不详	飞机13架对20集团军投送粮弹23吨
7月27日		飞机6架对20集团军投粮弹16吨
7月28日		运输机4架投20集团军弹药10吨
7月29日	下午6时许，我机对腾冲分两批：第一批3架轰炸城内，高空投弹，数处起火。第二批4架向城内投弹，有2弹误投城外我116师阵地，幸无官兵伤亡，惟电话线炸弹城墙为炸（原文如此）	运输机15架对20集团军投送粮弹
7月30日		运输机1架对53军投送弹药2吨

续表

日 期	轰 炸	补 给
8月6日	自上午9时至下午5时,我机分7批炸腾冲。第一批P-40战斗机4架炸城内并扫射;第二批P-40战斗机4架炸南城门楼及南门内并扫射;第三批P-40战斗机4架炸城内及西门外,投4弹;第四批P-40战斗机4架炸城内及西门外,投4弹;第五批P-40战斗机4架炸城西南角并扫射;第六批P-40战斗机4架炸南门内,投4弹;第七批P-38战斗机4架炸城内投烧夷弹。以上结果:一、拐角楼大火;二、南城门楼敌堡全全毁;三、城内大火	运输机15架对20集团军投粮弹
8月7日	下午4时P-38战斗机4架轰炸腾冲北门附近,及东门至东北角间开缺口	运输机7架对53军投送弹药2吨,15架对54军投送弹药,另一架投送0.5英寸高射机枪弹,计重50吨
8月8日	上午9时P-40战斗机8架炸拐角楼英国领事馆,在城西、北各开一缺口,宽约7米,底距地2米,城内有两处起火	运输机15架对20集团军投弹药
8月9日		飞机8架对20集团军投粮弹20吨
8月12日	战斗机炸腾冲一次	对20集团军投送粮弹26包,计65吨
8月13日	轰炸腾冲,自上午11时40分至下午6时30分,战斗机共去6批。第一批P-40战斗机3架,在东门投弹3枚;第二批P-38战斗机4架在拐角楼及城内投弹4枚,拐角楼起火;第三批P-40战斗机4架,在城东北角投弹4枚;第四批P-40战斗机4架,在饮马水河附近投弹4枚,内2枚误落于198师59团阵地,幸无伤亡;第五批P-40战斗机4架,在城上空盘旋一周,未投弹;第六批P-40战斗机4架,在城东北角内投弹4枚,其东门以南开一小缺口。因城税务司房屋尚为敌盘踞,不能利用	运输机22架对20集团军投粮弹55吨
8月14日	战斗机10架分批轰炸腾城,在拐角楼及东门投弹10余枚	运输机8架对20集团军投粮弹

续表

日 期	轰 炸	补 给
8月15日	战斗机12架分批在腾冲上空掩护	运输机19架对20集团军投粮弹
8月16日		飞机22架对20集团军投粮弹
8月17日	飞机6架对腾冲城内轰炸并扫射	飞机36架对20集团军投粮弹
8月29日		运输机27架对20集团军投粮弹66吨
9月2日	云南驿14航空队飞机出动3次,结果不详(下午2时,敌机9架到腾冲上空对我轰炸,适机场停有小型机4架,起火焚毁)	
9月5日		飞机7架对20集团军投粮弹15吨
9月6日		飞机4架对20集团军投弹药
9月7日		飞机2架对20集团军投送弹药
9月9日		飞机9架对20集团军投粮弹22吨
9月10日	下午2时敌机10架侵入腾冲上空,与我战斗机8架发生激烈战斗。至2时30分,将敌击落5架(轰2战3),内有1架受伤迫降蚂蚁村(机无大损,人被俘)	飞机15架对20集团军投送弹药
9月11日		飞机17架对20集团军投粮弹
9月12日		飞机9架对20集团军投粮弹

附记:据《空军滇西作战日志》[305]统计制表。

甚为奇怪的是,日军卫生兵吉野孝公在其回忆录中只字未提10日的大空战,他的注意力似乎全部沉浸在了凄惨的地面战斗中:

9月10日,敌人在蒋介石总统的愤怒激励下,实施最后总攻,猛烈地向我袭来。剩下的守备队兵力只有350余名。敌人根本不把兵力很少的我们放在眼里,抱定最后一击的准备,像狂涛一样席卷

---

[305]《空军滇西作战日志》,据第二历史档案馆编《抗日战争正面战场》,第2617页。

而来。奋战、奋战，殊死奋战后依然是殊死奋战。城内战场在充满怒吼和叫骂的激烈肉搏中，化成了一片血腥的荒野。

敌人在进攻中付出了沉重的代价。在敌人一次又一次的猛烈进攻面前，我军还在进行顽强的抵抗。对此早已气急败坏的敌人，采用了极其凶狠残忍的手段，他们拉起我战友们的尸体和重伤员的身体绑到阵前，或将其堆在一起。这显然是敌人为阻止我方反击而采用的攻心战术。这一招，确使我军的斗志在一定程度上受到了挫伤。在这种手段极为残忍的行为面前，平素勇猛善战的官兵们，此时此刻，也紧咬牙关掉下了热泪。

壮烈得连鬼神都会落泪的腾冲守备战就要结束了。[306]

9月11日（D+44日）

当日，最高统帅部和远征军司令长官部嘉勉电迭次发至前线部队。

蒋介石致霍揆彰：

"远征军反攻腾龙之成败，为国军荣辱之所系，且与今后战局有重大关系。弟等及各官兵自反攻以来，排除一切困难，奋勇进攻，不负期望，良深欣慰。现残敌成强弩之末，正益奋勇，以竟全功，有厚望焉。"

卫立煌致霍揆彰：

"此次渡江出击以来，时逾三月，我官兵不顾一切困难，迭克要隘，前仆后继，忠勇奋斗，至堪嘉慰。现腾龙、松山残余敌所余无几，芒市增援之寇被我痛击，其势已衰。希督励所部，一鼓作气，悉数歼灭，以竟全功。为我此次战役殉国袍泽，完成任务，用慰委员长及全国同胞殷殷之望。"[307]

霍揆彰即令逐次转达至各军、师、团、营长，要求"各奋全力，完成此重大之使命，不负领袖之殷望为要"。

拂晓，53军两师开始攻击。

---

[306]［日］吉野孝公：《腾越玉碎记》，第67—68页。
[307]《陆军第54军滇西攻势作战机密日记》（未刊档案）。

130师389团附特务连（欠一排）在东城门楼上向当面之敌猛烈攻击，至午后3时北进十余米。敌数次逆袭，至晚均未得逞；390团附特务连一排、工兵一排及防毒连，午后4时许由东大街向右旋回，午后6时攻至东城墙下，与城墙上之敌对战；388团于午后5时许越过李家巷至东城墙下与敌对战。入夜，大雨倾注，双方趋于沉寂。[308]该师伤营长以下军官11员（营长2员、少校团附1员）、亡3员；士兵伤91名、亡75名。虏获步枪9支，马克沁重机枪1挺、橡皮舟7艘、无线电机一部及其他战利品多种，并俘敌2名，均为日籍。

53军以特务营两连（欠一排）、防毒排、搜索营两排配属116师作战。348团进展约200米至东城墙下，又向城上进攻。346团右翼进展约160米，距东城墙约30米；左翼进展约60米。347团进展至李家巷以东地区，围攻财神庙敌指挥部（不确，财神庙非敌指挥部，且已经预2师攻克）。该师伤营长以下军官8员、亡2员；士兵伤58名、亡50名。获敌步枪41支，九二式步兵炮1门，轻重机枪各1挺及其他战利品甚多；并俘虏敌4名，其中日籍2名，印、缅籍各1名。[309]

当日，日军已开始"处理"慰安妇。据116师搜索连士兵赖小毛回忆：当日，他们冲进一个半坍塌的掩体时，突见一个日本军曹口中叽里呱啦的正要枪杀一名日本营妓。在情迫势危之际，本连班长洪承顺飞身一脚踢掉了鬼子手中的"三八式"，营妓得救了，洪班长却被躲在暗处的另一名日军一枪击中。[310]

54军方面：

预2师第5团继续扫荡李家塘、龙王庙附近地区及其以东之敌。激战至黄昏，将潜伏于龙王庙南北150米内民房之敌逐次清除，而后继续向东扫荡。虏获步枪5支、掷弹筒2具，我伤亡士兵34名。

---

[308]《陆军第130师由怒江至腾冲会战战斗详报》。据《保山地区史志文辑》抗日战争专辑之三，第43页。

[309]《陆军第53军由怒江至腾冲会战战斗详报》。据《保山地区史志文辑》抗日战争专辑之一，第171页。

[310] 申玉琢：《国殇墓园话英烈》。http://www.ruchina.com/diary/2008-12-26/5994.html。

198师593团攻占东城墙约50米，敌遗尸10余具，我获步枪7支，伤亡士兵15名；592团攻击东城墙约50米，敌遗尸20余具，我伤亡士兵40余名，副团长陈志杰负伤；594团攻占东北城垣，沿城墙向南进展约50米。敌遗尸18具，我伤亡士兵20余名，轻机枪连长郑挺龙、第5连连长姜辉阵亡。[311]

据美军战史："当日日本飞机3架对被围日军投掷供应品。日军现在只有城墙内外60码纵深的阵地，内中有房屋3幢。城外的房屋内还有日军一队，约100人。中国军队在夜间还继续进攻。今天日军阵亡共60人。中国军队今天夺获步枪62支，橡皮艇7艘，及其他供应品多件。"[312]

关于当日战事，日军战史的记述为：

9月11日，太田大尉手下的70余名守备兵的命运，已临末日。

凌晨4时，太田大尉向第56师团发出如下之电文："敌增强兵力强行攻击，压迫我方。守备队在城内东北角附近，以本部为中心，形成圆形阵地，拟实施最后的血战。器材全无，以钢盔等极力构筑工事中，但敌之破坏力甚大，无法完成，我方损害不断，已难有作为。"

上午10时，又发出电报："守备队本部前80米正激战中，军旗于9月11日9时含泪烧毁。官兵已恪尽职责，奋战到底，拥有多数官兵而未能支撑到最后，甚感歉疚。谨祝圣寿无疆，兵团武运昌隆。"[313]

焚烧军旗，是日军在判断战事有全军覆灭迹象前的一项特别规定。对此，拙作《1944：松山战役笔记》中曾有专题介绍，不复赘述。预2师第6团团长方诚曾专门提及此事，云："据说敌人对于联队旗，特别尊重，不管部队伤亡、作战胜败如何，只要联队旗存在，

---

[311]《陆军第54军滇西攻势作战机密日记》（未刊档案）。据《第20集团军腾冲抗日阵亡官佐名录》，郑挺龙上尉为广东文昌人，姜辉上尉为湖南宁湘人。

[312] 美国新闻处：《怒江战役述要》，第15页。

[313] 日军对华作战纪要丛书《伊洛瓦底会战——缅甸防卫的失败》，第372页。

联队番号是永远保存的。因此总部于围攻腾冲城时，曾奖励官兵房获联队旗；克复后又悬赏征求，均未得。后由多数俘虏中得悉，藏重康美联队长炸死后，旗由其副官桑弘大尉焚毁。"[314]

鉴于本军又达成前番规定地境内歼敌任务，54军利用198师当日战果，再度调整部署：

腾城残敌经我军压迫，已退集东门街附近。本军（欠36师）以协助53军肃清残敌之目的，决于明（12）日以一部相机攻占饮马水河，主力应即由北向南攻击，将敌包围于东门街附近捕捉而歼灭之。

预2师附平射炮2门、工兵一连，除仍以一部扼守城墙外，主力应即联系116、198两师，由北向南攻击敌人；198师附平射炮连（欠2门）、工兵一连、重迫击炮2门，除以一部扼守城墙并相机攻占饮马水河外，主力应即协同预2师沿东城墙及其以西地区由北向南攻击敌人。两师作战地境为东城墙西第一条巷东侧民房东端南北之线，线上属预2师。

军山炮营及第6军山炮营（欠二连）仍归593团团长统一指挥，主援城内步兵攻击及制压敌炮兵，并应以一部协力对饮马水河攻击。

各部队应于明（12）日拂晓前部署完毕，同日8时开始攻击。

军工兵营（欠二连）应即移置田心，严密警戒，防敌北窜；特务营应派兵一排（附重机枪1挺），担任来凤山警戒及对空任务。[315]

奉命移置田心担任警戒的军工兵营部队，包括连长董嗣勋所率的渡河工兵连。为了防止日军夜袭或出逃，该连的警戒方式颇为离奇：

"田心村，距饮马水河约600米，我警戒部队沿河布防。战斗进入最紧张阶段，每天入夜以火力警戒，规定无论有无敌情，每挺轻机枪在一夜之间，必须发射400发子弹，每个士兵完成50发子弹

---

[314] 方诚：《八年抗战小史》之十收复滇西之役，第72页。
[315]《陆军第54军滇西攻势作战战斗详报》。据《保山地区史志文辑》抗日战争专辑之二，第77—78页。

的射击。每夜我和排长都要轮流查哨,有时士兵疲劳打盹儿未射击,经我们检查叫醒时,揉揉眼睛就打起枪来……"[316]

对比日军的弹尽粮绝,这是何等的奢侈之举。再转念这些弹药来源、输送之艰难,又让人禁不住叹息和苦笑!

9月12日(D+45日)

当日,城内残敌仍于东门内集团家屋(敌联队本部),凭据坚固堡垒顽抗。

晨6时,日军守备队长太田大尉向第56师团长发出诀别电:

"依现状,欲维持一周已极感困难。因此将依兵团之状况,以13日联队长殉职之日为期,实施最后的突击,扫除怒江作战以来的郁闷,以尽军人的天职。官兵在敌炮火绝对压制下,不能忍受敌旁若无人之心情,尚请谅察。"

随后,烧毁密码本,破坏了无线电机。

当时,位于芒市的第56师团通信队一字不漏地接收到了这则诀别电。日军战史中为此加注释感慨道:"发出的信号正确丝毫也不紊乱,一点都不像全军覆没前的通知,确实难得。"[317]

吉野孝公的补充回忆为:

"电报发出后……大尉召集了所有剩下的官兵,发布了最后一道命令:'腾越守备队全体官兵浴血奋战死守到现在,已圆满地完成了任务。剩下的各位,马上向城外突围,冲进敌阵,杀出一条血路,潜往芒市师团司令部,报告腾冲部队的最后情况,以后的一切责任由太田大尉担当。'"[318]

太田大尉向第56师团所发电报仅表示要"实施最后的突击",未提及下令残部突围的情节,因为这是违背师团命令其死守到最后一刻的旨意的。但后来活下来的吉野孝公需要为自己的突围被俘经历有所交代,因此披露了这一内情。但是,吉野孝公此时在城外饮

---

[316] 董嗣勋:《怒江烽火 腾冲血战——滇西反攻战片断回忆》。据《滇西抗日战争史料续辑》,第22页。

[317] 日军对华作战纪要丛书《伊洛瓦底会战——缅甸防卫的失败》,第372页。

[318] [日]吉野孝公:《腾越玉碎记》,第69页。

马水河阵地上,应不是直接听到这一命令;甚至,该命令是否传达到了城外日军,也有疑问。据载,拟定的突围时机为13日午夜以后,12日日军仍据守残存阵地拼死顽抗。

面对日军最后的疯狂,我军继续攻击。

54军198师主力由东北角城墙向南攻击。激战终日,593团进展约70米,获步枪2支,毙敌约10余名。第1营营长李春廷负伤,阵亡连长1员,士兵伤亡33名;594团进展约80米,毙敌10余名,攻占堡垒3座。我伤亡士兵10名;城外的592团于傍晚6时攻击饮马水河村,毙敌10余名,获掷弹筒1具、步枪2支。我亡军官1员,伤亡士兵10名。

向敌联队部所在地李家塘攻击的预2师,因敌工事坚固,火网浓密,进展甚微。[319]

53军于晨7时开始攻击。

116师(欠348团)以军特务营两连(欠一排)、防毒排、搜索营两排及辎重兵一连配属作战。346团先协同347团攻击李家巷附近敌指挥部,于傍晚6时许,约20余人随右翼部队登占距东城门以北约六七十米处城墙;347团主攻敌指挥部,攻克后又进展约20余米。该师军官伤8员、亡2员;士兵伤56名、亡29名。获敌步枪19支,轻重机枪各1挺,及防毒面具等战利品甚多,并俘敌兵2名。军直属部队军官伤2员,士兵伤21名、亡21名;搜索营俘敌准尉军官1员,步枪1支。

130师389团主力固守东城墙原阵地。午后5时许,该团在帮办衙门的第2营向城外东门北侧一保街白娘庙之敌攻击,午后8时许攻占一保街北端之线。390团、388团及116师348团各一部编为混合登城队,协力沿城墙向北攻击,战斗至午后6时许,占领敌碉堡6座,进展约150余米。师搜索连以一排渡过饮马水河西岸,协同54军592团攻击饮马水河村,歼敌甚众。[320]该师伤中校副团长

---

[319]《陆军第54军滇西攻势作战战斗详报》。据《保山地区史志文辑》抗日战争专辑之二,第78页。

[320]《陆军第130师由怒江至腾冲会战战斗详报》。据《保山地区史志文辑》抗日战争专辑之三,第43页。

以下军官 4 员、亡 3 员（含连长 2 员）；士兵伤约 30 名、亡 48 名；虏获步枪 7 支。〔321〕

美军战史记述当日战况为："中国军队略有进展。日军虽然失去东门的城头，却还保有城门下的阵地。今天有日军兽医官 1 员及士兵 3 名投降。负有轻伤的日军仍然继续作战。"〔322〕

据 130 师战斗详报载："当日午后 5 时许，敌曾突然向我正面发炮 40 余发，我伤亡甚众。"〔323〕

腾冲县重建国殇墓园内的盟军阵亡官兵纪念碑时，曾得到历史学者戈叔亚先生从美国方面获得的美军阵亡人员资料。其中，美军上尉约翰·赫斯汀（步兵，军号 O-368368）系于 1944 年 9 月 12 日在腾冲遭炮击阵亡；同日阵亡者还有技术军士约翰·威尔奇（通讯，军号 36250550）。〔324〕198 师 593 团副团长黄福荫在回忆中，曾提到一位美军上尉在其身边遭炮击阵亡的情形："最后时刻，腾冲城内日军仍顽守不降，据民房抵抗，我们便逐间逐间攻克房屋。最后有间民房内有 25 名日军固守，倚仗最后残留的一门炮，仍向我团射击。我当时指挥两门炮还击，拉锯战进行得异常激烈。正当我进防空洞去接电话之际，日军一炮打过来，在阵地前爆炸，当场打中我团的美军上尉联络官，他牺牲了；我则死里逃生，大难不死……"〔325〕

因为在腾冲围城战斗中阵亡的美军上尉军官仅约翰·赫斯汀一人，因此黄福荫后来在不同时间所说的被炸死的美军上尉"凯南"、"卡普顿"可能均指此人。〔326〕

此外，在潘世征阵地通讯中，也提及 9 月 12 日这次炮击，曾造

---

〔321〕《陆军第 53 军由怒江至腾冲会战战斗详报》。据《保山地区史志文辑》抗日战争专辑之一，第 172 页。

〔322〕美国新闻处：《怒江战役述要》，第 15—16 页。

〔323〕《陆军第 130 师由怒江至腾冲会战战斗详报》。据《保山地区史志文辑》抗日战争专辑之三，第 172 页。

〔324〕据《东方诺曼底之战——滇西缅北战役》，第 349 页。

〔325〕晏伟权、晏欢：《漫话戎马关山路——访淞沪、腾冲抗战亲历者黄埔 8 期黄福荫》。http://www.hoplite.cn/templates/yzjwsg0042.html。

〔326〕据傅天明：《当年副团长回忆老兵李锡全：腾冲战役他专管给养》。http://hn.rednet.cn/c/2008/10/02/1603294.html。

成我医护人员大量伤亡：

"……火线上的安全问题，却也无法保障了。敌人受包围于小圈子中，恐急万分，丛草残树，不见我军进攻路线，所以最后困兽犹斗，剩下的炮弹，即无目的地向外面发射。9月12日早上，他们连续发炮，不下二三十发，这样，使我们第二线上的人们，无辜损失不小。

"一位上尉医官何吉福君及一位上士看护安正礼君，正在火线附近看护伤兵，这时同在的人很多。不幸这一个区域之内，落下敌炮弹四发，负伤一位营长、一位卫生队长，他们脚上受伤；上述二位医务人员，不幸被弹片打破脑袋，把头骨炸去一半，重伤阵亡。另一位连长罗绍裘君，也是同样情形，皆脑浆四散，头部成一空壳而阵亡。"[327]

日军战史中对此毫无记述。以常理推断，在敌我两军已成短兵相接之际，敌炮兵似已失去发射所需要的距离感，且很难想象此刻日军仍有如此充足的炮弹。

116师搜索连班长蔡斌的回忆，让笔者隐约揣测到另一种可能：

"占领文星楼后，原来在江苴徐家寨战斗中负伤的20多名伤员又回到连里，增加了不小的战斗力。可惜在9月12日占领苗圃园时，大部分又被自己的炸弹炸死了。

"事情是这样的：当时我连受命进攻城东北角的苗圃园，消灭最后的日军。按照协同，应在12日早上8点占领苗圃园。（11日）半夜后，我们悄悄地运动到苗圃园外围，拂晓一个冲锋，便占领了日军阵地。大家正准备加固工事，不料自家的山炮弹却从空中掉下来，把大家炸蒙了。许多人尤其是老兵便往水塘里跳，以为水中保险，日本人不在水里，中国的炮弹就不会往水里掉。谁知炮弹却跟了来，咣咣把这些老兵炸得仰面朝天，死伤了30多个！真他妈的可恼可恨，把自己人误当作敌人打。我在电话上大骂炮兵的祖宗十八代，炮才停下来。"[328]

---

[327] 潘世征：《滇西前线无名英雄群像》。据其战地通讯集《战怒江》，第122页。
[328] 蔡斌（述），段蓓冬（记）：《血染大尖山 光复腾冲城》。据《腾冲文史资料选集》第一辑抗日战争专辑，第119—120页。

此外，592团团长陶达纲也在回忆中提及此次误炸造成的惨痛：

"592团第2营第5连，仅剩连长官业宣及一个班长，一个传令兵，总共三人了。9月中旬的一天中午……592团越过腾冲城南大街之后，第5连连长率同他的一班长、一传令兵，冲过南大街，在一处小土堆停下来。正值于此，我重炮兵一颗十五榴炮弹落在他们三人附近，登时三人都被炸死。真是伤心啊！不死于敌人之枪炮，而死于自己之榴炮弹……"〔329〕

在整个战役期间，因空地、步炮协同差而导致我飞机、大炮误伤地面部队之事屡屡发生，火线上的步兵甚至怒骂惹祸的炮兵为"汉奸炮"。对于此类事情，军方战斗记录一般会有记载，但在公开报道中却很难让公众理解，曲笔嫁祸于敌也不算新鲜事。从54军作战命令看，当日"54军山炮营及第6军山炮营（欠两连）仍归593团长统一指挥，主援城内步兵攻击及制压敌炮兵"。若593团团长廖定藩督令本团步兵攻击，而以副团长黄福荫专事指挥炮兵，就与黄本人的回忆相契合。那么，如何解释蔡斌与黄福荫回忆的不一致性呢？在没有更多佐证材料的情况下，只能是一个谜团了。

由于我军逐渐缩小包围圈，日军已濒临崩溃边缘。据当日捕获的一名日军俘虏供述，日军拟于14日拂晓前从东北城角突围，向飞凤山高地逃逸，然后寻路逃往缅甸。

第20集团军总部获悉此情，但因各师均在城内继续巷战，已无兵力可资派遣围堵。此时，杨纳福已解除联络参谋职责，总司令霍揆彰乃于12日夜召见，拨派特务营兵力一连、机枪一排（马克沁机枪3挺）归其指挥，令其连夜进至城东北约3公里的董库，防守截堵突围之敌。据杨纳福回忆：

"我受命后，既兴奋又恐惧，兴奋的是总司令如此看重我，赋予

---

〔329〕陶达纲：《滇西抗日血战写实》。据《民族光辉——腾冲抗战史料钩沉》，第232页。联系陶达纲记述，592团此时攻击位置尚在南门街，也可能将8月23日的误炸误记为9月上旬。据《第20集团军腾冲抗日阵亡官佐名录》，官业宣上尉为湖南石门人。据陶达纲撰述，官业宣牺牲后，留下一身怀六甲的妻子。经其撮合于次年嫁给官业宣的表弟、592团第9连连长龙天帆，遗腹子仍随生父姓官。然龙天帆（上尉，湖南宁乡人）的名字亦见诸《第20集团军腾冲抗日阵亡官佐名录》，原因不详。

我如此重任，真是我立功的好机会；恐惧的是我并非特务营长，这一连兵虽然在两年前我带过，当过连长，但是现在已时过境迁人事皆非，除连长外我都不熟识。但是身为军人，只有服从命令，全力以赴。遂连夜率部队至董库布防。

"董库为进入飞凤山的要道之一。前面是一望无际的稻田，此时稻苗长成结穗，深及膝盖，如屈身跃进或匍匐前进，均可构成良好的隐蔽；后面是飞凤山，标高约五六百米，茂林密布。我率领该步兵连史连长及机枪排长侦察附近地形后，即将机枪两挺配置在董库角侧的一个突出高地，对准通往城内的大道，构成交叉火网；步兵连则以两个排沿山脚棱线与稻田交界处一线配置，归史连长指挥，监视并拒止突围之敌；我率另一步兵排控制于入山口，为预备队。限各官兵在拂晓前完成跪射散兵坑，并规定非看到敌人在 100 米内不准射击。"[330]

9月13日（D+46日）

日军战史中，对当日战事仅记录一句："9月13日，在已故藏重大佐阵亡一个月的忌日，太田大尉率领残余的兵力突入敌阵中，全体玉碎。"[331] 然而，我军却因此激战整日。

自清晨起，我炮兵集中全部火力对东门以北敌最后阵地射击，步兵遂勇猛前进。[332]

据载，54军预2师方面战斗至为激烈。经两昼夜血战，该师攻占李家巷附近房屋一座。该师以特务连主力增援，反复冲锋，终因未能毁损敌工事，致受敌火力猛射。当日中午，因敌据点久攻不下，第5团团长李颐亲率所部奋勇冲锋，不幸遭敌狙击，壮烈牺牲。旋派副师长彭劢亲往第一线指挥。[333] 而后继续攻占龙王庙东侧民房两

---

[330] 国军史料丛书《抗战时期滇缅印作战（一）——参战官兵访问记录（下）》，第955页。
[331] 中华民国史资料丛稿译稿《缅甸作战（下）》，第172页。
[332]《远征军炮兵指挥部各炮兵部队参加滇西役高黎贡山亘腾冲地区战斗详报》。据《保山地区史志文辑》抗日战争专辑之四，第272页。
[333] 第6团团长方诚撰述，17时后由自己统一指挥。据方诚《八年抗战小史》之十收复滇西之役，第68页。

间,至黄昏仍与敌隔墙战斗。当日,该团房获敌已破坏无线电机1部,步枪2支;除团长李颐阵亡外,又伤连长黎修道、副连长赵凯、排长黄桂甫、特务连长陈立泰等5员,伤亡士兵71名。[334]

第5团团长李颐,是反攻以来继594团团长覃子斌之后阵亡的第二位团长。他是黄埔6期生,湖南醴陵人,时年仅30岁出头。

据军方史料记述,李颐是率部冲锋时遭敌狙击而死。时任该团团附的吴堪,在回忆中说得更为具体。反攻开始时,吴堪被派去楚雄接新兵,未参加全程作战。战事即将结束时,才带着新兵从北斋公房翻越高黎贡山赶往腾冲:

"……(14日)当我们走到腾冲县和顺乡时,传来一个不幸的消息:团长昨天阵亡了。他爱人在漕涧托我带来的咸姜和辣酱,我将交给谁呢?他是在攻占最后一个敌据点,观察敌堡时,被敌狙击手的子弹射穿右眼而殉国的。"[335]

第20集团军总部参谋杨纳福的回忆,做了更为细致的补充:

"(作战时)我军军官常利用竹制扶梯,攀附城壁来观察。由于不小心,常将扶梯上端露出墙头,形成显明目标。而日军早已将步枪瞄准好,待我军官一露头,他就一枪射杀。在全城攻克前数日,我预2师第5团李颐团长,就是这样遭射阵亡,真是冤哉!"[336]

此外,时任第5团卫生队长的李植少校曾亲手处理团长遗体,称其阵亡时间是"午后3时许","经担架抬至麦子田卫生队检查,为敌弹从右眼射入,由头后贯通而亡"。李植记得,渡江前的5月12日,李颐在作战前动员时曾说:"打仗总是要死人的,但不是个个都死。我们是军人,为了国家民族存亡,要死得像个军人样子。"[337]

李颐任第5团团长前,曾任第11集团军司令部上校高参,及大理"军委会滇西战时干部训练团"学生总队副总队长。他不但对三民主义学说研究造诣很深,任团长后每次临阵均亲冒矢镝置身一线,

---

[334]《陆军第54军滇西攻势作战机密日记》(未刊档案)。
[335] 吴堪:《抗日战争滇西战场亲历记》。据《云南文史资料选辑》第39辑滇西抗战,第79页。
[336] 国军史料丛书《抗战时期滇缅印作战(一)——参战官兵访问记录(下)》,第954页。
[337] 李植:《大反攻点滴回忆》。据《溅血岁月》,第194、199页。

是年轻有为、文武兼备之才。网上一篇题为《国殇墓园话英烈》的文章，以极富想象、饱含深情之笔演义了李颐牺牲的细节。因其未注明资料来源，笔者本不打算引用，但转念战场上的牺牲及其传说，也是战争的构成部分。笔者虽然在研究写作中处处较真，但此时愿意为此破例一次：

在攻击李家塘据点时，刚冲过铁丝网的他（李颐），就被一个暗堡射出的机枪子弹击中。特务连的一名班长唤来两名卫生兵替他包扎，他拒绝了，只向班长要过冲锋枪，一面封堵暗堡的火力，一面让班长带领战士上。暗堡摧毁后，失血过多的他只说了一句"不知今年海棠如何？"便倒在班长怀里。

牺牲时没有高呼"乌拉"、"万岁"，已够煞风景了，偏还问一句"海棠如何？"，不但有损形象，就是与身后的尸山血海也极不相称。为此，我还特意走访了一些抗战老兵，终于明白：在新中国成立之前，我国的版图一直像片海棠叶！由此也就知道，就这句临终的慨叹，无意间便托起了一个抗日战士愿为中华生，誓为中华死的生命造型！〔338〕

据载，牺牲时，李颐结婚不到一年。此时其新婚妻子尚在江东漕涧，托团附吴堪带给丈夫的辣椒酱已无法送达。几天后，腾冲和顺少年尹文和终于目击到凄惨的一幕：

预2师第5团团长李颐1944年9月13日阵亡后，其灵柩停在中天寺观音殿。棺材是最厚最好的杉木做的〔339〕，每天有军人、群众、中小学生去献花圈、送挽联。棺材两侧是本乡举人张砺代师长顾葆裕写的挽联。

不久，来我家堂屋右首房间住着一位二十多岁三十岁不到的妇女，不离时地哭，边哭边喊："还我的人来！"有时政治部主任、课

〔338〕申玉琢：《国殇墓园话英烈》。http://www.ruchina.com/diary/2008-12-26/5994.html。
〔339〕第5团卫生队长李植回忆为从和顺金姓人家购得。

长去安慰她，她也哭。后来我才知道，她就是李团长的新婚夫人。为着民族的生存，抗日的胜利，中国有多少的人遭受着"新婚别"、"垂老别"、"无家别"的惨烈悲剧啊！

李团长出丧那天是隆重而悲壮的，全县军民代表从中天寺绕乡一周，送灵柩到水碓小团坡安葬。[340]

当日，198师593团进展约40米，毙敌10余名，获步枪2支。该团连长徐文光、蒋畅负伤，士兵伤14名、亡1名。594团因敌死守东门城楼不退，进展困难。但残敌经我南北夹击，伤亡重大，且仅存民房3座，已无活动余地。[341]该团伤军官1员、亡连长宋承彪等2员；士兵伤20名、亡13名。配属该团的师工兵连伤士兵4名、亡2名；特务连伤士兵5名、亡4名。592团在饮马水河构筑工事担负警戒，无伤亡。[342]

特务连的职责是担负师部警卫任务，但因各团伤亡过重，也已投入战斗。据198师特务连排长叶奋平回忆：叶佩高师长（此时已为副军长）派特务连参战。连长（曹英哲）传达命令时，全连官兵士气高昂，纷纷请战。遂挑选精强干练士兵60名编成混合排，进城作战。[343]

53军于早7时开始攻击。116师（配属军直属各部队）346团对敌指挥部以东集团家屋攻击，进展约20米；348团攻击进展约30米，将敌指挥部以北小高地占领半部，与敌激战。该师军官伤7员、亡1员；士兵伤33名、亡17名。虏获步枪8支、轻机枪1挺及其他战利品等，并俘敌营妓1名。军直属部队军官伤2员、亡1员；士兵伤28名、亡31名。

当日，一直"福大命大"的116师搜索连班长蔡斌，也遭日军

---

[340] 尹文和：《少年遭国难——腾冲沦陷时期片断回忆》。据《腾冲文史资料选集》第一辑抗日战争专辑，第239页。

[341] 《陆军第54军滇西攻势作战战斗详报》。据《保山地区史志文辑》抗日战争专辑之二，第78页。

[342] 《陆军第54军滇西攻势作战机密日记》（未刊档案）。据《第20集团军腾冲抗日阵亡官佐名录》，宋承彪上尉为湖南资兴人。

[343] 叶奋平：《一九八师反攻腾冲纪事》。据《云南文史资料选辑》第39辑滇西抗战，第318页。

打来的一枚枪榴弹炸伤了头，被送进医院。据其回忆，自本连进入腾冲地界后，从大尖山到腾冲城，一直坚持战斗。到最后，只剩下排附王连山、上士文书"癞小兵"[344]、苗族战士区光来和自己，其他官兵都为消灭日寇付出了宝贵的生命。[345]

130师389团在东门外帮办衙门向北攻击，于午后4时占领白娘庙，又挺进一保街北端与敌激战。388团及390团继昨日占领东门以北之东城墙上，占领敌碉堡3座，又前进约30余米。残敌数十人麇集于东北城角一隅，混乱狼狈至极。入夜，大雨倾注，该师继续猛攻，敌孤注一掷向我反扑，388、390团沉着应战。同时，城外389团由白娘庙猛烈北攻，师搜索连协同54军由饮马水河西岸既占阵地向西压迫，杀声震天，歼敌甚众。[346]该师军官伤3员、亡2员；士兵伤40名、亡36名；获步枪4支，轻机枪1挺。[347]

美军战史记述当日战况为："日军搜集战死同伴的自动武器，在城内他们仍然据守的两幢房舍四周的空地发射猛烈的火网，阻止中国军队进攻。据一个被掳的老百姓报告，日军指挥官已经自杀，军旗已经焚烧。"[348]实际上，日军系11日上午焚烧军旗；但指挥官太田正人自杀时间并无其他资料佐证。如按照日军战史记述和吉野孝公的回忆，也可能是率少数兵力发起死亡攻击时被我击毙。

在混乱的激战中，即便是亲历者也难以详尽描述出层次清晰的完整脉络，作为事后撰述也只能提供部分零碎记录以供想象。当日，潘世征、彭河清两位战地记者均留下各自的记述。

潘世征战地通讯：

13日下午，东门城外敌人全部被肃清。自东北角到东门城楼一

---

[344] 亦有记述叫赖小毛。
[345] 蔡斌（述），段蓓冬（记）：《血染大尖山 光复腾冲城》。据《腾冲文史资料选集》第一辑抗日战争专辑，第120页。
[346]《陆军第130师由怒江至腾冲会战战斗详报》。据《保山地区史志文辑》抗日战争专辑之三，第43页。
[347]《陆军第53军由怒江至腾冲会战战斗详报》。据《保山地区史志文辑》抗日战争专辑之一，第172页。
[348] 美国新闻处：《怒江战役述要》，第16页。

条城墙，也被我军自南北两路夹攻而会师。全部的日寇，是被包围在南北 100 米、东西 50 米的一个小区域内了。这一个小区域内，是敌人一年来的司令部所在地，所以工事特别坚固，进攻路线特别困难。当我军向这个区域进攻的时候，敌军三四百伤兵及百余战斗兵，以及 50 多个朝鲜营妓，都在中间顽强抵抗。我军接近的时候，敌军伤兵都用手枪来攻击。我军于是集中了火力，四面夹攻，弟兄们的喊杀声，也四面相呼应，"捉活的！""冲呀！""杀呀！"闻着枪声炮声，把这些敌寇的灵魂也叫出了肢体。[349]

彭河清战地通讯：

至 13 日，敌所据仅仅半个足球场那样大的地盘，残余者多系官佐。这天战斗最烈，炮火最炽，冲锋肉搏，声震天地。夜间大雨倾盆，敌人来了一个回光返照的通宵反攻，结果并未得逞。[350]

当日，吉野孝公的回忆已是悲哀莫名：

怒江开战以来 125 天的漫长岁月里，在云南战场上，一次次地击退和粉碎了敌人的大举进攻，充分显示了九州男儿意气的龙兵团[351]的官兵们，竭尽全力地战斗到了最后一刻。昭和十九年 9 月 13 日，黄昏时分，天空依然下着雨，守备队三千余名官兵及骁将太田大尉与腾冲战场上的花一起凋谢了。

开战以来，经过勇敢的守备队官兵殊死奋战，仍然无济于事，结果还是以战败而告终。东门城墙下的残骸，仍凄凉地在雨中淋着，仿佛也在为我们战败而哭泣。硝烟升腾的地方，守备队长和他手下的三十余名官兵们将永远地在此安息了。薄暮苍然的腾冲坝子上，

---

[349] 潘世征：《铁城顽寇就歼记》。据其战地通讯集《战怒江》，第 111–112 页。
[350] 彭河清：《腾冲之捷》，原载 1944 年 9 月《大公报》。转引自《保山地区史志文辑》抗日战争专辑之四，第 343 页。
[351] 日军 56 师团保密代字为龙，又称龙兵团。

黑夜正悄悄地降临。战败的城里，风中飘浮着血腥。[352]

如前所述，第20集团军参谋杨纳福于12日晚奉命率一部兵力至董库堵截出逃之敌。据其回忆：

"部署完毕后，天已快亮，忽闻在南侧千公尺外董村（即大董）附近有零星的枪声，我派一位排附率兵一员向该方向联络。约两小时后，他返回来报告说，该方面是53军116师一个营在那里布防，并在拂晓前发现一名日军军曹率领十多个日军营妓，向他们突围投降，全部被捕。

"天大亮后，我命令预备队排排附，再前往董村，要求116师那个营的营长，将日本军曹及营妓的首领带来我处询问，他一口答应。中午时分，我亲自询问军曹及营妓头，营妓头是一个东北姑娘，约25岁左右，讲一口流利的北京话与日语，于是她就充当我的翻译。由询问中得知，日军内部分为两派，一派以太田大尉为首，主张死守抵抗到底，最后切腹自杀以谢皇恩；一派以重隈经理少佐为首，主张突围，向缅甸逃亡求生。并决定在切腹自杀及突围前将所有伤患枪杀，另100多名营妓（都是朝鲜、东北强迫征集而来）亦予以枪杀。她与军曹很好，军曹得知消息后即告诉她，遂决定先一日夜率她这一小队由一个坑道口逃出投诚活命。

"所谓营妓队即他们所称的慰安队，随军解决官兵的性欲问题。据她告诉我说，即使在巷战最激烈状况下，日军还是要换班轮流来解决性欲问题，以纾解他们的紧张情绪，提高士气。"[353]

通过杨纳福撰述可知，在突围问题上日军曾有争执。笔者怀疑其所说的"重隈经理少佐"，为第2大队长日隈太郎之误，因为负责后勤事务的"经理"军官是不可能与指挥官发生冲突的；而只有本来为守备队长人选、只是因腿断而无法就任的日隈大尉才可能向太田大尉表达不同意见。此人在高黎贡山北斋公房时即因腿断而由他人接替指挥，想必对师团令该部死守到底的命令有所抵触。显然，

---

[352]〔日〕吉野孝公：《腾越玉碎记》，第69—70页。
[353] 国军史料丛书《抗战时期滇缅印作战（一）——参战官兵访问记录（下）》，第956页。

由 116 师捕获的这批投降者，应属提前擅自逃跑的。按照日军最后达成的计划，大部日军本来拟定于 13 日夜突围。

但当日黄昏时分，198 师特务连长曹英哲即对此有所预感。据其回忆：

9 月 13 日，我率领一个加强排，攻占了东城墙缺口北端的一段城墙。黄昏时分，敌突然发炮数枚。作战经验告诉我，情况有点不对，敌人可能要突围了，因为城区里敌人所控面积已有限，炮又带不动，把炮弹打光，起码可以壮壮胆，也能达到破坏的目的。

我担心日寇突围后师部的安全，因此草草交代黄排长，便匆匆赶回和顺乡师部。

果然，是夜敌人处决了伤患、军妓之后，集中残敌，摸索着向东城墙缺口突击。我连列兵郝海棠在城墙缺口上端，看到黑影绰绰，也是警觉不够，竟大声问起口令来，日兵"呀呀……"地冲刺过来。我高敌低，我军占尽了便宜，机枪、冲锋枪、手榴弹齐鸣。天亮后，缺口处城墙边，死尸累累。[354]

此时，据守东北角城外阵地的日军，是吉野孝公所在的饮马水守备队，队长为速射炮中队长高木利夫中尉。吉野所在的小队，是由竹迫久二郎少尉指挥的 11 人。当日午夜时分，该部在城墙前的树林里，发现城墙东北部一个大缺口处拥出一团人影，约有五六十人。

据吉野孝公回忆：

……还没有出来一半，突然敌人向空中发射了一颗照明弹，青白色的光明亮地照在突围队员的身上。大概是被发现了，南侧阵地上的敌人，顿时猛烈地开枪射击，曳光弹在夜空划着通红的弧线。从弧线下面爬过来的队员们，正置身于死亡的境地。

少顷，高木中队长叫过来一名突围出来的士兵，好像询问了些什么。突围队从缺口处全部安全地撤了下来，经过我们待的林子，

---

[354] 曹英哲：《抗日名将叶佩高》第一卷《抗日英雄叶佩高将军》，第 22—23 页。

从右边继续向东北方向转移。

不久，又出现了一群人影。他们像前者一样行动敏捷地撤了下来，蜂拥进入了我们藏身的树林。仔细一看，全是女的。不，确切地说，她们就是城里的那些慰安妇们。我"啊"地回想起前面的事，就是她们，当时给我们送饭团。其他的战友肯定也是这么想的。她们戴着钢盔、穿着军服的身姿显得非常威武，但脸上却充满了胆怯和恐怖。林中很暗，也不清楚她们有多少人，好像有二三十人吧。

突然，有颗照明弹白昼般地照亮了周围。同时，迫击炮弹落在近旁爆炸，高木中队长和两名士兵当场被夺走了性命。我们就地掩埋了三人的尸体。

慰安妇们在林中的一个角落里胆怯地缩成了一团。过了一会儿，慰安妇中一名稍大一点的女子走过来搭话道："城里一个日本人也没有了。本部的太田队长也死了。"她大概指的是太田队长冲入敌阵的事吧，说话时，她的眼中闪着泪光。接着她嘴唇翕动了一下，像是要说些什么。下面的话，跟我猜想的完全一样——

她抓住竹迫少尉的手："队长，请把我们一起带走吧。途中我们一定不给你们添麻烦。要死，我们死在一起。"她们拼命地纠缠着。旁边的一位女子流着泪说道："士兵先生们，我有很多钱！"说着，卸下后背的袋子，抓出了一大扎军票。我的心里很沉重。事到如今，这些军票已一文不值，可她却一无所知，还小心翼翼地带在身边。她们拼命乞求的神态，既令人同情，又让人悲哀。

年轻军官竹迫少尉被她们哭哭啼啼的纠缠搞得很为难。这时，又有几发迫击炮弹在周围爆炸，竹迫小队长无暇再去决定。我们和慰安妇都在瞬间不顾一切地跳入一片漆黑的水田。

不知什么时候起，已只有五六名士兵跟在少尉的后面。少尉指着前面说，"向前方的黑色山影前进。"我们慎而又慎地留意着左右两边的敌人，像蛙一样爬过漆黑一片的水田。倘若直线前进，也就是四公里多一点的距离，但左右两边到处是敌人的步哨和铁丝网。整个晚上，我们就这样左右乱爬着，最后总算到达了山脚。拖着疲惫不堪的身体，连滚带爬地迅速进入灌木丛中藏好身，等待着天亮。

摸索着爬到灌木丛里的有竹迫少尉，梅野军曹，贝野、牧山兵长，坂本和吉野上等兵（即本人）等六人。我们的心里还在牵挂着其他五名战友和慰安妇们。[355]

这段看似完整的叙述中，其实故意"遗漏"了很多内容。
据品野实《中日拉孟决战揭秘——异国的鬼》所述：
当太田大尉下令突围之前，曾将重伤员（包括一部分慰安妇）进行了"处理"。当时，被围在东北角的日军为205人，分几批从东北角炸开的城墙豁口往外冲，其中一路因我军狙击火力密集，大半被击毙。因腿断而拄着拐杖指挥士兵突围的第2大队长日隈太郎大尉，在最后时刻自杀。也有不少人当了俘虏。"成批的士兵从城内冲出，后面跟着的是一群慰安妇。这时，不知是哪位中队长下达了残酷、无情的命令，于是发生了枪杀友邻部队人员的事件。"[356]

即，当时城内城外日军发生了火并，但品野实只能含糊指出这一点；吉野孝公则妄说是"南侧阵地上"的我军开枪射击。保山史志学者陈祖樑在其撰述中明确指出，正是高木利夫下令向出逃日军射击，导致两股日军自相残杀，一部分日军和慰安妇被自己的部队射杀。[357]

这里，不妨分析、还原一下这个过程：
当第一拨日军从城墙豁口出来时，高木以为他们是擅自逃跑，因而下令射击。此时这些日军必定会叫嚷起来，因此"高木中队长叫过来一名突围出来的士兵，好像询问了些什么"。吉野孝公所记这一笔是含有深意的。由此可以推测，一直在城外的高木中尉不知道太田大尉曾下令城内日军残部突围，此时从询问中才获悉，但仍将信将疑；当第二拨慰安妇逃出来时，高木怀疑的心理就占了上风，因为他不相信会让慰安妇逃命，于是又下令开枪。但此时已逃出城外的日军愤怒了，开始还击，于是高木及身边的两名士兵被击毙。

---

[355]〔日〕吉野孝公：《腾越玉碎记》，第70—75页。
[356]〔日〕品野实：《中日拉孟决战揭秘——异国的鬼》，第281页。
[357] 陈祖樑：《慰安妇血泪洒滇西》。转引自陈祖樑主编《江山作证》，第312页。

吉野孝公记述是死于我军迫击炮,从我军作战情况看,非但夜间极少发起进攻,发射需要精确瞄准的迫击炮更是不可想象的;那么,很可能是日军投出的手榴弹炸死了此3人。在自相残杀的混战中,城外日军被打死的可能不止3人,因为吉野孝公所在的竹迫小队11人逃至安全地带只剩下6人。

9月14日(D+47日)

当日,腾冲日军终于迎来了末日。

自昨夜起,116师(附军直属各部队)即将敌包围在指挥部以东民房附近。14日拂晓,浓雾弥漫了整个山野,笼罩腾冲城关,加以大雨倾注,各部队冒雨雾冲杀,勇猛空前。其时已届决战尾声,我军迫近敌前咫尺,包围圈逐渐紧缩。敌情知生死迫在旦夕,遂全体跃出工事,与我展开肉搏。我军官兵睹此良机,猛勇倍增,愤恨异常,以泰山压顶态势,全体冲入敌阵厮杀。因我众敌寡,混战约一小时许,将敌完全歼灭。

该师伤军官2员、亡1员;伤士兵178名、亡128名。虏获敌山炮1门、迫击炮3门、重机枪2挺、轻机枪2挺、步骑枪63支及防毒面具等战利品甚多;并俘敌兵10名,其中印度籍人2名。53军以直属部队配属116师作战,士兵共伤264名、亡182名,虏获步枪5支、重机枪1挺及其他战利品极多,并俘虏敌兵6名,其中台湾籍1人;及敌营妓11名。

130师389团将东门外小饭坡之敌击溃后予以占领,敌大部被歼灭,少数被俘;388团及390团由东城墙上下向北攻击,占领东城门以北约200米,与敌演成混战。凌晨4时许,夜色犹浓,在雨雾蒙蒙中,残敌30余名由饮马水河窜逃,另一部五六十名四散窜逃。该师一面派队追击,一面继续扫荡城厢,敌遗尸数百具。[358]该师官伤4员,士兵伤220名、亡161名。获步枪19支及橡皮舟、防毒面

---

[358]《陆军第130师由怒江至腾冲会战战斗详报》。据《保山地区史志文辑》抗日战争专辑之三,第43—44页。

具等战利品,并俘敌兵及营妓各1名。[359]

54军两师自拂晓起即协力53军围攻残敌。敌乘天色昏黑向我阵地猛袭,企图突围,我以手榴弹、刺刀与敌搏斗。激战至晨5时许,将敌斩杀殆尽。[360] 晨7时许,残敌约20余人由东门外冲出,分散向绮罗、猪新街方向窜逃。预2师遂派队追捕,辎重营俘敌上等兵藤田永夫1名。

当日,预2师俘日、印籍敌兵及汉奸等30余人,虏获山炮、平射炮零件一部,卡车1辆,步枪21支,其他被服、装具甚多。伤上尉参谋张连成1员,伤亡士兵11名。198师592团获步枪3支,轻机枪2挺,掷弹筒1具,炮兵瞄准具1件;593团虏获步枪32支,轻重机枪各1挺,俘敌兵1名;594团虏获平射炮1门,轻机枪2挺,步枪30支,并抓获缅奸1名。[361]

至上午10时许,我军将腾冲城完全克复。

此时,于昨夜出逃的吉野孝公一行6人正隐匿在腾冲东北飞凤山脚下的山洼里。当日清晨天亮后,才发现此处为我军据守的阵地。吉野等人屏住呼吸悄悄蜷伏着,远远地目击了腾冲日军最后的一幕:

> 倾耳静听,远处传来号声,循声望去,隐约可以看见林荫中零零星星的腾冲城城墙,正笼罩在一片硝烟之中。看着眼前的悲惨景象,我们全都饮声而泣。身陷敌阵,我们六人丝毫也不敢动弹。我们的命运此时跟陷落的腾冲城一样,犹如风中的灯。
>
> 昭和十九年9月14日早上,腾越守备队三千余人的生命在"玉碎"的美名下,在这世上永远地消失了。[362]

综合各种记述可知,13日至14日晨从城东逃出之敌批次、人

---

[359]《陆军第53军由怒江至腾冲会战战斗详报》。据《保山地区史志文辑》抗日战争专辑之一,第173页。
[360]《陆军第54军滇西攻势作战战斗详报》。据《保山地区史志文辑》抗日战争专辑之二,第78页。
[361]《陆军第54军滇西攻势作战机密日记》(未刊档案)。
[362][日]吉野孝公:《腾越玉碎记》,第75页。

数较多，且逃亡方向也不尽一致。据彭河清战地通讯记述，自东门外白马庙南窜的一股残敌最众，为50余名；另一股10余名，被我拦击于董库水田中，多数殒命，我俘虏4名；一股30余名，经绮罗南窜；一股9名，向芭蕉关逃去。[363]

吉野孝公这一股，不知是否在其中之列。对自东门外白马庙南窜之敌，54军曾电令位于腾龙桥附近的36师注意堵截。[364]由杨纳福率领的一连在董库设置的阻截阵地，当日拂晓与一股溃逃之敌遭遇。据其回忆：

14日拂晓，在细雨蒙蒙中，果然听到我阵地前方稻田中，有人群走动声。由于稻禾的遮蔽，很难看到人影，待其接近百余米，被第一线步兵发现，冲锋枪响起，于是全线一齐射击。但日军很快地卧倒在稻田中，他们一动也不动，我们的步兵亦不敢向前进攻。僵持了约一小时，我带传令兵王浩东到第一线督战，因为他姿态太高，被日军一枪击中倒地。我拿下他的冲锋枪，大喊"冲锋前进！"这时一个班长叫赖和礼，至为勇敢，他率先冲过田埂，一梭子冲锋枪子弹对准日军隐伏地区扫射，全线士兵跟着冲上去，打得日军鸡飞狗跳。但他们仍有百余人利用不良视线，很快地由我阵地的侧翼冲入山区。我立即以电话报告总司令，总司令立即派预2师的一个团追击日军……

事后清扫战场，我率的这一连共击毙日军十余人，俘虏两名，并俘获枪支十余支。总司令闻讯，至为嘉勉。[365]

杨纳福记述突破其拦截逃往山区的日军有百余人，应该有所夸大。

在田心担负警戒任务的54军工兵营渡河连，也在连长董嗣勋率领下参加了追击残敌战斗。当日清晨，该连两个排将数名日军封堵在卧牛岗附近一处临时掩体内，在以密集火力压制的同时，董嗣勋与班

---

[363]彭河清：《腾冲之捷》，原载1944年9月《大公报》。转引自《保山地区史志文辑》抗日战争专辑之四，第343页。
[364]《陆军第54军滇西攻势作战机密日记》（未刊档案）。
[365]国军史料丛书《抗战时期滇缅印作战（一）——参战官兵访问记录》，第956—957页。

长孙其彦以美式手榴弹对准掩体连续投掷,直至投完。其后,于掩体内发现被炸毙的日军尸体4具,并缴获步枪3支、手枪1支、军刀1把及瑞士手表1只。其中1具尸体旁有1只文件包,内有家书和全家福照片,证实死者为军医中尉横田进,其他3名为士兵。[366]

其后,预2师所派追击残敌部队为方诚的第6团,其追剿过程后面详叙。

据美军战史:"经过51天的围攻后,腾冲城于9月14日被中国军队正式占领。日本守军2600人,包括军官50员,只有50个被俘的,其余全数战死,有几个是自杀。此外还俘虏了13名随营妇女,各式大炮15门、机关枪50挺、步枪800余支,汽车14辆,无线电机7台。第20集团军自渡过怒江以来至9月10日止,阵亡官兵约8000人。"[367]

一周后出版的《中缅印战区综合杂志》,补充了一些特别的细节:

腾冲,在中国第20集团军的打击下成为了一片废墟。在弗兰克·多恩准将的参谋团帮助下,中国军队收复了这个城镇。多恩将军的参谋人员直接指挥的炮兵和美军第14、第10航空队轰炸机,在小型联络机的引导下,几乎彻底从地图上抹掉了这个城市。

在日军最后被消灭之前,他们已经四天没有食物了。当中国人发现日本人开始自杀时,知道战役已经到了尾声。一个日本军官带着一个小孩出来投降。由于一些日本人龟缩在地洞里拒绝投降,中国人从上面灌注汽油,然后点火燃烧。[368]

当日,第20集团军总司令霍揆彰致电向蒋介石报捷:

"……9月14日10时,将困守城内之敌共计3000余人全部歼灭,无一生还。我青天白日之国旗,乃复飘扬于边陲重镇矣。综合攻击来凤山之日起,至克复腾冲之日止,经50日之激战,我各部伤亡5000余员名。共生俘敌军官3员、士兵52名、营妓18名,毙敌

---

[366] 董嗣勋:《怒江烽火 腾冲血战——滇西反攻战片断回忆》。据《滇西抗日战争史料续辑》,第22页。据《第五十六师团将校职员表》,横田进为第1野战病院附、大尉军医。

[367] 美国新闻处:《怒江战役述要》,第16页。

[368] 据美国《中缅印战区综合杂志》,戈叔亚译。http://blog.sina.com.cn/s/blog_4d9e1cca010009gm.html。

藏重康美大佐联队长以下军官50余员、士兵3000余名；虏获敌大小炮15门、轻重机枪50余挺、步骑枪800余支及汽车10余辆，其他军用品无算。正清查中。谨闻。霍揆彰。"

耐人寻味的是，53军军长周福成也单独向蒋介石发了报捷电：

"职军自午冬（7月2日）攻占腾冲外围飞凤山后，相继进迫围攻腾城以来，于午俭（7月28日）将腾垣城内各据点及来凤寺，先后将城外大部敌人肃清；于未冬（8月2日）亦首先登上城墙，打开城上进路；未养（8月22日）攻进城内，开始巷战。经月余争夺血战，于申寒（9月14日）巳时（9—11时）将敌肃清，与54军同时将腾冲城完全占领。谨闻。第53军军长周福成。"[369]

整个战役期间，53军仅在战事结束之际向蒋介石发出此一电，意在提示最高统帅了解53军战功，并且极有可能是基于对集团军总司令霍揆彰能否秉公呈报的不信任。与之对应的是，54军在整个战役期间未向蒋发一电，一方面可能是新军长阙汉骞因资历尚浅，不便直接致电最高统帅；另一方面是基于自信，因总司令霍揆彰会及时报告54军战况，绝不会有埋没之虞。从此细节，可窥察两军的微妙地位和心理。

当日，日本南方总军司令官寺内寿一分别给腾越守备队及藏重康美大佐发来嘉奖令：

嘉 奖 令

腾越守备队：

你们从昭和十九年5月以来，坚守在怒西战略要地腾越，与敌第20集团军进行了长期的战斗。孤军善战的你们，给予凶猛进攻的敌军沉重的打击，使敌军受到极大的损伤。

8月13日守备队长藏重大佐不幸壮烈战死，但守备队在太田大尉的指挥下，更加团结一心。你们以坚忍不屈、顽强死守的战斗气概，牵制了大量的敌军兵力，给予全军整体作战以有力的支持。

守备队在队长的领导下，精诚团结，刚毅不屈，始终保持着旺盛的斗志和英勇作战的精神，以强烈的责任感坚持完成了你们的任

---

[369]《中华民国重要史料初编——对日抗战时期》，第二编作战经过（三），第507页。

务。你们是一支武功超群、出类拔萃的部队。

兹特授此状，并向全军公布。

昭和十九年 9 月 14 日
南方总军司令官 伯爵 寺内寿一

嘉 奖 令

陆军大佐藏重康美：

在你的指挥下，守备队从昭和十九年5月占领怒江战略要地腾越以来，多次击破了云南远征军的大举进攻。7月中旬以来，敌军加强了空中和地面的进攻，战斗愈演愈烈，终于使你们陷于重围。然而，你积极果断地用尽各种战术进行抗击，还经常亲临阵前挺身作战，鼓舞官兵们的士气，坚定大家坚守阵地的信心。或者昼夜挥舞军刀，四处驱赶敌人。8月13日，你不幸壮烈牺牲。使官兵们领会到你即使战斗到死，也要加强团结、顽强拼搏的遗训。为此守备队一直坚定地执行死守阵地的任务，直到最后。

你高尚的人格，正确的指挥和领导，取得了很好的成果。你超群的军事才能，是全军的楷模。

兹特授此状，并向全军公布。

昭和十九年 9 月 14 日
南方总军司令官 伯爵 寺内寿一

此时的腾冲城，已是一片废墟，满目疮痍，遗尸枕藉，腥臭满城。置身其中，已无法分清何处是街道，住户之门开向何方，只剩下一片颓垣，和嗅着尸臭逡巡其间的野犬，景象凄凉。据闻，有一位198师的营长的形容是："没有一片树叶没有两个以上的弹孔，没有一幢房子可以供临时避雨之用。"非身历其境，实难以想象。[370]

---

[370] 阙儒：《阙汉骞将军与腾冲歼灭战》。据《戎马关山话当年——陆军第五十四军史略》，第205页。

所幸战地记者潘世征、彭河清及其他亲历者，均在第一时间进入城内，留下了大量记述。

潘世征战地通讯：

……上午10时许，将全部敌军完全解决。记者于解决的时候，即冒雨视察最后攻克的一个小区域，这儿地名李家巷。当入巷后，即见敌尸遍地皆是，不下四百余具。每一个工事，防空洞或炸弹坑中，以及沿街的两边，断墙的脚下，森林的草丛间，有的四五个一堆，有的数十人一堆，有的是最近一二天内死亡的，有的已经死了许多天，烂得一张皮被蝇蛆爬满的。

最为惨无人道的一件事，是营妓数十名，都被敌人蒙了双眼，一个个枪决了。她们有的穿了漂亮的衣服，有的穿着军服。有一个营妓还生了一个孩子，大概有一岁多了，死时还抱在怀中。这一大堆女尸，被杀死后似用火焚，她们的脸是深青的颜色，不知是涂的香粉呢，还是最近天天哭泣哭肿了眼？还是敌兵临死以前，过度地纵欲，促使她们如此的？敌人临死了，向来被他们泄欲的可怜虫，最后也被迫同时死亡。[371]

彭河清战地通讯：

敌人刚肃清不到一小时，我即赶入城中，凭吊战场。火药味与臭腥之气，弥漫了全城。弟兄们满载胜利品，含笑归来，通信兵则忙于收拾电器。东门两座被服库，若干士兵在烬堆中搜寻战利品。其间敌尸累累，行往瓦砾场，稍不留意即踏着那软绵绵的新鲜尸体。头破血流的模样，种种可怕的尸状，不堪入目。墙角里15具朝鲜营妓的尸体堆成一处，袒胸露乳，红绿相映当中，还夹着一个褴褛婴儿。那炸坏了的东门城楼上，到处是弹痕，到处是尸体。满城细雨，无限凄凉。腾冲城内不仅找不出几片好瓦，连青的树叶，也一片无存。

---

[371] 潘世征：《铁城顽寇就歼记》。据其战地通讯《战怒江》，第112页。

14日的雨，痛快淋漓下了一整天，正所谓洗净腥膻！[372]

预2师第4团机枪手陆朝茂回忆：

我们在清理日本人的地下工事时，看见一坑坑的日军死尸，日本女人都光着身子，好像都是集体射杀的。在一个坑道中，我们发现一伙还没有死的日本女人，她们抱作一团。我们用美式冲锋枪对着她们，大声地叫"出来，出来！"那些女人便随便扯一块棕垫遮着裤裆，有的索性无所顾忌地走了出来，有几个男的也只穿着两块布片。那些坑道都是临时挖的，用几块板子架箱，头上用泥土盖住。因为正值雨季，坑中到处是水，那些日本人吃喝拉撒都在里面，臭气熏天。[373]

第20集团军总部参谋杨纳福回忆：

腾冲城完全光复后，我随总司令至城内视察，看到城里一片残垣断壁，秃枝黄叶，不胜凄凉。日军并留有600多具尸体，排列很整齐，其中包括近百具营妓的尸体。据俘虏告知，这些尸体都是在突围的前一夜遭日军集体枪杀或自杀，其他各处散置的尸体亦有五六百具。睹此情形，总算纾解我长久以来心中深处的仇恨与纳闷，亦证明突围的营妓所告知的情报至为正确。

在俘获的日军文件中，有一篇会议记录，其中记载日军联队长藏重康美大佐的一段话："阵地的受伤者，乃注意力不足也；战阵的阵亡者，乃精神力不足也……凡我大皇军战士，应该发挥精良战技与武士道精神，奋战到底，终会有援军到来解围，获得最后胜利……"由此文件可知日军的能战不屈，伤亡甚少，绝非偶然的。[374]

---

[372] 彭河清：《腾冲之捷》，原载1944年9月《大公报》。转引自《保山地区史志文辑》抗日战争专辑之四，第343页。
[373] 李根志：《机枪手陆朝茂》。据《见证历史——滇西抗战见闻实录（上）》，第183页。
[374] 国军史料丛书《抗战时期滇缅印作战（一）——参战官兵访问记录（下）》，第957—958页。

腾冲和顺少年尹文和回忆：

攻城后，我跟大人上街赶热闹，看战场。中国军人在排敌人的地雷。从南门外到城里，都是死尸。有日本兵、朝鲜婆，也有牺牲了的中国将士。许多地方烟火未熄。在南门外一家庭院堂屋间，我们钻进日本人挖的马蹄形地道。从六保街到南门，根本做不了生意，住不了人，只是在大山脚左边接松园的空地上，搭着些棚棚，摆着些摊摊。小摊上都是用炮弹筒做的筷笼，用钢盔做的脸盆。在和顺乡，好多人家捡得日本指挥刀、刺刀和刻着"昭和十三年"的饭盒。也得到一些美制的大小炮弹的压缩纸筒，至今有的人家还用它放草烟。

六七个日本俘虏和八九个朝鲜妓女，最初关在贾家宗堂，我们常去看。听说俘虏中有一两个是印度人、台湾人。[375]

此时，龙陵方面战斗正烈，且敌不断增援；而八莫方面之敌，也在频繁调动。第20集团军为防敌反攻以确保腾冲，特作如下部署：

以54军198师推进于曩宋关、南甸、大厂构筑阵地，对八莫、遮放方面警戒；预2师清扫城郊战场，并增补来凤山工事。

以53军130师推进于邦乃、腾龙桥、三甲街之线，116师推进于上下勐连、马垒之线，构筑第二线阵地，对龙陵方面警戒。

以上各部队统限16日晨开始行动。[376]

入夜后，潜伏在腾冲东北飞凤山山脚的吉野孝公一行，则开始酝酿逃亡之旅：

"身陷敌阵的我们六人，决定暂时在此藏身，待夜晚来临后再设法动身。幸运得很，我们没被发现。夜幕降临后的敌阵里，天空无声地下着丝一般的毛毛细雨。我们开始突围，每个人早已在心底做好了死的准备。

---

[375] 尹文和：《少年遭国难——腾冲沦陷时期片断回忆》。据《腾冲文史资料选集》第一辑抗日战争专辑，第241页。
[376]《陆军第54军滇西攻势作战机密日记》（未刊档案）。

"敌人阵地上，到处是吊着空罐子的铁丝网。一旦不小心碰着铁索，马上就会听到哨兵盘问的声音，每当这时，我们就紧紧地缩起身子，屏住气息，像壁虎一样继续向前爬行。这时天空带着声响，下起了瓢泼大雨，还刮着风。趁着风雨交加的夜色，我们躲过了敌哨视线，终于顺利地逃出了敌阵。漆黑的夜里，我们冒雨摸索着渡过山谷，越过山峰，最后在一片位于山腰的玉米地里发现了一间小屋。我们在这间早已支离破碎的破旧小屋里歇脚过了一夜。"[377]

[377][日]吉野孝公：《腾越玉碎记》，第75—76页。

第50章 勋赏与罚罪

15日清晨，下了一整夜的大雨忽然放晴。

得到军方捷报后，腾冲县长张问德即亲自进城视察。进入城内，此时被烧毁的房屋烟火尚未熄灭，遍地死尸，硝烟弥漫，臭气熏人。日军设置的障碍未清除，随时有踩炸地雷的可能。张问德视察了一片焦土的城内街巷，也看到自己成为废墟的家园。直至进到文星楼时，才接受集团军总部高参的劝阻，遂返出城。随后，又查看了南关四、五、六保街及敌伪县政府、维持会，返回罗邑坪行署。[1]

上午，第20集团军总司令霍揆彰召集全体将士，在腾冲南门外来凤山麓训话，检讨得失，讲评功过，并谆勉大家继续发挥"战胜攻克"的精神，求得未来更大胜利。

在潘世征、彭河清两位战地记者的报道中，并未引用霍揆彰的讲话内容，通篇洋溢着庆祝胜利、瞻望未来的自豪和喜悦。但在旁听了大会的当地民众记忆中，霍揆彰面对官兵的训话之冷峻，简直有令人如坐针毡之感。

一份当地史料中，曾节录其讲话大意：

"……经过同敌人多次的血战，我们胜利了，腾冲收复了，腾冲人民不再受敌人欺凌了。这次收复腾冲，俘虏敌人很多。经检查后，最使我惭愧的就是：他们只有千把人，除开伤残病号，能战斗的最多不过四五百人，他们的最高指挥官金冈司令和主力部队，已在高黎贡山被击毙、被消灭，退回腾冲城内的都是残兵败将，只有一个

---

[1] 熊文定：《抗战时期的县长张问德》。据《腾冲文史资料选集》第一辑抗日战争专辑，第156页。

上尉军医负责指挥，你们说他们的战斗力强不强？启眼一看，这个会场上，佩戴黄板板的将官有多少？连他们一个小小的军医都不如。我看大家听了脸上会发烧的。我们的部队比他们多好几倍；武器也比他们强得多，他们这样能牵制我们几个月，直到粮食吃完、援军断绝，他们死不投降。如果他们有援军，我们能吃得消吗？更不必说收复腾冲了！"[2]

该史料转述的霍揆彰讲话内容可能不尽准确，比如对日军情况的介绍明显错误较多，但其反省色彩很强，且与9月9日蒋介石发来的电报精神极为契合，想必在官兵和民众中留下深刻印象。

午间，第20集团军总司令霍揆彰设宴为将校庆功。[3]

十余天后，远征军司令长官卫立煌致电蒋介石，为攻克腾冲有功将领请功。

其一：

"后勤部副部长卢佐，[4]筹划补给，督导运输，无间昼夜，军食无缺；参谋长萧毅肃，尽忠职守，不辞劳瘁，处置适宜。拟恳均特颁青天白日勋章，以励有功，可否乞示。"

军委会侍从室第一处主任林蔚签署的拟办意见为："拟并交军令部叙铨厅核议。"

蒋介石批示："萧毅肃应给青天白日勋章。"

其二：

"为霍揆彰等六员，对滇西各役，战绩卓著，请分别奖叙，及颁给勋章由：

"第20集团军总司令霍揆彰，攻占高黎贡山，克复腾冲。……53军军长周福成，先后攻克大塘子、南斋公房，攻占腾城；54军前军长方天，率该军克北斋公房、马面关、桥头、来凤山诸要塞；现54军军长阙汉骞，任攻略腾城之指挥，达成任务；54军副军长叶佩高，任198师师长时，身负重伤，连克灰坡、冷水沟、北斋公房、

---

〔2〕 邓常贵：《腾冲沦陷见闻》。据《云南文史资料选辑》第27辑，第154页。
〔3〕 彭河清：《腾冲之捷》，原载1944年9月《大公报》。转引自《保山地区史志专辑》抗日战争专辑之四，第343页。
〔4〕 卢佐为国民政府军委会后勤部副部长。

马面关之据点。各员参加攻占腾冲作战,除方天前已封颁青天白日勋章,应请另予奖叙外,其余五员拟恳特予颁给青天白日勋章,可否,祈核示。"

林蔚拟办意见:"拟并交军令部叙铨厅核议。"

蒋委员长批示:"同上。"[5]

有道是仗好打,功难评,因为里面掺杂的其他因素很多。勋章固然应颁给有功者,但实际上经常用于搞平衡。卫立煌报了军委会后勤部副部长卢佐和本长官部萧毅肃二人,卢先萧后,蒋却优先肯定了萧毅肃,可能是考虑到萧是辅佐了陈诚、卫立煌的两任参谋长,在此岗位身心付出较大;当然也不排除顾及到自己的心腹林蔚与萧毅肃私交甚密的人情因素。至于负责后勤的卢佐,光是宋希濂、霍揆彰迭次发来的抱怨电报,已足以在蒋心里留下补给不力的印象,自然是不置可否。方天半途离开腾冲战场;其先获颁青天白日勋章,系因一年前在18军军长任上指挥鄂西会战之功。对霍揆彰的报功理由,属领导功劳范畴,在此高位上能否获颁并不重要,重要的是与其形成比较的第11集团军总司令宋希濂,因龙陵误报战果造成负面影响,卫仅给宋报请了低等级的三等云麾勋章。考虑到53军作战乏善可陈,可能对周福成略有感情照顾因素。阙汉骞已在阵中由副军长晋升军长,此奖励较获得勋章更实惠,评价就可以简单些。此电中真正想关照的其实是叶佩高,其战功自然很过硬,为了加重分量又虚拟了一个"身负重伤"的理由,实际上并未负伤——曹英哲对此甚为不满,认为叶师奇袭攻占桥头马面关、创造了扭转战局的契机才是真正的大功,可惜未被高层充分利用;虚构"身负重伤"属过分煽情不得要领。即便如此,叶佩高最后也未获颁青天白日勋章。[6]

9月27日,腾冲军民于城郊东营举行联欢大会庆祝胜利。据当地史料载,"大会结束后,枪毙了腾冲伪县长钟镜秋等7名汉奸,一

---

[5] 指挥攻占松山的第8军军长何绍周事由略。《中华民国重要史料初编——对日抗战时期》,第二编作战经过(三),第509页。

[6] 据曹英哲《抗日名将叶佩高》第一卷《抗日英雄叶佩高将军》[注47],第48页。国军史料丛书《抗战时期滇缅印作战(一)——参战官兵访问记录(下)》,第995页。

时大快人心"。[7]

实际上，在酝酿惩办汉奸的过程中，军地之间龃龉不断，毫无愉快之感。对于此情，军方亲历者的记述较为简单，第20集团军总部参谋杨纳福的回忆较有代表性：

"腾冲在沦陷的两年多时间，伪县长由日军派遣钟镜秋充任，他好像是日本留学生，折冲于日军与地方民众间，为老百姓做了些事，减少日军对地方施虐。光复后，交军法审判，法官判他徒刑，但总司令批示枪决正法。我为此事亲自向总司令报告，他颇获地方百姓拥戴，应予以自新机会。但总司令说：'再好也是个伪县长。'结果还是枪决正法。"[8]

实际上，此时担任军法官的正是腾冲县长张问德[9]，他非但不是如杨纳福所云判钟镜秋等"徒刑"，而是为了将其送上法场，不惜与暗中庇护汉奸的军方撕破了脸皮。

据当时县政府建设科科长陈绍凯撰述：

"汉奸钟镜秋、李家昌、杨吉品等被第20集团军总部俘获，总部将钟镜秋的财产洗光后，便想释放他。但无理由可借，遂由和顺乡长寸少元、绅士李任卿、张盈川、寸时久，洞山和绮罗、小西乡绅士董友熏等联名具文担保钟镜秋（此事是由乡长、绅士主动干的，或受第20集团军总部指使干的，则不知道）。[10]

"县府秘书费云章主张一面申报省府，并自行请求处分；一面以公文通知第20集团军总部，告诉他们：以后处理汉奸案件，要将处理情况通知省府。因为那时省主席龙云兼着行营主任，管辖着第20集团军总部。县府公文一去，就挟制着他们，不敢释放汉奸。同时

---

[7] 邓常贵：《腾冲沦陷见闻》。据《云南文史资料选辑》第27辑，第154页。一说，在钟镜秋、李家昌外，还处决了杨吉品、杨正蕃、杨正金父子三人及徐、周、杜、谢四名汉奸魁首，共9人。此前，军方还在三练处决了杨吉品的小老婆。综合周从锡《避寇日记》及尹家显《雪耻心声》中的记述，载《腾冲抗战史料钩沉》，第82、115、120页。

[8] 国军史料丛书《抗战时期滇缅印作战（一）——参战官兵访问记录（下）》，第959页。

[9] 大概是为惩办汉奸之需，同时节制第20集团军插手包揽地方行政事务，军事委员会昆明行营主任龙云任命张问德为同少将衔军法官。

[10] 据张问德《偏安腾北抗战集·卷六·大事记》记载参加具保钟镜秋的乡镇长名单为：和顺乡长寸尊灏（即寸少元）、小西乡长何田如、下北乡长段德沛、洞山乡长尹天聪、绮罗乡长杨维汉，于8月27日撤职查办。

又下令撤销各出名担保钟镜秋的乡镇长，斥责他们担保汉奸，不顾国家惩办汉奸法令，败坏国家民族正气。

"张问德同意这样办，马上即由费云章起草了三件公文的稿子，加速办理发出。关于撤乡镇长差事的公文，则指定由第一区督导员王泽贞带到各乡，当众宣布撤换。这样，第20集团军总部人员（包括霍揆彰在内）就不敢随便处理汉奸案件，因此把张问德、费云章和我恨到死处。"[11]

另据张问德随员熊文定回忆：

"为了伸张民族正义，严肃国家法纪，张县长以军事委员会昆明行营同少将衔军法官的身份，判决汉奸杨吉品父子、伪县长钟镜秋、维持会长李家昌死刑。第20集团军总部反对处决，他们认为：'钟镜秋抓获后有立功表现；李家昌是为了地方出任，有地方保禀多件。'这是什么话？张县长当即严词申明：'钟镜秋、李家昌可以不杀，那还何必抗战，还有什么民族尊严？都可以苟且偷安，俯首敌人铁蹄之下卖国求荣了。'由于张县长力主正义坚持国法，总部难以姑息，遂在东营召开万人大会。处决杨吉品父子等汉奸时，钟镜秋、李家昌也才同时被枪毙。"[12]

联系张问德政府工作报告可知，陈绍凯、熊文定的记述是符合实情的：

钟镜秋于国军进攻高黎贡山时，无所举动；直至我军兵临腾城之下，目睹敌寇途穷势竭，乃翩然来归，美其名曰"投诚反正"。最初系在预2师部，其后转解霍总部。同时，利用敌伪势力之伪商工会、伪低利银行、伪新华公司、伪东亚公司、伪协新公司、伪日兴公司等之主要分子，汉奸何世隆、杨聪林、董根发、瞿思安等，均被部队扣押。彼等因利用敌伪势力为奸作恶之故，均各拥有数千万乃至数万万元之财产，遂有名为扣押实为保护之事实；甚至有公然

---

[11] 陈绍凯：《腾冲抗日县政府的情况》。据《保山地区史志文辑》抗日战争专辑之一，第348页。

[12] 熊文定：《抗战时期的县长张问德》。据《腾冲文史资料选集》第一辑抗日战争专辑，第156页。

给予委任，任其穿着军服逍遥法外而莫敢如何之事。于是不但军纪扫地，藉此敛财，而且致忠奸好坏不分，全失国家体统。今何世隆、杨聪林虽经霍总司令严饬解送总部，而如瞿思安、董根发、孙镇元、伍融金等于腾冲既克、部队全撤之后，犹在实被保护之列。似此首恶主犯无法处理，县政府拘押候办者尽属胁从之徒，一时引起民众普遍之烦言。（而竟有一般利令智昏之徒，联名保解钟镜秋之事。此事之主动，实由附城回乡未经出走之士绅为之，竟然煽惑其乡镇长，而乡镇长竟然参加书名署衔盖章向霍总部具保，当时传言竟有谓钟镜秋将付诸民众裁判者，视克复如暴力革命，视政府如无有，其歪曲竟至如此。于是为扑灭传言、肃正法纪，将参加具保乡镇长撤职严办，然因此而演成军政双方大不愉快之事。然亦因此而于克复之庆祝会上，将钟镜秋置于法纪裁判之下。钟镜秋虽经伏法，而其他巨奸首恶尚然无惩者实多。〔13〕）倘此情势无法纠正，奸恶无惩，瞻望将来，实无以希望人民遵守法纪。且腾冲地处边境，倘将来一旦有事，此次实已种"心理国防"上之危机。本县长拟于腾城完全克复以后，请霍总司令严饬各部队将所有汉奸一律移归县政府处理，俾伸国法而肃地方。〔14〕

在另一份工作报告中，张问德不无激愤地指出姑息汉奸对于世道人心带来的严重影响：

"腾冲抗日三年，地方出死力者仅得薄赏，而一般奸伪投附敌寇者流，除钟镜秋、李家昌、杨吉品、何世隆已经伏法外，其余悉作漏网之鱼，甚至有趾高气扬，论列是非于克之后，犹复出任要职。彼固不知人间有羞耻事，而此实为无言之民众感觉不平之大原因，路人皆曰汉奸不可为而可为，而以为忠奸之伤既已无别，则是非难明，倘他日不幸再遭如是之事，尚谁能执干戈以起而相与戮力者乎？而诸多义士正人受尽困苦保此人格却无以区别，恐因此而必

---

〔13〕括号内部分文字，在诸多史料版本中被略去。
〔14〕张问德：《腾冲县政府反攻前后各种情形报告书》。据《保山地区史志文辑》抗日战争专辑之四，第299页。

致人心浮动，而使天下好人丧气矣。则来日之惨当必胜于此时，可大惧也。是则忠奸之伤不能不明于今日，则得失之迹不能不昭著于将来，以彰社会公理，而维国家正气也。"

张问德抗战三年，抱定有敌无我、有我无敌，屡遭挫折颠沛，志不少衰，气不少馁，对敌周旋，不失身份。直至收复而尽到抗日守土之责，却因军粮、花纱、汉奸等问题与第20集团军总部争执，以及遭所谓绅商之忌，受宵小之播弄，遂致使敌人千方百计欲离间我军政合作于往昔而不能者，竟实现于腾城即将克复之时，不免令人寒心。为此，在收复腾冲40天后，他毅然辞卸腾冲县长之职，赴大理休养从事著作。后返腾冲，因为无家可归，他就借住在白果巷老友王昭明家，过着淡泊自甘的老儒生活了。[15]

当时李根源、龚自知曾分别赠诗云：

救乡才现宰官身，我有良知我欲仁。
险阻艰难都不计，如今真是读书人。（李根源）

艰危受命泣孤城，落日苍茫阻寇兵。
赢得骂倭书一纸，归田长揖老儒生。（龚自知）

---

[15] 熊文定：《抗战时期的县长张问德》。据《腾冲文史资料选集》第一辑抗日战争专辑，第156页。

第51章 亡命与追剿

（参阅附图34、附图35）

直到此刻，仍有大量逃窜之敌如丧家之犬，在腾冲各地流窜。

据预2师第6团团长方诚记述："在腾冲城收复前的两夜，均值大雨滂沱。敌矫健精干之官兵213名，即乘此良机分批由东边钻隙逃窜，经飞凤山、橄榄寨、江苴、瓦甸西南至固东、马站间，烧杀淫掳，极尽残酷。"

其时，逃窜之敌主要有两路，主力逃向城东北董库方向，一部逃向城南猪新街方向。为了迅速追击歼灭这些亡命之徒，53军、54军先后派兵一部予以追剿。

芹菜塘、坝湾方向：

15日晨8时许，53军116师奉命开赴上下勐连、马垒间地区构筑第二线阵地。当日午后3时据报，有残敌约百二三十名（内有伤兵及徒手者三四十名），于14日拂晓利用阴雨暗夜，逃窜至芹菜塘、坝湾附近。晚7时，53军即令该师派副师长率一部进剿该敌。

师长赵镇藩当即以主力进展至上下勐连、马垒间地区构筑工事，而以346团第1、2营，347团第1营及军搜索营步兵两排（共士兵200余名），由副师长刘润川率领，星夜前往进剿该敌。

经搜索发现该股残敌后，16日拂晓，即开始猛烈攻击，敌即向东北逃窜。于19日晨进至大坝附近，毙敌3名，伤10余名，俘虏1名；房获步枪2支，刺刀3把。敌不支，又向打苴坝逃窜，该师于急进中毙敌3名，房获步枪3支，刺刀3把。同日，即将敌包围于河头。

21日晨，将包围之敌击毙8名，房获步枪2支。残敌一部又向太平街方向逃窜。当即跟踪追剿。敌人经太平街向公坡窜走，该师旋即向公坡急进，沿公路毙敌8名，追至马站街西一华里之旧村，将敌包围，毙敌20余名。

22日，我分路追击敌至花草岭、箱子山一带，敌借山林隐蔽，竭力抵抗。经我猛烈攻击，毙敌23名，虏获步枪3支。

23日，敌又向阱口方向逃窜，并于许家田附近留置掩护队，阻我前进。先后被我击毙6名，俘虏1名（因重伤而死）。而后沿瓦房河跟踪进剿，沿途战斗中虏获敌步枪2支。

24日拂晓，该师继续派队分赴瓦房、阱口、老虎洞各地搜剿。敌经我连日穷追围歼，不得食宿，饿死于山林及自杀者较多。当日，被我击毙13名，虏获步枪2支，并俘台湾籍翻译1名。该师又对大树脚、阱口一带予以清剿，在大树脚附近毙敌2名，内有少尉1名，虏获步枪1支。其余多已失去战斗力，星散于山林中。此时，奉命将追剿任务交预2师接替。

连日战斗中，该路追剿部队伤军官1员、阵亡2员；伤士兵12名、阵亡14名。[1]

猪新街方向：

对逃向猪新街方向之敌，以130师390团（战斗兵约60名）予以追剿。9月15日，发现敌约十余名，当即击毙8名，虏获步枪7支，小迫击炮1门，刺刀6把。经搜剿后，敌已遭歼灭。

大寨、芭蕉关方向：

116师直属各队及348团一部（共战斗兵约百余名），在大寨、芭蕉关附近发现残敌二三十名，遂分头展开搜剿。其中一股于22日窜至响水坪附近，被我击毙4名，虏获步枪2支。另一小股窜至王家寨附近，被我围剿后，击毙敌少尉松崎四郎[2]1员、士兵6名，虏获步枪1支。28日午后1时，又于阳关哨发现敌约20余名，经两日围剿，敌遗尸13具，我虏获步枪8支（5支被敌损坏）。经连日分头搜剿，至10月1日，将逃窜猪新街、芭蕉关一带残敌完

---

[1]《陆军第116师唐习山、大塘子、江苴、腾冲各战役战斗详报》。据《保山地区史志文辑》抗日战争专辑之三，第84—85页。

[2] 据查《第五十六师团将校职员表》无此人。

全肃清。战斗中,我高射机枪连少校连长及步兵连连长均负重伤,士兵伤亡各1名。[3]

在副师长刘润川率116师主力追剿至24日后,因另奉任务他调。54军又令预2师第6团团长方诚,指挥该师尚能作战之部队接替追剿。实际上,此时该师第4、5、6各团因战斗减员,兵力仅各缩编为一个战斗营,营长分别为陈嘉谟、卢福淼、杨成章、易书光。[4]据第5团第5连连长吴堪回忆:由于此前战斗中人员伤亡太大,第5团团部把剩下的担架、运输、通信……杂役兵都集结起来,凑了大约不到100人,由其带领着归第6团团长方诚指挥,参加了追歼逃敌任务。

此时,因我驻印军尚未收复缅甸八莫,方诚判断残敌经腾(冲)密(支那)公路向八莫方向逃窜的可能性较大。遂决心以围剿方式,实施超越遮断部署。方诚将团指挥所设于腾密支路上的板桥,以一部兵力挺进至高田、大坝、古永堵击,主力分为三路跟踪追剿。同时发动各乡镇保甲协助提供情报,随时加强联络。

预2师有三位参加追剿行动的亲历者留下了零星回忆。

第5团第5连连长吴堪:

"一天夜里,我团两名电话兵在架线途中被鬼子用刺刀捅死,电话机被焚。鬼子兵为寻找吃食,经常溜进民宅。于是我们便分兵埋伏在民房外,待机歼敌。一天拂晓,两个鬼子刚进民宅,我们一声呐喊,鬼子呆若木鸡,乖乖地跪在地上,双双就擒。"[5]

第4团第9连机枪手陆朝茂:

"我们根据百姓提供的线索追击残敌到缅箐、高田,搜山搜到了两个日本兵。他们已没有往日的张狂,不敢钻老百姓家,偷得几个洋丝瓜生啃,像老貂鼠一样啃得一半一半的。在一棵大梨树下,有

---

[3]《陆军第53军由怒江至腾冲会战战斗详报》。据《保山地区史志文辑》抗日战争专辑之一,第175页。

[4] 方诚:《八年抗战小史》之十收复滇西之役,第75页。

[5] 吴堪:《抗日战争滇西战场亲历记》。据《云南文史资料选辑》第39辑滇西抗战,第80页。

一个睡着了，一个还没睡着。听见我们的声音，没睡着的那个马上爬起来，但却不知怎么又摇摇晃晃地倒下去死了，很可能得了什么病；另一个爬起来拿着枪就对着我们，但他没来得及打开保险，而我们都是美式冲锋枪，大家一齐开火把他的头都打烂了。这是日军的一个小官，他的身上有几根金条，还有一块罗马表……"[6]

第4团特务排长王希孔：

"第4团从缅箐、高田、古永至盏西岗上，在板桥深山中围歼敌官兵百余人，活捉5人。逃到盏西小团坡20多人，全部被我团歼灭，缴获机枪2挺，步枪30多支。"[7]

指挥此次追剿行动的第6团团长方诚综述为：

"5日内于板桥深山大壑中，围击三次，生擒敌5名，点尸计敌官兵130具。因深林广阔关系，未死之敌又逃窜拴马林、小猛龙间之深山中。时副师长彭劢、参谋长熊起厚均到高田督剿。我乃以一部赶至盏西、猛蚌附近堵击，自率主力分路搜山。于小猛龙附近森林内，围剿4次，又生擒敌官兵7名，点尸计毙敌62名。内有敌野战医院院长五十川秀夫博士，原下令生擒，卒遭击毙，实为可惜！此外二三逃窜之敌，又被民众生擒4名，击毙5名，共计11日将残敌完全肃清，虏获长短枪近百支。我虽伤亡官兵十余名，亦算经济。"[8]

既然军方史料中对于追剿逃窜之敌数字记述"精确"，笔者就逐一进行统计，则自16日起，53军各部毙敌118名，俘敌3名；54军预2师接替后又毙敌213名，俘敌16名。仅此两项合计，反推出从腾冲逃窜之敌即高达334名，这还不包括14日杨纳福率部在董库水田堵截毙敌10余名、俘敌2名。

显然，这个数字的"水分"太大了。据日方资料记述，13日夜至14日凌晨，从城内逃出的日军约200人。军方权威史料中"不确实"的问题竟至如此，直令人感叹"尽信书，不如无书"。

以上叙述，为自我方视角所描述的追剿过程。此时，在亡命途

---

[6] 李根志：《机枪手陆朝茂》。据《见证历史——滇西抗战见闻实录（上）》，第184页。
[7] 王希孔：《反攻腾冲的回忆》。据《溅血岁月》，第118—127页。
[8] 方诚：《八年抗战小史》之十收复滇西之役，第75页。据查五十川秀夫为第1野战病院院长，军医少佐。

中日军的经历、心态，在日军卫生兵吉野孝公的回忆录中亦有极为细致的记述。由于可以想见的原因，逃亡与追剿原本如同京剧《三岔口》中的摸黑夜战，交战双方均不知彼此的底细；加之由于记忆所带来的时间模糊，因此很难判断吉野孝公这股日军属于以上我军追剿中的哪一股，无法将双方的记述严丝合缝地接榫。

这里，让我们进入吉野孝公的记述，从其个人视角感受失败者的亡命之旅：

第二天（15日）早晨，偶然地遇到了这间小屋的主人，于是强迫他给我们带路，来到了勐连。

勐连此时已落入敌人手中。我们一路留心着敌情，小心翼翼地冒雨走在尚未有人走过的山路上，已有一天一夜滴水未进。饥饿和疲劳已使我们无法再提起沉重的双脚，只好像蜥蜴一样地爬行。我们来到一棵芭蕉树下避雨，不知不觉中竟进入了梦乡，不知睡了多长时间，天已大亮。猛然站起来一看，角落里已不见了带路人的身影。我们全都吃了一惊，从地上一跃而起。他已经逃走了。

他熟悉这一带的地形，倘若他下山向敌人报告，凭他的腿脚，绝不会需要多长时间。啊！他可能已向敌人报告了我们的情况。如果真是那样的话，我们就一刻也不能在此地停留了。我们顺着山坡拼命地向上跑。四五分钟过后，下面响起了枪声，无疑是逃跑的带路人密告了我们。"快！"我们顺着山坡，朝着与枪声相反的方向跑了起来。但敌人哨兵已发现了我们，并开枪向我们射击，子弹擦着头皮飞过。没办法，我们又拨开灌木丛向着下面的山谷跑。山谷里，连日的雨水形成的小溪哗哗地流淌着。我们密切注意着敌人的动静，决定在此稍作休息。

就在这时，一种形体很小的瓜从一根树枝上悬挂着呈现在眼前。"这可以吃！"说时迟那时快，贝野迅速将其摘下放进嘴里。"嗯，这玩意儿好歹可以吃！"说着环顾一下四周，发现另外还有很多。我马上摘下几个放进了嘴里。没有一丝甜味，相反倒很苦，但由于饥饿难耐，大家都不顾一切地将其摘下来，放进了嘴里。在没有食物的情况下，好歹可以抵挡一阵。填饱肚皮之后，大家都有一种忘记了敌袭的满足感，幸好身后没有追兵。于是，我们又沿着狭窄的山谷，向着下一个山腰迈出了脚步。

饥饿来临的刹那

山里白天也很暗，而且越走越暗。巨木群生的地方，能吃的东西一样也没有。我们靠采集羊齿、紫萁的嫩芽来填饱肚子，迷入深山老林已是第四天。

雨还在不停地下着。我们陷入了除饿死已无路可走的困难境地。但有一点却是很幸运的，在此绝对不用担心被敌人发现。我们强打起精神，砍倒了周围的树木，用小树枝和芭蕉叶等，临时搭起了一间简陋的小屋。

六个人在屋里升起火，围着火来御寒。雨越来越大，马上就把火浇灭了。临时搭起的小屋也被冲得只剩下了框架，浑身湿透的我们在饥饿、疲劳和寒冷交迫中颤抖，静静地等待着即将临头的死亡。

在腾冲最后一次夜袭中，我的左臂被子弹打穿，右脚腕被迫击炮弹片击中负了伤。竹迫少尉右脚大脚趾被炸断，坂本则从肩到后背都有弹伤，还因患了疟疾而发着烧。贝野的左臂也被子弹打穿。没有受伤的只有梅野和牧山，但两人也都患了疟疾，已被折磨得相当疲惫。其中，坂本的伤势最重。

竹迫少尉非常担心坂本的身体，不断地用言语鼓励他："坂本，拿出精神来，泄气就会死在这儿。如果死在这儿，就失去任何意义！"

我在旁边也插嘴说道："是的，坂本，如果我们在这儿死了，腾冲战死的战友们就全都白死了。"

梅野军曹也对他进行鼓励——坂本是军曹的部下："坂本，在将守备队的最后情况报告给师团司令部之前，不管多苦，都千万不能死！"

每个人在说话鼓励的同时，眼里都充满了泪水。不久，风停雨驻。小屋早已被风吹倒，残骸破片散落一地。这时，贝野采来了一些洋丝瓜。大家见了这饿死前的食物，都显得很高兴。每个人都拼命地嚼着这得来不易的果子，尽管没有盐，也没有任何味道。"食物"数量很少，但多少使我们恢复了点精神。

掠 夺

大风过后的密林又恢复了它的静寂。由于坂本也说要走，于是大家又出发了。巨木群生的密林无边无际，越走越暗，最后我们在里边迷失了前进的方向。无情的雨又滂沱地下起来。我们浑身被浇透了。雨水流过后背，心里一阵紧张，非常担心裤兜里的火绳被浇湿。拖着沉重的双脚正漫无目的地走着，突然一间农家的屋子出现在眼前。屋里冒着烟，肯定有火。直觉告诉我们肯定还有食物。

我们像野兽见到了寻觅已久的猎物一样，眼里放出锐利的光。我们一个劲地舔着嘴唇，喉咙发出咕咕的叫声，已实在按捺不住了。抢！实在对不住这家人，但此时如果还讲什么客气，我们就难免要被活活地饿死。大家全都是为了食物。我们决定抛开常理，袭击这户人家。三人封锁了屋子前后，二人闯进屋里。

可能这家人早就发现了我们，我们闯进时，屋里已空无一人。然而，幸运的是，锅里的稗子饭已经做好。大家无所顾忌地抓起热乎乎的饭塞进嘴里。我们拿起这家的一件脏衣服，把剩下的饭统统包起，又搜出屋里所有的盐和玉米，马上离开了这儿。但这些掠夺来的食物，没过三天就被吃光了。

我们再度拖起沉重的双脚，彷徨地行走在依然下着雨的山里，一天天地翻山涉水，一步步地向着南方挪动着双脚。在伤痛和疟疾的高烧折磨下，坂本的步伐渐渐地慢了下来。我们用肩架着他，并不断给他以鼓励。但坂本终于走不动了。

"芒市师团部好远啊，我已经不行了。大家别管我了，请赶快先走吧。"大家听了这话都很困惑。"吃了那么多苦，好不容易才走到了这儿，喂，坂本！现在我们哪能丢下你一人走呢？"大家你一言我一语地对他进行鼓励。

"坂本，再振奋起精神！"竹迫少尉严厉地说道，像是发泄，又像是鼓励。大家硬抱起坐下去的坂本，轮流背着他继续往前走。步履越来越慢。交加的风雨夹着刺骨的寒气无情地向我们袭来，饥饿、寒冷和疲劳的折磨，已使我头晕目眩。当我们突然想起坂本的时候，他的呼吸已相当微弱。这时，牧山在前面的玉米地里找到一间小屋。

"再这样走下去，坂本会死的！"梅野军曹抱起坂本，走进了小屋。这只是一间徒有其名，破旧不堪的小屋，但总比没有好。于是大家在此歇下脚喘口气。小屋后面有一石崖，石崖下面有一个住着五六户人家的村子。沿着村子对面山麓的谷地有一条蜿蜒曲折的小道，小道尽头消失在上面的云霭之中。

就在这时，一支敌人的部队突然出现在小道上面朦胧的云霭中，并渐渐地向着村子靠近。有二三十名士兵，队伍后面跟着马匹，背上驮着东西，是敌人的一支辎重运输小部队。这支部队进入村子，解下了马鞍，大概是要在这个村子里宿营。

坂本上等兵之死

"太好了，夜袭！送命还是夺粮，二者必选其一。与其坐以待毙被饿死，莫不如赌个胜负，夜袭！"大家都这么说，于是就这样定了。我们立即开始商量夜袭计划。

夜袭的目的，首先不是去杀伤敌人，而是强行夺取粮食。如果时间允许，再抢夺一些雨具。由于要趁着敌人吃晚饭时袭击，所以免不了要混战。最后究竟能有几人活下来，还是全体被歼，大家谁也说不清楚。这实在是一个充满辛酸、孤注一掷的夜袭计划。

而且，这次夜袭显然不能带上坂本；但如果我们全死了，留下他一人也很孤零。大家正左右为难地考虑之时，坂本可能已经听到了这次夜袭，躺在地上呼吸困难地小声说道："这么长的时间里，给大家增添了诸多麻烦，实在过意不去。我活着更会给夜袭带来麻烦。反正我已余生不多，就请各位尽早地成全我快乐吧，请成全我舒舒服服地死去。另外，今晚夜袭，衷心地祝愿大家成功。"

说完，大颗大颗的泪珠从坂本的脸颊上滚落，内心大概非常痛苦吧。大概是想见上一面远在故乡的母亲吧。他强压住内心的痛苦，洁白的牙齿紧紧地咬着嘴唇。竹迫少尉忍着内心的悲伤，紧紧地握着坂本的手说："原谅我们吧，坂本！心里很痛苦吧，不好受吧，一直跟我们走到这儿，一定想回去吧……"竹迫少尉的声音颤抖着停止了。

旁边的战友们握紧拳头哭泣起来。过了一会儿，我们拭去泪水，残忍地成全了坂本的愿望。他像睡着了一样，静静地离开了人世。

夜袭成功

我们在心底暗暗地发誓，一定要用今天的夜袭来吊祭刚刚离我们而去的坂本上等兵。下定了决心以后，我们朝着敌人驻屯的村子下了山。这次夜袭是凶是吉，最后能够活下来的又是谁，只有听从命运。在令人恐怖的黑暗之中，我们悄悄地摸进村子。踏进村子，漆黑一片的夜色中露出一小束微弱的灯光。我迅速朝着光亮的方向，登上了屋前的石头台阶。屋子的门口立着一个黑影，是一个哨兵，手里还拿着枪。我一个箭步扑了过去，哨兵吃了一惊，刚要跳起，还没来得及哼一声，就从高高的台阶上飞滚了下去。可能觉得外面的动静不对，门被从屋里慢慢地打开，又闪出一个黑影。我立即冷不丁地抓住对方的领口，将其摔倒在地。贝野从下面登上来，将躺在地上还没来得及爬起的男人提起来扔了下去。我们俩蹑手蹑脚地进入屋里。微暗的屋子里已空无一人。我们马上蹿到外边，跳进了下面的一间屋里。

屋里，一个看似少尉的男人正坐在屋角的地板上吸食鸦片。他看到我俩吃了一惊，从地板上一跃而起，冲破身后的竹笆墙逃了出去。我们收拾起屋里的雨具、帐篷和毛毯等，迅速冲进了隔壁的屋里，梅野、牧山和竹迫三人，已将做好的米饭和猪肉干巴用毛毯包起。

周围的一切静得可怕，也不知道敌人藏到了什么地方，我们出乎意料地抢得了想要的东西。能抢得这么多东西，已经心满意足。大家互相示意着此地不可久留，于是迅速地撤离了村子，我们警戒着周围的敌人，跑上了对面的山腰。如事先计划的那样，我们夺取了食物、雨具和毛毯等，却没有一个人受伤，夜袭取得了成功。这大概是坂本的英灵在暗中保佑着我们吧。我们再三向坂本的英灵表示谢意，并把从敌人手里抢来的东西满满吃了一肚子，这样，大家又恢复了体力。

这时，敌人开始对村子进行攻击。他们可能以为我们还在村子里。其实我们早就离开了村子，眼下才进攻村子已没有任何意义。我们整理好行装，穿上从敌人手里夺取的雨具，迅速向山上攀登。

我们抓住丛生的小树枝，冒着雨，在黑暗中顺着山坡向上爬行。来自村里的枪声还在脚下回荡，走在夜中的丛林里，也不知何处才是尽头。渐渐的周围变得一片漆黑，跟前的能见度很低。

疲惫困乏

白天都很黑暗的丛林深处——一个魔鬼出没的地方。我们迷入其中，已有整整两天。雨还在一刻不停地下着。当我们走出丛林，来到一块草地上的时候，从敌人手里夺来的粮食已经全部吃光了。五人都已疲惫不堪。梅野和牧山一直身患疟疾，已被高烧折磨得苦不堪言。竹迫少尉站立高处，手搭凉篷正环视着附近的群山。突然他发现了位于对面山腰处的一间民房。

"大家振奋起精神，前面有一间屋子！"的确，在他手指的地方，有间屋子映入了我们的眼帘。可是到那间屋子，还有相当长的一段距离，而此时，天已经黑了下来。我和贝野互相看了看。梅野和牧山由于高烧，再往前走看来已不太可能。尽管如此，少尉还是极力鼓励大家，"如果我们在此倒下，一切就全完了。大家再坚持一会儿，到了那儿，我想总会有办法的。"

在少尉的极力鼓励下，大家又迈开了脚步。我们一边鼓励着正经受疟疾折磨的梅野和牧山，一边拼命地向着前面的目标行进。途中梅野和牧山跌倒了好多次。贝野用肩架着梅野，我架着牧山，一路上不停地给他们鼓劲。尤其是牧山，自从芒市编队以来，我们一直在同一个班里，并肩作战，一起出生入死，是到目前为止我唯一活下来的战友。背着战友，艰难地往前走着，而通向农家的路还很长。梅野和牧山已被疲劳和高烧交迫折磨得气喘吁吁，我们不停地鼓励他们俩，步履艰难地在遥远漫长而又崎岖不平的山路上走了好长时间。

最后总算到了这家屋前。屋里住着一对夫妇和一个孩子。看到我们的突然侵入，他们一开始惊恐得一句话都没有，当明白我们不会对他们施加伤害时，总算恢复了常态。我们向夫妇俩乞求道："我们有病人很为难，请求让我们住一下，吃点东西。"这对夫妇心地很善良，答应了我们，并立即着手为我们准备食物。

梅野军曹和牧山兵长之死

好久没有这样围着火炉喝茶了。这时，夫妇俩为我们准备好了食物。食物是用玉米粉蒸的饼子，平时，当地的语言称之为"玉米粑粑"。食物很粗糙，但对已有好几天没有进食，一直在饥饿中痛苦挣扎的我们来说，真是比什么山珍海味都要好吃、难得。我们吃饱肚子以后，静静地坐在暖洋洋的火堆旁边，不知不觉中，竟酣然地睡着了。

不知睡了多久，睁开眼，天已经快亮了。突然发觉外面动静不对，轻轻地推醒其他几人。大家侧耳静听，外面传来的声音很小，但却是很多人讲话的声音，屋里已见不到这家男人的身影。这时，女主人脸色发青地向我们打着手势，并指着屋后的玉米地，"你们要被杀了，快逃！"刹那间，我们都被她的这一举动给搞得莫名其妙。

实际上，昨晚我们并没有发觉这家男人有什么可疑之处。大概还是他告密了我们。时下，已无暇再去想这些。我们朝着玉米地，横穿着跑了过去。玉米地长度有三十米光景，尽头便是一百米左右的草坡，跑过草坡，就可以遁入密林。右手边是绵延的山峰分水岭。

少尉命令："向前面的密林方向跑！"这时分水岭出现了敌影，我们四人一起跟在少尉后面跑起来，同时，敌人开始向我们开枪射击。

梅野倒了下去，紧接着牧山也倒下了。我发现跑到密林已来不及了，就顺着草坡向下猛跑。几发子弹溅着砂土射在我脚下。尽管脚有点不听使唤，但还是不顾一切地拼命向下跑，终于跑到了一个相对安全的地方停下脚步。竹迫和贝野也跟在后面跑了过来。下面就是山谷，我们一起来到了山崖上。山崖边上有棵大树，向下俯瞰着山谷。我们三人迅速将身子藏到了树后。山崖下的山谷深深地覆盖着一层灌木。

一大群敌人士兵蜂拥着追到头上的大树旁边。他们可能发现了我们从树根处跳下去的痕迹,对着山谷大骂,并一齐开枪射击,子弹贴着我们头皮飞过。这时,贝野可能认为已经被敌人发现了,"到此为止了!"说着拿出手榴弹。我按下他的手,"贝野,死还早呢,再忍耐一下。"少尉也同时按下了他的手。

放了一阵枪,没有发现目标,敌人停止了射击,折了回去。我们都长长地松了口气。但此时此刻,丝毫也不能大意。我们密切注意着敌人的行动,在树下谨慎地等待着敌人远去。

三人同行

在千钧一发之际死里逃生的我们,一边探听着梅野和牧山的消息,一边开始向大山深处走去。最后,只剩下了我们三人。从腾冲城突围出来,今天已是第十二天(即9月26日)。竹迫少尉边走边直言不讳地说道:"现在就剩下我们三人同行了,不管是走是死,我们都要身在一处。"

我和贝野默默地点着头继续往前走。

懵懵懂懂地走了两三天,结果,我们又走回到前几天遭敌人袭击的地方。我们密切警戒着周围的动静,找寻梅野和牧山的下落,但还是没能发现他俩的踪影。没办法,我们只好断了这一念头,继续往前走。这时的我们已全然不知芒市师团到底在哪个方向了。

大雨如注。自最近一次敌袭以来,我们口中已有好几天几乎滴水未进。我们都在艰难地维持着生命。在雨淋、饥饿、疲劳和寒冷的折磨下,我开始感到头晕眼花,身体也像散了架似地抽搐。我竭力咬牙挺着,但最后还是昏迷了过去。身心在这种凄楚和难以忍受的痛苦中,不知被反复地煎熬了多少次,以至于这种折磨仿佛现在还在身上隐隐作痛。不,不是仿佛,现在就在体内作痛。

身旁竹迫和贝野的鼓励声越来越细,越来越远。最后,我又昏迷了过去。以后的事,就什么也不知道了。醒过来以后,发现自己已躺在一堆火旁,至于自己怎么躺在了这儿,又是怎么来到这儿的,记忆中就一点印象也没有了。后来听竹迫和贝野告诉我,我昏迷倒下以后,他们俩背着我,一路吃了好多苦才来到这儿。这时,贝野将烤好的玉米递给我,我一把抓了过来,不顾一切地大口大口地嚼着,也不管会不会哽住嗓子,迅速地咽下去。这样狼吞虎咽地吃完以后,只觉得心中的血又开始沸腾。

太阳旗与千人针

暖融融的篝火,使我似乎又恢复了正常的意识。这间小屋后面是山坡,山坡上长着野生的黍子。周围的山上,到处都是居民迁徙后留下的残迹。不久,我醒来一看,贝野和竹迫都已累得可怜。贝野有气无力、断断续续地说道:"少尉已经不行了。实在对不住玉碎的战友们,也不知道芒市的路怎么走,向师团报告已很困难。而且,如果疟疾再发烧,这也就是咱们的最后时刻了   "说着,他看了看少尉的脸。少尉紧闭双目,一声不响。

贝野从褴褛的衣服下面取出众人集体签名的太阳旗,对着火光仔细地瞧着。我也拿出贴在肚皮上的"防弹千人针"。这是在出征的时候,由当时的昭和女子高中的学生们缝制的一件内衣。战场上每个人都有这样的太阳旗和"千人针",或许少尉身上也穿着一件吧。

太阳旗和"千人针"沾满了血、汗水和污垢,泛着紫黑色。三人围坐在火堆旁,互相通报了各家乡住所和父母、兄弟姐妹的情况等,并共同起誓,三人中如果有谁能活着回到故乡,一定要向人们转告腾越守备队最后的玉碎情况,以及我们三人的最后遭遇。

贝野谈起了他的妻子和三个孩子,指着太阳旗上他六岁长女留下的痕迹说道:"大家看!"上面歪扭地绣着"爸爸,您可要回来哟"。贝野的眼眶湿润了,我和竹迫的眼里也充满了泪水。

自 杀

不久,天亮了。天空微微地泛着白色。山谷里,夜啼鸟发出美妙的叫声。竹迫少尉若无其事地走到外边,舒舒服服地伸了个懒腰,"啊,今天还是个雨天。"话还没说完,"不好,敌人!我们已经被包围了!"随之,枪声响起。少尉迅速跳入下面的田里。接着我和贝野也跳了下去。同时,子弹雨点般地倾泻下来。三人顺着玉米地朝山谷箭一样地飞奔过去。途中,贝野倒了下去。我不假思索地抱起他，继续向前跑，但贝野的身体渐渐地沉重起来，最后坐了下去。不论我怎么使劲想把他扶起，可他还是一动不动。

血从他紧闭的口中流了出来，子弹打穿了他的腰部和大腿。

这时，不远处的芭蕉树下传来竹迫的叫声，同时，手榴弹沉闷地爆炸了。少尉自杀了。

贝野无声地撞开我，我跌落下去。"吉野，孩子……"声音微弱地中断了。

"啊！"待我反应过来，转声回头的瞬间，只听"砰"的一声，手榴弹被贝野紧紧地抱在了怀里。我急忙跑着爬上去，但已经来不及了，贝野的腹部已被炸飞。

这是他留在我眼中的悲惨的最后一幕。[9]

以后我就什么都不知道了。不知过了多久，醒来发现躺在山谷里深深的羊齿草之间。想要站起来，但身体却一点也动不了，只觉得周身剧烈地疼痛。

突然，敌袭的情景再次浮现在脑海。竹迫、贝野的自杀，以及贝野的凄惨结局像走马灯似地掠过脑海。这时我才彻底明白，眼下已只剩下了我一人。心情极为沉重的我，拼命地抓住羊齿和灌木枝条，一点一点地爬到了现场附近。周围已经没有了敌人的影子。

在现场，我找到一个可能埋着二人尸体的土堆。我拼命地想要挖开土堆，然而，单凭我的力气，不管我怎么挖，还是无济于事。不知何时起，天下起了雨，雨声越来越大。土堆在流下来的泥水不断冲刷下，从中露出了日本式丫巴鞋[10]和藏青色腰带。腰带一定是竹迫的，丫巴鞋大概是贝野的。我抱起二人的遗物，"贝野！竹迫！"不断呼唤着他们的名字，一个人蹲在如注的雨中痛哭。

"难道你们真的留下我一人去了吗？"我忘记了饥饿，忘记了疲倦，也忘记了伤痛，在雨中不停地哭叫。想要抬起浑身湿透的身体，但脚怎么也使不上力气。大雨滂沱的漆黑山谷里，我孤身一人，束手无策，悲恸欲绝。

---

[9] 结合上下文记述，推定竹迫、贝野自杀日期为9月30日。
[10] 即日军装备的分趾胶鞋，因其像偶蹄动物的脚趾，腾冲当地老百姓称其为"畜生脚"。

第51章 亡命与追剿　773

老人之情

在草丛和灌木之间拼命地不知爬行了多长时间,最后我来到了一个山丘上。既没有去处又想不出办法,只好蹲在下个不停的雨中茫然地等待。伤口还在阵阵作痛,左腕的伤口处,血还在流着,扭伤的脚已无法再继续行走。寒冷、饥饿和伤痛的交加折磨,已使我昏昏沉沉。死神就要降临了。说实话,在我的脑海里,当时一个劲地想到的全是这些,头嗡嗡作响,身体也感觉不对。

这时,有个人影出乎意料地出现在我面前。的的确确是个人,一位老百姓装束的老人,老人像是在跟我搭话,但我却一点也听不懂。即便我想要说什么,他肯定也不会明白。老人走到我身旁,扶起我,为我打起了他的伞。我高兴地松了口气。老人解下腰中的包为我拿出食物,是一块叫粑粑的饼子。我看到他拿出的饼子,欣喜异常,急忙感激地低头致谢。稍稍过了一会儿,老人把自己用的拐杖放在我膝盖上,留下几句听不懂的话走了。

危难之时,得到了这种意外的帮助,我着实非常高兴。望着老人渐渐远去的背影,我双手合十,不停地一个劲地叩拜。老人离去以后,留下的充满爱心的食物使我又恢复了体力。只觉体内一种热乎乎的东西沸腾着直往上涌。

"对,我不能死,现在起,我要战胜死神。在我身上肩负着重要的使命。"

这样想着,我又振奋起精神抓起拐杖,想要站起来,但还是不行。没办法,四肢着地,拖着疼痛的脚向前爬行。但到底该往何处爬?目的地芒市又到底在什么方向,我全然不知。但不管怎样还是向前爬吧。或许还会遇到好心人。如果遇到,就请他把我带到家里。如果真是这样,就在他家耐心地等待身体恢复。或许这完全是一种胡思乱想,而且这儿也不是什么村子,这儿是高耸入云的云南山中密林。但我除了借这种胡思乱想来得到一点慰藉外,脑海中实在浮现不出任何更好的办法。这就叫"盲人骑瞎马",一切听天由命了。

白天也很暗的丛林深处,到处长着比身长还要高的萱草。在里边,我毫无目的地到处爬着。漫生的玉米、洋丝瓜、竹笋、蘑菇,只要眼睛能看到的,无论什么,都成了我的食物。要说小生物,在树枝和叶子下面有很多雨蛙，这自然也成了我口中之物。在雨中丛林里，我像淋透的野兽一样，到处爬行，累了就直接躺在树荫下和衣而睡。这样度过了数日。

老太婆和年轻女子

对面的山腰处缭绕着一缕丝一般的紫色烟雾，远远地可以看见山麓有户人家。屋里肯定有暖融融的火，有人，还应该有食物。在我脑海里，联想的尽是这些。我突然想到"对，走到那家以后，总会有办法的"，不管怎样，还是先设法走到那家，然后再去考虑其他事情。

到达这户人家要越过两座山峰，似乎不太容易，但我决心已定，并鼓起了勇气开始向前爬。爬过山峰，爬过山谷，拨开草丛，当我开始向另一座山峰攀登的时候，周围已漆黑一片。好不容易摸索着爬上山峰以后，我决定休息一下。

似睡非睡中，天空露出了鱼肚白。无意之中抬起头，发现自己苦苦找寻的屋子已近在咫尺。我兴奋异常，激动不已，顺山坡而下，摸索着来到了屋前。这时，天已大亮，屋子周围一片宁静。庭院里，两三只鸡在拍着翅膀寻找食物。我不假思索地撞进了屋里。

屋里有个老太婆和一个年轻女子。她们见到我这个不速的侵入者，吃了一惊，久久地凝视着我。看到我疲惫不堪的样子，老太婆消除了疑虑，走过来将我拉了进去。她为我升起火，泡了杯热茶。我已有很久嘴唇不曾沾过茶水了。茶水缓缓地流进我的身体，温暖了我冻僵的每一根血管，使我感觉自己好像又一次活了过来。接着，老太婆又给我拿出热乎乎的粑粑。年轻女子对我的来历似乎还存有疑虑。极度的疲劳使我对她们拿出的食物只能眼睁睁地看着，却没有力气吃下去。坐在火堆旁边，温暖的火苗烘烤着我渐渐复苏的躯体，不知不觉中，在渐渐袭来的睡意诱惑下，竟酣然地进入梦乡。

迷迷糊糊地被人推醒，睁开眼一看，她俩正对我反复比划着，像是要告诉我什么。仅从她俩惊慌失措的神色中，我已直觉到了是怎么回事：附近有中国兵，请赶快逃离此地！我感激地点了点头。

年轻女子用芭蕉叶包起食物，给我系在了腰上。带着感激和由于给她们增添麻烦而内疚的心情,想要马上站起来,但膝盖依然不听使唤,怎么也使不上力。年轻女子从旁边用肩扶起我,将我送到了外面。

拄着拐杖,我沿着两人给我指引的后山的羊肠小道,拼命地往前走。受伤的脚越来越痛,最后实在走不动了。周围已经暗下来。无奈地坐了下去,睡意又马上困扰着向我袭来。就在半睡半醒之间,迷迷糊糊地听到不远处传来的细小低微的说话声。循声望去,树木的缝隙间透出一束灯光。尽管自己也觉得很危险,但实在无法继续忍受疲劳和伤痛的折磨,在走投无路的情况下,贸然走进了屋里。

里面有四五个男人,正围着火炉烤火。他们见到我,眼里透出异样、奇怪的眼神。我感到情况异常,然而,其中的一个男人却带着微笑走过来,把我拉到了火炉边。他请我喝茶,并操一口我一点也听不懂的语言跟我搭讪。我只好打着手势跟他们"说话"。由于过度的疲劳,跟他们一起坐在暖洋洋的火炉边,说着说着,就又睡着了。

突然,我被外面的骚动惊醒,猛地睁开眼一看,天已亮了,屋里空无一人。

后来才知道,这儿原来是敌人便衣队布设的暗哨。诧异之中,眼光迅速扫遍了屋里的每一个角落。就在这时,便衣队荷枪实弹地从门口蜂拥着冲了进来。"这下完了!"的念头闪过脑海的瞬间,头被重重地击了一下,眼前立刻模糊起来,接着又是一记沉闷的声音过后,我失去了知觉,后来的事就什么也不知道了。

过了好久,神志清醒以后,睁眼一看,发现自己正躺在山寺的后面。四周围着许多庄稼人,正用一种怪异的神色打量着我。其中的一个人向我走过来,在纸片上写上汉字,同时打着手势对我说:

"你是日本伤兵,我们现在送你到我军的野战医院去。不要紧张!"他像是中国便衣队的队员。

被俘无颜

我父亲是明治时代一名态度严厉的近卫兵。10月7日的今天正是严父的忌日,也是我的生日。这样一个值得纪念的日子,恰恰也是我作为帝国军人无颜被俘的日子。

屈辱和悔恨的泪水，像断了线的珍珠从脸颊上滑落。自杀的念头一次次在脑海中浮现并一次次地涌上来。死吧，或许唯有设法早点死去，才能把自己从屈辱和悔恨的痛苦中解脱出来。正这样想着，突然，"腾越守备队"几个字掠过我的脑海。接着，眼前又浮现出竹迫、贝野、牧山、梅野和坂本的音容。

对，我是他们五人最后还活着的唯一使者和希望。如果我此时轻率地死了，腾冲勇士悲壮的最后一幕及五人嘱咐的事情，就再也无人转告了。想到这里，觉得自杀还为时尚早，等身体恢复以后，再伺机逃跑吧。因为我的生命已不再仅仅属于我一人，而是所有守备队战死者的希冀。"在完成报告最后情况的使命之前，我决不能随随便便、不负责任地死去。"我在心里暗暗地下定了活下去的决心。这一天是竹迫少尉和贝野兵长自杀后的第七天。

躺在村民们用竹子和蔓草赶制的担架上，被人抬着越过几个山坡后，担架在一个村子的大户人家门前被放了下来。可能已有使者事先来此进行了通知，村民们像是一直在等着我的到来。

这个村子是便衣队的驻地。人群中，一个身材魁梧的男人，像是队长，走到我面前。突然，他无声地拔出十五响的英国式连射枪，对着我的胸脯，怒吼道："我要开枪杀了你！"

对此，我早已做好了准备。既然已身为俘虏，也就只能听任对方随便摆布和处置了。当时，在便衣队长后面的石阶上站着一个姑娘，正手捧着茶碗喝茶。我的嗓子早就干得快要冒烟，于是指着姑娘方向，打着手势，迫不及待地说道："给口茶喝。"队长看了看我，又对着身后的姑娘说了些什么。姑娘立刻从台阶上走来，把茶碗递给了我。我抢似地接过茶一饮而尽，然后，挺起胸脯说了一句，"好了，开枪吧。"

队长放下枪，微微一笑，轻轻地拍拍我的肩膀，用不太标准的日语对我说："请放心吧。好样的！日本兵很勇敢。你是伤员，你的任务已经完成。从现在起，由我的部下将你送往我军医院。祝你早日康复！"说完，就迅速地离开了。难道这一席话真的出自敌人将领之口？为此，我疑惑了半天。我想他大概认为在村民们面前杀人不好，所以要把我带到后山荒无人烟的地方再动手吧。

我重新躺在了担架上，有五名士兵护送同行。担架上了山路以后，却依然看不出半点要杀我的迹象。不仅如此，在路过途中的村子时，他们还从村里买了饼子，递给我："吃吧！"我听不懂他们的话，加之疲劳，一点食欲也没有，所以没有伸手去接递过来的饼子。他们毫不介意，自己狼吞虎咽地把饼子吃了下去。

　　担架又上了路。艰难地走过一段险峻的山坡之后，傍晚的时候终于到达了敌人的兵营。这支部队有一个中队左右的兵力。说是兵营，实际上也就是一个有着四五间屋子的村子。两三名少尉以上的军官正围着火在吃晚饭。士兵们把我从担架上放了下来，带到了他们面前。向军官们报告完情况以后，抬我进来的士兵们行礼离去。军官们把我从担架上扶下来，又是拍我的肩膀，又是拉我的手，劝我喝点茶吃点东西。由于身体极度疲劳和虚弱，再加上伤痛，对他们递过来的食物和茶水，依然没有接受。

　　他们看了看我的伤口，叫来卫生兵，命其为我包扎。卫生兵在包扎我的伤口时，完全出乎我意料，对我非常亲切，而且还很仔细。军官和士兵们，对作为敌人的我，却丝毫没有敌对的态度，这一点让我觉得非常不可思议。他们也没有就日军的情况向我询问什么。对此，我甚至认为，这是不是对我太冷漠了？整个晚上，我都在伤痛的折磨中彻夜难眠。

　　第二天早上，令人痛苦不堪的担架护送就又开始了。途中，心里好几次盘算着逃跑，但因身受重伤，拖着行动不便的身体，想要逃跑已根本不可能。苦闷之中，担架走过了山间的险路，于下午五时左右，到达大董村，亦即敌军的作战司令部所在地。这个村子，也就是我们在城池陷落的那天晚上逃出后，最初进入的敌人阵地。从这儿可以清晰地看见水田对面的腾冲城。

望见腾冲城

　　玉碎的三千余名官兵们的尸体在风吹雨打中，永远地在城墙里安息了。想到这些，悔恨的泪水不由得再次涌入眼眶，我竭力忍住泪水哭泣起来。一路上，头脑里一个劲地想着，今天大概就是我生命的终结吧，这儿大概就是最后的枪杀刑场吧。正这样想着，进了一道门以后,我被从担架上放了下来,马上又被带进一间屋里。

完全出乎意料,这儿竟是司令官的房间。屋里的书架上,整齐地摆放着四五十本书,里边还有五六册《三国志》。司令官只身一人走了进来。看到他,更令我大感意外,虽然是敌人,但作为将官的他,穿的军服却是一套早已褪了色的棉布衣。然而,领章上一颗闪光的金星,显然表明他确实是一名陆军少将。他亲自接见我这样的一名被俘士兵,莫非是把我当成了重要人物?如果真是这样的话,我就无法避免地要受到重要的讯问了,根据情况难免还会有严刑拷问。我默默地在心里做好了准备。

这时,值班卫兵端着茶递过来。司令官用的茶具跟我的一模一样,都是极其简陋粗糙的茶碗。司令官进屋以后,一直默默地打量着我紧张的脸。突然,司令官打破沉默,跟我搭话道:

"不要紧张,请坐下。"

流畅动听的日语又使我稍稍吃了一惊。

"累了吧?你的伤势很重,是在腾冲城战斗中负伤的吧?"将军接着询问道。

"是的。"我一语回答。

将军又接着说道:"一直忍受到今天,你真是好样的。腾冲守备队一直战斗到最后一人,很勇敢。但对于全体战死的官兵们来说,也真是可怜。"

将军突然中断了自己的话,稍稍闭上眼,又继续说:"我毕业于日本的士官学校,是这次云南战区中国军队最高司令官。在与你们在腾冲的战斗中,我失去了二百多名少尉以上军官,为此还受到了蒋总统严厉的斥责。战争对人类来说,是一件非常痛苦和不幸的事。这场战争,估计不久就要结束。你们和我们同是亚细亚同胞,然而,彼此之间却进行了这么长时间的不幸战争。这场战争必须尽早结束。"

司令官停下来,看了看我的脸颊。稍稍过了一会儿,他又说道:

"日本的官兵,战斗到最后一刻时都全部自杀。这次腾冲战役中也不例外。你来到这儿以后,绝不允许自杀。从现在起,在你们的肩上已承担着重大的使命和责任。战争一结束,你们就要成为重建日本的支柱。眼下的日本更需要你们这样的年轻人。中日两国也须尽早结束战争状态,为东亚,为全世界的和平,为了各民族的文化建设,有着聪明才智的两国人民携手合作的必要时刻已经到来。"

将军的眼里闪着光,接着又说了一句:"我讨厌战争!"句尾的语气很沉很重。[11]

吉野孝公不知道这位将军的名字,留下了一小段历史悬疑。

军旅作家彭荆风在其纪实文学作品《挥戈落日》中说,这位将军是198师师长叶佩高。腾冲国殇墓园管理所原所长毕世铣则认为,应是53军军长周福成;因为抓获吉野孝公的那个地区,恰好是53军的防区。吉野孝公记述自己被俘日期为10月7日,而据我军战史记述:53军116师于9月24日即奉命将搜剿任务移交预2师,预2师继续追剿5日,至9月29日即结束行动。一周后,是当地便衣队捕获吉野孝公,并押送至腾冲大董村附近。此时,53军130师已推进于邦乃、腾龙桥、三甲街之线,116师推进于上下勐连、马垒之线,对龙陵方面警戒。54军198师推进于曩宋关、南甸、大厂之线,对八莫、遮放方面警戒;而以预2师清扫城郊战场,并增补来凤山工事。[12]则10月7日以后吉野孝公被押送至腾冲,能见到的将军可能是预2师及53、54军军部及集团军总部的几位指挥官,仍难以确认到底是哪一位。吉野提到,那位将军自称系"云南战区最高司令官",应属不确实的信息。

为中国军队的宽大精神所折服与感召,战后吉野孝公多次重返云南腾冲。有一年,当他听说腾冲发现了他们几个一起逃亡时,某个日军遗留下的一支刻有姓名的钢笔,吉野还特地从日本跑来腾冲一探究竟。这支钢笔为绿色,笔杆上刻有隶书体"陆军军曹梅野清"七字。经吉野证实,钢笔的主人即前述在逃亡中患有疟疾、后被我军击毙的其同伴梅野军曹。由此,吉野再次为自己有幸成为腾冲之战寥寥无几的存活者而百感交集。以这支钢笔的发现地新华乡龙潭

---

〔11〕[日]吉野孝公:《腾越玉碎记》,第76—112页。
〔12〕《陆军第54军滇西攻势作战机密日记》(未刊档案)。

村为线索，吉野又和当地的中国人一起研判，讨论自己已经记忆模糊的昔日的逃亡路线。[13]

据吉野孝公回忆：

> 司令官自始至终地将"俘虏"一词说作"保护兵"。晚上，我在大董村的一户人家过了一夜。卫生兵给我治疗了伤口，换上了新绷带。两天以后，我被转移到另一个村子的一户人家。在这家，有十四五名日军伤员，几乎全是腾越守备队的勇士们。其中有好几人是重伤员，已奄奄一息。
>
> 其他的房间里，关押着腾冲商工会的会长[14]及另外四五个中国人。他们的脚上都戴着沉重的铁镣。听说他们都是勾结日本军的汉奸，日后全部要被处决。
>
> 在重伤员中，我一个认识的人也没有。三天以后，从腾冲城突围逃跑时离开队伍下落不明的吉川上等兵被用担架抬了进来。他伤势很重，听说早就被安置在别的人家保护起来。[15]

---

[13] 360doc 个人图书馆网友 Zkygh1963：《抗战中一桩令中国人自豪 日军蒙羞的往事》。http://www.360doc.com/content/070919/00/43414_754851.html。

[14] 可能是伪商工会副会长何世隆。

[15] [日]吉野孝公：《腾越玉碎记》，第112—113页。

第52章　回家——中日士兵的最后归宿

战争结束了，尽管有无数的士兵已成滇西怒江河边骨，侥幸活下来的人总要回家。

日军卫生兵吉野孝公的回家之路，经历了在我军后方医院、战俘营、收容所的羁押岁月，在辗转穿越了其所未能征服的这片广袤的国土后，于上海登船驶向那个发动了侵略战争、又被战争摧毁的祖国。在其回忆录中，对回家之路的记述几乎超过了战争经历，因为后者是死路，此刻踏上的则是令其新鲜又陌生的生路。

又过了几天，我们被送往后方医院的时刻终于到了。其他村子里的重伤员都被用担架抬着集合起来，轻伤员则徒步行走。重、轻伤员加起来，有三十余人。

负责护送的士兵分担架兵和警卫兵，加起来有四五十人。担架队抬着伤员艰难地行走在云南崎岖险峻的山路上。途中，在大塘子村附近住了一夜，过了惠仁桥以后，在一片马鞍形的草原上野宿的时候，无论护送的士兵还是躺在担架上的伤员都已累得筋疲力尽。

寒气袭来，如针刺骨，伤口剜心般地剧烈疼痛。重伤员整夜不停地发出悲惨的呻吟。天快亮的时候，有两名伤员不幸死去。尸体被就地安置以后，部队又出发了。与世界屋脊喜马拉雅峰相连的高黎贡山无情地夺取着重伤员的性命。险峻的山路上，担架队里的每个人，无论是对方，还是我们这些伤员，都吃了相当多的苦。死去的人被就地扔掉。

渴望生存的士兵和伤员都在拼命地与死神抗争。抬着担架的士兵们，肩上渗出了血。看到这种情景，我实在按捺不住，拼命地请求把我从担架上放下来,但还没走几步,就支撑不住摔倒在地。抬担架的士兵们笑着说:"别逞能了。"把我又扶到了担架上。真诚的笑容里,丝毫也看不出任何敌意。

天黑了,我们又在一座山的鞍部停下来野宿。周围的草长得很深。山峰间吹过来的寒风,打着旋涡,像刀绞一样,扎在伤口上。寒风劲吹,漆黑广袤的草原上,不断地飘荡着重伤员痛苦的呻吟,伤员们在伤痛的痛苦煎熬中挣扎。夜里,又有一名伤员在悲哀的呻吟中死去。

越过高耸入云、充满艰难险阻的山路,走出死亡的莽原之后,第四天,担架护送队一行终于上了援蒋运输线——滇缅公路。路上,运输部队的车辆排着长蛇一样的队列。顺着这条路向右行就是拉孟(松山)阵地。[1]

护送队长告诉我,现在彼此正在龙陵阵地激战。

我仿佛听到了龙陵阵地隐隐约约的炮声,"逃走"的念头又一次在脑海中浮现。但心有余而力不足,凭着这双脚根本无法行走。我想大家的心里一定也是这么想的。全身虚弱无力的我们,将从这里沿着滇缅公路由运输车送到保山。到保山的行程,一点也没有告知我们。护送的车辆在荒草遍野的滇缅公路上卷着尘土,一路北上。日落时分到达了保山。

重 逢

保山是中国军队的作战指挥部所在地。这里有飞机场。既是军事物资的集散地,也是中国远征军云南战区的军事要地。由于日军飞机轰炸,机场已被破坏得相当严重。面积不大的机库附近,停放着五六架飞机。

我们从运输车上下来以后,走进了位于保山街尽头的一个大户人家。我在此出乎意料地邂逅了一群人,她们就是在逃跑时,在黑暗中走散的朝鲜慰安妇们,好像有二十四五人,其中有四五名日本慰安妇。他们一看到我们,就赶忙跑了过来,给我们上烟上茶。老

---

[1] 联系上文可知,吉野孝公系从怒江上游惠仁桥过江东,此时南行至滇缅公路江东路段。

板娘也在其中。

她小声地问我:"你们是腾冲部队的吧?"说着给我们点上烟。即便男女之间有差异,又算得了什么呢,因为这毕竟是曾经一起在枪林弹雨中同生共死的同志之间的重逢。大家都为日夜惦记中的重逢,为各自的平安而高兴。她们在卫兵的指示下,给我们送来了热茶和稀饭等。彼此谈论着腾越守备队最后的苦战,并互相安慰,在一起消磨时间。由于旅途的疲劳,晚上我睡得很早。

第二天早上,野战仓库的花田少尉[2]死了。

花田少尉在被俘时,曾殊死搏斗,并把几名敌人的士兵扔到了河里,为此遭到了他们的毒打。从那以后,便成了他们注意的对象,经常受到虐待,身心已相当疲劳衰竭。到达保山时,呼吸已经相当微弱。真是个令人同情的不幸之人。

没过两天,又有一人死亡,他就是吉川上等兵。他从肩头到后背都负了枪伤。他出身在筑后大川町,从故乡出发以来,跟我一直是同一个分队的战友,是一位气质温厚的男子。现在他也无法再返回那日夜思念的故乡了。

抗议陈情

保山收容所的生活非常艰苦。每日两餐,每餐只有一小碗稀饭和热茶。身体渐渐衰竭下去的重伤员比比皆是。为此,有些伤员躺下后就再也没有起来。对这些患者来说,除了"残酷"二字,我真的找不出其他字眼来形容。

身受轻伤的战友们,在忍无可忍的情况下,勇敢地向警备队长抗议陈情。护送队长就暂时的现状作了如下说明,并表示歉意。

"现在,战斗正在龙陵彼此一进一退地进行中。我们中国军队损失惨重,面临着开战以来最为严重的危机。我们本身就处于粮食严重匮乏的困难时期。从现在起,请大家忍耐一下。"他这样向我们解释说明。接着队长又继续刚才的话题说道,"如果我们中国军队被打败,

---

[2] 据查《第五十六师团将校职员表》,应为第56师团司令部编外军官、经理部附花田宪三主计少尉。

日本军队来袭击保山，我们马上便会改变对各位的态度，绝不会让你们放任自流！"他又这样附加说明道，听起来的确是一个合情合理的解释。这样我们就无法再勉强他们，所以除了忍耐，没有任何办法。

保山十五天的艰苦生活即将告一段落，我们又要被送往后方。我们分乘两辆卡车，也不明白要去的地方。负责警卫的士兵分别坐在一前一后的两辆卡车上，出发的准备已经就绪。这时，队长第一次告知我们将被移送到后方的楚雄陆军医院。

加上警备车的五辆运输车静静地驶出保山。

广漠的保山高原上到处是枯草。车辆沿援蒋运输线——滇缅公路一路向东迅猛前进。绵延的荒原上，一棵树影也见不到，只是偶尔遇到游牧的水牛群。车辆不分昼夜地向前驰骋。途中，又有一名伤员在车上死亡。运输车可能是忙于赶路，毫不顾忌这名死者，依然继续向前狂奔。第二天清晨，运输车驶进一座小镇，这便是陆军医院的所在地楚雄。

这是一个非常寒冷的早晨。我们踏着霜，进入一所中学的校园。刺骨的寒风中，重伤员没了血气，被冻得咯嗒咯嗒直打哆嗦。这时的我们，身上还穿着衣衫褴褛的夏服，在担心被冻死的恐慌和不安中颤抖。警卫部队也很担心，他们从周围的农家抱来稻秸，为我们生起了一堆火。于是，我们在极其危险的时候，又得救了。午后，我们被领进一家工厂的仓库。

在这儿住着一些比我们先到的日本兵。他们是拉孟（松山）部队的士兵和腾冲周边阵地的战友们。其中好多人的身体状况比我们要好得多。他们当中也有好几个士兵时刻想着准备逃出去。

楚雄的医院生活

第二天整个上午，我们办完了入院手续以后，全部住进了楚雄的陆军医院。

说是医院，其实是街上的产业仓库等经过改装而形成的一所陈旧简陋的住所。医院内住满了中国军队的伤员。我们住的病房是一幢特别陈旧的建筑，然而，就我们的人数而言，却是太宽敞了。

警备队长与医院办完了交接手续以后，通过翻译，对我们说，

"在此我要和各位分别，马上便返回前线。楚雄现在的天气非常适合疗养，希望大家在此好好养伤，并祝各位早日康复。另外，对车内的死者，我表示真诚的歉意。"说完，他便离我们而去。他虽是敌人的军官，却同时也是一位相当出色的人。接下来，由军医长向我们训话：

"蒋总统曾就日军俘虏的对待问题指示过我们，要优待和关心俘虏。特别是对伤员，要实施最好的治疗，迅速使其恢复健康。"他首先向我们传达了蒋总统的命令，接着又说道："中国目前正处于战时，给养比较差，但中国士兵亦是如此。请大家忍耐、坚持，好好休养。"

军医长的日语讲得很好，但与他流利动听的语言正相反，目前的现实极为严酷。当然，在精神上，军医和护士对我们都很善良，但治疗极为简单。中国军队的伤病员同样如此。主要由于医疗器具和药物奇缺，根本没有注射，全部采用投药，但是奎宁缺乏，这对于疟疾患者来说，无疑是一个致命的打击。

加藤是一名从工作单位直接来到战场的年轻新兵。由于疟疾的高烧和黄疸病，每天都处在痛苦的煎熬中。然而，就是对这样的重病患者，贵重的奎宁也只是三天或四天投药一次，而且还不是注射，只是些阿司匹林类的药丸。在高烧的折磨下，加藤的身体一天天地垮下去，最后在一个下着雨的早晨，他不停地细声呼喊着"妈妈"，离开了人世。除他之外，还有为数众多的疟疾患者，我也是其中的一个。在这种情况下，如果同时并发其他疾病，一般说来，生命就没有希望了。中国士兵每天都有死亡的。

死去的人都很不幸。人刚死去，尸体马上便被胡乱地扔进山里，这是这儿的惯例，不管是中国兵，还是我们这些日本兵，都是一样。当然，加藤也不例外。中国士兵们习以为常地说："尸体被扔到后山以后，转眼间便会成为野狗的腹中之物。"这也是战争这个恶魔所导演的残酷悲剧中的一幕。

在与疾病抗争的不安生活中，时光在静静地流逝。12月过后，楚雄街头迎来了昭和二十年（1945年）元旦。在这个街上越冬，每天都充满了恐怖和不安。不久，冬天的寒风停息，我们迎来了阳光和暖的春天，飘满梅花芳香的民家庭院里，小狗在欢快地戏耍，若在祖国，正是桃花下摆满偶人和甜酒醉人心田的阳春三月。就在这时，突然又传来移送俘虏和伤员的命令，于是我们心牵着三名死去的战友遗骸，又要离开楚雄。

昆明收容所里

据说我们要去的地方是昆明陆军医院。移送工作在迅速而紧张地准备着。

一大清早，我们便登上了已准备好的运输车。运送的卡车在嫩草飘着馨香的滇缅公路上昼夜兼程东进。从楚雄出发后的第二天，我们到达了目的地昆明。

空中泛白的黎明时分，卡车迎着清冷的晨风，来到一个面积很大的湖泊附近。湖畔，俘虏收容所白色的帐篷群正等着我们的光顾。这个收容所附属于美国陆军。现在回想起来，当时处于战时的中国军队的医疗情况，就像楚雄陆军医院军医长所说的那样，针对我们这些被俘重伤员的治疗进展缓慢。而要按照蒋总统训示的那样，对俘虏中的伤病员尽早治疗，并迅速使其康复就极为困难，于是便依靠美军来进行治疗。我从一名少尉军官那儿听说了此事。这使我不由得联想起，不久前几名美军将官视察楚雄陆军医院的情景。且不说这些，对我们来说，由医疗设施完备的军医院来治疗，那些正在痛苦中挣扎的患者总算有救了。

接收完伤员以后，美军的卫生兵用两辆卡车运来了供给物资。换洗的被服、日用品、餐具、食品等等。下发的一切物品，都与美军同等待遇，所不同的只是在我们的衣服背后印着"PW"的俘虏字样，令人心里感到有点沉重。收容所的帐篷里每间住八人，由中国士兵负责警备。

伤员定期到美陆军医院接受治疗，轻伤员在医院里供差遣使用，也由各人自由决定。作为报酬，相应地发给一些物品，包括毛毯、床单、罐头、点心和香烟等。外出时，每五人一组，由一名卫兵跟随同行，允许自由闲逛，名为保健散步，每天都可以自由外出。

昆明气候宜人，温暖如春，适合居住，同时也是一个最适宜患者疗养的地方。云南战区中美陆军最高司令部就在昆明，对蒋介石政权来说,是个仅次于重庆的战略要地。除了美陆军医院,这儿还有一个美国空军机场。由于美军轰炸冲绳,飞机的起降极为繁杂,特别是6月前后起,美空军飞机的起降及跳伞训练更为频繁。

收容所周围,绿油油的蔬菜园远远地一直延伸到湖边。在收容所里,舒适的生活,加上美军医院设施完备的治疗,我们的健康在一天天地恢复。

突然有一天,在和平宁静的收容所里,一件不幸的事件发生了。

这天夜里,天空飘着雨。一名伤员,名字现在已忘记了,想到栅栏外的田里偷偷地搞点蔬菜。在他越过铁栅栏的刹那,被哨兵发现开枪而中弹身亡。司令部急忙派来三名少尉对此事进行了调查。第二天,中国方面派出两名军官和十名士兵参加,在收容所里,庄重地举行了葬礼,尸体被入棺埋葬。

葬礼结束以后,警备队长向全体人员提出忠告:"不管有什么理由,此次的不幸事件,错就错在擅自跨越栅栏。为使今后不再发生类似事件,我提请各位严格遵守这儿的每一条规定。"他非常严肃地提出上述忠告后,就回去了。

这时候,慰安妇们已经完全康复,正愉快地打发着每一个日子。她们比我们更自由,经常到街上散步。

日本投降之日

盛夏的太阳炎炎地照着收容所的帐篷群。一个炎热的午后,突然从中国军队司令部传来日本投降的消息。

对此,我们没有一个人相信。然而,昆明的大街小巷顷刻间骚动起来。空炮声、爆竹声响彻街头巷尾。收容所里的中国士兵欣喜若狂地到处放着空炮,载歌载舞,欢庆胜利。

司令部再次正式向我们通报了日本国战败的消息。司令部派来的使者们带着各种信息,向我们这些怎么也无法相信和接受的人传达了日本战败的情况。每次,我们都苦笑着拒绝接受这活生生的事实。

这时候,伤病员们大部分伤已经痊愈,病也已康复,正健康地过着每一天。但有一天,又发生了一件事,这就是发生在美军医院里的强奸事件。原日本慰安妇现在已经和俘虏们结下了深厚的情谊,并已将过去的事忘掉，不辞辛苦地照顾着日本士兵。其中有一名年轻的慰安妇，遭到了三名美国士兵的强暴。

我们立即就美军士兵这种残暴不法行为向美军司令部提出了严重抗议。美军司令部马上派人对此事进行了调查。最后，对受害人进行了侵害补偿，并对三名肇事者课以六个月的体力劳动，以表谢罪。

重庆俘虏收容所

夏天刚过，昆明早早地迎来了秋天。大波斯菊即将凋谢的9月尚未结束，我们又要向重庆转移。

这时候，我们已经意识到日本战败的事实。昆明街头每天都很喧嚣。从云南战场归来的中国士兵们连呼"中国万岁！"到处唱着三民主义国歌。我们乘坐的运输车渐渐地将归来的士兵和喧嚣吵闹的昆明抛在了后面，一路直奔重庆出发了。运输车一刻不停地在连绵的云南山区爬行，第七天，进入四川省。

飘过身旁的悠悠白云，青青的连绵山峰，眼前的景色使人不由得联想起墨绘的日本画。嶙峋的山峰间，缓缓而下的车队，绕过巨大的峭壁，沿着山谷间的小溪向前蛇行。从昆明出发后的第十三天，我们终于结束了漫长的山路之旅，到达四川省省会、蒋介石抗日政权的牙城[3]——重庆。

重庆收容所位于离城六公里的偏僻山区地带。在我们的收容所里有一个小队的警备士兵。据说另外还有三处收容所，人数大约有三百人，大部分都是中日战争时投靠日本的汉奸。

警备士兵们对我们不算苛刻。在这个收容所里，外出时，由一名警备士兵跟随同行，也是自由的。所谓"外出"也就是到近处的山里采蘑菇，或是到山谷间的小溪边去捕鱼。搬运粮食和燃料跟散步一样地快活，成了我们每天的"例行公事"。食物是粗米饭，燃料则是煤。煤属露天开采，取之不尽。矿工们在粗犷的歌声中悠闲地用双手挖掘着煤炭。日用品每月下发一次，要到重庆城里去搬运。从收容所到市内要步行近七公里的路程。

---

[3] 日本古代指主将的居城。

四川省一年到头雾都很大。尤其是重庆，被称为与英国伦敦齐名的雾都，很少看到太阳。由于日本空军的轰炸，重庆遭到了毁灭性的打击，街上到处是简陋的临时性木板房。蒋介石总统的住所位于距离我们三公里左右的山中，搬运燃料时，我们经常要路过他的住宅下面。

　　在收容所里，我们每周听一次三民主义课，讲师是由重庆政府派来的。听课也由各人自愿参加，没有任何强迫的成分。日军俘虏收容所除重庆外还有西安收容所，听说那儿有六百余人。日本共产党的青山先生和鹿地亘先生等，当时也在重庆，据说他们受到了国宾般的待遇。

俘虏遣返

　　朝鲜的慰安妇，已由朝鲜人民军的要人领走。剩下的日本慰安妇跟我们一起住在收容所。

　　昭和二十一年（1946年）4月下旬，重庆政府突然开始迅速着手日军俘虏遣返工作。重庆周围收容所里的日军俘虏陆续开始被集中起来，朝鲜慰安妇也再度回到了收容所里，并加入到我们的队列里。

　　我们分乘三十余辆卡车，出发离开了重庆收容所。卡车车队在四川山野连日地狂奔。"蜀道难"，而车队行驶在海拔五千米的山上，更是难上加难。车队在山坡上连续爬行了两天，中途有的飞入山崖，有的爆了车胎。在这种不眠不休的狂奔中，又出现了死伤者。但卡车像是忘记了停车，一刻不停地向前疾驶。坐在车上的人们，在飞扬的尘埃中，彼此看不清对方的脸。车轮碾过砂石的咯吱声、弹簧反跳的震动和刺鼻的汽油味，坐在车上的我们，已被折腾得头晕目眩，疲惫不堪。但卡车依然无情地转动着引擎飞快地向前行驶。

　　车队艰难地喘着粗气越过山岳以后，一片平坦广阔的绿色平原呈现在眼前。这儿就是中国大陆有名的常德平原。日军曾多次展开攻击战的常德战场，就位于这片广袤的平原上。车辆在平原平坦的道路上长驱南下，两天以后，我们到达了洞庭湖。到达位于湖畔的常德，已是从重庆出发后的第九天。

街上居民的房屋，在经历了战火之后满目疮痍，几乎全被烧得面目全非。饱尝战火之苦的居民们，抗日感情非常高昂，有人还向我们的车队投扔石子。在这种情况下，我们下车以后，马上登上了停在湖畔的船舶，在船舱里过了一夜。第二天早上，船队扬帆离开常德码头，沿湖边游荡。太阳西下的时候，抛锚停泊，静静地等待湖水涨潮。

　　湖畔平静的水面上，倒映着投降的日本士兵的身影。这是我们从腾冲突围出来以后，好久不见、令人难忘的身影。随着潮水的涨起，船队起锚离开湖岸驶向扬子江，平安地穿过魔鬼般的旋涡激流之后，朝着汉口顺流而下。

汉口收容所

　　初夏的河岸上，新绿的柳枝在熏风中摇摆飘舞，船抛下一串串切破水面的声响，默默地行驶在平缓的长江上。5月上旬的一个炎热的中午，船队到达汉口码头。

　　汉口是中国和印度支那战场日军俘虏的集结地。自缅甸云南战区腾冲城失守以来，时隔一年零八个月，我们在此最终又被合并到日本军队中。大家相聚在一起，投降的士兵们长满胡须的脸，看上去是那么地亲切和令人难忘。我们的住所离汉口镇十多公里。河岸的道路上，大陆特有的黄沙尘土直吹得人睁不开眼，张不了嘴。而到宿舍的路，却有相当长的一段距离。投降的士兵们步履沉重，三三两两地走乱了行进的队列。中国的孩子们憎恨地对着我们的背影投掷石块。

　　途中，从另一支部队的队列中走出一位年轻的士兵，向我们靠过来搭话道：

　　"听说你们是从缅甸来的部队，我父亲是名陆军少将，叫水上源藏，不知有没有哪位知道家父的消息？"

　　他看上去像是一名志愿兵，还很年轻。

　　"如果有哪位知道，请告诉我，拜托了，拜托！"他不停地询问每个人，但一点回音都没有。人们只是默默地走着，没有人能提供给他一点消息。但他似乎并不死心，又走过来问我。这时，在我后面两三步远的队列中,有个声音告诉他:"令尊阁下已经战死。"[4]后来就悄然无声了。听到这一消息,那位年轻士兵神情有点木然,又像是悬着的心终于被放下了,低着头默默地向前走。稍许,转身向我们道了谢,又悄然返回队列。

这也是战败的一幕悲剧。我能理解他内心所承受的巨大痛苦,这种痛苦早已深深地烙在了我的心上。他也是一个非常不幸的人。

收容所里挤满了即将遣返的士兵,一片混乱。这里边会不会有我的友人或认识的人?带着这种念头,找寻了半天,结果留给自己的除了失望还是失望。这天晚上,由于长时间忐忑不安的心情平静了下来,加之疲劳,夜里睡得很熟。我们在汉口的收容所里休整了四天。

返回祖国

第五天早晨,我们按顺序对号上了船,沿扬子江顺流而下,船在平缓的水面上沿江静静地滑行。真不愧为世界有名的大江,平缓得令人疑惑船是不是航行在海上。庞大的船队仅用两天时间,我们就登上了中国首都南京的土地。

在南京,我们脱下美军的俘虏服,换上了发给的久违的日本军服。我们这些在南方战场被俘的士兵因为没有了部队番号,于是被编入第57师团。[5]每个人都接受了身体检查,并得到了一张战伤证明书。但我的那张证明书后来丢失了。作为参考,抄录如下:

负伤认定:左手腕第二关节子弹击穿、头部弹片创伤、左脚第二关节脱臼及骨骼粉碎共四处。

在南京逗留一个星期以后,我们又坐上火车前往上海。

在上海收容所,我们接受了防疫所的疫苗检查。一个星期后,我们登上了船。我们乘坐的是六百吨级的海军警备用炮舰。登船就绪,舰艇便载着遣返官兵的梦一路驶向日夜思念的祖国日本。

遣返船只静静地滑过波平浪静的中国东海。第二天,当火红的

---

[4] 第56步兵团长水上源藏少将奉命增援密支那,担任该地守备队长,于8月4日自杀。
[5] 57师团属关东军,1945年即从中国东北调回日本本土。

太阳慢慢地沉入地平线时,我们进入了日夜思念的祖国海域——鹿儿岛港湾。令人激动的刹那,舰艇里骚动起来,响起巨大的欢呼声。此前,战败的悲痛被暂时抛在了脑后。然而,在生还的官兵们的心灵深处,却永远都消失不了,船舱里一片惊天动地的哭声。

令人兴奋激动的一夜过去了,港湾内的一切还处在一片静静的沉睡之中。两三艘遣返船抛下了铁锚,一个碧波平静、梦一般的早晨。

突然,耳旁响起震耳欲聋的爆炸声。随之,火柱冲天而起,乌黑的浓烟翻滚着向上升腾。舱内的官兵们无不吃惊地跑上甲板。喷起的黑烟,随着火山接连不断地迅猛爆发,直冲云霄。这是昭和二十一年(1946年)5月樱岛火山爆发时的情景,这一天是我们踏上故国土地的第一步,一个值得纪念和永生难忘的日子。[6]

与吉野孝公的经历相比,活下来的中国士兵的回家之路要复杂得多。

198师政治部副主任罗履仁的夫人、32岁的腾冲和顺乡女教师尹泽熙(又名尹鸾芳),闻听光复腾冲后,邀集了二十多位本乡女青年组成慰问团,来到各师野战医院看望伤员。她们看到的情景是:

预2师的野战医院设在城西北10多公里的护珠寺,该师副师长彭劢带着我们看望伤员。负了伤的壮士们有的断腿缺臂,有的眼瞎鼻伤,有的耳少嘴缺 种种惨状,惨不忍睹。他们还都穿着血水浸透的战衣,躺在稻草堆中。有一位双目失明的士兵,听见我们走到他面前,痛哭流涕地喊着:"我看不见世上的一切了,怎么办啊!"我们都哭了。彭副师长也哭了,他叫来院长——一个打扮得漂漂亮亮的年轻人,"快拿干净衣服来给他们都换上!"我们拿去的慰问品不多,其中卷烟是我自己加工的,由于阴雨连绵有点变味发霉,但当时也不可能买到更好的香烟。院长招待我们午餐时,摆了满满一桌肉,没有蔬菜,我一口也咽不下去,真想痛哭一场——哭已逝的壮士,哭饥寒的伤残勇士

---

[6] [日]吉野孝公:《腾越玉碎记》,第113—138页。有删节。

又来到设在腾北青海的198师野战医院慰问。伤员都住在郊野,用竹子制成的床,一排排整齐地摆在用铁丝网围起的空地上,由美军军医主持医院,药物排列得层次分明。伤员们静静地躺在竹床上,盖着被子,垫着毯子,医务人员逡巡在他们中间,轻伤重伤分别有序。我们递上慰问品,跟随医务人员巡视一遍就出来了,医院里没有招待一口水,但也没有使我们留下伤心之事。

最后我们又到了36师野战医院。这个医院虽然没有198师医院完善,但比预2师的要好得多。但伤员们亦是悲惨,一个个没精打采地或埋着头,或呆呆地望着远方 [7]

由尹泽熙的四位子女记录下来的这则亲历者回忆,于平静之中流露出对于不同部队在伤兵善后做法上的观感,内行当可以据此管窥不同部队在战场上的表现——这是有关联的。[8]

这些伤兵何时可能归队?不得而知。但仍然留在军中的士兵,还将投入最后的战事,再熬过半年迎来最后的胜利。然而,后面又将是一场他们未曾设想过的同室操戈的惨痛内战。能穿过这道生死门而回家的几率有几许?

此外,还有不少因负伤、落单等原因在战场上脱队的士兵,此时将面临一个选择:是回归部队,还是寻找自己的家园?在滇西,有无数从生死线上幸存的老兵选择了后者。经历过这惨烈的一仗而未死,他们觉得已对得起自己的良心;部队方面,也不像战时那样将他们视为罪无可赦的"逃兵",必极力抓回而严厉惩处。

有无数各省籍、不同部队番号的老兵就这样悄悄隐身于他们浴血奋战收复的腾冲,几十年后这里成为中国抗战老兵最集中的地区之一。在他们中间,人数最多、最幸运的是预2师的官兵,因为

---

[7] 罗伊、罗平、罗元、罗维:《无法磨灭的记忆》。据《溅血岁月》,第286页。
[8] 美军顾问团长弗兰克·多恩准将在其6月14日的报告中,记述了当时中国军队对于美军提供的战地医疗服务的不同态度:"54军军长方天认为,如果士兵在靠近前沿的地方看到医院,会让他们无心打仗";"第36师似乎对为其配属的美军战地医院没什么兴趣,他们不但没有为医院提供任何帮助,甚至仅仅把它当作包扎所来使用。(53军)第116师和第130师则对战地医院的到来非常热心,他们为医院提供了任何力所能及的帮助,也亲眼看到医院的医生们拯救了数以百计的中国士兵的生命。"美国斯坦福大学胡佛档案馆馆藏资料,张太雷译。

该师大部分兵员均征募于本地;他们浴血奋战收复的这块土地不是"他乡",而是"故土"。

参加搜剿日军残敌行动后,预2师在来凤山上开庆功会。第4团机枪手陆朝茂在那儿看到了阵亡将士名单,发现了自己的名字。

"我们机枪排的排长王泽生[9],观测手高福亮、代中连,填弹手周成德、杨成林、杨新如、李堂,班长丁奇勤,副班长夏自久这些兄弟都战死了,我们的名字都排在了一处。保山河湾街的李堂是陪我的最后一个填弹手。在攻城的最后一天,我俩一人扛一箱子弹爬城墙,快要到机枪阵地时,他却一声不响地被打死了,哼都没哼一声,担架队直接抬去埋了。我那时只感觉到,生与死其实就一眨眼工夫。

"庆功大会开完,我找不到自己的连队了,因为他们几乎都战死了,想到我的名字已列入了阵亡名单,看起来部队也不会再想到我了。主意一定,我便开溜了。"[10]

实际上,陆朝茂获得机会已经是11月龙陵战役结束以后。当时传说预2师要开拔,陆朝茂的班长问其家里有几个人,陆说家里有两个老人;班长又问他有没有媳妇,陆说没有。班长即告之,部队要开往四川,你还是回家照顾双亲吧,不要跟着跑了;你到四川后就找不到回家的路了。班长又悄悄告之,咱们连长没安好心,他想把你带到他老家去做他家的使唤佣人。于是,陆朝茂下定决心当了逃兵。[11]

经历过如此惨烈的战争,陆朝茂却连一套军装都没穿烂,就这样晃晃荡荡地回家了。当他走进家里那仅有的两格木房时,父亲没有认出他,反而大声地对他说:"我们家也没饭吃了!"显然是把他当成了讨饭的散兵游勇。当他扑进母亲的怀抱里尖叫"妈!"时,父亲才从昏暗的松明火把光中认出已长高了一截的陆朝茂,他的这

---

[9] 经查《第20集团军腾冲抗日阵亡官佐名录》,预2师阵亡官佐中无排长王泽生,唯一的王姓排长为王洪胜少尉,广东南雄人。
[10] 李根志:《机枪手陆朝茂》。据《见证历史——滇西抗战见闻实录(上)》,第185页。
[11] 据2010年8月13日凤凰卫视凤凰大视野栏目纪录片《光复腾冲》第五集,采访陆朝茂同期声。

个三儿子。

　　回家这年他也才 18 岁。捡回了性命的陆朝茂并没有带回好日子，相反本来就不够吃的家庭又增加了他这么一个当过兵的壮小伙，生活反而更艰难了。大哥老实本分不怎么会料理生产，二哥眼睛马虎干活又不行，全家人只能凑合着过日子。看着更不如前的家庭生活，陆朝茂感到从来没有过的难受。第二天，他自己打了双草鞋穿上，出门帮工去了。

2012 年 8 月 25 日初稿
2013 年 6 月 16 日定稿
于北京平安里

腾冲战役大事记

(1942 年 5 月 10 日至 1944 年 9 月 15 日)

1942 年

5 月 10 日

日军第 146 联队一部侵占腾冲县城。

预 2 师开抵保山板桥街附近,奉命以主力向惠仁桥前进,准备渡江反攻。

5 月 15 日

护路营唐连、县自卫队及瓦甸民众于归化寺伏击日军,打响腾冲抗战第一枪。

5 月 18 日

预 2 师先遣支队开始围攻橄榄寨。

5 月 19 日

日军追击护路营未果,于栗柴坝屠杀我逃亡难民 290 余人。

5 月 25 日

预 2 师第 5 团第 2 连与民壮武装一部在蕇凤山伏击日军。

5 月 30 日

预 2 师围攻橄榄寨失利,其后奉命留置腾冲转入持久游击战。

6月5日

预2师副师长洪行邀集腾冲士绅,在江苴街成立腾冲临时县务委员会。

6月6日

日军扶持汉奸成立伪腾冲县政府,钟镜秋出任伪县长。

6月17日

戴安澜遗体途经桥头街,预2师师长顾葆裕和腾冲县临时县务委员刘楚湘、张问德率民众迎接。

7月2日

张问德出任腾冲抗日政府县长,在瓦甸三元宫设署办公。

7月7日

腾冲军民在瓦甸街举行抗战四周年纪念大会,日军出兵袭扰。

7月21日

腾冲"战时工作干部训练班"开班。

8月6日

预2师副师长洪行率领第5团主力开进腾南芒东。

8月11日

外交部专员尹明德自大理启程,进入滇西土司区"宣慰"。
第11集团军改编"福碧泸练民众自卫队"为游击支队,任命土司段浩为司令,谢晋生为副司令。

8月20日

预2师及当地游击武装在腾南芒东地区反击日军"扫荡"(8月20日至9月12日)。

9月13日

　　日军56师团对我实施"イ号讨伐"（9月13日至10月22日）。

9月18日

　　预2师第4团一部在双山成功伏击日军。

9月24日

　　张问德率县府人员撤过江东（11月2日重返界头办公）。

10月1日

　　71军一部策应预2师战斗。

10月4日

　　日军相继侵占南甸、干崖、盏达，腾南半壁沦陷。

12月中旬

　　谢晋生支队挺进片马、江心坡（茶里）地区。

1943年

2月12日

　　日军56师团对我实施"第二期讨伐"作战。

2月15日

　　张问德率县政府撤过江东（4月中旬重返界头办公）。

2月21日

　　蒋介石命令成立新的远征军司令长官部，任命第六战区司令长官、湖北省主席陈诚兼任司令长官。

3月15日
盏西、芒允、昔马相继陷落，预2师在腾南无法立足。
迫于英国政府压力，中国政府下令谢晋生部撤出"茶里"，移驻大兴地、称戛。

5月8日
36师接替预2师进入腾北游击。

5月11日
日军对36师实施"第三期讨伐"作战（5月11日至20日）。

5月15日
张问德率县政府撤过江东（21日重返三元宫办公）。

8月6日
"滇西第三游击司令部"司令黄福臣遇害。

8月30日
日军行政班本部长田岛致函张问德请求会晤（9月11日送达）。

9月12日
张问德复函《答田岛书》。

10月1日
密支那日军一部发起攻击，谢晋生部撤出拖角、片马，退过怒江以东；曾冠雄支队撤离江心坡北上葡萄，后被英军包围缴械。

10月13日
日军56师团及18师团一部对我实施"甲号讨伐"（10月13日至11月1日）。
张问德率县政府人员撤过江东（11月中旬坠马受伤，在保山就医）。

10月19日

36师108团第2营营长杨运洪为掩护团部突围,在空树河南方战斗中阵亡。

10月23日

36师106团遭日军歼灭性打击。

1944年

1月28日

116师派出远程袭击队潜入蕈凤山,斩杀日军5名。

2月中旬

我军一架军用飞机因浓雾迷航,在腾冲迫降。日军捕获我少校军官一名,并缴获新密码本和远征军人员编制表。

4月19日

军委会军令部下达作战指导方案,滇西反攻拉开序幕。

4月20日

腾冲县政府民政科长李嘉祜呈报《腾冲敌情报告书》。

4月25日

第20集团军54军改为第一线兵团,53军改为第二线兵团。

4月26日

蒋介石电令明确第20集团军编制和指挥关系,霍揆彰任总司令,辖54军、53军。

5月1日

54军奉令以198师与36师完成合编。

5月5日

　　远征军司令长官部于保山马王屯召集战前会议。

　　日军56师团亦于同日在芒市召集战前会议。

5月10日

　　第20集团军下达反攻作战命令。

　　当日夜，594团一部奉命渡江增援预2师游击营战斗。

5月11日

　　54军198师、36师及第11集团军4个加强团全线渡过怒江，实施大反攻。

5月12日

　　198师592团攻击小横沟，594团攻击邦瓦寨、苦竹林。

　　36师107团第3营攻占大尖山。

5月13日

　　592团第2营由左翼突破敌大寨、一把伞阵地，攻入灰坡后方高地。

　　198师师长叶佩高令593团主力由辛酉山、苦竹山、三元宫小道翻越高黎贡山迂回敌后。

　　54军接奉霍揆彰命令：130师以一营接替36师大尖山防务，36师全力攻击唐习山。

5月14日

　　大塘子日军逆袭，36师丢失大尖山、唐习山阵地。116师接替36师大尖山防务。

　　美军顾问夏伯尔中尉在小横沟战斗中阵亡。

　　新39师加强团渡河先遣连攻占红木树。

5月15日

　　54军兼军长方天令36师主力将攻击唐习山任务交116师接替，撤至回恒山整理。

日军撤离唐习山、大坪子，116师占领两阵地。

日隈大队据守马鞍山、灰坡，向我发起猛烈反击。

松井部队在红木树击退新39师加强团，当晚向大塘子转进增援。

5月16日

593团主力袭占桥头。

592团全团自左翼迂回至灰坡后方高地。

88师加强团在平戛附近围攻三村、小寨，缴获日军作战命令一份，获知日军掌握我军反攻部署。

5月17日

593团一部攻占马面关。

新39师加强团右支队攻占跑马山。

5月18日

198师主力攻占灰坡。

36师奉命令108团一部经小白峰坡、梁山、雪山西进，牵制界头之敌。

鉴于593团主力孤军深陷敌后，叶佩高自即日起迭电请援。

5月20日

美军顾问麦梅瑞少校在黄顶山战斗中阵亡。

5月21日

198师肃清小横沟残敌。

军令部长徐永昌建议出动第11集团军发起全线反攻，蒋介石批示同意。

5月22日

日军马鞍山守备队残部撤离阵地西逃。

霍揆彰令36师（欠108团）沿野猪官塘、冷水沟、寺山寨道向瓦甸、江苴推进。

5月23日

预2师第6团（欠第3营）到达灰坡增援，充任198师预备队。

36师师长李志鹏电告54军，因道路难行、士兵饥寒交迫，拟令部队停止前进。

5月24日

松井部队返转红木树实施反击，至30日将新39师主力击退至江岸。

日限大队收容马鞍山守备队残部，全力进行防御作战。

日军宫原大队撤守，53军攻占大塘子。

5月25日

霍揆彰严电批评36师"擅自行动，殊属非是"。

5月26日

预2师奉命以整师参战增援桥头，叶佩高遂令第6团（欠第3营）归建，已无预备队可用。

5月27日

藏重部队突破593团防线夺回桥头，救出儿玉守备队。

53军346团攻击南斋公房。

5月28日

198师主力攻克冷水沟。

54军严电198师："万一敌增援反攻，该师应确保冷水沟制高点，虽一兵一卒，亦须与冷水沟共存亡……"

5月29日

36师106团攻占五台坡，继续西进。

日军夺回马面关，留置一部向北斋公房日军实施强行补给和收容伤员，藏重率主力返转瓦甸。

5月30日
594团团长覃子斌在围攻北斋公房战斗中被我机误炸阵亡。
预2师主力（欠第5团）增援到达三元宫、冉家寨。

5月31日
36师主力在瓦甸以东遭藏重部队重创。
53军前锋390团加强营占领江苴东南5186高地。

6月5日
藏重部队、松井部队在江苴外围合击53军，130师退往雪山。

6月9日
130师师长张玉廷被免职，王理寰升任师长。
藏重部队奉命再次北进救援日隈大队。

6月11日
54军严令顾葆裕："桥头增敌，该师无论如何必须确保三元宫、朝阳地。虽一兵一卒，亦须与阵地共存亡……"
346团在389团一部协力下攻克南斋公房。

6月12日
36师终止攻击瓦甸，奉命北进桥头增援。

6月13日
藏重部队突入北斋公房，接应日隈大队突围。
猪濑大队奉命南下增援龙陵，谢晋生纵队占领片马。

6月15日
198师主力攻占北斋公房。

6月16日

　　198师主力收复朝阳地、马面关。

　　预2师第6团协力36师107团收复桥头。

6月17日

　　谢晋生纵队进占拖角。

6月19日

　　预2师第4团收复明光、固东。

6月21日

　　36师107团收复瓦甸，缴获148联队作战命令一件。

　　53军各部协力收复江苴。

6月22日

　　卫立煌向第20集团军下达围攻腾冲命令。

6月24日

　　谢晋生纵队奉命放弃片马、拖角，向南转用。

　　霍揆彰转达蒋介石对远征军训电："如有作战不力，着由卫长官依法严惩。"

6月27日

　　日军宫原大队自腾冲向龙陵转进。

　　预2师进占宝峰山。

6月30日

　　远征军长官部获悉来凤山敌阵地坚强，大盈江水深徒涉困难，命第20集团军调整部署，将攻击重点移于左翼。

7月2日

　　116师348团拂晓攻占飞凤山。

198 师 592 团攻击蕙凤山，至次日晨占领一部。

预 2 师第 6 团第 2 营（骆鹏营）驱逐日军，使和顺免于焚毁。

7 月 5 日

36 师 108 团攻占蕙凤山。

7 月 7 日

霍揆彰接奉蒋介石重申战场纪律严令。

7 月 9 日

预 2 师第 6 团攻占毗卢寺、龙光台；36 师 108 团攻占叠水河凉亭。

预 2 师第 4 团主力攻击来凤山未果。

7 月 16 日

霍揆彰于护珠寺召集军事会议，研商部署攻击腾冲作战方案。

7 月 25 日

54 军兼军长方天奉命解除兼职专任副总司令，阙汉骞擢升 54 军军长。

7 月 26 日

在美机大规模空袭配合下，预 2 师向来凤山发起总攻，第 4 团攻占营盘坡，第 6 团攻占文笔塔。

7 月 27 日

凌晨日军逆袭，第 6 团丢失文笔塔。阙汉骞电令"第 6 团团长（方诚）须与 5300 高地共存亡"，该团反击夺回阵地。

第 5 团攻占象鼻子。

第 20 集团军下达攻城命令。

日军守备队长藏重命令来凤山日军撤守。

7月28日

拂晓，日军再次反扑文笔塔，经我增援反击，残敌向来凤寺溃退。

36师占领小团坡、白衣阁、叠水河。

346团攻占来凤寺。

8月2日

在美军飞机大规模空袭配合下，116师348团首先于东南角登城站稳脚跟；36师107团于西南角登城，遭敌逆袭未果。

8月6日

后续梯队108团、106团相继放弃南门城墙中央缺口。

107团以爆破攻击法在西南角城墙夺占一个缺口，54军首获战果。

8月7日

预2师第4团结束休整，奉命归36师指挥加入攻城。

108团爆破南城楼缺口两侧敌堡垒，在城墙上取得立足点。

8月8日

106、108两团攻击城南门口伤亡重大，将任务移交预2师第4团。

8月13日

美军飞机对腾冲大规模轰炸，藏重大佐等32名官兵在东城门下毙命。由太田大尉继任守备队长。

8月15日

预2师第4团、第5团攻击西南城角。

108团攻击西门至西南城角一线，占领西南城角北侧堡垒一个。

593团攻击拐角楼受挫，损失严重。

霍揆彰批准54军请求，令198师主力转移至南城墙方面扩大战果。

8月19日

54军预备队594团投入战斗，攻占南城门西侧缺口两处。

346团攻占东方医院。

8月20日

在空军轰炸配合下，106团攻占英国领事馆。

346团攻占东门南方城墙缺口，与东南城墙上348团阵地连成一气。

太田大尉电请上级补充手榴弹。

8月21日

198师、预2师、116师各一部相继下城攻击。592团攻占教育局及女中；预2师第5团相继攻占电报局、元天宫、督办公署；347、348团占领左所街以南之线，346团进展至距城隍庙约30米处。

太田大尉致电56师团请求允许守军突围开展游击战，师团复电命令死守。

8月22日

106团攻占西林寺。

592、594团攻占田家巷以北高等学堂。

我军攻占城内三分之一区域。

8月25日

日军飞机对腾冲守军强行补给，空投手榴弹500颗及卫生材料等。

8月29日

预2师第4、6两团攻占武侯祠及其西侧仓库。

8月30日

347团攻占文庙正殿。

霍揆彰严电53军、54军："如有观望不前或借故推诿不能如限肃清，致使外敌增援影响整个计划者，各该军长、师长应负贻误之责。"

辻政信拟定"断作战"计划，日军第33军拟定9月3日向龙陵第11集团军发起反攻。

8月31日
　　389团攻占帮办衙门。

9月1日
　　预2师第5团接替第6团攻击。
　　347团附388团第2营占领秀峰山及文庙。
　　叶佩高奉命擢升54军副军长，刘金奎接任198师师长。
　　太田大尉要求日军预先处理重要文件和主要兵器。

9月2日
　　预2师第5团攻占团保局。

9月3日
　　107团在西门至西北城角爆破攻占缺口两个。
　　346团占领城隍庙；348团占领敌仓库；388团第2营占领文昌宫。
　　日军飞机9架对我来凤山阵地扫射，在饮马水河空投弹药、粮食和卫生材料四五包。

9月4日
　　因部队伤亡过重，集团军特务营及各军、师直属部队及防毒排等，自本日起均加入战斗。

9月5日
　　预2师和198师从文星楼西侧突破北进，致城西北角之敌被孤立。

9月6日
　　593团占领文星楼。108团攻占西北角城墙。

9月7日

　　106团占领拐角楼。预2师各部攻占县政府、格乐庙及北侧城墙。

　　当日，第8军攻克松山。

9月8日

　　36师奉命撤离腾冲，向腾龙桥开进阻敌。

　　54军奉命由城西北右旋，协力53军攻击。

9月9日

　　预2师俘获蔡兰惠、白炳璜，据供述次日日军飞机将来空投补给。

　　蒋介石致电卫立煌："腾冲务必要在9月18日国耻纪念日之前夺回。"

9月10日

　　卫立煌电令霍揆彰：着36师开龙陵归宋希濂总司令指挥。

　　预2师攻占龙王庙、李家塘。

　　日机10架飞临空投，遭我机8架伏击，击落4架，生俘日军飞行员一名（后自杀）。

9月11日

　　日军"处理"慰安妇，并焚毁军旗。

9月12日

　　太田大尉发出诀别电，拟于次日（藏重阵亡一个月忌日）实施最后的突击。随后烧毁密码本，破坏无线电机。

9月13日

　　预2师第5团攻击李家巷敌指挥部，团长李颐遭敌狙击阵亡。

　　清晨，一名日军军曹率十余名慰安妇率先出逃，被116师部队俘获。

　　当晚，城内残敌及慰安妇自东北角缺口突围，与饮马水河日军发生火并。

9月14日

我军肃清城东北角最后残敌,克复腾冲。俘敌官兵约 55 名,及慰安妇 18 名。

日本南方总军司令官寺内寿一大将给腾越守备队及藏重康美大佐发来嘉奖令。

9月15日

腾冲军民于城郊东营举行祝捷大会。

副师长刘润川率 116 师主力追剿残敌,至 24 日,由第 6 团团长方诚接替指挥预 2 师部队继续追剿残敌,5 日后终止。

腾冲战役远征军主要将领战后略历

第20集团军总司令霍揆彰（1902—1953）

生于1902年3月3日（清光绪二十八年正月二十四日）。湖南酃县（今炎陵）人，字嵩山。中国国民党陆军军官学校第一期步兵科、陆军大学将官班甲级第二期毕业。

1942年6月29日实任第20集团军（辖第53军、第79军）中将总司令。

1943年7月兼任军事委员会驻滇干部训练团（兼团长蒋中正）教育长。9月辞去兼职。

1944年12月20日调任青年军编练总监部（总监罗卓英）中将副监。

1945年1月1日获颁青天白日勋章。3月5日调任第3方面军（司令官汤恩伯）中将副司令官。同月带职考入陆军大学将官班甲级第二期受训。5月当选国民党中央执行委员。4月19日获颁官员级嘉猷勋章（美）。6月11日陆大毕业后调任第1方面军（司令官卢汉）中将副司令官。10月10日获颁忠勤勋章。12月17日调任云南省警备总司令部（辖第2军）中将总司令。

1946年5月5日获颁胜利勋章。8月29日因"闻一多遇害案"被免职赋闲。

1947年11月当选"国大"代表。12月出任第16绥靖区（辖整编第52师）中将司令官。

1949年5月所部改组为第11兵团（辖第97军、第103军），仍任中将司令官。6月12日所部改组为湘赣鄂边区绥靖总司令部（辖第97军、第103军），改任中将总司令兼行政长官。9月离部前往台湾成为无职军官。

1953年3月9日在台湾台北病逝。

第20集团军副总司令兼第54军军长方天（1904—1991）

生于1904年7月17日（清光绪三十年六月初五日）。江西赣县人，字天逸,号空如。中国国民党陆军军官学校第二期步兵科、陆军大学正则班第十一期毕业。

1944年4月29日调任第20集团军(总司令霍揆彰)中将副总司令兼第54军军长。7月20日辞去军长兼职。8月29日调任军政部(部长何应钦)军务司少将司长。

1945年1月1日获颁三等宝鼎勋章。同月军务司扩编为军务署(辖步兵司、骑炮兵司、工兵司、机械化司、交辎兵司、通信兵司、马政司、总务处),改任中将署长。10月10日获颁忠勤勋章。

1946年5月5日获颁胜利勋章。6月5日调任国防部(部长白崇禧)参谋总部(总长陈诚)第5厅(辖两处六科)中将厅长。10月29日代理参谋总部中将参谋次长。

1947年4月11日实任中将参谋次长。

1948年1月1日获颁四等云麾勋章。7月31日调任国防部(部长何应钦)陆军第1训练处中将处长。9月22日晋任陆军中将。10月调任长沙绥靖公署(主任程潜)中将副主任。

1949年1月20日调任江西省政府主席兼全省保安司令部司令。6月升任华中军政长官公署(长官白崇禧)中将副长官兼江西省政府主席、全省保安司令部司令。10月撤台后为无职军官。

1950年3月派任"国防部"(兼部长陈诚)中将参议。

1954年1月当选"国大"代表。

1955年4月调任"国防会议"国防动员计划局(局长萧毅肃)中将副局长。

1966年5月调任"总统府"战略顾问委员会中将委员。

1967年3月退为备役后出任"国家总动员委员会"副主任委员。

1976年11月当选国民党中央评议委员。

1990年12月当选"国大"主席团主席。

1991年4月27日在台湾台北病逝。

第20集团军副总司令梁华盛(1903—1999)

生于1903年11月13日(清光绪二十九年九月二十五日)。广东茂名人,原名梁文琰,以字行。中国国民党陆军军官学校第一期步兵科、陆军大学特别班第三期毕业。

1944年2月12日调任第20集团军（总司令霍揆彰）中将副总司令。12月调任第5集团军（总司令杜聿明）中将副总司令。

1945年1月兼任军事委员会驻滇干部训练团（兼团长蒋中正）教育长。4月专任驻滇干部训练团中将教育长。10月10日获颁忠勤勋章。同月26日调任东北保安司令长官部（司令长官杜聿明）中将副司令长官。

1946年5月5日获颁胜利勋章。6月1日代理吉林省政府主席。10月2日实任吉林省政府主席兼全省保安司令部司令。

1947年3月14日晋颁三等宝鼎勋章。

1948年1月1日获颁四等云麾勋章。2月4日调任东北剿匪总司令部（总司令卫立煌）中将副总司令兼沈阳防守司令部司令。

1949年2月19日调任广州绥靖公署（主任余汉谋）中将副主任。8月24日所部改组为华南军政长官公署（长官余汉谋），改任中将副长官。10月调任"国防部"（部长阎锡山）中将部员。

1950年3月调任革命实践研究院中将学员长。

1953年5月调任党政联合作战训练班学员大队中将大队长。

1954年3月调任"国防部"（部长郭寄峤）中将参议。

1966年3月退为备役出任"总统府"国策顾问。

1999年3月2日在台湾台北病逝。著有《我在抗战中的经历》。

第20集团军参谋长刘召东（1905—1951）

生于1905年12月8日（清光绪三十一年冬月十二日）。湖南华容人，原名刘竟中，字建中。陆军第四十军军官讲习所、陆军大学正则班第十三期毕业，日本陆军士官学校中华学生队第二十四期步兵科肄业。

1943年8月升任第20集团军少将参谋长。

1944年6月27日获颁四等宝鼎勋章。

1945年1月调升军政部（部长陈诚）中将附员。2月20日晋任陆军少将。

1946年6月调任联合勤务总司令部（总司令黄镇球）物资处中将处长。9月调任国防部（部长白崇禧）中将高级参谋。7月11日获颁忠勤勋章。10月10日获颁胜利勋章。

1947年12月调任第16绥靖区（司令官霍揆彰）中将参谋长。

1949年5月所部改组为第11兵团（司令官霍揆彰），仍任中将参谋长。6月12日所部改组为湘赣鄂边区绥靖总司令部（总司令霍揆彰），升任中将副总司令兼参谋长。9月代理总司令。12月避居重庆。

1950年1月被重庆市公安局逮捕。

1951年5月9日在重庆因"特务罪"被执行枪决。

第20集团军司令部参谋处处长张纯（1908—1983）

生于1908年6月17日（清光绪三十四年五月十九日）。湖南湘乡人，字绍寅。中央军事政治学校第五期政治科、中央陆军军官学校高等教育班第四期、陆军大学正则班第十五期毕业。

1943年8月调升第20集团军（总司令霍揆彰）参谋处少将处长。

1944年6月27日获颁四等云麾勋章。11月调任第54军（军长阙汉骞）少将参谋长。

1945年1月1日获颁四等宝鼎勋章。3月9日晋任陆军步兵上校。10月10日获颁忠勤勋章。

1946年1月1日获颁自由银质勋章（美）。5月5日获颁胜利勋章。11月9日调任第198师（师长刘金奎）少将副师长。

1947年12月18日升任第198师（辖三团）少将师长。

1948年9月22日晋任陆军少将。12月21日升任第54军少将副军长。

1949年1月1日晋颁三等云麾勋章。11月24日升任第54军（辖第8师、第198师、第291师）少将军长兼台湾中部防守区司令。12月调兼台湾东部防守区司令。

1950年6月调升台湾东部防守司令部（司令官阙汉骞）少将副司令官。

1953年8月所部改组为预备兵团司令部（司令官袁朴），仍任少将副司令官。

1954年3月调任"国防部"（部长郭寄峤）联合作战计划委员会少将委员。

1964年3月退为备役后经商。

1983年7月18日在台湾台北病逝。著有《七十自述》。

第53军军长周福成（1898—1953）

生于1898年11月26日（清光绪二十四年十月十三日）。辽宁辽阳人，字全五。保定陆军军官学校第九期步兵科毕业。

1938年12月21日升任第53军（辖第116师、第130师）中将军长。

1939年7月13日晋任陆军中将。

1945年1月1日获颁青天白日勋章。7月6日获颁自由银质勋章（美）。10月10日获颁忠勤勋章。

1946年5月5日获颁胜利勋章。

1947年8月升任东北第3兵团（辖第52军、第53军、骑兵第1军）中将司令官兼第53军军长。9月16日晋颁三等云麾勋章。11月所部改称第8兵团（辖第53军），仍任中将司令官兼第53军军长。

1948年11月1日在辽宁沈阳与人民解放军作战时兵败投诚后入东北解放军官教导团学习，先后转押于抚顺、绥化、哈尔滨。

1953年3月9日在黑龙江哈尔滨病逝。

第53军参谋长刘德裕（1902—？）

生于1902年6月22日（清光绪二十八年五月十七日）。辽宁辽中人，字涤新。东三省陆军讲武堂第四期步兵科、陆军大学第八期毕业。

1941年2月1日升任第53军（军长周福成）少将参谋长。

1945年5月25日获颁四等云麾勋章。10月10日获颁忠勤勋章。

1946年5月5日获颁胜利勋章。

1947年9月调任第116师（辖三团）少将师长。

1948年9月22日晋任陆军少将。11月1日在辽宁沈阳率部向人民解放军投诚后入解放军官训练团学习。

1950年5月获释后移居西安。

1983年2月仍在世。

第116师师长、第53军副军长赵镇藩（1902—1967）

生于1902年12月11日（清光绪二十八年十一月十二日）。吉林永吉人，原名赵权，字国屏。东三省陆军讲武堂第四期步兵科、陆军大学第七期毕业。

1940年7月16日调任第116师（辖三团）少将师长。

1944年10月23日升任第53军少将副军长。

1945年1月1日获颁四等宝鼎勋章。10月10日获颁忠勤勋章。

1946年5月5日获颁胜利勋章。

1947年3月14日晋颁四等云麾勋章。

1948年11月1日在辽宁沈阳率部向人民解放军投诚入东北解放军官教导团学习。

1949年2月定居北平。

1950年4月入华北人民革命大学政治研究院学习。

1951年4月毕业后派任军事训练部高级研究室研究员。

1952年12月调任山西省人民政府参事室参事。

1955年2月当选政协山西省（主席陶鲁笳）委员。4月21日调任山西省人民政府交通厅厅长。

1956年8月当选民革山西省（主委杨自秀）委员。

1967年9月2日在山西太原病逝。著有《自传》。

第116师副师长、师长刘润川（1902—？）

生于1902年2月27日（清光绪二十八年正月二十日）。辽宁开原人，字清浦。东北陆军讲武堂第八期工兵科毕业。

1943年4月调升第116师（师长赵镇藩）少将副师长。

1944年10月23日升任第116师（辖三团）少将师长。

1945年5月25日获颁四等云麾勋章。9月3日获颁自由银质勋章（美）。

1946年1月22日获颁忠勤勋章。5月5日获颁胜利勋章。

1947年9月16日获颁四等宝鼎勋章。10月2日在辽宁开原与人民解放军作战时兵败被俘。

1948年6月获释后前往沈阳从事策反工作。11月移居台北后改行经商。

1984年仍在世。

第130师师长张玉廷（1899—1957）

生于1899年7月16日（清光绪二十五年六月初九日）。河南宜阳人，字揩方。保定陆军军官学校第六期炮兵科毕业。

1940年12月30日升任第130师（辖三团）少将师长。

1944年5月18日（实际6月9日离职）调任远征军司令长官部（司令长官卫立煌）少将高级参谋。

1945年10月入中央训练团将官班受训。

1947年6月13日晋任陆军少将,并退为备役。

1948年3月23日出任河南省第10区行政督察专员兼保安司令。4月27日出任东北剿匪总司令部（总司令卫立煌）高参室（主任苏炳文）中将副主任。11月1日在辽宁沈阳向人民解放军投诚后入东北解放军官教导团学习。

1953年4月获释后定居重庆。

1955年5月当选政协南充市（主席罗文华）委员。

1957年9月20日在四川南充病逝。

第130师副师长、代师长王理寰（1899—1985）

生于1899年6月12日（清光绪二十五年五月初五日）。辽宁沈阳人。东北陆军讲武堂第七期步兵科、东北讲武堂高等军学研究所第三期毕业。

1942年6月调任第130师（师长张玉廷）少将副师长。

1944年5月18日代理第130师师长。10月1日实任第130师（辖三团）少将师长。

1945年1月1日获颁四等云麾勋章。9月3日获颁自由银质勋章（美）。10月10日获颁忠勤勋章。

1946年5月5日获颁胜利勋章。

1947年9月16日获颁四等宝鼎勋章。

1948年9月22日晋任陆军少将。11月1日在辽宁沈阳率部向人民解放军投诚后入东北解放军官教导团学习。

1949年5月获释后定居沈阳。

1955年3月当选政协辽宁省（主席黄欧东）委员。

1956年5月当选政协辽宁省常务委员。

1964年3月当选民革辽宁省（主委宁武）委员。

1980年2月当选民革辽宁省（主委刘多荃）常务委员。

1985年11月5日在北京病逝。

第54军副军长、军长阙汉骞（1902—1972）

生于1902年1月19日（清光绪二十七年腊月初十日）。湖南宁远人，字拔云。中央军事政治学校第四期步兵科毕业。

1943年10月14日升任第54军（军长方天）中将副军长兼第14师师长。

1944年5月1日辞去师长兼职。7月20日升任第54军（辖第36师、第198师）中将军长。

1945年1月1日获颁三等云麾勋章。7月6日获颁自由银质勋章（美）。10月10日获颁忠勤勋章。

1946年5月5日获颁胜利勋章。

1947年5月7日晋颁三等宝鼎勋章。7月1日第54军整编为第54师（辖整编第8旅、整编第36旅、整编第198旅），改任中将师长。8月17日整编54师改称第35军（辖第8师、第198师、暂编第57师），改任中将军长。

1948年1月28日第35军改称第54军（辖第8师、第198师、暂编第57师），仍任中将军长。9月22日晋任陆军少将。

1949年1月1日晋颁二等宝鼎勋章。5月15日兼任浦东兵团司令官。7月兼任台湾中部防守区司令官。11月24日调升台湾防卫司令部（兼司令官孙立人）中将副司令官。

1950年5月所部改组为台湾防卫总司令部（兼总司令孙立人），改任中将副总司令。6月调任台湾东部防守司令部（辖第54军、第99军）中将司令部。

1952年3月调任澎湖防卫司令部中将司令官。

1953年3月调任"国防部"中将参议。

1972年11月11日在台湾台北病逝。

第54军参谋长刘廉一（1909—1975）

生于1909年3月6日（清宣统元年二月十五日）。湖南长沙人，字德焱，号荣勋。中央陆军军官学校第六期步兵科、陆军大学正则班第十六期毕业。

1944年3月调任第54军（军长方天）上校参谋长。10月调任陆军总司令部（总司令何应钦）军务处（兼处长冷欣）上校副处长兼第1科（整编科）科长。12月代理军务处上校处长。

1945年2月10日获颁四等云麾勋章。4月30日叙任陆军步兵中校。同月陆军总司令部所属机构改组，改任第3处（参谋处，处长邱渊）上校副处长。7月6日获颁自由银质勋章（美）。10月10日获颁忠勤勋章。同月升任第3处少将处长。

1946年5月5日获颁胜利勋章。同月10日晋任陆军步兵上校。7月15日调任第8师（辖三团）少将师长。12月14日调任驻联合国军事参谋团（团长何应钦）少将组员。

1948年8月13日代理国防部（部长何应钦）部长办公室少将主任。9月22日晋任陆军少将。11月9日调任第67军（辖第218师、第219师）少将军长。

1951年1月调任"国防部"（兼部长陈诚）第3厅少将厅长。8月奉派美国三军参谋大学深造。

1953年8月回国后派任大陈防卫司令部（辖四地区）中将司令官兼浙江"反共救国军"总指挥，晋任陆军中将。

1955年3月调任"总统府"参军处（参军长孙立人）中将参军。

1961年3月调任"国防部"（部长俞大维）第三参谋次长室（作战室）中将次长。

1963年4月调任"国防部"联合作战计划委员会中将副主任委员。

1972年1月退为备役后被聘任中学校长。

1974年7月因病辞职后前往美国疗养。

1975年1月18日在美国俄亥俄州病逝。

第198师师长、第54军副军长叶佩高（1904—1987）

生于1904年2月16日（清光绪三十年正月初一日）。广东文昌（今属海南）人，原名叶用迈，以字行。云南陆军讲武堂第十八期步兵科、中央军事政治学校高级班军事科、陆军大学正则班第九期、陆军大学将官讲习班第一期毕业。

1942年5月1日调任第198师（辖三团）少将师长。

1944年8月11日升任第54军（军长阙汉骞）少将副军长。

1945年1月1日获颁四等宝鼎勋章。10月10日获颁忠勤勋章。

1946年5月5日获颁胜利勋章。

1947年7月1日第54军整编为第54师（师长阙汉骞），改任少将副师长。8月17日升任整编第54师（辖整编第7旅、整编第36旅）中将师长。

1948年1月1日获颁四等云麾勋章。9月17日整54师改称第50军（辖第36师、第107师、第270师），改任中将军长。10月20日调任国防部（部长何应钦）中将部员。

1965年10月退为备役。

1968年3月移居美国。

1987年8月31日在美国新泽西州病逝。

第 198 师副师长、师长刘金奎（1906—？）

生于 1906 年 12 月 17 日（清光绪三十二年冬月初二日）。湖北荆门人，字锡城。中央军事政治学校第五期步兵科、陆军大学正则班第十期毕业。

1942 年 10 月调升第 198 师（师长叶佩高）少将副师长。

1944 年 8 月 11 日升任 198 师（辖三团）少将师长。

1945 年 1 月 1 日获颁四等云麾勋章。9 月 3 日获颁自由银质勋章（美）。

1946 年 5 月 5 日获颁胜利勋章。

1947 年 3 月 14 日获颁忠勤勋章。7 月第 198 师整编为第 198 旅（辖三团），改任少将旅长。8 月整 198 旅改称第 198 师（辖三团），改任少将师长。12 月 18 日调任第 35 军（军长阙汉骞）少将参谋长。

1948 年 1 月调任国防部（部长白崇禧）少将部员。

1966 年 5 月退为备役后移居美国加利福尼亚。

1998 年仍在世。

第 36 师师长李志鹏（1908—1968）

生于 1908 年 12 月 25 日（清光绪三十四年腊月初三日）。江西雩都（今于都）人，字程九。中央军事政治学校第五期步兵科、陆军大学将官班甲级第二期毕业。

1940 年 7 月 29 日升任第 36 师（辖三团）少将师长。

1944 年 6 月 7 日获颁四等云麾勋章。

1945 年 1 月 1 日获颁四等宝鼎勋章。2 月带职保送陆军大学将官班甲级第二期学习。6 月陆大毕业后仍任原职。9 月 3 日获颁自由银质勋章（美）。10 月 10 日获颁忠勤勋章。

1946 年 5 月 5 日获颁胜利勋章。

1947 年 7 月第 36 师整编为第 36 旅（辖三团），改任少将旅长。8 月 17 日升任整编第 54 师（师长叶佩高）少将副师长兼整编第 36 旅旅长。

1948 年 1 月 1 日晋颁三等云麾勋章。同日辞去旅长兼职。9 月 22 日晋任陆军少将。同月整编第 54 师改称第 54 军（军长叶佩高），改任少将军长。11 月 9 日调升第 23 军（辖第 211 师、第 212 师）中将军长。

1949 年 4 月调任赣南师管区中将司令。10 月避居香港。

1950 年 2 月出任"国防部"（部长顾祝同）中将部员。

1968 年 12 月 25 日在台湾台北病逝。

第 36 师副师长朱振华（1903—1971）

生于 1903 年 1 月 25 日（清光绪二十八年十二月二十七日）。湖南零陵人，原名朱盛骍，以字行。中央军事政治学校第四期步兵科、中央陆军军官学校高等教育班第三期毕业。

1941 年 6 月 18 日调升第 36 师（师长李志鹏）少将副师长。10 月 31 日晋任陆军步兵中校。

1942 年 1 月 31 日晋任陆军步兵上校。

1945 年 1 月 1 日获颁四等云麾勋章。

1946 年 7 月 11 日获颁忠勤勋章。9 月 3 日获颁自由银质勋章（美）。10 月 10 日获颁胜利勋章。

1947 年 7 月第 36 师整编为第 36 旅（旅长李志鹏），改任少将副旅长。8 月调升整编第 7 旅（辖三团）少将旅长。

1948 年 9 月 22 日晋任陆军少将。同月整 7 旅改称第 107 师（辖三团），改任少将师长。12 月调任"国防部"（部长徐永昌）少将部员，派陆军总司令部服务。

1949 年 3 月调任"国防部"视察第 5 组（组长贺钺芳）少将视察官。6 月调任第 8 组（组长张宰臣）少将视察官。12 月调任"国防部"（部长阎锡山）少将部员。

1958 年 6 月退为备役。

1971 年 8 月 17 日在台湾台北病逝。

第 36 师副师长熊正诗（1907—1978）

生于 1907 年 7 月 5 日（清光绪三十三年五月二十五日）。贵州瓮安人，字志明，号金声。中央陆军军官学校第六期骑兵科、陆军大学将官班乙级第四期毕业。

1942 年 4 月 4 日升任第 36 师（师长李志鹏）少将副师长兼政治部主任。

1943 年 8 月 19 日晋任陆军骑兵上校。

1944 年 6 月 27 日获颁四等云麾勋章。

1946 年 10 月 10 日获颁胜利勋章。11 月 9 日获颁忠勤勋章。

1947 年 7 月第 36 师整编为第 36 旅（旅长李志鹏），改任少将副旅长。11 月考入陆军大学将官班乙级第四期学习。

1948 年 12 月陆大毕业后派任第 14 兵团（司令官宋希濂）少将高级参谋。

1949年3月17日调任第346师（辖三团）少将师长。4月1日调任第122军（军长张绍勋）少将参谋长。12月离部避居泸州。

1950年6月在泸州被公安局收容审查。8月获释后定居遵义。

1957年6月当选政协遵义市委员。

1961年11月当选民革遵义市（主委朱振民）候补委员。

1978年10月28日在贵州遵义病逝。

预备第2师师长顾葆裕（1908—1958）

生于1908年3月28日（清光绪三十四年二月二十八日）。江苏松江（今属上海）人，字觉后，号介侯。中央军事政治学校第四期步兵科、陆军大学特别班第八期毕业。

1942年4月1日调任预备第2师（辖三团）少将师长。8月6日叙任陆军步兵上校。

1944年6月27日获颁四等云麾勋章。

1945年1月1日获颁四等宝鼎勋章。4月19日获颁官员级嘉猷勋章（美）。6月调任中央军校第七分校教育处少将处长。

1946年6月12日调任暂编第58师（辖三团）少将师长。7月4日获颁忠勤勋章。10月10日获颁胜利勋章。

1947年4月升任第78军（军长谢义锋）少将副军长。6月第78军整编为第78师（师长谢义锋），改任少将副师长。10月考入陆军大学特别班第八期深造。

1948年9月22日晋任陆军少将。

1949年2月离校出任湘鄂边区绥靖司令部（司令官宋希濂）少将参谋长。6月调任第14兵团（司令官钟彬）少将副司令官。8月调任第124军（辖第60师、第223师）少将军长。11月陆大毕业后仍任原职。

1950年1月升任第7兵团（辖第2军、第124军）中将司令官。4月在西康西昌与人民解放军作战时兵败被俘。8月脱逃后进入缅甸，后前往台北。

1951年2月派任游击伞兵总队少将总队长。

1953年9月晋任陆军中将。

1955年4月25日调任陆军总司令部战略计划委员会中将委员。

1957年9月调任第2特战总队中将总队长。

1958年1月调任预备部队训练司令部中将副司令官。2月25日在台湾台北病逝。

预备第 2 师副师长、新编第 39 师师长洪行（1904—1944）

生于 1904 年 11 月 12 日（清光绪三十年十月初六日）。湖南宁乡人，字明达。湖南陆军讲武堂第一期步兵科、陆军大学正则班第十三期毕业。

1942 年 3 月升任预备第 2 师（师长顾葆裕）少将副师长。

1943 年 10 月调升新编第 39 师（辖三团）少将师长。

1944 年 12 月 17 日在云南施甸遭遇车祸身亡。

预备第 2 师参谋长、副师长彭劢（1910—1952）

生于 1910 年 12 月 28 日（清宣统二年冬月二十七日）。湖南长沙人，字近仁。中央陆军军官学校第七期步兵科、陆军大学正则班第十五期毕业。

1942 年 3 月调任预备第 2 师（师长顾葆裕）上校参谋长。

1943 年 3 月 6 日晋任陆军步兵中校。5 月升任预备第 2 师少将副师长兼政治部主任。

1946 年 6 月调任国防部（部长白崇禧）参谋总部（总长陈诚）第 5 厅（厅长方天）第 2 处少将处长。7 月 11 日获颁忠勤勋章。10 月 10 日获颁胜利勋章。

1947 年 4 月调任暂编第 58 师（辖三团）少将师长。6 月暂 58 师整编为第 227 旅（辖三团），改任少将旅长。12 月调任新疆警备总司令部（总司令宋希濂）少将参谋长。

1948 年 8 月调任第 14 兵团（司令官宋希濂）少将参谋长。9 月 22 日晋任陆军步兵上校。

1949 年 2 月调任湘鄂边区绥靖司令部（司令官宋希濂）少将副参谋长。8 月代理参谋长。9 月所部改组为川湘鄂边区绥靖公署（主任宋希濂），升任少将参谋长兼川湘鄂边区军政干部学校教育长。12 月离部后返乡避居。

1951 年 3 月被长沙市公安局逮捕。

1952 年 8 月 3 日因"特务罪"被执行枪决。

1992 年 4 月 29 日长沙市中级人民法院予以平反。

（本资料由胡博先生编撰整理）

附 表

表 13 第 20 集团军腾冲战役伤亡统计表

民国三十三年 10 月

区分 参战部队	负 伤		阵 亡	
	军官（员）	士兵（名）	军官（员）	士兵（名）
第 53 军	255	5161	196	3712
第 54 军	295	4793	151	3080
预备第 2 师	116	2118	94	1207
小 计	666	12072	441	7999
合 计	12738（员名）		8440（员名）	
总 计	21178（员名）			

据《保山地区史志文辑》抗日战争专辑之三相关资料调制

表 14 第 20 集团军滇西战役参战人员和伤亡统计表

民国三十三年 5 月 12 日起至 12 月 31 日止　　　　　　　　　军令部第一厅第一处

区分 参战部队	参战人员		伤亡及失踪					
			军官（员）			士兵（名）		
	军官（员）	士兵（名）	亡	伤	失踪	亡	伤	失踪
第 53 军	2035	19792	225	662		3260	5315	743
第 54 军	2179	22288	169	336	10	4077	3507	364
小 计	4214	42080	394	998	10	7337	8822	1107
合 计	46294（员名）		18668（员名）					

原附记：此项人数系根据远征军长官部呈报之统计表计算。

笔者附记：此统计可能不含预 2 师情况，但包括第 20 集团军部队后来参加收复龙陵、芒市、遮放、畹町诸战役情况。按此统计，第 20 集团军伤亡（含失踪）比例为 40%，阵亡比例为 16.7%。

另据南京第二历史档案馆档案《第二十集团军攻击高黎贡山及腾冲报告》载：第 20 集团军参战军官 3929 员、士兵 50889 名、马 3773 匹。牺牲军官 422 人，士兵 8695 人；伤军官 911 人，士兵 8774 人，马匹死亡 526 匹。消耗步枪弹 8667027 发，各种机枪弹 4235691 发，各种炮弹 299049 发，手榴弹 111637 枚，特种弹 87452 发。两种记述中数字略有差异。

据《保山地区史志文辑》抗日战争专辑之三相关资料调制

表 15　第 20 集团军腾冲战役俘获统计表

民国三十三年 10 月

部队\种类	俘获			战利品											
	敌官兵	营妓	印缅兵	马匹	轻机枪	重机枪	步枪	掷弹筒	迫击炮	山野炮	战车	汽车	电话机	无线电机	防毒面具
第 53 军	22	18	54		16	6	268	6		3	1	1	1	3	103
第 54 军	20	2	43	36	25	5	201	2	3	5	2			1	
预备第 2 师			22		34	11	191	4	3	3			3	2	10
合计	42	20	119	36	75	22	660	12	6	11	3	3	4	6	113

据《保山地区史志文辑》抗日战争专辑之三相关资料调制

表 16　第 20 集团军滇西战役战果统计表

民国三十四年 12 月 31 日止

部队\区分	毙敌	俘敌	马匹	轻机枪	重机枪	步枪	掷弹筒	迫击炮	山炮
第 53 军	2711	43		16	6	268	6		3
第 54 军	2247	42	36	25	5	201	2	3	5
预备第 2 师	1086	4		34	11	191		3	3
新编第 39 师	1287	5				13	1		
合计	7331	94	36	75	22	673	13	6	11

笔者附记：另据南京第二历史档案馆档案《第二十集团军攻击高黎贡山及腾冲报告》附表《第二十集团军于滇西会战敌我伤亡及俘获并弹药损耗表》载：共歼敌 7873 人；俘虏敌军官 7 人、士兵 61 人，马 25 匹，营妓 13 人；缴获步枪 860 支，轻重机枪 67 支，炮 19 门，枪弹 10 箱共 100683 发，炮弹 1479 发，卡车 10 辆，防毒面具 552 副，掷弹筒 38 个，炮兵观测器 49 个，通信器材 37 件，军刀 184 把，钢盔 202 个，橡皮舟 8 个，土工器具 200 多件。其中两种记述中歼敌数字一项与实际情形差距太大，不足为凭。

据《保山地区史志文辑》抗日战争专辑之三相关资料调制

表17 第54军滇西攻势作战参战人马暨伤亡官兵统计表

民国三十三年11月　　　　　　　　　　　　　　　　　　　　　　　　　　军长阙汉骞

区分			部别	军司令部及直属队	预备第2师	第36师	第198师	重迫击炮第2团	第6军炮兵营	总计
参战人马	编制数		官	542	583	711	586		36	2458
			兵	7920	11019	13091	11019		454	43504
	实有数		官	369	542	627	515	88	16	2157
			兵	3170	6954	7876	6732	1385	300	26417
	参战人马数		官	278	538	581	152	88	15	1652
			兵	2265	6549	6769	6731	1226	298	23838
			马	742	371	465	454	95	201	2328
伤亡数	高黎贡山及龙川江诸战役	大塘子诸战役	伤 官			16				16
			伤 兵			168			6	172
			亡 官	2		8				10
			亡 兵	4		128				132
			失踪 官			1				1
			失踪 兵	5		84			8	97
			小计 官	2		25				27
			小计 兵	9		380			14	403
		北斋公房战役	伤 官				31			31
			伤 兵	11			400			411
			亡 官				30			30
			亡 兵	4			317			321
			失踪 官							
			失踪 兵	5			86			91
			小计 官				61			61
			小计 兵	20			803			823
		桥头马面关战役	伤 官	2	27	4	15			48
			伤 兵	2	300	49	168			519
			亡 官		24		17			41
			亡 兵	9	425	39	234			707
			失踪 官		3					3
			失踪 兵		58	9	53			120
			小计 官	2	54	4	32			92
			小计 兵	11	783	97	455			1346
		龙川江西岸追击战役	伤 官	3		21		1		25
			伤 兵	10		274		1		285
			亡 官			15				15
			亡 兵	19		198		9		226
			失踪 官	2		2				4
			失踪 兵	11		11				22
			小计 官	5		38		1		44
			小计 兵	40		483		10		532

续表

区分			部别	军司令部及直属队	预备第2师	第36师	第198师	重迫击炮第2团	第6军炮兵营	总计
伤亡数	高黎贡山及龙川江诸战役	瓦甸战役	伤 官			27				27
			伤 兵			398				398
			亡 官			11				11
			亡 兵			396				396
			失踪 官							
			失踪 兵			35				35
			小计 官			38				38
			小计 兵			829				829
	腾冲附近之战役	腾冲外围据点攻击	伤 官	1	23	13	23			60
			伤 兵	17	404	321	258	21	5	1026
			亡 官		17	5	15			37
			亡 兵	43	267	126	322			758
			失踪 官		2					2
			失踪 兵	18		12	53		10	93
			小计 官	1	42	18	38			120
			小计 兵	78	671	459	633	21	15	1856
		腾冲城垣攻击	伤 官	1	70	22	52			145
			伤 兵	47	872	298	464			1681
			亡 官	1	28	6	41	1		77
			亡 兵	36	374	155	553			1118
			失踪 官		4					4
			失踪 兵	4		27	56		2	89
			小计 官	2	98	32	93	1		226
			小计 兵	87	1246	480	1073	2		2888

原附记：追剿流窜太平街、古永、盏西一带残敌之我军官佐伤亡各12员、失踪1员；伤兵44名、亡兵19名，未列入表内。

笔者附记：第54军投入兵力总计25490人，伤亡（含失踪）9361人，伤亡率为36.7%；阵亡3911人，阵亡率为15.3%。

据《保山地区史志文辑》抗日战争专辑之一《陆军第54军滇西攻势作战战斗详报》附表调制

表 18　日军第 56 师团兵力统计表

部队区分		指挥官	任职时间起止	驻地	兵力（名）
代字	番号				
龙 6703	师团司令部	师团长松山祐三中将	1942.12.1—战败	芒市	302
		参谋长川道富士雄大佐	1943.7.1—战败		
龙 6733	第 56 步兵团司令部	水上源藏少将	1943.6.10—1944.8.4	先龙陵，后腾冲	150
龙 6734	第 113 联队	松井秀治大佐	1940.8.1—1944.12.16	拉孟（松山）	2881
龙 6735	第 146 联队	金冈宗四郎大佐	1942.3.28—战败	畹町	3443
龙 6736	第 148 联队	藏重康美大佐	1943.5—1944.8.13	先腾冲，后瓦甸	2881
龙 6737	搜索第 56 联队	柳川明大佐	1943.3.1—战败	缅甸滚弄	439
龙 6739	野炮兵第 56 联队	山崎周一郎大佐	1943.3.1—1945.7.22	缅甸贵概	1636
龙 6740	工兵第 56 联队	小室钟太郎中佐	1942.9.10—1944.9.18	龙陵	913
龙 6741	师团通信队	大石良市少佐	1940.8.1—战败	芒市	239
龙 6742	辎重兵第 56 联队	池田耕一大佐	1940.8.1—战败	缅甸腊戍	749
龙 6743	师团兵器勤务队	森 兵技大尉	1940.8.1—战败	芒市	81
龙 6744	师团卫生队	延冈　中佐	1940.8.1—战败	遮放	699
龙 6745	第一野战医院	五十川秀夫军医中佐	1943 初—1944.9.14	主力腾冲，半部龙陵	247
龙 6746	第二野战医院	三浦丰军医少佐	1940.8.1—战败	芒市	242
龙 6748	第四野战医院	大场 军医少佐	1940.8.1—战败	缅甸新维	247
龙 6749	师团病马场	水野三治 兽医大尉	1940.8—1944.9.14	主力腾冲，半部芒市	50
龙 6747	师团防疫给水部	市村势夫军医少佐	1940.8.1—战败	芒市	196
合计					15395

附记：于 1943 年 12 月、1944 年 8 月及 9 月分三批补充兵员 2400 名，总计 17795 名。

据《拉孟·腾越玉碎の实相》附表 1《第 56 师团团队长一览表》调制

表 19　日军第 148 联队编制番号及指挥系统一览表

固有部队名	通称部队名	备考	固有部队名	通称部队名	备考
第 148 联队联队本部	龙（森）6736 部队 松本部队本部① 藏重部队本部② ⊙楠野部队本部③ ⊙神保部队本部④ ⊙相原部队本部⑤	覆灭 覆灭后	第 4 中队	荻岛队① 桥本队②	覆灭
			第 5 中队	河村队① 中村队② 伊藤队③	覆灭 覆灭后
军旗护卫小队	弘田队	覆灭	第 6 中队	永渊队① 白石队② 黑岩队③	覆灭 覆灭后
乘马小队	永岛队	覆灭			
联队行李	松井队	覆灭	第 2 机枪中队	大贺队① 柳田队② ⊙德永队③ ⊙胁田队④	覆灭 覆灭后
速射炮中队	留奥队① 高木队②	覆灭			
联队炮中队	金栗队① 成合队② 内田队③ 久保队④ ⊙新原队⑤	覆灭 覆灭后	第 2 大队炮小队	山中队① ⊙吉原队② ⊙中村队③	覆灭 覆灭后
			作业小队	中园队	覆灭
通信中队	内野队① ⊙古贺队②	覆灭 覆灭后	第 3 大队本部	上田部队本部① 宫原部队本部② ⊙池光部队本部③	该大队于1944年6月27日转往龙陵战场
第 1 大队本部	浦野部队本部① 鹿毛部队本部② 永渊部队本部③ ⊙大堀部队本部④	主力于密支那覆灭 覆灭后	第 7 中队	沟口队① 西冲队② ⊙内田队③	
第 1 中队	山下队① 中村队② ⊙吉开队③	覆灭 覆灭后	第 8 中队	津村队① 三好队② ⊙吉原队③	

续表

固有部队名	通称部队名	备考	固有部队名	通称部队名	备考
第2中队	名桥队① 下川队② 森泽队③ ⊙藤井队④	各队主力于密支那覆灭，残留者于腾冲覆灭	第9中队	阵内队① 太田队② 中岛队③ ⊙横沟队（代） ⊙野中队④	该大队于1944年6月27日转往龙陵战场
第3中队	篠原队				
第1机枪中队	山崎队① 绪方队②		第3机枪中队	江藤队① 西田队② ⊙吉原队（代） ⊙绪方队③	
第1大队炮小队	堤　队① 矢ヶ部队②				
第2大队本部	丸冈部队本部① 原口部队本部② 日隈部队本部③ ⊙西森部队本部④	覆灭 覆灭后	第3大队炮小队	铃木队① ⊙横田队② ⊙横沟队③	

附注：

1. ①②③④⑤为军官任期次序；⊙为战败后返回日本者。
2. 该表列举了至1944年年中为止148联队各部队名称，因年末开始中队变动频繁，人员更易编成替代等原因，无法明确其详情。
3. 此外，补充以下部队的情况：

大塚队：1944年初秋抵达芒市，作为补充人员部队，后转属菊8903（第18师团步兵第56联队）；

柴藤队：同上；

野中队：1944年初秋抵达芒市，补充到步兵第148联队各中队；

田中队：1943年12月末抵达，作为补充人员，补充到步兵第148联队各中队；

内田队：1944年8月初抵达的补充人员，参加了芒市东部地区（平戛）的战斗。

据《拉孟・腾越玉碎の实相》附表6《步兵第148联队［龙（森）6736部队］队号一览表》调制

主要参考文献

档案及档案汇编类

《第 11 集团军民国三十一年 5 月 5 日至 6 月 1 日惠通桥腾冲龙陵地区间战役战斗详报》。

《第 11 集团军参谋处作战日记 (1942 年 8 月 1 日至 10 月 31 日)》。

《陆军第 54 军滇西攻势作战机密日记》(档案原件复印本，未刊)。

《陆军第 54 军滇西攻势作战战斗详报》。

《陆军第 36 师唐习山战役战斗详报》。

《陆军第 36 师高梁弓战役战斗详报》。

《陆军第 36 师瓦甸战役战斗详报》。

《陆军第 36 师桥头战役战斗详报》。

《陆军第 36 师蜚凤山战役战斗详报》。

《陆军第 36 师腾冲城区战役战斗详报》。

《陆军第 53 军由怒江至腾冲会战战斗详报》。

《陆军第 130 师由怒江至腾冲会战战斗详报》。

《陆军第 116 师唐习山、大塘子、江苴、腾冲各战役战斗详报》。

《陆军新编第 39 师潞江西岸高黎贡山之役战斗详报》。

《陆军第 71 军 88 师加强团平戛战役战斗详报》。

（除特别注明外，以上军事档案均散编于《保山地区史志文辑》《德宏史志资料》，详后）

《中华民国重要史料初编——对日抗战时期》，第二编作战经过（三），秦孝仪主编，中国国民党中央委员会党史委员会编印，民国七十年 9 月初版。

中华民国史档案资料丛刊《抗日战争正面战场》（下），中国第二历史档案馆编，江苏古籍出版社，1987年8月第一版。

《中华民国史档案资料汇编》第五辑第二编军事（四），中国第二历史档案馆编，江苏古籍出版社，1998年4月第一版。

《抗日战争正面战场》（中），中国第二历史档案馆档案汇编本，凤凰出版社，2005年8月第一版。

《日军侵华罪行实录——云南部分》，云南省档案馆编，云南人民出版社，2005年7月第一版。

《民族光辉——腾冲抗战史料钩沉》，腾冲国殇墓园管理所编，云南人民出版社，2011年5月第一版。

中、日、美战史类

《怒江战役述要》，美国新闻处编，1945年6月出版。

《怒江战役的完成》，中国战斗司令部公关军官汇编，美国Press Censor Goldbert出版，戈叔亚译。

《抗日战史》第29章缅北及滇西之作战（二），胡璞玉主编，台湾"国防部"史政局，民国五十七年10月初版。

《抗日战争滇西战事篇》，方国瑜著，云南大学出版社，1994年6月第一版。

《日军侵华八年抗战史》，何应钦著，黎明文化事业公司，民国七十一年9月出版。

国民革命军战史第三部《抗日御侮》第九卷，蒋纬国总编著，黎明文化事业公司印行，1979年出版。

中华民国史资料丛稿译稿《缅甸作战》（上、下），日本防卫厅防卫研修所战史室编著，天津市政协编译委员会译，中华书局，1987年4月第一版。

《日本军国主义侵华资料长编——〈大本营陆军部〉摘译》（上、中、下），四川人民出版社，1987年5月第一版。

日军对华作战纪要丛书《伊洛瓦底会战——缅甸防卫的失败》，台湾"国防部"史政编译局，民国八十六年6月出版。

[日]服部卓四郎：《大东亚战争全史》（Ⅲ），台湾军事译粹社，民国六十七年3月初版。

[日]伊藤正德：《帝国陆军の最后1〈进攻篇〉》，角川书店，昭和四十九年2月20日第三版。

[日]伊藤正德：《帝国陆军の最后3〈死斗篇〉》，角川书店，昭和四十九年2月20日第三版。

《拉孟、腾越——玉碑の实相》，日军第56师团战友会"云龙会"编撰，昭和二十九年3月25日印行。

《炮烟——龙野炮兵第五十六联队战记》，日军第56师团野炮第56联队史编辑委员会编辑，昭和五十八年7月印行。

《兵旅の赋——北部九州乡土部队70年9足迹》第二卷昭和篇，北部乡土部队史料保存会编，昭和五十三年7月印行。

《福冈联队史》，[日]杉江勇著，秋田书店，昭和四十九年1月20日初版发行。

《太平洋战争写真史——フーコン・云南の战い》，[日]森山康平编著，日本池宫商会出版部，昭和五十九年6月1日初版。

《一亿人の昭和史》之《日本の战史》10太平洋战争4特别企画之拉孟·腾越守备队，每日新闻社，昭和五十三年4月29日。

《ビルマに云南埋もれた战史——镇安街守备队》，日军第56师团第113联队第1大队第1中队战友会编辑，平成二年印行。

《中国抗日战争正面战场作战记》（下），郭汝瑰、黄玉章主编，江苏人民出版社，2002年10月第一版。

《中国远征军战史》，徐康明著，军事科学出版社，1995年7月第一版。

《中缅印战场抗日战争史》，徐康明著，解放军出版社，2007年7月第一版。

文史资料选辑（含选编本）

《远征印缅抗战——原国民党将领抗日战争亲历记》，中国文史出版社，1990年10月第一版。

《粤桂黔滇抗战——原国民党抗日战争亲历记》，中国文史出版社，1995年7月第一版。

《滇缅抗战纪实》，北京、德宏政协文史委合编，中国文史出版社，2008年5月第一版。

《文史资料选辑》第37辑（总第137辑），中国文史出版社，2001年1月。

《云南文史资料选辑》第27辑，云南政协文史委编，云南人民出版社，1986年8月第一版。

《云南文史资料选辑》第32辑，云南政协文史委编，云南人民出版社，1988年3月第一版。

《云南文史资料选辑》第39辑《滇西抗战》，云南政协文史委编，云南人民出版社，1990年12月第一版。

《云南文史资料选辑》第61辑《滇缅抗战亲历记》，云南政协文史委编，云南人民出版社，2005年7月第一版。

《保山地区史志文辑》抗日战争专辑第一至第四辑，刘建中、高镇仁主编，德宏民族出版社，1989—1990年出版。

《滇西抗日战争历史资料续辑》，保山地委宣传部、史志委、地区工委合编，1995年。

保山市文史资料之滇西抗战专辑《滅血岁月》，保山政协科教文体委编，云南民族出版社，2004年2月第一版。

保山史志文辑抗日战争专辑之六《见证历史——滇西抗战见闻实录》（上），马力生、刘志声、张国龙等著，德宏民族出版社，2004年9月第一版。

《腾冲文史资料选集》第一辑抗日战争专辑，腾冲县政协文史委编，德宏民族出版社，1988年6月第一版。

《极边第一城的血色记忆——腾冲抗战见证录》（上、下），许秋芳主编，中国文联出版社，2003年4月第一版。

《碧血千秋——腾冲国殇墓园资料汇编》，彭文位、马有樊编，云南教育出版社，2003年4月第二版。

《怒江文史资料选辑》第2辑，怒江州政协文史委编，1984年。

《怒江文史资料选辑》第13辑，怒江州政协文史委编，1986年。

《怒江文史资料选辑》第23辑,怒江州政协文史委编,1995年。
《泸水文史资料选》第二辑,怒江泸水县政协文史委编,1989年。
《德宏史志资料》第二集,德宏州志编委会办公室编,1985年。
《德宏史志资料》第八集,德宏州志编委会办公室编,1986年。
《德宏州文史资料选辑》第八辑,德宏州政协文史委编,德宏民族出版社,1991年12月。
《昆明文史资料选辑》第六辑,昆明市政协文史委编,1985年9月。
《龙陵县文史资料选编》(一),龙陵县政协文史委编,1999年12月印行。
《合肥文史资料》第二辑,合肥市政协文史委编,1985年8月。
《湖南文史资料》选编本,湖南省政协文史委编,1985年第3期。
《巍山文史资料》第四辑,巍山彝族自治县政协文史委编,1990年9月。
《易门县文史资料选辑》第六辑,易门县政协文史委编,1996年12月。

亲历者撰述口述

《渡江反攻初期美军顾问团长弗兰克·多恩准将报告》。美国斯坦福大学胡佛档案馆馆藏资料,张太雷译。
《中缅印战区综合杂志》(*CBI Roundup*),戈叔亚译。http://blog.sina.com.cn/s/blog_4d9e1cca010009gm.html。
《血肉换来的腾冲胜利》,彭河清撰,军事委员会政治部第三厅编印,民国三十三年10月31日《文摘月报》第四卷第九、十期合刊。
《战怒江》,潘世征著,昆明扫荡报社,民国三十四年3月初版。
《八年抗战小史》,方诚著,新军研究社,1947年。
《腾越玉碎记》,[日]吉野孝公著,昭和五十四年8月15日自印本。
《黄杰滇西作战日记》,黄杰著,台湾"国防部"史政局,1982年版。
《滇西抗日血战写实》,陶达纲著,台湾"国防部"史政局,民国七十七年印行。

《史迪威日记》，[美]约瑟夫·史迪威著，世界知识出版社，1992年版。

《徐永昌日记》第六、七册，台湾中央研究院近代史研究所影印本，民国七十九年6月。

《中日拉孟决战揭秘——异国的鬼》，[日]品野实著，伍金贵、喻芳译，群众出版社，1992年4月第一版。

《戎马关山话当年——陆军第五十四军史略》，台湾五十四军旧属编，民国八十六年10月初版。

国军史料丛书《抗战时期滇缅印作战（一）——参战官兵访问记录（下）》，台湾"国防部"史政编译局，1999年6月30日印。

骆鹏：《八年对日抗战：我与云南省腾冲县和顺乡及其图书馆的关系》。http://blog.sina.com.cn/s/blog_4d361ba40100f7m0.html。

华人佼：《抗日战争后期远征军译员生活700天》。http://history.kunming.cn/index/content/2009-05/26/content_1886948.htm。

姚元：《滇西前线的经历》，《西南联大八百学子从军回忆录》，2003年清华大学内部出版。

黄应华（口述），刘庚寅（整理）：《一个远征军老兵对腾冲抗日战争的回忆》。http://www.ilaobing.com/forum.php?mod=viewthread&tid=11126。

《死亡的日本人和牵牛花——腾冲挽歌》，[美]伯韦尔·刘易斯（Burwell Lewis）撰文，戈叔亚译。http://blog.sina.com.cn/s/blog_4d9e1cca010008v3.html。

研究者著述类

中华民国史资料丛稿译稿第二辑《史迪威资料》，中华书局，1978年2月。

《回忆卫立煌先生》，赵荣声著，文史资料出版社，1985年1月第一版。

《卫立煌将军》，卫道然著，安徽人民出版社，1985年9月第一版。

《关麟征将军》，陕西户县政协文史委编，中国文史出版社，

1989年10月版。

《抗日名将叶佩高》，曹英哲、王楚英著，香港东方影画艺术出版社，2002年6月第一版。

《血雾迷茫——滇缅抗日及日军罪恶揭秘》，陈祖樑著，云南美术出版社，2004年11月版。

《江山作证》，陈祖樑主编，云南人民出版社，2005年7月第一版。

《浴血怒江》，陈祖樑主编，云南人民出版社，2005年7月第一版。

《记忆的伤痕——日军慰安妇滇西大揭秘》，蔡雯、李根志编著，云南出版集团公司晨光出版社，2005月8月出版。

《东方诺曼底之战——滇西缅北战役》，中共腾冲县委宣传部、腾越文化研究会合编，北京燕山出版社，2005年8月第一版。

《滇西抗战史证》，耿德铭著，云南人民出版社，2006年5月第一版。

《1944：松山战役笔记》，余戈著，生活·读书·新知三联书店，2009年8月第一版。

《长风将军》，丁芝萍著，中国文联出版社，2012年4月第一版。

CCTV-10纪录片《中国远征军》第8集。

凤凰卫视凤凰大视野栏目《中国远征军》（八）《光复腾冲》。

《菊と龍：祖国への栄光の戦い》，［日］相良俊辅著，光人社，1972年印行。

《拉孟——玉砕戦场の証言》，［日］太田毅著，昭和出版，1984年8月初版。

《壮烈 拉孟守备队：玉砕に殉じた日本軍将兵の記録》，［日］楳本捨三著，光人社，2003年8月印行。

论文类

《作战理论入门》，日本陆上自卫队干部学校修亲会著，军事科学院外军研究部译，战士出版社，1982年8月第一版。

《滇西抗战论文集》，多守业主编，德宏民族出版社，1999年3月第一版。

《纪念滇西抗战60周年文集》，保山市政协编，2005年第一版。

报刊网站报道类

邓康延：《大国伤心地》。《凤凰周刊》2005年第18期。

朱雨晨：《逐屋肉搏——陆朝茂亲历惨胜腾冲》。据《中国新闻周刊》2005年26期。

笑蜀：《史海回眸：抗战期间寻找美国大兵》。《南方周末》2008年4月14日。

戈叔亚：《云南腾冲为美阵亡官兵立碑 老布什写信致谢》，《生活新报》2008年9月21日。

孟继良：《张德辉卧底抗日救和顺》，《生活新报》2008年10月9日。

谢本书：《江逢僧参与起草了〈答田岛书〉》，《云南大学校报》2011年3月18日第1060期（总第1060期）。

萨苏：《倭冢腾冲——给远征军的纪念》。http://blog.sina.com.cn/s/blog_476745f601000atv.html。

章东磐、孙敏：《日本军刀的故事》。http://www.xinfajia.net/6298.html。

方军：《生活在100年前的远征军老兵李华生》。http://blog.sina.com.cn/s/blog_5ec5b67a0100ghi8.html。

关爱抗战老兵网李正关于石大用的系列调查文章。http://www.ilaobing.com/forum.php?mod=viewthread&tid=70917&extra=page%3D1。

晏伟权、晏欢：《漫话戎马关山路——访淞沪、腾冲抗战亲历者黄埔8期黄福荫》。http://www.hoplite.cn/templates/yzjwsg0042.html。

傅天明：《当年副团长回忆老兵李锡全：腾冲战役他专管给养》。http://hn.rednet.cn/c/2008/10/02/1603294.htm。

邓果：雅虎中国之"老兵地图"——周高福口述。http://love.cn.yahoo.com/laobing/material/item-1381.html。

凤凰网访问文章《六旬老翁25年访遍滇西老兵30万字记录抗战》。http://www.360doc.com/content/080808/17/66479_1523620.html。

黄埔军校网文章《图解腾冲抗日战场》。http://www.hoplite.cn/templates/jsyjs0052.html。

史迪威驿站网文章《克利福德·隆：昔日"飞虎"》。http://www.sdwyz.com/flying/flying/200704/flying_418.html。

申玉琢：《国殇墓园话英烈》。http://www.ruchina.com/diary/2008-12-26/5994.html。

360doc 个人图书馆网友 Zkygh1963：《抗战中一桩令中国人自豪日军蒙羞的往事》。http://www.360doc.com/content/07/0919/00/43414_754851.shtml。

云南网云南省"60位为解放云南作出突出贡献人物"之47：抗日县长张问德。http://special.yunnan.cn/feature2/html/2009-09-04/content_896192.htm。

纪念中国抗日战争暨世界反法西斯战争胜利50周年、60周年之际，云南、四川、重庆、贵州、湖南、广东等地媒体对健在中国远征军老兵的相关报道（详见内文注释）。

纪实文学类

《大国之魂——中国远征军滇缅征战纪实》，邓贤著，人民文学出版社，1991年10月第一版。

《松山大战》，段培东著，云南人民出版社，1995年10月第一版。

《大战场 小细节》，许敏著，云南人民出版社，2005年7月第一版。

《挥戈落日——中国远征军滇西大战》，彭荆风著，上海文艺出版社，2005年8月第一版。

《父亲的战场——中国远征军滇西抗战田野调查笔记》，章东磐著，山西人民出版社，2009年7月第一版。

后 记

2009年8月《1944：松山战役笔记》出版后，笔者就开始了腾冲战事的研究和写作，如今四个年头过去，《1944：腾冲之围》终于得以付梓。按此进度计算，待完成计划中的龙陵会战的写作，笔者将会为这一题材投入十多年的精力。

按国内抗战史学界的说法，中国抗日战争的正面战场有22次大会战；由美英主导的中缅印战区的缅北、滇西会战，并未包括在内。而笔者拟以十余年时间聚焦于其中的滇西战场，以"三部曲"描绘出这个局部战场的"微观"全景图，这个事到底有多大价值？对于这个问题，笔者至今未能予以自我确认。

笔者曾经感慨中国缺少"微观战史"。这本是一时灵感冒出来的一个概念，自己并没有能力对此做理论上的诠释，但后来被评论家和媒体人引用并做价值分析，读后颇受启迪和滋养。理论素养不足如我者，在直觉上倒有一些敏感，毕竟为此青灯长卷地爬梳史料、做田野调查已逾九年。实践的经验和体会告诉我，对于战争的研究决不能止步于政治、战略层面，必须进行战役、战术乃至技术层面的考察。打个比方，多年以来在中国商界，做生意时最用心的是"签项目"，但后来出问题多半在"做项目"上。签了项目拿到了单子，意味着资金基本到账，盈利已经有相当把握，至于工程、产品做得如何，往往已经不是大老板们关心的事了，于是"豆腐渣工程"与"山寨货"迭出，经年之后"素质"和"信用"就成为本质问题被凸显出来。

抗战无非就是这样一个"大项目"。自1941年12月珍珠港事件爆发、美国卷入战争起，从中国一方来说，自1937年起独立苦撑四年的这个项目终于有了可靠的合作伙伴和资金保证，最后赢得胜利已是可以预期的丰厚利润。然而，当这个合作项目的美国代理人——陆军中将史迪威来到中国，并主要是通过对滇缅战场这一具体项目的"实操"之后，双方在磨合中发生了严重问题。史迪威于1944年10月被迫离开了中国，并由此影响到整个合作项目的前景，从而相当程度地改变了历史进程。

在"签项目"之初，当中国被热心而急切的罗斯福推到"四强"的阵容里，当宋美龄站在美国国会的演讲台上，当蒋介石出现在开罗的同盟国巨头会议上，人们看到的只是中国与西方列强别无二致的"大国"体面；一旦进入"做项目"的环节，史迪威立刻感知到中国历史、文化、传统、习惯、素质、作风……诸因素汇聚而成的真正实力，这些"软条件"的影响甚至超过了所谓"地大物博"的"硬资源"。在滇西战场上，出现的是三国两方：中国、美国 VS 日本。若将目光聚焦于战场这一实操环节，你会时时感到，虽然美国与日本处于敌对阵营，但文化思维与做事风格却更为契合；他们对中国这个合作伙伴/敌人的看法，也惊人地一致。

虽然笔者不尽同意克罗齐"一切历史都是当代史"的观点，但承认做历史的人都有现实功利性的考虑。黄仁宇的《万历十五年》写的是明朝的历史，但其落脚点却是中国现代化的转型。在研究滇西战事的过程中，最吸引笔者的也是"现代化"这个概念——最初是为这个战场上由美式装备所武装的中国军队外貌上的现代化所感奋，随后就在战事推演中被敌我双方在残酷拼杀中的悬殊"比分"所震惊，从而陷入对"人的现代化"的深深困惑和思考之中。

"先进"与"落后"是贯穿始终的两个主题词。笔者不得不承认，落后的东西，即便暂时给镀了金，也难以迅速华丽转身为先进。套用托尔斯泰名著中的著名论断：先进的东西总是相似的，落后的东西则各有各的面貌。中国的现代化仍处在艰难的进程之中，即便到今天也没有多少可资夸耀之处。实际上，先进者总是谦逊的，而落后者才屡屡自夸而不是反省；由是，先进者可能继续进步，落后者反而浅尝辄止……对这些问题的思考，很自然就能打通近七十年的时空，使那段远去了的战争带出强烈的现实感。

笔者认为：战争与战场，永远是检验先进与落后的终极平台，战争能力永远是一个民族的"元实力"。这句话听起来刺耳，但比较接近历史真相。人类历史的大部分时间段是战争史，这是客观事实；接受了文明熏陶的人类，总是在经历一场惨痛战事的浩劫之后唤起"永别了武器"的冲动，但实际上从来不曾做到。笔者甚至常常有这样的感觉：和平时期人类的政治、经济、文化活动，不过是上世纪六七十年代电影放映前的"加演片"，两三条"新闻简报"、"祖国新貌"之后，正式的"战斗片"才真正开演。

战争考验着一个民族素质的现代化程度，而且是最核心的那部分，比如理性、认真、严谨、坚忍的作风；转换至和平岁月，你就会发现它也是现代企业最推崇的信条。那个在流水线上经受了此种检验的他国员工，一转身就可能在战场上成为你的劲敌。

现代性较量的比分，在战场上集中表现为参战者伤亡比例。当然，先进者也有因力量对比悬殊被打败的时候，落后者也可能以不计成本的"人海战术"侥幸取得胜利，"虽败犹荣"与"惨胜"的概念分别描述了上述两种情况。与此相关联，只有先进者才会有为少数阵亡者立碑刊名的观念；落后者面对处理不过来的大堆尸体，也许只能无奈地任其"埋没随百草"了事。死不起人，在这里是文明；死得起人，在这里是野蛮。

同样地，先进者总是把战事记录得清清楚楚，落后者总是一本糊涂账。表面上看，落后者是因为表现乏善可陈而缺乏记录热情，实际上反过来看可能更为准确：很难想象一个在战斗详报中文过饰非、虚构战果的部队，在战场上能够有出色表现。

历史学者王锦思、苏智良曾云："历史精密才能锻造出严谨认真的国民性格，历史是民族文化传承的根基。"这是笔者在新浪微博上的签名语，也是多年来在研究战史中引起共鸣、进而奉为圭臬的一句话。也许只有在对战争探掘至幽微层面，才会真正理解这句话；那些迷信纵横捭阖、运筹帷幄、将帅传奇的人，往往对这些战争中的"形而下"问题不太在意。

笔者的朋友李晨博士在剑桥大学做与此题材相关的中国军事史，他的导师方德万教授指导他做论文时应注重立论，不必将很多笔墨浪费在陈述史实上。李晨跟我说,自己真的不好意思告诉导师:对于这段史实,中国还缺乏一个准确细致的叙事文本。

仅凭一点点浮皮潦草、漏洞百出的材料去奢谈那段战事,即便立论再高明,也是游离于史实之上的空论。笔者努力的目标,也就自然定位于尽可能还原、再现历史,以"精密"为追求来做一个可信度较高的叙事文本。

战壕里的真实,自然不会在蒋介石、徐永昌、史迪威等人的档案文献中看到;军方的军事档案固然为难得的第一手史料,也需要搜集大量遗散的"三亲者"记述来予以佐证、校订甚至辨伪。方国瑜教授早在1946年即致力于滇缅抗战的研究,但在其所著《抗日战争滇西战事篇》中却未注明史料来源,他的解释是:"然每一事参酌众家,且初稿成,走访亲历其事者,多所商正,而近时事犹在耳目,不尽以书为据,故不详记出处也。"在"形而下"的层面做"微观史"的难处,非实操者难以体会,但是,这正是笔者所能做的一个"项目"。昔日远征军将士浴血奋战完成了他们的项目,以最大的努力予以准确记述是后辈人的项目;因了那段付出数万生命与鲜血的惨痛成本,笔者的项目必须与他们的项目质量大致相称,否则良心难安。

话虽如此说,但笔者仍感到书中遗憾多多,且多为个人之力所不逮。笔者所写的是一部战役史,具体写到了每日每地的战斗,且连每次战斗的酝酿部署也予以详细记录。然而,这场战役除了593团袭占桥头、马面关,预2师夺取来凤山等很少几次战斗具有"巧战"色彩,其他都是拖沓、冗长的艰难战斗,作者不厌其烦的记述也许会让一些读者感到枯燥。但战争本来面貌即如此,笔者唯有忠于史实。

虽然笔者找到了一些"三亲者"记述,经甄别校订后准确地嵌入了战事进展之中,增加了一点直观感性的色彩,但由于众所皆知的原因,这样的"三亲者"记述能得以留存下来的还是太少。在本书出版后,再奢望以采访老兵完成一部抗战叙事作品,亦无可能了。

此外,笔者虽追求所写的每一段文字均能"落地",但实践中仍感到这是一个难以完全实现的理想。众所周知,腾冲乃多民族聚集的极边地带，很多小地名自古以来都是只有读音，在各种资料中被记录为不同的文字。笔者经过查阅地图和现地踏勘，对史料中许多已经改变的老地名标注了新地名，但还是有一些地名无法找到其具体所指。特别是高黎贡山麓的很多小山头、小村寨，在谷歌卫星地图和大比例尺军用地图上也未标注出来，这会让读者对书中的某些记述难以在空间上定位。

关于地图方面，书中附有部分中日两军参谋人员绘制的作战示意图，可供读者直观地了解战事进程。但第36师进出高梁弓、瓦甸之战，第53军自大塘子至江苴之战，能找到的小区域作战示意图较少。可以聊作弥补的是，提供了中华民国参谋本部陆地测量总局1935年版1∶10万军用地图腾冲幅，可以确认此版地图正是战时远征军部队所用的基本地图；还提供了美国陆军1954年版1∶25万军用地图之福贡、腾冲、龙陵三幅（因幅面过大，将收入本书电子版），正好覆盖了书中所写的战场，而且图上的地理信息均源自1944年美军在中缅印战场的调查；又利用谷歌地图拼接了片马、腾冲、腾西南三幅大比例尺地形图，补充标注了一些书中经常提到的小地名，这些均可供读者对照战事发展脉络"按图索骥"。

即便是如此"微观"的一个项目，也不是笔者仅靠个人之力所能完成的。几年来，无数前辈师长和同道朋友对笔者的工作给予了全方位的热情支持，在此，我要对他们表示衷心的感谢：

国内在滇缅抗战这一领域辛勤耕耘的先行者中，陈祖樑、戈叔亚、毕世铣、李正、段生馗等人的研究成果，对笔者有引路之功。陈祖樑先生是保山地方史志工作者的代表，他和他的同事们构建起了惠及久远的史料基础工程；戈叔亚先生曾与笔者一起受龙陵县政府之邀，共同参与了松山抗战历史资源的普查工作，多年来每有疑惑必咨询求教，受益良多；毕世铣先生曾陪同笔者踏勘腾冲城内战争遗址遗存，他作为亲历者兼研究者所积淀的丰厚历史知识，无第二人可以替代；李正先生曾将珍存的重要史料第五十四军腾冲作战机密日记（档案复印本）馈赠笔者，成为本书的核心史料之一；段生馗先生以个人之力创建了"滇缅抗战博物馆"，所搜集的数万件源自"本土"的战争文物,常常唤起笔者磨洗而认、由物及史的原始冲动。

在2013年5月所做的最系统的战地踏访中,腾冲县委宣传部李继东、孙有福、田丽华,腾冲国殇墓园管理所杨素红、伯绍海,保山市委宣传部毕蕾及保山电视台蓝天,潞江镇文化站刘世杰等朋友给予了热情帮助;特别是年近八旬的毕世铣先生,再次陪同笔者考察了大盈江河谷游击战场及蜚凤山、来凤山等腾冲城郊战场,对他们的感激之情难以言表。

方军先生早在上世纪90年代即赴滇西采访抗战老兵,并将所珍藏的远征军部队军事档案汇编本提供笔者;王选女士从日本的古旧书店帮笔者购回了大量与滇西战事相关的日版图书;李晨博士为笔者从美国斯坦福大学胡佛档案馆翻拍了弗兰克·多恩的战地报告,这些馈赠对于本书的写作助益极大。

章东磐先生发起组成的团队,从美国国家档案馆拷贝回了数万张远征军滇西战事照片,这些照片均经晏欢先生翻译出了说明文字。他们慷慨地为笔者提供了一部分与腾冲战役相关的照片,晏欢先生又细致地校订了照片说明文字。这些珍贵的照片与文字记述相映衬,让那段历史得以更加细腻直观地呈现。

萨苏、胡博和邓果先生,是这些年笔者在军史发烧圈结识的年轻同道。以日方史料解读中国抗战,是萨苏多年来拓展的一个独特研究视角。他的著作和博客文章中有关滇缅战事的部分,一直是笔者必看的内容;胡博对民国军制和军事人物研究之深入,国内几无人可与比肩,承蒙他主动请缨为腾冲战役参战将领做了详细的简历资料,为本书的附录增添了一份重要内容;邓果为抗战老兵所做的口述史,以专业、细致备受关爱老兵志愿者好评,本书中有他提供的精彩老兵经历。

笔者极为重视以美方、日方战史资料做"互参式"研究,但因缺乏外语能力困难极大。于是尝试通过微博发出求助信息,经钱文忠、朱伟、孙春龙、唐建光、朱文轶等先生帮助转发后,有无数热心朋友出手相助,且不要分文报酬。其中@花伦董(董旻靖)、@驾驶猿(张太雷)、@Akira_Hoshino(郭长明)、@石是石(石江辉）、@况冶、@nj_beijing2010（郑佶）、@高溪禧、@凌凌志志、@nutcracken_zhangyi等人帮忙翻译了较多资料。

在战史作品中，地图资料对于直观了解战事脉络极为重要。前面提到的中华民国1935年版军用地图，及1954年版美国陆军军用地图，分别为沈克尼先生和姚翼先生慷慨赠予。笔者收集到的大部分部队作战示意图，因年代久远绘制粗糙，有的不尽准确。为此陈祥京、张宁、文卫东、刘春田先生帮助修订绘制了其中二十余幅地图，杨虎、岳虹、朱航满等战友亦给予了热情支持。

在拙作《1944：松山战役笔记》出版后，殷实先生即撰文就"微观战史"的价值予以解析。此次又承蒙他为本书作序，对这一问题做了更为系统的诠释。感谢生活·读书·新知三联书店编辑叶彤先生几年来的关注和鼓励，使得笔者一直未敢分散精力，在不算太长的时间内完成了书稿并有此次的再度合作。

由于作者水平所限，本书疏漏、缺憾之处在所难免，敬请各界同仁及广大读者不吝批评指正。笔者的电子邮箱为laoyuge@sina.com，新浪微博ID为@余戈—腾冲之围。

2013年9月25日于北京平安里

附图 7 第 54 军桥头、马面关之役战斗经过形势图之一

(1944 年 5 月 13 日至 16 日)

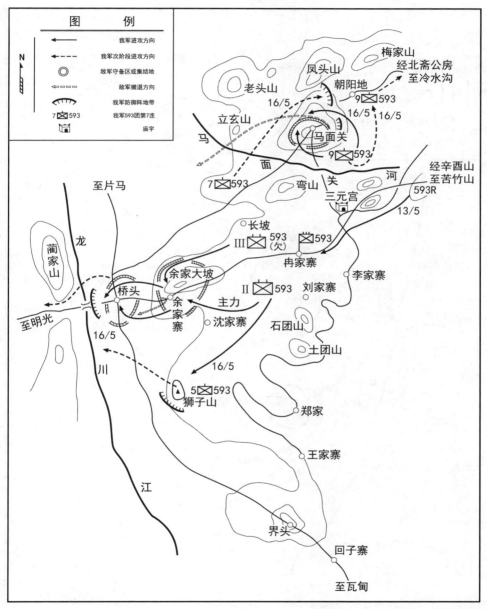

(据《抗日名将叶佩高》附图；陈祥京修图)

附图 8 第 54 军桥头、马面关之役战斗经过形势图之二

(1944 年 5 月 24 日至 28 日)

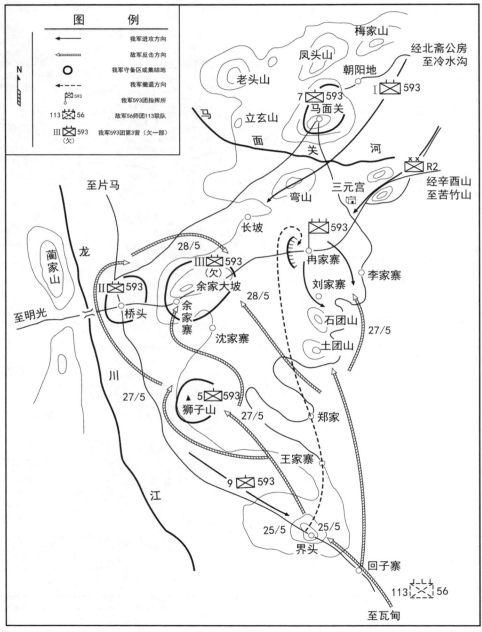

(据《抗日名将叶佩高》附图；陈祥京修图)

附图9 第54军第36师瓦甸作战经过图

（1944年5月24日至6月11日）

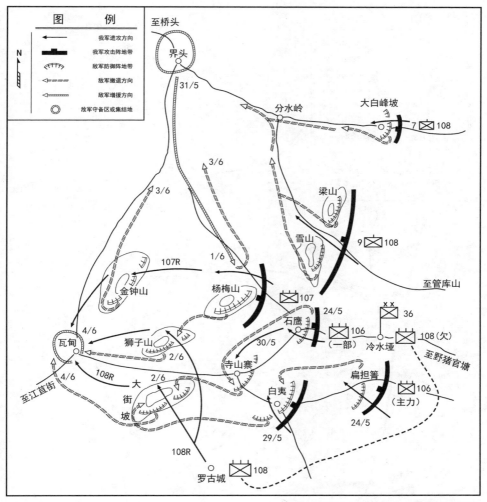

（据《抗日名将叶佩高》附图；陈祥京修图）

附图10 第54军桥头、马面关之役战斗经过形势图之三
（1944年5月29日至6月6日）

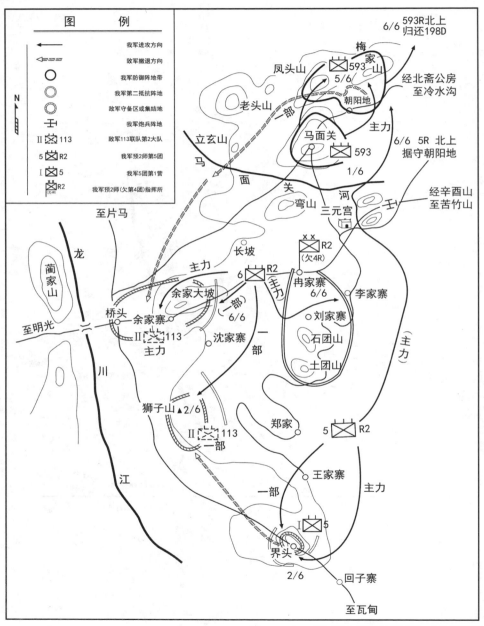

（据《抗日名将叶佩高》附图；陈祥京修图）

附图 11 第 54 军桥头、马面关之役战斗经过形势图之四
(1944 年 6 月 7 日至 11 日)

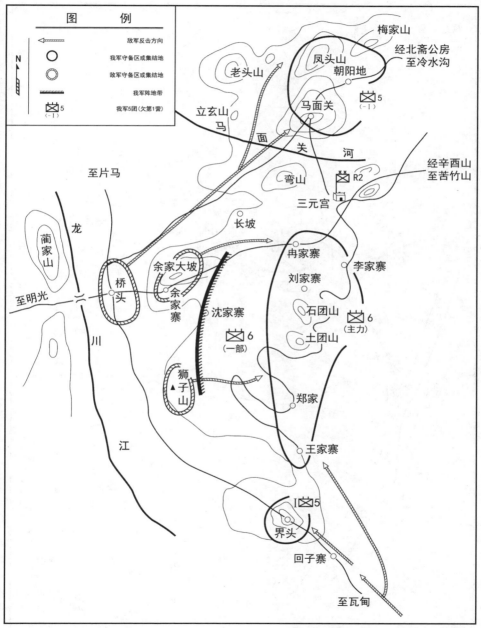

(据《抗日名将叶佩高》附图;陈祥京修图)

附图 12　第 54 军北斋公房之役战斗经过要图之一
（1944 年 6 月 11 日至 13 日）

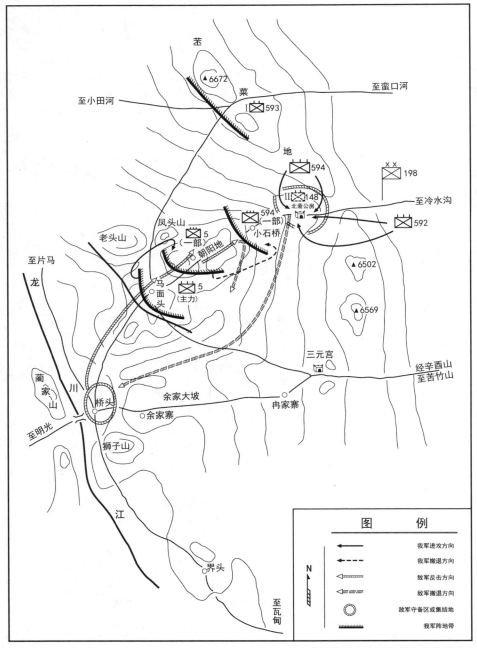

（据《抗日名将叶佩高》附图；陈祥京修图）

附图 13　第 54 军北斋公房之役战斗经过要图之二

（1944 年 6 月 14 日至 15 日）

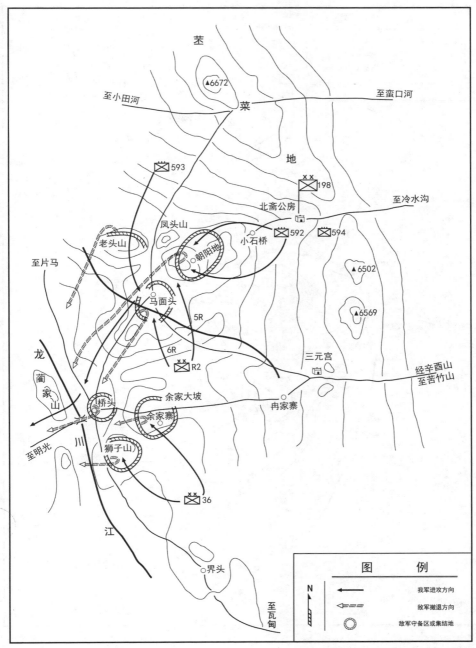

（据《抗日名将叶佩高》附图；陈祥京修图）

附图 14　第 54 军桥头、马面关之役战斗经过形势图之五

（1944 年 6 月 15 日至 16 日）

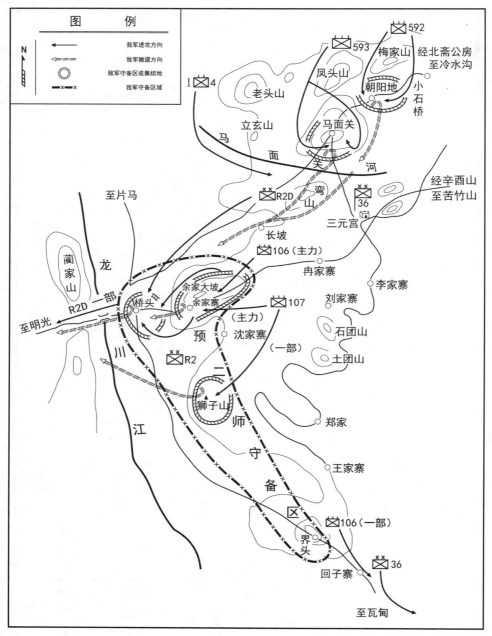

（据《抗日名将叶佩高》附图；陈祥京修图）

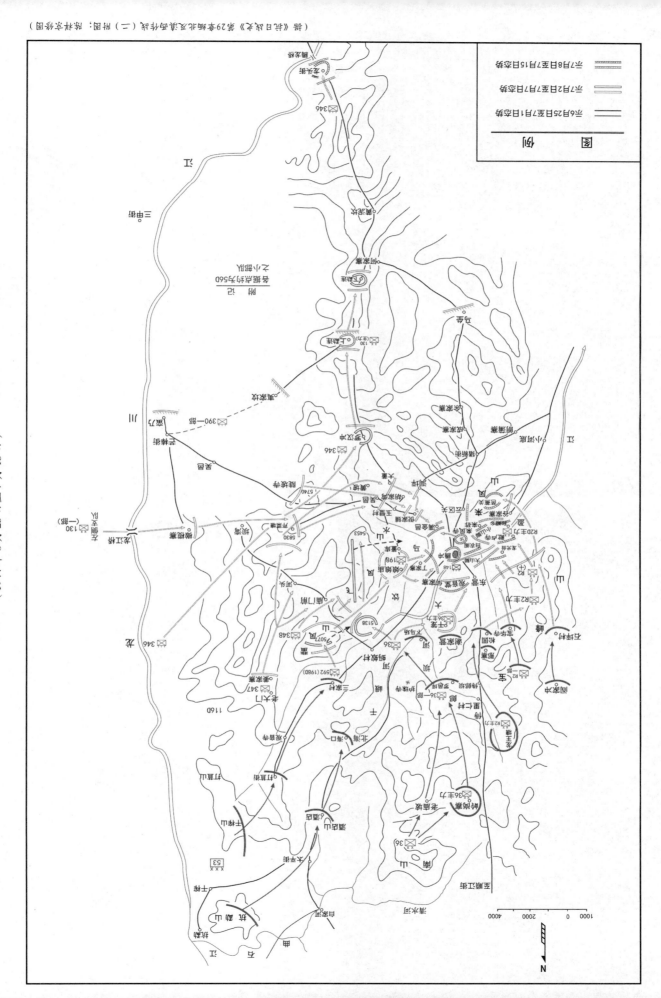

附图 15 滇西反攻作战第 20 集团军攻略腾冲外围经过要图
（1944 年 6 月 25 日至 7 月 15 日）

附图 16　滇西反攻作战第 20 集团军攻略腾冲城战斗经过要图
（1944 年 7 月 15 日至 9 月 14 日）

（据《抗日战史》第 29 章缅北及滇西作战（二）附图；陈祥东修图）

附图 17　腾冲城内巷战进展态势图

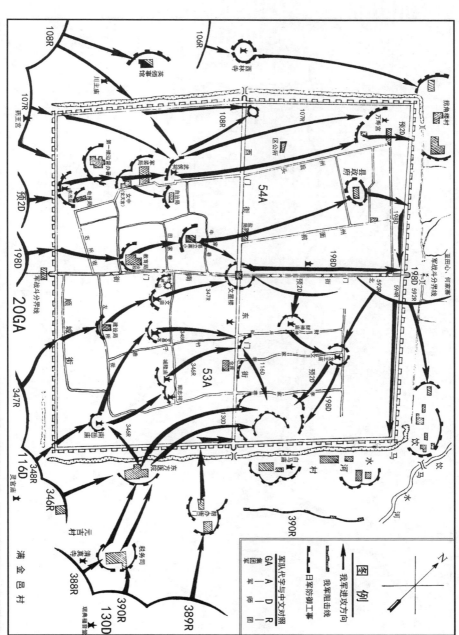

（据《腾冲文史资料选集》第一辑抗日战争专辑附图；陈祥示修图）

附图 18 云南省腾越县地图

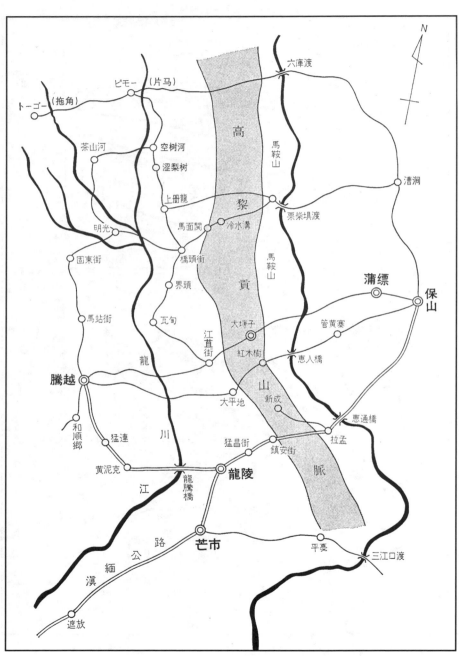

(据《炮烟——龙野炮兵第五十六联队战记》附图；陈祥京修图)

附图 19 远征军反攻计划大要图

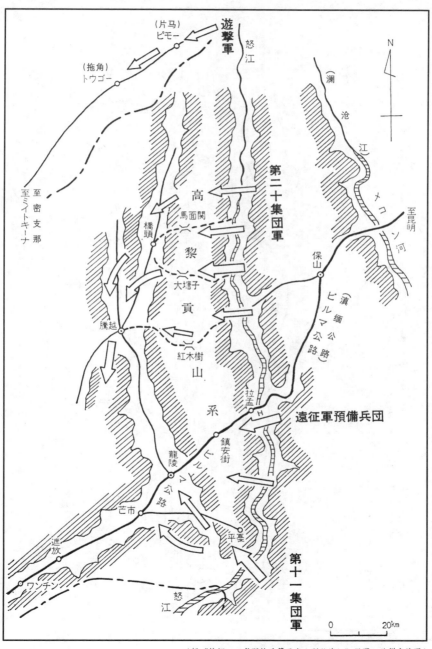

(据《炮烟——龙野炮兵第五十六联队战记》附图；陈祥京修图)

附图 21 对远征军第一次反攻击碎作战要图

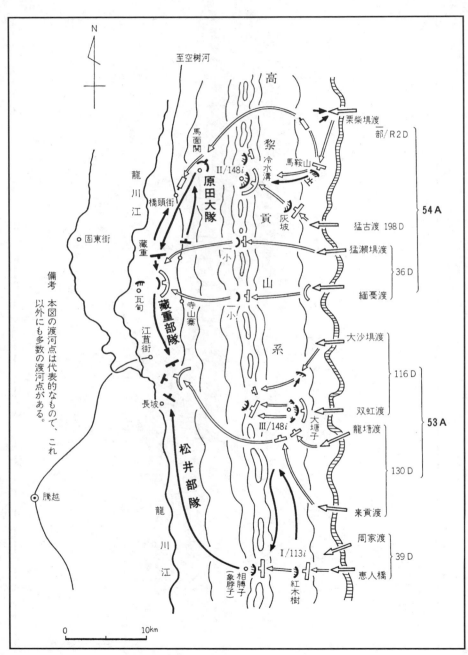

(据《炮烟——龙野炮兵第五十六联队战记》附图;陈祥京修图)

附图20 (龙) 第56师团配备要图 (1944年初)

附图 22　腾北地区战斗经过要图（1944 年 5 月 7 日至 6 月 15 日）

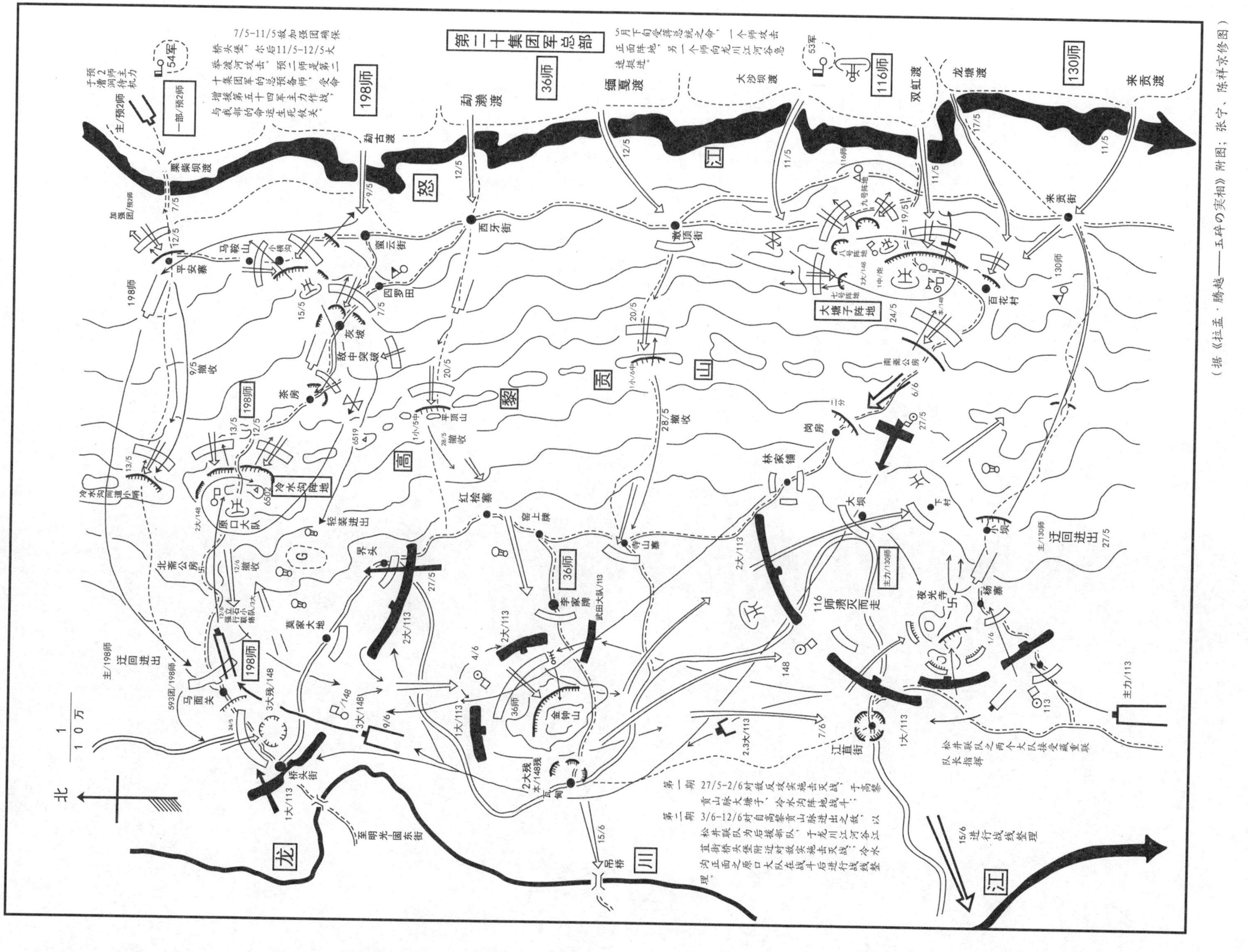

（据《拉孟·腾越——玉碎の実相》附图；张宁、陈祥京修图）

附图23 第113联队红木树地区反击战斗组图

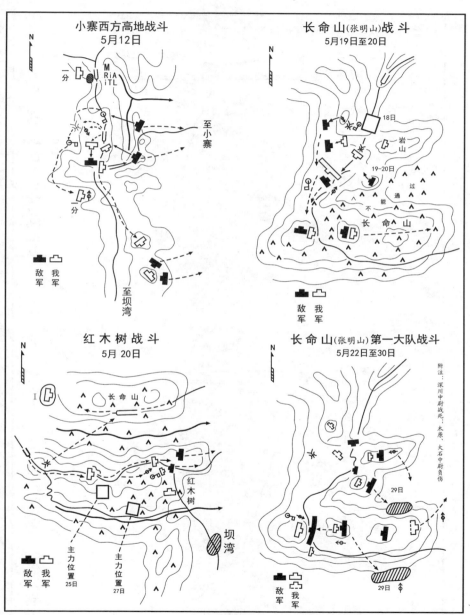

(据《ビルマに云南埋もれた战史——镇安街守备队》附图;陈祥京修图)

附图 24　第 113 联队桥头街地区反击战斗组图

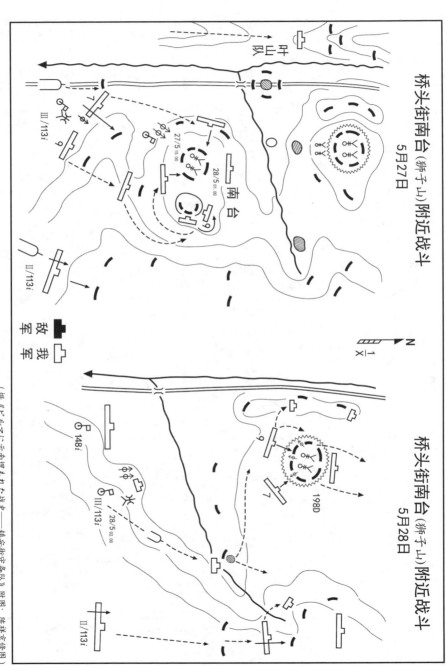

附图25 第113联队江苴街地区反击战斗组图

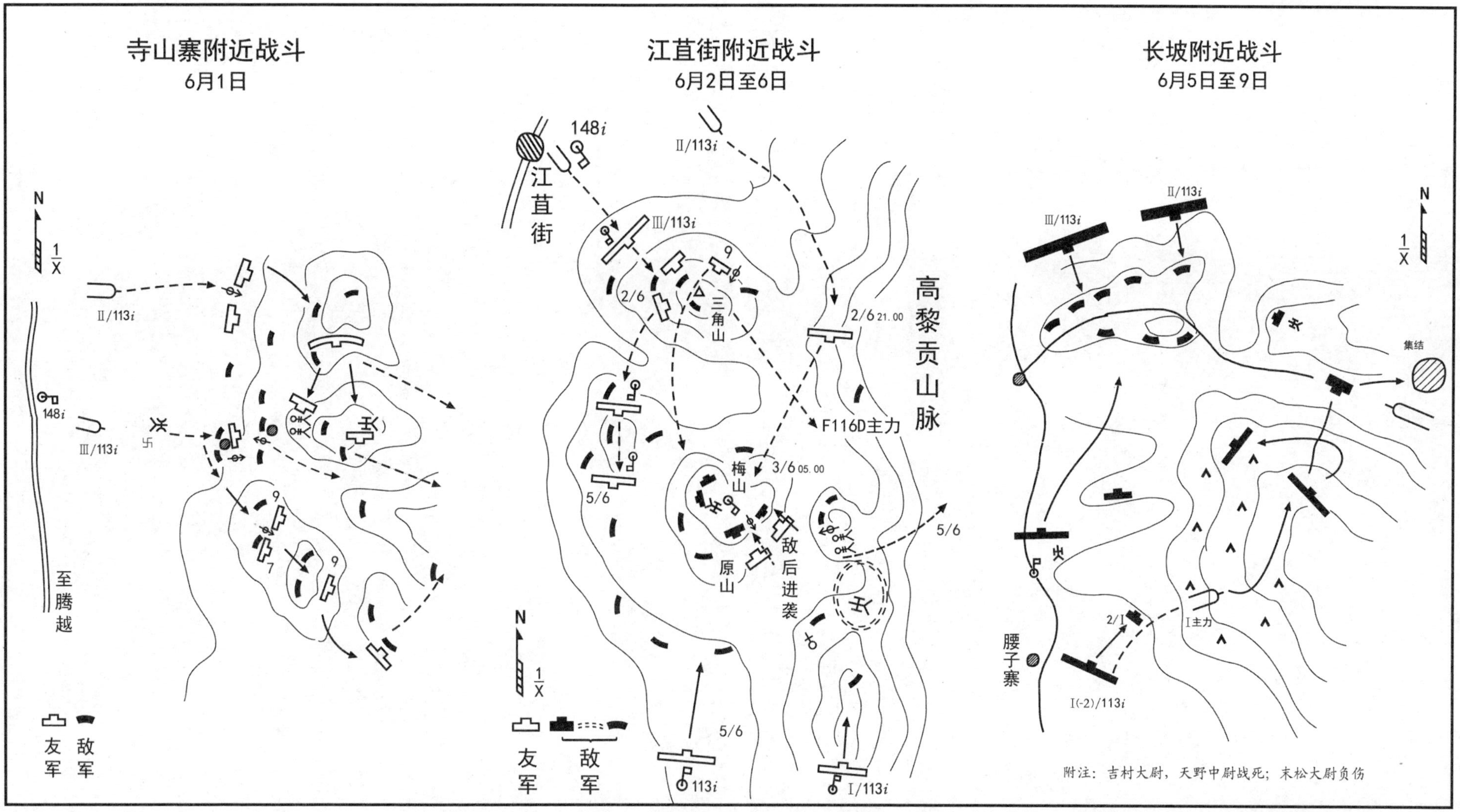

长坡附近战斗 6月5日至9日

江苴街附近战斗 6月2日至6日

寺山寨附近战斗 6月1日

附注：吉村大尉、天野中尉战死；末松大尉负伤

（据《ビルマに云南埋もれた战史——镇安街守备队》附图；陈祥京修图）

附图 26 远征军自高黎贡山向腾越城进击态势图
（1944年7月末）

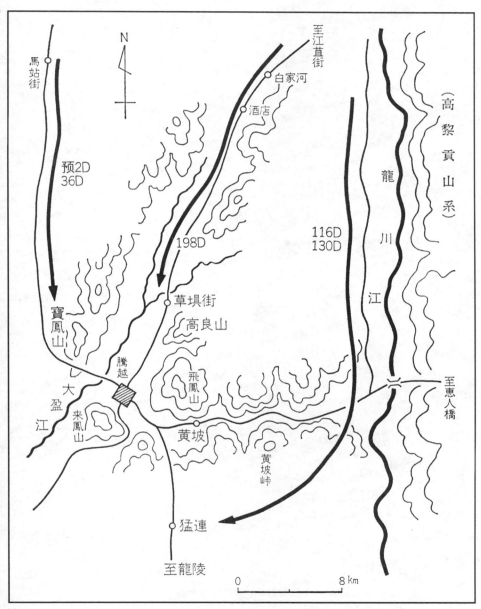

（据《炮烟——龙野炮兵第五十六联队战记》附图）

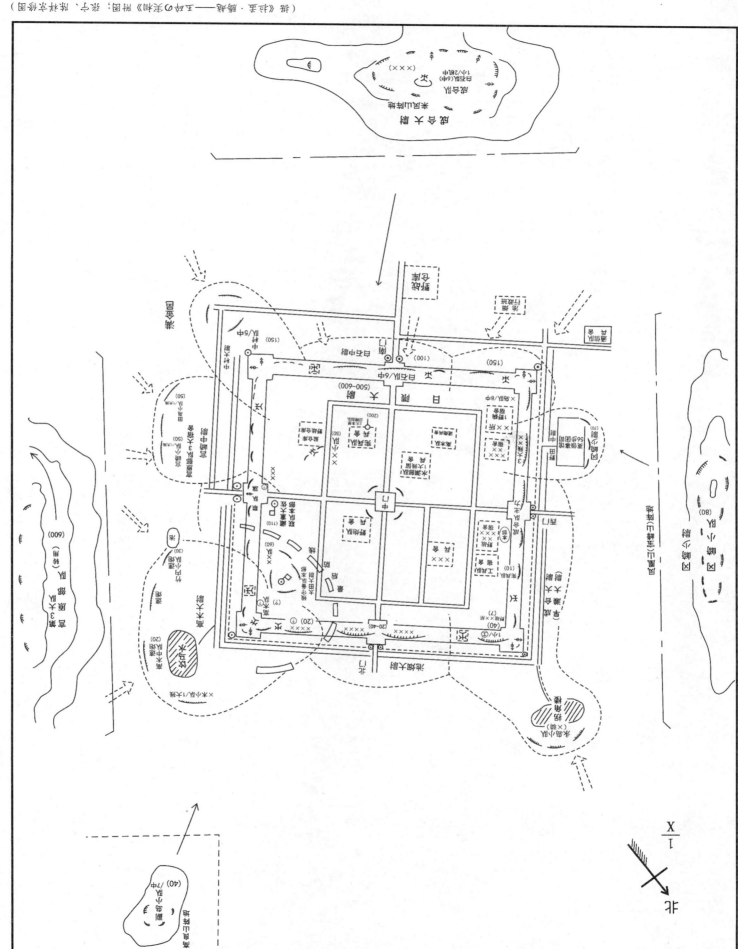

附图27 腾越守备队配备要图（1944年7月末）

附图28 腾越城附近战斗经过概要图（1944年6月26日至9月14日）

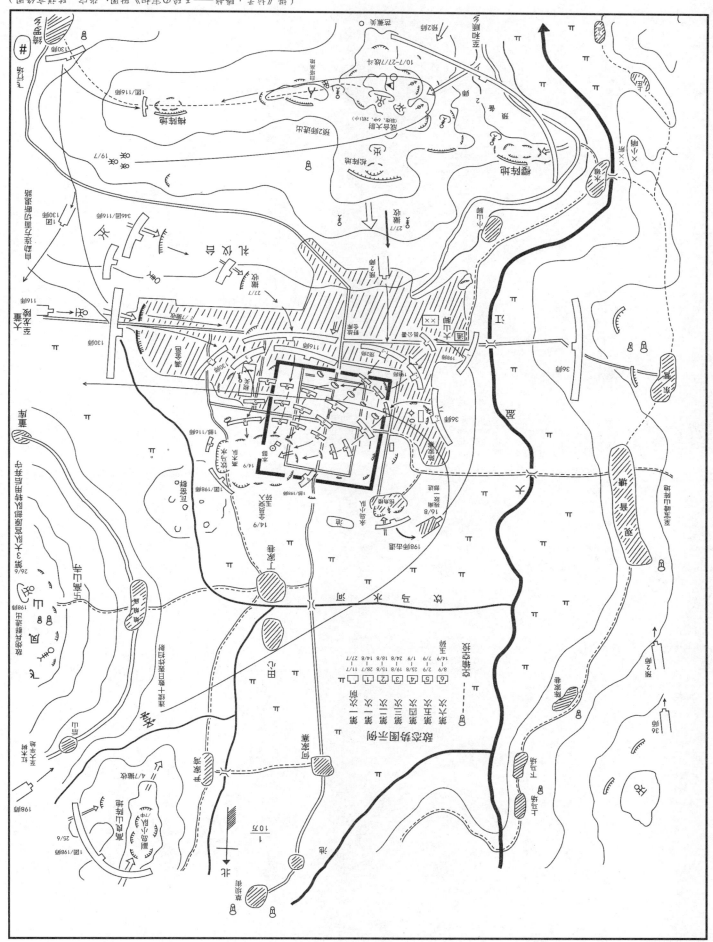

附图 29　腾越守备队与远征军对阵态势图

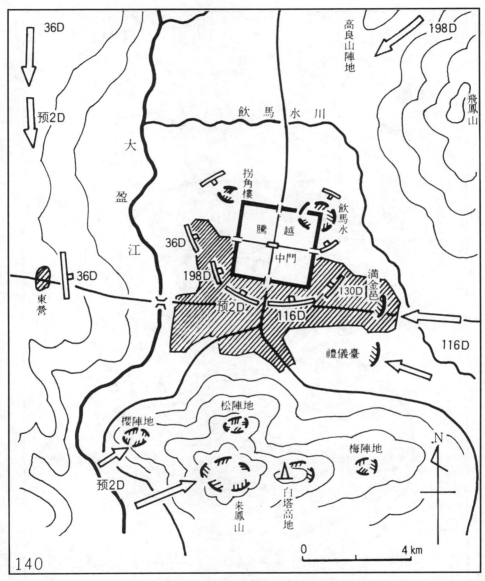

(据《太平洋战争写真史——フーコソ·云南の战い》附图)

附图 30　腾越城攻防要图

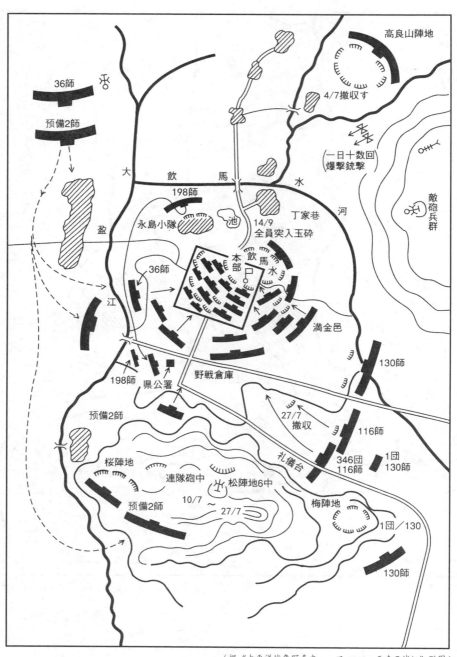

(据《太平洋战争写真史——フーコソ·云南の战い》附图)

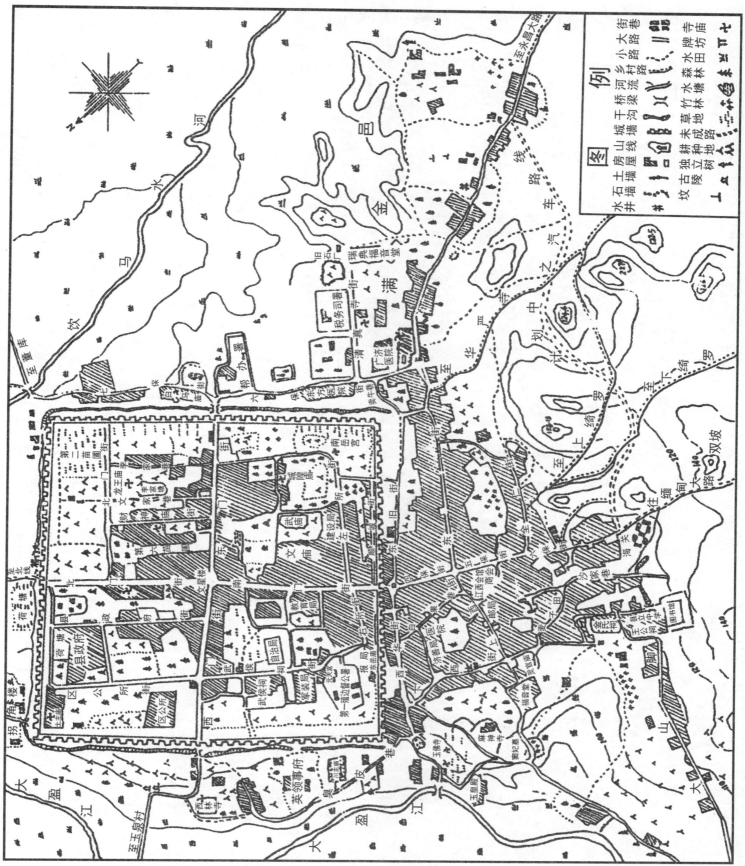

附图31 云南省腾冲县街市图（民国初年）

（据《腾冲文史资料选集》第一辑抗日战争专辑附图；陈祥京修图）

附图 32　中华民国 1935 年版 1∶10 万军用地图腾冲幅

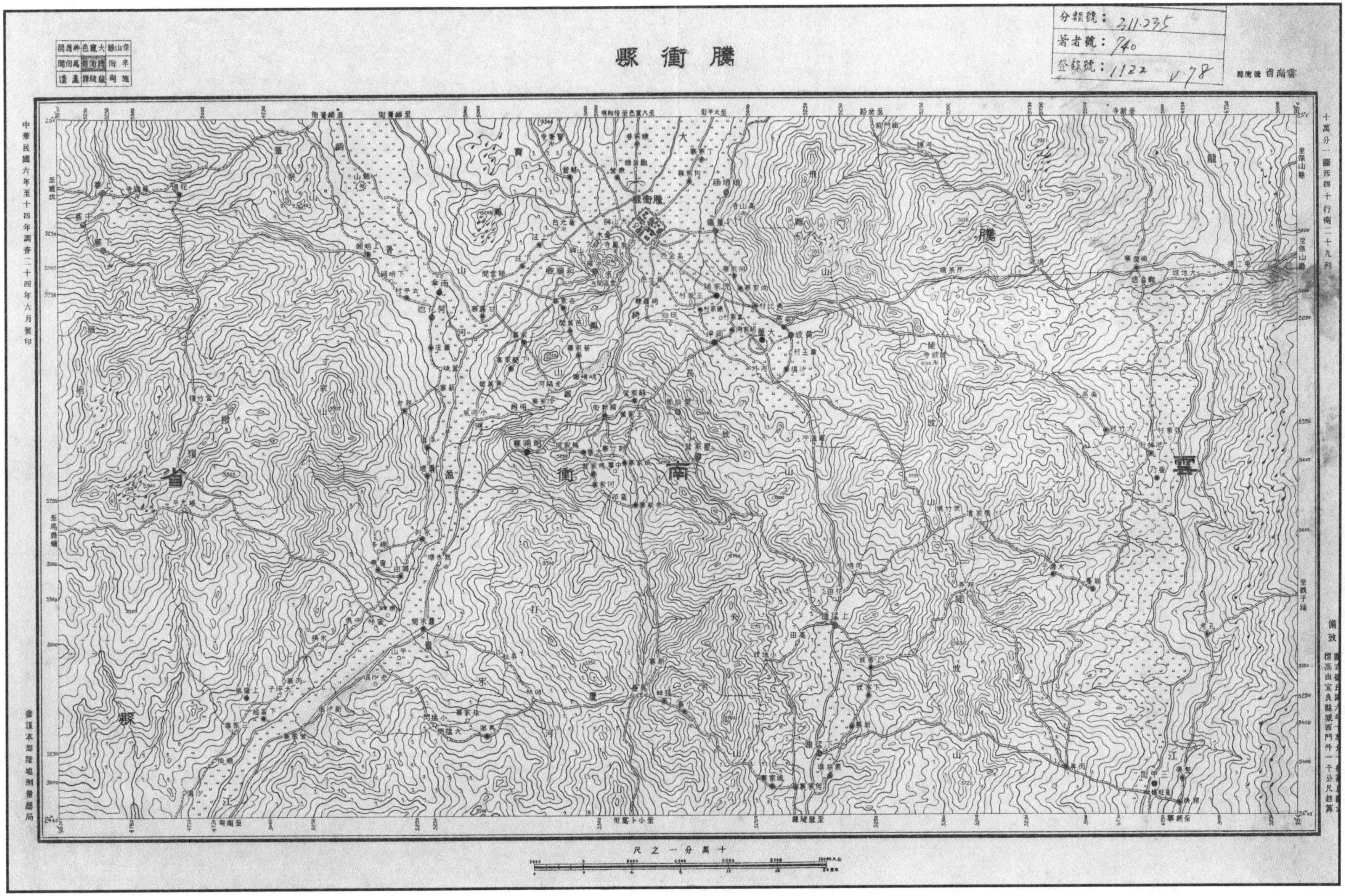

（沈克尼 供图）

附图 33　片马地区地形地貌图（以 Google 卫星地图调制）

（陈祥京制图）

附图 34　腾冲北部地区地形地貌图（以 Google 卫星地图调制）

（陈祥军制图）

附图 35 腾冲西南地区地形地貌图（以 Google 卫星地图调制）

（陈祥京制图）

历史照片

1. 1944年我军反攻前，美军飞机从空中航拍的腾冲全景。画面纵深方向为西，城东北为饮马水河，城西为大盈江。

2. 大战前，在腾冲城南门外的云南省主席龙云铜像孑然而立。在其身后的城门洞前，日军已构筑了坚固堡垒。

3. 沦陷时腾冲城南和顺乡十字街的集市。照片为日本朝日新闻社从军记者野村正男拍摄于1943年2月。

4. 在两年对峙阶段，日军多次集结重兵"扫荡"我腾北游击武装和抗日政权，将防线推进到了高黎贡山麓。此为设在冷水沟的日军148联队第2大队第4中队（荻岛队）步哨。

5. 腾冲城周边，有来凤山、飞凤山、宝峰山等高地拱卫，这是腾冲城外某高地上的日军步哨。

6. 在险峻的高黎贡山中，驻防日军兵力分散，小部队之间常常以旗语进行联络。

7. 大战在即，苦于兵力不足的日军，只能用埋设竹签地雷等方式，加强怒江正面防御。

8. 日军在腾冲城北蜚凤山上劈柴以备军需。远处连绵的山峦为高黎贡山脉。

9. 设在高黎贡山顶据点的日军重机枪阵地。照片拍摄于1943年3月。

10. 九二式重机枪为日军步兵主要杀伤火力,以 30 发弹链供弹,最高射速每分钟 450 发。

11. 四一式山炮为日军步兵联队配属火炮,每联队装备 4 门,口径 75 毫米。此为演习中的日军第 148 联队炮兵队,队长为成合盛大尉。右前为日军以一米测距机观测弹着点。

12. 1943年2月,日军对我腾北游击部队实施"扫荡"作战。即便在春秋季节,怒江河谷闷热不堪,高黎贡山巅亦常常积雪。

13. 1943年2月,在"扫荡"我腾北游击部队行动中,行进在高黎贡山巅小路的日军第56师团一部。

14. 侵占腾冲期间，日军经常组织师团、联队等不同规模的各种实战演习。图为演习间隙日军指挥官合影，从左至右依次为：第56师团参谋长黑川邦辅大佐、第56师团长松山祐山中将、第146联队长今冈宗四郎大佐及师团司令部参谋袴田金作中佐。黑川与袴田在我军反攻前因飞机失事，坠毙于缅甸。

15. 1943年10月"甲号讨伐"后，日军第148联队推进至高黎贡山垭口设防。图为第56师团长松山祐山中将视察北斋公房日军守备队。

16. 我军反攻腾冲时，担任日军"腾越守备队"队长的藏重康美大佐（图为其任中佐时留影），于1944年8月13日在我飞机轰炸东城门时被击毙。

17. 远征军第53军系徒步从湖南开赴云南加入远征军序列的，1944年4月3日该部乘汽车开赴怒江前线。官兵们以当时流行的方式伸出大拇指向拍照的美军照相兵示意："顶好！"

18. 准备开赴怒江前线的第53军第116师。车上携带的汽油桶，是为前线工兵在怒江上架设浮桥所用。

19. 集结准备开赴怒江前线的第53军第116师。照片真实记录了当时步兵的单兵装备情况，布衣草鞋，打绑腿，肩扛国造"中正式"步枪。鞋子对于准备翻越高黎贡山的官兵极为重要，有的官兵预备了多双草鞋和布鞋。

20. 当时远征军部队有很多未成年的"娃娃兵",这是抗战后期兵员不足任意抓丁充数所导致。左侧这位身背两只水壶的,应是营连长的勤务兵。

21. 在怒江东岸,一位身背M1卡宾枪的美军士兵正与一位背斗笠的中国士兵注视着前方被硝烟遮蔽的战场。

22. 渡越怒江后，我军向高黎贡山日军前沿据点发起攻击。

23. 美军联络组官兵正赶着驮马向高黎贡山顶艰难地攀援前进，背斗笠者为中国士兵。战时，美军成立了野战司令部配合我军行动，远征军集团军、军、师、团均配设有6—20名美军官兵，并协助我军开设野战医院。

24. 占据高黎贡山日军前沿阵地后的我军步哨。

25. 日军在高黎贡山修筑的野战工事。日军第56师团士兵中很多系日本北九州矿工出身，修筑工事时丝毫不马虎。

26. 腾冲游击战时期的预2师师长顾葆裕。左侧是其卫兵,右侧是顾收养的义子、时任腾冲县政府粮政科长陈竹铭的儿子陈炜。他们胸前佩戴的胸标上"介明"二字,为预2师代号,系从师长顾葆裕(字介侯)、副师长洪行(字明达)姓名中各取一字组成。

27. 第20集团军参谋长刘召东(右一)、参谋处长张纯(右三)在绸缪反攻战事。(晏欢供图)

28. 第198师师长叶佩高指挥该师攻击高黎贡山北斋公房。

29. 新39师师长洪行（左二）正与参谋一起筹划对红木树攻击。（晏欢供图）

30. 轰炸腾冲后返航的美军第14航空队B-25轰炸机,机腹下为浓烟滚滚的腾冲城,轰炸位置为腾冲西城及南门外一线。

31. 1944年7月23日，第53军美军顾问组长斯多德（左一）正通过翻译向一位中国士兵讲解发烟弹及信号枪（中国士兵身背）的使用方法。

32. 1944年7月26日，美军记者拍摄的日军用石板与原木加固的堑壕，为我军攻占的来凤山白塔下的日军工事内景。

33. 1944年7月26日，美军出动大批B-25中型轰炸机轰炸腾冲，日方记录为57架次。图为在城东飞凤山高地观察轰炸效果的远征军军官。

34. 1944年7月26日，腾冲城外西北角拐角楼村被我军攻占的一处民居。右侧挑担者，应是一个送饭的给养兵。

35. 1944年8月1日,在腾冲城外西北角的拐角楼,远征军士兵用美式"巴祖卡"火箭筒对据守村落的日军进行攻击。

36. 1944年8月3日,在腾冲城南来凤山下准备向城内发射的远征军重迫击炮。此炮口径为150毫米,为重迫击炮第2团的装备。

37. 正在遭受美军战机轰炸的腾冲东城墙中段。此为在同一拍摄位置连续拍摄的三张照片，可见城门左右两侧已出现两处豁口。远处背景中的圆锥状山头，是一座小火山，当地人称打鹰山，曾被思乡心切的日军称为"小富士山"。

38. 在腾冲西城墙附近的一处民居的地下室，远征军借用美军联络组的通信器材进行联络。照片为1944年8月21日拍摄。

39. 远征军火焰喷射器射手，正在焚烧腾冲城南城墙下的一处路障（系事后摆拍照片）。

40. 沿着南门外大街攻击前进的远征军士兵。

41. 沿南门街西侧店铺搜索前进中的远征军攻击小队。

42. 攻入腾冲街巷内的远征军士兵。

43. 依托房屋墙院与日军展开巷战的远征军士兵,最左侧的机枪手操作着捷克式ZB-26轻机枪。

44. 1944年8月25日,在腾冲南城墙上某处,远征军进攻部队正在向日军阵地发射82毫米迫击炮。右边可见一门美式37毫米战车防御炮也被推上了前沿阵地。(晏欢供图)

45. 1944年8月25日,远征军部队在已经攻占的腾冲南城墙上,向龟缩进城内的日军发射82毫米迫击炮。士兵们蹲下以减少声浪对耳朵的震动。(晏欢供图)

46. 1944年8月25日，腾冲城南门附近的一段城墙是攻城战斗的目标。云南省主席龙云的纪念雕像就竖立在其前方，炮火将塑像严重损毁。（晏欢供图）

47. 1944年9月上旬，第116师第348团进攻文庙附近战斗中，一名日军操机枪一挺据守此铜钟内顽抗，被该团以枪炮齐射震毙于内。

48. 空袭腾冲的美军战机亦时有发生故障坠落的情况。图为一架坠毁的L-5飞机，此机乘员2人，负责空地作战联络。照片拍摄时间为1944年9月4日。

49. 攻击腾冲日军阵地时，因故障在城西坠毁的一架美军P-40战机，美军机师正在查看飞机残骸，右侧为两名中国士兵。拍摄时间为1944年9月4日。

50. 1944年9月5日，在腾冲城内废墟上跃进的远征军攻击小队。可见前面的士兵持上了刺刀的步枪，后面两位士兵分别端着捷克式轻机枪（中）及美式"汤姆逊"冲锋枪。

51. 1944年9月14日，第53军军长周福成（前左二）、第116师师长赵镇藩（前左三持电话者）与美军顾问组长斯多德（前左一），在一处高地俯瞰被战火包围的腾冲。（晏欢供图）

52. 美军顾问在翻译协助下审讯日军俘虏，看起来日俘比较合作。照片为1944年9月8日拍摄，判断为覆灭前主动逃出城外向我军投降者。

53. 1944年9月14日，在巷战中击毙两名日军、缴获一面日本太阳旗的远征军士兵。

54. 1944年9月14日，远征军军官与美军顾问一起打量着一具日军残骸。这名日军伤员因无法运送救治，躺在担架上死去，尸体已经腐败成一副骨架。

55. 1944年9月14日，腾冲城内最后一股日军从东城墙缺口溃逃，这是我军在城外郊野抓获的日军战俘和汉奸。

56. 1944年9月14日，躺在腾冲街巷内等待后送救治的远征军伤兵。在战斗中，美军军医协助中国军队开设了野战医院，战场救护工作甚为得力。

57. 在攻打腾冲的战斗中，一名伤员被用担架抬下来。他们通过的由巨石砌成的城墙已被攻下，而城内的战斗还在继续。（晏欢供图）

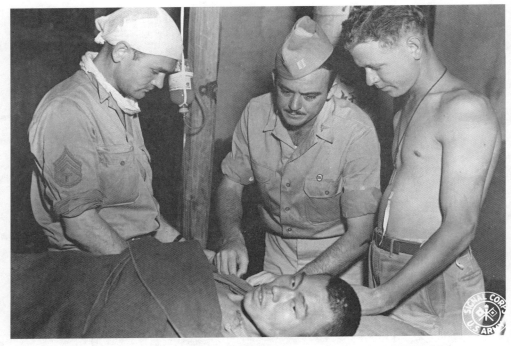

58. 一名远征军士兵在攻打腾冲城的战斗中负重伤,他的生命被神话般的"干血浆袋"拯救。经过输血后,美军军医为他做了手术。(晏欢供图)

59. 1944年9月15日,腾冲。美军军医正在救治远征军伤员。(晏欢供图)

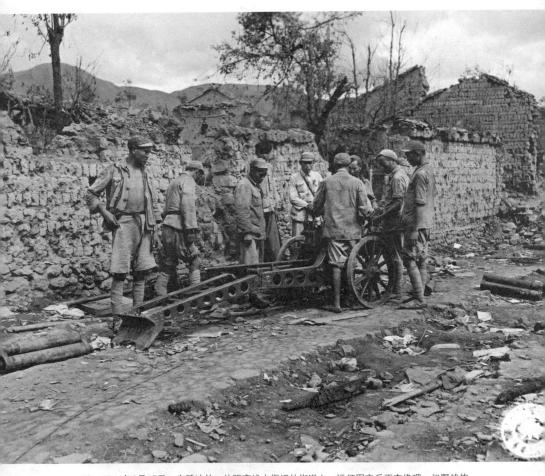

60. 1944年9月15日,在腾冲的一处距离战火很近的街道上,远征军官兵正在修理一门野战炮。(晏欢供图)

(腾冲 1944年9月15日)

61. 1944年9月15日，腾冲日军覆灭次日，在城内南门街附近的一处民居院落内打扫战场的远征军士兵，镜头前可见多具日军尸体。

62. 1944年9月15日，攻克腾冲次日，军民收敛掩埋散布城内的日军尸体。图中右侧的孩子，看样子不过十岁。

63. 1944年9月15日，远征军与美军在城内北门街附近废墟打扫战场。（晏欢供图）

64. 1944年9月15日，远征军收复腾冲后，一群地方官员正在家园尽毁的城市废墟上视察。（晏欢供图）

65. 第20集团军总司令霍揆彰将军和部将在腾冲来凤山庆祝胜利。右起：第198师师长刘金奎、第36师师长李志鹏、第54军军长阙汉骞、霍揆彰、第53军军长周福成、第116师师长赵镇藩、第130师师长王理寰，最左侧一人不详。（晏欢供图）

66. 主图为腾冲城西门城墙附近战壕内被日军杀害的朝鲜籍慰安妇尸体。右下角小图为在城内东北李家巷内一处民居内被日军杀害的朝鲜籍慰安妇尸体。

67. 被我军击毙在腾冲城东北苗圃园内的日军尸体，前面挎望远镜、着军靴者应为军官。照片拍摄于腾冲被攻克后两天（1944年9月16日）。

68. 腾冲之战，我军共俘获日军53名，此为俘虏一部。从相貌来看，其中还有部分印缅籍人。照片为1944年9月16日拍摄。

69. 我军作战期间，将所缴获的日军战利品举办展览，以鼓舞士气，激发民众胜利信心。

70. 一位美军少校正在整理缴获的日军枪械，前面第一挺机枪型号不详，后面几挺为当时日军标配九六式轻机枪，每步兵中队装备9挺。

71. 一位美军少校扶着我军缴获的日军迫击炮。这张照片的动人之处，是美军军官身后那位戴着当地独特的头饰、腕戴手镯，正好奇地打量镜头的腾冲女子深邃的眼神。

72. 在一处院落内好奇地围观日军战利品的当地老人和儿童。远处，一位远征军军人在仔细查看被缴获后悬挂在墙上的日军太阳旗上的文字。

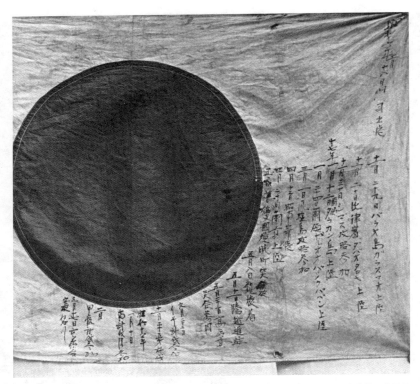

73. 日军有在随身携带的太阳旗上记录征战经历以做纪念的习惯。在这面旗上，清楚地记载了日军1942年5月11日侵占腾冲，1943年10月对我腾北游击部队实施"甲号讨伐"作战，占领高黎贡山，突破怒江峡谷的过程，堪称所在部队的战斗简史。

74. 我军在高黎贡山冷水沟战斗中缴获的日军九六式轻机枪，是其南部十一年式（俗称"歪把子"）轻机枪的换代装备。因"歪把子"特殊的"漏斗式"弹仓供弹速度慢，且易发生故障，日军遂借鉴让其羡慕不已的我军捷克式轻机枪，改为以30发弹匣供弹，并增设了冲锋时使用的小提梁。但在机枪上装刺刀，是日军的一大特色。

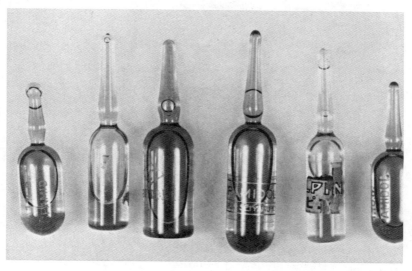

75. 我军在腾冲战斗中缴获的日军注射针剂。

76. 我军攻克腾冲后,在城北草坝街举行了战利品展览。被俘的18名慰安妇与缴获的日军武器装备,成了观者议论纷纷的新鲜事物。这些神情迷茫的女人并不知道,她们的新生开始了。

77. 这是攻克腾冲后,从南城门上向下拍摄的情景,图中左前可见被打掉了头和一条腿的龙云铜像,正前方街区当地人称为"官厅角",远景为1944年7月27日攻克的来凤山。夺占来凤山后,美英两国统帅均致电蒋介石表示祝贺,并为有功将领预2师师长顾葆裕、副师长彭劢等颁发了荣誉军团勋章。

78. 抗战史上，腾冲为最典型的"焦土抗战"之地。这是攻克腾冲后，城内北门街西侧遭破坏的情景，如今这里已经被建成为城内夜景最美丽的步行街。

79. 我军攻克腾冲一个月后，腾冲西门外的一处小集市。相对于一片焦土的城内，这里的损毁情况相对较轻。照片为1944年10月11日拍摄。

科普三部曲
UNIVERSE 一部关于宇宙的探索简史

张龙腾 著绘

北京理工大学出版社
BEIJING INSTITUTE OF TECHNOLOGY PRESS

版权专有 侵权必究

图书在版编目（CIP）数据

科普三部曲：全3册 / 张龙腾著绘. -- 北京：北京理工大学出版社，2023.7
ISBN 978-7-5763-2380-1

Ⅰ. ①科… Ⅱ. ①张… Ⅲ. ①科学知识－青少年读物 Ⅳ. ①Z228.2

中国国家版本馆CIP数据核字(2023)第087096号

出版发行 / 北京理工大学出版社有限责任公司
社　　址 / 北京市海淀区中关村南大街5号
邮　　编 / 100081
电　　话 /（010）68914775（总编室）
　　　　　（010）82562903（教材售后服务热线）
　　　　　（010）68944723（其他图书服务热线）
网　　址 / http://www.bitpress.com.cn
经　　销 / 全国各地新华书店
印　　刷 / 雅迪云印（天津）科技有限公司
开　　本 / 787毫米 × 1092毫米　1/16
印　　张 / 22.5
字　　数 / 360千字
版　　次 / 2023年7月第1版　2023年7月第1次印刷
定　　价 / 264.00元（全3册）

策划编辑 / 门淑敏
责任编辑 / 徐艳君
文案编辑 / 徐艳君
责任校对 / 刘亚男
责任印制 / 施胜娟

图书出现印装质量问题，请拨打售后服务热线，本社负责调换

专家推荐语

这套科普三部曲,作者用其深厚的学识和有趣的笔触,为我们呈现了一个充满奇迹和谜团的世界,给我们介绍了有关于宇宙、地球和人类的知识。作者通过漫画的方式,将科学知识融入了有趣的故事中,让读者轻松愉悦地学习。这套书不仅仅适合科学爱好者,也适合那些想要了解更多关于宇宙、地球和人类的普通读者。如果你想要拓展你的知识,同时又想要度过一段愉快的阅读时光,那么这套书一定不容错过!

国家天文台——苟利军

打开这本书,就加入了探索家族的时空穿梭旅行,跟随他们一起,纵览地球46亿年的历史。沿着地史时间轴,逐个时代推进,看地球沧海桑田变换不止,看生命风起云涌登台谢幕。小小古细菌到智慧新人类,生命如何一步步开疆辟土?你方唱罢我方登场,谁曾在这个地球上创造辉煌?语言简洁,画风奇趣,这本书让你穿梭无碍,地球历史长河尽在掌握。

不管你是古人类专业还是爱好者,甚至是个漫画迷,都会爱上这本书。这本书以清新明快的语言,配上幽默犀利的漫画,将艰辛复杂的人类演化史向你娓娓道来,从东非大裂谷的形成迫使古猿下地,到一批批古人类祖先披荆斩棘,再到智人时代文明的建立,让你在不时的会心微笑中赞叹、感慨、反思……人从哪里来?将到哪里去?往者不可谏,来者犹可追。

国家自然博物馆——高源

▶ 探索家族人物介绍

爸爸秦山	宠物小乐	女儿秦琴	儿子秦棋	妈妈宋慧	小沣
天文学家，物理学家	家族宠物	开朗活泼 精通武术	呆萌可爱 惹是生非	医学博士	智能机器人 知识宝库

世界之初——奇点　6
140亿年的起点——大爆炸　9
宇宙大熔炉——物质诞生　11
宇宙的黑暗时代——暗物质与暗能量　15
宇宙膨胀的动力——暗能量　18
宇宙的体积——无限膨胀　21
摧毁一切的辐射——宇宙伽马射线　22
来自空中的信号——电磁波　26
强大的宇宙信使——幽灵粒子中微子　28
恒星的不同颜色——恒星光谱　32
天体的运动法则——牛顿三大定律和万有引力定律　36
最快的速度——光速　44
星云里有什么——星际分子　46
星系"撞车"会发生什么——星系碰撞和合并　48

太阳系的主宰——恒星太阳诞生　51
恒星的动力——核聚变　55
恒星的死亡　61
压不垮的恒星残骸——中子星　62
宇宙之间的穿越——黑洞与白洞　63
宇宙中最亮的天体——类星体　65
星级穿越的隧道——虫洞　67
爱因斯坦的预言——引力波　69
量子穿隧、量子纠缠及平行宇宙　71

太阳系是如何形成的？ 75
幸运的地球 77
太阳系的保护神——太阳和木星 84
铁质星球——水星 87
自转方向与公转方向相反的金星 88
地球的好邻居——火星 89
内外太阳系的分水岭——小行星带 91
行星之王——木星 93
卫星之王——土星 94
在轨道上"横滚"的天王星 95
天王星磁极倾斜之谜——钻石海洋 96
蓝色巨型冰团——海王星 98
类木行星中最强的风暴 100

太阳系之死 101
闯进太阳系的不速之客——星际天体"奥陌陌" 102
星空的礼物——其他星系 104
太阳系的边陲外域——柯伊伯带与奥尔特云 105
星空的不速之客——彗星、流星与陨石 107
划过夜空的扫把星——彗星 108
星系间的合并与重组——星系大融合 109

宇宙的未来——膨胀还是坍塌 111

世界之初——奇点

当人们通过天文望远镜观测星空时，无不惊讶于**宇宙的浩瀚**，而且不禁要问：

宇宙是如何而来的？

著名的英国物理学家和现代天文学家**斯蒂芬·威廉·霍金**认为：

宇宙起源于140亿年前一个质量无限大，体积无限小的奇点。

你没有听错，我们的宇宙就是由一个**奇点爆炸**而来。

奇点是一个密度无限大、
时空曲率无限高、
热量无限高、
体积无限小的"点"。

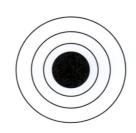

啥都有点高。

至于奇点是如何而来的，物理学家也得不出结论。

一切已知物理定律均在奇点失效。

太让人崩溃了。

霍金曾经提出过**"婴儿宇宙"**的说法。

每一个奇点都可以看作母体中的一个**"胚胎"**，它们平行排列，来自另外的空间，比宇宙更大。

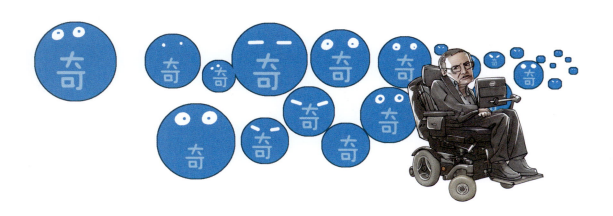

奇点就像一个个密封的包装袋，当它被撕破时，就会急速**膨胀起来**。

比作包装袋，档次过低啊。

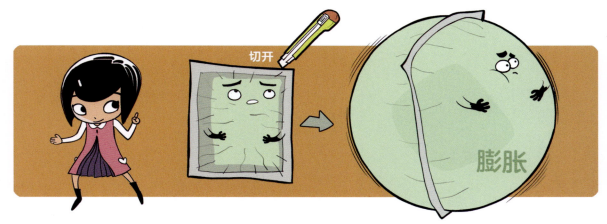

切开

膨胀

140亿年的起点——大爆炸

140亿年前,奇点已经锁不住超大的能量,**爆炸了**。迸发出来的能量向四方**辐射**。

时间与空间开始了。

宇宙雏形形成，然后不断地膨胀。

宇宙大熔炉——物质诞生

爆炸让宇宙的温度达到**普朗克温度**，没有任何温度比这更高了。

神奇的现象出现了，部分能量开始转化为物质。

最原始的物质，细小的**亚原子粒子**（电子、光子、质子、中微子等基本粒子）诞生了。

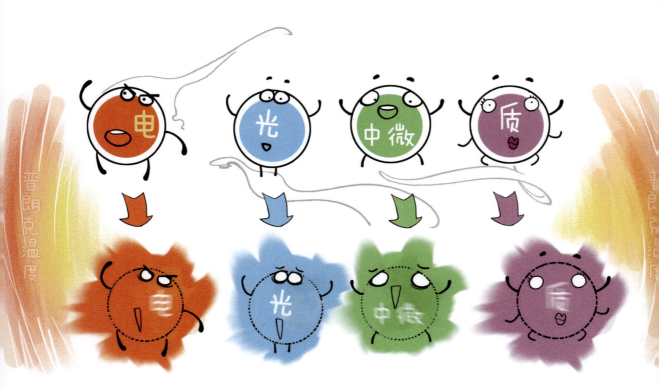

但是好景不长，宇宙的高温将诞生的物质重新摧毁为能量，又变回**辐射**，物质没有多少能保留下来。

这场能量与物质的战斗中，到底谁能取胜呢？

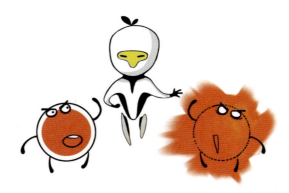

机会来了，宇宙降温了。

不断膨胀的空间，让我的温度开始降低。

宇宙大帝

温度下降了。兄弟姐妹们快快发育起来！

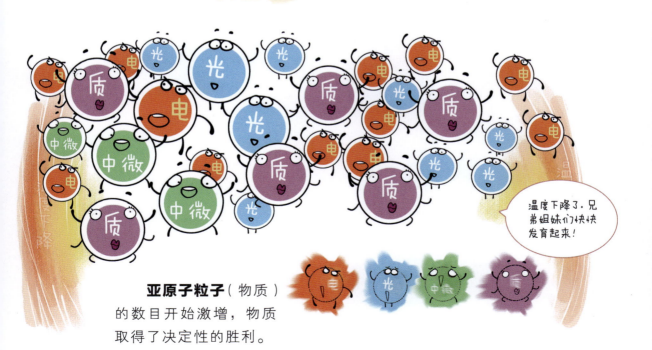

亚原子粒子（物质）的数目开始激增，物质取得了决定性的胜利。

温度继续走低时,宇宙中第一批物质原住民——亚原子粒子开始**升级**。

它们升级为更加稳定可见的物质——氢、氦和锂,它们有了新的名字——元素。

能量转化为**物质**的战斗持续了38万年,物质成了宇宙中的**绝对胜利者和统治者**。

这些物质为宇宙的浩瀚繁荣积累了足够的资本,为群星闪耀提供了充足的物质。

宇宙的黑暗时代——暗物质与暗能量

宇宙中,有一种物质像电影中的幽灵一样,它不带**电荷**,所以光无法照亮它,它也不遮挡任何光线,它就是**暗物质**。

天文学家发现:星系外侧恒星的公转速度比内侧恒星快多了,而它却没有被星系甩出去。

这就是暗物质的力量，它们引导宇宙星系之间的引力，指挥着**星系运动**，让星系不会在高转速下散架。

就好比我们提着一个水桶转圈，转动得越快力量越大，最终水桶会被甩出去。而有了**暗物质**，恒星才不会被甩出星系。

著名的物理学家**爱因斯坦**在**广义相对论**中认为，宇宙是有限封闭的。他计算出的宇宙密度远大于观测的宇宙密度，而这"多"出来的物质就是**暗物质**。

计算出的宇宙密度比观测的宇宙密度大 100 倍。

现实中能看到的物质大概是宇宙的 4.9%，而神奇的暗物质占比 26.8%，那还有 68.3% 是什么东西？

这些占比达到 68.3% 的神秘东西，就是大名鼎鼎的**暗能量**。

宇宙膨胀的动力——暗能量

这说明大爆炸之后宇宙一直保持**膨胀的力量**，宇宙变得越来越大。

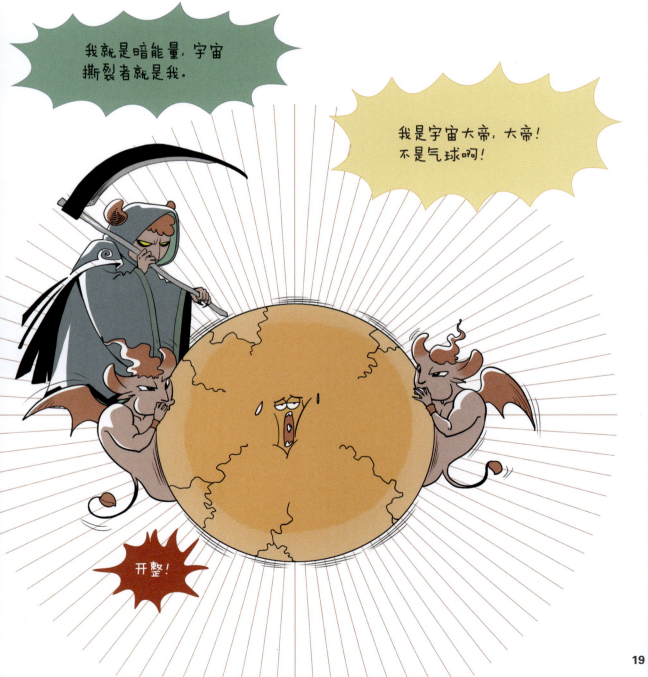

暗能量让宇宙不断地膨胀，越来越大，当这股力量使宇宙膨胀到极致时，宇宙中所有的物质——星系、恒星、地球、元素，统统消失了。

吹上瘾了吗？一定要吹爆吗？

宇宙大撕裂

宇宙的体积——无限膨胀

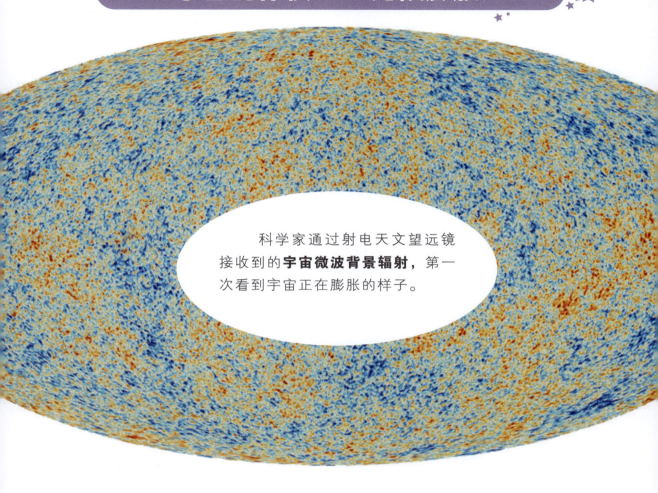

科学家通过射电天文望远镜接收到的**宇宙微波背景辐射**，第一次看到宇宙正在膨胀的样子。

宇宙微波背景辐射图

宇宙产生于 138 亿年前的一次**大爆炸**，半径应是 138 亿光年。但宇宙一直在不断**膨胀**，物理学家利用欧洲空间局的普朗克卫星提供的与宇宙膨胀有关的更新、更精确的数据，计算出宇宙的半径为 **453.4 亿光年**。

宇宙一直在不断地膨胀，一直在变得更大。

摧毁一切的辐射——宇宙伽马射线

在宇宙中还有一种恐怖的力量仅次于暗能量,这就是宇宙射线中的**伽马射线**。伽马射线属于电磁波。

无线电　　微波　　　红外线　　可见光

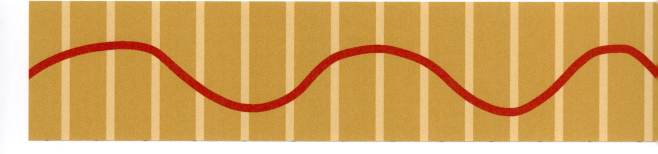

电磁波从弱到强排列是：无线电、微波、红外线、可见光、紫外线、X射线、伽马射线。波长越短能量越高，伽马射线是能量最高的光子，穿透力极强。

紫外线　　　　　X射线　　　　　伽马射线

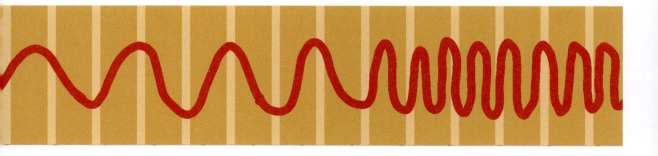

伽马射线暴产生于大质量恒星死亡时的超新星爆发和两颗中子星合并或黑洞合并,伽马射线暴能量极其强大。

伽马射线暴

伽马射线几秒钟的能量,抵得上太阳一辈子的能量。

人类迄今为止共观测到 2700 次**伽马射线暴**，幸运的是没有一次伽马射线暴的方向是对着地球的，否则地球生物和人类文明将会被**摧毁**。

发生在 4.4 亿年前的奥陶纪——志留纪大规模灭绝事件，就是由银河系内的**伽马射线暴**引起的，它摧毁了臭氧层，杀死了浮游生物，破坏了生态系统。

来自空中的信号——电磁波

电磁波是由同向震荡且互相垂直的电场与磁场在空间中衍生发射的震荡粒子波，在空间中以波的形式移动，电场方向、磁场方向和传播方向三者**互相垂直**。

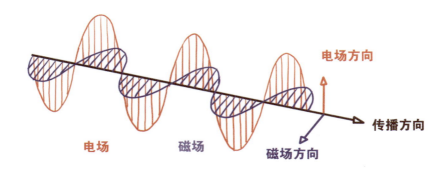

当其能量达到**辐射临界点**时，便以光的形式向外**光速辐射**，此阶段波体为光子。

电磁波不依靠介质传播，且电磁辐射量与温度有关，通常高于绝对零度的物质或粒子都有**电磁辐射**，辐射温度越高，辐射量越大，不过大多数不能被人类看到。

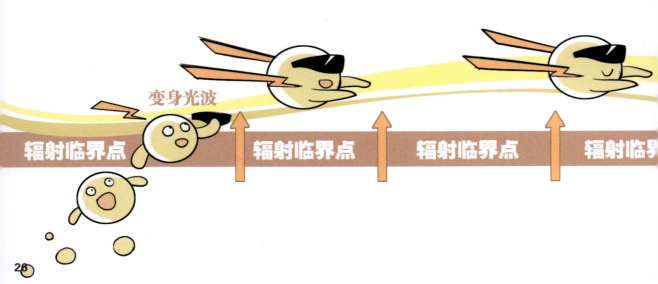

频率是电磁波的重要特性，按照频率由低到高的顺序把这些电磁波排列起来，就是**电磁波谱**。

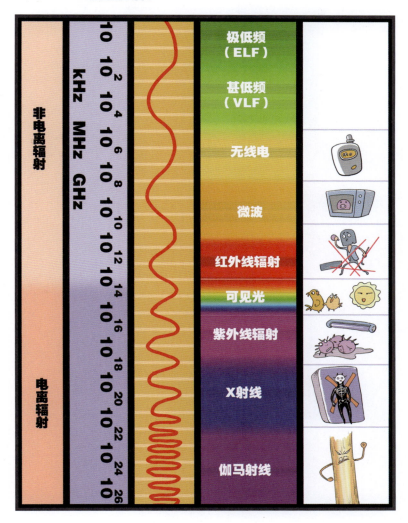

人类了解星空信息，最主要的途径就是电磁波。人类通过**电磁波频率**分析它们携带的信息。

强大的宇宙信使——幽灵粒子中微子

中微子像幽灵般神秘。

难以捕捉的神秘。

地球每平方厘米的面积会穿过6亿多个中微子。它们以近光速穿过我们的身体,而我们毫无察觉。

除光子之外,宇宙中最多的就是中微子。

地球上的中微子大部分来自太阳。

太阳核聚变过程中，4个质子和2个电子结合为一个氦原子核。

在此过程中，两个中微子被释放。而太阳每秒会释放180万亿亿个中微子。

由于我们体内**钾-40**元素的衰变，每一天都会有 6 亿多个**中微子**轰击其他人。

自居里夫人和贝克勒尔发现元素辐射后，元素辐射被分为三类。

α（阿尔法）辐射放出的是氦原子核；
β（贝塔）辐射放出的是电子；
γ（伽马）辐射放出的则是光子。

1933年，费米提出β衰变理论。1956年，物理学家莱因斯和柯温，首次通过物理实验证实中微子存在。

原子核中的中子会通过弱相互作用衰变为一个质子，同时释放出一个电子和一个中微子。

电磁波信息让人类了解宇宙，**中微子与引力波**的发现，让宇宙信息的传递更加立体，弥补了电磁波传递信息的单一性。

超新星爆发，伽马射线暴这些宇宙事件爆发前2小时就开始释放中微子流，有了**中微子**这个新的信使，人类通过分析这些信息，就能推测出更加准确的信息。

恒星的不同颜色——恒星光谱

英国物理学家艾萨克·牛顿在他的《自然哲学的数学原理》中这样描述,太阳光通过**三棱镜**后分解为像彩虹一样的七色光谱。而**光谱**主要来自恒星的光产生的电磁辐射,光谱中藏着恒星的许多秘密。

1859 年,德国物理学家基尔霍夫说,热的、致密的固体和液体及气体会产生连续谱,当**连续谱**通过冷的、稀薄的气体会产生**吸收线**,而热的、稀薄的气体会产生发射线。

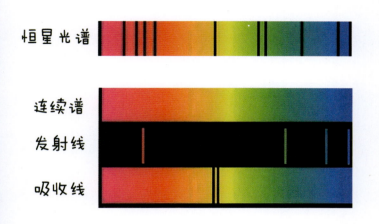

恒星光谱由明亮的**连续谱**和叠加在连续谱上的暗色条纹**吸收线**构成。而宇宙中气体云的光谱主要是发射线，所以你看到的是黑暗的背景上明亮的条纹状结构。

天体类型不同，所产生的辐射谱也不同，这些谱线无论是连续谱、吸收线或发射线，都主要来自**微观粒子的状态变化**。我们以电子的能级变化为例，电子处于不同的能级状态中**变化跃迁**，会产生发射线或者吸收线。

电子从高能态跃迁到低能态时，原子释放光子产生发射线。

电子从低能态跃迁到高能态时产生吸收线。

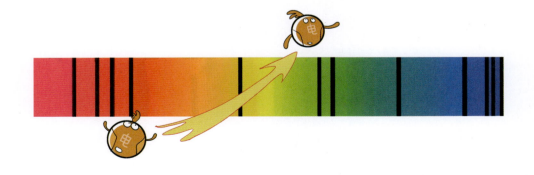

以恒星太阳为例，它的谱线主要是连续谱加上吸收线。连续谱来源于**致密高热**的恒星内部核聚变反应，大量的热光子被**释放**，一部分光子被太阳大气里的**冷气体**所吸收，这在光谱上反映出来就是**吸收线**，所以太阳光谱不仅仅有连续谱，也包括吸收线。

我们通过光谱还可以知道恒星的**化学成分**。不同元素都有其独有的特征谱线，它们是元素的**化学指纹**，根据其吸收线的位置和强度，还能推断出各元素的温度。

1868年，法国天文学家让森和英国物理学家洛克耶对太阳色球层的光谱进行了分析。他们第一次发现**氦元素**，这是早期天文光谱学中一个重大的科学成就。科学家通过不断分析**太阳光谱**，推断出太阳大气中至少包含50多种元素，不同的元素产生不同的吸收线。

O B A F G K M

20世纪初，天文学家们根据恒星光谱中最明显的吸收线，按照温度由高到低的次序将恒星光谱分为 O、B、A、F、G、K、M 七种光谱行，并将其称为摩根－基南（MK）系统。

按照从最热（O 型）到最冷（M 型）的顺序分类，然后每个字母类又要用数字来细分，其中最热的为 0，最冷的为 9（例如 A8、A9、F0 和 F1 形成从热到冷的序列），这是基于恒星光谱中某些吸收线的宽度而定的，这些吸收线会随着大气的密度变化而变化。

这些谱线让我们了解到恒星的**温度、化学成分、旋转速度、质量密度、磁场、运动的速度**等。

天体的运动法则——牛顿三大定律和万有引力定律

宇宙中的所有物质运动被牛顿在他的著作《自然哲学的数学原理》中总结为**牛顿三大定律和万有引力定律**，他还基于此构建了一个全面的力学体系，解释当时能观察到的一切力学现象。

牛顿第一定律——惯性定律

一个不动的物体和一个运动的物体，在没有受到其他**力量干扰**时，它们会一直保持自己的状态。

 我们用可爱的宠物小乐来演示一下何为**静止的惯性。**

 我们把小乐放在水桶的盖板上,注意它现在是**静止的**,然后用力抽掉盖板。

3 小乐会保持**静止**,在零点几秒后才掉入水桶中。

同样,运动的物体,在没有外力干扰时,它会一直保持**匀速运动**。

当物体由运动变为静止时,或者由静止变成运动时,它会保持初始状态的惯性。

行驶的汽车突然**刹车**时,惯性会让它继续**向前行驶**。

刹停距离就是惯性的结果。

静止汽车突然**加速**时,惯性会把乘客甩下车。

牛顿第二定律——加速度定律

一个物体对另外一个物体施加动力时,会让另一个物体产生**加速度**。我们还是用演示的方式。用力踢小乐之后,小乐就会产生加速度,改变原有的**运动状态**。

比如在宇宙中,一颗小行星撞上大行星,会让大行星产生**加速度**。

真空中,物体因为只受到**重力**,则无论它们的质量如何,都具有相同的**加速度**。因此在做自由落体时,在相同的时间间隔中,它们的速度改变是相同的。

牛顿第三定律——作用力和反作用力定律

一个物体对另一个物体施加力时,自己也会受到**反作用力**。

万有引力定律

基于这三条运动定律,聪明的牛顿还发现了一条关于力的新定律,叫**万有引力定律**。他得出任何两个有质量的物体之间都存在着一种**彼此吸引的力**,引力的大小与两物体的质量的乘积成正比,与两物体间距离的平方成反比。

两个物体（质量中心）之间的**万有引力**，等于引力常量乘以两物体质量的乘积除以它们距离的平方。

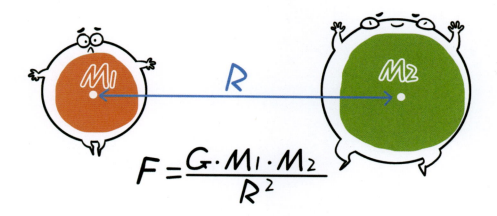

式中：M_1、M_2 为两物体的质量（千克）；
R 为两物体之间的距离（米）；
G 为引力常量。

$$G=6.67\times10^{-11} 牛\cdot 米^2/千克^2$$

引力常量是英国物理学家、化学家亨利·卡文迪许通过扭秤实验测得的。

扭秤

万有引力定律解释了宇宙天体**运动的规律**，让天文学家测算出太阳系的行星的运动规律，完美地解释了苹果掉到地上、月亮绕地球转动、地球绕太阳转动的规律。

最快的速度——光速

光在我们周围随处可见。构成光的量子我们称为**光量子**，也叫光子。光子是**传递电磁相互作用**的基本粒子，它的**质量为零**，它的传播速度就是我们所说的光速。

光速为每秒30万千米，是宇宙中**最快的速度**。

最快的飞行器只能以接近光速的速度运动。若一名宇航员以光速离开地球，在一年之后又以**光速返回**，根据常理，当宇航员返回地球时，地球上应该已经过去了一年时光。不过，事实并非如此。

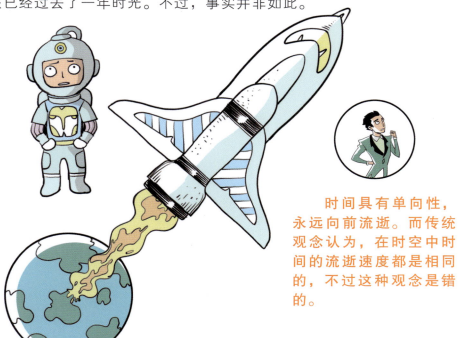

时间具有单向性，永远向前流逝。而传统观念认为，在时空中时间的流逝速度都是相同的，不过这种观念是错的。

根据**狭义相对论**，如果 A 和 B 带着钟表同时往前运动，A 的运动速度越快，那么 A 所处的时间流逝速度就越慢。当 A 的运动速度达到光速时，时间就停止流逝了。这种现象叫作**时间膨胀效应**，俗称钟慢效应。当 A 的运动速度越接近光速时，这种效应也就越明显。

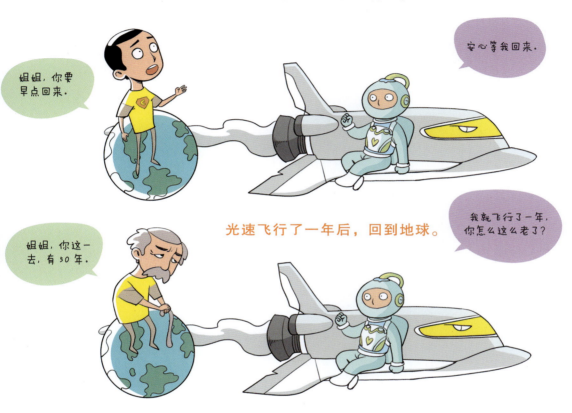

光速飞行了一年后，回到地球。

光速飞行一年后返回地球，时间产生巨大的差异。利用这种现象，我们可以进行**时间旅行**，只要速度足够快，仅需很短的时间便能穿越到遥远的未来。

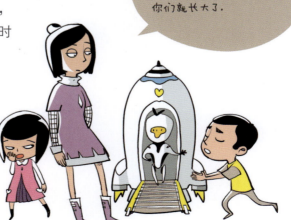

星云里有什么——星际分子

宇宙中有很多像棉花糖一样的星云,它们由**星际气体、尘埃、粒子、磁场**等星际物质组成。

小星云的质量只有太阳的十分之几,大的则是太阳的数千倍。星云内物质比"真空"还稀薄,每立方厘米中只有几百个粒子(空气中是几千亿亿个),主要是氢与氦,但很多星云中也有**碳、氧、硫、硅、氯、镁、钾、钙,甚至铁元素**。

> 星云由星际气体、尘埃、粒子、磁场等星际物质组成。
>
> 星云内的物质主要是氢与氦,有的星云中也有碳、氧、硫、硅、氯、镁、钾、钙,甚至铁元素。

星云分为**弥漫星云**(包括亮星云、暗星云)、行星状星云与超新星遗迹几类。从观测角度说,星云分为亮星云与暗星云,没有实质区别,亮星云完全是因为"运气"好,而在暗星云背后却远远地有星光作衬托。

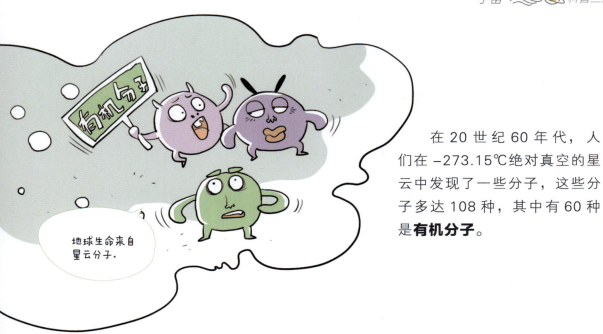

在20世纪60年代,人们在-273.15℃绝对真空的星云中发现了一些分子,这些分子多达108种,其中有60种是**有机分子**。

这催生了地球生命来自宇宙的"天外说",它还被列为"20世纪60年代天文学四大发现"之一。

1974年,美国天文学家在银河系内发现了一片硕大无比的**乙醇云**,乙醇就是人们熟悉的**酒精**。这片位于人马座中的乙醇云的质量是太阳的千分之一,即相当于2亿亿亿千克。

星系"撞车"会发生什么——星系碰撞和合并

人类驾车速度过快容易发生撞车，在星系中也能发生**撞车现象**，而且星系之间的碰撞在星系演变过程中属于非常正常的现象。星系中物质的分布非常稀疏，星系碰撞并非真的碰撞，而是一种**引力交互作用**。

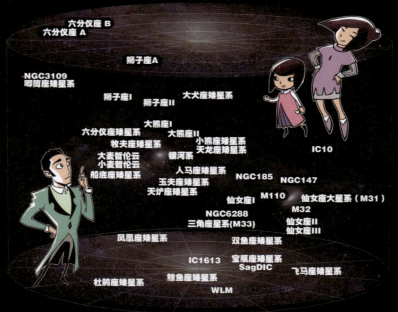

宇宙中的星系很少是单独的。它们通常是两个星系组合在一起，或者三个星系组合在一起，被称为双星系或者三重星系。85%以上的星系都是成双或者成团的。最小的团叫**星系群**、团，大一些的团就叫**超星系团**，再大还有**超超星系团**，一直到巨大的天体结构，到可观测宇宙。如我们银河系就是与50余个星系抱团形成一个群，科学家将其称为**"本星系群"**。

大、小麦哲伦云是南半球最醒目的两团"云",1520年麦哲伦环球航行到达南美洲时发现了它们。它们是银河系的"近邻",分别占银河系质量的5%与1%,与银河系通过神秘的**物质桥相连**,组成了一个三重星系。这两个小星系的"年龄"在10亿岁左右,而银河系达100亿岁以上。这说明在2亿年前,这对年轻的双星系与银河系"撞了车", 这个物质桥就是事故留下的**痕迹**。

大星系会吃掉小星系。按这个进程,在80亿年之后,小麦哲伦星系会被银河系**合并**。

大小麦哲伦云与银河系

宇宙中的星系自诞生至今,发生的碰撞事件多达15%!星系碰撞会让星系运动的速度加快,星云会收缩凝聚,成为大量新生恒星的原料剂。

太阳系的主宰——恒星太阳诞生

46亿年前的太阳系里没有太阳、地球,只有一大片**星云团**,它们已经在太阳系中安静地躺了**数百万年**。

星云团由尘埃、氢、氦和其他电离气体组成。星云团非常巨大,直径有几万光年。

几百万年后的某一天,
星云团附近的一颗大质量恒星发生(**超新星**)死亡爆炸。

爆炸产生的冲击波给了这片星云团一波**推动力**,星云团开始涌动,在万有引力的作用下,它们开始相互**聚合挤压**。

而中心的密度和质量变得越来越大,云团开始**坍塌**,并吸收周围的星云团,最终聚集成一个球体。坍塌产生的挤压力越来越大时,温度升得越来越高,最终使云团中氢元素发生**核聚变**——成为氦元素。

核聚变过程产生的巨大能量，转化为向外的拉力，抗衡了**内部坍塌**，星球体停止坍塌，形态稳定了下来。

太阳系中最靓的王者诞生了

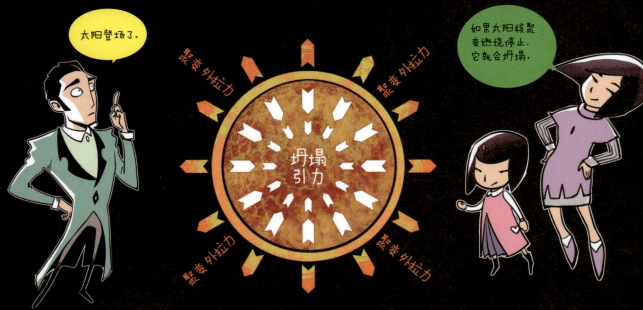

太阳的主要燃料是氢，所以它是一颗气态恒星。

太阳采用核聚变的方式向太空释放光和热。

太阳表面温度达到6000℃。

太阳是太阳系的中心天体，占有太阳系总体质量的99.86%。

恒星的动力——核聚变

我们知道，太阳核聚变的燃料是氢，氢是元素中**最轻的**，它在元素周期表中排第一位。

太阳核聚变

所有元素都是由氢开始，然后在超高的压力和温度下，核聚变成其他元素。恒星内部，氢元素聚变生成**氦元素**，然后氦元素又聚变生成碳元素和氧元素，碳元素聚变又可以生成氖、钠、镁、铝等元素。

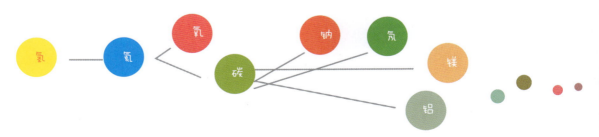

想要搞清楚核聚变原理，我们就得知道元素的结构，所有元素的基本构成单元都是**原子**。

原子由**原子核**和围绕原子核作跃迁运动的**电子**组成。

而原子核由**质子**和**中子**组成。

电子带负电。

中子不带电。

质子带正电。

原子核中的核力，把质子和中子紧紧束缚在一起。

原子中的质子、中子、电子的数量决定了它是何种元素。

元素	质子数	中子数	电子数
氢	1	0	1
碳	6	6	6
氧	8	8	8
钠	11	12	11
氯	17	18	17
铁	26	30	26

氢原子的原子核中只有一个**质子**，没有中子，也只有一个电子，质子和电子就像一对恋人一样。

氢原子中有幸福的两口子。

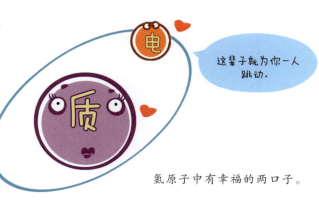

太阳形成过程中，内部坍塌挤压的高温，使氢原子内电子们**脱离原子核**的束缚，质子和电子分手了。

分手后的质子们温度高，脾气暴，四处乱窜，因为带正电，质子们**相互排斥**，互相不待见，你看我不爽，我看你不快。

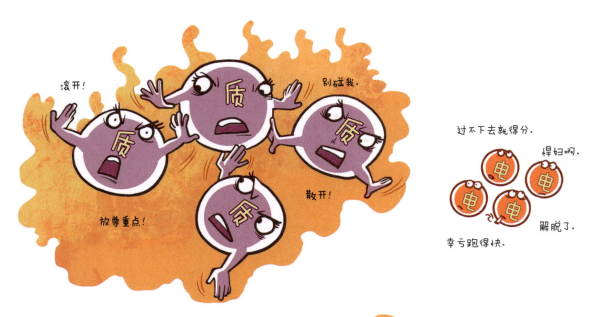

当能量（情绪）足够高时，它们会狠狠地**撞向对方**，有些会合为一体，组成有4个氢质子的氦元素，这就**是核聚变**。

氢质子的全新生活

聚变反应损失了一点点的电子质量，但是却产生了不可思议的事情。

被放逐的电子们

爱因斯坦最著名的公式 $E=mc^2$，解释了能量与质量转换的奇妙过程，即**能量等于质量乘以光速的平方**。这损失的一点点质量换来了**巨额的能量**。

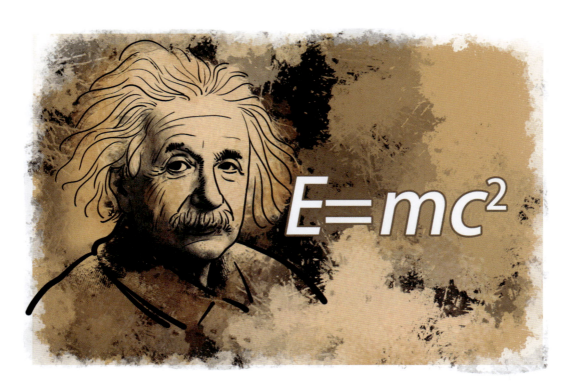

太阳每天消耗一点点质量，就能产生数以百万计瓦特的**能量**，以太阳现在的质量，可以再燃烧40多亿年，等到太阳消失了，人类已经实现**星际移民**了。

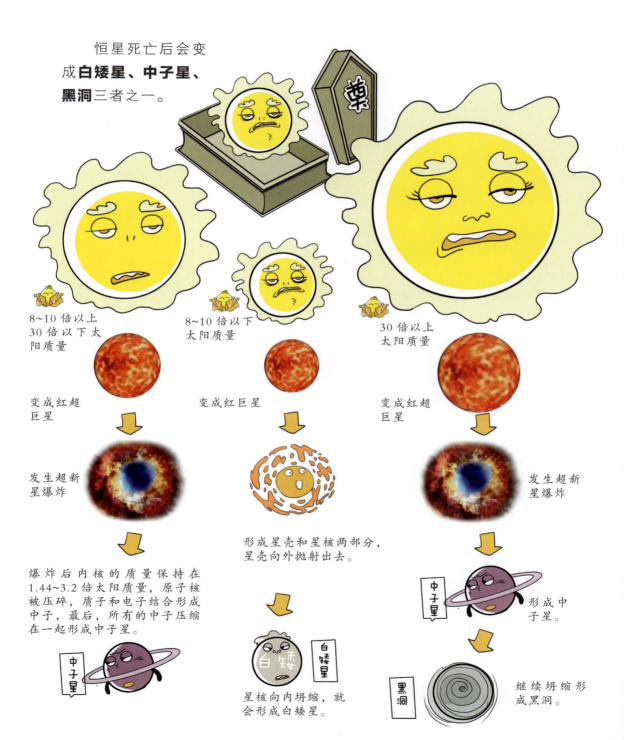

压不垮的恒星残骸——中子星

中子星是除黑洞外**密度最大**的星体，是恒星演化到末期，经由引力坍缩发生超新星爆炸之后，可能成为的少数终点之一。这些中质量恒星在寿命终结时坍缩形成的**中子星**，密度非常大。

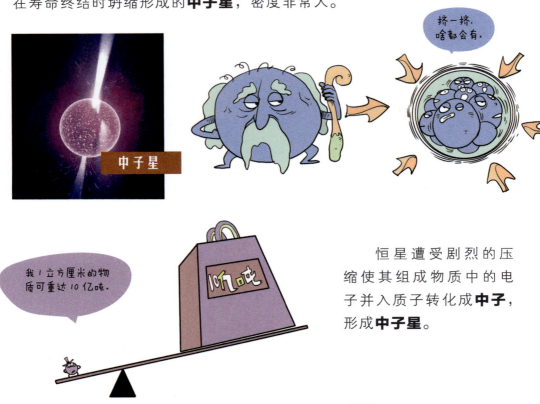

恒星遭受剧烈的压缩使其组成物质中的电子并入质子转化成**中子**，形成**中子星**。

中子星磁场非常强，自转速度非常快，会不断发出周期性电磁脉冲信号，故又称为**脉冲星**。

宇宙之间的穿越——黑洞与白洞

黑洞是大质量恒星死亡的产物，即使宇宙中最小的黑洞，质量也是最大恒星的万倍以上。它**吞噬**周围一切，跑得最快的光，跑进去了也难逃出来。

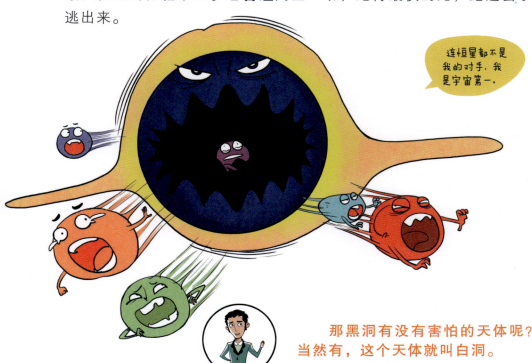

那黑洞有没有害怕的天体呢？当然有，这个天体就叫白洞。

白洞是天文学家假设出来的一种天体。约100亿年后，黑洞生命抵达终点，就会坍缩成为"白洞"。黑洞吞噬所有物质，而白洞则会把所有物质**喷出**。白洞就是黑洞老化坍缩之后的一种状态，它的时空曲率和黑洞恰好相反，是**无限膨胀**的。

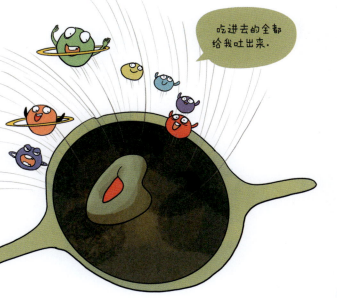

白洞的内部有一个神秘的东西——**虫洞**。虫洞就是维度和维度之间的连接桥梁。黑洞在变成白洞的时候，会由内而外产生一次"**大爆炸**"，当能量超过了时空承载的极限时，会产生"维度裂缝虫洞"。

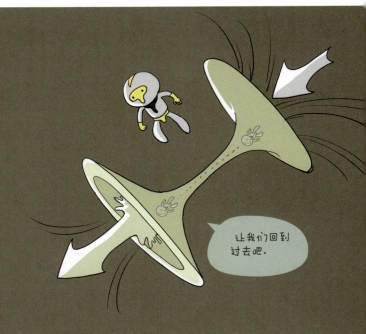

让我们回到过去吧.

电影《星际穿越》里，男主角就是在即将老化的黑洞中，通过虫洞到达了**四维空间**。四维空间内，时间以线性的方式呈现，人类可以用俯瞰的角度，看到过去和未来发生的一切。

白洞一旦被证实，将是天文研究历史上最大的发现，将开启人类探索宇宙的新篇章。

宇宙中最亮的天体——类星体

类星体与脉冲星、微波背景辐射和星际有机分子一同并称"20世纪60年代天文学**四大发现**"。

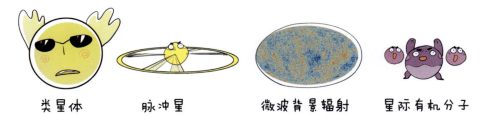

类星体　　脉冲星　　微波背景辐射　　星际有机分子

类星体就是**超大质量黑洞**的爆发。宇宙大爆炸约10亿年后，恒星大量死亡成为黑洞，游荡的同时**拉拢周围**的物质和气体，甚至还有其他黑洞，更多的恒星得以产生，形成星系。星系在引力作用下互相接近，星系中心黑洞合并形成超大质量黑洞。

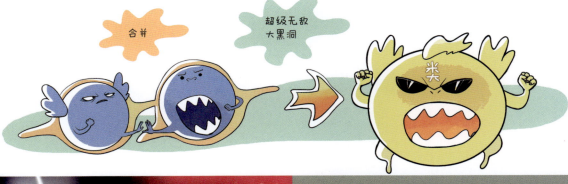

超大黑洞形成后就开始吞噬周围的物质和恒星。物质被撕裂成**粒子**，拉向中心的奇点，而数量过多时一瞬间无法完全吞下，在黑洞周围挤压产生**巨大的能量**，然后盘面两极以光、无线电波或x射线的形式发射出巨大的能量，以光速喷射出去，亮度达到一般星系的1000倍以上。这就是**类星体**。

类星体是最恐怖的天体，这种亮蓝色的星体可以秒杀宇宙中的一切，它的速度、能量和亮度，都达到了**宇宙最强**。幸运的是，它在我们100亿光年之外，否则……

超强亮度的光，穿梭几百亿光年，贯彻整个宇宙半径。
中心超大质量的黑洞，为它提供了最强大的紫外线辐射和X射线辐射。
类星体移动甚至存在很多超光速现象。

类星体对星系有着极其可怕的**破坏能力**。它强大的能量抑制了星系的扩大。如果没有类星体，宇宙中超巨星、恒星的数量会比现在多得多，类星体甚至间接阻止了百亿光年外生命的诞生。到1993年年底，科学家发现了10000多个类星体。

星级穿越的隧道——虫洞

虫洞可能是宇宙中最神秘最有意思的结构。虫洞又叫爱因斯坦——**罗森桥**，是连接宇宙中两个不同时空的隧道。通过虫洞可以做瞬时转移或者**时间旅行**。

爱因斯坦广义相对论认为，时空本身可以被**引力弯曲**。而虫洞是连接两个被弯曲空间的通道，让它们成为**捷径**。

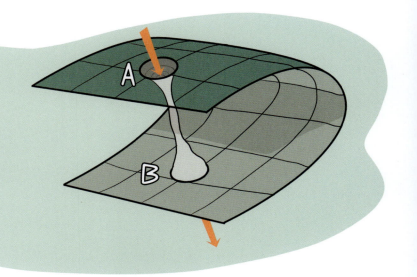

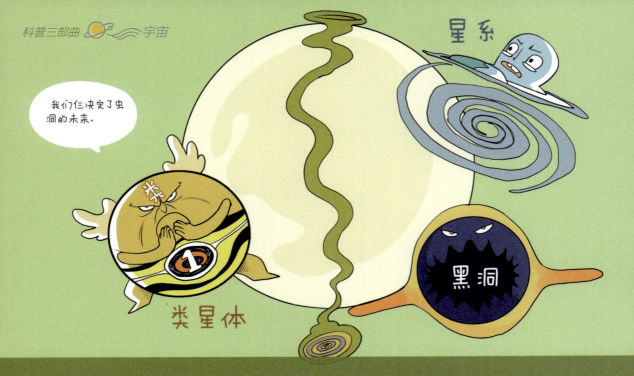

虫洞的产生需要强大的**空间扭曲能力**，当一些极大引力场出现时，比如星系、黑洞、类星体等，会在自己周边形成巨大的时空旋涡，这些时空旋涡相互碰撞很可能形成一些奇异的空洞，这种空洞就是虫洞。但是虫洞空间小、引力强，所有进入的物体都会被**引力撕碎**，因此人类很难进行时空穿梭。

随着人类对宇宙探索的逐渐深入，科学家发现虫洞超强的引力场可以通过负能量来平衡，而负能量是由反物质产生的。现阶段，反物质已经被证实了。但是人类通过虫洞以后会出现在哪个时空呢？这是非常有风险的穿越。

爱因斯坦的预言——引力波

牛顿发现了**万有引力**，解释了地球绕太阳转的问题，但是解释不了力的根源问题，伟大的爱因斯坦却通过**广义相对论**解决了这个问题。该理论认为，任何质量的物体，都会对周边的**时空造成扰动**，引力是由质量对时空的扰动产生的。太阳的引力让地球的行动轨道**产生弯曲**，诱导地球围着太阳转，而地球以为自己走的是直线。

2015年9月14日，科学家们首次监测到13亿光年外两个黑洞合并后发射出的**引力波信号**，它描述了13亿年前那场惊天动地的黑洞合并。之后人类探测到不少引力波事件，证实了爱因斯坦引力波的预言。

引力波到底是什么？简单来说，时空可视为一个整体，而其中的大质量天体引力有让时空产生弯曲的能力，比如**黑洞融合**或**中子星碰撞**，才有可能探测到神秘的引力波，两个庞大的黑洞碰撞在一起，巨大的引力波必然会向四周传播。

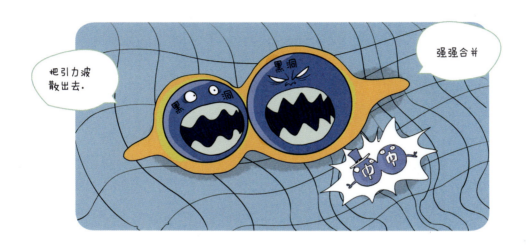

引力波就是孩子们蹦跳时蹦床出现的**颤动感**，以波的形式向外传递开来。

引力波不同于光，它有光无法比拟的**穿透性**，却能以光速传播。引力波能够让人类观测到宇宙诞生的早期信息。

量子穿隧、量子纠缠及平行宇宙

量子力学属于微观物理学，它旨在描述微观世界中的粒子，例如电子和原子核。电子围绕着原子核做**跃迁运动**时，能够很神奇地出现在原子核外不同的地方。

量子穿隧

如果我们在现实世界中想要穿过一扇门，正常情况下，是肯定穿不过去的。

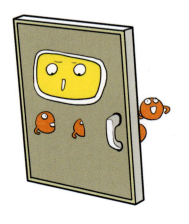

但对于电子而言，却非常容易。这和电子体积小没有关系，它涉及了一种现象——**量子穿隧**。粒子在非常靠近一个屏障的时候，会凭空直接穿越屏障跑到对面去。

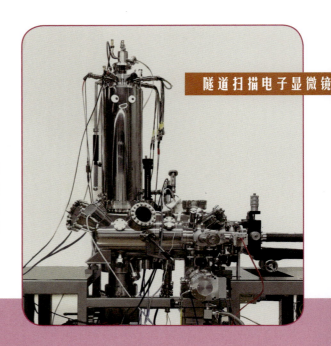

隧道扫描电子显微镜

这听起来非常不可思议，但是这个现象的的确确存在，人们已经利用该现象开发出隧道扫描电子显微镜，测量材质表面原子结构和电子结构。

样品表面电子云和针尖的电子云会有一部分重合，此时在它们之间施加电压就会产生电流，形成**隧道电流**。

当针尖与样品表面的距离发生微小的变化时，隧道电流的强度会产生量级的变化，从而实现隧道扫描电子显微镜超高的**原子级分辨率**。

但是在微电子行业里，因为存在量子的隧穿效应，芯片技术发展到 1 纳米（nm）以下时导致的漏电现象让芯片的逻辑电路无法正常工作，这便成了阻碍芯片继续往更小尺寸发展的物理障碍。

量子纠缠

科学家们找来两个电子，把它们粘在一起，过几秒钟再把它们分开，分到很远的地方，离奇的事情发生了，这边的电子移动一下，那边的电子也跟着移动，这也就是说无论相隔多远，这两个电子都是**同步运动**的，就算一个在地球，一个远在空间站，用原子钟测出来的结果还是和之前一样，电子还是能达到完全同步。

它们中间如果有传播，那么速度比光速还要快，在相对论中，光速无法超越。量子纠缠把20世纪的各种经典物理学说**全都推翻**了，影响最大的就是爱因斯坦的相对论。

在现代社会中，量子力学早已走到我们身边。我们每天都要用的**电子产品**，比如手机、电脑等，都是利用了量子力学的原理发明出来的。

平行宇宙

在平行宇宙论里面我们有无限个地球。因为你的每一个状态都是不确定的，如果真有平行宇宙的话，那么代表着有**无限个你**，你做的每一个选择在另外一个宇宙中也许会产生不同的结果。

太阳系是如何形成的？

太阳诞生后，孕育太阳的星云团所剩的物质，被太阳的引力场牢牢吸引，围绕着太阳形成一个**圆盘**。

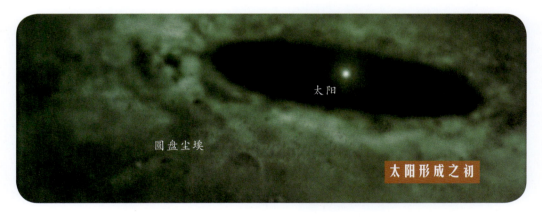

太阳形成之初

圆盘中的物质历经百万年**相互吸附**，最终形成绕太阳转动的 8 颗行星、173 颗卫星、5 颗矮行星，还有数不清的小天体，形成了**太阳系**。

我们的家园**地球**，就在太阳系中。

太阳系以小行星带划分为**内太阳系**和**外太阳系**，内太阳系由水星、金星、地球、火星四大类地行星构成，外太阳系则由木星、土星、天王星、海王星构成。

幸运的地球

太阳诞生后,外太阳系迷雾中形成了一颗**气态巨星**——木星。

木星

虽然绕着太阳转动,但木星利用自己强大的引力,吞噬着其他小行星和陨石尘埃,而且它的胃口越来越大。

它清理出自己的**绕日轨道盘**,并向太阳靠近。

当它进入小行星带时，撞击到了小行星带中正在成长的**谷神星**，把谷神星的物质**完全击散**。如果没有木星，谷神星有可能会成长为一颗类地行星，说不定会出现生命。

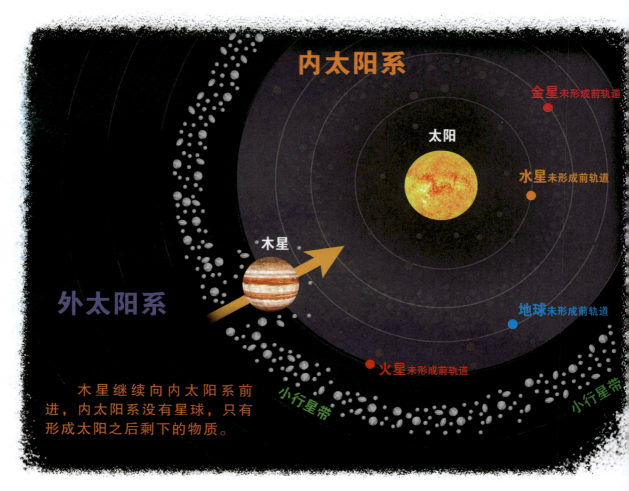

木星继续向内太阳系前进，内太阳系没有星球，只有形成太阳之后剩下的物质。

木星到达火星位置时，火星还只是尘埃和土石，木星**疯狂吸积**这些物质。如果它越过火星轨道，继续往地球方向侵入，就不会产生地球了。

幸运的是，外太阳系有一颗和木星一样的**气态巨星**——土星，它的个头是木星的一半。

土星的引力拖住了木星的步伐，彼此的引力场形成**轨道共振**。

土星的**引力拖拽**着木星，两颗行星开始离开内太阳系，往外太阳系移动，回到小行星带外。

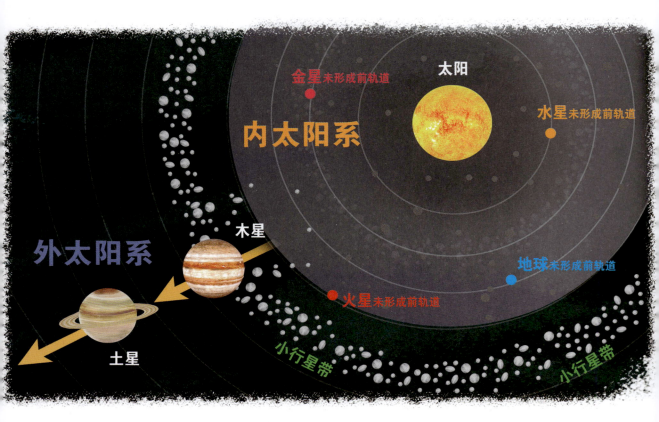

如果没有土星拉走木星,我们的地球不会形成,生命也就不会存在。

木星离开所留下的物质，勉强只够类地行星的形成。木星**阻碍**了超级大类地行星的产生，保障了地球的形成。

 木星侵入火星轨道的吸积过程，导致火星大小和质量是四个类地行星中最小的。

木星离开内太阳系时，给地球带来一份珍贵的礼物。
地球形成于内太阳系干旱的地带，这里**没有水**。

木星回撤撞击了**富含冰质和水**的小行星带和彗星。

我还会回来的！！

被撞击的小行星和彗星有些来到内太阳系，进入地球，为地球带来水，而水是生命之源，这为生命的产生创造了条件。

太阳系的保护神——太阳和木星

太阳系是**银河系**中千亿星系之一。银河系中有数以千亿的**行星彗星**，它们一旦脱离轨道，进入太阳系，会对太阳系产生**毁灭性**的伤害。太阳系如何保障自身安全呢？周围这些比太阳更大的恒星发出强大的辐射射线，太阳系该如何应对？

我们太阳系有两位大哥，第一位是**太阳**。太阳这位老大哥，有强大的磁场，磁场湍动会形成耀斑大爆发，释放巨大的能量抛向太空。

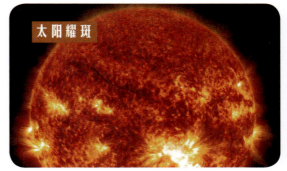

太阳耀斑

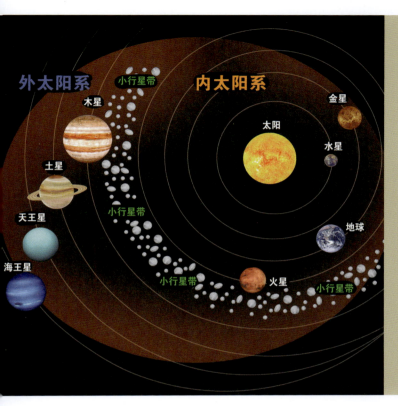

在太阳风的喷发作用下,太阳**带电粒子**流撞上地球大气时,在南北极会出现美丽的极光。太阳风经过木星,然后到达土星,形成一个太阳系的粒子保护泡——**日球层**,让太阳系内星球免受银河辐射和宇宙射线的伤害。

另外一个大哥则是**木星**,木星强大的引力能吸收外来星系小星体对太阳系内地球的侵袭。

小星体如果**躲过木星**的引力进入地球轨道，还会遇到地球的贴身侍卫星——**月球**。看看月球身上的撞击坑，千百万年来真是为地球挡了不少伤害。就算小星体能靠近地球，进入大气层后的**高速摩擦燃烧**，也能把它对地球的危害降到很小很小。

概率低，并不代表撞击不会发生，约 6500 万年前，10 千米长的小行星**撞击地球**导致恐龙灭绝。

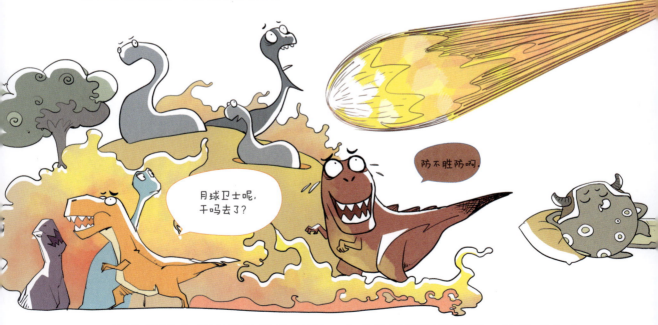

因为有这么多守护地球的因素，才成就了**幸运的地球**，使其成为太阳系乃至银河系中唯一的一颗**生命星球**。

铁质星球——水星

水星是离太阳最近的**类地行星**，它的质量是地球的 5.5%，由大约 70% 的金属和 30% 的硅酸盐组成，其中**富铁的核心**占据了其总质量的 60%。水星含铁 2 万亿亿吨，按地球钢年产量（约 8 亿吨）计算，可以开采 2400 亿年。

水星离太阳 5790 万千米，它没有卫星，是太阳系中**运动速度最快的行星**，绕太阳运行一周需要 88 天。水星自转非常缓慢，周期是 58.646 天，正好是水星公转周期的 2/3。

太阳风和高温使水星大气分子不稳定，大气极其稀薄，日**夜温差**极大，白天温度达 430℃，而夜间的温度只有 –173℃。

白天430℃　晚上–173℃

自转方向与公转方向相反的金星

金星是太阳系内唯一**逆向自转**的大行星,自转方向与其他行星相反。在金星上看,太阳是**西升东落**的。金星没有卫星,绕太阳公转周期约为224.70天,但其自转周期却为243日,也就是说,金星的自转恒星日一天比一年还长。

金星

金星大气中二氧化碳最多,占97%以上,同时还有一层厚达2千米的由**浓硫酸**组成的浓云。金星表面温度高达465℃至485℃,大气压约为地球的90倍。

金星表面85%覆盖着火山岩,还零星分布着10万多座**小型火山**。喷出的熔岩流范围大至几百千米,最长的一条达到7000千米。

地球的好邻居——火星

火星是太阳系里四颗**类地行星**之一。

火星被赤铁矿（氧化铁）覆盖。火星大气以二氧化碳为主（95.3%），既稀薄又寒冷。火星南半球是充满**撞击坑**的高地，北半球则是较年轻的低地平原沙石。

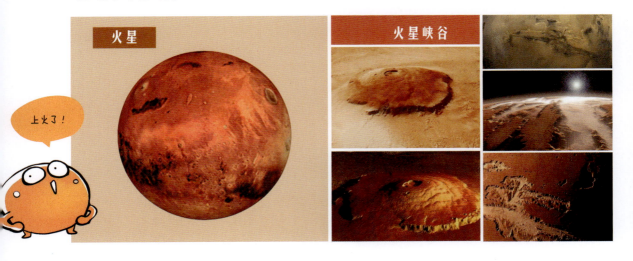

火星有两个天然卫星：**火卫一**和**火卫二**，是火星捕获的小行星。

火星被观察到有**地下水涌动**的迹象，南北极冰冠有部分退缩，显示两极和中纬度地表下存在大量的水冰。

目前美国宇航局和欧洲发射的四艘在轨环绕探测器，分别是奥德赛号、火星快车号、火星全球勘测者和MAVEN探测器，表面有多个美国的火星车，如好奇号、洞察号以及结束任务的火星探路者号、凤凰号、勇气号和机遇号等。

2020年7月"**天问一号**"由长征五号遥四运载火箭发射升空，标志着中国火星探测计划迈出了万里征程的第一步。

2021年5月15日，"天问一号"着陆巡视器成功着陆于火星，"**祝融号**"火星车发回遥测信号，探测任务取得圆满成功。

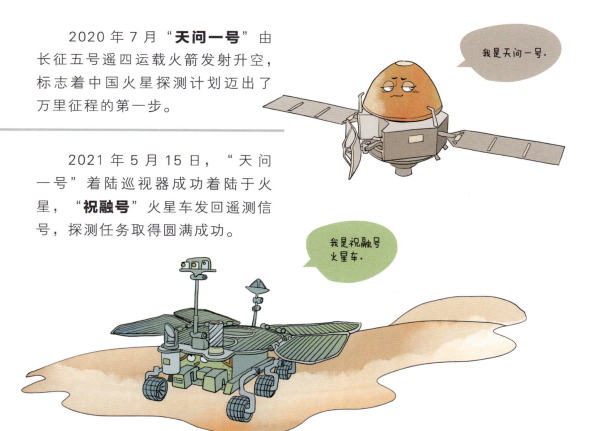

内外太阳系的分水岭——小行星带

在太阳系中，以小行星带为分界线，分为内太阳系和外太阳系。小行星带里面存在着无数的**小行星**，估计其总数超过50万颗。

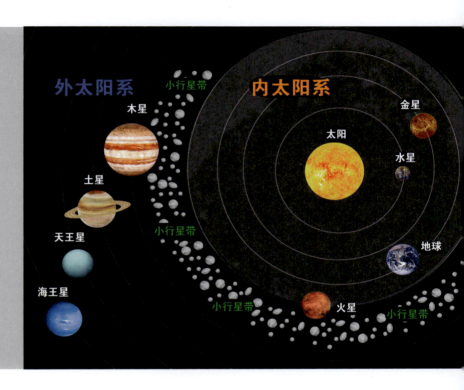

这些小行星个头差异很大，其中有四颗最大的小行星，分别是**谷神星**、**智神星**、**婚神星**和**灶神星**，它们的直径都超过了400千米。其中谷神星可以说是小行星带中的老大了，直径大约为950千米。至于其他小行星，个头很小，多呈不规则形态，有的甚至只有**尘埃**大小。

小行星带四大天王

谷神星　　　　智神星　　　　婚神星　　　　灶神星

为什么有小行星带呢？

在太阳系成型初期，不同的行星轨道上，都正常孕育着行星，**火星和木星**轨道之间也将会形成一颗行星。

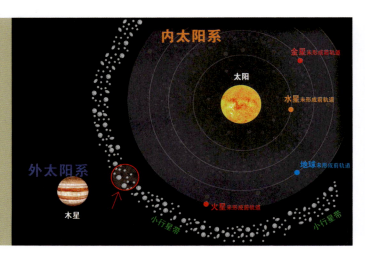

不过，该轨道位置距离木星太近，受到**木星引力**干扰，而且木星还企图侵入内太阳系，使得这里的物质很难形成巨大的行星。

当年的谷神星理应成为一个较大的行星，可惜被木星撕裂。很多企图形成大行星的小行星，都被**木星撕裂**形成小行星带。

行星之王——木星

木星是太阳系八大行星中最大的一颗,天文学上把木星这类巨大的行星叫作"**巨行星**"。木星自转一周为 9 小时 50 分 30 秒,公转一周的时间约为 12 年。

木星质量是太阳质量的千分之一,是地球质量的 318 倍,太阳系中除太阳外,所有行星、卫星、小行星、陨星和彗星的总质量,只及木星质量的 40%,木星主要由氢和氦组成,是一颗**气态行星**。木星离太阳比较远,表面温度低达 –150℃。

木星表面南部有一个永不消失的**大红斑**,有三个地球那么大,大红斑每 6 个地球日逆时针旋转一周,卷起高达 8 千米的风暴云。

卫星之王——土星

土星是紧邻木星的外太阳系的一个**气态巨星**，由占 96.3% 的氢和占 3.25% 的氦，还有氨、乙炔、乙烷、磷化氢和甲烷组成，平均温度为 –178 ℃。土星平均密度很低，仅为 0.7 克/立方厘米，约为水的 70%。

土星有 82 颗已知的**卫星**，土卫六是太阳系中第二大的卫星。土星环绕太阳旋转一周为 30 年。土星顶部是一个"非比寻常"的六边形**旋涡风暴**。

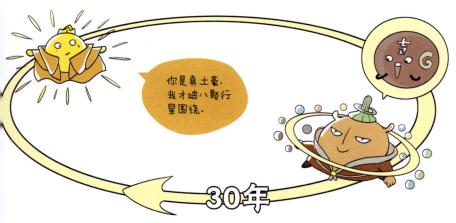

土星周围围绕着一圈圈明亮的**光环**。

在轨道上"横滚"的天王星

天王星属于气态巨星,体积是地球的 4 倍。天王星的大气主要由氢和甲烷组成,内核由冰和岩石组成。甲烷导致天王星**吸收红色**,呈现出**蓝绿色**。它的平均温度为 –180℃。天王星自转周期约为 24 小时,公转周期却为 84 年。

天王星围绕太阳公转时,自转轴几乎平行于公转轨道面,看上去好像是**躺在那儿**公转。所以天王星**四季的变化**非常大,只是每季特别长,大约为 20 年。

天王星磁极倾斜之谜——钻石海洋

气态巨行星表面主要成分是氢、氦和甲烷,但是你相信吗,天王星表面是**钻石海洋**。可甲烷怎么会变成钻石呢?

在天王星这颗气态冰巨星上,一年到头都有风暴闪电。

空中的甲烷在闪电作用下,转化成像灰尘一样一团团的碳黑。

钻石海洋解释了天王星磁极**倾斜**之谜,以及它为什么要横躺着转动了。

钻石雨降落下来又反反复复蒸发,形成了钻石海洋,还有些结合在一起形成了体积庞大的固体钻石冰山。

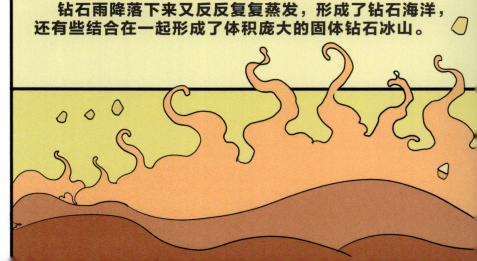

旅行者2号于1986年1月14日从距离天王星大约780万英里（约1270万千米）的地方拍摄了天王星图像。科学家研究发现，天王星的环境并**不适宜生命**生存。

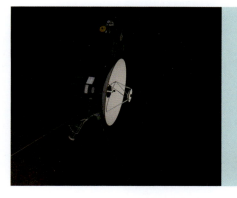

天王星

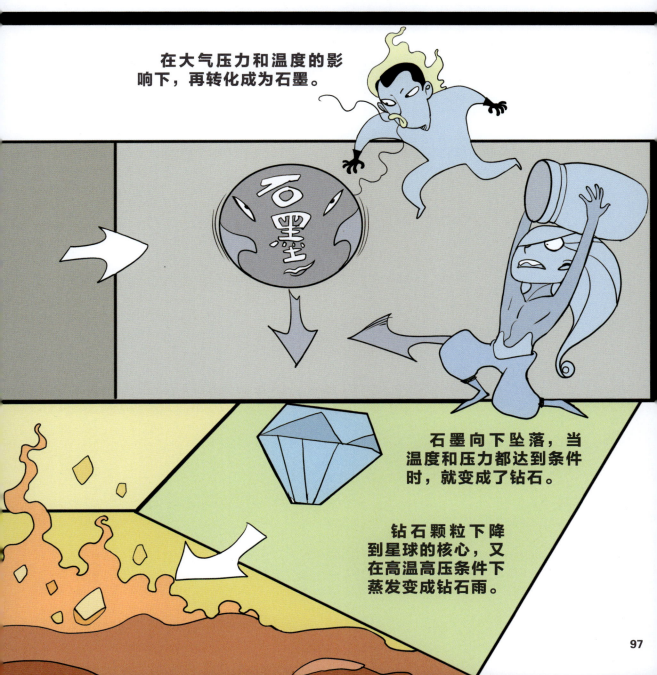

在大气压力和温度的影响下，再转化成为石墨。

石墨向下坠落，当温度和压力都达到条件时，就变成了钻石。

钻石颗粒下降到星球的核心，又在高温高压条件下蒸发变成钻石雨。

蓝色巨型冰团——海王星

海王星离地球 28 亿千米,离太阳 45 亿千米,是太阳系中距离太阳最远的行星。法国天文学家勒维耶于 1846 年用数学方法推算出天王星轨道、位置和质量,使它成为第一个**使用数学方法**被发现的行星。

海王星

美国宇航局无人星际航天器"**旅行者 2 号**"在 1977 年 8 月开始太阳系探索之旅。在航行的第 12 年,它成功地驶达了海王星,拍到海王星的最美景观。

接近星球的核心部分过热层,压强奇大,温度达到 4000℃,此时的甲烷和氨冰在压力下表现为热稠流体,碳原子开始结晶为钻石。

类木行星中最强的风暴

风暴巨大是类木行星和冰巨星的特征,外太阳系四个大行星都具有这种特征,这些行星最大的相同之处就在于,都有**永不消失**的风暴。

海王星由氢、氦、甲烷构成,没有固体表面,对风暴的阻力很小,由于强烈对流的关系,热量传递速度很快,再加上它自转速度很快(自转周期大约为 16.11 小时),内部炽热的核和表面 –162℃ 的巨大温差造成强烈的巨风暴,且风暴速度远远超过木星。

木星的大红斑直到现在还稳定存在。

而海王星的大暗斑反复出现且每次位置不同。

太阳系之死

地球是太阳系八大行星之一,也是唯一的**生命星球**,中心恒星太阳直接决定着地球的命运。恒星太阳的寿命大约为 100 亿年,现在已经过了 50 多亿年,再过 40 多亿年太阳的生命就会走到尽头,那个时候它就会向红巨星转变。太阳在向**红巨星**转变的过程中,会吞噬地球,地球上所有生物都会**灭亡**。

然后太阳会演化成一颗**白矮星**。围绕太阳的行星会一个接一个地被具有更强引力的恒星带走,太阳系也随之完结。太阳余下的 40 多亿年留给人类足够进步的空间,到太阳毁灭前,可能人类已经进入星际文明,**移民**到其他恒星系了。

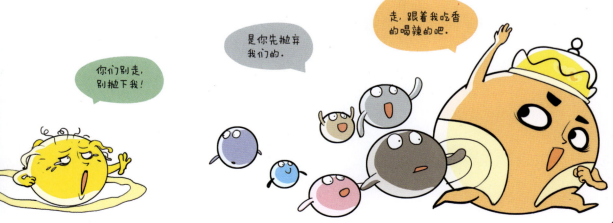

闯进太阳系的不速之客——星际天体"奥陌陌"

2017年10月19日,科学家通过位于夏威夷的泛星巡天望远镜观测到了一颗神秘的天体,正在距离地球仅仅3000万千米处快速移动。科学家以为这是一颗**彗星**,但是细看却没有发现**彗发**。这颗天体并不是太阳系的,而是一个来自遥远宇宙的不速之客,科学家用夏威夷语中"远方信使"一词为它命名,也就是Oumuamua,音译为中文就是"**奥陌陌**"。

这颗形如雪茄的天体,长400米,宽40米,偏红色,没有彗发。

科学家经过研究,揭示了奥陌陌的形成之谜。奥陌陌的独特形状,是因为经历过某种外力**拉扯**而导致的。1994年,有一颗苏梅克·列维9号彗星在经过木星的时候,被**撕裂**成21个碎片,坠毁在木星表面。

科学家推断，奥陌陌和这颗彗星有着类似的经历，不过它经过的可能是一颗恒星！在恒星强大的**潮汐力**的作用下被撕裂，接着又被恒星的强大热量熔化拉长。奥陌陌表面下的部分挥发物被加热蒸发产生加速**推力**，最终逃离了恒星，冷却后形成了现在的样子。

潮汐力导致的断裂过程中的热扩散现象也会消耗大量的**挥发物**，这不仅可以解释奥陌陌的表面颜色和没有彗发的现象，而且还可以解释它为何如此干燥。尽管如此，那些埋藏在地表下的升华温度较高的挥发物（如水冰等），还是会以固体的形式存在。

能够逃离恒星潮汐力的天体概率微乎其微，所以说奥陌陌是一颗**幸运的**小天体。这些神奇的小天体来到地球，能给我们带来更多的信息……

星空的礼物——其他星系

银河系里面有1000亿~4000亿颗恒星和大量的星团、星云以及各种类型的星际气体和星际尘埃,中心是个超大质量的黑洞。太阳位于银河系一个旋臂上。银河系吞噬周边的矮星系使自身**不断壮大**,目前银河系体积比之前大了50%。

银河系之外有很多与之类似的天体系统,统称为"河外星系"。从地球上看,它们就是一个个模糊的小光点,被分为**旋涡星系**、**棒旋星系**、**椭圆星系**和**不规则星系**。

河外星系的发现将人类的视野和认知拓展到银河系以外,河外星系的总数在千亿个以上。

其中最广为人知的几个河外星系就是仙女座星系、大麦哲伦星系、小麦哲伦星系、猎犬座河外星系以及三角座星系,这几个也是离银河系距离较近的星系。

仙女座星系　　　　　　　　　大麦哲伦星系

太阳系的边陲外域——柯伊伯带与奥尔特云

在太阳系中,太阳是绝对的中心,太阳系中所有的天体都围绕着太阳运动,但是你知道太阳系的边界在哪里吗?

冥王星曾经一直被归为太阳系行星家族,20 世纪 40 年代后,天文学家用完美精确的方式定义了"行星"后,冥王星被踢出行星家族,它是一颗**矮行星**,来自距离太阳 45 亿~83 亿千米处的**柯伊伯带**。

 自 1992 年起,柯伊伯带中的天体开始被陆续发现,它跟小行带很相似,但它的分布范围更广,它让太阳系的边界又向外扩展了好几倍,但这其实不是太阳系的边界。

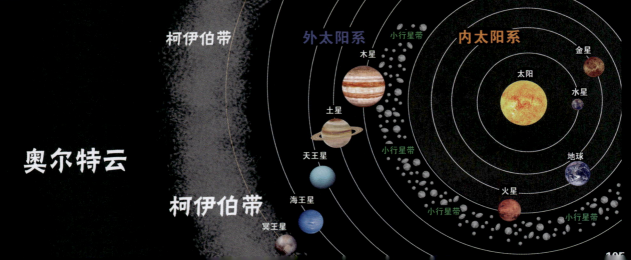

柯伊伯带更远更寒冷的地方是**奥尔特云**，它在太阳系最外层，里面有数以万计的天体，但是都未被观测到。既然观测不到奥尔特云，那它们是如何被发现的呢？聪明的天文学家通过彗星发现了它，他们还把彗星分为两类。

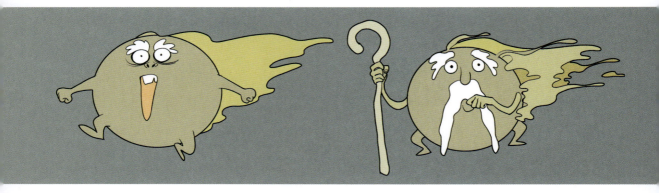

短周期彗星（轨道周期在200年以下）　　长周期彗星（轨道周期在200年以上）

在对长周期彗星的轨道进行计算之后，科学家发现长周期彗星来自距太阳几万至十几万天文单位处（1天文单位=1.5亿千米），这个地方就是**奥尔特云**，这里存在大量的天体，同时也是彗星的**发源地**。

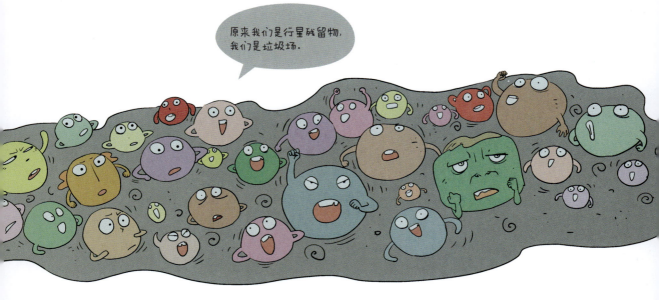

奥尔特云是如何形成的呢？文学家一致认为，在50亿年前太阳系形成后，各大恒星及行星的**残留物**被抛出黄道面，先是形成盘状区，最后形成圆球状包围太阳系，这便是奥尔特云。

星空的不速之客——彗星、流星与陨石

由于柯伊柏带和奥尔特云的物质受到的太阳引力比较小，它们如果受到干扰就会飞向太阳系内侧，当靠近木星时再次受到引力干扰，形成新的**彗星**。

流星和彗星没有必然联系，地球会经常遭遇外来小天体。这些小天体进入地球后，和地球大气剧烈摩擦并燃烧，这就是**流星**。如果没有燃烧完落到了地面上，那就是**陨石**。陨石按照其主要化学成分分为石陨石、铁陨石和石铁陨石三种。

如果撞击地球的小天体直径在10千米以上，那么其造成的破坏力将和当年恐龙被灭绝那次一样。

划过夜空的扫把星——彗星

彗星拖着长长的尾巴，划过星空，古代人称它为**扫把星**、灾星。

哈雷彗星深居太阳系的边陲地区，自东向西运行。哈雷彗星的彗核大小大约为 16 千米 x8 千米 x7.5 千米，反射率仅为 0.03，这使它比煤还暗，成为太阳系中最暗物体之一。上一次哈雷彗星回归还是 1986 年。哈雷彗星属于短周期彗星，每 76.1 年环绕太阳一周，1759 年 3 月 14 日哈雷彗星过近日点，为了纪念它的发现者**哈雷**，它便被命名为哈雷彗星。

星系间的合并与重组——星系大融合

在浩瀚的宇宙中有无数星系，因而每时每刻都在发生**星系融合**事件。像银河系这样的大星系，在过去的100亿年中，不断地吞并比自己小的星系或者恒星系，才有了如今的规模，直到今天，它还在不断地吞并其他星系。

比如银河系和邻近的仙女座星系在快速相互靠近，大约在40亿年后，这两个星系就会发生**合并**，成为一个更大的星系。

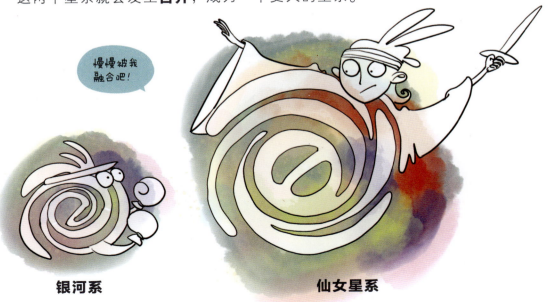

恒星系与恒星系的距离大都在数光年以上,星系的合并通常都非常**温和**,不会对太阳系产生任何影响。更多天体的加入,只会增加宇宙的密度,很少会发生**碰撞**。

两个超大质量黑洞碰撞合并才是最恐怖的,不管是银河系还是仙女座星系,中心都是一个巨大的黑洞,两个星系的碰撞其实是两个超大质量黑洞的碰撞,两个**黑洞合并**后,引力翻倍,它会把更远处的恒星拉向自己,然后吞噬。太阳系也会被引力拖入合并的黑洞中心,地球文明也会消失。

宇宙的未来——膨胀还是坍塌

很多理论物理学家认为宇宙最终会走向终结,并提出了各种理论,其中最引人注目的理论包括**大撕裂**理论和**大收缩**理论。

大撕裂理论:暗能量让宇宙膨胀的拖拽力不断增强,一旦达到突破万有引力的**平衡点**,宇宙中所有的物质就会被撕裂,化为乌有。

大收缩理论:宇宙膨胀到某个临界点后开始收缩,所有的星系都逐渐靠近,引力成为绝对统治力。宇宙收缩,星系和行星相互撞击,宇宙内的所有物质在**塌陷中被吞噬**。

不过,就目前来看,宇宙大撕裂理论得到的支持更多!

科普三部曲

EARTH
一部关于**地球**
的演化简史

张龙腾 著绘

北京理工大学出版社
BEIJING INSTITUTE OF TECHNOLOGY PRESS

版权专有 侵权必究

图书在版编目(CIP)数据

科普三部曲：全3册/张龙腾著绘．－－北京：北京理工大学出版社，2023.7
ISBN 978-7-5763-2380-1

Ⅰ.①科… Ⅱ.①张… Ⅲ.①科学知识－青少年读物 Ⅳ.①Z228.2

中国国家版本馆CIP数据核字(2023)第087096号

出版发行 / 北京理工大学出版社有限责任公司
社　　址 / 北京市海淀区中关村南大街5号
邮　　编 / 100081
电　　话 / (010)68914775(总编室)
　　　　　 (010)82562903(教材售后服务热线)
　　　　　 (010)68944723(其他图书服务热线)
网　　址 / http://www.bitpress.com.cn
经　　销 / 全国各地新华书店
印　　刷 / 雅迪云印(天津)科技有限公司
开　　本 / 787毫米 × 1092毫米　1/16
印　　张 / 22.5
字　　数 / 360千字
版　　次 / 2023年7月第1版　2023年7月第1次印刷
定　　价 / 264.00元(全3册)

策划编辑 / 门淑敏
责任编辑 / 徐艳君
文案编辑 / 徐艳君
责任校对 / 刘亚男
责任印制 / 施胜娟

图书出现印装质量问题，请拨打售后服务热线，本社负责调换

专家推荐语

这套科普三部曲,作者用其深厚的学识和有趣的笔触,为我们呈现了一个充满奇迹和谜团的世界,给我们介绍了有关于宇宙、地球和人类的知识。作者通过漫画的方式,将科学知识融入了有趣的故事中,让读者轻松愉悦地学习。这套书不仅仅适合科学爱好者,也适合那些想要了解更多关于宇宙、地球和人类的普通读者。如果你想要拓展你的知识,同时又想要度过一段愉快的阅读时光,那么这套书一定不容错过!

国家天文台——苟利军

打开这本书,就加入了探索家族的时空穿梭旅行,跟随他们一起,纵览地球46亿年的历史。沿着地史时间轴,逐个时代推进,看地球沧海桑田变换不止,看生命风起云涌登台谢幕。小小古细菌到智慧新人类,生命如何一步步开疆辟土?你方唱罢我方登场,谁曾在这个地球上创造辉煌?语言简洁,画风奇趣,这本书让你穿梭无碍,地球历史长河尽在掌握。

不管你是古人类专业还是爱好者,甚至是个漫画迷,都会爱上这本书。这本书以清新明快的语言,配上幽默犀利的漫画,将艰辛复杂的人类演化史向你娓娓道来,从东非大裂谷的形成迫使古猿下地,到一批批古人类祖先披荆斩棘,再到智人时代文明的建立,让你在不时的会心微笑中赞叹、感慨、反思……人从哪里来?将到哪里去?往者不可谏,来者犹可追。

国家自然博物馆——高源

▶ **探索家族人物介绍**

爸爸秦山	宠物小乐	女儿秦琴	儿子秦棋	妈妈宋慧	小沣
天文学家,物理学家	家族宠物	开朗活泼 精通武术	呆萌可爱 惹是生非	医学博士	智能机器人 知识宝库

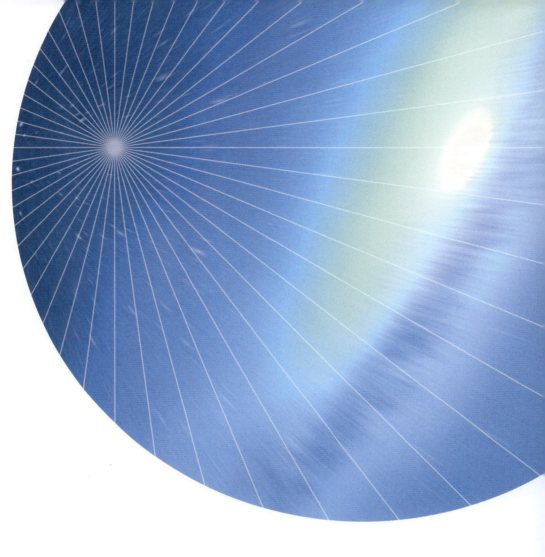

地球的地质年代 6
地球的原始环境 7
海洋中的生命奇迹——古细菌 8
利用光的细菌——蓝藻 9
真核细胞 10
制造氧气的叶绿体 11
罗迪尼亚大陆 12
从雪球星球到宜居星球 13
试错宏体生物 14

古生代寒武纪
寒武纪生命大爆发 17
祖先的影子 20
寒武纪霸主和脊椎类动物的先祖 22

古生代奥陶纪
奥陶纪生命大辐射 24
霸主房角石 26
新大陆冈瓦那 28
奥陶纪的物种大灭绝 29

古生代志留纪
志留纪植物登陆 31
海洋霸主板足鲎 33
长出下颌的鱼类 34

古生代泥盆纪
鱼类时代——泥盆纪 36
泥盆纪之王——邓氏鱼 37
登陆的鱼 38
泥盆纪大灭绝 40

古生代石炭纪
巨虫时代 42
石炭纪时雨林的崛起 44
羊膜卵动物 45

古生代二叠纪
合弓纲与蜥形纲 48
合弓纲的演化之路 49
二叠纪海中霸主 59
裸子植物强盛 60
二叠纪末大灭绝 61

中生代三叠纪
三叠纪的鳄霸 63
恐龙强大的邻居 65
一场雨，一代王 66
恐龙王朝的奠基者 68
兽脚亚目的崛起 70
三叠纪末侏罗纪初物种大灭绝 72

中生代侏罗纪
侏罗纪的恐龙 74
鱼龙下海 77
蛇颈龙和上龙 80
征服天空的翼龙 82
哺乳型动物 83

中生代白垩纪
被子植物强盛 86
白垩纪的陆地霸主 87
海洋霸主——沧龙 89
白垩纪大灭绝 92

新生代古近纪
哺乳动物的发展 94
龙兽后裔 96
远古巨兽 97
繁盛的哺乳动物 98
鸟兽之争，鸟胜 101
喜马拉雅山脉和东非大峡谷 102
哺乳动物称霸全球 103

新生代新近纪和第四纪
中新世的霸主 106
鸟兽之争，兽胜 108
地球的主宰——人类登场 109

地球的地质年代

地球岩层中的化石，记录着丰富的年代信息，一层覆盖一层。通过对化石放射性同位素的测量，科学家测算出地球已经存在了46亿年。

没有化石的时段称为**隐生代**，化石出现的时段称为**显生代**。

显生代分为古生代、中生代、新生代。

古生代分为寒武纪、奥陶纪、志留纪、泥盆纪、石炭纪、二叠纪六个纪。

中生代分为三叠纪、侏罗纪、白垩纪三个纪。

新生代分为古近纪（古新世、始新世、渐新世）、新近纪（中新世、上新世）、第四纪（更新世、全新世）。

地质年代以百万年为计量单位，越往下越古老。

地球的原始环境

39亿年前,地球刚过完7亿岁生日,这个时候水已经覆盖地表。地壳的运动形成**火山爆发**,熔岩慢慢冷却,成为火山岛,这些岛凑在一起,就成了大陆。火山喷发的气体,形成**原始大气圈**。大气圈没有氧气,也没有臭氧层,太阳的紫外线和各种**宇宙射线**辐射着大地,同时陨石对地球的攻击也异常猛烈,此时的地球堪比**地狱**。

海洋中的生命奇迹——古细菌

但是海洋里悄悄发生着一场大革命……

部分陨石沉入深海海底被溶解,释放出矿物质、原始**蛋白质**和**氨基酸**,与海底火山喷出的高热源混合,发生化学反应后喷回海洋,沉积成像烟囱一样的塔。

经过反复的化学反应,最终在40亿年前,诞生了地球上的第一个生命——**微生物**,它们又被称为古细菌和甲烷菌。它们的身影遍布热泉水、缺氧湖底、盐水湖等极端环境。它们属于**单细胞微生物**,也叫厌氧菌。它们是一切生命的开端。

环境真是够恶劣。

利用光的细菌——蓝藻

35亿年前,浅海里布满了**叠层石菌落**,一部分细菌生活在这里。一天,一个细菌借助阳光,把二氧化碳和水变成葡萄糖,同时释放出了氧气。渐渐地,细菌们开始大量效仿这种通过阳光获得能量的方式,这些细菌就是大名鼎鼎的**蓝细菌**,也叫蓝藻、蓝绿藻,属于单细胞生物,学名原核生物。

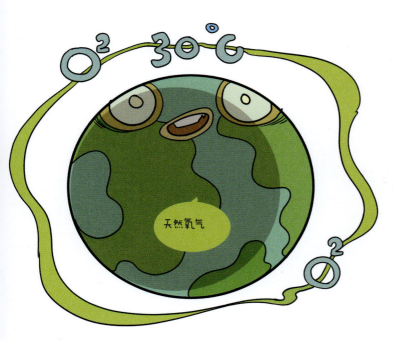

在接下来的20亿年里,蓝藻们创造的氧气钻出海面,进入大气,地球变成**有氧星球**。

真核细胞

地球变成有氧星球后,厌氧菌——古细菌、甲烷菌们遭受了灭顶之灾,为了保护体内类核DNA不被氧化,它们通过细胞膜凹陷包裹住DNA,形成**核膜**,这个被迫的改变让给它们成为最原始的**有核细胞**。

细胞膜的凹陷让它们意外获得**吞噬能力**。一天,它们偶然吞噬了好氧细菌,但好氧细菌并没有被消化掉,而是在古细菌体内活下来。自此,这个体内细菌有了一个新的称谓——**线粒体**。

古细菌有了线粒体后,能量转换比更高,开始转化成有氧生活,随后重组了内部结构,让线粒体成为专门转化能量的细胞器,形成**内共生关系**。

之后生物朝着更复杂更精致的方向演化。有着巨大体形、复杂的基因调控以及强大的细胞骨架的共生体生物出现了,它叫**真核生物**。

制造氧气的叶绿体

比起自己演化，合作更容易产生奇迹。

15 亿年前，一个真核细胞吞下一个蓝藻后，蓝藻成为叶绿体，共生体能进行**光合作用**了，它们变成了今天灰胞藻、绿藻和红藻的祖先。就这样，它们之间你吞我、我吞你，将内共生这种 1+1=2 的模式发挥到极致，产生了**双鞭毛门**、**不等鞭毛门**、**眼虫**、**草履虫**等。

吞并才是最快的进化方式。

自生命诞生以来，真核生物以单细胞的形态在海洋里生活了 20 多亿年，经过不断演化，单细胞汇聚在一起成为**多细胞**，开始进行功能分化，成为不同的**器官组织**，体形也越来越大，身体结构越来越复杂精巧。这些都得益于革命性的**共生关系**的发生。

罗迪尼亚大陆

15 亿年前，生命还是原始的海洋微生物，千万年后，地核的能量将地壳分裂成巨大板块，它们开始移动。4 亿多年后，巨大的新大陆**罗迪尼亚大陆**成形（约 11.5 亿 — 约 7.5 亿年前），由超级海洋米洛维亚环绕。

从雪球星球到宜居星球

7.5亿年前，地壳运动导致大陆分解，大量岩石外露，火山爆发产生的二氧化碳与水结合变成**酸雨**，被大量岩石吸收。没有足够的二氧化碳，大气无法保暖，气温降到零下50℃左右。6.5亿年前地球进入**雪球时代**，地球到处都是冰天雪地。地球被3000米厚的冰层冻结，冰层反射掉太阳的光和热，让地球**难以解冻**。

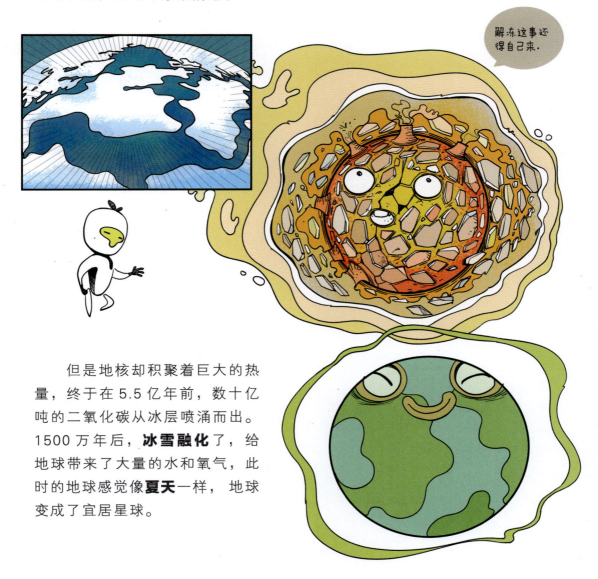

解冻这事还得自己来。

但是地核却积聚着巨大的热量，终于在5.5亿年前，数十亿吨的二氧化碳从冰层喷涌而出。1500万年后，**冰雪融化**了，给地球带来了大量的水和氧气，此时的地球感觉像**夏天**一样，地球变成了宜居星球。

试错宏体生物

雪球时代结束后,大量富含矿物质的融雪涌入海洋,让蓝藻、细菌繁盛起来,海洋**含氧量大增**。约 6.8 亿 — 约 6 亿年前,位于澳大利亚南部的埃迪卡拉浅海地区,出现一些体形较小的多细胞生物,它们形态奇异,是动物但又像植物一样固定在海底,它们被称为**宏体生物**。因为出现在埃迪卡拉,俗称**埃迪卡拉**宏体生物。它们属于多细胞生物,也被称为后生动物。

加尼亚虫生活在海洋深处,它们的身体像海带叶子,能过滤海中的营养物质,以分支的方式生长,不断重复单一的基本模式,没有口和肛门,没有运动能力。

这些生物是生命开始的一次无台本的试错，它们是多细胞生物的开端，**体表滤食**的特性，让它们的体表面积越来越大，身体越来越笨重。而那些利用海洋矿物质进化出盔甲和器官的动物，一下子和它们拉开差距，站在了生态链条的顶端。宏体生物一下子沦为没法移动的**肉罐头**，无法适应环境与生态圈的变化，逐渐走向灭绝。99％的生命牺牲，成就1％的生命希望之光，新的生命开启漫漫征程。

三星盘虫是三重对称性生物。这种独特到极致的形态和生活方式，和现代的生物完全不一样。

狄更逊水母，一种直径达1.5米、又圆又扁的奇怪生物，它像一块几毫米厚的毯子一样盖在海底。它没有口、肛门，更谈不上消化系统，它靠滤食为生。

古生代
寒武纪
约 5.42 亿 — 约 4.88 亿年前

寒武纪生命大爆发

动物从单细胞生物(**原生动物**)开始,演化出多细胞生物(**后生动物**)。当地球进入寒武纪时期,宜居海洋出现了一次生物种群的大爆发,被称为**寒武纪生命大爆发**。

腔肠动物、软体动物、节肢动物、环节动物、棘皮动物、扁形动物、线性动物等,千奇百怪,你方唱罢我登场,它们虽然长相奇特,却是现今所有动物的祖先,也是残酷的生态竞争后的成功生物。

如果它们全活下来,我们周围的动物就会更加**奇特多样**了。

怪诞虫

寒武纪最著名最**奇怪**的动物之一,约1厘米长。

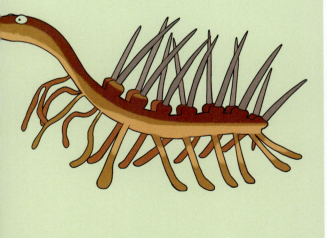

三叶虫

寒武纪明星生物,在地球上生存了3.2亿年,生命力**极强**的生物。

做几个纪元的明星太难。

水熊虫

无论环境多么恶劣,它都能生存,至今依然还**活着**。

爬腹虫

像一棵**植物**,用根固定自己,用枝捕食浮游生物。

如果我死了,那就是奇迹。

威瓦亚虫

叠甲的生物,像个压扁的卵,腹部具有**觅食**器官。

班府虫

像一块扁扁的**肉**,有扭曲状的尾巴,体长约10厘米。

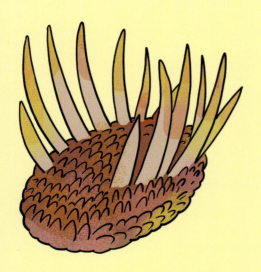

萨诺虫

一种神似**耗子**的生物，平时在海中倒立游泳。很多节肢动物都采用类似方式，看起来很像小汽车。

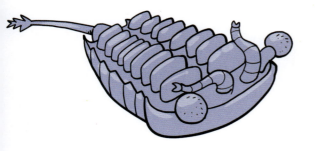

帽天囊水母

现代**水母**的老祖宗。

曙镰棘虫

一种甲壳坚硬的**软体动物**，靠触角感受周围环境。

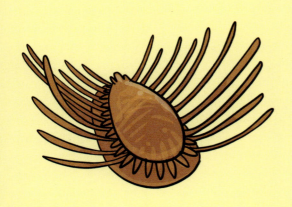

皮卡虫

体长约5厘米，外形像**鳗鱼**，头部有一对触须，可以感知海水环境的变化。

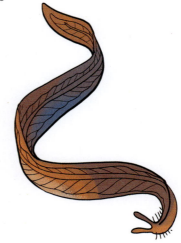

祖先的影子

昆明鱼

各种爬虫类及哺乳类动物的祖先，是迄今已知的最古老的**脊椎动物**，体长约2.8厘米，体宽约0.6厘米，表皮无鳞片。

抚仙湖虫

现代昆虫的始祖，眼旁有**触角**，体长10厘米左右，有31个体节，以泥沙中的小虫为食。

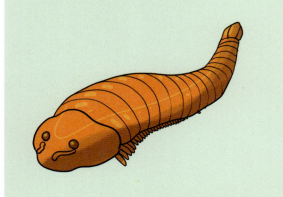

仙掌滇虫

节肢动物始祖，体长约6厘米，可用10对遍布**尖刺**的步足在海底爬行和捕食。有人叫它"会走的仙人掌"。

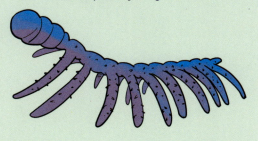

林乔利

拥有带三根长鞭的大附肢，螯肢类，是**蜘蛛**的原始代表。

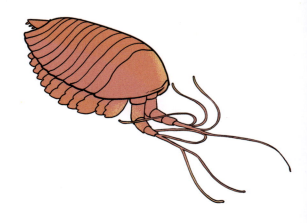

五眼怪欧巴宾海蝎

虾的祖先。最奇怪之处在于它的头部。头上顶着5只带柄的眼睛，并伸出象鼻状的嘴巴，在这些眼睛的前端还有一个柔软的**长嘴**，而且在嘴的顶端还长有一个爪子。

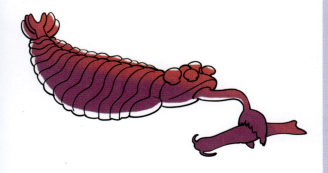

奥戴雷虫

有可能是甲壳类节肢动物的始祖。它的化石达到15厘米长。身体被圆形壳包围，拥有寒武纪罕有的大眼睛，外加**三叉**的尾部。

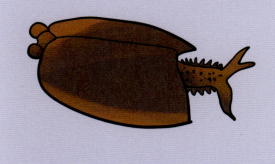

普特莱克斯

可以理解为只有两根触须的鱿鱼，科学界推测这是包括鱿鱼在内的**头足类**的祖先。

始海百合

可以看作寒武纪颜值的代表，是**海百合**的祖先。

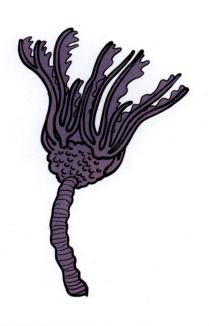

寒武纪霸主和脊椎动物的先祖

5.3 亿年前的寒武纪海洋中，出现了一个顶级捕食者——**奇虾**。它有一对巨型前肢和带柄的巨眼，身体的盔甲像展开的扇子，让它能在海底飞行。口中有环状排列的外齿，攻击能力很强。身长约 2 米，是海洋中的**巨无霸**。

> 我是海洋最早的霸主。

海口鱼是最古老的脊椎动物，也是地球上的第一种鱼，只有拇指大小，有 6 个鳃，有鱼鳍和背鳍。脊椎让海口鱼行动迅速，轻松躲过奇虾的袭击，不过，海口鱼**没有颌**，吃起东西不太方便。这条小小的鱼是脊椎动物最早的祖先，恐龙、鸟类和我们人类都是它的后代，如果它当年游慢一点，可能就没有我们了。

古生代
奥陶纪
约 4.88 亿 — 约 4.43 亿年前

奥陶纪生命大辐射

奥陶纪初，二氧化碳浓度约为现代大气的 15 倍，温室气体让海平面高出现代海洋 200 米以上，海洋范围变大，海洋中的藻类、浮游动植物呈**爆发式**增长，它们成为更高级生物的食物来源，为生物繁衍生息提供更广阔的空间，生物多样性得以巨大的提升。

三叶虫

奥陶纪海洋里就数三叶虫"人丁兴旺"，有 500 多种。它们会定期脱去**外壳**，这些壳沉入海底，形成数量很大的化石，很容易找到。三叶虫能够在海底游泳或爬行。它们防御掠食者的方法是将带壳的身体蜷缩成球状，然后在胸、尾长出许多**针刺**。

笔石

笔石是奥陶纪最兴盛繁荣的动物，它们分布广泛，因像用笔在岩层上写的**象形字**而得名。笔石是一类微小的蠕虫状生物，它们像今天的珊瑚虫一样群体生活。整个笔石群体仅有约 5 厘米长，它们漂流在海面上，吃浮游生物。笔石的演化种类很多，科学家能够根据发现的笔石的种类来判定其他海洋生物化石的年龄。

腕足动物

腕足动物看起来很像贝壳,但和贝壳并没有多大关系。腕足动物最具特征处,就是可以伸出一条**肉茎**固着在海底。在奥陶纪这种极佳的环境下,它们疯狂地演化出大部分种类。在淘汰掉无铰类、几丁质壳这些劣质群体后,钙质壳的有铰类成为最鼎盛的群体。腕足动物现在比较稀少,但在约5亿 — 约4.5亿年前,它们远比双壳类动物常见。

珊 瑚

珊瑚自中奥陶纪开始大量出现,复体的珊瑚虽说还较原始,但已能够形成小型**礁体**。

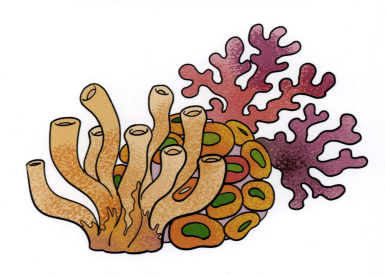

棘皮动物

这是一类**后口动物**,大多底栖,少数海参能浮游。自由生活的种类能缓慢移动,从浅海到深海都广泛分布。常见的海星、海胆、海参、海蛇尾等都属于棘皮动物,它们外观差别很大,有星状、球状、圆筒状和花状。**棘皮动物**的骨骼很发达,骨骼外包表皮,表皮如荆棘一样。

霸主房角石

奥陶纪时代来临时，位于食物链顶端的不再是寒武纪的奇虾，而是体形更大、移动更快、环境适应力更强的食肉头足类，如**直角石**、**房角石**。现代海洋中的章鱼、乌贼、鹦鹉螺，就是它们的后代。它们以超强的游泳能力和捕食能力成为新的**海洋霸主**。

鱼类

这个时代鱼类的主要代表是**甲胄鱼**类,属于无颌类(没有上下颌)家族。甲胄鱼一身盔甲,在海底靠滤食微生物为生,行动迟缓。甲胄鱼类活跃于志留纪与泥盆纪,在泥盆纪末期灭绝了。在整个无颌类家族中,只有**七鳃鳗**和**盲鳗**熬过漫长的地质历史时期存活到今天。

鹦鹉螺

鹦鹉螺进入繁盛时期,它们体形巨大,是当时海洋中凶猛的肉食性动物,主要以三叶虫为食。由于大量**肉食性**鹦鹉螺类的出现,三叶虫在胸、尾长出许多针刺,以避免被肉食性动物袭击或吞食。

新大陆冈瓦那

4.6亿年前，海洋世界生气勃勃，但陆地仍是生命禁地。后来板块再度移动，形成新大陆**冈瓦那**，温度30℃，氧气的浓度和现在相仿……海岸边除了一片藻类植物啥也没有，太阳的辐射让陆地无法拥抱生命。不过在距离地面50千米、阳光进入大气层的地方，出现了一种奇怪的现象——**臭氧层**出现了！

臭氧层像一把超级大的遮阳伞，挡住阻碍生命存续的辐射，这为后来动植物登陆提供了完美的条件。

奥陶纪的物种大灭绝

4.5亿年前的奥陶纪，地球的陆地上没有生物，大部分陆地聚合在一起，地壳运动使大陆移动到了南极的位置，冰雪在大陆蔓延，形成冰川，温度急剧下降，海平面下降100米，地球进入了冰河期。浅海生物遭受灭顶之灾，**霸主房角石**灭绝，海洋生物三叶虫、珊瑚和很多棘皮类动物幸存下来。百万年冰河期结束后，海平面上升，浅海又变成深海，伴随着地球的温暖化，海洋发生缺氧事件。最终，奥陶纪的这两次事件让85%的海洋生物灭绝。

古生代
志留纪
约 4.43 亿 — 约 4.19 亿年前

志留纪植物登陆

4亿多年前的志留纪发生了一件大事——植物开始**登上陆地**了。

潮汐将绿藻菌送到海岸，其中一些被冲上岸，与岸上真菌类结合成地衣。绿藻进行光合作用制造能量，真菌则提供水和矿物质，保护水分，地衣适应极度干旱条件，适应裸岩的环境，它分泌的有机酸能破碎岩层，形成浅层土壤，让**苔藓扎根**，使土地变得肥沃。

在地衣的改造下，土壤出现了。

土壤出现后，植物开始登上陆地了，它们演化出苔藓植物和所有现代植物的祖先——维管植物。

藻类的后代,退潮搁浅在海岸上。

有一支藻类植物由于顶部上翘,接受充足的阳光而得以快速生长,但是又容易受到干旱的威胁,因此它们保留了低矮身材,保持光照和水分吸收。藻类的基本结构改变较少,它们就是未来的**苔藓植物**。

低趴的样子,才能更好地吸收水分。

另一支却很疯狂,长得很高,演化出气生茎,解决水分与养分输送的问题,逐渐变得与众不同,最终形成了**维管植物**。最早的维管植物叫裸蕨。

陆地植物的出现,为其他生命涉足陆地提供了栖身之所和食物来源。一些节肢动物就尾随其后,开始在苔藓丛下的泥土中掘穴生活,以苔藓植株和孢子为食,它们搭建起了最早的陆地生态系统。

海洋霸主板足鲎

志留纪的海洋中,继奇虾、房角石之后,又出现了一个可怕的掠食者,它就是节肢动物的巅峰怪物——**板足鲎**。它出现于奥陶纪,在志留纪达到了多样性的巅峰。它也被称为海蝎子,在海底简直就是无敌的存在,繁衍兴盛了近2亿年。它在海洋、淡水、陆地等多种生态环境中均占有一席之地。

长出下颌的鱼类

脊椎动物的祖先鱼类,因为长时间受欺负,开始走叠甲路线,它们被称为甲胄鱼。它们只想趴在海底静静地滤食,即使它们演化出头甲鱼这种**全身硬甲**的动物,也难改沦为食物的命运,生存环境迫使它们需要一次更有分量的进化。

4.38 亿年前的早志留纪,一条棘鱼出现了,它的鳍前端有硬棘,全身都有鱼鳞。它就是鱼类家族要等的那条鱼,而它也不负众望,演化出一个强力的武器,能进行**咬合的下颌**。这个史无前例的创举,让鱼类对食物选择变得多样化,鱼类一下子"咸鱼翻身"。

下颌的出现,才有了咬牙切齿的表情,哈哈。

再也不用吸食了,我要咬食。

古生代
泥盆纪
约 4.19 亿 — 约 3.59 亿年前

鱼类时代——泥盆纪

鱼类在泥盆纪种群全面爆发，种类演化得极其丰富，泥盆纪因此被称为"鱼类时代"。现代鱼类主要分为三类，即**硬骨鱼**、**软骨鱼**、**圆口鱼**，都是从泥盆纪演化而来的。硬骨鱼就是有坚硬脊椎骨的鱼类，它非常常见，比如鲤鱼、草鱼等。软骨鱼除了牙齿，骨骼全部由软骨组成，比如现代的鲨鱼、泥盆纪的裂口鲨。圆口鱼是无颌鱼类，现在依然存在的七鳃鳗和盲鳗就属于此类，它们都有一个布满牙齿的圆嘴。

无论是硬骨鱼、软骨鱼，还是圆口鱼，它们的祖先都是由甲胄鱼演化而来的，虽然它们灭绝了。

泥盆纪之王——邓氏鱼

甲胄鱼中的**盾皮鱼**，在泥盆纪时异常凶猛彪悍。

4.2 亿年前的志留纪末期，甲胄鱼繁盛，甲胄鱼分为头甲鱼和盾皮鱼，头甲鱼就是那个喜欢趴在深海滤食的家伙，身体笨重，加上没有下颌，导致它很快被淘汰。后来的盾甲鱼跟头甲鱼不同，它们积极演化出下颌，而且是越演越烈，将咬合切割的能力发挥到极致，不仅能防守，还演化出攻击力。

在 3.8 亿年前的泥盆纪晚期，不断进化咬合力的盾皮鱼中出现了一个超级海洋怪物——**邓氏鱼**。它的脑袋和脖子包裹着重甲，上下颌的牙齿和头骨连在一起，体长约 6 米，体重达到 1.5 吨。强劲的尾巴、变态的咬合力、坚固的盔甲，使邓氏鱼能轻松咬死它见到的任何生物，它简直就是泥盆纪所有生物的**噩梦**。

登陆的鱼

到了泥盆纪，大批生物开始浩浩荡荡的**登陆**之举。

志留纪末泥盆纪初，亚洲地壳发生褶皱运动，大规模的海水后退，形成众多高山与陆地，气候干燥炎热。裸蕨植物在泥盆纪早期覆盖了这片大陆，到了泥盆纪晚期，**石松类**和**真蕨类**（链束植物）形成了成片成片茂密的绿丛。海洋中强大的**邓氏鱼**和**板足鲎**牢牢地锁死海洋生态位，有些鱼类被迫登上陆地。这种有想法的鱼是有颌鱼类中的肉鳍鱼，它们用强壮的**肉鳍**爬上岸，经过几代鱼的努力，最终在陆地上扎下大营。从最早的**潘氏鱼**开始，到**提塔利克鱼**，最后演化出**鱼石螈**和**棘螈**这样的纯两栖类动物，它们可以在陆地上持久生活，这个时候它们被称作四足类动物，已经由肉鳍演化出足。

有一种肉鳍鱼活到了现代,它就是**肺鱼**,它有鱼鳃、鱼鳔两种呼吸系统,非洲的肺鱼是它们的后代。这是一种生命力极度强悍的鱼,没有水源的时候,它会分泌**黏液**包裹自己,留个呼吸的小孔,代谢率放慢到 1/60,用肌肉和脂肪供能,黏液干燥后形成一个茧一样的保护壳。它们不吃不喝可以存活 4 年,简直就是**生存大师**。

肉鳍鱼中还有一支**腔棘鱼**活到现代,它是肉鳍鱼演化中的最初干支,曾被认为完全灭绝。1938 年,人们在非洲东南海域深海捕捉到其活体,在印度深海地区也多次发现它的踪迹。这种鱼叫**矛尾鱼**,被认为是鱼类中的活化石。

泥盆纪大灭绝

3.65 亿年前的泥盆纪末期，发生了第二次物种大灭绝。巨大的灾难持续了几百万年，生物再一次遭到了致命的重创，大约 82% 的海洋物种灭绝。这次大灭绝有很多假说，如由**冰川作用**引发的气候变化，**小行星撞击地球**，地球周围的超新星爆炸爆发出来的**射线**，等等。泥盆纪的顶级掠杀者——邓氏鱼，在这次浩劫中走向死亡。海量鱼类和其他海洋动物沉入海底，变成**石油**和**天然气**。

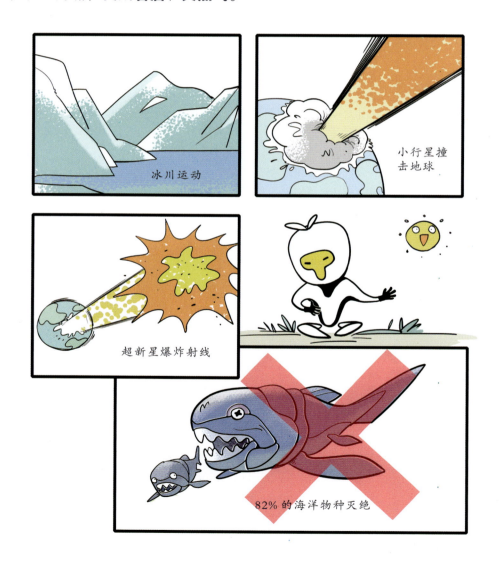

古生代
石炭纪
约 3.58 亿 — 约 2.98 亿年前

巨虫时代

我是陆地第一代霸主。

石炭纪早期，西伯利亚、华南、华北、中亚、东南亚还只是些小岛，它们围着的中间区域叫作**特提斯海**。温暖湿润的海风和洋流来回哺育这些岛屿，海平面的下降让石炭纪时的陆地面积不断增加。

生物从第二次大灭绝中恢复过来，陆地上形成了大规模的繁茂的森林与沼泽。空气中的含氧量达到顶峰，足够的**氧气**让节肢动物身体发育得过于庞大，也孕育出了**巨型昆虫**，如螯肢类的普莫诺蝎、多足类的节胸蜈蚣、六足亚门的巨脉蜻蜓等。因此石炭纪也被称为"巨虫时代"。节肢动物是这个时代最强大的霸主。

巨脉蜻蜓翅膀接近 1 米，飞行速度极快，体态和今天的蜻蜓一样，它是昆虫进化最成功的物种。

恐龙时代的翼龙和现代鸟类的翅膀都是由前肢演化的，而昆虫却不牺牲任何一条腿，额外进化出翅膀。有了翅膀的昆虫，就像鱼类进化出下颌一样，一下子成为地球上最繁盛的家族。

石炭纪时雨林的崛起

泥盆纪结束之后,百废待兴,万物重铸,陆地植物进化出一种独特的材质——**木质素**。坚硬的木质素能让植物长成一棵参天大树,迅速取代了周围低矮的植物,它们演化为蕨类植物一统天下。蕨类植物中的芦木、封印木、鳞木,以及裸子植物中的科达树,动不动就长成三四十米高大粗壮的身材,它们成群结队地构建了石炭纪的繁茂雨林。

木质素的突然出现,让**真菌**在石炭纪晚期才进化出分解木质素的能力,这导致石炭纪早期大量碳元素留在植物残骸的木质素当中,沉积后便形成了丰富的**煤炭和化石资源**,所以这个时期叫石炭纪。

羊膜卵动物

  石炭纪**高含氧量**和干燥的天气使火灾频发，树木烧毁埋入地下，慢慢变成煤炭。现在地球上煤炭储量一半以上都是石炭纪留下的，**煤层**最厚达120米，大部分在中国。石炭纪晚期，森林消耗了大量二氧化碳，气温不断降低，冰川形成，淡水被冰封，季风和洋流被改变，大陆变得干燥，雨林被瓦解为绿洲，石炭纪**雨林崩溃**。

  失去家园的节肢动物为了生存演化得越来越小，面对干燥缺水的环境，两栖爬行类只能坐在河畔发呆。

奇迹总是出现在最绝望的时候。一部分动物进化出独特的羊膜卵繁衍方式，我们常吃的鸡蛋就是**羊膜卵**。羊膜卵有防水又耐热的坚硬外壳，壳内还有一层膜包裹，防止水分蒸发，胚胎吸收蛋内**营养**，发育成形后破壳而出。

自此动物终于摆脱对水的依赖，它们变身为羊膜卵爬行动物，开始征战在绿洲和荒漠之间，更在其后的二叠纪征服了陆地。

林蜥出现于 3.2 亿年前的石炭纪晚期，是最早的羊膜卵爬行动物，身长为 20~70 厘米，身体分为头、颈、躯干、四肢和尾五部分。跟鱼类、两栖类一样，爬行动物的**体温不恒定**，所以需要晒太阳保暖。

古生代
二叠纪
约 2.98 亿 — 约 2.52 亿年前

合弓纲与蜥形纲

羊膜卵爬行动物进入大陆深处后，分化成了**合弓纲**爬行动物与**蜥形纲**爬行动物。合弓意为"固定的颧弓"，合弓纲动物的头颅侧面的眼窝后面，演化出一个**颞颥孔**，下颌肌肉附着在上面，也被称为兽形纲。而蜥形纲的头骨两侧各有一个颞颥孔。

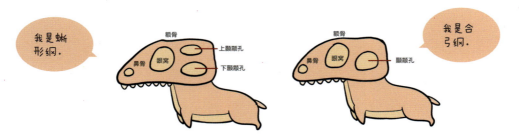

二叠纪是合弓纲的天下，陆地上一直被合弓纲统治，现存的合弓纲动物就是哺乳动物，也包括我们人类。

而三叠纪、侏罗纪、白垩纪是蜥形纲的天下，蜥形纲包括恐龙、鸟类、龟、鳄、蛇、蜥蜴，史前动物鱼龙、沧龙、翼龙也都属于**蜥形纲**。

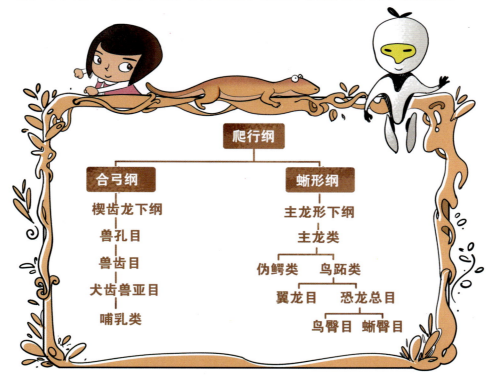

合弓纲的演化之路

楔齿龙科

在二叠纪中霸主的位置一直属于合弓纲动物，合弓纲的进化树可谓相当热闹，种群内更是你方唱罢我方登场。

在二叠纪早期，**楔齿龙科**是北美洲和欧洲的绝对霸主，这一科绝对的 C 位是异齿龙。干燥炎热的气候让它进化出一个可以调节体温的大背帆，满嘴的尖牙分工明细，前牙咬，后牙撕扯，因而它叫**异齿龙**。大部分楔齿龙科动物都有这个特征。最大的异齿龙身长可达 4.6 米，强壮身体加上这口分工明确的尖齿，让它成为当之无愧的顶级捕食者。异齿龙虽然生活在大沼泽附近，却不喜欢下水，食物主要依赖于大型的两栖动物、鱼类和一些陆生食草动物，如**基龙**、**阔齿龙**和**杯鼻龙**。

我们人类的牙齿形状不同、功能不同,就是源于异齿龙这个家伙。

楔齿龙科中没有背帆的叫**楔齿龙**,出现时间比异齿龙早,它就像一个没有背帆的异齿龙。它们的关系就如同现在的狮子和老虎一样,分别统治不同的地方。

这可是二叠纪的食肉动物。

楔齿龙的近亲——**蛇齿龙**最长可以达到3米。比楔齿龙更古老。它的牙齿细小致密,只能捕食一些小型的脊椎动物和昆虫类。蛇齿龙化石的分布地点要比楔齿龙和异齿龙广泛得多,它在约3亿 — 约2.8亿年前灭绝。

兽孔目

到了二叠纪末期，演化出了合弓纲中更高端的**兽孔目**，并成功战胜早期的楔齿龙逐渐登上王座。

最早的兽孔目动物是二叠纪早期的**四脚兽**（距今 2.75 亿年），它的化石发现于美国得克萨斯州。

兽孔目是合弓纲的王者之师，它的分支派系极为庞大，演化树排序为：**巴莫鳄亚目、恐头兽亚目、异齿兽亚目、丽齿兽亚目、兽头亚目**和**犬齿兽亚目**。

其中丽齿兽亚目、兽头亚目、犬齿兽亚目又归为**兽齿目**，它们的出现将兽孔目从合弓纲演化树上往上抬高了一个更先进的等级。犬齿兽亚目动物最终成为地球上所有哺乳动物的祖先。

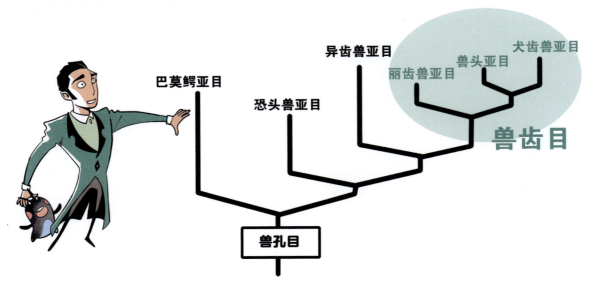

巴莫鳄亚目

我们来看王牌之师是如何一步步爬上食物链顶端的。兽孔目最先演化出王牌先锋团——**巴莫鳄亚目**。它的演化编队不多,但是有一个叫始巨鳄的成员,靠一己之力,撑起了巴莫鳄亚目的门面。**始巨鳄**的体长至少有2.5米,算是当时体形非常巨大的捕食者。

始巨鳄

异齿兽亚目

兽孔目的王牌后勤军团就是**异齿兽亚目**,异齿兽是食草动物,里面的明星团员是**水龙兽**、**肯氏兽**,以及在波兰南部利索维斯村发现的**利索维斯兽**,利索维斯兽长约4.5米,高约2.6米,体重约9吨,比大象还要大。食草的异齿兽亚目将自己变成掠食者最好的食物,一直熬到三叠世晚期才灭绝,为兽孔目向着合弓纲更高级别的进化提供了强大的后勤保障。

水龙兽　　肯氏兽　　利索维斯兽

恐头兽亚目

到了二叠纪晚期,兽孔目巨兽军团中的主力——**恐头兽亚目**出现了。顾名思义它们的头有点像恐龙,所以被称为恐头兽。恐头兽亚目可分为**安蒂欧兽科**、**冠鳄兽科**、**貘头兽科**、**伟鳄兽科**。

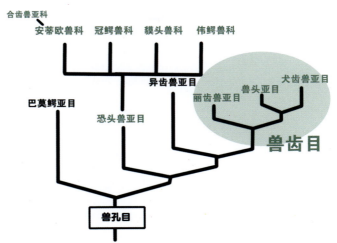

安蒂欧兽科

安蒂欧兽科中有两个代表性团员——**巨型兽**和**安蒂欧兽**,它们是王牌中的王牌,新一代强大的顶级掠食者。

巨型兽和安蒂欧兽的生存时间为约 2.65 亿 — 约 2.60 亿年。前者化石发现于现在的俄罗斯东部,后者化石发现于现在的南非南部。巨型兽的头骨最长可达 80 厘米长,体长可达 5 米。安蒂欧兽的头骨化石最长可达 80 厘米,体长可达 5 米。

它们都远比前朝的楔齿龙、异齿龙、蛇齿龙、始巨鳄大。二叠纪中期,巨型兽和安蒂欧兽终于迎来自己的时代,登上新一代**顶级掠食者**的王座。

合齿兽亚科

安蒂欧兽科巨兽军团还有个第二梯队——**合齿兽亚科**,体长1~3米,虽然没有巨大的身躯,但是它们点亮了敏捷属性,靠狼群战术,牢牢占据着中型掠食者的生态位。看看它们的名字——合齿兽属、诺托合齿兽属、小合齿兽属、古合齿兽属、南方合齿兽属,一看就是成群狩猎的模板与典范。被这种生物盯上,就别想逃走了。

冠鳄兽科

现在回到上级恐头兽亚目,我们来看看恐头兽亚目的第二军团——冠鳄兽科,它有两个代表成员:**乌拉尔冠鳄兽**和**奇异冠鳄兽**。乌拉尔冠鳄兽体形更大,头冠却不明显;而奇异冠鳄兽体形小,冠饰却很大。

冠鳄兽像现代野猪一样属于杂食动物,**完全不挑食**,水里的鱼、陆地上的植物、其他掠食动物吃剩下的肉等,它们全都吃。它们头上长着一个奇特的角,是为了争地盘找配偶用的。

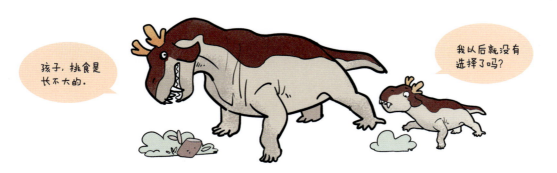

貘头兽科

恐头兽亚目的第三军团是貘头兽科，它是大型草食性动物，生活在二叠纪中期（2.67亿年前）。貘头兽科里有麝足兽、**戟头兽**。

貘头兽科的体型矮胖，大头粗劲、短口鼻。貘头兽科用头互相碰撞来争夺地盘或求偶。它们是那个年代南非地区最大的动物，身长约5米，类似现代蜥蜴那样行走。为了多嚼树叶，它们退化掉合弓纲引以为傲的异形齿。它们厚重的头颅，类似于山羊，用来与同类竞争。貘头兽的代表中，麝足兽（南非的）吃草吃得一个个膀大腰圆，戟头兽则头顶突起随时准备**顶翻同类**。

貘头兽

伟鳄兽科

恐头兽亚目的第四军团是伟鳄兽科，家族有两个食性完全不同的大家伙：**姜氏兽**和**伟鳄兽**。伟鳄兽体长约2.5米，以麝足兽和姜氏兽为食。姜氏兽食草，体长约3.5米。恐头兽亚目中，体形最大的是安蒂欧兽、巨型兽、杂食性冠鳄兽和姜氏兽，大型草食动物的体形要远远超过大型肉食动物。

兽齿目

恐头兽亚目在中二叠世末期走向没落。貘头兽和冠鳄兽的杂食性生态位，被蜥形纲演化出来的**锯齿龙**和**大型二齿兽**（水龙兽）替代；而安蒂欧兽和合齿兽，则被兽孔目演化出来的**兽齿目**打败。兽齿目中大名鼎鼎的**丽齿兽**一跃成为新的顶级掠食者。

兽齿目是爬行动物向哺乳动物转变中一个重要类群，兽齿目动物的大小同现代的狗差不多，头骨长而窄，进化出次生腭，把鼻通道与口腔分隔开，能在进食中呼吸，此外，牙齿已有门齿、犬齿和颊齿之分，这也和一般的爬行动物不同。兽齿目的脊柱结构也很复杂，四肢向身体下方直立，敏捷、善于奔跑。

兽齿目军团大概出现在二叠纪中期（2.65亿年前），它下属的分类按时间顺序为：**丽齿兽亚目**、**兽头亚目**和**犬齿兽亚目**。

丽齿兽亚目

丽齿兽亚目中最牛的成员就是**狼蜥兽**，其化石发现于俄罗斯东部。狼蜥兽是凶猛的食肉动物，外形很像狼，头骨长达60厘米，其身长可达3.5米，犬齿长度达到惊人的15厘米，能够轻松撕开猎物的皮肉。它主要以当时大型草食动物盾甲龙（锯齿龙类）为食，被称为"**二叠纪的野狼**"。另一支丽齿兽的化石发现于南非和坦桑尼亚，叫**鲁比奇兽**，头骨长达46厘米，体长约2.4米，比狼蜥兽小了不少，是南非的顶级捕食者。丽齿兽体形比不上同期的动物，它们能够成为顶级掠食者，得益于它们身体独特的优势，强大的咬肌、夸张的上犬齿、敏捷的身形，配上**强大的咬合力**，使它们在二叠纪晚期的陆地所向披靡。

兽头亚目和犬齿兽亚目

兽头亚目和犬齿兽亚目中大部分都是中小型动物,只有兽头亚目中出现过一个大型捕食者——**巨惠茨氏兽**,它来自俄罗斯的西部,身长达到3米。它独特的地方在于,颌骨齿根处有个毒凹槽,原来这是一个**带毒腺**的掠食者。

水龙兽　　　　　　　　巨惠茨氏兽

犬齿兽亚目则主要以中小型动物为主,跟巨兽前辈相比,体形反而变小,更注重敏捷性,依然为卵生,毛发维持恒温,肌肉中的肌红蛋白携带更多氧气,牙齿分工更加明确。它们进化出的**次生腭**能边呼吸边进食,大颞孔让咬合力倍增。退化掉庞大体形的同时,它们的捕杀能力得到质的飞跃,生存能力极佳:**能活下来才是王者**。

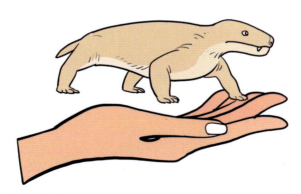

整个二叠纪的陆生态,合弓纲一直处在优势地位,无论是肉食类还是草食类,蜥形纲被合弓纲压制得死死的。

二叠纪海中霸主

从泥盆纪开始,鱼类一直活跃于海洋中。在 2.9 亿年前(二叠纪早期),海洋中出现了**旋齿鲨**这种海洋霸主,它因螺旋状排列的牙齿而出名。旋齿鲨体长可以超过 12 米,是名副其实的海中巨兽。它最喜欢的食物是菊石和鹦鹉螺,旋转牙齿就是专门吃**菊石**用的。

在二叠纪大灭绝中菊石数量大量减少,旋齿鲨艰难地熬到三叠纪时,出现了一个更狠的新霸主——**鱼龙**。鱼龙是蜥形纲的后代,原本是上岸的爬行动物,后来又回到海洋中。旋齿鲨在霸主之争中落败,最终于 2.5 亿年前(三叠纪早期)灭绝。

裸子植物强盛

在泥盆纪和石炭记，陆生植物的主要地位被高大乔木状的**蕨类植物**所占据，如鳞木、芦木、封印木等蕨类植物。二叠纪晚期出现了裸子植物，裸子植物慢慢变成陆生植物的主角，并逐渐繁盛，从二叠纪至白垩纪早期（1.4亿年前），贯穿整个中生代。裸子植物用种子来繁殖，但它的种子是裸露在外的，没有果皮包被，所以没有花和果实，比如苏铁、水杉、银杏。不管气候环境如何变化，这个古老的物种依然倔强地挺立在地球上，繁衍至今。

裸子植物依然成功地生活在我们周围。

二叠纪末大灭绝

  2.5 亿年前的二叠纪末期，大陆板块移动撞击，形成**盘古大陆**，板块移动出现深邃的海沟，海平面下降，含氧量降低，整个生态系统被撕裂。板块移动造就海底**超级火山爆发**（峨眉山暗色岩事件），第三次物种大灭绝来了，且持续了几百万年，95% 的生物被屠戮，海洋霸主旋齿鲨灭绝了。约 900 万年后，超级火山活动开始（西伯利亚暗色岩事件），生命彻底陷入绝望。但是，那 5% 幸存的生物们，耐心地等待灾难过去，迎接新时代——**三叠纪**的到来。

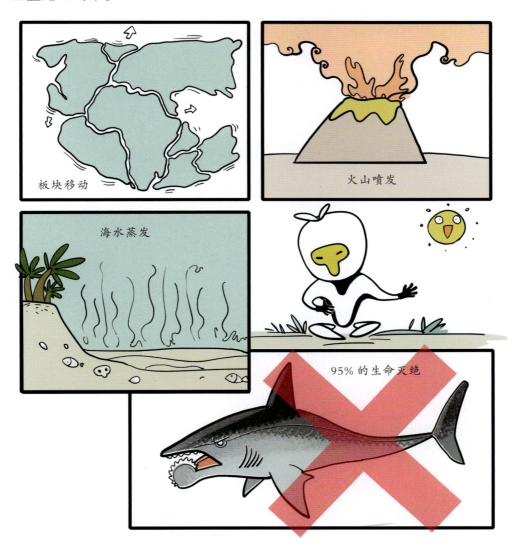

中生代
三叠纪
约 2.52 亿 — 约 1.99 亿年前

三叠纪的鳄霸

　　大灭绝之后,经过约5000万年的恢复,盘古大陆温暖适宜,生态重铸。在二叠纪被合弓纲压制的蜥形纲迎来机会,**伪鳄类**率先取得先机,成为新的霸主,演化出近100个种,如长着巨头的**波斯特鳄**、全身叠甲的**角鳄**(坚蜥目),还有**狂齿鳄**(植龙目)、**楔形鳄**等,这时是鳄霸们的天下。

楔形鳄

狂齿鳄

角鳄

波斯特鳄

劳氏鳄

合弓纲在大灭绝中差点全军覆没，幸好兽孔目中的**犬齿兽**活了下来，面对这些鳄霸，它们势单力薄且身材矮小，只能瑟瑟发抖地**躲到地底**下。

当鳄霸们开心地享受生态特权时，同样出自蜥形纲的一种生物熬过二叠纪大灭绝幸存下来，它就是**始盗龙**。谁也没有想到，它将是日后统治地球 1.6 亿年之久的**恐龙祖先**。不过此时面对战力强于自己几十倍的鳄霸们，活着才是硬道理。

鳄霸们怎么也不会想到，这个约 10 千克的小家伙，在躲过三叠纪末大灭绝后，将会是悬在自己头顶的一把利剑。

恐龙将会在侏罗纪崛起，体形会反超**伪鳄类**几倍，使得伪鳄类在陆地上被各种肉食恐龙威胁，在海中被鳍龙、鱼龙甚至被鲨鱼碾压，绝望的伪鳄类只能退居在**淡水沼泽**中，再也不敢踏出半步。现在的鳄鱼至今还保持祖先的模样，被戏冠一个屈辱的称谓——活化石。

恐龙强大的邻居

恐龙刚出现时，地球上有许多强大的物种，海洋中有**鳍龙**、**鱼龙**、**鲨鱼**等，陆地上有**二齿兽**与**犬齿兽**等兽孔目动物。

二齿兽中的水龙兽，凭借小身板、半水生和穴居，躲过第三次大灭绝，在掠食者没形成的三叠纪早期，迅速成长为数量最大的草食性动物，后来才被比它更大、更能吃的肯氏兽替代。

到三叠纪后，生态阶级开始形成，掠食者出现了。从躲过大灭绝的犬齿兽中演化出来**犬颌兽**，还有卷土重来的鳄霸们，这些掠食者牢牢地锁住顶层生态位。犬颌兽一天到晚追着**肯氏兽**啃，鳄霸家族变得越来越庞大，慢慢地肯氏兽开始衰败并最终灭亡。

一场雨,一代王

约 2.34 亿 — 2.32 亿年前的三叠纪早期,著名的**卡尼期洪积**事件发生了。盘古大陆板块移动,导致大陆西北角兰格利亚火山大喷发,引发了温室效应,气温变高,海水蒸发,强对流天气频繁地出现。大气层中的强劲气流,携带着大量水汽冲入大陆,**大雨开始了**。火山运动让气温居高不下,降雨让温度降下来时,偶然会出现晴天,但很快又被大雨天取代,这场雨直到约 200 万年后火山停息才停止。

大雨足足下了约 200 万年，大陆变得异常潮湿，它也间接促成了一个物种的崛起——**恐龙**。节蕨、石松这种矮小植物在大雨前随处可见，它们易于消化的特性，养活了水龙兽、喙头龙这一类草食性脊椎动物。这时的霸主是凶神恶煞的劳氏鳄和植龙等伪鳄类，恐龙还只是一个小家伙。

转机从这场雨开始，耐水的苏铁树、松柏木、杉树之类全新的裸子植物迅速崛起形成雨林，替代了耐旱的蕨类植物。高大的裸子植物不仅植物纤维难消化，而且嫩叶只出现在最高处，无法适应的草食性动物纷纷饿死。一轮蝴蝶效应之后，霸主劳氏鳄和植龙也伤筋动骨了，恐龙等来了绝好的发展机会。

当鳄霸们慢慢衰退，恐龙却强势崛起。双足趾行，锋利的牙齿，长脖子直起身子就能啃食树上的嫩叶，用吞食圆石头来帮助胃更好地碾碎植物粗纤维，气腔化骨骼，加上双呼吸系统让体形开始越来越大，最终恐龙战胜其他物种，成为陆地上最强大的物种。

恐龙王朝的奠基者

崛起的恐龙辐射演化出两大类群——**鸟臀目**和**蜥臀目**，区别在于盆骨的耻骨一个往前一个往后。

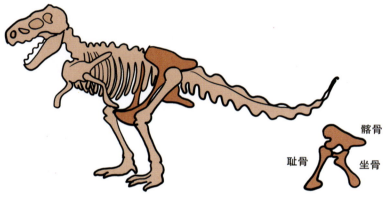

蜥臀目又分为**兽脚亚目**、**蜥脚亚目**。

鸟臀目分**装甲亚目**和**角足亚目**，装甲亚目又分**甲龙下目**、**剑龙下目**，角足亚目又分**鸟脚下目**、**厚头龙下目**、**角龙下目**。

最早的恐龙——埃雷拉龙出现的地方位于如今的巴西，它是当时所有陆地生物中跑得最快的，是围捕草食性动物最熟练的小型猎手。埃雷拉龙是最古老的肉食性恐龙，其中最具代表性的是**南十字龙**和**始盗龙**，它们是第一代恐龙。

始盗龙的化石发现在阿根廷，它是现今发现的最为古老的恐龙之一，生活在三叠纪晚期，体长约1米，体重约11千克，属于杂食性小型恐龙。它是蜥脚亚目（梁龙、雷龙）恐龙最原始的祖先。2016年，古生物学家命名一个出土自巴西圣马利亚组的原蜥脚类恐龙为**布氏盗龙**，布氏盗龙力压始盗龙，成为最早的蜥脚亚目恐龙。

南十字龙是小型肉食性恐龙，出现在三叠纪晚期，身长约2米，体重约30千克，体形不大，性情凶猛。它们有整齐的牙齿，**成群猎食**。长而纤细的后肢，便于直立行走，奔跑速度也很快，强壮的下腭和利爪更利于它们追逐猎杀猎物。

兽脚亚目的崛起

不久之后,最早的**兽脚亚目**恐龙开始登上舞台,它就是**腔骨龙**,约3米长,脖子和尾巴占据了大部分体长,重约30千克,体形纤细,敏捷属性超群,有着早期恐龙的特点。腔骨龙是杂食性动物,善于群体捕食。在鳄霸们统治的时代,腔骨龙凭借敏捷属性,在盘古大陆到处圈地,它的作用就是把龙种散布到世界各地,比如欧洲的原美颌龙、南美洲的鲍威尔猎龙、中国禄丰组的盘古盗龙,等等。

在三叠纪,板块移动频繁,现在中国的准噶尔盆地当年在寒冷的北极圈里。三叠纪晚期的地理分布中,草食性恐龙分布在地球上下两端寒冷的高纬度地方,这使早期恐龙身上进化出羽毛。羽毛的出现,解决了保温问题,增强了代谢功能,后来与空腔骨骼一起帮助鸟类征服天空。

强大的鳄霸们则生活在温暖的低纬度地方。

当恐龙在世界各地繁衍之后,兽脚亚目中的**双嵴龙科**登场了。它是第一个**掠食性**恐龙,从它开始,恐龙开始向大型化演化。双嵴龙体形比鳄霸们大,掠食能力更强,粗壮的双脚支撑起半吨重的身体,依靠趾行结构,让行动变得快速,高高抬起的头部和锋利无比的牙齿,展示出恐怖的杀伤力,强劲腹肋更安全地保护着内脏。凭借这副强大先进的身板,双嵴龙带

着全村恐龙的希望,准备和宿敌鳄霸们决一死战、建立恐龙王朝时,三叠纪 — 侏罗纪早期的物种大灭绝来了,双嵴龙和伪鳄类双双挂墙。

双嵴龙科中有三个重量级的杀手。第一个是**双嵴龙**,头冠突起,满嘴尖牙,体长约 6 米,重半吨有余,咬合惊人,气腔骨骼,灵活不减。凶猛的掠食性让双嵴龙在侏罗纪早期支棱了起来,它是第一个敢和鳄霸们正面对抗的恐龙。

第二个是中国禄丰组的**盘古盗龙**,体长 5~6 米,体重半吨,这也不是个吃素的家伙。

最后一个就是南极的**冰嵴龙**,它只在南极被发现。现在的南极大陆是当时盘古大陆的冈瓦那古陆。冰嵴龙体长约 6.5 米,重约半吨,头冠像一把梳子。

三叠纪末侏罗纪初物种大灭绝

第四次物种大灭绝发生在三叠纪晚期（2亿年前），灾难持续了近一万年。盘古大陆开始了不断分裂，当时中央大西洋超级火成岩省大规模的火山喷发，气温急剧升高，大陆分成了**劳亚古大陆**和**冈瓦那大陆**。50%的物种灭绝，哺乳动物的祖先犬齿兽艰难地活了下来，盘踞在生态位顶端的伪鳄类遭到灭顶之灾，一蹶不振，虽然双嵴龙也灭亡了，但是恐龙乘伪鳄类的灭绝迅速演化得越来越强大。自此，鳄形超目（鳄鱼遗孤）、恐龙、哺乳类、翼龙目与乌龟开始占据陆地的生态系统。

中生代
侏罗纪

约 1.99 亿 — 约 1.45 亿年前

侏罗纪的恐龙

进入侏罗纪后，恐龙彻底碾压了一切对手，成就了恐龙时代的多生态全面发展的辉煌盛世。它们不仅种群数量多，而且个体差异非常大，身影遍布全球。

蜥脚亚目恐龙是最大的恐龙，在侏罗纪晚期进入鼎盛状态。**马门溪龙**、**腕龙**（大鼻龙科）、**梁龙**、**泰坦龙**这些巨无霸动不动就30多吨，巨大的体形让掠食者不敢随意上手。它们的**气囊呼吸**系统，在吸气时储存一部分含氧丰富的新鲜空气，在呼气时再次流经肺部，这种高效的结构让肺部不论吸气还是呼气都能摄取氧气，真正做到吃饭、呼吸两不误。

侏罗纪大部分植物属于裸子植物和蕨类植物，木质化低，利于消化和吸收，让蜥脚亚目恐龙从早吃到晚，超长的颈部也让"吃"变得更加容易。"吃"成了它们最喜欢做的事情，每日的进食以吨为计量，它们演化得越来越大，越来越重。

但是随着**被子植物**的崛起，巨型恐龙依赖的蕨类植物和裸子植物变得稀疏，在火山喷发、陨石撞击等多重打击下，来不及适应的巨型恐龙在后期就这样灭绝了。

能吃是福。

剑龙

生存在侏罗纪晚期和白垩纪早期的剑龙，是一种巨大的草食性恐龙，属于鸟臀目，身高 6~12 米，重达 4 吨，背上插满了**一排排骨板**，还长着一条带有四根尖刺的尾巴，用以防御掠食者的攻击。它们居住在平原上，以**群体游牧**的方式生活，与草食性动物迷惑龙（梁龙科）一样。

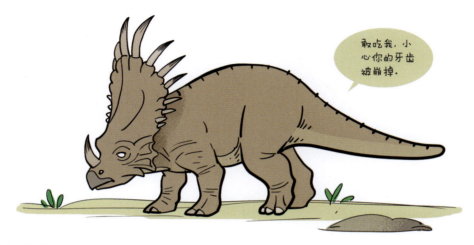

异特龙

异特龙是群体狩猎的兽脚亚目恐龙，在北美凭借着强大的数量，和狼群一样的狩猎方式，与体形大于自己的蛮龙、角鼻龙分庭抗争，成为侏罗纪最成功的顶级掠食者。在**强大基数**支持下，异特龙家族在后期演化出一个最大的巨兽——**食蜥王龙**，体长约 12 米，重约 4 吨。它们的家族还将会在白垩纪演化出一个超级掠食者——**鲨齿龙**。

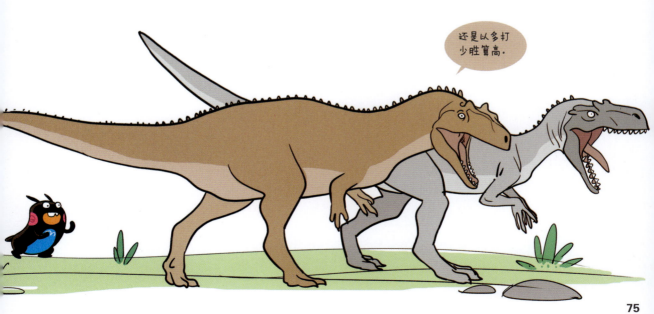

蛮龙

蛮龙是侏罗纪最大的肉食性恐龙，属于兽脚亚目斑龙科（巨齿龙科），分布在北美和欧洲。蛮龙中有两大天王——**格氏蛮龙**和**谭氏蛮龙**。欧洲的格氏蛮龙是巨齿龙家族的明星，体长10~11米，重4吨多，头部大，在欧洲是绝对的霸主。北美的谭氏蛮龙和角鼻龙、异特龙同区竞争，体长约9米，重3吨多，体形虽大于异特龙，但是在异特龙群大军压制下，相形见绌，混得很惨。

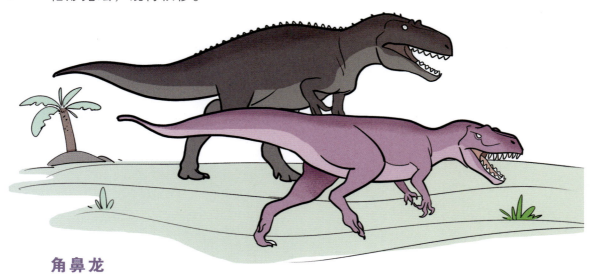

角鼻龙

角鼻龙发现于北美洲、坦桑尼亚以及葡萄牙。角鼻龙从侏罗纪早期开始一直活到白垩纪大灭绝时期。角鼻龙鼻子上方有一只短角，两眼前方也有短角的突起，身长约7米，高约3米，体重约1.5吨，是凶猛的肉食性恐龙。侏罗纪晚期时角鼻龙在北方的劳亚大陆灭绝了，它的后续**阿贝力龙**于侏罗纪中期迁徙到了南方冈瓦那大陆。

鱼龙下海

侏罗纪富饶的海洋生态中生活着很多鱼龙,它们属于蜥形纲,所以又称为**海爬**。它们比恐龙出现更早,不过它们可不是海里的恐龙。

最早下海的鱼龙是**湖北鳄目**,因为在湖北下的海(当时地形不同现在),它和现在鱼龙形态完全不同,保留着水陆两栖的特性。

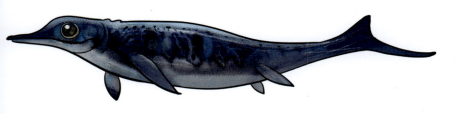

当演化出**巢湖龙**时才有了卵胎生。

之后**鱼龙超目**演化出来,鱼龙中的猛龙——**杯椎鱼龙**出现了,它还没有背鳍,5~10米长,以箭石、菊石、中小鱼类为食。

接着鱼龙中的猛龙——**海帝鱼龙**出现了,与杯椎鱼龙颇有些相似,但头部更大,牙齿更锋利,身长8~9米,能够猎食和自己同身形的猎物。鱼龙下海约500万年后终于出现第一代海爬霸主。

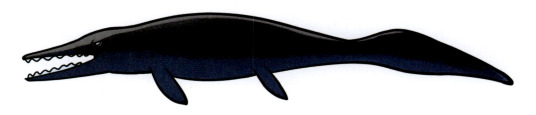

三叠纪晚期,加拿大的**西卡尼萨斯特鱼龙**,体长达到 21 米,它张开大嘴时,鱼类、无壳头足类无处可逃。

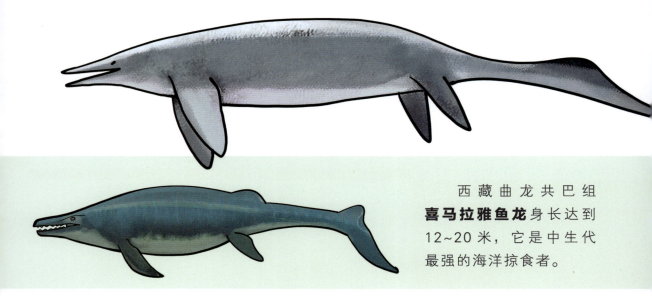

西藏曲龙共巴组**喜马拉雅鱼龙**身长达到 12~20 米,它是中生代最强的海洋掠食者。

随后三叠纪大灭绝来了,鱼龙的食物——菊石、箭石等头足纲动物减少,第一批**鳗形鱼龙**灭绝。幸存的鱼龙演化出**切齿鱼龙科**、**蛇嘴鱼龙科**、**鱼龙科**和**狭翼鱼龙科**。

切齿鱼龙科成为新的顶级掠食者,个个身长 9 米多。**板齿切齿鱼龙**、**三角切齿鱼龙**,依然是大型的**掠食性**鱼龙,以其他海爬为食。

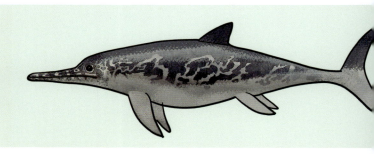

狭翼鱼龙科像如今的鲸类一样,是温血动物。

蛇嘴鱼龙科有细长的吻部,捕猎的方式就是穿过鱼群,如**真鼻龙**、**剑鱼鱼龙**。

保持体温才能更有活力。

这个时候万众期待的**鱼龙科**终于登场，它们轻盈地跃出海面的样子，像一群海豚一样，鱼龙也被称为中生代的**大海豚**，生活方式和海豚都差不多。

（我才是大家期望的样子。）

1.83 亿年前，的卡鲁费拉尔火山（南非南极一带）开始喷发，冈瓦那大陆解体。火山喷发了 1000 万年，**海洋缺氧**，气候急剧变化。1.74 亿年前切齿鱼龙科、蛇嘴鱼龙科、鱼龙科和狭翼鱼龙科惨遭灭门。

一部分深海鱼龙躲过大灭绝，如**大眼鱼龙科**。它们舍弃暴力鱼龙路线，玩起了可爱风格，啃啃海草、吃吃小的海洋动物，就这样活到了侏罗纪晚期白垩纪早期。

（毕竟卖萌，也是可以躲过灾祸的。）

到白垩纪时，鱼龙只剩下**扁鳍鱼龙亚科**，在演化的道路上，它已经不求上进，彻底躺平了。

1.17 亿年前拉贾马哈尔火山爆发，海洋缺氧，鱼龙又从生死边缘挺了过来，在之后约 1000 万年中壮大起来。但是，在约 9400 万年前的森诺曼期土仑期灭绝事件中，鱼龙终于没能撑过去而灭绝了。

鱼龙族演化树基干有一支很早分离出去的**迷失泅龙**，它依然还活着，成为鱼龙最后的龙种，但是鱼龙的盛世海王朝却谢幕了。

蛇颈龙和上龙

鳍龙和鱼龙同时代登场，鳍龙的名字源于它**鳍状的四肢**。鳍龙形态像一只长脖子的无壳大海龟。鳍龙超目和龟鳖目同属于主龙形下纲，它和海龟一样采用四肢系统。

三叠纪时，早期形态的**鳍龙**更像是龟鳖目动物，它们喜欢趴在浅海海床上吃贝壳和腐肉，很难想象它是上龙和蛇颈龙的最早形态。

后来，大型化的**幻龙目**出现了，它还保留着水陆两栖的特点，分布于欧洲、中国的贵州和云南。

到了中生代，幻龙目和早期的鳍龙没能在三叠纪大灭绝中活下来，而熬过来的少数幸运鳍龙则成功演化出**蛇颈龙目**。蛇颈龙目有三个分支——**彪龙科、上龙科、蛇颈龙超科**。

彪龙科是次级掠食者，来自英国，有三角形的头部和长脖子及巨大的鳍状肢。家族里面的**克氏彪龙**体长约7米，重约1.5吨，下颌拥有强大的咬合力，不过只捕食一些小动物。

上龙科的**海猎龙**进化出短颈大头和锋利的牙齿。侏罗纪中晚期，强大的滑齿龙站上了上龙科的巅峰，它那 5~7 米的体形、大头短颈、锋利的牙齿，是海洋生物的噩梦。侏罗纪晚期时，上龙科的本尊**上龙**出现了，它那海怪一样的巨大身形，牢牢地统治着海洋，直到侏罗纪末灭绝事件后消失。

上龙

上龙的后续**短颈龙**，继续保持短颈大头的传统，与当时的**鼠鲨**和**鱼龙**竞争海洋霸主，终于在白垩纪早期演化出最强上龙——**克柔龙**。昆士兰克柔龙体长约 11 米，重约 11 吨，头身比达到 1.4：1，头部大得夸张；哥伦比亚的**波亚米克柔龙**，身长约 9 米，头骨约 2.3 米；还有 10 米长的**萨奇卡龙**。上龙毁灭性的咬合力，10 吨以上庞大身躯，使之成为当之无愧的海洋之王。

昆士兰克柔龙

蛇颈龙相比上龙，在侏罗纪比较低调，它们从来不争什么顶级生态位，它们分布在全世界海域，对它们来说活着才是最重要的。土仑期之后上龙科和鱼龙科一起灭亡，**蛇颈龙**艰难地熬过白垩纪，开始面对**沧龙**和**鼠鲨目**家族。最后它们和恐龙一样，在那一颗小行星的攻击下灭绝。

征服天空的翼龙

三叠纪晚期,翼龙征服天空,它的**翅膀**是由血管网、肌肉和肌动蛋白纤维组成一层皮膜组织,**空腔骨骼**轻薄坚固,**双呼吸系统**持久。翼龙中的神龙翼龙科,体形庞大,长长的脖子和嘴演化得过于夸张,它们是当时空中的掠杀者。巨型翼龙统治天空才 1000 万年左右,白垩纪大灭绝开始,它们就只能无奈地谢幕了。

北风冰翼龙翼展长约 10 米,重约 250 千克,生活在约 7600 万年前的白垩纪的加拿大西部。

哈特兹哥翼龙当时生活在欧洲,欧洲由很多小岛组成,强大的哈神龙每天在岛屿间飞来飞去,从空中俯冲下来时,成为陆生动物眼中最后的魅影。

费城阿氏翼龙的脖子跟现在的长颈鹿一样,它当时出现在美国和约旦两地,长距离跨大洋飞行,飞行能力达到极致。

诺氏风神翼龙(美国摩洛哥)能利用气流变化进行升降滑翔,能轻松地长距离飞行。

北风冰翼龙　　哈特兹哥翼龙　　费城阿氏翼龙　　诺氏风神翼龙

哺乳型动物

三叠纪末的大灭绝让劳氏鳄灭亡,恐龙强势崛起,而哺乳动物的祖先犬齿兽演化出来,此时它们叫**哺乳型动物**。

最早的哺乳型动物是体形小巧的**摩根齿兽**。它们昼伏夜出,夜视力强;穴居地下,卵生哺乳,身体恒温;拥有功能不同的犬齿和臼齿,次生腭将鼻腔和口腔隔离,能边吃边呼吸;后肢已经具备了哺乳类的特征,但前肢保留爬行态;腹肋退化,**灵活的腰椎**让它们行动迅捷,伏击猎物和躲避天敌变得更加自如。

活着就是最好的胜利。

摩根齿兽之后,贼兽、柱齿兽、巨颅兽出现了,它们都属于哺乳型动物。

跟老鼠差不多大的**贼兽**,后腿有毒刺,前肢具有抓握功能,以树叶和银杏为食。

可以空中滑行的**阿霍氏树贼兽**,四肢与尾巴之间拥有一张巨大的皮膜,可以滑翔10米甚至百米,在树丛间穿梭,像极了今天的鼯鼠和蜜袋鼯。

我们是哺乳型动物。

柱齿兽的身体结构更接近哺乳动物，它有复杂的牙齿，能轻松处理各类食物。它们当中有善于挖掘、打洞的地栖柱齿兽，喜欢树上活动的灵巧柱齿兽，喜欢地下生活的挖掘柱齿兽。

我像鸭嘴兽、水獭、河狸的合体。

最特别的柱齿兽当属**獭形狸尾兽**，身长约42.5厘米，体重约800克，外形像水獭，尾巴类似河狸尾巴，全身裹着毛皮，脚有蹼，脚踝处有防御毒刺，像鸭嘴兽、水獭、河狸的合体。它吃鱼，擅长游泳与挖掘，朝着多栖发展，为将来向多生态位进军打下基础。

巨颅兽体长约3厘米，仅重2克左右，却有个头身比1∶1的大脑袋，因此它是一种比较聪明的动物。

虽然头大，但是只有几克。

而有些小柱齿兽咽喉处长了鞍状舌骨，让舌头更灵活，可以做出吮吸动作，更利于吃奶。正是这些体形小的哺乳动物的祖先，在适应各种极端环境、躲过大灭绝后，将哺乳动物的进化一次次推向高峰。

中生代
白垩纪
约 1.45 亿 — 约 6560 万年前

被子植物强盛

到了白垩纪,一部分裸子植物逐渐演化为**被子植物**,开出了地球上第一朵花,被子植物时代开始了!它们的种子不再裸露,而是被果皮包裹,具有根、茎、叶、花、果实和种子六种器官。直到现在,被子植物都是适应性最强、种类最多的物种。

花的出现,利于吸引昆虫传授花粉,使被子植物迅速在全球繁盛起来,成为最具优势的植物。直至今日,它也在带动动物协同演化。

白垩纪的陆地霸主

异特龙家族的后裔——鲨齿龙

在白垩纪中期演化出一个强大的掠食者家族——**鲨齿龙科**，代表明星有**鲨齿龙、魁纣龙、马普龙、南方巨兽龙**。鲨齿龙生活于白垩纪晚期的北非，体形与霸王龙相似，成年体长可达 14 米，体重为 6~11.5 吨。鲨齿龙生活在一个巨兽横行的时代，同时代的巨兽还包括 15 米长的**棘龙**、9 米长的**皱褶龙**、长 30 米以上的蜥脚亚目**潮汐龙**，以及潜伏在水中的 12 米长的**帝鳄**。

霸王龙

白垩纪的恐龙体形明显大于侏罗纪时期，而且种类极为繁盛。约 6850 万—约 6500 万年前的白垩纪末期，**霸王龙**成了具有绝对统治力的顶级掠食者。它的身体超级长，有十几米，相当于一辆大巴车，身高约 5 米，也很粗壮，平均体重为 9 吨，比一头成年非洲象还要重。它的大嘴里有 60 颗锋利的牙齿，一颗牙可长达 30 多厘米，以后来出现的任何恐龙为食。

巨齿龙家族的后裔——棘龙

棘龙隶属于兽脚亚目棘龙科，棘龙中的唯一代表是**埃及棘龙**。棘龙的身体结构高度特化，吻部神经能感受水流变化，外鼻孔后移至头骨中间，在水面呼吸，脚上有蹼可以用来划水，尾巴摆动推动身体在水中移动，背帆让棘龙在水中移动更稳定，同时能恐吓对手。棘龙是**水性很好**的恐龙，具有水下觅食的能力。棘龙的后肢短，在陆地行动需要前肢辅助。

海洋霸主——沧龙

白垩纪晚期的海洋霸主是**沧龙**,它属于有鳞目,和蛇、巨蜥是近亲。沧龙超科称得上有鳞目的天王之王,恐龙霸占了陆地,而它却支配了海洋。沧龙体长13~17米,重约10吨。

我终于熬死了鱼龙和上龙,现在的海洋是我的天下。

你能想象,沧龙最开始的祖先是体长不到一米,比恐龙还要早的爬行动物——**岸蜥**吗?它们生活在海边,因陆上生存竞争激烈,它们开始下海闯荡。在很长一段时间里,海洋类生态位被鱼龙和上龙瓜分干净,它们只能在浅海中吃吃小鱼,欺负一下小虾。

虽然我不是你想象中沧龙的样子,但是刚开始,要有点耐性。

直到森诺曼期，土仑期灭绝事件发生，生态位全面洗牌，海洋中鱼龙和上龙灭绝，沧龙才抓住机会在白垩纪迅速演化。北美的**达拉期龙**体长不到一米半，却演化出**脚蹼**，尾巴扁平，是沧龙向水生形态演化的重要过渡阶段。欧洲的淡水潘诺尼龙体长约5米，已经向大型化方向演化了，前肢演化成蹼，尾巴进化成尾鳍结构，繁衍方式变成卵胎生，以鱼类和两栖类为食。

大型沧龙**海龙王**出现时，身长约10米，锋利的牙齿，纤细流畅的身形，让海王龙爬上生态位顶端，黄昏鸟、蛇颈龙、小型鲨鱼和小型沧龙全是它的食物。

大型沧龙制霸海洋时，中型沧龙也出现于世界各大洲。不到10米长的体形，使它们不得不避开激烈的竞争，也就欺负一下鱼类、甲壳类、头足纲动物。**扁掌龙亚科**成为中型沧龙中最成功的种群，其中的**球齿龙**，牙齿呈球状，用来吃硬壳类菊石；**美溪磷酸盐龙**，是3米长的小型沧龙，眼睛视力超强，重叠达到35%，拥有良好的夜视能力。

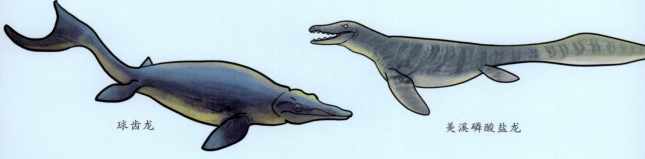

球齿龙　　　　　　　　　　　　　　美溪磷酸盐龙

沧龙的劲敌鼠鲨，虽然争不过大沧龙，但是虐杀小型沧龙不在话下。白垩纪晚期还有一个强大的霸主——恐鳄，在北美的内海道中伏击沧龙。这两个强大的对手，一直与沧龙争夺不同层级的生态位。

白垩纪晚期沧龙立马全体巨型化。其中**倾齿龙**身长达到14米，有着结实的头骨、圆椎形的牙齿、强大的咬合力。倾齿龙眼眶的巩膜环结构，能保护眼球，减缓水压，适应深海环境。此时沧龙已经是海洋绝对霸主。

倾齿龙　　　　沧龙

沧龙在约3000万年间惊人的演化速度、极大的多样性，创造了辉煌的传奇史。只可惜，一颗小行星终结了这一切。

鳞龙目最强大的沧龙虽然灭绝了，但是**海鬣蜥**、**海蛇**、**海龟**这些活着的鳞龙目动物，继续奋起演化，再次和其他种群一争高低。如今蛇类、世蜥类都是韧性相当强悍的**成功物种**，因为它们的祖先曾经称霸过海洋。

白垩纪大灭绝

第五次物种大灭绝最终发生在约 6500 万年前白垩纪末，一颗直径 10 千米的**小行星**躲过土星的引力，绕过月球阻挡，径直地**撞击**了地球的墨西哥湾。小行星的撞击引发了一场席卷整个地球生态的大灭绝，这次大灭绝事件被称为白垩纪 — 古近纪灭绝事件。

撞击产生的气体和灰尘遮蔽了阳光，温度急剧下降，植物难以获得能量纷纷死亡，草食性动物饿死。在最后一只草食性动物倒下时，地球上 80% 的物种已经在这场灾难中灭绝。

海洋中的菊石动物也在这场浩劫中一同消失，沧龙也消亡了。这次灾难让统治地球亿万年的**恐龙彻底消失**，从那以后，地球慢慢地变成了哺乳动物的天下。

新生代
古近纪
约 6500 万 — 约 2300 万年前

哺乳动物的发展

白垩纪时,恐龙牢牢占据着世界生态位。哺乳动物依然保持着昼伏夜出的习性,屈居地下,但它们从未放弃希望。它们从哺乳型动物开始全面向更高级的哺乳动物演化,越来越小巧玲珑的身躯,让它们更容易活下来。就是这份坚持和韧性,让它们完成了原兽 — 后兽 — 真兽的转变过程。

原兽(卵生单孔类)

约 2500 万年前,原始的哺乳动物出现了。它们拉撒和产卵都从一个孔里进出,所以被称为单孔类哺乳动物,也称为**原兽**。

原兽中的**鸭嘴兽**,嘴和脚像鸭子,鸭嘴像雷达可接收微电波,在昏暗的水中觅食易如反掌,脚蹼里藏着毒针。它有着奇特的繁衍方式——下蛋与哺乳。

够原始才能更永恒,我才能活到现在。

约 2300 万年前,原兽中的**针鼹**出现了。它长得像刺猬,体长 40~50 厘米。针鼹最独特的地方是有个育儿袋,它把卵下在育儿袋中孵化,卵壳是如同粗羊皮纸一样的**革质卵壳**。幼崽破壳后,可以待在袋里喝奶。

后兽（有袋类）

袋熊和袋鼠一样，胸前有个口袋，被称为"有袋类"哺乳动物。**袋熊**是缩小版的熊，喜欢吃草，体长70~110厘米，体重20~35千克，看起来胖乎乎的。它爱挖洞，在地下穴居。还有的袋熊喜欢生活在树上，比如树袋熊，也叫考拉。考拉除了吃就是睡，一天能睡18小时，是萌萌的大懒虫。在约2500万年前，类似考拉的动物就生活在澳洲大陆上了。

真兽（胎盘类）

鼩鼱是目前世界上最小的哺乳动物，它出现于白垩纪，体重只有2~5克，会分泌有毒的唾液。**鼩鼱**革命性地演化出**胎盘**，这个让哺乳动物走向辉煌的超级技能，让后代可以在母体里发育成熟，脱离了对环境温度的依赖，让它们的成活率更高。

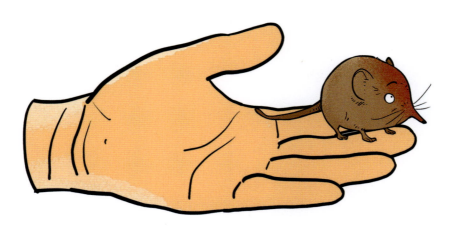

龙兽后裔

非鸟类恐龙灭绝后,鳞龙目、龟鳖目、鳄目、离龙目以及鸟类(恐龙唯一后裔)活了下来,古新世这些幸存的遗孤再次展开新一轮生态位竞争,离龙目的**西莫多龙**暂时压制了**鳄目**动物的发展,成为古新世淡水区域的主宰。龟鳖目的后裔劫后体积变得越来越大,出现**碳龟**这种巨无霸。

哺乳动物靠穴居、杂食、小体形等优势,成功熬过了大灭绝,演化为更高级的真兽形态。

远古巨兽

约 6000 万 — 约 5800 万年前发生了"古新世 — 始新世极热事件",大气中充满了二氧化碳,地球温度节节攀升。靠近赤道的南美洲地区,催生出一个史前怪兽——**泰坦蟒**,它是鳞龙目的后裔。泰坦蟒是变温动物,体长约 15 米,体重超过 1 吨,以鳄鱼和巨龟为食。

约 5800 万年前,地球又降温了,泰坦蟒和离龙目无法适应气候变化而相继灭绝,蛰伏于沼泽的鳄目重新爬上陆地称王。**西贝鳄、锯齿鳄**等陆生鳄到处伏击草食性哺乳动物。

繁盛的哺乳动物

始祖马

始祖马生活在距今约 5000 万年前的北美洲及欧洲地区。虽然它被认为是**马的祖先**，但它的形态和马却有很大差别。它的身高只有约 30 厘米，四肢细长，身体灵活，可以在草丛和灌木中穿行，喜欢吃嫩树叶和草。

始祖马　　现代马

最早的霸主安氏中兽

哺乳动物中的真兽迅速多样化，始新世晚期，距今约 4500—约 3600 万年前，中兽首先称霸。**蒙古安氏中兽**是这个时期最强大的肉食性哺乳动物，体长约 5 米，重约 1.5 吨。安氏中兽属有蹄哺乳动物，在亲缘关系上其实更接近于羊，因此在某种意义上被戏称作"**披着狼皮的羊**"。

蒙古安氏中兽

始祖象

约4700万年前，现今的北非埃及莫里斯湖一带生活着一群始祖象，它们属于长鼻目，也就是现代象的祖先。它们的体重只有200多千克，高约60厘米，比现代象小很多。它们半水生，"象"鼻子只有连接头部那一部分，就像被剪断一样。所有的长鼻目动物都是从始祖象演化而来的。始祖象沿着三个方向发展：第一支是**恐象**；第二支是**短颌乳齿象**；第三支经过**长颌乳齿象**、**剑齿象**等阶段，最后进化成现代象。它们大部分体形庞大，四肢粗壮，长鼻子，大耳朵，门牙突出，臼齿磨坏了可以长出新牙。

鬣齿兽

约4100万年前，肉齿目的**鬣齿兽**出现，一直到约1600万年前它才被兽齿目动物取代。鬣齿兽与现代鬣狗有些相似，其头骨长可超过60厘米，体重在750千克左右，分布遍及亚洲、欧洲及北美洲。它是安氏中兽之后的掠食者。

阿喀琉斯基猴

阿喀琉斯基猴的古猴生活在约5500万年前潮湿、炎热的湖边，是迄今发现的最早的**灵长目动物**，身长约7厘米，体重约30克，以昆虫为食。

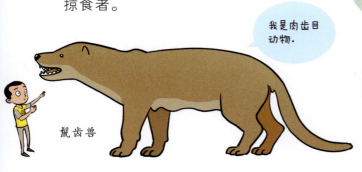

猎猫科恐齿猫

距今约 4000 万 — 约 2250 万年前,猎猫科的**恐齿猫**是食肉目中的第一种"剑齿动物",身长 1.5 米。与现代猫科动物不同的是,它们是以脚掌行走。它们广泛生活在北美大草原上,以各种草食性动物为食,比鬣齿兽这种肉齿目的哺乳动物更加有优势。

蓝鲸的祖先

在海洋中,巴基斯坦古鲸(又称巴基鲸)是已知最古老最原始的**鲸类**,约 5300 万年前,主要生活在浅海或大的湖泊岸边的陆地上,以捕食鱼类为生。它们后来演化出游走鲸、罗德侯鲸、龙王鲸,最后演化出地球上最大的哺乳动物——**蓝鲸**。

鸟兽之争，鸟胜

北美的生存环境堪忧。

因海洋阻隔，中兽未能统治大陆，在古新世晚期，恐龙的后代**冠恐鸟**开始遍及欧洲、北美洲乃至东亚。它身高达2米，但不会飞，喙特别大，呈钩状，腿大而强壮，是**素食主义者**，巨大的喙用来咬碎果实和坚果。

冠恐鸟

而另外一种不会飞的地栖食肉大鸟——**窃鹤**，发源于南美洲，但在始新世时期扩张到了非洲（阿尔及利亚）和欧洲（法国）。弯曲而尖锐的喙、巨大的利爪，让窃鹤家族一度成为全球**顶级捕食者**。

南美的邻居们都很温顺。

窃鹤

南美洲与其他大陆分离后，海洋形成的屏障隔绝了北方大陆的食肉真兽，南美洲成了世外桃源，让窃鹤彻底成为这个与世隔绝的大陆的王者。那些偷渡过来的真兽亚纲啮齿目动物、灵长目动物不足为惧，强大的真兽都懒得离开自己的统治圈。窃鹤像一个土皇帝一样，牢牢统治着这片大陆。

喜马拉雅山脉和东非大峡谷

约 4700 万年前,地球自转一周达到 24 小时,温度为 24℃,与现今气候相同。始新世晚期,地球气温降低了 8℃,南北极地出现**冰盖**。地质活动又开始活跃起来,印度大陆漂离非洲大陆,撞击亚洲大陆,两块大陆撞击处产生了著名的**喜马拉雅山脉**,山顶融雪成就了恒河、印度河、长江、黄河的源头。它是一座**世界水塔**,养活了地球上一半的生物。

约 3100 万年前,非洲板块和印度洋板块运动,使得阿拉伯古陆块分离,地壳下地幔物质上升产生张力,让地壳发生大断裂,形成了 6000 千米长的东非大裂谷,它是地表最壮观的裂谷带。

地球开始呈现我们所熟悉的**七大洲四大洋**,生物演化稳定,区域特征明显。

哺乳动物称霸全球

古巨犀

到了渐新世，随着气温降低，冷血爬行动物陆生鳄类逐渐开始减少，哺乳动物快速演化发展。它们开始往巨大化发展，陆生哺乳动物中最大的草食性巨兽**古巨犀**出现了，体长约 8 米，肩高约 5 米，重达 25 吨。

大象　　　　　　　　　　　　古巨犀

桑氏伪齿鸟

在始新世天空中出现许多鸟类，到了渐新世，翼展长约 6 米的**桑氏伪齿鸟**出现了。

尤因它兽

4500多万年前,北美洲地区出现了一个泰坦级哺乳动物——**尤因它兽**,又叫恐角兽。它身长约4米,四肢粗短,有点像犀牛。最具特点的就是头顶、鼻子、眼睛旁分别长着三对角,嘴巴里还有一对长长的犬齿。尤因它兽生存时代不长,仅限于始新世一段时间。

我可是食草的。

始剑齿虎

约4000万年前,哺乳动物食肉目中的猎猫科动物,进化出更强大的猎手——始剑齿虎,依靠敏捷和**剑齿一击制胜**。

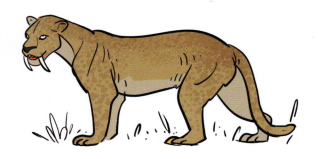

始猫

约3000万年前,猫科动物的祖先始猫出现,体形和家猫一般大,后续演化出很多分支,最终演变出了强悍且优雅的现代**猫科动物**。

新生代
新近纪和第四纪

约 2300 万年前至今

中新世的霸主

普鲁斯鳄

约 600 万年前的中新世,出现了地球上最大的鳄类动物——普鲁斯鳄。它的体长约 12 米,体重达到 8 吨,光头骨长度就有约 1.5 米。它的全身长有坚硬的**骨片盔甲**,咬合力超过霸王龙,眼睛和鼻孔在头上部,便于潜伏在水中伏击猎物,是南美洲的顶级掠食者。

一不小心又成鳄霸了。

阿根廷巨鹰

约 600 万年前,南美洲的天空出现了地球上最大的**猛禽**——阿根廷巨鹰,翼展长约 7 米,体重达到 70 千克。

这可是地球上存在过的最大的鹰了。

兽齿目称霸陆地

约 3400 万前在始新世—渐新世灭绝事件中犹因它兽、安氏中兽灭绝了，肉齿目动物中的鬣齿兽占据顶端生态位。但是它们没有想到，有一种比它们更先进的食肉目哺乳动物演化出来了，食肉目哺乳动物前移的裂齿更利于撕碎猎物。肉齿目动物还没坐稳江山就被食肉目动物取代。

食肉目中的**猎猫科**动物演化出剑齿更长、体形更大的**巴博剑齿虎**，猫科动物出现了以敏捷见长的**布氏豹**。

巴博剑齿虎　　　　　　　　布氏豹

巨齿鲨和梅尔维尔鲸

海洋中巨齿鲨和梅尔维尔鲸是两个称霸海洋的巨无霸。**梅尔维尔鲸**体长 18 米，比现代抹香鲸还要大。它巨大的牙齿长达 36 厘米，使它成为史上最大最凶猛的海洋掠食者。

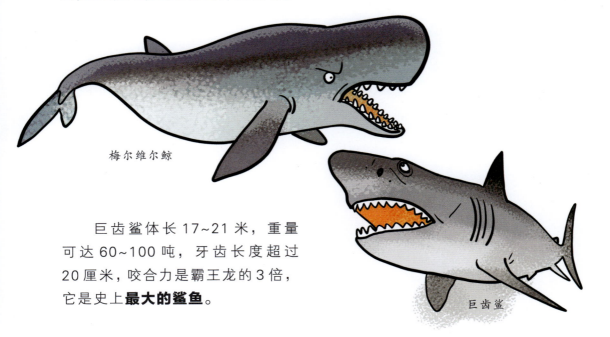

梅尔维尔鲸

巨齿鲨体长 17~21 米，重量可达 60~100 吨，牙齿长度超过 20 厘米，咬合力是霸王龙的 3 倍，它是史上**最大**的**鲨鱼**。

巨齿鲨

鸟兽之争，兽胜

中新世时期南美洲、北美洲隔着一条海道。在北美洲，哺乳动物逐渐向大型化方向演化出最终霸主**食肉目动物**，剑齿虎、狼和美洲虎等是当时陆地上最凶猛的动物，它们称霸北美洲。但是它们还有最后一个强力对手，即身高约3米、重约300千克的卡林肯窃鹤，它与哺乳动物长期处于**鸟兽争霸**的焦灼状态。

不过，中新世几次降温，让种族辐射演化单一的北美洲窃鹤损失惨重，被哺乳动物生态挤压到灭绝，而南美洲的窃鹤因为有海险阻隔，混得不错，和真兽目哺乳动物、陆栖鳄和后兽目哺乳动物一起分享南美洲的四季。

上新世末、更新世初，南北美洲的巴拿马陆桥连接起来，北美洲的霸主剑齿虎、狼和美洲虎涌入南美洲，统治南美洲约6000万年的窃鹤王朝瞬间崩塌，恐龙的荣耀彻底谢幕。

哺乳动物凭借着数量和种类上的绝对优势，塞满了地球陆地、水中每个生态位，卓越的适应性让它们难以被摧毁。羽量级恐龙的后代——鸟类，在强大的哺乳动物面前，根本发不起挑战，它们只能退守天空。最终3亿年的鸟兽之争，以陆地被哺乳动物全面接管而结束。

地球的主宰——人类登场

约 1800 万 — 约 2000 万年的新近纪，地球温度逐渐下降。

在东非大裂谷的西部，巨大山脉阻挡了来自大西洋的湿润空气，东非的降雨减少，森林面积萎缩，东非、亚洲越来越干旱，最后演变成今天的稀树草原。裂谷的两边，生命开始了不同演化，对于大裂谷西部的大型古猿，森林仍然存在，它们逐渐演化成了**大猩猩**、**黑猩猩**和**狒狒**。

而大裂谷东部、北部和南部，雨林消失，变成季节性草原，大型古猿被迫从树上转到地面上生活。眼前的大草原充满了危机，它们演化出直立行走的特征，这种独特的行走姿势和其他大型猿类不同，它们可以看清远处，解放了双手。现在它们已经不再是猿类了，它们是**南方古猿**，全人类的祖先。

地球 科普三部曲

科普三部曲

HUMAN
一部关于人类的进化简史

张龙腾 著绘

北京理工大学出版社
BEIJING INSTITUTE OF TECHNOLOGY PRESS

版权专有 侵权必究

图书在版编目（CIP）数据

科普三部曲：全 3 册 / 张龙腾著绘 . -- 北京 : 北京理工大学出版社, 2023.7
ISBN 978-7-5763-2380-1

I. ①科… Ⅱ. ①张… Ⅲ. ①科学知识－青少年读物 Ⅳ. ① Z228.2

中国国家版本馆 CIP 数据核字 (2023) 第 087096 号

出版发行 / 北京理工大学出版社有限责任公司	
社　　址 / 北京市海淀区中关村南大街 5 号	
邮　　编 / 100081	
电　　话 /（010）68914775（总编室）	
（010）82562903（教材售后服务热线）	
（010）68944723（其他图书服务热线）	
网　　址 / http://www.bitpress.com.cn	
经　　销 / 全国各地新华书店	
印　　刷 / 雅迪云印（天津）科技有限公司	
开　　本 / 787 毫米 × 1092 毫米　1/16	策划编辑 / 门淑敏
印　　张 / 22.5	责任编辑 / 徐艳君
字　　数 / 360 千字	文案编辑 / 徐艳君
版　　次 / 2023 年 7 月第 1 版　2023 年 7 月第 1 次印刷	责任校对 / 刘亚男
定　　价 / 264.00 元（全 3 册）	责任印制 / 施胜娟

图书出现印装质量问题，请拨打售后服务热线，本社负责调换

专家推荐语

这套科普三部曲，作者用其深厚的学识和有趣的笔触，为我们呈现了一个充满奇迹和谜团的世界，给我们介绍了有关于宇宙、地球和人类的知识。作者通过漫画的方式，将科学知识融入了有趣的故事中，让读者轻松愉悦地学习。这套书不仅仅适合科学爱好者，也适合那些想要了解更多关于宇宙、地球和人类的普通读者。如果你想要拓展你的知识，同时又想要度过一段愉快的阅读时光，那么这套书一定不容错过！

国家天文台——苟利军

打开这本书，就加入了探索家族的时空穿梭旅行，跟随他们一起，纵览地球46亿年的历史。沿着地史时间轴，逐个时代推进，看地球沧海桑田变换不止，看生命风起云涌登台谢幕。小小古细菌到智慧新人类，生命如何一步步开疆辟土？你方唱罢我方登场，谁曾在这个地球上创造辉煌？语言简洁，画风奇趣，这本书让你穿梭无碍，地球历史长河尽在掌握。

不管你是古人类专业还是爱好者，甚至是个漫画迷，都会爱上这本书。这本书以清新明快的语言，配上幽默犀利的漫画，将艰辛复杂的人类演化史向你娓娓道来，从东非大裂谷的形成迫使古猿下地，到一批批古人类祖先披荆斩棘，再到智人时代文明的建立，让你在不时的会心微笑中赞叹、感慨、反思……人从哪里来？将到哪里去？往者不可谏，来者犹可追。

国家自然博物馆——高源

▶ 探索家族人物介绍

爸爸秦山	宠物小乐	女儿秦琴	儿子秦棋	妈妈宋慧	小沣
天文学家，物理学家	家族宠物	开朗活泼 精通武术	呆萌可爱 惹是生非	医学博士	智能机器人 知识宝库

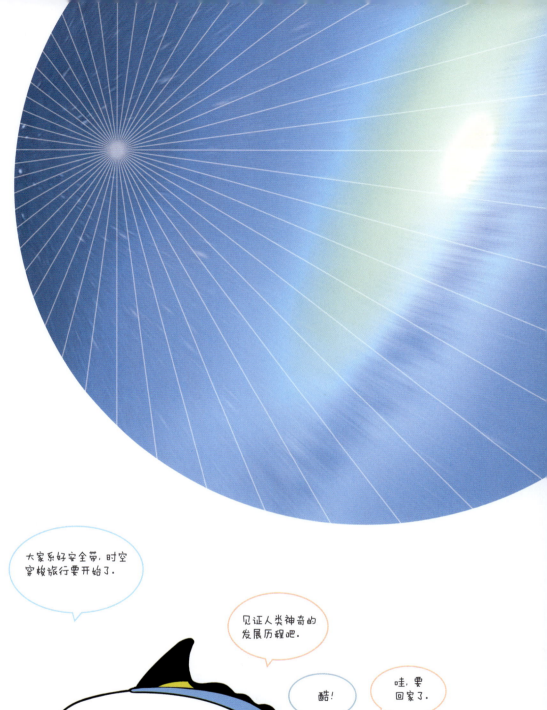

身处险境的人类先祖——森林古猿　6
眼里的五颜六色——第三色锥　11
人猿分界线——撒海尔人　13
坚定的直立行走者——图根原人　14
一夫一妻的始祖地猿　15
繁盛的种群——南方古猿　18
增大的脑容量——智力的革命　22
最早的工具发明家——能人　24
解放的上肢——灵活的双手　25
迁徙的直立人——走出非洲　26
大自然的馈赠——控制火　30
直立人的后代——前人　31
强大的猎人——海德堡人　32

合作交流的利器——原始语言　33
尼安德特人——寒冷的孤行者　34
非洲智人　35
强大的温控系统——汗腺　36
口中的化学大师——生物酶　38
进化的代价——腰颈椎病与早产　39
智人的征服之旅　41
登顶食物链——智人的降维打击　46
智人为什么能征服全球　49
晚期智人——克罗马农人和山顶洞人　52
采集狩猎者时代的部落　54

定居的开始——渔村 56
智人的农业时代——驯化小麦 58
　人类千年的食谱 60
　农业下的新石器时代 62
从村落到国家 64
　剥削的开始——奴隶社会 66
　人类帝国 70
文字的出现 74

　　信仰之歌——人类宗教 78
　　人类智慧的结晶——文明 79
　　　美索不达米亚文明 79
　　　古巴比伦文明 80
　　　古埃及文明 81
　　　罗马文明 84
　　　玛雅文明 89
　　　古印度文明 93
　　　华夏文明 96
　瘟疫 104
　　工业革命 105
　　现代科技 109

身处险境的人类先祖——森林古猿

约 6500 万年前恐龙灭绝后，哺乳动物开始统治地球，约 3300 万—约 2500 万年前，一些**灵长目猿猴**在非洲的森林里兴盛起来。

约 2000 万—约 1800 万年前，非洲大陆板块运动，形成**东非大裂谷**，它就像地球的一条大伤疤。

大裂谷将这块大陆割裂成两种不同的生态。裂谷的西部,气候未受到影响,森林仍然存在,一切照旧,这些灵长目动物依然保持着**猴样**,直到今天。

但是大裂谷东边,隆起的巨大山脉阻挡了来自大西洋的湿润空气,雨量急剧减少,越来越干旱。森林开始退化成季节性草原。这些灵长目猿猴不得不从树上转到地面上生活,这让它们的下肢变得**越来越粗壮**。

约 1600 万 — 约 1200 万年前，人科演化为**人亚科**和**猩猩亚科**，猩猩亚科演化出**苏门答腊猩猩**、**婆罗洲猩猩**和**达巴奴里猩猩**。

人亚科继续向前演化出**大猩猩属**、**黑猩猩属**和**人属**。
大猩猩属演化出**西部大猩猩**和**东部大猩猩**。

黑猩猩属则演化成现代的**黑猩猩**和**倭黑猩猩**。

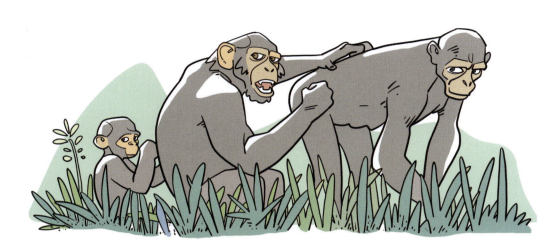

而人属继续朝着**人类**方向演化，它们有着强大的**杂食属性**，集体猎食，这让它们在非洲草原、稀疏的丛林里坚强地生活下来。

在生物分类中人类的演化过程为：动物界→脊索动物门→脊椎动物亚门→哺乳纲→兽亚纲→胎盘动物→灵长总目→灵长目→简鼻亚目→类人猿下目→狭鼻小目→人猿总科→人科→人亚科→人属→人类

眼里的五颜六色——第三色锥

在恐龙统治下,哺乳动物祖先们长时间**夜间生活**,它们的视觉细胞只有两个视锥,虽然能看清夜间环境、掠食者和猎物,却是活脱脱的**色盲**。

它们在进化成树上的猿猴时,开始转为日间活动,生活习性也发生改变,于是它们的基因突变出**第三种色锥**。从此,它们眼里的世界变成五颜六色的了。

它们能通过颜色准确地在草丛中、树林中找到果实,通过果实颜色更容易判断哪些果实成熟可以采集,哪些果实还是生涩的。这让它们的生存能力大大增强。

选择恐惧症犯了.

我们现在能看到丰富多彩的颜色,多亏了祖先们那一次革命性的视锥基因突变,这次突变让我们能够用画笔绘画出五颜六色,穿戴各种颜色的衣服。颜色让我们的生活变得多姿多彩。

人猿分界线——撒海尔人

在向人类进化的这条路上，直立行走成为**猿和人的分界线**。约700万—约600万年前，**撒海尔人**出现了。撒海尔人是最早的人类。他们是人猿混合体，有着尖锐的犬齿，可以短距离直立行走，但是步履蹒跚，正好处于猿和人的分界线上。

坚定的直立行走者——图根原人

约600万年前,又出现了**图根原人**,也叫**奥利恩人**,他们身高约1米,牙齿和猿一样尖锐,是在人猿混合体之上更加明确直立行走的最早人类。

一夫一妻的始祖地猿

约 580 万 — 约 440 万年前,**始祖地猿**出现了。他们身高约 120 厘米,骨盆开始变窄,双足行走能力变得自如,双手可以搬运食物,犬齿已经退化。

始祖地猿产生了最早的**家庭概念**。通过雄性和雌性的配对，产生了分工，避免了争夺配偶的斗争，种群更加团结。在家庭中雄性负责找寻食物，雌性哺育幼崽。这种方式让始祖地猿的**存活率**大大提升，数量变多，继而加快了演化的脚步。

繁盛的种群——南方古猿

约370万年前，始祖地猿的一支演化出**南方古猿**，他们脑袋小，身材矮瘦，腿短臂长，雄性比雌性体形大，脑容量前所未有的大，达到450~530毫升。南方古猿双足行走的能力变得自如，他们已经开始下树，遍布到更广的地方。

随着活动区域的拓展，南方古猿的种群**数量开始爆发**。南方古猿家族开始繁盛起来。

进化！进化！

他们有**阿法南方古猿**、**羚羊河南方古猿**、**非洲南方古猿**、**惊奇南方古猿**……同时南方古猿先后演化出了埃塞俄比亚傍人、罗百氏傍人和鲍氏傍人（也称**粗壮南猿**）。

上新世时期最著名的**阿法南方古猿**，个体身高 1~1.2 米，脑容量 415 毫升，脸像猿，后肢和骨盆完全适应了两足习惯性行走。让他们名声大噪的**南方古猿露西**的骨架，完美地证明了南方古猿双足行走的事实，虽然他们还在树上生活，但是**双足行走**已经不是难事。

增大的脑容量——智力的革命

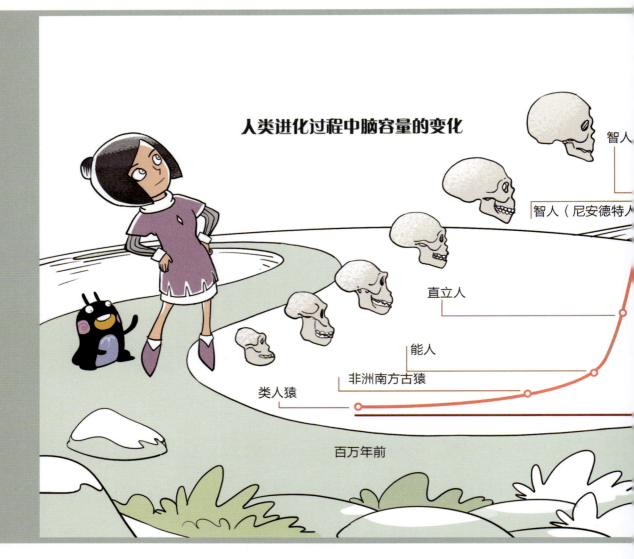

随着人猿分水岭的出现,人类的**脑容量**开始不断增加。不断增加的脑容量,让人类变得越来越聪明,他们能通过思考,主动地适应不断变化的环境。大脑的结构不断完善,也让人类具有了**创造力**,他们开始制造工具。就这样通过学习与交流,群体力量变得更加强大。

 南方古猿之后,人类进化谱中的人属动物上线了。人属动物就是人类。

最早的工具发明家——能人

约 280 万 — 约 140 万年前，在坦桑尼亚西北部的奥杜威河谷旁，**能人**出现了，他们是从南方古猿进化而来的，高 1.2~1.3 米，脑容量已接近 800 毫升，高于南方古猿 50%，颊骨比非洲南方古猿窄，能直立行走，手指对握。能人最大的特征就是能**制造工具**，他们利用石片割破兽皮，会制造带刃的砍砸器和可以敲碎骨骼的石锤。

发现于肯尼亚鲁道夫湖的能人（鲁道夫人），脑量约为 700 毫升。能人和鲁道夫人化石的年龄测定为约 240 万 — 约 150 万年前。

解放的上肢——灵活的双手

能人拥有一双**灵活的手**,除了抓握,五根手指变得更加灵巧,能更精细地完成很多动作。脑容量的增加,让他们变得更加**聪明**,他们会记住很多经验教训,然后传递给下一代。

迁徙的直立人——走出非洲

距今约 200 万年前,能人演化出**直立人**,直立人阶段持续到约 20 万年前。能人和直立人共存一段时期后,更先进的直立人替代了能人,就如同能人替代南方古猿一样。直立人的脑容量达到了 1000 毫升,他们变得更加聪明,身高达到 1.5 米,比能人更加有优势。

约 250 万年前,地球进入冰期,生存环境变得恶劣,南方古猿相继灭绝,更具优势的直立人活了下来,他们第一次**走出非洲**,向全球迁徙,在其后数十万年间,他们陆续走出非洲。

而留在非洲的直立人成为**匠人**。

当直立人到达印度尼西亚的爪哇岛时,他们成为**梭罗人**。

直立人到达印度尼西亚小岛弗洛里斯时,他们成为**弗洛里斯**人。

 当直立人遍布在非欧亚三大洲时,各地的直立人也开始了独立进化。

大自然的馈赠——控制火

直立人学会了控制大自然最伟大的力量——**火**。他们发现用火烤过的食物更利于消化,吃了更不容易生病,而且火还能对付严寒、驱赶猛兽。他们利用不断燃烧的方法,将火一直延续下来,直到后来发现了钻木取火、打火石。

直立人的后代——前人

约 80 万年前,非洲直立人——匠人的后裔来到亚洲,有一部分向欧洲方向移动,在西班牙北部阿塔普尔卡地区进化为**前人**,即**先驱人**,意思就是最早到欧洲的人类。前人身高有 1.6 米左右,脑容量达到 1000~1150 毫升,现代人类的脑容量则为 1350 毫升。

前人头骨有显著的眉脊,下颌厚度减小,门齿铲形,后犬齿较小。前人会使用象征性的简单语言,能够进行推理判断。

强大的猎人——海德堡人

约 70 万年前,拥有更大脑容量(1100~1400 毫升)的**欧洲海德堡人**出现。他们的脑容量比现代人类 1350 毫升的平均脑容量还要高,他们是前人的后裔。海德堡人平均身高为 1.72 米,他们能用**简单语言**进行交流,合作猎杀大型动物。

合作交流的利器——原始语言

海德堡人演化出原始语言，通过简单的沟通交流，不但能合作猎杀大型猎物，而且还将自己的损失降到最低。海德堡人分为两支，一支为**欧洲海德堡人**，另一支为**非洲海德堡人**。在冰期时被隔离在欧洲的海德堡人，在约25万年前演化成了适应寒冷生活的尼安德特人。非洲海德堡人在约20万年前演化成了**智人**。

尼安德特人——寒冷的孤行者

尼安德特人身材矮胖，在寒冷中能更好地保存热量，他们后来跨越了整个欧洲以及西南亚地区。尼安德特人前额凸出，骨骼粗壮，肌肉发达，脑容量在 1200~1750 毫升。尼安德特人能制造出更先进的石制投掷长矛。

尼安德特人不久分化出**丹尼索瓦人**。约 3 万年前，他们全部灭绝。

非洲智人

约 20 万年前,非洲海德堡人进化出**智人**,也称现代智人。十几万年前,原本横在北非的撒哈拉沙漠变成了绿洲,智人已经开始从非洲大草原向各地迁徙。随着他们的**四处迁徙**,智人的头发、肤色、瞳孔出现了差异,就成了我们现在看到的白种人、黄种人、黑种人等各色人种。智人和现代人在相貌、身材以及智力上已无区别。

强大的温控系统——汗腺

智人是天生的**马拉松选手**，他们有收窄的盆骨、丰满的臀部、粗壮的双腿。群体捕猎时，他们长时间奔跑追逐猎物，将猎物体力消耗殆尽。当时的大型猎物都有一身厚厚的**皮毛**，被智人长时间追逐时，身体难以散热，而智人早已在这场追逐游戏中蜕掉那身兽皮，裸露的皮肤上演化出强大的**温控系统——汗腺**，通过排汗降低体温，智人能**长时间奔跑**。当猎物被智人追逐到体温过高不得不停下来时，智人就利用制造的长矛、石斧头，将猎物杀死。

他们将打到的猎物带回家，**用火烹饪**。他们发现熟食更容易消化，更美味，而且可以大大**缩短进食时间**。饮食习惯的改变，大大延长了人类的寿命。

当时人类的捕猎成功率不高，有时候就捡一些动物的尸体烤熟后吃，味道比生肉好，同时火的高温杀死了肉中的细菌与寄生虫，这大大增加了人类的存活率。

口中的化学大师——生物酶

食物中富含蛋白质、脂肪和淀粉,人类的唾液演化出淀粉酶、脂肪酶和蛋白酶等各种**生物酶**。

淀粉酶把我们平时吃的食物中的淀粉变成麦芽糖。

脂肪酶能分解我们口腔中的油脂质。当我们吃到乳脂时,味道变得浓郁。蛋白酶让我们在吃肉的时候感到无比鲜美。

唾液中的溶菌酶,能起到抑制口腔细菌、杀菌的作用。对于一些小伤口,智人都会用唾液消毒。

唾液酶在智人时代辅助智人更好地适应环境。当猎手几周也猎捕不到食物时,他们就咀嚼树根,吃野果,而唾液酶在**辅助生存**方面功不可没。

进化的代价——腰颈椎病与早产

人类为了直立行走,由四足支撑变成**双脚支撑**,这让腰椎承受极大的压力;而人类细细的脖子上硕大的头部,又让颈椎承受巨大的压力。一直到现在,**颈椎和腰椎**还是人类最容易受伤的部分。

长距离奔跑，让人类**骨盆变窄**，而人类的脑容量却越来越大，这导致了人类的婴儿全是**早产儿**，否则母亲分娩极为危险。人类宝宝出生后需要人照顾，为了不被遗弃，婴儿就演化出**极度可爱**的样子，而其他哺乳动物，生下来就能跑能跳。

智人的征服之旅

当智人用**智慧**改变自己的命运时，他们变得越来越强大，成了非洲草原上**最强大的生物**。当他们的人口变得越来越多时，食物相应地变得少了起来，智人间就形成了强烈的竞争关系，这让有些智人部落开始寻找新的猎场，他们开始在寻找猎物的过程中**不断地迁徙**。

约 7 万 — 约 5 万年前，强大的智人踏上了**欧洲的土地**，他们碰到了**尼安德特人**。

智人渐渐地全方位挤压了**尼安德特人**的生存空间。智人无论是数量、工具、社会网络，还是语言沟通能力等，都优于尼安德特人。

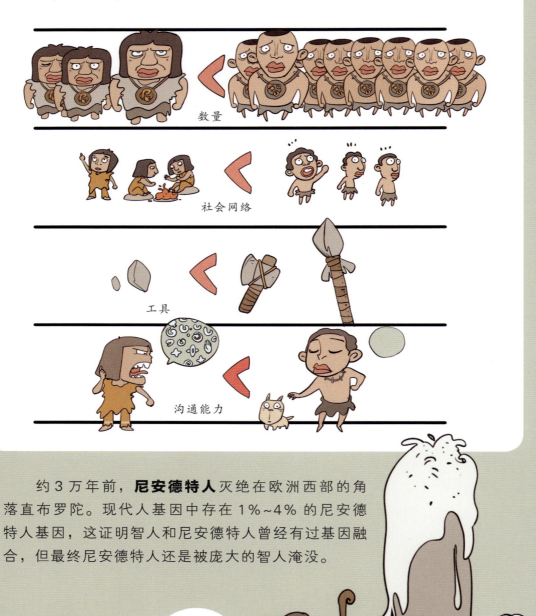

约 3 万年前，**尼安德特人**灭绝在欧洲西部的角落直布罗陀。现代人基因中存在 1%~4% 的尼安德特人基因，这证明智人和尼安德特人曾经有过基因融合，但最终尼安德特人还是被庞大的智人淹没。

智人继续入侵全球,进入亚洲,他们**兵分两路**,一路到达**南亚**,取代了爪哇人;另一路向北到达了**东亚**,取代了北京人。

　　智人到达南亚后,一路向北,另一路向南。4.5 万年前,南进的智人征服了南太平洋的**印度尼西亚群岛**。约 3 万年前,冰期使海平面下降了 80 米,一块被称为**逊德兰**的陆地露出来,南太平洋的各岛屿间距离近了许多。聪明的智人发明了一种船外支架,经过不断改进尝试,远渡重洋,到达了太平洋的各个岛屿,最终登上了澳大利亚。

3.5 万年前,智人登陆**日本岛**,约 3 万年前到达**中国台湾岛**。

而北上的那支经过长江流域、黄河流域,到达东亚,最后到达了**东北**,直至**西伯利亚地区**。1.4万年前,部分智人部落从西伯利亚东北来到**阿拉斯加**,他们利用兽皮缝制衣服,抵御严寒,在这里生活下来。

1.2万年前,冰雪融化,在东亚和北美洲连接处出现一条通入美洲的陆桥——**白令桥**,人类开始踏入**美洲大陆**。

登顶食物链——智人的降维打击

澳大利亚大陆孤悬海外，**生物圈独特**，带着长矛和斧头登陆的人类，反倒成为最致命的物种。几千年后，这里的大型动物繁衍速度根本赶不上被杀的速度，虽然它们扛住了无数的气候生态波动，却在人类面前没有任何抵御能力，一个一个**消失殆尽**。

1.2 万年前，西伯利亚的人类后裔踏入美洲大陆。他们很快就适应了美洲气候，足迹开始遍布美洲各个角落，密西西比河三角洲沼泽、中美洲热带丛林、墨西哥沙漠、安第斯山谷、阿根廷彭巴斯大草、亚马孙河流域，甚至最南端火地岛也在 1 万年前被人类染指。

智人从阿拉斯加到加拿大的平原,再到美国西部时,造成一场**生态浩劫**,如长毛象、乳齿象、巨型狮子、剑齿虎、巨型地懒等巨型动物**悉数灭绝**,那些依赖它们的小动物也跟着灭绝。

约公元前 1500 年，与世隔绝的**马达加斯加岛**上的巨狐猴、巨鸟等大型动物，也没躲过人类屠戮，相继灭绝。公元前 1500 年，波利尼西亚人踏上**所罗门群岛、斐济、新喀里多尼亚**，那里的物种遭到严重的破坏。接着智人向东、南、北进发，形成一股灭绝浪潮。公元前 1200 年到达萨摩亚和东加，公元 1 年到达马奎萨斯群岛，公元 500 年到达复活节岛、库克群岛、夏威夷，公元 1200 年毛利人进入新西兰时，当地的大型动物尽数灭绝。

智人的全球移动，让全球 200 属体重 50 千克的大型哺乳动物灭绝到 100 属。

智人为什么能征服全球

直立人第一次出非洲**到达欧亚洲**时，人口数量不多，食物又太充足，形成不了太大的竞争，也无法形成大型合作群体，生存繁衍和创造能力被限制，也没进化出**语言**，于是多次大冰期让直立人走向灭亡。

约 20 万年前，尼安德特人生活的**欧洲**，气候温和，地广人稀，并且处于食物链顶端；耐寒性让他们**应付冰期**游刃有余，脑容量较大，却偏向于处理感知反应力，没能进化出如智人般复杂的语言能力，也形成不了如智人般密切有效的协作能力。当他们遇见智人时，在竞争中必定溃败。

在冰期，智人不依赖个人的**基因优势**，而是更善于组成强大的**智慧联合体**，实行分工合作，提高整体的生存能力。

他们**钻木取火**，加热食物。

制造更加**精细的石器**，再加上准确的**语言沟通**能力，提高了群体捕猎的成功率，让大型动物只能沦为食物。

人类学会了**放牧驯鹿**，会**破冰捕鱼**。

用磨制的**骨针**和麻树皮搓成的**线**，缝制御寒的鹿皮衣、兽皮帐篷、被褥、坐垫等各种御寒的兽皮制品，**御寒能力**提升让智人的活动范围变得更大。

发展出狩猎采集艺术，如**岩洞画**，这是原始人思维意识的一种艺术升华。智人在约 5 万年前走向全球时，变得所向披靡，最终足迹遍布全球。

晚期智人——克罗马农人和山顶洞人

欧洲的法国**克罗马农人**、东亚的中国**山顶洞人**是最具代表性的晚期智人。约5万年前，克罗马农人适应了冰期，陆续进入欧洲东南部和中部，所到之处，尼安德特人相继灭亡。约3万年前，尼安德特人彻底灭种。

克罗马农人平均寿命不过40岁，体态和现代人相同，脑容量平均为1660毫升。他们**制造石器**，以群体捕猎为生，猎取驯鹿、野牛、野马以及大型猛兽，创造了成熟的**狩猎文化**。克罗马农人驯服了马，开始吃烤过的熟食，搭建兽皮帐篷和穴居山洞，雕刻动物雕像，绘制动物壁画，是人类最早的艺术家。

中国的山顶洞人生活在洞穴里，他们也属于晚期智人。他们能**钻木取火**，用骨针、兽皮**缝制衣服**；把兽牙和贝壳穿孔做成**装饰物**。他们还有相当高的捕鱼技术，男人打猎**捕鱼**，女人采集和**管理氏族**，妇女是氏族绝对的中心。

采集狩猎者时代的部落

人类采集狩猎时代持续了约250万年。在这一时代早中期,食物充足,群居的人类数量增多。从族群发展到**氏族部落**,最直接的方式就是**融合**与**战争**,一个强大部落通常会出现一个头领,部落的人更容易实现紧密合作。

当智人数量达到50万~800万时,大大小小的部落遍布全球。这是由若干血缘相近的宗族、氏族结合而成的集体,他们有自己的文化和语言。新的生产工具和生活方式不断地出现,如**联姻**、**仪式**、**交易**等。

部落中负责狩猎的人被称为**猎人**，但是他们还是以采集为主。他们除了采集食物，还采集一些木头、石头等原材料来制造石制武器和部落中的生活用品。这个出现最早期的打制石器的时代，被称为**旧石器时代**。

在约 15000 年前，狼被智人驯化成狗，成了人类忠实的朋友。当智人追寻猎物四处迁徙时，**狗一路相伴**。部落的形成让人类变得更加不可战胜，这个时候人类除了自己，没有任何对手了。

定居的开始——渔村

当人口太多，食物短缺或者出现自然灾害时，部落成员会**全体迁徙**到能有食物和水的地方。到达前，他们会**沿路采集狩猎**，野果、树根、昆虫、兔子以及野牛、长毛象等大型动物都是他们的食谱。约1万年后，他们从东非一直吃到中国。

有些幸运的部落来到海边或者河边,发现这里食物来源非常稳定,于是摇身一变,从猎人成为渔夫,他们依水而居,建立人类第一个**渔村**,从此人类出现了**定居概念**。4.5万年前,印度尼西亚群岛的沿海地带出现人类形成的渔村。

依水而建的渔村,拥有稳定的食物来源、越发先进的生产工具,为人类登上澳洲大陆积累了足够的航海实力。

智人的农业时代——驯化小麦

约公元前 9500— 约公元前 8500 年，土耳其东南部、伊朗西部和地中海东部的丘陵地带，发生了一场生活习性的革命性转变。采集狩猎者在采集树根野果时，发现了一种植物——**小麦**。

只要稍加照顾，小麦就能大面积种植，成为人类口粮。这比经常四处迁徙寻找食物的不稳定的生活方式，要便利安全得多。于是在公元前 9000 年，**小麦被智人驯化**。

他们同时也驯化了羊，羊带来**肉质**和**奶源**，人类的驯化之路正式开启。

公元前 8000 年，**豌豆**和**扁豆**被驯化。

橄榄

公元前 5000 年，**橄榄树**被驯化。公元前 4000 年，**马**被驯化。

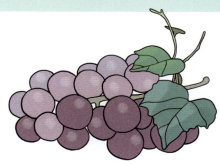

公元前 3500 年，**葡萄**被驯化。

后来又驯化了**骆驼**和**腰果**。人类开始投入大量的精力，全身心地照顾这些驯化的植物和动物，慢慢舍弃了 250 万年的采集狩猎习惯。人类从此进入**农业时代**。

腰果

人类千年的食谱

农业时代仿佛就在同一时间在不同地区爆炸式开始，**全球传播**兴起。

中美洲人种植玉米和豆类，中东人种植小麦和豌豆。

吃多好挤奶．

南美人栽培**马铃薯**和**驯养羊驼**。

中国发现了**稻米**、**小米**，野猪被驯化成**家猪**。

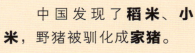

北美人开始种植**南瓜**。

新几内亚人种植**甘蔗**和**香蕉**，西非农民种植**小米**、**非洲稻**、**高粱**和**小麦**。

到公元 1000 年，全世界绝大部分人口都开始从事农业，曾经的采集狩猎者变成了**农民**。

我们现代人 90% 食物仍然是约公元前 9500—约公元前 3500 年驯化的植物，如小麦、稻米、玉米、马铃薯、小米和大麦等。我们现在吃到的蛋糕、面包、水果、肉类等都是来源于这些食材。植物驯化才让我们现在能吃到如此丰富的美食。

农业下的新石器时代

伴随人类进入农业时代，人类的工具也先进了很多。公元前 8500 年，中东定居的人类发明了**刀耕火种**，他们用更硬的**玄武岩**和**花岗岩**制作斧头，砍伐森林，这种石器比旧石器时代用燧石制成的石器坚硬得多。他们用木头制作最早的锄头，翻动土壤让腐叶和烧过的树根与土壤融合在一起，达到施肥效果。当谷物成熟时，人类用制造的镰刀来收割麦子。

人类制造的工具

这个时期的人类采用磨制的方式打磨石器，让它们变得坚硬锋利，形状更加多样。这种先进的磨制石器方式，是人类从旧器时代向**新石器时代**转变的标志。

人们发现一种软泥土加热后变得很坚固，于是他们用软泥捏成想要的形状，然后烧制成碗、盘等，这就是最早的**陶器**。大部分生活用品都是伴随农业产生的。人类专注于种植和圈养驯化的动物，有了稳定的食物来源，更多的人口被养活，人一多，新的村落慢慢形成。

从村落到国家

农业革命让人类的食物总量增加,人口爆炸增长,形成了**村落、城镇**,再形成国家,由一小部分领导者或商业网络将它们联系起来。

随着耕种面积越来越大,一代又一代农民**辛勤耕种**,日复一日、年复一年,开垦、耕种、除草,时刻担心**旱灾**、洪水、**瘟疫**等自然灾害的发生,他们希望能拥有更多的余粮,来应对随时发生的饥荒。

越来越多的人加入**农耕大军**,拿起锄头,辛勤劳作。当粮仓被堆满时,他们又开始担心盗贼和强盗,**担心粮食、羊、猪被抢走**。

农业带来的"未来"的压力,催生了**社会制度**。当统治者和精英阶级出现时,政治也诞生了。他们靠征收农民多余的粮食,建起了**城市**、**国家**。这个过程花了千年,创造了人类的政治、战争、艺术和哲学。

公元前8500年,最大村落也就**几百人**。到了公元前5—公元前4世纪,有了许多人口达**万人的城市**。公元前3100年,古埃及王朝由**法老王**领导,领土几千平方千米,人口约10万。

剥削的开始——奴隶社会

公元前 2070— 公元前 476 年为**奴隶社会**，最早出现在亚洲、非洲和欧洲的国家中。中国（**夏、商、周**）、**埃及**、**西亚**和**印度**，继而在希腊和意大利等地都出现过奴隶社会。

农业发明后，人类在争夺土地权利上简直到了玩命的程度。氏族部落间流血冲突都源于**土地所有权**。当这场大乱斗达到一定规模时，大量的**战俘**产生了，他们成为胜利者的奴隶。

奴隶没有人身自由，被迫为奴隶主**无偿劳动**，被**任意买卖**。穷人和富人产生债务关系而**无力还债**时，也会沦为奴隶。另外，罪犯、拐卖人口、奴隶市场等也是奴隶的重要来源。

奴隶社会打破了原始部落的封闭性，增强了人口的融合，奴隶形成了强大的**劳动生产力**。奴隶规模越来越大，全力推动了社会经济的发展。

奴隶生产了大量的**剩余产品**，促进了社会分工，让一部分人可以摆脱体力劳动，专门从事**脑力劳动**。

在奴隶社会,人类**冶金技术**大大提高,**青铜工具**得到了广泛应用,主要服务于手工业。手工行业规模庞大,工艺精细先进。手工业的发展,形成了商业市场,出现了**商人**。商人的出现又催生了城市的商业繁荣,让经济快速发展。

奴隶主组织军队、**建造监狱**等国家机构来镇压奴隶的反抗,编造种种谬论,让奴隶屈服于奴隶制,让他们逆来顺受。

奴隶生活悲惨。在这种惨无人道的压迫制度下,人类历史了第一次**奴隶起义**终于爆发了。

公元前 264 — 公元前 117 年，罗马人**多次入侵别国**，把当地的居民变成奴隶，奴隶主把最强壮最骁勇的奴隶挑出来做**角斗士**，放在斗兽场里相互残杀，**消遣取乐**。

公元前 73 年，卡普亚斗兽场一个叫**斯巴达克**的勇士，带领 200 个绝望的奴隶角斗士，杀死守卫，逃到维苏威山上举行起义，组成了一支 7 万人的**奴隶大军**，最后与罗马军队正面对抗，虽然最终英勇战亡，但他的英勇事迹永远被人们歌颂。奴隶起义严重打击动摇了奴隶主的统治，让奴隶社会的统治变得**岌岌可危**。

人类帝国

在美索不达米亚历史上,南侵者闪米特人为争夺这块肥沃的大河流域,展开了长达数千年的斗争,原住民苏美尔人被闪米特人征服。闪米特人的著名领袖**萨尔贡一世**以流域地区中部的阿卡德为基地,征服了整个苏美尔。

公元前 2250 年,萨尔贡大帝统治的人类第一个奴隶制帝国——**阿卡德帝国**出现。阿卡德帝国人口达到 100 万,军队 5000 人,这是一个从波斯湾到地中海的庞大帝国。

公元前 1000— 公元前 500 年，中东涌现出各种大型帝国，如**亚述帝国**、**巴比伦帝国**和**波斯帝国**，这些大帝国普遍人口百万，军队上万。当古罗马整合整个地中海地区时，人口冲到 1 亿，军队 25 万 ~50 万人。

巴比伦帝国

公元前221年，中原大陆**秦始皇**统一天下时，秦朝人口达到4000万，10万多官员组成复杂的朝廷系统。

为了让帝国平稳运行，帝国的精英阶层发明了**故事**来维护统治，通过故事建造次序和规则，让所有人遵从。通过长时间的**宣传教化**，所有人都相信同一个故事，哪怕是彼此陌生，农民也心甘情愿地交出他们的余粮，士兵战场拼杀也只为了一个目的，几乎所有人都相信人生来就是为了**帝国**。

每个帝国创造出团结更多人的手册，古巴比伦的**汉谟拉比法典**就提出规定和约束人的行为标准和社会法则。

文字的出现

当人类城市、帝国出现时，**文字**出现了。文字在管理国家、发展经济、规定劳动报酬，以及发展科学技术、艺术文化等方面起到非常重要的作用。

公元前 3504 — 公元前 3000 年，美索不达米亚的**苏美尔人**，发明了在**黏土板上**书写文字。它由两部分组成，一部分用来表示数字，另一部分用来表示事物，比如人、物品、日期等。这两种文字符号让苏美尔人能够记下交了多少税，有多少欠款，还有产权属于谁，等等。但是这类文字表达含义相当有限，无法和现代文字完整的**表意**功能媲美。

所以 500 年后（公元前 3000 — 公元前 2500 年），苏美尔人改进了他们的原始文字，加入各种符号，让文字所能表达的信息更多、更全面，这就是**楔形文字**。后来统治者用楔形文字颁布法令，记录历史和神谕，平民则用来写信。

美洲**安第斯文化**奇特的文字居然是在绳上打的结,称为**结绳语**。颜色、材质、位置的不同表达不同的信息,数量庞大的结绳组合成不同的数据,存储着海量信息,记录着税收、财产数据等,对于城市、王国的商业来说,结绳语所表达的数据的**准确性**举足轻重。由于结绳语过于复杂,需要专业人解读,不利于传播推广,在公元前1000— 公元前500年,当中美洲各地发展出了表意完整的文字时,结绳语就被淘汰了。

古埃及发明了**象形文字**。这些如图画般神秘的象形文字在长达1000多年的时间里没有任何人能够读懂。

公元前 3000— 公元前 2500 年，居住在亚平宁半岛罗马地区的**拉丁民族**，发明了**拉丁文**。后来这个民族征服了欧洲大部分地区和中东一部分地区，建立了**罗马帝国**，拉丁语就成为整个罗马帝国的**官方语言**。

当罗马帝国解体为多个小国时，这些国家在拉丁文的基础上发明了自己的文字，所以法国、意大利、西班牙、葡萄牙、罗马尼亚等国的语言有很多近似之处。

公元前 1200 年，中国人发明的**象形文字**。

公元 9 世纪，**阿拉伯数字**诞生了，它由印度人发明，被攻打印度的阿拉伯人发现。后来在阿拉伯数字的基础上加上几个符号，就成了现代**数学符号**的基础，所以现在全世界所有不同的文字体系中，数字系统都是统一的。它完美地解决了在海量信息中快速找到所需信息的**检索问题**。

具有更丰富的表意功能的文字被发明之后，文字开始发挥**传播功能**，人类流传至今的《圣经》《伊利亚特》《摩诃婆罗多》《大藏经》和所有的人类文明、智慧发明、历史故事等，都是通过这些文字薪火相传的。

信仰之歌——人类宗教

农业进步让人口暴增，统一大众思想的需求让**宗教信仰**应运而生。宗教故事构建了一个道德行为标准，于是大家认为没有道德底线的人充满暴力的危险，能破坏所有美好的事情。宗教故事在人口众多的村庄、城市、国家中传播，人们的暴力慢慢被控制下来。

现在世界三大宗教为**佛教**、**伊斯兰教**、**基督教**。

人类智慧的结晶——文明

美索不达米亚文明

8000年前，在今伊拉克、伊朗的两河流域（底格里斯河和幼发拉底河的两河流域）诞生了**美索不达米亚文明**，它是人类第一个文明区域。

美索不达米亚文明在农业、天文、艺术方面极为先进。美索不达米亚的苏美尔人发明了人类历史上第一种象形文字，极大地推动了人类文明进程，让**思想**和**文化**得以传播，生产技术创新也因此变得更快。苏美尔人还发明了轮子，提高了生产效率。他们还最早提出12进制的概念，也就是现在世界通用的**1小时60分钟，1天24小时，1年12个月**。

古巴比伦文明

公元前 19 世纪中，**阿摩利人**灭掉**苏美尔人**的**乌尔**第三王朝，建立古巴比伦王国。

公元前 18 世纪，第六代古巴比伦国王汉谟拉比通过战争统一了整个美索不达米亚，整合了两河文明，建立奴隶制国家古巴比伦，位于美索不达米亚南部城邦，也就是今天的**伊拉克**。古城中的**巴比伦通天塔**巍峨高耸，堪称奇迹。

汉谟拉比制定了一部法典来维护奴隶主权利，史称汉谟拉比法典。它是世界上第一部完整的古法典。汉谟拉比死后，帝国崩溃。公元前 729 年，古巴比伦被亚述帝国吞并。

古埃及文明

公元前 3200 年，**埃及**提尼斯城部落首领**美尼斯**统一了埃及，建立古埃及王国，第一个持续了 3000 年之久的奴隶制国家诞生了。

埃及沙漠居多，贯穿埃及的**尼罗河**从不枯竭，让古埃及的农业飞速发展。农业的稳固，推动了古埃及灿烂文明和制度。

古埃及创造自己的**象形文字**，拥有独特壁画和莎草纸画，展现了 3000 多年前古埃及人衣食住行方方面面的场景。

古埃及人都希望死后通过**木乃伊**让灵魂通往来生,所以当时的尸体防腐技术、解剖知识相当成熟。公元前 2000 年,埃及的《纸草医书》对 48 种常见意外创伤进行了科学的分析,提出处理方法,例如颅内损伤、骨折、脱臼等。

埃及金字塔是**法老的陵墓**,被称为世界第七大奇迹,距今已经有 4000 多年的历史了。最著名的**胡夫金字塔**高达 146.5 米,每边长 230 米,整个陵墓是用约 230 万块巨石建成的。

迄今为止,专家们还是没能确定金字塔到底是怎么建造起来的。

古埃及人创造了一种**十进制**，用来计算较大的数字，还创造了能够表示从 1 至 1 万的数字的象形符号。

古埃及人对于**神学**十分推崇，他们至少有 2000 个神，这些神主宰着普通埃及人的生老病死、生活点滴。古埃及文明对后世的古希腊、古罗马、犹太等文明产生巨大影响。公元前 6 世纪，古埃及被西亚**波斯**灭亡。

罗马文明

罗马地处意大利半岛中部西海岸,公元前 1000 年,土著拉丁人在日后的罗马城的地方定居了。

罗马的创造者,**罗慕路斯**和**雷慕斯**两兄弟,是由一头母狼养大的。兄弟俩领导人民起义,推翻了残暴的阿穆留斯,建立了**罗马**。

罗马不断地开疆拓土,统一了意大利半岛,最后从一个小城邦成为一个庞大的**罗马帝国**、世界征服者。

罗马人继承了许多古希腊的文明,建立了类似古希腊的独立**城邦**。

罗马经历了**王政时代**、**共和时代**和**帝国时代**。王政时代让罗马由氏族走向城市与国家。共和时代的罗马,是世界上第一个民主国家,不过,战争让民主毁灭。当罗马进入帝国时代,它的经济、政治、文化、军事达到了当时的巅峰。公元395年,罗马帝国分裂为东、西两部分。公元476年,西罗马帝国灭亡,东罗马帝国则进入封建制的**拜占庭时期**。

古罗马有以**十二铜表法**为基础发展而成的**民法**，与各民族风俗习惯有关的**万民法**，哲学家和法律家又以万民法为基础，研究出罗马重要的法律**自然法**，自然法认为任何法律不得违背理性和自然法则，如**人人平等权利**等。罗马法是欧美大陆法系的基础，对后世影响深远。

十二铜表法，罗马法的基础。

拉丁文是整个罗马帝国的官方语言，拉丁字母是许多民族创造文字的基础。

罗马人的建筑和雕刻保留着强烈的**希腊风格**。公元1—3世纪的公共建筑，如**万神殿**、**罗马竞技场**、**君士坦丁凯旋门**，展现着雄伟壮观的帝国气魄。

以罗马为中心，条条大路通罗马的**公路网**，四通八达。罗马从水源处开始兴建引水渠，引水到市内，引水道进入低洼地带则架桥。

万神殿

君士坦丁凯旋门

罗马竞技场

托勒密在他的《**地球中心说**》中阐述的地心说理论，绘出了地心体系的基本构造。以恺撒命名的儒略历，是现行**公历的原型**。

地心说理论.

儒略历

古罗马人帕普斯的**《数学汇编》**，用数学算出**六棱柱**是最节省材料的结构，类似于蜂巢。

欧几里得创造**几何学**。阿基米德发现**比重原理**、**机械学杠杆原理**等，被称为"数学之神"。医学上希波克拉底将医学和巫术区别开来，摒弃"神赐疾病"等谬说。

数学家**丢番图**的**《算术》**一书，开创了代数学。他第一次专门研究了不定方程问题，即求得整数解的问题。人们把这类方程称为"**丢番图方程**"。他还第一次提出了有别于日常语言的**代数语言**系统，成为今天代数演算系统的基础。

玛雅文明

中美洲玛雅文明是公元前 400 年建立的早期**奴隶制**国家创造的。公元 3—9 世纪为其繁盛期，公元 15 世纪衰落之后湮没在热带丛林中。

玛雅文明是一个非常神秘、不可思议的古文明。玛雅文明只覆盖了中美洲的一小块区域，整个美洲大陆的印第安人，只有玛雅人创造出了**象形文字**。

玛雅金字塔，是玛雅文明的象征，最高的一座有 70 米，媲美埃及金字塔。玛雅金字塔是平顶，塔体方形，底大顶小，层层叠叠，塔顶为庙宇。和埃及金字塔陵墓不同，**玛雅金字塔**主要用于举行各种宗教仪式。

玛雅人数学知识非常先进,使用**二十进制**,数字由三个符号组合构成:〇(贝形符号)、一(点)、五(横线)。今天的数学要用0~9十个符号才能全部表述。

玛雅人的天文历法相当先进,他们算出一年为365.2420天,而现代科学计算的值为365.2422天,仅仅相差17.28秒。玛雅人算出月亮绕地球一周的时间为29.5302天,而现代科学计算的值为29.530588天。他们还掌握了日食周期和日、月、金星的运动周期。

2012 年的末日说,就来源于玛雅人的历法。不过在玛雅人的历法中,公元前 3114 年 8 月 13 日开始的纪元,在 2012 年 12 月 21 日结束,共计 5125 年,这只是前一个纪元结束,另一个纪元开始,周而复始。

与先进文明形成鲜明对比的是玛雅人的生产力水平低得匪夷所思。农业居然延续着刀耕火种的石器文明,农作物就只有玉米;没有畜牧业,除了驯化出狗,马、牛、猪根本就懒得驯化;更别谈先进的农具,连圆形的轮子也没有整出来;农用工具除了木头就是石头,连青铜器都没有,铁器更别想了,他们还处于石器时代。

古印度文明

古印度文明可以细分两部分：一部分是**印度河流域**产生的文明，另一部分就是**恒河流域**产生的文明。

古印度文明上半部分包含巴基斯坦、印度西北沿海、阿富汗东部的印度河谷文明，崛起于5300年前，公元前4000— 公元前3000年，达罗毗荼人建造了拥有成熟先进下水系统的城市**摩亨佐·达罗**和**哈拉帕**，整个城市规划严谨，功能齐全。他们统一度量衡，创造了**印章文字**，建立了良好的通商环境，和美索不达米亚文明保持商业互通，开创了独特先进的古印度哈拉帕文明，比同时期的古埃及文明更为先进。

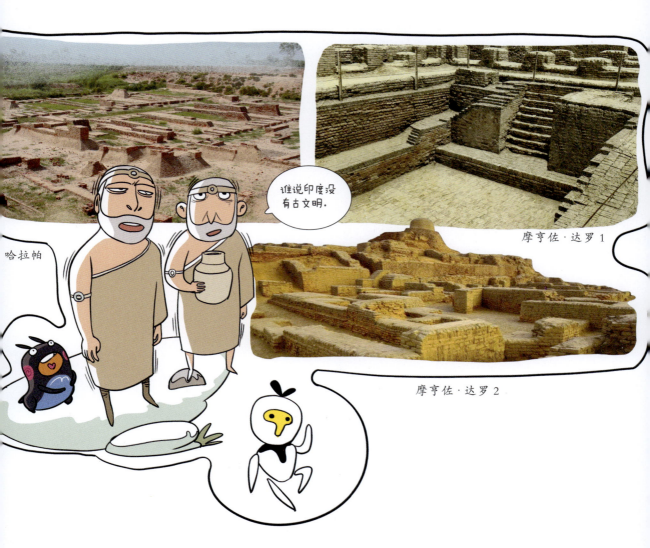

哈拉帕

摩亨佐·达罗1

摩亨佐·达罗2

古印度文明下半部分，是由公元前2000年来自里海附近的**雅利安人**创造的，雅利安人从印度西北角入侵，把当地原始土著部落居民变为奴隶，建立了以恒河流域为根基的**吠陀文明**。

他们创造了**婆罗门教**，牢牢控制着印度统治权。雅利安人创设了影响印度至今的**种姓制**，武士贵族演变为**刹帝利群体**，祭司与巫师演变为**婆罗门群体**，基层雅利安人演变为**吠舍群体**，土著居民演变为**首陀罗群体**，这四大群体之下还有个悲惨的**贱民群体**，主要由战俘、奴隶、罪犯组成，他们没有身份。

吠陀文明鼎盛时期,绘画和雕塑独具特色,全世界闻名的**佛教**,也发源于此。古印度在文学、哲学和自然科学等方面,对人类文明也发挥着独创性的贡献,如**《摩诃婆罗多》《罗摩衍那》**两本史诗,说是神话,实际上就是史实文献。

印度人创造的**阿拉伯数字**,为全世界带来沿用至今的数字系统。

吠陀文明也同样保持着与两河流域和古埃及文明活跃的商贸文化交流。

吠陀文明对现在的印度社会文化产生了深刻影响,现代印度文化保留着许多古老的吠陀文明元素。

华夏文明

公元前 5000— 公元前 4000 年，中国黄河流域的**华夏文明**诞生。华夏文明经历了有巢氏、燧人氏、伏羲氏、神农氏（炎帝）、黄帝（轩辕氏）、尧、舜、禹等时代，后来的**炎帝**和**黄帝**为共主。华夏先民在黄河流域创造了璀璨的文化，建造了大量的文明遗址。华夏文明是唯一一个从未中断的古文明。

在**古西亚**以北、乌拉尔山脉以南的草原，游牧民族**雅利安人**四处入侵。约 3500 年前，地球进入小冰期，雅利安人被迫向东迁徙。后来他们中的一支沿着新疆、昆仑山等进入商朝的关中地区，当时中国正处于**武丁**时期，面对外来的雅利安人的威胁，商王武丁的王后**妇好**临危受命，率 2 万人西征（甘肃一带），击败并俘虏了大批的雅利安人，将他们驱逐出华夏领土，保住了中华文明的纯粹性。

而雅利安人的其他支，先后摧毁了**古希腊**文明、**古埃及**文明、**古波斯**文明和**古印度**文明。古印度文明被摧毁后，种姓制度的吠陀文明建立了，影响至深，时至今日还严重制约着印度的发展。

华夏文明独特的地缘（西南喜马拉雅高山、西北戈壁沙漠、北草原、东大海），阻隔了与其他古文明的交流。在黄河中下游高度发达的农业文明基础上，中国的政治文明也发达起来。公元前 2070 年，中国夏朝建立，夏朝实行**分封制**，封建王朝开始。

华夏文明的礼乐制度、易经八卦、丹书朱文、上古汉语在当时的众多古文明中尤为独特与先进。春秋战国时代，中国出现了"百家争鸣"的文化景象，中国文化呈现出各种思想百花齐放的格局。

秦朝统一春秋六国后,率先废除分封制,创立了人类史上最大的**郡县制**君主专制国家。通过焚书坑儒,国家对人民思想进行严密控制。秦朝建立的官僚制度、规章法典、监察机构、经济策略等,在 2000 多年前就已经非常成熟,是中国创造的第一个世界文明。从**秦朝**开始一直到**清朝**,都沿用先秦的国家制度和春秋诸子百家的思想,至今我们的很多思想、生活习俗都还保留着先人传承下来的智慧和制度。在世界历史上,中国文明并不是最古老的,但一定是属于最原创的。

截止到目前,中国发现的最早期比较成熟的文字,是刻在龟甲和兽骨上的**甲骨文**。到了春秋时期,文字又被刻在竹片和木片上,称为**竹简**和**木牍**,后来逐渐演化统一为现在的**汉字**。

中国的**青铜文明**虽然起步晚，但是极度辉煌璀璨。湖北省博物馆中的曾侯乙墓青铜文物，四川省广汉市**三星堆**出土的大型青铜立人、青铜神树、青铜纵目面具、金杖、黄金面罩、海贝、玉器和象牙，工艺水平都极其精湛。

中国精巧的建筑和园林设计，例如**卯榫木质**结构和大理石砖石结合建造的亭台楼阁，则呈现出中国人独特的智慧；防御外敌的世界奇迹**长城**，则让世界惊叹。

中国古代四大发明**造纸术**、**指南针**、**火药**和**印刷术**，所蕴含的科技水平处于非常领先的地位。

中国的文化著作犹如繁星一样璀璨，例如《**三国演义**》《**水浒传**》《**西游记**》《**红楼梦**》《**本草纲目**》《**永乐大典**》等图书，涉及人类生活的方方面面，将人类的想象力和智慧上升到了更高的维度。

瘟疫

当人类繁衍生息之后，因为生活环境变化和自然灾害等诸多因素导致了人类历史上多次暴发瘟疫（**流行传染病**），人口大量**死亡**。

人口大量死亡的**雅典大瘟疫**、不同病毒混合暴发的**安东尼瘟疫**、属于鼠疫的**查士丁尼瘟疫**、灭绝印第安人的**天花**、肆虐200年的**黄热病**、破坏19世纪的**霍乱**、20世纪的噩梦**西班牙大流感**、俄国**斑疹伤寒**，以及仍在肆虐的**疟疾**、**埃博拉**和**新型冠状病毒**，这些瘟疫给全人类带来巨大伤害。

工业革命

资本主义的萌芽发展,使资产阶级迅速成长和壮大。新兴的资产阶级对于宗教对社会过度管控极度排斥,继而发动了一场解放思想的运动——文艺复兴,人类历史开始进入**近代史**。这场发源于意大利的思想运动席卷欧洲。公元 16 世纪,一大批伟大的思想家与艺术家加入其中,如但丁、达·芬奇、莎士比亚等,将文艺复兴运动推向顶峰,他们开启了人类思想的启蒙,为资本主义的发展和**工业革命**提供了重要的思想引导。

莱昂纳多·达·芬奇、拉斐尔、米开朗琪罗·博那罗蒂被称为文艺复兴后"艺术三杰"。

1698年，英国工程师托马斯·塞维利制造出第一台蒸汽机。

1765年，詹姆斯·哈格里夫斯制造出珍妮纺纱机。

1769年，詹姆斯·瓦特改良了蒸汽机，大大提高了蒸汽机的能量转化效率。

从此，人类正式进入蒸汽时代。第一次工业革命也随之开启，它开创了机器代替手工劳动的时代，火车、轮船、汽车相继被发明出来。最初由英国发起的技术革命，让英国凭借技术优势开始实行**全球殖民**。

1921年，英国全球殖民地达到约3400万平方千米，超越了曾经的蒙古帝国，成为历史上面积最大的国家，真正变成了**日不落帝国**，确立了资产阶级对世界的统治地位。

19世纪末20世纪初,第二次工业革命开始,发电机、电话机、无线电报机、电灯、电车、电影放映机等各种电器产品相继问世,自此人类开始进入**电气时代**。

第二次工业革命对能源的高度需求,导致**第二次世界大战爆发**,再加上美苏冷战的军备竞赛,引发了以原子能、电子、计算机、空间技术和生物工程的发明和应用为主要标志的第三次工业革命。人类登月、毁天灭地的核弹,科幻变成现实,人类实现了巨大的科技飞跃。

现代科技

今天的我们正经历着人类历史上前所未有的第四次**科技革命**，自动驾驶、大数据、**人工智能**（AI）、智能家居、清洁能源，正逐渐改变我们的生活。2017 年 5 月，世界排名第一的人类围棋棋手柯洁被 AI 阿尔法狗打败。AI 在各行各业正发挥非常重要的作用，比如 AI 绘画、AI 聊天机器人等。

　　未来，AI 科技将逐渐融入我们的生活，AI **机器人**将替代人类完成各项工作，AI 或许成为一个全新物种。智人从 20 万前走出非洲，利用智慧创造工具主宰了地球；工业革命之后，科技改变了世界，未来智人创造的 AI，使人类的科技革命达到一个前所未有的高度，创造出更加先进的科技文明。也许过不了太久，AI 帮助人类发明**光速飞行**，人类就可以进行**星际旅行**，上午在地球，下午就在几亿光年外的其他星系了。

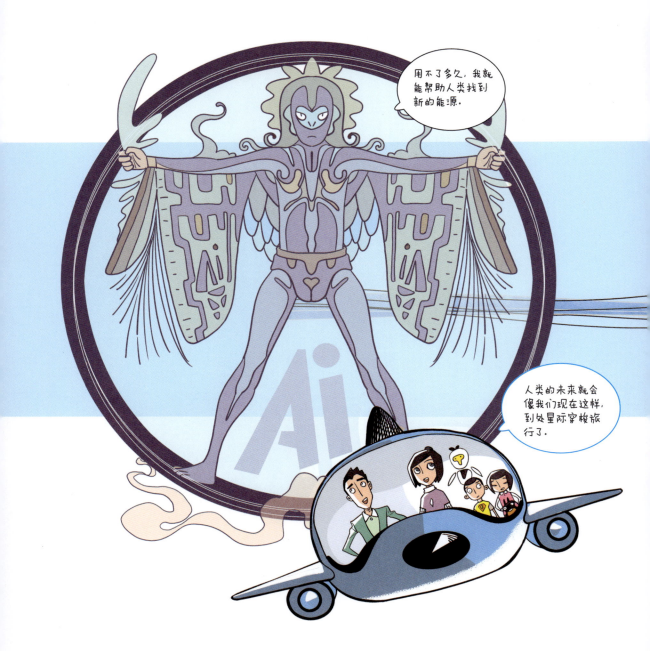